KB108874

스티브 잡스 Steve Jobs

STEVE JOBS
by Walter Isaacson

스티브 잡스 Steve Jobs

월터 아이작슨 | 안진환 옮김

민음사

Picture credits

세상을 바꿀 수 있다고 생각할 만큼 미친 사람들이
결국 세상을 바꾸는 사람들이다.

— 애플의 1997년 광고 "다른 것을 생각하라(Think Different)"

스티브 잡스 작고 10주기에 부쳐

내가 이 책을 쓴 지 10년이 흘렀다. 그 10년 사이에 사람들은 때때로 내게 다가와 스티브 잡스에 대한 나름의 평가를 피력하려 애썼다. "당신이 쓴 책을 읽었어요." 그들은 말하곤 했다. "그리고……."

그들이 의견을 밝히려는 그 찰나의 순간에 나는 그들이 어느 부류에 속하는지 짐작하려 머리를 굴린다. 대부분은 자신이 그의 천재성에 얼마나 감탄하고 그의 인생 여정이 지닌 영적 본성에 얼마나 감동했는지 말한다. 상당수는 심지어 책장을 덮으며 눈물을 흘렸다고 고백하기도 한다.

하지만 어떤 이들은 이렇게 말한다. "그리고 그가 얼간이 같다는 생각이 들었어요." 일부는 심지어 "a"로 시작하는 좀 더 전문적인 용어까지 동원한다.("asshole/개자식"이라는 금기어를 쓴다는 의미다. ─ 옮긴이) 나는 그들이 무슨 말을 하는지 이해한다. 책에서 명백히 드러나듯이 잡스는 실로 때로 얼간이처럼 처신했다. 이 경우 나는 대개 부드럽게 반박하는 것으로 대응한다. "그래요, 하지만." 그렇다. 나는 그런 반응을 보인다. 나는 독자들이 이 이야기에 더 많은 무엇이 있음을 알아챘길 바란다.

마지막으로 또 다른 부류가 있다. 때로는 좌중의 한 남자(그렇다. 대개 남자다.)가 능글맞은 웃음을 흘리며 으스대는 걸음걸이로 다가와 말하곤 한다. "당신이 쓴 책을 읽고 내가 딱 스티브 잡스와 같은 사람이라는 느낌이 들었어요." 그러면 나는 웃음이 나오는 걸 애써 감추며 어째서 그런 느낌이 드는지 묻는다. 그들은 대개 이런 식의 대답을 내놓는다. "직원 중 누군가가 무언가를 형편없이 해 놓으면 나는 가차없이 그가 얼마나 형편없는지 지적합니다. B급 선수를 용인하지 않는 거죠." 나는 부드럽게 고개를 끄덕이며 속으로 생각한다. '그런데 당신은 아이폰 같은 무언가를 만들어 내긴 했나요?'

내가 말하고자 하는 요점은 스티브 잡스의 위대한 업적(우리 시대의 가장 혁신적인 기기인 아이폰을 만들어 낸 것은 지극히 일부에 해당한다.)이 그가 동료들에게 행한 얼간이 짓거리를 정당화할 수 있다는 뜻이 아니다. 홀푸즈(Wholefoods)에서 스무디를 까다롭게 주문해 노년의 친절한 여성 바리스타를 애먹인 것조차도 정당화할 수 없다. 단순한 추론을 피력하기 위해 내게 다가오는 사람들 모두에게 내가 전하고 싶은 말은 잡스를 성자나 죄인이 아니라 강점과 결점이 밀접하게 얽힌 복잡하고 강렬하며 영적인 인간으로 보는 것이 중요하다는 사실이다. 사람들은 복잡하다. 위대한 천재는 훨씬 더 복잡하다. 스티브 잡스는 이 시대와 우리 세대의 가장 복잡한 천재 중 한 명이었다.

잡스 자신 역시 사람들을 이분법으로 분류하는 그릇된 행태에 빠져드는 경향이 있었다. 그의 동료들은 이것을 잡스의 "영웅/멍청이 이분법"이라고 불렀다. 그는 종종 사람들을 이 둘 중 하나로 못 박았다. 잡스가 가장 신뢰하던 절친이자 동료 중 한 명이었던 빌 앳킨슨은 이렇게 설명했다. "스티브 밑에서 일하는 것은 힘든 일이었습니다. 신이냐 멍청이냐 하는 아주 극단적인 구분이 있었기 때문입니다." 이것이 바로 내가 이 책을 쓴 이후 오늘까지 같은 실수(잡스를 어느 한 범주에 묶어 버리는 실수)를 하는 것으로 생각되는 많은 독자에게 반박해 온 이유이다. 잡스가 가장 좋아하던 시인 밥 딜런은 월트 휘트먼을 인용해 이렇게 노래한 바 있다. "나는 모순이 많은 사람이에요. 기분이 아주 다양하지요. 내 안에는 많은 사람이 있어요.(I'm a man of contradictions, I'm a man of many moods. I contain multitudes.)"

전기 작가의 도전 과제 중 일부는 주인공을 재능과 결점으로 가득 찬 진정한 인간으로 묘사하고 올바른 균형을 유지하는 것이다. 이를 위해 이 책에서 내가 시도한 한 가지 방법은 잡스와 함께 일하던 사람들의 목소리에 크게 의존하는 것이었다. 그들이 책의 전체 그림과 내러티브 구조를 가장 잘 형성할 수 있는 사람들이었다. 그들 중 다수는 잡스의 발끈 화를 내는 성향이나 자신에겐 규칙이 적용되지 않는다고 생각하는 경향에 관한 사례를 들려주었다.(이 책에는 익명의 인용이나 출처 없는 평가가 없다.) 그러나 내가 이 책의 모든 섹션에서 강조하려고 애썼듯이 거의 모든 사람이 그와 함께 일하는 것은 그들이 경험할 수 있는 가장 크고 보람 있고 만족스럽고 풍요로운 경험이라고 말했다. '그는 나를 미치게 몰아붙였어요. 그는 나를 화나게 했어요. 하지만 그는 내가 결코 꿈도 꾸지 못했던 일들을 성취하도록 이끌어 주기도 했지요.'

나는 또한 이 책에 대해 단순한 천재 대 얼간이 견해로 무장하고 내게 다가오는 사람들이 놓친 좀 더 미묘한 요점이 있다는 것을 깨닫게 되었다. 문제는 단순히 우리가 특정 인물의 성과에 대한 존중과 그의 결함에 대한 반감이 균형을 맞출 수 있는지 여부가 아니다. 더 복잡한 문제는 성과와 결함이 연결되어 있는지 여부이다.

이 문제에 대한 나의 사고는 유전자 편집에 관한 책을 쓰면서 형성되었다. 이제 우리는 DNA를 편집하여 겸상 적혈구 빈혈증과 같은 원치 않는 형질을 제거할 수 있다. 그러나 그렇게 해당 유전자를 변경함으로써 말라리아에 대한 저항성과 같은 그와 결합한 형질에도 영향을 미칠 수 있다.

이 사실은 말 그대로 과학적 의미와 비유적 방식 양면으로 복잡한 인간의 특성에 적용할 수 있다. 만약 스티브 잡스의 타고난 성향이 보다 친절하고 온화했더라면, 과연 그에게 현실을 뛰어넘어 사람들이 잠재력을 최대한 실현하도록 몰아붙이는 열정도 따랐을까? 사람의 좋은 특성과 나쁜 특성은 종종 이중나선처럼 얽히고설킨다. 선은 악과 관계가 있으며 쾌락과 고통처럼 서로 연결된다. 불쾌한 실 가닥을 죄다 뽑아내고 스티브 잡스라는 원단을 남길 수는 없다는 얘기다.

스티브 워즈니악은 특유의 부드럽고 푸근한 태도로 이를 이해했다. 그는 자신이 애플을 운영했더라면 모든 사람을 훨씬 더 친절하고 부드럽게 대했을 것이라고 내게 말했다. 그러나 자신이 애플을 운영했다면 잡스처럼 혼을 뺄 정도로 위대한 제품을 만들도록 애플을 밀어붙이지는 못했을 것이라고 덧붙였다. 잡스의 열정과 완벽주의, 그리고 통제 본능은 그렇게 복잡한 인성에 깊이 뿌리를 두고 있었다.

그렇기에 성격이 중요한 것이고 전기 작가는 주인공의 모든 복잡한 측면을 다루려고 노력하는 것이다. 인물의 성과는 그의 성격과 연결된다. 이는 특히 레오나르도 다빈치에서 아인슈타인, 스티브 잡스 등에 이르는 모든 천재에 해당된다.

잡스가 세상을 떠난 이후 10년의 세월을 보내며 나는 우리 시대의 핵심 질문 중 하나와 관련해 잡스가 수행한 역할을 좀 더 명료히 이해하게 되었다. 그것은 바로 우리 인간이 기계와 어떤 관계를 맺고 어떻게 지내야 하느냐 하는 문제다.

내가 툴레인 대학교(Tulane University)에서 가르치는 수업에서는 디지털 시대에 대한 상충적인 두 접근 방식에 대해 논한다. 한쪽은 머신 러닝과 인공 지능에 대한 탐구를 강조한다. 이 방식의 비전(혹은 악몽)은 언젠가 우리의 컴퓨터와 로봇이 스스로 학습하여 인간을 능가하는 사고력을 갖출 수 있다는 것이다. 그러한 세계관의 수호성인은 수학자로서 제2차 세계대전 당시 암호 해독가로 활약한 앨런 튜링이다. 그는 후대의 과학자들이 "기계가 생각할 수 있는가?"라는 질문에 대한 답을 찾는 과정에 활용할 수 있도록 '이미테이션 게임(imitation game)'이라는 테스트를 고안했다. 그는 결국 우리 인류가 이에 긍정적으로 답하게 될 것이라고 믿었다.

스티브 잡스는 디지털 혁명의 발전이 인간과 기계의 파트너십을 완성하는 데 기반을 두었으며 앞으로도 계속 그렇게 갈 것이라는 믿음에 기반한 다른 접근 방식의 예를 보여 준다. 이 방식의 요점은 공생이다. 인간과 컴퓨터의 긴밀한 연결에서 생성되는 '증강 지능'이 스스로 작동하는 더욱 강력한 기계의 창출에서 생겨나는 '인공 지능'보다 항상 더 빠르게 성장할 것으로 본다.

이 학파의 수호성인은 19세기 영국 시인 바이런 경의 딸로서 수학자로 활동했던 에이다 러브레이스(Ada Lovelace)다. 그녀는 인문학과 기술을 연결하는 '시적 과학(poetical science)'을 추구했으며, 1843년 기계가 창의적으로 생각하는 것만 빼고 모든 것을 할 수 있게 될 것이라고 썼다. "분석 엔진은 무언가를 창안할 수 있다고 자처할 수 없다." 그녀의 선언이다. 그녀는 인간의 창의성과 기계의 처리 능력을 연결하는 것이 목표라고 느꼈다. 1세기 후 튜링은 자신의 논문에서 이를 "러브레이스 부인의 이의"라고 칭하며 한 섹션을 그에 대한 반박으로 채웠다.

에이다 학파의 지지자들은 인간과 컴퓨터의 상호작용을 촉진하는 보다 나은 방법을 모색해 왔다. 그들은 더 나은 유저 인터페이스, 직관적이며 그래픽 중심적인 인터페이스를 창출해 우리가 기계와 소통하고 기계가 우리와 소통하는 방법을 개선했다. 이 접근 방식의 리더에는 J.C.R. 리클라이더(J.C.R. Licklider), 더글러스 엥겔바트(Douglas Engelbart), 앨런 케이(Alan Kay) 등이 포함되는데, 모두 예술가와 심리학자, 엔지니어의 기술과 감성 지능을 보유한 인물들이다.

잡스는 인간과 컴퓨터 연결의 현대판 대가였다. 인문학과 기술 모두에 대한 직관적 인식 그리고 감정과 분석을 섞는 능력으로 그는 인간의 대체물이 아닌 동반자가 되는 장치를 만드는 방법을 알았다. 애플 그래픽 유저 인터페이스의 쾌활한 친근함에서 아이폰 가장자리 곡선의 심미적 촉감에 이르기까지 우리에게 기계와 연결된 느낌을 주는 방식의 진가를 제대로 인식했다. 잡스와 조니 아이브는 디자인이 그저 표면적 속성에 머물지 않는다는 것을 알고 있었다. 둘은 하드웨어와 소프트웨어의 복잡성을 깊이 이해하였기에 거기에 진정으로 심오한 단순성을 부여할 수 있었다.

레오나르도 다빈치는 잡스의 영웅이자 역할 모델이었다. 자신의 삶이 얼마 남지 않았음을 인지한 어느 날, 잡스는 내게 그 위대한 르네상스 엔지니어이자 예술가의 전기를 쓰도록 강권했고, 결국 나는 그의 권유에 따랐다. 그러면서 나는 잡스가 왜 그렇게 다빈치에 대해 유대감을 느꼈는지 깨달았다. 그들의 창의적 천재성은 모두 같은 교훈에서 나왔다. "예술과 과학의 교차점에 서라." 사실 두 인물은 더 심오한 무언가를 이해했다. "예술과 과학을 구별하지 마라."

레오나르도의 「비트루비안 맨(*Vitruvian Man*)」, 즉 지구의 원과 창조의 정사각형 안에 서 있는 자신을 그린 그 누드 자화상은 정교한 예술과 정밀한 과학의 연결을 상징하는 작품이다. 잡스는 신제품 출시 자리에서 종종 'Liberal Arts(인문학)'와 'Technology(과학기술)'라고 표시된 교차로 표지판을 보여 주는 슬라이드로 끝을 맺곤 했다. 2011년 세상을 뜨기 몇 달 전에 마지막으로 진행한 프레젠테이션에서 그는 이렇게 말했다. "기술만으로는 충분하지 않다는 것, 그 철학은 애플의 DNA에 내재해 있습니다. 가슴을 울리는 결과를 내는 것은 인문학과 결합된 과학기술이라고 우리는 믿습니다."

잡스는 레오나르도 다빈치의 완벽을 향한 타협하지 않는 열정에 감탄했다. 레오나르도 다빈치는 「앙기아리 전투(*Battle of Anghiari*)」에서 원근법이, 「동방박사의 경배(*Adoration of the Magi*)」에서는 상호작용이 완벽하게 구현되지 않자 완벽성이 떨어지는 채로 작품을 완성하기보다는 포기하는 쪽을 택했다. 그는 「성 안나(*Saint Anne*)」나 「모나리자(*Mona Lisa*)」와 같은 걸작을 끝까지 가지고 다녔다. 언제든 붓질을 더하고 싶을지도 모른다는 것을 알고 있었기 때문이다. 마찬가지로 스티브 잡스 역시 아무도 볼 일이 없던 내부 회로기판을 그의 팀이 아름답게 보이도록 만들 때까지 오리지널 매킨토시의 출시를 보류할 정도로 완벽주의자였다. 그와 다빈치는 진정한 예술가는 보이지 않는 부분의 아름다움에도 신경 쓴다는 사실을 잘 알고 있었다.

1997년 (자신이 문안 작성을 도운) 애플의 "다른 것을 생각하라(Think Different)" 광고에서 잡스는 부적응자들과 반항아들, 네모난 구멍에 박힌 둥근 말뚝 같은 이들을 찬양했다. 레오나르도 다빈치는 그 범주에 속했다. 그는 혼외 아들로 태어났으며 동성애자이자 왼손잡이, 채식주의자인 데다가 쉽게 산만해지는 성격이어서 세상에 적응하는 것 자체가 경이롭게 보일 정도였다. 스티브 잡스 또한 자신을 어느 정도 부적응자이자 반항아에 가깝다고 간주했다. 버려지고 선택되고 입양된 데다가 어린 시절을 보낸 교외의 노동자 계층 동네에서도 편안하게 적응하지 못했기 때문이다.

그로 인해 잡스는 평생 우주와의 영적 연결을 추구하는 구도자로 살았다. 오랜 세월 공들인 선불교 공부와 인간의 감정에 대한 세밀한 감지를 통해 그는 자신과 주변 사람들의 영혼에 도달할 수 있었다. 결과적으로 그의 창의적 산물은 단순히 예술과 기술의 훌륭한 조합에서 그치지 않았다. 우리와 심오한 방식으로 연결될 수 있는 영적 요소까지 보유했다는 의미다.

서문

이 책은 어떻게 탄생했는가

2004년 초여름, 스티브 잡스에게서 전화 한 통이 걸려 왔다. 서로 잘 아는 사이였지만 일상적으로 연락을 주고받을 정도로 친밀한 관계는 아니었다. 지난 세월 동안 그가 내게 친분을 강렬히 표하는 때가 가끔 있었는데, 자신이 출시할 새로운 제품을 《타임》 표지에 싣거나 CNN 특집 방송에 내보내고 싶을 때 특히 그랬다.(둘 다 내가 일했던 곳이다.) 하지만 이제는 그런 곳에서 일하지 않기 때문에 그의 연락도 뜸하던 참이었다. 우리는 내가 최근에 합류한 애스펀 연구소와 관련해 잠시 대화를 나누었다. 대화 도중에 나는 콜로라도에서 열리는 여름 캠퍼스에 와서 강연을 해 줄 수 있느냐고 물었다. 그는 기꺼이 오겠다고 답했지만 연단에 서고 싶지는 않다고 말했다. 대신에 그는 나와 산책을 하며 대화를 나누고 싶다고 했다.

좀 이상하게 들렸다. 함께 산책하는 것이 그가 진지한 대화를 나누고자 할 때 즐기는 방식임을 몰랐던 터라 더욱 그랬다. 만나서 얘기를 들어 보니 내가 자신의 전기를 써 주길 원하는 것이었다. 당시 벤저민 프랭클린의 전기를 출간한 지 얼마 지나지 않았던 나는 다음 작품으로 알베르트 아인슈타인의 전기를 쓰는 중이었다. 농담을 섞어 말하자면, 처음에는 스티브가 혹시 자신을 이 두 인물의 뒤를 이어 작성되어야 할 전기의 적임자로 간주하는 것은 아닌가 하는 의구심이 일었다. 하지만 내가 그의 제안에 반대 의사를 밝힌 것은 다른 이유에서였다. 그가 아직은 변화가 심한 경력의 중반부를 달리고 있었고 앞으로 더 많은 성공과 실패를 경험할 것이 분명했기 때문이었다. "아직은 아니지요." 내가 말했다. "10년이나 20년 후에 당신이 은퇴하고 나서라면 모르지만."

우리는 1984년 스티브가 맨해튼의 타임라이프 빌딩을 방문해 편집자들과 점심 식사를 하면서 새로 출시한 매킨토시를 찬양하던 자리에서 처음 만났다. 그는 그 자리에서도 성마른 성격을 드러내며 기사에 자신이 과도하게 노출되어 상처를 입었다며 《타임》의 기자 한 명을 맹비난했다. 그러나 나중에 그와 따로 얘기를 나누는 동안 나 역시 오랜 세월 다른 여러 사람들이 그랬던 것처럼 그의 매력과 열정에 빠져들지 않을 수 없었다. 이후 우리는 서로 연락을 주고받으며 지냈고 그가 애플 사에서 쫓겨난 이후에도 그런 관계는 지속되었다. 넥스트 컴퓨터나 픽사의 애니메이션 등 시장에 내놓을 제품이 생기면 그는 자기 '매력 광선' 초점을 다시 나에게 맞추었다. 그는 맨해튼 남부의 일본 식당에 나를 데려가 이번에 출시하는 제품이 여태껏 개발한 것 중에서 최고라고 강조하곤 했다. 나는 그런 그가 맘에 들었다.

스티브가 애플의 왕좌를 되찾았을 때 우리는 그를 《타임》 표지에 실었다. 그로부터 얼마 후, 그는 20세기의 가장 영향력 있는 인물들을 다루는 우리의 연재물과 관련해 아이디어를 제공하기 시작했다. 그 역시 우리가 고려하던 인물들 중 몇몇의 상징적인 사진들을 내세우며 "다른 것을 생각하라" 광고를 시작한 터였다. 그는 역사적 인물들이 끼친 영향을 평가하는 일에 매료돼 있었다.

전기를 써 달라는 제안을 거부하고 난 이후에도 나는 이따끔씩 그에게서 연락을 받았다. 한번은 내가 이메일로 질문을 하나 보내기도 했다. 딸아이가 어디서 듣고 왔는지 애플의 로고가 2차 세계대전 당시 독일의 전시 암호를 해독한 인물로, 나중에 청산가리가 들어간 사과를 베어 먹고 스스로 목숨을 끊은 영국의 컴퓨터 선구자 앨런 튜링에 대한 경의의 표시라고 말하는 것이었다. 나는 그게 사실인지 궁금해 그에게 물었다. 그는 답장에 자신이 그런 사실까지 염두에 두었더라면 좋았을 테지만 그러지는 않았다고 썼다. 이를 계기로 우리는 애플 사의 초기 역사에 대해 이런저런 얘기를 주고받았고, 나는 혹시라도 전기를 쓸 경우에 대비해 어느덧 자료를 모으고 있었다. 아인슈타인 전기가 완성된 후 그는 팰러앨토에서 열린 출판기념회에 찾아와 전기를 쓴다면 자신만큼 흥미로운 주제도 없을 거라며 다시 한 번 나를 설득했다.

그 끈질김은 나를 당혹시켰다. 먼저 스티브는 사생활을 철저하게 보호하기로 유명한 인물이었다. 또한 그가 내 책을 읽어 봤기 때문에 그러는 것 같지도 않았다. 나는 이번에도 나중에 다시 생각해 보자고 답했다. 하지만 2009년, 스티브의 아내 로런 파월이 내게 단도직입적으로 말했다. "스티브에 관한 책을 쓸 생각이 있다면 당장 시작하는 게 좋을 거예요." 그가 두 번째 병가를 낸 직후였다. 나는 스티브가 처음 그 얘기를 꺼냈을 때 병에 걸린 줄 몰랐다고 그녀에게 털어놓았다. "아는 사람이 거의 없었어요. 저에게도 암 수술에 들어가기 직전에야 전화를 했고 대외적으로는 계속 비밀로 했으니까요." 그녀가 설명했다.

나는 그때 이 책을 쓰기로 마음먹었다. 스티브의 반응은 의외였다. 집필 과정에 어떠한 영향력도 행사해서는 안 되며 사전에 보여 달라고 해서도 안 된다는 조건에 선뜻 응하는 것이었다. "이건 당신 책이니까요. 읽어 보지도 않겠습니다." 하지만 그해 가을 그는 적극적인 협조에 대해 다시 생각해 보는 것 같았다. 그리고 당시에 나는 몰랐지만, 암으로 인한 합병증이 다시 도졌다. 그와 연락이 끊겼고 나는 프로젝트를 잠시 접어 둘 수밖에 없었다.

그러던 2009년 마지막 날 오후, 그에게서 예기치 않은 전화를 받았다. 스티브는 여동생인 소설가 모나 심프슨과 팰러앨토 집에서 지내고 있었다. 아내와 세 아이들은 며칠간 스키 여행을 떠났는데 그는 건강이 좋지 않아 동행하지 못했다고 했다. 그는 곧 회상에 잠기더니 한 시간 이상을 얘기했다. 열두 살 때 주파수 계수기를 만들고 싶은 생각에 전화번호부에서 HP 사의 창업자 빌 휼렛을 찾아 직접 통화한 끝에 부품을 구했던 얘기부터 하기 시작했다. 스티브는 애플에 복귀한 이후인 지난 12년의 세월이 신제품 창출이라는 측면에서 볼 때 인생에서 가장 생산적인 시기였다고 말했다. 하지만 보다 중요한 그의 목표는 빌 휼렛과 그의 친구 데이비드 패커드가 이룩한 것과 동일한 업적을 쌓는 것이었다. 혁신적인 창의성이 충만하여 창업자들이 은퇴한 후에도 오랜 세월 존속하는 회사를 만드는 것 말이다.

"어릴 때부터 항상 저 자신이 인문학적 성향을 지녔다고 생각했어요. 그런데 전자공학도 무척 맘에 들었거든요. 그러던 어느 날 저의 영웅 중 한 명인 폴라로이드 사의 에드윈 랜드가 한 말을 읽었어요. 인문학과 과학기술의 교차점에 설

수 있는 사람들의 중요성에 관한 얘기였는데, 그걸 읽자마자 저도 그런 사람이 되고 싶다고 결심했지요."

그는 마치 자신의 전기에서 주제로 다뤘으면 하는 부분을 제안하는 것 같았다.(적어도 이와 관련해서는 스티브 잡스 역시 그런 부류에 맞는 인물임이 드러났다.) 인문학적 감각과 과학적 재능이 강력한 인성 안에서 결합할 때 발현되는 창의성은 벤저민 프랭클린과 알베르트 아인슈타인 전기에서 내가 가장 흥미로워한 주제였다. 그리고 나는 바로 그것이 21세기에 혁신적인 경제를 창출하기 위한 열쇠라고 믿었다.

나는 스티브에게 왜 나를 그의 전기 작가로 택했느냐고 물었다. "사람들 입을 여는 데 소질이 있는 것 같아서요." 뜻밖의 대답이었다. 나는 분명히 그가 해고하거나 학대한 사람들, 그가 버리거나 그에게 분노한 사람들을 인터뷰해야 할 터였고, 내가 그들의 입을 여는 것에 대해 스티브가 불편해할까 봐 우려하고 있었다. 실제로 그는 얼마 후 내가 어떤 사람들을 인터뷰하고 있는지 알았을 때 예민한 반응을 보이기도 했다. 하지만 두세 달이 지나자 그는 오히려 다양한 사람들에게 나를 만나 보라고 독려하기 시작했다. 거기에는 심지어 그의 적들과 옛 애인들도 포함되었다. 그는 그 어떤 것에도 제한을 두려 하지 않았다. "자랑스럽지 못한 일, 수치스러운 일도 많이 있었지요. 예를 들면 스물세 살 때 여자 친구를 임신시키고 그 문제를 처리한 방식이라든지……." 그가 말했다. "하지만 뭐, 절대로 밝혀서는 안 될 엄청난 비밀 같은 건 없으니까요."

나는 40여 차례에 걸쳐 그를 인터뷰했다. 일부는 팰러앨토에 있는 그의 집 거실에서 공식적으로 진행되었고, 일부는 산책이나 드라이브를 하면서, 혹은 전화 통화를 통해서 이뤄졌다. 내가 그를 방문한 18개월 동안 그는 갈수록 친밀감을 보이며 속 깊은 곳에 묻어 둔 얘기들을 털어놓았다. 물론 가끔은 애플의 오랜 동료들이 스티브의 '현실 왜곡장(reality distortion field)'이라 칭하던 일면을 눈으로 확인할 수 있었다. 때로 그것은 우리 모두에게 일어나는 기억 세포의 의도치 않은 기능 부전으로 인해 나타났고, 또 때로는 그가 현실에 대한 나름의 해석을 그 자신과 내게 주입하는 바람에 발생했다. 그의 이야기를 확인하고 더 구체화하기 위해 나는 100명이 넘는 친구와 친척, 경쟁자, 적수, 동료 들을 인터뷰했다.

이 프로젝트를 도운 그의 아내 로렌 역시 제약이나 통제를 가하려 하지 않았으며, 출간될 내용을 미리 보자고 요구하지도 않았다. 오히려 스티브의 장점뿐 아니라 결점에 대해서도 정직하게 써 달라고 신신당부했다. 그녀는 내가 만나 본 사람 중 가장 똑똑하고 현실 감각이 뛰어난 축에 속한다. "그의 인생과 성격에는 극도로 지저분한 부분도 있어요. 그게 진실이에요." 그녀가 말했다. "그런 것들을 눈가림하려 해서는 안 돼요. 스티브는 조작이나 왜곡에 능하긴 하지만 놀라운 이야기도 가지고 있는 사람이에요. 그런 것들을 다 있는 그대로 얘기했으면 좋겠어요."

내가 이 임무를 완수하는 데 성공했는지 여부는 독자들이 평가할 부분이다. 이 드라마에는 분명 일부 사건들을 다르게 기억하거나 내가 그의 '현실 왜곡장'에 걸려든 부분이 있다고 생각할 출연자들이 있을 것이다. 헨리 키신저에 관한 책을 썼을 때와 마찬가지로(어떤 면에서는 그것이 이 프로젝트를 위한 좋은 준비 과정이 되었다.) 사람들은 대부분 스티브에 대해 긍정적이든 부정적이든 너무도 강력한 감정을 품고 있었다. 결국 종종 '라쇼몽 효과'(주관적인 기억의 잣대로 기억하고 싶은 것만 기억하는 현상.— 옮긴이)를 느끼지 않을 수 없었다. 그래서 나는 상충되는 증언들에 공평한 균형을 가하고 출처들에 투명성을 부여하기 위해 최선을 다했다.

이 책은 완벽에 대한 열정과 맹렬한 추진력으로 여섯 개 산업 부문에 혁명을 일으킨 창의적인 기업가의 롤러코스터 인생과 그의 불같이 격렬한 성격에 관한 내용을 담고 있다. 여섯 개 산업 부문은 바로 PC와 애니메이션, 음악, 휴대전화, 태블릿 컴퓨팅, 디지털 출판을 말한다. 여기에 일곱 번째 부문으로 소매상점까지 추가할 수도 있겠다. 그가 혁명을 일으키진 않았지만 새로운 방식을 고안해 낸 분야이기 때문이다. 그는 웹사이트 기반이 아닌 애플리케이션 기반의 디지털 콘텐츠에 대해서 새로운 시장의 문을 열었다. 이러한 과정에서 그는 세상을 변혁하는 제품을 내놓았을 뿐 아니라 두 번째 시도 만에 지속 가능한 기업도 창출하였다. 그의 DNA를 물려받은 이 회사는 그의 비전을 추진하고 발전시킬 창의적인 설계자들과 대담무쌍한 엔지니어들로 가득하다.

나는 이 책이 혁신을 다룬 것으로 평가받길 바란다. 미국이 혁신의 우위를 유지하기 위한 방법을 모색 중인 이때, 전세계의 공동체들이 디지털 시대에 걸맞은 창의적 경제를 구축하려고 애쓰는 이 시대에, 스티브 잡스야말로 독창성과 상상력, 지속 가능한 혁신의 궁극적 아이콘으로 우뚝 설 수 있는 인물이다. 그는 21세기에 가치를 창출하는 최선의 방법은 기술과 창의성을 연결하는 것임을 알았다. 그래서 그는 엔지니어링의 놀라운 재주에 상상력의 도약이 결합되는 회사를 세웠다. 스티브와 애플에 있는 그의 동료들은 다르게 생각할 수 있었다. 그들은 단순히 포커스 그룹을 토대로 제품의 진보를 일궈 낸 게 아니라, 소비자들이 미처 필요하다고 생각하지도 못한 완전히 새로운 기기와 서비스 들을 개발해 낸 것이다.

그는 단정하게 구색을 갖추고 경쟁에 나선 전형적인 상사나 인간이 아니었다. 악마 같은 면을 지닌 그는 주위 사람들을 분노와 절망으로 몰아가기도 했다. 하지만 애플의 하드웨어와 소프트웨어가 마치 통합된 시스템의 일부로 기능하는 경향을 보였던 것처럼, 그의 성격과 열정 그리고 제품은 모두 서로 밀접하게 연결돼 있었다. 결국 혁신과 개인적 특질, 리더십과 가치에 대한 교훈으로 가득한 그의 이야기는 유익하면서도 모종의 경고를 담고 있는 셈이다.

셰익스피어의 『헨리 5세』, 고집 세고 치기 어린 핼 왕자가 열정적이지만 예민하며 냉담하지만 감상적이고 영감을 주면서도 흠결 많은 왕으로 성장하는 이 이야기는 간곡한 권고의 말로 시작한다. "오! 번개처럼 번쩍이는 뮤즈여, 가장 밝게 빛나는 창조력의 천국으로 나를 이끌 불의 뮤즈여." 핼 왕자의 상황은 비교적 순탄했다. 그는 자신의 아버지 한 명이 남긴 유산만 상대하면 그만이었다. 하지만 스티브 잡스의 경우, 그가 가장 밝게 빛나는 창조력의 천국으로 올라가는 과정은 두 쌍의 부모에 대한 이야기와, 실리콘을 황금으로 만드는 기술을 막 터득한 밸리에서 성장하는 이야기로 시작된다.

차례

어린 시절

버려지고 선택받다

아버지 폴 잡스에게 안겨 있는 스티브 잡스　　　1956

스티브 잡스가 성장한 서니베일 집. 차고에서 애플이 탄생했다.

스티브 잡스의 홈스테드 고등학교
졸업 앨범 사진(1972)

2장에 등장하는 "SWAB JOB" 걸개그림을
잡고 있는 스티브 잡스와 앨런 바움

버림받음과 선택받음 사이에서

폴 라인홀트 잡스는 2차 세계대전 종전과 더불어 해안경비대에서 제대하면서 동료들과 한 가지 내기를 했다. 그들은 샌프란시스코에 막 도착한 참이었는데(그들의 함선이 그곳에서 퇴역했다.) 잡스는 2주 안에 아내로 삼을 여인을 찾겠다고 내기를 건 것이다. 키 180센티미터의 다부진 체격에 문신을 한 엔진 기술자였던 그는 얼핏 제임스 딘을 닮기도 했다. 하지만 그가 아르메니아 이민자 가정에서 태어난 상냥한 성격의 클라라 헤고피언과 데이트를 할 수 있었던 것은 외모 덕분이 아니었다. 그녀가 그날 저녁 원래 만나려고 했던 친구들과는 달리, 잡스와 그의 친구들은 차를 한 대 동원할 수 있었던 것이다. 열흘 후인 1946년 3월, 잡스는 헤고피언과 약혼을 했고 그렇게 내기에서 이겼다. 둘은 40여 년 후 죽음이 서로를 갈라놓을 때까지 행복한 결혼 생활을 누렸다.

폴 잡스는 위스콘신 주 저먼타운의 낙농장에서 자랐다. 때때로 알코올중독자 아버지에게 학대당하기도 했지만, 잡스는 외면을 단단히 키우며 점잖고 얌전한 성향의 인물로 성장했다. 그는 고등학교를 중퇴한 후 기계공으로 이런저런 일을 맡으며 중서부를 떠돌았다. 그러다 열아홉 살 때 헤엄도 칠 줄 모르면서 해안경비대에 입대했다. 그는 USS M. C. 메이그스 호에 배치되어 전쟁 대부분의 기간 동안 이탈리아의 패튼 장군 예하 부대로 병력을 수송하는 임무에 종사했다. 기계공 및 화부로서 재능이 있었던 그는 칭찬을 받기도 했지만, 종종 사소한 말썽에 휘말려 만년 수병에 머물러야 했다.

클라라 헤고피언은 뉴저지에서 태어났다. 그녀의 부모가

터키(당시 오스만제국)의 침공을 피해 아르메니아를 떠난 후 그곳에 정착했기 때문이다. 그들은 헤고피언이 아직 어린아이였을 때 샌프란시스코의 미션디스트릭트로 이사했다. 그녀에게는 극소수의 지인만 아는 비밀이 하나 있었다. 이전에 결혼을 했는데 남편이 전쟁에 나가 죽었다는 사실이었다. 결국 헤고피언은 새로운 인생을 시작할 마음의 준비를 갖춘 상태에서 데이트에 나갔고 거기서 잡스와 눈이 맞았던 것이다.

다른 많은 사람들처럼, 전쟁을 겪으며 충분히 많은 흥분을 경험했던 그들은 그저 정착해 가정을 꾸리고 평온하게 살고 싶었다. 둘은 돈이 별로 없었기 때문에 위스콘신으로 가서 몇 년간 잡스의 부모 집에서 같이 살다가 다시 인디애나로 옮겼다. 거기서 잡스는 인터내셔널 하베스터 사에 기계공으로 들어갔다. 그는 오래된 자동차를 손질하는 일에 열정을 보였고, 남는 시간에는 중고차를 매입하여 수리한 다음 되팔아서 돈을 벌었다. 결국 그는 정규 일자리를 그만두고 중고차 세일즈맨으로 직업을 바꿨다.

그렇지만 클라라 잡스는 샌프란시스코에 대한 그리움을 떨쳐 낼 수 없었다. 그래서 1952년 남편을 설득해 그곳으로 다시 이사했다. 그들은 골든게이트 공원 바로 아래쪽에 위치한 선셋디스트릭트에서 태평양이 한눈에 들어오는 아파트를 얻었다. 폴 잡스는 한 금융회사에서 '리포맨'(대금 미납 상품 회수원. — 옮긴이) 일자리를 얻었다. 대출금을 상환하지 않은 사람들의 자동차를 찾아 자물쇠를 따고 회수해 오는 일이었다. 그는 그런 자동차들의 일부를 매입하고 고쳐 팔아서 비교적 괜찮은 삶을 꾸려 나갔다.

하지만 이 부부의 삶에는 무언가가 빠져 있었다. 아이를

플에서 잡스와 긴밀히 일했던 앤디 허츠펠드는 브레넌과 잡스 두 사람 모두와 가까운 사이를 유지한 몇 안 되는 사람 중 한 명이다. "스티브에 대한 중요한 의문 한 가지는 그가 왜 때때로 스스로를 통제하지 못하고 일부 사람들에게 거의 반사적으로 잔인하고 사악하게 구느냐 하는 겁니다." 그가 말한다. "출생 직후 버림받은 데에 그 원인이 있다고 생각합니다. 결국 진짜 근본적인 문제는 스티브의 인생에서 '버림받음'이라는 주제가 차지하는 비중이라는 얘깁니다."

잡스는 이러한 견해를 일축했다. "제가 버려졌기 때문에 죽어라 열심히 일해 부모님이 나를 되찾고 싶게 만들려 한다는 식의 어처구니없는 얘기들이 나도는데, 정말 말도 안 되는 얘기들입니다. 입양됐다는 사실을 안 것이 제게 독립성을 키워 주었을지는 모르지만 버림받았다는 느낌에 빠진 적은 없었어요. 저는 항상 저 자신이 특별한 사람이라고 생각했지요. 부모님이 그렇게 느끼도록 해 주셨어요." 누군가가 폴 잡스와 클라라 잡스를 그의 '양부모'라고 부르거나 '진짜' 부모가 아니라는 식으로 얘기하면 그는 신경을 곤두세우곤 했다. "그들은 1000퍼센트 제 부모님입니다." 반면 생부모에 대해 얘기할 때는 퉁명스러웠다. "그들은 나의 정자와 난자 은행이지요. 무정한 게 아니라 사실이 그래요. 정자 은행일 뿐, 그 이상도 그 이하도 아니지요."

실리콘밸리에서 뛰놀다

잡스 부부가 그들의 양자를 위해 조성해 준 어린 시절은 여러모로 1950년대 말의 전형이었다. 스티브 잡스가 두 살일 때 그들은 딸을 입양해 패티라 이름 붙였고, 3년 후 교외 지역의 분양주택으로 이사했다. 폴 잡스가 리포맨으로 일하던 회사 CIT에서 그를 팰러앨토 지사로 전근시켰을 때에는 그 동네에서 살 만한 여력이 안 됐기 때문에 집값이 다소 저렴한 바로 남쪽의 마운틴뷰에서 살았다.

그곳에서 폴 잡스는 기계와 자동차에 대한 자신의 열정을 아들에게 물려주려고 했다. "스티브, 이제 여기가 너의 작업대다." 그는 차고 안에 있는 작업대에 금을 그어 한쪽을 나눠 주며 말했다. 스티브 잡스는 장인 정신을 중시하던 아버지에게서 깊은 인상을 받았다고 기억한다. "아버지의 설계 감각이 꽤 좋다고 생각했어요. 뭐든지 만들 줄 아셨으니까요. 집에 캐비닛이 필요하면 아버지가 뚝딱뚝딱 만드셨지요. 우리 집 울타리를 만들 때에는 제게 망치질을 가르쳐 주셨고 그래서 함께 일할 수 있었어요."

50년이 지난 지금, 그 울타리는 아직도 마운틴뷰 집의 뒤뜰과 옆 마당을 둘러싸고 있다. 나에게 그 울타리를 자랑하듯 보여 줄 때 잡스는 방책 패널을 쓰다듬으며 아버지가 마음속 깊이 심어 준 교훈 한 가지를 떠올렸다. 그의 아버지는 캐비닛이나 울타리 같은 것을 만들 때에는 숨겨져 잘 안 보이는 뒤쪽도 잘 다듬는 것이 중요하다고 말했다 한다. "아버지는 일을 제대로 하는 걸 철칙으로 여기셨지요. 보이지 않는 부분까지 신경 쓰면서 말이에요."

폴 잡스는 계속해서 중고차를 수리하여 판매했고, 차고 벽을 온통 자신이 좋아하는 자동차 사진으로 장식했다. 그는 아들에게 선과 통풍구, 크롬 합금, 좌석 장식 등 자동차 설계의 세부 사항들을 자세히 가르쳐 주었다. 퇴근 후에는 매일 같이 무명천 바지로 갈아입고서, 종종 아들을 데리고 차고 안으로 사라졌다. "스티브한테 기계 다루는 능력을 심어 주려고 했는데 걔는 손에 기름 묻히는 일을 별로 좋아하지 않더라고요." 훗날 폴 잡스의 회상이다. "기계 같은 것들에 대해서 별로 관심을 보이지 않았어요."

스티브 잡스는 후드 아래 고개를 들이밀고 자동차 부품을 만지작거리는 일에 매력을 느끼지 못했다. "차 고치는 일은 별로 재미가 없었어요. 하지만 아버지와 시간을 보내는 건 무척 좋아했지요." 입양됐다는 사실을 점점 더 의식하면서도 그는 아버지에 대한 친밀감만큼은 더욱더 키워 나갈 수 있었다. 여덟 살 정도였던 어느 날, 그는 해안경비대 시절의 아버지가 찍힌 사진을 발견했다. "엔진실에서 찍은 건데 웃통을 벗고 있는 모습이 제임스 딘 같았어요. 아이들에게 찾아오는 '우와!' 하는 순간이었지요. '우와! 우리 부모님도 굉장히 젊고 멋있던 때가 있었구나.' 이런 것 말이에요."

그의 아버지는 자동차를 통해 그가 처음으로 전자공학을 접하게 해 주었다. "전자공학에 대해 심도 있게 이해하셨던 건 아니지만, 자동차를 비롯해 이것저것 고치다 보니 빈번하게 접하셨지요. 아버지는 내게 전자공학의 기초를 가르쳐 주셨고, 저는 큰 흥미를 품게 되었어요." 더욱 재미있었던 것은 부품을 구하러 다니던 일이었다. "주말마다 중고 부품상을 찾았어요. 발전기나 기화기 등 온갖 종류의 부품을 구하러 말이에요." 그는 아버지가 계산대에서 흥정하던 모습을 기억한다. "흥정을 아주 잘하셨죠. 부품의 가치가 얼마 정도면 적절한지 계산대에서 일하던 사람들보다 더 잘 아셨으니까요."

덕분에 폴 잡스는 아이를 입양할 당시 서약한 약속을 지켜 나갈 수 있었다. "제 대학 학자금은 포드 팰컨이나 뭐 그런 굴러가지도 않는 고물 차를 50달러에 사들여 몇 주간 수리한 다음 250달러에 되파는 과정들을 통해 차곡차곡 쌓여 갔어요. 그렇게 번 돈은 국세청에 소득 신고도 하지 않으셨지요."

디아블로 가(街) 286번지에 위치했던 잡스의 집과 그 일대의 집들은 모두 부동산 개발업자 조셉 아이클러가 지은 것들이었다. 그의 회사는 1950년에서 1974년까지 캘리포니아 곳곳의 분양 택지에 1만 1000채의 집을 세웠다. 아이클러는 미국의 모든 '보통 사람들'에게 심플하고 현대적인 가정을 제공하고자 했던 로이드 라이트의 비전에서 영감을 받았다. 그래서 그는 전면 유리 벽과 트인 바닥, 노출된 기둥, 콘크리트 바닥, 유리 미닫이문 등을 특징으로 한 저렴한 주택들을 지었다. "아이클러가 대단한 일을 해낸 겁니다." 동네를 산책하던 중 잡스가 말했다. "그가 지은 주택은 스마트했고 저렴했으며 질이 좋았습니다. 그는 서민들에게 깨끗한 디자인과 심플한 취향을 선사한 셈이에요. 그 주택들은 바닥용 복사 난방 시스템 등 작지만 놀라운 기능들도 갖추고 있었어요. 카펫을 깔면 바닥이 따끈따끈해져서 애들이 좋아했지요."

잡스는 아이클러 주택에 대한 호감과 존경으로 인해 깔끔한 디자인의 제품을 만들어 대중 시장에 공급하고자 하는 열정이 생겨났다고 말한다. "멋진 디자인과 심플한 기능을 저렴한 가격과 결합하는 일을 저는 무척 좋아합니다." 아이클러 주택의 깔끔하고 우아한 디자인을 가리키며 그가 말했다. "그것이 바로 애플 컴퓨터가 애초부터 가졌던 비전이었지요. 첫 번째 맥 컴퓨터로 시도했던 것도 바로 그것이었고, 아이팟으로 시도한 것도 마찬가지입니다."

잡스의 집 건너편에는 부동산 중개인으로 성공한 남자가 살았다. "머리가 그렇게 좋지는 않았어요." 그가 회상한다. "하지만 돈을 많이 버는 것 같았어요. 그래서 아버지는 '저 정도라면 나도 할 수 있겠다.'라고 생각하셨지요. 아버지가 정말 열심히 공부하셨던 걸로 기억해요. 야간 수업을 듣고 자격시험에 합격해 부동산 중개업을 시작하셨지요. 하지만 하필 그때 부동산 시장에 불황이 닥쳤어요." 결과적으로 그의 가족은 잡스가 아직 초등학생이었던 1~2년 동안 재정적으로 어려운 시기를 보냈다. 어머니는 과학 기구를 만드는 회사인 베리언 어소시에이츠에 경리 사원으로 취직했고, 그들은 주택을 담보로 추가 대출까지 받았다. 잡스가 4학년이었을 때 하루는 담임 선생이 이렇게 물었다. "네가 이 세상에 대해 이해하지 못하는 게 뭐니?" 그는 이렇게 대답했다. "우리 아버지에게 왜 갑자기 돈이 떨어졌는지 이해가 안 가요." 그럼에도 그는 아버지가 보다 나은 세일즈맨이 되기 위해 비굴한 태도나 교활한 면모를 키우지 않은 것을 크게 자랑스러워했다. "부동산을 팔려면 정말 사람들 비위를 잘 맞춰야 했는데, 아버지는 그런 것에 능하지 않으셨지요. 성향 자체가 그런 것과 거리가 먼 분이었거든요. 그게 나는 존경스러웠어요." 결국 폴 잡스는 다시 기계 일로 돌아갔다.

그의 아버지는 점잖고 침착했다. 잡스는 그런 특성을 많이 본받지는 못했지만, 그런 면이 훌륭한 점이라는 것을 모르지도 않았다. 그의 아버지는 또한 의지가 강한 사람이었다.

근처에 웨스팅하우스 사에 근무하는 엔지니어가 살았

어요. 독신에 비트족이었는데 여자 친구가 있었어요. 그녀가 종종 베이비시터처럼 나를 맡아 주곤 했지요. 부모님 둘 다 일을 하셨기 때문에 학교가 끝나면 거기서 한두 시간 보내곤 했어요. 그런데 그 남자는 자주 그러는 건 아니었지만 술에 취하면 가끔 그녀를 때렸어요. 하룻밤은 그녀가 겁에 질려 우리 집에 찾아왔는데 곧바로 그 남자도 술에 취한 채 따라왔어요. 아버지가 현관에서 남자를 가로막고는 그녀가 여기 있는 건 맞지만 당신은 들어오지 못한다고 말했어요. 그 자리에 딱 버티고 서서 단호하게 경고했지요. 다들 1950년대에는 모든 게 평화로웠다고 생각하지만, 그 남자는 삶을 엉망으로 살던 그런 엔지니어들 중 한 명이었어요.

그 동네가 화살나무들이 즐비한 미국의 다른 수천 군데 주택단지들과 달랐던 점은 게으르고 무책임한 사람들조차 엔지니어로 일할 수 있었다는 사실이다. "우리가 여기 처음 이사 왔을 때에는 동네 어귀 곳곳에 살구나무와 자두나무들이 있었어요." 잡스가 회상한다. "하지만 곧 군수산업 붐이 일어나기 시작했지요." 잡스는 그 밸리 지역의 역사를 하나하나 흡수하며 자신도 나름의 역할을 하고 싶다는 열망을 쌓아 갔다. 훗날 폴라로이드 사의 에드윈 랜드는 아이젠하워 대통령이 소련의 위협이 얼마나 실제적인지 알아보기 위해 U-2 정찰기에 달 카메라를 개발해 달라고 요청한 적이 있다는 얘기를 잡스에게 해 주었다. 정찰기가 찍은 사진의 필름은 필름 통에 담겨 잡스가 살던 곳에서 그리 멀지 않은 서니베일에 위치한 NASA 에임스 연구소로 보내졌다. "아버지가 에

어린 시절

임스 연구소에 나를 데려갔을 때 처음으로 컴퓨터 단말기라는 것을 보게 되었어요. 첫눈에 반해 버렸지요."

1950년대 전반에 걸쳐 국방부의 하청 업체들이 그 지역에 우후죽순처럼 생겨났다. 1956년 NASA 센터 인근에 잠수함 탑재 탄도미사일을 개발하는 '록히드 미사일 및 우주' 분사가 설립되었다. 4년 후 잡스 가족이 그 근처로 이사했을 때에는 직원이 2만 명으로 늘어나 있었다. 웨스팅하우스는 거기서 몇백 미터밖에 떨어지지 않은 곳에 미사일 시스템을 위한 튜브와 변압기를 제조하는 시설을 지었다. "최첨단을 달리는 방위산업체들이 모두 이곳에 들어섰지요." 잡스의 회상이다. "신비로운 첨단 기술들이 어우러진 곳에서 산다는 게 정말 신이 났어요."

방위산업이 부상하자 기술을 기반으로 한 호황 경기가 형성되었다. 그 뿌리는 1938년 데이비드 패커드와 그의 아내가 팰러앨토의 창고 딸린 아파트에 신접살림을 차렸을 때, 그리고 곧 그들의 친구 빌 휼렛이 그 창고에 들어와 살게 되었을 때로 거슬러 올라간다. 이 집에는 차고가 있었는데, 패커드와 휼렛은 그곳에서 기계를 만지작거리다 그들 최초의 제품인 오디오 발진기를 개발했다.(집집마다 딸린 차고는 결국 실리콘밸리의 유용하면서도 상징적인 부속물임이 입증된다.) 1950년대에 접어들며 휼렛패커드(HP)는 기술 장비 제조사로 빠르게 성장해 나갔다.

다행히도 더는 차고에서 버틸 수 없게 된 기업가들을 위한 공간이 근처에 있었다. 스탠퍼드 대학교의 공대 학장 프레더릭 터먼은 학생들의 아이디어를 상업화할 수 있는 민간 기업들을 위해 대학 부지에 280만 제곱미터 상당의 산업 구역을 조성했고, 덕분에 그 지역은 기술 혁명의 요람으로 탈바꿈하기 시작했다. 그 산업 구역의 첫 입주 회사가 바로 클라라 잡스가 일하던 베리언 어소시에이츠였다. "터먼의 그 탁월한 아이디어가 여기서 기술 산업이 성장하는 데 결정적인 기여를 한 셈이지요." 잡스가 말한다. 잡스가 열 살일 무렵 HP의 직원은 9000명에 이르렀으며, 재정적 안정을 원하는 모든 엔지니어들이 일하고 싶어 하는 블루칩 회사로 성장했다.

그 지역의 성장에 가장 중요한 역할을 한 기술은 물론 반도체였다. 잠시 그 역사를 훑어보자. 뉴저지의 벨 연구소에서 트랜지스터를 발명한 인물 중 한 명인 윌리엄 쇼클리는 그곳을 나와 마운틴뷰에 자리를 잡고는 1956년 실리콘을 이용해 트랜지스터를 집적하는 회사를 세운다.(당시에는 값이 더 비싼 게르마늄을 이용하는 것이 일반적이었다.) 하지만 쇼클리는 점점 변덕스러운 행태를 보이다가 실리콘 트랜지스터 프로젝트를 폐기해 버린다. 그로 인해 그 밑에서 일하던 로버트 노이스와 고든 무어 등 여덟 명의 엔지니어들은 회사를 나와 페어차일드 반도체를 설립한다. 이 회사는 직원 1만 2000명을 보유하는 규모까지 성장하지만, CEO 자리를 놓고 벌어진 권력 다툼에서 노이스가 패하자 1968년 분열되고 만다. 노이스는 고든 무어를 데리고 나와 '통합 전자 회사(Integrated Electronics Corporation)'라는 이름의 기업을 세운다.(그리고 얼마 후 기발하게도 회사 이름을 '인텔(Intel)'로 줄인다.) 그 회사에 합류한 세 번째 구성원이 바로 앤드류 그로브이다.(그는 1980년대에 사업의 초점을 메모리 칩에서 마이크로프로세서로 옮김으로써 회사를 급성장시킨다.) 불과 몇 년 후 그 지역에는 반도체를 만드는 회사가 50개 넘게 들어선다.

이 산업의 급속한 성장은 무어가 발견하여 유명해진 모종의 현상과 상관관계가 있었다. 1965년 그는 칩 하나에 담을 수 있는 트랜지스터 수를 토대로 집적회로의 발전 속도를 나타내는 그래프를 그렸다. 그는 그 수가 2년마다 두 배로 증가할 것이며 그러한 추세가 꾸준히 지속될 거라고 주장했다.(이른바 '무어의 법칙'의 탄생이다.) 이 이론은 1971년 인텔 사가 중앙처리장치(CPU) 전체를 '인텔 4004'라는 이름의 칩 한 개에 담는 데 성공함으로써 다시 한 번 입증되었다.(그들은 이것을 '마이크로프로세서'라고 불렀다.) 일반적으로 무어의 법칙은 오늘날까지도 유효한 것으로 간주되며, 이 법칙이 성능과 가격에 대해 신뢰할 만한 예측을 제공한 덕분에 두 세대에 걸쳐 스티브 잡스와 빌 게이츠 등의 젊은 기업가들이 자신들의 진보적인 제품들에 대해 가격을 예측할 수 있었던 것이다.

반도체 칩 산업은 그 공업단지에 '실리콘밸리'라는 새로운 이름까지 안겨 주었다. 1971년 1월 업계 주간지 《일렉트로닉 뉴스》의 칼럼니스트 돈 호플러가 「실리콘밸리 USA」라는 칼럼을 연재한 것이 그 발단이었다. 샌프란시스코 남부에서 팰러앨토를 거쳐 새너제이까지 이어지는 65킬로미터 길이의 산타클라라밸리, 그곳의 상업적 근간은 엘카미노레알이었다. 한때 캘리포니아의 선교 교회 21개를 연결하는 가장 빠른 길이었던 이 도로가 이때부터 회사들과 벤처기업들의 연결로로 변모하며 현재 매년 미국 벤처 투자 총액의 3분의 1을 차지하는 혁신의 중심가로 성장한 것이다. "자라면서 이곳의 역사에서 많은 영감을 받았어요." 잡스의 말이다. "그래서 저도 그 역사의 일부가 되고 싶었지요."

대부분의 아이들과 마찬가지로 잡스 역시 주변 어른들의

열정에 큰 영향을 받았다. "우리 동네의 아버지들은 대부분 광전 변환 소자나 배터리, 레이더 같은 흥미로운 분야에 종사했어요." 그가 회상한다. "저는 그런 것들이 놀라웠고 기회만 되면 사람들에게 이런저런 질문을 하면서 자랐지요." 그런 이웃들 중에서 가장 중요한 사람이었던 래리 랭은 옆으로 일곱 집 건너에 살았다. "그는 가장 모범적인 HP 엔지니어 같았어요. 아마추어 무선 마니아인 데다가 진정한 전자 공학 전문가였지요. 그는 제가 가지고 놀 수 있는 것들을 가져다주곤 했어요." 랭의 옛 집을 향해 걸어가면서 잡스가 진입로를 가리켰다. "한번은 탄소 마이크로폰과 배터리, 스피커를 가지고 나와 이 진입로에 놓더군요. 저한테 탄소 마이크에다 대고 말을 해 보라고 해서 그렇게 했더니 목소리가 스피커를 거쳐 크게 울려 나왔어요." 잡스는 아버지에게서 마이크로폰은 반드시 전자 앰프를 필요로 한다고 배운 터였다. "그래서 저는 집으로 달려가 아버지의 말이 틀렸다고 얘기했지요."

"아니야, 앰프가 필요해." 아버지는 확신에 차서 말했다. 잡스가 그렇지 않다고 항의하자 그의 아버지는 미친 소리 그만하라고까지 했다. "앰프가 없으면 작동하질 않아. 무언가 속임수를 썼을 거야."

"나는 아버지에게 계속 아니라고 우기며 직접 보셔야 한다고 말했지요. 결국 아버지는 저를 앞세우고 랭의 집을 찾아갔어요. 실제로 확인한 다음엔 이렇게 말씀하시더군요. '이거 참, 쥐구멍에라도 숨고 싶구먼.'"

잡스가 이 사건을 생생하게 기억하는 이유는 아버지도 모든 것을 다 아는 게 아니라는 사실을 처음으로 깨달았기 때문이다. 그리고 점차 그보다 더 혼란스러운 사실을 발견하게 되었다. 부모님보다 자신이 더 똑똑하다는 사실이었다. 잡스는 아버지의 실력과 실제적 지식을 항상 존경해 온 터였다. "교육을 많이 받은 분은 아니었지만 상당히 똑똑한 분이라고 생각했어요. 책을 많이 읽는 것도 아닌데 정말 많은 일을 잘 해내시는 분이었으니까요. 기계와 관련된 건 무엇이든 척척 해결하셨지요." 하지만 탄소 마이크로폰 사건 이후로 잡스는 자신이 부모님보다 더 영리하고 머리가 더 빨리 돌아간다는 충격적인 사실을 차츰 깨닫기 시작했다. "제 마음속에 각인된 매우 중요한 순간이었어요. 부모님보다 똑똑하다는 사실을 깨달았을 때, 그런 생각을 했다는 것만으로도 엄청난 죄책감을 느꼈지요. 그 순간을 절대 잊지 못할 겁니다." 잡스가 나중에 친구들에게 한 말에 따르면, 입양되었다는 사실과 더불어 이러한 발견이 그를 가족과 세상으로부터 동떨어진 (즉 소외되고 분리된) 것처럼 느끼게 만들었다고 한다.

잡스는 얼마 후 또 하나의 자각에 봉착했다. 부모님보다 머리가 더 좋다는 사실뿐 아니라, 그들도 이 사실을 안다는 걸 인지했던 것이다. 다행히 폴 잡스와 클라라 잡스는 자식 사랑이 지극한 부모였다. 그들은 매우 똑똑한(또한 의지가 강한) 아들을 얻은 이 상황에 기꺼이 적응하는 자세를 보여 주었다. 또한 아들의 필요를 충족시키는 동시에 특별한 아이로 대우하기 위해 상당한 노력을 기울였다. 스티브 잡스는 이 사실도 곧 깨달았다. "부모님 모두 저를 이해해 주셨어요. 제가 특별하다는 것을 아시고 나서는 많은 책임감을 느끼셨지요. 제게 계속 무언가를 배울 수 있게 조치하고 더 나은 학교에 보내기 위한 방법을 모색하셨어요. 제가 필요로 하는 것을 채워 주기 위해 기꺼이 희생을 하신 겁니다."

이렇게 잡스는 버림받았다는 생각뿐 아니라 자신이 특별하다는 인식도 품고 자랐다. 그가 생각하기에 자신의 성격 형성에 더 중요한 역할을 한 것은 바로 그 특별하다는 인식이었다.

교실 밖에서 만난 학교

초등학교에 들어가기 전부터 어머니는 그에게 책 읽는 법을 가르쳐 주었다. 하지만 이것은 몇 가지 문제를 일으켰다. "처음 몇 년 동안은 학교 공부가 따분하기 이를 데 없었어요. 결국 말썽이나 피우는 데 몰두하게 되었지요." 그리고 곧, 잡스는 천성적으로나 환경적으로나 권위를 쉽게 받아들이지 못한다는 사실이 분명해졌다. "그동안 경험했던 것과 다른 종류의 권위를 경험하게 된 거지요. 그게 제 마음에 안 들었어요. 그들은 강압적으로 누르려고만 했어요. 제 안에 있는 모든 호기심을 다 없애 버리려 애썼지요."

그가 다닌 몬타로마 초등학교는 집에서 네 블록 떨어진 곳에 있었고, 1950년대식 저층 건물 몇 채로 이루어져 있었다. 그는 짓궂은 장난을 치면서 지루함을 달랬다. "릭 페렌티노라는 친한 친구가 있었는데, 둘이 같이 다니며 온갖 말썽을 피웠지요. 예를 들면 '애완동물 데리고 등교하는 날'을 공지하는 작은 포스터를 만들어 붙이기도 했어요. 교실 전체에서 개들이 고양이를 쫓아다니고 정말 난리도 아니었지요. 선생님들은 거의 미쳐 버렸어요." 또 한번은 아이들을 꼬드겨 그들의 자전거 자물쇠 비밀번호를 알아냈다. "그런 다음 밤에 나가 자물쇠를 전부 바꿔 놓았지요. 아무도 자전거를 탈 수가 없었어요. 그날 밤늦은 시간이 되어서야 상황이 정리됐죠." 잡스가 3학년이 되자 장난의 수위가 조금씩 위험해졌다. "한번은 우리 반 담임 선생님이셨던 서먼 부인 의자 밑에 폭음탄을 설치해 놓았다가 터뜨렸지요. 신경 경련을 일으키셨어요."

예상대로, 스티브 잡스는 3학년 때 두세 차례 귀가 조치되었다. 하지만 다행히 아버지는 그를 특별하게 여기기 시작한 상태였고, 학교에서도 마찬가지로 여겨 줄 것을 침착하면서도 확고한 태도로 요청했다. "이봐요, 우리 아이 잘못이 아닙니다." 폴 잡스가 교사들에게 말했다. "학생이 공부에 흥미를 갖지 못한다면 그건 선생님들 잘못이지요." 스티브 잡스는 학교에서 범한 잘못 때문에 부모님에게 벌을 받은 기억이 없다. "아버지는 알코올중독자였던 할아버지께 벨트로 맞은 적도 있었다지만 제게는 그런 일이 일어나지 않았어요." 그의 부모는 "스티브에게 자극을 가하지 못하면서 바보 같은 내용만 달달 외우게 만들려 애쓰는 학교가 문제"라고 생각했다. 그는 이미 평생 동안 그를 따라다닐 민감함과 둔감함, 조급함과 무관심이 섞인 태도를 보이고 있었다.

잡스가 4학년에 올라갈 때가 되자, 학교에서는 그와 페렌티노를 떨어뜨려 놓는 게 최선이라는 결정을 내렸다. 우등반의 담임은 이모진 힐이라는 활기 넘치는 교사였다. '테디(Teddy)'라는 별명으로 통했던 그녀는, 잡스에 의하면 "내 인생의 성자 중 한 분"이었다. 그녀는 몇 주간 그를 지켜보았고, 그를 다루는 가장 좋은 방법은 뇌물로 동기를 부여하는 것이라는 사실을 알아냈다. "하루는 수업이 끝나고 따로 부르시더니 수학 문제지를 주시는 거예요. 그러면서 집에 갖고 가서 풀어 오라고 하시더군요. 저는 생각했지요. '정신이 나가셨나?' 그때 선생님이 거대한 막대 사탕을 꺼냈어요. 지구만큼 커 보이는 사탕을 말이지요. 문제를 거의 다 맞히면 그 사탕뿐 아니라 5달러까지 얹어 주시겠다는 겁니다. 그래서 이틀 만에 풀어서 드렸지요." 그렇게 몇 달이 지나자 더 이상 뇌물이 필요 없었다. "나는 그저 더 많이 배우고 선생님을 기쁘게 해 드리고 싶었어요."

그녀는 렌즈를 갈거나 카메라를 조립하는 취미용 키트를 선물함으로써 보상을 해 주었다. "다른 어떤 선생님보다 그 선생님에게서 많은 것을 배웠어요. 그분이 아니었다면 저는 틀림없이 소년원이나 들락거리고 말았을 거예요." 그가 특별하다는 사실이 다시 한 번 확인되었다. "선생님은 유독 저한테 큰 관심을 가져 주셨어요. 제 안에 들어 있는 무언가를 보신 거지요."

그녀가 보았던 것은 단지 높은 지능만이 아니었다. 훗날 그녀는 그해 하와이 데이에 찍은 학급 사진을 사람들에게 자랑스레 보여 주었다. 그날 잡스는 가져오라던 하와이언 셔츠를 잊은 채 학교에 왔다. 하지만 사진 속에선 하와이언 셔츠를 입고 맨 앞줄 중앙에 서 있다. 급우 하나를 설득하여 셔츠의 뒤판을 뜯어내 달래서는 앞에 걸쳤던 것이다.

4학년 말, 힐 선생은 잡스가 수학 능력을 평가받도록 조처했다. "고등학교 2학년 수준의 수학 능력이 있다는 결과가 나왔지요." 그의 회상이다. 이제는 잡스 자신과 부모뿐 아니라 선생님들에게도 그가 지적으로 특별하다는 사실이 분명해졌다. 학교에서는 그가 4학년을 마치면 두 학년을 건너뛰어 7학년으로 월반시키자는 놀라운 제안을 했다. 그것이 그에게 도전과 자극을 계속 느끼게 할 수 있는 가장 쉬운 길이었다. 그의 부모님은 좀 더 분별력을 발휘하여 한 학년만 월반하게 했다.

하지만 그러한 변화는 고통을 안겨 주었다. 한 살 더 많은 아이들 사이에 낀 사교성 없는 외톨이가 되고 만 것이다. 6학년은 다른 학교, 즉 크리텐든 중학교로 옮겨서 다녀야 했기에 더욱 상황이 나빴다. 몬타로마 초등학교에서 여덟 블록밖에 떨어져 있지 않았지만, 다양한 인종의 갱단으로 가득한 동네에 있던 크리텐든 중학교는 완전히 다른 세상이었다. "싸움은 일상적으로 일어나는 흔한 일이었고, 화장실에서의 금품 갈취도 마찬가지였다." 실리콘밸리의 저널리스트 마이클 S. 멀론이 쓴 기사 일부다. "남성다움을 과시하기 위해 잭나이프 같은 칼을 가지고 다니는 학생들도 많았다." 잡스가 입학했을 무렵에는 한 무리의 학생들이 집단 성폭행으로 감옥에 갔으며, 인근 학교가 레슬링 시합에서 크리텐든을 이긴 직후 그 학교의 통학 버스가 파괴되는 일도 벌어졌다.

잡스는 종종 괴롭힘을 당했고, 7학년 중반에 부모님에게 최후 통첩을 전할 수밖에 없었다. "다른 학교에 보내 달라고 떼를 썼지요." 그가 회상한다. 이것은 재정적으로 무리가 따르는 요구였다. 당시 부모님은 겨우 생계를 꾸려 나가는 상황이었다. 하지만 이미 이 무렵은 그들이 잡스의 의지를 꺾지 못한다는 것이 분명해진 시기였다. "부모님이 반대하자, 크리텐든에 계속 다녀야 한다면 학교를 그만두겠다고 말했어요. 결국 부모님은 가장 좋은 학교가 어딘지 알아내셨고, 마지막

잔돈까지 끌어모아 2만 1000달러를 만들어서는 더 좋은 학군에 있는 집을 한 채 구입하셨지요."

그들이 이사 간 곳은 남쪽으로 5킬로미터 정도 떨어진 동네였다. 이전에는 로스앨터스 남부의 살구 과수원이었다가 전형적인 공공 분양 주택단지로 변모한 곳이었다. 크리스트 드라이브 2066번지에 위치한 그들의 집은 방 세 개짜리 단층집이었다. 손잡이를 돌려 문을 올리고 내리는 차고도 도로 쪽을 향해 딸려 있었다. 다시 말하지만 차고가 있었다는 사실이 매우 중요하다. 그곳에서 폴 잡스는 자동차를, 그의 아들은 전자 기기를 만지작거릴 수 있었다. 또 하나의 중요한 특징은 이 집이 당시 쿠퍼티노와 서니베일 학군의 경계선 바로 안쪽에 있었다는 점이다. 이 학군은 밸리에서 가장 안전하고 우수한 지역이었다. "여기로 이사 왔을 때 이쪽 모퉁이로는 여전히 과수원이 있었어요." 옛집 앞을 지나며 그가 가리켰다. "여기 살던 아저씨가 유기농법으로 텃밭을 돌보는 법과 퇴비를 만드는 법을 가르쳐 줬어요. 그는 채소며 과일이며 모든 것을 완벽하게 재배했지요. 그렇게 좋은 음식은 그때 처음 먹어 보는 것 같았어요. 그때부터 유기농법으로 재배한 과일과 채소를 좋아하게 됐지요."

잡스의 부모는 신앙심이 두텁지는 않았지만 아들이 종교의 가르침을 따르기를 원했다. 그래서 일요일이면 그를 루터교 교회에 데려가곤 했다. 하지만 잡스는 열세 살 때 교회 다니는 것을 스스로 중단해 버렸다. 가족이 《라이프》를 구독했는데, 1968년 7월 호 표지에 기아에 시달리는 두 비아프라(나이지리아의 동부 지방) 어린이의 충격적인 사진이 실렸다. 잡스는 그것을 주일학교에 들고 가 목사님을 만났다. "만약 제가 손가락을 하나 들어 올린다면, 하나님은 그 전부터 이미 제가 어느 손가락을 들어 올릴지 아시나요?"

그러자 목사님이 대답했다. "그렇단다. 하나님은 모든 걸 다 아신단다."

잡스는 《라이프》의 표지를 내보이며 물었다. "그럼 하나님은 이것에 대해서도 아시고 이 아이들에게 무슨 일이 일어날지도 아시겠네요?"

"스티브, 이해하기 어렵다는 건 안다. 하지만 하나님은 그것도 알고 계신단다."

잡스는 그러한 하나님을 숭배하는 일과는 어떠한 관련도 맺기 싫다고 선언했고, 다시는 교회에 나가지 않았다. 그렇지만 그는 나중에 다른 종교에 발을 들여놓는다. 선불교의 가르침을 공부하고 실천하기 위해 수년을 보내는 것이다. 훗날 자신이 경험한 영적인 감정들을 돌아보면서, 그는 종교가 교리 수용보다는 영적인 체험을 강조할 때 최상의 상태에 있는 것이라 생각한다고 했다. "신앙보다는 예수님처럼 살거나 예수님처럼 세상을 바라보는 것에 중점을 둬야 하는데 오히려 신앙 그 자체만 너무 강조하는 바람에 기독교가 핵심을 잃게 된 것이라 생각합니다." 그가 말한다. "각 종교는 동일한 집에 들어가기 위한 각기 다른 문이라고 생각해요. 어떨 때는 그 집이 존재한다고 생각하지만, 또 어떨 때는 안 그래요. 엄청난 미스터리지요."

그 무렵 잡스의 아버지는 스펙트라피직스 사에서 일하고 있었다. 산타클라라 근처에 있는 이 회사는 전자 기기와 의료 기기에 쓰이는 레이저 장치를 생산했다. 기계 기술자였던 그는 엔지니어들이 고안한 제품의 시제품을 제작하는 일을 맡았다. 잡스는 완벽을 기해야 하는 이 작업에 매료되었다. "레이저 장치는 정밀해야 합니다. 그중에서도 가장 정교한 장치, 예컨대 항공이나 의료 분야에 쓰이는 레이저 장치는 특히나 정밀한 기능을 갖춰야 했지요. 회사에서는 아버지에게 이런 식으로 주문을 했어요. '이게 우리가 원하는 건데 금속 한 조각만 사용해서 만드시오. 팽창계수가 동일하도록 말이오.' 그러면 아버지는 그걸 만드는 방법을 찾아내야 했지요." 제품들은 대부분 처음부터 완전히 새로 만들어야 했다. 이는 곧 그 나름의 맞춤형 도구와 다이스(금속을 가공할 때 쓰는 틀. — 옮긴이)부터 만들어 놓고 작업에 임해야 한다는 것을 의미했다. 잡스는 여기에 흥미를 느꼈지만 기계 공장에는 거의 들르지 않았다. "아버지께 제작 기기나 선반 사용법을 배웠다면 재미있었을 거예요. 하지만 안타깝게도 저는 그곳에 가질 않았어요. 전자공학에 더 관심이 많았거든요."

어느 여름, 폴 잡스는 아들을 데리고 위스콘신에 있는 가족 소유 낙농장을 방문했다. 스티브 잡스는 전원생활에 큰 매력을 못 느꼈지만 한 가지 이미지만큼은 뇌리에 또렷이 각인되었다. 송아지가 태어나는 모습을 본 것이다. 그 작은 동물이 허우적거리다가 태어난 지 몇 분 만에 걷기 시작하는 것을 보고 그는 놀라지 않을 수 없었다. "송아지가 걷는 법을 배워서 안 게 아니잖아요. 뭐랄까 이미 하드웨어에 내장되어 있다고 해야 맞겠지요." 그가 회상한다. "인간은 그럴 수 없잖아요. 다른 사람들은 별다른 신경을 쓰지 않았지만 나는 그게 굉장하다고 생각했어요." 그는 이렇게 하드웨어와 소프트웨어에 비유해서 말을 이어 나갔다. "마치 그 동물의 몸과 뇌에 즉시 협력할 수 있는 무언가가 설계되어 있는 것 같았

어린 시절

어요. 학습 과정과는 별개로 말이에요."

9학년이 되면서 잡스는 홈스테드 고등학교에 진학했다. 콘크리트 벽돌로 지은 2층짜리 건물들(당시에는 분홍색 페인트가 칠해져 있었다.)이 아무렇게나 뻗어 있는 캠퍼스는 학생 2000명을 수용했다. "유명한 감옥 전문 건축가가 설계한 학교예요." 잡스가 회상한다. "절대 붕괴되지 않도록 짓고 싶었던 거지요." 잡스는 이미 걷는 재미에 맛을 들이고 있던 터라 학교까지 열다섯 블록을 매일 혼자서 걸어다녔다.

잡스는 동갑내기 친구는 별로 없었지만, 1960년대 후반의 반문화 운동에 빠져 있던 12학년 학생들 몇 명을 알게 되었다. 그때는 컴퓨터광의 세계와 히피의 세계가 겹치기 시작하던 시기였다. "그 고학년 친구들은 엄청 똑똑한 아이들이었어요. 우리는 수학과 과학, 전자공학에 대한 흥미를 공유했고, LSD(환각제의 한 종류. ─ 옮긴이)와 반문화 운동 전반에도 관심을 기울였지요."

이제 잡스의 장난들에는 주로 전자공학이 이용되었다. 한번은 집 안 곳곳에 스피커를 설치했다. 그 스피커들은 마이크로폰으로도 쓸 수 있었고, 그래서 그는 다른 방에서 무슨 일이 일어나는지 도청할 수 있는 통제실을 자기 방 옷장에 만들어 놓았다. 그러던 어느 밤, 헤드폰을 끼고 부모님 침실에서 벌어지는 일을 엿듣던 중 아버지에게 들키고 말았다. 아버지는 화를 내며 스피커 시스템을 당장 해제하라고 지시했다. 잡스는 또한 저녁 시간이면 예전 동네에 살던 엔지니어 래리 랭의 차고를 종종 방문했다. 랭은 잡스를 매료시켰던 탄소 마이크로폰을 나중에 그에게 주었으며, 잡스에게 햄 라디오 등의 전자 기기를 만드는 조립 세트인 히스 키트에 관심을 품게 했다.(히스 키트는 당시 납땜 조립 세트 중에서 최고의 인기를 끌었다.) "히스 키트에는 모든 보드와 부품 들이 알아보기 쉽게 색칠되어 들어 있었는데, 매뉴얼이 따로 있어서 설명을 읽으면 그 기기가 어떻게 작동하는지 이론적으로 이해할 수도 있었지요. 그 키트는 내가 무엇이든 만들고 이해할 수 있다고 느끼게 해 주었어요. 라디오 한두 개를 만들고 나서는 카탈로그에서 텔레비전 세트를 보며 '나도 저거 만들 수 있는데.'라고 자신했지요. 실제로는 만들 줄 모르면서 말이에요. 어찌 보면 저는 행운아였어요. 어렸을 때부터 아버지와 히스 키트를 접하며 무엇이든 만들 수 있다고 믿게 되었으니까요."

랭은 화요일 저녁 회사 구내식당에서 학생 열다섯 명 정도가 모이는 HP 탐구자 클럽에 잡스를 합류시켰다. "실험실에서 엔지니어가 한 명씩 그 자리에 나와 무슨 작업을 하고 있는지 들려주곤 했어요. 아버지께서 거기까지 차로 데려다 주셨지요. 한마디로 천국이었어요. HP는 발광다이오드(LED) 분야의 개척자였는데, 우리는 그걸로 무엇을 할 수 있을지에 대해 토론하곤 했지요." 아버지가 레이저 회사에 근무했기 때문에 그 주제는 그에게 특히나 흥미로웠다. 어느 저녁, 그는 모임이 끝난 후 HP의 레이저 엔지니어 한 명에게 부탁해 홀로그래피 실험실을 구경할 수 있었다. 하지만 가장 인상적이었던 것은 그 회사가 개발하고 있던 작은 컴퓨터들이었다. "거기서 나는 첫 데스크톱 컴퓨터를 봤어요. 9100A라고 불린 그것은 사실 계산기를 미화해 말하는 것이었지만 진정 최초의 데스크톱 컴퓨터이기도 했지요. 20킬로그램 정도 되는 거대한 몸집이었지만 정말 아름다웠어요. 첫눈에 반해 버렸

어린 시절

지요."

탐구자 클럽의 아이들은 자기 나름대로 프로젝트를 진행해 보라는 권유를 받았다. 잡스는 전자신호 펄스를 초 단위로 측정하는 주파수 계수기를 만들기로 했다. 그러려면 HP가 만드는 부품 몇 개가 필요했다. 그는 전화기를 들고 HP의 CEO에게 전화를 걸었다. "당시는 모든 번호가 전화번호부에 실리던 시절이었어요. 그래서 팰러앨토에 거주하는 빌 휼렛을 찾아 그의 집으로 전화를 걸었죠. 그가 전화를 받았고 우리는 20분 동안 대화를 나눴어요. 그는 부품들을 구해 줬을 뿐 아니라 주파수 계수기를 만드는 공장의 일자리도 주었지요." 잡스는 홈스테드 고등학교 1학년이 끝난 여름방학 동안 그곳에서 일했다. "아침에 아버지가 데려다 주셨고 저녁에도 데리러 오셨어요."

잡스가 맡은 업무는 주로 조립라인에서 '제품에 너트와 볼트를 끼우는' 일이었다. 동료 직원들 중에는 CEO에게 전화를 걸어 일자리를 얻어 낸 '나대는 아이'를 아니꼽게 보는 사람들도 더러 있었다. "관리자 한 명한테 '이 제품 너무 좋아요, 이 제품 너무 좋아요.'라고 말하며 당신은 제일 좋아하는 게 뭐냐고 물었던 게 기억나요. '여자랑 자는 거, 여자랑자는 거.'라고 답하더군요." 그는 한 층 위에서 일하는 엔지니어들에게 더 귀여움을 받았다. "매일 아침 10시면 도넛과 커피를 줬어요. 그래서 위층에 올라가 그들과 어울렸지요."

잡스는 일하는 것을 좋아했다. 그는 신문 배달도 했으며 (비가 올 때는 아버지가 차로 배달 구역을 함께 돌아 주었다.) 고등학교 2학년 주말과 여름방학에는 할테크라는 전자 기기 상점에서 재고품을 정리하는 직원으로 일하기도 했다. 중고 부품상이 아버지에게 자동차 부품을 구하는 낙원이었다면 잡스에게는 그 가게가 전자 기기를 접할 수 있는 천국이었다. 공터에 쌓인 부품, 아직 분류되지 않은 채 통에 담겨 있는 부품, 선반에 빽빽이 채워진 부품들이 새것, 중고품, 폐품, 잔류품 등 가릴 것 없이 도시의 한 블록만 한 공간에 펼쳐져 있는 그곳은 중고품 수집자에게는 실로 천국과 같았다. "해변을 면한 뒤쪽 마당에는 분해되어 폐품으로 팔리고 남은 폴라리스 잠수함의 내부 장치 같은 것들이 울타리 안에 버려져 있었어요." 그가 회상한다. "제어 장치와 버튼 들이 남아 있었지요. 색깔은 대부분 국방색과 회색이었지만 호박색과 빨간색으로 된 스위치와 벌브도 있었어요. 매우 커다란 레버 스위치도 있었는데, 그걸 당기면 마치 도시 하나를 날려 버릴 수 있을 것처럼 우람하게 생겼지요."

바인더로 묶인 두꺼운 카탈로그가 가득한 나무 카운터에서는, 스위치나 저항기, 축전지 혹은 최신 메모리 칩을 구하는 사람들이 흥정을 벌였다. 그의 아버지도 한때 자동차 부품을 얻기 위해 흥정을 벌였는데 부품의 가치를 점원들보다 더 잘 알았기 때문에 항상 유리한 결과를 이끌어 낼 수 있었다. 잡스도 그 뒤를 따랐다. 그는 전자 부품에 대한 지식을 습득하는 동시에 협상과 이익 창출에 대한 열정으로 그것을 갈고닦았다. 그는 새너제이 중고품 장터 같은 전자 제품 벼룩시장을 찾아 귀중한 칩이나 부품이 내장된 중고 회로 기판을 구한 다음 할테크의 매니저에게 팔았다.

잡스는 아버지의 도움으로 열다섯 살 때 첫 자가용을 가질 수 있었다. 아버지가 MG 엔진을 장착해 준 2색조의 내시 메트로폴리탄이었다. 잡스는 썩 마음에 들지 않았지만 아버지에게 말하지는 않았다. 자동차를 소유할 수 있는 기회를 놓치고 싶지 않았기 때문이다. "돌아보면, 내시 메트로폴리탄은 정말 최고로 멋진 자동차였을지도 몰라요. 하지만 당시 내 눈에는 세상에서 가장 멋없는 차로 보였어요. 그래도 어쨌든 내 차가 생겼으니 날아갈 듯이 좋았지요." 1년 후 그는 각종 아르바이트를 통해 번 돈으로 아바트 엔진이 장착된 빨간색 피아트 850 쿠페로 차를 바꿀 수 있었다. "아버지가 그 차를 구입하고 검사하는 데 도움을 주셨지요. 일한 대가를 받고 그 돈을 모아 무언가 멋진 걸 구입한다는 것, 그건 정말 신나는 일이었어요."

홈스테드 고등학교의 1학년과 2학년 사이의 여름방학 동안 잡스는 마리화나를 피우기 시작했다. "그해 여름 처음으로 마리화나에 취했어요. 그때 열다섯 살이었는데, 그다음부터는 주기적으로 피우기 시작했지요." 그러던 어느 날 아버지가 아들의 차에서 마리화나를 발견했다. "이게 뭐지?" 아버지가 물었다. 잡스는 침착하게 대답했다. "그거 마리화나예요." 그는 인생에서 몇 안 되는, 아버지가 분노하는 모습을 보았다. "아버지와 심하게 싸운 것은 그때가 유일해요." 하지만 아버지는 이번에도 잡스의 의지를 꺾지 못했다. "아버지는 내가 다시는 마리화나를 피우지 않겠다고 약속하기를 원했지만 저는 약속하지 않았어요." 고등학교 3학년이 되면서부터는 오히려 수면 부족 상태의 환각을 탐험하는 것은 물론이고 호기심 삼아 LSD에까지 손대기 시작했다. "전보다 더 자주 약에 취하곤 했지요. 친구들과 공터나 자동차 안에서 LSD도 가끔 했고요."

하지만 잡스는 고등학교 2~3학년 동안 지적으로도 꽃을 피웠다. 전자공학에 광적으로 빠져 있는 부류와, 문학과 창작에 몰두하는 부류의 교차점에 선 자신을 발견한 것이다. "음악을 많이 듣기 시작했고 과학이나 기술 분야는 물론이고 그 밖의 책들도 더 많이 읽기 시작했어요. 셰익스피어와 플라톤 등을 읽었는데, 특히 『리어 왕』이 정말 좋았어요." 그는 좋아했던 다른 문학작품으로 『모비 딕』과 딜런 토머스의 시를 꼽았다. 나는 잡스에게 문학적 인물들 중에서 특히 의지가 강하고 추진력이 강한 축에 속하는 리어 왕과 아합 선장을 언급하는 특별한 이유가 있는지 물었다. 하지만 그는 내가 의도적으로 맺어 보려던 연관성에 아무런 반응을 보이지 않았다. 그래서 그냥 넘어가기로 했다. "고등학교 3학년 때 정말 환상적인 영어 수업(대학 과목 선이수를 위한 것이었다.)을 들었어요. 선생님은 헤밍웨이처럼 생긴 분이었는데, 우리를 요세미티 국립공원에 데려가 스노슈잉까지 체험하게 해 주셨지요."

잡스가 들은 수업 중에서 실리콘밸리의 전설이 된 것이 있다. 존 맥콜럼의 전자공학 수업이었다. 해군 조종사 출신인 맥콜럼은 테슬라코일(불꽃 방전으로 생기는 고주파 진동 전류의 전압을 높이는 간단한 장치로, 미국의 발명가 테슬라가 발명한 특수 변압기. ─ 옮긴이)로 불꽃을 일으켜 학생들을 흥분시키는 등 쇼맨십이 강한 사람이었다. 자신을 가장 잘 따르는 학생들에게만 열쇠를 빌려 주었던 작은 창고에는 그가 구해 놓은 트랜지스터 등의 부품들이 가득했다. 그는 전자공학 이론을 이해하기 쉽게 설명하는 능력이 있었으며, 저항기와 축전지를 직렬과 병렬로 연결하는 등 이론을 실용적으로 응용할 줄 알았고, 그러한 지식을 이용해 앰프와 라디오를 만들기도 했다.

또 다른 스티브

맥콜럼 선생에게 수업을 듣던 시절 잡스는 우연히 스티브 워즈니악이라는 졸업생 선배와 친구가 된다. 고교 시절 맥콜럼의 총애를 받던 워즈니악은 천재적 두뇌와 장난기 덕분에 학교의 전설로 남은 선배였는데, 잡스가 그의 남동생과 함께 수영 팀에서 활동한 인연이 서로 친해지는 데 한몫했다. 워즈니악은 잡스보다 다섯 살이나 많았고 전자공학에 대해서도 훨씬 깊은 지식을 보유했지만, 감성적으로나 사회적으로나 여전히 고등학생 수준의 괴짜였다.

잡스와 마찬가지로 워즈니악도 아버지에게서 많은 것을 배웠다. 그러나 그들이 배운 내용은 서로 달랐다. 폴 잡스는 고등학교를 중퇴한 학력으로 자동차를 고치면서 부품을 싸게 구하는 등의 방법을 통해 수입을 올리던 인물이었지만, 제리라는 별칭으로 통하던 프랜시스 워즈니악은 캘리포니아 공과대학교 출신의 명석한 엔지니어였다. 프랜시스 워즈니악은 대학 시절 미식축구 팀에서 쿼터백으로 뛴 바 있으며, 공학을 높이 평가하는 반면 장사나 마케팅, 세일즈 등은 천시하는 인물이었다. 그는 대학 졸업 후 록히드에 입사해 미사일 유도 시스템을 고안하는 작업을 했다. "아버지는 종종 제게 공학이야말로 세상에서 가장 중요한 분야라고 말씀하시곤 했지요." 스티브 워즈니악은 이렇게 회상했다. "공학이 사회를 새로운 수준으로 올려 줄 거라고 덧붙이면서 말입니다."

워즈니악은 아주 어린 시절부터 주말이면 아버지의 작업장에 가서 전자공학 부품들을 만지작거렸다고 기억한다. "아버지가 테이블 위에 저를 올려놓고 그 앞에 부품들을 펼쳐 놓으면 저는 그것들을 가지고 놀았지요." 그는 아버지가 비디오 스크린에 뜬 파형 선을 균일하게 유지하려 애쓰는 모습을 넋을 잃고 지켜보곤 했다. 선이 균일해야 회로 설계가 제대로 이뤄진 것이었다. "아버지가 하시는 일이라면 무엇이든 중요하고 훌륭한 것이라는 느낌이 들었어요." 어린 시절부터 워즈라는 애칭으로 불린 그는 집 안 곳곳에 놓인 저항기와 트랜지스터 등에 대해서도 묻곤 했다. 그러면 그의 아버지는 이동식 칠판을 끌어다 놓고 그 장치들이 하는 일에 대해 그림을 그려 가며 설명해 주곤 했다고 한다. "아버지는 원자와 전자에 대한 얘기까지 거슬러 올라가며 저항기가 무엇인지 설명해 주셨어요. 초등학교 2학년짜리한테 방정식을 동원해 설명할 순 없으니까 그림으로 저항기의 작동 원리를 이해시키신 겁니다."

워즈는 아버지에게서 삶의 철칙도 한 가지 배우는데, 당연히 그것은 어린애 같고 사교적이지 못한 그의 인성에 깊이 뿌리내렸다. 바로 '어떠한 경우에도 거짓말을 해서는 안 된다.'라는 것이었다. "아버지는 정직을 중시하셨지요. 철저한 정직 말이에요. 그게 아마 제가 아버지께 배운 가장 중요한 교훈일 겁니다. 저는 오늘날까지도 결코 거짓말을 한 적이 없습니다."(예외가 있다면 장난을 치거나 농담을 할 때뿐이란다.) 워즈의 아버지는 나아가 아들에게 지나친 야망에 대한 혐오감을 심어 주었다. 워즈가 잡스와는 다른 길을 걸어간 이유가 바로 거기에 있었다. 둘이 만난 지 40년이 흐른 2010년, 워즈는 애플 제품의 어느 출시 이벤트에 참석해 자신과 잡스의 차이점을 이렇게 설명했다. "우리 아버지는 늘 제게 중용의 도를 지키라고 말씀하셨어요. 그래서 저는 스티브와 달리 상류사회로 치고 올라가고 싶은 욕심이 없었습니다. 제 꿈은 그저 아버지처럼 엔지니어가 되는 거였습니다. 부끄럼도 많이 타는 성격이었기에 스티브처럼 기업의 리더가 된다는 것은 상상도 못할 일이었지요."

초등학교 4학년 무렵 워즈는 본인의 표현을 빌리자면 "전자공학 꼬마" 중 한 명이 된다. 여학생보다는 트랜지스터와 눈을 맞추는 게 더 편했고, 그래서 대부분의 시간을 회로 기판을 들여다보며 보내는 땅딸막하고 구부정한 사내아이로 변해 갔다. 잡스가 아버지조차 설명 못하는 탄소 마이크로폰을 놓고 의아해하던 나이에 워즈는 트랜지스터를 이용해 동네 친구들 여섯 명의 침실을 연결하는 인터컴(특정 구역 내에서 사용하는 내부 통신 장치.—옮긴이) 시스템을 구축해 냈다. 앰프와 계전기, 표시등, 버저 따위를 설치하면서 말이다. 그리고 잡스가 히스 키트나 조립하던 나이에 워즈는 당시 가장 정교한 송수신기였던 핼리크래프터스 사의 무선전신기를 조립하고 있었을 뿐 아니라 아버지와 함께 아마추어 무선 통신사 자격증을 취득했다.

워즈는 아버지가 구독하던 전자공학 잡지들을 집에서 읽으며 많은 시간을 보냈는데, 특히 고성능 에니악(ENIAC)과 같은 신형 컴퓨터들에 대한 이야기에 매료되었다. 불 방식(조지 불이 창안한 개념으로, 컴퓨터와 전자공학에서 참과 거짓을 나타내는 숫자 1과 0만을 이용하는 방식.—옮긴이)의 대수학을 자연스럽게 이해할 수 있었던 그는 그런 컴퓨터들이 (복잡한 게 아니라) 매우 단순하다는 사실에 경이로움을 느꼈다. 8학년 때 워즈는 이진법 이론을 활용해 열 개의 회로 기판에 100개의 트랜지스터와 200개의 다이오드, 200개의 저항기를 설치한 계산기를 만들었다. 그 계산기로 그는 공군에서 개최한 지역 경연 대회에서 12학년생까지 포함하는 경쟁자들을 제치고 1등을 차지했다.

또래 청소년들은 갈수록 여자 친구와 데이트를 하거나 파티를 즐기는 데 열중했고, 그럴수록 워즈는 더욱더 외톨이가 되지 않을 수 없었다. 그에게는 그렇게 노는 것이 회로를 설계하는 일보다 더 복잡해 보였다. "나중에는 인기가 좀 생겨서 자전거도 같이 타고 취미 활동도 함께하면서 친구들과 어울렸지만, 어느 시점에서부턴가 한동안은 정말 완전히 단절된 삶을 살았지요." 워즈의 회상이다. "영원히 아무도 제게 말을 걸지 않을 것 같았다니까요." 그는 결국 유치한 장난을 치는 것으로 배출구를 찾았다. 12학년 때 어느 날 워즈는 전자 메트로놈을 하나 만들었다. 음악 시간에 박자를 맞출 때 쓰는 그 똑딱거리는 장치 말이다. 그리고 문득 그 소리가 시한폭탄처럼 들린다는 사실을 깨달았다. 그는 대형 배터리를 몇 개 구해 상표를 뜯어낸 다음 메트로놈과 함께 테이프로 칭칭 감아 한 학생의 사물함에 갖다 놓았다. 사물함 문이 열리면 똑딱 소리가 점점 빨라지도록 조작해 놓고 말이다. 그날 오후 워즈는 교장 선생의 호출을 받았다. 그는 교내 수학 경시대회에서 또 1등을 해서 자신을 부르는 것으로 생각했다. 하지만 교장실에서 그를 기다린 것은 경찰이었다. 사연인즉, 사물함에 폭탄이 설치돼 있다는 연락을 받은 브릴드 교장이 부리나케 그곳으로 달려갔고 용감하게도 폭탄을 가슴에 껴안고 운동장으로 냅다 뛰쳐나가 전선을 제거하는 등 일대 소동이 벌어졌다는 것이었다. 워즈는 웃음을 참으려 애썼지만,

잘 되지 않았다. 워즈는 그날로 소년범 단기 수용 시설로 끌려가 하룻밤을 보내야 했다. 소년원 수감은 오히려 워즈에게 기억할 만한 경험 한 가지를 선사했다. 다른 수감자들에게 천장 환풍기에서 전선을 뽑아 감옥 창살에 연결하는 방법을 가르쳤고, 그렇게 해서 창살에 손을 대는 사람이 감전 충격을 받도록 장난을 친 것이다.

감전은 워즈에게는 명예 배지와 같은 것이었다. 그는 자신이 하드웨어 엔지니어라는 점을 자랑스러워했다. 하드웨어 엔지니어라는 것은 곧 감전을 일상적으로 경험할 수 있다는 의미였다. 한번은 네 사람이 각각의 엄지손가락을 구멍에 넣고 구슬을 돌린 다음 그것이 빙빙 돌다 특정 구역에 멈추면 그중 한 명이 감전되는 방식으로 룰렛 게임을 만들어 놓기도 했다. "하드웨어 친구들은 이런 게임을 기꺼이 즐기지만 소프트웨어 친구들은 기겁을 하고 내빼기 마련이지요." 워즈의 결론이다.

워즈는 고교 3학년 시절 실베이니아라는 전기 및 전자 제품 제조 회사에서 아르바이트를 하며 처음으로 컴퓨터로 일할 기회를 접했다. 그는 책으로 프로그래밍 언어인 포트란(FORTRAN)을 배우는 한편 디지털 이큅먼트 사의 PDP-8을 필두로 당대의 시스템 대부분을 담은 매뉴얼을 읽어 나갔다. 그러고는 최신 마이크로칩들의 사양을 공부했으며 그 부품들을 이용해 컴퓨터를 재설계하기 위해 노력했다. 그가 스스로 설정한 도전 과제는 되도록 적은 개수의 부품을 이용해 컴퓨터 설계를 복제하는 것이었다. "방문을 잠가 놓고 방 안에서 혼자 그 일에 매달렸지요." 매일 저녁 그는 전날에 그려 놓은 것을 개선하기 위해 애썼다. 3학년이 끝나 갈 때쯤 그는 달인이 되어 있었다. "그 무렵 기업들이 내놓은 실제 컴퓨터들의 딱 절반에 해당하는 칩들만 가지고도 컴퓨터를 설계할 수 있었어요. 물론 종이 위에 그린 설계에 불과했지만요." 그는 이런 사실을 친구들에게 말하지 않았다. 어쨌든 열일곱 살짜리들은 대부분 다른 방식으로 저 나름의 짜릿함을 얻고 있었으니까.

고교 3학년 때 추수감사절 주말 동안 워즈는 콜로라도 대학교를 방문했다. 휴일이라 학교는 닫혀 있었지만 그는 한 공대 학생에게 부탁해 연구실과 실험실 들을 둘러볼 수 있었다. 워즈는 콜로라도 대학교 탐방을 마친 후 아버지에게 그 학교에 보내 달라고 졸랐다. 문제는 다른 주에 있는 대학교에 가면 그들이 쉽게 감당할 수 있는 수준보다 더 많은 비용을 들여야 한다는 것이었다. 아버지는 조건을 내걸었다. 1년만 다니고 돌아와 집에서 가까운 디엔자 커뮤니티 칼리지에 다녀야 한다는 것이었다. 결국 그는 아버지의 기대에 부응하는 결정을 내리지 않을 수 없었다. 1969년 가을 콜로라도 대학교에 입학한 워즈는 학기 중에 장난을 치는 데 너무 많은 시간을 소모한 나머지(예를 들면 프린터에서 "염병할 닉슨" 같은 글귀가 계속 찍혀 나오도록 만드는 식의 장난을 쳤다.) 두세 과목에서 낙제를 받았고, 그로 인해 근신 처분까지 받았다. 게다가 피보나치수열을 계산하는 프로그램을 만들어 컴퓨터 사용 시간을 엄청 축내는 통에 학교에서 비용을 청구하겠다고 위협하기에 이르렀다.(당시에는 거대한 메인프레임컴퓨터 하나를 다수의 사용자가 공유하는 타임 셰어링 방식으로 컴퓨터를 이용했다. 단말기 역할을 하는 텔레타이프를 전화선에 연결해 메인프레임 기기에 접속했으며 사용한 시간만큼 돈을 냈다. ― 옮긴이) 워즈는 부모님에게 사실을 고하는 대신 디엔자로 전학하는 것으로 사태를 마무리했다.

워즈는 디엔자에서 1년을 유쾌하게 보낸 후 돈을 벌기 위해 휴학했다. 마침 자동차 생산 부서에서 쓰는 컴퓨터를 만드는 회사에 취직했는데, 동료 한 명이 그에게 매력적인 제안을 했다. 여분으로 남겨 둔 칩을 모아서 줄 테니 워즈가 종이에 스케치한 컴퓨터 중 하나를 실제로 만들어 보라는 거였다. 워즈는 최대한 적은 칩을 사용하기로 결심했다. 스스로 도전 의식을 고취하기 위해서 그래야 했고, 또 동료의 호의를 남용하지 않기 위해서라도 그래야 했다.

워즈는 같은 동네에 사는 빌 페르난데스의 차고에서 작업 대부분을 진행했다. 페르난데스는 아직 홈스테드 고등학교에 다니는 학생이었다. 둘은 작업 효율성을 높인다는 핑계로 크레이그몬트 크림 소다수를 엄청 마셔 댔다. 소다수가 떨어지면 자전거를 타고 서니베일의 세이프웨이 슈퍼마켓으로 달려가 빈 병을 반납하고 보증금을 회수한 후 다시 더 많은 소다수를 사서 돌아오곤 했다. "그래서 우리가 그 컴퓨터를 '크림 소다수 컴퓨터'라고 부르게 된 겁니다." 워즈의 회상이다. 그 컴퓨터는 사실 일련의 스위치로 입력한 숫자를 곱셈한 후 이진 코드로 된 결과를 작은 표시등에 보여 주는 계산기에 불과했다.

컴퓨터가 완성되자 페르난데스는 워즈에게 홈스테드 고등학교에 한번 만나 보면 좋을 학생이 있다고 말했다. "그 친구 이름도 스티브인데, 선배처럼 전자공학에 푹 빠져 있는 데다가 장난치는 것도 무척 좋아하거든." 휼렛이 패커드의 집에 들어간 지 32년 만에 실리콘밸리 역사에서 가장 의미심장한 차고 모임이 이뤄진 것이다. "스티브와 저는 만나자마자 빌의 집 앞 인도에 걸터앉아 시간 가는 줄 모르고 얘기를 나눴죠. 서로가 저지른 장난질이며 직접 모방하거나 고안한 전자공학 설계에 관한 얘기들 말이에요." 워즈의 회상이다. "우린 공통점이 많다는 생각이 들었어요. 대개 다른 사람들한테는 제가 진행하던 설계에 대해 설명하는 게 쉽지 않았는데, 스티브는 바로바로 알아듣더라고요. 그래서 아주 맘에 들었죠. 깡말랐지만 강단이 있고 활기가 넘치는 친구였어요." 잡스 역시 깊은 인상을 받았다. "그때까지 제가 만난 사람 중에서 전자공학에 대해 저보다 더 잘 아는 사람은 워즈가 처음이었지요." 잡스가 한번은 이렇게 말하며 자신의 전문 지식을 과장했다. "만나자마자 맘에 들었어요. 저는 또래보다 좀 더 성숙한 편이었고 워즈는 자기 또래보다 좀 덜 성숙한 편이었으니 서로 비슷한 수준이 된 거지요. 워즈는 정말 머리가 좋았지만 정서적으로는 저와 동갑이나 마찬가지였어요."

컴퓨터에 대한 관심 외에도 그들은 음악에 대한 열정을 공유했다. "아시다시피 대중음악이 최고 전성기를 누리던 시절이었잖아요." 잡스의 회상이다. "마치 베토벤과 모차르트가 살아 있는 시대에 사는 것 같았어요. 아마 그 시절에 청년기를 거친 사람들은 모두 그렇게 생각할 거예요. 당연히 워즈와 저도 깊이 빠져들었지요." 특히 워즈는 밥 딜런의 위업에 관심을 품도록 잡스를 이끌었다. "산타크루스에 사는 스티븐 피커링이라는 사람을 찾아갈 정도였어요. 그가 딜런에 관한 뉴스레터를 발행하고 있었거든요. 딜런은 자기 콘서트를 전부 녹음테이프에 담곤 했어요. 그런데 그의 주변 사람들 중 일부가 그리 양심적인 사람들이 아니었나 봐요. 콘서

　　　　　　　　　　　　　　　　　　뜻밖의 커플

트만 끝나면 곧 테이프 복사본이 사방팔방으로 돌아다녔으니까요. 불법으로 복사해 판매하는 해적판이 판을 쳤던 거죠. 어쨌든 피커링이라는 사람은 딜런에 관한 자료라면 무엇이든 다 소장하고 있었어요."

딜런의 테이프를 구하는 일은 곧 두 스티브의 합작 사업이 되었다. "둘이 함께 새너제이와 버클리 등지를 들쑤시고 다니면서 딜런의 복사본을 수소문해서는 수집했어요." 워즈의 회상이다. "딜런 노래의 가사들을 수록한 브로슈어를 구입해서 밤늦도록 해석해 보기도 하고 그랬어요. 그 노랫말들이 무언가 창의적인 사고를 일깨워 주곤 했지요." 잡스는 여기에 이렇게 덧붙인다. "그때 제가 소장한 콘서트 테이프를 다 합치면 100시간 분량이 넘었어요. 1965년과 1966년의 콘서트 투어 테이프도 다 있었으니까요." 1965년이라면 딜런이 어쿠스틱에서 일렉트릭으로 전환한 시점을 말하는 것이다. 둘 모두 오픈릴 방식의 고급 티악(TEAC) 테이프덱을 구입했다. "저속 모드로 설정해 놓고 테이프 하나에 콘서트를 가급적 많이 담으려 애썼지요." 워즈의 말이다. 잡스 역시 이에 못지않은 집착을 보였다. "커다란 스피커 대신 묵직한 헤드폰을 사서 끼고 침대에 누워 몇 시간이고 테이프를 듣곤 했어요."

당시 잡스는 홈스테드 고등학교에 뮤직 라이트 쇼나 장난질을 함께 기획하는 클럽을 하나 결성해 둔 터였다.(한번은 좌변기 받침대를 금색으로 칠해서 분재용 화분에 접착제로 붙여 놓은 적도 있었다.) 이름은 벅 프라이 클럽이었는데, 장난으로 교장의 이름을 붙인 것이었다. 워즈와 그의 친구 앨런 바움은 이미 졸업한 선배였지만 잡스가 2학년일 때 그 클럽에 합류해 졸업하는 3학년생들을 골리는 장난질에 가담했다. 40년이 지난 시점에서 나와 함께 홈스테드 교정을 둘러보던 잡스는 그 장난질 현장 앞에 서서 손으로 가리키며 말했다. "저기 발코니 보이죠? 저기가 바로 우리가 선후배 간의 우정을 공고히 하는 걸개그림을 선보인 곳이지요." 바움네 뒷마당에 모인 그들은 바움이 학교의 상징인 녹색과 흰색으로 미리 홀치기염색을 해 놓은 대형 침대 시트를 펼쳐 놓고는 가운뎃손가락만 곧추세워 졸업생들에게 '경의'를 표하는 커다란 손 모양을 그려 넣었다. 세련된 유태인이었던 바움의 어머니는 심지어 그림 그리는 것을 도우며 좀 더 잘 보이도록 음영을 넣는 방법까지 가르쳐 주었다. "어디에 쓰려는 건지 짐작이 가는구나, 얘들아." 그러면서 히죽히죽 웃기까지 했다고 한다. 그들은 이어서 졸업생들이 발코니 앞을 지날 때 걸개그림이 극적으로 펼쳐지도록 로프와 도르래로 장치를 만들었다. 그림 밑에 큰 글씨로 "SWAB JOB"이라는 서명을 써 놓았는데, 스티브 워즈니악과 앨런 바움의 이니셜에 잡스의 이름 일부를 조합한 것이었다. 이 장난은 학교의 전설이 되었으며, 잡스에게 다시 한 번 정학 처분을 안겨 주었다.

또 다른 장난은 워즈가 휴대용으로 만든, 텔레비전 전파 송신기를 이용한 것이었다. 워즈는 기숙사 등의 텔레비전 시청실에 그것을 가져가 사람들이 한창 텔레비전을 보느라 열중해 있을 때 몰래 버튼을 눌러 잡음과 함께 화면이 흩어지게 만들곤 했다. 누군가가 일어나 텔레비전 수상기를 세게 때리면 다시 버튼을 놓아 화면이 돌아오게 하는 식으로 골탕을 먹이는 장난이었다. 일단 이상한 낌새를 못 채는 누군가를 그렇게 자기 뜻대로 몇 차례 앉고 일어나게 조종한 다음에 워즈는 상황을 더 어렵게 만들었다. 누군가가 안테나를 만질 때까지 계속 화면이 '지지직'거리도록 놔두는 것이었다. 종국에는 사람들이 안테나를 잡고 한 발을 들거나 다른 손으로 텔레비전 수상기를 짚어야 화면이 돌아온다고 믿게끔 만들었다. 세월이 흐른 후 잡스는 한 기조연설 자리에서 비디오가 잠시 제대로 작동하지 않자 원고에서 눈을 떼고는 그 시절 그 장치로 장난치던 일화를 소개했다. "워즈는 송신기를 주머니에 넣고 저와 함께 기숙사 같은 데를 가곤 했지요. 학생들이 모여 일테면 「스타 트렉」 같은 것을 열심히 보고 있으면 갑자기 화면이 지지직거리게 만들곤 했습니다. 그리고 누군가가 텔레비전을 고친다고 수상기에 다가가면 한 발이 바닥에서 떨어진 바로 그 순간에 화면이 돌아오고 발을 내려놓으면 다시 화면이 나가도록 조작한 겁니다." 잡스는 이 야기를 끝낼 때 실제로 자신의 몸을 뒤틀어 자세를 보여 주며 청중들의 박장대소를 이끌어 냈다. "대개 5분 안에 누군가 한 명은 이 자세로 만들 수 있었지요."

파트너십의 시작

장난과 전자공학의 궁극적 결합은 어느 일요일 오후 어머니가 워즈를 위해 식탁에 놓아둔 《에스콰이어》에서 그가 기사 한 편을 읽으면서 시작되었다.(그리고 이것은 애플의 출범을 돕는 장난이 되기도 한다.) 때는 1971년 가을, 워즈가 다음 날이면 자신의 세 번째 대학교인 버클리로 차를 몰고 내려가야할 시점이었다. 론 로젠바움이 쓴 「작은 블루 박스의 비밀」이라는 제목의 그 기사는 프리커(전화를 도용하거나 불법적으로 사용하는 사람을 지칭하는 은어. 한때는 호기심이나 탐구심의 결과로 인정되기도 했으나 이제는 범죄로 간주되고 있다.— 옮긴이) 와 해커 들이 AT&T 네트워크의 신호를 복제하는 방법으로 장거리전화를 공짜로 이용하고 있다는 내용을 자세히 소개했다. "그 기사를 읽어 나가다가 가장 친한 친구인 스티브 잡스에게 전화해서 읽어 줘야겠다는 생각이 들었지요." 워즈의 회상이다. 그는 당시 고등학교 3학년에 올라가던 잡스 말고는 자신의 흥분을 공유할 친구가 별로 없다는 것을 알고 있었다.

기사의 주인공은 '캡틴 크런치'라는 별명으로 통하던 해커 존 드레이퍼였다. 아침용 시리얼에 사은품으로 딸려 온 호각에서 나는 소리가 전화 회사 네트워크의 신호 전달 스위치가 이용하는 2600헤르츠의 신호와 동일하다는 것을 그가 발견했던 것이다. 그것으로 시스템을 속여 장거리전화를 추가 요금 없이 이용할 수 있다는 얘기였다. 기사는 전화를 연결하는 단일 주파수 대역의 다른 신호들도 《벨 시스템 테크니컬 저널》에 소개된 바 있으며, 그래서 AT&T에서 즉시 각 지역 도서관에 그 잡지를 서가에서 치워 달라고 요청하기 시작했다고 밝혔다.

그 일요일 오후 워즈에게서 전화를 받자마자 잡스는 당장 그 기술 잡지를 확보해야 한다는 것을 깨달았다. "워즈가 몇 분 후 차를 몰고 데리러 왔지요. 우리는 곧장 스탠퍼드 선형 가속기 연구소(SLAC)에 있는 도서관으로 향했어요." 일요일이라 도서관은 문을 닫았지만 문 한 개는 거의 잠가 두지 않는다는 사실을 그들은 알고 있었다. "잡지 더미를 미친 듯이 뒤진 기억이 나요. 마침내 워즈가 그 주파수들 전부를 소개

뜻밖의 커플

한 잡지를 찾아냈지요. '오 세상에.'라는 소리가 절로 나오는 순간이었어요. 열어 보니까 진짜 다 있더라고요. 우리는 계속 '정말이야, 오 세상에, 정말이네.'라고 외쳐 댔지요."

워즈는 그날 저녁 서니베일 전자 기기 부품상이 문을 닫기 전에 가서 아날로그 신호 생성기를 만드는 데 필요한 부품들을 구입했다. 잡스는 HP 탐구자 클럽에 다니던 시절에 이미 주파수 계수기를 만들어 놓은 터였다. 그들은 계수기를 이용해 원하는 신호를 정확히 측정해 냈다. 그런 후 다이얼을 돌려 기사에서 언급한 소리들을 복제하고 테이프에 녹음했다. 자정쯤, 테스트에 들어가도 좋을 만큼 준비가 되었다. 그러나 불행히도 그들이 사용한 발진기는 전화 회사를 속이기에 적절한 소리를 반복해서 재생할 수 있을 만큼 안정적이지 못한 것으로 드러났다. "스티브의 주파수 계수기를 통해 그 불안정함을 확인할 수 있었지요." 워즈의 말이다. "그 상태로는 작동시킬 수가 없었어요. 저는 다음 날 아침 버클리로 떠나야 했기에 우리는 일단 헤어지고 제가 버클리에서 디지털 버전을 완성하면 그때 다시 뭉치기로 결론을 내렸지요."

그때까지 누구도 블루 박스의 디지털 버전을 시도해 본 적이 없었지만 워즈는 그런 도전을 즐기는 인물이었다. 그는 라디오 색(Radio Shack) 브랜드에서 나온 다이오드와 트랜지스터 등을 가지고 절대 음감을 타고난 음대생 한 명의 도움을 받아 추수감사절이 되기 전에 디지털 버전을 완성했다. "그 이전에든 그 이후로든 그보다 더 자랑스러운 회로를 설계해 본 적이 없었어요. 저는 지금도 그것이 믿기 힘들 정도로 탁월한 고안품이었다고 생각합니다."

어느 저녁 워즈는 디지털 버전을 실험해 보기 위해 차를 몰고 잡스의 집을 찾았다. 그들은 먼저 로스앤젤레스에 있는 워즈의 삼촌 댁으로 전화를 걸었지만, 전화를 받은 사람은 그런 사람이 없다고, 번호를 잘못 안 게 아니냐고 답했다. 상관없었다. 어쨌든 그들의 장치는 작동한 셈이었으니까. "안녕하세요. 우리는 지금 공짜로 전화를 걸고 있는 거예요! 공짜로 전화하고 있다고요!" 워즈가 소리쳤다. 상대방은 어리둥절해하며 짜증을 냈다. 그때 잡스가 끼어들었다. "지금 캘리포니아에서 전화하는 거예요. 캘리포니아에서 블루 박스로!" 상대방은 아마 더욱더 기가 막혔을 것이다. 그 역시 캘리포니아에 있었으니까.

처음에 워즈가 만든 블루 박스는 그저 장난과 재미를 위해 이용되었다. 이런 장난 전화 중에서 가장 유명한 일화는 바로 워즈가 헨리 키신저 흉내를 내며 바티칸에 전화해 교황을 바꿔 달라고 한 사건이었다. "에, 지금 모스크바에서 정상회담을 진행 중이라 그러는데 말이지요. 지금 교황님과 대화를 좀 나눌 필요가 있다 이겁니다." 워즈의 회상이다. 저쪽에서는 지금 새벽 5시 30분이라 교황께서 아직 주무신다고 답했다. 그래서 나중에 다시 전화를 걸었는데, 이번에는 통역을 맡은 것으로 보이는 주교 한 분이 먼저 나왔다. 결국 워즈와 잡스는 교황과 직접 통화를 하지는 못했다. "워즈가 키신저가 아니라는 사실을 저들이 눈치챈 것이지요." 잡스의 회상이다. "우린 그때 공중전화 부스에서 전화를 걸었거든요."

바로 그때 둘 사이에 중요한 이정표가 세워졌다. 둘의 파트너십에 모종의 유형을 확립해 준 이정표 말이다. 잡스는 블루 박스가 취미 이상의 무엇이 될 수 있다는 아이디어를 제시했다. 만들어 팔 수도 있지 않겠느냐는 제안이었다. "그렇게 워

뜻밖의 커플

즈의 동의를 구한 후 제가 전원 공급 장치와 키패드, 포장 등등 제품의 나머지 구성 요소들을 완성했고, 갖가지 사안을 고려하여 가격까지 책정했지요." 이는 나중에 두 사람이 애플을 창업할 때 잡스가 맡을 역할을 예시하는 셈이었다. 완성된 제품은 트럼프카드 두 벌을 합쳐 놓은 것만 한 크기였다. 부품에 들어간 돈이 대략 40달러였기에 잡스는 150달러에 팔기로 결정했다.

둘은 캡틴 크런치 같은 프리커들의 예를 좇아 자신들에게도 경칭을 부여했다. 그리하여 워즈는 '버클리 블루(Berkeley Blue)', 잡스는 '오프 토바크(Oaf Tobark)'가 되었다. 둘은 기숙사 방마다 노크를 하고는 관심을 보이는 학생을 발견하면 블루 박스를 수화기에 부착한 후 시범을 보였다. 잠재 고객이 지켜보는 가운데 런던의 리츠 호텔이나 호주의 유료 전화 유머 서비스 번호에 전화를 거는 식이었다. "한 100개 정도 만들었는데 거의 다 팔았지요." 잡스의 회상이다.

이렇듯 재미와 이익을 추구한 그들의 행각은 서니베일의 어느 피자 가게에서 종국을 맞이한다. 잡스와 워즈는 사실 막 완성한 블루 박스를 들고 버클리로 향할 작정이었다. 하지만 돈이 급했던 잡스가 빨리 팔아 치울 욕심에 옆 테이블에 앉은 사내들에게 제품을 홍보하기 시작했다. 그들은 관심을 보였고, 그래서 잡스는 식당 안 공중전화 부스로 가서 시범 삼아 시카고에 전화를 걸었다. 그 잠재 고객들은 돈을 가지러 차에 가자고 말했다. "그래서 워즈와 제가 그 사내들을 따라 어떤 차 쪽으로 걸어갔지요. 블루 박스는 제가 들고 말이에요. 그런데 그중 하나가 차 문을 열고는 좌석 아래로 손을 뻗더니 권총을 꺼내 드는 거예요." 잡스의 회상이다. 총을 그렇게 가까이서 접해 본 적이 없었던 터라 그는 공포에 떨지 않을 수 없었다. "총으로 제 배를 푹 찌르면서 이러더군요. '그거 이리 넘기게나, 형제.' 머릿속이 꽤 분주해졌지요. 차문이 열린 상태이니 그걸 휙 닫아서 놈의 정강이를 때리고 냅다 뛸까 하는 생각도 들었어요. 하지만 놈이 쏠지도 모른다는 걱정이 앞서더군요. 그래서 블루 박스를 천천히 건네주었어요. 아주 조심스럽게 말이에요." 그 강도는 참으로 기이한 친구였다. 그는 블루 박스를 받고는 실제로 잡스에게 전화번호를 일러 주며 물건이 제대로 작동하면 나중에 값을 치르기 위해 노력하겠다고 말했다. 잡스가 그 번호로 전화를 걸자 마침내 그 사내가 전화를 받고는 사용 방법을 도저히 알수 없어 블루 박스를 못 쓰고 있다고 했다. 잡스는 절묘하게 어울리는 그 특유의 방식으로, 사용법을 알려 줄 테니 공공장소로 나오라고 설득했다. 하지만 잡스와 워즈는 돌연 겁이 나기 시작했고, 그래서 그 총잡이를 다시 만나지 않기로 결정했다. 혹시 150달러를 받을지도 몰랐지만 말이다.

이 장난은 둘이 함께 좀 더 큰 모험에 나서도록 이끄는 계기가 되었다. "만약 블루 박스가 없었다면 애플도 없었을 겁니다." 잡스는 훗날 이렇게 반추했다. "100퍼센트 확신해요. 워즈와 저는 그 일로 함께 일하는 방법을 배웠을 뿐 아니라, 우리가 기술적 문제를 해결하고 무언가를 상품화할 수 있다는 확신까지 얻었던 겁니다." 작은 회로 기판이 달린 장치 하나로 수십억 달러 가치의 사회 기반 시설을 좌지우지할 수 있었으니 그런 자신감이 생길 만도 했다. "그게 우리에게 얼마나 큰 자신감을 주었는지 아마 상상할 수 없을 겁니다." 워즈역시 같은 결론에 도달했다. "블루 박스를 판매한다는 건 별

뜻밖의 커플

로 좋은 생각이 아니었을지 모르지만, 어쨌든 그 일로 우리는 저의 엔지니어링 기술과 잡스의 비전을 합치면 무언가를 이룰 수 있다는 힌트를 얻은 셈이지요." 이들의 블루 박스 모험은 곧 탄생할 파트너십에 하나의 원형을 마련해 주었다. 그 원형에 따라 워즈는 멋진 고안품을 만들어 내는 온화한 마법사가 되고(그는 그것을 공짜로 나눠 줬어도 만족했을 것이다.) 잡스는 그것을 사용자 친화적인 하나의 패키지로 조합하고 출시해서 돈을 버는 방법에 대해 궁리하는 사업가가 된 것이다.

자퇴

환각과 성찰

3

방황의 시작

홈스테드 고등학교 3학년 2학기에 접어들며, 그러니까 1972년 봄부터 스티브 잡스는 크리스앤 브레넌이라는 히피 성향의 가냘픈 소녀와 사귀기 시작한다. 생일은 몇 개월 차이 나지 않았지만 그녀는 아직 2학년이었다. 밝은 갈색 머리에 초록빛 눈, 높은 광대뼈에 섬약한 분위기를 자아 내는 매우 매력적인 소녀였다. 또한 그녀는 부모의 이혼으로 받은 고통을 인내하고 있었는데, 그 점이 더욱 보호 본능을 불러일으켰다. "만화영화 작업을 하다가 알게 되었지요. 몇 번 데이트를 한 후 본격적으로 사귄 최초의 진정한 여자 친구였습니다." 잡스의 회상이다. 훗날 브레넌은 이렇게 말했다. "스티브는 뭐랄까, 좀 정상이 아닌 것 같았어요. 사실 그래서 그에게 끌린 거예요."

잡스의 괴팍함은 일종의 연마된 모습이었다. 평생에 걸쳐 진행되었던 강박적인 식생활 실험을 막 시작한 터였고(오직 과일과 야채만 먹었다.) 그래서 경주견처럼 바싹 마르고 단단해 보였다. 그는 또한 눈을 깜박이지 않고 상대를 응시하는 법을 갈고닦았으며 길게 침묵을 유지하다가 갑자기 날카롭고 빠르게 말을 쏟아 내는 법을 완성했다. 강렬함과 냉담함이 기이하게 조합된 데다가 어깨까지 내려오는 머리에 듬성듬성 기른 수염까지 더해져 그는 광기에 싸인 주술사 분위기를 풍겼다. 잡스는 이렇게 카리스마 넘치는 면모와 기이한 행태 사이를 계속 왔다 갔다 했다. "그는 발을 질질 끌며 돌아다녔고 반은 미친 듯 보였어요." 브레넌의 회상이다. "무슨 고뇌에 그렇게 시달리는지 마치 거대한 어둠이 그를 둘러싼 것 같았다니까요."

잡스는 그 무렵 LSD를 시작했고, 브레넌도 손을 대게 했다. 둘은 주로 서니베일 외곽에 있는 밀밭을 환각의 무대로 이용했다. "참 대단했지요." 잡스의 회상이다. "바흐 음악에 심취했던 때였는데, 갑자기 밀밭 전체가 바흐를 연주하기 시작하는 거예요. 그때까지 느껴 본 것 중에서 가장 경이로운 느낌이었어요. 밀밭에서 바흐가 흘러나오는 가운데 제가 그 심포니의 지휘자가 된 듯 느껴졌습니다."

1972년 여름, 잡스는 졸업식을 마친 후 브레넌을 데리고 로스앨터스 인근 야산의 오두막으로 거처를 옮긴다. "오두막집을 얻어 크리스앤과 동거할 계획입니다." 어느 날 그는 부모에게 이렇게 선언했다. 폴 잡스는 격노했다. "아니, 그럴 수 없다. 내 눈에 흙이 들어가기 전까지는." 마리화나 문제로 싸운 지 얼마 지나지 않은 시점이었다. 하지만 아들은 이번에도 고집을 꺾지 않았다. 작별 인사만을 남기고 나가 버린 것이다.

브레넌은 그해 여름을 대부분 그림을 그리며 보냈다. 그림에 재능이 많았던 그녀는 어릿광대 그림을 그려 잡스에게 선물했고, 잡스는 그것을 벽에 걸어 놓고 감상했다. 브레넌이 그림을 그릴 때면 잡스는 시를 쓰거나 기타를 쳤다. 그는 때때로 잔인할 정도로 차갑고 거칠게 그녀를 대하기도 했지만 종종 그녀를 무아의 경지로 끌어올렸으며 그녀에게 언제든 자신의 뜻을 관철할 능력이 있었다. "잔인하면서도 깨어 있는 사람이었다고 할 수 있어요. 참으로 이상한 조합이지만요."

그해 여름 잡스는 자신의 빨간색 피아트에 불이 붙어 크게 다칠 뻔한다. 고등학교 친구 팀 브라운과 함께 산타크루스 산맥에 있는 스카이라인 대로를 달릴 때의 일이었다. 팀 브라운이 이상한 낌새를 채고 뒤를 돌아보니 엔진에서 불꽃이 올라오고 있었다. 그는 덤덤히 잡스에게 말했다. "차 세워라. 차에 불붙었다." 잡스는 길가에 차를 세우고는 아버지에게 연락했다. 그의 아버지는 언쟁을 벌이고 집을 나간 아들의 부탁이었음에도 기꺼이 차를 몰고 나와 피아트를 집까지 견인해 주었다.

잡스는 돈을 벌어 새 차를 마련할 방법을 찾기 위해 워즈에게 디엔자 대학교까지 차로 데려다 달라고 부탁했다. 교내에 있는 일자리 게시판을 살펴보기 위해서였다. 새너제이에 있는 웨스트게이트 쇼핑센터에서 인형 복장을 하고 아이들과 놀아 줄 아르바이트 대학생을 구한다는 광고가 붙어 있었다. 잡스와 워즈 그리고 브레넌은 시급 3달러에 전신 인형 복장에 무거운 탈까지 쓰고 『이상한 나라의 앨리스』에 나오는 앨리스, 모자 장수, 흰토끼 역할을 해 보기로 결정했다. 천성이 성실하고 친절한 워즈는 그 일이 재미있다고 생각했다. "저는 구인 광고를 보자마자 이렇게 말했지요. '야, 이거 괜찮은데. 정말 좋은 기회야. 난 애들을 좋아하거든.' 그래서 HP에 잠시 휴가를 내고 그 일을 한 거예요. 스티브는 형편없는 일로 보는 것 같았지만, 저는 재미난 모험으로 여겼어요." 잡스는 정말로 짜증 나는 일이었다고 기억한다. "날씨는 덥지, 옷은 무겁지, 좀 지나니까 애들을 쥐어 패고 싶은 기분이 들더라니까요." 인내는 결코 잡스의 덕목에 속하지 않았다.

선불교와 채식주의, LSD로 영혼을 물들이다

17년 전 잡스의 양부모는 아들을 반드시 대학교에 보내겠다고 서약했다. 그들은 이 약속을 지키기 위해 열심히 일하고 충실하게 저축했다. 이렇게 모인 학자금은 그다지 큰 금액은 아니었지만, 고등학교 졸업과 때를 맞춰 그를 대학교에 보낼 수준은 되었다. 그러나 점점 아집이 늘고 있던 잡스는 상황이 그렇게 쉽게 돌아가도록 두지 않았다. 처음에는 아예 대학에 진학하지 않겠다고 투정을 부렸다. "만약 그때 대학에 들어가지 않았다면 아마 뉴욕으로 갔을 거예요." 이렇게 말하는 잡스는 만약 그 길을 택했더라면 자신의 세상이(그리고 어쩌면 우리 모두의 세상까지) 어떻게 달라졌을지 골똘히 생각해 보는 눈치였다. 부모님이 계속 대학 진학을 밀어붙이자 그는 다시 수동적이면서도 공격적인 방식으로 대응했다. 당시 워즈가 다니던 버클리 같은 주립 대학교는 절대로 가지 않겠다고 고집한 것이다. 주립 대학교가 훨씬 학비를 감당하기 쉬웠는데도 말이다. 그리고 인근에 있는 스탠퍼드 대학교도 고려 대상에서 제외해 버렸다. 거기서는 장학금을 받을 가능성도 있었다. "스탠퍼드에 들어가는 애들은 이미 자신이 무엇을 하고 싶은지 알았어요. 예술적 사고와는 담쌓은 애들이었지요. 저는 더 예술적이며 흥미로운 무언가를 접하고 싶었거든요."

그 대신에 그는 오로지 한 가지 선택안만을 고집했다. 오리건 주 포틀랜드에 있는 LAC(학부 중심으로 순수 학문에 중점을 두는 소규모 대학교. — 옮긴이)인 리드 대학교에 가겠다는 것이었다. 리드는 미국에서 학비가 가장 비싼 대학교 중 하나였다. 잡스가 버클리를 찾아 워즈를 만나고 있을 때 아버지에게서 전화가 걸려 왔다. 리드 대학교에서 합격 통지서가 날아왔다는 소식을 전하는 전화였다. 잡스의 아버지는 그 순간에도 그의 마음을 돌려 보려고 애를 썼다. 어머니도 동참했다. 집에서 감당할 수 있는 수준을 훨씬 넘어선다고 말했다. 그러나 아들은 최후통첩을 던지는 것으로 대응했다. 리드에 갈 수 없다면 아무 곳에도 가지 않겠다고 선언한 것이다. 그들은 평소처럼 물러서지 않을 수 없었다.

리드 대학교의 정원은 홈스테드 고등학교의 절반 수준인 1000명밖에 되지 않았다. 자유로운 정신과 히피 생활 방식으로 유명했으며, 그런 기운이 다소 불편하게도 엄격한 학사 규정 및 만만치 않은 교과과정과 뒤섞여 있었다. 잡스가 리드에 입학하기 5년 전, 환각을 통한 깨달음을 설파해 LSD의 구루(Guru)로 통하던 티모시 리어리가 '영적 발견을 위한 연맹(LSD)'을 결성할 목적으로 대학교들을 순례하던 중 리드에 들러 설교를 한 적이 있었다. 그는 학생들을 이렇게 설득했다. "과거의 모든 위대한 종교들과 마찬가지로 우리 역시 내면의 신성을 찾기 위해 수양합니다……. 그러한 고대의 목표를 현재의 은유로 정의하면 이렇습니다. 환각 상태에 들어가 신성에 파장을 맞추고 속세를 벗어나라!" 리드 대학교의 많은 학생들은 이 훈계를 진지하게 받아들였다. 그리고 그 결과는 1970년대 내내 33퍼센트가 넘는 자퇴율로 나타났다.

1972년 가을 잡스의 입학식이 다가오자 부모는 그를 포틀랜드까지 차로 데려다 주었다. 그러나 반항심이 발동한 잡스는 부모가 캠퍼스에 발을 들여놓지 못하게 했다. 사실 그는 작별 인사도 하지 않았고 감사의 말도 일절 비치지 않았다. 훗날 잡스는 그답지 않게 크게 뉘우치며 그 순간을 돌아보았다.

인생에서 가장 부끄럽게 기억하는 순간 중 하나입니
다. 너무 무심한 태도로 부모님께 상처를 준 것이지요. 그
러지 말았어야 했습니다. 저를 그곳에 보내기 위해 그렇
게 많은 희생을 치르신 분들인데, 따라 들어오지도 못하
게 했으니……. 사실 제게 부모가 있다는 것을 누가 아는
게 싫었던 겁니다. 고아처럼 보이고 싶었던 거예요. 기차
로 전국을 부랑자처럼 떠돌다가 아무도 모르는 곳에서
막 도착한 고아, 뿌리도 연고도 배경도 없는 고아이고 싶
었거든요.

잡스가 리드 대학교에 들어간 1972년 후반, 미국 대학생들
의 캠퍼스 생활에는 근본적인 변화가 진행되었다. 베트남 전
쟁과 징집으로 야기되었던 긴장감이 점차 풀려 갔기 때문이
다. 대학생들의 정치 활동도 많이 줄어들었고, 그와 더불어
기숙사에서 밤늦게까지 벌어지던 토론의 주제도 개인의 성
취에 대한 관심사로 대체되었다. 이런 분위기 속에서 잡스는
영성과 깨달음에 대한 다양한 책들에 깊이 심취하기 시작했
다. 대표적인 책이 바바 람 다스(본명 리처드 앨퍼트)가 쓴 『지
금 이곳에 존재하라』였다. 환각제의 경이와 명상에 대한 이
안내서를 두고 잡스는 이렇게 말한다. "정말 심오한 책이었
어요. 저와 친구들 상당수를 완전히 개조해 놓았지요."

그와 절친한 친구들 중에 마찬가지로 듬성듬성 턱수염을
기른 대니얼 콧키라는 신입생이 있었다. 둘은 리드에 도착한
지 일주일 만에 만나 선(禪)과 밥 딜런, LSD에 대한 관심을

공유했다. 뉴욕 교외의 부유한 집안 출신인 콧키는 영리하지만 활동적이지는 않았으며 부드러운 히피의 면모를 보였는데, 불교에 심취한 탓에 더욱 차분해 보였다. 그는 종교적 탐구를 통해 물욕을 절제했지만 잡스의 테이프덱에는 깊은 인상을 받았다. "스티브한테 릴 방식의 티악 테이프덱이 있더라고요. 게다가 딜런의 테이프를 엄청 많이 가지고 있었어요. 첨단 기술까지 아는 정말 멋진 녀석이었지요."

잡스는 점점 더 많은 시간을 콧키와 그 여자 친구 엘리자베스 홈스와 함께 보내기 시작한다. 콧키가 처음 그녀를 데려와 소개하는 자리에서 잡스는 얼마를 주면 애인이 아닌 다른 남자와 섹스를 할 의향이 있느냐고 물었다. 그런 식으로 모욕을 주었는데도 그들의 관계는 나빠지지 않았다. 그들은 히치하이킹을 하며 함께 태평양 연안을 여행했고, 삶의 의미를 성찰하기 위한 전형적인 기숙사 감수성 훈련 그룹에 참여했으며, 인근의 하레 크리슈나교(크리슈나 신을 믿는 힌두교 종파.—옮긴이) 사원에서 열린 종교 행사에 참석했고, 공짜 절밥을 얻어먹기 위해 선 센터를 찾곤 했다. "정말 재미있었어요. 하지만 철학적인 부분도 있었지요. 그때 우리는 선을 매우 진지하게 받아들였거든요."

잡스는 도서관을 다니며 선에 관한 책들을 파고들었고, 좋은 책을 발견하면 콧키에게도 읽어 보게 했다. 스즈키 순류의 『선심초심(禪心初心)』, 파라마한사 요가난다의 『어느 요가 수행자의 자서전』, 리처드 모리스 벅의 『우주 의식』, 초감 트룽파의 『마음 공부』 등이 그것이다. 그들은 엘리자베스 홈스의 침실 위쪽 다락방에 명상실을 마련하고 인도 그림과 듀리 깔개, 양초, 향, 명상용 방석 등으로 공간을 꾸몄다. "침실

천장에 다락으로 향하는 작은 문이 있었거든요. 높지는 않았지만 꽤 널찍한 공간이었지요. 거기서 가끔 환각제도 복용하긴 했지만 대부분은 명상하는 데 이용했어요." 잡스의 회상이다.

동양 종교, 특히 선불교에 대한 잡스의 관심은 단지 한때의 흥미나 젊은 시절의 취미가 아니었다. 그는 특유의 열성으로 그것을 받아들였고, 결국 자신의 인성 깊은 곳에 뿌리내리게 했다. "스티브는 선에 심취한 사람입니다. 젊은 시절에 받은 영향이 더욱 깊어진 거지요. 그의 모든 접근 방식은 순전한 미니멀리즘적 미학과 강렬한 집중이 특징이라 할 수 있는데, 그게 다 선에서 얻은 겁니다." 잡스는 또한 불교에서 강조하는 직관적 통찰에도 깊은 영향을 받았다. "직관적 이해와 자각이 추상적 사고와 지적 논리 분석보다 더 중요하다는 것을 깨닫기 시작했습니다." 잡스의 말이다. 그렇지만 그의 극단적 열성 탓에 진정한 열반을 성취하기는 어려웠다. 선을 통한 그의 자각은 내면의 평정이나 마음의 평안, 대인 관계의 원숙함 등을 충분히 수반하지는 못했다.

잡스와 콧키는 또한 크리그스필이라는 19세기 독일식 체스 게임을 즐겼다. 대국자가 각각 자신의 체스판과 말들을 갖고 서로 등을 맞댄 채 상대의 체스판은 보지 않고 승부를 겨루는 게임이다. 중재자가 참여해 대국자가 두려는 수가 적합한지 알려 주는 방식이라 대국자는 상대방 말들의 위치를 파악하기 위해 머리를 써야 한다. "폭풍우가 몰아치던 어느 날 벽난로 옆에 앉아서 벌였던 게임이 가장 치열한 대국이 아니었나 싶어요." 당시 중재자로 참여한 홈스의 회상이다. "LSD로 환각을 달리며 게임을 했거든요. 얼마나 빨리 수를 두던지 제

쳤지요. 카리스마가 넘치는 데다가 사기꾼 기질도 좀 있었던 터라 상황을 자기 뜻대로 왜곡할 수 있었거든요. 프리들랜드는 기민하고 자신감이 넘치며 약간 독재적이었는데, 스티브는 그런 점을 높이 평가하더군요. 둘이 함께하는 시간이 쌓여 가면서 스티브는 점점 더 그를 닮아 갔어요."

잡스는 프리들랜드가 스스로를 관심의 중심으로 만드는 방법까지 흡수해서 자신의 것으로 만들었다. "프리들랜드는 굉장히 사교적이고 카리스마가 넘치는 인물이었으며, 또 진정한 세일즈맨이기도 했지요." 콧키의 말이다. "사실 제가 스티브를 처음 만났을 때 그는 다소 수줍음을 타는 데다가 자기를 내세우려 하지 않는 꽤 내밀한 친구였거든요. 세일즈하는 법과 자신의 껍데기를 깨고 나오는 법, 상황을 만들어 내고 주도하는 법, 이런 것들을 프리들랜드에게서 배웠다는 것이 제 생각입니다." 프리들랜드는 매우 강력한 아우라를 발산했다. "방 안에 들어서는 즉시 존재감을 드러내는 그런 인물이었지요. 리드에 처음 왔을 때 스티브는 전혀 그렇지 않았거든요. 결국 그와 함께 시간을 보낸 후부터 그런 물이 들었다고 봐야 하겠지요."

일요일 저녁이면 잡스와 프리들랜드는 포틀랜드 서쪽 끝에 있는 하레 크리슈나교 사원을 찾곤 했으며, 종종 콧키와 홈스를 데려가기도 했다. 그들은 그곳에서 목청껏 노래 부르고 춤을 추며 놀았다. "우리는 황홀한 광란으로 치닫기 위해 노력했어요." 홈스의 회상이다. "로버트는 말 그대로 미쳐 날뛰며 춤을 추곤 했지요. 스티브는 그렇게 완전히 풀어지는 게 부끄러운 듯 조금은 자제하는 눈치였어요." 그렇게 한바탕 놀고 난 후 그들은 저녁으로 종이 접시에 가득 담긴 채식 식사를 얻어먹곤 했다.

당시 프리들랜드는 포틀랜드에서 남쪽으로 약 60킬로미터 떨어진 곳에 있는 89만 제곱미터 규모의 사과 농장을 관리했다. 농장 소유주는 스위스 출신에 이름이 마르셀 뮐러라는 괴짜 백만장자였는데, 그가 프리들랜드의 삼촌이었던 것이다. 뮐러는 과거에 로디지아(아프리카 남부의 옛 영국 식민지로, 독립 후 잠비아와 짐바브웨로 나뉘었다. — 옮긴이)에서 미터나사 시장을 독점하여 큰 재산을 모은 인물이었다. 프리들랜드는 동양 종교에 깊이 빠져든 후 사과 농장을 '올 원 팜(All One Farm)'이라는 이름의 공동체로 변모시켰다. 잡스는 주말이면 콧키와 홈스 그리고 마음이 맞는 구도자들 여러 명과 함께 그곳에 가서 머물곤 했다. 본관 주택 외에 커다란 헛간과 정원 별채가 따로 있었는데 콧키와 홈스는 그 별채에서 잠을 잤다. 잡스는 거기서 그레그 칼훈이라는 공동체 거주자 한 명과 함께 사과나무 가지치기 작업을 관리하는 일을 맡았다. "스티브가 사과 농장을 운영한 셈이지요." 프리들랜드의 말이다. "당시 우리는 유기농 사과 주스 사업을 하고 있었거든요. 스티브가 맡은 일은 일단의 괴짜들을 이끌고 가지들이 제대로 자라도록 가지치기 작업을 진행하는 것이었습니다."

하레 크리슈나교 사원에서 승려와 제자들이 찾아와 쿠민과 고수, 강황 등의 향내로 그윽한 채식 만찬을 준비하는 날도 있었다. "스티브는 도착하기 바쁘게 허겁지겁 허기진 배를 채웠지요." 홈스의 회상이다. "그러고 나선 '정화'에 들어가곤 했어요. 수년 동안 저는 그가 과식증을 앓는 걸로 생각했어요. 참으로 사람을 당황하게 하는 혼란스러운 모습이었어요. 우리는 그런 만찬회를 열 때마다 많은 공을 들였는데, 그

자퇴

는 그걸 다 토해 냈으니까요."

한편 잡스는 프리들랜드의 사이비 종교 지도자 같은 행태를 받아들이는 데 다소 어려움을 겪기 시작했다. "어쩌면 자신에게서 로버트의 면모를 너무 많이 보기 시작한 건지도 모릅니다." 콧키의 말이다. 공동체는 물질주의의 피난처 역할을 해야 마땅했지만 프리들랜드는 그곳을 사업체보다 더한 곳으로 운영하기 시작했다. 그는 추종자들에게 땔감을 마련해 팔고 주스 짜는 기계와 장작 때는 난로를 만들라고 지시하고 갖가지 상업 활동에 종사하게 하고는 모두 무임금 노력 봉사로 받아들이게 했다. 어느 날 밤 잡스는 부엌 식탁 아래에서 누워 자다가 사람들이 번갈아 들어와서는 냉장고에서 서로의 음식을 훔쳐 가는 재밌는 광경을 목격했다. 공동체 경제는 그의 기대와 전혀 다르게 흘러갔다. "점차 물질주의로 치닫기 시작했지요." 잡스의 회상이다. "모두 로버트의 농장을 위해 뼈 빠지게 일만 한다고 생각하게 되었어요. 그러고는 하나둘 떠나기 시작했지요. 정말 갈수록 환멸만 느껴지더라고요."

오랜 세월이 흐른 후 프리들랜드는 밴쿠버와 싱가포르, 몽골 등지에서 구리와 금 채굴 사업을 벌이는 억만장자 광산업자가 되었다. 얼마 전 나는 뉴욕에서 그를 만나 술자리를 가졌다. 그리고 그날 저녁 잡스에게 이메일을 보내 그와 접촉한 사실을 알렸다. 잡스는 한 시간도 안 돼 캘리포니아에서 전화를 걸어 와 프리들랜드의 말을 절대 귀담아 듣지 말라고 내게 경고했다. 잡스는 몇 년 전 광산이 야기한 환경오염 문제가 불거져 곤경에 처했을 때 프리들랜드가 자기에게 연락을 취한 적이 있다고 말했다. 빌 클린턴 대통령에게 얘기 좀 잘해 달라고 부탁하기 위해서 말이다. 하지만 잡스는 그에 응하지 않았다고 했다. "로버트는 항상 자신을 종교적 인물로 그렸어요. 하지만 어느 시점에선가 카리스마 넘치는 인물과 사기꾼의 경계선을 넘어서 버렸지요. 젊은 시절에 영적 귀감으로 삼았던 인물이 나중에 상징적으로든 실질적으로든 광산업자로 변한 모습을 접하는 게 얼마나 어색한 일인지 아시겠어요?"

궤도에서 벗어나 새로운 세계에 눈뜨다

잡스는 이내 대학교가 지겨워졌다. 대학 생활은 좋았지만, 필수과목들을 이수해야 한다는 점이 싫었다. 사실 그는 리드 대학교가 그 모든 히피 문화에도 필수과목 이수 규정을 엄격히 시행한다는 것을 알고는 적잖이 놀랐다. 「일리아드」를 읽어야 했고, 펠로폰네소스 전쟁을 공부해야 했다. 워즈가 방문차 찾아왔을 때 그는 시간표를 흔들어 보이며 불평을 쏟아냈다. "나보고 이런 과목들을 다 들으라는 거야." 워즈는 이렇게 답했다. "당연하지. 대학 공부가 원래 그런 거야. 필수과목이라는 건 어딜 가든 다 있다고." 하지만 잡스는 마음이 끌리지 않는 수업은 거부하고 원하는 수업에만 들어갔다. 이를테면 창의성을 즐기고 여학생을 사귈 수 있는 댄스 수업 같은 것만 열심히 수강하는 식이었다. "저라면 필수과목을 빼먹는다는 건 상상도 할 수 없는 일이었어요. 바로 그런 점이 우리의 성격 차이지요." 워즈는 이 말을 하며 혀를 내둘렀다.

잡스는 또한 별다른 가치도 없어 보이는 교육에 부모님의 돈을 그렇게나 많이 쓰는 것에 죄의식을 느끼기 시작했다고 훗날 밝혔다. "노동자 계층에 속하는 부모님이 평생 모은 돈 전부가 저의 대학 학비로 소진되고 있었어요." 세간의 관심을 끈 스탠퍼드 대학교 졸업식 연설에서 잡스는 이렇게 말했다. "앞으로 무엇을 하며 살고 싶은지도 몰랐고, 대학이 그걸 알도록 도와줄 것 같지도 않았습니다. 그러면서 부모님이 평생에 걸쳐 저축한 돈만 축내고 있었습니다. 그래서 자퇴하기로, 그래도 모든 일이 잘 풀릴 것으로 믿기로 결심했습니다."

잡스는 사실 리드 대학교를 떠나고 싶지는 않았다. 다만 등록금을 내는 것이나 싫은 수업을 듣는 것을 그만두고 싶었을 뿐이다. 놀랍게도 리드 대학교는 그런 잡스를 용인해 주었다. "그는 매력적인 탐구 정신이 매우 돋보이는 학생이었습니다." 리드 대학교 학생과장 잭 더드먼의 증언이다. "그는 기계적으로 주입하는 진리를 거부한 것입니다. 모든 것을 자신이 직접 실험해 보고 싶었던 것이지요." 더드먼은 등록금을 내지 않은 잡스가 수업을 청강할 수 있도록 조치했고, 또 기숙사에서 친구들과 지내는 것도 허락했다.

"자퇴하자마자 관심 없는 필수과목들은 제쳐 놓고 흥미로워 보이는 수업들만 골라서 듣기 시작했지요." 잡스의 말이다. 그런 과목들 중에 캘리그래피 수업이 있었다. 캠퍼스 내에 붙은 대부분의 포스터에 글씨가 멋지게 그려져 있는 것을 자주 보았던 터라 잡스는 그 수업에 큰 매력을 느꼈다. "그 수업에서 세리프체와 산세리프체를 배웠고, 글자를 조합할 때 글자 사이 공간을 조절하는 방법, 조판을 멋지게 구성하는 방법 등에 대해서도 배웠지요. 과학으로는 포착할 수 없는 심미적이고 역사적인 무엇, 예술적으로 미묘한 무엇을 느낄 수 있는 수업이었어요.”

캘리그래피 수강은 잡스가 의식적으로 자신을 예술과 기술의 교차점에 세워 놓으려고 시도했음을 보여 주는 또 하나의 사례이다. 그는 나중에 자신이 만드는 모든 제품에서 기술에다 멋진 디자인과 외양, 느낌, 품위, 인간미, 심지어 로맨스까지 결합하려 애썼다. 또한 친근한 그래픽 유저 인터페이스를 창출하려는 노력의 선두에 서기도 했다. 캘리그래피 수강은 이런 면에서 상징적인 의미를 지녔다. “제가 만약 대학 시절에 그 수업을 접하지 못했더라면 맥은 그렇게 다양한 활자체와 비율에 맞게 공간이 조절된 폰트를 결코 갖추지 못했을 겁니다. 더욱이 윈도는 그저 맥을 모방한 것뿐이니까 어떤 퍼스널 컴퓨터에도 그러한 다양성이 담기지 못했을 가능성이 높습니다.”

잡스는 리드 대학교 언저리에서 보헤미안 생활을 근근이 지탱해 나갔다. 거의 항상 맨발로 다녔으며 눈이 오는 날에는 샌들을 신었다. 엘리자베스 홈스가 음식을 만들어다 주며 그의 강박적인 식생활에 보조를 맞추려 애썼다. 잡스는 빈 병을 모아 반납하는 것으로 푼돈을 챙겼고, 일요일이면 공짜 저녁을 먹으러 하레 크리슈나교 사원까지 걸어가곤 했다. 난방이 들어오지 않는 차고 방을 월세 20달러에 얻어 살면서 오리털 재킷으로 추위를 견뎠다. 그는 돈이 필요하면 주로 심리학과 연구실에서 일을 구했다. 그곳에 동물 행태 실험에 쓰이는 전자 장비들이 많았기 때문이다. 때때로 크리스앤 브레넌이 찾아왔다. 그들의 관계는 변덕스럽게 양극단을 오갔다. 그러나 대부분의 시간 동안 잡스는 자기 영혼의 동요를 돌보고 깨달음을 추구하는 데 열중했다.

"신비의 시대에 성년이 된 셈이지요." 잡스의 회상이다. "우리의 의식은 선과 LSD에 의해 고양되었습니다." 이렇게 그는 나이가 들어서까지도 환각제가 자신을 깨어 있는 사람으로 만들어 주었다고 평가한다. "LSD는 심오한 경험이었습니다. 인생에서 가장 중요한 경험 중 하나였지요. LSD는 사물에 이면이 있음을 보여 주었습니다. 약 기운이 떨어지면 무엇을 보았는지 기억할 수 없었지만 뭔가를 보았다는 사실만큼은 알 수 있었습니다. 그것은 무엇이 중요한지에 대한 저의 인식을 강화해 주었습니다. 돈을 버는 것보다 멋진 무언가를 창출하는 것, 할 수 있는 한 최선을 다해 모든 것을 역사의 흐름과 인간 의식의 흐름 속에 되돌려 놓는 것이 중요하다는 것을 알게 되었지요."

아타리와 인도

게임 설계 기술과 선(禪)

아타리에서 새로운 역할 모델을 만나다

1974년 2월, 잡스는 리드에서 18개월을 놀며 보낸 후 로스앨터스의 부모님 댁으로 돌아가 직장을 구하기로 결심한다. 일자리를 찾는 것은 그리 어려운 일이 아니었다. 1970년대의 호황이 절정에 달하던 때라 《새너제이 머큐리》가 60면에 걸쳐 기술 인력 구인 광고를 실을 정도였다. 그중 하나가 잡스의 눈길을 끌었다. "즐기면서 돈 버는 곳"이라고 적혀 있었던 것이다. 그날 잡스는 비디오게임 제조사 아타리의 로비에 들어섰다. 그리고 그의 형클어진 머리와 단정치 못한 복장에 놀란 인사 부장에게 일자리를 줄 때까지 나가지 않겠다고 말했다.

당시 아타리는 구직자들이 몰리던 인기 직장이었다. 회사의 창업자 놀런 부시넬은 키가 크고 건장한 기업가였다. 카리스마와 예지력에 약간의 쇼맨십까지 갖춘 그는 잡스의 또다른 역할 모델이 될 인물이었다. 부시넬은 유명해진 후 롤스로이스를 즐겨 탔고 마리화나를 피웠으며 온천에서 직원회의를 여는 것을 좋아했다. 전에 프리들랜드가 그랬고 또곧 잡스가 배우게 되는 것처럼, 그는 자신의 매력을 교활한 영향력으로 바꿀 수 있었고 인성의 힘으로 사람들을 회유하거나 위협하며 현실을 왜곡할 수 있었다. 아타리의 수석 엔지니어는 앨 알콘이었는데, 우람하고 쾌활하며 부시넬보다는 좀 더 현실적인 인물이었다. 그는 스스로를 회사의 비전을 구현하고 부시넬의 열정을 통제하는 '회사의 어른'으로 여겼다.

1972년 부시넬은 알콘과 함께 퐁이라는 비디오게임의 오락실 버전을 만드는 작업에 착수했다. 퐁은 플레이어 두 명이 게임 컨트롤러인 패들을 돌려 스크린에 보이는 막대를 움직여서 깜박거리는 점 하나를 상대편 쪽으로 도로 때려 보내는, 탁구와 테니스를 흉내 낸 2차원 게임이었다.(40세 미만의 독자는 부모에게 물어보도록!) 그는 자본금 500달러로 게임기를 한 대 만들어 서니베일의 카미노레알 거리에 있는 어느 술집에 설치했다. 며칠 후 부시넬은 게임기가 고장 났다는 전화를 받았다. 그는 급히 알콘을 현장에 파견했다. 알콘은 25센트짜리 동전 통이 꽉 차는 바람에 투입구가 막혀 더 이상 작동하지 않은 것임을 확인했다. 그렇게 그들은 대박을 터뜨렸다.

잡스가 샌들을 신고 아타리 로비에 들어와 일자리를 달라고 생떼를 쓰자 담당 직원은 곧바로 알콘에게 상황을 보고했다. "웬 히피 녀석이 로비에 들어와서는 채용해 줄 때까지 나가지 않겠다며 버티고 있다고 하더군요. 직원은 '경찰을 부를까요, 아니면 들어오게 할까요?' 하고 물었습니다. 그래서 한번 데려와 보라고 말했지요."

잡스는 이렇게 해서 아타리 초기 직원 50명 가운데 한 명이 되었다. 그에게는 시급 5달러짜리 기술자 일이 주어졌다. "생각해 보면 리드 대학교 중퇴자를 고용한 것 자체가 기이한 일이었습니다." 알콘의 증언이다. "하지만 그 친구에게서 무언가를 볼 수 있었지요. 머리가 매우 좋고 열정적이며 기술에 대한 흥미가 대단하더군요." 알콘은 그에게 예의범절을 잘 따지는 돈 랭이라는 엔지니어와 함께 일하라고 지시했다. 다음 날 랭이 알콘을 찾아와 불평했다. "아니, 하필이면 왜 몸에서 냄새가 펄펄 나는 히피 녀석을 저한테 붙여 주시는 거예요? 게다가 다루는 것 자체가 불가능한 놈이라고요." 잡

아타리와 인도

스는 과일 위주의 채식주의 식습관이 해로운 점액뿐 아니라 체취도 막아 준다고 믿고 있었다. 그래서 체취 제거제를 쓸 필요도, 정기적으로 샤워를 할 필요도 없다고 생각했다. 잘못된 이론이 아닐 수 없었다.

랭을 비롯해 많은 직원들은 잡스를 내보내길 원했지만, 부시넬이 해결책을 내놓았다. "나는 냄새나 태도는 중요한 문제가 아니라고 생각했습니다." 부시넬의 증언이다. "분명 다루기 힘든 친구였지만 왠지 맘에 들더군요. 그래서 스티브에게 차라리 야간 근무를 하면 어떻겠느냐고 물어봤지요. 그것이 그 친구를 구제할 수 있는 방법이었으니까요." 잡스는 그 제안을 받아들여 랭과 다른 직원들이 모두 퇴근한 후에 출근해 밤새 일을 했다. 그런 식으로 고립되었음에도 그는 이내 건방진 태도로 유명해졌다. 때때로 업무상 다른 직원들과 소통을 할 때면 그들을 '바보 멍청이'로 판단한다는 인상을 풍겼다. 잡스는 당시를 돌아보는 순간에도 그러한 판단을 고수했다. "제가 빛난 유일한 이유는 다른 모두가 그처럼 형편없었기 때문입니다."

그러한 교만에도(아니, 어쩌면 그 때문에) 잡스는 아타리의 사장을 매혹할 수 있었다. "스티브는 다른 직원들보다 훨씬 철학적이었습니다." 부시넬의 회상이다. "우리는 종종 결정론과 자유의지론을 놓고 토론을 벌였지요. 나는 세상 모든 일이 일정한 인과관계의 법칙에 따라 결정된다고 믿는 편이었어요. 따라서 완벽한 정보만 있으면 사람들의 행동을 정확하게 예측할 수 있다, 뭐 그렇게 본 거지요. 하지만 스티브는 그와 정반대의 견해를 펼치곤 했습니다." 그러한 관점은 의지력으로 현실을 조정할 수 있다는 그의 신념에 부합하는 것이었다.

잡스는 아타리에서 많은 것을 배웠다. 그는 재미난 설계와 매력적인 상호작용을 창출하는 칩들을 추가함으로써 몇몇 게임이 개선되도록 도왔다. 자기 자신의 규칙으로만 승부하려는 부시넬의 행태 역시 잡스에게 전염되었다. 더욱이 잡스는 아타리 게임들의 단순함이 지니는 가치를 직관적으로 알아보았다. 그 게임들에는 설명서가 필요 없었다. 마약에 취한 대학 1학년짜리조차 쉽게 사용법을 알 수 있었다. 아타리에서 나온 '스타 트렉' 게임의 유일한 사용 설명문은 "1) 25센트 동전을 넣으시오. 2) 클링온(동명의 미국 드라마 「스타 트렉」에도 등장하는 외계 종족. — 옮긴이)들을 피하시오."였다.

동료들 모두가 잡스를 기피한 건 아니었다. 잡스는 아타리에서 설계사로 일하던 론 웨인과 친구가 되었다. 그는 아타리에 들어오기 전에 슬롯머신을 만드는 엔지니어링 회사를 직접 설립해 운영한 적이 있었다. 얼마 안 가 망했다고는 하지만, 잡스는 자기 회사를 출범시킬 수 있다는 생각만으로도 짜릿함을 느꼈다. "론은 정말 대단한 친구였어요." 잡스의 말이다. "회사를 직접 차리다니! 그때까지 그런 친구를 만나 본 적이 없었거든요." 그는 웨인에게 같이 사업을 하자고 제안했다. 자신이 5만 달러를 빌려 올 수 있으니 슬롯머신을 설계해 판매하는 일을 같이하자고 제안한 것이다. 하지만 론 웨인은 이미 사업으로 큰 아픔을 경험한 터여서 제안을 거절했다. "그건 5만 달러를 날리는 가장 빠른 길이라고 말해 줬어요." 웨인의 회상이다. "하지만 자기 회사를 차리겠다는 그의 불타는 의욕만큼은 높이 평가하지 않을 수 없었지요."

어느 주말 잡스는 웨인의 아파트를 방문했다. 둘은 평소처

　　　　　　　　　　아타리와 인도

니탈이라는 휴양지의 인근 마을로 갔다. 그곳이 바로 님 카롤리 바바가 사는, 아니, 살았던 곳이었다. 잡스가 그곳에 도착할 무렵 그는 더 이상 살아 있는 존재가 아니었다. 적어도 육체적인 의미에서는 그랬다. 잡스는 바닥에 매트리스가 놓인 방을 하나 빌렸는데, 집주인 가족들이 채식 식사를 제공함으로써 그의 회복을 도와주었다. "전에 묵었던 여행객이 『어느 요가 수행자의 자서전』 영어판을 한 권 남기고 갔어요. 달리 할 일이 없어서 그 책을 몇 번이고 되풀이해서 읽었어요. 그 외에는 주로 이 마을 저 마을 돌아다니며 시간을 보냈고 그러면서 이질에서도 완전히 회복이 되었지요." 그 지역 아시람(힌두교도들이 수행하며 거주하는 곳. — 옮긴이) 거주자들 중에 래리 브릴리언트라는 전염병학자가 있었다. 당시 그는 천연두 박멸을 위해 그곳에서 일하고 있었으며, 훗날 구글의 자선 부문과 스콜 재단의 운영 책임자가 된다. 잡스와 브릴리언트는 그렇게 인도에서 만나 평생 친구가 되었다.

어느 날 잡스는 어떤 젊은 힌두교 성자에 대해 듣게 된다. 그가 어떤 부유한 사업가의 히말라야 별장에서 추종자들 집회를 열 예정이라는 것이었다. "영적 존재를 만나고 그의 제자들과 교류할 수 있는 좋은 기회였지요. 또한 모처럼 훌륭한 식사를 접할 수 있는 기회이기도 했고요. 집회 장소에 다다르니까 벌써 음식 냄새가 솔솔 풍기더라고요. 정말 배가 고팠거든요." 그가 열심히 먹고 있을 때 그 성자(잡스보다 그리 나이가 많지 않았다.)가 무리 가운데 잡스를 지목해서 가리키고는 정신없이 웃어 대기 시작했다. "그러더니 달려와서는 저를 부여잡고 피리 소리 같은 걸 내더니만 이러는 거예요. '넌 딱 아기 같구나!'" 잡스의 회상이다. "그런 식으로 이목이 쏠리는 게 전혀 달갑지 않았어요." 성자는 잡스의 손을 이끌고 숭배의 눈길로 올려다보는 무리를 헤치고 나와서는 어느 언덕배기로 그를 데려갔다. 도착해 보니 우물과 작은 연못이 있었다. "자리에 앉으라더니 면도칼을 꺼내 들더군요. 이거 미치광이 아닌가 하는 생각이 들었어요. 그렇게 걱정에 사로잡혀 있는데 이번에는 비누를 꺼내더군요. 물론 당시 내 머리는 무척 길었지요. 그는 내 머리에 잔뜩 비누 거품을 내더니 깔끔하게 면도를 해 주었습니다. 그러면서 나의 건강을 구원하고 있는 것이라고 말하더군요."

대니얼 콧키는 여름이 시작될 무렵에야 인도에 도착했다. 잡스는 그를 만나기 위해 뉴델리로 돌아갔다. 둘은 주로 버스를 타고 별다른 목적 없이 이곳저곳을 돌아다녔다. 그때쯤 잡스는 지혜를 나눠 줄 수 있는 구루를 찾으려 더는 애쓰지 않았다. 그 대신에 그는 금욕적인 경험과 내핍 생활, 단순성 등을 통해 깨달음의 경지에 오르고자 노력했다. 그는 아무리 애써도 내면의 평정을 이룰 수가 없었다. 콧키는 잡스가 동네 장터에서 한 인도 여성과 성난 목소리로 크게 싸운 적이 있다고 기억한다. 그 여자 상인이 우유에 물을 타서 팔았다고 잡스가 주장하는 바람에 싸움이 시작된 것이었다.

그러나 잡스는 이타적인 면모를 보이기도 했다. 티베트와 경계를 이루는 지역에 있는 마날리라는 마을을 방문했을 때의 일이다. 콧키가 여행자 수표를 숨겨 둔 침낭을 도난 당하는 사건이 발생했다. "스티브가 음식 값이며 델리로 돌아오는 버스비며 모두 내주었어요." 콧키의 회상이다. 잡스는 또한 콧키가 곤경을 헤쳐 나갈 수 있도록 자기에게 마지막으로 남은 돈 100달러까지 선뜻 건네주었다.

그렇게 7개월을 인도에서 보내고 고향으로 돌아오는 길에 잡스는 런던에 잠깐 들렀다. 인도에서 만났던 여인과 재회하기 위해서였다. 그는 거기서 오클랜드로 가는 저렴한 전세 비행기 티켓을 구할 수 있었다. 그동안 어쩌다 한 번씩 집에 편지를 보냈기 때문에(회신처는 뉴델리 소재 아메리칸 익스프레스 사무소로 정해 놓고 그곳을 지날 때마다 들러서 확인했다.) 그의 부모님은 오클랜드 공항으로 와서 데려가 달라는 잡스의 전화를 받았을 때 다소 놀라지 않을 수 없었다. 그들은 수화기를 내려놓기 바쁘게 로스앨터스에서 오클랜드로 차를 몰았다. "빡빡 밀어 버린 머리에 인도식 무명 로브를 걸치고 피부는 햇볕에 그을려 초콜릿빛 적갈색으로 변한 상태였지요. 그러고 앉아 있는데 부모님이 한 다섯 번은 내 앞을 왔다 갔다 하시더군요. 마침내 어머니가 다가와서는 말씀하셨죠. '스티브?' 그제야 '별일 없으셨어요?' 하고 인사를 건넸어요."

부모님은 잡스를 로스앨터스의 집으로 데려왔다. 집에 돌아온 잡스는 자아를 찾기 위해 노력하며 시간을 보냈다. 그것은 깨달음에 이르는 여러 경로 중 하나였다. 아침 시간과 저녁 시간을 이용해 명상에 들어가거나 선을 공부했으며, 낮에는 가끔씩 스탠퍼드 대학교를 찾아 물리학이나 공학 관련 수업들을 청강하곤 했다.

스승을 만나고 깨달음을 얻다

동양 사상과 힌두교, 선불교, 깨달음에 대한 잡스의 관심은 단순히 열아홉 청춘이 잠시 보인 객기 같은 것이 아니었다. 이후 평생에 걸쳐 그는 동양 사상의 많은 기본 개념을 이해하고 실천하려고 애쓴다. 그런 개념들 중 하나가 반야(般若)로서, 이는 정신의 집중을 통해 직관적으로 경험하는 근원적 지혜를 의미한다. 세월이 흐른 후 그는 팰러앨토의 정원에 앉아서 인도 순례 경험이 자신의 삶에 미친 영향에 대해 이렇게 술회했다.

인도에 갔을 때보다 미국으로 돌아왔을 때 훨씬 더 커다란 문화 충격에 휩싸였습니다. 인도 사람들은 우리와 달리 지력을 사용하지 않지요. 그 대신 그들은 직관력을 사용합니다. 그리고 그들의 직관력은 세계 어느 곳의 사람들보다 훨씬 수준이 높습니다. 제가 보기에 직관에는 대단히 강력한 힘이 있으며 지력보다 더 큰 힘을 발휘합니다. 이 깨달음은 제가 일하는 방식에도 큰 영향을 미쳤습니다.

서구에서 중시하는 이성적인 사고는 인간의 본연적인 특성이 아닙니다. 그것은 후천적으로 학습하는 것이며 서구 문명이 이루어 낸 훌륭한 성취이기도 합니다. 인도 사람들은 이성적인 사고를 학습하지 않았습니다. 그들은 다른 무언가를 터득했는데, 그것은 어떤 면에서는 이성 못지않게 가치가 있지만 또 어떤 면에서는 그렇지 않기도 합니다. 그것이 바로 직관과 경험적 지혜의 힘입니다.

인도에서 7개월을 보내고 돌아온 후 저는 서구 사회의 광기와 이성적 사고가 지닌 한계를 목격했습니다. 가만히 앉아서 내면을 들여다보면 우리는 마음이 불안하고 산란하다는 것을 알게 됩니다. 그것을 잠재우려 애쓰면 더

아타리와 인도

욱더 산란해질 뿐이죠. 하지만 시간이 흐르면 마음속 불안의 파도는 점차 잦아들고, 그러면 보다 미묘한 무언가를 감지할 수 있는 여백이 생겨납니다. 바로 이때 우리의 직관이 깨어나기 시작하고 세상을 좀 더 명료하게 바라보며 현재에 보다 충실하게 됩니다. 마음에 평온이 찾아오고 현재의 순간이 한없이 확장되는 게 느껴집니다. 또 전보다 훨씬 더 많은 것을 보는 밝은 눈이 생겨납니다. 이것이 바로 마음의 수양이며, 지속적으로 훈련해야 하는 것입니다.

인도에서 돌아온 이후 선불교는 제 삶에 깊은 영향을 끼쳤습니다. 한번은 일본의 영평사(永平寺)에 가 볼까 하는 생각을 했습니다. 하지만 내 영적 스승이 그냥 이곳에 있으라고 조언했습니다. 여기서 구할 수 없는 거라면 그곳에 가도 역시 구할 수 없을 거라면서 말입니다. 그의 말이 옳았죠. 저는 선불교의 진리를 깨우쳤습니다. "스승을 만나고자 세계를 돌아다니려 하지 말라. 당신의 스승은 지금 당신 곁에 있으니."

실제로 잡스는 자신이 있는 로스앨터스에서 스승을 찾았다. 『선심초심』의 저자이자 샌프란시스코 선 센터를 운영하던 스즈키 순류가 바로 그였다. 그는 매주 수요일마다 로스앨터스에 와서 강의를 하고 수행자 그룹과 함께 명상했다. 얼마 후 잡스를 비롯한 여러 사람이 더 깊은 가르침을 원하자, 스즈키는 자신의 수행 제자인 오토가와 고분 치노로 하여금 로스앨터스에 정식 선 센터를 열도록 지시했다. 잡스를 비롯해 여자 친구인 크리스앤 브레넌, 대니얼 콧키, 엘리자베스 홈스도 열성적인 수행자가 되었다. 또 잡스는 고분 치노가 가르침을 설파하던 카멜 인근의 타사자라 선 센터의 명상 수련회에도 홀로 참석했다.

콧키는 고분에 대해 이렇게 회상했다. "그의 영어는 정말 형편없었어요. 그는 하이쿠(일본 특유의 단시(短詩). — 옮긴이) 조로, 시적이고 은유적인 표현들을 섞어 가며 말하곤 했지요. 우리는 조용히 앉아서 그의 말에 귀를 기울였는데, 대개는 그가 정확히 무슨 말을 하려는 건지 이해가 안 갔습니다. 그래도 저는 그 모든 게 다 마음의 짐을 벗어 버리기 위한 준비 시간이라고 여겼어요." 여자 친구 홈스는 콧키보다 더 선불교에 심취했다. 홈스는 말한다. "고분의 명상 모임에 가면 우리는 둥그런 명상 방석에 앉고 고분은 우리보다 조금 높은 단 위에 앉았어요. 우리는 마음의 잡음을 없애는 방법을 배웠죠. 정말 신비로운 경험이었어요. 어느 날 저녁 명상 도중에 바깥에 비가 내렸는데, 그는 빗소리를 이용해서 명상에 집중하는 방법을 가르쳐 줬어요."

잡스는 누구보다도 열성적인 수행자였다. "그는 정말 깊이 빠져들었습니다. 거만하게 으스대기까지 해서 주변 친구들이 눈살을 찌푸릴 정도였어요." 콧키의 회상이다. 잡스는 거의 매일 고분을 찾아가다시피 했고 몇 개월에 한 번씩은 그와 함께 명상 수련회에 참석했다. "고분과 만나는 시간은 제게 대단히 의미심장한 경험이었습니다. 그래서 가급적 많은 시간을 그와 함께 보내려 노력했지요." 잡스는 회상한다. "그에게는 스탠퍼드 대학 병원에서 간호사로 일하는 아내와 두 아이가 있었습니다. 그녀가 야간 근무를 했기 때문에, 저는 저녁에 그의 집을 찾아가곤 했지요. 그녀는 자정 무렵에 퇴근해 돌아와서는 저를 쫓아내곤 했어요." 잡스는 남은 인생을 선불교에 완전히 헌신하며 사는 문제에 관해 고분과 진지하게 상의해 보았지만, 고분은 그러지 말라고 만류했다. 사회생활을 하면서도 얼마든지 선불교나 영적 생활의 끈을 놓지 않으며 살 수 있다면서 말이다. 두 사람의 진실한 관계는 그 후로도 오래 지속되었다.(17년 후 고분은 잡스의 결혼식 주례를 맡는다.)

자아 탐구와 깨달음을 향한 강박에 가까운 열정으로 인해 잡스는 프라이멀 요법(유아기에 억압된 감정을 해소함으로써 심신을 회복하는 치유법. ─ 옮긴이)도 경험하기에 이른다. 이 요법은 로스앤젤레스의 심리 전문가 아서 야노프가 개발하여 널리 알려졌다. 내면에 억눌려 있는 어린 시절의 트라우마와 고통이 성인이 되어 겪는 심리적 문제의 원인이 된다는 프로이트의 이론을 토대로 한 치료법이었다. 야노프는 유년기의 경험을 되살려 내어 억눌려 있던 고통을 겉으로 표출함으로써(때로는 소리 지르는 행위를 통해) 심리적 문제를 치료할 수 있다고 주장했다. 잡스는 이것이 대화 요법보다 더 바람직한 방법이라고 생각했다. 이성적 분석이 아니라 직관적 감정과 감정적 행위를 활용하는 요법이기 때문이었다. 그는 나중에 이렇게 술회했다. "그건 그냥 머리로만 생각하는 방식이 아니었습니다. 뭔가를 직접 행하는 것이었으니까요. 눈을 감고, 호흡을 가다듬고, 내면으로 뛰어든 다음, 한 차원 높은 통찰력을 얻어 나오는 것이었지요."

일단의 야노프 지지자들은 유진에 있는 오래된 호텔에서 오리건 감정 치유 센터를 운영했다. 이 호텔은 리드 대학교 시절 잡스의 정신적 지주였던 로버트 프리들랜드가 운영하고 있었다.(뭐 그리 놀랄 일은 아니었다.) 올 원 팜 공동체에서 가까운 곳이었다. 1974년 말 무렵 잡스는 1000달러를 내고 센터의 12주 과정 치료 프로그램에 등록했다. "스티브와 저는 자아 성장을 위한 길을 찾는 데 푹 빠져 있었습니다. 그래서 저도 등록하고 싶었지만 비용이 너무 부담스러웠어요." 콧키의 말이다.

잡스는 친한 친구들에게 입양되었다는 사실과 친부모를 모른다는 사실 때문에 고통에 시달리고 있다고 털어놓았다. "스티브는 자신의 생물학적 부모를 알고자 하는 열망이 매우 깊었어요. 그러면 자신에 대해 더 잘 알 수 있다고 판단한 겁니다." 프리들랜드의 말이다. 잡스는 양부모에게서 생부모가 모 대학의 대학원생이었으며 생부는 시리아 사람이었던 것 같다는 얘기를 들은 바 있었다. 그는 심지어 사립 탐정을 쓰는 방안에 대해서도 고려해 보았지만 당분간은 현상 유지만 하기로 결정했다. "부모님의 마음을 아프게 해 드리고 싶지 않았거든요." 물론 여기서 부모님은 폴 잡스와 클라라 잡스를 말하는 것이다.

엘리자베스 홈스 역시 같은 말을 한다. "그는 입양되었다는 사실을 극복하기 위해 몸부림쳤어요. 그걸 감정 면에서 이해해야 할 필요가 있는 사안으로 느꼈던 겁니다." 잡스가 홈스에게 그 점을 인정한 적도 있었다. "그게 나를 괴롭히는 문제야. 그래서 거기에 집중할 필요가 있는 거야." 그리고 그레그 칼훈에게는 그보다 더 마음을 열었다. "그는 입양되었다는 사실에 대한 자기 탐구에 많은 시간을 매달렸고, 그에 대해서 제게도 얘기를 많이 했습니다." 칼훈의 얘기다. "프라이멀 요법, 디톡스 식생활, 이런 것들 모두가 스스로를 정화해서 자신의 출생에 대한 좌절감에 더욱 깊이 파고들어 그것

아타리와 인도

을 이해하려는 노력의 일환이었습니다. 버림받았다는 사실에 깊이 분노한다고 얘기한 적도 있습니다."

1970년에 존 레넌도 똑같은 프라이멀 요법을 받은 적이 있다. 그리고 그해 12월에 플라스틱 오노 밴드와 함께 「머더(Mother)」라는 노래를 발표했다. 자신을 버린 아버지와 자신이 10대일 때 살해당한 어머니에 대해 느끼는 감정을 소재로 한 노래였다. 후렴구에서 뇌리에 깊숙이 박히는 노랫말이 반복된다. "엄마, 가지 마세요. 아빠, 집에 오세요." 홈스는 잡스가 종종 그 노래를 틀곤 했다고 기억한다.

잡스는 야노프의 가르침이 별로 효과가 없는 것으로 드러났다고 훗날 밝혔다. "그는 이미 만들어져 있고 확인된 답변만 제공했지요. 그런 해결책은 이내 지나치게 단순한 것으로 밝혀졌고요. 그것으로 어떤 대단한 통찰도 얻지 못하리라는 것이 갈수록 명백해졌지요." 그러나 홈스는 프라이멀 요법이 그를 더욱 자신감 있게 만들어 줬다고 주장한다. "그 요법을 받은 후 그는 전과 달라졌어요. 전에는 매우 거친 성격이었는데, 그 요법을 받고 한동안 평온한 분위기를 풍겼으니까요. 자신감이 늘었고 자신을 부적절하다고 느끼는 감정도 사그라졌거든요."

잡스는 그러한 자신감을 다른 사람들에게도 부여할 수 있고, 그럼으로써 그들이 불가능하다고 생각하던 일도 할 수 있도록 이끌 수 있다고 믿게 되었다. 그즈음 홈스는 콧키와 결별하고 샌프란시스코에 있는 한 사이비 종교 단체에 합류했다. 그 단체는 그녀에게 과거의 모든 친구들과 관계를 완전히 끊으라고 요구했다. 그러나 잡스는 만나러 오지 말라는 그녀의 경고를 무시했다. 어느 날 그는 포드 사에서 나온 자신의 란

체로를 몰고 사이비 종교 단체의 합숙소에 도착했다. 그러고는 당장 프리들랜드의 사과 농장에 홈스와 함께 가야 한다고 우겼다. 그는 뻔뻔한 얼굴로 번갈아 차를 운전해야 하니 반드시 그녀가 동행해야 한다고 덧붙였다. 그녀는 수동 변속 차를 운전할 줄 몰랐는데도 말이다. "고속도로에 접어들자마자 그는 제게 운전대를 넘겼어요. 그러고는 시속 90킬로미터에 육박할 때까지 변속기를 대신 조작해 주었어요." 홈스의 회상이다. "그런 다음 딜런의 『블러드 온 더 트랙스(Blood on the Tracks)』 테이프를 틀고는 머리를 제 무릎에 대고 잠이 들어 버렸어요. 자기가 무엇이든 할 수 있으니 너도 할 수 있다고 믿어라, 그런 태도를 보여 준 겁니다. 그는 그렇게 자기 목숨을 제 손에 맡겨 버렸어요. 결국 그 태도가 저로 하여금 가능한 일이 아니라고 생각하던 무언가를 하도록 만든 것이죠."

그런 태도는 나중에 그의 현실 왜곡장으로 알려지는 어떤 것의 긍정적인 측면이었다. "그를 믿으면 무엇이든 할 수 있게 됩니다." 홈스의 말이다. "만약 어떤 일이 일어나야 한다는 확신을 굳히면, 그는 반드시 그 일이 일어나게 만드는 사람입니다."

해낼 수 있다고 믿게 하라

1975년 초 어느 날, 앨 알콘이 아타리의 사무실에 앉아 있을 때 론 웨인이 불쑥 문을 열고 들어왔다. 그러고는 "스티브가 돌아왔어요!"라고 소리쳤다.

"그래? 이리 좀 데려와 봐." 알콘이 반겼다. 잡스는 맨발에 사프란 색 로브를 걸치고 발을 질질 끌며 들어와서는 알콘에게 책 한 권을 내밀었다. 『지금 이곳에 존재하라』였다. 그는 그 책을 꼭 읽어 봐야 한다고 강조했다. 그리고는 이렇게 물었다. "다시 일해도 됩니까?"

"꼭 하레 크리슈나교 사원에서 나온 승려 같았죠. 뭐, 그래도 다시 보니 무척 반갑더라고요." 알콘은 회상한다. "그래서 이렇게 대답했죠. '아무렴, 물론이지!'"

다시 한 번 아타리의 화합을 위해 잡스는 주로 야간에 일했다. 근처 아파트에 살며 HP에 다니던 워즈가 저녁 식사 후에 수시로 놀러 와서 비디오게임을 즐겼다. 그는 이미 전부터 서니베일 볼링장에 있던 퐁 게임기에 중독되어 집에서도 텔레비전 수상기에 연결해 게임할 수 있는 버전을 직접 만들어 놓은 터였다.

1975년 늦여름 어느 날, 패들 게임은 이제 한물갔다는 세간의 중론을 무시하고 놀런 부시넬은 퐁의 1인용 버전을 개발하기로 결정했다. 둘이서 겨루는 대신에 한 명의 플레이어가 두꺼운 벽을 향해 공을 되받아치면 벽을 구성하는 벽돌들이 하나둘 제거되는 방식의 게임이었다.(이른바 '브레이크아웃'이라는 이름의 벽돌 깨기 게임이었다.) 그는 잡스를 사무실로 불러 작은 칠판에 자신의 구상을 스케치해서 보여 준 후 그 게임 프로그램을 설계하라고 지시했다. 그리고 칩을 50개 미만으로 사용해 프로그램을 완성하면 줄어든 칩의 개수에 비례해서 보너스를 주겠다는 말을 덧붙였다. 부시넬은 잡스가 그렇게 뛰어난 엔지니어는 아니라는 사실을 잘 알았다. 다만 잡스가 항상 놀러 오는 워즈를 동참시킬 것으로 예상한 것뿐이었다. 물론 부시넬의 예상은 적중했다. "둘이 한 몸이나 마찬가지라고 생각하고 있었거든요." 부시넬의 회상이다. "워즈가 더 뛰어난 엔지니어였습니다."

워즈는 게임 개발을 도와 달라는 잡스의 부탁과 그 일로 받는 돈을 반반씩 나누자는 제안을 듣고 뛸 듯이 기뻐했다. "그때까지 내 인생에서 가장 멋진 제안이었거든요. 많은 사람들이 즐길 게임을 내 손으로 설계한다니, 상상만 해도 신이 났죠." 워즈의 회상이다. 잡스는 나흘 안에 완성해야 하고 최대한 칩을 적게 사용해야 한다고 말했다. 그는 데드라인을 자신이 임의로 설정한 사실을 워즈에게 말하지 않았다. 일을 가급적 빨리 끝내고 사과 수확 준비를 도우러 올 원 팜에 갈 요량이었다. 또한 줄어든 칩의 개수에 비례해서 보너스를 받는다는 사실도 언급하지 않았다.

"일반적인 엔지니어들이 그런 게임을 개발하는 데 대개 2~3개월이 걸리던 시절이었지요." 워즈는 말한다. "도저히 그 시간 안에 해낼 방도가 없다는 생각이 들더군요. 하지만 잡스는 내게 해낼 수 있다는 확신을 심어 주었어요."

결국 그는 나흘 밤을 연속으로 새며 그 일을 수행한다. HP에서 낮 근무를 하는 동안에는 종이에 스케치하며 설계를 구상했다. 그런 다음 패스트푸드로 끼니를 때우고 곧바로 아타리에 가서는 밤새 작업을 진행했다. 워즈가 설계의 부분 부분을 빠른 속도로 찍어 내는 동안 잡스는 왼쪽 벤치에 앉아 칩을 와이어래핑(도선(導線)을 모가 난 단자(端子)에 단단히 감아 붙이는 방식. — 옮긴이)으로 회로판에 붙이며 일을 도왔다. "스티브가 회로판에 칩을 붙이는 동안 제게 짬이 생기면 그 새를 못 참고 제가 가장 좋아하는 게임을 띄워 놓고 즐기곤 했지요. '그랜 트랙 10'이라는 자동차경주 게임이었어요." 워즈의 말이다.

그들은 놀랍게도 그 일을 나흘 안에 끝낼 수 있었다. 워즈는 칩을 45개만 사용해 프로그램을 완성했다. 이 일과 관련된 사람들의 기억은 각기 다르지만 대부분은 잡스가 기본 수고비의 절반만 워즈에게 주고 칩 다섯 개를 절약한 공로로 부시넬이 지급한 보너스는 나누지 않은 것으로 술회한다. 돈을 나누고 10년이 지난 후에야 워즈는 잡스가 보너스를 받았다는 사실을 알게 된다.(아타리의 역사를 다룬 『잽』이라는 책에 소개된 내용에 따르면 그렇다.) "스티브가 따로 돈 쓸 데가 있었던 모양이에요. 그래서 그저 사실을 밝히지 않았던 거지요." 오늘날 워즈는 이렇게 말한다. 나와 그 얘기를 나눌 때 워즈는 간간이 긴 침묵을 섞어 가며 그 일이 그에게 고통을 안겨 주었다고 말했다. "그냥 솔직하게 말했더라면 좋았을 거예요. 만약 잡스가 돈 쓸 데가 있어서 그 돈을 가져야 한다고 했다면 저는 순순히 동의했을 겁니다. 친구잖아요. 서로 돕는 게 친구 아닙니까." 워즈에게 그 일은 둘의 성격이 근본적으로 다르다는 것을 다시금 확인시켜 준 사례였다. "제게는 언제나 도덕이라는 게 중요했습니다. 그래서 저는 아직도 왜 그가 사실대로 얘기하지 않았는지 이해가 안 갑니다." 워즈는 말한다. "하지만 뭐, 사람들은 다 다르잖아요."

사건이 있고 10년이 지난 후, 그러니까 1980년대 중반쯤 이 이야기가 책을 통해 세상에 알려지자 잡스는 워즈에게 전화를 걸어 뭔가 잘못 아는 게 아니냐며 부인했다. "자기는 그런 짓을 한 기억이 전혀 없다는 거예요. 만약 그런 짓을 했다면 분명히 기억할 텐데 그런 기억이 없으니 필경 그러지 않았을 거라는 논리를 내세웠지요." 워즈의 회상이다. 내가 잡스에게 단도직입적으로 이 일에 대해 묻자 그는 평소와 다르게 입을 다물고 머뭇거리는 태도를 보였다. "그런 얘기가 대체 어디서 흘러나온 건지 모르겠어요." 잡스의 말이다. "늘 제가 받은 돈의 절반을 워즈에게 주었어요. 그것이 제가 워즈와 관련해서 지금까지도 지켜 오는 방식이거든요. 생각해 보세요. 워즈는 1978년에 일을 그만두었어요. 1978년 이후로는 단 한 푼어치 일도 한 게 없다고요. 그럼에도 내가 받은 것과 정확히 똑같은 지분의 애플 주식이 그에게 돌아갔잖아요."

오래전 일이라 사람들이 무언가 혼동하고 있는 것이고 사실은 잡스가 워즈에게 결코 덜 나눠 준 게 아니었을 가능성도 있지 않은가? "물론 제 기억이 모두 엉망이고 틀릴 가능성도 있지요." 워즈는 내게 이렇게 말했지만 잠시 쉰 후에 다시 덧붙였다. "하지만 아닙니다. 이 일의 세세한 부분까지 모두 기억하거든요. 350달러가 적힌 수표를 받은 것까지 말입니다." 그는 놀런 부시넬과 앨 알콘에게 연락을 취해 다시 한 번 사실을 확인했다. 부시넬은 이렇게 증언한다. "워즈에게 보너스에 대해 말한 기억이 납니다. 얘기를 듣고 그는 매우 속상해했지요. 내가 '그래, 자네들이 절약해 준 칩 개수에 상응하는 보너스를 줬다니까.'라고 말하자 그는 단지 고개만 절레절레 흔들더니 혀를 쯧쯧 차더라고요."

진실이 무엇이든 워즈는 되풀이해 늘어놓을 가치가 없는 얘기라고 우긴다. 잡스는 원래 복잡하고 난해한 인물이며, 조작에 능하다는 것 또한 단지 그를 성공으로 이끈 여러 자질들의 어두운 일면일 뿐이라는 설명이다. 워즈라면 결코 그런 식으로 처신하지 않았을 것이다. 그러나 워즈 자신이 지적하듯이 워즈라면 애플을 오늘의 위치에 결코 올려놓지 못했을 것이다. 내가 계속 문제의 핵심을 물고 늘어지자 워즈는 이렇게 말했다. "그 문제는 이제 넘어가기로 하겠습니다. 저는 그 일로 스티브를 판단하고 싶지 않습니다."

아타리에서의 경험은 잡스가 사업과 설계에 대한 접근 방식을 형성하는 데 크게 도움이 되었다. 그는 아타리의 '동전 넣고 클링온만 피하면 되는' 게임들이 지닌 단순성과 사용자 친화성을 높이 평가했다. "그 단순성이 그에게 전염되었고, 그럼으로써 그는 고도의 집중력을 갖춘 제품 전문가가 된 것이지요." 아타리에서 함께 일한 론 웨인의 설명이다. 또한 잡스는 타협을 불허하는 놀런 부시넬의 태도를 일부 흡수했다. "놀런은 '안 된다.'라는 대답을 용인하지 않는 보스였지요." 알콘의 진술이다. "그리고 그것이 일을 완수하는 방식과 관련해 스티브를 감명시킨 첫 번째 인상이었습니다. 놀런은 결코 직원을 모욕하거나 하지는 않았습니다. 스티브는 가끔 그랬다지요. 하지만 의욕이 넘치는 태도만큼은 둘 다 비슷한 것 같습니다. 놀런의 넘치는 의욕은 종종 나를 움츠리게 했지만, 어쨌든 일을 완성시키는 위력은 대단했어요. 그런 면에서 볼 때 놀런은 분명 잡스의 멘토였습니다."

부시넬도 이에 동의한다. "기업가에게는 정의할 수 없는 무언가가 있기 마련이지요. 나는 스티브에게서 그 무언가를 보았습니다. 그는 단지 엔지니어링뿐만 아니라 사업적 측면에도 깊은 관심을 보였지요. 나는 그에게 어떤 일이든 그것을 해낼 능력이 있는 것처럼 행동하면 해낼 수 있게 된다는 사실을 가르쳤습니다. '완전히 장악하고 있는 것처럼 굴어라. 그러면 사람들은 그런 줄로 알 것이다.' 이게 내가 그에게 강조한 말입니다."

애플 I

켜고 부팅하고 교감하라

애틀랜틱시티 컴퓨터 박람회에서 애플 I과 함께한
대니얼 콧키와 스티브 잡스   1976

반문화와 기술의 교차점에 서다

1960년대 말 샌프란시스코와 실리콘밸리에는 다양한 문화적 흐름이 공존했다. 방위산업의 성장과 함께 최첨단 기술 혁명이 일어났고, 기술 발전의 흐름을 타고 많은 전자 회사, 마이크로칩 제조사, 비디오게임 개발 업체, 컴퓨터 회사들이 속속 생겨났다. 또 컴퓨터광을 중심으로 하는 하위문화가 만개했는데, 수준과 정도에 따라 와이어헤드, 프리커, 사이버펑크, 컴퓨터 하비스트, 컴퓨터 마니아 등 종류도 다양했다. 이들 그룹에는 HP의 보수적 스타일을 따르지 않는 엔지니어들, 그리고 중산층 주택가의 사고방식에 순응하지 않는 그 자녀들도 포함되었다. 한편에는 LSD의 효과를 연구하는 준(準) 학문 집단들도 있었다. 여기에 속하는 대표적 인물은 팰러앨토에 있는 ARC의 설립자이자 훗날 마우스를 고안하고 그래픽 유저 인터페이스의 개발에 크게 기여한 더그 엥겔바트, 작가 켄 키지 등이었다. 켄 키지는 그레이트풀 데드의 전신인 한 록그룹을 초대해 음악과 함께하는 파티 형식의 모임을 열어 마약을 직접 체험하며 그 효과를 옹호하기도 했다. 이 시대 문화적 흐름의 또 다른 물줄기를 형성한 것은 샌프란시스코 베이에어리어의 비트 세대를 주축으로 일어난 히피 운동, 그리고 버클리 대학교의 언론 자유 운동을 발판 삼은 저항적 정치 운동이었다. 이런 사회적 분위기 속에서 개인적 깨달음과 자유에 이르는 길을 추구하는 다양한 움직임도 공존했다. 선불교와 힌두교, 명상과 요가, 프라이멀 요법, 감각 차단을 통한 깨달음 얻기, 에설런 협회의 인간 잠재력 계발 운동 등이 그것이다.

히피 생활 방식과 컴퓨터에 대한 열정의 융합, 영적 깨달음과 첨단기술의 혼합을 몸소 구현한 인물이 바로 스티브 잡스였다. 그는 아침마다 명상을 했고, 스탠퍼드 대학교에서 물리학 수업을 청강했으며, 밤이면 아타리에서 일하면서 자기 사업을 꿈꿨다. "당시 이곳 분위기에는 뭔가 특별한 게 있었어요." 잡스는 회상한다. "그레이트풀 데드, 제퍼슨 에어플레인, 존 바에즈, 제니스 조플린 등 뛰어난 뮤지션들이 수없이 나온 데다가 집적회로까지 여기서 탄생했잖아요. 《더 홀 어스 카탈로그》 같은 놀라운 간행물도 나왔고요."

처음에 기술광들과 히피들은 서로 조화를 잘 이루지 못했다. 반문화 운동을 지지하는 많은 이들은 컴퓨터를 인간성 말살을 암시하는 불길한 기계로, 펜타곤이나 권력자들이 이용할 도구로 보았다. 역사학자 루이스 멈퍼드는 『기계의 신화』에서 컴퓨터가 우리의 자유를 잠식하고 "삶의 질을 높이는 가치들"을 파괴할 것이라고 경고했다. 당시 펀치카드에 적혀 있던 "접거나 뚫거나 찢지 마시오."라는 문구는 반전(反戰) 자유주의자들이 애용하는 풍자 어구가 되었다.

그러나 1970년대에 접어든 이후 분위기가 바뀌기 시작했다. 존 마코프는 반문화 운동이 컴퓨터 산업에 미친 영향을 연구한 저서 『동면쥐가 말하다』에서 이렇게 썼다. "과거 권력자들의 통제 도구로 여겨지던 컴퓨터가 이제는 개인의 표현과 자유를 상징하는 것으로 인식되고 있다." 이와 같은 사회 분위기의 변화는 리처드 브라우티건이 1967년에 쓴 시 「기계의 은총이 모두를 보살피네」에도 나타난다. 또 사이버델릭 문화의 선구자로서 당대 젊은이들에게 큰 영향을 끼친 티모시 리어리는 퍼스널 컴퓨터(PC)가 새 시대의 LSD와 같다고 선언하면서, 자신이 주창했던 슬로건 "환각 상태에 들어가 신성에 파장을 맞추고 속세를 벗어나라."를 변형하여 "켜고 부팅하고 교감하라."라고 외쳤다. 나중에 잡스와 친구가 된 뮤지션 보노는 록 음악과 마약과 반항 정신을 특징으로 하는 베이에어리어의 반문화 세대가 결국 PC 산업이 일어나는 데 기여했다는 점에 공감했다. 보노는 말한다. "21세기를 창조한 사람들은 결국 스티브처럼 마리화나를 즐기고 긴 머리에 샌들을 신고 다니던 서부 해안 지역의 히피들이었습니다. 그들은 다르게 사고할 줄 알았지요. 미국 동부나 영국, 독일, 일본의 기존 전통 세대들은 그런 다른 종류의 사고방식을 장려하지 않습니다. 1960년대는 무정부주의적 사고를 만들어 냈고 그런 사고는 아직 존재하지 않는 새로운 세상을 상상할 수 있게 해 주는 원동력이었습니다."

반문화 히피족들이 컴퓨터광들과 공동 전선을 이루도록 장려한 인물 가운데 한 명은 스튜어트 브랜드였다. 그동안 기발한 아이디어를 많이 내놓았던 몽상가 브랜드는 1960년대 초 팰러앨토에서 진행된 LSD 연구에 참여한 인물이다. 그는 켄 키지와 손잡고 LSD를 찬미하는 록 콘서트인 트립스 페스티벌을 개최했으며, 톰 울프가 쓴 『전자 쿨에이드 환각제 테스트』의 도입부에 소개되기도 했다. 또한 브랜드는 더그 엥겔바트가 새로운 컴퓨터 기술과 도구들을 소개하기 위해 마련한 '모든 데모의 어머니' 행사 준비를 도왔다. 브랜드는 훗날 이렇게 술회했다. "우리 세대 사람들은 대부분 컴퓨터를 중앙화된 통제 도구의 대표적 물건이라면서 경멸의 눈초리로 바라봤습니다. 하지만 나중에 해커라고 불리는 소수의 사람들은 컴퓨터를 받아들였고 그것을 자유를 위한 도구로 바꾸기 시작했지요. 돌아보면 그거야말로 미래로 가는 진정한 지름길이었어요."

브랜드는 트럭을 타고 돌아다니며 여러 가지 유용한 도구와 교육 자료들을 판매하다가 곧 캘리포니아 주 멘로파크에 자리를 잡고 '온 세상 트럭 상점'을 열었다. 그리고 1968년에 《더 홀 어스 카탈로그》 초판을 출간했다. 이 간행물의 표지에는 우주에서 바라본 지구의 사진이 실려 있었으며 "도구들에 연결되는 통로"라는 부제가 달려 있었다. 이 책자에 담긴 기본 철학은 기술이 인간의 친구가 될 수 있다는 신념이었다. 브랜드는 초판의 첫 페이지에 이렇게 썼다. "개인적 능력의 영역이 커지고 있다. 스스로 학습하고, 자신만의 영감의 원천을 발견하고, 스스로 환경을 만들어 나가고, 관심 있는 주변 사람들과 모험을 공유할 수 있는 능력 말이다. 이 카탈로그에서 소개하고 장려하는 것은 바로 그런 과정을 도와주는 도구들이다." 그리고 뒤이어 건축가 벅민스터 풀러가 쓴 시가 등장한다. "신뢰성 있게 작동하는 도구와 기계 들에서 나는 신을 목격한다네⋯⋯."

잡스는 이 카탈로그의 열렬한 팬이 되었다. 특히 고등학생이던 1971년에 나온 최종판에 크게 매료되었는데, 그는 대학 생활을 할 때와 올 원 팜에서 지낼 때도 이 카탈로그를 곁에 두었다. "최종판 뒤표지에는 이른 아침의 시골길 사진이 실려 있었어요. 모험심 가득한 사람이 히치하이킹을 하고 있을 법한 그런 길요. 그리고 이렇게 쓰여 있었습니다. '늘 갈망하고 우직하게 나아가라.(Stay Hungry, Stay Foolish.)'" 브랜드는 잡스가 이 카탈로그에 담긴 정신에 부합하는 문화적 융합을 가장 잘 구현한 인물이라고 말한다. "스티브는 반문화와 기술의 교차점 한가운데 있습니다. 그는 인간에게 유용한 도구가 어떤 것인지 제대로 이해하고 있지요."

브랜드의 카탈로그 출간을 후원한 단체는 당시 막 기지개를 켠 컴퓨터 교육 분야에 주력하던 포톨라 연구소였다. 이 연구소는 또한 피플스 컴퓨터 컴퍼니의 발족도 후원했다. 피플스 컴퓨터 컴퍼니는 그 이름과 달리 '회사'가 아니라, '사람들을 위한 컴퓨터'라는 모토를 중심으로 컴퓨터광들이 모여 뉴스레터를 발간하는 단체였다. 이들은 때때로 수요일 밤에 각자 싸 들고 온 음식을 나눠 먹으며 모임을 가졌다. 그러다가 그 가운데 열성적인 멤버였던 고든 프렌치와 프레드 무어는 개인용 전자 제품에 관한 최신 뉴스와 정보를 공유할 수 있는, 더 체계적인 형태의 동호회를 만들기로 했다.

그들을 더욱 자극한 것은 《파퓰러 일렉트로닉스》 1975년 1월 호였다. 이 잡지의 표지에 최초의 PC 키트인 알테어의 모습이 실린 것이다. 알테어는 얼핏 대단치 않아 보였지만(보드에 납땜으로 부착해야 하는 부품들의 조립식 세트로서 495달러였고 당시에 이 기계로 할 수 있는 일은 그리 많지 않았다.) 이 제품의 등장은 컴퓨터광들에게 새로운 시대가 도래했음을 알리는 혁명적인 사건이었다. 빌 게이츠와 폴 앨런은 이 소식을 접하고 알테어를 위한 베이식(BASIC, Beginner's All-purpose Symbolic Instruction Code의 약어로 아마추어 사용자들이 다양한 플랫폼에서 호환이 가능한 소프트웨어 프로그램을 쉽게 만들 수 있게 해 주는 프로그래밍 언어.—옮긴이)을 개발하는 작업에 착수했다.(이 베이식의 성공으로 마이크로소프트가 출범하게 된 것이다.—옮긴이) 이 뉴스는 잡스와 워즈에게도 강한 영향을 주었다. 알테어 시제품은 피플스 컴퓨터 컴퍼니에도 입수되었으며, 프렌치와 무어가 추진하기로 한 동호회의 첫 모임에서 핵심 이슈가 되었다.

홈브루 컴퓨터 클럽

홈브루 컴퓨터 클럽이라는 이름이 붙은 이 동호회는 반문화 운동 분위기와 첨단 기술에 대한 애정이 뒤섞인 특성을 갖고 있었다. 과거 18세기 유럽에 사람들이 모여 대화와 토론을 꽃피우는 커피 하우스가 있었다면, 20세기 PC 시대에는 홈브루 컴퓨터 클럽이 있었다. 회원들은 이 클럽에 모여 컴퓨터 부품이나 다양한 정보와 아이디어를 교환했다. 무어는 1975년 3월 5일 멘로파크에 있는 프렌치의 차고에서 열릴 첫 모임 광고 전단지에 이렇게 적었다. "당신만의 컴퓨터를 만들고 싶나요? 혹은 단말기나 텔레비전, 타자기를? 그렇다면 당신과 똑같은 관심사를 가진 이들을 만나 보는 게 어때요?"

앨런 바움은 HP 게시판의 그 광고를 보고 워즈에게 연락했고, 워즈는 바움과 함께 홈브루 컴퓨터 클럽의 첫 모임에 참석했다. 워즈는 훗날 "그날 밤이 내 인생에서 몇 안 되는 중요한 밤들 중 하나였다."라고 회상했다. 그날 밤 30명쯤 되는 컴퓨터광들은 프렌치의 차고에 모여 앉아 관심사와 좋아하는 것들을 밝히며 이야기꽃을 피웠다. 무어가 작성한 회의록에 따르면, 워즈(그날 굉장히 긴장했다고 나중에 술회했다.)는 "비디오게임, 호텔용 유료 영화, 공학 계산기 설계, 텔레비전 단말기 설계"를 좋아한다고 자신을 소개했다. 알테어의 시연회도 진행되었다. 하지만 워즈에게는 마이크로프로세서(중앙 처리장치로서, 필요한 회로망을 모두 갖춘 단일 칩.)의 사양서를 본 일이 더 중요했다.

그는 마이크로프로세서에서 중요한 영감을 얻었다. 마침 멀리 떨어진 미니컴퓨터에 접속하는, 키보드와 모니터를 갖춘 단말기를 구상하던 참이었다. 마이크로프로세서를 이용하면 미니컴퓨터의 성능 일부를 단말기 자체에 담을 수 있고, 그러면 그 자체로 독립적인 작은 컴퓨터를 만들 수 있었다. 이것은 실로 역사적으로 대단한 아이디어였다. 키보드, 모니터, 컴퓨터를 하나의 개인용 패키지로 통합하자는 생각이었으니 말이다. 워즈는 회상한다. "PC에 대한 완전한 이미지가 머릿속에 번쩍하고 떠올랐어요. 그날 밤 나중에 애플 I이 될 물건을 종이 위에 스케치하기 시작했습니다."

처음에 워즈는 알테어와 마찬가지로 마이크로프로세서로 인텔 8080을 사용하려고 생각했다. 하지만 인텔 8080 한 개의 가격은 "그의 한 달치 집세보다도 비쌌고" 그래서 다른 대안을 찾아보기로 했다. 그는 모토로라 6800을 고려해 보았다. HP에 근무하는 친구가 개당 40달러에 구해 줄 수 있다고 했다. 그다음으로는 MOS 테크놀로지스가 제조한 칩을 발견했다. 이 칩은 앞의 것과 성능에서는 거의 차이가 없으면서도 가격이 20달러에 불과했다. 이 칩은 컴퓨터 가격을 적정 수준에 머물게 해 주었지만 장기적으로는 추가 비용을 수반하게 만들었다. 나중에 인텔의 칩이 업계 표준이 되면서, 그것과 호환이 안 되는 애플 컴퓨터가 궁지로 몰린 것이다.

워즈는 날마다 퇴근하고 집에 돌아와 텔레비전을 보며 저녁 식사를 마친 후에는 다시 HP로 돌아가 컴퓨터 개발에 매달렸다. 그는 책상 위에 부품들을 늘어놓고 배치를 이리저리 궁리해 본 다음 납땜으로 머더보드에 연결했다. 그러고 나서 마이크로프로세서로 화면에 이미지를 띄우기 위한 소프트웨어를 작성하기 시작했다. 그는 타임 셰어링으로 이용하는 컴퓨터 요금을 낼 여력이 없었기 때문에 코드를 직접 손으로 종이에 썼다. 그렇게 수개월간 작업에 매달린 끝에 드디어 자신의 고안물을 시험 가동해 보는 순간이 찾아왔다. 워즈는 훗날 이렇게 회상했다. "키보드의 키를 몇 개 눌러 보았습니다. 그러곤 정말 깜짝 놀랐어요. 제가 누른 글자가 화면에 나타나지 뭡니까!" 1975년 6월 29일 일요일, PC 역사에 한 획이 그어지는 순간이었다. "역사상 처음으로 키보드의 글자를 쳐서 그것을 바로 눈앞에 있는 화면에 띄우는 일이 벌어진 겁니다."

이 소식을 들은 잡스도 흥분을 감추지 못했다. 그는 워즈에게 질문을 쏟아부었다. 컴퓨터가 네트워크로 연결될 수 있을까? 메모리 장치를 위한 디스크를 추가할 수 있을까? 잡스는 또한 워즈가 필요로 하는 부품을 확보할 수 있도록 도와주었다. 특히 중요한 것은 D램(임의접근기억장치인 램의 한 종류로, 저장된 정보가 시간에 따라 소멸되기 때문에 주기적으로 재생시켜야 하는 특징을 지닌다. 구조가 간단해 집적이 용이하므로 대용량 임시 기억장치로 사용된다. — 옮긴이) 칩이었다. 잡스는 전화를 몇 통 걸더니 인텔에서 D램 칩 몇 개를 공짜로 얻었다. 워즈는 말한다. "스티브는 저랑 다른 종류의 인간이었어요. 판매 담당 직원들을 상대하는 법을 잘 알았으니까요. 저는 수줍음이 많아서 절대 못할 일이었지요."

잡스는 워즈를 따라 홈브루 모임에 나가기 시작했다. 그리고 주로 텔레비전 수상기를 옮기는 일이나 이런저런 장치를 설치하는 일을 도왔다. 이제 홈브루 회원은 100명이 넘었고,

모임 장소도 스탠퍼드 선형가속기 연구소의 강당으로 옮긴 상태였다. 선형가속기 연구소는 예전에 두 사람이 블루 박스를 개발하면서 잡지를 찾던 곳이었다. 홈브루 컴퓨터 클럽의 회장은 리 펠젠스타인이었다. 그 역시 컴퓨터와 반문화의 융합을 보여 주는 인물이었다. 펠젠스타인은 중퇴한 전자공학도이자 언론 자유 운동 지지자, 그리고 반전 운동가였다. 《버클리 바브》라는 지하신문의 편집자로 일한 적이 있으며 당시 컴퓨터 엔지니어로 활동하고 있었다.

펠젠스타인은 먼저 당일의 주제에 대해 짧은 코멘트를 내놓는 '방향 잡기' 세션으로 모임을 시작했다. 그런 다음 지정된 회원이 형식을 갖춘 시연을 진행했고, 마지막에는 '자유 소통' 세션이 이어졌다. 모든 회원이 서로 자유롭게 왔다 갔다 하면서 의견을 나누고 관계를 맺는 시간이었다. 워즈는 수줍음이 많은 타입이라 모임에서 좀처럼 말이 없었지만, 시간이 갈수록 그가 고안한 기계 주변으로 회원들이 모여드는 일이 잦아졌다. 그러면 워즈는 자못 자랑스럽게 자신의 물건을 설명하곤 했다. 창립자인 무어는 이 동호회에 상업적인 분위기가 아닌 교환과 공유의 분위기가 자리 잡게 만들려고 애썼다. 워즈는 말한다. "홈브루 클럽의 모토는 기꺼이 나눔으로써 다른 이들을 돕는 것이었습니다." 정보를 자유롭게 공유하고 모든 기성세대를 불신한다는, 컴퓨터광들만의 가치관이 반영된 것이었다. "제가 애플 I을 만든 것은 다른 사람들에게 무료로 나눠 주고 싶어서였습니다."

이는 빌 게이츠의 가치관과는 사뭇 상반된다. 빌 게이츠는 폴 앨런과 함께 알테어를 위한 베이식을 개발하고 난 후, 홈브루 컴퓨터 클럽 회원들이 베이식의 복사본을 만들어 로열티도 지불하지 않은 채 공유하고 있다는 사실을 알고 아연실색했다. 게이츠는 훗날 유명해진 「컴퓨터 사용자들에게 보내는 공개서한」을 컴퓨터 잡지에 실었다. "여러분은 대다수가 소프트웨어를 훔쳐서 사용한다는 사실을 인식해야 합니다. (중략) 이것이 공정한 일일까요? (중략) 여러분이 소프트웨어를 훔침으로써 초래되는 결과 중 하나는 훌륭한 소프트웨어가 개발되는 길이 막힌다는 겁니다. 무보수로 전문적인 일에 혼신을 기울일 사람이 어디에 있겠습니까? (중략) 지금이라도 로열티를 지불하고자 하는 분은 연락 주시길 바랍니다."

스티브 잡스도 이와 마찬가지로 워즈의 창안물이(그것이 블루 박스든 컴퓨터든) 무료로 돌아다니는 것을 원치 않았다. 그래서 설계도 사본을 나눠 주는 일을 그만두라고 워즈를 설득했다. 잡스는 이렇게 제안했다. 사람들은 대부분 자기가 직접 회로 기판을 만들 시간이 없다. 그러니 "인쇄 회로 기판(PCB)을 만들어서 판매하면 어떨까?" 두 사람은 그야말로 딱 맞는 파트너였다. "제가 뭔가 근사한 걸 고안하면 스티브는 그걸로 수익을 올릴 수 있는 방법을 찾아내곤 했지요." 워즈의 말이다. 그는 자신의 머리에서는 절대 그런 아이디어가 떠오르지 않았을 거라고 말한다. "돈을 받고 컴퓨터를 판다는 생각은 해 본 적이 없었어요. '몇 개 만들어서 사람들에게 팔아 보자.'라고 제안한 사람은 바로 스티브였지요."

잡스는 아타리에 근무하는 지인에게 워즈의 회로도를 주고 50개 정도의 회로 기판을 찍어 달라고 부탁할 계획을 세웠다. 물론 수고비와 여타 비용을 지불하고 말이다. 아타리의 설계자에게 지불할 금액까지 합해 1000달러가 넘게 들 것으로 예상되었다. 그것들을 개당 40달러에 판매하면 700달러

애플 I

는 족히 남을 것 같았다. 워즈는 그 회로 기판들을 과연 다 팔 수 있을지 의심스러웠다. "초기 투자금을 건질 수 있을지 확신이 서질 않았어요." 그는 집주인에게 보낸 수표가 은행에서 거부당하는 바람에 집주인과 마찰을 빚었고 이제는 매달 현금으로 방값을 지불해야 하는 처지였다.

잡스는 워즈를 어떻게 설득해야 할지 알았다. 그는 떼돈을 벌 것이라고 장담하는 대신, 흥미진진한 사업체를 갖게 될 것이라는 사실을 강조했다. "설령 손해를 좀 보더라도 회사 하나는 생기지 않겠어?" 잡스는 자신의 폭스바겐 버스를 몰고 가면서 옆에 앉은 워즈에게 말했다. "우리 인생에서 처음으로 회사를 갖는 거야." 이 말은 부자가 될 수 있다는 말보다 훨씬 더 강하게 워즈의 마음을 흔들었다. "마음이 설레더군요. 절친한 우리 둘이서 회사를 차린다, 얼마나 멋집니까! 이미 그때 마음이 기울었어요."

필요한 초기 자본을 마련하려고 워즈는 갖고 있던 HP65 전자계산기를 500달러에 팔았지만, 구매자는 끝내 절반만 지불하고 나머지는 떼먹었다. 잡스도 폭스바겐 버스를 1500달러에 팔았다. 처음 그 폭스바겐을 구입할 때 아버지가 반대했는데, 잡스는 아버지가 옳았음을 인정하지 않을 수 없었다. 성능이 형편없는 차였기 때문이다. 실제로 그에게서 폭스바겐을 구매한 사람이 2주 후에 찾아와 벌써 엔진에 문제가 발생했다고 투덜댔다. 잡스는 그에게 수리비 절반을 보태 주었다. 이런저런 어려움들이 있었지만, 그들은 이제 약 1300달러의 초기 자금과 제품 설계도와 사업 계획을 확보한 상태였다. 둘만의 컴퓨터 회사가 탄생할 참이었다.

애플의 혁명적 탄생

사업을 시작하기에 앞서 그들이 결정해야 할 것이 있었다. 바로 회사 이름이었다. 하루는 잡스가 사과나무 가지치기를 하러 올 원 팜을 방문했다. 그날 돌아오는 길에 워즈가 공항으로 그를 마중 나왔다. 차를 타고 로스앨터스로 향하는 길에 두 사람은 여러 가지 이름을 생각해 보았다. 기술적인 느낌이 풍기는 매트릭스, 또는 이그제큐텍(Execuтek) 같은 신조어, 아니면 아예 평범한 이름인 퍼스널 컴퓨터스 등등 여러 의견이 나왔다. 잡스가 사업 등록 관련 서류를 제출하기로 한 다음 날까지는 회사 이름을 결정해야 하는 상황이었다. 마침내 잡스가 '애플 컴퓨터(Apple Computer)'라는 이름을 제안했다. "마침 그때 저는 과일만 먹는 식단을 지키고 있었어요. 사과 농장에서 돌아오는 길이었고요. '애플'은 재밌으면서도 생기가 느껴지고 또 위협적인 느낌이 없었지요. '애플'이란 말은 '컴퓨터'란 말의 강한 느낌을 누그러뜨려 주잖아요. 게다가 '애플'은 전화번호부에서 '아타리(Atari)'보다 먼저 나올 수 있고요." 그는 다음 날 오후까지도 더 좋은 이름이 떠오르지 않으면 애플이란 이름으로 가겠다고 워즈에게 말했다. 그리고 결국 애플은 그들 회사의 이름이 되었다.

애플. 참으로 똑똑한 선택이었다. 듣는 순간 친근함이 느껴지면서도 쉽고 간단했다. 약간 엉뚱하면서도 흔히 먹는 파이를 연상시킬 만큼 평범한 이름이었다. 반문화의 기운이 살짝 느껴지고 소박한 전원생활을 떠올리게 만드는 동시에 더없이 미국적인 이름이었다. 그리고 '애플'과 '컴퓨터'라는 단어의 조합은 흥미로운 효과를 유발했다. 후에 애플의 초대

회장이 된 마이크 마쿨라는 말했다. "정말 엉뚱한 이름이었습니다. 그렇기 때문에 머릿속에서 좀처럼 사라지지 않는 이름이었지요. 애플과 컴퓨터, 누가 봐도 어울리지 않는 조합 아닙니까! 결국 브랜드 인지도를 높이는 데 큰 도움이 되었지만요."

워즈는 아직 전적으로 사업에 투신할 준비가 되어 있지 않았다. 그는 HP 직원이었고 그 일자리를 포기하고 싶지 않았다. 잡스는 워즈를 설득하는 과정을 돕고 의견 갈등이 생길 경우 중재자 역할을 할 만한 동맹군이 필요하다고 생각했다. 그래서 친구인 론 웨인을 사업 파트너로 동참시켰다. 웨인은 아타리에서 일하는 중년의 엔지니어로 과거에 슬롯머신 제조사를 운영한 경험이 있었다.

웨인은 워즈가 HP를 그만두게 만드는 것이 쉽지 않을뿐더러 또 당장 그만둘 필요도 없다고 생각했다. 그보다 중요한 것은 워즈가 설계한 고안물들에 대한 소유권을 애플이라는 회사에 귀속하도록 그를 설득하는 일이었다. 웨인은 말한다. "워즈는 자신이 만든 회로들을 자식처럼 여겼지요. 그리고 그것을 다른 용처에도 사용하거나, 혹은 HP가 사용하도록 허락하고 싶어 했습니다. 잡스와 저는 그 회로들이 애플사의 핵심이 될 거라고 생각했어요. 우리는 제 아파트에 모여 두 시간 동안 토론을 했고, 결국 워즈를 설득할 수 있었습니다." 웨인은 훌륭한 엔지니어는 훌륭한 마케팅 전문가와 팀을 이뤄 협력해야만 기억될 수 있다고 워즈를 설득했다. 그것은 곧 워즈가 고안물에 대한 소유권을 회사에 넘겨야 함을 의미했다. 잡스는 웨인의 노력에 크게 고마워했고 웨인에게 회사 지분의 10퍼센트를 주었다. 웨인은 그렇게 잡스와 워즈

사이에 의견 충돌이 생길 때 중재자가 되었다.

"두 사람은 판이하게 다른 타입이었지만 묘하게도 훌륭한 팀을 이루었어요." 웨인의 말이다. 때때로 잡스는 악마의 조종을 받는 사람처럼 독한 면을 드러냈지만, 워즈는 천사의 조종을 받는 순진한 청년처럼 보였다. 잡스는 목표를 달성하기 위해서 허세도 부릴 줄 알았고 가끔은 사람들을 조종하기도 했다. 넘치는 카리스마로 상대를 매료하기도 했지만, 냉정하고 혹독한 모습도 보였다. 반면 워즈는 부끄럼을 타고 사교성이 부족해서 가끔 어린아이처럼 느껴졌다. "워즈는 어떤 측면에서는 대단히 총명했어요. 하지만 책만 파고드는 학자 같은 이미지도 있었지요. 낯선 사람을 상대할 때는 상당히 위축되었고요. 그래도 어쨌거나 우리 둘은 훌륭한 파트너였어요." 잡스의 말이다. 잡스는 워즈의 공학적 천재성을 존경했고, 워즈는 잡스의 비즈니스 감각을 존중했다. 워즈는 이렇게 말한다. "저는 사람들을 상대하는 일도 싫어했고 남의 감정을 해치는 것도 싫어했지요. 하지만 스티브는 생판 모르는 사람한테도 전화해서 자기가 원하는 걸 얻어 내는 재간이 있었습니다. 스티브는 자기가 보기에 똑똑하지 않다고 생각되는 사람들에게 거칠게 대하기도 했지요. 하지만 저한테는 무례하게 행동한 적이 없습니다. 나중에 그가 원하는 만큼 훌륭한 답을 내놓지 못했을 때조차도 말입니다."

자신이 설계하는 새로운 컴퓨터가 애플 사의 자산이 된다는 데 동의한 이후에도 워즈는 그것을 자신이 몸담은 HP에 먼저 제공해야 한다고 느꼈다. "HP에 소속되어 있는 동안에는 제가 개발한 내용을 HP에 말해 줘야 한다는 생각이 들었어요. 그게 옳은 행동이고 윤리적인 태도니까요." 그래서 워즈는

1976년 봄에 HP의 직장 상사와 경영진에게 자신의 고안물을 보여 주었다. HP의 경영진은 큰 인상을 받았지만 HP에서 상품으로 개발할 수는 없다고 말했다. 컴퓨터광이 취미 생활로 만들 법한 물건에 불과하고, 또 HP가 타깃으로 삼는 고품질 시장에는 맞지 않는다는 것이었다. 워즈는 회상한다. "실망스럽긴 했지만, 그러고 나니 오히려 홀가분한 마음으로 애플에 합류할 수 있었어요."

1976년 4월 1일, 잡스와 워즈는 마운틴뷰에 있는 웨인의 아파트에서 합자 사업 계약서를 작성했다. 법률 용어가 가득한 서류를 작성해 본 경험이 있는 웨인이 3쪽짜리 계약서를 만들었다. 그의 '법률 용어'에는 프로 냄새를 풍기려 애쓴 흔적이 역력했다. 계약서의 문구들은 난해한 표현으로 시작됐다. "하기(下記)와 같이 밝히는 바…… 또한 하기와 같이 밝히는 바…… 계약 당사자들의 이해를 고려하여……." 하지만 지분 및 이윤 배분만큼은 간명하게 표현되었다.(45퍼센트, 45퍼센트, 10퍼센트.) 사업상 경비 지출액이 100달러가 넘는 경우에는 사업 파트너 세 명 중 최소한 두 명 이상이 동의해야 한다는 점도 명시했다. 아울러 각자가 지니는 책무도 명시했다. "워즈니악은 전기공학 업무에 대한 총괄적인 책무를 진다. 잡스는 전기공학 및 마케팅에 대한 총괄적인 책무를 진다. 웨인은 기계공학 및 서류 관리에 대한 책무를 진다." 잡스는 소문자로 서명했고 워즈는 필기체로 서명했으며 웨인은 알아보기 힘들게 갈겨쓴 글씨체로 서명했다.

그런데 얼마 안 있어 웨인이 소심한 태도를 보이기 시작했다. 웨인은 잡스가 보다 많은 사업 자금을 확보할 방안을 고민하는 모습을 보면서 과거 자신이 슬롯머신을 만들며 실패했던 경험을 떠올렸다. 그는 그런 실패를 또다시 겪고 싶지 않았다. 잡스와 워즈는 이렇다 할 개인 자산이 없었지만 웨인은 상당한 재산을 보유하고 있었다. 그들이 주식회사 형태가 아니라 합자회사 형태로 사업을 시작했기 때문에 각 사업 파트너들은 회사 부채에 대한 책임을 떠안아야 했다. 웨인은 혹시라도 나중에 자신이 엄청난 부채를 짊어질까 봐 두려웠다. 그래서 그는 세 사람이 계약서에 서명한 지 11일 만에 '파트너 사퇴서'와 합자 사업 계약서 수정본을 들고 잡스와 워즈를 찾아왔다. 거기에는 이렇게 쓰여 있었다. "모든 계약 당사자의 재평가에 기초하여 웨인은 하기와 같이 '파트너'의 자격을 갖지 아니하기로 한다." 그는 회사 지분 10퍼센트를 포기하는 대신 800달러를 받았고, 나중에 1500달러를 추가로 받았다.

만일 웨인이 그때 10퍼센트 지분을 포기하지 않았더라면, 2010년 말 무렵 그의 지분 가치는 약 26억 달러가 되어 있었을 것이다. 하지만 그는 2010년 무렵 네바다 주 파럼프에 있는 조그만 집에 거주하며 종종 카지노에서 슬롯머신 게임을 즐기는 한편 정부 연금으로 생계를 이어 가고 있었다. 웨인 자신은 그때의 결정에 후회가 없다고 말한다. "당시로서는 최선의 결정이었습니다. 두 스티브는 열정에 휩싸인 젊은이였고 저는 그들의 열정에 동참할 배짱이 부족했으니까요."

잡스와 워즈는 합자 사업 계약서에 서명하고 얼마 안 있어 홈브루 컴퓨터 클럽에 자신들의 회로 기판을 들고 갔다. 워즈가 새로 만든 회로 기판을 회원들에게 보여 주며 마이크로프로세서, 8킬로바이트 메모리, 자신이 작성한 베이식 등에 대해 설명했다. 또한 그는 "수많은 표시등과 스위치가 달린 복잡한 정면 패널을 대체하는, 타이핑할 수 있는 키보드"를 강조했다. 그다음은 잡스의 차례였다. 잡스는 알테어와 달리 애플은 핵심 부품이 모두 그 안에 들어 있다는 사실을 설명했다. 그러고 나서 회원들에게 이런 질문을 던졌다. 과연 이런 근사한 기계에 대해 사람들이 기꺼이 얼마만큼의 돈을 낼까? 그는 애플이 지닌 엄청난 잠재적 가치를 깨닫게 만들고 싶었던 것이다. 이후에도 잡스는 언제나 제품 시연을 할 때면 화려한 언변을 활용하곤 했다.

회원들의 반응은 미지근했다. 애플은 인텔 8080이 아니라 값싼 마이크로프로세서를 장착한 제품이었다. 하지만 한 사람만은 큰 관심을 보였다. 그는 1975년부터 멘로파크의 카미노레알 거리에서 바이트 숍이라는 컴퓨터 상점을 운영해 온 폴 테럴이었다. 첫 개점 이후 1년쯤 지난 시점인 당시에 테럴은 상점 세 개를 소유하고 있었고 전국적 체인으로 성장시킬 계획을 품고 있었다. 잡스는 흥분된 마음으로 제품을 시연해 보였다. "잘 보세요. 분명히 마음에 드실 거예요." 테럴은 데모 제품에서 좋은 인상을 받고 잡스와 워즈에게 자신의 명함을 건넸다. "그럼, 다시 봅시다."

다음 날 잡스는 맨발로 바이트 숍을 찾아갔다. 그리고 거래 계약을 따냈다. 테럴은 컴퓨터를 50개 주문하겠다고 했다. 하지만 조건이 있었다. 테럴은 고객들이 필요한 칩들을 사서 직접 조립해야 하는 50달러짜리 인쇄 회로 기판을 원하지 않았다. 일부 컴퓨터광들이야 그런 회로 기판을 좋아할지 모르지만, 대다수 고객들은 아니었다. 테럴은 완전히 조립된 완제품을 원했다. 그런 물건을 가져오면 납품과 동시에 현금으로 개당 500달러씩 쳐주겠다고 했다.

잡스는 곧바로 HP에 있는 워즈에게 전화를 걸었다. 그는 "자, 놀랄 준비 단단히 하라고!" 하면서 테럴과의 거래 계약 소식을 전했다. 워즈는 그때를 이렇게 회상한다. "정말 깜짝 놀랐어요. 입이 다물어지질 않았지요. 그 순간을 평생 못 잊을 겁니다."

주문량을 만들려면 이런저런 부품들을 사기 위해 1만 5000달러가 필요했다. 홈스테드 고등학교의 또 다른 말썽꾸러기였던 앨런 바움과 그의 아버지가 잡스와 워즈에게 5000달러를 빌려 주기로 했다. 잡스는 로스앨터스의 은행에서 돈을 빌려 보려고 했지만 대출 담당자는 잡스의 행색을 보고 대번에 거절했다. 잡스는 홀테드 부품상에 찾아가 부품을 제공해 주면 그 대가로 애플의 지분을 주겠다고 제안했다. 하지만 사장은 '꾀죄죄한 두 젊은이'가 하는 풋내기 사업을 무시하며 잡스를 되돌려 보냈다. 아타리의 알콘은 잡스가 현금으로 선불 지급해야만 칩을 팔겠다고 했다. 그러다가 마침내 잡스는 크레이머 일렉트로닉스라는 부품 상점을 찾아갔다. 크레이머의 지배인은 잡스를 미심쩍은 눈으로 바라보았고, 잡스는 지배인에게 자신이 정말로 2만 5000달러어치의 주문을 받았다는 사실을 폴 테럴과 통화해서 확인해 보라고 설득했다. 당시 테럴은 어떤 행사에 참석 중이었는데, 자신 앞으로 긴급 전화가 걸려 와 있다는 소식을 장내 방송을 통해 들었다.(잡스는 웬만해선 포기를 모르는 끈덕진 성격이었다.) 크레이머의 지배인은 테럴에게, 꾀죄죄한 애송이가 찾아와서는 바이트 숍에서 주문을 받았다고 하는데 사실이냐고 물었다. 테럴은 맞다고 확인해 주었고, 결국 크레이머 측은 30일 내에 외상값을 갚아야 한다는 조건으로 잡스에게 부품을 제공해 주기로 했다.

차고의 일당들

로스앨터스에 있는 잡스의 집은 바이트 숍에 납품할 애플 I 회로 기판 50개를 만들기 위한 제작 본부가 되었다. 부품 외상값을 치르기로 약속한 날짜 때문에 한 달 내에 납품을 끝내야만 했다. 가능한 인력이 모두 동원되었다. 잡스와 워즈는 물론이고 대니얼 콧키, 그의 옛 여자 친구 엘리자베스 홈스(사이비 종교 단체에서 막 탈퇴한 상태였다.), 잡스의 임신한 여동생 패티 잡스까지, 모두가 힘을 합쳤다. 패티의 침실이었던 방과 주방 테이블, 차고까지 전부 작업 공간으로 변했다. 보석 세공을 배운 적이 있는 홈스는 납땜 작업을 맡았다. 그녀는 회상한다. "대부분은 잘했는데 몇 개는 납땜 액을 너무 많이 발랐어요." 잡스는 "여분 칩이 거의 없다"면서 짜증을 냈다. 그리고 홈스에게 납땜 대신에 주방 테이블에서 회계와 서류 업무를 하도록 하고 자신이 직접 납땜을 했다. 회로 기판이 하나 완성되면 그것은 워즈의 손으로 넘어갔다. 워즈는 회상한다. "저는 그 회로 기판을 텔레비전과 키보드에 연결해서 제대로 작동하는지 테스트했어요. 제대로 작동하는 게 확인되면 박스에 담고, 작동하지 않는 경우엔 소켓에 잘못 들어간 핀을 찾아내곤 했지요."

잡스의 아버지가 중고차를 수리하는 부업을 그만두었기 때문에 잡스와 친구들은 차고를 통째로 마음껏 사용할 수 있었다. 잡스는 차고에 긴 작업대를 들여놓고, 석고보드를 새로 댄 벽에는 컴퓨터 설계도를 붙여 놓았다. 수납함 서랍에는 안에 든 부품별로 구분해 이름표를 달아 두었다. 또한 그는 여러 개의 발열 램프를 설치한 번 박스(burn box)를 만들어 회로 기판이 높은 온도에서도 밤새 제대로 작동하는지 테스트했다. 아들이 종종 갑작스럽게 화를 터뜨릴 때면(스티브 잡스는 그럴 때가 많았다.) 폴 잡스는 이렇게 농담을 건네며 아들의 평정심을 되찾아 주려 애썼다. "왜 그러니? 엉덩이에 뿔이라도 난 거야?" 또 이따금 폴 잡스는 아들이 빌려 간 텔레비전(집에 텔레비전이 한 대뿐이었다.)을 다시 빌려 달라고 요청했다. 미식축구 경기의 종반부를 보기 위해서였다. 아버지가 텔레비전을 가져가서 회로 기판 테스트를 할 수 없을 때면 잡스와 콧키는 앞마당 잔디에서 기타를 치며 시간을 보내곤 했다.

잡스의 어머니는 집 안이 온통 기계와 부품 들로 뒤덮이는 것에 대해, 그리고 집에 객식구들이 들끓는 것에 대해 싫은 내색을 하지 않았다. 하지만 갈수록 특이해지는 아들의 식성에 대해서는 크게 걱정했다. 홈스는 이렇게 회상한다. "잡스의 어머니는 그의 유별난 식습관을 못마땅해하셨어요. 그녀는 아들이 골고루 영양을 섭취해 건강하길 바랐지만 잡스는 이런 식으로 기이한 선언을 했죠. '저는 극단적인 채식주의자예요. 풀이나 잎사귀도 처녀들이 달빛을 받으며 따 온 것만 먹는다고요.'"

회로 기판 열두 개가 완성되자 잡스는 그것을 들고 바이트 숍을 찾아갔다. 제품을 본 테럴은 약간 놀랐다. 그는 완제품 형태의 컴퓨터를 기대했는데 잡스가 가져온 물건에는 전원 공급 장치도, 케이스와 모니터, 키보드도 없었기 때문이다. 하지만 잡스는 테럴을 뚫어져라 쳐다보았고, 테럴은 결국 그 회로 기판들을 받고 돈을 지불해 주었다.

그로부터 약 한 달 후, 애플 사는 이윽고 수익을 내기 시작했다. 잡스는 이렇게 회상한다. "우리는 생각했던 것보다 더 싸게 회로 기판을 생산할 수 있었어요. 부품을 싸게 확보할 수 있었던 덕분이지요. 바이트 숍에 50개를 판매해서 번 돈으로 100개를 만드는 데 드는 부품값을 거의 충당할 수 있었어요." 이제 그들은 나머지 50개를 주변 친구들과 홈브루 클럽 회원들에게 판매하여 짭짤한 이윤을 남길 수 있었다.

엘리자베스 홈스는 공식적으로 애플 컴퓨터의 파트타임 회계 직원이 되었다.(시급 4달러를 받았다.) 그녀는 샌프란시스코에서 일주일에 한 번씩 와서 잡스의 수표 사용 내역을 장부에 정리했다. 잡스는 회사가 제대로 된 모양새를 갖추도록 외부 전화에 대한 응답 서비스를 도입했고, 어머니에게 모든 메시지를 들어 본 후 중요한 것만 알려 달라고 부탁했다. 론 웨인은 회사 로고를 디자인했다. 펜으로 그린 선화(線畵) 스타일의 화려한 로고에 사과나무 아래에 앉은 뉴턴의 모습을 담았으며, 시인 워즈워스의 말을 인용해 "생각의 신비로운 바다를 영원히 홀로 항해하는 정신"이라고 적었다. 애플 컴퓨터보다는 론 웨인 자신의 이미지에 더 어울리는, 다소 생뚱맞은 모토였다. 아마 그보다는 프랑스혁명에 대한 열정을 노래한 워즈워스의 다음 시구가 더 어울렸을 것이다. "그날 새벽에 살아 있다는 것만으로도 축복이었고/ 젊다는 것은 천국 그 자체였다네!" 훗날 워즈가 흥분한 어조로 이렇게 말했다는 사실을 생각해 보면 더욱 그렇다. "우리는 역사상 이제껏 없던 커다란 혁명에 참여하고 있었다. 내가 그 혁명의 일부로서 동참한다는 사실이 더없이 행복했다."

워즈는 이미 다음 단계의 컴퓨터를 구상하고 있었으므로 그들은 이미 만든 모델을 '애플 I'이라고 부르기로 했다. 잡스와 워즈는 카미노레알 주변을 돌아다니며 자신들이 만든 애플 I을 팔아 줄 상점을 물색했다. 그들은 바이트 숍에 50개를 팔고 친구들에게 50개를 판 다음, 소매점에 납품할 100개를 추가로 만들고 있었다. 이때도 잡스와 워즈의 성격 차이가 분명하게 드러났다. 워즈는 제작 비용에 든 금액 정도만 받고, 즉 마진을 거의 남기지 않고 팔고 싶어 했지만, 잡스는 가급적이면 큰 이윤을 남기고 싶어 했다. 이 의견 충돌에서는 잡스가 이겼다. 그는 자신들이 만든 제품에 제작비의 세 배쯤 되는 소매가를 정하여 테럴이나 다른 상점에서 지불하는 500달러 납품가에 33퍼센트의 이윤이 붙도록 조치했다. 그래서 책정된 가격이 666.66달러였다. 워즈는 회상한다. "저는 늘 숫자를 반복해서 쓰는 걸 좋아했어요. 제가 주로 이용하던 전화 농담 서비스 업체의 전화번호도 255-6666이었지요." 두 사람은 '666'이 요한계시록에 나오는 '짐승의 표'라는 사실을 몰랐다. 하지만 곧 가격의 숫자가 불길하다는 사람들의 불만을 듣게 되었다. 특히 1976년인 그해에 「오멘」이라는 영화가 히트해 666이라는 숫자가 널리 알려지고 나서는 더욱 그랬다.(애플 I 컴퓨터는 2010년 크리스티 경매에서 무려 21만 3000달러에 팔렸다.)

이 신형 컴퓨터에 대한 첫 기사는 《인터페이스》 1976년 7월호에 게재되었다. 지금은 없어진 《인터페이스》는 컴퓨터 애호가들을 위한 잡지였다. 잡스와 친구들은 여전히 잡스의 집에서 직접 손으로 컴퓨터를 만들고 있었지만 당시 기사에서는 잡스를 "마케팅 이사"이자 "아타리의 전직 사외 컨설턴트"라고 소개했다. 그런 소개 문구는 애플 컴퓨터를 제법 규모가 있는 진짜 회사처럼 느껴지게 만들었다. 기사에는 이렇게 적혀 있었다. "스티브는 많은 컴퓨터 동호회들과 교류하기 때문에 이 새로운 첨단 업계의 정보와 현황에 환하다." 또 잡스가 이렇게 말했다고 인용했다. "소비자의 필요와 감정과 동기만 알 수 있다면, 그들에게 원하는 것을 제공함으로써 적절히 대응할 수 있습니다."

그 무렵 알테어 외에도 다른 여러 경쟁 제품이 생겼다. 대표적인 것이 IMSAI 8080과 프로세서 테크놀로지 사의 SOL-20이었다. SOL-20은 홈브루 컴퓨터 클럽의 리 펠젠스타인과 고든 프렌치가 만든 것이었다. 그리고 이 모든 기기들은 많은 사람들에게 선보일 기회를 얻게 된다. 1976년 노동절을 앞둔 주말에 뉴저지 주 애틀랜틱시티의 한 낡은 호텔에서 제1회 개인용 컴퓨터 축제가 열린 것이다. 잡스와 워즈는 애틀랜틱시티에서 가까운 필라델피아로 향하는 TWA 비행기에 올랐다. 애플 I이 들어 있는 박스와 아직 개발 중인 애플 II의 시제품이 든 박스를 소중하게 품에 안은 채였다. 그들이 앉은 뒷줄에는 펠젠스타인이 타고 있었다. 그는 애플 I을 보고 "전혀 인상적이지 않다."라고 말했다. 워즈는 뒷줄에서 들려오는 대화를 듣고 다소 위축되었다. 그는 그때를 이렇게 회상한다. "뒤쪽에서 그야말로 사업가다운 이야기들이 오가는 거예요. 우리는 한 번도 들어 본 적이 없는 세련된 비즈니스 용어를 섞어 쓰더라고요."

워즈는 행사 기간의 대부분을 호텔 방에서 애플 II의 시제품을 만지작거리며 보냈다. 수줍음이 많았던 터라 전시장 뒤쪽 근처에 배정받은 애플의 부스에 나가 있기 싫었던 것이다. 대니얼 콧키도 맨해튼에서 기차를 타고 와 그들과 함께했다. 당시 콧키는 맨해튼의 컬럼비아 대학교에 다니고 있었다. 잡스가 경쟁 제품들을 시찰하러 행사장을 돌아다니는 동안 콧키는 애플의 부스를 지켰다. 잡스는 그곳에서 목격한 것들에서 큰 인상을 받지 않았다. 역시 워즈가 최고의 회로 엔지니어라는 사실과 애플 I이(그리고 곧 완성될 애플 II도) 기능적인 측면에서 다른 제품들에 결코 뒤지지 않는다는 사실을 다시금 확신할 수 있었다. 그렇지만 디자인 측면에서는 SOL-20이 훨씬 뛰어났다. 미끈한 금속 케이스에 키보드는 물론이고 전원 공급 장치도 갖춰져 있었다. 그것은 세련된 어른들이 만든 제품처럼 보였다. 반면 애플 I은 그것을 만든 두 스티브들만큼이나 초라해 보였다.

애플 Ⅱ

새로운 시대의 여명

6

최초의 통합 패키지형 컴퓨터

그날 행사장을 돌아보면서 잡스는 바이트 숍의 폴 테럴이 한 말이 옳았음을 절감했다. PC는 완제품 형태로 조립된 패키지여야 했다. 애플 컴퓨터의 다음 버전은 멋진 케이스와 키보드, 전원 장치, 소프트웨어, 모니터까지 갖춘 일체형으로 만들어야 한다는 생각이 들었다. "최초의 통합 패키지형 컴퓨터를 만들어야 했습니다. 이제는 스스로 컴퓨터를 조립하길 좋아하고 변압기와 키보드를 어디서 어떻게 구매해야 하는지 아는 소수의 컴퓨터광들만 목표로 삼아서는 안 되는 거였어요. 앞에 앉자마자 바로 사용할 수 있는 제품을 원하는 사람들이 많아졌으니까요."

애틀랜틱시티에서 PC 축제가 열린 그날 워즈는 호텔 방에서 (곧 애플 II라는 이름이 붙을) 새로운 컴퓨터를 계속 연구하고 있었다. 잡스는 이 새로운 컴퓨터가 그들을 다음 단계로 멋지게 도약시켜 줄 디딤돌이 되길 바랐다. 밤늦은 시간, 그들은 이 새로운 컴퓨터의 시제품을 딱 한 번 방 밖으로 들고 나왔다. 호텔의 컨퍼런스 룸에서 컬러텔레비전에 연결해 시험해 보기 위해서였다. 워즈는 컴퓨터 칩을 이용해 화면에 색상을 출력하는 기발한 방법을 알아냈는데, 이 방법이 프로젝터를 이용해 영화 같은 화면을 보여 주는 텔레비전에서도 통하는지 시험해 보고 싶었다. "프로젝터에 제 색상 표현 방식을 받아들이지 못하는 다른 색상 회로소자도 있을지 모른다고 생각했어요. 그래서 애플 II를 그 프로젝터에 연결해 봤는데 멋지게 작동하더군요." 그가 키보드를 두드리자 다채로운 색상을 가진 글자와 이미지 들이 커다란 스크린에 나타났다. 이 애플 II의 시연 장면을 목격한 유일한 외부인은 호텔의 기술 담당 직원이었다. 그는 이런저런 다양한 제품을 봤지만 자신이라면 애플 II를 구매하겠다고 말했다.

통합 패키지형 애플 II를 만들기 위해서는 상당한 자금이 필요했다. 그래서 두 스티브는 보다 큰 기업에 판권을 파는 방안을 고려했다. 잡스는 앨 알콘을 찾아가, 아타리 경영진 앞에서 제품을 설명할 수 있는 자리를 마련해 달라고 부탁했다. 알콘은 잡스에게 아타리의 사장인 조 키넌과의 면담 자리를 주선해 주었다. 키넌은 알콘이나 부시넬보다 훨씬 더 보수적인 사람이었다. 알콘은 이렇게 회상한다. "스티브가 방에 들어왔지만 조는 그를 참고 봐 주지 못했어요. 조는 스티브의 위생 관념에 고개를 내저었지요." 당시 잡스는 맨발이었고 이야기를 하다가 어느 순간부터 발을 올려놓기까지 했다. 키넌은 이렇게 고함을 질렀다. "당신네 판권을 살 생각은 눈곱만큼도 없소. 그리고 그 발 당장 내 책상에서 치우시오!" 그 순간 알콘은 생각했다. '쯧쯧. 물 건너갔군.'

그해 9월, 코모도어 사의 척 페들이 데모 제품을 보기 위해 잡스의 집을 찾아왔다. "우리가 스티브 집의 차고 문을 열어 주자 양복에 카우보이모자 차림을 한 그가 걸어 들어왔지요." 워즈는 회상한다. 페들은 애플 II를 대단히 마음에 들어 했고, 몇 주 후에 잡스가 코모도어 본사의 중역들 앞에서 제품 설명회를 할 수 있도록 자리를 마련해 주었다. 잡스는 그 자리에서 이렇게 말했다. "저희를 인수하시려면 20~30만 달러는 주셔야 할 것 같습니다." 워즈는 당시 이 '터무니없는' 제안에 깜짝 놀랐다고 회상한다. 하지만 잡스는 뜻을 굽히지 않았다. 며칠 후 코모도어 중역에게 전화가 왔다. 자신들이 직접 컴퓨터를 제작하는 편이 오히려 재정적으로 덜 부담스럽겠다는 것이었다. 그 전화를 받고 잡스는 별로 아쉬워하지 않았다. 그는 이미 코모도어에 대해 조사를 수행하고 회사 경영진이 "형편없다."라는 판단을 내린 터였다. 워즈도 아쉬워하진 않았지만, 코모도어가 9개월 뒤에 코모도어 PET를 출시하자 컴퓨터 전문가로서 자긍심에 상처를 입었다. 그는 말한다. "약간 속이 불편하더군요. 그렇게 서둘러서 그처럼 형편없는 제품을 내놓다니…… 그럴 바에 차라리 애플을 소유하는 편이 나았을 텐데 말입니다."

코모도어 사건을 계기로 잡스와 워즈 사이의 숨은 갈등이 표면으로 드러나기 시작했다. 두 사람은 애플 컴퓨터에 정말 똑같은 기여를 하고 있는가? 두 사람은 각각 얼마만큼의 몫을 가져가야 합당한가? 사업가나 마케팅 담당자보다 엔지니어의 가치를 더 높이 평가했던 제리 워즈니악은 회사 수익의 대부분이 자기 아들에게 돌아가야 한다고 생각했다. 하루는 워즈의 집에서 제리 워즈니악과 잡스가 정면으로 충돌했다. 그는 잡스에게 말했다. "자네는 돈을 가져갈 자격이 없네. 아무것도 만들지 않잖은가?" 잡스는 분한 듯 눈물을 흘리기 시작했다. 성격상 그럴 만도 했다. 그는 결코 감정을 속으로 억누르는 타입이 아니었으니 말이다. 잡스는 워즈에게 자신은 기꺼이 이 합자 사업을 중단할 의사가 있다면서 이렇게 말했다. "둘이 공평하게 50 대 50으로 나누지 않으려면 그쪽에서 다 가지는 방법을 택하라고." 하지만 워즈는 잡스와의 공생 관계가 중요하다는 사실을 아버지보다 훨씬 더 잘 알았다. 만일 잡스가 없었다면 워즈는 아직도 홈브루 클럽 모임에서 회원들에게 회로 기판 설계도를 공짜로 나눠 주고 있을지도 모를 일이었다. 워즈의 천재성을 사업으로 연결한 인물은 바로 잡스였다. 워즈는 잡스와의 파트너 관계를 깨지 않기로 결심했다.

그것은 현명한 판단이었다. 애플 II를 성공시키기 위해서는 워즈의 뛰어난 회로 설계 그 이상의 무언가가 필요했다. 완전히 통합된 소비자 제품의 형태를 갖춰야 했고, 그러자면 잡스의 역할이 반드시 필요했다.

잡스는 먼저 예전 파트너인 론 웨인에게 케이스 디자인을 부탁했다. 웨인은 이렇게 회상한다. "자금이 넉넉지 않은 상황인 게 분명했어요. 그래서 복잡한 세공이 필요하지 않고 일반 금속 가공소에서 충분히 제작할 수 있는 모양으로 디자인했지요." 그가 디자인한 케이스는 플렉시 유리로 만든 커버에 금속 띠가 달렸으며 키보드 위에는 접혀 들어가는 뚜껑이 붙어 있었다.

잡스는 이 디자인이 마음에 들지 않았다. 좀 더 단순하면서도 세련된 디자인을 원했다. 투박하고 칙칙한 금속 케이스를 가진 다른 컴퓨터들과 애플을 차별화해 줄, 그런 디자인 말이다. 잡스는 메이시스 백화점의 가전제품 통로를 거닐다가 쿠진아트 브랜드의 믹서를 보고 '이거야!' 하는 생각이 들었다. 그래서 가벼운 플라스틱으로 제작된 미끈한 케이스를 만들기로 했다. 그는 홈브루 클럽 모임에서 지역 컨설턴트인 제리 매넉에게 1500달러를 줄 테니 그런 디자인의 케이스를 만들어 달라고 제안했다. 잡스의 외모가 미덥지 않았던 매넉은 돈을 선불로 달라고 했다. 잡스는 그럴 수는 없다고 말했고, 결국 설복을 당한 매넉이 일을 맡기로 했다. 몇 주 후 단순하고 깔끔하면서도 친근감이 느껴지는 플라스틱 케이스가 완성되었다. 잡스는 그것이 마음에 딱 들었다.

다음은 전원 공급 장치였다. 워즈 같은 디지털광들은 아날로그적이고 일상적인 무언가에 관심을 거의 기울이지 않았지만 잡스는 그것이 핵심 요소라고 생각했다. 특히 잡스는 팬이 필요 없는 전원 공급 장치를 원했다. 그가 생각하기에 컴퓨터 내부의 팬이 내는 소음은 선불교의 정신과 어긋나는 것이었다. 정신 집중을 방해하기 때문이다. 잡스는 아타리에 찾아가 옛날 방식의 전기 엔지니어링에 대해 잘 아는 앨 알콘에게 조언을 구했다. 잡스는 이렇게 회상한다. "앨은 로드 홀트라는 멋진 사내를 소개해 줬어요. 그는 결혼을 여러 번 했고 줄담배를 피워 대는 마르크스주의자였는데, 정말 모르는 게 없이 박학다식했지요." 잡스를 처음 만났을 때 매력이나 다른 사람들이 보인 반응과 마찬가지로, 홀트 역시 시큰둥한 표정을 지었다. 홀트는 말했다. "저, 몸값 비쌉니다." 잡스는 상대가 거금을 지불할 만한 가치가 있는 인물이라 판단했고 비용은 걱정 말라고 말했다. 홀트는 "나는 꼬임에 넘어가 일을 맡게 되었다."라고 말한다. 그는 결국 애플 컴퓨터의 정식 직원으로 합류한다.

홀트는 기존의 선형 전원 장치 대신에 오실로스코프를 비롯한 여러 기기에서 사용되는 스위치식 전원 공급 장치를 만들었다. 이 장치는 1초당 60회가 아니라 수천 회나 전원을 개폐하기 때문에 훨씬 짧은 시간 동안 전력을 저장하고 따라서 열도 그만큼 적게 발생시켰다. 잡스는 이렇게 회상했다. "그 스위치식 전원 공급 장치는 애플 II의 로직 보드(머더보드)만큼이나 혁명적인 것이었습니다. 역사책에서는 이 장치에 관한 로드의 공로를 제대로 쳐주지 않지만, 그는 그 이상으로 인정받아야 마땅합니다. 오늘날 모든 컴퓨터가 스위치식 전원 장치를 사용하고 있으니까요. 그게 다 로드의 설계에서 유래했지요." 그것은 전자공학에 뛰어난 워즈조차 만들기 힘들었을 물건이었다. "저는 스위치식 전원 장치가 뭔지 그냥 막연하게만 알고 있었어요."

잡스의 아버지는 언젠가 아들에게 완벽한 전문가는 눈에 보이지 않는 부분의 완성도까지 신경 써야 한다고 가르쳤다. 잡스는 애플 II 내부에 들어가는 회로 기판의 설계도를 검토할 때도 아버지의 말을 기억했다. 그는 줄이 똑바로 배열되지 않았다는 이유로 처음에 만든 설계도를 폐기했다.

완벽함에 대한 이러한 열정은 잡스의 통제 욕구를 키우는 데 일조했다. 대부분의 해커와 컴퓨터 애호가 들은 이런저런 다양한 부품들을 본인의 취향에 맞춰 컴퓨터에 끼워 넣는 것을 좋아한다. 잡스는 이런 관점이 사용자가 막힘없이 쓸 수 있는 제품을 만드는 데 걸림돌이 된다고 여겼다. 하지만 뼛속까지 컴퓨터광인 워즈는 잡스와 의견이 달랐다. 그는 추후 사용자의 활용도를 고려하여 애플 II의 보드에 확장 슬롯을 여덟 개 포함해야 한다고 생각했다. 하지만 잡스는 프린터용과 모뎀용, 이렇게 두 개면 충분하다고 보았다. 워즈는 그때를 이렇게 회상한다. "평소에 저는 웬만한 건 수긍하고 넘어가는 편이었지만 그때만큼은 굽힐 수가 없었습니다. 잡스에게 이렇게 말했지요. '정 그걸 원한다면 네가 직접 만들든가.' 저 같은 컴퓨터광들은 꼭 컴퓨터에 뭔가 추가해야 직성이 풀리거든요." 이번에는 워즈가 이겼다. 하지만 그는 자신의 힘이 약해지고 있음을 느낄 수 있었다. "그때는 제 의견을 관철할 수 있었지만 그 이후로도 계속 그랬던 건 아닙니다."

애플 II

이 모든 과정에는 상당한 자금이 필요했다. "새로 디자인한 플라스틱 케이스의 생산 설비를 갖추는 데 10만 달러 정도가 들 것으로 예상됐어요." 잡스는 말한다. "완제품 생산 설비까지 갖추려면 20만 달러가 필요했고요." 그는 놀런 부시널을 찾아갔다. 애플 컴퓨터에 투자하면 일정 지분을 주겠다고 제의하기 위해서였다. 부시널은 회상한다. "5만 달러를 투자하면 내게 회사 지분 3분의 1을 주겠다고 잡스가 제안하더군요. 제가 바봅니까. 싫다고 했지요. 지금 생각해 보면 제가 그때 왜 그랬나 싶어요. 울고 싶을 정도지요. 하하하."

부시널은 잡스에게 돈 밸런타인을 만나 보는 게 어떻겠냐고 했다. 밸런타인은 내셔널 반도체의 마케팅 책임자로 일한 경력이 있으며, 이후 벤처 투자 회사인 세쿼이아 캐피털을 설립한 인물이었다. 잡스의 설득으로 밸런타인은 메르세데스를 몰고 직접 잡스의 차고를 찾아갔다. 말끔한 푸른색 정장 안에 버튼다운 셔츠를 받쳐 입고 굵은 줄무늬가 사선으로 들어간 넥타이를 맨 차림이었다. 부시널은 밸런타인이 잡스를 만난 직후에 자신에게 전화를 걸어 반농담조로 이렇게 말했다고 회상한다. "도대체 왜 나더러 그런 이단아들을 만나 보라고 한 겁니까?" 밸런타인은 자신이 그렇게 말했는지 잘 기억이 안 난다고 하지만, 잡스의 외양이나 그에게서 나는 냄새가 독특하다고 느낀 것만은 분명하다고 말한다. "스티브에게서는 반문화 이미지가 짙게 풍겼어요. 숱이 적은 턱수염에다 빼빼 마른 체격이, 마치 호치민을 보는 느낌이었습니다."

하지만 밸런타인은 겉으로 보이는 외모에만 치중한 나머

지 실리콘밸리 최고의 투자자가 될 수 있는 행운을 잡지 못했다. 무엇보다 마음에 걸렸던 것은 잡스가 마케팅에 대해 제대로 아는 게 없다는 점, 그저 전자 제품 상점을 돌아다니며 직접 만든 기계를 파는 데 만족하는 애송이로 보였다는 점이었다. 밸런타인은 잡스에게 말했다. "마케팅과 유통에 훤하고 제대로 된 사업 계획서를 쓸 줄 아는 전문가를 데려온 다음에 투자 문제를 이야기합시다." 평소에 잡스는 자신보다 나이 많은 사람이 뭔가 충고를 할 때면 까칠한 태도를 보이거나 아니면 열심히 경청하거나, 둘 중 하나였다. 이 경우엔 후자였다. 잡스는 "세 명만 추천해 달라"고 부탁했다. 밸런타인은 그의 부탁대로 세 명을 추천했고 잡스는 그들을 모두 만나 보았다. 그리고 그중에서 마이크 마쿨라라는 사람과 이야기가 잘 풀리기 시작했다. 마쿨라는 이후 약 20년간 애플 사에서 대단히 중요한 역할을 하게 된다.

마쿨라는 불과 서른세 살이었지만 페어차일드와 인텔에 몸담았다가 이미 퇴직한 상태였다. 인텔이 상장한 이후 그는 갖고 있던 주식으로 스톡옵션을 행사해 엄청난 부자가 되었다. 신중하면서도 명민해 보이는 이미지에, 고등학교 시절 체조 선수였던 사람답게 몸짓이나 발걸음이 정확했다. 또 가격 전략, 유통 네트워크, 마케팅, 회계 등에서 뛰어난 능력을 갖춘 인물이었다. 약간 내성적이고 조심성 있는 성격이었지만 갑자기 불어난 부를 즐기는 일만큼은 누구에게도 뒤지지 않아 보였다. 그는 타호 호수 근처에 멋진 집을 지었고 나중에는 우드사이드 언덕에도 호화로운 저택을 지었다. 잡스와 만나기 위해 처음으로 그의 차고를 찾아온 날, 마쿨라는 밸런타인처럼 검정색 메르세데스가 아니라 세련된 금색 콜벳 컨버터블을 타고 나타났다. "작업대 앞에서 뭔가를 만지작거리던 워즈가 곧 애플 II에 대해 자랑스럽게 떠들기 시작했습니다." 마쿨라는 회상한다. "두 젊은이가 이발을 좀 할 필요가 있다는 사실은 금세 잊었어요. 그 차고에서 목격한 광경에 정말 깜짝 놀랐습니다. 이발이야 언제라도 하면 되는 거니까요."

잡스는 마쿨라에게 금세 호감을 느꼈다. "마쿨라는 체구는 작았지만 인텔의 마케팅 책임자로 일했던 인물이었지요. 아마 그래서 자기 능력을 보여 주고 싶었던 게 아닌가 싶어요." 또 잡스는 마쿨라가 점잖고 공정한 사람이라는 인상을 받았다. "절대 남을 물먹이거나 할 유형이 아니었어요. 진실함이 느껴졌지요." 워즈도 마찬가지로 좋은 인상을 받았다. 그는 이렇게 회상한다. "내가 만나 본 중에 가장 멋진 사람이었습니다. 게다가 우리가 개발하고 있는 물건을 정말 마음에 들어 했고요!"

마쿨라는 잡스에게 먼저 사업 계획을 세워 보고 그게 잘 안 되면 도와주겠다고 제안했다. "사업 계획만 제대로 세우면 바로 투자하겠소. 그리고 만일 안 해 본 일이라 잘 못하겠으면 내가 몇 주 정도 기꺼이 시간을 내주겠소." 잡스는 저녁이면 마쿨라의 집에 찾아가 앞으로의 이런저런 계획들에 대해 밤이 깊도록 대화를 나눴다. 그는 회상한다. "우리는 여러 가지 가정을 해 보았어요. 예컨대 앞으로 얼마나 많은 집에서 PC를 쓸까 하는 것도 생각해 보고요. 새벽 3~4시까지 이야기를 나눈 날도 많았지요." 마쿨라가 사업 계획서의 내용을 대부분 작성했다. "스티브는 '이 부분에 대해서는 다음번에 생각을 정리해 오겠다.'라고 말하곤 했지만, 대개 그러지 못하는 경우가 많아서 결국 제가 작성했습니다."

마쿨라는 소수 컴퓨터광들의 시장을 뛰어넘는 사업을 구상했다. 워즈는 회상한다. "그는 일반 가정의 평범한 사람들에게 컴퓨터를 제공할 방법에 대해 얘기했어요. 사람들이 좋아하는 요리법을 정리하고, 가계부를 쓰고, 그렇게 컴퓨터를 활용하게 될 날에 대해서요." 마쿨라는 야심찬 포부를 품고 있었다. "우리는 앞으로 2년 내에 《포춘》선정 500대 기업에 들 겁니다. 우리는 하나의 업계를 탄생시키고 있어요. 이건 10년에 한 번 일어날 법한 일입니다." 이후 애플이 《포춘》 500대 기업이 되기까지는 7년이 걸린다. 어쨌거나 마쿨라의 예견은 옳았음이 입증된 셈이다.

마쿨라는 회사 지분의 3분의 1을 받는 대신 최고 25만 달러까지 은행 대출 보증을 서 주기로 했다. 애플을 주식회사로 전환하고 마쿨라와 잡스와 워즈가 각각 지분을 26퍼센트씩 갖기로 합의했다. 나머지는 다른 투자자들을 끌어모으기 위해 남겨 두기로 했다. 세 사람은 마쿨라의 수영장에 있는 오두막에 모여 계약서에 서명했다. 잡스는 회상한다. "과연 마이크가 25만 달러를 다시 회수할 수 있을지 저도 반신반의했어요. 기꺼이 리스크를 떠안고 뛰어드는 그의 모습에 감동을 받았지요."

이제 워즈를 애플에만 전적으로 몰두하도록 설득하는 일이 남아 있었다. 워즈는 반문했다. "HP는 안정적인 직장으로 유지하면서 애플 일을 병행하면 왜 안 된다는 거죠?" 마쿨라는 그래서는 안 된다고 강조하면서 워즈에게 며칠 내로 결정을 내리라고 했다. 워즈는 회상한다. "회사의 주축 멤버가 된다는 게 좀 불안하고 걱정스러웠어요. 다른 직원들을 들볶고 통제하고, 그런 일을 해야 할 거 아닙니까. 전 예전부터 절대로 권위적인 인간이 되지 않겠다고 결심했거든요." 그래서 그는 HP를 그만두지 않겠다고 선언했다.

마쿨라는 어쩔 수 없다는 듯 "알았다."라고 했다. 하지만 잡스는 크게 흥분했다. 그는 워즈에게 전화를 걸어 온갖 말로 설득을 시도했다. 주변 친구들에게도 워즈를 설득하는 일을 도와 달라고 지원을 요청했다. 잡스는 고함을 지르며 화를 내기도 했다. 워즈의 부모까지 찾아가 눈물을 흘리며 그의 아버지에게 도와 달라고 부탁했다. 그즈음 워즈의 아버지는 애플 II가 대단한 물건이 될 것임을 직감했기 때문에 잡스를 적극 도와주었다. 워즈는 말한다. "직장에 있을 때나 집에 있을 때나 아버지, 어머니, 형제, 친구들한테서 수시로 전화가 왔어요. 다들 저러러 그랬죠. 제 판단이 틀렸다고요." 그래도 워즈는 쉽게 굽히지 않았다. 그러던 어느 날 (홈스테드 고등학교의 벅 프라이 클럽 동지였던) 앨런 바움이 전화를 걸어왔다. "넌 그 일에 뛰어들어야 해." 그는 워즈가 애플의 정식 직원이 된다고 해서 경영 세부 사항들을 챙기거나 엔지니어가 아닌 다른 역할을 해야 하는 건 아니라고 설득했다. 워즈는 회상한다. "그게 바로 제가 듣고 싶었던 말이었어요. 저는 조직도의 하단부에, 그저 엔지니어로서 머물고 싶었으니까요." 그는 잡스에게 전화해 HP를 그만두고 애플에 몰두하겠다고 말했다.

1977년 1월 3일, 드디어 애플 컴퓨터 주식회사가 공식 출범했다. 이 회사는 9개월 전 잡스와 워즈니악이 설립한 합자 회사를 인수하는 형태를 취했다. 이 새로운 회사의 탄생을 아는 이들은 거의 없었다. 같은 달, 홈브루 컴퓨터 클럽의 조사 결과 이 클럽에서 PC를 소유한 181명의 회원들 가운데 애플을 갖고 있는 사람은 불과 여섯 명이었다. 하지만 잡스는 장차 애플 II가 그 숫자를 완전히 바꿔 놓으리라고 확신했다.

마쿨라는 잡스에게 아버지 같은 존재가 되었다.(마쿨라는 잡스의 양아버지와 마찬가지로 그의 강한 고집을 포용해 주지만, 나중에는 친아버지와 마찬가지로 그를 버린다.) "마쿨라와 스티브의 관계는 마치 부자지간 같았습니다." 벤처 투자가 아서 록의 말이다. 마쿨라는 잡스에게 마케팅과 세일즈를 가르치기 시작했다. 잡스는 말한다. "마이크는 제게 보호막 같은 존재였어요. 저와 가치관도 굉장히 비슷했고요. 그는 절대로 돈을 벌겠다는 목표로 회사를 차려서는 안 된다고 여러 번 강조했습니다. 자신의 신념을 쏟아부을 수 있는 무언가를 만드는 것, 오래도록 생명력을 지닐 회사를 만드는 것을 목표로 삼아야 한다고 했지요."

마쿨라는 '애플의 마케팅 철학'을 종이 한 쪽으로 정리했다. 이 문서에서 그는 세 가지를 강조했다. 첫째는 '공감'이었다. 즉 고객들의 감정을 이해하고 고객과 연결되는 것이 중요하다는 의미였다. "다른 어떤 기업보다도 고객의 욕구를 진정으로 이해한다." 둘째는 '집중'이었다. "우리가 목표로 하는 일을 훌륭하게 완수해 내기 위해서는 중요하지 않은 것들에서 눈을 돌려야 한다."

마지막으로 세 번째 원칙은 '인상'이었다. 사람들이 기업이나 제품이 전달하는 신호와 분위기를 토대로 그 기업이나 제품에 대해 특정한 의견을 갖게 된다는 점을 강조하는 원칙이었다. "사람들이 책을 판단할 때 가장 먼저 기준으로 삼는 것은 표지다. 우리가 최고의 제품, 최고의 품질, 가장 유용한 소프트웨어를 갖추고 있다 해도 그것을 형편없는 방식으로 소개하면 그것은 형편없는 것으로 인식된다. 창의적이고 전문가다운 방식으로 소개하면, 그것이 최상의 품질을 갖고 있다는 '인상'을 심어 주게 된다."

잡스는 이후에도 언제나 마케팅과 이미지 그리고 제품 포장의 세부적 부분까지 세심하게 주의를 기울였다.(때로는 강박적으로 여겨지기까지 했다.) 그는 말한다. "아이폰이나 아이패드가 담긴 제품 상자를 열 때, 처음에 느껴지는 촉감에서부터 제품에 대한 인상이 확실하게 심겨야 합니다. 마이크가 제게 가르쳐 준 교훈이지요."

"단순함이란 궁극의 정교함이다"

그런 방식으로 고객들에게 접근하기 위해서 잡스가 먼저 한 일은 실리콘밸리의 손꼽히는 홍보 전문가 레지스 매케나를 설득하여 애플의 광고를 맡긴 것이었다. 매케나는 피츠버그의 노동자 집안 출신으로, 호감 가는 외모 뒤에 단단하고 강인한 기질이 숨어 있는 인물이었다. 대학교를 중퇴한 그는 페어차일드와 내셔널 반도체에서 일했고 이후 PR 및 광고 전문 회사를 차렸다. 그는 친분이 있는 기자들을 동원해 독점 인터뷰를 내보내는 일, 마이크로 칩 같은 제품에 대한 브랜드 인지도를 확실하게 높이는 인상 깊은 광고 캠페인을 제작하는 일 등에 뛰어났다. 그의 회사가 제작한 대표적인 광고 가운데 하나는 잡지에 실린 인텔 광고였다. 이 광고는 따분한 기업 성과표 같은 자료 대신에 경주용 자동차와 포커

칩을 등장시켜 소비자들의 눈길을 끌었다. 잡스는 즉시 이 인텔 광고에 매료되었다. 그는 인텔에 전화를 걸어 누가 이 광고를 만들었는지 물었다. "레지스 매케나."라는 대답이 돌아왔다. 잡스는 그때를 이렇게 회상한다. "나는 레지스 매케나가 뭐냐고 물었어요. 그랬더니 '홍보 전문가 이름이에요.'라고 하더군요." 잡스는 곧바로 레지스 매케나의 회사에 전화를 걸었지만 그와 통화할 수 없었다. 그 대신 회사 측에서는 광고 기획자인 프랭크 버지를 연결해 주었다. 버지는 잡스의 의뢰를 거절했다. 하지만 잡스는 그다음 날부터 거의 매일 버지에게 끈질기게 전화했다.

마침내 버지는 잡스의 차고를 방문하기로 했다. 당시 버지는 이런 생각이 들었다고 한다. '거참, 정말 보통 녀석은 아니야. 최소한 어느 정도 시간을 보내 줘야 실례가 안 될까?' 버지는 머리칼과 수염이 텁수룩한 행색의 잡스를 만났을 때 두 가지가 인상적이었다고 한다. "첫째, 놀라울 만큼 똑똑한 청년이었어요. 둘째, 저는 그가 하는 말의 50분의 1도 제대로 이해하지 못하겠더군요."

그러고 나서 잡스와 워즈는 "레지스 매케나 본인"(그의 명함에는 익살맞게 이렇게 쓰여 있었다.)을 방문해 면담할 수 있는 기회를 얻었다. 평소 부끄럼을 타던 워즈가 그날따라 예민하고 까칠했다. 매케나는 워즈가 어떤 잡지에 게재하려고 애플에 대해 쓰고 있는 글을 대강 훑어보더니 너무 기술적이라며 조금 더 흥미로운 문체로 다듬어야 할 것 같다고 말했다. 그러자 워즈는 "저는 광고쟁이가 제 원고에 손대는 것 싫습니다." 하고 단호하게 받아쳤다. 매케나는 두 사람에게 방에서 나가 달라고 했다. 그는 이렇게 회상한다. "스티브 잡스에게서 곧 다시 전화가 왔습니다. 꼭 한 번만 다시 만나 달라고요. 이번에는 워즈 없이 혼자 왔더군요. 그리고 결국 애플과 일하기로 했지요."

매케나의 회사는 애플 II의 제품 소개 팸플릿을 제작하는 작업에 착수했다. 가장 먼저 필요한 일은 론 웨인이 만들었던 고풍스러운 회사 로고를 바꾸는 것이었다. 그 로고는 매케나의 다채롭고 재치 넘치는 광고 스타일과는 전혀 맞지 않았다. 로고 디자인은 아트 디렉터 롭 자노프가 맡았다. 잡스는 "너무 유치하게 만들지 말아" 달라고 요청했다. 자노프는 간단한 사과 모양의 두 가지 시안을 만들었다. 하나는 온전한 사과 그림이었고 다른 하나는 한 입 베어 먹은 사과 그림이었다. 그냥 사과 그림은 마치 체리처럼 보였기 때문에 잡스는 베어 먹은 사과 그림을 택했다. 이 사과의 제일 위쪽은 초록색, 제일 아래쪽은 파란색으로 황홀한 색조의 여섯 색깔 줄무늬가 들어가 있었다. 로고 인쇄에 상대적으로 비용이 많이 드는 디자인이었지만 잡스는 이 도안으로 결정했다. 매케나는 애플 II 팸플릿 상단에 레오나르도 다빈치가 말한 것으로 알려진 문구를 찍어 넣었다. "단순함이란 궁극의 정교함이다." 그리고 이후 이 말은 잡스가 지향하는 디자인 철학의 핵심 뼈대가 된다.

애플 II, 세상 밖으로 나오다

애플 II를 세상에 선보이기로 한 자리는 1977년 4월 샌프란시스코에서 열리는 제1회 서부 연안 컴퓨터 박람회였다.

이 박람회를 기획한 인물은 홈브루 클럽의 열정적 회원이던 짐 워런이었다. 잡스는 박람회 개최 소식을 듣자마자 재빨리 참가 신청을 했다. 잡스는 박람회장에서 눈에 잘 띄는 제일 앞쪽 자리에 애플 부스를 설치하고 싶었다. 그래서 등록비 선금으로 5000달러를 지불하여 워즈를 깜짝 놀라게 했다. 워즈는 회상한다. "스티브는 그 행사에 애플의 운명이 걸려 있다고 생각했어요. 우리가 훌륭한 컴퓨터를 만드는 훌륭한 회사라는 사실을 세상에 보여 줘야 했지요."

사람들에게 강렬한 기억을 남김으로써 훌륭한 회사라는 '인상'을 심어 주는 것이 중요하며 특히 새로운 제품을 소개할 때는 더욱 그렇다는 것이 마쿨라의 조언이었다. 잡스는 애플 부스의 전시 공간을 꾸밀 때도 이 점을 명심했다. 다른 회사들은 대개 간이 테이블과 포스터보드를 활용한 표지판으로 전시 공간을 구성했다. 하지만 애플은 카운터에 검은색 벨벳을 우아하게 둘렀으며, 커다란 플렉시 유리판에 자노프가 디자인한 새 로고를 그려 넣고 뒤에서 조명을 비추었다. 또 애플 II 컴퓨터 세 대를 설치했다. 실제로 완성된 것은 그세 대뿐이었지만 수량이 충분한 것처럼 보이기 위해 뒤쪽에 빈 박스를 잔뜩 쌓아놓았다.

한편 잡스는 박람회 개최일 직전에 크게 화를 냈다. 배달되어 온 컴퓨터 케이스에 자잘한 얼룩들이 있었기 때문이다. 그래서 박람회를 앞두고 직원들을 동원해 사포로 닦아 내게 했다. 훌륭한 회사라는 인상을 심어 주기 위해서는 잡스와 워즈의 차림새도 평소와 같아서는 안 되었다. 마쿨라는 두 사람을 샌프란시스코의 솜씨 좋은 재단사에게 보내 근사한 양복을 맞춰 입게 했다. 매끈한 양복을 입은 두 사람은 마치 턱시도를 입은 10대처럼 어딘지 어색해 보였다. 워즈는 회상한다. "마쿨라는 어떻게 차려 입어야 하는지, 외모에서 어떤 느낌이 풍겨야 하는지, 어떻게 행동해야 하는지 세세히 설명해 주었어요."

그렇게 공을 들인 보람이 있었다. 견고하면서도 매끈한 느낌의 베이지색 케이스로 덮인 애플 II는 무겁고 칙칙한 금속 덩어리 느낌만 나는 다른 컴퓨터들이나 케이스 없는 회로 기판들과 확연히 달랐다. 그날 박람회장에서 애플은 300대의 주문을 따냈다. 또 잡스는 미즈시마 사토시라는 일본인 섬유 업자를 만났는데, 그의 회사가 애플의 첫 번째 일본 거래처이자 중개업체가 되었다.

하지만 근사한 정장과 마쿨라의 조언도 장난을 치고 싶은 워즈의 충동을 막지는 못했다. 워즈는 그날 성(姓)으로 국적을 알아맞힌 다음 그 국적에 어울리는 농담을 소개하는 프로그램을 사람들에게 보여 주었다. 또 그는 '잘테어(Zaltair)'라는 이름의 신형 컴퓨터를 소개하는 가짜 팸플릿을 만들어서 사람들에게 나눠 주기도 했다. 거기에는 "바퀴가 다섯 개인 자동차를 상상해 보세요." 같은 엉터리 선전 문구와 미사여구가 잔뜩 들어 있었다. 심지어 잡스도 그 장난에 깜빡 속아, 현황 차트에서 애플 II가 잘테어보다 훨씬 좋은 호응을 얻고 있다는 사실에 뿌듯해하기까지 했다. 잡스는 그 장난의 주인공이 누구인지 8년이 지나서야 알았다. 8년 후 워즈가 그때의 팸플릿을 액자에 담아 잡스에게 생일 선물로 준 것이다.

새로운 사장을 영입하다

애플은 이제 어엿한 정식 회사가 되었다. 직원도 열 명이 넘고, 은행 융자도 있었고, 날마다 고객이나 납품 업체 들을 상대하며 분주하게 움직였다. 이제 회사는 잡스의 차고를 떠나 쿠퍼티노의 스티븐스크리크 거리에 있는 임대 사무실로 옮겨 갔다. 잡스와 워즈가 고등학교를 다닌 동네에서 1.5킬로미터쯤 떨어진 곳이었다.

잡스의 태도나 분위기가 늘어나는 책무에 걸맞게 고상해지지는 않았다. 그는 예전부터 늘 변덕스럽고 반항적인 타입이었다. 아타리 시절에는 그런 성격과 행동 때문에 야간 근무팀으로 쫓겨나기도 했다. 하지만 애플에서는 그런 일이 일어날 수 없었다. 마쿨라는 이렇게 회상한다. "잡스는 점점 더 독재자가 되어 갔고 직설적으로 날카롭게 남을 비판했지요. 직원들한테 '이 디자인은 정말 형편없어.' 하고 서슴없이 말했어요." 특히 잡스는 젊은 프로그래머인 랜디 위긴턴과 크리스 에스피노사에게 거칠게 대했다. 당시 고등학교를 졸업한 지 얼마 안 된 청년이었던 위긴턴은 그때를 이렇게 회상한다. "스티브가 들어와서 제가 하고 있는 작업을 흘깃 보더니 '그걸 대체 어디다 쓰겠냐!'라고 타박했어요. 프로그래밍이 뭔지, 제가 왜 그런 식으로 작업했는지 이유도 모르면서 말입니다."

잡스의 위생 문제도 불거졌다. 잡스는 자신이 야채와 과일만 먹으므로 샤워를 할 필요가 없다고 굳게 믿었다. 그것이 잘못된 생각임을 입증하는 여러 증거가 있는데도 말이다. 마쿨라는 회상한다. "방에 들어오고 싶으면 먼저 목욕부터 하고 오라고 그에게 말해 주고 싶었답니다. 회의 때면 우리는 그의 더러운 맨발을 바로 옆에서 봐야 했어요." 또 잡스는 때때로 스트레스를 푼다면서 변기에 발을 담그곤 했다. 동료들로서는 이해하기 힘든 행동이었다.

마쿨라는 잡스와의 직접적인 대립을 피했다. 그래서 잡스의 독재적이고 특이한 행동을 조금 잠재우길 바라는 마음에서 마이크 스콧을 사장으로 영입했다. 마쿨라와 스콧은 1967년 같은 날 페어차일드에 들어간 입사 동기였다. 두 사람은 인접한 사무실에서 일했고, 공교롭게 생일도 똑같아서 매년 함께 생일 파티를 했다. 1977년 2월 그들의 생일날 점심 식사 자리에서 마쿨라는 스콧에게 애플의 사장이 되어 달라고 제안했다.

경력 면에서 보면 스콧은 더할 나위 없는 인물처럼 보였다. 그는 내셔널 반도체의 제조 부문을 책임지고 있었고 공학에 대한 지식도 풍부했다. 그러나 사람 자체는 조금 특이한 편이었다. 지나치게 살찐 체형에, 안면 근육 경련과 건강 문제를 겪었으며, 사소한 일에도 긴장하는 경향이 있어서 주먹을 꽉 움켜쥐고 복도를 돌아다니곤 했다. 또 사사건건 따지길 좋아했다. 그런 성격은 잡스를 상대하기에 좋을 수도, 나쁠 수도 있었다.

워즈는 스콧의 영입에 흔쾌히 찬성했다. 마쿨라와 마찬가지로 워즈도 잡스 때문에 일어나는 이런저런 갈등이나 충돌을 처리하기가 성가셨기 때문이다. 당연히 잡스는 좀 더 복잡한 감정에 휩싸였다. "저는 겨우 스물두 살이었으니 회사를 운영하기에 어린 나이라고는 생각했어요. 하지만 애플은 제가 낳은 자식이나 다름없었습니다. 자식을 다른 사람 손에 안겨 주고 싶은 사람이 어디 있겠습니까." 회사 내 통제권을 상당히 포기해야 한다는 것도 마음에 들지 않았다. 그는 밥스 빅 보이 햄버거 가게(워즈의 단골 가게)에서, 그리고 굿 어스 식당(잡스의 단골 가게)에서 워즈나 마쿨라와 식사를 하면서 오랫동안 이 문제로 입씨름을 했다. 하지만 결국엔 스콧을 영입하자는 다수의 의견을 마지못해 따르기로 했다.

마이크 스콧은 마이크 마쿨라와 구분하기 위해서 '스코티'로 불렸다. 스코티의 주요한 임무는 '잡스를 관리하는 것'이었다. 스코티는 대개 이 임무를 잡스와 함께 산책하면서 수행했다.(산책은 잡스가 좋아하는 미팅 방식이었다.) 스콧은 회상한다. "그와 처음 산책을 같이할 때 좀 더 자주 목욕을 하라고 충고했지요. 그는 저한테 '그럴 테니 당신은 채식주의 책을 읽고 살을 좀 빼시오.'라고 하더군요." 스콧은 잡스가 추천하는 식단도 시도하지 않았고 살도 빼지 않았다. 잡스역시 자신의 몸 관리 방식을 약간만 수정했다. "스티브는 일주일에 한 번 목욕하는 걸 고수했어요. 자기는 채식만 하니까 그 정도면 충분하다면서요."

잡스는 남을 통제하기는 좋아했지만 권위적인 누군가의 지배를 받는 것은 극도로 싫어했다. 그러니 외부에서 영입된 통치자와 갈등을 빚는 것은 당연한 결과였다. 더군다나 스콧은 잡스가 이제껏 만나 본 사람들 중에 자신의 뜻을 따르게 하기 힘든 몇 안 되는 인물 중 하나였다. 스콧은 회상한다. "스티브와 저 둘 중에서 누가 더 완강한 태도를 보이느냐, 그게 관건이었어요. 그런 면에서 저는 절대로 뒤지지 않았지요. 그는 누군가가 좀 눌러 줘야 할 필요가 있었는데, 물론 그걸 받아들이는 타입이 아니었지요." 훗날 잡스는 이렇게 말했다. "세상에서 스콧만큼 제가 고함을 자주 지른 상대도 없을 겁니다.”

한번은 직원 이름표 번호를 매기는 문제로 갈등이 불거졌다. 스콧은 워즈에게 1번을, 잡스에게 2번을 배정했다. 그러자 잡스는 자기가 1번이 되어야 한다고 주장했다. “그렇게 해줄 순 없었습니다. 훨씬 더 기고만장해졌을 테니까요.” 스콧의 말이다. 잡스는 불끈 화를 내면서 눈물까지 보였다. 그러다 마침내 해결책을 제안했다. 자신에게 0번을 달라는 것이었다. 스콧은 잠시 그럴까도 생각했지만, 급여 통장 개설 은행인 뱅크 오브 아메리카에서 임금 대장 명부의 숫자를 양의 정수로만 기재하도록 요구했기 때문에 잡스는 2번으로 남아야 했다.

건방진 언동의 차원을 넘어선 더 근본적인 갈등도 있었다. 잡스가 식당에서 우연히 만난 후 채용한 직원인 제이 엘리엇은 잡스의 두드러진 특징 하나에 대해 이렇게 말한다. “그는 제품에 대한 열정이 강박에 가까울 만큼 남달랐습니다. 완벽한 제품을 만들려는 열정 말입니다.” 반면 마이크 스콧은 완벽을 추구하기보다는 실용주의를 우선시하는 타입이었다. 두 사람은 애플 II의 케이스 디자인을 놓고도 충돌했다. 플라스틱 케이스 색깔을 결정하기 위해 애플이 선택했던 색상 전문 업체 팬톤 사는 2000가지 종류의 베이지색을 갖추고 있었다. 스콧은 이렇게 회상한다. “세상에, 스티브는 그중에서도 마음에 드는 게 없다고 했어요. 좀 더 다른 베이지색을 원했어요. 결국 제가 나서서 설득해야 했지요.” 케이스 디자인의 세부적인 부분을 조율할 때도 잡스는 모서리 부분을 어느 정도로 둥글게 만들어야 할지를 놓고 며칠 동안 고민했다. 스콧은 말한다. “모서리가 얼마나 둥근지 그게 뭐가 중요합니까. 저는 그저 빨리 디자인이 결정됐으면 했어요." 또 다른 논쟁은 작업대를 둘러싸고 벌어졌다. 스콧은 평범한 회색 작업대를 쓰자고 했지만, 잡스는 흰색 작업대를 특별 주문해서 쓰자고 주장했다. 또 한번은 구매 주문서에 서명하는 권한을 잡스와 스콧 가운데 누가 가질 것인가를 놓고 마쿨라 앞에서 의견 다툼이 일었다. 마쿨라는 스콧이 서명하는 게 낫겠다고 했다. 또 잡스는 고객을 대우하는 방식에서 애플이 타사와 달라야 한다면서 애플 II의 제품 보증 기간을 1년으로 하자고 고집했다. 스콧은 깜짝 놀랐다. 전자 제품의 일반적인 보증 기간은 90일이었기 때문이다. 잡스는 이 문제로 언쟁하면서 눈물까지 보였다. 두 사람은 주차장을 함께 걸으면서 마음을 진정시켰고, 결국 스콧이 양보하여 잡스가 원하는 대로 보증 기간을 1년으로 결정했다.

워즈는 잡스의 스타일에 불만이 쌓이기 시작했다. "스티브는 사람들을 너무 무례하게 대했어요. 저는 우리 회사가 가족적인 분위기가 되길 바랐습니다. 모두가 즐겁게 일하고 서로의 가치를 인정해 주는 공간 말입니다." 한편 잡스는 워즈가 아직도 어른답게 행동하지 못한다고 느꼈다. "워즈는 너무 어린애 같았어요. 그는 훌륭한 베이식 버전을 만들었지만, 우리에게 필요한 부동소수점 베이식은 차일피일 미루다 결국 만들질 못했지요. 그래서 우리는 나중에 마이크로소프트와 계약을 맺어야 했어요. 워즈의 생각이 짧았던 거지요."

그러나 성격 차이로 인한 갈등은 한동안 그럭저럭 헤쳐 나갈 만했다. 무엇보다도 회사가 순항을 거듭하고 있었기 때문이다. 뉴스레터 발행을 통해 IT 분야에서 큰 영향력을 행사하던 업계 전문가 벤 로젠은 애플 II의 열성적인 지지자가 되었다. 그리고 한 소프트웨어 개발 회사가 PC를 위한 최초의 인터랙티브 스프레드시트(여러 가지 도표 형태의 양식으로 사무 업무를 자동화한 소프트웨어. — 옮긴이)인 비지칼크(VisiCalc)를 내놓았는데, 한동안은 애플 II에서만 사용할 수 있었다. 이로 인해 애플 II는 수많은 기업과 가정에서 구매하고 싶어 하는 물건이 되었다. 애플 사는 영향력 있는 새로운 투자자들을 끌어모으기 시작했다. 마쿨라가 선구적인 벤처 투자가 아서 록에게 처음 잡스를 소개했을 때, 록은 그다지 좋은 인상을 받지 못했다고 한다. "그때 잡스는 인도의 영적 스승을 만나고 막 돌아온 사람처럼 보였습니다. 몸에서 퀴퀴한 냄새도 났고요." 하지만 애플 II를 유심히 보고 나서는 애플 사에 투자를 결정하고 이사회에 참여하게 되었다.

애플 II는 향후 16년간 다양한 모델을 출시하며 600만 대 가까이 판매된다. 무엇보다 중요한 점은 이 컴퓨터가 PC 업계를 탄생시킨 시발점이 되었다는 사실이다. 워즈는 이 놀라운 회로 기판과 관련 운영 소프트웨어를 개발한 역사적 공로를 인정받을 만하다. 그러나 워즈의 고안물을 전원 장치와 근사한 케이스까지 갖춘, 사용자 친화적인 패키지로 변신시킨 인물은 바로 잡스였다. 또한 잡스는 워즈의 기계들을 중심으로 회사를 일구는 데 결정적인 역할을 했다. 레지스 매케나는 훗날 이렇게 말했다. "워즈는 놀라운 기계를 설계했지만, 스티브 잡스가 없었다면 아마 그 물건은 지금도 컴퓨터 애호가들이 드나드는 상점에만 남아 있었을 겁니다." 그럼에도 많은 사람들은 애플 II가 워즈의 창조물이라고 여겼다. 이것이 잡스로 하여금 자신만의 것이라 부를 수 있는 또 다른 창조물을 만들도록 자극했는지도 모른다.

크리스앤과 리사

자신이 버림받은 사람이었기에……

고등학교를 졸업하고 작은 오두막집에서 함께 산 이후로 크리스앤 브레넌은 잡스의 인생에서 **빼놓을** 수 없는 인물이 되었다. 1974년 잡스가 인도에서 돌아온 후에 두 사람은 로버트 프리들랜드의 농장에서 함께 많은 시간을 보냈다. 브레넌은 회상한다. "스티브가 저를 그곳으로 불렀어요. 우리는 젊고 자유로웠지요. 그곳의 에너지가 제 마음을 적셨어요."

로스앨터스로 돌아오고 나서 브레넌과 잡스의 관계는 어느새 단순한 친구 관계로 서서히 변해 갔다. 잡스는 자신의 집에서 아타리로 출퇴근했다. 브레넌은 작은 아파트에 살면서 고분 치노의 선불교 센터에서 많은 시간을 보냈다. 1975년 초, 그녀는 잡스도 아는 친구인 그레그 칼훈과 사귀기 시작했다. 엘리자베스 홈스는 이렇게 말한다. "크리스앤은 그레그와 사귀었지만 가끔은 스티브한테 돌아갔어요. 그때는 그게 이상하게 보이지 않았어요. 우리 모두 자유로운 사고방식을 갖고 있었으니까요. 1970년대였잖아요."

칼훈은 잡스, 프리들랜드, 콧키, 홈스와 함께 리드 대학교를 다녔다. 다른 친구들과 마찬가지로 그 역시 동양 사상에 심취했으며, 대학교를 중퇴하고 프리들랜드의 농장에서 자신의 길을 찾았다. 거기서 그는 콘크리트 블록을 깔고 그 위에 2.5미터×6미터 크기의 닭장을 올려놓은 뒤 내부에 침상을 설치하고는 그 안에 들어가서 지냈다. 1975년 봄, 브레넌은 칼훈이 있는 곳으로 가서 같이 지냈고 이듬해 두 사람은 함께 인도로 순례 여행을 떠나기로 했다. 잡스는 브레넌이 영적 탐구 여행에 방해가 될 거라면서 칼훈에게 그녀를 데려가지 말라고 조언했다. 하지만 두 사람은 결국 함께 여행길에 올랐다. 브레넌은 말한다. "스티브가 인도에 다녀와서 바뀐

것을 보고 깊은 인상을 받았어요. 그래서 저도 꼭 가 보고 싶었죠."

진지하고 의미 깊은 그들의 여행은 1976년 3월에 시작되어 거의 1년 동안 계속되었다. 어느 시점엔가는 돈이 다 떨어져서, 칼훈이 히치하이킹으로 이란까지 가서 테헤란에서 영어를 가르치며 여비를 벌었다. 브레넌은 인도에 남아 있다가, 칼훈이 교사로 일하는 기간이 끝났을 때 각자 히치하이킹으로 이동해 중간 지점인 아프가니스탄에서 만났다. 그때는 세상이 지금과는 사뭇 달랐다.

얼마 후 관계가 시들해진 두 사람은 각자 따로 인도에서 귀국길에 올랐다. 1977년 여름에 브레넌은 다시 로스앨터스로 돌아가 한동안 고분 치노의 선불교 센터에서 천막을 치고 생활했다. 그 무렵 잡스는 부모님 집에서 나와 쿠퍼치노에 있는 월세 600달러짜리 단층집에서 대니얼 콧키와 함께 지내고 있었다. 자유로운 영혼을 가진 히피를 숭상하는 사람들이 그런 정식 주택단지에서 사는 것은 조금 특이한 일이었다. 잡스는 말한다. "방이 네 개였는데, 우리는 온갖 종류의 사람들에게 방 하나를 빌려 주곤 했어요. 한동안은 스트립 댄서가 들어와 살기도 했죠." 콧키는 왜 잡스가 자기 집을 마련하지 않는지 이해할 수 없었다. 그 무렵엔 잡스의 재정 상태가 집을 충분히 장만할 정도는 되었기 때문이다. 콧키는 이렇게 추측한다. "아마 스티브는 룸메이트랑 함께 사는 게 더 좋았나 봐요."

만나고 헤어지길 반복하는 사이였음에도, 브레넌은 곧 잡스와 콧키가 사는 집에 들어가 함께 지내기 시작했다. 세 사람은 방을 사용하는 모종의 규칙을 정해야 했다. 그 집에는 큰 방이 두 개, 작은 방이 두 개였다. 잡스는 가장 큰 방을 선점했고, 브레넌은 또 다른 큰 방을 쓰기로 했다. 콧키는 이렇게 회상한다. "작은 방 두 개는 마치 어린애들 방 같아서 별로 쓰고 싶지가 않더라고요. 그래서 저는 거실에서 지내면서 널찍한 패드 위에서 잠을 잤어요." 그들은 작은 방 하나를 명상을 하거나 LSD를 하는 공간으로 사용했다. 리드 대학교 시절의 다락방처럼 말이다. 그 방에는 애플 사의 제품 박스에 들어가는 완충재 포장 용품들이 가득했다. "동네 아이들이 놀러 오면 그 방으로 밀어 넣고 실컷 놀게 해 주곤 했어요." 콧키는 말한다. "하지만 크리스앤이 데려와 키우는 고양이들이 포장 용품에 자꾸 오줌을 누는 바람에 나중엔 전부 다른 데로 옮겨야 했지요."

한 지붕 아래에 살다 보니 자연스럽게 브레넌과 잡스는 가끔 잠자리를 함께했고, 몇 달 후 브레넌은 임신을 했다. "임신하기 전 스티브와 저는 5년 동안 만남과 헤어짐을 반복했죠. 그래서인지 우리는 함께 오래 지내는 방법도, 잘 헤어지는 방법도 몰랐어요." 1977년 추수감사절에 그레그 칼훈이 콜로라도에서 히치하이킹으로 찾아왔을 때, 브레넌은 그에게 임신 사실을 털어놓았다. "스티브랑 다시 잘 지내고 있는데 사실은 나 임신했어. 그런데 우린 언제 또 헤어질지 모르잖아. 어떻게 해야 할지 모르겠어."

칼훈은 잡스가 이 모든 상황에 방관자 같은 태도를 취하고 있음을 알아챘다. 심지어 잡스는 칼훈에게 모두 함께 지내며 애플에서 일해 보지 않겠느냐고 설득하는 데에만 집중했다. 그는 이렇게 회상한다. "스티브는 크리스앤이나 그녀의 임신 사실에 대해 진지하게 고민하지 않았어요. 그는 어느 순간 상대방에게 완전히 몰두하다가도, 또 어느새 차갑게 등을 돌릴 수 있는 사람이었어요. 오싹할 만큼 냉정한 면이 있는 친구였지요."

잡스는 어떤 대상이 자신의 집중력을 흐트러뜨리는 걸 원치 않을 때면 그냥 그 대상을 무시하곤 했다. 마치 자신의 의지력으로 그것을 존재하지 않게 만들 수 있다는 듯이 말이다. 때때로 그는 다른 이들이 아닌 자기 자신에게도 현실을 왜곡했다. 브레넌의 임신 앞에서 그는 그냥 그 사실을 마음속에서 몰아냈다. 그는 잠자리를 함께했다는 건 인정하면서도 자신이 아기 아버지라는 사실은 부인했다. 잡스는 내게 이렇게 말했다. "제 아기인지 확신이 서지 않았습니다. 제가 유일하게 크리스앤과 잠자리를 같이한 남자는 아닐 거라고 확신했으니까요. 또 그녀가 임신할 무렵 우리 집에 살았다 뿐이지 우리가 서로 연애하는 분위기는 아니었거든요." 브레넌은 잡스가 아기 아버지라는 데 한 치의 의심도 없었다. 당시에 칼훈이나 다른 어떤 남자와도 관계를 갖지 않았기 때문이다.

잡스는 스스로에게 거짓말을 한 걸까, 아니면 자신이 아버지라는 사실을 정말 몰랐던 걸까? "아마 누군가를 책임져야 한다는 생각을 하고 싶지 않았을 겁니다." 콧키의 추측이다. 엘리자베스 홈스도 비슷한 의견이다. "그는 부모가 되는 것과 부모가 되지 않는 것, 둘 중에서 후자를 택하기로 한 거예요. 그의 인생에는 그것 말고도 다른 중요한 계획들이 많았으니까요."

결혼의 여지는 없었다. "크리스앤은 내가 결혼하고 싶은 타입은 아니었어요. 난 그걸 알았지요. 결혼했어도 절대 둘 다 행복하지 못했을 거고, 또 오래가지도 못했을 겁니다." 홋

날 잡스는 말했다. "저는 크리스앤이 낙태하길 바랐어요. 하지만 크리스앤은 망설였지요. 그녀는 오랫동안 고민하더니 낙태하지 않기로 결심했어요. 아니, 그녀가 정말 스스로 결정한 건지는 잘 모르겠어요. 시간이 그녀를 대신해 결정해 준 것 같으니까요." 브레넌은 내게 당시 아이를 낳기로 한 것은 자신의 선택이었다고 말했다. "스티브는 낙태를 원하긴 했지만 그렇다고 제게 강요하진 않았어요." 잡스의 출생 배경을 감안하면, 그가 한 가지 선택 사항만은 단호하게 반대했다는 점이 흥미롭다. "스티브는 아기를 입양 보내는 짓은 절대 하지 말라고 제게 말했죠."

묘한 아이러니가 하나 있다. 잡스와 브레넌은 둘 다 스물세 살이었는데, 조앤 시블이 잡스를 임신했을 때 조앤 시블과 압둘파타 잔달리도 스물세 살이었다는 점이다. 잡스는 친부모를 찾기 위해 본격적으로 나서 본 적은 없었지만, 양부모에게서 친부모 이야기를 조금씩 들은 적은 있었다. "그땐 우리 나이와 제 친부모가 저를 가질 당시의 나이가 같다는 사실을 몰랐습니다. 그래서 크리스앤과 임신 문제를 얘기하는 데 그 사실이 영향을 미치지는 않았어요." 훗날 그가 말했다. 잡스는 자신이 스물세 살 때 현실과 책임감을 직시하지 않았던 아버지의 전철을 비슷하게 밟았다는 사실을 애써 외면했다. 하지만 이 아이러니한 상황에 잠시 머릿속이 복잡해졌다는 것은 인정했다. "친어머니가 저를 임신했을 때 스물셋이었다는 사실을 나중에 알고 정말 깜짝 놀랐지요."

잡스와 브레넌의 관계는 급격히 악화되었다. "크리스앤은 피해 의식을 갖기 시작했습니다. 스티브와 제가 함께 뭉쳐서 자신을 궁지로 몰아넣었다고 말하곤 했지요." 콧키는 말한다. "스티브는 그냥 웃어넘기면서 크리스앤의 그런 말을 진지하게 받아들이지 않았어요." 브레넌은 감정적으로 대단히 불안한 모습을 보였다.(그녀 자신도 나중에 그것을 인정했다.) 그녀는 접시를 깨뜨리고, 집 안 물건을 집어 던지거나 닥치는 대로 부수고, 벽에다 목탄으로 터무니없는 글씨들을 써 놓곤 했다. 그녀는 잡스의 무심하고 냉담한 모습에 더욱 화가 솟구쳤다고 한다. "그는 대단히 깨어 있는 존재였지만 한편으론 잔인했어요. 정말 기묘한 조합이었죠. 대니얼은 천성적으로 냉혹한 타입은 아니었는데, 스티브 때문에 대니얼까지 물든 것 같았어요. 그전에는 '스티브가 너한테 잘못하고 있는 거야.'라고 말했는데 언젠가부터 스티브랑 같이 저를 비웃는 것 같았거든요."

로버트 프리들랜드가 그녀를 도와주겠다고 나섰다. "그는 제가 임신한 걸 알고는, 자기 농장으로 와서 아기를 낳으라고 제안했어요. 그래서 그렇게 하기로 했죠." 아직 그 농장에서 지내고 있던 엘리자베스 홈스와 몇몇 친구들은 오리건 주에서 산파를 불러와 브레넌의 출산을 도왔다. 1978년 5월 17일 브레넌은 예쁜 여자아이를 낳았다. 사흘 후 잡스는 그곳으로 날아가 아기의 이름을 짓는 것을 도와주었다. 사과 농장 공동체에서는 으레 아기에게 동양 사상의 느낌이 배어 있는 이름을 지어 주곤 했지만, 잡스는 아기가 미국 땅에서 태어났으니 미국적인 이름을 가져야 한다고 주장했다. 브레넌도 그와 같은 의견이었다. 그래서 그들은 아기에게 '리사 니콜 브레넌'이라는 이름을 지어 주었다. 아기의 성에는 '잡스'를 넣지 않았다. 그리고 잡스는 다시 애플로 돌아갔다. 브레넌은 말한다. "그는 이후에 저나 딸아이와 얽히고 싶지 않

크리스앤과 리사

아 했어요."

　브레넌과 리사는 멘로파크에 있는 작고 초라한 집으로 이사했다. 그들은 정부에서 나오는 보조금으로 생계를 이어 갔다. 브레넌이 양육비 소송 같은 건 하고 싶어 하지 않았기 때문이다. 그런데 샌머테이오 법원이 잡스가 친부임을 증명하고 그에게 양육비 책임을 부과하기 위한 소송을 제기했다. 처음에 잡스는 소송에 맞서 싸우기로 했다. 그의 변호사는 잡스와 브레넌이 함께 침실에 있는 걸 한 번도 본 적이 없다고 콧키가 증언해 주기를 원했다. 또 브레넌이 다른 남자들과 잠자리를 했다는 증거를 확보하려고 애썼다. 브레넌은 회상한다. "한번은 제가 스티브와 전화 통화를 하면서 '네 말이 진실이 아니란 걸 너도 잘 알잖아!' 하고 소리를 질렀어요. 그는 어린애를 안은 나를 법정으로 불러내서 내가 문란한 여자이고 따라서 얼마든지 아기 아버지가 다른 남자일 수 있다는 걸 증명해 보이고 싶어 했어요."

　리사가 태어나고 1년 후 잡스는 친자 확인 검사를 받는 데 동의했다. 브레넌의 가족들에겐 뜻밖의 소식이었다. 하지만 잡스는 애플의 기업공개를 얼마 남겨 두지 않은 터라 골치 아픈 문제를 가급적 빨리 마무리 짓는 게 좋겠다고 판단한 것이었다. 그는 UCLA에서 당시로서는 새로운 방법인 DNA 검사를 받았다. "DNA 검사가 어떤 건지 미리 알아봤어요. 이제 문제가 해결되리라 믿고 기꺼이 검사를 받았지요." 검사 결과는 결코 잡스에게 유리하지 않았다. 거기에는 "친부일 가능성 94.41퍼센트."라고 쓰여 있었다. 캘리포니아 법원은 잡스에게 매달 양육비 385달러를 지급하고 친부임을 인정하는 서류에 서명하라고 명령했다. 그리고 복지 기금으로 그동안 브레넌에게 지급한 보조금 5856달러를 상환할 것도 명령했다. 잡스는 자녀 방문권을 부여받았지만 오랫동안 그 권리를 행사하지 않았다.

그 시기에도 잡스는 자신을 둘러싼 현실을 왜곡하는 모습을 자주 보였다. 아서 록은 이렇게 회상한다. "마침내 그가 이사회 회의 중에 우리에게 그동안 있었던 일을 밝혔어요. 하지만 자신이 아기 아버지가 아닐 가능성이 높다고 계속 주장했지요. 그는 착각에 빠져 있었어요." 잡스는 《타임》 기자인 마이클 모리츠에게, 통계적으로 분석해 보면 "미국 남성의 28퍼센트가 리사의 아버지일 수 있다."라고 말했다. 터무니없고 기이한 주장이었다. 나중에 그 이야기를 들은 크리스앤 브레넌은, 그녀가 미국 남성의 28퍼센트와 잠자리를 했을지도 모른다고 잡스가 주장한 것으로 잘못 이해했다. "스티브는 나를 창녀나 걸레 같은 여자로 몰아갔어요. 책임을 지고 싶지 않으니까 나를 창녀 이미지로 만든 거예요."

세월이 흐른 후 잡스는 그때의 행동을 후회했다. 그의 인생에서 스스로의 잘못을 인정한 몇 안 되는 순간이었다. 그는 훗날 이렇게 말했다.

그때 다르게 행동했더라면 하는 생각이 듭니다. 당시엔 제가 아버지가 된다는 걸 받아들일 수가 없었어요. 그래서 현실을 인정하지 않았지요. 하지만 리사가 내 딸이라는 친자 검사 결과가 나왔을 때, 내가 그 결과를 의심했다는 건 사실이 아닙니다. 저는 리사가 열여덟 살이 될 때까지 양육비를 지원하고 크리스앤에게도 생활비를 지불하기로 했습니다. 팰러앨토에 있는 집을 구해서 두 사람이 거기서 집세를 내지 않고 살 수 있도록 해 주었고요. 크리스앤이 딸을 학교에 보낼 때 제가 학비도 대 주었습니다. 옳은 행동을 하려고 노력했습니다. 하지만 만일 시간을 되돌릴 수 있다면 그때보다는 현명하게 행동할 겁니다.

리사 문제가 일단락되고 난 후 잡스의 삶에 약간의 변화가 찾아왔다. 어떤 면에서는 조금 더 성숙해졌다고 할 수 있었다. 그는 마약을 끊었고 야채만 먹는 식습관도 바꿨으며 선불교 센터에서 보내는 시간도 크게 줄였다. 전보다 좀 더 단정하고 세련된 헤어스타일로 바꿨고, 샌프란시스코의 고급 남성복 상점인 윌크스배시포드에서 양복과 셔츠를 구입해 입었다. 그리고 레지스 매케나 회사의 직원이며 폴리네시아인과 폴란드인의 피가 섞인 바버라 야진스키라는 아름다운 여성과 사귀기 시작했다.

물론 여전히 어린애 같은 반항적 기질은 남아 있었다. 잡스는 야진스키, 콧키와 함께 스탠퍼드 대학교 근처 280번 고속도로 가장자리에 있는 펠트 호수에서 알몸으로 수영하는 것을 즐겼다. 또 그는 1966년형 BMW R60/2 오토바이를 구입해 핸들에 화려한 오렌지색 술을 달고 타고 다녔다. 건방지고 반항적인 태도도 여전했다. 그는 식당에서 여종업원을 무시했고 주문한 음식이 '쓰레기' 같다며 되돌려 보내는 일도 잦았다. 1979년에 열린 애플의 첫 번째 핼러윈 파티에서 잡스는 길고 헐거운 옷을 걸치고 예수 그리스도로 분장했다. 그는 그런 식의 풍자적인 자기 인식이 재미있다고 생각했지만 많은 사람들은 그를 의아한 눈길로 쳐다보았다. 집을 꾸밀 때도 다소 특이한 취향을 보였다. 그는 로스가토스에 근사한 집을 한 채 구입했는데, 맥스필드 패리시(미국의 화가. ― 옮긴이)의 그림들로 집 안을 장식하고 브라운 커피 메이커와 헹켈 주방용 칼을 장만했다. 하지만 가구를 고르는 문제에서는 지나치게 까다로워서 집 안에는 가구가 거의 없다시피 했다. 심지어 침대나 의자, 소파도 없었다. 그의 침실을 장식한 물건은 바닥의 매트리스, 아인슈타인과 마하라즈 지의 액자 사진, 그리고 애플 II가 전부였다.

크리스앤과 리사

제록스와 리사

8

그래픽 유저 인터페이스

애플 II를 이을 새 생명 프로젝트

애플 사는 애플 II로 인해 잡스의 차고에서 출발한 작은 회사에서 새로운 업계의 정상에 우뚝 선 기업으로 훌쩍 성장했다. 애플의 매출은 급격하게 상승 곡선을 타서, 1977년에 2500대였던 컴퓨터 판매량은 1981년에 21만 대로 늘어났다. 하지만 잡스는 불안했다. 애플 II가 언제까지고 시장에서 승승장구하는 제품이 될 수는 없었고, 전원 장치에서 케이스에 이르기까지 완전한 조립형 컴퓨터로 만들기 위해 그가 아무리 노력을 기울였다고 한들 애플 II는 언제나 워즈의 작품으로 여겨질 것이었다. 잡스는 '잡스의 컴퓨터'라고 인정받는 컴퓨터를 갖고 싶었다. 또 그것을 뛰어넘어 '우주에 흔적을 남길 수 있는' 더 혁신적인 컴퓨터를 만들고 싶었다.

처음에 잡스는 애플 III가 그런 컴퓨터가 되어 주길 희망했다. 애플 III는 애플 II보다 메모리 용량도 더 크고, 화면의 한 행에 알파벳 40개가 아니라 80개가 들어갈 수 있고, 대문자와 소문자 모두를 사용할 수 있도록 설계할 계획이었다. 디자인에도 각별히 신경을 썼던 잡스는 외부 케이스의 크기와 형태도 자신이 지정했다. 엔지니어들이 회로 기판에 부품을 더 많이 추가하는 상황에서도 잡스는 자기가 정한 케이스 크기를 절대 바꾸지 못하게 했다. 이 때문에 기판들이 겹쳐져 커넥터가 자꾸 말썽을 일으켰다. 1980년 5월 시장에 출시된 애플 III는 참담하게 실패했다. 애플의 엔지니어 랜디 위긴턴은 이렇게 말한다. "뭐랄까, 애플 III는 방탕한 섹스 파티에서 임신된 아기 같았어요. 나중에는 다들 이 컴퓨터를 골칫거리로 여겼습니다. 사생아 같은 애플 III를 놓고 다들 '걘 내 자식이 아니야.' 하는 분위기였지요."

그 무렵 잡스는 이미 애플 III에서 마음이 떠난 상태였다. 그는 훨씬 혁신적인 다른 제품을 고민하느라 밤잠을 설치곤 했다. 터치스크린 방식도 생각해 보았지만 곧 좌절에 부딪혔다. 터치스크린 프로젝트에 대한 프레젠테이션 자리에 조금 늦게 도착한 잡스는 잠시 안절부절못하더니, 한창 설명 중인 엔지니어들에게 퉁명스럽게 "수고했네."라는 말을 던지며 프레젠테이션을 중단시켰다. 엔지니어들은 당혹스러워했다. 한 사람이 물었다. "그만 물러가라는 말씀입니까?" 잡스는 그렇다고 답했다. 그러고는 동료들에게 자신의 소중한 시간을 낭비하게 만들었다면서 화를 냈다.

이후 그는 완전히 새로운 컴퓨터를 만들기 위해 HP의 엔지니어 두 명을 영입했다. 잡스가 이 새로운 컴퓨터의 이름으로 택한 단어는 경력 많은 정신과 의사도 깜짝 놀라서 다시 들여다볼 만한 것이었다. 그 이름은 '리사(LISA)'였다. 당시 많은 컴퓨터들에는 그 설계자의 딸 이름이 붙곤 했다. 그런데 리사는 잡스가 버리고 아직 완전히 인정하지 않은 딸의 이름이었다. "어쩌면 죄책감에 그 이름을 택했는지도 모르죠." 레지스 매케나 회사의 홍보 전문가로 리사 프로젝트의 홍보를 담당했던 안드레아 커닝햄은 말한다. "잡스의 딸 이름이 아니라는 걸 보여 주기 위해서 우리는 리사가 어떤 어구의 머리글자를 딴 이름인지 생각해 내야 했어요." 그래서 생각해 낸 것 중의 하나가 '지역 통합 시스템 아키텍처(Local Integrated Systems Architecture)'였다. 별다른 의미가 담겨 있지 않은 말임에도 그들은 이 어구를 리사의 공식적인 뜻으로 삼았다. 하지만 엔지니어들 사이에서 리사는 '리사: 엉터리로

제록스와 리사

창조한 머리글자(Lisa: Invented Stupid Acronym)'로 통했다. 훗날 내가 그 이름에 대해 물어보자 잡스는 간단명료하게 답했다. "분명히 그건 딸 이름을 딴 겁니다."

리사는 애플 II의 8비트 마이크로프로세서가 아니라 16비트 마이크로프로세서를 기반으로 하는 2000달러짜리 컴퓨터가 될 계획이었다. 아직 애플 II의 개선 작업에 조용히 몰두하고 있던 천재 엔지니어 워즈가 빠진 상태에서, 엔지니어들은 전통적인 텍스트 디스플레이를 갖춘 컴퓨터를 만들기 시작했다. 하지만 마이크로프로세서가 강력했음에도 기대만큼 흥미로운 기능을 구현하지는 못했다. 잡스는 만족스럽게 상황이 전개되지 않아 점점 초조해졌다.

하지만 이 프로젝트에 활력을 불어넣은 프로그래머가 한 명 있었다. 빌 앳킨슨이었다. 신경 과학 박사 과정을 밟고 있던 앳킨슨 역시 과거에 LSD를 즐기던 인물이었다. 그는 처음 애플에 입사 제의를 받았을 때 거절했다. 하지만 애플은 그에게 환불이 불가능한 비행기 티켓을 보냈고, 그는 잡스를 만나 이야기를 한번 들어 보기로 했다. 면담과 설득이 섞인 세 시간이 다 지나갈 무렵 잡스는 이렇게 말했다. "우리는 미래를 창조하고 있습니다. 파도의 높은 물마루에서 서핑을 한다고 생각해 봐요. 얼마나 흥미진진하고 짜릿하겠습니까? 반면 파도가 다 지나간 물살 끝에서 개헤엄을 치는 걸 생각해 봐요. 아무런 재미도 흥분도 없지요. 우리 회사에 와서 세상을 바꿔 봅시다." 앳킨슨은 애플에 합류하기로 결정했다.

텁수룩한 머리칼과 축 늘어진 콧수염을 한 앳킨슨은 그런 외모 뒤에 에너지를 감추고 있었다. 그는 워즈의 천재성과 멋진 제품에 대한 잡스의 열정을 일정 부분 겸비했다. 그가 처음 맡은 일은 주식 포트폴리오의 현황을 추적하는 프로그램을 개발하는 것이었다. 다우 존스 서비스에 자동 전화를 걸어서 시세를 파악한 뒤에 전화를 끊는 방식이었다. "가급적 그 프로젝트를 빨리 완성해야 했습니다. 애플 II의 잡지 광고가 나갈 예정이었거든요. 남편은 주방 테이블 앞에 앉아 주식 시세 그래프가 떠 있는 애플 컴퓨터 화면을 들여다보고 있고 옆에서 아내가 환하게 웃고 있는 광고였어요. 하지만 아직 그런 프로그램은 존재하지 않았습니다. 그래서 제가 만들어야 했죠." 다음으로 앳킨슨은 애플 II를 위한 파스칼(고급 프로그래밍 언어의 하나)을 만들었다. 처음에 잡스는 애플 II는 베이식만 있으면 된다면서 파스칼 개발을 반대했다. 하지만 나중에는 앳킨슨에게 이렇게 말했다. "당신이 그렇게 열정을 보이니 할 수 없군. 그렇다면 내가 틀렸다는 걸 증명해 보일 수 있는 시간을 엿새 주겠소." 앳킨슨은 6일 만에 그 일을 해냈고, 이후 잡스는 그를 존중하게 되었다.

1979년 가을 무렵 애플 사는 애플 II의 뒤를 이를 세 가지 프로젝트를 진행하고 있었다. 하나는 나중에 참담한 운명을 맞는 애플 III였다. 또 하나는 리사 프로젝트였는데, 이 역시 잡스를 실망시키기 시작했다. 그리고 잡스의 레이더망에서 조금 떨어진 곳에서(적어도 그때는 그랬다.) 저가 컴퓨터를 개발하기 위한 은밀한 프로젝트가 진행되고 있었다. '애니(Annie)'라는 이름으로 불린 이 프로젝트를 이끈 인물은 제프 래스킨이었다. 래스킨은 전직 교수로 빌 앳킨슨의 스승이기도 했다. 래스킨의 목표는 '대중을 위한 저렴한 컴퓨터'를 만드는 것이었다. 그가 구상하는 것은 컴퓨터 본체와 키보드, 모니터, 소프트웨어를 모두 갖춘 동시에 그래픽 인터페이스도 갖춘 컴퓨터였다. 그는 곧 그런 아이디어를 선구적으로 실행에 옮긴 최첨단 연구 센터(바로 팰러앨토에 있었다.)를 방문해 보자고 애플의 동료들을 설득한다.

제록스 PARC에서 컴퓨터의 미래를 보다

제록스의 팰러앨토 연구 센터(PARC)는 첨단 기술과 디지털 아이디어를 개발한다는 목표로 1970년에 설립되었다. PARC는 코네티컷 주에 있는 제록스 본사에서 4800킬로미터나 떨어진 곳에 위치했기 때문에 단점도 따랐지만 상업적 압력 등에 방해받지 않고 편안하게 연구에 몰두할 수 있었다. 이 연구 센터의 선구적 인물 가운데 앨런 케이가 있었다. 그는 잡스의 마음속에 깊이 각인된 다음 두 격언을 남긴 인물이기도 하다. "미래를 예측하는 최고의 방법은 스스로 미래를 창조하는 것이다." "소프트웨어를 중요하게 여기는 사람은 스스로 자신의 하드웨어를 만들어야 한다." 케이는 아이들도 쉽게 사용할 수 있는 소형 PC인 '다이나북'을 구상했다. 이후 PARC의 엔지니어들은 사용하기 까다로운 도스(DOS)의 명령어 입력 방식을 대체할 수 있는 사용자 친화적인 그래픽을 개발하기 시작했다. 그들이 구상한 개념이 바로 지금의 데스크톱 컴퓨터에서 우리가 접하는 것들이다. 즉 모니터 화면에 많은 서류 파일과 폴더가 보이고, 마우스를 이용해 원하는 것을 선택하는 방식 말이다.

이와 같은 그래픽 유저 인터페이스(약어로 'GUI'이며 '구이'로 발음한다.)의 개발을 촉진한 것은 PARC의 또 다른 선구적인 개념, 즉 비트맵을 이용한 디스플레이였다. 그때까지만 해도 대부분의 컴퓨터들은 문자 중심이었다. 다시 말해 키보드의 문자를 두드리면 컴퓨터가 그 문자를 화면에 띄우는 방식으로서, 대개 검은 화면에 초록색 디스플레이를 제공했다. 문자와 숫자, 도안의 수가 제한적이었기 때문에 많은 컴퓨터 코드나 고출력 프로세싱 파워가 필요 없었다. 반면 비트맵 방식에서는 화면상의 각 픽셀이 메모리의 비트에 의해 통제된다. 화면에 무언가(예를 들어 문자)를 나타내기 위해서 컴퓨터는 각 픽셀에 밝기의 정도를 명령하고, 또는 컬러 디스플레이의 경우에는 특정한 색깔을 지정한다. 이런 방식에는 고출력 컴퓨팅 파워가 필요했지만, 그 반면에 화려한 그래픽과 폰트, 다채로운 디스플레이를 구현할 수 있었다.

비트맵과 그래픽 인터페이스는 PARC가 개발한 원형 컴퓨터인 알토와 그것의 객체지향 프로그래밍 언어인 스몰토크의 특징이 되었다. 제프 래스킨은 비트맵과 그래픽 인터페이스에서 컴퓨터의 미래를 감지했다. 그래서 잡스와 애플 동료들에게 PARC를 직접 방문해 볼 것을 종용했다.

그런데 문제가 하나 있었다. 평소 잡스는 래스킨을 밉살스러운 이론가로 여겼으며, 잡스 본인의 표현을 빌리자면 래스킨은 "지독하게 역겨운 자식"이었다. 그래서 래스킨은 앳킨슨(그는 세상 사람들을 '밉상'과 '천재'로 나누는 잡스의 세계관에서 후자에 속했다.)에게 PARC에서 개발한 내용에 관심을 갖도록 잡스를 설득해 보라고 부탁했다. 그즈음 래스킨이 모르던 사실 하나는, 잡스가 보다 복잡한 계약을 추진하고 있다는 것이었다. 1979년 여름 제록스의 벤처 투자 부문이 2차 자금 조달을 진행하던 애플에 투자하고 싶다는 의사를 내비쳤다. 잡스는 이런 제안을 했다. "PARC의 핵심 기술에 접근할 수 있게 해 준다면 애플에 100만 달러를 투자할 수 있게 해 주겠습니다." 제록스는 그 제안을 수락하여, 애플에 PARC의 신기술을 보여 주는 데 동의하고 1주당 10달러로 애플 주식 10만 주를 구매했다.

1년 후 애플이 기업공개를 했을 때 제록스가 사 두었던 100만 달러어치 주식은 무려 1760만 달러 가치의 주식이 되었다. 하지만 결과적으로 볼 때 더 큰 이익을 얻은 쪽은 애플이었다. 1979년 12월에 잡스와 동료들은 PARC의 신기술을 직접 보기 위해 그곳을 방문했다. 첫날 잡스는 그다지 특별한 것을 건지지 못했다고 느꼈지만, 며칠 후에는 대단히 커다란 소득을 얻는다. 잡스 일행에게 최신 기술을 설명하는 일을 맡은 PARC의 연구원 래리 테슬러는, 저 멀리 제록스 본사에 있는 간부들은 진가를 알아보지 못하는 연구 개발 성과물을 방문객들에게 자랑스럽게 과시해 보일 수 있다는 생각에 자못 들떴다. 하지만 또 다른 연구원인 아델 골드버그는 생각이 좀 달랐다. 회사가 핵심 기술과 관련된 정보를 외부인에게 공개하는 것이 영 못마땅했던 것이다. "정말 바보 같은 짓이었어요. 말도 안 되는 일이었죠. 저는 가급적 잡스에게 최소한의 것만 보여 주려고 애썼어요."

잡스 일행의 방문 첫날 골드버그는 그런 의지를 실행에 옮겼다. 잡스와 래스킨, 그리고 리사 프로젝트 팀장인 존 카우치가 중앙 로비로 안내되었다. 그곳에는 PARC가 개발한 PC인 알토가 설치되어 있었다. 골드버그는 회상한다. "주로 워드 프로세싱과 관련된 몇 가지 애플리케이션만 보여 주는 대단히 제한된 설명회였어요." 잡스는 만족스럽지 않았고, 제록스에 전화를 걸어 더 많은 걸 보여 달라고 요구했다.

　며칠 후 잡스 일행은 다시 PARC를 방문했다. 이번에는 앳킨슨과 PARC에서 일한 경력이 있는 애플 프로그래머 브루스 혼까지 포함하여 더 많은 일행을 대동했다. 앳킨슨과 혼은 무엇을 찾아야 할지 알고 있었다. 골드버그는 회상한다. "연구 센터에 도착해 보니 왠지 시끌벅적하더라고요. 잡스와 프로그래머 한 무리가 회의실에 와 있다는 이야기를 들었습니다." 골드버그의 팀원인 엔지니어가 워드 프로세싱 프로그램을 다양하게 보여 주며 잡스 일행의 관심을 집중시키려고 했다. 하지만 잡스가 그 정도로 성이 찰 리 만무했다. 급기야는 "이제 시시한 것 좀 그만둡시다!" 하고 소리를 질렀다. PARC 연구원들은 한쪽에서 뭔가 의논을 하더니, 핵심 기술을 맛보기로 살짝 보여 주기로 결정했다. 테슬러가 프로그래밍 언어인 스몰토크를 소개하되, '기밀'이 아닌 데모 버전만을 보여 주기로 한 것이다. "이 정도면 눈이 휘둥그레지겠지. 비밀 핵심 정보는 접하지 못했다는 사실을 알아채지 못할 거야." 연구 팀장이 골드버그에게 말했다.

　하지만 그들의 판단이 틀렸다. 앳킨슨과 애플 동료들은 PARC가 발표한 논문과 관련 자료 일부를 이미 읽어 봤기 때문에, 정말 중요한 기술은 소개받지 못하고 있음을 알았다. 잡스는 제록스의 벤처 투자 부문 책임자에게 전화를 걸어 따졌다. 그러자 곧 코네티컷에 있는 본사에서 PARC로 전화가 왔다. 잡스 일행에게 모든 것을 보여 주라는 지시가 떨어졌다. 골드버그는 화가 나서 문을 박차고 나가 버렸다.

　마침내 테슬러가 꼭꼭 감춰 두었던 비밀 병기를 그들에게 공개했을 때 애플 일행은 입을 다물지 못했다. 앳킨슨이 모니터 쪽으로 고개를 바짝 내밀고 뚫어져라 쳐다보는 바람에, 컴퓨터 앞에 앉아 있는 테슬러의 뒷덜미로 앳킨슨의 숨결이 느껴질 정도였다. 잡스는 흥분해서 방 안을 돌아다니며 팔을 허공에 마구 흔들어 댔다. 테슬러는 말한다. "잡스는 가만있 질 못하고 이쪽저쪽을 왔다 갔다 했어요. 내가 설명한 것들 을 다 제대로 보고 저러는 건가 하는 생각이 들었죠. 하지만 그는 분명 다 이해한 상태였어요. 계속 질문을 쏟아 냈거든 요. 내가 보여 주는 화면이 바뀔 때마다 감탄을 내지르더군 요." 잡스는 제록스가 이 기술을 왜 아직까지 상업화하지 않 았는지 도저히 이해가 가지 않는다고 연거푸 말했다. 그는 이 렇게 외쳤다. "당신들은 돈방석 위에 앉아 있다고요. 대체 왜 이런 걸 활용하지 않느냐 말이에요!"

그날 설명회는 세 가지 놀라운 점을 보여 주었다. 하나는 컴퓨터들을 연결해 네트워크 시스템을 구성하는 방식에 관 한 것이었다. 두 번째는 객체지향 프로그래밍이 작동하는 방 식이었다. 하지만 잡스와 동료들은 이것들에는 그다지 크게 주목하지 않았다. 무엇보다도 그들을 매료시킨 것은 그래픽 인터페이스와 비트맵 방식이었다. "눈앞을 가리고 있던 장막 이 환하게 걷히는 기분이었어요." 잡스는 훗날 회상했다. "컴 퓨터의 미래가 갑자기 선명하게 보이기 시작했으니까요."

PARC 방문을 마치고, 그렇게 두어 시간쯤 지나서 잡스는 빌 앳킨슨과 함께 자동차를 타고 쿠퍼치노에 있는 애플 사 무실로 향했다. 운전대를 잡은 잡스는 점점 속도를 높였다. 자동차만큼이나 빠른 속도로 그의 머릿속과 입도 움직였다. "그래, 바로 그거야!" 그가 단어 하나하나를 끊어 강조하면 서 외쳤다. "우리가 그걸 해야 해!" 그가 찾고 있던 돌파구가 눈앞에 열린 것이었다. 건축가 아이클러가 지은 집처럼 대중적이면서도 쾌적한 디자인을 갖추고 현대식 주방 용품처럼 사용하기 쉬운, 그런 컴퓨터를 사람들에게 소개할 방법이 보이기 시작했다.

"PARC에서 본 걸 우리 컴퓨터에서 구현하는 데 시간이 얼마나 걸릴 것 같소?" 잡스가 물었다.

"글쎄요. 한 6개월쯤?" 앳킨슨이 대답했다. 과도하게 낙관적인 추측이었지만 그 대답이 두 사람의 의욕을 자극한 것만은 틀림없었다.

"위대한 예술가는 훔친다"

애플이 PARC의 기술을 가져다 쓴 것은 IT 업계 역사상 가장 의미심장한 도둑질로 간주되곤 한다. 잡스는 때때로 그것을 자랑스럽게 인정했다. "요약하면, 역사에 등장한 최고의 아이디어를 찾아내서 자신이 하는 일에 접목해 활용하려는 노력이라 할 수 있지요." 언젠가 잡스는 말했다. "피카소는 '좋은 예술가는 모방하고 위대한 예술가는 훔친다.'라고 말했습니다. 우리는 훌륭한 아이디어를 훔치는 것을 부끄러워한 적이 없습니다."

또 일각에서는 애플이 도둑질을 한 것이 아니라 제록스가 실수한 것이라고 평가한다.(잡스는 종종 이런 평가에 동의를 표했다.) 잡스는 제록스 경영진을 두고 이렇게 말했다. "그들은 컴퓨터가 어떤 일을 할 수 있는지 아무것도 모르는 바보였어요. 최고의 기술을 손에 쥐고도 성공을 놓쳤지요. 제록스가 컴퓨터 업계 전체를 장악할 수도 있었는데 말입니다."

위의 두 평가는 상당한 진실을 담고 있다. 하지만 여기에는 그보다 더 중요한 포인트가 존재한다. 시인 엘리엇도 말했듯이, 구상과 창조 사이에는 그림자가 드리워지기 마련이다. 혁신의 역사에서 새로운 아이디어는 전체 그림의 일부분에 불과하다. 그것을 현실화하지 않으면 의미가 없기 때문이다.

잡스와 애플 팀원들은 PARC에서 목격한 그래픽 인터페이스를 현저하게 개선했다. 그리고 제록스가 하지 못했던 방식으로 그것을 실제 제품에 구현했다. 예를 들어 제록스의 마우스는 버튼이 세 개였고 조작하기 복잡했으며 단가가 300달러나 됐다. 또 부드럽게 움직이지도 않았다. PARC를 두 번째로 방문하고 며칠이 지난 후, 잡스는 한 산업디자인 회사를 찾아가 회사의 공동 창업자인 딘 허비에게 버튼이 하나인 마우스를 15달러에 만들어 달라고 했다. "매끈한 테이블 위나 청바지 위에서도 부드럽게 움직일 수 있게 해 달라." 하는 말도 덧붙였다. 허비는 그의 요청을 수락했다.

기기 자체의 세부 사항뿐만이 아니라 전반적인 사용 방식도 개선했다. PARC의 마우스는 모니터 화면상의 창을 끌어서 이동시킬 수 없었다. 애플의 엔지니어들은 창이나 파일을 끌어서 이동시킬 뿐만 아니라 그것을 폴더 안에 집어넣을 수도 있는 인터페이스를 개발했다. 제록스 시스템에서는 무언가를 실행하려면(예컨대 창의 크기를 변경하거나 파일의 확장자를 바꾸려면) 명령어를 선택해야 했다. 애플 시스템에서는 직접 해당 대상을 가리키거나 조작하고 혹은 끌어다가 위치를 바꿀 수 있게 함으로써, 데스크톱 메타포(책상 위의 전형적인 환경.— 옮긴이)를 가상현실로 구현했다. 그리고 애플의 엔지니어들은 설계자들과 긴밀하게 협력하여(잡스는 날마다 설계자들을 닦달했다.) 데스크톱 개념을 계속 개선해 나갔다. 세련된 아이콘을 추가하고, 창의 상단에 있는 바에서 메뉴가 아래쪽으로 펼쳐지게 만들고, 마우스를 더블클릭하여 파일이나 폴더를 열 수 있게 만든 것이다.

제록스 경영진이 PARC 연구원들이 개발한 성과를 간과했던 것은 아니다. 사실 제록스는 그것을 상업화하려는 시도를 했다.(훌륭한 실행이 훌륭한 아이디어 못지않게 중요하다는 것을 깨닫게 해 주는 전형적인 사례다.) 1981년, 그러니까 애플의 리사나 매킨토시가 나오기 전에, 제록스는 제록스 스타라는 컴퓨터를 출시했다. 이 컴퓨터는 그래픽 유저 인터페이스, 마우스, 비트맵 디스플레이, 창 기반의 방식, 데스크톱 메타포 등을 통합한 제품이었다. 그러나 이 제품은 투박하고 느렸으며(용량이 큰 파일은 저장하는 데 몇 분씩 걸렸다.) 가격이 비쌌고(소매가 1만 6595달러) 주로 네트워크 환경이 갖춰진 사무실을 타깃 시장으로 삼았다. 스타는 시장에서 실패했다. 판매량은 겨우 3만 대에 불과했다.

잡스와 동료들은 스타가 출시되자마자 제록스 제품 판매점을 찾아갔다. 하지만 스타는 예상보다 훨씬 못한 제품이었고 잡스는 그걸 사는 데 드는 돈이 아깝게 여겨졌다. "참으로 다행이다 싶었지요. 제대로 만든 제품이 아니었어요. 우리라면 제대로 만들어 볼 수 있겠다는 생각이 들었습니다. 가격도 훨씬 낮추고요." 그로부터 몇 주 뒤 잡스는 제록스 스타 팀의 하드웨어 설계자인 밥 벨빌에게 전화를 걸어 말했다. "당신은 지금까지 인생을 낭비한 거나 마찬가지예요. 우리 회사에서 일해 보지 않겠습니까?" 벨빌은 잡스의 제안을 받아들였다. 그리고 래리 테슬러도 애플에 합류했다.

한껏 의욕에 부푼 잡스는 존 카우치(HP 출신 엔지니어였다.)가 이끄는 리사 프로젝트의 진행 상황을 매일 체크하며 관여했다. 잡스는 카우치를 무시하고 직접 앳킨슨이나 테슬러에게 지시해 자신의 의견을 반영하도록 했다. 특히 리사의 그래픽 인터페이스 디자인에 대해서 여러 가지를 요구했다. 테슬러는 회상한다. "그는 새벽 2시건 5시건 상관없이 저한테 전화를 걸었어요. 저야 뭐 괜찮았습니다. 그런데 리사 프로젝트 팀장인 존이 불쾌하게 생각했지요." 잡스는 팀장을 무시한 채 팀원들에게 직접 전화하지 말아 달라는 요청을 받았다. 그는 한동안 자제했지만, 그다지 오래가지는 못했다.

잡스와 다른 직원들 사이에 갈등이 발생한 일이 또 있었다. 앳킨슨이 화면을 검은색이 아니라 흰색으로 하자고 제안했을 때였다. 이렇게 하면 앳킨슨과 잡스가 원하는 WYSIWYG('위지윅'으로 발음한다.) 방식을 구현하는 것이 가능했다. 이것은 'What You See Is What You Get'의 줄임말로서, 모니터 화면으로 보이는 내용과 동일한 인쇄 출력 결과를 얻는 방식이다. 앳킨슨은 이렇게 회상한다. "하드웨어 팀원들의 불평이 대단했어요. 그렇게 하면 지속력이 훨씬 떨어져서 자주 깜빡이는 인광체를 사용해야 할 거라고 말했지요." 그래서 앳킨슨은 잡스의 지원을 요청했다. 하드웨어 팀원들은 투덜대다가 차츰 흥분을 가라앉혔다. "스티브는 대단한 엔지니어는 아니었지만 직원들의 답변에 담긴 속뜻을 진단하는 데 대단히 뛰어났습니다. 그는 엔지니어들이 방어적인지 또는 자신이 없는지 금세 알아챘어요."

앳킨슨의 놀라운 업적 가운데 하나는, 화면상으로 '맨 앞의’ 창이 그 ‘뒤에’ 있는 창들 위로 겹치게 만들었다는 점이다.(지금의 우리는 당연하게 생각하지만 당시에는 쉬운 일이 아니었다.) 앳킨슨은 마치 책상 위의 서류들을 옮기거나 뒤섞는 것처럼 사용자가 화면의 창들을 자유롭게 움직일 수 있게 만들었다. 즉 겹쳐 있는 창들 가운데 맨 앞의 창을 이동하면 뒤에 있는 창들이 보이거나 가려졌다. 물론 컴퓨터 화면에 픽셀들이 층을 이루고 있는 것은 아니므로, 맨 앞에 있는 것으로 보이는 창 뒤에 실제로 다른 창들이 존재하는 것은 아니다. 창이 겹쳐 보이는 화면을 구현하기 위해서는 ‘영역’이라는 것과 관련된 복잡한 프로그램 코딩이 필요했다. 앳킨슨은 이것을 성공시키기 위해 전력투구했다. PARC를 방문했을 때 분명히 이 기능을 목격했다고 생각했기 때문이다. 하지만 사실 PARC 연구원들은 이러한 창 겹침의 구현에 성공한 적이 없었다. 나중에 그들은 앳킨슨이 해낸 걸 보고 놀라움을 금치 못했다고 그에게 말했다. 앳킨슨은 회상한다. “모르고 덤비는 도전이 지닌 힘을 깨달았어요. 불가능하다고는 아예 생각조차 안 했기 때문에 결국 해낼 수 있었던 거지요.” 몸을 사리지 않고 이 프로젝트에 투신하던 앳킨슨은 어느 날 아침 피로한 상태로 멍하게 운전하다가 주차된 트럭을 들이받고 말았다. 자칫 목숨을 잃을 뻔한 큰 사고였다. 잡스가 즉시 병원으로 달려왔다. 앳킨슨이 의식을 회복했을 때 잡스가 말했다. “걱정돼서 죽는 줄 알았소.” 앳킨슨은 희미하게 미소를 지으며 대답했다. “전 괜찮습니다. 영역들도 다 기억납니다.”

또한 잡스는 부드러운 스크롤도 강조했다. 문서를 스크롤할 때 글자들의 행이 흔들려서는 안 되고 자연스럽고 매끄럽게 이동해야 했다. 앳킨슨은 말한다. “그는 인터페이스의 모

제록스와 리사

든 요소가 사용자에게 편리하게 느껴져야 한다고 강조했어요." 아울러 단순히 상하좌우가 아니라 어떤 방향으로든 커서를 쉽게 움직일 수 있는 마우스도 구상했다. 이를 위해서는 기존의 것처럼 휠이 두 개 달린 마우스가 아니라 볼을 사용하는 마우스가 필요했다. 애플의 한 엔지니어는 앳킨슨에게 그런 마우스는 상업적으로 도저히 제작할 수 없다고 말했다. 앳킨슨이 잡스와 식사를 하면서 그 이야기를 했고, 다음 날 출근한 앳킨슨은 잡스가 그 엔지니어를 해고한 사실을 알았다. 후임으로 온 엔지니어가 앳킨슨을 만났을 때 처음 한 말은 "저는 그 마우스를 만들 수 있습니다."였다.

앳킨슨과 잡스는 매우 가까운 사이가 되어 거의 매일 저녁마다 굿 어스 식당에서 함께 식사를 했다. 하지만 존 카우치와 리사 팀의 여러 엔지니어들(대부분 보수적인 HP 스타일이었다.)은 잡스의 간섭에 무척 불만스러워했고 그가 자주 보이는 모욕적인 언사에 격노했다. 또 잡스와 그들은 지향하는 비전도 달랐다. 잡스는 리사를 단순하면서도 저렴한, 대중을 위한 제품으로 만들고 싶어 했다. 잡스는 회상한다. "저를 포함해서 단순하고 저렴한 컴퓨터를 제작하려는 사람들, 그리고 카우치처럼 기업들을 타깃으로 삼으려는 HP 출신 엔지니어들, 이렇게 편이 갈려 갈등이 심했지요."

스콧과 마쿨라는 애플에 모종의 질서를 확립하는 데 관심이 많았고, 잡스의 파격적인 행동을 점점 더 우려하기 시작했다. 그래서 1980년 9월에 그들은 비밀스럽게 구조 조정을 계획했다. 카우치는 당연히 리사 프로젝트 전담 책임자가 되었다. 잡스는 자기 딸 이름을 붙인 컴퓨터에 대한 통제권을 잃었다. 또 잡스는 연구 및 개발 담당 부사장이라는 직함도

박탈당했다. 대신 비(非)집행 이사회 의장 자리가 주어졌다. 애플의 대외적인 대표이긴 하지만 경영에 직접적인 통제권을 발휘할 수는 없다는 의미였다. 잡스는 마음에 깊은 상처를 입었다. "마쿨라한테 버림받았다는 느낌을 지울 수가 없어 무척 화가 났습니다. 마쿨라와 스콧은 내가 리사 프로젝트를 이끌 적임자가 아니라고 생각했어요. 그게 너무 분했습니다."

부와 명성을 모두 얻은 남자

함께 음악을 즐기는 스티브 워즈니악과
스티브 잡스   1981

애플의 기업공개와 스톡옵션

1977년 1월 마이크 마쿨라가 잡스와 워즈에게 합류해 애플 컴퓨터 주식회사를 출범시켰을 때 회사의 가치는 5309달러였다. 그로부터 채 4년도 되지 않아 그들은 기업공개를 결심했다. 애플의 기업공개에는 1956년 포드 자동차의 공모 이래 가장 많은 투자자들이 몰렸다. 1980년 12월 말 애플의 기업 가치는 무려 17억 9000만 달러였다. 그리고 그 과정에서 백만장자를 300명이나 탄생시켰다.

대니얼 콧키는 그 300명에 포함되지 못했다. 그는 대학에서, 인도에서, 그리고 올 원 팜에서 잡스와 많은 시간을 보낸 절친한 친구였으며 크리스앤 브레넌이 임신했을 때 한 지붕 아래서 살았던 친구였다. 콧키는 잡스의 차고 시절부터 애플에 합류했으며 기업공개 무렵에도 애플의 시급제 직원으로 계속 근무하고 있었다. 하지만 기업공개 이전에 주어지는 스톡옵션을 받을 만큼 높은 직위는 아니었다. "저는 스티브를 전적으로 믿었습니다. 제가 그를 생각한 만큼 그도 절 생각해 줄 거라고 믿었지요. 그래서 조르거나 하질 않았습니다." 콧키에게 스톡옵션이 돌아가지 않은 공식적인 이유는 그가 연봉제 직원이 아니라 시급제 직원이었기 때문이다. 그렇다 하더라도 창업 멤버라는 점을 감안해 '발기인주'를 충분히 받을 수 있었을 터였다. 하지만 잡스는 사업 초창기 시절을 함께했다는 감상적인 이유로 지분을 주지는 않았다. "스티브는 의리가 없어요." 초창기 애플 엔지니어로서 이후에도 친분 관계를 유지해 온 앤디 허츠펠드는 말한다. "의리라는 단어랑은 어울리지 않는 사람이에요. 가까운 사람에게서도 차갑게 등을 돌리니까요."

결국 기다리다 지친 콧키는 일부러 잡스의 사무실 근처를 배회하면서 그를 만나 부탁하기로 마음먹었다. 하지만 잡스는 매번 냉정하게 거절했다. "정말 힘들었던 건 내가 스톡옵션을 받을 자격이 없다거나 뭐 이런저런 설명을 전혀 안 해 준다는 사실이었어요." 콧키는 말한다. "친구라면 그 정도 설명은 해 주는 게 당연한 거 아닌가요. 스톡옵션에 대해 물어보면, 스티브는 제 상사한테 가서 알아보라고 했어요." 기업 공개 이후 6개월쯤 지났을 때, 콧키는 이 문제에 대해 이야기를 나누고 매듭을 지으려고 용기를 내어 잡스를 찾아갔다. 하지만 너무나 차가운 잡스의 태도에 말문이 막혔다고 했다. "기가 막혀서 눈물이 나오더군요. 제대로 이야기도 나눌 수 없었어요. 이제 우리의 우정이 완전히 끝났다고 생각하니 가슴이 너무 아팠습니다."

스위치식 전원 장치를 개발했던 엔지니어인 로드 홀트는 상당한 스톡옵션을 받았다. 홀트는 잡스를 설득해 보려고 했다. "오랜 친구인 대니얼을 좀 생각해 줘야 하지 않을까요?" 그러면서 홀트는 자신과 잡스가 각각 소유한 옵션에서 조금씩 떼어 주면 어떻겠느냐고 제안했다. "당신이 주는 만큼 나도 똑같은 양을 주겠어요." 그러자 잡스는 이렇게 대답했다. "좋소. 나는 그에게 내 지분의 0퍼센트를 주겠소."

워즈는 잡스와 정반대였다. 주식공개를 하기 전에, 그는 자신이 가진 2000주를 중간급 직원 40명에게 아주 낮은 가격에 팔기로 했다. 그들 대부분은 나중에 집을 장만할 정도로 많은 돈을 손에 쥐었다. 워즈 자신도 아내와 함께 살 멋진 집을 마련했다. 두 사람은 얼마 안 가 이혼했는데 이혼 후에도 집은 아내가 소유했다. 또 워즈는 콧키, 페르난데스, 위긴턴, 에스피노사를 비롯해 제대로 대우받지 못했다고 생각하는 직원들에게 자기 지분을 무상으로 나눠 주었다. 워즈는 원래 사람들이 좋아했지만 그 후에 더욱 사람들에게 호감을 얻었다. 하지만 그런 그가 너무 순진하고 어린애 같다고 생각하는 사람도 많았다. 잡스도 물론 그런 사람이었다. 몇 달 뒤 빈민의 사진이 실린 유나이티드 웨이(자선 활동을 지원하는 모금 기관. — 옮긴이) 포스터가 애플 사내 게시판에 붙었을 때, 누군가가 그 포스터 밑에 이렇게 낙서를 해 놓았다. "1990년쯤 워즈의 모습."

이에 비해 잡스는 상당히 약삭빠른 편이었다. 그는 크리스 앤 브레넌의 부양과 관련해 그녀와 딸에게 지급해야 하는 비용을 기업공개 이전에 정하고 서명까지 받아 두었다.

애플 기업공개의 대외적 얼굴이었던 잡스는 그 과정을 도와줄 투자은행 두 곳을 선정하는 데 참여했다. 전통적인 월스트리트 기업인 모건 스탠리와 당시로선 소규모 회사였던 샌프란시스코의 함브레히트 앤드 퀴스트였다. "스티브는 모건 스탠리 담당자들에게 대단히 불손한 태도를 보였습니다. 모건 스탠리는 당시 매우 보수적인 회사였지요." 빌 함브레히트의 회상이다. 모건 스탠리는 애플의 공모 가격을 18달러로 책정하는 계획을 세웠다. 기업공개 직후 주가가 급상승할 것이 분명했음에도 말이다. 잡스는 모건 스탠리 담당자들에게 말했다. "18달러라니 말이 됩니까? 게다가 애플 주식을 당신네 고객들한테 팔 건데, 어떻게 우리한테 7퍼센트 수수료를 물릴 수가 있습니까?" 함브레히트는 이 방식에 기본적인 불공정이 존재한다고 생각했으며, 기업공개 전에 공모가를 결정하기 위해 역경매 방식을 택하는 것을 구상했다.

애플은 1980년 12월 12일 아침 주식시장에 기업을 공개했다. 투자은행들이 결정한 공모가는 주당 22달러였다. 첫날이 주가는 29달러까지 올라갔다. 잡스는 함브레히트 앤드 퀴스트 사무실을 방문해 주식 거래 개시 상황을 직접 관찰했다. 스물다섯 살의 잡스는 무려 2억 5600만 달러의 자산을 가진 거부가 되었다.

거부의 대열에 합류한 히피

벼락부자가 되기 전이나 후에도, 그리고 재정적 궁지에 몰리거나 엄청난 부를 누린 시기를 포함해 그의 삶 전체에서, 부에 대한 스티브 잡스의 태도는 상당히 이중적이었다. 그는 반(反)물질주의를 지향하는 히피였지만, 설계한 기계를 무료로 나눠 주고 싶어 하는 친구의 고안물들을 상업적으로 활용했다. 또 선불교 신봉자로서 인도 순례 여행에도 다녀왔지만 그 후엔 사업체를 설립하는 것이 자신의 소명이라고 판단했다. 그런데 이 모든 태도와 가치관들이 서로 충돌하기보다는 한데 얽혀서 잡스라는 인물을 만들어 낸 것 같았다.

그는 물질적인 소유물에 대한, 특히 디자인이 뛰어나고 섬세하게 만들어진 물건에 대한 애착이 남달랐다. 예를 들면 포르쉐와 메르세데스 자동차, 헨켈 칼과 브라운 가전제품, BMW 오토바이, 언셀 애덤스의 사진들, 뵈젠도르퍼 피아노, 뱅앤올룹슨의 오디오기기 같은 것들이었다. 그럼에도 자신이 사는 집은 부자가 된 이후에도 결코 화려하게 꾸미지 않앉으며, 가구도 거의 없이 단출해서 셰이커교도(기독교의 한 종파로, 금욕적이고 단순한 생활양식을 추구했으며 장식을 배제하고 본래 의도에 충실한 소박한 가구를 즐겨 썼다. ― 옮긴이)도 저리 가라 할 정도였다. 그는 수행원이나 개인 경호원도 두지 않았다. 근사한 차를 소유했지만 항상 직접 운전해서 몰고 다녔다. 마쿨라가 리어 제트기를 장만하면서 잡스에게도 한 대 구매하라고 제안했을 때 잡스는 싫다며 거절했다.(하지만 나중에는 걸프스트림 전용기를 마련해 달라고 회사 측에 요구한다.) 잡스는 자기 아버지와 마찬가지로 납품 업체들과 흥정할 때는 완고하고 냉정한 모습을 보였다. 하지만 이윤을 많이 남기고 싶은 욕심 때문에 뛰어난 제품을 만드는 데 필요한 좋은 부품들을 포기하는 일은 없었다.

애플 기업공개 이후 30년이 지나서 잡스는 갑자기 부자가 된 자신의 삶을 되돌아보며 이렇게 말했다.

나는 돈 걱정을 해 본 적이 없습니다. 중산층 가정에서 자랐기 때문에 굶을 일을 걱정할 필요가 없었지요. 그리고 아타리에서 일할 때도 스스로 괜찮은 엔지니어라고 생각했기 때문에 먹고사는 데 지장은 없으리라 믿었습니다. 대학 시절과 인도 여행 때는 일부러 풍족함을 멀리하며 가난한 삶을 살았습니다. 직장에 다니는 동안에도 늘 단순하고 소박한 삶을 추구했고요. 가난한 젊은이였을 때는 그 나름대로 멋진 삶을 살았습니다. 돈에 대해 걱정하지 않았으니까요. 그리고 엄청난 부자가 된 이후에도 역시 저는 돈에 대해 걱정할 필요가 없었습니다.

애플의 많은 사람들은 웬만큼 돈을 만지기 시작하자

이전과는 다른 삶을 살기 시작했습니다. 고급 롤스로이스 자동차를 몰기 시작하고 집도 여러 채 장만하더군요. 각각의 집에 지배인도 두고, 나중에는 그 지배인을 관리할 또 다른 누군가를 고용하고요. 그들의 아내는 성형수술을 자꾸 해서 기괴한 모습으로 변해 갔습니다. 나는 그런 삶을 원하지 않았습니다. 그건 정신 나간 짓이에요. 나는 돈이 내 인생을 망치게 만드는 일은 없을 거라고 다짐했습니다.

잡스는 그다지 자선에 나서는 인물은 아니었다. 그는 잠시 재단을 설립한 적이 있으나, 그 재단 운영을 맡기기 위해 채용한 직원을 상대하는 일이 짜증스러워졌다. 자선 활동을 추진할 새로운 방안이나 자선을 '활용할' 방법을 의논하자며 수시로 잡스를 찾아왔기 때문이다. 잡스는 자선 행위를 과시하거나 자신이 자선사업을 혁신할 수 있다고 여기는 사람들을 경멸했다. 사업 초반에 잡스는, 래리 브릴리언트가 빈곤 및 질병 퇴치를 돕기 위한 세바 재단을 설립할 때 남몰래 5000달러 수표를 보냈으며 재단 이사회 임원에도 참여하기로 했다. 그런데 어느 날 재단 회의에서 언쟁이 벌어졌다. 잡스가 레지스 매케나를 고용해 재단의 기금 모금과 홍보를 진행하자고 제안했는데 이사회 임원인 유명한 의사가 강력히 반대한 것이다. 언쟁 끝에 잡스는 주차장에서 분을 삭이느라 눈물까지 보였다. 다행히 잡스와 브릴리언트는 다음 날 저녁 세바 재단을 위해 그레이트풀 데드가 연 자선 콘서트 현장의 무대 뒤에서 화해했다. 하지만 브릴리언트와 몇몇 이사회 임원들(웨이비 그레이비, 제리 가르시아 등)이 기부금을 요청하기 위해 기업공개 직후 애플을 찾아갔을 때 잡스는 그들의 요청을 거절했다. 그 대신 잡스는 애플 II와 비지칼크 프로그램을 기부하여 재단이 계획 중인 네팔 국민의 시력 회복 활동을 위한 자료 조사에 활용할 수 있게 돕는 방안을 강구했다.

그가 개인적으로 가장 크게 베푼 대상은 부모님인 폴 잡스와 클라라 잡스였다. 잡스는 부모에게 약 75만 달러어치 주식을 전달했다. 잡스의 부모는 주식 일부를 팔아 로스앨터스 집의 대출금을 갚았고 잡스는 이 일을 축하하기 위해 부모님 집을 찾았다. "두 분의 삶이 모기지에서 처음으로 해방된 날이었죠. 그날 파티에 친구들 몇 분도 초대했어요. 정말 기뻐하셨죠." 하지만 잡스의 부모는 더 크고 좋은 집을 장만하지는 않았다. "두 분은 그런 데는 관심이 없었어요. 당시의 삶에 충분히 만족스러워하셨거든요." 그들의 유일한 사치는 1년에 한 번씩 휴가로 프린세스 크루즈 여행을 떠나는 일이었다. 잡스의 말에 따르면 파나마 운하를 여행한 일이 "아버지가 가장 인상 깊게 여긴" 순간이었다고 한다. 그가 탔던 해안경비대 함선이 퇴역을 위해 샌프란시스코를 향해 항해하던 시절이 떠올랐기 때문이다.

애플이 급성장하면서 잡스의 얼굴도 각종 매체에 등장하며 유명세를 탔다. 처음으로 잡스를 표지에 실은 잡지는 《아이엔시》 1981년 10월 호였다. 당시 표지에는 "비즈니스를 영원히 바꿔 놓은 인물"이라고 적혔다. 표지의 잡스는 머리와 수염을 깔끔하게 정리하고 청바지와 와이셔츠, 광택이 약간 나는 소재의 정장 재킷을 입은 모습이었다. 앞에 놓은 애플 II를 손으로 짚은 채 몸을 약간 앞으로 기울이고는 매력적인 눈빛으로 카메라를 쳐다보고 있었다. 로버트 프리들랜드에게서 빌린 눈빛이었다. 잡지에는 "이야기를 나누는 동안 스티브 잡스에게서는 확신에 찬 시각으로 미래를 내다보는 사람의 강렬한 열정이 느껴졌다."라고 적혀 있었다.

《타임》 1982년 2월 호에는 젊은 기업가들을 다루는 기사가 실렸다. 표지에는 잡스를 그린 삽화가 실렸는데 이때도 그의 날카롭고 매력적인 눈빛은 여전했다. 기사에는 잡스가 "사실상 혼자 힘으로 PC 업계를 창조했다."라고 적혀 있었다. 마이클 모리츠가 작성한 인물 약력에는 잡스가 이렇게 소개되었다. "23세의 잡스는 6년 전 부모님 집의 방과 차고에서 시작해서 성장시킨 회사를 이끌고 있다. 올해 이 회사는 6억 달러의 매출을 올릴 것으로 예상된다. (중략) 간부인 잡스는 때때로 부하 직원들을 까다롭고 거칠게 대한다. 그 자신도 '감정을 드러내지 않는 방법을 배울 필요가 있을 것 같다.'라고 인정한다."

부와 명예의 주인공이 되었음에도 잡스는 여전히 스스로를 반문화 히피라고 여겼다. 하루는 스탠퍼드 대학교에 특강을 하러 갔는데, 그는 입고 있던 윌크스배시포드 양복과 신발을 벗고 탁자 위에 올라가 가부좌 자세로 앉았다. 학생들이 애플 주가가 언제 올라갈 것 같은지 등에 대해 질문을 던졌지만 잡스는 거기에 대해서는 대답하지 않았다. 그 대신, 언젠가는 책 한 권 크기만 한 컴퓨터를 만들 것이라는 전망을 비롯해서 미래에 개발할 제품에 대해 열변을 토했다. 컴퓨터 산업에 대한 학생들의 질문이 거의 끝나자, 이번에는 잡스가 단정한 차림새로 앉아 있는 그 학생들을 향해 이렇게 물었다. "여러분 중에 섹스 경험이 없는 학생이 얼마나 되지요?" 쿡쿡거리는 웃음이 여기저기서 새어 나왔다. "LSD를 해 본 학생은요?" 이번에는 더 묘한 웃음이 흘러나왔다. 그리고 한두 명 정도가 손을 들어 올렸다. 훗날 잡스는 새로운 세대의 학생들에 대해 아쉬운 점을 말하곤 했다. 잡스에게는 그들이 자기 세대보다 더 물질주의적이고 경력이나 취업에만 신경 쓰는 것처럼 보였다. 그는 말했다. "제가 학교를 다닌 시절은 1960년대를 막 지난 직후였고, 지금처럼 현실적인 목표 의식을 가진 세대가 등장하기 전이었지요. 요즘 학생들은 이상을 추구하려는 생각을 하질 않아요. 경영 수업만 열심히 받지, 이 시대에 고민해 볼 필요가 있는 철학적인 문제들에 시간을 쏟고 싶어 하지 않지요." 잡스 자신의 세대는 달랐다고 말한다. "하지만 1960년대를 휩쓸었던 이상주의 바람은 아직도 우리 마음속에 있습니다. 저와 같은 시대를 산 사람들 대부분의 마음속에는 그 바람이 언제까지고 사라지지 않을 겁니다."

맥의 탄생

혁명을 원한다고 말하라

1980년대 후반의 스티브 잡스

래스킨과 잡스의 맥 프로젝트

제프 래스킨은 스티브 잡스를 사로잡을 수도, 반대로 그의 화를 돋울 수도 있는 타입의 인물이었다. 결과적으로 봤을 때 그는 양쪽 모두에 해당했다. 유쾌한 성격과 진지한 면을 동시에 겸비한 래스킨은 철학자적인 면모를 지녔다. 그는 컴퓨터 과학을 전공했고 대학에서 음악과 시각예술을 강의한 경력이 있었다. 또 실내오페라단을 이끌었으며 반체제적인 길거리 연극을 기획하기도 했다. 그는 1967년 UC 샌디에이고에서 쓴 박사 학위 논문에서 컴퓨터가 텍스트 기반의 인터페이스가 아니라 그래픽 기반 인터페이스를 사용해야 한다고 주장했다. 그는 교수 일을 그만두고 싶어졌을 때, 커다란 열기구를 타고 총장 자택의 집 주변을 날면서 크게 소리지르며 사직하겠다는 의사를 밝혔다.

잡스는 1976년에 애플 II를 위한 매뉴얼을 작성해 줄 사람을 찾다가 당시 작은 컨설팅 회사를 운영하던 래스킨에게 연락했다. 잡스의 차고를 방문한 래스킨은 작업대에서 한창 컴퓨터 연구에 몰두해 있는 워즈를 목격했다. 잡스가 설득한 끝에 그는 50달러를 받고 매뉴얼을 작성해 주기로 했다. 그리고 얼마 후 그는 기술 문서와 매뉴얼을 담당하는 간행물 부서의 정식 관리자로 애플에 합류했다. 일반 대중을 위한 저렴한 컴퓨터를 만들고 싶다는 꿈을 품은 래스킨은 1979년에 조용하게 진행되고 있던 '애니' 프로젝트의 책임자 자리를 맡겨 달라고 마이크 마쿨라에게 요청했다. 래스킨은 컴퓨터에 여성의 이름을 붙이는 것이 성차별주의적인 방식이라고 생각했기 때문에, 프로젝트에 새로운 이름을 붙이되 자신이 좋아하는 사과 품종인 '매킨토시(McIntosh)'에서 따오기로 했다. 하지만 제품명 때문에 오디오기기 회사인 매킨토시 래버러토리와 충돌이 생기는 것을 피하기 위해 일부러 철자를 약간 다르게 했다. 그래서 결정된 이름이 'Macintosh'였다.

래스킨은 모니터와 키보드와 본체가 모두 통합되어 있으며 사용하기도 쉬운 1000달러짜리 컴퓨터를 구상했다. 그는 제조 비용을 낮추기 위해 작은 5인치 모니터와 저렴한(그리고 성능이 떨어지는) 마이크로프로세서인 모토로라 6809를 제안했다. 스스로 철학자라고 생각했던 래스킨은 자신의 아이디어와 생각을 언제나 '매킨토시 북'이라는 수첩에 기록했다. 또 이따금 선언서 같은 것을 발표하기도 했다. '모두를 위한 컴퓨터'라는 선언서의 도입부는 다음과 같은 문장으로 시작했다. "퍼스널 컴퓨터가 진정 '퍼스널'해지려면 무작위로 선택한 어떤 집에도 컴퓨터가 놓여 있어야 할 것이다."

1979년에서 1980년 초반까지 매킨토시 프로젝트의 존재감은 미미했다. 거의 취소될 상황에 이른 것도 수차례였고 그때마다 래스킨이 마쿨라에게 부탁해 간신히 프로젝트 추진을 재개했다. 불과 엔지니어 네 명으로 구성된 매킨토시 연구팀은 굿 어스 식당 옆에 위치한, 애플이 초창기에 사용한 건물에서 작업했다. 애플의 새로운 본관 건물에서 몇 블록 떨어진 곳이었다. 작업 공간은 온통 잡다한 장난감과 (래스킨이 좋아하는) 무선조종 비행기로 가득했다. 마치 컴퓨터 광들을 돌보는 보육원 같았다. 팀원들은 때때로 작업을 멈추고 너프볼(폴리우레탄 재질의 물렁물렁한 장난감 공.— 옮긴이)을 던져 서로를 맞히는 게임을 하며 놀았다. 앤디 허츠펠드는 그때를 이렇게 회상했다. "그 게임을 할 때면 다들 마분지로

맥의 탄생

자기 자리를 둘러싸서 보호벽을 세웠어요. 사무실 안이 마치 마분지로 만든 미로처럼 변했답니다.”

이 팀의 핵심 인재는 버렐 스미스라는 금발의 젊은 엔지니어였다. 심성은 착했지만 병적일 만큼 집중력이 강하며 독학으로 엔지니어가 된 인물이었다. 그는 워즈의 작업을 거의 숭배에 가까울 만큼 존경했고 그에 못지않은 탁월한 성과를 내려고 노력했다. 스미스는 원래 애플의 서비스 부서에서 일했다. 그런데 컴퓨터 문제에 대한 해결책을 즉석에서 생각해 내는 그의 모습을 앳킨슨이 보고 그를 래스킨의 팀에 들어가도록 추천했다. 스미스는 훗날 정신분열증을 일으키지만, 1980년대 초에는 자신의 병적인 집중력을 컴퓨터에 쏟아부었고 일주일 내내 회로 기판에만 골몰하곤 했다.

잡스는 새로운 컴퓨터에 대한 래스킨의 비전에 큰 흥미를 느꼈지만 가격을 낮추기 위해 타협안을 택하는 래스킨의 방식은 못마땅해했다. 1979년 가을 어느 날 잡스는 래스킨에게 비용보다는 늘 그가 강조하는 “혼을 빼놓을 만큼 뛰어난 (insanely great)” 제품을 만드는 일에 집중하라고 조언했다. “비용 걱정은 접어 두고 컴퓨터 성능에나 신경 써 주세요.” 래스킨은 빈정거리는 메모로 여기에 대응했다. 그는 메모에서 잡스가 원할 만한 컴퓨터의 특성들을 하나하나 나열했다. 화면 한 행에 알파벳 96개가 들어가는 고화질 컬러 디스플레이, 리본 없이 작동하며 초당 한 페이지 속도로 어떤 컬러 그래픽이든 출력할 수 있는 프린터, 아르파넷(인터넷의 모체.— 옮긴이)에 대한 무제한적 접근, 음성을 인식하고 음악을 합성할 수 있는 기능, 심지어 ‘카루소(이탈리아의 테너 가수.— 옮긴이)가 모르몬교 성가대와 함께 노래하는 것처럼 편집하고 다양한 음향도 넣을 수 있는' 기능 등등. 메모의 마지막에는 이렇게 적혀 있었다. "욕심나는 기능부터 선정하고 작업에 들어가는 것은 어리석은 짓이다. 우리는 먼저 가격 목표와 일단의 핵심 기능들에 초점을 둬야 한다. 그리고 현재 및 가까운 미래에 가능한 기술에 주목해야 한다." 다시 말해 래스킨은 제품에 대한 열정만 앞서 현실을 왜곡해 보는 잡스가 못마땅했다.

두 사람의 갈등은 불가피했다. 특히 잡스가 1980년 9월 리사 프로젝트에서 손을 뗀 이후 자신의 에너지를 쏟아부을 다른 대상을 찾기 시작하면서부터 더욱 그랬다. 그즈음 잡스의 레이더망에 포착된 것이 매킨토시 프로젝트였다. 대중을 위한 저렴한 컴퓨터, 단순한 그래픽 인터페이스와 깔끔한 디자인을 갖춘 컴퓨터라는 래스킨의 비전은 그의 마음에 꼭 들었다. 그리고 일단 잡스가 매킨토시 프로젝트에 관심을 쏟기 시작한 이상, 래스킨이 애플에서 보낼 날이 얼마 남지 않았다 해도 과언이 아니었다. "스티브는 자기 뜻대로 우리를 좌지우지하기 시작했고 제프는 불만이 쌓여 갔습니다. 결국 어떤 결말에 이를지 뻔했어요." 맥 팀의 멤버였던 조애나 호프먼의 회상이다.

첫 번째 갈등은 래스킨이 성능이 떨어지는 모토로라 6809를 선호하는 것을 둘러싸고 일어났다. 맥의 가격을 1000달러 이하로 만들고 싶어 하는 래스킨과 혼을 빼놓을 만큼 뛰어난 제품을 만들어야 한다고 고집하는 잡스가 충돌한 것이다. 잡스는 마이크로프로세서를 리사에 사용한 것과 같은 강력한 모토로라 68000으로 바꾸라고 압력을 넣기 시작했다. 1980년 크리스마스 직전, 잡스는 래스킨에게는 알리지도 않고 버렐 스미스에게 더 강력한 칩을 장착할 수 있도록 매킨토시 원형을 다시 만들라고 지시했다. 워즈와 비슷한 몰두형 천재였던 스미스는 3주 동안 미친 듯이 불철주야 작업에 매달렸다. 새 원형이 완성되자 잡스는 모토로라 68000으로 교체하라고 지시했고 래스킨은 분을 삭이면서 맥의 가격을 조정해야 했다.

마이크로프로세서와 관련된 더 중요한 문제도 있었다. 래스킨이 원하는 저렴한 마이크로프로세서는 잡스 일행이 제록스 PARC에서 목격했던 멋진 그래픽(창, 메뉴, 마우스 포인팅 등)을 구현하기에는 역부족이었다. 래스킨은 잡스와 애플 동료들에게 PARC 방문을 권유한 장본인이었고 또 비트맵 디스플레이와 창을 활용하는 아이디어가 괜찮다고 생각하기는 했다. 하지만 그런 그래픽과 아이콘 들에 강렬하게 끌리지는 않았고, 맥에 키보드가 아닌 마우스 포인팅 방식을 사용하는 것을 완고하게 반대했다. 그는 훗날 이렇게 말했다. "맥 팀의 일부 직원들은 마우스로 모든 걸 할 수 있다는 생각에 열광했습니다. 또 아이콘이라는 바보 같은 방식에도 열광했고요. 아이콘은 이해할 수 없는 상징물에 불과합니다. 인간이 음성언어를 고안해 낸 데는 이유가 있는 겁니다."

과거에 래스킨의 제자였던 빌 앳킨슨은 잡스와 의견이 같았다. 앳킨슨과 잡스는 둘 다 혁신적인 그래픽과 마우스 사용을 지원할 수 있는 강력한 프로세서를 원했다. "스티브는 제프에게서 맥 프로젝트를 빼앗아 와야 했습니다." 앳킨슨은 말한다. "제프가 대단히 완고했기 때문에 스티브가 주도권을 가져오는 게 옳았어요. 그래서 결국 세상 사람들이 더 나은 컴퓨터를 만났으니까요."

제품에 대한 관점 차이만이 갈등의 원인이었던 것은 아니다. 두 사람은 성격적인 측면에서도 마찰을 빚었다. 언젠가 래스킨은 말했다. "스티브는 '뛰어내려라.' 하고 말하면 사람들이 곧바로 자기 앞에서 뛰어내리길 원하는 사람이었어요. 그리고 신뢰도 안 갔고요. 또 자신이 능력이 부족한 사람으로 비치는 걸 굉장히 싫어했어요. 마치 후광이 비치는 사람을 보듯 자신을 숭상하지 않는 사람들을 다 싫어하는 것 같았습니다." 잡스도 역시 래스킨을 못마땅해했다. 그는 이렇게 말했다. "제프는 지나치게 거만했어요. 인터페이스에 대해서 쥐뿔도 몰랐고요. 그래서 저는 앳킨슨처럼 제프 곁에 있던 인재들을 데려온 다음 제 방식대로 일을 추진해서 리사보다 저렴하면서도 멋진 제품을 탄생시키기로 결심한 겁니다."

맥 팀원들 가운데 일부는 잡스와 일하는 것에 불만을 품었다. 1980년 12월 맥 팀의 한 엔지니어는 래스킨에게 보낸 쪽지에 이렇게 적었다. "잡스는 분열을 막는 완충 역할을 하기보다는 팀에 불안과 정치와 싸움을 일으키는 것 같습니다. 잡스와 이야기를 나누는 시간은 대단히 즐겁습니다. 또 저는 그의 아이디어와 실용적인 관점과 에너지를 존경합니다. 그렇지만 제가 원하는 신뢰 넘치고 서로를 배려하는 편안한 근무 환경을 만드는 데는 그가 별로 기여하지 못하는 것 같습니다."

하지만 많은 팀원들은 잡스가 변덕스럽고 신경질적이긴 하지만 카리스마와 영향력이 있다고 인정했다. 우주에 흔적을 남길 수 있는 제품을 만들도록 이끌 리더십 말이다. 잡스는 팀원들에게 래스킨이 몽상가에 불과하다고 말하면서, 자신은 실행가이며 따라서 맥을 1년 안에 완성시키겠다고 장담했다. 잡스의 마음속에는 리사 프로젝트에서 쫓겨난 이후 보란 듯이 뭔가 해내겠다는 결심과 경쟁심이 불타고 있는 것이 분명했다. 그는 리사 프로젝트 책임자인 존 카우치에게 공개적으로 내기를 신청했다. 맥이 리사보다 먼저 출시된다는 데 5000달러를 건 것이다. 그는 팀원들에게 말했다. "우리는 리사보다 저렴하면서도 성능은 더 뛰어난 컴퓨터를 만들 수 있어. 우리가 먼저 해내야 해!"

잡스는 맥 팀의 주도권을 장악하려고 애썼다. 1981년 2월에 잡스는 사내 직원들을 대상으로 래스킨이 진행하기로 계획되어 있던 점심 세미나를 취소했다. 그런데 래스킨이 우연찮게 세미나실을 지나가다가 그곳에서 직원들 100여 명이 자신을 기다리는 것을 발견했다. 잡스가 세미나 취소 사실을 직원들에게 일부러 통보하지 않은 것이었다. 래스킨은 직원들이 기다리고 있는 방에 들어가 세미나를 진행했다.

래스킨도 가만히 있을 리 없었다. 그는 잡스에 대한 노골적인 비난을 담은 메모를 사장인 마이크 스콧에게 보냈다. 스콧은 성질 까다로운 공동 창업자와 주요 주주 사이를 중재해야 하는 힘든 입장에 처했다. 래스킨이 스콧에게 보낸 '스티브 잡스와 함께, 또는 그의 밑에서 일한다는 것'이란 제목의 글에는 이런 내용이 담겼다.

> 그는 끔찍한 관리자입니다. (중략) 저는 늘 스티브를 좋아했지만 그의 밑에서 일하는 것이 정말 고역이라는 사실을 깨달았습니다. (중략) 그는 늘 약속을 어깁니다. 이는 직원들 모두가 아는, 한마디로 흔한 농담과 같은 사실입니다. (중략) 그는 생각 없이 행동하고 잘못된 판단을 내립니다. (중략) 마땅히 인정받아야 할 사람에게 공로를 돌리지도 않고요. (중략) 누군가 새로운 아이디어를 제시

하면 그는 곧바로 그것이 형편없고 심지어는 바보 같은 생각이라며 폄훼하기 일쑤입니다. 그런 아이디어를 실행하는 것은 시간 낭비라면서 말이지요. 그런데 이게 다가 아닙니다. 만일 어떤 직원이 근사한 아이디어를 내놓으면 스티브는 마치 그게 자기 머리에서 나온 아이디어인 것처럼 말하고 다닙니다. (중략) 그는 남의 말을 가로막고 끼어들기 일쑤이고 상대방 말은 듣지도 않습니다.

그날 오후 스콧은 해결책을 찾기 위해 잡스와 래스킨을 방으로 불렀다. 마쿨라도 그 자리에 함께했다. 잡스는 눈물을 흘리기 시작했다. 잡스와 래스킨은 한 가지 점에서만은 의견이 일치했다. 서로 상대방과 함께 일하고 싶지 않다는 것이었다. 스콧은 리사 프로젝트에서 카우치의 편을 들었다. 하지만 이번에는 잡스의 손을 들어 주는 게 낫겠다고 판단했다. 맥 프로젝트는 멀리 떨어진 건물에서 진행되는 변두리 프로젝트였고, 잡스를 그곳 책임자로 배정하면 애플 본관에서 멀찌감치 떨어뜨려 놓을 수 있었기 때문이다. 래스킨은 휴가를 권고받았지만 회사를 떠나기로 했다. "그들은 저를 달래고 뭔가 집중할 대상을 던져 준 셈인데, 뭐 괜찮았습니다." 잡스는 회상한다. "예전의 그 허름한 차고로 돌아가는 기분이었습니다. 소외된 팀원들을 데리고 내 맘대로 할 수 있게 된 것이지요."

래스킨이 물러난 것은 불공정한 일처럼 보일 수도 있지만 결과적으로 매킨토시의 운명이라는 면에서는 잘된 일이었다. 래스킨은 적은 메모리와 빈약한 마이크로프로세서, 카세트테이프와 최소한의 그래픽을 갖추고 마우스는 없는 컴퓨

맥의 탄생

터를 만들고자 했다. 그의 계획대로 1000달러 정도의 맥을 만들었다면 애플의 시장점유율을 높이는 데는 기여할 수 있었을지도 모른다. 하지만 잡스가 해낸 일을 그는 해낼 수 없었을 것이다. 즉 PC 업계를 완전히 재편하는 제품을 내놓지는 못했을 것이란 얘기다. 사실 우리는 나중에 보면 '가지 않은 길'이 어떠했을지 충분히 추정할 수도 있다. 이후 래스킨은 캐논 사에 고용되어 자신이 원하는 제품을 개발했다. "바로 캐논 캣이었습니다. 그 제품은 완전히 실패했지요." 앳킨슨은 말한다. "시장은 캐논 캣에서 등을 돌렸습니다. 반면에 스티브는 리사보다 훨씬 야무진 맥을 탄생시켰습니다. 단순한 소비자 전자 기기가 아니라 컴퓨팅 플랫폼을 탄생시킨 겁니다."*

잡스의 승리

래스킨이 회사를 떠나고 며칠 후 잡스는 애플 II 팀의 젊은 엔지니어인 앤디 허츠펠드를 찾아갔다. 선한 인상에 장난기 가득한 얼굴은 동료 버렐 스미스와 비슷했다. 허츠펠드는 잡스가 "걸핏하면 화를 내거나 짜증을 부렸고 자기 생각을 강요하려 들었기 때문에" 대부분의 직원들이 그를 두려워했다고 회상한다. 하지만 허츠펠드는 오히려 잡스 때문에 신선한 자극을 받았다. 어느 날 잡스가 허츠펠드를 찾아가 대뜸

---

* 1987년 3월 100만 대째 매킨토시가 생산되었을 때 애플은 거기에 래스킨의 이름을 새겨 그에게 증정했다. 잡스는 이에 대해 대단히 언짢아했다. 래스킨은 2005년 췌장암으로 사망했는데, 잡스가 암 진단을 받고 얼마 지나지 않은 때였다.

물었다. "프로그래밍 좀 하나요? 맥 팀에 진짜 실력 있는 친구들이 필요한데, 당신 실력이 쓸 만한지 모르겠군요." 허츠펠드는 그때를 이렇게 회상한다. "'물론이죠.'라면서 '굉장히 쓸 만합니다.' 하고 답했습니다."

잡스가 방에서 나가자 허츠펠드는 원래 하던 일로 돌아갔다. 그날 오후 잡스가 허츠펠드의 자리에 또다시 찾아와서는 이렇게 말했다. "좋은 소식이 있습니다. 이제부터 당신은 맥 팀이에요. 빨리 따라오세요."

허츠펠드는 당시 붙들고 있던 애플 II 작업을 마무리할 시간이 며칠 필요하다고 대답했다. 그런 그에게 잡스는 이렇게 말했다. "매킨토시보다 중요한 게 어디 있어요?" 허츠펠드는 작업 중인 애플 II 도스 프로그램을 웬만큼 마무리해야 다른 사람에게 넘겨줄 것 아니냐고 상황을 설명했다. 잡스는 말했다. "시간 낭비일 뿐이오! 애플 II 따위가 뭐가 중요하다는 거요? 애플 II는 몇 년 안에 사장될 모델이란 말이오. 애플의 미래는 바로 매킨토시에 있소. 그러니 당장 맥 팀으로 갑시다!" 그러면서 허츠펠드가 작업하고 있던 애플 II의 전원 코드를 홱 잡아당겨 뽑아 버렸다. 그 바람에 허츠펠드가 작성하고 있던 코드가 다 날아갔다. "자, 어서! 앞으로 일하게 될 새 자리를 알려 주겠소." 잡스는 허츠펠드와 그의 컴퓨터, 소지품을 자신의 은색 메르세데스에 싣고 맥 팀이 있는 건물로 이동했다. 사무실에 들어선 잡스는 버렐 스미스의 옆자리 책상 앞에 허츠펠드를 풀썩 앉히며 어깨를 툭툭 두드렸다. "지금부터 이 책상에서 일하면 됩니다. 맥 팀에 합류한 걸 환영합니다!" 책상 서랍을 열어 본 허츠펠드는 그것이 래스킨이 쓰던 책상이라는 것을 알았다. 래스킨이 갑자기 회사를 떠났던 터라 서랍에는 모형 비행기를 비롯해 그의 소지품과 잡동사니 들이 일부 남아 있었다.

1981년 봄 무렵 잡스가 사람을 채용할 때 가장 중요하게 여긴 기준은 제품에 대한 강렬한 열정이 있는지 여부였다. 때때로 그는 천으로 덮인 맥의 원형 제품이 놓여 있는 방으로 입사 지원자를 데려갔다. 그리고 천을 벗긴 다음 지원자의 반응을 관찰했다. "지원자가 눈을 반짝거리면서 호기심 어린 태도로 마우스를 조작하고 클릭하면 그제야 스티브는 미소를 지으면서 합격시켰어요." 안드레아 커닝햄은 회상한다. "잡스는 그들 입에서 '와우!'가 터져 나오는 걸 듣고 싶어 했지요."

브루스 혼은 애플에 오기 전에 제록스 PARC의 프로그래머였다. 래리 테슬러를 비롯해 몇몇 PARC 직원들이 매킨토시 팀에 합류하기로 결정했을 때 혼도 역시 그 팀에 들어가는 걸 고려했다. 그런데 그는 다른 회사에서도 입사 제안을 받았다. 높은 연봉에 입사 보너스 1만 5000달러까지, 꽤 좋은 조건이었다. 잡스는 어느 금요일 저녁 혼에게 전화를 걸어 말했다. "내일 아침에 당장 애플로 오세요. 굉장한 것들을 보여 줄 테니까." 혼은 애플을 찾아갔고 잡스는 그를 설득하는 데 성공했다. "스티브는 세상을 바꾸는 놀라운 컴퓨터를 만들겠다는 열정과 집념으로 똘똘 뭉친 사람이었습니다. 그에게서 뿜어져 나오는 기운만으로도 제 마음을 돌려놓기에 충분했지요." 잡스는 혼에게 플라스틱 케이스를 완벽한 각도로 뽑아내는 방법, 회로 기판을 그 안에 적절히 들어앉히는 방법 등을 보여 주었다. "그는 그 모든 걸 정식 제품으로 구현할 수 있다는 것, 아주 작은 부분까지 세심하게 고안했다는 사실을 알려 주려 애썼어요. 그런 열정은 다른 어디서도 볼 수 없을 것 같았죠. 그래서 바로 합류에 동의했습니다."

잡스는 워즈도 맥 팀에 끌어들이려고 노력했다. "워즈가 그동안 별로 기여한 게 없다는 사실이 못마땅했습니다. 그러면서 한편으로는, 젠장, 그의 천재성이 없었다면 여기에 이르지도 못했을 거라는 생각도 들더군요." 잡스가 훗날 내게 한 말이다. 하지만 잡스가 그를 맥 팀으로 불러오려고 막 시도할 무렵 워즈가 큰 사고를 당했다. 산타크루스 근처에서 그가 자신의 단발 엔진 비행기인 비치크래프트를 타고 이륙을 시도하다가 사고를 당한 것이다. 워즈는 가까스로 목숨을 건졌지만 일시적인 기억상실증을 겪었다. 잡스는 많은 시간을 워즈의 병실에서 보냈다. 하지만 퇴원한 이후 워즈는 애플을 떠나야겠다고 결심했다. 버클리를 중퇴하고 10년이 지난 뒤였지만, 그는 다시 학교로 돌아가 남은 공부를 마저 하고자 로키 라쿤 클라크라는 이름으로 복학했다.

잡스는 맥 프로젝트를 완전히 자신의 것으로 만들기 위해 래스킨이 좋아하는 사과 이름을 딴 '매킨토시'라는 이름을 바꾸려고 했다. 예전부터 그는 여러 인터뷰 자리에서 컴퓨터를 "정신을 위한 자전거"라고 표현해 온 터였다. 인간이 자전거를 발명한 덕분에 독수리보다 더 빠르면서도 효과적으로 움직일 수 있게 되었듯이, 컴퓨터는 인간 정신의 능력 및 효율성을 한층 높여 줄 것이라는 논리에서였다. 그래서 어느 날 잡스는 이제부터 '매킨토시'라는 이름 대신 자전거라는 뜻의 '바이시클'을 써야 한다고 선언했다. 팀원들의 반응은 별로 좋지 않았다. 허츠펠드는 회상한다. "버렐과 저는 정말 말도 안 되는 아이디어라고 생각했습니다. 그 이름은 안 된다고 고집했지요." 한 달도 안 되어 '바이시클' 아이디어는 폐기되었다.

1981년 초 맥 팀은 이제 구성원이 스무 명쯤 되는 팀으로 성장한 상태였다. 잡스는 좀 더 넓은 건물로 옮겨야 할 때라고 판단했다. 그래서 맥 팀은 애플 본관에서 세 블록쯤 떨어진 곳에 위치한 2층짜리 갈색 건물의 2층으로 사무실을 옮겼다. 텍사코 주유소 옆에 있었기 때문에 그들은 그 건물을 '텍사코 타워스'라고 불렀다. 대니얼 콧키는 스톡옵션을 받지 못한 일로 여전히 마음에 앙금이 남아 있었음에도 와이어래핑 담당으로 맥 원형 제품을 만드는 작업에 동참했다. 뛰어난 소프트웨어 개발자인 버드 트리블은 맥의 부팅 화면에 "반가워!(Hello!)"라는 글자가 뜨도록 만들었다. 잡스는 사무실을 좀 더 활기 넘치게 만들고 싶어서 팀원들에게 스테레오 시스템을 사다 설치하라고 지시했다. "버렐과 제가 당장 나가서 은색으로 된 대형 휴대용 카세트 라디오를 사 왔어요. 스티브의 마음이 바뀌기 전에 말이지요." 허츠펠드의 말이다.

한편 잡스의 완전한 승리가 눈앞에 가까워지고 있었다. 래스킨과의 권력 싸움에서 이겨 맥 팀의 주도권을 차지하고 나서 몇 주 후, 잡스는 마이크 스콧을 애플의 사장직에서 몰아내려는 움직임에 힘을 보탰다. 스콧은 점점 더 변덕스러운 행태를 보이고 있었다. 직원들을 위협하며 괴롭히다가도 갑자기 회유하려 들곤 했다. 급기야 스콧은 직원들 사이에서도 신망을 잃었다. 상당수의 직원을 냉혹하게 정리 해고한 것이 결정적인 계기였다. 게다가 스콧은 감염성 눈병과 수면발작 등 여러 가지 질병까지 겪기 시작한 상태였다. 스콧이 하와이로 휴가를 떠난 사이에 마쿨라는 경영진 회의를 소집해 스콧의 사직 문제를 논의했다. 잡스와 존 카우치를 비롯하여 경영진 대부분이 스콧의 자리에 다른 인물을 앉히는 데 동의했다. 이에 따라 마쿨라는 임시 사장직을 맡되 적극적으로 나서지는 않기로 했다. 이제 잡스는 자신이 원하는 대로 맥 팀을 이끌 수 있는 강력한 권한을 손에 쥐게 되었다.

현실 왜곡장

자신만의 규칙을 고집하는 보스

원조 맥 팀. 조지 크로, 조애나 호프먼, 버렐 스미스,
앤디 허츠펠드, 빌 앳킨슨, 제리 매넉   1984

앤디 허츠펠드는 맥 팀에 합류하자마자 같은 소프트웨어 설계자 버드 트리블로부터 처리해야 할 엄청난 양의 업무에 대한 브리핑을 받았다. 잡스는 그 모든 일을 1982년 1월까지 완수하기를 바랐다. 1년도 채 남지 않은 기한이었다. "말도 안 돼요." 허츠펠드가 말했다. "도저히 가능한 일이 아니군요." 트리블은 그에게 잡스가 반대 의견을 절대 수용하지 않는다고 말했다. "이 상황을 가장 잘 묘사하려면 「스타 트렉」에 나오는 용어를 빌려야 합니다. 스티브는 '현실 왜곡장'을 갖고 있어요." 허츠펠드가 어리둥절해하자 트리블이 좀 더 자세히 설명했다. "그 사람이 나타나면 현실이 유연해진다는 얘기죠. 그는 사실상 어떤 것이든 상대방에게 납득시킬 수 있어요. 그가 자리를 뜨면 왜곡장도 서서히 걷힙니다. 하지만 결국 그 때문에 현실적인 일정을 잡기가 어려워지는 거죠."

트리블은 '현실 왜곡장'이라는 표현을 자신이 「스타 트렉」의 그 유명한 '머내저리' 편에서 따왔다고 회상한다. "그 에피소드에서 외계인들이 순전히 정신력만을 이용해 자신들의 새로운 세계를 창조하잖아요." 그는 그 표현이 찬사이자 경고로 받아들여지길 원했다고 말한다. "스티브의 현실 왜곡장에 빠지는 건 위험했거든요. 하지만 그것이 실제로 그가 현실을 바꿀 수 있도록 만드는 원동력이었죠."

처음에 허츠펠드는 트리블의 얘기가 과장된 것이라고 생각했다. 하지만 2주 동안 잡스가 일하는 모습을 지켜보고 나서 그 역시 그러한 현상의 예리한 관찰자가 되었다. "그의 현실 왜곡장은 카리스마 넘치는 수사와 굴하지 않는 의지, 그리고 어떤 사실이든 당면 목표에 부합하도록 변형하려는 열성이 뒤섞인 결과물이었어요."

허츠펠드는 그러한 힘으로부터 자신을 보호할 수 있는 방법이 거의 없다는 사실을 발견했다. "신기하게도 그 현실 왜곡장은 제가 그것을 민감하게 의식하고 있는데도 효과를 발휘하는 것 같았어요. 오죽하면 종종 팀원들이 모여 그것을 무력화할 수 있는 기법이 없을까 궁리하기도 했을까요. 그것도 얼마 후 대부분은 포기하고 말았어요. 그냥 자연의 법칙처럼 받아들인 겁니다." 한번은 잡스가 사무실 냉장고에 든 탄산음료를 오드왈라 오렌지 주스와 당근 주스로 바꾸라는 지시를 내렸다. 그러자 팀원 한 명이 티셔츠를 만들었다. 티셔츠의 앞부분에는 "현실 왜곡장", 뒤에는 "주스에 들어 있다!"라고 적혀 있었다.

'현실 왜곡장'이라는 말은 어느 정도는 잡스가 거짓말을 하는 성향이 있다는 사실을 수사적으로 그럴듯하게 표현한 것뿐이었다. 하지만 사실 그것은 거짓말보다 훨씬 더 복잡한 유형의 조작 행위를 가리켰다. 세계 역사와 관련된 특정 사실이든, 회의에서 아이디어를 낸 사람이 누구였는지에 대한 기억이든, 그는 진실은 고려하지 않은 채 단언하듯 자신의 생각을 밝혔다. 그러한 행위는 의도적인 현실 거부에서 비롯했으며, 결국 타인뿐 아니라 자기 자신도 기만하는 것이었다. "그는 언제든 자기 자신도 속일 수 있었어요." 빌 앳킨슨의 말이다. "그래서 그의 비전을 믿도록 사람들을 기만할 수 있었던 겁니다. 자기 자신은 이미 그러한 비전을 개인적으로 받아들여 내면화했으니까요."

물론 많은 사람들이 현실을 왜곡한다. 잡스의 경우, 그것은 종종 무언가를 달성하기 위한 술책이었다. 술책에 능한 잡스와 달리 선천적으로 정직했던 워즈는 잡스의 그러한 능력이 발휘하는 효과에 대해 늘 놀라워했다. "미래의 일과 관련해 비논리적인 비전을 품을 때 그는 현실을 왜곡하곤 하지요. 브레이크아웃 게임을 단 며칠 안에 설계할 수 있다고 저한테 거듭 강조했던 게 대표적인 사례입니다. 당연히 불가능하다는 걸 저도 알았지만, 어쨌든 스티브의 주장에 끌려갔고 그걸 해냈잖아요."

맥 팀의 팀원들은 일단 그의 현실 왜곡장에 걸려들면 꼭 최면에 걸린 것 같았다고 말한다. "그를 보면 라스푸틴(러시아의 니콜라이 2세와 알렉산드라 황후의 배후에서 폭정을 일삼은 신비주의 성직자. — 옮긴이)이 연상됐어요." 데비 콜먼이 말한다. "그는 레이저를 쏘듯 사람들의 눈을 응시했고 그러면서 눈 한 번 깜박이지 않았어요. 그럴 때면 그가 청산가리를 탄 음료수를 내놓아도 아마 그냥 마실걸요." 하지만 워즈와 마찬가지로 그녀 역시 잡스의 현실 왜곡장에 어떤 능력을 부여하는 힘이 있었다고 믿는다. 그것을 통해 잡스가 팀에 영감을 불어넣은 덕분에 제록스나 IBM이 보유한 자원과 비교가 안 될 정도로 적은 자원을 가지고 컴퓨터 역사의 방향을 바꾸어 놓을 수 있었다는 주장이다. "한마디로 자기 충족적인 왜곡이었다고 할 수 있어요. 불가능하다는 사실을 깨닫지 못하고 불가능한 일을 해내도록 만들었으니까요."

현실 왜곡의 근저에는 어떠한 규칙도 자신에게는 적용되지 않는다는 잡스의 뿌리 깊고 확고한 믿음이 존재한다. 그리고 그렇게 믿을 만한 모종의 근거도 있었다. 어린 시절 그는 종종 자신의 바람대로 현실을 바꿀 수 있었다. 하지만 그러한 믿음의 보다 깊은 원천은 청소년 시절 그의 인성에 깊이 뿌리내린 반항심과 고집이었다. 그는 자신이 특별하다는 인식을 품었다. 선택받은 깬 존재라는 것이었다. 허츠펠드는 말한다. "그는 소수의 특별한 사람들이 존재한다고 생각합니다. 아인슈타인이나 간디, 그가 인도에서 만난 구루들 같은 사람들 말이에요. 자신이 그런 소수에 속한다는 겁니다. 그는 크리스앤에게 그 점을 누누이 강조했고, 한번은 제게도 자신이 깨달은 존재라는 암시를 주었어요. 그런 그를 보니까 니체가 떠오르더군요." 잡스는 니체를 공부한 적이 없었다. 그럼에도 그는 니체의 '힘 의지' 개념과 '특별한 본성을 지닌 초인' 개념을 자연스럽게 터득했다. 『차라투스트라는 이렇게 말했다』에서 니체는 이렇게 말한다. "이제 정신은 자신의 의지를 원하고, 세계를 상실한 자는 이제 자신의 세계를 되찾는다." 현실이 자신의 의지에 부합하지 않는 경우 그는, 수년 전 딸 리사의 출생과 관련해 그랬듯이, 그리고 수년 후 최초의 암 진단에 대해서 그랬듯이 현실을 무시해 버린다. 자동차에 번호판 달기를 거부하거나 장애인 전용 주차 구역에 차를 대는 등 사소하고 일상적인 반항을 드러낼 때도 그는 마치 세상의 규칙과 현실에 전혀 구애받지 않는 듯이 행동했다.

잡스의 세계관에서 중요한 또 하나의 요소는 세상을 이분법으로 분류한다는 것이다. 사람은 무조건 '깨달은 사람'이 아니면 '멍청한 놈'이었고, 그들의 업무는 '최고'든가 아니면 '완전히 쓰레기'였다. 이러한 이분법에서 좋은 쪽에 속했던 맥 디자이너 빌 앳킨슨은 스티브를 이렇게 묘사한다.

스티브 밑에서 일하는 건 만만치 않았어요. 그가 세상엔 '신들'과 '골 빈 놈들'만 있다는 양극화된 시각을 가졌기 때문이지요. '신'에 속하는 사람들은 받들어 모셔졌기 때문에 무슨 일을 해도 괜찮았어요. 저를 비롯해 '신' 대접을 받던 사람들은 우리가 사실은 인간일 뿐이고 엔지니어링과 관련해 잘못된 결정도 내리며 모두가 그렇듯 방귀도 뀐다는 사실을 알았어요. 그래서 추앙받는 위치에서 쫓겨날까 봐 항상 두려워했지요. 반면 '골 빈 놈들'에 속하면 열심히 일하는 뛰어난 엔지니어라 해도 앞으로 인정을 받아 현재보다 더 나은 위치에 오를 방법이 없다고 느낄 수밖에 없었습니다.

하지만 이러한 분류가 완전히 고정돼 있었던 것은 아니다. 특히 사람들이 아닌 아이디어에 관한 견해일 경우, 잡스는 입장을 재빨리 바꿀 수도 있었다. 현실 왜곡장에 대해 허츠펠드에게 설명할 때, 트리블은 고전압 '교류'를 닮은 잡스의 성향에 대해 구체적으로 경고했다. "그가 뭔가에 대해 말도 안 된다거나 훌륭하다고 말한다고 해서 그다음 날에도 똑같이 생각할 거라는 보장은 없어요. 그에게 새로운 아이디어를 얘기하면 그는 대개의 경우 그것에 대해 멍청한 생각이라고 말해요. 하지만 그러고 나서 그 아이디어가 마음에 들면, 딱 일주일 후에 찾아와서는 똑같은 내용을 상대에게 들어 보라고 합니다. 마치 자기가 생각해 낸 아이디어인 것처럼 말이에요."

이런 식으로 끝에 가서 급회전하는 기법에는 디아길레프 (러시아의 미술 평론가이자 발레 뤼스의 설립자.—옮긴이)도 감탄했을 것이다. 허츠펠드는 말한다. "그는 하나의 주장으로 상대방을 설득하는 데 실패하면 교묘하게 다른 주장으로 넘어갔습니다. 어떤 때는 갑자기 상대방의 입장을 자신의 입장으로 취하고는 원래 자신은 다른 입장이었다는 사실을 인정하지 않아 상대를 당황하게 하기도 했죠." 이런 일은 제록스의 PARC에서 테슬러와 함께 영입된 프로그래머 브루스 혼에게도 반복해서 일어났다. "한번은 제가 생각하던 아이디어를 그에게 얘기했더니 미친 소리라고 하더군요. 그런데 그다음 주에 찾아와서는 '이봐, 굉장한 아이디어가 있어.'라면서 제가 얘기한 아이디어를 들려주는 거예요! 그래서 그걸 지적하면서 '스티브, 일주일 전에 제가 얘기한 거잖아요.'라고 했더니 그는 '그래, 그래, 그래.' 하고는 그냥 넘어가 버리는 겁니다."

마치 잡스의 두뇌 회로에는 머릿속에 순간적으로 떠오르는 충동적인 생각들의 극단적인 증가를 완화해 주는 장치가 결여돼 있는 것 같았다. 그래서 그를 상대하면서 맥 팀은 '저역 통과 필터'라는 오디오 개념을 도입하였다. 잡스에게서 받는 인풋(input)을 처리할 때 고주파 신호들의 진폭을 감소시키는 법을 배운 것이다. 그렇게 하면 데이터 세트가 일관성을 가지게 되었고, 변덕이 심한 잡스 태도의 평균값도 덜 들쭉날쭉해졌다. "그가 극단적인 입장을 번갈아 가며 취하는 경우를 몇 번 접하고 난 후, 우리는 저역 신호들만 통과시키고 극단적인 신호들에는 반응하지 않는 법을 배웠죠." 허츠펠드의 말이다.

잡스의 여과되지 않은 행동은 감성적인 민감성이 결여된 탓일까? 아니다. 오히려 그 반대였다. 그는 매우 감성적인 사람이었다. 그는 사람들의 마음을 읽고 그들의 심리적 강점과 약점, 불안을 알아내는 비상한 능력을 갖고 있었다. 그는 경계를 늦추고 있는 희생자에게 완벽하게 조준된 심리적 일격을 가해 그를 아연실색하게 만들 수도 있었다. 또한 누군가

　　　　　　　　　　　　현실 왜곡장

가 정말 알고 하는 얘긴지 그저 아는 체 꾸며 대는 건지 직관적으로 알아냈다. 이러한 능력이 있었기에 능수능란하게 사람들을 구슬리고 달래고 설득하고 부추기고 겁줄 수 있었던 것이다. "그는 사람들의 약점이 정확히 뭔지, 그들을 위축되고 움츠러들게 만드는 게 뭔지 알아내는 데 초인적인 능력을 갖고 있었어요." 호프먼은 말한다. "카리스마 있고 사람들을 조종할 줄 아는 사람들에게서 볼 수 있는 공통적인 특성이죠. 그가 당신을 뭉개 버릴 수도 있다는 사실을 알고 나면 당신은 괜히 위축감을 느끼고 그의 인정을 받고 싶은 열망에 빠지죠. 그러다가 그가 당신을 인정하고 치켜세운다고 쳐 봐요. 완전히 그에게 종속되는 일만 남은 거예요."

물론 긍정적인 면도 있었다. 뭉개지지 않은 사람들은 결국 더 강해졌다. 그들은 실제로 일도 더 잘하게 되었다. 그러한 성과는 잡스에 대한 두려움과 그를 기쁘게 해 주고 싶은 열망, 그리고 자신에게 기대되는 바에 대한 인식에서 비롯했다. 호프먼이 말한다. "그의 행동 방식은 사람들을 감정적으로 지치게 만들었지만, 견뎌 내기만 하면 아주 좋은 효과를 발휘하기도 했어요." 가끔은 반대 의견을 제시하고도 살아남을 뿐 아니라 성공하는 경우도 있었다. 하지만 그런 게 항상 통했던 것은 아니다. 래스킨이 그러한 전략을 시도하고 한동안은 성공한 듯 보였지만 결국 뭉개져 버린 것이 좋은 예다. 하지만 누군가가 확신을 갖고 침착하게 옳은 말을 하는 경우, 그래서 잡스가 보기에 그가 일을 제대로 알고 하는 것 같다는 판단이 서는 경우, 잡스는 그를 존중해 주었다. 그의 개인 생활과 회사 생활 모두를 돌아보면 그와 친한 핵심 인물들 대부분이 아부에 능한 사람이 아닌 강한 심성의 소유자임을 알 수 있다.

맥 팀은 이 점을 간파했다. 1981년부터 그들은 매년 잡스에게 가장 당당하게 맞선 사람을 뽑아 상을 수여했다. 물론 반은 장난이었지만 부분적으로는 진짜 상이기도 했다. 잡스는 그 상에 대해 알고는 마음에 들어 했다. 첫해에는 조애나 호프먼이 수상했다. 동유럽의 난민 가정에서 자란 그녀는 남보다 기질과 의지가 강했다. 한번은 잡스가 그녀의 마케팅 계획을 완전히 현실 왜곡적인 방식으로 수정해 놓은 적이 있었다. 잔뜩 화가 난 그녀는 잡스의 사무실로 향했다. "계단을 오르면서 그의 비서에게 말했어요. 그의 심장에 칼을 꽂을 거라고." 법률고문 앨 아이젠스태트가 그녀를 말리기 위해 쫓아왔다. "하지만 스티브는 제 얘기를 끝까지 다 듣더니 물러서더군요."

호프먼은 1982년에 또 상을 탔다. 그해 맥 팀에 합류한 데비 콜먼은 말한다. "조애나를 부러워했던 게 생각나요. 저는 아직 배짱이 없었지만 그녀는 스티브 앞에서 당당했으니까요. 그런데 1983년에는 제가 상을 받았어요. 자기가 확신하는 것은 스스로 지켜 내야 한다는 것을 배웠거든요. 스티브는 그걸 존중해 줬어요. 그다음부터는 계속 저를 승진시켜 주더군요." 그렇게 승진을 거듭해 그녀는 마침내 제조 부서의 책임자가 되었다.

하루는 잡스가 앳킨슨의 부하 엔지니어들 중 한 명의 칸막이에 들이닥쳐 평소처럼 내뱉었다. "이거 쓰레기군." 앳킨슨은 당시를 이렇게 기억한다. "그러자 그 엔지니어가 '아닙니다, 이게 최선의 방법입니다.'라고 말하면서 스티브에게 자신이 감수해야 했던 공학적 트레이드오프(하나의 목적을 달성

현실 왜곡장

하려면 부득이 다른 목적을 희생해야 하는 거래 또는 교환.— 옮긴 이)들에 대해 설명했어요." 그러자 잡스가 물러섰다. 앳킨슨 은 자신의 팀에게 잡스의 말은 통역기를 거쳐서 이해해야 한 다고 가르쳤다. "우리는 '이거 쓰레기잖아.'라는 말을 '이게 어째서 최선의 방법인지 말해 보라.'라는 요구로 해석하는 법 을 배웠어요." 이 이야기에는 결말이 있는데, 앳킨슨은 이 또 한 교훈적이라고 생각한다. 결국 그 엔지니어가 잡스의 비판 을 듣고 해당 기능에 대해 훨씬 더 나은 해결책을 발견한 것이 다. "스티브의 자극 덕분에 그가 더 잘하게 된 것이죠. 그 에게 맞서는 것도 중요하지만 그의 말에 귀를 기울이는 것도 중요하다는 사실을 보여 준 사례입니다. 대개의 경우 그의 말이 옳으니까요."

잡스의 과민한 행동 방식의 일부는 그의 완벽주의에서, 그 리고 제품을 시간 및 예산에 맞춰 완성하기 위해 실용적인(심 지어는 현명한) 타협을 하는 사람들을 용인하지 못하는 그의 성향에서 비롯했다. "그는 트레이드오프를 잘 못했어요." 앳 킨슨의 말이다. "또한 통제에 집착하는 완벽주의자였어요. 누군가가 제품을 완벽하게 만드는 일에 신경 쓰지 않으면 바 로 얼간이 취급에 들어갔습니다." 예를 들면, 1981년 4월 서 부 연안 컴퓨터 박람회에서 애덤 오스본이 최초로 진정한 의 미의 이동식 PC를 선보인 적이 있었다. 5인치짜리 스크린과 소량의 메모리만을 보유한 그 컴퓨터는 그리 훌륭한 것은 아 니었지만 잘 돌아가긴 했다. 오스본은 그 자리에서 유명한 말을 남겼다. "적당하면 충분한 것이다. 다른 건 전부 잉여 다." 그러한 생각 자체를 끔찍하다고 여긴 잡스는 며칠 동안 이나 오스본을 비아냥거렸다. "그는 정말 기본조차도 몰라."

잡스는 회사 복도를 걸으며 떠들어 대기를 반복했다. "그는 예술품이 아니라 쓰레기를 만들고 있는 거라고."

하루는 잡스가 매킨토시 운영체제를 개발하고 있던 엔지니어 래리 케니언의 작업 공간으로 찾아갔다. 그러고는 부팅하는 데 시간이 너무 오래 걸린다고 불평하기 시작했다. 케니언이 변명을 하려고 하자 잡스는 그의 말을 끊었다. "만약 그걸로 한 사람의 목숨을 살릴 수 있다면 부팅 시간을 10초 줄일 방법을 찾아볼 의향이 있는가?" 그가 물었다. 케니언은 그럴 것 같다고 대답했다. 그러자 잡스는 화이트보드 앞에 서더니 만약 맥 사용자가 500만 명인데 컴퓨터를 부팅하는 데 매일 10초를 덜 사용한다면 그들이 절약할 수 있는 시간이 연간 3억 분에 달한다고 설명했다. 그것은 100명의 사람들의 일생에 해당하는 시간이었다. "래리는 상당히 깊은 인상을 받았고, 몇 주 후에 보니 부팅 시간을 28초나 앞당겨 놓았어요." 앳킨슨은 회상한다. "스티브는 큰 그림을 보며 동기를 부여하는 능력이 있었습니다."

그 결과 매킨토시 개발 팀은 단지 수익을 올리는 제품이 아닌 훌륭한 제품을 만들고자 하는 잡스의 열정을 공유하게 되었다. "잡스는 스스로를 예술가라고 생각했어요. 그리고 설계 팀에도 그런 식으로 생각하라고 독려했어요." 허츠펠드는 말한다. "경쟁에서 이기거나 돈을 많이 버는 게 목표였던 적은 한 번도 없었어요. 가능한 한 가장 위대한 일을 하는 것, 혹은 거기서 한 발자국 더 나아가는 것이 목표였어요." 잡스는 심지어 팀을 데리고 루이스 티파니의 유리 제품 전시회를 보러 맨해튼의 메트로폴리탄 박물관을 찾은 적도 있다. 대량생산할 수 있는 위대한 예술품을 창출하는 티파니의 예에서 교훈을 얻을 수 있을 거라고 생각했기 때문이다. "우리는 루이스 티파니가 제품을 손수 제작하는 대신 어떻게 자신의 디자인을 다른 사람들에게 전수했는지에 대해 얘기를 나눴어요." 버드 트리블은 회상한다. "스스로 이런 다짐들을 했지요. '어차피 뭔가를 만들 거라면 이왕이면 아름답게 만드는 게 좋지 않을까?'"

과연 그의 격렬하고 모욕적인 행동 방식은 반드시 필요했던 것일까? 아마 그렇지는 않을 것이다. 또한 정당화될 수도 없다. 그의 팀에 동기를 부여할 수 있는 다른 방법들도 얼마든지 있었다. 매킨토시는 훌륭하게 완성되긴 했지만, 잡스의 충동적인 간섭 때문에 일정에 큰 차질이 생겼고 예산도 크게 초과되었다. 그뿐만 아니라 많은 사람들이 마음에 상처를 입었고, 그로 인해 팀원들이 대부분 녹초가 되었다. 워즈는 말한다. "스티브는 그렇게 공포 분위기를 조성하지 않고도 얼마든지 회사에 기여할 수 있었어요. 저는 좀 더 참을성 있게 접근하는 것을 좋아하고 되도록 충돌을 피하려고 애쓰지요. 좋은 가족 같은 회사, 그런 게 가능하다고 생각하거든요. 만약 매킨토시 프로젝트를 내 방식에 따라 진행했다면 모든 게 엉망이 되었을지도 모르지요. 하지만 우리 둘의 방식이 잘 혼합되었더라면 스티브 혼자 한 것보다는 더 나은 결과가 나왔을 게 분명합니다."

그렇지만 잡스의 스타일에는 몇 가지 장점이 있었다. 그는 애플 직원들이 혁신적인 제품들을 개발하도록 지속적으로 열정을 불어넣었고, 불가능해 보이는 것도 해낼 수 있다는 믿음을 심어 주었다. 그들은 "주 90시간 근무, 너무 행복하다!"라고 쓰인 티셔츠도 만들어 입었다. 잡스에 대한 두려움과 그를 만족시키고자 하는 강렬한 욕구가 결합되어 그들은 스스로 기대했던 것 이상의 성과를 올렸다. 그는 자신의 팀이 비용을 줄이고 출시를 앞당길 수 있는 몇몇 트레이드오프를 못하게 막았지만, 그러면서 종종 '현명한 트레이드오프'로 통하는 어설픈 타협도 방지했다.

"지난 수년 동안 배운 것은, 정말로 훌륭한 직원들이 있다면 그들을 어린애처럼 다루지 않아도 된다는 겁니다." 잡스가 설명한다. "그들이 대단한 일을 성취하리라 기대함으로써 실제로 그렇게 해내도록 만들 수 있지요. 첫 번째 맥 팀을 통해 A$^+$ 수준의 직원들은 함께 일하는 걸 좋아하고 B 수준의 성과를 용인하길 싫어한다는 사실을 배웠어요. 맥 팀의 팀원 누구에게든 물어보세요. 그들이 치른 고통에 그만한 가치가 있었다고 얘기할 겁니다."

실제로 대부분 그렇게 얘기한다. 데비 콜먼은 회상한다. "그는 회의 도중에 이렇게 소리 지르곤 했죠. '이 머저리, 도대체 제대로 하는 게 없어.' 거의 매 시간 발생하는 일이었어요. 하지만 저는 저 자신을 세상에서 가장 운이 좋은 사람이라고 생각해요. 그와 함께 일하는 행운은 아무한테나 생기는 게 아니거든요."

현실 왜곡장

디자인

진정한 예술가는 단순화에 목숨 건다

바우하우스의 미감을 따르다

아이클러 주택에서 성장한 대부분의 아이들과는 달리, 잡스는 그 주택에 어떤 의미가 담겨 있고 어째서 그것이 멋진 것인지 이해했다. 그는 단순하고 깔끔한 모더니즘을 대중에게 선사한다는 개념이 마음에 들었다. 그는 또한 아버지가 다양한 자동차의 정교한 디자인에 대해 묘사하는 것을 즐겨 들었다. 그래서 애플 초기부터 훌륭한 산업디자인(예컨대 색상이 풍부하지만 단순한 로고와 산뜻한 애플 II 케이스)이 회사와 제품을 차별화하는 주요 요소라고 믿었다.

집 차고에서 나와 처음으로 얻은 사무실은 소니 영업소와 나눠 쓰는 작은 건물에 있었다. 소니는 독특한 스타일과 인상 깊은 제품 디자인으로 유명했기 때문에 잡스는 종종 그들의 영업소에 들러 마케팅 자료를 살펴보곤 했다. 그곳에서 일했던 대니얼 르윈은 말한다. "너저분한 모습으로 들어와서는 제품 브로슈어를 만지작대고 디자인의 특징과 관련해 이런저런 언급을 하곤 했어요. 가끔씩 '이 브로슈어 가져가도 돼요?'라고 물었죠." 1980년 잡스는 르윈을 고용했다.

잡스는 소니 디자인의 짙고 어두운 산업적 분위기를 선호했다. 하지만 1981년 6월 애스펀에서 열린 연례 국제 디자인 컨퍼런스에 참석하고 나서 마음이 바뀌기 시작했다. 그해에는 이탈리아 스타일에 초점이 맞추어졌고, 건축가이자 디자이너인 마리오 벨리니, 영화 제작자 베르나르도 베르톨루치, 자동차 제조업자 세르지오 핀인파리나, 피아트 자동차의 상속녀이자 정치가인 수산나 아그넬리가 연사로 초청되었다. "영화 「브레이킹 어웨이」에서 주인공 아이가 이탈리아의 바이커들을 우러러보던 것처럼 저도 이탈리아의 디자이너들을 존경하게 되었어요." 잡스는 회상한다. "굉장한 영감을 얻었거든요."

애스펀에서 잡스는 바우하우스 운동의 깔끔하고 기능적인 디자인 철학을 접했다. 그것은 허버트 바이어가 애스펀 연구소 캠퍼스의 건물과 주거 공간, 산세리프 활자체, 가구 등에 소중히 심어 놓은 디자인 철학이었다. 그의 스승이었던 발터 그로피우스나 루트비히 미스 반데어로에와 마찬가지로, 바이어 역시 예술과 응용 산업디자인 간에 차별을 두어서는 안 된다고 생각했다. 바우하우스가 주장한 현대적인 국제주의 양식은, 디자인은 표현 정신을 담으면서도 단순해야 한다고 설파했다. 깔끔한 선과 형태를 활용함으로써 합리성과 기능성을 강조하는 방식이었다. 미스 반데어로에와 그로피우스가 가르친 금언 중에는 "신은 디테일 속에 존재한다."와 "적은 게 많은 것이다." 같은 것이 있었다. 아이클러 주택과 마찬가지로, 예술적 감각을 대량생산 능력과 결합하는 것이었다.

1983년 잡스는 애스펀 디자인 컨퍼런스에서 가진 강연에서 자신이 바우하우스 스타일을 받아들인 과정과 이유를 밝혔다.(당시 컨퍼런스의 주제는 '미래는 더 이상 과거의 미래가 아니다.'였다.) 캠퍼스에 설치된 대형 공연용 텐트 밑에서 잡스는 앞으로 소니 스타일이 지고 단순성을 중시하는 바우하우스 스타일이 뜰 것이라 예측했다. "현재 산업디자인의 흐름은 소니의 하이테크 스타일입니다. 주로 암회색이고, 가끔 검은색을 사용해 이상한 짓을 하기도 하지요. 그렇게 하는 건 쉽습니다. 하지만 위대하진 않습니다." 그 대신 그는 제품의 본질과 기능에 좀 더 충실한, 바우하우스 스타일에서 비롯된 대안을 제시했다. "우리가 하려는 것은 하이테크 제품을 만들어 깔끔한 패키지에 담아 소비자들이 패키지만 보고도 하이테크 제품인 줄 알게 하는 것입니다. 아름다운 백색 제품을 만들어 작고 깔끔한 패키지에 담을 겁니다. 브라운 사의 전자 기기에서 느낄 수 있는 느낌을 제공하고자 하는 겁니다."

그는 애플의 제품이 깔끔하고 단순할 것이라는 사실을 반복적으로 강조했다. "밝고 순수하며 하이테크에 충실한 제품을 만들 겁니다. 온통 검은색으로만 된 소니의 우중충한 산업 스타일을 버리고 말입니다." 그는 이렇게 설파했다. "그게 우리의 접근 방식입니다. 매우 단순한 스타일. 우리는 실제로 뉴욕의 현대 미술관에 전시될 만한 수준을 목표로 하고 있습니다. 회사의 운영 방식, 제품 디자인, 홍보, 이 모든 것이 한 가지로 귀결됩니다. 단순하게 가자. 정말로 단순하게." 애플의 슬로건은 첫 브로슈어에 실린 그대로 계속 유지되었다. "단순함이란 궁극의 정교함이다."

잡스는 단순한 디자인이라는 핵심 요소가 제품을 직관적으로 쉽게 사용할 수 있도록 만든다고 믿었다. 사실 디자인의 단순함과 사용의 편리함은 짝을 이루지 못하는 경우가 많다. 때로는 디자인이 너무 매끈하고 단순하면 사용자가 겁을 먹거나 불편함을 느낄 수도 있는 법이다. "우리 디자인의 주안점은 사용자들이 제품을 직관적으로 파악할 수 있도록 하는 데 있습니다." 잡스는 디자인 전문가들 앞에서 이렇게 강조했다. 예를 들어 그는 매킨토시에 적용한 데스크톱 메타포를 찬양했다. "사람들은 데스크톱, 즉 책상 위를 직관적으로 사용할 줄 압니다. 어떤 사무실에 들어가서 보든 책상 위에는 서류가 놓여 있습니다. 맨 위에 있는 서류가 가장 중요하지요. 사람들은 그러한 우선순위를 변경하는 방법도 잘 알고 있습니다. 우리가 책상 위와 같은 환경을 고려해 컴퓨터를 설계하는 이유는 사람들이 이미 가지고 있는 경험을 활용할수 있기 때문입니다."

잡스의 강연이 있던 수요일 오후의 같은 시간, 좀 더 작은세미나실에서는 23세의 마야 린이 연단에 서 있었다. 그녀는그 전해 11월 워싱턴에서 자신이 디자인한 베트남 퇴역 군인기념비의 제막식이 열린 후 급격히 유명해진 상태였다. 둘은대화를 나눈 후 서로 말이 통한다는 사실을 알았고, 잡스는그녀를 애플로 초대했다. 잡스는 린과 같은 사람 앞에서는왠지 수줍음을 탔기 때문에 데비 콜먼에게 부탁해 그녀를안내하게 했다. 린은 회상한다. "일주일 동안 스티브와 일을하기 위해 갔어요. 컴퓨터들은 왜 투박한 텔레비전처럼 생겨야 하느냐고 물었죠. 왜 좀 더 날렵하게 만들지 못할까? 왜랩톱이 납작해질 수는 없는 걸까?" 잡스는 기술적인 요건만갖춰지면 그런 것이 바로 자신의 목표가 될 거라고 답했다.

그 당시 잡스는 산업디자인 분야에서 신나는 일이 별로 일어나지 않고 있다고 느꼈다. 그는 리처드 새퍼 램프를 애지중지했고, 임스 부부의 가구, 디터 람스의 브라운 제품도 좋아했다. 하지만 레이먼드 로위나 허버트 바이어 정도로 산업디자인 업계를 이끌어 나갈 비범한 인물이 나오지 않고 있었다. "산업디자인 쪽에 별로 주목할 만한 일이 없었고 특히 실리콘밸리가 그랬어요. 스티브는 그런 상황을 바꾸고 싶어 했어요." 린이 말한다. "그의 디자인 감각은 세련되면서도 사치스럽지 않았고, 또 유쾌한 장난기도 있었어요. 그는 미니멀리즘을 수용했는데, 단순성을 추구하는 그의 선불교 수행에서 나온 것이었죠. 그로 인해 제품이 차가워질 수도 있었는데, 그런 우를 범하지도 않았으며 여전히 재미를 느끼게 했어요. 그는 디자인에 대해 열정적이며 굉장히 진지했지만, 또 한편으로는 놀이적인 면을 빼먹지 않았지요."

디자인 감각이 진화함에 따라 잡스는 일본 스타일에 특히 빠져들었다. 더불어 그러한 스타일의 대표적 스타들인 미야케 이세이, I. M. 페이 등과 어울리기 시작했다. "저는 항상 불교가, 특히 일본의 선불교가 미적으로 숭고하다고 느꼈어요. 제가 본 것들 중 가장 숭고한 것이 교토의 정원들이에요. 일본 문화가 일구어 낸 것들에서 큰 감명을 받곤 하지요. 물론 그것들은 모두 선불교의 직접적인 영향을 받았지요."

매킨토시 디자인은 포르쉐처럼

제프 래스킨이 구상한 디자인에 따르면 매킨토시는 네모난 여행 가방 모양에, 키보드를 화면 위로 접어서 닫을 수 있는 형태였다. 하지만 잡스가 프로젝트를 맡으면서 휴대성을 포기하는 대신 책상 위 공간을 가급적 적게 차지하는 독특한 디자인이 채택되었다. 그는 전화번호부를 툭 하고 던져 놓고는, 그것보다 조금도 더 커서는 안 된다고 지시했다. 엔지니어들에게는 그야말로 끔찍한 일이었다. 디자인팀 리더인 제리 매넉과 그가 영입한 유능한 디자이너 테리 오야마는 스크린이 본체 위에 있고 키보드를 분리할 수 있는 컴퓨터를 구상하기 시작했다.

1981년 3월의 어느 날, 저녁 식사를 마치고 사무실로 돌아온 앤디 허츠펠드는 잡스가 맥 컴퓨터의 원형 모델을 앞에 두고 크리에이티브 서비스 책임자 제임스 페리스와 열띤 토론에 빠진 모습을 발견했다. 잡스가 말했다. "유행을 타지 않는 클래식한 느낌을 줘야 해. 폭스바겐의 비틀처럼 말이야." 그는 아버지의 영향으로 클래식 자동차들의 외관을 평가할 줄 알았다.

"아뇨, 그러면 안 됩니다." 페리스가 대답했다. "페라리처럼 선이 관능적이어야 해요." "페라리? 아니야, 그것도 어울리지 않아." 잡스가 다시 반대했다. "차라리 포르쉐랑 더 닮아야 해!" 마침 잡스는 당시 포르쉐 928을 몰고 있었다.(나중에 페리스는 애플에서 포르쉐로 자리를 옮겨 홍보 책임자로 일한다.) 어느 주말 빌 앳킨슨이 찾아오자 잡스는 그를 밖으로 데리고 나와 자신의 포르쉐를 감상하게 했다. "위대한 예술품은 사람들의 취향을 따라가지 않고 오히려 그것을 확장시키지." 그가 앳킨슨에게 말했다. 그는 벤츠의 디자인에도 감탄했다. "그 세월 동안 선은 더 부드러워졌지만 디테일은 오히려 부각되었지요." 주차장을 거닐면서 그가 말했다. "매킨토시도 그렇게 만들어야 해요."

오야마는 디자인 초안을 만들어 석고 모델을 제작했다. 맥 팀은 모델을 공개하는 자리에 참석하여 각자 의견을 피력했다. 허츠펠드는 그것이 '귀엽다'고 느꼈다. 다른 사람들도 만족해하는 것 같았다. 그때 잡스가 갑자기 신랄한 비판을 퍼붓기 시작했다. "너무 네모지잖아. 좀 더 곡선미가 들어가야 해. 첫 번째 모서리의 반경은 더 길게 잡아야 하고, 빗면의 크기도 마음에 안 들어." 잡스는 새로 터득한 산업디자인의 전

디자인

문 용어를 써서 컴퓨터의 두 면을 연결하는 각진 모서리 혹은 둥근 모서리를 지적했다. 하지만 그때 잡스가 의외의 칭찬 한마디를 던졌다. "출발은 그런대로 괜찮네."

매닉과 오야마는 잡스의 평가에 근거해 새로운 디자인을 거의 매달 내놓았다. 가장 최신의 석고 모델이 극적으로 공개되었고, 이전의 모델들은 전부 옆에 줄지어 세워졌다. 그렇게 해야 디자인의 변화를 확인할 수 있었을 뿐 아니라, 잡스가 자신의 제안이나 비판이 무시됐다고 말하는 것을 막을 수 있었다. 허츠펠드가 말한다. "네 번째 모델쯤 되자 세 번째와 거의 구별이 안 됐어요. 하지만 스티브는 항상 비판적이었고 매번 본인이 결론을 내리려 했어요. 저에게는 거의 보이지도 않는 디테일을 가지고 너무 마음에 든다, 들지 않는다, 그런 식이었죠."

잡스는 어느 주말 팰러앨토에 있는 메이시스 백화점에 들러 또 전자 기기(특히 쿠진아트 제품)들을 살펴보았다. 월요일 아침, 서둘러 사무실에 도착한 그는 디자인 팀에게 쿠진아트의 제품을 하나 사 오게 했고, 그것의 선과 곡선, 빗면을 바탕으로 새로운 제안들을 여럿 내놓았다. 그에 따라 오야마는 주방용 전자 기기에 보다 가까운 느낌을 주는 새로운 디자인을 시도하였다. 하지만 결국 잡스마저도 그것이 별로라는 데 동의했다. 그로 인해 일정이 일주일 지연되었지만, 잡스는 마침내 맥 컴퓨터의 케이스를 최종 승인하기에 이르렀다.

잡스는 컴퓨터가 친근한 모습이어야 한다고 계속 우겼다. 그 결과 디자인이 점점 진화하여 사람 얼굴 같아졌다. 디스크드라이브를 화면 밑에 장착한 그 컴퓨터는 다른 대부분의 컴퓨터들보다 더 높고 폭이 좁았다.(얼굴 같았다.) 밑부분에

움푹 들어간 곳은 부드러운 사람 턱을 떠올리게 했다. 잡스는 또한 상부의 플라스틱 띠를 더욱 좁게 만들어 리사(애플의 다른 컴퓨터)의 매력을 떨어뜨리던 크로마뇽인의 이마 같은 느낌을 없애 버렸다. 애플 케이스 디자인에 대한 특허 신청에는 제리 매넉과 테리 오야마의 이름은 물론이고 스티브 잡스의 이름도 함께 올렸다. "비록 스티브가 직접 그린 선은 하나도 없었지만, 그의 아이디어와 영감이 그러한 디자인을 만들어 낸 것이니까요." 나중에 오야마가 설명했다. "솔직히 말하면, 스티브가 저희에게 말해 주기 전까지는 컴퓨터가 '친근해야 한다.'라는 말이 무슨 뜻인지조차 몰랐어요."

잡스는 화면상에 나타나는 그래픽에 대해서도 똑같은 열의를 가지고 집착했다. 하루는 빌 앳킨슨이 몹시 흥분한 상태로 텍사코 타워스에 불쑥 찾아왔다. 그는 스크린에 원과 타원을 손쉽게 그릴 수 있는 훌륭한 알고리즘을 막 생각해 낸 터였다. 일반적으로 원을 만들기 위해서는 제곱근을 계산하는 수학적 능력이 요구된다. 하지만 68000 마이크로프로세서는 그러한 능력을 지원하지 않았다. 앳킨슨은 연속되는 홀수들의 합이 연속되는 일련의 완전제곱들을 만든다(예컨대 1+3=4, 1+3+5=9…….)는 사실에 기초하여 해결 방법을 찾아냈다. 허츠펠드는 앳킨슨이 데모를 시연하는 동안 잡스를 제외한 모든 사람들이 놀라워했다고 회상한다. "글쎄, 원과 타원은 좋다 이거야." 잡스가 말했다. "하지만 모서리가 둥근 직사각형을 그리는 건 어쩌잔 말이야?"

"그건 꼭 필요한 게 아닌 것 같습니다." 앳킨슨이 말했다. 그는 어차피 거의 불가능한 거니까 시도해 볼 필요도 없다고 설명했다. "저는 그래픽 루틴을 간소화해서 실제로 꼭 수행할 필요가 있는 근본적인 것들만 갖추도록 제한하고 싶었어요."

"모서리가 둥근 직사각형은 어디서나 찾아볼 수 있소!" 잡스가 자리에서 일어나 열을 내며 말했다. "이 방 안을 둘러보라고!" 그는 화이트보드와 테이블 위, 그리고 모서리가 둥근 다른 직사각형의 물체들을 가리켰다. "그리고 바깥을 내다보면 더 있소. 거의 보는 곳마다 다 있다고!" 그는 앳킨슨을 이끌고 산책을 하며 자동차 창문과 게시판, 거리의 표지판 등을 보여 주었다. "세 블록 왔는데 열일곱 가지 예를 찾았어요." 잡스가 말한다. "그가 완전히 납득할 때까지 여기저기에서 다 찾아냈지요."

"그가 마침내 주차 금지 표지판에 다가갔을 때, 제가 이렇게 말했어요. '네, 회장님 말씀이 옳아요. 제가 졌습니다. 모서리가 둥근 직사각형을 기본으로 삼을 필요가 있습니다!'" 허츠펠드는 당시를 이렇게 기억한다. "빌은 다음 날 오후 만면에 웃음을 띠고 텍사코 타워스로 돌아왔어요. 그의 데모는 이제 모서리가 둥근 아름다운 직사각형들을 굉장한 속도로 그릴 수 있게 되었지요." 리사와 맥, 그리고 이후 거의 모든 컴퓨터의 대화 상자와 창 들은 둥근 모서리를 가지게 되었다.

리드 대학교에서 청강한 캘리그래피 수업에서 잡스는 세리프 및 산세리프 변형과 공간 비율 할당, 줄 간격 등에 대해 배우며 활자체에 대한 흥미를 키웠다. "첫 매킨토시 컴퓨터를 디자인할 때 그 수업에서 배웠던 게 다 생각났어요." 그가 나중에 얘기했다. 맥 컴퓨터는 비트맵 방식이었기 때문에 무궁무진한 배열의 폰트(우아한 것부터 엉뚱한 것까지)를 만들어 픽셀 단위로 섬세하게 화면에 띄울 수 있었다.

이러한 폰트들을 디자인하기 위해 허츠펠드는 필라델피아

외곽에 사는 고등학교 친구 수전 케어를 영입했다. 둘은 필라델피아의 옛 메인라인 통근 열차의 정거장 이름을 따 폰트 이름을 오버브룩, 메리온, 아드모어, 로즈몬트 등으로 정했다. 어느 날 오후, 잡스가 지나가는 길에 들러 폰트 이름을 두고 시비를 걸었다. "아무도 들어 본 적도 없는 작은 도시들이 잖아." 그가 불평했다. "세계적인 도시들로 가는 게 합당하지 않겠어!" 오늘날 시카고, 뉴욕, 제네바, 런던, 샌프란시스코, 토론토, 베니스 등과 같은 폰트들이 있는 것은 바로 그 때문이라고 케어가 설명한다.

마쿨라와 몇몇은 활자체에 대한 잡스의 집념을 결코 이해하지 못했다. "그는 폰트에 대해 상당한 지식을 갖고 있었고, 계속 멋진 폰트를 만들자고 고집했어요." 마쿨라가 회상한다. "나는 계속 이렇게 말했지요. '폰트? 더 중요한 일이 많지 않아?'" 하지만 매킨토시의 다채로운 폰트 모음은 레이저 프린터 및 훌륭한 그래픽 기술과 결합해 데스크톱 기반의 출판 산업을 낳았고, 애플의 손익계산서에도 큰 이익을 안겨 주었다. 또한 고등학생 저널리스트들에서부터 학부모회 뉴스레터를 편집하는 어머니들에 이르기까지, 수많은 일반인들이 다양한 폰트를 활용하는 독특한 재미를 알게 되었다. 이전에 폰트는 인쇄업자들이나 머리가 하얗게 센 편집자들, 그리고 옷에 온통 잉크 때가 묻은 여타 불쌍한 사람들의 전유물이었다.

케어는 또한 그래픽 인터페이스를 정의하는 데 기여한 아이콘(예컨대 파일을 삭제할 때 쓰는 휴지통)들을 개발했다. 케어와 잡스는 단순성을 추구하는 본능과 맥을 기발하게 만들려는 욕구를 공유한 덕분에 죽이 잘 맞았다. "그는 주로 하루

일과가 끝날 무렵 찾아왔어요." 그녀가 회상한다. "새로운 개발 사항이 없는지 항상 알고 싶어 했어요. 시각적인 디테일에 대한 감각과 취향이 탁월한 사람이었죠." 잡스는 가끔 일요일 아침에도 출근을 했다. 그래서 케어는 자신이 개발한 새로운 것들을 잡스에게 보여 주기 위해 일요일에도 일을 했다. 때로는 문제에 봉착하기도 했다. 마우스 클릭 속도를 증가시키는 데 쓰는 토끼 아이콘을 잡스가 내친 것이다. 그 북슬북슬한 동물이 "너무 게이 같다."라는 게 이유였다.

잡스는 창과 문서, 화면 등의 상단에 위치한 제목 표시 줄에도 똑같은 관심을 쏟아부었다. 그것들의 디자인에 대해 고뇌하면서 앳킨슨과 케어에게 수없이 반복해서 수정하게 만들었다. 잡스는 리사에 적용했던 제목 표시 줄이 마음에 들지 않았다. 너무 까맣고 거칠다는 게 이유였다. 맥 컴퓨터에서는 좀 더 부드러운 느낌을 살리고 가는 세로줄 무늬를 추가하길 원했다. 앳킨슨은 회상한다. "그가 만족할 때까지 아마 스무 개가 넘는 제목 표시 줄 디자인을 만들었을 거예요." 어느 시점에서 케어와 앳킨슨은 더 중요한 일이 있는데 잡스 때문에 제목 표시 줄에 사소한 수정을 가하느라 너무 많은 시간을 허비한다고 불평했다. 그러자 잡스가 폭발했다. "그걸 매일 쳐다봐야 한다는 것은 생각해 보지 못했소?" 그가 소리 질렀다. "사소한 게 아니야, 제대로 해야 하는 거라고."

크리스 에스피노사는 디자인에 대한 잡스의 요구와 통제에 집착하는 성향을 모두 만족시킬 수 있는 한 가지 방법을 찾아냈다. 차고를 사무실로 쓰던 시절 워즈의 젊은 조수 중한 명이었던 에스피노사는 잡스에게 설득당해 버클리 대학교를 중퇴했다. 잡스는 그에게 공부할 기회는 언제든지 있지만 맥 컴퓨터를 개발할 기회는 단 한 번밖에 없다고 주장했다. 에스피노사는 자발적으로 컴퓨터에 계산기를 추가하기로 했다. "우리 모두가 모인 가운데 크리스가 잡스에게 계산기를 보여 주었고, 숨을 죽인 채 그의 반응을 기다렸지요." 허츠펠드가 회상했다.

"뭐, 출발은 좋아." 잡스가 말했다. "하지만 기본적으로는 별로야. 배경 색이 너무 어둡고, 굵기가 너무 두꺼운 선도 있고, 버튼들도 너무 커." 에스피노사는 매일 잡스의 평가를 바탕으로 계산기를 수정했지만, 그럴 때마다 새로운 비판을 들어야 했다. 그러던 어느 날 오후 잡스가 찾아왔을 때, 에스피노사는 며칠을 고심한 끝에 찾아낸 해결책을 공개했다. 그것은 바로 '스티브 잡스 자신만의 계산기 만들기' 세트였다. 사용자가 스스로 선의 굵기나 버튼의 크기, 그림자, 배경, 여타의 특징들을 바꾸고 개별화할 수 있는 프로그램이었다. 잡스는 그저 웃음을 터뜨리는 대신, 바로 자리에 앉아 계산기의 모양을 자신의 취향에 맞게 만들며 놀기 시작했다. 10분 정도 흐르자 그가 원하는 모습이 완성되었다. 그때 그가 만든 디자인이 맥 컴퓨터에 적용되어 15년 동안 표준이 된다.

잡스는 매킨토시에 초점을 맞추긴 했지만, 모든 애플 제품을 위한 일관된 디자인 언어를 창출하길 원했다. 그래서 제리 매낵과 '애플 디자인 길드'라는 이름의 비공식적인 그룹의 도움을 받아 세계적인 디자이너를 뽑기 위한 콘테스트를 개최했다. 거기서 뽑힌 디자이너는 디터 람스가 브라운 사를 대표했듯이 애플을 대표하게 될 터였다. 그 프로젝트의 코드명은 '백설 공주'였는데, 흰색을 선호해서가 아니라 디자인될 제품들의 코드명이 일곱 난장이들 이름을 딴 것이었기 때문이다. 우승자는 소니의 트리니트론 텔레비전을 디자인한 독일의 디자이너 하르트무트 에슬링거였다. 잡스는 그를 만나기 위해 바이에른 주의 슈바르츠발트까지 날아갔다. 그는 에슬링거의 열정뿐만 아니라, 시속 160킬로미터로 벤츠를 모는 기백에 깊은 인상을 받았다.

에슬링거는 독일인이었지만 "애플의 DNA를 위한 미국 특유의 유전자가 있어야 한다."라고 제안했다. 그럴 경우 "할리우드와 음악, 반항심, 그리고 자연스러운 섹스어필"을 바탕으로 한 "캘리포니아식의 글로벌한" 느낌이 창출될 것이라는 얘기였다. 그의 제일 원칙은 "형태는 감정을 따라간다."였다.("형태는 기능을 따라간다."라는 금언의 변형이었다.) 그는 그 개념을 입증해 보이기 위해 40개의 제품 모델을 만들었다. 그것을 본 잡스는 소리쳤다. "그래, 바로 이거야!" 애플 IIc에 즉각 적용된 그 '백설 공주' 디자인은 흰색 케이스, 간결하고 둥근 모서리, 그리고 통풍과 장식을 위한 얇은 홈들이 특징이었다. 잡스는 에슬링거가 캘리포니아로 거처를 옮기는 조건으로 계약을 제안했다. 그들은 악수했고, 에슬링거의 다소 거만한 투의 해석에 의하면 "그 악수는 산업디자인 역사상 가장 결정적인 협력 중 하나를 출발시켰다." 에슬링거의 프로그디자인* 회사는 애플과 120만 달러 상당의 연간 계약을 맺

---

* 이 회사는 2000년에 이름을 '프로그디자인'에서 '프로그 디자인'으로, 띄어쓰기만 바꾸고 샌프란시스코로 이전했다. 에슬링거가 애초에 이름을 이렇게 지은 이유는 개구리(frog)의 탈바꿈 능력을 고려하는 동시에 회사의 뿌리에 경의를 표하기 위해서였다. 마침 'frog'가 'Federal Republic of German(독일 연방 공화국)'의 머리글자도 되기 때문이었다. 또 그는 말한다. "이름을 소문자로 쓴 이유는 바우하우스의 비계급적 언어에 경의를 표하며 회사의 민주적 기풍을 강화하려는 의도였습니다."

고 1983년 중반 팰러앨토에 문을 열었다. 그리고 그 후부터 모든 애플 제품에는 "캘리포니아에서 디자인되다(designed in California)"라는 자랑스러운 문구가 포함되었다.

잡스는 열정적인 장인 정신의 특징은 숨어 있는 부분까지도 아름답게 만들기 위해 철저를 기하는 것임을 아버지에게서 배웠다. 이 철학의 가장 극단적이고 두드러진 실천 사례는 잡스가 칩과 다른 부품 들을 부착하고 매킨토시 내부 깊숙한 곳에 들어갈 인쇄 회로 기판을 철저하게 검사한 경우였다. 어떠한 소비자도 그걸 볼 일이 없었다. 하지만 잡스는 인쇄 회로 기판을 심미학적인 토대로 비평하기 시작했다. "저 부분 정말 예쁘네. 하지만 메모리 칩들을 좀 봐. 너무 추하잖아. 선들이 너무 달라붙었어."

새로 들어온 엔지니어 중 한 명이 끼어들어 그게 무슨 상관이냐고 물었다. "중요한 건 그게 얼마나 잘 작동하느냐 하는 겁니다. PC 회로 기판을 들여다볼 소비자가 어디에 있겠습니까."

잡스는 전형적인 반응을 보였다. "최대한 아름답게 만들어야 해. 박스 안에 들어 있다 하더라도 말이야. 훌륭한 목수는 아무도 보지 않는다고 장롱 뒤쪽에 저급한 나무를 쓰지 않아." 몇 년 후 매킨토시가 출시되고 나서 한 어느 인터뷰에서, 잡스는 아버지에게서 배운 교훈을 다시 한 번 언급했다. "아름다운 서랍장을 만드는 목수는 서랍장 뒤쪽이 벽을 향한다고, 그래서 아무도 보지 못한다고 싸구려 합판을 사용하지 않아요. 목수 자신은 알기 때문에 뒤쪽에도 아름다운 나무를 써야 하지요. 밤에 잠을 제대로 자려면 아름다움과 품위를 끝까지 추구해야 합니다."

잡스가 숨겨진 곳의 아름다움에 대한 교훈을 아버지에게서 배웠다면, 그러한 교훈의 당연한 귀결은 마이크 마쿨라에게서 배울 수 있었다. 포장과 프레젠테이션을 아름답게 하는 것도 중요하다는 교훈 말이다. 사실 사람들은 표지를 보고 책을 평가한다. 그래서 매킨토시의 박스와 패키지 전체에 컬러 디자인을 적용했고, 거듭 개선하려고 노력했다. "세상에 그걸 50번이나 수정하라고 시켰어요." 조애나 호프먼과 결혼한 맥 팀의 일원 알랭 로스만이 회상한다. "소비자가 열자마자 쓰레기통에 버릴 박스나 패키지의 외양에 집착에 가까운 정성을 기울였다니까요." 로스만이 볼 때 이는 균형이 맞지 않는 행태였다. 메모리 칩에는 돈을 절약하려고 그렇게 애쓰면서 값비싼 포장에 돈을 낭비하고 있었기 때문이다. 하지만 잡스는 매킨토시를 굉장한 컴퓨터로 만들고 겉모습도 그렇게 보이게 하려면 디테일은 필수라고 생각했다.

마침내 디자인이 완성되었을 때, 잡스는 매킨토시 팀을 모아 자축하는 자리를 마련했다. "진정한 예술가들은 작품에 사인을 남기지." 그가 말했다. 그러곤 제도용지 한 장과 펜을 꺼내 모두가 자신의 이름을 쓰게 했다. 그들의 서명은 모든 매킨토시 내부에 새겨질 것이었다. 내부를 들여다볼 일이 있는 수리공이 아니라면 아무도 보지 않을 터였다. 하지만 팀원들은 모두 자신의 서명이 컴퓨터 속에 들어 있음을 알았다. 회로 기판이 최대한 아름답게 설계되었음을 알듯이 말이다. 잡스는 그들을 한 명 한 명씩 호명했다. 버렐 스미스가 먼저였다. 잡스는 45명의 차례가 다 끝날 때까지 기다렸다. 그는 종이의 정중앙에 여백을 발견하고는 자신의 이름을 소문자로 근사하게 휘갈겼다. 그러고 나서 샴페인으로 건배를 제안했다. 앳킨슨은 말한다. "바로 그런 순간을 통해 우리가 우리 작품을 예술로 보도록 한 겁니다."

맥 만들기

13

여정 자체가 보상이다

골리앗 IBM에게 도전장을 내밀다

1981년 8월 IBM PC가 출시되자, 잡스는 맥 팀에 그 PC를 하나 사서 분해하라고 지시했다. 그들은 하나같이 품질이 매우 저질이라고 결론 내렸다. 크리스 에스피노사는 그것을 "엉터리 같은 진부한 시도"라고 불렀고, 이는 일리가 있는 말이었다. 그 컴퓨터는 비트맵 형식의 그래픽 디스플레이를 사용하는 대신 옛날 방식의 명령 행 프롬프트(운영체제에서 사용자에게 보내지는 메시지.— 옮긴이)와 문자 입력 방식의 스크린을 사용했다. 애플은 자만에 빠졌다. 기업의 기술 관리자들이 과일 이름을 딴 무명의 회사보다는 IBM 같은 유명 대기업에서 제품을 구매하는 것을 더 편하게 생각할 수도 있다는 사실을 깨닫지 못한 것이다. IBM PC가 출시되던 날 마침 빌 게이츠가 미팅에 참석하기 위해 애플 본사를 방문했다. "아무런 신경도 안 쓰는 것 같았어요." 게이츠는 말한다. "그들이 무슨 일이 일어났는지 깨닫는 데 1년이 걸렸지요."

그들의 건방진 자신감을 반영하듯, 애플은 《월스트리트 저널》에 전면 광고를 냈다. "IBM, 잘 만났다. 진심으로." 그들은 영리하게도 미래의 컴퓨터 전쟁이 도전적이고 반항적인 애플과 업계의 골리앗 IBM 양자 간의 경쟁이 될 것처럼 구도를 잡았다. 그렇게 함으로써 애플만큼이나 잘나가고 있던 코모도어나 탠디, 오스본 같은 회사들을 별로 비중 없는 소수 세력으로 전락시킨 것이다.

잡스는 경력 전체에 걸쳐 스스로를 사악한 제국에 맞서는 깬 반항아로 간주하는 경향이 있었다. 어둠의 세력에 맞서 싸우는 제다이 전사 혹은 일본의 사무라이처럼 말이다. IBM은 잡스가 악당으로 설정하기에 완벽한 대상이었다. 영리한 그는 다가올 전쟁이 단순히 비즈니스 경쟁이 아니라 마치 종교전쟁이라도 되는 듯 몰아갔다. "어떤 이유로든 우리가 엄청난 실수를 저질러 IBM이 이긴다면, 저는 개인적으로 우리가 일종의 컴퓨터 암흑기에 들어갈 거라고 생각합니다." 잡스는 인터뷰에서 이렇게 말했다. "IBM은 일단 시장의 한 부문에 대한 통제권을 잡으면 거의 항상 혁신을 중단하는 기업입니다." 30년이라는 세월이 흐른 뒤에도 잡스는 당시의 경쟁을 성전에 비유한다. "IBM은 본질적으로 최악일 때의 마이크로소프트와 다름없었지요. 그들은 혁신을 추구하는 조직이 아니라 악을 좇는 조직이었어요. 오늘날의 AT&T나 마이크로소프트, 구글과 마찬가지였다고요."

잡스는 독단적인 판단으로 또 하나의 제품을 매킨토시의 경쟁자로 삼아 결국 애플에 불행을 초래했다. 바로 자사의 리사를 표적으로 삼은 것이다. 여기에는 부분적으로 심리적인 요인이 작용했다. 리사 개발 팀에서 쫓겨난 바 있었던 그는 이제 리사를 이기고 싶어 했다. 잡스는 건강한 경쟁의식을 조성하는 것이 팀원들에게 동기를 부여하는 한 방법이라고 생각했다. 그래서 맥이 리사보다 먼저 출시될 것이라며 존 카우치에게 5000달러 내기를 걸었다. 하지만 문제는 그 경쟁의식이 건강하지 못한 양상으로 변질됐다는 것이다. 잡스는 갈수록 맥 개발 팀의 엔지니어들을 개성 넘치는 탁월한 젊은이들로 묘사하는 반면, 리사의 개발자들은 시키는 일만 지겹게 하는 HP 엔지니어 유형으로 간주했다.

하지만 그보다 더 심각했던 것은, 잡스가 맥을 저렴한 저성능의 휴대용 제품으로 만들려던 제프 래스킨의 원래 계획을 물리치고 그것을 그래픽 유저 인터페이스를 갖춘 데스크톱 컴퓨터로 재구성했다는 사실이었다. 결국 맥은 리사의 저가형 및 소형 모델이 되어 리사의 시장 점유율을 잠식할 게 뻔했다. 이는 잡스가 버렐 스미스에게 맥을 모토로라 68000 마이크로프로세서를 기반으로 설계하도록 종용했을 때 더욱 분명해졌다. 잡스는 맥이 리사보다 더 빠른 속도로 구동되도록 만들 의도였다.

리사의 애플리케이션 소프트웨어를 담당한 래리 테슬러는 두 컴퓨터에서 쓰일 소프트웨어 프로그램이 가급적 동일하도록 설계하는 것이 중요하다는 사실을 깨달았다. 그리하여 그는 두 팀의 평화 중재자로 나서서 스미스와 허츠펠드로 하여금 리사의 작업 공간을 방문해 맥 원형을 시연하도록 조처했다. 스물다섯 명의 엔지니어들이 시연회 자리에 참석하여 예의 바르게 설명을 듣고 있었다. 그런데 프레젠테이션 중반쯤 갑자기 방문이 열리더니 누군가가 들어오는 것이었다. 리사 설계의 상당 부분을 책임지고 있던 다혈질 엔지니어 리치 페이지였다. "매킨토시가 리사를 망쳐 놓고 말 거야!" 그가 소리 질렀다. "매킨토시가 애플을 망하게 할 거라고!" 스미스도 허츠펠드도 아무런 대응을 하지 않았다. 페이지는 계속 고함을 질렀다. "잡스는 리사를 파괴하고 싶어 한다고. 통제권을 빼앗겼다는 이유로 말이야." 그가 금방이라도 울 것 같은 표정으로 말했다. "맥이 나오는 걸 알면 누가 리사를 사겠냐고! 지금 그런 건 아무도 신경 안 쓰고 있잖아!" 그는 방을 뛰쳐나가더니 문을 쾅 하고 세게 닫았다. 하지만 잠시 후 다시 뛰어 들어와서는 스미스와 허츠펠드에게 말했다. "당신들 잘못이 아니란 건 알아요. 스티브 잡스가 문제지요. 스티브에게 그가 지금 애플을 파괴하고 있는 거라고 전하세요!"

잡스는 실제로 매킨토시를 리사와 경쟁하는 저가형 모델로 만들었다. 둘은 소프트웨어가 호환되지 않았으며, 더욱 심각했던 것은 두 기기 모두 애플 II와도 호환되지 않는다는 사실이었다. 전체를 총괄하는 책임자가 부재한 애플은 고삐 풀린 잡스를 통제할 방법이 없었다.

엔드투엔드(end-to-end) 통제

잡스가 맥을 리사의 아키텍처와 호환되게 만들길 꺼려한 이유는 단지 경쟁의식이나 복수심 때문만은 아니었다. 거기에는 통제에 집착하는 그의 성향과 관련된 철학적 요인도 중요하게 작용했다. 그는 컴퓨터가 진정 위대하려면 하드웨어와 소프트웨어가 밀접하게 연결되어야 한다고 믿었다. 어떤 컴퓨터가 다른 컴퓨터들에서도 돌아가는 소프트웨어들에 문호를 개방하면 결국 고유한 기능성 일부를 희생하게 될 것이 자명했다. 그가 생각할 때 최고의 제품은 엔드투엔드로 설계된 '위젯(애플리케이션을 실행하고 결과를 화면에 표시하는 작은 그래픽 유저 인터페이스 도구.— 옮긴이)들의 완전한 결합체'였다. 결국 소프트웨어가 하드웨어에, 그리고 하드웨어가 소프트웨어에 최대한 적합하게 맞춤 제작되어야 실현할 수 있는 것이었다. 매킨토시가 나중에 마이크로소프트가 창출한 환경과 따로 놀게 되는 까닭이 바로 여기에 있었다. 매킨토시는 자신의 하드웨어에서만 돌아가는 운영체제를 보유했지만, 마이크로소프트의 운영체제는(나중에는 구글의 안드로이드도) 다른 다양한 회사들이 만든 하드웨어에서도 구동될 수 있었다.

"잡스는 고집이 센 엘리트주의 예술가이며, 자신의 창작물이 형편없는 프로그래머들에 의해 제멋대로 수정되는 것을 원치 않는다."《지디넷》의 편집자 댄 파버는 이렇게 썼다. "그에게 그것은 마치 거리의 누군가가 피카소 그림에 붓질을 몇 차례 더하거나 밥 딜런의 노랫말을 임의로 바꾸는 것과 마찬가지다." 훗날 잡스의 '엔드투엔드 위젯들의 완전한 결합체' 접근 방식은 여타의 경쟁 제품들로부터 아이폰과 아이팟, 아이패드를 차별화하는 성과를 낳았다. 결과적으로 경탄할 만한 제품들을 탄생시킨 것이다. 하지만 이러한 접근 방식이 항상 시장을 지배하는 최고의 전략이 될 수는 없다. 『맥의 컬트』의 저자 리앤더 카니는 이렇게 지적하기도 했다. "최초의 맥부터 최신의 아이폰에 이르기까지, 잡스의 시스템은 소비자들이 만지작거리고 수정하는 것을 방지하기 위해 늘 굳게 닫혀 있었다."

사용자의 경험을 통제하려는 잡스의 욕구는 과거 워즈와 벌인 논쟁에서도 핵심 문제였다. 애플 II를 개발할 때 둘은 확장 슬롯을 만들어 놓을 것인지, 즉 사용자가 컴퓨터의 머더보드에 확장 카드를 결합하여 새로운 기능을 추가할 수 있도록 구멍을 설치할 것인지 여부를 놓고 격렬한 논쟁을 벌였다. 그 논쟁에서 워즈가 이겼고, 애플 II는 결국 여덟 개의 슬롯을 가지게 되었다. 하지만 이번에는 워즈가 아니라 잡스의 기계를 만드는 문제였다. 매킨토시는 한 개의 슬롯도 없이 제작되었다. 케이스를 열고 머더보드에 접근하지도 못하게 만들었다. 이것은 마니아나 해커 들에게는 실망스러운 조치였다. 하지만 잡스는 매킨토시가 대중을 위한 제품이 되길 바랐다. 그는 그들에게 통제된 경험을 제공하고 싶어 했다. 누군가가 임의의 회로 기판을 확장 카드 슬롯에 쑤셔 넣어 자신의 우아한 디자인을 망치는 것을 원치 않았다.

"모든 걸 통제하려고 하는 그의 성격이 반영된 겁니다." 베리 캐시의 말이다. 그는 잡스가 1982년 텍사코 타워스의 마케팅 전략가로, 더불어 조직의 '어른'으로 영입한 인물이었다. "스티브는 애플 II에 대해 얘기하며 이렇게 불평했지요. '통제하지 않으니까 사람들이 이 컴퓨터에다 저지르는 미친 짓들을 좀 보라고요. 그런 실수는 두 번 다시 하지 않을 겁니다.'" 그는 일반적인 드라이버로는 매킨토시 케이스가 열리지 않도록 특수한 도구를 개발하기까지 했다. "애플 직원들 외에는 누구도 이 안을 들여다보지 못하도록 설계할 겁니다." 그가 캐시에게 말했다.

잡스는 매킨토시 키보드에 커서 화살표 키도 넣지 않기로 결정했다. 그러면 커서를 움직일 수 있는 유일한 방법은 마우스를 통하는 것뿐이었다. 구식에 물든 사용자들이 포인트앤드클릭(point-and-click) 방식을 익히도록 강요하는 한 가지 방법이었다. 여타의 제품 개발자들과는 달리, 잡스는 고객이 항상 옳은 것은 아니라고 생각했다. 마우스 사용을 거부한다면 그들이 틀린 것이었다. 이는 잡스가 위대한 제품을 만들려는 자신의 열정을 고객의 필요에 영합하려는 욕구보다 중요시한 또 하나의 사례였다.

커서 키를 없애는 데는 또 하나의 장점(그리고 단점)이 따랐다. 이러한 조치는 외부의 소프트웨어 개발자들에게 맥 운영체제만을 위한 프로그램들을 특별히 설계하도록 강요하는 것이었다. 더불어 다양한 컴퓨터에 돌릴 수 있는 범용 소프트웨어들을 추구하는 개발자들은 얼씬도 하지 말라는 신호였다. 덕분에 잡스는 자신이 원하던 대로 애플리케이션 소프트웨어와 운영체제, 그리고 하드웨어 장치 간의 밀접한 수직적 통합을 이룰 수 있었다.

엔드투엔드 통제를 위한 잡스는 매킨토시 운영체제의 라이선스를 다른 사무 장비 제조사들에 제공하여 매킨토시 클론(호환 기종. — 옮긴이)들을 만들도록 허용하자는 제안에도 예민한 거부 반응을 보였다. 매킨토시의 새로운 마케팅 책임자로 부임한 에너지 넘치는 마이크 머리는 1982년 5월, 비밀 메모를 통해 잡스에게 라이선스 프로그램을 제안했다. "우리는 매킨토시의 사용자 환경이 업계의 표준이 되기를 원합니다. 문제는 이 사용자 환경에 들어오려면 반드시 맥 하드웨어를 구매해야 한다는 점입니다. 한 기업이 업계 전체에 통용되는 표준을 창출하여 유지하려면 다른 제조사들과도 그것을 공유해야 합니다. 공유하지 않으면서 업계 표준을 창출하고 유지한다는 것은 거의 전례가 없는 일입니다." 그는 매킨토시 운영체제의 라이선스를 탠디 사에 제공하자는 구체적인 안까지 내놓았다. 탠디의 라디오 색 체인점들은 다른 종류의 고객들을 타깃으로 삼기 때문에 애플의 매출에 크게 영향을 미치지는 않을 것이라고 주장했다. 하지만 잡스는 그러한 계획을 본능적으로 반대했다. 그의 아름다운 창작물이 자신의 통제에서 벗어나는 것을 상상할 수 없었던 것이다. 이것은 결국 매킨토시가 잡스의 표준에 부합하는 통제된 환경에 머문다는 의미였다. 또한 머리가 우려했듯이, IBM 클론들이 판치는 세상에서 업계 표준으로 입지를 굳히는 데 어려움이 따를 것임을 의미하기도 했다.

'올해의 인물'과 '올해의 기계'

1982년이 끝나 갈 무렵, 잡스는 자신이 《타임》의 '올해의 인물'에 선정될 것으로 믿었다. 하루는 잡스가 《타임》의 샌프란시스코 지국장 마이클 모리츠와 함께 회사에 들어오더니, 모리츠가 취재를 청하면 주저하지 말고 응하라고 직원들에게 요구했다. 하지만 잡스는 결국 표지에 실리지 못했다. 그 대신 《타임》은 연말 호의 주제로 '컴퓨터'를 선정했고, 그것을 '올해의 기계'로 칭했다. 메인 스토리와 함께 잡스의 프로필이 소개되었는데, 모리츠의 취재 원고를 바탕으로 《타임》에서 록 음악 기사를 주로 담당하던 제이 콕스가 작성한 기사였다. 그는 이렇게 묘사했다. "현란한 설득력과 초기 기독교 순교자들도 부러워할 만한 맹목적인 믿음으로 우리의 문을 걷어차고 PC를 들여놓은 인물이 있으니, 다름 아닌 스티브 잡스다." 기사는 알차게 구성되었지만 간간이 가혹한 내용도 담고 있었다. 정도가 지나치다고 생각한 모리츠는 이렇게 불평함으로써 공개적으로 거부감을 드러냈다.(그는 나중에 애플에 대한 책을 쓴 후 돈 밸런타인에게 합류해 벤처 투자 회사 세쿼이아 캐피털의 파트너가 된다.) "변덕스러운 로큰롤 음악계의 흐름이나 기록하던 뉴욕의 편집자가 내 취재 원고를 왜곡하고 걸러 내고 가십으로 더럽혔다." 문제의 기사는 잡스의 '현실 왜곡장'에 대한 버드 트리블의 말을 인용하면서 그가 "회의 시간에 때때로 울음을 터뜨렸다."라고도 밝혔다. 하지만 잡스를 평한 최고의 한마디는 제프 래스킨의 입에서 나왔다. 그에 따르면 잡스는 "프랑스의 왕이 되었다면 아주 훌륭했을" 인물이었다.

잡스에게는 낭패스럽게도, 《타임》은 그가 버린 딸 리사 브레넌의 존재까지 공개했다. "확률상 미국 남성들의 28퍼센트가 그녀의 아버지일 가능성이 있다."라던 잡스의 말이 인용된 것도 바로 이 기사였다.(크리스앤 브레넌은 이 기사를 보고 크게 분노했다.) 리사에 관해 《타임》에 얘기한 사람이 대니얼 콧키임을 알아낸 잡스는 맥 팀의 작업 공간에서 대여섯 명의 직원들이 지켜보는 가운데 그를 호되게 질타했다. "《타임》 기자가 저더러 스티브한테 리사라는 딸이 있느냐고 물어봤을 때 저는 '물론입니다.'라고 대답했습니다." 콧키는 회상한다. "친구 사이라면 친구가 자신이 한 아이의 아버지라는 사실을 부인하도록 내버려 둬서는 안 되죠. 내 친구가 자신의 딸을 부인하는 못난 놈이 되게 놔두는 사람이 아닙니다, 저는. 그는 몹시 분노했고 사생활이 침해당했다고 느꼈죠. 그래서 사람들 앞에서 제가 자기를 배신했다고 말했어요."

하지만 잡스를 진정 참담하게 한 것은 그가 '올해의 인물'에 선정되지 않았다는 사실이었다. 그는 훗날 내게 이렇게 말했다.

《타임》은 분명 저를 '올해의 인물'로 선정하기로 결정했어요. 당시 스물일곱이었던 저는 그런 일들에 사실 신경을 많이 썼지요. 꽤 멋지다고 생각했으니까요. 그들은 저와 주변 사람들을 취재하려고 마이크 모리츠를 보냈어요. 우리는 동갑이었는데, 제가 크게 성공한 것에 대해 그가 질투하고 있다는 걸 느낄 수 있었어요. 태도에 왠지 날이 서 있더라고요. 그가 악의로 가득한 끔찍한 원고를 썼어요. 그 원고를 본 뉴욕의 편집자들은 당연히 이런 사람을 '올해의 인물'로 선정할 수는 없다고 판단했겠지요. 그래서 제가 크게 상처를 입은 겁니다. 하지만 좋은 교훈을 얻기도 했지요. 그런 일을 접하고 너무 흥분하면 안 된다는 것을 배웠어요. 미디어는 어차피 서커스나 마찬가지니까요. 그들이 택배로 보낸 잡지를 받아 본 날이 기억납니다. 표지에 당연히 제 얼굴이 실렸기를 기대하고서 포장을 뜯었죠. 그런데 컴퓨터를 조각해 놓은 모습이 떡하니 실려 있는 겁니다. '이게 뭐야?'라는 생각이 들더군요. 그러고 나서 기사를 읽어 보는데, 내용이 너무 기가 막혀서 눈물이 나옵디다.

하지만 사실 모리츠가 질투를 했다거나 의도적으로 원고를 불공정하게 썼다고 볼 이유는 전혀 없다. 또한 잡스의 생각과는 달리 그가 '올해의 인물' 후보로 뽑힌 적도 없다. 그해 《타임》 편집자들은(당시 나는 신입 편집자였다.) 사람 대신 '컴퓨터'를 선정하기로 일찌감치 결정해 놓은 상태였다. 그래서 잡지 표지에 싣기 위해 이미 수개월 전에 유명한 조각가 조지 시걸에게 작품을 의뢰해 놓았다. 당시 잡지의 편집장은 레이 케이브였다. "우리는 결코 잡스를 고려한 적이 없어요. 컴퓨터를 의인화한다는 게 쉬운 결정은 아니었지요. 생명이 없는 물체를 선정하는 건 그때가 처음이었거든요. 그래서 비용이 많이 들더라도 시걸에게 조각 작품을 의뢰해 싣자는 결

맥 만들기

정이 나온 겁니다. 표지에 싣기 위해 누군가의 얼굴을 찾으러 다닌 적은 없어요."

애플은 맥이 준비되기 정확히 1년 전인 1983년 1월 리사를 출시했다. 잡스는 카우치에게 건 내기에 져서 5000달러를 줘야 했다. 그는 리사 개발 팀의 일원은 아니었지만 애플의 회장이자 얼굴마담이었으므로 홍보를 하기 위해 뉴욕으로 날아갔다.

잡스는 드라마틱한 방법으로 독점 인터뷰를 할당하는 방법을 자신의 홍보 컨설턴트 레지스 매케나에게서 배워 둔 터였다. 유명 언론사들의 각 기자들이 한 시간으로 마련된 잡스와의 인터뷰를 위해 순서에 따라 칼라일 호텔로 안내되었다. 방 안 탁자 위에는 꽃으로 주변을 치장한 리사 컴퓨터가 한 대 놓여 있었다. 홍보 전략에 따르면 잡스는 리사에만 초점을 두고 매킨토시는 언급하지 말아야 했다. 매킨토시에 관한 추측들 때문에 리사의 가치가 하락할 수도 있었기 때문이다. 하지만 잡스는 욕구를 주체하지 못했다. 그날 그와의 인터뷰를 바탕으로 작성된 대부분의 기사들(《타임》, 《비즈니스 위크》, 《월스트리트 저널》, 《포춘》)에는 매킨토시가 언급되었다. "올해 말 애플은 리사의 저가형 버전인 매킨토시를 출시할 예정이다. 파워를 줄이는 대신 가격을 낮춘 버전이다."《포춘》은 이렇게 보도했다. "잡스가 그 프로젝트를 직접 감독했다고 한다."《비즈니스 위크》는 그의 말을 인용했다. "세상에 나오면, 맥은 세계에서 가장 놀라운 컴퓨터가 될 것입니다." 그는 맥과 리사가 호환이 불가능할 것이라는 점도 인정했다. 마치 리사를 죽음의 키스와 함께 출시하는 것과 같았다.

리사는 실제로 서서히 죽어 갔다. 2년도 채 안 되어 생산이 중단되었다. "가격이 너무 비쌌어요. 소비자 제품 전문 회사에서 대기업용 제품을 판매하려고 했으니 잘될 리가 있었겠어요." 나중에 잡스가 말했다. 하지만 잡스에게는 한 줄기 희망의 빛이 깃들기도 했다. 리사 출시 수개월 만에 애플은 매킨토시에 희망을 걸어야 한다는 사실이 분명해진 것이다.

게릴라 정신과 잡스의 해적단

매킨토시 팀이 점점 커지자, 그들은 텍사코 타워스를 떠나 밴들리드라이브에 있는 애플 본사 건물로 이전했고, 마침내 1983년 중반 밴들리 3동에 자리 잡았다. 그곳에는 비디오게임 시설(게임은 버렐 스미스와 앤디 허츠펠드가 골랐다.)을 갖춘 현대식 중앙 홀 형태의 로비가 있었는데, 거기에는 마틴로건 스피커가 장착된 도시바 CD 스테레오 시스템에 100여 장의 CD까지 구비되어 있었다. 소프트웨어 팀은 로비에서 볼 때 어항처럼 생긴 유리 공간을 사무실로 삼았다. 탕비실은 매일 오드왈라 주스로 채워졌다. 시간이 지나면서 중앙 홀에는 장난감들이 더 많이 생겼는데, 대표적인 것이 뵈젠도르퍼 피아노와 BMW 오토바이였다. 이것들은 잡스가 세공술에 대한 직원들의 열정을 고취하는 데 도움이 될 거라고 생각해 들여놓은 것이었다.

잡스는 직원 채용 과정에도 통제권을 행사했다. 그의 목표는 창의적이고 지독하게 똑똑하며 약간은 반항적인 사람들을 영입하는 것이었다. 소프트웨어 팀은 지원자들로 하여금

맥 만들기

스미스가 가장 좋아하는 비디오게임 '방어자'를 해 보도록 시켰다. 잡스는 지원자들이 예기치 못한 상황에서 머리를 얼마나 빨리 굴리고, 유머 감각을 얼마나 잘 발휘하며, 상대의 말을 얼마나 잘 되받아치는지 알아보기 위해 특유의 유별난 질문들을 던지곤 했다. 하루는 잡스가 허츠펠드, 스미스와 함께 소프트웨어 팀장 자리에 지원한 후보의 면접을 보았다. 그가 방 안에 걸어 들어오자, '어항'의 마법사들을 관리하기에는 너무 꽉 막히고 보수적인 사람이라는 사실이 분명해졌다. 잡스는 그를 무자비하게 희롱하기 시작했다. "첫 성 경험이 언제였나요?"

지원자는 당황했다. "뭐라고 하셨죠?" 잡스가 다시 물었다. "아직 숫총각인가요?" 지원자는 앉은 채 당황한 표정만 지었다. 그래서 잡스가 주제를 바꿨다. "LSD는 몇 번 해 봤나요?" 허츠펠드는 이렇게 말한다. "그 불쌍한 남자는 안절부절못하며 계속 얼굴만 붉으락푸르락했어요. 그래서 제가 끼어들어 주제를 바꾸고는 기술 관련 문제를 직접적으로 물어봤어요." 지원자의 대답이 길고 지루하게 이어지자 잡스가 다시 끼어들었다. "고르륵 고르륵 고르륵 고르륵.(칠면조 울음소리. — 옮긴이)" 스미스와 허츠펠드는 웃음을 터뜨리지 않을 수 없었다.

"제가 적임자가 아닌가 보네요." 그 불쌍한 남자가 자리에서 일어서며 말했다.

행동 방식에 이런 역겨운 일면도 있었지만 잡스는 팀의 사기를 북돋는 능력도 지니고 있었다. 사람들을 완전히 뭉개버리고 난 후에는 그들을 다시 치켜세우고 매킨토시 프로젝트의 일원으로 일한다는 게 얼마나 대단한 임무인지 느끼게 해 주었다. 잡스는 6개월마다 팀원 대부분을 대동하고 이틀 동안 가까운 리조트로 수련회를 떠났다.

1982년 9월에 있었던 수련회는 몬테레이 인근의 파하로 사구에서 열렸다. 약 50명의 매킨토시 팀원들이 벽난로를 향해 앉았고 잡스는 앞에 놓인 탁자 위에 앉았다. 한동안 조용히 얘기하던 그는 이젤 앞으로 걸어가더니 자신의 생각들을 발표하기 시작했다.

첫 번째는 "타협하지 마라."였다. 애플의 앞날에 이로운 만큼 해로운 영향도 미칠 원칙이었다. 대부분의 기술 팀들은 종종 트레이드오프를 단행했다. 하지만 매킨토시는 잡스와 그의 사도들이 최대한의 역량을 쏟아붓는 '굉장하고 위대한' 제품이 되어야 했다. 결국 매킨토시는 출시까지 다시 16개월이 걸려 일정을 훨씬 초과한다. 일정에 따른 개발 완료일을 언급하며 잡스는 팀원들에게 "잘못된 제품을 출시하느니 일정을 어기는 게 낫다."라고 말했다. 어느 정도의 트레이드오프는 기꺼이 수용하는 다른 성향의 프로젝트 매니저였다면 특정 날짜를 기한으로 못 박고 이후로는 어떤 수정이든 허용치 않으려 했을 터였다. 하지만 잡스는 그러지 않았다. 그는 다른 신념을 지니고 있었다. "출시 전까지는 완성된 게 아니다."

또 하나의 차트에는 선문답 비슷한 어구가 적혔는데, 나중에 잡스는 내게 그것이 가장 좋아하는 금언이라고 말했다. "여정 자체가 보상이다." 그는 맥 팀이 고귀한 임무를 맡은 특별 부대라고 강조하기를 좋아했다. 언젠가 모두 함께 보낸 시간을 돌아보며, 고통스러웠던 순간은 잊어버리거나 웃어

넘길 것이고 그때를 황홀했던 절정기로 여기게 될 것이라는
의미였다.

프레젠테이션 말미에 그가 물었다. "멋있는 거 하나 보여
드릴까요?" 그러고는 탁상용 수첩만 한 크기의 기기를 꺼내
들었다. 뚜껑을 열자 키보드와 화면이 공책 모양으로 연결
된, 무릎 위에 올려놓을 수 있는 크기의 모형 컴퓨터가 모습
을 드러냈다. "이것이 바로 1980년대 중후반에 제가 완성하
길 꿈꾸는 컴퓨터입니다." 그가 말했다. 그들은 미래를 창조
할 지속 가능한 기업을 구축하고 있었다.

그 후 이틀에 걸쳐 다양한 팀 리더들과 영향력 있는 컴퓨
터 업계의 분석가 벤 로젠의 프레젠테이션이 이어졌고, 저녁
에는 주로 수영장 파티와 댄스 타임이 마련되었다. 잡스는 수
련회를 마무리하며 팀원들 앞에 서서 혼잣말을 하듯 자신의
생각을 밝혔다. "하루하루가 지날수록, 여기 모인 50명이 하
는 일이 우주 전체에 거대한 파장을 일으킬 것입니다. 저와
함께 일하는 게 그리 쉬운 일은 아니라는 것을 압니다만, 그
래도 이것은 지금까지 제가 살면서 했던 일 중에서 가장 신
나는 일입니다." 수년 후, 그때 그 자리에 앉아 있던 사람들
대부분은 "함께 일하는 게 그리 쉽지 않았던" 일화들을 웃
어넘기며 "거대한 파장을 일으키는 것이 그들의 인생에서 가
장 신났던 일"이라는 데 동의하게 된다.

그다음 수련회는 1983년 1월 말, 그러니까 리사가 출시된
달의 끝 무렵이었다. 그래서 그런지 분위기에 약간의 변화가
있었다. 4개월 전, 잡스는 그의 차트에 이렇게 적었다. "타협
하지 마라!" 이번에 그가 선택한 금언은 이것이었다. "진정
한 예술가는 작품을 출하한다." 결국 신경들이 날카로워졌

다. 리사 출시를 위한 홍보 인터뷰에서 제외되었던 앳킨슨이 잡스의 호텔 객실까지 찾아와 그만두겠다고 위협했다. 잡스는 그를 진정시키려고 했지만 앳킨슨은 감정을 누그러뜨리지 않았다. 잡스는 짜증이 났다. "지금 이 문제 가지고 이럴 시간 없어요. 매킨토시에 정성을 쏟아붓고 있는 사람들 60명이 내가 회의를 시작하기만을 기다리고 있다고요." 그러고는 앳킨슨을 지나 '충실한' 직원들이 기다리는 곳으로 향했다.

잡스는 연설에서 '매킨토시(Macintosh)' 제품명을 사용하는 문제와 관련해 '매킨토시(McIntosh)' 오디오 회사와의 논쟁을 해결했노라고 선언하며 직원들을 열광시켰다.(사실 그 문제는 아직 협상 중이었지만, 그때는 오래된 현실 왜곡장의 힘이 조금 필요한 순간이었다.) 미네랄 생수병을 꺼내 든 그는, 무대 위에 올려놓은 매킨토시 원형 모델에 상징적으로 세례식을 거행했다. 복도 끝에 있던 앳킨슨은 시끌벅적한 환호성을 듣고서 한숨을 내쉰 후 무리에 합류했다. 이후 벌어진 파티에서는 풀장에서 벌거벗고 헤엄치기, 해변에 모닥불 피우기, 그리고 밤새도록 시끄러운 음악 듣기 등이 이어졌다. 결국 그들이 묵었던 캐멀의 라 플라야 호텔은 그들에게 다시는 찾아오지 말 것을 부탁했다. 몇 주 후 잡스는 앳킨슨을 '애플 펠로'에 지명했다. 연봉 인상과 스톡옵션, 그리고 맡고 싶은 프로젝트를 스스로 선택할 수 있는 권리가 주어지는 영예로운 추대였다. 또한 앳킨슨이 개발해 매킨토시에 탑재하기로 한 그림 그리기 프로그램에 대해, 화면에 '맥페인트 — 개발자 빌 앳킨슨'이라고 표시하기로 했다.

1월 수련회에서 잡스가 인용한 또 하나의 금언은 "해군이 되느니 해적이 되는 게 낫다."였다. 그는 자신의 팀에 반항아 정신을 심어 주고 싶어 했으며, 팀원들이 자신의 업적에 대해 자랑스러워하면서 타인의 것을 서슴없이 훔치기도 하는 도적 떼처럼 행동하기를 바랐다. 수전 케어가 말한다. "그는 우리 팀이 게릴라 정신을 갖길 원했어요. 신속하게 움직여 일을 완수하자는 의미였어요." 몇 주 후 팀원들은 잡스의 생일을 축하하기 위해 애플 본사로 향하는 도로 옆에 세워진 광고판 하나를 빌렸다. 그리고 거기에 이렇게 적었다. "스물여덟 번째 생일 축하해요, 스티브. 여정 자체가 보상이다. — 해적들."

맥 팀에서 가장 머리가 잘 돌아가는 프로그래머 중 한 사람인 스티브 캡스는 해적기를 걸어 이 새로운 정신을 공식화하기로 결정했다. 검은 천 조각을 준비한 그는 케어에게 해골과 교차된 대퇴골을 그리게 했다. 해골의 한쪽 눈에 붙인 안대에는 애플 로고를 집어넣었다. 캡스는 일요일 밤늦게 새로 지은 밴들리 3동의 옥상으로 기어올라 건설 노동자들이 놔두고 간 발판용 막대기에 깃발을 걸었다. 해적기는 몇 주 동안 자랑스럽게 펄럭였다. 하지만 어느 날 야간 습격을 통해 리사 팀의 일원들이 깃발을 훔쳐 가서는 라이벌인 맥 팀에 몸값을 요구했다. 캡스는 깃발을 되찾기 위해 급습을 주도했고, 리사 팀을 대신해 깃발을 지키고 있던 한 비서와 몸싸움을 벌여 다시 빼앗아 올 수 있었다. 애플을 감독하던 몇몇 어른들은 잡스의 해적 정신이 도를 넘어서고 있다고 우려했다. 아서 록이 말한다. "깃발을 내걸다니, 정말 멍청한 행위이지 뭡니까. 나머지 직원 모두에게 '우리는 특별하고 당신들은 별볼일 없는 사람들'이라고 얘기하는 거잖아요." 하지만 잡스는 크게 좋아했다. 그래서 맥 프로젝트가 끝날 때까지 해적기가 자랑스럽게 펄럭이도록 조치해 주었다. "우리는 게릴라

들이었고, 사람들이 그걸 알기를 바랐어요."

맥 팀의 베테랑들은 잡스 앞에서 당당하게 자기주장을 펴는 게 좋다는 사실을 깨달았다. 제대로 알고 하는 얘기이기만 하면 잡스는 직원들이 이의를 제기하는 것을 허용했고, 미소를 지으며 존중해 주기까지 했다. 1983년쯤 되자 그의 현실 왜곡장에 익숙해진 직원들은 또 다른 사실을 발견했다. 필요하다면 그가 지시한 것을 조용히 무시해도 좋다는 사실이었다. 그들이 옳았던 것으로 드러날 경우, 잡스는 그들의 반항아적인 태도와 권위를 무시하는 의지를 높이 샀다. 결국 자기 자신 역시 그런 부류였으니 말이다.

잡스의 이러한 성향을 가장 잘 보여 준 사례는 매킨토시용 디스크드라이브를 선택할 때였다. 애플에는 기업용 대용량 기억장치를 제조하는 부서가 있었는데, 코드명 '트위기'라는 디스크드라이브 시스템을 개발해 놓은 상태였다. 나이가 조금 든 독자들(트위기 모델을 기억하는 사람들)은 알겠지만, 이 디스크드라이브 시스템은 얇고 예민한 5.25인치 플로피디스크에 데이터를 저장하고 읽어 오는 방식이었다. 하지만 1983년 봄 리사의 출하 준비가 완료되었을 때, 트위기에 종종 버그가 발생한다는 사실이 분명해졌다. 리사에는 하드디스크 드라이브가 장착되어 있었기 때문에 완전한 재앙은 아니었다. 하지만 하드디스크가 없는 맥으로서는 심각한 위기가 아닐 수 없었다. 허츠펠드는 말한다. "팀원들이 당황하기 시작했어요. 우리는 플로피디스크를 사용하기 위한 단일 트위기 드라이브를 채택한 데다가 따로 의지할 하드디스크가 없었던 겁니다."

그들은 1983년 1월 캐멀에서 있었던 수련회에서 이 문제를 논의했고, 데비 콜먼은 잡스에게 트위기의 실패율에 관한 데이터를 제시했다. 며칠 후 잡스는 트위기의 제조 과정을 확인하기 위해 새너제이의 애플 공장으로 차를 몰았다. 공정 각 단계에서 절반 이상이 불량품으로 드러났다. 잡스는 폭발했다. 그는 달아오른 얼굴로 그곳에 일하는 사람들을 전부 해고하겠다고 고함치며 침을 튀겨 댔다. 결국 맥의 엔지니어링 팀장 밥 벨빌이 그를 주차장으로 부드럽게 데리고 나가 산책을 유도하며 대안을 찾아보자고 제안했다.

벨빌이 고려하던 한 가지 가능성은 소니가 개발한 신형 3.5인치 디스크드라이브를 사용하는 것이었다. 그 디스크는 좀 더 견고한 플라스틱 케이스에 담겨 있었고 셔츠 주머니에 들어갈 수 있을 만큼 작았다. 또 하나의 가능성은, 애플 II의 디스크드라이브를 공급했던 일본의 소규모 공급 업체 알프스 전자에 의뢰하여 소니의 3.5인치 디스크드라이브의 클론을 제조하는 것이었다. 알프스 사는 이미 소니 기술의 라이선스를 획득해 놓은 상태였고, 그들이 제시간 안에만 클론을 만들어 낸다면 비용이 훨씬 더 적게 들 터였다.

잡스는 벨빌과 애플의 고참인 로드 홀트(애플 II의 첫 전원 공급 장치를 설계하기 위해 잡스가 고용한 직원)를 대동하고 해결책을 찾기 위해 일본으로 날아갔다. 그들은 도쿄에서 '총알' 열차에 올라 알프스 사의 생산 시설을 방문했다. 그곳의 엔지니어들은 작동하는 원형 제품도 가지고 있지 않았고, 단지 조잡한 모형만 하나 갖고 있었다. 잡스는 무슨 이유에서인지 상당히 좋아했지만 벨빌은 마음이 무거웠다. 알프스 사가 1년 안에 맥을 위한 디스크드라이브를 준비하는 것은 불가능해 보였다.

다른 일본 기업들을 방문하는 동안 잡스는 최악의 행동 방식을 보였다. 일본인 경영자들이 어두운 정장을 입고 참석하는 회의에 그는 청바지와 운동화를 신고 나갔다. 그들이 관습에 따라 공식적인 선물을 주자 그것을 놓고 나오기도 했으며 답례도 하지 않았다. 줄지어 선 엔지니어들이 고개 숙여 인사하며 그들의 제품을 점검해 달라고 정중하게 제안했을 때도 코웃음만 쳤다. 잡스는 그들의 제품과 고분고분한 태도 모두가 맘에 들지 않았다. "이건 뭐하러 보여 주는 겁니까?" 어느 제품 앞에서 그가 쏘아붙였다. "이거 완전히 쓰레기잖아! 애들도 이거보다는 더 나은 드라이브를 만들겠네." 안내하는 사람들은 대부분 크게 당황했지만 일부는 재미있어하기도 했다. 잡스의 무례한 태도나 건방진 행동 방식에 대해 말로만 듣다가 직접 경험하게 된 걸 재밌어하는 투였다.

마지막으로 방문한 곳은 도쿄의 칙칙한 외곽 지역에 위치한 소니 공장이었다. 잡스에게는 그곳이 혼란스럽고 비용만 많이 들이고 있는 것으로 보였다. 작업의 상당 부분이 수작업으로 진행되었다. 잡스는 그것도 맘에 들지 않았다. 호텔로 돌아왔을 때 벨빌은 소니의 디스크드라이브로 하자고 주장했다. 주문만 하면 바로 사용할 수 있기 때문이었다. 하지만 잡스는 반대했다. 그는 알프스와 계약하여 자신들만의 드라이브를 만들 것이라고 결정했고, 소니와는 모든 거래를 중단하라고 벨빌에게 지시했다.

벨빌은 잡스를 부분적으로 무시하는 게 최선이라고 결론지었다. 그는 마이크 마쿨라에게 상황을 설명했고, 마이크는 제시간에 디스크드라이브를 확보하기 위해 필요한 일은 무엇이든 하라고 조용히 지시했다. 잡스에게는 얘기하지 말라는 말을 덧붙이면서 말이다. 일급 엔지니어들의 지원을 받은 벨빌은 매킨토시가 사용할 디스크드라이브를 준비해 달라고 소니의 임원에게 요청했다. 알프스가 시간 안에 제품을 공급하지 못할 경우 거래처를 소니로 바꿀 계획이었다. 소니는 드라이브의 개발에 참여한 엔지니어 고모토 히데토시를 애플로 보냈다. 퍼듀 대학교 출신이었던 그는 다행히 이 비밀 임무를 재미있게 생각했다.

잡스가 자신의 사무실을 나와 맥 팀의 엔지니어들을 방문하러 올 때마다(거의 매일 오후였다.) 그들은 고모토가 숨을 만한 곳을 서둘러 찾아야 했다. 한번은 잡스가 쿠퍼티노의 한 신문 가판대에서 고모토와 우연히 마주치기도 했다. 잡스는 그를 일본에서 만난 적이 있다는 사실을 인식하긴 했지만 의심스럽게 여기지는 않았다. 가장 아슬아슬했던 순간은 어느 날 잡스가 맥 팀의 작업 공간에 예기치 않게 들이닥쳤을 때였다. 그때 고모토는 사무실 책상에 앉아 있었다. 맥 팀의 엔지니어 한 명이 그를 붙잡고는 청소 도구 보관실을 가리켰다. "어서, 보관실에 숨어요! 당장!" 허츠펠드의 기억에 따르면 고모토는 어리둥절한 표정이었지만 자리에서 벌떡 일어나 시키는 대로 했다고 한다. 그는 잡스가 떠날 때까지 5분 동안 보관실에 숨어 있어야 했다. 맥 팀의 엔지니어들이 그에게 사과하자 그는 "괜찮아요." 하고 대답했다. "하지만 미국의 비즈니스 문화, 정말 이상해요. 정말로."

벨빌의 예측은 들어맞았다. 1983년 5월, 알프스 사는 소니 드라이브의 클론을 생산하려면 적어도 18개월은 더 걸릴 것이라고 통지해 왔다. 파하로 사구에서 열린 수련회에서 마쿨라는 이제 어떻게 할 거냐고 잡스를 다그쳤다. 결국 벨빌이 끼어들어 알프스 드라이브에 대한 대안을 곧 마련할 수 있을 것 같다고 말했다. 잡스는 잠시 동안 어리둥절해하다가, 왜 소니의 일급 디스크 디자이너가 쿠퍼티노에 있었는지 깨달았다. "이 망할 자식!" 잡스가 말했다. 그러나 분노의 목소리가 아니었다. 얼굴은 커다란 미소까지 띠고 있었다. 벨빌과 다른 엔지니어들이 자신 몰래 무슨 일을 했는지 알게 된 순간, 허츠펠드에 따르면 스티브는 "자존심을 억누르며 자기 말을 무시하고 옳은 일을 해 준 데 대해 고맙다." 하고 말했다. 자신도 그들의 입장이었다면 그렇게 했을 것이기 때문이었다.

스컬리를 영입하다

펩시 챌린지

스티브 잡스와 존 스컬리   1984

"설탕물이나 팔면서 남은 인생을 보내고 싶습니까?"

마이크 마쿨라는 애플의 임시 사장직이 결코 반갑지 않았다. 그는 새로 장만한 집의 구조를 디자인하거나 전용기를 타고 비행하는 것을 즐겼고 스톡옵션을 행사해 넉넉한 삶을 즐기는 데 만족했다. 갈등을 조정하거나 자아가 강한 까다로운 인물들 사이를 중재하는 역할을 맡는 것은 좋아하지 않았다. 마쿨라는 마이크 스콧이 사임한 이후 마지못해서 사장직을 맡은 것이었다. 그리고 아내에게도 잠시 동안만 사장 자리를 맡는 것뿐이라고 장담했다. 마쿨라가 사장직에 앉은 지 거의 2년이 가까워 가던 1982년 말, 그의 아내는 당장 새로운 적임자를 찾아보라고 다그쳤다.

잡스는 회사를 이끌고 싶은 마음이 약간은 있었지만 자신이 그 자리를 맡을 준비가 안 되어 있다고 생각했다. 거만한 성격임에도 스스로에 대한 자각은 있었던 것이다. 마쿨라도 잡스와 같은 의견이었다. 마쿨라는 잡스가 애플의 사장을 맡기에는 아직 너무 거칠고 미숙하다고 그에게 말했다. 그들은 외부로 눈을 돌려 적임자를 물색하기 시작했다.

처음에 그들이 주목한 인물은 돈 에스트리지였다. 에스트리지는 IBM의 PC 부문을 일궈 낸 주역이었고 당시 시장에서 애플 컴퓨터보다 더 많이 팔리고 있는 제품군(잡스를 비롯한 애플 사람들은 그 제품을 폄훼했지만 말이다.)을 만들어 낸 인물이었다. 에스트리지가 이끄는 사업 부문은 플로리다 주 보카레이턴에 위치했다. 뉴욕 주 아몽크에 있는 IBM 본사에서 멀리 떨어져 독립성이 보장되는 곳이었다. 잡스처럼 에스트리지 역시 의욕이 넘치고 머리가 비상하며 약간 반항적인 기질이 있었다. 하지만 잡스와 달리 그는 자신이 뛰어난 아이디어를 내고도 그 공을 다른 팀원들에게 돌리는 인물이었다. 잡스는 연봉 100만 달러와 입사 보너스 100만 달러라는 제안을 들고 보카레이턴으로 날아갔다. 하지만 에스트리지는 그 제안을 거절했다. 그는 좋은 조건에 혹해 몸담은 직장을 버리고 경쟁사로 둥지를 옮기는 유형이 아니었다. 또 안정된 조직에 머물기를, 해적보다는 해군이 되기를 원했다. 그는 전화 회사를 속여서 이득을 취한 잡스의 경험담을 들으며 불쾌해했다. 그는 어디서 일하느냐는 질문을 받았을 때 'IBM'이라고 대답하고 싶어 했다.

이후 잡스와 마쿨라는 다른 후보자를 찾기 위해 사교적인 성격의 기업 헤드헌터 게리 로셰에게 지원을 요청했다. 그들은 기술 업계에 한정해서 적임자를 찾지는 않기로 했다. 애플에는 광고와 마케팅에 훤한 동시에 월스트리트에서 통하는 기업가적인 세련된 품위도 갖춘 인물이 필요했다. 로셰는 당시 기업계에서 마케팅의 귀재로 인정받는 인물이자 펩시사의 펩시콜라 부문 사장인 존 스컬리를 주목했다. 스컬리는 펩시 챌린지 캠페인을 성공적으로 전개했던 인물이었다. 잡스는 스탠퍼드 경영 대학원생들에게 강연을 하러 갔을 때 스컬리에 대한 좋은 평을 들은 바 있었다.(스컬리는 잡스보다 먼저 그곳에서 강연을 했다.) 잡스는 로셰에게 스컬리를 만나 보고 싶다는 의사를 표명했다.

스컬리의 배경은 잡스와 상당히 달랐다. 그의 어머니는 맨해튼 동부의 상류층 인사로서 외출할 때면 흰색 장갑을 끼고 다녔으며 그의 아버지는 품위 있는 월스트리트 변호사였다. 스컬리는 세인트마크 고등학교를 다녔고 브라운 대학교를 졸업한 뒤에 와튼 스쿨에서 경영학 석사 학위를 취득했다. 펩시 사에서 마케팅 및 광고 담당자로 일하며 차근차근 경영진의 위치까지 올라간 그는 제품 개발이나 정보기술 분야에 대한 열정은 거의 없는 편이었다.

스컬리는 전 아내와의 사이에서 낳은 두 10대 자녀를 만나기 위해 크리스마스에 로스앤젤레스로 날아갔다. 아이들을 데리고 컴퓨터 매장을 방문한 그는 컴퓨터 제품들의 마케팅 방식이 형편없는 것을 보고 깜짝 놀랐다. 컴퓨터 제품에 왜 그렇게 관심을 갖느냐고 아이들이 물어 오자 그는 쿠퍼티노에 가서 스티브 잡스를 만날 계획이라고 답했다. 아이들의 눈이 휘둥그레졌다. 할리우드 스타들의 가십에 늘 둘러싸인 아이들에게조차 잡스는 멋진 유명 인사로 통하고 있었던 것이다. 스컬리는 애플 합류를 보다 진지하게 생각해 보기 시작했다.

애플 본사를 방문한 스컬리는 그다지 특별할 것 없이 평범한 회사 분위기를 접하고 다소 놀랐다. "펩시 분위기와 몹시 달랐습니다. 직원들 대부분이 격식 없이 자유로운 옷차림이더군요." 점심 식사 테이블에서 잡스는 비교적 말없이 야채 샐러드를 조금씩 집어 먹었다. 하지만 스컬리가 대부분의 기업 중역들이 컴퓨터의 가치를 제대로 활용하지 못한다는 이야기를 꺼내자, 잡스는 즉시 눈빛을 반짝거리고 호응하며 컴퓨터 전도사 같은 어조로 말했다. "우리는 사람들이 컴퓨터를 사용하는 방식에 변화를 일으킬 계획입니다."

비행기를 타고 집으로 돌아가는 길에 스컬리는 종이 위에 생각을 정리해 보았다. 소비자와 기업 중역을 대상으로 컴퓨터를 마케팅 하는 문제에 관한 자신의 생각을 여덟 쪽에 걸쳐 적어 내려갔다. 글자들에 밑줄을 긋고 이런저런 도식과 상자를 그렸다. 좀 미숙했지만 거기에는 청량음료보다 근사한 무언가를 판매하기 위한 마케팅 아이디어와 그에 대한 스컬리의 열정이 드러났다. 그 가운데에는 이런 문구도 있었다. "삶을 보다 풍부하게 만들어 줄, 애플의 잠재력과 소비자들을 연결시키는 인스토어 머천다이징(판매 증진을 위한 매장 내 상품 정책 및 판촉 전략.— 옮긴이)에 투자할 것!"(그는 메모를 적을 때 곧잘 밑줄을 쳤다.) 스컬리는 펩시를 떠나는 일이 망설여졌지만 잡스의 매력에 끌렸다. 그는 이렇게 회상한다. "격할 정도로 열정이 넘치는 그 젊은이에게서 큰 인상을 받았습니다. 그에 대해 좀 더 알고 싶다는 생각이 들었어요."

그래서 스컬리는 다시 잡스를 만나기로 했다. 1983년 1월 칼라일 호텔에서 열린 리사 출시 행사에 참석하기 위해 잡스가 뉴욕을 방문했을 때였다. 온종일 각종 언론 매체와 인터뷰를 하고 난 애플 팀은 전혀 예상치 못한 손님이 찾아온 것을 보고 깜짝 놀랐다. 잡스는 넥타이를 느슨하게 한 뒤에 펩시의 사장이자 중요한 기업 고객이라고 팀원들에게 스컬리를 소개했다. 존 카우치가 스컬리 앞에서 리사를 시연해 보이는 동안 잡스는 평소에 즐겨 쓰는 '혁명적인', '굉장한' 등의 수식어를 동원해 가며 리사가 인간과 컴퓨터의 상호작용 방식을 혁신할 것이라고 설명했다.

잡스와 스컬리는 미스 반데어로에와 필립 존슨이 디자인한, 은은한 조명과 우아한 분위기의 고급 식당 포 시즌스로 향했다. 잡스가 특별 채식 요리를 먹는 동안 스컬리가 펩시의 여러 마케팅 성공 사례를 들려주었다. 그는 펩시 제너레이션 광고 캠페인이 단순히 제품 판매가 아니라 생활양식과 긍정적인 시각을 판매하는 데 초점을 맞췄다고 설명하면서 이렇게 덧붙였다. "저는 애플이 이제 '애플 제너레이션'을 창조할 기회를 손에 쥐고 있다고 생각합니다." 잡스도 전적으로 동의했다. 반면 펩시 챌린지 캠페인은 제품 자체에 초점을 맞춘 접근법이었다. 펩시 챌린지 캠페인은 광고와 관련 행사, 대중 홍보를 적절히 결합하여 소비자들 사이에 입소문이 퍼지게 하는 데 성공했다. 애플의 새로운 제품 출시와 동시에 전국적인 호응과 반향을 이끌어 내는 것, 그것이 바로 자신과 레지스 매케나가 원하는 것이라고 잡스는 말했다.

두 사람은 자정이 다 될 무렵까지 이야기꽃을 피웠다. "오늘 저녁은 두고두고 잊지 못할 것 같습니다." 스컬리와 함께 칼라일 호텔까지 걸어가면서 잡스가 말했다. "정말로 즐거운 시간이었습니다." 그날 밤 코네티컷 주 그리니치에 있는 집으로 돌아간 스컬리는 쉽사리 잠을 이루지 못했다. 잡스와 함께 일하는 것이 탄산음료 회사에 몸담고 있는 것보다 훨씬 흥미진진할 것 같았다. "그와의 만남은 아이디어의 설계자가 되고 싶은, 제 마음속에 있던 오랜 갈망을 자극했습니다." 스컬리는 훗날 회상했다. 이튿날 아침 로셰가 스컬리에게 전화를 걸어 이렇게 말했다. "어젯밤에 대체 무슨 이야기를 나누신 겁니까? 스티브 잡스가 잔뜩 들떠 있더군요."

이후에도 스컬리를 향한 구애 작전은 계속되었다. 스컬리는 가끔 까다로운 구석을 보이기도 했지만 설득하기 불가능한 상대는 아니었다. 2월의 어느 토요일 잡스는 스컬리가 있는 그리니치로 직접 찾아갔다. 새로 지은 지 얼마 안 된 스컬리의 저택은 무척 화려했다. 바닥부터 천장에 이르는 벽 전면이 유리창으로 되어 있었다. 하지만 무엇보다도 잡스의 마음에 든 것은 손가락으로만 밀어도 우아하게 호를 그리며 열리도록 세심하고 균형감 있게 만들어진 130킬로그램짜리 맞춤형 오크재 문이었다. "스티브가 그 문에 매료된 이유는 저처럼 그 역시 완벽주의자였기 때문이지요." 스컬리의 회상이다. 이후에도 스컬리는 수시로 잡스에게서 자신과 닮은 점을 느꼈다.

스컬리는 평소에 캐딜락을 몰았다. 하지만 그날은 (손님의 취향을 간파하고) 아내의 메르세데스 450SL 컨버터블을 빌려서 잡스를 태우고 펩시 본사를 구경시켜 주었다. 애플 본사에 비하면 펩시 본사는 대단히 크고 화려했다. 잡스는 거침없고 반항기도 섞여 있는 서부의 디지털 산업 단지와《포춘》500대 기업들 세계 사이의 차이를 느꼈다. 완만하게 구부러진 진입로를 따라 들어가니 말끔하게 손질된 풀밭과 곳곳에 조각상(로댕, 무어, 콜더, 자코메티의 작품이 눈에 띄었다.)이 설치된 정원이 펼쳐졌다. 그리고 곧 에드워드 더럴 스톤이 설계한, 콘크리트와 유리로 된 멋진 건물이 나타났다. 창문이 아홉 개나 되는 스컬리의 널찍한 방에는 페르시안 융단이 깔려 있었고, 작은 개인 정원과 서재, 전용 욕실까지 갖춰져 있었다. 잡스는 사내 헬스클럽을 둘러보고 일반 직원의 사용이 금지된, 간부들을 위한 별도의 전용 공간(월풀 욕조까지 있었다.)이 갖춰진 것을 보고 다소 놀라며 "이해가 안 가는군요."라고 말했다. 스컬리도 동의하며 이렇게 말했다. "사실 저도 간부용 공간을 따로 두는 것에는 반대했습니다. 저는 때때로 직원들과 함께 섞여서 운동하곤 한답니다."

다음 미팅은 쿠퍼티노에서 했다. 스컬리가 하와이에서 열린 펩시 간부 직원 총회에 참석했다가 돌아가는 길에 들른 것이었다. 매킨토시 마케팅 책임자인 마이크 머리가 스컬리의 방문을 팀원들에게 알리고 적절하게 준비시키는 일을 맡았다. 하지만 머리는 스컬리가 사장 후보로 거론되고 있다는 사실은 알지 못한 상태였다. 그는 흥분을 감추지 못하며 맥 팀원들에게 보내는 메모에 이렇게 적었다. "펩시가 향후 몇 년 동안 맥 수천 대를 구입하는 거대 고객이 될 수도 있다. 그동안 스컬리와 잡스는 친분이 두터워졌다. 스컬리는 정상급 마케팅 전문가이므로 그가 애플을 방문해 좋은 인상을 받도록 해 줘야 한다."

잡스는 매킨토시에 대한 기대감을 스컬리와 공유할 수 있기를 바랐다. "이 제품은 이제껏 만들어 낸 그 어떤 제품보다 제게 중요합니다. 애플 외부인으로서는 처음으로 당신에게 맥을 보여 드리고 싶습니다." 잡스는 자못 자랑스럽게 맥 원형 제품을 보여 주며 시연을 했다. 스컬리는 매킨토시 못지않게 잡스의 모습이 인상적이라고 느꼈다. "그는 사업가라기보다는 마치 쇼맨 같았습니다. 모든 동작과 행동이 미리 계산된 것처럼 느껴졌어요. 마치 리허설이라도 한 것처럼 말입니다."

잡스는 스컬리를 놀래 주기 위해 특별 스크린 디스플레이를 준비하라고 허츠펠드와 팀원들에게 지시해 놓은 터였다. "허츠펠드는 정말 똑똑한 인재입니다." 잡스가 스컬리에게 말했다. 허츠펠드는 스컬리가 펩시에서 사용할 매킨토시를 다량 구매하는 고객이 될지도 모른다는 이야기가 "별로 믿기지 않았다."라고 회상한다. 하지만 어쨌든 그와 수전 케어는 애플 로고가 그려진 화면들 중간에 펩시 병뚜껑과 캔이 그려진 화면도 뜨도록 만들었다. 허츠펠드는 시연회를 하는 동안 팔을 허공에 휘두르며 열심히 설명했다. 하지만 스컬리는 그다지 큰 인상을 받지 못한 표정이었다. 허츠펠드는 회상한다.

"그는 몇 가지 질문을 던지긴 했지만 맥에 특별히 큰 흥미를 갖는 것 같진 않았습니다." 허츠펠드는 스컬리에게 호감을 느끼지 못했다. 그는 훗날 이렇게 말했다. "스컬리는 굉장히 가식적인 타입이었습니다. 첨단 기술에 관심이 있는 척했지만 사실은 그렇지 않았어요. 그는 마케팅쟁이였으니까요. 원래 마케팅쟁이들은 돈을 받고 가식을 파는 사람들 아닙니까."

3월에 잡스가 뉴욕을 방문했을 때 분위기는 더욱 무르익었다. 잡스의 행동은 이제 조심스러운 구애에서 맹목적인 로맨스로 바뀌었다. 잡스는 스컬리와 함께 센트럴파크를 산책하며 말했다. "당신이 적임자라고 생각합니다. 애플에 합류해서 함께 일해 주셨으면 합니다. 당신에게서 많은 걸 배울 수 있을 것 같습니다." 아버지처럼 느껴지는 인물과 적극적으로 관계를 맺곤 했던 잡스는 스컬리의 자존심과 마음속 불안감을 어떻게 다뤄야 하는지 잘 알았다. 그리고 그런 접근법은 먹혀들었다. 스컬리는 훗날 이렇게 말했다. "제가 그의 매력에 걸려들었던 거지요. 스티브는 내가 만나 본 가운데 가장 똑똑한 사람들 중 하나였습니다. 또 저와 마찬가지로 아이디어에 대한 열정을 품고 있었고요."

미술사에 관심이 많았던 스컬리는 메트로폴리탄 미술관을 관람하자고 제안했다. 사실 마음속으로는 잡스가 기꺼이 남에게 배우려는 자세를 갖고 있는지 시험해 보고 싶은 마음도 있었다. "잡스가 자신이 잘 모르는 주제에 대해서 상대방의 가르침을 얼마나 잘 받아들이는지, 저는 그게 궁금했습니다." 스컬리는 그리스와 로마의 유물이 전시된 방을 둘러보면서 기원전 6세기 아케익기의 조각과 그로부터 1세기 후인 페리클레스 시대의 조각 사이의 차이점을 상세히 설명했다.

대학에서 배운 적이 없는 역사 이야기를 접하는 것을 좋아했던 잡스는 푹 빠진 표정으로 스컬리의 설명에 귀를 기울였다. 스컬리는 이렇게 회상한다. "똘똘한 학생을 가르치는 선생님이 된 기분이었지요." 또다시 스컬리는 잡스와 자신이 비슷하다는 느낌을 받았다. "그를 보면 젊은 시절의 제 모습이 보였습니다. 저도 젊었을 때 성급하고 고집 세고 거만하고 충동적이었거든요. 머릿속에 아이디어가 끓어넘쳐서 종종 다른 것들은 안중에 두지도 않았지요. 저 역시 제 요구에 부응하지 못하는 사람들을 참고 봐 주질 못하는 성격이었고요."

스컬리는 함께 길을 걸으면서 휴가 때면 스케치북을 들고 파리 센 강의 좌안(左岸)을 찾는다고 잡스에게 털어놓았다. 사업가가 되지 않았다면 아마 화가가 되었을 거라고 했다. 잡스 자신도 만일 컴퓨터 업계에 종사하지 않았다면 파리를 거니는 시인이 되었을지도 모른다고 말했다. 두 사람은 브로드웨이를 따라 걸어가 49번가에 있는 콜로니 레코드점에 도착했다. 그곳에서 잡스는 밥 딜런, 존 바에즈, 엘라 피츠제럴드, 윈드햄 힐의 재즈 아티스트들 등 자신이 좋아하는 음반들을 스컬리에게 보여 주었다. 그러고 나서 두 사람은 센트럴파크 웨스트와 74번가가 만나는 곳에 위치한 고급 아파트인 산레모까지 걸어갔다. 잡스는 높이 솟은 두 개의 탑 모양으로 생긴 이 아파트의 복층형 펜트하우스를 구입할 계획이었다.

두 사람은 밖이 내다보이는 테라스 중 한 곳을 골라 들어섰다. 스컬리는 높은 곳을 조금 무서워했기 때문에 벽에 가까이 붙어 섰다. 이제 두 사람 사이에 모종의 결론이 나려는 순간이었다. 먼저 금전적인 얘기부터 시작됐다. 스컬리는 이렇게 회상한다. "연봉 100만 달러에 입사 보너스 100만 달러, 고용 계약이 예기치 않게 조기 종결되는 경우 퇴직금 100만 달러를 원한다고 말했습니다." 잡스는 그 정도는 해 줄 수 있을 거라면서 "제 개인 주머니에서라도 꺼내서 드리겠습니다."라고 말했다. "우리는 함께 애플의 문제들을 해결해야 합니다. 당신은 제가 만나 본 최고의 인재니까요. 당신은 애플을 이끌어 줄 최상의 적임자입니다. 그리고 애플은 최고의 인재를 맞아들일 자격이 있습니다." 잡스는 이제껏 함께 일한 동료나 상사 가운데 진심으로 존경해 본 인물이 없다면서 스컬리야말로 자신에게 훌륭한 가르침을 줄 수 있는 사람이라는 확신이 든다고 말했다. 잡스는 스컬리를 강렬한 눈빛으로 응시했다. 스컬리는 잡스의 검은 머리칼과 강한 눈빛에 큰 인상을 받았다.

스컬리는 마지막으로 한 차례 더 거절의 뜻을 내비쳤다. 두 사람이 좋은 친구 관계를 유지하면서 그가 고문처럼 잡스에게 때때로 조언을 해 주는 역할을 하면 되지 않겠느냐고 말이다. 그는 그때의 결정적인 순간에 대해 훗날 이렇게 술회했다. "스티브가 고개를 떨어뜨리고 자기 발끝을 응시하더군요. 잠시 무겁고 어색한 침묵이 흘렀습니다. 그리고 곧 그가 이런 도발적인 한마디를 던졌습니다. '설탕물이나 팔면서 남은 인생을 보내고 싶습니까? 아니면 세상을 바꿀 기회를 붙잡고 싶습니까?' 그 말이 이후로도 며칠 동안 머릿속을 맴돌더군요."

스컬리는 뭔가로 머리를 얻어맞은 듯 멍했다. 그는 그 자리에서 잡스의 제안을 받아들일 수밖에 없었다. "그는 언제나 자신이 원하는 걸 이뤄 내는 신비한 능력을 갖고 있습니다. 상대방을 치밀하게 가늠해 본 뒤에 그를 설득하려면 어떻게 말해야 하는지 정확하게 알지요." 스컬리는 말한다. "4개월 만에 처음으로 '안 됩니다.'라고 대답할 수 없다는 사실을 깨달았어요." 서쪽 하늘로 해가 뉘엿뉘엿 넘어가기 시작했다. 두 사람은 산레모 아파트를 떠나 센트럴파크를 지나서 칼라일 호텔로 향했다.

이윤 대 혁명적 제품

마쿨라는 스컬리를 설득해 연봉 50만 달러와 보너스 50만 달러라는 조건을 받아들이게 만들었다. 스컬리는 1983년 5월 파하로 사구에서 열린 애플 경영진 수련회와 시기를 맞춰 캘리포니아에 도착했다. 스컬리는 검은색 정장 한 벌만 몸에 걸쳤을 뿐 다른 모든 격식은 그리니치에 놔두고 왔건만 그래도 애플의 자유로운 분위기에 적응하기가 쉽지 않았다. 잡스는 회의실 앞쪽 바닥에 가부좌를 틀고 앉아서 무심하게 맨발의 발가락들을 꼼지락거렸다. 스컬리는 의제를 제시하려고 애썼다. 애플 제품들(애플 II, 애플 III, 리사, 맥)을 차별화할 방법에 대해, 제품군이나 타깃 시장, 직능 가운데 어떤 걸 중심으로 회사 전략을 수립하는 게 효과적일지에 대해 논의하고 싶었다. 하지만 곧 방 안은 누구나 주저 없이 아이디어를 제시하고 불만을 터뜨리고 자유롭게 토론을 벌이는 격식 없는 분위기로 흘러갔다.

어느 시점에 잡스가 형편없는 제품을 만들었다며 리사 팀을 공격했다. 그러자 리사 팀원 가운데 한 명이 받아쳤다. "당신은 매킨토시를 예정된 기한 내에 마무리하지 못했잖아요! 뭔가 제품이라도 내놓은 다음이라야 우리한테 뭐라 할 자격이 있는 거 아닙니까?" 스컬리는 깜짝 놀랐다. 펩시에서는 회장에게 그렇게 따지듯 받아치는 것은 상상할 수도 없었기 때문이다. "그런데 이곳에서는 다들 스티브를 깔아뭉개기 시작하더군요." 스컬리는 애플의 어느 광고 세일즈맨이 얘기해 준 농담을 떠올렸다. "애플과 보이스카우트의 차이점이 뭔지 아십니까? 보이스카우트에는 애들을 통제하는 어른 감독이 있다는 거죠."

논쟁이 한창일 때 갑자기 미세한 지진이 일어나 방 안의 집기들이 흔들렸다. 누군가 외쳤다. "해변으로 나가자!" 그러자 모두 방에서 나가 물 쪽으로 내달렸다. 그러고 나서 또 다른 누군가가 지난번 지진 때 엄청난 해일이 몰려왔다고 소리쳤다. 사람들은 다시 방향을 바꿔 다른 쪽으로 달렸다. 스컬리는 훗날 이렇게 회상했다. "우유부단함, 상반되는 조언, 자연재해에 대한 두려움, 이것들은 앞으로 다가올 상황을 암시하는 징조였는지도 모릅니다."

애플 사내에서 서로 다른 제품 팀들 간의 경쟁은 대단했다. 해적기를 훔치는 사건처럼 재미있는 에피소드도 있었지만 말이다. 한번은 잡스가 맥 팀이 일주일에 90시간을 일한다고 자랑스럽게 뽐내듯 말하자 데비 콜먼이 "주 90시간 근무, 너무 행복하다!"라고 적힌 단체 후드 티셔츠를 제작했다. 이에 자극을 받은 리사 팀은 "주 70시간 근무, 제품을 출시하다."라고 적힌 티셔츠를 만들었다. 또 꾸준하게 수익을 내고 있던 애플 II의 팀원들은 "주 60시간 근무, 리사와 맥을 먹여 살리다."라는 문구를 만들었다. 잡스는 애플 II 팀원들을 깔보면서 '짐마차용 말 떼'라고 불렀다. 하지만 잡스 자신도 그 말 떼가 실질적으로 애플이라는 마차를 굴러가게 하는 유일한 존재라는 사실을 속은 쓰릴지언정 인정할 수밖에 없었다.

어느 토요일 아침 잡스가 스컬리와 그의 부인 리지를 아침 식사에 초대했다. 당시 잡스는 로스가토스에 있는 근사하긴 하지만 다소 평범한 튜더 양식의 주택에서 애인 바버라 야진스키와 함께 살고 있었다. 야진스키는 레지스 매케나의 회사에서 일하는 직원으로 얌전하고 총명한 타입의 미인이었다. 리지가 팬을 가져와 야채 오믈렛을 손수 만들어 주었다.(엄격한 채식만을 고집하던 잡스의 습관에 조금 변화가 생긴 무렵이었다.) 잡스가 스컬리 부부에게 말했다. "보기 좀 그럴는지 모르겠는데 저희 집에 가구가 별로 없어 휑하죠? 거기까지 신경 쓸 여유가 없어서 말입니다." 이것은 잡스 성격의 기이한 측면 가운데 하나였다. 제품이나 물건의 완성도에 대해 엄격한 기준을 적용하는 동시에 스파르타식의 간소함을 중시하는 그는 자신이 미칠 듯이 좋아하는 물건이 아니라면 사지 않았다. 그의 집에는 티파니 램프, 고풍스러운 식탁, 소니 트리니트론 텔레비전, 레이저디스크 비디오가 있었지만 거실 바닥에는 소파나 의자 대신 스티로폼 방석이 놓여 있었다. 스컬리는 그런 잡스의 생활공간을 보며 미소를 지었다. 속으로는 젊은 시절 '뉴욕의 어수선한 아파트에서 열정 넘치는 스파르타식 삶을 살던' 자신의 모습과 비슷하다고 느꼈기 때문이다.

잡스는 자신이 오래 살지 못할 것 같다면서 그렇기 때문에 실리콘밸리 역사에 뭔가 흔적을 남기기 위해서는 되도록 빨리 뭔가 위대한 걸 이뤄 내야 한다고 스컬리에게 말했다. 그날 아침 식사를 함께하면서 잡스는 말했다. "우리가 이 지구에 머무는 시간은 아주 잠깐입니다. 정말로 위대한 일을 해낼 수 있는 기회는 많지 않습니다. 자신의 삶이 언제 끝날지 아무도 모릅니다. 저도 물론 마찬가지죠. 하지만 이것만은 분명합니다. 젊음을 아직 잃지 않았을 때 많은 걸 이뤄 내야 한다는 것 말입니다."

둘의 관계가 시작된 초기 몇 개월간 잡스와 스컬리는 매일 수시로 만나 대화를 나누곤 했다. "스티브와 저는 단짝이라 할 만큼 가까워졌지요." 스컬리는 회상한다. "굳이 완전한 문장을 말하지 않아도 상대방이 하려는 말을 알아듣곤 했습니다." 잡스는 수시로 듣기 좋은 말로 스컬리를 치켜세웠다. 그는 뭔가 의논할 문제가 있을 때 스컬리의 방을 찾아가 "당신이라야 제 말을 이해할 것 같아서요."라고 말하곤 했다. 두 사람은 툭하면 서로에게 '당신과 함께 일하는 게 정말 즐겁다.'라는 식의 말을 했다. 너무 자주 그런 대화를 나눠서 우려스러울 정도로 말이다. 그리고 스컬리는 기회가 있을 때마다 자신과 잡스의 비슷한 점을 찾아내곤 했다.

우리는 서로 잘 통했기 때문에 상대방이 하려는 말을 금세 알아챘습니다. 스티브는 새벽 2시에도 전화를 걸어 잠든 저를 깨웠어요. 갑자기 죽이는 아이디어가 생각났다면서 한참을 떠들곤 했지요. 잠이 덜 깨 몽롱한 저에게 악의 없는 목소리로 "여보세요, 접니다!" 하고 전화를 걸었습니다. 몇 시건 개의치 않았습니다. 묘하게도 그런 잡스를 보면 펩시 시절의 저를 보는 듯한 기분이 들었습니다. 또 스티브는 때로 다음 날 아침에 예정되어 있는 프레젠테이션 자료를 갈가리 찢어 쓰레기통에 처박곤 했어요. 펩시에서 일하던 초기에 저 역시 공개 석상의 발표를 최대한 잘해 내고 싶은 마음에 그렇게 완벽주의자 같은 행태를 보이곤 했지요. 비교적 젊은 간부였던 저는 언제나 빨리 뭔가를 이뤄 내고 싶어 조바심이 났고 내가 남보다 더 잘해 낼 수 있다고 믿었어요. 스티브도 그랬습니다. 때로는 스티브가 영화 속에서 제 역할을 연기하고 있는 모습을 보는 기분이었습니다. 섬뜩할 만큼 닮은 점이 느껴졌어요. 그래서 더욱 빨리 가까워진 겁니다.

이런 스컬리의 생각은 자기기만이자 착각이었다. 그리고 재앙으로 향하는 길이었다. 잡스는 비교적 초반에 그것을 감지했다. "우리는 세상이나 사람들을 바라보는 관점도 달랐고 가치관도 달랐습니다." 잡스는 회상한다. "스컬리가 애플에 합류하고 2~3개월쯤 지나자 저는 그걸 깨닫기 시작했습니다. 그는 뭔가를 빠르게 학습하는 능력이 떨어졌고 얼간이 같은 직원들을 승진시키고 싶어 했어요."

하지만 잡스는 두 사람이 닮은꼴이라는 스컬리의 믿음을 부추김으로써 그를 조종할 수 있다고 생각했다. 그리고 잡스는 자신의 조종에 넘어오는 스컬리를 볼 때마다 그를 더욱 얕잡아 보게 되었다. 조애나 호프먼을 비롯해 맥 팀의 눈치 빠른 직원 몇몇은 불안한 분위기를 곧 알아챘고 두 사람의 불화가 조만간 겉으로 드러날지 모른다고 느끼기 시작했다. 호프먼은 회상한다. "스티브는 스컬리가 스스로 특별하고 비범한 존재인 것처럼 느끼게 만들었어요. 스컬리는 전에는 스스로를 그렇게 느껴 본 적이 없었죠. 그러니 스티브의 칭찬에 혹해서 취해 버린 거예요. 당신은 이런 사람이다, 이런 점이 뛰어나다, 존경스럽다 하면서 스티브가 스컬리에게 없는 성격이나 장점들을 투영했기 때문이죠. 그렇게 스티브가 비행기를 태워 주니 스컬리가 홀랑 넘어간 겁니다. 그렇게 투영한 이미지들과 스컬리의 실제 모습이 모두 부합하는 것은 아니라는 사실이 분명해질 수밖에 없었죠. 결국 현실을 왜곡하려는 스티브의 경향이 파국을 초래한 겁니다."

시간이 흐를수록 스컬리 쪽의 열렬한 애정도 식기 시작했다. 스컬리의 단점 가운데 하나는 사내 문제를 조정할 때 직원들의 비위를 맞추려고 애쓴다는 점이었고, 이는 분명 잡스와 다른 면이었다. 쉽게 말해서, 스컬리는 정중하고 예의 바른 타입이었고 잡스는 그 반대였다. 직원들을 건방지고 무례하게 대하는 잡스의 모습을 보고 스컬리는 깜짝 놀랐다. 스컬리는 이렇게 회상한다. "우리는 밤 11시에 맥 팀의 사무실을 방문하곤 했습니다. 팀원들이 작성 중인 코드를 가져와 스티브에게 보여 주었지요. 어떤 때는 스티브는 거기에 눈길조차 주지 않았습니다. 또 어떤 때는 받아서 직원을 향해 던지기도 했고요. 제가 '어떻게 그렇게 심한 태도를 보이느냐.'라고 말하면 그는 '더 잘할 수 있는데도 겨우 그 정도 결과물을 들고 오니까요.'라고 했습니다." 스컬리는 그를 타일러 보려고도 했다. 언젠가 한번은 그에게 이렇게 조언했다. "당신은 자제하는 법을 좀 배울 필요가 있어요." 잡스는 고개를 끄덕이긴 했지만, 감정을 드러내기 전에 속에서 걸러 내는 것은 그의 천성과 거리가 멀었다.

스컬리는 잡스의 변덕스러운 성격이 정서적 양극성이라는 심리적 기질에 깊은 뿌리를 두고 있다는 생각이 들기 시작했다. 잡스의 기분 상태는 극과 극을 오갔다. 어떤 때는 좋아서 어쩔 줄 모르다가 또 어떤 때는 침울함에 깊이 침잠했다. 또 어떤 때는 갑자기 격하게 열변을 토해 내서 스컬리가 그를 진정시켜야 했다. "그러고 나면 20분 후에 다시 제게 전화가 왔어요. 스티브가 또 이성을 잃고 흥분하기 시작했으니 빨리 와 보라는 내용이었지요."

두 사람이 처음으로 크게 충돌한 것은 매킨토시의 가격을 책정하는 문제 때문이었다. 애초에는 1000달러 정도로 구상된 컴퓨터였지만, 잡스가 디자인을 변경하는 바람에 비용이 올라가서 1995달러로 판매할 계획이었다. 하지만 매킨토시 출시 및 마케팅 계획을 세우는 과정에서 스컬리는 맥 가격을 500달러 더 올릴 필요가 있다고 판단했다. 마케팅 비용이 생산비 못지않게 들어갈 것이므로 그 비용도 제품 가격에 반영해야 한다고 생각했기 때문이다. 잡스는 강하게 반대하며 이렇게 말했다. "그러면 우리가 지향하던 신념이 완전히 깨집니다. 나는 맥으로 이윤을 짜내고 싶은 게 아니라 혁명적인 제품을 선보이고 싶은 거라고요." 스컬리는 잡스에게 맥 가격을 1995달러로 책정하는 것과 마케팅 비용을 들여 대대적인 출시 행사를 하는 것, 둘 중에 선택하라고 말했다. 둘 다는 안 된다고 못 박았다.

잡스는 허츠펠드와 팀원들에게 말했다. "여러분도 나랑 의견이 같을 겁니다. 하지만 스컬리는 맥 가격을 1995달러가 아니라 2495달러로 해야 한다고 고집하고 있어요." 실제로 엔지니어들도 그 소식을 듣고 깜짝 놀랐다. 허츠펠드는 일반 대중을 위한 컴퓨터로 구상한 맥에 그렇게 높은 가격을 책정하는 것은 그동안 자신들이 지향해 온 신념을 '배반'하는 것이라고 말했다. 잡스는 팀원들 앞에서 장담했다. "걱정 마십시오. 스컬리 마음대로 하도록 놔두진 않을 테니까!" 하지만 결국 맥 가격을 둘러싼 갈등에서는 스컬리가 승리했다. 25년이나 지난 후에도 잡스는 그때를 떠올리면 속이 부글거리는지 이렇게 말했다. "바로 그 비싼 가격 때문에 매킨토시 판매량이 지지부진해지고 결국 마이크로소프트가 시장을 지배하게 된 겁니다." 이 일로 잡스는 자신이 제품과 회사에 대한 통제권을 잃고 있다고 느꼈다. 그리고 그것은 호랑이에게 구석으로 몰렸다고 느끼게 만드는 것만큼이나 위험한 상황이었다.

매킨토시 출시

15

우주에 흔적을 남기자

큰 반향을 일으켰던 애플의 '1984' 광고

진정한 예술가는 작품을 출하한다

1983년 10월 하와이에서 열린 애플 세일즈 컨퍼런스의 클라이맥스는 잡스가 「데이팅 게임」(남녀의 만남을 주선하는 프로그램으로, 대개 출연자 한 명이 다른 이성 출연자 세 명에게 질문을 던지는 시간을 가진 후 셋 중에서 데이트 상대를 선택한다. ─ 옮긴이)이라는 텔레비전 프로그램을 본떠서 기획한 촌극이었다. 잡스가 사회를 맡았고, 질문을 받는 세 명의 인물로는 빌 게이츠와 소프트웨어 업계의 또 다른 중역들인 미치 케이퍼, 프레드 기번스가 설정되었다. 「데이팅 게임」의 경쾌한 테마곡이 흘러나오자 세 사람은 무대에 마련된 의자에 자리를 잡고 앉아 각자 자기소개를 했다. 고등학교 2학년생 같은 이미지를 풍기는 게이츠가 "1984년에 마이크로소프트가 올리는 수익의 절반은 매킨토시용 소프트웨어에서 나올 겁니다."라고 말하자 애플 세일즈맨들 750명에게서 우레 같은 박수갈채가 터져 나왔다. 말끔하게 면도한 얼굴의 잡스가 이를 드러내며 환하게 미소를 지었다. 잡스는 게이츠에게 매킨토시의 새로운 운영체제가 컴퓨터 업계의 새로운 표준으로 자리 잡을 수 있을 것 같으냐고 질문을 던졌다. 게이츠는 이렇게 대답했다. "새로운 표준을 창조하기 위해서는 남들과 약간 다른 제품으로는 안 됩니다. 진정 혁신적이고 사람들의 마음을 사로잡을 수 있는 무언가가 필요합니다. 그리고 제가 이제껏 본 컴퓨터 가운데 매킨토시는 바로 그 조건을 충족하는 유일한 제품입니다."

그러나 실제로 애플에게 마이크로소프트는 협력자라기보다는 점점 더 경쟁자가 되어 가고 있었다. 이후 마이크로소프트는 마이크로소프트 워드 같은 애플용 애플리케이션 소프트웨어를 꾸준히 만들지만, 마이크로소프트의 전체 수익 가운데 IBM PC를 위해 만든 운영체제로 인해 얻는 수익의 비율이 빠르게 증가하기 시작한다. 1년 전인 1982년 애플 II 의 판매량은 27만 9000대였고 IBM PC와 IBM 클론의 판매량은 24만 대였다. 하지만 1983년에 이 수치는 크게 달라지고 있었다. 애플 II는 42만 대, IBM PC와 클론은 130만 대였던 것이다. 그리고 애플 III와 리사는 참담하게 실패한 상태였다.

애플의 영업 직원들이 하와이에서 컨퍼런스를 열 무렵 《비즈니스 위크》 표지에 실린 "퍼스널 컴퓨터, 승자는…… IBM"이라는 헤드라인은 이와 같은 시장의 판도 변화를 확고히 보여 주었다. 《비즈니스 위크》의 기사는 시장에서 부상하고 있는 IBM PC를 상세히 다루며 이렇게 적었다. "시장 지배권을 둘러싼 전쟁은 이미 끝났다. 무서운 기세로 시장을 장악한 IBM은 2년 만에 컴퓨터 시장의 26퍼센트 이상을 차지했다. 그리고 1985년쯤이면 세계시장의 절반을 차지할 것으로 전망된다. 또 여기에 IBM과 호환이 가능한 컴퓨터들이 시장의 25퍼센트 정도를 차지할 것이다."

이러한 상황은 불과 세 달 후인 1984년 1월에 출시 계획이 잡혀 있는 매킨토시에 커다란 압박을 가했다. 그날 세일즈 컨퍼런스에서 잡스는 극적인 분위기를 연출하여 최후의 대결을 위한 각오를 다지기로 마음먹었다. 그는 무대에 올라가 IBM이 1958년 이래로 저지른 실수와 과오 들을 줄줄이 나열한 다음, 그런 IBM이 이제 PC 시장을 집어삼키려 하고 있다고 불길한 어조로 강조했다. "빅 블루(IBM의 별칭. — 옮긴

매킨토시 출시

이)가 컴퓨터 업계 전체를 장악하게 될까요? 현대의 정보 시
대를? 조지 오웰이 그린 1984년이 현실화되는 걸까요?" 바
로 그때 천장에서 스크린이 내려오더니 공상과학영화를 연
상시키는 60초짜리 텔레비전 광고가 화면에 나타났다. 이제
곧 전파를 탄 후 광고 역사에 큰 획을 긋게 될 매킨토시 광고
였다. 그날 컨퍼런스에서는 애플 세일즈맨들의 사기를 북돋
우고 열정을 자극하기 위해 광고 영상을 미리 보여 준 것이었
다. 잡스는 언제나 자기 자신을 어둠의 세력에 맞서 싸우는
반항아로 여김으로써 스스로 에너지를 얻었다. 그리고 이제
애플의 군사들에게도 그런 식으로 에너지를 불어넣었던 것
이다.

그런데 한 가지 문제가 있었다. 허츠펠드와 팀원들은 매킨
토시를 위한 코드 작성을 완료해야 했다. 코드는 1월 16일 월
요일에 전달하기로 예정되어 있었다. 그 날짜를 불과 일주일
앞두고 엔지니어들은 기한 내에 작업을 완료하는 것이 불가
능하다는 결론을 내렸다. 버그가 발견된 것이다.

당시 잡스는 언론 시연회를 준비하느라 맨해튼의 그랜드
하얏트 호텔에 묵고 있었다. 그래서 일요일(1월 8일) 아침에
맥 팀원들과 전화 회의를 열었다. 소프트웨어 팀장이 차분한
목소리로 잡스에게 상황을 설명했다. 허츠펠드와 나머지 팀
원들은 스피커폰 앞에 모여 서서 숨을 죽이고 통화 내용에
귀를 기울였다. 코드 작성을 완성하기 위해서는 2주가 더 필
요했다. 먼저 판매상들에게 '데모' 소프트웨어를 넘기고 1월
하순에 새 코드가 완성되는 즉시 정식 소프트웨어로 교체해
주는 방안이 제시되었다. 잠시 침묵이 흘렀다. 예상 외로 잡
스는 전혀 흥분하지 않았다. 오히려 냉정하고 엄숙한 목소리

로 팀원들이 정말로 훌륭하다고 사기를 북돋우기 시작했다. 실력이 뛰어난 인재들이므로 기한 내에 해낼 수 있을 거라면서 말이다. "우리가 못 해낸다는 건 말이 안 됩니다!" 밴들리 건물에 모여 있던 팀원들은 전부 할 말을 잃었다. "여러분은 수개월 동안 이 작업에 매달려 왔어요. 여기서 2주를 더 들인다고 뭐 크게 달라질 것도 없습니다. 현 상황에서 완료 방안을 강구하는 게 낫습니다. 나는 내일부터 딱 일주일 후에, 그러니까 다음 주 월요일인 16일에 반드시 코드를 넘길 겁니다. 여러분의 이름을 적어 넣어서 말입니다."

"까짓것, 해 보자고!" 스티브 캡스가 말했다. 그리고 실제로 그들은 해냈다. 이번에도 잡스의 현실 왜곡장이 힘을 발휘해 그들이 불가능하다고 생각했던 일을 해내게끔 만든 것이다. 금요일에 랜디 위긴턴은 마지막 3일의 밤샘 작업을 위해 초콜릿을 입힌 커피 원두를 커다란 봉지에 가득 담아서 가져왔다. 드디어 16일 월요일 아침, 잡스가 8시 30분경 맥 팀의 작업실에 들어갔을 때 허츠펠드는 거의 탈진에 가까운 상태로 소파에 뻗어 있었다. 두 사람은 아직 남아 있는 사소한 오류에 대해서 이야기를 나눴고 잡스는 그게 문제가 되지는 않을 것이라고 판단했다. 허츠펠드는 지친 몸을 일으켜 자신의 폭스바겐 래빗(번호판에 '맥의 귀재'라는 뜻으로 'MACWIZ'라 적었다.)을 몰고 집으로 돌아가자마자 침대에 고꾸라졌다. 얼마 후 프리몬트에 있는 애플 공장에서 다채로운 선으로 매킨토시가 그려진 박스에 제품을 담기 시작했다. 잡스는 이전에 "진정한 예술가는 작품을 출하한다."라고 선언했다. 이제 맥 팀은 그 금언에 걸맞은 팀이 된 것이다.

이 시대 최고의 광고가 탄생하다

1983년 봄 무렵 매킨토시 출시와 관련된 계획을 세우기 시작하면서 잡스는 애플이 세상에 선보일 제품만큼이나 혁명적이고 기발한 광고를 원했다. "나는 사람들의 발길을 단번에 멈춰 세우는 무언가를 원했습니다. 천둥소리와 같은 것 말입니다." 이 특별한 임무를 맡게 된 업체는 광고 에이전시 샤이엇데이였다. 몇 년 전 샤이엇데이가 레지스 매케나 회사의 광고 부문을 인수함에 따라 자연스럽게 애플을 고객사로 확보한 터였다. 애플의 광고를 맡은 책임자는 리 클라우였다. 호리호리한 체격의 클라우는 해변에서 시간 보내기를 즐겼고 텁수룩한 수염과 헝클어진 듯한 머리, 순수함이 느껴지는 미소와 반짝이는 눈빛이 인상적인 남자였다. 그는 로스앤젤레스 베니스비치에 있는 샤이엇데이에서 크리에이티브 디렉터로 활동하고 있었다. 클라우는 박식하면서도 유쾌한 성격이었으며 느긋하면서도 놀라운 집중력을 발휘하는 타입이었다. 잡스와 클라우의 관계는 이후 30년간 계속 이어진다.

클라우와 두 팀원(카피라이터 스티브 헤이든과 아트 디렉터 브렌트 토머스)은 한참 전부터 조지 오웰의 소설을 모티브로 삼아 "왜 1984년은 『1984』와 다른가"라는 문구를 염두에 두고 있었다. 이 문구가 마음에 든 잡스는 그것을 매킨토시 출시 광고에 넣어 달라고 요청했다. 클라우의 팀은 60초짜리 광고용 스토리보드를 제작했다. 공상과학영화의 한 장면과도 같은 이 광고의 내용은 이러했다. 수많은 군중이 멍한 표정으로 빅 브라더의 연설 화면을 보는 가운데, 반항기 가득해 보이는 젊은 여성이 자신을 뒤쫓는 사상경찰들을 따돌리고 뛰어 들어와서는 화면을 향해 커다란 쇠망치를 힘껏 던진다.

이는 PC 혁명이라는 시대정신을 담은 광고였다. 과거 많은 젊은이들, 특히 반문화 운동 지지자들에게 컴퓨터는 오웰의 소설에 나오는 것처럼 전체주의적인 정부나 거대 기업이 개인의 개성을 말살하기 위해 이용하는 도구로 여겨졌다. 그러나 1970년대 말에 이르자 컴퓨터를 개인의 자유를 증진해 줄 물건으로 인식하는 경향이 늘어났다. 그 광고는 매킨토시를 개인의 자유라는 대의를 지키는 용감한 전사로 표현했다. 멋지고 반항적인 영웅(즉 애플)만이 세계를 지배하고 사람들의 정신을 통제하려는 사악한 거대 기업에 맞설 수 있다는 메시지를 담은 것이었다.

잡스의 마음에 딱 드는 광고였다. 사실 이 광고의 콘셉트는 그의 가슴속에 특별한 울림을 만들어 냈다. 그는 언제나 스스로를 반항아로 여겼으며, 매킨토시 팀을 구성한 해적들이 지향하는 가치관과 자기 자신을 늘 연결하고 싶어 했다. 매킨토시 팀이 일하는 건물 옥상에 해적기도 펄럭이지 않았던가. 비록 오리건 주의 사과 농장을 떠나 비즈니스 세계에 뛰어들어 애플이라는 회사를 차렸지만, 잡스는 여전히 기업 세계가 아닌 반문화 세계의 시민이고 싶었다.

하지만 마음 깊은 곳에서는 자신의 삶이 컴퓨터광 정신과 점점 멀어져 왔다는 사실을 인식했다. 누군가가 자신을 배신자라고 불러도 자신 있게 반박하지는 못할 것 같았다. 홈브루 컴퓨터 클럽의 정신에 충실한 워즈가 애플 I 설계도를 무료로 나눠 줄 때, 잡스는 회로 기판을 돈을 받고 팔아야 한다고 주장했다. 워즈가 별로 원치 않았음에도 애플을 주식회사로 전환하고 기업공개를 하자고 한 것도 잡스였다. 또 잡스는 차고 시절부터 고락을 함께한 친구들 중 일부에게 스톡옵션을 주는 데 인색했다. 매킨토시 출시를 눈앞에 둔 시점에서, 그는 매킨토시가 컴퓨터광들의 정신과 원칙에 어긋나는 면이 많다는 것을 잘 알았다. 우선 가격이 너무 비쌌다. 또 그는 매킨토시에 슬롯이 없어야 한다고 단언했다. 이는 곧 컴퓨터 마니아들이 확장 카드를 끼워 넣어 쓰거나 머더보드에 원하는 부품을 장착할 수 없음을 의미했다. 심지어 그는 케이스를 열고 안쪽으로 접근하는 것조차 못하게 만들었다. 매킨토시의 플라스틱 케이스를 열려면 특수한 도구가 필요했다. 한마디로 그것은 폐쇄적이고 통제된 시스템이었다. 컴퓨터광보다는 빅 브라더가 설계한 무언가에 가까웠다는 얘기다.

따라서 '1984' 광고는 잡스가 원하는 자기 이미지를 스스로에게, 그리고 세상에 다시금 확인시켜 줄 방법이었다. 광고에서 매킨토시 그림이 그려진 흰색 탱크톱을 입고 뛰어 들어오는 여성은 거대한 체제에 맞서 그것을 뒤엎으려는 이단아였다. 영화 「블레이드 러너」를 만든 리들리 스콧에게 광고 감독을 맡김으로써, 잡스는 자신과 애플이 당대의 사이버펑크 문화와 연결되어 있다는 느낌을 줄 수 있었다. 이 광고로 애플은 기존 체제와 다른 사고방식을 가진 반항아 및 컴퓨터광들에게서 공감을 이끌어 내고, 잡스는 자신을 그들과 한패라고 여길 수 있는 권리를 되찾을 것이었다.

스토리보드를 본 스컬리의 반응은 회의적이었다. 하지만 잡스는 파격적인 광고가 꼭 필요하다고 끈질기게 주장했고 결국 광고 제작비로 유례가 없는 금액인 75만 달러를 확보할 수 있었다. 영국 런던에서 광고 제작을 진행한 리들리 스콧은 스크린 속 빅 브라더를 홀린 듯 바라보고 있는 군중 역할을 해 줄 진짜 스킨헤드들을 수십 명 섭외했다. 망치를 던지는 주인공을 위해서는 여성 원반던지기 선수를 선택했다. 그리고 금속성의 회색빛이 짙게 감도는 음침한 배경을 사용하여 「블레이드 러너」에서와 같은 디스토피아적 분위기를 연출했다. 스크린 속의 빅 브라더가 "우리가 지배한다!"라고 말하는 순간 여성 주인공이 던진 망치가 날아가 스크린에 부딪히고, 그와 동시에 빅 브라더의 모습이 사라지면서 뿌연 빛과 연기 속에 휩싸였다.

잡스가 하와이에서 열린 세일즈 컨퍼런스에서 이 광고를 보여 주었을 때 청중의 반응은 열광적이었다. 그래서 그는 1983년 12월 이사회 회의에서 이 광고를 보여 주었다. 영상이 끝나고 다시 불이 환하게 켜졌을 때 방 안은 찬물을 끼얹은 듯 고요했다. 캘리포니아 메이시스 백화점의 CEO 필립 슐라인은 회의 테이블 위에 엎드려 있었다. 마쿨라는 말없이 앞쪽을 응시했다. 참신하고 파격적인 광고에 할 말을 잃을 만큼 강한 인상을 받은 것 같았다. 그런데 곧이어 마쿨라의 입에서 이런 말이 튀어나왔다. "새로운 광고 에이전시를 찾아보는 게 어떨까요?" 스컬리는 그때를 이렇게 회상한다. "이사회 회원 대부분이 이제껏 본 광고 중 가장 최악이라고 생각했습니다."

스컬리는 초조해졌다. 그는 구매했던 광고 시간 두 개(60초짜리와 30초짜리)를 다른 곳에 팔아 달라고 샤이엇데이에 요청했다. 잡스는 이성을 잃을 만큼 격분했다. 어느 날 저녁 워즈가 매킨토시 팀의 사무실에 들렀다.(그는 비행기 사고 이후에도 애플에 완전히 발길을 끊지는 않고 종종 드나들었다.) 잡스는 워즈의 소맷자락을 끌어당기며 말했다. "여기 와서 이것 좀 봐." 그

매킨토시 출시

는 VCR을 작동해 광고를 보여 주었다. 워즈는 그때를 떠올리며 이렇게 말한다. "뭔가로 머리를 얻어맞은 것 같았어요. 정말 죽이는 광고였거든요." 잡스는 이사회가 슈퍼볼 중계 때 이 광고를 내보내지 않기로 했다고 결정했다는 얘기를 들려주었다. 그러자 워즈는 그 광고 시간대의 가격이 얼마냐고 물었다. 잡스는 80만 달러라고 말해 주었다. 평소 감정에 끌려 선의를 베풀곤 하던 워즈는 그 자리에서 즉석 제안을 했다. "그래? 내가 절반을 부담할 테니 절반은 네가 맡아."

결과적으로 워즈는 그럴 필요가 없어졌다. 샤이엇데이는 30초짜리 광고 시간은 다른 곳에 넘겼지만 소극적인 반항의 일환으로 60초짜리는 팔지 않았던 것이다. 리 클라우는 이렇게 회상한다. "60초짜리는 팔 수가 없었다고 이사회에 말했지만 실은 일부러 안 판 거였어요." 이사회와도, 잡스와도 충돌하고 싶지 않았던 스컬리는 마케팅 책임자인 빌 캠벨에게 조언을 요청했다. 전직 미식축구 감독인 캠벨은 장거리 패스를 시도해 보기로 했다. 그는 "시도해 보는 게 낫겠다."라고 말했다.

드디어 제18회 슈퍼볼 중계일이 다가왔다. 3쿼터 초반 LA 레이더스가 워싱턴 레드스킨스를 상대로 터치다운을 성공시켰다. 그 직후, 지나간 경기 장면이 재생되는 대신 슈퍼볼 경기를 방영하는 전국의 텔레비전 화면이 2초간 까맣게 변했다. 그리고 뭔가에 조종당하는 듯이 으스스한 배경 음악에 맞춰 한 방향으로 행진하는 사람들의 섬뜩한 모습이 화면을 채우기 시작했다. 9600만 명이 넘는 사람들의 눈앞에 과거에 한 번도 보지 못한 종류의 파격적인 광고가 펼쳐졌다. 광고 말미에 스크린 속의 빅 브라더가 사라지는 모습을 군중이 공포에 찬 얼굴로 바라보는 동안, 이런 목소리가 조용히 흘러나왔다. "1월 24일, 애플 컴퓨터가 매킨토시를 소개합니다. 그리고 당신은 왜 우리의 1984년이 오웰의 '1984년'과 다른지 알게 될 것입니다."

이 광고는 엄청난 반향을 불러일으켰다. 그날 저녁 전국으로 전파를 타는 주요 방송사 세 군데와 지역 방송국 50개에서 이 광고를 다룬 보도를 내보냈다. 유튜브가 없던 시절 이는 애플의 광고를 반복적으로 대중에 노출하는 계기가 되었다. 이 광고는 결국 《티브이 가이드》와 《애드버타이징 에이지》가 뽑은 이 시대 최고의 광고로 선정된다.

"혼을 빼놓을 만큼 뛰어난" 홍보 전술

애플의 신제품이 출시될 때 그 과정을 선두에서 지휘하는 리더는 스티브 잡스였다. 매킨토시의 경우, 리들리 스콧이 연출한 파격적인 광고는 제품 홍보의 여러 요소 가운데 하나일 뿐이었다. 또 다른 중요한 통로는 바로 언론 보도였다. 잡스는 폭발적인 선전 효과를 일으킬 방법, 제품에 관한 뜨거운 관심이 마치 화학적 연쇄반응처럼 사람들 사이에 퍼져 나가게 할 방법을 찾았다. 1984년의 매킨토시에서 2010년의 아이패드에 이르기까지 중요한 제품을 출시할 때마다 잡스는 늘 그러한 접근법을 택했다. 마술사가 매번 관중을 속이는데 성공하듯이 잡스는 매번 영리한 전술을 뜻대로 성공시켰다. 잡스의 전술을 이미 수차례 경험한 기자들 앞에서도 말이다. 잡스는 거만한 기자들과 친분을 쌓고 그들을 구슬리는

　　　　　　　　　　　　　　매킨토시 출시

데 능통한 레지스 매케나에게서 언론을 다루는 몇 가지 방법을 배운 터였다. 하지만 잡스 자신도 제품에 대한 관심에 불을 지피는 방법, 기자들의 경쟁 심리를 교묘하게 이용하는 방법, 독점 취재를 허용하는 대신 큰 지면을 할애받는 방법 등에 대한 직관적인 판단력과 감을 갖추고 있었다.

1983년 12월 잡스는 엔지니어링의 귀재인 앤디 허츠펠드, 버렐 스미스와 함께 뉴욕을 방문했다. 《뉴스위크》를 찾아가 '맥을 창조해 낸 악동들'에 대한 이야기를 기사로 내보내도록 설득하기 위해서였다. 그들은 매킨토시 시연을 마친 후 위층으로 안내되어 전설적인 언론인 캐서린 그레이엄을 만나 이야기를 나눴다. 그레이엄은 뭐든 세상에 새로 등장하는 것에 대해서 강력한 관심을 갖는 사람이었다. 이후 《뉴스위크》는 기술 분야 칼럼니스트와 사진기자를 팰러앨토로 보내 허츠펠드와 스미스를 인터뷰하게 했다. 《뉴스위크》는 두 사람을 IT 업계의 주목받는 인재로 소개하는 네 쪽짜리 기사를 실었다. 새로운 시대를 이끌어 갈 젊은 주역의 이미지가 물씬 풍기는 두 사람의 사진도 함께 실었다. 기사는 앞으로의 포부를 밝힌 스미스의 말을 이렇게 적었다. "저는 1990년대를 위한 컴퓨터를 만들고 싶습니다. 가급적 빠른 시일 내에 말입니다." 또한 기사는 변덕과 카리스마가 혼합된 잡스의 성격에 대해서도 소개했다. "때때로 잡스는 흥분된 목소리를 높이면서 자신의 생각을 고집하는데 그것이 언제나 허장성세인 것은 아니다. 들리는 바에 따르면 잡스는 매킨토시 키보드에 커서 키가 필요하지 않다고 판단했고, 커서 키를 넣을 것을 주장한 직원들을 해고하겠다고 위협했다고 한다. 하지만 화를 폭발시키지 않을 때의 잡스는 매력과 강렬한 갈망이 묘하게 뒤섞인 인물이며, 날카로운 신중함과 불 같은 열정 사이를 오가는 인물이다. 그가 즐겨 쓰는 '혼을 빼 놓을 만큼 뛰어난'이라는 말에서 그런 열정을 느낄 수 있다."

《롤링 스톤》의 기술 전문 기자인 스티븐 레비가 잡스를 인터뷰하러 찾아왔을 때, 잡스는 매킨토시 팀에 관한 내용을 표지 기사로 다뤄 달라고 강하게 요청했다. "《롤링 스톤》의 발행인 잔 웨너가 스팅 대신 컴퓨터광들의 얼굴을 표지에 싣는 데 동의할 확률은 거의 '제로'에 가까웠습니다." 레비의 회상이다. 잡스는 근처의 피자 전문점으로 자리를 옮겨 계속 설득을 시도했다. 잡스는 《롤링 스톤》이 "궁지에 몰려 있고 형편없는 기사들만 게재하며 참신한 주제와 새로운 독자가 절실하게 필요한 상태이므로, 맥이 《롤링 스톤》의 구세주가 될 수 있다."라며 열변을 토했다. 레비는 즉시 반박했다. 《롤링 스톤》은 실제로 잘나가는 훌륭한 잡지라고 말하면서, 잡스에게 최근에 읽어 본 적이 있느냐고 물었다. 잡스는 《롤링 스톤》에 실린 MTV 관련 기사를 비행기 안에서 읽었는데 "쓰레기 같았다."라고 대답했다. 레비는 그 기사를 쓴 사람이 바로 자신이라고 말했다. 참으로 그답게도 잡스는 자신의 평가를 철회하지 않았다. 그 대신 그는 목표물을 바꿔, 1년 전 자신을 '악평'했던 《타임》을 들먹이며 비난했다. 그러고 나서 이성적인 태도로 매킨토시에 관해 설명하기 시작했다. 인류는 선대의 기술적 성과들에서 끊임없이 혜택을 받아 누리며 과거의 사람들이 만들어 놓은 것을 토대로 발전하는 것이라고 잡스가 말했다. "인류의 경험과 지식이 담긴 저장고에 포함될 무언가를 창조한다는 것은 말할 수 없는 보람과 기쁨을 안겨 줍니다."

결국 매킨토시 이야기는 표지 기사가 되지 못했다. 하지만 훗날(넥스트와 픽사에서, 그리고 수년 후 애플에 복귀했을 때) 잡스가 추진한 주요 제품 출시에 관한 뉴스는 모두 《타임》이나 《뉴스위크》 또는 《비즈니스 위크》에 실린다.

1984 혁명, 매킨토시의 극적인 등장

밤샘 작업 끝에 동료들과 매킨토시의 소프트웨어 작업을 완료한 그날 아침, 녹초가 된 몸을 이끌고 집에 돌아간 앤디 허츠펠드는 적어도 하루는 푹 쉬어야겠다고 생각했다. 하지만 겨우 여섯 시간 눈을 붙이고 나서 그날 오후에 다시 차를 몰고 회사로 돌아갔다. 혹시라도 다른 문제가 없는지 꼼꼼하게 체크해야 하겠다는 생각이 들었던 것이다. 다른 동료들도 마찬가지였다. 맥 팀원들은 피곤하지만 설레는 마음으로 사무실 여기저기에서 시간을 보내고 있었다. 그때 잡스가 들어왔다. "자, 다시 기운들 차립시다. 아직 다 끝난 게 아니니까! 출시 행사에서 쓸 시연용 컴퓨터를 준비해야 해요!" 잡스는 수많은 청중 앞에서 극적이고 화려하게 매킨토시를 공개하겠다는 계획을 품고 있었다. 영화 「불의 전차」 주제곡을 배경 음악으로 깐 상태에서 매킨토시의 기능들을 시연할 생각이었다. "리허설을 해야 하니까 주말까지는 시연용 컴퓨터를 완성해야 해요." 팀원들 입에서 투덜거리는 소리가 새어 나왔다. 허츠펠드는 회상한다. "하지만 우리는 강렬한 인상을 주는 근사한 뭔가를 만들어 내자고 뜻을 모았지요."

매킨토시 출시는 1월 24일 디엔자 대학교의 플린트 센터 강당에서 열리는 애플 주주총회에서 발표될 예정이었다.(이제 8일 후였다.) 새로운 제품 출시가 세계 역사에서 신기원을 이루는 사건으로 느껴지도록 만들기 위한 스티브 잡스의 전술에서 (텔레비전 광고와 대대적인 언론 보도 다음으로) 세 번째에 해당하는 요소는, 바로 강력한 인상을 심어 주는 출시 행사였다. 애플을 흠모하는 마니아들과 환호하는 분위기에 물든 기자들 앞에서 인상적인 퍼포먼스 및 팡파르와 함께 드디어 제품의 베일을 벗기는 것 말이다.

허츠펠드는 컴퓨터에서 「불의 전차」 주제곡이 흘러나오게 하는 프로그램을 불과 이틀 만에 완성해 냈다. 하지만 잡스가 막상 들어 보니 음질이나 느낌이 영 별로였다. 그래서 결국 그냥 음반을 사용하기로 결정했다. 하지만 잡스는 텍스트를 멋진 전자음 목소리로 바꿔 주는 음성 변환 프로그램을 보고는 감탄을 금치 못했고, 이것을 시연용 컴퓨터에 포함하기로 했다. 그리고 이렇게 말했다. "스스로 자신을 소개하는 최초의 컴퓨터를 보여 주자고!" '1984' 광고의 카피라이터 스티브 헤이든이 소개 문구를 만들어 주기로 했다. 스티브 캡스는 '매킨토시'라는 단어가 큼지막한 폰트로 화면에 흘러가듯 나타나게 만드는 방법을 연구했고 수전 케어는 오프닝 그래픽을 만들었다.

그런데 행사 전날 밤 리허설에서 이런 기능과 화면에 자꾸 문제가 발생했다. 잡스는 이미지가 스크린에 나타나는 방식을 보고 얼굴을 찌푸렸고 계속해서 이것저것 고치라고 지시했다. 또 무대조명도 잡스의 마음에 들지 않았다. 그는 다양한 방식으로 조명을 바꾸는 동안 스컬리에게 강당 청중석에서 다양한 각도로 무대를 본 다음 의견을 말해 달라고 했다.

매킨토시 출시

스컬리는 무대조명에 변화를 주는 것에 대해 한 번도 생각해 본 적이 없었기 때문에 다소 주저하면서 자신 없는 말투로 의견을 표현했다. 마치 안과에서 시력검사를 받으면서 어떤 렌즈를 눈에 댔을 때 앞쪽의 글자가 더 잘 보이느냐는 질문을 받은 환자처럼 말이다. 리허설을 해 보고 이런저런 수정을 하는 과정은 무려 다섯 시간 동안 이어져 밤늦게야 끝났다. 스컬리는 그때를 떠올리며 이렇게 말한다. "다음 날 아침 행사 시간이 될 때까지도 리허설이 끝나지 않을 것만 같았다니까요."

잡스가 무엇보다도 예민하게 신경을 쓴 것은 자신의 프레젠테이션이었다. 스컬리는 회상한다. "그는 슬라이드 자료를 집어 던졌어요. 스티브 때문에 사람들이 거의 미치려고 했습니다. 어딘가 조금만 미흡한 점이 보여도 무대 담당자한테 불같이 화를 냈거든요." 스컬리는 스스로 글 솜씨가 있다고 생각했기 때문에 잡스의 프레젠테이션 원고에서 수정할 부분을 조언해 주었다. 잡스는 그때 기분이 약간 언짢았다고 회상한다. 하지만 당시는 듣기 좋은 칭찬으로 스컬리를 치켜세우는 잡스의 전술이 아직 통하던 시기였다. 그는 스컬리에게 말했다. "나는 당신을 워즈나 마쿨라와 똑같이 생각합니다. 당신은 회사 창업자들 못지않게 중요한 존재입니다. 그들은 처음에 회사를 만들었지만 당신과 나는 미래를 함께 만들어 가고 있으니까요." 스컬리는 그런 겉치레 말을 곧이곧대로 받아들였다. 그리고 세월이 흐른 후에 잡스의 말을 곱씹게 된다.

이튿날 아침, 2600명 좌석이 마련된 플린트 센터 강당에 사람들이 속속 들어오기 시작했다. 잡스는 푸른색이 감도는 더블브레스트 재킷 안에 깔끔하게 다린 흰색 셔츠를 입었고 연한 초록색 나비넥타이를 맸다. 행사 시작 전 무대 뒤에서 기다리는 동안 잡스는 스컬리에게 말했다. "제 인생에서 가장 중요한 순간입니다. 정말 긴장되는군요. 지금 제 기분이 어떤지, 아마 당신밖에 모르실 겁니다." 스컬리는 잡스의 손을 꼭 잡고 잠시 가만히 있었다. 그리고 행운을 빈다고 나직하게 속삭였다.

애플의 회장인 잡스가 제일 먼저 무대에 올라 주주총회 개회를 선언했다. 그는 자신만의 독특한 방식으로 연설을 시작했다. "밥 딜런의 20년 전 노래 가사를 음미하면서 주주총회를 시작할까 합니다." 그는 살짝 미소 지은 후 앞에 있는 원고에 간간이 시선을 던지며 「더 타임스 데이 아 어체인징(The Times They Are A-Changin')」의 2절 가사를 읊었다. 잡스는 다소 상기된 목소리로 빠르게 읽어 내려갔다. 노랫말은 이렇게 끝났다. "지금의 패자는 훗날 승자가 되리. 시대는 변하기 마련이니." 이 노래는 무대에 선 백만장자 회장으로 하여금 반문화적인 자아상을 떠올리게 만드는 찬가였다. 잡스는 1964년 핼러윈에 링컨 센터의 필하모닉 홀에서 열린 라이브 콘서트에서 딜런이 존 바에즈와 함께 부른 버전을 가장 좋아했고, 그 공연 음반의 해적판도 소장하고 있었다.

다음으로 스컬리가 무대에 올라 애플의 수익을 보고했다. 그가 애플의 경영 성과를 단조롭게 웅얼거리자 청중은 지루함에 몸을 뒤틀었다. 마지막으로 스컬리는 개인적인 의견을 덧붙였다. "지난 9개월간 애플에서 저에게 가장 의미 깊었던 것은 스티브 잡스와 우정을 쌓은 일입니다. 그와 함께 쌓은 신뢰 관계는 제게 더없이 중요한 의미입니다."

조명이 약간 어두워지고 잡스가 다시 무대에 등장했다. 그리고 하와이 세일즈 컨퍼런스에서 IBM을 향해 선전포고 했던 내용을 보다 극적인 버전으로 바꿔 연설을 시작했다. "1958년에 IBM은 제로그래피라는 신기술을 개발한 유망한 회사를 인수할 기회를 놓쳤습니다. 그리고 2년 뒤 제록스가 탄생합니다. 그 후 IBM은 지금까지도 그 일을 후회하고 있습니다." 청중석에서 웃음이 터져 나왔다. 허츠펠드는 하와이 컨퍼런스와 다른 여러 자리에서 잡스가 이 이야기를 하는 것을 들은 적이 있었다. 하지만 그날은 다른 어느 때보다도 잡스의 어투에 열정과 흥분이 넘쳤다. IBM의 몇 가지 과오들을 언급한 뒤, 잡스의 연설 속도와 감정은 더욱 고조되었다.

1984년 현재, IBM은 모든 걸 독차지하려는 듯 보입니다. 애플은 이런 IBM과 맞서 경쟁할 수 있는 유일한 기업으로 여겨지고 있습니다. 판매상들은 처음에 IBM을 두 팔 벌려 환영했습니다. 하지만 지금은 IBM이 미래를 지배하고 통제할까 봐 두려움을 느끼고 애플로 돌아서고 있습니다. 그들의 미래를 자유롭게 해 줄 유일한 기업은 애플뿐이기 때문입니다. IBM은 모든 걸 독차지하려고 합니다. 또 업계를 장악하는 데 마지막 걸림돌인 애플을 향해 총부리를 겨누고 있습니다. 과연 빅 블루가 컴퓨터 업계 전체를 장악하게 될까요? 현대의 정보 시대를? 조지 오웰의 예견이 옳았던 걸까요?

연설이 클라이맥스에 가까워질수록 청중에서 나오던 웅성거림은 점차 환호와 박수갈채로 변해 갔다. 그리고 청중이

'조지 오웰의 예견이 옳았던 걸까요?'라는 질문에 미처 대답하기도 전에 강당이 암흑으로 변하며 무대 스크린에 '1984' 광고가 상영되었다. 광고가 끝나자 강당이 떠나갈 듯한 환호와 박수갈채가 쏟아졌다.

극적인 연출의 귀재인 잡스는 어두운 무대의 중앙으로 걸어갔다. 작은 탁자 위에 천으로 만든 가방이 놓여 있었다. "이제 여러분에게 매킨토시를 보여 드리겠습니다. 지금부터 여러분이 무대 위 커다란 스크린에서 보게 될 모든 내용은 바로 이 가방 안에 든 물건이 실현하는 것들입니다." 그는 가방에서 컴퓨터와 마우스를 꺼내 신속하게 연결했다. 그리고 셔츠 주머니에서 3.5인치 플로피디스크를 꺼냈다. 청중석에서 또다시 박수가 터져 나왔다. 곧이어 강당 안에 「불의 전차」 주제곡이 흐르고, 탁자 위 매킨토시 모니터에 나오는 이미지들이 무대 스크린에 커다랗게 나타났다. 잡스는 잠시 긴장했다. 전날 밤 리허설 때 시연용 컴퓨터의 작동이 불안했기 때문이다. 하지만 이 자리에서는 전혀 문제없이 멋지게 돌아갔다. 화면에 "매킨토시"라는 글자가 가로 방향으로 흐르듯 천천히 지나가고, 곧 다음 화면에는 그 글자 밑에 "혼을 빼놓을 만큼 뛰어난"이라는 문구가 마치 사람이 손으로 직접 쓰는 것처럼 천천히 나타났다. 그런 멋진 그래픽 디스플레이를 접해 본 적이 별로 없는 청중은 숨을 죽이고 화면에 집중했다. 헉하는 숨소리도 들렸다. 그리고 나서 화면에 여러 가지 이미지가 나타나기 시작했다. 빌 앳킨슨이 개발한 퀵드로 그래픽 패키지, 다양한 폰트, 문서, 차트, 그림, 체스 게임, 스프레드시트, 그리고 스티브 잡스의 얼굴 옆 말풍선에 매킨토시가 담겨 있는 그림도 등장했다.

스크린이 다시 어두워지자 잡스는 미소를 지으며 청중을 향해 말했다. "우리는 최근 매킨토시에 대해서 정말 많은 이야기를 했습니다. 하지만 오늘 이 자리에서는 사상 최초로 매킨토시의 목소리를 들어 보기로 하지요." 그는 다시 컴퓨터가 있는 곳으로 걸어가 마우스 버튼을 눌렀다. 그러자 진동음이 약간 섞인 듯하면서도 매력적인 전자음이 흘러나오기 시작했다. 최초로 자기소개를 하는 컴퓨터였다. 첫마디는 이렇게 시작했다. "안녕하십니까. 저는 매킨토시입니다. 가방에서 나오니 기분이 좋군요." 이 컴퓨터가 할 줄 모르는 한 가지는 청중석의 시끄러운 환호와 박수가 조금 잠잠해지길 기다리는 것이었다. 매킨토시는 쉼 없이 말을 이어 갔다. "저는 연설에 익숙하지 않지만, IBM 메인프레임컴퓨터를 처음 봤을 때 생각했던 격언 하나를 들려 드리고 싶습니다. '손으로 들 수 없는 컴퓨터는 절대 믿지 말라.'" 또다시 청중이 환호했다. "보시다시피 저는 말을 할 수 있습니다. 하지만 지금은 얌전하게 앉아서 듣기만 했으면 합니다. 저에게 아버지와 같은 분을 자랑스러운 마음으로 소개하겠습니다. 스티브 잡스입니다."

강당이 떠나갈 듯한 환호와 박수갈채가 이어졌다. 사람들은 휘파람과 환호를 날리며 자리에서 일어나 뛰고 주먹을 허공에 휘둘렀다. 잡스는 천천히 고개를 끄덕이며 꼭 다문 입으로 환하게 미소 지었다. 그는 잠깐 고개를 떨어뜨렸다가 이내 다시 청중을 쳐다보았다. 감정이 벅차올라 목이 멘 모양이었다. 청중석의 박수는 5분 가까이 계속되었다.

그날 오후 맥 팀이 밴들리 3동으로 돌아온 후 트럭 한 대가 주차장에 들어섰다. 잡스는 팀원들을 모두 그 앞에 소집했다. 트럭에 실린 매킨토시 100여 대에는 각각 명판이 붙어 있었다. "스티브는 모든 팀원들에게 매킨토시를 한 대씩 전달했어요. 한 번에 한 명씩, 미소를 짓고 악수를 하면서요. 나머지 사람들은 주변에서 환호를 날렸고요." 허츠펠드의 회상이다. 맥이 탄생하기까지, 참으로 고되고 긴 시간이었다. 그 과정에서 괴팍하고 때로는 잔인한 잡스의 스타일 때문에 많은 이들이 상처도 입었다. 하지만 잡스가 없었다면 래스킨도, 워즈도, 스컬리도, 또는 애플의 다른 어느 누구라도 매킨토시를 창조해 내지 못했을 것이다. 포커스 그룹이나 디자인 학회를 동원했어도 그러지 못했을 것이다. 잡스가 매킨토시를 세상에 선보인 그날 《파퓰러 사이언스》의 기자 하나가 어떤 방식으로 시장조사를 했느냐고 잡스에게 물었다. 잡스는 코웃음을 치며 대답했다. "알렉산더 그레이엄 벨이 시장조사 같은 걸 하고 전화를 발명했습니까?"

빌 게이츠와 스티브 잡스   16

두 궤도의 교차

스티브 잡스와 빌 게이츠   1991

빌 게이츠와 스티브 잡스 연성계(連星系)

천문학에서는 두 별이 중력의 상호작용 때문에 궤도가 서로 얽히는 것을 가리켜 연성계라 한다. 인류의 역사에서도 궤도를 선회하는 두 거성 간의 관계와 경쟁의식으로 한 시대가 형성되는, 연성계와 유사한 상황을 간간이 볼 수 있다. 20세기 물리학 세계의 알베르트 아인슈타인과 닐스 보어, 또는 초기 미국 정계의 토머스 제퍼슨과 알렉산더 해밀턴을 예로 들 수 있다. 1970년대 말부터 시작된 PC 시대의 첫 30년 동안에도, 1955년에 태어난 두 명의 활기 넘치는 대학 중퇴자들로 이루어진 뚜렷한 연성계가 형성되었다.

빌 게이츠와 스티브 잡스는 기술과 비즈니스가 합류하는 영역에서 서로 비슷한 야망을 품었다. 하지만 둘은 성장 배경이 달랐으며 성격 역시 극과 극이었다. 게이츠의 아버지는 시애틀의 유명한 변호사였고, 어머니는 다수의 자치단체 이사회에 몸담은 지도층 인사였다. 게이츠는 지역 최고의 사립학교인 레이크사이드 고등학교에서 컴퓨터 마니아가 되었다. 하지만 결코 반항아나 히피, 종교적 구도자, 혹은 반문화 운동의 일원이었던 적은 없다. 블루 박스를 만들어 전화 회사를 갈취한 잡스와 달리, 게이츠는 자신의 학교를 위해 수업 일정을 짜는 프로그램을 만들었고(덕분에 마음에 드는 여학생들이 신청한 과목을 파악해 수강할 수 있었다.) 지역의 교통 엔지니어들을 위해 통행량 측정 프로그램을 개발했다. 그는 하버드 대학교에 진학했고, 결국 학교를 그만둬야겠다고 결정했던 것도 인도의 구루에게서 깨달음을 얻기 위해서가 아니라 컴퓨터 소프트웨어 회사를 창업하기 위해서였다.

게이츠는 잡스와 달리 컴퓨터 코딩을 이해했다. 그의 사고 방식은 잡스보다 더 실용적이고 질서 정연했으며, 분석적 처리 능력이 풍부했다. 반대로 잡스는 직관적이고 낭만적이었다. 그는 기술을 유용하게 만들고 디자인에 매력을 불어넣으며 인터페이스를 친화적으로 만드는 데 더 소질이 있었다. 그는 완벽에 대한 열정을 지녔고, 그로 인해 요구 사항이 극도로 많았다. 그는 격렬함과 카리스마를 닥치는 대로 발산하며 회사를 경영했다. 하지만 게이츠는 보다 체계적인 모습을 보였다. 그는 빡빡한 일정에 몰려 제품 검토 회의를 주관할 때도 정교한 사고 능력으로 현안의 핵심을 파고들었다. 둘에게 공통점이 있다면 종종 무례한 태도를 보였다는 것인데, 이 경우에도 잡스는 감정적 냉담으로 치달은 반면 게이츠는 지적 예리함에 바탕을 두었다. 결국 게이츠의 날카로운 행동이 사람들에게 안겨 주는 개인적인 상처는 상대적으로 작았다는 의미다.(게이츠는 창업 초기에 전형적인 괴짜들에게서 으레 나타나는 아스퍼거 증후군의 기미를 보이기도 했다. 사람들과 잘 어울리지 못하고 특정한 하나에 강하게 집착하는 성향 말이다.) 잡스는 상대를 무안하게 만들 정도의 타는 듯한 강렬함으로 사람들을 뚫어져라 쳐다봤다. 게이츠는 때로 사람들과 눈 마주치는 것을 어색해했으며, 근본적으로 인정이 많았다.

"둘 다 자기가 상대보다 더 똑똑하다고 생각하긴 했지만, 대개 스티브가 빌을 약간 열등한 상대로 취급하곤 했어요. 특히 미적 감각과 스타일의 문제와 관련해서 말입니다." 앤디 허츠펠드가 말한다. "빌이 스티브를 무시한 부분이 있다면, 그건 스티브가 실제로 프로그래밍을 할 줄 모른다는 점이었어요." 처음 만났을 때부터 게이츠는 잡스에게 매료되었고, 사람들을 매혹하는 그의 능력을 조금 부러워하기도 했다. 하지만 게이츠는 곧 잡스가 "기본적으로 이상하고 인간으로서 결함이 있다"고 판단하게 되었다. 게이츠는 잡스의 무례함과 "상대를 쓰레기라고 말하거나 아니면 회유하려는 태도만 보이는" 경향을 불쾌하게 여겼다. 반면 잡스는 게이츠가 지나치게 편협하다고 생각했다. 그는 언젠가 이렇게 말했다. "젊었을 때 LSD를 좀 하거나 아시람을 방문했더라면 사고가 좀 더 넓어졌을 텐데……."

그들은 성격과 기질의 차이로 인해 반대편 극단으로 향했고, 이것은 디지털 시대의 근본적 분할로 이어졌다. 완벽주의자 잡스는 모든 것을 통제하길 원했고, 그 무엇과도 타협하지 않는 예술가적 성향에 탐닉했다. 그와 애플은 하드웨어와 소프트웨어, 콘텐츠를 하나의 매끄러운 패키지로 세밀하게 통합하는 디지털 전략의 모범이 되었다. 게이츠는 비즈니스와 기술에 초점을 맞춘 영리하고 계산적이며 실용적인 분석가였다. 그는 마이크로소프트 운영체제와 소프트웨어 라이선스를 주저 없이 다양한 제조사들에 제공했다.

30년 후, 게이츠는 인색하게나마 잡스의 훌륭한 점을 인정했다. "그는 기술에 대해 별로 아는 게 없었지만, 무엇이 통하는지에 대해서만큼은 놀라운 직감을 갖고 있었어요." 하지만 잡스는 결코 게이츠의 장점을 온전히 인정하는 것으로 화답하지 않았다. "빌은 기본적으로 상상력이 없고 뭔가를 창안한 적도 없지요. 그래서 이제 기술보다는 자선 활동을 더 편하게 생각하는 것 같아요." 잡스는 다소 불공정하게 말했다. "그는 뻔뻔스럽게도 그저 다른 사람들의 아이디어를 도용하기만 했지요."

매킨토시를 처음 개발할 무렵 잡스는 게이츠를 방문했다. 마이크로소프트가 이미 애플 II를 위해 멀티플랜이라는 스프레드시트 프로그램을 비롯하여 몇몇 애플리케이션을 개발한 터라, 잡스는 게이츠와 그의 동료들을 흥분시켜 곧 출시될 매킨토시를 위해 더 많은 제품을 만들게 할 작정이었다. 잡스는 시애틀에서 워싱턴 호수를 가로지르는 곳에 있는 게이츠의 회의실에 앉아, 사용자 친화적인 인터페이스를 보유한 대중적인 컴퓨터에 관해 그럴듯한 말로 매력적인 비전을 제시했다. 그 컴퓨터가 캘리포니아에 있는 자동화 공장에서 수백만 대 단위로 대량생산될 계획이라는 것이었다. 캘리포니아의 실리콘 부품들을 빨아들여 매킨토시 완제품을 생산해 내는 '드림 팩토리'에 관한 잡스의 설명을 듣고서, 마이크로소프트 팀은 그 프로젝트의 코드명을 '샌드(Sand)'라고 지었다. 그러고는 각 머리글자에 들어맞는 단어를 역으로 추정하여 '스티브의 놀라운 새 장치(Steve's Amazing New Device)'라는 의미를 부여하기도 했다.

게이츠는 베이식의 알테어 버전을 개발하여 마이크로소프트를 출범했다. 잡스는 마이크로소프트에서 베이식의 매킨토시 버전을 개발해 주길 원했다. 잡스가 수차례 거듭해 채근했지만 워즈가 애플 II의 베이식을 부동소수점 수학을 처리할 수 있도록 개선하지 않은 탓이었다. 잡스는 또한 마이크로소프트가 워드프로세서, 차트, 스프레드시트 프로그램 등 매킨토시를 위한 응용 프로그램 소프트웨어를 만들길 원했다. 게이츠는 베이식은 물론이고 엑셀이라는 새로운 스프레드시트 프로그램과 워드라는 워드 프로세스 프로그램의 그래픽 버전들을 개발하는 데 동의했다.

당시에는 잡스가 왕이었고 게이츠는 아직 신하였다. 1984년 애플의 연매출은 15억 달러에 달했지만 마이크로소프트는 고작 1억 달러였다. 그래서 게이츠는 매킨토시 운영체제의 시연을 보러 오라는 연락을 접하자마자 부리나케 쿠퍼티노를 방문했다. 그는 제록스 PARC에서 일한 바 있는 찰스 시모니를 포함하여 마이크로소프트 직원 세 명을 대동했다. 아직 완전하게 작동하는 매킨토시 원형 제품이 없기 때문에 앤디 허츠펠드는 임시로 리사 한 대를 개조하여 매킨토시 소프트웨어를 돌리고 결과물이 매킨토시 스크린 원형에 나타나게 했다.

게이츠는 별로 감흥을 받지 못했다. "처음 방문했을 때 스티브는 스크린상에서 이런저런 것들이 튕겨 돌아다니기만 하는 애플리케이션을 보여 줬죠. 구동된 응용 프로그램은 그게 다였어요. 맥페인트는 아직 완성되지 않은 상태였고요." 게이츠는 잡스의 태도에도 불쾌해했다. "스티브는 마치 '우리는 지금 이런 위대한 일을, 그것도 비밀리에 진행하고 있는데 당신들이 뭐 꼭 필요한 것은 아니다.'라고 말하는 것 같았어요. 우리를 꼬드겨서 매달리게 하려고 하는 것 같은 뭐 그런 이상한 만남이었지요. 그는 세일즈맨 특유의 태도를 보였는데, 왜 이런 거 있잖아요. '당신들이 필요한 건 아니지만 원한다면 끼워 줄 수는 있소.'"

매킨토시 해적들도 게이츠를 별로 달가워하지 않았다. 허츠펠드는 이렇게 회상한다. "빌 게이츠가 남의 말을 잘 들어주는 유형이 아니라는 게 보였어요. 누군가가 자신에게 무언가의 작동 방식을 설명해 주는 것을 못 견뎌 했어요. 그 대신 작동 방식에 대해 추측한 바를 먼저 밝히면서 혼자 앞서 나가곤 했지요." 그들은 매킨토시의 커서가 깜박거림 없이 화면 한쪽에서 다른 쪽 끝으로 부드럽게 이동하는 것을 게이츠에게 보여 주었다. "커서를 움직일 때 어떤 하드웨어를 사용하죠?" 게이츠가 물었다. 소프트웨어만을 사용해 매킨토시의 기능성을 얻을 수 있다는 사실에 큰 자부심을 가진 허츠펠드는 이렇게 대답했다. "그 어떤 특별한 하드웨어도 사용하지 않습니다!" 그러자 게이츠는 말도 안 된다며 커서를 그런 방식으로 움직이려면 특별한 하드웨어가 필요하다고 주장했다. "그런 사람에게 뭐라고 말해야 할까요?" 매킨토시 엔지니어 중 한 명인 브루스 혼은 이렇게 말한다. "게이츠가 매킨토시의 우아함을 이해하거나 인정할 만한 사람이 아니라는 걸 분명히 알겠더라고요."

이러한 상호 간의 경계심에도, 마이크로소프트가 매킨토시를 위한 그래픽 소프트웨어를 개발해 개인 컴퓨팅을 새로운 수준으로 끌어올릴 것이라는 전망에 대해서는 두 팀 모두 기대감에 차지 않을 수 없었다. 그래서 그들은 고급 식당에서 저녁 식사를 하며 협력 관계를 축하했다. 얼마 후 마이크로소프트는 임무 완수를 위해 상당한 규모의 팀을 꾸렸다. "맥과 관련된 일을 하는 사람들이 잡스 쪽보다 더 많았지요." 게이츠가 말한다. "그쪽은 14~15명이었고 우리는 약 20명이었으니까요. 우리는 진정 맥에 목숨을 걸었던 겁니다." 잡스가 보기에 미적 감각은 다소 떨어졌지만, 마이크로소프트의 프로그래머들은 끈기가 있었다. "그들은 처음엔 정말 끔찍한 응용 프로그램들을 들고 왔어요." 잡스가 회상한다. "하지만 꾸준하게 매달리며 점점 개선해 나가더라고요." 결국 잡스는 엑셀에 홀딱 반해 게이츠와 비밀 협상까지 맺었다. 마이크로소프트가 2년 동안 엑셀을 오로지 매킨토시에만 독점 제공하고 IBM PC 버전은 만들지 않는다면, 애플에서 베이식의 매킨토시 버전을 개발하는 팀을 없애고 마이크로소프트의 베이식에 대해 무기한 라이선스 계약을 맺어 주겠다는 것이었다. 게이츠는 현명하게도 그 거래를 받아들였다. 하지만 그로 인해 프로젝트가 취소된 애플의 팀원들은 분노했고, 향후 각종 협상에서 마이크로소프트가 칼자루를 쥐게 되었다.

게이츠와 잡스는 그렇게 한동안 동맹 관계를 유지했다. 그해 여름 그들은 위스콘신 주 제네바 호숫가에 위치한 플레이보이 클럽에서 컴퓨터 업계의 분석가 벤 로젠이 주최한 컨퍼런스에 참석했다. 애플이 개발하던 그래픽 기반 인터페이스에 대해서 아무도 모르는 상태였다. "다들 IBM PC가 전부인 것처럼 얘기를 하더라고요. 잘된 일이었지요. 저와 스티브는 의미심장한 미소를 띠며 '조금만 기다려 봐.' 하는 생각으로 앉아 있었어요." 게이츠는 회상한다. "잡스가 정보를 슬며시 흘리기도 했는데 아무도 눈치채지 못하더라고요." 게이츠는 애플의 직원 수련회에 단골손님으로 참여했다. "파티에는 전부 참석했어요. 그쪽 패거리의 일원이 된 거지요."

게이츠는 쿠퍼티노를 빈번히 방문했으며 실로 그걸 즐겼다. 그곳에 가면 잡스가 그의 직원들과 기이한 방식으로 상호작용하며 강박증을 드러내는 모습을 볼 수 있었다. "스티브는 궁극적으로 피리 부는 사나이 모드에 빠져들었지요. 맥이 세상을 바꿀 거라고 선언하며 사람들에게 미친 듯이 일을 시켰어요. 엄청난 긴장과 복잡한 인간관계도 수반됐고요." 잡스는 때로 매우 고조된 감정이었다가 이내 게이츠에게 자신의 두려움들을 털어놓는 상태로 침잠하기도 했다. "금요일 밤이면 같이 저녁 식사를 했는데 스티브는 모든 게 아주 잘 되고 있다고 떠들어 대곤 했지요. 그러다 그다음 날 그는 예외 없이 이런 상태로 돌변했어요. '이런 제길, 이거 제대로 팔리기나 하려나? 오, 이런, 가격을 올려야겠어. 저번 그 일은 미안하오. 하지만 우리 팀원들은 전부 머저리들이니……'"

게이츠는 제록스의 스타가 출시되었을 때 잡스의 현실 왜곡장이 발현되는 것을 목격하기도 했다. 두 팀이 함께 저녁 식사를 한 어느 금요일 저녁, 잡스가 게이츠에게 지금까지 스타가 몇 대나 팔렸느냐고 물었다. 게이츠는 600대라고 대답했다. 그다음 날 잡스는 게이츠가 전날 600대라고 말한 것을 완전히 잊은 양 게이츠와 팀원들 앞에서 스타가 300대 팔렸다고 말하는 것이었다. "그랬더니 잡스의 팀원들 전체가 이런 표정으로 저를 쳐다보더라고요. '당신이 그에게 거짓말투성이라고 말해 줄래요?' 하지만 그때 저는 미끼를 물지 않았습니다." 또 한번은 잡스와 그의 팀이 마이크로소프트를 방문해 시애틀 테니스 클럽에서 저녁 식사를 한 적이 있었다. 갑자기 잡스가 매킨토시와 매킨토시 소프트웨어는 사용하기가 너무 쉬워 매뉴얼이 필요 없을 거라는 내용으로 설교에 들어갔다. "마치 맥 응용 프로그램에 매뉴얼이 필요하다고 한 번이라도 생각한 사람은 천하의 멍청이라는 식이었지요." 게이츠가 말한다. "어리둥절해질 수밖에 없었어요. '진심으로 하는 얘긴가? 현재 매뉴얼을 만들고 있는 직원들이 있다는 사실을 말하지 말아야 하나?'"

얼마 후 둘의 관계는 더욱 피곤해졌다. 원래의 계획대로라면, 매킨토시에 실리는 엑셀과 차트, 파일 등과 같은 마이크로소프트 응용 프로그램들은 애플 로고를 달고 번들로 딸려

빌 게이츠와 스티브 잡스

나가야 했다. 잡스는 박스에서 꺼내자마자 사용할 수 있는 엔드투엔드 시스템을 추구했고, 애플이 개발한 맥페인트와 맥라이트 소프트웨어도 번들로 묶을 생각이었다. 게이츠는 말한다. "컴퓨터 한 대에 포함되는 응용 프로그램 하나당 10달러를 받기로 했죠." 하지만 이러한 계약은 로터스 사의 미치 케이퍼 등과 같은 소프트웨어 업계의 경쟁자들을 불쾌하게 만들었다. 게다가 마이크로소프트의 일부 프로그램들이 기한보다 늦게 완성될 것 같았다. 그래서 잡스는 마이크로소프트와 맺은 계약의 해당 조항을 내세우며 그들의 소프트웨어를 번들에 포함시키지 않기로 했다. 결과적으로 마이크로소프트는 자사의 소프트웨어를 소비자들에게 직접 판매할 제품으로 유통할 준비를 서둘러야 한다는 의미였다.

게이츠는 큰 불평 없이 잡스가 하자는 대로 따랐다. 그의 말을 빌리자면, 이미 잡스가 '자기 멋대로' 행동하는 것에 익숙해져 있었고, 번들에서 제외되는 것이 마이크로소프트에 오히려 도움이 될 것으로 판단했던 것이다. "우리 소프트웨어를 독립적으로 판매하는 게 더 큰 이득을 얻는 길이라는 생각이 든 겁니다. 적정 수준의 시장 점유율을 확보할 자신만 있다면 그렇게 하는 편이 나았거든요." 마이크로소프트는 결국 소프트웨어를 다른 다양한 플랫폼들에 판매했고, 더 이상 IBM PC용 마이크로소프트 워드를 개발하는 것과 같은 속도로 매킨토시 버전을 개발하지 않았다. 궁극적으로, 번들 조건을 철회하기로 한 잡스의 결정은 마이크로소프트보다는 애플에 더 큰 타격을 입혔다.

매킨토시용 엑셀이 출시되었을 때, 잡스와 게이츠는 뉴욕의 태번 온 더 그린 식당에서 기자회견 겸 만찬회를 열어 축하하는 자리를 가졌다. 마이크로소프트가 IBM PC용 엑셀도 만들 예정이냐는 질문을 받자, 게이츠는 잡스와 맺은 거래를 공개하는 대신 그저 '때가 되면' 그렇게 될지도 모른다고 대답했다. 그러자 잡스가 마이크를 잡더니 농담을 던졌다. "'때가 되면' 우리 모두 죽어 있을 텐데요, 뭐."

GUI 전쟁

잡스는 마이크로소프트와 거래를 시작할 때부터 그들이 매킨토시의 그래픽 유저 인터페이스(GUI)를 도용하여 자신들만의 버전을 만들지 않을까 우려했다. 마이크로소프트는 이미 DOS 운영체제를 만들어 IBM 및 여타의 호환 가능한 컴퓨터들에 라이선스를 판매한 상태였다. DOS는 'C:₩ 〉'와 같은 무례한 프롬프트로 사용자들을 대면하는 옛날 방식의 명령어 인터페이스에 기초한 것이었다. 잡스와 그의 팀은 마이크로소프트가 매킨토시의 그래픽 기반 접근 방식을 모방할까 걱정했다. 특히 마이크로소프트의 연락 담당 직원이 매킨토시 운영체제의 작동 방식에 대해 자세한 질문을 너무 많이 한다는 사실을 앤디 허츠펠드가 알아차렸을 때 그러한 우려는 점점 더 커졌다. "스티브에게 마이크로소프트가 맥을 복제할 것 같다고 말했어요." 허츠펠드는 회상한다. "하지만 그는 별로 걱정하는 것 같지 않았어요. 그들이 맥을 본보기로 삼더라도 제대로 실행할 능력이 없다고 생각한 거죠." 하지만 실제로는 잡스도 걱정을 했다. 무척 많이 걱정되었지만 그렇게 보이기는 싫었던 것이다.

빌 게이츠와 스티브 잡스

그의 걱정은 옳았다. 게이츠 역시 그래픽 기반 인터페이스가 미래의 운영체제라고 믿었고, 마이크로소프트도 애플만큼이나 제록스 PARC에서 개발한 것을 모방할 자격이 있다고 생각했다. 나중에 게이츠는 이렇게 인정했다. "우리는 이런 태도를 취했죠. '우리도 그래픽 기반 인터페이스를 추구합니다. 우리도 제록스의 알토를 봤거든요.'"

애초의 계약 조건은, 1983년 1월 매킨토시가 출시되면 이후 1년이 지날 때까지 마이크로소프트는 누구에게도 그래픽 기반 소프트웨어를 공급할 수 없다는 것이었다. 잡스가 그런 내용에 동의하도록 게이츠를 설득해 놓은 상태였다. 하지만 불행히도 애플은 매킨토시의 출시가 1년이나 지연될 가능성은 염두에 두지 않았다. 따라서 1983년 11월 마이크로소프트가 IBM PC를 위해 윈도(창과 아이콘, 그리고 포인트앤드클릭 내비게이션을 위한 마우스를 갖춘 그래픽 기반 인터페이스)라는 새로운 운영체제를 개발할 계획이라고 발표했을 때, 게이츠로서는 자기 나름의 권리를 행사한 것뿐이었다. 게이츠는 뉴욕의 헴슬리 팰리스 호텔에서 잡스가 즐겨 활용하던 방식으로 제품 발표회를 열었다. 마이크로소프트 사상 가장 호화로운 발표회였다. 그는 또한 같은 달 라스베이거스에서 열린 컴덱스(컴퓨터와 그 관련 업체를 대상으로 하는 전시회.—옮긴이)에서 생애 첫 기조연설을 했다.(그의 아버지가 슬라이드 쇼를 도왔다.) '소프트웨어 인체 공학'이라는 제목의 연설에서 그는 컴퓨터 그래픽이 "매우 중요해질 것"이고, 인터페이스가 보다 사용자 친화적으로 바뀔 것이며, 머지않아 마우스가 모든 컴퓨터 작동의 표준이 될 것이라고 주장했다.

잡스는 격노했다. 그는 달리 어찌할 방법이 없다는 사실을 알았다. 그래픽 기반 소프트웨어를 개발하지 않겠다던 계약이 만료 시점에 이르고 있었기 때문에 마이크로소프트는 그 나름의 권리를 행사하는 것뿐이었다. 그럼에도 그는 분노를 터뜨렸다. "당장 게이츠 오라고 해." 외부 소프트웨어 회사들에 대한 홍보를 담당하는 마이크 보이치에게 그가 지시했다. 게이츠는 혼자서 나타났다. 잡스와 문제에 대해 논의할 준비를 갖추고 말이다. "저한테 분풀이를 하려고 불렀던 거죠." 게이츠가 회상한다. "저는 마치 어전(御前)에 불려 가는 것처럼 쿠퍼티노로 갔어요. 그리고 그에게 말했죠. '윈도를 개발하고 있습니다. 그래픽 기반 인터페이스에 사운을 건 겁니다.'"

둘은 잡스의 컨퍼런스 룸에서 만났다. 그곳에서 애플 직원 열 명이 자신들의 보스가 게이츠에게 따지는 모습을 고대하며 게이츠를 에워싸고 기다렸다. 허츠펠드가 말한다. "스티브가 빌에게 고함치기 시작하는 걸 저는 흥분한 상태로 관찰했어요." 잡스는 그의 부하들을 실망시키지 않았다. "당신, 우리 뒤통수를 치고 있는 거라고!" 그가 소리쳤다. "당신을 믿었는데, 이제 우리 걸 도둑질하다니!" 허츠펠드는 게이츠가 한동안 스티브의 눈을 응시하며 침착하게 앉아 있었던 것으로 기억한다. 그러다가 게이츠는 특유의 앵앵대는 목소리로 훗날 업계의 고전이 되어 버린 재치 있는 한마디를 던졌다. "글쎄요, 스티브, 이 문제는 다른 시각으로 볼 수도 있다고 생각해요. 우리 둘에겐 제록스라는 부유한 이웃이 있었는데, 내가 텔레비전을 훔치려고 그 집에 침입했다가 당신이 이미 훔쳐 갔다는 사실을 발견한 것으로 볼 수도 있다는 얘기예요."

이틀에 걸친 게이츠의 방문은 잡스로 하여금 감정 반응과 조작 능력을 최대치로 동원하게 했다. 또한 애플과 마이크로

빌 게이츠와 스티브 잡스

소프트의 공생 관계가 마치 '전갈의 춤'처럼 되었다는 사실도 명백해졌다. 조심스럽게 빙글빙글 원을 그리며 춤을 추는 양측은 언제 날아들지 모르는 상대의 독침이 양쪽 모두에 문제를 가져올 것임을 알았다. 컨퍼런스 룸에서의 대면이 있고 난 후 게이츠는 잡스에게 윈도를 위해 계획하고 있는 사항들을 조용히 시연해 주었다. "스티브는 무슨 말을 해야 할지 모르는 눈치였어요." 게이츠가 회상한다. "'어, 이건 저쪽하고 계약한 내용을 위반하는 거 아니오?'라고도 할 수 있었는데 그러지 않았어요. 그 대신 이렇게 말했지요. '이거 완전 쓰레기구면.'" 게이츠는 잡스를 잠시라도 진정시킬 수 있는 기회를 가지게 되어 기뻤다. "그래서 저도 대답했지요. '그래요, 근사한 쓰레기들이죠.'" 그러자 잡스는 또 다른 다양한 감정들에 사로잡혔다. "그 미팅 전반에 걸쳐 그는 터무니없이 무례한 모습을 보였어요." 게이츠가 술회한다. "그리고 어느 시점에서 울음을 터뜨리기 일보 직전까지 가서는 이렇게 말했죠. '오, 이런 기분 털어 낼 때까지 잠시만 기다려 줘요.'" 게이츠는 매우 침착하게 반응했다. "저는 다른 사람들이 감정에 치우쳐 있을 때 잘 대처하는 것 같아요. 저는 그렇게 감정에 휘둘리는 사람이 아니니까요."

잡스는 진지한 대화를 하고 싶을 때 종종 그러는 것처럼 긴 산책을 하자고 제안했다. 그들은 디엔자 대학교까지 왔다 갔다 하며 쿠퍼티노의 거리를 걸었다. 중간에 식당에 들러 허기를 채우고는 좀 더 걸었다. "산책을 했어요. 제가 즐겨 사용하던 경영 기법은 아니었지요." 게이츠가 말한다. "그때부터 잡스는 태도가 조금 누그러졌고 이런 얘기를 하기 시작했어요. '좋아, 좋아. 하지만 우리가 하는 거랑 너무 똑같이 만들진 마요.'"

잡스가 할 수 있는 말은 그리 많지 않았다. 그는 마이크로소프트가 계속해서 매킨토시용 애플리케이션 소프트웨어를 개발하도록 만들어야 했다. 나중에 스컬리가 소송을 걸겠다고 협박했을 때, 마이크로소프트는 워드와 엑셀 그리고 여타 응용 프로그램들의 매킨토시 버전을 더 이상 만들지 않겠다고 위협하며 대응했다. 그렇게 되면 애플은 끝장날 수도 있었기 때문에 스컬리는 굴복에 가까운 거래에 합의하는 것으로 상황을 정리할 수밖에 없었다. 곧 출시될 윈도 소프트웨어에 애플의 그래픽 스타일 일부를 사용할 수 있는 라이선스를 마이크로소프트에 제공하는 데 동의한 것이다. 그 대가로 마이크로소프트는 매킨토시용 소프트웨어를 계속해서 만드는 한편, 엑셀은 일정 기간 독점 제공하기로 했다. 이 기간 동안 엑셀은 매킨토시에서만 이용할 수 있었고, IBM과 호환되는 다른 PC들에서는 쓸 수 없었다.

결국 마이크로소프트는 예정을 훨씬 넘긴 1985년 가을이 다 되어서야 윈도 1.0의 출하 준비를 완료했다. 그럼에도 여전히 볼품없는 제품이었다. 매킨토시 인터페이스 특유의 우아함이 없었고, 창들이 중첩되면서 요술처럼 겹쳐져 보이는 (빌 앳킨슨이 고안했다.) 대신 타일 모양으로 배열되었다. 비평가들은 비웃었고, 소비자들은 거들떠보지도 않았다. 하지만 마이크로소프트 제품들이 종종 그렇듯, 끈기 있는 접근으로 윈도가 개선되었고 결국 시장을 지배하게 되었다.

잡스는 끝끝내 분을 삭이지 못했다. "우리한테 완전히 사기를 친 겁니다. 게이츠는 부끄러움도 모르는 인간이니까." 잡스는 거의 30년이 지나서도 내게 이렇게 말했다. 이 말을 전해 듣자 게이츠는 이렇게 답했다. "그가 진짜로 그렇게 믿는다면 또 자신의 현실 왜곡장에 빠진 겁니다." 법적인 측면에서 보면, 지난 세월 법정에서도 거듭 판결했듯이, 게이츠의 말이 맞았다. 그리고 실제적인 측면에서도 그는 강력한 근거들을 가지고 있었다. 애플이 제록스 PARC가 개발한 것들에 대한 사용권 계약을 맺긴 했지만, 다른 회사들이 유사한 그래픽 기반 인터페이스를 개발하는 것은 불가피한 일이었다. 애플이 나중에 깨달았듯이, 컴퓨터 인터페이스 디자인의 '모습과 느낌'은 법적으로나 실제적으로나 보호하기가 매우 어려운 것이다.

하지만 잡스의 심정도 이해할 만했다. 사실 애플은 창조력과 상상력이 더 풍부했으며 실현해 내는 방식도 더 품격 있었고 디자인 역시 더 뛰어났다. 하지만 남의 것을 대충 모방하여 일련의 제품을 생산했다 해도 결국 운영체제 전쟁의 승자는 마이크로소프트였다. 이는 세상이 돌아가는 방식에 일종의 심미적 결함이 있음을 드러낸다. 가장 품질이 높고 가장 혁신적인 제품이 항상 이기는 것은 아니라는 얘기다. 이 때문에 10년 후 잡스는 다소 교만하고 도가 지나치긴 하지만 약간의 진실도 포함된 불평을 내뱉었다. "마이크로소프트의 유일한 문제는 미적 감각이 없다는 겁니다. 감각이 전혀 없어요. 사소한 의미에서가 아니라 중요한 의미에서 그렇다는 말입니다. 독창적인 아이디어를 생각해 내지도 못하고 제품에 문화적인 요소를 별로 가미하지도 못하니까요. 그래서 저는 슬프네요. 마이크로소프트의 성공 때문이 아닙니다. 어쨌든 노력으로 얻은 결과이니까요. 제가 문제 삼는 것은 그저 그들이 삼류 제품만을 만든다는 사실입니다."

이카로스

올라가는 것은……

멈추지 않는 고공비행

매킨토시 출시로 잡스는 한층 더 유명해졌다. 당시 그의 맨해튼 방문 일정을 살펴보면 이 사실을 알 수 있다. 그는 오노 요코가 아들 숀 레넌을 위해 주최한 파티에 참석해 그 아홉 살짜리 소년에게 매킨토시를 선물했다. 숀은 매우 좋아했다. 그곳에 참석한 앤디 워홀과 키스 해링도 매킨토시로 창출할 수 있는 것들에 대해 큰 매력을 느꼈다.(이 예술가들이 진정으로 매킨토시에 반했더라면 현대 미술계는 불길한 전환기에 접어들었을 것이다.) "원을 그려 봤지요." 퀵드로를 사용해 본 워홀이 자랑스럽게 말했다. 워홀은 잡스에게 믹 재거에게도 한대 가져다주라고 제안했다. 잡스가 빌 앳킨슨과 함께 록 스타 재거의 뉴욕 거처에 도착했을 때 재거는 당황한 기색을 보였다. 그는 잡스가 누군지 몰랐던 것이다. 나중에 잡스는 팀원들에게 이렇게 말했다. "마약을 하고 있었던 것 같아. 아니면 뇌 손상을 입었거나." 하지만 재거의 딸 제이드는 매킨토시를 보자마자 마음에 들어 했고, 맥페인트로 그림을 그리기 시작했다. 그래서 잡스는 믹 재거 대신 제이드에게 그것을 선물했다.

잡스는 스컬리에게 보여 주었던 맨해튼 센트럴파크 웨스트 소재 산레모 아파트의 복층형 펜트하우스를 구입했다. 그리고 I. M. 페이 건축 회사의 제임스 프리드를 고용하여 집을 개조하고 보수하게 했다. 하지만 디테일에 대한 특유의 집착 때문에 그곳에 입주하지는 못했다.(나중에 뮤지션 보노에게 1500만 달러에 판다.) 그는 또한 팰러앨토 위쪽 언덕 지대인 우드사이드에 있는, 옛 스페인 식민지 양식으로 지은 방 열네 개짜리 맨션도 사들였다. 구리 광산업계의 거부가 지은 저택이었는데, 스티브는 그곳에 들어가 살면서도 가구를 제대로 갖추지 않았다.

애플에서도 잡스의 지위가 되살아났다. 스컬리는 그의 권한을 줄이는 방법을 찾는 대신 오히려 더 늘려 주었다. 리사와 매킨토시 부문을 통합하여 잡스가 책임지게 한 것이다. 잡스는 고공비행을 하고 있었고, 그것은 그를 온건하게 하는 데 전혀 도움이 되지 않았다. 리사와 매킨토시 팀을 모아 놓고 두 팀이 어떤 방식으로 통합될 것인지 설명할 때 그가 보여 준 무자비한 솔직함은 실로 많은 이들에게 깊은 인상을 남겼다. 자신이 맡았던 매킨토시 팀의 작업반별 리더들을 전부 고위 직책에 앉히고 리사 팀의 4분의 1은 해고할 것이라고 선언했다. "당신들은 실패했어." 그가 리사 팀에서 일한 직원들을 똑바로 쳐다보며 말했다. "당신들은 B급 팀이고 B급 직원들이야. 지금 이 자리에 B급이나 C급 직원들이 너무 많아. 그래서 오늘 당신들 중 일부에게 실리콘밸리에 있는 우리의 자매회사들에서 일할 수 있는 기회를 주려고 해."

리사와 매킨토시 팀 모두에서 일한 바 있는 빌 앳킨슨은 그러한 처사가 가혹할 뿐 아니라 불공평하다고 생각했다. "그들은 매우 열심히 일해 온 뛰어난 엔지니어들이었어요." 하지만 잡스는 매킨토시와 관련된 경험에서 자신이 얻은 소위 경영의 핵심 교훈이라는 것에 매달렸다. 그것은 바로 A급 직원들로 구성된 팀을 구축하려면 무자비해야 한다는 것이었다. "팀이 커지면 몇몇의 B급 팀원들을 용인하기가 쉬워집니다. 그러다 보면 B급 팀원이 몇 명 더 생기게 되고, 얼마 후에는 C급 팀원들까지 합류하게 되지요." 잡스가 회상한다. "매킨토시를 개발하는 동안 배운 것은, A급 직원들은 A급 직원들하고만 일하기를 좋아한다는 것입니다. B급 직원들을 묵과해서는 안 된다는 뜻이지요."

잡스와 스컬리는 한동안은 서로의 우정이 공고하다고 확신할 수 있었다. 그들은 서로에 대한 호감을 너무도 노골적으로, 그리고 자주 표현했다. 마치 연말에 함께 연하장을 고르러 나온 고등학생 연인으로 보일 정도였다. 1984년 5월, 스컬리가 합류한 지 1주년이 되던 날이었다. 그 1주년을 축하하기 위해 잡스는 스컬리를 초대해 쿠퍼티노 남서쪽 언덕 지대에 위치한 고급 레스토랑 르 무통 누아르에서 만찬회를 열었다. 잡스는 애플의 이사진과 주요 팀장들, 그리고 동부 연안의 몇몇 투자자들까지 불러 모아 스컬리를 놀라게 했다. 모두가 칵테일을 마시며 축하 인사를 건네는 동안, 스컬리의 기억에 의하면 "환한 표정의 스티브는 뒤쪽에 서서 머리를 끄덕거리며 커다란 미소를 머금었다." 잡스는 지나친 찬사의 말로 축배를 제의하며 파티를 시작했다. "제 인생에서 가장 행복한 날 이틀을 꼽는다면, 매킨토시가 출시된 날과 존 스컬리가 애플에 합류하기로 결정한 날입니다. 지난 1년은 제 인생에서 가장 멋진 시간이었습니다. 존에게서 정말로 많은 것을 배웠기 때문이지요." 그러고는 그 1년 동안 찍은 사진 중 기념할 만한 것들을 모아서 만든 몽타주를 스컬리에게 전달했다.

이에 화답하여 스컬리 역시 지난 1년 동안 잡스와 파트너로 일한 것이 얼마나 기쁜지에 대해 장황하게 늘어놓았다. 그러고는 참석한 모든 사람들이 각기 다른 이유로 기억할 만한 한마디를 하며 결론을 맺었다. "애플에는 한 명의 리더가 있습니다. 바로 스티브와 저입니다." 레스토랑 뒤편을 바라본 스컬리는 잡스와 눈이 마주쳤고, 그가 미소 짓는 것을 볼 수 있었다. "마치 눈빛으로 의사소통하는 것 같았지요." 하지만 그는 아서 록을 비롯한 몇 명이 난처해하는, 어쩌면 회의적이기까지 한 표정을 짓는 모습도 보았다. 그들은 잡스가 스컬리를 완전히 주무르고 있는 것 같아 언짢았다. 스컬리를 고용한 이유가 잡스를 통제하기 위해서였건만, 통제권을 잡은 쪽은 잡스라는 사실이 분명해졌다. 록은 회상한다. "스컬리는 스티브에게서 인정받길 갈망한 나머지 그에게 맞서는 것은 상상도 못했어요."

잡스의 기분을 맞춰 주고 그의 전문적인 의견에 따르는 것이 스컬리에게는 영리한 전략이었을 것이다. 스컬리는 그렇게 하는 것이 그 반대의 경우보다 나을 거라고 판단했고, 사실 그것은 그 나름대로 올바른 판단이었다. 하지만 그는 잡스가 통제권을 공유하는 성향이 아니라는 사실까지는 파악하지 못했다. 남의 말에 따르는 것은 잡스에게 자연스러운 일이 아니었다. 그는 자신이 생각하는 회사의 운영 방식과 관련해 갈수록 큰 목소리를 내기 시작했다. 예를 들면 1984년 사업 전략 회의에서, 그는 중앙 집중화된 영업 및 마케팅 직원들이 다양한 제품 부문들에 입찰을 해서 자신들의 서비스를 제공할 권리를 따내는 식으로 사내 경쟁 체제를 확립해야 한다고 주장했다. 찬성하는 사람이 아무도 없었지만 잡스는 포기하지 않고 계속 자신의 뜻을 관철하려 했다. "사람들은 제가 통제권을 잡아 잡스를 자리에 앉히고 입을 다물게 하기를 원했습니다. 하지만 저는 그러지 않았지요." 스컬리의 회상이다. 회의가 끝나자 누군가가 작은 목소리로 말하는 게 스컬리에게 들렸다. "왜 스컬리는 저 입을 좀 닥치게 만들지 않는 거지?"

잡스는 매킨토시 제조를 위해 프리몬트에 최첨단 공장을 짓기로 결정했다. 때를 같이하여 아름다움에 대한 열정과 모든 것을 통제하려는 성향이 최고조로 치달았다. 그는 컴퓨터에 애플 로고처럼 밝은 색조를 입히고 싶어 했다. 하지만 그가 페인트 색깔을 검토하는 데 너무 많은 시간을 끌자, 애플의 제조 책임자 맷 카터는 결국 일반적인 베이지색과 회색으로 칠해 버렸다. 시찰을 나온 잡스는 자신이 원하던 밝은 색으로 컴퓨터를 다시 칠하라고 지시했다. 카터는 이의를 제기했다. 정밀한 기기에 페인트를 다시 칠할 경우 문제가 생길 수도 있다는 것이었다. 결국 그의 말이 옳았던 것으로 드러났다. 가장 비싼 기기 중 하나를 밝은 파란색으로 칠하자 제대로 작동하질 않았다. 그 기기는 '스티브의 어리석음'이라는 별명을 얻었고, 결국 카터는 회사를 그만뒀다. 그는 이렇게 술회한다. "그에게 맞서는 데 에너지가 너무 많이 소모됐어요. 그것도 대개는 아무 의미 없는 것들을 놓고 긴장이 고조되곤 하는 통에 더는 못 참겠더라고요."

잡스는 그의 자리에 데비 콜먼을 앉혔다. 성질이 급하긴 하지만 천성은 착한 매킨토시의 재무 관리자 콜먼은 잡스에게 가장 당당하게 맞서는 팀원에게 수여하는 상을 받은 바 있다. 그녀는 필요한 경우 잡스의 변덕스러운 기분을 맞춰 줄 줄도 알았다. 한번은 애플의 예술 책임자 클레멘트 모크가 그녀를 찾아와 잡스가 벽을 완전히 흰색으로 칠하기를 원한다고 말했다. 그녀는 강력하게 반대 의사를 밝혔다. "공장 벽을 새하얗게 칠하다니, 말도 안 돼요. 먼지며 때며 그런 걸 다 어떻게 감당하려고요." 그러자 모크가 대답했다. "하지만 스티브가 새하얀 색만 고집하고 있으니 그대로 가야 하지 않을까요?" 그녀는 결국 따르기로 했다. 순수한 백색으로 칠해진 벽과, 밝은 파랑, 노랑, 빨강으로 칠해진 기계들로 인해 공장의 작업장이 마치 "알렉산더 콜더(모빌 조각으로 유명한 미국의 조각가이자 화가.— 옮긴이)의 전시회를 보는 것 같았다."라고 콜먼은 말한다.

공장의 외관에 대해 왜 그렇게 강박적으로 관심을 보였느냐고 묻자, 잡스는 그것이 완벽에 대한 열정을 확신시키기 위한 방편이었다고 말했다.

공장에 나가 흰 장갑을 끼고 먼지가 있는지 확인하곤 했지요. 온갖 곳에 다 있더군요. 기계 위, 선반 위, 바닥에도요. 그런 후 데비에게 청소하라고 시켰어요. 공장 바닥에 음식을 놓고 먹을 수 있을 정도가 돼야 한다고 말했지요. 그랬더니 데비가 짜증을 내는 거예요. 왜 바닥에다 음식을 놓고 먹을 수 있을 정도로 깨끗해야 하는지 이해가 안 된다고요. 저도 그 순간에는 적절히 대꾸할 말이 떠오르지 않더군요. 그런데 생각해 보니 제가 일본에서 본 것들에서 큰 영향을 받았기 때문인 것 같았어요. 그곳에서 제가 크게 경탄했던 것은, 그리고 우리 공장에 부족했던 것은 바로 팀워크 정신과 규율이었어요. 공장을 깨끗하게 유지할 만한 규율이 없다면 그 기계들을 모두 제대로 돌릴 규율도 없는 거지요.

이카로스

어느 일요일 아침, 잡스는 아버지를 모셔 와 공장을 구경시켜 드렸다. 폴 잡스는 늘 꼼꼼하고 까다롭게 작업에 임했으며 도구들을 정연하게 정리하는 일에도 철두철미했다. 이제 그의 아들이 자신도 그렇게 할 수 있다는 것을 자랑하게 된 것이다. 안내를 하기 위해 콜먼이 따라붙었다. 그녀는 회상한다. "스티브는 내내 희색이 만면했어요. 자신의 창조물을 아버지에게 보여 드리는 것에 대해 너무나 자랑스러워했어요." 잡스는 공장이 어떻게 돌아가는지 설명했고, 그의 아버지는 진심으로 감탄하는 모습이었다. "그는 아버지를 계속 바라보았어요. 아버지가 하나하나 만져 보며 모든 게 너무 깨끗하고 완벽해 보인다고 연신 좋아했거든요."

하지만 프랑스의 사회주의 대통령 프랑수아 미테랑의 미국 공식 방문에 동행한 영부인이자 쿠바에 대해 모종의 동경심을 가진 것으로 알려진 다니엘 미테랑이 공장을 견학했을 때는 일이 그렇게 순조롭게 진행되지 못했다. 잡스는 조애나 호프먼의 남편 알랭 로스만에게 통역을 맡겼다. 미테랑 부인은 자신의 통역사를 통해 공장의 근로 조건에 대한 질문을 많이 던졌다. 반면 잡스는 첨단 로봇공학과 기술에 대해 계속 설명하려고 했다. 잡스가 팔릴 물건을 팔릴 때 팔릴 만큼만 생산하는 적기 공급 생산 스케줄에 대한 얘기를 끝내자마자 그녀는 초과 근무 수당에 대해 질문했다. 짜증이 난 그는 미테랑 여사가 좋아할 주제가 아니라는 걸 빤히 알면서 공장의 자동화 덕분에 노동 비용을 절감할 수 있다는 얘기를 꺼냈다. "일이 고된가요?" 그녀가 물었다. "휴가는 얼마나 되죠?" 잡스는 도저히 참을 수가 없었다. "근로자들의 복지에 그렇게 관심이 많으면 언제든 와서 직접 일해 보라고 해."

그가 미테랑 부인의 통역사에게 말했다. 그러자 통역사의 얼굴이 창백해지더니 아무 말도 하지 못했다. 그때 로스만이 프랑스어로 끼어들었다. "잡스 씨가 영부인께서 이렇게 방문해 주시고 공장에 관심을 가져 주셔서 감사하다고 합니다." 잡스도 미테랑 부인도 실제로 무슨 일이 있었는지 몰랐지만 그녀의 통역사는 안도하는 모습을 보였다.

잡스는 쿠퍼티노로 향하는 고속도로에서 벤츠를 빠르게 몰며 미테랑 부인의 태도에 대해 분통을 터뜨렸다. 당황한 로스만이 나중에 밝힌 바에 의하면, 잡스가 어느 순간 시속 160킬로미터 이상으로 달렸다고 한다. 결국 경찰이 나타나 그를 제지하고는 속도위반 딱지를 떼기 시작했다. 몇 분이 지났는데도 경찰관이 여전히 끄적거리고 있자, 잡스가 경적을 울렸다. "무슨 일이시죠?" 경찰관이 물었다. "나 바쁘다고요." 그가 답했다. 신기하게도 경찰관은 화를 내지 않았다. 그저 딱지 떼기를 마무리하고는 시속 90킬로미터 이상으로 달리다가 또 적발되면 그때는 감옥에 가게 될 거라고 경고했다. 경찰관이 떠나자마자 잡스는 차를 출발시켜 다시 시속 160킬로미터까지 밟았다. "그는 일반적인 규칙들이 자신에게는 적용되지 않는다고 믿는 게 틀림없었어요." 로스만이 놀라워하며 말했다.

로스만의 아내 조애나 호프먼도 매킨토시 출시 몇 달 후 잡스를 따라 유럽에 갔을 때 비슷한 일을 겪었다. "그는 몹시 무례했고 마치 무슨 짓을 해도 책임을 모면할 수 있다는 듯이 행동했어요." 파리에서는 프랑스의 소프트웨어 개발자들과 공식 만찬을 잡아 놓은 상태였는데, 잡스가 갑자기 안 가겠다고 버텼다. 그 대신 화가 폴롱을 만나야겠다며 호프먼을

이카로스

차에서 내리게 한 후 가 버렸다. "개발자들은 화가 단단히 났는지 악수도 받아 주지 않았어요."

이탈리아에서 잡스는 애플의 현지 지사장을 만나자마자 못마땅하다는 기색을 드러냈다. 부드러운 인상에 몸집이 둥글둥글한 그는 전통적인 기업에서 애플로 옮겨 온 터였다. 잡스는 그의 팀원들과 판매 전략이 마음에 들지 않는다고 직설적으로 말했다. "당신은 맥을 판매할 자격이 없군요." 잡스가 냉담하게 말했다. 하지만 불운한 지사장이 식사를 대접한다고 데려간 레스토랑에서 잡스가 보인 반응에 비하면 그 말은 부드러운 편이었다. 그는 채식 요리를 주문했는데 웨이터가 사워크림이 가득한 소스를 가져와 정교한 동작으로 그의 접시에 담았다. 이에 대해 잡스가 너무도 험악하게 성질을 부려 호프먼은 그를 협박할 수밖에 없었다. 당장 진정하지 않으면 무릎에 뜨거운 커피를 들이붓겠다고 귀에 대고 속삭인 것이다.

유럽 출장 중에 현지 지사장들과 잡스의 의견이 가장 크게 불일치했던 부분은 예상 판매량과 관련된 수치였다. 그는 늘 현실 왜곡장을 발휘하며 더 높은 예상치를 내놓으라고 팀원들을 압박하곤 했다. 처음 매킨토시 사업 계획을 세울 때도 그렇게 했다가 큰 낭패를 본 적이 있다. 그런 잡스가 이제 유럽에서 똑같은 행동을 반복하는 것이었다. 그는 예상 판매량을 더 높게 잡지 않으면 컴퓨터 물량을 할당해 주지 않겠다며 계속해서 유럽의 지사장들을 위협했다. 그러자 지사장들은 잡스에게 현실적으로 생각할 것을 요구했고, 호프먼이 중재자 역할을 맡아야 했다. "출장이 끝날 무렵 몸 전체가 가눌 수 없을 정도로 떨렸어요. 몸살이 난 거죠." 그녀가 회상했다.

잡스가 애플의 프랑스 지사장 장루이 가세를 만난 것도 이 출장 때였다. 가세는 잡스의 출장 중 그에게 당당하게 맞서는 데 성공한 몇 안 되는 인물 중 한 명이었다. "스티브는 자신만의 방식으로 진실을 추구하는 사람입니다." 가세가 나중에 말했다. "그를 상대하는 유일한 방법은 그보다 더 심하게 진상을 부리는 겁니다." 잡스가 평소에 하던 대로 예상 판매량을 늘리지 않으면 프랑스의 할당량을 줄이겠다고 위협하자, 가세는 화를 냈다. "그의 옷깃을 부여잡고 그만하라고 말한 게 생각나요. 그러자 그가 물러섰지요. 저 자신도 한때 분노로 가득한 사람이었어요. 예전에는 진상이었다가 상태가 호전된 경우지요. 그래서 스티브 안에서 그런 면모를 발견할 수 있었고요."

그렇지만 가세는 잡스가 마음이 동할 때면 언제든 매력을 발산하는 능력에 깊은 인상을 받았다. 당시 프랑스에서는 미테랑 대통령이 "모두를 위한 컴퓨팅"이라는 복음을 설파하고 있었고, 마빈 민스키나 니콜라스 네그로폰테 등과 같은 기술 분야의 석학들이 그의 복음을 뒷받침하기 위해 프랑스를 방문 중이었다. 잡스는 브리스톨 호텔에서 정·관계 인사와 학자 들에게 강연을 하며 프랑스의 모든 학교들에 컴퓨터를 놓기만 하면 프랑스가 충분히 앞서 나갈 수 있다는 비전을 제시했다. 파리는 또한 그의 낭만적인 면모를 돌출시키기도 했다. 가세와 네그로폰테 모두 잡스가 그곳에 있는 동안 여성들을 연모했던 얘기를 들려주었다.

걷잡을 수 없는 추락

매킨토시의 출시와 함께 달궈진 흥분의 열기가 가라앉은 후, 그러니까 1984년 후반기부터 맥의 판매량은 극적으로 감소했다. 문제는 근본적인 데 있었다. 맥은 화려하긴 했지만 속도가 심각할 정도로 느렸고 동력도 부족했다. 어떤 화려한 선전도 그러한 약점을 감춰 줄 수는 없었다. 매킨토시의 장점은 사용자 인터페이스가 기분 나쁘게 떨리는 녹색 글자와 썰렁한 명령어로 이루어진 어두침침한 화면이 아니라, 햇살이 가득한 놀이방 느낌을 준다는 데 있었다. 하지만 그러한 강점이 가장 큰 약점이 되기도 했다. 텍스트 기반의 디스플레이에서는 글자를 표시하는 데 1바이트 미만의 코드가 소요되었지만, 맥에서는 사용자가 원하는 우아한 폰트를 픽셀을 통해 표시하려면 그보다 20배 혹은 30배의 메모리가 필요했다. 리사는 1000킬로바이트 램을 내장함으로써 이 문제를 해결했지만 매킨토시는 128킬로바이트 만을 가지고 버텨야 했다.

또 하나의 문제점은 내장 하드디스크 드라이브가 없다는 것이었다. 조애나 호프먼이 그러한 저장 장치를 구비해야 한다고 주장했을 때 잡스는 그녀를 "제록스 맹신자"라고 불렀다. 매킨토시는 단 하나의 플로피디스크 드라이브만을 보유했다. 데이터를 복사하기 위해 하나밖에 없는 드라이브에 플로피디스크를 넣었다 뺐다 하다가 팔꿈치에 관절염이 생길 지경이었다. 게다가 매킨토시에는 냉각 팬도 없었다. 잡스의 독단적인 고집을 보여 주는 또 하나의 예였다. 그가 생각하기에 팬은 조용한 컴퓨터를 만드는 데 방해가 되었다. 결국 그로 인해 여러 부품들이 쉽게 고장 났고, 매킨토시는 '베이지색 토스터'라는 별명을 얻었다.(맥의 인기를 끌어올리는 데 전혀 도움이 되지 않았다.) 물론 맥은 처음 몇 달 동안 그 매혹적인 자태를 뽐내며 잘 팔려 나갔다. 하지만 사람들은 점차 맥의 한계를 깨달았고, 그와 동시에 매출도 줄기 시작했다. 나중에 호프먼이 안타까워했듯이 "현실 왜곡장은 추진제가 될 수도 있지만 나중에는 결국 현실 자체에 일격을 당하기 십상"이었다.

1984년 말, 리사의 매출이 사실상 전무하고 매킨토시의 매출은 월 1만 대 미만으로 떨어진 상황에서, 잡스는 절박한 심정에 어설프고도 이례적인 결정을 내렸다. 리사 재고품에다 매킨토시를 모방한 프로그램을 깔아 "매킨토시 XL"이라는 새로운 제품으로 판매하자는 것이었다. 리사의 생산은 이미 중단되었고 또 재개될 가능성도 없는 상황이었다. 따라서 이는 잡스가 타당성을 인정하지도 않으면서 무언가를 만들어 낸 보기 드문 경우라 할 수 있다. "맥 XL은 진정한 제품이 아니었기 때문에 저는 크게 화가 났어요." 호프먼은 말한다. "단순히 재고로 남은 리사들을 처분하려는 의도였어요. 잘 팔리긴 했지만 그 끔찍한 속임수를 중단해야 했어요. 그래서 회사를 그만뒀습니다."

불길한 분위기는 1985년 1월에 내보내기 위해 만든 광고에서도 드러났다. 이 광고의 의도는 큰 반향을 일으켰던 '1984' 광고의 반(反)IBM 정서를 다시 한 번 연출하려는 것이었다. 하지만 불행히도 둘 사이에는 근본적인 차이점이 있었다. 첫 번째 광고는 영웅적이면서 낙관적인 느낌으로 마무리되었다. 하지만 리 클라우와 제이 샤이엇이 '레밍스'라 이름 붙인 그 새로운 광고의 스토리보드에는 검은 정장을 입고 눈가리개를 한 기업 간부들이 절벽으로 행진하며 죽음을 맞이하는 내용이 담겨 있었다. 잡스와 스컬리는 처음부터 불안한 마음이 들었다. 광고가 애플에 대한 긍정적이고 영광스러운 이미지를 전달하기보다는 IBM 컴퓨터를 구입한 모든 기업 간부들을 모욕하는 것처럼 보였기 때문이다.

잡스와 스컬리는 다른 아이디어를 요구했지만 광고대행사 직원들이 강하게 반발했다. "작년에도 처음에는 '1984' 광고를 안 쓰려고 했잖아요." 스컬리에 의하면 리 클라우는 이렇게 말했다고 한다. "이 광고에 저의 이름을, 저의 모든 것을 걸겠습니다." 영화감독 리들리 스콧의 동생 토니 스콧이 연출한 광고의 영상 버전은 더 끔찍했다. 아무 생각 없이 절벽을 향해 행진하는 간부들이 만화영화 「백설 공주」에 나오는 노래 「하이호, 하이호」를 장례식장 버전으로 부르고 있었다. 이렇게 어두운 분위기로 제작된 영상은 스토리보드가 예고했던 것보다도 더 음울했다. "이런 식으로 미국 전역의 사업가들을 모욕하려고 하다니, 믿을 수가 없군요." 광고를 본 데비 콜먼이 잡스에게 소리쳤다. 마케팅 회의에서 그녀는 광고가 마음에 들지 않는다는 자신의 입장을 강력히 표명했다. "저는 말 그대로 그의 책상 위에 사직서를 올려놓았어요. 제 맥으로 작성한 사직서였지요. 아무리 봐도 기업 간부들을 모욕하는 내용이란 생각밖에 안 들더라고요. 이제 겨우 맥이 출판업계에서 발판을 마련하고 있었는데."

그럼에도 잡스와 스컬리는 광고대행사의 애원에 못 이겨 슈퍼볼 경기에 그 광고를 내보냈다. 둘은 스컬리의 아내 리지(잡스라면 질색했다.)와 잡스의 활달한 새 여자 친구 티나 레지와 함께 경기를 관람하러 스탠퍼드 스타디움을 찾았다. 지루하게 이어지던 경기의 4쿼터가 끝날 무렵 광고가 나갔지만, 장내 스크린을 통해 그것을 시청한 팬들은 별다른 반응을 보이지 않았다. 그러나 전국적으로는 부정적인 반응이 우세했다. "애플은 마케팅 대상으로 삼은 바로 그 사람들을 모욕했습니다." 한 시장조사 기관의 대표가 《포춘》에 말했다. 얼마 후 애플의 마케팅 매니저는 《월스트리트 저널》에 광고를 내어 사과의 말을 전하는 게 어떻겠냐고 제안했다. 그러자 제이 샤이엇은 애플이 그렇게 할 경우 바로 옆 지면에 광고를 실어 그 사과에 대한 사과를 하겠다고 위협했다.

실패한 광고와 애플의 전반적인 상황에 대한 잡스의 불쾌함은 그가 1월에 또 한 번의 일대일 언론 인터뷰를 할당하기 위해 뉴욕 출장을 갔을 때 표면화되었다. 전과 마찬가지로, 레지스 매케나 컨설팅 회사의 앤디 커닝햄이 언론 접촉과 칼라일 호텔에서의 세부 일정을 담당했다. 잡스는 숙소에 도착하자마자 자신의 스위트룸을 완전히 다시 꾸며야 한다고 고집했다. 인터뷰들이 바로 다음 날에 잡혀 있었고, 이미 밤 10시가 넘은 시각이었다. 피아노가 제 위치에 있지 않고, 딸기도 자신이 좋아하는 종류가 아니라는 것이었다. 하지만 가장 큰 문제는 꽃이 마음에 들지 않는다는 점이었다. 그는 칼라 꽃을 원했다. "우리는 칼라 꽃이 어떤 것인지를 놓고 대판 싸웠어요." 커닝햄은 말한다. "제 결혼식 때 그 꽃으로 장식을 했기 때문에 무슨 꽃인지 알았거든요. 하지만 그는 계속 다른 종류의 백합을 요구했고, 칼라 꽃이 뭔지 모른다며 저를 '멍청이'라고 불렀어요." 할 수 없이 커닝햄은 시내에 나가 밤 12시가 다 되어서야 잡스가 원하는 백합꽃을 살 수 있는 곳을 찾아냈다.(뉴욕이라 가능한 일이었다.) 방을 다 꾸미고 나자 이번에는 그녀의 복장에 대해 따지기 시작했다. "그 정장 정말 추하다." 잡스가 말했다. 커닝햄은 잡스가 종종 이유 없는 분노로 부글부글 끓기도 한다는 것을 알고 그를 달랬다. "스티브, 화가 났다는 거 알아요. 어떤 기분인지 알 것 같아요."

"염병할, 내가 어떤 기분인지 당신이 어떻게 알아." 그가 쏘아 댔다. "내 입장에 처하는 게 어떤 건지 누구도 알 수 없어, 제기랄."

서른, 기로에 선 잡스

서른 살이 되는 것은 대부분의 사람들에게 매우 중대한 일이다. 특히 나이 서른이 넘은 사람은 절대 신뢰하지 않겠다고 선언한 잡스 세대의 사람들에게는 더욱 그러하다. 1985년 2월, 잡스는 자신의 서른 번째 생일을 축하하기 위해 샌프란시스코 세인트프랜시스 호텔의 대연회장에 손님 1000명을 초대해 호화롭고 공식적이면서도 장난스러운(검은 타이에 테니스 운동화 차림을 요구했다.) 파티를 열었다. 초대장에는 이렇게 적혀 있었다. "힌두교 경전에 이런 말이 있습니다. '인생의 첫 30년 동안은 당신이 버릇을 형성하고, 인생의 마지막 30년 동안은 버릇이 당신을 형성한다.' 참석하여 자리를 빛내 주십시오."

한 테이블에는 소프트웨어 거물 빌 게이츠와 미치 케이퍼가, 또 다른 테이블에는 턱시도 차림의 여성을 파트너로 데려온 엘리자베스 홈스 등 옛 친구들이 앉았다. 앤디 허츠펠드와 버렐 스미스는 대여한 턱시도를 걸치고 느슨한 테니스 운동화를 신어서 샌프란시스코 교향악단이 연주하는 스트라우스의 왈츠에 맞춰 춤을 출 때 한층 돋보였다.

초빙에 불응한 밥 딜런 대신 재즈 가수 엘라 피츠제럴드가 감미로운 노래로 분위기를 띄웠다. 그녀는 대체로 자신의 기본 레퍼토리에서 선택한 곡들을 불렀지만, 이따금씩 「더 걸 프럼 이파네마(The Girl From Ipanema)」 같은 곡을 '쿠퍼티노에서 온 소년'에 대한 내용으로 개사해 부르기도 했다. 그녀가 신청곡을 받겠다고 하자 잡스가 몇 곡을 신청했다. 그녀는 「해피 버스데이(Happy Birthday)」의 느린 버전으로 마무리 무대를 장식했다.

곧이어 스컬리가 '기술 분야의 으뜸가는 선각자'를 위한 축배를 제안하기 위해 무대에 올랐다. 워즈도 무대로 올라와 1977년 서부 연안 컴퓨터 박람회(애플 II가 소개된 곳이기도 하다.)에서 장난으로 배포했던 '잘테어'라는 날조된 컴퓨터의 브로슈어를 액자에 담아 잡스에게 선물했다. 돈 밸런타인은 박람회 이후 10년 동안 너무도 많은 게 변했다며 놀라워했다. "서른이 넘은 사람은 절대 믿지 말라고 말하던, 호치민을 닮았던 그가 이렇게 엘라 피츠제럴드를 초대해서 근사하게 서른 번째 생일을 축하하게 될 줄 누가 알았겠습니까."

많은 사람들이 취향이 상당히 까다로운 잡스를 위해 특별한 선물을 준비해 왔다. 예를 들어 데비 콜먼은 F. 스콧 피츠제럴드의 『마지막 거물』 초판을 구해 와 선물했다. 잡스는 이상하기는 했지만 그의 성격에서 완전히 벗어나지는 않는 행동을 했다. 선물을 전부 호텔 객실에 놔두고 떠난 것이다. 하나도 집에 들고 가지 않았다. 한편 음식으로 나온 염소 젖 치즈와 연어 무스에 만족할 수 없었던 워즈와 애플의 고

참 몇 명은 파티 후에 따로 만나 패밀리 레스토랑에서 다시 식사를 했다.

"30대 혹은 40대에 접어든 예술가가 무언가 놀라운 기여를 하는 경우는 매우 드뭅니다." 생각에 잠긴 잡스가 작가 데이비드 셰프에게 말했다. 셰프는 잡스가 서른이 된 달의 《플레이보이》에 잡스와 가졌던 길고 친밀한 인터뷰를 실었다. "물론 천성적으로 호기심이 많고, 평생 동안 어린아이처럼 인생에 대해 신비로워하는 사람들이 몇 명 있기는 하지요. 하지만 드물어요." 그 인터뷰는 다양한 주제를 다루었는데, 잡스가 가장 깊이 숙고했던 것은 바로 나이 드는 것과 미래를 직면하는 것이었다.

사람의 생각들은 머릿속에 마치 임시 구조물을 세우는 것처럼 모종의 패턴을 형성합니다. 사실은 화학약품으로 패턴을 에칭 하고 있는 것이나 마찬가집니다. 대부분의 경우, 사람들은 레코드판의 홈과 같은 그런 패턴에 끼어서 다시는 빠져나오지 못합니다.

나는 항상 애플과 연결돼 있을 겁니다. 인생 전체에 걸쳐 나의 '인생의 실'과 '애플의 실'이 마치 씨줄과 날줄처럼 엮여 융단을 만들어 내길 바랍니다. 한동안은 애플을 떠날 수도 있겠지요. 하지만 나는 언제나 다시 돌아올 겁니다. 내가 원하는 것이 바로 그것이라고 믿습니다. 나에 대해 기억해야 할 가장 중요한 점은 내가 아직도 학생이고, 아직도 훈련병이라는 사실입니다.

예술가로서 창의적인 방식으로 삶을 살고 싶다면 너무 자주 뒤돌아보면 안 됩니다. 그동안 무엇을 해 왔든, 어떤 사람이었든 다 버릴 각오가 돼 있어야 합니다.

　바깥세상이 당신에게 '이게 바로 너'라는 식으로 모종의 이미지를 강요할수록 예술가는 본연의 자세를 유지하기가 어려워집니다. 그래서 예술가들은 항상 이렇게 말하지요. "안녕. 나 이제 가야 돼. 나 미칠 거 같으니까 여기서 빠져나가야겠어." 그러고는 어딘가로 가서 은둔해 버립니다. 그리고 어쩌면 나중에 약간 다른 모습으로 다시 나타날 수도 있지요.

　이렇게 한마디 한마디를 곱씹어 얘기한 잡스는 마치 자신의 인생이 곧 큰 변화를 겪을 것이라는 사실을 예감하는 것 같았다. 그의 '인생의 실'과 '애플의 실'이 정말로 씨줄과 날줄처럼 엮이게 될 것인가? 이제는 과거 모습의 일부를 버릴 때가 된 것일까? 정녕 '안녕, 나 이제 가야 돼.'라는 말과 함께 이별을 고한 후 나중에 달라진 생각으로 다시 나타나야 할 때가 온 것일까?

지각변동과 대이동

　1984년 매킨토시가 출시된 후, 앤디 허츠펠드는 회사에 휴직계를 냈다. 사이가 좋지 않았던 상사 밥 벨빌에게서 떨어져 재충전할 시간이 필요했다. 어느 날 허츠펠드는 잡스가 매킨토시 팀(리사 팀보다 급여가 적었다.)의 엔지니어들에게 최대 5만 달러의 보너스를 지급했다는 소식을 들었다. 그래서 그도 잡스를 찾아가 보너스를 달라고 요구했다. 잡스는 벨빌이 휴직 중인 사람들에게는 보너스를 주지 않기로 결정했다고 답했다. 허츠펠드는 나중에 그러한 결정을 내린 것이 실제로는 잡스였다는 사실을 알아내고 다시 그를 찾아가 따졌다. 잡스는 처음에는 얼버무리다가 이렇게 말했다. "그래, 당신이 하는 말이 사실이라고 치자고. 그렇다고 뭐 달라지는 게 있을까?" 허츠펠드는 자신을 복귀시키기 위해 보너스를 안 주고 있는 거라면, 자신의 원칙을 저버리면서까지 돌아오고 싶지는 않다고 말했다. 잡스는 결국 마음을 누그러뜨리고 수긍했지만 허츠펠드에게는 씁쓸한 뒷맛이 남았다.

휴직이 끝나갈 무렵 허츠펠드는 잡스와 저녁 식사 약속을 잡았다. 그들은 사무실에서 몇 블록 떨어진 이탈리아 레스토랑까지 걸어갔다. "정말로 돌아오고 싶어요." 그가 잡스에게 말했다. "하지만 회사는 지금 모든 게 엉망인 것 같아요." 잡스는 약간 불쾌해하면서 주의를 다른 데로 돌리려 했지만 허츠펠드는 아랑곳하지 않았다. "소프트웨어 팀은 사기가 완전히 떨어져서 몇 달 동안 거의 아무것도 안 하고 있어요. 그리고 버렐은 좌절감에 빠져 연말까지 버텨 내지 못할 거예요."

그때 잡스가 말을 잘랐다. "당신 지금 잘 모르고 하는 소리야. 매킨토시 팀은 아주 잘 돌아가고 있고 나는 내 인생 최고의 시간을 보내고 있다고! 당신은 최근에 생긴 변화 같은 건 잘 모르잖아." 그의 눈빛은 허츠펠드의 기를 죽이려는 기세였지만, 동시에 그의 평가에 재밌어하는 듯한 인상도 주려고 노력했다.

"정말로 그렇게 믿으신다면 제가 돌아갈 수 있는 방법은 없는 것 같군요." 허츠펠드가 무뚝뚝하게 대답했다. "제가 돌아가고 싶은 맥 팀은 이제 더는 존재하지도 않으니까요."

"맥 팀은 더 성숙해져야 했고, 그건 당신도 마찬가지야." 잡스가 대답했다. "당신이 돌아와 주길 원해. 하지만 당신이 싫다면 어쩔 수 없는 일이고. 당신이 생각하는 것만큼 당신의 비중이 그렇게 크지도 않아, 어차피."

결국 허츠펠드는 돌아가지 않았다.

1985년 초에는 버렐 스미스가 떠날 준비를 했다. 그는 잡스가 만류하는 경우 그만두기가 어려워질까 봐 걱정했다. 잡스의 현실 왜곡장은 스미스가 저항하기에 너무 강했다. 그래서 그는 현실 왜곡장에서 벗어날 수 있는 방법을 놓고 허츠펠드와 상의했다. "알겠다!" 어느 날 그가 허츠펠드에게 말했다. "현실 왜곡장을 무력화하고 퇴사할 수 있는 완벽한 방법을 알아냈어. 그냥 스티브의 사무실에 들어가 바지를 내리고 책상 위에 소변을 보는 거야. 그런 상황에서 그가 뭐라고 하겠어? 성공률 100퍼센트야." 맥 팀은 아무리 용기가 대단하다고 알려진 버렐 스미스라도 그 정도의 담력은 없을 거라는 데 내기를 걸었다. 잡스의 생일 파티가 다가올 무렵, 이제는 그만둬야 할 때라고 판단한 스미스는 잡스와 약속을 잡았다. 사무실에 들어선 그는 함박웃음을 짓고 있는 잡스를 보고 놀랐다. "할 거야? 진짜로 할 거야?" 잡스가 물었다. 그의 계획에 대해 이미 들어서 알고 있었던 것이다.

스미스가 잡스를 쳐다봤다. "해야 되나요? 꼭 해야 한다면 할게요." 잡스는 그를 똑바로 쳐다봤고, 스미스는 그럴 필요까지는 없겠다고 판단했다. 그렇게 그는 덜 극적인 방식으로, 기분 좋게 떠날 수 있었다.

곧이어 또 한 명의 훌륭한 매킨토시 엔지니어 브루스 혼이 뒤를 따랐다. 이별을 고하러 들어가자 잡스가 그에게 말했다.

"맥의 문제점들은 다 당신 탓이야."

그러자 혼이 응수했다. "글쎄요, 사실은 맥의 장점 중 상당수가 제 덕분이지요. 그것들을 포함하기 위해 미친 듯이 싸워야 했죠."

"당신 말이 맞아." 잡스가 인정했다. "여기 남는다면 주식 1만 5000주를 주겠소." 혼이 제안을 거절하자, 잡스는 자신의 따뜻한 일면을 드러냈다. "그럼 포옹이나 한번 합시다." 그렇게 그들은 포옹하고 헤어졌다.

하지만 그달의 가장 큰 뉴스는 애플의 공동 창업자 스티브 워즈니악의 사직이었다. 그동안 잡스와 워즈 사이에 격렬한 충돌이 없었던 이유는 어쩌면 성격이 전혀 딴판이기 때문이었을 수도 있다. 워즈는 여전히 꿈 많은 어린아이 같았고, 잡스는 그 어느 때보다도 더 강렬하고 불안정했다. 하지만 애플의 경영과 전략에 관해서 둘은 근본적으로 의견이 맞지 않았다. 당시 워즈는 애플 II 부문에서 중간급 엔지니어로 조용히 일하고 있었다. 경영이나 사내 정치와는 최대한 멀리 떨어져, 그저 회사의 뿌리를 상징하는 겸손한 마스코트로서 제 역할을 하고 있었다. 그는 잡스가 애플 II를 제대로 인정해주지 않는다고 느꼈고, 그렇게 느낄 만한 정당한 근거도 있었다. 애플 II는 1984년 크리스마스 시즌에 회사 매출의 70퍼센트를 차지할 정도의 효자 상품이었다. "애플 II 팀은 회사 사람들에게 하찮은 대접을 받았어요." 그의 회상이다. "애플 II가 그때까지 아주 오랫동안, 그리고 그 후로도 수년간 우리 회사에서 가장 잘 팔리는 제품이었는데도 말입니다." 흥분한 그는 심지어 자신의 성격과 어울리지 않는 일까지 했다. 스컬리에게 전화를 걸어 잡스와 매킨토시 부문에만 너무 많은 관심을 쏟아붓는다고 힐난한 것이다.

불만을 품은 워즈는 회사를 조용히 떠나 자신이 발명한 만능 리모컨 기기를 만드는 새로운 기업을 출범하기로 결심했다. 그 발명품은 간단한 버튼 몇 개만 설정하면 텔레비전과 스테레오, 여타의 전자 기기들을 한꺼번에 조종할 수 있는 리모컨이었다. 그는 애플 II 부문의 책임자에게 퇴직을 알렸다. 보고 체계를 벗어나 잡스나 마쿨라에게 그 사실을 직접 알릴 만큼 자신이 중요한 존재라고 느끼지 않았다. 잡스는 《월스트리트 저널》에 그 뉴스가 새어 나가고 나서야 비로소 소식을 접했다. 기자가 워즈에게 전화를 걸어 질문하자, 성격이 솔직한 워즈는 자신이 느끼는 그대로를 얘기했다. "그래요. 저는 애플이 애플 II 부문을 소홀히 대한다고 느꼈어요. 애플은 지난 5년 동안 대단히 잘못된 방향으로 나아갔습니다."

그로부터 2주가 채 지나지 않아, 워즈와 잡스는 함께 백악관을 방문하여 로널드 레이건 대통령이 수여하는 최초의 국가 기술 훈장을 수상했다. 레이건은 러더퍼드 전 대통령이 처음으로 전화기를 보고 했던 말을 인용했다. "놀라운 발명품이긴 하오만, 과연 누가 사용하려고 할까요?" 그러고는 덧붙였다. "그런 그의 생각이 짧았다는 것은 역사가 증명하고 있지요." 워즈의 퇴직을 둘러싼 어색한 상황 때문에 애플은 축하 만찬을 준비하지 않았고, 스컬리나 여타의 고위 간부들도 워싱턴에 동행하지 않았다. 그래서 잡스와 워즈는 식이 끝난 후 산책을 했고, 샌드위치 가게에 들러 요기를 했다. 워즈는 둘이 사이좋게 수다를 떨고 입장 차이에 관한 논의는 일부러 피했던 것으로 기억한다.

워즈는 그들의 관계를 우호적으로 끝맺고 싶었다. 그게 그의 스타일이었다. 그래서 그는 연 2만 달러의 급여를 받는 애플의 파트타임 직원으로 남기로 했고, 행사나 박람회가 있을 때면 회사를 대표해 참가하기로 했다. 이 상태를 유지하다가 서서히 결별했다면 아름다운 마무리가 됐을 것이다. 하지만 잡스는 기어이 사고를 쳤다. 함께 워싱턴에 다녀온 지 몇 주가 지난 어느 토요일, 잡스는 하르트무트 에슬링거가 팰러앨토에 새로 낸 스튜디오를 방문했다. 에슬링거의 회사 프로그디자인이 애플을 위한 디자인 작업을 보다 원활하게 진행하기 위해 그곳으로 이전한 터였다. 잡스는 그곳에서 워즈의 새로운 리모컨 기기를 위해 마련된 스케치들을 우연히 보았고, 화가 머리끝까지 났다. 프로그디자인과의 계약서에는 다른 컴퓨터 관련 프로젝트들을 금지할 수 있는 애플의 권리를 명시한 조항이 있었다. 잡스는 그것을 들이댔다. "워즈와 일하는 것을 용납할 수 없다고 그들에게 말했지요."

이 소식을 들은 《월스트리트 저널》은 워즈에게 연락을 취했고, 그는 평소대로 솔직하게 털어놓았다. 그는 잡스가 복수를 하는 거라고 말했다. "스티브 잡스는 저를 싫어해요. 아마도 애플에 대해 제가 한 말들 때문인 것 같아요." 그가 기자에게 말했다. 잡스의 행동은 분명 옹졸했지만, 부분적으로는 제품의 디자인과 스타일이 브랜드에 결정적인 영향을 미친다는 사실을 다른 사람들보다 유난히 의식해서 그런 것이기도 했다. 기기 자체에는 워즈의 브랜드를 새기면서 디자인 방식은 애플의 그것과 동일하다면, 사람들이 그것을 애플 제품으로 오인할 수도 있는 문제였다. "사적인 문제가 아닙니다." 잡스가 《월스트리트 저널》에 얘기했다. 그는 단지 워즈의 리모컨이 애플 제품과 똑같이 디자인되는 것을 막으려 한 것뿐이라고 설명했다. "우리의 디자인 방식이 다른 제품에 적용되는 것을 원치 않습니다. 워즈는 자신만의 공급자를 찾아내야 해요. 애플의 공급자를 활용해선 안 됩니다. 그를 특별하게 봐줄 순 없습니다."

잡스는 프로그디자인이 워즈를 위해 이미 진행한 작업에 대해 개인적으로 보상해 주겠다고 했다. 그럼에도 프로그디자인의 경영진은 충격을 받았다. 그들은 워즈를 위해 제작한 스케치들을 넘겨주든가 폐기하라는 잡스의 요구를 거부했다. 잡스는 그들에게 계약서상의 권리를 상기시키는 편지를 보내야 했다. 프로그디자인의 디자인 팀장 허버트 파이퍼는 워즈와의 갈등이 사적인 게 아니라는 잡스의 주장을 공개적으로 일축함으로써 그의 분노를 자극했다. "일종의 권력 싸움이죠." 파이퍼가 《월스트리트 저널》에 말했다. "둘 사이에 사적인 앙금이 존재하는 겁니다."

잡스가 한 일을 알게 된 허츠펠드는 크게 화를 냈다. 그의 집은 잡스의 집에서 약 12블록 떨어져 있었는데, 잡스는 허츠펠드가 애플을 떠나고 나서도 산책을 하다가 가끔씩 그를 방문하곤 했다. "워즈의 리모컨 사건에 대해 듣고 너무도 많이 화가 나서 스티브가 찾아왔을 때 집에 들어오지도 못하게 했어요. 그는 자기가 잘못했다는 걸 알면서도 합리화하려고 했어요. 그의 왜곡된 현실 속에서는 가능했을지도 모르죠." 화가 났을 때조차도 곰 인형처럼 온순했던 워즈는 다른 디자인 회사를 찾고 나서도 계속 애플의 대변인 역할을 맡기로 했다.

1985년 봄 최후통첩을 듣다

1985년 봄 잡스와 스컬리 사이에 균열이 생긴 데는 많은 이유가 있었다. 일부는 사업과 관련된 단순한 의견 불일치였다. 예를 들어 스컬리는 매킨토시의 가격을 높게 유지하여 이익을 극대화하려고 한 반면, 잡스는 좀 더 저렴하게 만들고 싶어 했다. 일부는 알 수 없는 심리적 요인들이었다. 그것은 둘이 처음 만났을 때부터 서로에게 가졌던 정열적이지만 이루어질 수 없는 호감에서 비롯했다. 스컬리는 고통을 감내하면서까지 잡스의 애정을 갈망했고, 잡스는 인생의 멘토이자 아버지 같은 존재를 간절히 원했다. 그러한 둘 사이에 열정이 식기 시작하자, 감정적인 반발이 형성되었다. 핵심을 보면, 그들의 갈등에는 두 가지 근본적인 원인이 있었다.(각자에게 하나씩 해당되었다.)

잡스의 경우, 스컬리가 제품을 최우선시하는 사람이 아니라는 사실이 문제였다. 애플이 만들고 있는 것들의 우수함을 이해하기 위해 노력하지도 않았고, 그럴 능력도 없어 보였다. 반면 스컬리는 사소한 기술적 변경 사항과 디자인의 디테일에 대한 잡스의 열정이 강박적이고 비생산적이라고 생각했다. 경력 전반에 걸쳐 탄산음료와 간식을 팔아 왔던 그에게 제품의 제조 방법은 큰 관심사가 아니었다. 그는 제품에 대한 천성적인 열정이 없었고, 그것은 잡스가 상상할 수 있는 가장 저주스러운 죄였다. 잡스가 나중에 술회했다. "엔지니어링의 디테일에 대해 가르쳐 주려고 노력했지요. 하지만 그는 제품이 어떻게 생산되는지 전혀 알지 못했어요. 그러다 언젠가부터 말싸움이 돼 버리곤 했지요. 그러나 저는 그런 과정에서 역시 제 관점이 옳다는 것을 깨달았어요. 제품이 모든 것이라는 것 말이에요." 잡스는 스컬리가 우둔하다고 생각하게 되었다. 그 와중에 스컬리가 계속 잡스의 애정을 갈망하며 서로가 매우 비슷하다는 착각에 사로잡히자 잡스는 점점 더 스컬리를 경멸하게 되었다.

스컬리의 경우, 잡스가 상대를 회유하거나 속이려는 마음이 없을 때는 종종 불쾌하고 무례하게 대하며 이기적이고 비열하게 군다는 게 문제였다. 기숙학교와 기업의 영업 팀에서 세련된 사교술을 익힌 스컬리는 잡스의 천박한 행동 방식을 용인하기가 힘들었다. 제품 디테일에 대한 열정이 없는 스컬리를 잡스가 용인하지 못하는 것과 마찬가지였다. 스컬리는 지나치다 싶을 정도로 사람들에게 친절했고 배려가 많았으며 예의가 발랐다. 잡스는 그렇지 않았다. 한번은 제록스의 부회장 빌 글래빈과 약속이 잡혔다. 걱정이 된 스컬리는 잡스에게 제발 예의를 갖추라고 간청하기까지 했다. 하지만 자리에 앉자마자 잡스는 글래빈에게 이렇게 말했다. "당신네들은 지금 자기들이 무엇을 하고 있는지도 모르는 것 같아요." 결국 회동은 거기서 끝나 버렸다. 잡스는 스컬리에게 말했다. "미안해요. 하지만 어쩔 수가 없었어요." 이는 단지 여러 사례 중 하나에 불과했다. 아타리의 앨 알콘은 훗날 이렇게 술회했다. "스컬리는 가급적 사람들의 기분을 맞춰 주고 관계에 신경 쓰는 유형이었어요. 스티브는 그런 것에 콧방귀도 안 뀌었고요. 하지만 그는 스컬리로서는 할 수 없는 방식으로 제품에 정성을 쏟았고, A급 직원이 아닌 모든 사람을 모욕함으로써 애플에 얼간이들이 눌러앉지 못하게 했지요."

애플의 이사진은 갈수록 이러한 혼란이 염려스럽지 않을

수 없었다. 결국 1985년 초, 아서 록을 위시하여 불만이 쌓인 몇몇 이사들은 잡스와 스컬리를 단호하게 책망했다. 스컬리에게는 회사를 경영해야 할 책임이 그 자신에게 있음을 잊지 말라고, 또 잡스와 친분을 쌓는 데 치중하지 말고 보다 적극적으로 권한을 활용해 회사를 이끌라고 주문했다. 잡스에게는 다른 부문들에 이래라저래라 할 게 아니라, 궁지에 빠진 매킨토시 부문을 살리는 데 열중할 것을 요구했다. 이후 사무실로 돌아온 잡스는 자신의 매킨토시에 이렇게 입력했다. "앞으로 회사의 다른 부문과 직원 들을 비판하지 않겠다. 조직의 나머지 모두에게 비평을 가하지 않겠다……."

매킨토시의 실적이 계속해서 실망스러운 수준에 머무르자(1985년 3월의 매출은 예상했던 수치의 10퍼센트에 불과했다.) 잡스는 사무실에 들어앉아 혼자 씩씩대거나 아니면 복도를 배회하며 문제의 원인이 자신을 제외한 다른 모두에게 있다고 힐난을 퍼부어 댔다. 그의 극단적인 기분 변화는 점점 더 격해졌고, 더불어 주변 사람들에 대한 학대도 심해졌다. 보다 못한 중간급 관리자들이 들고 일어나 그에게 항의하기 시작했다. 마케팅 팀장 마이크 머리는 한 컴퓨터 컨퍼런스에서 스컬리와 은밀한 면담 자리를 만들었다. 그들이 스컬리의 객실로 올라가는 장면을 우연히 본 잡스는 자기가 껴도 되겠느냐고 물었다. 머리는 그러지 않는 게 좋겠다고 답했다. 머리는 스컬리에게 잡스가 모든 것을 엉망으로 만들고 있으므로 매킨토시 부문의 책임자 자리에서 끌어내려야 한다고 말했다. 그러자 스컬리는 아직 잡스와 최종 결전을 치를 준비가 되어 있지 않다고 대답했다. 나중에 머리는 잡스 본인에게 직접 메모를 보내 동료들을 대하는 그의 태도와 '인격 말살식 경영 방식'을 비난했다.

몇 주 동안은 이런 혼란에 해결책이 있을 것 같았다. 잡스가 팰러앨토 인근의 우드사이드 디자인이라는 회사에서 개발한 평면 스크린 기술에 매료되면서 모종의 가능성이 움텄기 때문이다. 그 회사는 괴짜 엔지니어 스티브 키친이 운영하고 있었다. 잡스는 또한 마우스 없이 손가락으로 제어할 수 있는 터치스크린 디스플레이를 만드는 신생 기업에도 비상한 관심을 보였다. 이 두 가지를 활용하면 '책 크기의 매킨토시'를 만들고자 하는 잡스의 비전이 이뤄질 수 있을 것 같았다. 한번은 키친과 산책을 하던 잡스가 멘로파크 인근에서 건물 하나를 발견하고는 그곳에 이러한 아이디어를 실용화할 비밀 연구소를 만들자고 제안했다. 연구소의 이름은 '애플랩스'로 하고 운영도 잡스 자신이 직접 맡겠다고 했다. 소수 정예 팀과 새롭고 위대한 제품을 만들던 즐거운 시절로 돌아가고 싶었던 것이다.

스컬리는 잡스가 발견한 새로운 가능성을 쌍수를 들고 환영했다. 잡스에게 자신의 재능을 가장 잘 발휘할 수 있는 직무를 맡기고 더 이상 쿠퍼티노에 혼란을 초래하지 못하게 하면 그와 관련된 경영 문제들이 대부분 해결될 것 같았다. 스컬리는 잡스 대신 매킨토시 부문을 맡을 후보도 염두에 두고 있었다. 잡스가 방문하여 무례하게 굴 때 당당히 맞섰던 애플 프랑스의 지사장 장루이 가세였다. 가세는 잡스 밑에서 일하는 게 아니라 부문 전체를 자신에게 맡기는 것이라면 제안을 수락하겠다고 말했다. 이사진 중 한 명인 메이시스의 필립 슐라인은 잡스에게 새로운 제품을 구상하면서 소규모라도 열정적인 팀을 이끌어 나가는 편이 더 낫지 않겠느냐며

이카로스

설득했다.

하지만 얼마간의 숙고 후, 잡스는 자신이 원하는 길은 그게 아니라고 결론지었다. 그는 가세에게 지휘권을 양도하기를 거부했다. 가세는 현명하게도 점점 표면화되는 권력의 충돌을 피하기 위해 파리로 돌아갔다. 그해 봄 내내 잡스는 갈팡질팡했다. 어떤 때는 기업 경영자로 행세하고 싶어 했고, 심지어 사내 무료 음료와 출장 시 일등석 항공편 제공 등과 같은 혜택을 없애서 비용을 절감하자는 메모를 쓰기도 했다. 또 어떤 경우에는 본사에서 벗어나 애플랩스를 만들어 연구 개발 그룹을 관리하는 게 낫지 않겠느냐는 사람들의 조언에 동의하는 태도를 보이기도 했다.

그해 3월, 마이크 머리는 '회람 금지'라고 표시한 또 하나의 메모를 동료 여러 명에게 전달했다. "애플에서 보낸 3년 동안, 지난 90일과 같은 혼란과 두려움, 기능 장애를 목격한 적이 없습니다. 일반 직원들은 우리가 방향타도 없이 안개 낀 바다를 표류하고 있는 배라고 생각하고 있습니다." 머리는 잡스와 스컬리 양쪽 모두와 손을 잡은 상태였고, 때로는 잡스와 공모해 스컬리의 기반을 흔들기도 했다. 하지만 이 메모에서는 잡스의 탓으로 돌렸다. "기능 장애의 원인인지 그것의 결과인지는 모르겠으나, 스티브 잡스가 현재 무너뜨릴 수 없을 정도로 확고해 보이는 권력 기반을 지배하고 있다는 것이 문제입니다."

그달 말, 스컬리는 드디어 잡스에게 매킨토시 부문의 지휘권을 포기하라고 말할 용기를 끌어냈다. 어느 날 저녁 그는 인적 자원부 부장 제이 엘리엇을 대동하고 잡스의 사무실로 건너갔다. 엘리엇을 데려간 이유는 둘의 대면을 공식화하기 위함이었다. "자네의 명석함과 훌륭한 비전을 나보다 더 존경하는 사람은 없을 거야." 스컬리가 입을 열었다. 전에도 그렇게 듣기 좋은 소리를 늘어놓은 적이 있었다. 그러나 이번에는 거기서 그치는 게 아니라 '하지만'이라는 매정한 말로 그 다음 문장을 시작하리라는 사실이 분명해 보였다. 그러한 짐작은 틀리지 않았다. "하지만 이대로는 도저히 안 되겠어." 그가 선언했다. "하지만"으로 이어질 입에 발린 소리는 계속되었다. "우리는 그동안 함께 대단한 우정을 쌓아 왔지." 이것은 약간의 착각이 섞인 말이었다. "하지만 매킨토시 부문을 운영하는 자네의 능력에 대해 더 이상 신뢰할 수 없게 되었어." 그는 이어서 잡스가 사람들에게 자신을 멍청이라고 비방한 것에 대해서도 질책했다.

잡스는 충격을 받은 듯했다. 그는 스컬리가 자신을 더 도와주고 지도해 줘야 한다는 의외의 대답을 했다. "저하고 더 많은 시간을 보내야 해요." 그러다가 그는 갑자기 반격을 가했다. 잡스는 스컬리가 컴퓨터에 대해 아무것도 모르고, 회사 운영을 엉망으로 하고 있으며, 애플에 합류한 이후로 계속해서 자신을 실망시켰다고 말했다. 그러고는 세 번째 반응에 들어갔다. 울기 시작한 것이다. 당황한 스컬리는 손톱을 물어뜯으며 지켜볼 수밖에 없었다.

"이 문제를 이사회에 상정할 거야." 스컬리가 단호하게 말했다. "자네가 매킨토시 부문의 책임자 자리에서 물러나야 한다는 의견을 개진할 생각이라고. 그 점을 명심해." 그는 잡스에게 이 결정에 저항하지 말고 새로운 기술 및 제품 개발에 전념하는 데 동의하라고 부탁했다.

잡스는 자리에서 벌떡 일어서더니 강렬한 눈빛으로 스컬

리를 노려보았다. "정말 그렇게 할 거라고요? 믿을 수 없어요." 그가 말했다. "만약 그렇게 한다면 그건 회사 전체를 파괴하는 일입니다."

그 후로 몇 주간, 잡스의 행동 방식은 극단적으로 요동쳤다. 애플랩스를 운영하기 위해 회사를 떠나는 것에 대해 얘기하다가도, 바로 다음 순간 스컬리를 내쫓기 위해 지원군을 모집했다. 스컬리에게 화해의 손을 내밀었다가도 잠시 후 그의 등 뒤에서 비난을 퍼붓기도 했다. 두 가지 일이 하룻밤에 일어나는 경우도 있었다. 하루는 밤 9시에 애플의 법률고문 앨 아이젠스태트에게 전화를 걸어 스컬리의 능력에 대한 신뢰를 잃었으니 이사진을 설득하는 데 도움을 달라고 말했다. 그리고 같은 날 밤 11시에 잠자고 있던 스컬리에게 전화를 걸어 이렇게 말했다. "당신은 정말 훌륭해요. 제가 당신과 함께 일하는 걸 무척 좋아한다는 사실을 알아주길 바라요."

4월 11일 이사회에서 스컬리는 잡스가 매킨토시 부문의 책임자 자리에서 물러나 신제품 개발에 집중했으면 좋겠다는 의사를 공식적으로 표명했다. 그러자 이사회에서 가장 까다롭고 독립적인 아서 록이 입을 열었다. 그는 둘 모두에게 신물이 난 상태였다. 스컬리는 지난 1년 동안 지휘권을 쟁탈할 만한 배짱을 보여 주지 못했기 때문이었고, 잡스는 '심술궂고 버르장머리 없는 놈'처럼 굴었기 때문이었다. 이사회는 이 분쟁을 해결해야 했고, 그러기 위해서는 한 명씩 개별적으로 만날 필요가 있었다.

잡스에게 먼저 변론의 기회를 주기 위해 스컬리가 회의실을 나갔다. 잡스는 스컬리에게 문제가 있는 것이라고 주장했다. 그가 컴퓨터에 대한 지식이나 이해가 전무하다는 내용이었다. 이에 대해 록은 잡스를 질책했다. 그는 으르렁거리는 목소리로 잡스가 1년 동안 매우 어리석게 행동했으며 한 부문을 책임질 자격이 없다고 말했다. 잡스의 가장 강력한 지지자인 필립 슐라인마저도 겸허하게 물러나 회사를 위한 연구소를 책임지는 게 어떻겠냐며 그를 설득했다.

스컬리는 이사진과 개별적인 자리를 갖자마자, 일종의 최후통첩을 던졌다. "여러분이 저를 지지하면 저는 회사 운영을 제대로 책임지겠습니다. 만약 저를 지지하지 않는다면 우리는 더 이상 아무것도 할 게 없습니다. 다만 여러분은 새로운 CEO를 찾아야 할 겁니다." 그는 자기에게 권한을 부여한다면, 갑작스럽게 움직이기보다는 몇 개월의 시간을 두고 잡스가 새로운 역할로 순조롭게 옮겨 갈 수 있도록 돕겠다고 말했다. 이사회는 만장일치로 스컬리의 손을 들어 주었다. 그는 적절한 시기라고 생각된다면 언제든 잡스를 이동시킬 수 있는 권한을 부여받았다. 잡스는 자신이 패배하리라는 사실을 충분히 짐작한 채 회의실 밖에서 기다렸다. 그러다 오랜 시간 함께 일한 델 요캄을 보자 울음을 터뜨렸다.

이사회가 결정을 내리고 나자, 스컬리는 화해의 제스처를 취했다. 잡스는 보직 이동을 수개월에 걸쳐 천천히 진행해 달라고 요청했고, 스컬리는 동의했다. 그날 저녁 스컬리의 비서 나네트 버크하우트가 안부를 묻기 위해 잡스에게 전화를 걸었다. 그는 폭탄을 맞은 듯 충격에 휩싸인 채 아직도 사무실에 앉아 있었다. 스컬리는 이미 퇴근한 상태여서, 잡스는 얘기나 나누자며 버크하우트를 찾아갔다. 그는 이번에도 스컬리에 대해 극단적으로 상이한 태도를 보였다. "존이 왜 나한테 이런 짓을 했을까? 그는 나를 배신했어." 그러고는 다시 반대쪽 극단으로 치달았다. "그와 관계를 회복하는 데 시간을 더 들여야 마땅한 것 같아. 존과의 우정은 무엇보다 중요해. 그게 내가 할 일인 것 같아. 우정에 집중하는 것 말이야."

마지막 항전

잡스는 거절당하는 것을 잘 참지 못했다. 1985년 5월 초, 그는 스컬리의 사무실로 찾아가 자신이 매킨토시 부문을 관리할 능력이 있음을 보여 줄 시간을 더 달라고 부탁했다. 운영을 우선시하는 관리자임을 입증해 보이겠다고 약속했다. 하지만 스컬리는 물러서지 않았다. 그러자 잡스는 더 노골적인 방법으로 저항했다. 스컬리에게 사임을 요구한 것이다. "아무래도 당신은 페이스를 잃은 거 같아요." 잡스가 그에게 말했다. "첫해에는 정말 훌륭했고 모든 게 멋졌죠. 하지만 곧 페이스를 잃었고, 그때부터 뭔가가 잘못되기 시작했어요." 평소 침착성을 잃지 않던 스컬리였지만 이번에는 똑같이 되받아치며 잡스가 매킨토시 소프트웨어를 완성하지 못했고, 새로운 모델을 구상해 내지도 못했으며, 고객을 유치하지도 못했다고 지적했다. 대화는 결국 누가 더 형편없는 경영자인지에 대한 아귀다툼으로 전락했다. 잡스가 거드름을 피우며 방에서 걸어 나가자, 스컬리는 유리 벽을 통해 싸움을 지켜보고 있던 사람들을 등지고는 눈물을 흘렸다.

5월 14일 화요일, 매킨토시 팀이 스컬리와 여타의 경영진 앞에서 분기별 실적 및 계획에 대한 프레젠테이션을 하는 자리에서 상황은 극도로 악화되었다. 아직 지휘권을 양도하지 않은 잡스는 팀과 함께 회의실에 들어설 때부터 매우 반항적인 태도를 보였다. 잡스와 스컬리는 부문의 목표가 무엇인지를 놓고 충돌하기 시작했다. 잡스는 매킨토시를 최대한 많이 파는 것이라고 주장했고, 스컬리는 애플 전체의 이익에 기여하는 것이라고 말했다. 항상 그랬듯이 부문 간의 협력이 거의 이뤄지지 않은 탓에, 매킨토시 팀은 애플 II 부문에서 개발하고 있는 것과 다른 종류의 새로운 디스크드라이브를 준비하고 있었다. 회의록에 따르면 둘의 논쟁은 무려 한 시간 동안이나 지속되었다.

잡스는 이어서 자신이 진행 중인 프로젝트에 대해 설명했다. 생산이 중단된 리사를 대체할 보다 강력한 매킨토시, 그리고 매킨토시 사용자들이 네트워크를 통해 파일을 공유할 수 있도록 '파일 서버'라는 소프트웨어를 개발하겠다는 내용이었다. 그러나 스컬리는 그 프로젝트들이 일정보다 늦어질 것이라는 사실을 듣자마자 알 수 있었다. 그는 마이크 머리의 마케팅 실적과 밥 벨빌의 엔지니어링 마감일, 잡스의 전반적인 관리 등에 대해 냉정한 비판을 가했다. 이 모든 것들에도 불구하고, 잡스는 회의 말미에 모두가 지켜보는 가운데 스컬리에게 간청을 했다. 자기가 부문을 운영할 능력이 있음을 입증할 기회를 한 번만 더 달라는 것이었다. 하지만 스컬리는 거절했다.

그날 밤, 잡스는 매킨토시 팀과 함께 우드사이드의 니나스 카페를 찾아 저녁을 먹었다. 당시 장루이 가세는 우드사이드 시내에 머물고 있었다. 스컬리가 매킨토시 부문의 인수를 준비시키기 위해 미리 불러 놓았기 때문이었다. 잡스는 그를 식사에 초대했다. 밥 벨빌이 축배를 제의했다. "스티브 잡스가 말하는 세상이 무엇인지 진짜로 이해하는 모든 사람들을 위하여!" '스티브 잡스가 말하는 세상'은 그가 창출하는 왜곡된 세계를 과소평가하던 애플 사람들이 경멸적으로 사용하던 말이었다. 식사를 마치고 모두 떠난 후, 벨빌은 잡스의 벤츠에 올라타 스컬리를 상대로 결사 항전을 준비하라고 설득했다.

조작에 능하기로 유명한 잡스는 실제로 마음만 내키면 어떠한 수치심도 없이 다른 사람들을 꼬드기고 유혹할 수 있었다. 하지만 일부 사람들의 생각과는 달리 그는 계산적으로 계획을 꾸미는 일에는 소질이 없었다. 다른 사람들에게서 환심을 사는 데 필요한 인내심도 없었고, 그렇게 비위를 맞추는 성향도 아니었다. 제이 엘리엇은 말한다. "스티브는 사내 정치에 가담한 적이 없었어요. 천성적으로든 환경적으로든 그런 걸 좋아하는 사람이 아니었죠." 또한 아첨을 하기에는 천성적으로 너무 교만했다. 예를 들면 델 요캄의 지원을 얻으려고 부탁할 때도, 그는 자기가 운영 및 관리직에 대해 요캄보다 더 많이 안다고 단언하지 않고는 못 배겼다.

애플은 수개월 전 중국에 컴퓨터를 수출할 권리를 취득한 참이었고, 잡스가 메모리얼 데이(미국 전몰자 추도 기념일.—옮긴이) 주간의 주말에 중국으로 출장 가 인민대회당에서 계약을 맺기로 돼 있었다. 스컬리에게 어떻게 하면 좋겠느냐고 상의하자 그는 자기 혼자 가는 게 낫겠다고 결정했다. 잡스로서는 거기에 불만을 품을 이유가 없었다. 스컬리의 부재를 틈타 반란을 일으킬 계획이었기 때문이다. 메모리얼 데이로 이어지는 한 주간 내내, 잡스는 많은 사람들을 산책에 데려가 계획을 얘기했다. "스컬리가 중국에 가 있는 동안 쿠데타를 일으킬 거야." 그가 마이크 머리에게 말했다.

1985년 5월의 그 일주일

5월 23일 목요일. 매킨토시 부문의 고위 참모들과 가진 목요 정기 미팅에서, 잡스는 측근들에게 스컬리 퇴출 계획에 대해 얘기하며 자신이 구상한 회사 재편성 방안을 표로 그려 보였다. 그는 또한 인적 자원부 부장 제이 엘리엇에게도 비밀을 공개했다. 그러자 엘리엇은 계획대로 되기 힘들 거라고 노골적으로 답했다. 자기가 이미 몇몇 이사들에게 잡스를 지지해 달라고 부탁했는데, 이사진 대부분이 스컬리 편이고 고위 간부 대부분도 마찬가지라는 사실만 발견했다는 설명이었다. 하지만 잡스는 그대로 밀고 나갔다. 그는 심지어 자신의 직책을 넘겨받기 위해 파리에서 날아온 가세에게도 계획을 공개했다.(그와 주차장에서 산책을 하던 중이었다.) "가세에게도 말해 버리는 실수를 저질렀지요." 수년 후 잡스가 표정을 찡그려 가며 회상했다.

그날 저녁, 애플의 법률고문 앨 아이젠스태트가 스컬리와 가세 부부를 집에 초대해 바비큐를 대접했다. 가세가 아이젠스태트에게 잡스의 음모에 대해 얘기하자, 그는 스컬리에게 알리는 게 좋겠다고 말했다. "스티브가 스컬리를 내쫓기 위해 반란 음모를 꾸미고 있었지요." 가세는 회상한다. "아이젠스태트의 서재에서 제가 스컬리의 가슴에 검지를 살며시 대며 말했어요. '내일 중국으로 떠나면 퇴출될 수도 있습니다. 스티브가 당신을 제거하기 위한 음모를 꾸미고 있거든요.'"

5월 24일 금요일. 스컬리는 출장을 취소하고 아침 임원 회의에서 잡스를 대면하기로 결정했다. 회의에 늦은 잡스는 원

이카로스

래 자신의 자리였던 스컬리의 옆자리가 채워져 있는 것을 보고는 반대쪽 끝자리에 가서 앉았다. 몸에 잘 맞는 윌크스배시포드 맞춤 정장을 입은 그는 에너지가 넘쳐 보였다. 반면 스컬리는 창백했다. 스컬리는 계획된 안건을 건너뛰고 모든 이들이 우려하고 있는 문제를 먼저 다루겠다고 말했다. "자네가 나를 회사에서 쫓아내고 싶어 한다는 얘기를 들었는데." 그가 잡스를 똑바로 보며 말했다. "그게 사실인지 묻고 싶네."

잡스로서는 뜻밖의 공격이었다. 하지만 그는 인정사정없는 솔직함을 드러내는 데 부끄러움을 느끼는 사람이 아니었다. 그는 눈을 가늘게 뜨고서 한 차례의 깜빡임도 없이 스컬리를 노려보았다. "나는 당신이 애플과 맞지 않는다고 생각해요. 이 회사를 운영할 적임자가 아니라는 겁니다." 그가 냉정한 말투로 천천히 말을 이어 갔다. "진정 회사를 떠나야 할 사람은 바로 당신입니다. 이런 회사의 운영 방법도 모르고 운영을 해 본 적도 없잖아요." 그는 스컬리가 제품 개발 과정을 이해하지 못한다고 비난하고는, 자기중심적 사고에서 비롯된 일격을 가했다. "내가 성장하는 데 도움을 받으려고 당신을 불렀건만 아무 도움도 되지 않았어요."

회의에 참석한 전원이 얼어붙은 가운데, 스컬리는 결국 분노를 참지 못했다. 20년 동안 잠복해 있던 유년 시절의 말을 더듬는 증상이 돌아올 정도였다. "나, 나는 자네를 신뢰하지 않아. 그, 그렇게 시, 신뢰할 수 없는 사람을 용인하지도 않을 생각이고." 그가 더듬거리며 말했다. 잡스가 자신이 스컬리보다 회사를 더 잘 운영할 수 있다고 주장하자, 스컬리는 모험을 감행했다. 그 문제를 참석자들의 투표에 부친 것이다.

"아주 영리한 술책을 동원하더군요." 35년 후에도 잡스는 여전히 쓰라린 듯 얼굴을 찡그렸다. "임원 회의에서 '접니까, 스티브입니까? 누구에게 표를 던지시겠습니까?' 이럽디다. 저에게 표를 던지면 얼간이가 될 수밖에 없도록 상황을 꾸며 놓고 말입니다."

얼어 있던 참석자들이 돌연 꿈틀거리기 시작했다. 델 요캄이 먼저 나섰다. 그는 잡스가 노려보는 와중에도 용기를 내어, 잡스를 매우 좋아하고 앞으로도 회사에서 계속 어떤 역할이든 맡아 주길 원하지만, 회사 운영은 '존경하는' 스컬리가 맡아 주면 좋겠다고 말했다. 아이젠스태트는 잡스를 직접 쳐다보며 비슷한 말을 했다. 잡스가 좋긴 하지만 이 문제만큼은 스컬리를 지지한다는 것이었다. 외부 컨설턴트 자격으로 임원 회의에 참석한 레지스 매케나는 좀 더 직설적이었다. 그는 잡스를 쳐다보며 그가 아직 회사를 운영할 준비가 돼 있지 않다고 말했다. 전에도 그에게 했던 말이었다. 다른 사람들도 스컬리 편을 들었다. 빌 캠벨은 결정을 내리기가 특히 힘겨웠다. 그는 잡스를 좋아했고 스컬리는 별로 좋아하지 않았다. 자신이 잡스를 얼마나 좋아하는지 말할 때 그의 목소리가 약간 떨렸다. 그는 스컬리를 지지하기로 결정했지만, 그래도 둘이 잘 상의해서 잡스가 회사에서 맡을 수 있는 역할을 찾아 달라는 부탁을 덧붙였다. "스티브가 회사를 떠나게 해선 안 됩니다." 그가 스컬리에게 말했다.

잡스는 충격을 받은 듯했다. "어떤 상황인지 알 것 같군요." 그가 말했다. 그러고는 회의실을 황급히 벗어났다. 아무도 따라나서지 않았다.

사무실로 돌아온 그는 충직한 매킨토시 팀원들을 모아 놓고 울기 시작했다. 아무래도 애플을 떠나야 할 것 같다고 그들에게 말했다. 그가 문밖으로 걸어 나가려고 하자, 데비 콜먼이 그를 막았다. 그녀를 비롯한 모든 이들이 그에게 흥분을 가라앉히라고, 선불리 움직이지 말라고 설득했다. 주말을 이용해 전열을 재정비하는 게 어떻겠냐는 제안도 나왔다. 회사가 분열되는 것을 막을 방법이 있을지도 몰랐다.

스컬리는 승리했음에도 몹시 침울했다. 그는 상처 입은 용사처럼 앨 아이젠스태트의 사무실로 찾아가 차 좀 태워 달라고 부탁했다. 아이젠스태트의 포르쉐에 타자 스컬리가 한탄했다. "이 모든 걸 극복해 낼 수 있을지 모르겠어." 아이젠스태트가 무슨 말이냐고 묻자 스컬리가 대답했다. "내가 사임하는 게 나을 거 같아."

"그래선 안 됩니다." 아이젠스태트가 말렸다. "그러면 애플이 작살난다고요."

"내가 물러나야겠어." 스컬리가 반복해서 말했다. "아무래도 내가 이 회사에 맞지 않는 사람인 거 같아. 이사회에 연락해서 통보 좀 해 줄 텐가?"

"그러라면 그러겠지만." 아이젠스태트가 대답했다. "그건 많은 사람들의 기대를 저버리는 행위라고 생각합니다. 잡스한테 당당하게 맞서야 합니다." 그는 스컬리를 집까지 데려다 주었다.

스컬리의 아내 리지는 대낮에 집에 온 남편을 보고 놀랐다. "실패야, 실패." 그가 허망하게 말했다. 다혈질인 리지는 애초부터 잡스를 좋아하지 않았고 그에게 홀린 남편도 마음에 들어 하지 않았다. 자초지종을 들은 그녀는 차에 올라타더니 잡스의 사무실까지 질주했다. 그리고 잡스가 굿 어스 식당에 갔다는 얘기를 듣고는 다시 그곳으로 달려갔다. 그녀는 데비 콜먼 및 매킨토시 팀의 충신들과 식사를 마치고 나오는 잡스를 주차장에서 맞닥뜨렸다.

"스티브, 얘기 좀 할까요?" 그녀가 말했다. 잡스는 깜짝 놀랐다. "존 스컬리처럼 훌륭한 사람을 알고 지낸 것만도 얼마나 큰 특권인지 알아요?" 그녀가 따졌다. 그는 리지의 시선을 피했다. "내가 얘기하는데 눈도 못 쳐다보나요?" 그녀가 물었다. 하지만 잡스가 갈고닦은 예의 그 깜빡임 없는 눈으로 그녀를 노려보자, 그녀는 주춤했다. "됐어요. 쳐다보지 마세요." 그녀가 말했다. "대부분의 사람들은 눈을 바라보면 영혼이 보여요. 그런데 당신의 눈을 보니까 끝도 없는 구덩이, 텅 빈 구멍, 암흑만이 보이는군요." 그러고는 돌아서서 가 버렸다.

5월 25일 토요일. 마이크 머리가 조언을 해 주기 위해 우드사이드에 있는 잡스의 집을 찾았다. 그는 잡스에게 제품 개발자라는 새로운 역할을 받아들여 애플랩스를 설립하고 본사에서 떨어져 지내는 것을 고려해 보라고 충고했다. 잡스는 생각해 볼 의사가 있는 듯했다. 하지만 일단은 스컬리와 관계를 회복해야 했다. 그는 전화기를 집어 들고는 화해의 말로 스컬리를 놀라게 했다. 다음 날 오후에 만나 스탠퍼드 대학교 위쪽의 언덕을 산책하자고 제안했다. 사이가 좋았던 지난날 함께 산책하던 곳이었으니, 걷다 보면 일이 풀릴지도 모를 일이었다.

잡스는 스컬리가 아이젠스태트에게 그만두고 싶다는 의사를 내비친 사실을 몰랐다. 하지만 그때는 이미 상관없는 일이었다. 스컬리가 밤사이 마음을 바꿨기 때문이었다. 그는 애플에 남기로 했고, 그 전날 벌어진 사건에도 불구하고 여전히 잡스의 호감을 얻고 싶어 했다. 그래서 다음 날 오후에 만나자는 잡스의 요청에 순순히 응했다.

잡스가 화해를 준비하고 있었다고는 하지만, 그날 저녁 마이크 머리와 보기 위해 선택한 영화의 제목에서는 그런 기미가 보이지 않았다. 결코 항복하지 않았던 장군을 다룬 서사 영화 「패튼」을 보자고 한 것이다. 하지만 비디오테이프는 아버지에게 빌려 준 상태였다.(아버지는 한때 패튼 장군의 예하 부대에 병력을 실어 나르는 군함에서 복무한 바 있었다.) 그래서 그는 테이프를 찾아오기 위해 머리와 함께 어린 시절에 살던 집으로 갔다. 하지만 부모님은 집에 없었고, 그는 열쇠가 없었다. 집 뒤쪽으로 돌아가 잠기지 않은 문이나 창문을 찾아봤지만 그도 여의치 않았다. 결국 포기하고 비디오 가게에 들렀지만 거기에도 「패튼」은 없었다. 그래서 그들은 결국 「배신」이라는 영화로 만족해야 했다.

5월 26일 일요일. 약속대로 잡스와 스컬리는 스탠퍼드 캠퍼스 뒤편에서 만나 몇 시간 동안 완만한 언덕들과 목초지를 거닐었다. 잡스는 자신이 애플에서 경영자 역할을 해야 한다고, 그렇게 되게 도와 달라고 거듭 간청했다. 하지만 스컬리는 확고한 입장을 견지했다. 그래서는 안 된다고 계속 말했다. 그 대신 스컬리는 잡스에게 자신만의 연구소를 보유한 제품 선지자 역할을 택하라고 촉구했지만, 잡스는 그것이 자신을 그저 '명목상의 대표'로 만드는 것일 뿐이라며 거절했다. 그러고 나서 현실과의 모든 관련성을 거부한 채, 잡스는 그 특유의 방식으로 역제안을 했다. 회사 전체에 대한 통제권을 자신에게 넘기라는 것이었다. "이러면 어떨까요? 당신께서 회장을 맡아 주시고 제가 사장 겸 CEO로 뛰는 겁니다." 잡스가 너무도 진솔한 태도로 제안하는 모습을 보고 스컬리는 놀라지 않을 수 없었다.

"스티브, 그건 말도 안 돼." 스컬리가 대답했다. 그러자 잡스는 다시 둘이 책무를 나누어 자신이 제품을 맡고 스컬리가 마케팅과 비즈니스를 맡으면 어떻겠느냐고 제안했다. 이사진은 스컬리에게 용기를 주었을 뿐 아니라 잡스를 복종시키라고 지시한 터였다. "회사는 한 사람이 운영해야 해." 그가 대답했다. "나는 지지를 받고 있고 자네는 그렇지 않아." 결국 그들은 악수를 나눴고, 잡스는 제품 선지자 역할을 맡는 것을 다시 생각해 보기로 했다.

집에 오는 길에 잡스는 마이크 마쿨라의 집에 들렀다. 하지만 마쿨라는 집에 없었다. 잡스는 다음 날 저녁 식사를 하러 오라는 메시지를 남겼다. 매킨토시 팀의 핵심 측근들도 초대할 예정이었다. 그는 스컬리 편을 드는 마쿨라를 설득해 그 어리석음에서 벗어나게 하고 싶었다.

5월 27일 월요일. 메모리얼 데이는 맑고 따뜻했다. 매킨토시 팀의 충신들인 데비 콜먼과 마이크 머리, 수전 반스, 밥 벨빌은 전략을 짜기 위해 약속 시간보다 한 시간 일찍 우드사이드에 있는 잡스의 집에 모였다. 콜먼은 저녁노을이 내리는 안뜰에 앉아 머리가 했던 것과 마찬가지로 잡스에게 제품 선지자 역할을 받아들여 애플랩스를 설립하라고 조언했다. 측근들 가운데 콜먼만이 현실적으로 생각하려고 애썼다. 스컬리는 조직을 새로 편성하면서 그녀에게 제조 부문을 맡긴 상태였다. 그녀의 충성이 단지 잡스만이 아니라 애플 전체를 향한 것임을 알았기 때문이었다. 다른 이들은 강경한 자세를 취했다. 그들은 마쿨라를 설득하여 잡스에게 통제권을 부여하거나 아니면 적어도 제품 부문을 맡기는 재편성 계획을 지지하게 만들려고 했다.

곧 마쿨라가 도착했고, 그는 한 가지 조건하에 그들의 얘기를 듣기로 했다. 잡스는 침묵해야 한다는 것이었다. "정말로 진지하게 매킨토시 팀의 생각을 듣고 싶었지요. 잡스가 그들을 반란 계획에 끌어들이는 모습은 보고 싶지 않았습니다." 마쿨라의 회상이다. 공기가 차가워지자, 그들은 가구가 드문드문 배치된 저택으로 들어가 벽난로 앞에 앉았다. 잡스의 요리사가 통밀로 만든 야채 피자를 만들어 카드 게임용 테이블에 내놓았다. 마쿨라는 피자 대신 인근에서 재배된 올슨 체리를 작은 나무 바구니에서 하나씩 꺼내 먹었다. 불평을 늘어놓는 시간을 가지는 대신, 마쿨라는 팀원들이 매우 구체적인 경영 및 관리 문제들에 초점을 맞추게 했다. 예를 들면 파일 서버 소프트웨어의 생산 과정에서 문제가 생긴 원인이 무엇인지, 매킨토시 유통 시스템은 왜 수요의 변화에 제대로 반응하지 못했는지 등과 같은 것들이었다. 그들의 얘기가 끝나자, 마쿨라는 잡스를 지지하지 못하겠다고 단도직입적으로 밝혔다. "그의 계획을 지지할 수 없다고 말했고, 그걸로 끝이었지요." 마쿨라는 회상했다. "회사의 책임자는 스컬리였어요. 그들은 화가 나서 감정이 격해진 나머지 반란을 도모했던 거지요. 하지만 일은 그런 식으로 하는 게 아니에요."

한편 스컬리도 조언을 구하는 데 하루를 보내고 있었다.

잡스의 요구를 들어줘야 하나? 그가 상담한 거의 모든 사람들이 그것을 고려하는 것조차 미친 짓이라고 말했다. 그런 질문을 하는 것 자체가 그를 우유부단해 보이게 하고 여전히 쓸쓸하게 잡스의 애정을 구하는 사람처럼 보이게 한다는 것이었다. "우리는 당신을 지지해요." 한 고위 임원이 말했다. "당신이 강력한 리더십을 보여 주길 기대해요. 스티브를 다시 경영 일선으로 불러내선 안 된다고요."

5월 28일 화요일. 스컬리는 아침에 잡스를 만나기 위해 그의 사무실로 찾아갔다. 지지자들에게서 힘을 얻은 데다 전날 저녁 잡스가 자신을 쫓아내기 위한 모임을 가졌다는 소식을 마쿨라에게서 들어 분노에 불이 지펴진 상태였다. 그는 잡스에게 이사회와 이미 얘기를 했고 그들의 지지를 얻었다고 말했다. 이제 그만 나가 달라는 것이었다. 그러고는 마쿨라의 집으로 차를 몰아 자신의 재편성 계획을 전달했다. 마쿨라는 구체적인 질문을 했고, 마지막에는 스컬리의 앞날을 축복해 주었다. 사무실에 돌아온 스컬리는 이사들이 여전히 자신을 지지한다는 사실을 거듭 확인하기 위해 전화를 돌렸다. 그들의 지지에는 변함이 없었다.

이어서 스컬리는 잡스가 상황을 제대로 이해했는지 확인하기 위해 전화를 걸었다. 이사회에서 자신의 재편성 계획을 승인했고, 그 주 안에 실행에 옮겨질 예정이었다. 가세가 잡스의 '애인'인 매킨토시와 여타의 제품을 책임지게 될 터였고, 잡스가 운영할 부문은 하나도 없었다. 스컬리는 여전히 잡스를 달래는 듯한 자세를 취했다. 잡스에게 계속해서 이사회 회장 직함을 유지하며 운영 책무는 없는 제품 선지자로서 애플에 남을 수 있다고 말했다. 하지만 이제 애플랩스와 같은 연구소를 설립한다는 방안은 논의 대상에서 사라지고 없었다.

잡스는 결국 깨달았다. 더 이상 호소할 방법도, 현실을 왜곡할 길도 남아 있지 않았다. 무너져 내린 그는 눈물을 흘리며 전화기를 들었다. 그러고는 빌 캠벨과 제이 엘리엇, 마이크 머리 등에게 전화를 걸었다. 잡스의 전화가 걸려 왔을 때 머리의 아내 조이스는 해외에 있는 지인과 통화 중이었다. 대화 도중에 교환원이 끼어들어 긴급한 전화가 왔다고 얘기하자, 조이스가 물었다. "중요한 전화인 거 확실하죠?" "중요합니다." 잡스의 목소리였다. 머리가 전화를 넘겨받았을 때 잡스는 울고 있었다. "다 끝났어." 그가 말했다. 그러고는 끊었다.

머리는 잡스가 너무 낙심해서 무모한 짓을 저지를까 봐 걱정이 되었다. 그래서 그에게 다시 전화를 걸었다. 응답이 없었다. 머리는 우드사이드로 차를 몰았다. 문을 두드려도 대답이 없자, 그는 집 뒤쪽으로 가 바깥 계단을 통해 침실을 들여다봤다. 가구도 없이 썰렁한 방 안에서 매트리스에 누워 있는 잡스가 보였다. 그는 머리를 들어오게 했고, 둘은 새벽까지 얘기를 나눴다.

5월 29일 수요일. 잡스는 마침내 「패튼」 비디오테이프를 돌려받았고, 저녁에 그것을 감상했다. 머리는 영화를 보고 나서 사기가 충천해져 또 한 번의 전투에 나서려는 잡스를 말려야 했다. 그 대신 금요일에 있을 스컬리의 재편성 계획 발표회에 참석하라고 제안했다. 이제는 반란군 지휘관이 아닌 순종적인 병사 역할을 할 수밖에 없는 상황이었다.

올라가는 것은……

밥 딜런이 노래했듯 "구르는 돌처럼"

잡스는 강당 맨 뒷줄에 슬며시 자리를 잡았다. 스컬리가 병사들에게 새로운 전투 방식을 설명하는 모습을 지켜보기 위해서였다. 그를 힐끔힐끔 쳐다보는 사람은 많았지만, 그에게 인사를 건네며 공개적으로 친분을 과시하는 사람은 없었다. 그는 눈 하나 깜짝하지 않은 채 스컬리를 뚫어져라 쳐다봤다. 스컬리는 몇 년 뒤 그것을 '스티브의 경멸에 찬 시선'으로 기억했다. "단호하고 무자비한 시선이었지요. 마치 뼛속까지 뚫는 엑스레이처럼 나의 약하고 치명적인 부분을 꿰뚫어 보는 것 같았어요." 무대 위에 서서 잡스를 못 본 척하던 스컬리는, 1년 전 잡스와 매사추세츠 주 케임브리지로 여행 갔던 때를 잠시 떠올렸다. 잡스의 영웅 에드윈 랜드를 방문하기 위해서였다. 랜드가 자신이 창업한 회사 폴라로이드에서 내쫓긴 사실에 대해 잡스는 혐오스럽다는 듯이 말했다. "얼마 되지도 않는 몇백만 달러를 날렸다고 그에게서 회사를 빼앗다니!" 이제 스컬리 자신이 잡스에게서 회사를 빼앗고 있다는 생각이 들었다.

스컬리는 여전히 잡스를 무시한 채 발표를 시작했다. 조직 편성표에 대해 설명하면서, 그는 매킨토시와 애플 II의 통합 그룹을 맡을 새로운 책임자로 가세를 소개했다. 편성표에는 '회장'이라고 적힌 작은 상자도 하나 그려져 있었다. 하지만 그 상자는 스컬리는 물론이고 그 어느 직책에도 선으로 연결돼 있지 않았다. 스컬리는 그 직무를 맡은 잡스가 '글로벌 선지자'의 역할을 할 것이라고 간단하게 언급했다. 하지만 잡스가 그 자리에 참석했다는 사실을 공식적으로 알리지는 않았다. 형식적인 박수 소리가 어색하게 이어졌다.

친구에게서 회사 소식을 들은 허츠펠드는 사임 이후 처음으로 애플 본사로 차를 몰았다. 남아 있는 옛 패거리들을 위로하기 위해서였다. "이사회가 스티브를 내쫓을 수 있다는 게 여전히 이해되지 않았어요. 상대하기 어려울 때가 있긴 했지만 그는 회사의 심장이자 영혼이었단 말이에요." 허츠펠드는 회상한다. "스티브의 오만한 태도를 싫어했던 애플 II 부문의 몇몇은 신이 난 듯했고, 또 다른 몇 명은 그러한 변화를 승진의 기회로 여기기도 했어요. 하지만 대부분의 애플 직원들은 침울하고 우울해 보였고, 미래를 불안해하는 것 같았어요." 허츠펠드는 어쩌면 잡스가 애플랩스를 설립하는 데 동의했을지도 모른다고 잠깐 생각했다. 만약 그렇다면 자신도 돌아와 그의 밑에서 일하고 싶었다. 하지만 그렇게 되지는 않았다.

잡스는 며칠 동안 블라인드를 치고 자동 응답기를 켜 둔 채 집에만 틀어박혀 지냈다. 만나는 사람은 여자 친구 티나 레지뿐이었다. 그는 몇 시간이고 밥 딜런 테이프들, 특히 「더 타임스 데이 아 어체인징」을 틀어 놓고 멍하니 앉아 있었다. 16개월 전 애플 주주들에게 매킨토시를 공개할 때 그 노래의 2절을 읊은 적이 있었다. 가사는 멋지게 끝났다. "지금의 패자는 훗날 승자가 되리……."

일요일 밤, 예전의 매킨토시 패거리들로 구성된 특수 구조대가 앤디 허츠펠드와 빌 앳킨슨을 앞세우고 잡스를 찾아왔다. 우울함을 떨쳐 내도록 돕기 위해서였다. 잡스가 노크를 듣고 문을 열어 줄 때까지는 시간이 좀 걸렸다. 그는 집 전체에서 그나마 가구가 조금 갖추어진 부엌 옆방으로 무리를 안내했다. 그는 레지의 도움을 받아 식당에서 주문한 채식 음식을 대접했다. "도대체 어쩌다 일이 이렇게까지 된 건가요?" 허츠펠드가 물었다. "상황이 우리가 생각하는 것만큼 정말 안 좋은 건가요?"

"아니, 그것보다 더 심각해." 잡스가 얼굴을 찡그렸다. "상상할 수 있는 것보다 훨씬 더 안 좋아." 그는 자신을 배신한 스컬리를 탓했고, 자기가 없으면 애플이 제대로 돌아가지 않을 거라고 말했다. 그는 자신의 회장 역할이 완전히 형식적인 것이라고 불평했다. 밴들리 3동에 있는 사무실에서 쫓겨나 스스로 '시베리아'라고 별명 붙인 작고 거의 텅 빈 건물로 옮겨야 하는 상황이었다. 허츠펠드는 대화 주제를 행복했던 시절로 바꾸었고, 그들은 과거의 추억에 잠기기 시작했다.

밥 딜런이 주초에 「엠파이어 벌레스크(Empire Burlesque)」라는 신보를 발표했는데, 허츠펠드가 일부러 그것을 구해 왔다. 그들은 잡스의 첨단 턴테이블에 판을 올려놓았다. 종말론적인 메시지를 담은 「웬 더 나이트 컴스 폴링 프럼 더 스카이(When the Night Comes Falling From the Sky)」가 가장 주목할 만한 곡이었다. 그 곡은 그날 저녁 분위기에 어울리는 듯했으나 잡스는 별로 좋아하지 않았다. 거의 디스코 음악 같다는 것이었다. 그는 밥 딜런의 음악이 「블러드 온 더 트랙스(Blood on the Tracks)」 앨범 이후 내리막길을 걷고 있다고 우울한 목소리로 주장했다. 그래서 허츠펠드는 턴테이블의 바늘을 이동해 앨범의 마지막 곡 「다크 아이스(Dark Eyes)」를 재생했다. 딜런이 혼자서 기타와 하모니카를 연주하는 단순한 어쿠스틱 곡이었다. 허츠펠드는 느리고 슬픈 그 곡이 잡스가 그토록 좋아하는 딜런의 초기 음악을 떠올리게 해 주기를 바랐다.

하지만 잡스는 그것도 마음에 들어 하지 않았고, 앨범의 다른 곡들도 듣고 싶어 하지 않았다.

잡스의 과민한 반응은 이해할 만했다. 그에게 스컬리는 한때 아버지 같은 존재였다. 마이크 마쿨라와 아서 록도 마찬가지였다. 일주일 사이에 세 명 모두가 그를 버린 것이다. "어린 시절 경험했던 버림받았다는 깊은 감정이 다시 그를 자극한 겁니다." 그의 친구이자 변호사인 조지 라일리는 말한다. "그게 자신만의 신화에서 심오한 부분이었고, 자기가 누구인지 정의해 주는 부분이었지요." 마쿨라나 록처럼 아버지같이 여겼던 사람들에게서 거부당하자, 그는 다시 버림받았다고 느끼기 시작했다. "주먹으로 강타당한 느낌이었지요. 분위기에 완전히 난타당해서 숨조차 쉴 수 없었어요." 잡스가 나중에 회상했다.

아서 록의 지지를 상실한 게 특히 고통스러웠다. "아서는 내게 아버지 같은 사람이었어요." 잡스가 회상한다. "저를 그의 날개 밑에 보듬고 보살펴 주었지요." 록은 그에게 오페라에 대해 가르쳐 주었고, 아내 토니와 함께 샌프란시스코와 애스펀에서 수시로 그를 초대하곤 했다. 선물 주는 것에 관심이 별로 없던 잡스였지만 일본 출장길에 소니 워크맨을 사 와서는 록에게 선물하기도 했다. "한번은 샌프란시스코로 들어서면서 그에게 이렇게 얘기했던 게 생각나요. '맙소사, 저 뱅크 오브 아메리카 건물 정말 추하다.' 그러자 그가 말했어요. '아니, 최고의 건물이야.' 그러고는 강의를 하기 시작했지요. 물론 그의 말이 옳았고요." 수년이 지났는데도 당시를 회상하는 잡스의 눈에는 눈물이 글썽였다. "그러던 분이 저 대신 스컬리를 택했으니, 완전히 벼락을 맞은 것 같았지요. 그분이 저를 버리리라곤 상상도 해 본 적이 없었거든요."

그보다 더 심각했던 것은, 잡스가 사랑하는 회사가 그가 얼간이라고 생각하는 사람의 수중에 들어갔다는 사실이었다. "이사회는 제가 회사를 운영할 능력이 없다고 생각했어요. 그게 그들의 결정이었지요." 그가 말했다. "하지만 그들은 한 가지 실수를 했어요. 저에 대한 결정과 스컬리에 대한 결정을 분리해서 생각했어야 했어요. 제가 애플을 운영할 준비가 돼 있지 않다는 것과 스컬리가 과연 회사를 이끌 능력을 갖췄느냐는 것은 완전히 별개의 문제였지요. 스컬리도 해고했어야 마땅했어요." 그의 개인적인 우울은 서서히 걷혔지만 스컬리에 대한 분노와 배신감은 깊어져만 갔다. 공통의 친구들은 둘 사이를 화해시키려고 애썼다. 1985년 여름의 어느 늦은 저녁, 제록스 PARC에서 이더넷을 공동 발명한 바 있는 밥 메트칼프가 우드사이드에 위치한 자신의 새 집으로 둘을 초대했다. "끔찍한 실수였어요." 그가 회상한다. "존과 스티브는 집의 한쪽 끝과 다른 쪽 끝에 머물며 서로 한마디도 나누지 않았어요. 화해시키는 게 불가능하다는 걸 깨달았죠. 스티브는 훌륭한 사상가가 될 때도 있지만, 어떤 때는 사람들에게 정말로 나쁜 놈이 되기도 해요."

스컬리가 일군의 애널리스트에게 한 말은 사태를 더 심각하게 만들었다. 회장이라는 직함에도 잡스를 회사와 무관한 사람으로 생각한다고 말한 것이다. "운영 측면에서 볼 때, 지금이든 나중이든 스티브 잡스가 맡을 만한 역할은 전혀 없습니다. 그가 앞으로 무엇을 할 것인지도 저는 모릅니다." 그의 직설적인 말에 사람들은 충격을 받았고, 청중 전체가 수군거리기 시작했다.

이카로스

잡스는 잠시 유럽으로 떠나는 게 좋겠다고 생각했다. 그래서 6월에 파리로 떠났다. 그는 파리의 애플 관련 행사에서 강연을 했고, 조지 H. W. 부시 부통령을 위해 마련된 만찬에도 참석했다. 다시 이탈리아로 넘어간 그는 여자 친구와 토스카나의 언덕들을 드라이브하곤 했다. 또한 자전거를 구입해 혼자서 자전거를 타며 시간을 보내기도 했다. 피렌체에서는 도시의 건축물과 건축 재료들이 주는 느낌에 푹 빠졌다. 특히 인상 깊었던 것이 도로포장용 돌이었는데, 토스카나 지방의 피렌추올라라는 마을 인근에 위치한 일 카소네 채석장에서 나온 것이었다. 마음을 차분하게 만드는 푸른빛을 띤 회색 돌로서 색감이 풍부하면서도 친근했다. 20년 후, 그는 주요 애플 매장의 바닥을 이 돌로 깔기로 결정한다.

당시 애플 II가 러시아에서 막 판매되기 시작했다. 그래서 잡스는 모스크바로 건너가 그곳에 출장 온 앨 아이젠스태트를 만났다. 수출에 필요한 몇몇 라이선스에 대해 정부의 승인을 얻는 과정에서 문제가 발생한 탓에 그들은 모스크바 주재 미국 대사관의 상무관 마이크 머윈을 만났다. 그는 소련과의 기술 공유를 엄격하게 금하는 법이 있다고 경고했다. 잡스는 짜증이 났다. 파리의 박람회에서는 부시 부통령이 '아래로부터의 혁명을 촉진하려면' 러시아에 컴퓨터를 들여놓아야 한다며 격려했던 터였다. 시시 케밥 전문 그루지야 식당에서 가진 저녁 식사 자리에서 잡스는 불평을 이어 갔다. "수출이 우리에게 명백한 이익을 가져다주는데 그게 어떻게 법을 위반하는 거라고 말할 수 있나요?" 그가 머윈에게 물었다. "러시아인들에게 맥을 팔면 그들이 개인 신문을 대량으로 발행하는 날이 올 수 있다고요."

모스크바에서 잡스는 특유의 거침없는 면모를 보여 주기도 했다. 그는 스탈린의 눈 밖에 나 결국 암살된 카리스마 넘치는 혁명가 트로츠키에 관한 얘기를 계속해서 꺼냈다. 결국 그에게 배정된 KGB 요원이 흥분을 가라앉힐 것을 요청했다. "트로츠키에 대해서는 얘기 안 하는 게 좋을 거요. 우리 역사학자들이 연구한 결과, 그가 더 이상 위대한 인물이 아니라는 사실이 드러났어요." 하지만 아무 효과가 없었다. 잡스는 모스크바 소재 국립대학의 컴퓨터 전공 학생들에게 강연하면서도 트로츠키를 찬양하며 이야기를 시작했다. 트로츠키는 잡스가 동일시하고 싶어 하는 혁명가였다.

잡스와 아이젠스태트는 미국 대사관에서 열린 독립기념일 파티에도 참석했다. 아서 하트먼 대사에게 보낸 감사 편지에서 아이젠스태트는 잡스가 그다음 해에 러시아에서 애플과 관련된 사업을 더욱 왕성하게 펼칠 것이라고 알렸다. "저희는 일단 9월에 모스크바를 다시 방문하기로 계획하고 있습니다." 아주 잠깐 동안은, 잡스가 회사를 위해 '글로벌 선지자'의 역할을 수용하리라는 스컬리의 희망이 이루어질 것처럼 보였다. 하지만 그런 일은 일어나지 않았다. 9월에는 매우 다른 종류의 일이 그들을 기다리고 있었다.

사슬에서 풀려난 프로메테우스

해적들, 배를 떠나다

팰러앨토에서 스탠퍼드 대학교 총장 도널드 케네디가 마련한 점심 자리에서 잡스는 노벨상을 받은 생화학자 폴 버그의 옆에 앉게 되었다. 버그는 잡스와 대화를 나누면서 유전자 접합과 DNA 재조합 분야에서 일어나고 있는 기술 발전에 대해 설명했다. 잡스는 이야기에 푹 빠져서 귀를 기울였다. 잡스는 대화 상대가 자신보다 더 해박한 지식을 갖고 있다는 생각이 들면 큰 호기심을 느끼곤 했다. 그래서 1985년 8월 유럽에서 돌아오자마자(앞으로의 계획을 한창 구상 중이었다.) 그는 버그에게 다시 만나고 싶다고 연락했다. 두 사람은 스탠퍼드 캠퍼스를 거닐다가 잠시 후 작은 식당으로 자리를 옮겨 함께 점심 식사를 했다.

버그는 생물학 연구실에서 진행하는 연구 과정의 어려움을 토로했다. 조직을 배양하고 실험을 거쳐 결과를 얻기까지 때로는 몇 주일이나 걸린다고 했다. 그 이야기를 듣고 잡스가 말했다. "컴퓨터 시뮬레이션으로 가상 실험을 하는 방식을 택하지 그러세요? 그러면 실험에 소비되는 시간도 줄일 수 있을 뿐만 아니라 언젠가는 미국의 모든 생물학도들이 '폴 버그 DNA 재조합 소프트웨어'를 활용하는 날이 오지 않을까요?"

버그는 그런 성능을 가진 컴퓨터는 너무 비싸서 대학 연구소의 재정으로는 마련할 수가 없다고 설명했다. "갑자기 그는 뭔가 기회를 발견한 듯 큰 호기심을 보이더군요." 버그는 회상한다. "그는 새로운 회사를 세울 생각을 품고 있었습니다. 젊고 돈도 많았으니 앞으로의 인생에서 도전할 대상을 찾아야 했지요."

잡스는 이미 얼마 전부터 대학 교수들을 만나고 다니며 그들이 필요로 하는 워크스테이션이 어떤 것인지 알아보고 있던 터였다. 잡스는 1983년 이래로 이 영역에 관심이 있었다. 1983년에 브라운 대학교의 컴퓨터 과학 학부를 방문해 매킨토시에 대해 자랑스럽게 설명했을 때, 대학 연구소에는 그보다 훨씬 더 고성능의 컴퓨터가 필요하다는 이야기를 들었던 것이다. 고성능 개인용 워크스테이션을 보유하는 것이 대학 연구소 과학자들의 꿈이었다. 매킨토시 부문의 리더로서 잡스는 그런 컴퓨터인 빅 맥을 만들기 위한 프로젝트를 시작한 적이 있었다. 유닉스 운영체제를 탑재하고 사용자 친화적인 매킨토시 인터페이스를 갖출 계획이었다. 그러나 1985년 여름 잡스가 매킨토시 부문에서 쫓겨난 이후 그 뒤를 이어 매킨토시 부문 운영을 맡은 장루이 가세가 빅 맥 프로젝트를 폐기해 버렸다.

빅 맥 프로젝트가 취소되자 빅 맥의 칩 세트를 개발해 온 리치 페이지가 잡스에게 전화를 걸어 괴로운 마음을 토로했다. 페이지에게서 전화가 오기 전에도 이미 잡스는 불만을 품은 애플 직원들과 여러 차례 대화를 나눈 터였다. 그들은 새로운 회사를 설립해 자신들을 구해 달라고 잡스를 종용하고 있었다. 창업 계획은 노동절 주말을 거치면서 더욱 구체화되기 시작했다. 그때 잡스는 매킨토시 소프트웨어 설계자인 버드 트리블에게 새 회사를 설립해 고성능 개인용 워크스테이션을 만들자는 아이디어를 제안했다. 또한 그는 애플을 떠나고 싶어 하는 다른 맥 팀원 두 명도 동참시켰다. 엔지니어 조지 크로와 회계 관리자인 수전 반스였다.

이제 새로운 회사 창업을 위해서 채워야 할 중요한 직책이 하나 남아 있었다. 신제품을 대학과 연구소에 소개하기 위한 마케팅 책임자였다. 가장 유력한 후보는 잡스가 들러 브로슈어를 구경하곤 했던 소니 영업소에서 일한 경력이 있는 대니얼 르윈이었다. 잡스는 1980년에 르윈을 고용했고, 이후 르윈은 매킨토시 컴퓨터를 대량으로 구입할 대학들의 컨소시엄을 조직했다. 대니얼(Daniel)에서 알파벳 두 개를 뺀 'Dan'l'을 이름 표기로 쓰는 르윈은 클라크 켄트(영화 「슈퍼맨」에서 주인공 슈퍼맨이 평범한 일반인일 때의 이름. ─ 옮긴이)처럼 윤곽이 뚜렷한 용모에 프린스턴 대학교 졸업생다운 점잖은 품위를 지녔고 대학 수영 팀에서 활약한 경력에 걸맞게 체격이 매력적인 인물이었다. 성장 배경은 달랐지만 르윈과 잡스를 끈끈하게 이어 주는 연결 고리가 있었다. 르윈이 프린스턴 시절 학위논문 주제로 삼은 것은 밥 딜런과 카리스마적인 리더십이었고, 이 두 주제는 잡스와 떼려야 뗄 수 없는 것이었기 때문이다.

르윈이 조직한 대학 컨소시엄은 매킨토시의 매출 성장을 위한 중요한 통로였다. 하지만 잡스가 매킨토시 부문에서 손을 뗀 이후 빌 캠벨이 마케팅 방식을 변경하면서 대학을 상대로 한 직접 판매 접근 방식이 축소되었고, 이에 르윈은 크게 낙담했다. 그 노동절 주말에 르윈은 잡스에게 연락을 취하려던 참이었는데 잡스에게서 먼저 전화가 왔다. 르윈은 즉시 잡스의 집을 방문했고 두 사람은 근처를 산책하면서 새로운 회사 설립에 관한 의견을 교환했다. 르윈은 큰 관심을 보였지만 아직 애플에서 할 일이 남아 있었다. 그다음 주에 빌 캠벨과 함께 오스틴으로 출장을 갈 계획이었기 때문에 그때까지 기다렸다가 마음을 결정하기로 했다.

르윈은 오스틴에서 돌아오자마자 의사를 밝혔다. 새 회사에 합류하겠다는 것이었다. 마침 애플 이사회 회의가 9월 13일에 열릴 예정이었다. 잡스는 명목상으로는 아직 회장이었지만 실질적인 힘을 잃은 이후로는 회의에 참석하지 않고 있었다. 그는 스컬리에게 전화해 이번 회의에는 참석하겠다는 의사를 밝히면서, 회의 말미에 '회장의 발언'이라는 순서를 마련해 달라고 부탁했다. 어떤 내용이 될지에 대해서는 말하지 않았다. 스컬리는 잡스가 최근의 구조 조정에 대한 불만과 비판을 쏟아 내려는 것이리라고 추측했다. 하지만 잡스가 회의 자리에서 밝힌 것은 새로운 회사 설립에 대한 계획이었다. 그는 이렇게 입을 열었다. "그동안 많은 생각을 했습니다. 그리고 제 길을 찾아야 할 때라는 판단을 내렸습니다. 이대로 가만히 있을 수는 없습니다. 저는 이제 겨우 서른이니까요." 그러고 나서 준비해 온 메모를 간간이 보면서 고급 교육 시장을 위한 컴퓨터를 만들겠다는 야심 찬 계획을 설명했다. 새로 설립할 회사는 애플과 경쟁하지 않을 것이며 비핵심 직원 몇 명만 데리고 나갈 것이라고 말했다. 애플의 회장에서 사임하겠지만 앞으로 함께 협력할 수 있길 바란다는 말도 덧붙였다. 또 잡스는 애플이 원한다면 자신이 만들 제품의 유통 권리를 구입하거나 매킨토시 소프트웨어의 라이선스를 그 제품에 제공할 수 있을 것이라고 말했다.

마이크 마쿨라는 잡스가 애플 직원을 데리고 간다는 말에 몹시 불편한 심기를 드러냈다. "꼭 애플 직원을 데려가야겠소?" 잡스는 이렇게 답했다. "걱정 마십시오. 애플에 없어도 아쉽지 않을 하급 직원들이니까요. 그들도 이미 떠날 마음을 굳혔습니다."

처음에 이사회는 잡스의 새로운 출발에 행운을 빌어 주는 분위기였다. 이사회는 비밀스러운 논의를 거친 후에 잡스가 세울 새 회사의 지분 10퍼센트를 구입할 의사를 밝히며 잡스에게 이사회 임원으로 남아 주길 바란다는 제안까지 했다.

그날 밤 잡스와 해적 다섯 명은 잡스의 집에 모여 저녁 식사를 했다. 잡스는 애플의 투자 제의에 찬성했지만 나머지 다섯 명은 현명하지 못한 생각이라고 그를 설득했다. 또한 그들은 다섯 명이 모두 한꺼번에 사직서를 내는 게 좋겠다고 뜻을 모았다. 깔끔하게 애플에서 발을 빼자는 것이었다.

그래서 잡스는 자신과 함께 애플을 떠날 다섯 명의 이름을 적은 정식 서한을 작성해 소문자 서명을 휘갈겨 쓴 다음, 이튿날 아침 일찍 애플로 향했다. 7시 30분 직원회의가 열리기 전에 스컬리에게 전달하기 위해서였다.

"스티브, 이건 하급 직원들이 아니잖소." 서한을 읽은 스컬리가 말했다.

"어쨌든 이 직원들은 애플을 나갑니다." 잡스가 대답했다. "그들은 각자 사직서를 오늘 아침 9시까지 제출할 겁니다."

잡스의 관점에서 보면 그의 말은 틀린 게 아니었다. 애플이라는 배를 떠날 다섯 명은 팀장급도 아니었고 스컬리 같은 경영진도 아니었다. 또 사실 그들은 모두 애플의 최근 조직 개편에서 무시당했다고 느끼고 있었다. 하지만 스컬리의 관점에서 보면 그들은 애플에 중요한 직원이었다. 페이지는 '애플 펠로'였고 르윈은 교육 시장의 마케팅에서 중요한 인물이었다. 게다가 그들은 빅 맥 프로젝트에 대해 알고 있었다. 빅 맥 프로젝트가 취소되긴 했지만 그래도 그것은 여전히 기밀 정보에 해당했다. 그럼에도 스컬리는 관대한 태도를 취하는 듯했다. 적어도 처음에는 말이다. 스컬리는 강하게 반대하지 않았고, 잡스에게 사직하더라도 이사회에는 남아 줄 수 있겠느냐고 물었다. 잡스는 생각해 보겠다고 답했다.

하지만 7시 30분 회의에 들어간 스컬리가 간부들에게 잡스와 회사를 떠날 직원들의 명단을 말해 주자 방 안이 발칵 뒤집혔다. 그들 대부분은 잡스가 회장으로서의 의무를 위반했으며 끔찍한 배신행위를 저지르고 있다고 느꼈다. "사기꾼 같은 스티브를 가만 놔둬서는 안 됩니다. 애플 직원들이 그를 무슨 구세주나 되는 것처럼 여기지 않도록 말입니다." 스컬리의 말에 따르면 그날 캠벨이 이렇게 외쳤다고 한다.

캠벨(훗날에는 잡스의 든든한 지지자이자 이사회 임원이 된다.) 자신도 그날 아침에 크게 흥분했다는 것을 인정한다. "스티브가 몹시 괘씸했습니다. 특히 대니얼 르윈을 데리고 나간다는 것 때문에 말입니다. 르윈은 대학들과의 관계를 구축해 놓은 중요한 직원이었어요. 그는 늘 스티브와 일하기가 짜증난다고 투덜댔거든요. 그런데 따라 나간다니, 어이가 없었지요." 그날 캠벨은 너무 격분한 나머지 회의실 문을 박차고 나가 당장 르윈의 집으로 전화를 걸었다. 전화를 받은 아내가 르윈이 샤워 중이라고 하자 캠벨은 기다리겠다고 했다. 몇 분쯤 지났을 때 르윈의 샤워가 아직도 안 끝났다는 말을 들은 캠벨은 그래도 기다리겠다고 했다. 마침내 르윈이 수화기를 받아 들자 캠벨은 그게 사실이냐고 물었다. 르윈은 그렇다고 답했다. 캠벨은 아무 말도 하지 않고 전화를 끊어 버렸다.

간부들의 격노를 접한 뒤 스컬리는 이사회의 분위기를 알아보았다. 이사회 역시 잡스가 중요한 직원들을 빼 가지 않겠다는 거짓 약속으로 자신들을 속였다고 느끼고 있었다. 특히 아서 록이 불같이 화를 냈다. 록은 메모리얼 데이의 결전에서 스컬리의 편을 들었지만, 잡스와 부자지간과도 같은 관계를 회복해 놓은 터였다. 일주일 전 록은 잡스와 그의 여자 친구 티나 레지를 샌프란시스코로 초대했다. 록 부부와 잡스 커플은 퍼시픽하이츠에 있는 록의 저택에서 근사한 저녁 식사를 함께했다. 그때도 잡스는 구상 중인 새 회사에 대해 한 마디도 하지 않았기 때문에, 록은 그 소식을 스컬리의 입을 통해 듣고서 큰 배신감을 느꼈다. 나중에 록은 불편한 감정을 이렇게 표현했다. "그는 이사회 앞에서 거짓말을 했습니다. 새 회사 설립을 구상 중이라고 했는데 사실상 이미 회사를 차린 상태였어요. 또 하급 직원 몇 명을 데리고 나간다고 했는데 알고 보니 중요한 인재들이었고요." 마쿨라는 차분한 반응을 보이긴 했지만 역시 감정이 상하긴 마찬가지였다. "그는 미리 은밀하게 핵심 팀원들과 입을 맞춘 뒤에 그들을 빼 갔습니다. 상식에 어긋나는 야비한 행동이었어요."

주말 동안 이사회와 중역들은 애플이 이 괘씸한 공동 창업자에게 강력하게 대응해야 한다고 스컬리를 설득했다. 마쿨라는 잡스가 "애플의 핵심 인재를 데려가지 않겠다고 말해 놓고선 그와 완전히 반대되는 행동을 보이고 있다."라는 내용을 담은 공식 성명을 발표했다. 또 성명서는 이렇게 밝혔다. "우리는 차후 어떤 조치를 취할지 검토 중이다." 《월스트리트 저널》은 빌 캠벨이 잡스의 행동으로 인해 "말 못할 충격에 휩싸였다."라고 보도했다. 익명의 애플 이사회 임원이 한 말도 실렸다. "지금까지 여러 기업과 관계를 맺어 왔지만 그처럼 격노한 이사회는 처음 목격했다. 우리 이사진 모두는 그가 우리를 기만했다고 판단한다."

직원회의가 있던 그날 아침 잡스는 스컬리와의 면담을 마치고 자리를 뜨면서 상황이 순조롭게 돌아갈 것이라고 예상했기 때문에 침묵을 지켰다. 하지만 여러 신문에 보도된 내용을 읽고는 가만히 있어서는 안 되겠다고 느꼈다. 그는 친분이 있는 몇몇 기자에게 전화를 걸어 자신의 입장을 밝힐 테니 집으로 찾아오라고 말했다. 그리고 레지스 매케나 회사의 홍보 전문가였던 안드레아 커닝햄에게 연락해 도움을 요청했다. 커닝햄은 이렇게 회상한다. "우드사이드에 있는, 가구가 별로 없는 그의 집으로 찾아갔습니다. 스티브와 애플 동료 다섯 명이 주방에 모여 있더군요. 집 앞 잔디에는 기자 몇 명이 서성였고요." 잡스는 정식 기자회견을 할 생각을 커닝햄에게 밝히면서, 경멸적인 어조로 애플을 향한 비판을 쏟아낼 것이라고 말했다. 커닝햄은 깜짝 놀라며 만류했다. "그건 당신의 명예까지 망가뜨리는 길이에요." 커닝햄의 설득에 마침내 잡스는 그 계획을 철회했다. 그 대신 그는 기자들에게 자신의 사직서 사본을 보여 주고 공식 석상에서는 침착하고 담담하게 입장을 밝히기로 했다.

잡스는 원래 애플 측에 사직서를 우편으로 전송하는 것을 고려했다. 하지만 수전 반스가 그런 방식은 너무 무례하다며 그를 설득했다. 그 대신 잡스는 직접 마쿨라의 집을 찾아갔다. 애플의 법률고문 앨 아이젠스태트도 그곳에 와 있었다. 약 15분간 긴장된 대화가 오갔고, 잠시 후 반스가 잡스를 데리고 나가려고 들어왔다. 후회할 말을 내뱉기 전에 자리를 마무리하게 만들기 위해서였다. 잡스는 마쿨라에게 편지 한 장을 남겼다. 매킨토시로 작성하고 레이저라이터 프린터로 인쇄한 그 편지의 내용은 아래와 같았다.

　1985년 9월 17일

　친애하는 마이크에게

　오늘 아침 신문에서 애플 측이 저를 회장에서 사임시킬 것을 검토 중이라는 기사를 읽었습니다. 이 뉴스의 출처가 어디인지는 모르겠으나 이것은 독자들에게 오해를 불러일으키고 저에게는 부당한 기사라고 생각합니다.

　당신도 기억하시겠지만, 지난 목요일 이사회 회의에서 저는 새로운 회사를 시작하기로 했다고 말했고 회장직을 사임하겠다는 뜻을 밝혔습니다.

　이사회는 제 사임을 만류하면서 그 결정을 일주일간 미뤄 달라고 부탁했습니다. 저의 새로운 출발에 대해 이사회가 격려를 보냈고 또 애플이 제 회사에 투자할 의향이 있는 점을 감안하여, 저는 그러기로 했습니다. 금요일에 스컬리는 새 회사에 합류할 직원 명단을 들은 뒤에 애플과 제 회사가 협력할 수 있는 부분을 기꺼이 검토해 보겠다고 말했습니다.

　그 후 애플 측은 저와 저의 새 사업에 대해 적대적인 태도를 취하고 있습니다. 따라서 제 사직서를 즉시 수리해 주시길 강력하게 요청합니다.

　당신도 아시겠지만 최근의 조직 개편에 따라 저는 이렇다 할 중책도 맡지 못하는 입장이 되었고 정기적인 경영 보고서도 받지 못하게 되었습니다. 저는 이제 겨우 서른이며, 훌륭한 기여를 하고 많은 것을 성취하고 싶습니다.

　우리는 많은 것을 함께 이룩했습니다. 그러니 서로 우

호적이고 품위 있는 모습으로 작별했으면 하는 마음입
니다.

스티브 P. 잡스 드림

총무부 직원이 잡스의 짐을 싸기 위해 그의 방에 들어갔
을 때 바닥에 떨어져 있는 액자 사진을 보았다. 잡스와 스컬
리가 다정하게 대화를 나누는 사진이었다. 거기에는 일곱 달
전쯤에 새겨 넣은 이런 문구도 있었다. "멋진 아이디어와 멋
진 경험, 멋진 우정을 위하여!" 액자의 유리는 보기 흉하게
부서진 상태였다. 잡스가 방을 떠나기 전에 바닥으로 던져 버
린 것이었다. 그날 이후 잡스는 다시는 스컬리와 말을 섞지
않았다.

잡스의 사임이 공식 발표되자 애플의 주가는 거의 7퍼센
트 올라 상한가를 쳤다. "동부의 주주들은 캘리포니아 괴짜
들이 애플을 운영하는 것에 대해 늘 우려를 표했다." 기술주
소식지의 한 편집자는 이렇게 말했다. "이제 워즈니악과 잡
스 모두 애플에서 손을 떼었으니 주주들이 안심할 수 있는
것이다." 하지만 아타리의 창업자이자 10여 년 전 잡스의 조
언자였던 놀런 부시넬은 《타임》과의 인터뷰에서 애플이 잡
스를 대단히 그리워하게 될 것이라고 말했다. "이제 애플은
기발한 영감을 어디에서 얻을 것인가? 이제 애플도 펩시처럼
새로운 브랜드에 대한 그 모든 공상에 빠지게 된단 말인가?"

잡스와의 원만한 합의에 실패한 이후 스컬리와 애플 이사
회는 '신탁 의무 위반'을 이유로 잡스에게 소송을 제기하기로
했다. 고소장에는 잡스의 혐의를 다음과 같이 적시했다.

잡스는 애플에 대해 신탁 의무, 즉 선량한 관리자로서의 주의 의무를 지녔음에도, 애플 이사회 의장 및 고위 간부로 재직하는 동안 애플의 이익을 위해 행동하는 척하면서 다음과 같은 과오를 저질렀다.

1) 애플과 경쟁할 사업체의 설립을 비밀리에 구상함.
2) 새로운 경쟁 회사를 설립하여, 차세대 제품군을 설계 및 개발, 마케팅하려는 애플의 계획을 부당하게 이용하려는 음모를 비밀리에 꾸밈.
3) 애플의 핵심 인재들을 비밀리에 꾀어냄.

당시 잡스는 애플 주식 650만 주를 보유하고 있었다. 이는 애플 전체 주식의 11퍼센트에 해당하는 것으로 1억 달러 이상의 가치가 있었다. 그는 즉시 자신의 지분을 매각하기 시작했다. 5개월도 안 되어 그는 보유 지분을 딱 한 주만 남겨 놓고 전부 헐값에 처분했다. 한 주를 남겨 둔 것은 자신이 원할 때 주주총회에 참석하기 위해서였다. "그는 애플에 단단히 화가 나 있었어요." 잡스의 새로운 회사에 잠깐 몸담았던 조애나 호프먼은 회상한다. "스티브가 애플이 확고하게 선점하고 있던 교육 시장을 목표로 삼은 건 그가 옹졸하게도 앙심을 품었기 때문이에요. 복수를 원했던 거죠."

물론 잡스 자신은 그렇게 생각하지 않았다. 그는 《뉴스위크》와의 인터뷰에서 "나는 뒤로 호박씨나 까는 그런 인간이 아니다."라고 말했다. 이번에도 그는 친한 기자들을 우드사이드 자택으로 불러들였다. 이번에는 언행을 신중하게 해야 한다고 조언해 줄 안드레아 커닝햄이 곁에 없었다. 그는 그가 부당하게 애플 직원 다섯 명을 꾀어냈다는 주장을 단호하게 일축하며 말했다. "그 직원들이 저한테 전화를 걸어 왔습니다." 가구가 없는 거실에 모여 앉은 기자들에게 잡스가 말했다. "그들은 애플에서 이미 마음이 떠난 상태였어요. 애플은 직원들을 제대로 대우하지 않는 경향이 있거든요."

잡스는 《뉴스위크》를 통해 자신의 입장과 목소리를 세상에 알리기로 했다. 그는 이 잡지와의 인터뷰에서 말했다. "내가 잘하고 또 좋아하는 것은 재능 있는 인재들을 찾아내 그들과 함께 멋진 무언가를 만들어 내는 것이다." 그는 애플에 대한 사랑을 언제까지나 마음속에 간직할 것이라고 말했다. "모든 남자가 첫사랑 여인을 잊지 못하는 것처럼 나는 언제나 애플을 기억할 것이다." 하지만 필요할 경우 애플의 경영진에 기꺼이 맞서 싸우겠다는 뜻도 밝혔다. "누군가가 공개적으로 당신을 도둑으로 취급하면 당신은 거기에 대응할 수밖에 없지 않겠는가?" 잡스가 보기에 그와 동료들에 대한 애플의 소송 위협은 부당하고 괘씸한 행태였다. 또 슬픈 일이기도 했다. 그것은 애플이 더 이상 반항적 기질과 자신감이 넘치는 회사가 아님을 보여 주는 일이었다. "직원 4300명을 거느린 20억 달러 규모의 기업이 청바지나 걸치고 다니는 여섯 명과의 경쟁을 두려워하다니, 말도 안 된다."

잡스의 언론 조작에 맞대응하기 위해 스컬리는 워즈니악에게 연락해서 의견을 표명해 달라고 부탁했다. 워즈니악은 조작이나 보복 같은 단어와는 거리가 먼 타입이었지만, 자신의 감정과 의견을 솔직하게 말하는 것에는 주저함이 없는 인물이었다. 워즈니악은 그 주에 《타임》과의 인터뷰에서 "스티브는 얼마든지 무례하고 유해한 사람이 될 수 있다."라고 말했다. 워즈는 잡스가 새로운 회사에 동참해 줄 것을 요청하기 위해 자신에게 연락을 했다고 밝히면서(워즈의 합류는 애플 경영진을 한 방 먹이는 교활한 방법이 되었을 것이다.) 자신은 그런 게임에 끼고 싶지 않았으므로 잡스에게 회신 전화를 하지 않았다고 말했다. 또 워즈는 《샌프란시스코 크로니클》과의 인터뷰에서, 과거에 잡스가 애플의 이미지를 훼손하거나 애플 제품과 경쟁하게 될지도 모른다는 것을 핑계로 프로그디 자인이 워즈의 리모컨 디자인 작업을 하지 못하게 막았다고 술회했다. "나는 그의 새 회사가 훌륭한 제품을 만들어 내길 기대하며 그의 성공을 기원한다. 하지만 나는 그의 정직함은 신뢰할 수 없다."

독립, 그리고 새 출발

"스티브가 만난 최고의 행운은 우리가 그에게 애플에서 나가라고 한 일입니다." 훗날 아서 록은 이렇게 말했다. 엄하고 혹독한 사랑이 그를 더욱 현명하고 성숙하게 만들었다는 데 많은 이들이 고개를 끄덕인다. 하지만 그 과정은 결코 순탄하지 않았다. 잡스는 애플에서 물러난 이후 창업한 회사에서 어떤 부분에서든 자신의 취향과 기질(좋은 것과 나쁜 것 모두)이 원하는 쪽으로 일을 밀어붙일 수 있었다. 그는 고삐에서 풀려나 마음대로 뛰어다니는 말 같았다. 그가 만든 새 회사는 일련의 화려한 제품을 선보이지만 시장에서는 실패를 맛본다. 이것은 경험을 통해 배우는 값진 시간이었다. 인생 3막에서 빛나는 성공의 주인공이 되도록 그를 단련한 것은, 애플이라는 인생 1막에서 추방당한 사건이 아니라 바로 2막에서 경험한 화려한 실패였다.

그가 자신의 취향을 마음껏 발휘한 첫 번째 부분은 바로 디자인이었다. 그가 정한 새 회사의 이름은 다소 간단하면서도 밋밋한 '넥스트'였다. 여기에 좀 더 독특한 색깔을 덧입히기 위해서 그는 세계적 수준의 로고를 만들기로 마음먹었다. 그래서 기업 로고 디자인 분야의 전설적 인물인 폴 랜드에게 구애 작전을 펴기 시작했다. 브루클린 출신의 그래픽 디자이너인 71세의 랜드는 에스콰이어, IBM, 웨스팅하우스, ABC, UPS 등 유수 기업의 로고를 디자인한 인물이었다. 당시 랜드는 IBM과 계약을 맺은 상태였고, 그의 디자인 업무 관리를 담당하는 IBM 직원은 랜드가 다른 컴퓨터 회사의 로고를 제작할 경우 법적 분쟁이 발생할 소지가 있다고 말했다. 잡스는 그 즉시 IBM의 CEO 존 에이커스에게 전화를 걸었다. 때마침 존 에이커스는 다른 도시에 가 있었기 때문에 전화 연결이 되지 않았다. 하지만 잡스가 끈질기게 요청하자 IBM 직원은 마침내 부사장인 폴 리조를 연결해 주었다. 이틀 후 리조는 잡스를 단념시키기 불가능하다고 판단하고 랜드가 넥스트의 로고 제작을 해도 좋다고 허가해 주었다.

랜드는 팰러앨토로 찾아가 잡스와 산책을 하면서 그가 구상하는 비전에 대해 들었다. 잡스는 정육면체 형태의 컴퓨터를 구상 중이라고 설명했다. 정육면체는 평소 그가 좋아하는 모양이었다. 단순하면서도 완벽한 이미지였기 때문이다. 랜드는 회사 로고도 정육면체 모양으로 하되, 경쾌하게 28도쯤 기울인 형태로 디자인하기로 했다. 잡스는 여러 개 중에서 고를 수 있도록 다양한 시안을 만들어 달라고 요청했다. 하지만 랜드는 고객을 위해 '여러 가지 시안'을 만들지는 않는다면서 이렇게 말했다. "난 디자인을 하는 사람이고 당신은 비용을 지불하는 사람입니다. 내 디자인을 쓰든 안 쓰든, 그건 당신 마음이오. 하지만 난 여러 시안을 만들진 않습니다. 그리고 내 디자인을 쓰든 안 쓰든, 비용은 지불해야 합니다."

잡스는 랜드의 사고방식이 마음에 들었다. 왠지 자신과 비슷한 면이 엿보였기 때문이다. 그래서 상당히 대담한 제안을 내놓았다. 군소리 않고 무조건 10만 달러를 지불할 테니 죽이는 로고를 '하나만' 디자인해 달라는 것이었다. 잡스는 이렇게 회상한다. "우리 둘의 관계는 아주 깔끔하고 명료했지요. 그는 예술가로서의 순수성을 지니고 있었습니다. 하지만 비즈니스 측면에서는 머리가 재빨리 돌아갔어요. 거친 외모에 여지없이 괴팍한 노인네 이미지였지만, 내면에는 곰 인형을 숨기고 있었지요." '예술가로서의 순수성'은 잡스가 상대방에게 보내는 최고의 찬사 가운데 하나였다.

랜드가 로고를 완성하는 데는 2주가 걸렸다. 그는 완성된 로고를 들고 우드사이드에 있는 잡스의 집으로 찾아왔다. 저녁 식사를 함께한 후 랜드가 자신의 디자인 구상 과정이 담긴 근사한 소책자를 잡스에게 건넸다. 책자의 마지막 페이지에는 완성된 로고가 그려져 있었다. 그리고 로고 옆에 이런 문구가 보였다. "디자인, 색상 조합, 도형의 방향, 모든 측면에서 이 로고는 콘트라스트(대비 효과) 활용의 완벽한 예이다. 경쾌한 각도로 기울어진 이 큐브에서는 크리스마스실과 같은 격식 없는 자유로움과 친근함과 즉흥적 느낌, 그리고 고무도장과 같은 권위가 풍겨 나온다." 로고의 정육면체 한쪽 면에 '넥스트(NeXT)'라는 단어가 두 줄에 걸쳐서 적혀 있었는데 'e'만 소문자였다. 랜드 책자의 설명에 따르면 이 'e'

는 교육(education), 탁월함(excellence), e=mc² 등을 암시했다.

잡스는 프레젠테이션 앞에서 어떤 반응을 보일지 예측하기 힘든 사람이었다. "쓰레기 같다."라고 할지 "죽인다."라면서 탄성을 지를지, 종잡을 수가 없었다. 하지만 랜드 같은 전설적인 디자이너 앞에서라면 잡스가 그의 제안을 받아들일 가능성이 높았다. 잡스는 로고를 뚫어져라 응시하다가 고개를 들어 랜드를 쳐다보더니 그를 와락 끌어안았다. 사소한 의견 충돌이 있기는 했다. 랜드는 'e'자를 짙은 노란색으로 칠했는데 잡스는 좀 더 밝고 평범한 노란색으로 바꾸길 원했다. 랜드는 주먹으로 쾅 하고 테이블을 내리치며 말했다. "나는 이 바닥에 50년이나 있었소. 뭘 알고나 얘기하시오." 잡스는 꼬리를 내릴 수밖에 없었다.

이제 회사에는 새로운 로고만 생긴 것이 아니라 새로운 이름도 생겼다. 'Next'가 아니라 'NeXT'라는 이름 말이다. 일반적인 사람들은 10만 달러라는 거금을 들이면서까지 집착에 가까울 만큼 로고를 중시하는 잡스가 이해할 수 없었을 것이다. 하지만 잡스에게 넥스트라는 이름과 로고는 세계적 수준의 감각과 정체성을 가진 사업체를 탄생시키는 중요한 출발점이었다. 비록 아직 첫 제품도 만들지 않은 상태였지만 말이다. 마쿨라가 가르쳐 주었듯이 사람들은 표지를 보고 책을 판단한다. 따라서 뛰어난 회사라면 첫 인상에서부터 사람들을 강렬하게 사로잡아야 하는 것이다.

랜드는 덤으로 잡스의 명함까지 디자인해 주기로 했다. 랜드는 다채로운 색깔이 들어간 디자인을 가지고 왔다. 이 점은 잡스의 마음에 들었다. 하지만 두 사람은 'Steven P. Jobs'의 'P' 옆에 찍는 점의 위치를 놓고 한참 동안 설전을 벌였다.

랜드는 일반적인 활자 조판에서 흔히 하는 대로 'P'의 오른쪽에 점을 찍었다. 하지만 스티브는 디지털 활자체에서만 가능한 방식을 이용해 점을 조금 더 왼쪽으로 옮겨서 'P'의 둥근 머리 바로 아래에 위치시키고 싶었다. "정말 사소한 걸 가지고 정말 오랫동안 입씨름을 했답니다." 수전 케어의 회상이다. 이 문제에서는 결국 잡스의 뜻대로 갔다.

'NeXT'라는 로고를 실제 제품 박스에 찍자면 믿을 만한 산업디자이너가 필요했다. 잡스는 몇몇 산업 디자이너와 접촉해 보았지만, 그가 과거에 애플에 영입했던 독일 출신의 열정적인 디자이너인 하르트무트 에슬링거만큼 마음에 드는 인물이 없었다. 그의 프로그디자인 사는 실리콘밸리에서 영업 중이었고 잡스 덕분에 애플과 수익성 높은 계약을 맺은 터였다. 폴 랜드로 하여금 넥스트의 로고 디자인을 맡을 수 있게 IBM을 설득한 것은 현실을 왜곡하는 잡스 특유의 세계관과 저돌적 추진력이 낳은 작은 기적이었다. 하지만 그것은 상대적으로 식은 죽 먹기였다. 에슬링거가 넥스트와 손잡고 일할 수 있도록 애플을 설득하는 일에 비하면 말이다.

그렇다고 해도 시도조차 해 보지 않고 물러설 잡스가 아니었다. 1985년 11월 초(애플이 잡스를 상대로 소송을 제기하고 5주밖에 지나지 않은 때였다.) 잡스는 앨 아이젠스태트(소송건을 담당한 애플의 법률고문)에게 서신을 보내 에슬링거와 일하고 싶다는 의사를 표현했다. 그는 이렇게 적었다. "이번 주에 하르트무트 에슬링거와 얘기를 나눠 봤습니다. 그랬더니 그가 권유하더군요. 제가 넥스트의 제품 디자인을 위해 프로그디자인과 협력하고 싶어 하는 이유를 적어서 당신에게 편지를 보내 보라고요." 놀랍게도 잡스는 애플이 어떤 디자인을 고려 중인지에 대해 자신은 아는 바가 없고 에슬링거만 안다면서 이렇게 주장했다. "넥스트는 애플 제품 디자인의 현재 또는 향후 방향에 대해 전혀 알지 못합니다. 우리가 손잡을 가능성이 있는 다른 디자인 회사들도 마찬가지로 전혀 알지 못합니다. 따라서 우연히 유사한 제품 디자인이 나올 수도 있습니다. 그런 일이 발생하지 않으려면, 애플이나 넥스트 둘 다 에슬링거가 프로답게 처신해 줄 거라고 기대해야 합니다." 아이젠스태트는 잡스의 뻔뻔스러움에 입이 다물어지지 않았다고 회상한다. 그는 퉁명스러운 문투로 이렇게 답장을 썼다. "나는 당신이 애플의 사업 기밀 정보를 이용하여 새로운 회사를 시작하는 것에 대해 일전에 우려를 표현한 바 있습니다. 당신의 편지는 그런 나의 우려를 조금도 덜어 주지 않습니다. 사실 우려가 더욱 깊어지는군요. 당신이 '애플 제품 디자인의 현재 또는 향후 방향에 대해 전혀 알지 못합니다.'라고 썼기 때문입니다. 그건 사실이 아니지요." 아이젠스태트가 더욱더 놀란 이유는, 불과 1년 전에 프로그디자인으로 하여금 워즈니악의 리모컨 디자인 작업에서 손을 떼게 만든 장본인이 바로 잡스였기 때문이다.

잡스는 에슬링거를 끌어오기 위해서는(그리고 다른 여러 가지 이유 때문에라도) 애플이 제기한 소송건을 조속히 해결해야겠다고 판단했다. 다행히 스컬리도 소송건을 원만하게 해결하고자 하는 의사를 내비쳤다. 1986년 1월 잡스와 애플은 법정까지 가지 않고 합의를 통해 화해했다. 애플이 소송을 취하하는 대신 넥스트는 다음과 같은 조항을 지키기로 약속했다. "넥스트의 제품은 고급 워크스테이션으로서 시장에 진출한다. 넥스트는 제품을 대학에 직접 판매하는 방식을 취한다. 넥스트는 1987년 3월 전까지는 제품을 출하하지 않는다."
또한 애플은 넥스트의 제품에 '매킨토시와 호환 가능한 운영
체제를 사용하지 말 것'을 요구했다. 호환 가능한 운영체제를
사용하는 것이 애플 측에 이로울 수 있었음에도 말이다.

소송건이 해결된 뒤 잡스는 끈질기게 에슬링거에게 구애
했고 결국 에슬링거는 애플과의 계약을 점차 줄여 나가기로
했다. 그리고 결국 1986년 말 프로그디자인은 넥스트와 손
잡는다. 에슬링거는 폴 랜드가 그랬던 것처럼 디자인 작업에
서의 자유로운 재량을 요구했다. "때로는 스티브한테 강압적
인 태도를 보일 필요가 있습니다." 에슬링거의 말이다. 하지
만 랜드처럼 에슬링거도 예술가였기에, 잡스는 기꺼이 그가
하고 싶은 대로 하도록 관대함을 베풀었다.

잡스는 넥스트의 컴퓨터가 완전한 정육면체가 되어야 한
다고 못 박았다. 각 모서리의 길이는 정확히 30.48센티미터,
모든 면의 각도는 정확히 90도가 되어야 한다고 말이다. 그
는 정육면체를 좋아했다. 그것은 진지하면서도 장난감 같은
느낌을 풍기는 형태였다. 넥스트의 정육면체 컴퓨터는 "기능
은 형태를 따라간다."라는 잡스식 관점이 담긴 대표적인 사
례였다. 바우하우스와 여러 기능주의적 디자이너들의 관점
인 "형태는 기능을 따라간다."와 반대였던 것이다. 일반적으
로 직사각형 모양인 회로 기판은 정사각형에 맞추기 위해 다
시 틀을 설정해야만 했다.

게다가 완벽한 정육면체를 제작하는 일은 결코 만만치가
않았다. 주형(鑄型)을 이용해 만드는 부품은 대부분 옆면과
밑면의 각도가 정확한 90도보다 약간 크다. 해당 부품을 주
형과 분리하기 쉽게 하기 위해서다.(팬의 옆면과 밑면의 각도가

90도보다 약간 크면 케이크를 꺼내기 쉬운 것과 같은 이치다.) 하지만 에슬링거는 정육면체의 순수함과 완벽성을 해치게 되므로 그런 '기울기 각'이 있으면 안 된다고 강조했다.(잡스도 이에 열정적으로 동의했다.) 그래서 시카고에 있는 특수 기계 업체에서 65만 달러짜리 주형을 이용해 케이스의 측면들을 각각 별도로 제작해야 했다. 완벽주의에 대한 잡스의 집착은 제어할 수가 없었다. 케이스에 주형 때문에 긁혀서 생긴 가는 선이라도 발견되면(다른 컴퓨터 회사들은 이런 긁힘이 불가피하다고 여겼다.) 그는 바로 시카고로 날아가 주조 담당자를 설득해 다시 완벽하게 만들게 했다. "그런 유명 인사가 비행기를 타고 직접 들이닥치리라고 예상하는 주조 담당자는 거의 없지요." 엔지니어 중 한 명인 데이비드 켈리의 말이다. 또한 잡스는 주형 때문에 생긴 선들을 제거하기 위해서 15만 달러를 주고 샌더를 구입했다. 잡스는 마그네슘 케이스를 무광택에 검은색으로 해야 한다고 주장했는데, 그로 인해 케이스는 흠집에 더욱 취약하게 되었다.

또 켈리는 세련된 느낌으로 굽은 모니터 지지대를 만들기 위해 고심해야 했다. 특히 잡스가 '기울기 메커니즘'이 반영되어야 한다고 요구하는 바람에 이 작업은 더욱 힘들어졌다. 켈리는 《비즈니스 위크》와의 인터뷰에서 이렇게 말했다. "저는 이성적으로 판단하려고 애씁니다. 하지만 제가 '스티브, 그렇게 하려면 비용이 너무 많이 들어가요.' 또는 '그건 불가능합니다.'라고 말하면 그는 '이런 겁쟁이 같으니라고.' 하고 일축해 버렸어요. 그의 앞에 있으면 소심하고 생각이 얕은 사람이 된 듯한 기분이 들지요." 잡스의 요구 때문에 켈리와 팀원들은 툭하면 밤을 새워 가면서 그의 변덕스러운 미학적 취향을 제품에 반영할 방법을 찾아내야 했다. 한번은 마케팅 부서 입사 지원자를 면접하는 자리에서 잡스가 천 장막을 극적으로 걷어 올리며 곡선이 들어간 모니터 지지대를 보여 주었다. 모니터가 놓일 자리에는 임시로 콘크리트 블록이 올라가 있었다. 의아한 표정으로 쳐다보는 지원자 앞에서 잡스는 '기울기 메커니즘'(잡스는 이것을 자신만의 전용 표현으로 삼았다.)을 자랑스럽게 설명했다.

잡스는 언제나 제품에서 잘 보이는 앞면뿐 아니라 보이지 않는 부분의 완성도까지도 신경 써야 한다는 철칙을 고수했다. 그의 아버지가 장롱의 보이지 않는 뒤쪽에도 질 좋은 목재를 써야 한다고 가르쳤던 교훈을 상기하면서 말이다. 통제할 사람이 아무도 없는 넥스트에서 그런 성향은 더욱 심해졌다. 그는 컴퓨터 안에 들어가는 볼트에도 비싼 도금을 했다. 심지어 케이스의 안쪽도 바깥쪽과 똑같이 무광택 검은색을 입혀야 한다고 주장했다. 컴퓨터 수리공 이외에는 아무도 볼 일이 없는 부분임에도 말이다.

조 노세라는 《에스콰이어》에 기고한 글에서 잡스가 넥스트 직원회의에서 보인 모습을 이렇게 묘사했다.

그는 직원회의 내내 가만히 앉아 있질 못한다. 직원회의뿐 아니라 다른 자리에서도 대개 그렇다. 그가 분위기를 장악하는 한 가지 방법은 몸을 움직이는 것이다. 의자 위에서 무릎을 꿇었다가 잠시 후에 보면 축 늘어진 모습으로 앉아 있다. 그러다가는 어느새 의자에서 벌떡 일어나 뒤에 있는 칠판에 무언가를 빠르게 갈겨쓴다. 독특한 버릇도 한두 가지가 아니다. 툭하면 손톱을 물어뜯고, 대화 상대가 누구든 상관없이 눈을 강렬하게 응시해서 상대를 불안하게 만든다. 묘하게 노란빛이 도는 그의 손은 끊임없이 움직인다.

노세라에게 특히 충격적이었던 것은 잡스의 '일부러 눈치 없이 구는 태도'였다. 이것은 단순히 상대가 바보 같다고 생각되는 발언을 할 때 자신의 의견을 숨기지 못하는 것과는 차원이 다른 행태였다. 그런 그의 태도는 상대를 침묵시키고 상대에게 모욕감을 주고 상대보다 자신이 더 똑똑함을 보여 주기 위해서 의식적으로 준비된 것이었다.(심지어 고의적인 괴팍함이었다.) 한번은 대니얼 르윈이 조직도를 만들어서 제출하자 잡스는 이게 뭐냐는 표정으로 그를 쳐다보았다. 그러고는 "전부 쓰레기군."이라고 불쑥 내뱉었다. 또 애플에서도 그랬듯이 그의 기분은 극과 극을 오갔으며 상대방을 잔뜩 치켜세우다가도 곧 무참하게 뭉개 버리곤 했다. 어느 날인가는 회의에서 회계 직원에게 "정말 끝내주게 잘했군." 하며 칭찬을 아끼지 않았다. 바로 전날엔 그 직원에게 "이런 조치는 쓰레기야."라고 질책했으면서 말이다.

넥스트의 초창기 직원 열 명 가운데 한 명은 팰러앨토에 위치한 본사 건물의 인테리어 디자인을 담당했다. 지은 지 얼마 안 되고 인테리어도 세련된 건물을 임차했음에도 잡스는 내부를 완전히 뜯어내고 개조하도록 지시했다. 건물 벽은 유리로 대체했고 카펫이 깔려 있던 바닥은 목재 바닥으로 바꿨다. 넥스트가 1989년 레드우드시티에 있는 좀 더 큰 건물로 이사했을 때도 마찬가지였다. 그 건물 역시 완전히 새것이었음에도, 잡스는 입구 로비의 분위기가 더 극적이어야 한다면서 엘리베이터의 위치를 바꾸도록 했다. 또 잡스는 I. M. 페이에게 마치 공중에 떠 있는 것처럼 보이는 계단을 디자인해 달라고 부탁했다. 이 부분을 로비의 핵심 인테리어로 만들기 위해서였다. 건축업자는 그런 계단을 만드는 것은 불가능하다며 고개를 내저었다. 잡스는 가능하다고 고집하며 밀어붙였고 결국 잡스가 원하는 계단은 완성되었다. 훗날 잡스는 애플의 주요 매장들에도 그런 계단을 만들어 놓는다.

잡스의 변함없는 현실 왜곡장

넥스트 초창기 몇 개월 동안 잡스와 대니얼 르윈은(종종 다른 직원들도 동행했다.) 대학 캠퍼스들을 방문하며 의견을 들으러 돌아다녔다. 그들은 하버드 대학교에서 로터스 사의 회장인 미치 케이퍼를 만나 근처의 하비스트 식당에서 함께 저녁 식사를 했다. 케이퍼가 빵을 들고 버터를 듬뿍 바르자 그걸 지켜보던 잡스가 물었다. "혹시 혈청 콜레스테롤이라고 들어 보셨습니까?" 케이퍼는 이렇게 답했다. "자, 이렇게 하는 게 어떨까요? 당신은 내 식습관에 대해서 이러쿵저러쿵 마시오. 그럼 나는 당신 성격과 관련된 소문을 화제로 올리지 않겠으니." 물론 농담으로 한 말이었다. 그리고 로터스 사는 넥스트의 운영체제를 위한 스프레드시트 프로그램을 만들어 주기로 했다. 하지만 훗날 케이퍼는 이렇게 말했다. "그는 인간관계에 대해선 뭘 모르는 사람이었습니다."

잡스는 컴퓨터에 멋진 콘텐츠를 번들로 포함하고 싶어 했다. 그래서 엔지니어인 마이클 홀리가 전자사전을 개발했다.

어느 날 흘리는 새로 출간된 셰익스피어 작품집을 구입했는데, 옥스퍼드 대학교 출판부에 근무하는 친구가 그 책의 조판 작업에 참여한 사실을 알게 되었다. 이는 곧 그 컴퓨터 테이프를 입수할 수도 있다는 의미였고, 만일 그게 가능하다면 넥스트의 메모리에 넣을 수 있다는 의미였다. "당장 스티브에게 전화했어요. 스티브도 멋진 가능성이 보인다며 좋아하더군요. 우리는 함께 옥스퍼드로 향했습니다." 1986년 어느 화창한 봄날, 그들은 옥스퍼드 중심부에 있는 옥스퍼드 대학교 출판부의 웅장한 건물로 들어갔다. 잡스는 옥스퍼드 판 셰익스피어 작품집에 대한 사용을 허가해 주면 계약금 2000달러에 판매되는 컴퓨터 한 대당 74센트를 지불하겠다고 출판부 측에 제안했다. 그리고 이렇게 덧붙였다. "당신들에게도 짭짤한 수익 아닙니까? 옥스퍼드 출판부는 남들보다 앞서 가는 출판사가 될 겁니다. 이건 유례가 없던 일이니까요." 그들은 대체적으로 동의했고, 잡스 일행과 출판부 관계자들은 과거 바이런 경도 자주 드나들던 근처 술집에서 맥주를 마시며 스키틀 게임을 즐겼다. 나중에 출시된 넥스트의 컴퓨터에는 전자사전과 시소러스(동의어, 반의어, 어원과 활용을 보여 주는 어휘집. — 옮긴이), 옥스퍼드 인용구 사전도 포함되어, 검색 가능한 전자책의 초기 개념을 구현했다.

잡스는 표준화된 기존 칩을 사용하는 대신 엔지니어들로 하여금 칩 하나에 다양한 기능을 통합한 맞춤형 칩을 만들도록 했다. 이것만 해도 상당히 힘든 작업이었는데, 잡스는 자신이 원하는 기능들을 계속 바꿔서 요구했다. 1년 후, 칩 문제는 제품 출시를 지연시킨 주요 원인이 된다.

또 잡스는 완전 자동화된 최첨단 공장을 세우자고 주장했다. 과거 매킨토시 생산 공장에 대해 구상했던 것처럼 말이다. 그는 그때의 경험으로도 뭔가를 배우지 못한 것이다. 이번에도 그는 똑같은 실수를 저질렀다. 그리고 이번에는 정도가 더 심했다. 잡스가 원하는 색상을 자꾸 변경하는 바람에 각종 기계와 로봇 들에 몇 번씩 색깔을 다시 칠해야 했다. 매킨토시 공장에서와 마찬가지로 건물 벽은 미술관처럼 흰색으로 만들었다. 본사 건물과 마찬가지로 2만 달러 상당의 검은색 가죽 의자들을 들여놓고 주문 제작한 계단도 설치했다. 잡스는 완성되는 회로 기판을 오른쪽에서 왼쪽으로 이동할 수 있도록 50미터 길이의 조립라인 기계들을 배치해야 한다고 고집했다. 그래야 공장을 찾아온 방문객들이 위쪽의 관람용 통로에서 내려다볼 때 멋지게 보인다는 것이었다. 빈 회로 기판이 한쪽 끝에서 기계로 들어가면 사람이 전혀 손을 대지 않아도 20분 후에 다른 쪽 끝에서 완성된 상태가 되어 나왔다. 공장의 제조 공정은 '간판 방식'이라는 일본의 생산 관리 방식을 따랐다. 이는 각 기계가 다음 기계가 부품을 받을 준비가 되었을 때만 작업을 수행하는 방식이었다.

직원들을 다루는 잡스의 까다로운 성미는 여전했다. "그는 특유의 매력으로 사람을 사로잡거나 아니면 공개적인 자리에서 모욕을 주거나 했어요. 대부분의 경우에 꽤 효과를 발휘했지요." 트리블의 회상이다. 하지만 효과가 없을 때도 종종 있었다. 데이비드 폴슨이라는 엔지니어는 넥스트 초창기 10개월 동안 일주일에 90시간씩 일했다. 그는 회상한다. "어느 금요일에 스티브가 걸어 들어오더니 우리한테 일을 뭐그 따위로 하느냐면서 성질을 내더라고요." 폴슨은 그 일로 크게 마음이 상해 사표를 냈다. 《비즈니스 위크》가 왜 직원들을 가혹하게 다루느냐고 묻자 잡스는 그래야 회사가 발전한다고 대답했다. "제 책무 가운데 하나는 품질에 대한 기준을 보여 주는 것입니다. 어떤 사람들은 탁월함이 기대되는 환경에 잘 적응하질 못하지요." 한편 잡스 특유의 활기와 카리스마도 변함없었다. 직원들을 데리고 자주 현장 견학이나 야외 수련회를 갔으며, 일본 무술의 고수들을 초대하기도 했다. 그리고 여전히 잡스는 대담하고 반항적인 해적 정신으로 충만했다. 애플과 샤이엇데이('1984' 광고를 제작하고 "IBM, 잘 만났다. 진심으로." 신문광고를 진행한 광고 회사) 사이의 계약 관계가 끝나자, 잡스는 《월스트리트 저널》에 이런 문구를 담은 전면 광고를 냈다. "샤이엇데이, 축하합니다. 진심으로. 이렇게 확언할 수 있기 때문입니다. 애플을 떠나도 얼마든지 잘 살 수 있다고."

아마도 애플 시절과 비교할 때 가장 변하지 않은 것은 바로 잡스 특유의 현실 왜곡장이었을 것이다. 1985년 말 페블 비치에서 열린 넥스트의 첫 번째 수련회에서 직원들은 그의 현실 왜곡장을 경험했다. 잡스는 넥스트의 첫 번째 컴퓨터가 18개월 후에 출시될 것이라고 직원들에게 선언했다. 누가 봐도 불가능한 일정이었다. 하지만 잡스는 좀 더 현실적인 관점에서 생각하여 출시 시점을 1988년으로 잡는 게 어떠냐는 어느 엔지니어의 제안을 무시하면서 이렇게 말했다. "만일 1988년에 출시한다고 상상해 봅시다. 세상은 그대로 있지 않을 것이며 기술 세계는 우리를 못 보고 지나쳐 갈 것입니다. 그러면 우리는 우리가 이룬 모든 것을 쓰레기통에 처박아야 합니다."

과거 맥 팀의 핵심 직원이었으며 잡스에게 당당히 맞서곤 했던 조애나 호프먼은 이번에도 용감하게 이의를 제기했다. "현실 왜곡장은 사람들에게 동기를 부여하는 측면이 있어요. 그건 좋은 점이라고 봐요." 그녀는 화이트보드 앞에 서 있는 잡스에게 말했다. "하지만 마감일은 제품의 설계와 디자인에 영향을 미치잖아요. 그러니 그 부분에서 현실 왜곡장을 펼치면 우리는 진짜 곤란한 지경에 빠지고 만다고요." 잡스는 그녀의 말에 동의하지 않았다. "우리는 땅바닥 어딘가에 단단히 말뚝을 박아야 해. 이 기회를 놓치면 우리에 대한 사람들의 신뢰는 무너지기 시작할 거야." 하지만 그가 말하지 않은 것이 하나 있었다.(모두가 짐작은 하고 있는 내용이었다.) 목표를 달성하지 못하면 자금난에 시달릴지 모른다는 두려움이었다. 잡스가 개인 재산 700만 달러를 회사에 투자했는데, 제품을 출시해 수익이 발생하지 않으면 당시의 자본 소진율을 감안할 때 18개월이면 그 금액이 바닥날 것으로 예상되었다.

3개월 후인 1986년 초 그들은 다시 페블 비치를 찾았다. 잡스는 "허니문은 이제 끝났다."를 비롯해 자신이 좋아하는 금언들을 직원들 앞에서 나열했다. 1986년 9월 소노마에서 세 번째 수련회를 열 무렵엔 일정에 관한 언급은 더 이상 없었다. 그리고 회사가 재정난에 시달릴 날이 얼마 남지 않은 듯 보였다.

구원자의 등장

1986년 말 잡스는 300만 달러를 투자하면 넥스트의 지분

10퍼센트를 주겠다는 제안을 담은 사업설명서를 여러 벤처 투자 회사에 발송했다. 회사 전체의 가치를 3000만 달러로 평가한 셈이었는데, 이는 잡스가 아무런 근거 없이 마음대로 정한 것이었다. 그때까지 700만 달러 조금 못 되는 금액이 이미 회사에 투입되었고, 이제 깔끔한 로고와 세련된 회사 건물 말고는 딱히 내세울 것이 없는 형편이었다. 발생하는 매출도 없었으며 제품 출시도 아직은 먼 이야기였다. 당연히 넥스트에 투자하겠다고 나서는 벤처 투자 회사는 한 곳도 없었다.

그러나 이 회사에서 가능성을 본 대담한 인물이 있었다. 아담한 체구의 텍사스 사람 로스 페로였다. 그는 일렉트로닉 데이터 시스템스를 창업했으며 이후 24억 달러를 받고 이 회사를 제너럴 모터스(GM)에 매각한 인물이었다. 1986년 11월 잡스와 넥스트는 PBS의 다큐멘터리 「기업가들」에 소개되었는데 우연히 페로가 이 프로그램을 보았다. 페로는 잡스와 넥스트 구성원들을 보자마자 깊은 동질감을 느꼈는데, 그의 표현에 따르면 텔레비전을 보는 동안 "그들이 무슨 말을 하려는지 금세 알아챌 수 있을 정도"였다고 한다. 이는 묘하게도 과거에 스컬리가 잡스와의 관계를 설명하면서 했던 말과 비슷했다. 이튿날 페로는 잡스에게 전화를 걸어 말했다. "혹시 투자자가 필요하면 나한테 전화하시오."

물론 잡스는 그 어느 때보다도 절실하게 투자자가 필요한 상태였다. 하지만 침착함을 유지하면서 겉으로는 그런 절박한 티를 내지 않기로 했다. 그는 즉시 전화하지 않고 일주일을 기다렸다가 페로에게 연락했다. 페로는 넥스트라는 기업을 평가하기 위해 금융 분석가 몇 명을 보냈지만 잡스는 페로와 직접 상대하고 싶어 했다. 훗날 페로는 그의 인생에서 가장 크게 후회하는 일 중 하나가, 빌 게이츠가 사업 초창기인 1979년에 댈러스에 있는 자신을 찾아왔을 때 마이크로소프트를 인수하지 않은 것(또는 마이크로소프트 지분을 대량 확보해 두지 않은 것)이라고 말했다. 페로가 잡스에게 전화를 걸었을 무렵, 마이크로소프트는 얼마 전 기업공개를 통해 10억 달러의 가치가 있는 기업으로 평가받은 상태였다. 페로는 엄청난 이익을 올릴 수 있는 기회를 놓친 셈이었고, 가능성이 보이는 기업을 눈앞에서 놓치는 실수를 다시는 하고 싶지 않았다.

잡스는 몇 달 전 벤처 투자 회사들에 조용하게 제안했던 것보다 세 배 이상 높은 조건을 페로에게 내밀었다. 자신이 500만 달러를 추가로 회사에 넣을 테니 페로는 2000만 달러를 투자하고 넥스트 지분의 16퍼센트를 받으라는 것이었다. 이는 회사의 전체 가치를 약 1억 2600만 달러로 잡겠다는 의미였다. 하지만 페로에게 금액은 별로 중요하지 않았다. 잡스와의 면담을 마친 후 페로는 투자하겠다고 결정했다. 그는 잡스에게 말했다. "나는 기수를 선택합니다. 기수는 말을 골라서 잘 달려 주기만 하면 됩니다. 당신 회사에 베팅 하겠소. 그러니 잘해 보시오."

페로는 넥스트에 구명줄과도 같은 2000만 달러만 가져다 준 것이 아니었다. 그는 넥스트에 값지고 재미난 조언과 사기를 전해 주는 응원군 역할도 했다. 넥스트가 신뢰할 수 있는 회사라는 이미지를 쌓는 데도 도움이 되었다. "넥스트는 신생 기업치고 내가 컴퓨터 업계에서 25년간 목격한 회사 가운데 가장 리스크가 낮은 회사입니다." 그가 《뉴욕 타임스》와의 인터뷰에서 말했다. "그쪽을 좀 아는 사람들에게 그 하드웨어를 살펴보게 했습니다. 모두 경탄을 금치 못하더군요. 스티브와 넥스트 직원들은 내가 본 가장 멋진 완벽주의자들입니다."

또한 페로는 비즈니스계와 사교계의 상류층 사람들과 자주 교류했고 이는 잡스의 부족한 인맥을 보완해 주었다. 그는 고든 게티와 앤 게티 부부가 스페인 국왕인 후안 카를로스 1세를 위해 마련한 만찬 자리에 잡스를 데리고 갔다. 그 자리에서 페로는 스페인 국왕에게 잡스를 소개해 주었다. 페로의 표현을 빌리자면 그들은 곧 "전류가 흐르는 듯한 대화"를 나눴다. 잡스는 컴퓨터 업계에 찾아올 다음 물결에 대해 침을 튀기며 설명했다. 대화가 끝날 무렵 국왕이 종이에 뭔가를 적더니 잡스에게 건넸다. 국왕이 자리를 뜬 뒤 페로가 물었다. "무슨 일인가?" 잡스의 대답은 이랬다. "컴퓨터 한 대 팔았어요."

페로는 기회가 될 때마다 잡스의 인생 이야기를 마치 신화처럼 각색하여 사람들에게 들려주었는데, 그때마다 스페인 국왕에게 컴퓨터를 판 것을 비롯한 여러 일화들이 그 신화의 일부를 구성하는 소재가 되었다. 어느 날 워싱턴의 내셔널 프레스 클럽에서 브리핑을 하면서 페로는 잡스의 인생 스토리를 다소 과장하여 소개했다.

집안 형편이 어려웠던 그는 대학에 갈 수가 없었습니다. 밤이면 자신의 집 차고에서 일을 했고 늘 컴퓨터 칩을 장난감 삼아 갖고 놀았습니다. 그의 아버지는 노먼 록웰(미국의 유명한 화가 겸 일러스트레이터. ― 옮긴이)의 그림 속 인물 같은 분위기를 풍겼는데, 어느 날 아들 방에 들어와 이렇게 말했습니다. "스티브, 팔 수 있는 무언가를 만들든지 아니면 취직을 해라." 그로부터 두 달 후 그의 아버지가 만들어 준 나무 상자에 담긴 최초의 애플 컴퓨터가 탄생했습니다. 고등학교밖에 졸업하지 않은 젊은이가 세상을 바꾼 것이지요.

여기서 사실에 해당하는 문장은 폴 잡스가 록웰의 그림 속 인물을 닮았다는 내용뿐이었다. 그리고 하나 더 추가하자면 잡스가 세상을 바꿨다는 마지막 문장 정도일 것이다. 어쨌거나 페로는 그렇게 믿었다. 스컬리와 마찬가지로 그 역시 잡스에게서 자신의 모습을 보았다. 페로는 《워싱턴 포스트》의 데이비드 렘닉에게 이렇게 말했다. "스티브는 나랑 비슷합니다. 우리 둘 다 괴짜지요. 마음이 잘 통하는 친구랍니다."

빌 게이츠의 독설

빌 게이츠는 잡스와 마음이 통하는 친구가 아니었다. 과거에 잡스는 게이츠를 설득하여 매킨토시를 위한 애플리케이션 소프트웨어를 만들도록 했으며, 이는 결과적으로 마이크로소프트에도 커다란 이득을 가져다주었다. 하지만 게이츠는 잡스의 현실 왜곡장에 거부감을 느꼈다. 그 결과 그는 넥스트 플랫폼을 위한 소프트웨어는 만들지 않기로 했다. 게이츠는 넥스트의 제품 시연회를 보러 여러 차례 캘리포니아에 갔지만 매번 별다른 인상을 받지 못했다. "매킨토시는 정말 독창적이었습니다. 하지만 스티브가 새로 만든 컴퓨터에서는 이렇다 할 독특함을 느끼지 못하겠더군요." 《포춘》에 보도된 게이츠의 말이다.

두 경쟁 기업이 선천적으로 서로에 대해 경의를 표할 줄 모른다는 것이 문제의 일부 원인이었을 것이다. 1987년 여름 게이츠가 팰러앨토에 있는 넥스트 본사를 처음 방문했을 때 잡스는 그를 로비에서 30분이나 기다리게 했다. 게이츠가 유리 벽을 통해 잡스가 직원들과 한가롭게 대화를 나누며 걸어 다니는 모습을 볼 수 있었음에도 말이다. "나는 넥스트에 도착해서 그 비싸다는 오드왈라 당근 주스를 마셨습니다. 그렇게 호화로운 컴퓨터 회사는 처음 봤지요." 게이츠는 미소가 살짝 스치는 얼굴로 고개를 내저으며 회상했다. "그리고 스티브는 30분이나 늦게 미팅 자리에 나타났습니다."

게이츠의 말에 따르면 잡스의 장사 수법은 간단했다. "우린 맥 시절에 함께 협력했지요. 그때 어땠나요? 꽤 짭짤했잖아요. 이제 또 함께할 기회가 생겼네요. 이번에도 멋질 겁니다."

하지만 게이츠는 잡스에게 인정사정없는 태도를 보였다. 평소 사람들을 대하는 잡스처럼 말이다. "이 컴퓨터는 정말 형편없군요. 광디스크의 대기 시간도 너무 길고 케이스도 너무 비싼 재질이네요. 이건 말도 안 되는 물건입니다." 게이츠는 이후 몇 차례 다시 넥스트를 방문해서는, 마이크로소프트가 다른 프로젝트들에 들어갈 자원을 끌어다가 넥스트를 위한 애플리케이션을 개발할 이유가 없다고 판단했다는 뜻을 확실히 밝혔다. 게다가 그는 공개적인 자리에서 이런 발언을 거듭함으로써, 다른 업체들이 넥스트를 위한 애플리케이션 개발에 흥미를 잃게 만드는 데 일조했다. 《인포월드》와의 인터뷰에서는 이렇게 말하기도 했다. "넥스트를 위한 소프트웨어를 개발한다고요? 나라면 그 컴퓨터에 오줌을 갈기겠소."

잡스는 어느 컨퍼런스에 참석했다가 우연히 게이츠와 마주쳤다. 잡스는 넥스트를 위한 소프트웨어 개발을 거절한 것에 대해 게이츠를 심하게 비난했다. 그러자 게이츠는 이렇게 응수했다. "당신네 제품에 대한 시장이 웬만큼 생기면 그때 재고해 보겠소." 잡스는 분해서 어쩔 줄 몰랐다. 그 자리에 있었던 제록스 PARC의 엔지니어 아델 골드버그는 이렇게 회상했다. "사람들 다 보는 데서 서로를 향해 고함을 지르고, 아무튼 대단한 한판이었지요." 잡스는 넥스트야말로 컴퓨터 업계의 다음 선두 주자라고 목소리를 높였다. 잡스가 흥분하면 할수록, 게이츠는 종종 그랬듯 더욱 무표정한 얼굴로 일관했다. 결국 잡스는 고개를 내저으며 자리를 떴다.

두 사람의 개인적인 경쟁심(그리고 가끔 마지못해 보이는 존중)의 이면에는 사업 철학과 관련된 근본적인 차이도 존재했다. 잡스는 하드웨어와 소프트웨어가 통합된 엔드투엔드 방식을 선호했고, 그렇기 때문에 다른 제품과 호환이 되지 않는 컴퓨터를 만들었다. 반면 게이츠는 여러 회사들이 서로 호환이 가능한 제품들을 만드는 것이 바람직하다고 믿었으며 또 그런 관점 덕분에 상당한 수익을 올렸다. 그는 서로 다른 회사들이 만든 하드웨어가 표준 운영체제(마이크로소프트 윈도)를 탑재하고 모두 똑같은 소프트웨어(마이크로소프트 워드나 엑셀)를 구동하여 사용할 수 있는 상황을 지향했다. 게이츠는 《워싱턴 포스트》 인터뷰에서 이렇게 말했다. "스티브 잡스가 만든 제품은 비호환성이라는 흥미로운 특징을 지닙니다. 그의 컴퓨터에서는 기존 소프트웨어를 구동할 수가 없어요. 컴퓨터 자체는 정말 훌륭합니다. 제가 호환 불가능한 컴퓨터를 만들려 했다면 잡스만큼 뛰어난 물건을 만들어 내진 못했을 겁니다."

1989년 매사추세츠 주 케임브리지에서 열린 한 포럼에서 우연찮게도 잡스 다음에 게이츠의 발언 시간이 이어졌는데, 이때도 두 사람의 확연히 다른 세계관이 드러났다. 잡스는 수년에 한 번씩 컴퓨터 업계에 새로운 물결이 일어난다고 강조했다. 몇 년 전 매킨토시가 그래픽 인터페이스를 통한 혁명적인 접근법을 세상에 보여 주었다면, 이제 넥스트가 광디스크에 기반을 둔 강력한 컴퓨터와 객체지향 프로그래밍을 통해 다시 새로운 물결을 일으킬 것이라고 말이다. 잡스는 '마이크로소프트를 제외한' 모든 주요 소프트웨어 기업들이 이 새로운 물결에 동참해야 할 필요성을 인식하고 있다고 말했다. 이번엔 게이츠의 차례였다. 게이츠는 애플이 마이크로소프트 윈도와 표준 경쟁에서 실패했듯이 잡스의 엔드투엔드 통제 접근법 역시 결국엔 실패할 수밖에 없다고 거듭 강조했다. 그는 "하드웨어 시장과 소프트웨어 시장은 별개"라고 말했다. 잡스의 관점 덕분에 탄생한 멋진 디자인에 대해 어떻게 생각하느냐는 질문을 받자, 게이츠는 무대에 있는 넥스트 원형 제품을 손짓으로 가리키며 코웃음을 치고는 말했다. "검은색을 원한다면, 검은색 페인트 한 통이면 됩니다."

협상, 또 협상

잡스는 게이츠에게 역공을 날릴 수 있는 좋은 기회를 만난다. 컴퓨터 업계의 힘의 균형을 완전히 바꿔 놓을 수도 있는 기회였다. 이를 위해 잡스는 내키지 않는 두 가지를 행할 필요가 있었다. 넥스트의 소프트웨어 라이선스를 다른 하드웨어 업체에 제공하는 것과 IBM과 손을 잡는 것이었다. 잡스는 희미할지언정 실용주의적인 성향도 갖고 있었으므로 내키지 않는 마음을 떨쳐 낼 수 있었다. 하지만 마음이 완전히 기울지는 않았고, 결국 IBM과의 동맹은 일시적인 관계로 끝난다.

이야기는 어느 파티 자리에서 시작된다. 1987년 6월에 열린, 《워싱턴 포스트》의 발행인 캐서린 그레이엄의 70세 생일 파티였다. 로널드 레이건 대통령을 비롯해 600여 명의 초대 손님이 참석했다. 잡스는 캘리포니아에서, IBM의 CEO 존 에이커스는 뉴욕에서 왔다. 두 사람이 처음 만나는 자리였다. 이때다 싶었던 잡스는 에이커스 앞에서 마이크로소프트를 깎아내리면서 IBM이 마이크로소프트의 윈도 운영체제를 사용하지 않게 하려고 애썼다. "IBM이 자신의 소프트웨어 전략 전체를 마이크로소프트에 거는 것은 목숨을 건 위험한 도박이라는 점을 알려 주고 싶어서 미치겠더군요. 제가 보기엔 마이크로소프트의 소프트웨어가 별로인 게 확실했으니까요."

잡스에게는 반갑게도 에이커스는 이렇게 말했다. "그럼 당신들이 우리를 도와주는 게 어떻겠소?" 얼마 뒤 잡스는 소프트웨어 엔지니어 버드 트리블과 함께 아몽크에 있는 IBM 본사를 방문했다. 그들은 넥스트의 데모 제품을 보여 주었고 IBM 엔지니어들은 큰 인상을 받았다. 특히 중요한 것은 객체지향 운영체제인 '넥스트스텝'이었다. "넥스트스텝은 소프트웨어 개발 과정을 지연시키는 프로그래밍의 사소한 잡일들을 알아서 처리해 주는 운영체제였습니다." IBM 워크스테이션 부서의 총괄 팀장이었던 앤드루 헬러의 말이다. 그는 잡스가 너무 마음에 든 나머지 자신의 아들 이름을 '스티브'라고 지었다고 한다.

협상은 1988년까지도 계속되었다. 잡스가 사소한 부분들에 대해 까다롭게 굴었던 것도 협상이 지연된 이유 중 하나였다. 그는 컬러나 디자인과 관련해 의견 충돌이 생기면 거만한 태도로 회의실에서 나가 버리곤 했으며, 그때마다 트리블이나 르윈이 나서서 그를 진정시켜야 했다. 잡스는 IBM이든 마이크로소프트든 자신이 고자세로 상대할 대상이 아니라는 사실을 모르는 것 같았다. 그러다가 4월에 페로가 중재자로 나서기로 했다. 그는 댈러스에 있는 자신의 사무실로 잡스와 IBM 관계자를 불러 갈등을 조율했고 양측은 계약을 체결하기로 결정했다. IBM이 넥스트스텝 소프트웨어의 현재 버전에 대한 라이선스를 제공받고, 이 소프트웨어가 맘에 들 경우 자사의 일부 워크스테이션에도 탑재하기로 한 것이다. 이후 IBM 담당자가 125쪽짜리 계약서를 들고 팰러앨토에 있는 넥스트 사무실을 찾아갔다. 잡스는 그것을 읽어 보지도 않고 던져 버렸다. 그리고 "아직도 뭘 모르시는군."이라고 내뱉고는 방에서 나가 버렸다. 그는 서너 쪽으로 된 간단명료한 계약서를 요구했고, 일주일도 안 되어 IBM은 그의 요구대로 간략한 계약서를 보내왔다.

잡스는 넥스트 컴퓨터가 세상에 나오기 전까지는(10월로 예정돼 있었다.) 이 계약 건에 대해 빌 게이츠가 모르기를 바랐다. 그러나 IBM은 밝히고 싶어 했다. 이 소식을 들은 게이츠는 불같이 화를 냈다. IBM이 더 이상 마이크로소프트 운영체제에 의존하지 않으리란 것을 알았기 때문이다. "넥스트 스텝은 어떤 것과도 호환이 안 된단 말입니다." 그는 IBM 간부들을 향해 화를 쏟아 냈다.

처음에는 게이츠가 가장 두려워하는 시나리오를 잡스가 현실화한 것처럼 보였다. 마이크로소프트의 운영체제를 사용하는 다른 컴퓨터 회사들(특히 컴팩과 델)이 넥스트 컴퓨터의 클론을 만들고 넥스트스텝을 사용할 수 있는 권리를 달라고 잡스에게 요청하기 시작했다. 심지어 넥스트가 하드웨어 사업에서 손을 떼면 훨씬 더 많은 돈을 지불하겠다는 제안도 나왔다.

그러나 이 모든 것이 적어도 당시의 잡스로서는 도저히 받아들일 수 없는 제안이었다. 그는 클론 관련 논의는 깨끗이 무시해 버렸다. 그리고 IBM에 대해서도 차가운 태도를 보이기 시작했다. IBM 쪽에서도 마찬가지였다. 넥스트와의 계약을 담당했던 IBM 측 직원이 퇴사한 이후 잡스는 아몽크로 찾아가 후임자인 짐 카나비노를 만났다. 카나비노는 방에서 다른 직원들을 전부 내보내고 잡스와 둘이서만 미팅을 진행했다. 잡스는 계약관계를 유지하고 넥스트스텝의 새로운 버전에 대한 라이선스를 제공받기 위해서는 IBM이 더 많은 돈을 지불해야 한다고 요구했다. 카나비노는 확답을 주지 않았고 그날 이후로는 잡스가 건 전화에 회신도 하지 않았다. 그렇게 양측의 계약은 흐지부지되었다. 넥스트는 라이선스 비용으로 약간의 금액을 받았을 뿐 세상을 바꿀 기회는 얻지 못하고 말았다.

새로운 기술에 회사의 운을 걸어 보다

잡스는 제품 출시를 공연처럼 극적인 느낌으로 연출하는 탁월한 능력을 이미 갖추고 있었다. 그리고 넥스트의 첫 컴퓨터를 세상에 선보이는 날에는(1988년 10월 12일 샌프란시스코의 심포니 홀에서 행사가 열릴 예정이었다.) 지금까지 있었던 어떤 행사보다도 더욱 멋진 장면을 연출하고 싶었다. 그는 미심쩍은 눈길로 넥스트를 바라보는 사람들을 한 방에 굴복시키고 싶었다. 출시일을 앞두고 그는 거의 매일 샌프란시스코에 있는 수전 케어(넥스트의 그래픽 디자이너)의 집으로 찾아갔다. 케어는 매킨토시의 폰트와 아이콘을 개발한 인물이었다. 그녀는 잡스가 출시 행사의 프레젠테이션용 슬라이드를 준비하는 것을 도와주었다. 잡스는 슬라이드 문구에서부터 배경 색깔인 초록색의 적절한 색조에 이르기까지 모든 부분에 예민하게 신경 썼다. 직원들 몇 명 앞에서 시험적으로 프레젠테이션을 진행한 날 잡스는 뿌듯한 마음으로 말했다. "저 초록색이 참 마음에 들어." 다른 직원들도 동의를 표했다. 잡스는 모든 슬라이드를 세심하게 만들고 다듬고 수정했다. 마치 에즈라 파운드의 조언에 따라 「황무지」를 공들여 수정했던 시인 T. S. 엘리엇처럼 말이다.

아무리 사소한 부분이라도 잡스에게 중요하지 않은 것은 없었다. 그는 초청한 손님들의 명단을 직접 검토했고 점심 식사 메뉴(미네랄 워터, 크루아상, 크림치즈, 숙주나물)까지 체크했다. 그는 오디오 및 영상 기술의 도움을 받기 위해 비디오 영사 회사 한 곳을 신중하게 선택하여 6만 달러를 지불했다. 그리고 포스트모더니스트이자 공연 제작자인 조지 코츠를 고용하여 무대연출을 맡겼다. 코츠와 잡스는 매우 단순하면서도 세련된 모습으로 무대를 연출하기로 했다. 검은색 정육면체 컴퓨터를 공개하는 장면은 화려한 장식 없이 최소한의 세팅으로 가기로 했다. 검은색 무대배경에 테이블에도 검은색 천을 깔고 컴퓨터도 검은색 천으로 덮어 둔 뒤 옆에 작은 꽃병만 하나 놓겠다는 구상이었다. 하드웨어도 운영체제도 실제로는 준비가 덜 된 상태였으므로 직원들은 잡스에게 시뮬레이션을 보여 주자고 거듭 제안했다. 하지만 그는 안 된다고 했다. 설령 그물망 없이 줄타기를 하는 것과 같다 해도 그는 현장에서 실제 시연을 하기로 결정했다.

3000명 이상의 사람들이 행사에 참석했다. 그들은 행사 시작 두 시간 전부터 심포니 홀 바깥에서 줄을 서서 기다렸다. 그날의 출시 행사는 결코 청중을 실망시키지 않았다. 잡스는 무대 위에서 세 시간 동안 행사를 진행했고, 《뉴욕 타임스》의 앤드루 폴락의 말을 빌리자면 "제품 출시 행사 세계의 앤드루 로이드 웨버(영국 출신의 유명한 뮤지컬 작곡가. ─ 옮긴이)이자 무대연출 및 특수 효과의 귀재"임이 다시금 입증되었다. 《시카고 트리뷴》의 웨스 스미스는 "넥스트 컴퓨터 출시 행사가 제품 시연회 분야에서 갖는 의미는 바티칸 제2차 공의회가 가톨릭 세계에서 갖는 의미에 버금간다."라고 말했다.

잡스는 무대에 올라서 한 첫마디부터 청중의 환호를 이끌어 냈다. "이런 자리에 다시 서니 정말 기분이 좋군요." 그는 먼저 PC 아키텍처의 역사를 되짚어 본 뒤, 이제 사람들이 "10년에 한두 번 일어날 만한 사건을, 컴퓨터 세계의 지형을 뒤바꿀 새로운 아키텍처가 등장하는 것을" 목격할 것이라고 선언했다. 또 3년 동안 전국의 대학교들로부터 조언을 듣고

서 넥스트의 소프트웨어 및 하드웨어를 설계했다고 설명했다. "우리가 깨달은 것은 바로 고급 교육 시장에서 개인용 메인프레임컴퓨터를 원한다는 사실이었습니다."

늘 그랬듯이 과장된 미사여구도 동원되었다. 넥스트의 제품이 "믿기지 않을 만큼 놀라운" 컴퓨터이며 "우리가 상상할 수 있는 최고의 기계"라고 그는 설명했다. 또 보이지 않는 부분까지 세심하게 매만져 완성도를 높였다는 점을 자랑스럽게 말했다. 정육면체 본체 안에 들어가는 900제곱센티미터 크기의 회로판을 손으로 들고 보여 주며 그는 벅찬 목소리로 말을 이었다. "여러분도 이 회로판을 가까이서 보실 기회가 있다면 좋겠습니다. 이것은 제 인생에서 만난 가장 완벽한 회로판입니다." 그러고 나서 컴퓨터에서 흘러나오는 연설 음성을 들려주고(킹 목사의 "나에게는 꿈이 있습니다." 연설과 케네디의 "국가가 당신을 위해 무엇을 해 줄지 묻지 마십시오." 연설이었다.) 오디오 파일을 첨부해 이메일을 전송하는 것을 시연해 보였다. 또 컴퓨터의 마이크로폰 쪽으로 몸을 숙이고는 자신의 목소리를 녹음했다. "안녕하세요, 스티브입니다. 역사적인 오늘, 메시지를 보냅니다." 그러고 나서 녹음 메시지에 함께 들어가도록 청중에게 '박수갈채'를 보내 달라고 요청했다. 물론 청중은 뜨거운 박수를 보내 주었다.

잡스의 철학 가운데 하나는, 때로는 모험적인 마인드로 새로운 아이디어나 최첨단 기술에 '회사의 운명'을 걸 필요가 있다는 것이었다. 넥스트 컴퓨터를 소개하는 자리에서 그는 그러한 철학의 예가 될 만한 것을 선보였다.(이는 결국 현명하지 못한 모험임이 드러난다.) 바로 컴퓨터에 플로피디스크 대신에 읽기와 쓰기가 가능한 대용량(하지만 속도는 느린) 광디스크를 장착한 것이었다. 그는 말했다. "우리는 이미 2년 전에 결정을 내렸습니다. 새로운 기술에 회사의 운을 걸어 보기로 말입니다."

그다음 잡스는 선견지명이 엿보이는 기능을 설명하기 시작했다. "우리는 최초의 전자책을 여러분에게 소개하게 되었습니다." 그리고 컴퓨터 안에 옥스퍼드 판 셰익스피어 작품집과 다른 책이 여러 권 포함되어 있다고 설명했다. "구텐베르크 이래로 그동안 종이 책 기술에는 발전이 없었지요."

잡스는 전자책과 사전을 보여 주면서 기꺼이 자기 자신을 놀림감으로 삼았다. "사람들은 때로 저를 표현할 때 'mercurial'이라는 단어를 쓰지요." 그리고 잠시 말을 멈췄다. 무슨 뜻인지 안다는 듯이 청중석에서 웃음이 흘러나왔다. 특히 넥스트 직원들과 과거 매킨토시 팀원들이 앉아 있는 앞줄에서 말이다. 잡스는 컴퓨터에 내장된 전자사전에서 'mercurial'을 찾은 뒤에 첫 번째 정의를 소리 내어 읽었다. "수성(水星)의, 또는 수성과 관련된." 그러고 나서 화면을 좀 더 아래로 스크롤한 뒤에 말했다. "세 번째 정의가 진짜 뜻에 가깝군요. '예측할 수 없이 성격이 변덕스러운.'" 청중이 또다시 웃음을 터뜨렸다. "그런데 시소러스를 찾아보면 그 반대어가 'saturnine'임을 알 수 있습니다. 그럼 이건 어떤 정의를 갖고 있을까요? 이 단어를 더블클릭하면 화면에 바로 내용이 뜹니다. 자, 이렇게 나오는군요. '냉소적이고 무뚝뚝한. 반응이 느리거나 기분이 잘 변하지 않는. 음울하거나 퉁명스러운.'" 잡스의 얼굴에 살짝 미소가 스쳤고 청중도 역시 웃었다. "자, 그렇다면 결국 'mercurial'은 별로 나쁜 의미가 아니군요?" 사람들이 그를 향해 박수를 보냈다. 이번에 그는 인용구 사전을 이용해 보다 미묘한 점, 그러니까 자신의 현실 왜곡장과 관련된 어구를 소개했다. 그가 선택한 문구는 루이스 캐럴의 『거울 나라의 앨리스』에 등장하는 내용이었다. 앨리스가 아무리 노력해도 불가능한 것들은 믿을 수가 없다고 말하자, 하얀 여왕이 이렇게 응수한다. "나는 때때로 아침 식사를 하기 전에 말도 안 되는 것들을 여섯 가지나 믿어 버렸단다." 이번에도 청중석 앞줄에서 무슨 뜻인지 당연히 안다는 듯한 웃음소리가 터져나왔다.

이처럼 활기차고 들뜬 분위기를 조성하는 것은 별로 반갑지 않은 소식을 전하기에 앞서 필요한 임시 장막이었다. 컴퓨터 가격을 발표하는 순간이 되자 잡스는 제품 출시 때 으레 그가 활용하는 방식을 택했다. 이런저런 멋진 기능들을 보여 주고 '100만 달러의 가치가 있는' 제품이라고 호들갑을 떤 뒤에, 청중으로 하여금 실제로 얼마나 비쌀지 상상해 보게 만드는 것이다. 그러고 나서 실제 가격을 들으면 상대적으로 별로 비싸게 느껴지지 않을 테니까 말이다. "고급 교육 시장을 타깃으로 한 이 제품 한 대의 가격은 6500달러입니다." 넥스트 제품의 열렬한 지지자들이 앉은 곳에서 드문드문 박수 소리가 들렸다. 하지만 대학 측 관계자들은 오래전부터 2000~3000달러 선이 되어야 한다고 주장했고 당연히 잡스가 그 정도 가격을 책정하리라고 믿었다. 대학에서 나온 사람들 중 일부는 놀라서 입을 다물지 못했다. 게다가 프린터 가격 2000달러는 별도였으며, 느린 속도의 광디스크를 보완하기 위해서는 2500달러짜리 외장 하드디스크를 구입하는 것이 바람직했다.

그가 일부러 행사 거의 끝 무렵에 간략히 언급하고 넘어가려 했던, 또 다른 실망스러운 소식도 있었다. "내년 초반에 우리는 소프트웨어 개발자들과 적극적인 최종 소비자들을 위한 0.9 버전을 내놓을 것입니다." 청중석에서 다소 불안한 웃음이 흘러나왔다. 그 말인즉 1989년 초에도 (1.0 버전에 해당하는) 실질적인 컴퓨터 및 소프트웨어는 출시되지 않을 것이라는 뜻이었기 때문이다. 실제로 그는 정확한 날짜를 밝히지 않았다. 단지 1989년 2분기 중에 나올 것이라고만 말했다. 1985년 말에 열린 넥스트의 첫 번째 직원 수련회에서 잡스는, 조애나 호프먼이 이의를 제기했음에도, 컴퓨터를 1987년 초까지 완성해야 한다는 주장을 굽히지 않았다. 이제 그것보다도 2년이나 더 지연된 것이었다.

그날 행사는 밝은 분위기 속에서 마무리되었다. 잡스가 청중에게 소개한 샌프란시스코 교향악단의 바이올리니스트가 무대에 올라 넥스트 컴퓨터와 함께 바흐의 바이올린 협주곡을 연주했다. 청중은 사람과 컴퓨터의 멋진 협연에 환호하며 박수를 보냈다. 열광적인 분위기 때문에 높은 가격과 출시 지연이라는 단어는 사람들 머릿속에서 조금씩 희미해졌다. 어느 기자가 잡스에게 컴퓨터 출시가 왜 그렇게 늦어지는지 묻자 잡스는 이렇게 답했다. "늦은 게 아닙니다. 이 컴퓨터는 시대를 앞서서 5년이나 빨리 나오는 셈입니다."

잡스는 몇몇 언론사에 독점 인터뷰를 제공하겠다고 제안하고 그 대신 표지 기사로 다뤄 줄 것을 약속받았다.(이는 그가 즐겨 택하는 방식이었다.) 이번에는 지나치게 '독점'을 남용했지만 그것이 큰 타격으로 돌아오지는 않았다. 그는 제품 출시 전에 단독 인터뷰를 해 달라는 《비즈니스 위크》의 케이티 해프너의 요청을 수락했다. 또 《뉴스위크》, 《포춘》과도 비슷한 약속을 했다. 그가 미처 고려하지 못했던 것은, 《포춘》의 기자 수전 프레이커와 《뉴스위크》의 기자 메이너드 파커가 부부 사이라는 사실이었다. 《포춘》의 편집회의에서 기자들이 잡스의 독점 인터뷰 건에 대해서 한창 들떠 이야기하는 도중, 프레이커가 《뉴스위크》도 역시 잡스와 독점 인터뷰 약속을 했다는 사실을 알게 되었다고 당황스러운 표정으로 말했다. 게다가 《포춘》보다 며칠 먼저 보도가 나갈 예정이라는 것이었다. 그래서 결국 그 주에 잡스의 기사는 잡지 두 곳에만 표지 기사로 실렸다. 《뉴스위크》는 표지에 '미스터 칩스(Mr. Chips)'라는 문구와 멋진 넥스트 컴퓨터에 몸을 기댄 잡스의 사진을 실었다. 기사는 그의 제품을 "최근 몇 년 사이에 나온 가장 멋진 컴퓨터"라고 소개했다. 《비즈니스 위크》에는 짙은 색 정장을 입고 선해 보이는 표정을 지은 채 목사나 대학교수처럼 손가락 끝을 앞으로 모으고 있는 잡스의 사진이 실렸다. 그런데 기사를 쓴 해프너는 독점 인터뷰와 관련된 잡스의 교묘한 전술을 날카롭게 지적했다. "넥스트는 직원이나 공급 업체 들에 대한 취재를 신중하게 배분하고 검열자 같은 눈으로 그들을 감시했다. 그 전략은 효과를 발휘했다. 하지만 대가가 따랐다. 그런 이기적이고 집요한 조작은 스티브 잡스의 일면을 보여 주었다. 애플 시절 결국 그를 궁지로 몰아넣었던 일면 말이다. 잡스의 가장 두드러진 특성은 상황을 통제하려는 욕구다."

대대적인 언론 보도가 지나가고 난 후 넥스트 컴퓨터에 대한 반응은 조용했다. 무엇보다도 큰 이유는 아직 상용화가 가능하도록 출시된 상태가 아니었기 때문이다. 선 마이크로시스템스의 공동 창업자인 빌 조이는 비꼬는 어조로 넥스트 컴퓨터를 "최초의 여피족 전용 워크스테이션"이라고 불렀다. 물론 이는 순수한 찬사가 아니었다. 예상대로 빌 게이츠는 공공연하게 넥스트 컴퓨터를 깎아내렸다. "솔직히 말해 정말 실망했습니다." 그는 《월스트리트 저널》과의 인터뷰에서 이렇게 말했다. "1981년 스티브가 매킨토시 원형을 보여주었을 때 우리는 정말로 흥분했습니다. 다른 컴퓨터와 나란히 놓고 비교해 보면 그 어떤 것과도 비슷하지 않은 독창적인 제품이었으니까요." 하지만 넥스트 컴퓨터는 그렇지 않았다. "넥스트 컴퓨터의 기능은 대부분 정말로 하찮을 뿐입니다." 그는 넥스트를 위한 소프트웨어를 개발하지 않겠다는 마이크로소프트의 방침을 유지하겠다고 밝혔다. 이후 게이츠는 자사 직원들에게 잡스를 비꼬는 이메일을 발송했다. 이 이메일은 "모든 현실이 완전히 유예되었습니다."라는 말로 시작되었다. 게이츠는 지금 생각해 보니 '내가 쓴 이메일 중에 최고'인 것 같다고 웃으면서 말했다.

1989년 중반 드디어 넥스트 컴퓨터가 정식으로 판매되기 시작했을 때 넥스트의 공장은 한 달에 1만 대를 생산할 수 있는 준비를 갖춰 둔 상태였다. 하지만 실제 판매량은 한 달에 약 400대 수준이었다. 공장에 있는 근사한 로봇과 기계들이 대부분 놀았다. 그리고 넥스트는 계속해서 큰 적자를 내며 재정난에 시달렸다.

픽사

기술과 예술의 만남

에드 캣멀, 스티브 잡스, 존 래시터   1999

할리우드 문화와 과학기술이 공존하는 곳, 픽사

1985년 여름, 잡스는 애플에서 설 자리를 잃어 가고 있었다. 그러던 어느 날 그는 제록스 PARC 출신으로 애플 펠로 자리에 오른 앨런 케이와 산책을 했다. 잡스가 창의성과 기술의 접목에 관심이 있다는 것을 알았던 케이는 그에게 자신의 친구 에드 캣멀을 만나러 가자고 제안했다. 에드는 조지 루카스 영화 스튜디오의 컴퓨터 부문 운영자였다. 그들은 리무진을 빌려 마린카운티에 위치한 루카스의 스카이워커 목장 언저리에 도착했다. 그곳에 캣멀과 그의 자그마한 컴퓨터 부문 사무실이 자리하고 있었다. 잡스는 이렇게 회상한다. "그들이 하는 일을 보고 저는 완전히 반했어요. 그래서 스컬리에게 찾아가 애플을 위해 루카스의 컴퓨터 부문을 인수하자고 설득했지요. 하지만 애플 사람들은 관심을 보이지 않았어요. 그냥 저를 쫓아내는 데에만 혈안이 되어 있었던 거지요."

루카스필름의 컴퓨터 부문은 주요 부서 두 개로 이뤄져 있었다. 하나는 실사 촬영 영화 장면을 디지털화하고 거기에 멋진 특수 효과를 입힐 수 있는 맞춤형 컴퓨터를 개발하는 부서였고, 다른 하나는 컴퓨터 그래픽으로 단편 만화영화를 제작하는 컴퓨터 애니메이션 부서였다. 그들의 대표 단편영화 「안드레와 월리 꿀벌의 모험」은 1984년 어느 무역 박람회에서 상영되어 호평을 받았고, 덕분에 그것을 만든 존 래시터 감독도 유명해졌다. 당시 「스타 워즈」 3부작 중 첫 편을 완성한 지 얼마 안 되었던 루카스는 치열한 이혼소송에 휘말려 급하게 돈이 필요했고, 그래서 그 컴퓨터 부문을 매각하기로 결정했다. 그는 캣멀에게 최대한 빨리 구매자를 찾으라고 말했다.

1985년 가을 잠재적 구매자들과의 계약이 몇 차례 무산되자, 캣멀과 그의 파트너 앨비 레이 스미스는 자신들이 그 부문을 직접 매입하기 위해 투자자를 찾아보기로 했다. 그들은 잡스에게 전화를 걸어 약속을 잡았고, 우드사이드에 있는 그의 집으로 찾아갔다. 스컬리의 배신과 무능에 대해 한참을 욕하고 난 잡스는 자기가 루카스필름의 컴퓨터 부문 전체를 매입하는 게 어떻겠느냐고 제안했다. 캣멀과 스미스는 난색을 표했다. 그들은 주요 투자자를 원했지 새로운 소유주를 원한 게 아니었다. 하지만 곧 절충안이 마련되었다. 잡스가 부문의 상당 부분을 매입하고 회장직을 맡되 운영은 캣멀과 스미스에게 일임하기로 했다.

"컴퓨터 그래픽에 큰 흥미를 느꼈기 때문에 정말로 사고 싶었지요." 잡스는 회상한다. "루카스필름 사람들을 봤을 때 그들이 예술과 기술을 결합하는 일에서 다른 이들보다 훨씬 앞서 있다는 사실을 깨달았어요. 그게 제가 오래전부터 관심을 가져 온 분야였고요." 잡스는 향후 몇 년 동안 컴퓨터가 100배 이상 더 강력해질 것이라는 사실을 알았다. 그리고 그 덕분에 애니메이션과 3D 그래픽 분야가 굉장히 발전할 거라고 믿었다. "루카스의 직원들은 엄청난 처리 능력을 요하는 문제들과 씨름하고 있었지요. 저는 역사가 조만간 그들의 편에 설 것이라는 사실을 알았습니다. 저는 일이 그런 식으로 풀리는 걸 좋아하지요."

잡스는 루카스에게 500만 달러를 지불하고, 따로 500만 달러를 자본금으로 투자하여 컴퓨터 부문을 독립적인 회사로 만들겠다고 제안했다. 그 금액은 루카스가 요구한 것보다 훨씬 적었지만 타이밍이 적절했다. 그들은 좀 더 협상을 벌여 보기로 했다. 한편 루카스필름의 최고 재무 책임자(CFO)는 오만하고 까탈스러운 잡스가 마음에 들지 않았다. 그래서 관계자들이 모두 참석하는 회의를 준비할 때 캣멀에게 이렇게 말했다. "처음부터 서열을 제대로 확립해야 해." 그들의 계획은 먼저 잡스를 포함한 모든 사람들을 한 방에 모은 후, 몇 분 뒤에 CFO가 나타남으로써 회의의 주관자가 CFO임을 분명히 하는 것이었다. "하지만 재미있는 일이 일어났어요." 캣멀이 회상한다. "시간이 되자마자 CFO의 참석 여부는 아랑곳하지 않고 스티브가 회의를 개시한 거예요. CFO가 들어왔을 때는 이미 스티브가 회의를 장악하고 난 뒤였지요."

잡스는 조지 루카스와 딱 한 번 만났다. 그는 잡스에게 컴퓨터 부문 사람들이 컴퓨터를 만드는 일보다는 애니메이션을 만드는 데 신경을 더 많이 쓴다고 경고했다. "그러니까, 한마디로 애니메이션에 목숨을 건 친구들이에요." 루카스가 그에게 말했다. 그는 나중에 이렇게 회상했다. "그게 주로 에드와 존의 관심사라고 경고했지요. 하지만 잡스가 회사를 매입한 이유도 내심 거기에 관심이 있었기 때문이었던 겁니다."

1986년 1월 최종 합의가 이루어졌다. 계약에 따르면, 1000만 달러를 투자한 잡스가 회사의 70퍼센트를 소유했고, 남은 지분은 에드 캣멀과 앨비 레이 스미스, 그리고 접수계원까지 포함한 직원 38명에게 분배되었다. 컴퓨터 부문의 가장 중요한 하드웨어가 픽사 이미지 컴퓨터였는데, 거기서 회사 이름을 따 픽사라고 지었다. 마지막 결정 사항은 어디서 계약서에 서명할 것인가 하는 것이었다. 잡스는 넥스트 사에 위치한 자신의 사무실에서 하기를 원했고, 루카스필름 직원들은 스카이워커 목장을 원했다. 그들은 샌프란시스코의 법률사무소에서 만나기로 타협했다.

잡스는 한동안 별다른 간섭 없이 캣멀과 스미스가 픽사를 운영하게 놔두었다. 그들은 한 달에 한 번 정도 넥스트 본사에서 이사회를 열었고, 잡스는 재무와 전략에만 초점을 맞추었다. 하지만 그 유별난 성격과 통제 본능이 어디 가겠는가. 잡스는 곧 자신의 역할을 확대하기 시작했다. 캣멀과 스미스가 원했던 것보다 더욱 크게 말이다. 그는 픽사의 하드웨어 및 소프트웨어에 대한 미래 전망과 관련하여 일련의 아이디어들을 쏟아 냈다.(물론 괜찮은 것도 있었고 엉뚱한 것도 있었다.) 가끔씩 픽사의 사무실을 방문할 때는 사람들에게 영감을 불어넣기 위해 애썼다. 앨비 레이 스미스가 말한다. "저는 어린 시절 남부에서 침례교 교회를 다니며 자랐어요. 부흥회가 종종 열렸는데 타락한 설교자들이 마치 최면을 걸 듯 교인들을 현혹하곤 했어요. 스티브에게서도 그런 점을 볼 수 있었어요. 사람들을 현혹하는 혀 놀림과 미사여구 같은 것 말이에요. 이사회 모임을 가지면서 우리는 그것을 눈치챘고, 그래서 신호를 만들었어요. 누군가가 스티브의 왜곡장에 빠져들면 코를 긁거나 귀를 당기는 신호로 주의를 환기시켜 다시 현실로 끌어내 주곤 했지요."

잡스는 하드웨어와 소프트웨어의 통합이 안겨 주는 장점을 항상 높이 평가했다. 픽사가 이미지 컴퓨터와 렌더링(2차원의 화상에 광원, 위치, 색상 등으로 사실감을 불어넣어 3차원 화상을 만드는 과정을 뜻하는 컴퓨터 그래픽 용어.— 옮긴이) 소프트웨어로 시도한 것이 바로 그것이었다. 픽사는 거기에 세 번째 요소까지 포함시켰다. 애니메이션이나 그래픽과 같은 멋진 콘텐츠도 생산해 낸 것이다. 세 요소 모두 예술적 창의성에 기술적 독특함을 결합하는 잡스의 능력에서 도움을 받았다. "실리콘밸리 사람들은 할리우드의 독창적인 유형들을 별로 존중하지 않아요. 그리고 할리우드 사람들은 기술 분야 사람들을 필요할 때 쓰면 되지 만나서 교류하고 그럴 대상은 아니라고 생각하고요." 잡스는 회상했다. "픽사는 할리우드의 문화와 기술 분야의 문화를 모두 존중하는 곳이었어요."

원래 수익은 하드웨어에서 발생하기로 돼 있었다. 픽사 이미지 컴퓨터는 한 대에 12만 5000달러에 판매되었다. 주요 고객이 애니메이션 제작자와 그래픽 디자이너들이었지만, 곧 의료 산업(CAT 스캔 데이터를 3차원 그래픽으로 표현할 수 있었다.)과 정보 분야(정찰비행과 인공위성으로 얻은 정보를 3차원으로 처리할 수 있었다.)에서도 특화된 시장이 발견되었다. 미 국가안전보장국(NSA)에도 컴퓨터가 판매되었기 때문에 잡스는 비밀 정보 사용 허가를 받아야 했다. 그를 심사한 FBI 요원에게는 틀림없이 꽤 재미있는 경험이었을 것이다. 픽사의 한 임원에 의하면, 잡스는 조사관이 마약 복용과 관련된 질문을 던졌을 때 아주 솔직하고 당당하게 대답했다고 한다. 복용한 약물에 대해선 "그걸 마지막으로 사용한 게……."라면서 밝혔고, 실제로 복용한 적이 없는 특정 약물에 대해서는 "아니요."라고 분명하게 답했다.

잡스는 픽사를 들볶아 약 3만 달러에 판매할 수 있는 저가형 컴퓨터를 만들게 했다. 그리고 캣멀과 스미스가 비용이 많이 들어간다는 이유로 반대했음에도 디자인은 하르트무트 에슬링거에게 맡겨야 한다고 주장했다. 저가형 컴퓨터는 정육면체 중간에 오목하게 팬 부분이 있는 원래의 픽사 이미지 컴퓨터와 비슷한 모양이었다. 다만 에슬링거 특유의 가느 다란 홈이 추가되었다.

잡스는 픽사의 컴퓨터를 대중 시장에 팔고 싶었다. 그래서 픽사로 하여금 주요 도시들에 영업 사무소들(영업 사무소의 디자인도 잡스가 승인해야 했다.)을 열게 했다. 머지않아 창의적인 사람들이 컴퓨터를 다양하게 활용할 수 있는 온갖 종류의 방법을 알아낼 것이라는 전제하에 내린 결정이었다. "'인간은 창의적인 동물이기 때문에 도구를 활용할 수 있는 영리하고 새로운 방법을 찾아내기 마련이다. 그 도구의 발명가는 생각하지도 못한 방식으로.' 이것이 제 관점입니다." 잡스가 말한다. "매킨토시의 경우에 그랬던 것처럼 픽사 컴퓨터도 그럴 거라고 생각했지요." 하지만 픽사 컴퓨터는 일반 소비자들에게서 큰 인기를 끌지 못했다. 가격이 너무 비쌌고, 전용 소프트웨어 프로그램이 별로 많지 않았던 탓이다.

소프트웨어 쪽에는 3D 그래픽과 이미지를 제작하는 데 사용되는 레이스(REYES, Renders Everything You Saw)라는 렌더링 프로그램이 있었다. 잡스가 회장이 되고 난 후, 회사는 '렌더맨'이라는 새로운 언어 및 인터페이스를 개발했다. 그들은 레이저 프린팅 분야에서 어도비의 포스트스크립트가 표준 소프트웨어로 자리 잡은 것처럼, 렌더맨도 3D 그래픽 렌더링의 표준 제품이 되기를 기대했다.

잡스는 하드웨어와 마찬가지로 소프트웨어도 전문가들만을 위한 제품이 아니라, 대중 시장을 개척할 수 있는 제품을 개발해야 한다고 믿었다. 그는 기업 시장이나 고급 전문 시장만을 목표로 삼는 것에 결코 만족할 수 없었다. "그는 대중 시장용 제품에 매우 관심이 많았어요." 픽사의 마케팅 책임자였던 팸 커윈은 말한다. "그는 렌더맨이 모든 사람을 위한 소프트웨어가 될 거라는 거대한 비전을 갖고 있었죠. 회의 시간이면 늘 어떻게 하면 평범한 사람들도 렌더맨을 활용해 놀라운 3D 그래픽과 사진처럼 생생한 이미지를 만들게 할 수 있는지에 관해 여러 가지 아이디어들을 쏟아 놓곤 했어요." 픽사의 팀원들은 렌더맨이 엑셀이나 어도비 일러스트레이터처럼 사용하기 만만한 프로그램이 아니라며 잡스의 생각을 꺾으려고 애썼다. 그러면 잡스는 화이트보드로 다가가 어떻게 하면 더 간단하고 사용자 친화적으로 만들 수 있는지 설명하곤 했다. "우리는 신이 나서 고개를 끄덕이며 이렇게 말했어요. '그래, 그래, 그러면 굉장하겠는걸!'" 커윈의 회상이다. "하지만 잡스가 나가고 나면 그의 말을 다시 검토해 보고 이렇게 말하곤 했죠. '도대체 저 사람 무슨 생각을 하고 있었던 거야!' 잡스의 말에는 너무도 기이한 힘이 담겨 있어서, 그와 얘기를 나눈 후에는 두뇌를 다시 포맷해야 할 정도였어요." 결국 일반 소비자들은 사진처럼 생생한 이미지를 렌더링할 수 있는 고가의 소프트웨어를 별로 원하지 않는다는 사실이 드러났다. 렌더맨은 인기를 끌지 못했다.

그렇지만 이 소프트웨어에 관심을 보이는 회사가 하나 등장했다. 그들은 애니메이션 작화가들의 그림을 셀룰로이드 판 작업을 위한 컬러 이미지로 렌더링하는 과정을 자동화하고 싶어 했다. 로이 디즈니가 자신의 삼촌 월트가 창업한 회사의 이사진을 대폭 교체하고 나자, 신임 CEO 마이클 아이스너는 로이 디즈니에게 어떤 역할을 기대하느냐고 물었다. 그는 유서는 깊지만 점차 쇠락해 가고 있는 회사의 애니메이션 부문을 되살리고 싶다고 말했다. 로이 디즈니가 진행한 첫 번째 프로젝트는 애니메이션 제작 과정을 자동화할 수 있는 방법을 찾는 것이었고, 결국 픽사가 그 계약을 따냈다. 픽사는 컴퓨터 애니메이션 제작 시스템(CAPS)이라는 맞춤 제작된 하드웨어 및 소프트웨어 패키지를 개발했다. 그것은 1988년 「인어 공주」의 마지막 장면에서 처음으로 사용되었다.(트리톤 왕이 아리엘에게 손을 흔들며 이별을 고하는 장면이다.) CAPS가 애니메이션 제작에 핵심적인 부분으로 자리 잡자, 디즈니는 픽사 이미지 컴퓨터 수십 대를 사들였다.

기술과 예술이 결합된 애니메이션

원래 픽사의 디지털 애니메이션 사업은 단지 부업에 불과했다. 짤막한 애니메이션을 제작하던 팀의 주된 목적은 회사의 하드웨어와 소프트웨어를 자랑하기 위한 것이었다. 그 팀을 바로 앞에서 언급한 존 래시터가 운영하고 있었다. 그는 천사 같은 얼굴과 태도 뒤에 잡스와 맞먹는 예술적 완벽주의를 감춰 둔 인물이었다. 할리우드에서 태어난 그는 어린 시절 토요일 아침에 방영되는 만화영화를 즐겨 보곤 했다. 9학년 때 그는 디즈니 스튜디오의 역사를 다룬 『애니메이션의 기술』이라는 책을 읽고 독후감을 썼다. 그리고 그때 평생 동안 무엇을 하며 살고 싶은지 발견했다.

고등학교를 졸업한 래시터는 월트 디즈니가 세운 캘리포니아 예술대학교의 애니메이션 프로그램 학과에 진학했다. 여름방학과 여가 시간에 디즈니 사의 기록물 보관소에서 자료를 찾아보며 공부했고, 디즈니랜드의 정글 크루즈 코너에서 가이드로 일하기도 했다. 그는 가이드 경험을 통해 이야기를 전달할 때 타이밍과 속도가 얼마나 중요한지 배웠다. 각 프레임별로 애니메이션의 장면을 하나하나 제작할 때는 타이밍과 속도를 완벽하게 조절하기가 특히 어렵다. 그는 고등학교 3학년 때 만든 단편영화 「레이디와 램프」로 '학생 아카데미상'을 받았다. 이 영화는 그가 「레이디와 트램프」 등과 같은 디즈니 영화들에 영향을 받았음을 보여 주었을 뿐 아니라, 램프와 같은 물체에 인간적인 성격을 부여하는 그의 뛰어난 장기를 암시하기도 했다. 학교 졸업 후, 래시터는 운명이 정해 준 직업을 택했다. 디즈니 스튜디오의 애니메이션 제작자가 된 것이다.

하지만 회사 생활은 기대와 다르게 흘러갔다. "우리 젊은 친구들 몇 명은 애니메이션 예술에 「스타 워즈」 수준의 품질을 부여하고 싶어 했지만 뜻대로 되질 않았어요." 래시터가 회상한다. "저는 곧 환멸을 느꼈지요. 거기다 상사 둘 사이에 일어난 불화에 말려들기까지 했고, 결국 애니메이션 책임자에게 해고를 당했어요." 그리하여 1984년 에드 캣멀과 앨비 레이 스미스가 그를 루카스필름으로 영입하게 된 것이다. 「스타 워즈」 수준의 품질을 추구하던 바로 그곳으로 말이다. 하지만 이미 컴퓨터 부문에 소요되는 비용에 우려를 표하고 있던 조지 루카스가 풀타임 애니메이션 제작자의 고용을 허가할 것인지 분명치 않았다. 그리하여 래시터에게는 '인터페이스 디자이너'라는 직함이 주어졌다.

잡스와 래시터가 만난 후, 둘은 그래픽 디자인에 대한 열정을 공유하기 시작했다. 래시터는 말한다. "픽사에서 예술가는 제가 유일했어요. 디자인 감각이 있던 스티브와 유대감이 생길 수밖에요." 래시터는 장난기 많고 호감이 가는 사교적인 인물이었다. 그는 하와이언 셔츠를 입고 사무실에 골동품 장난감들을 어지럽게 늘어놓으며 치즈버거를 무척 좋아하는 그런 유형이었다. 반면 잡스는 간소하고 깔끔한 환경을 선호하는 과민한 성격의 비쩍 마른 채식주의자였다. 그렇게 겉모습과 성격은 달랐지만 의외로 죽이 잘 맞았다. 래시터는 예술가 범주에 속했고, 덕분에 모든 사람을 영웅 혹은 얼간이로 양분하는 잡스에게서 좋은 쪽으로 평가받을 수 있었다. 잡스는 그를 존중했고 그의 재능에 진심으로 감탄했다. 래시터는 잡스가 예술적 재능을 알아보는 능력을 가지고 있으며, 예술을 기술과 상업에 결합할 수 있는 방법에 대해 잘 아는 유능한 후원자라고 생각했다. 그리고 그것은 옳은 판단이었다.

1986년 잡스와 캣멀은 자신들의 하드웨어와 소프트웨어를 뽐내려면 래시터가 또 한 편의 단편 애니메이션을 제작하는 게 좋을 것 같다고 판단했다. 2년 전 「안드레와 윌리 꿀벌의 모험」이 호평을 받은 연례 컴퓨터 그래픽 컨퍼런스인 시그래프에서 새 작품을 다시 선보이자는 계획이었다. 당시 래시터는 자신의 책상 위에 놓인 럭소 램프를 그래픽 렌더링의 모델로 사용하고 있었는데, 문득 그것에 생명을 불어넣어 캐릭터로 만들면 어떨까 하는 아이디어가 떠올랐다. 래시터는 친구의 아들에게서 영감을 받아 럭소 주니어를 추가하기로 했고, 동료 애니메이션 제작자에게 몇 개의 테스트 프레임을 보여 주었다. 동료는 반드시 스토리가 있는 영화를 만들어야 한다고 조언했다. 래시터가 자신은 단지 단편영화를 만드는 것일 뿐이라고 대답하자 그 동료는 불과 몇 초라는 짧은 시간 안에도 스토리를 담을 수 있다고 상기해 주었다. 래시터는 그의 말을 명심했다. 그렇게 해서 탄생한 단편 애니메이션 「럭소 주니어」는 부모 램프와 아이 램프가 공을 주거니 받거니 하다가 공이 터져 버려 아이가 실망하는 내용으로, 상영 시간은 2분이 약간 넘었다.

몹시 흥분한 잡스는 넥스트에서 받는 스트레스를 떨쳐 낼 요량으로 래시터와 함께 그해 8월 댈러스에서 열린 시그래프로 날아갔다. "날씨가 너무 덥고 습해서, 밖으로 걸어 나가자 뜨거운 공기가 마치 테니스 라켓으로 때리듯 온몸을 강타하는 느낌이 들었어요." 래시터가 회상한다. 박람회에는 1만 명의 사람들이 모였고, 잡스는 신바람이 났다. 예술적 창의성은 그에게 에너지를 공급했고, 그것이 기술과 연결될 때 특히 그러했다.

영화가 상영되는 강당에 들어가려는 사람들이 길게 줄을 섰다. 기다리는 것을 싫어하는 잡스는 현란한 말솜씨를 발휘해 래시터와 함께 먼저 입장했다. 영화가 끝나자 「럭소 주니어」는 오랫동안 기립 박수를 받았고 최우수상을 받았다. "우와!" 잡스가 마지막에 소리쳤다. "이제 알겠어. 어떻게 해야 되는 건지 이제 알겠다고." 그는 나중에 이렇게 설명했다. "기술뿐 아니라 예술까지 담은 영화는 우리 작품이 유일했지요. 픽사는 매킨토시와 마찬가지로 그러한 결합을 중시했던 겁니다."

「럭소 주니어」는 아카데미상 후보에 올랐고, 잡스는 시상식에 참석하기 위해 로스앤젤레스로 날아갔다. 비록 수상하지는 못했지만, 잡스는 이제 1년에 단편 애니메이션을 한 편씩 만들어야겠다는 다짐을 하게 되었다. 수익 면에서 별로 도움이 되지 않더라도 말이다. 픽사의 재정 상황이 악화될 때면 잡스는 예산 삭감 회의에 참석해서 지원금을 사정없이 줄이곤 했다. 하지만 래시터가 예산 삭감으로 절약한 돈을 다음 영화에 투입하자고 제안하면 어김없이 동의했다.

예술에 대한 잡스의 애정

잡스가 픽사의 모든 사람들과 잘 지낸 것은 아니었다. 가장 큰 갈등은 캣멀의 파트너로서 픽사를 공동 창업한 앨비 레이 스미스와 빚어졌다. 그는 텍사스 북부의 시골에서 침례교 교회를 다니며 성장했지만, 곧 자유로운 영혼을 가진 히피 유형의 컴퓨터 엔지니어가 되었다. 커다란 덩치와 유쾌한 웃음, 호탕한 성격을 가진 그는 종종 그에 걸맞은 자존심도 드러냈다. "앨비한테서는 광채가 났어요. 혈색 좋은 얼굴에 친근한 웃음소리로 컨퍼런스에서 수많은 팬들을 이끌고 다녔지요." 픽사의 부사장을 지낸 팸 커윈은 말한다. "앨비 같은 성격은 스티브를 곤두서게 만들기 마련이죠. 둘 다 큰 비전과 넘치는 에너지, 강한 자존심을 지니고 있었으니까요. 앨비는 에드와 달리 좋은 게 좋은 거라는 식으로 상황을 무마하는 유형이 아니었어요."

스미스는 잡스가 지나친 카리스마와 자존심으로 권력을 남용한다고 생각했다. "그는 마치 텔레비전에 나오는 복음 전도사 같았어요." 스미스는 말한다. "매사에 사람들을 조종하려고 했는데, 저는 그렇게 호락호락 넘어가거나 굴복하질 않았지요. 그래서 충돌한 겁니다. 에드는 흐름에 자신을 맡기는 타입이었고요." 잡스는 종종 회의가 시작되자마자 부당하거나 사실이 아닌 말을 던짐으로써 자신의 우월함을 확인하려 했다. 스미스는 그런 잡스를 지적하기를 좋아했으며, 항상 커다란 웃음소리와 능글맞은 미소를 덧붙였다. 잡스는 그런 그가 마음에 들지 않았다.

하루는 이사회 회의에서 잡스가 스미스와 픽사의 고위 임원들을 질타하기 시작했다. 픽사 이미지 컴퓨터의 새로운 버전에 사용될 회로 기판의 완성이 지연되고 있다는 이유에서였다. 그런데 당시 넥스트가 개발하고 있던 컴퓨터 보드도 완성일이 한참 뒤로 늦춰진 상황이었다. 스미스가 그 점을 지적했다. "이봐요, 당신이 맡은 넥스트의 보드는 더 지연되고 있잖아요. 그러니 그런 비난은 그만하세요." 그러자 잡스가 격노했다. 스미스의 말을 빌리자면 그는 "완전히 이성을 잃었다." 스미스는 누군가에게 공격을 받거나 갈등이 생기면 자기도 모르게 남부 사투리가 튀어나오는 버릇이 있었다. 잡스는 특유의 비꼬는 말투로 스미스의 사투리를 흉내 내기 시작했다. "비겁한 전술이었어요. 저는 온몸이 끓어올랐어요." 스미스는 회상했다. "그다음 순간 우리는 서로 얼굴이 닿을 만큼 가까이 다가서서 서로에게 고함을 지르고 있었지요."

잡스는 회의 중에 화이트보드를 독점하는 경향이 있었다. 그걸 알았던 스미스는 큰 덩치를 이용해 그를 밀어내고는 화이트보드에 글을 적기 시작했다. "그러면 안 돼!" 잡스가 소리쳤다.

"왜요?" 스미스가 대꾸했다. "당신의 화이트보드니까 사용하면 안 된다고요? 이런 젠장!" 그러자 잡스는 자리를 박차고 나가 버렸다.

스미스는 결국 회사를 그만두고 디지털 드로잉 및 이미지 편집용 소프트웨어를 만드는 회사를 새로 차렸다. 잡스는 픽사에 있을 때 스미스가 만든 코드를 사용하지 못하게 막았고, 둘 사이의 증오는 더욱 깊어졌다. "앨비는 얼마 후 자신이 필요로 했던 걸 얻어 냈어요." 캣멀이 말한다. "하지만 1년 동안 스트레스를 많이 받아 폐에 염증이 생기기도 했지요." 결과적으로는 일이 잘 풀렸다. 마이크로소프트가 스미스의 회사를 인수하기로 했고, 덕분에 스미스는 회사를 두 개 만들어 하나는 잡스에게, 다른 하나는 게이츠에게 넘기는 영광을 누린 셈이 되었다.

상황이 좋을 때도 성미가 고약한 잡스는, 픽사가 노력을 기울이는 하드웨어와 소프트웨어, 애니메이션 콘텐츠 세 영역에서 모두 손해가 나고 있다는 사실이 분명해지자 더 심하게 신경질을 부렸다. "계획이랍시고 듣고 나면 결론은 돈을 더 투자해야 한다는 거였지요." 잡스가 술회했다. 그는 분통을 터뜨리면서도 수표를 써 주었다. 애플에서 쫓겨난 데다 넥스트도 기대 이하였던 터라 세 번째 실패까지 감수할 수는 없었다.

이어지는 손실을 막기 위해 잡스는 대대적인 정리 해고를 지시했다. 그는 이번에도 배려가 일체 결여된 방식으로 그것을 집행했다. 팸 커윈이 말했듯이, 그는 "자신이 해고하는 사람들에게 최소한의 존중을 보여 줄 감정적 능력도 재정적 여유도 없었다." 잡스는 해고 사실을 즉시 통보하길 원했고, 퇴직수당도 줄 수 없다고 못 박았다. 커윈은 잡스를 데리고 주차장을 한 바퀴 산책하며 직원들에게 최소한 2주는 주자고 간청해야 했다. "알겠어." 그가 쏘아붙였다. "그러면 2주 전에 통보한 걸로 소급 적용하면 되겠네." 당시 캣멀은 모스크

바에 있었고, 커윈은 그에게 미친 듯이 전화를 걸어 댔다. 캣 멀이 돌아오자 해고당하는 사람들에게 약간의 퇴직수당을 지급하는 쪽으로 결론이 났고, 상황도 조금은 진정되었다.

언젠가 픽사의 애니메이션 팀이 인텔 사로부터 광고 제작 계약을 따내기 위해 심혈을 기울일 때였다. 그 과정을 지켜보던 잡스는 참을성을 잃었다. 회의 자리에서 인텔의 마케팅 책임자를 욕하던 그는 갑자기 전화를 집어 들고는 인텔 CEO 앤디 그로브에게 직접 전화를 걸었다. 당시 여전히 잡스의 멘토 역할을 하고 있던 그로브는 자기 부하를 두둔함으로써 잡스에게 한 가지 교훈을 가르쳐 주었다. "확고하게 내 부하 편을 들었지요." 그로브는 회상한다. "스티브가 아무리 납품 업자 취급 받는 게 싫어서 열을 낸다 해도, 일은 정해진 절차와 방식을 따라야 마땅한 거였으니까요."

픽사는 일반 소비자들(혹은 디자인에 대한 잡스의 열정을 공유한 일반 소비자들)을 대상으로 몇몇 강력한 소프트웨어 제품들을 개발해 냈다. 그는 극도로 사실적인 3D 이미지를 집에서 만들 수 있는 능력이 당시 크게 유행하던 데스크톱 출판의 일부가 되기를 여전히 바랐다. 예를 들어 픽사의 쇼플레이스는 사용자들이 제작한 3D 물체들이 보는 각도에 따라 적절한 그림자를 갖도록 음영을 수정할 수 있게 해 주었다. 잡스는 이 기능이 매우 멋지다고 생각했지만 대부분의 소비자들은 그런 것 없이 사는 데 아무런 불편을 느끼지 못했다. 잡스의 열정이 그를 오도한 경우였다. 그 소프트웨어에는 놀라운 기능들이 너무도 많이 포함되어서 평소 잡스가 요구하던 단순성이 부족했다. 픽사의 소프트웨어는 그에 비해 정교함은 떨어지지만 사용하기가 훨씬 덜 복잡하고 가격도 저렴한 어도비 소프트웨어와 경쟁이 되지 않았다.

잡스는 픽사의 하드웨어와 소프트웨어 제품들이 고전하는 와중에도 애니메이션 팀만큼은 애정으로 감싸 안았다. 그에게 그 팀은 감정적으로 깊은 만족을 주는, 마치 마법과 같은 예술이 숨어 있는 작은 섬처럼 느껴졌기 때문이다. 그는 그곳을 성장시키는 데 자신의 많은 것을 기꺼이 바칠 각오가 서 있었다. 1988년 봄, 심각한 자금난에 봉착한 잡스는 전면적인 예산 삭감을 선언하는 고통스러운 회의를 소집해야 했다. 회의가 끝나자, 래시터와 그의 애니메이션 팀은 또 한 편의 단편 애니메이션을 제작하기 위한 추가 지원금을 요구할 엄두가 나지 않았다. 그들이 겨우 얘기를 꺼내자, 잡스는 회의적인 표정으로 생각에 잠겼다. 30만 달러에 가까운 자비를 주머니에서 꺼내 놓아야 가능한 일이었다. 잠시 후 그가 스토리보드가 준비되어 있느냐고 묻자, 캣멀은 그를 애니메이션 사무실로 데려갔다. 래시터가 보드를 펼쳐 놓고 등장인물의 목소리를 흉내 내며 자신의 창작물에 대한 열정을 보이자, 잡스도 덩달아 신이 났다. 래시터가 애호하는, 고전적인 장난감을 소재로 한 애니메이션이었다. 장난감 1인 밴드의 멤버 티니의 관점에서 이야기가 펼쳐지는데, 그가 애정을 품은 동시에 무서워하기도 하는 아기가 등장한다. 아기를 피해 소파 밑으로 숨은 티니는 겁을 먹고 숨어 있는 다른 장난감들을 만난다. 나중에 아기가 머리를 부딪히고 울자, 티니는 다시 밖으로 나와 아기를 달래 준다.

잡스는 돈을 지원하겠다고 말했다. 그는 이렇게 회상한다. "존이 하고 있는 일의 가능성을 믿었거든요. 그것은 예술이었어요. 존은 예술을 중시했고 나도 그랬어요. 그런 경우라면 언제든 지원해야 마땅하지요." 장난감 1인 밴드 영화에 대한 래시터의 프레젠테이션이 끝났을 때, 잡스는 딱 한마디만 했다. "존, 자네에게 부탁하는 건 한 가지야. 위대한 작품을 만들어 줘."

「틴 토이」는 1988년 아카데미 시상식에서 단편영화상을 수상했다. 컴퓨터로 제작된 영화로서는 최초였다. 잡스는 수상을 축하하기 위해 래시터와 그의 팀을 샌프란시스코의 채식 식당 그린스로 초대했다. 래시터는 식탁 중앙에 있던 오스카 상 트로피를 높이 치켜들고는 잡스에게 축배를 건넸다. "위대한 영화를 만들라는 게 당신의 유일한 부탁이었습니다."

디즈니의 새로운 팀, 즉 CEO 마이클 아이스너와 영화 부문 책임자 제프리 카첸버그는 래시터를 되찾기 위해 노력하기 시작했다. 그들은 「틴 토이」가 마음에 들었고, 생명을 부여받아 인간의 감정을 가지게 된 장난감에 관한 애니메이션 스토리로 더 많은 것을 할 수 있으리라는 확신이 들었다. 하지만 자신을 믿어 준 잡스에게 감격한 래시터는, 컴퓨터로 제작하는 애니메이션으로 새로운 세상을 창출할 수 있는 곳은 픽사밖에 없다고 생각했다. 그는 캣멀에게 이렇게 말했다. "디즈니로 이직하면 감독이 될 수 있겠지만, 여기 남으면 역사를 새로 쓸 수도 있다고 생각합니다." 그러자 디즈니는 픽사와 영화 제작 계약을 체결하기 위해 노력하는 쪽으로 방향을 선회했다. "래시터의 단편영화는 스토리텔링과 기술 활용 양면에서 진정으로 굉장한 물건이었지요." 카첸버그는 회상한다. "래시터를 디즈니로 다시 데려오기 위해 많은 노력을 기울였지만 그는 스티브와 픽사에 대한 충성심이 대단했어요. 그래서 그들을 이길 수 없다면 협력하는 게 좋겠다고 결정한 겁니다. 픽사와 계약을 해서 디즈니를 위해 장난감을 소재로 한 영화를 만들게 하면 된다고 판단했어요.”

그때까지 잡스는 자비 5000만 달러를 픽사에 쏟아부은 상태였다. 애플에서 나올 때 현금화했던 자산의 절반이 넘는 돈이었다. 그는 넥스트에서 여전히 손실을 보고 있는 중이었다. 잡스는 냉철하게 대처했다. 1991년 그는 개인 자금을 한 번 더 투자하겠다는 조건을 내걸고 픽사의 전 직원들이 스톡옵션을 포기하게 만들었다. 하지만 그는 예술과 기술이 결합해서 이루어 낼 수 있는 바와 관련해 여전히 모종의 낭만을 품었다. 일반 고객들이 픽사 소프트웨어로 3D 모델링을 즐길 것이라는 그의 신념은 틀린 것으로 드러났지만, 곧 예지력이 있는 직감이 그 자리를 차지하기 시작했다. 그것은 바로 예술과 디지털 기술을 결합할 경우, 1937년(월트 디즈니가 「백설 공주」에 생명을 불어넣은 시점) 이후로 애니메이션 영화계에 가장 의미 있는 변혁을 일으킬 수 있으리라는 사실이었다.

잡스는 과거를 돌아보며, 자신이 더 지혜로웠다면, 픽사의 하드웨어나 소프트웨어에 신경 쓰는 대신 애니메이션에 더 일찍 집중했을 거라고 한다. 하지만 하드웨어와 소프트웨어가 수익을 안겨 주지 않을 거라는 사실을 미리 알았다면, 픽사를 인수하지도 않았을 거라고 말한다. “삶이 저를 교묘하게 속여 그렇게 하게 만들었지요. 근데 그게 더 좋은 결과를 안겨 주었으니…….”

아내 로렌 파월과 스티브 잡스

1991

존 바에즈와의 연애

아직 매킨토시 개발이 한창이던 1982년, 잡스는 세계적으로 유명한 포크송 가수 존 바에즈를 만났다. 그녀의 여동생 미미 파리냐의 소개를 통해서였는데, 자선단체를 운영하던 파리냐는 감옥에 기부할 컴퓨터를 구하기 위해 잡스를 찾아온 것이었다. 몇 주 후, 잡스는 쿠퍼티노에서 바에즈와 점심 식사를 하게 되었다. "기대를 많이 하고 나간 건 아니었는데, 아주 똑똑하고 재미있는 여성이더군요." 당시 그는 여자 친구 바버라 야진스키와의 관계를 정리하던 중이었다. 야진스키는 레지스 매케나 밑에서 일하던 폴리네시아 및 폴란드계 미인이었다. 잡스와 야진스키는 하와이에서 휴가를 보냈고, 산타크루스 산속에 집을 한 채 마련해 동거했으며, 바에즈의 콘서트를 함께 보러 간 적도 있었다. 야진스키와의 관계가 마무리되자, 잡스는 바에즈와 점차 진지하게 만나기 시작했다. 그는 스물일곱 살, 바에즈는 마흔한 살이었지만 둘은 몇 년 동안 연애 감정을 이어 갔다. "우연히 만난 친구 사이에서 진지한 관계로 발전하여 연인이 된 겁니다." 잡스는 다소 그리워하는 듯한 목소리로 회상했다.

리드 대학교 시절부터 잡스의 친구였던 엘리자베스 홈스는 그가 바에즈와 사귄 이유 중 하나가 (미인일 뿐 아니라 재미도 있고 재능이 많다는 점 외에) 한때 그녀가 밥 딜런의 연인이었기 때문이라고 믿었다. "딜런과 그런 식으로라도 연결되길 바랐던 거예요." 그녀가 내게 말했다. 바에즈와 딜런은 1960년대 초에 연인 사이였고, 그 후로는 친구가 되어 함께 순회공연을 다녔다. 거기에는 1975년의 롤링 선더 레뷰도 포함되는데, 잡스는 이 공연들의 해적판 테이프들을 모두 구해서 소장했다.

잡스를 만났을 때 바에즈는 반전운동가 데이비드 해리스와 결혼해서 낳은 가브리엘이라는 열네 살짜리 아들을 이혼 후 혼자 키우고 있었다. 어느 날 점심을 먹던 중 그녀는 아들에게 타자 치는 법을 가르치고 있다고 잡스에게 말했다. "타자기를 가지고 말이에요?" 잡스가 물었다. 그녀가 그렇다고 답하자 그가 말했다. "하지만 타자기는 구닥다리잖아요." 그녀가 물었다. "타자기가 구닥다리라면, 그럼 나는 뭘까?" 어색한 침묵이 흘렀다. 바에즈는 훗날 내게 이렇게 토로했다. "그 질문을 하자마자 정답이 너무 빤하다는 걸 깨달았어요. 한동안 둘 다 아무 말도 없었지요. 기운이 쭉 빠지더군요."

하루는 잡스가 바에즈를 데리고 사무실에 불쑥 들어오더니 그녀에게 매킨토시 원형 제품을 보여 주었다. 매킨토시 팀원들은 크게 당황했다. 평소 비밀 유지에 대해 그토록 강박적이던 그가 외부인에게 컴퓨터를 공개하는 것을 보고 그들은 말문이 막혔다. 하지만 더욱 놀라운 것은 존 바에즈가 눈앞에 있다는 사실이었다. 잡스는 가브리엘에게 애플 II를 주었고, 바에즈에게는 나중에 매킨토시를 선물했다. 잡스는 자신이 좋아하는 기능들을 자랑하기 위해 그녀의 집을 방문하곤 했다. "상냥하고 차분하게 컴퓨터의 여러 기능들을 가르쳐 주곤 했어요. 하지만 전문 지식이 너무 많다 보니 저 같은 초보자에게 설명하는 데는 어려움을 겪기도 했지요." 바에즈의 회상이다.

잡스는 벼락부자였고, 바에즈는 세계적으로 알려진 유명인이면서도 그리 부유하지는 않은, 솔직하고 털털한 성격의 여성이었다. 당시 그녀는 잡스를 어떻게 받아들여야 할지 몰

보통 남자

랐다. 30여 년이 지난 후 그에 대해 회상하면서도 바에즈는 여전히 그를 수수께끼 같은 사람으로 생각했다. 연애 초기에 이런 일이 있었다. 저녁 식사를 하던 중, 잡스가 랄프 로렌과 그의 폴로 매장에 대해 이야기하기 시작했다. 그녀는 폴로 매장에 한 번도 가 본 적이 없다고 말했다. "거기에 당신한테 완벽하게 어울리는 빨간 드레스가 있어요." 잡스는 그녀를 태우고 스탠퍼드 쇼핑몰에 있는 매장으로 차를 몰았다. 바에즈는 그때를 이렇게 회상한다. "속으로 이런 생각이 들었어요. '와우, 멋진데! 나는 세상에서 가장 부유한 사람 중 한 명과 데이트하고 있고, 이제 그가 아름다운 드레스를 선물해 주려고 하잖아!'" 매장에 도착하자 잡스는 자신이 입을 셔츠를 몇 개 골랐다. 그리고 그녀에게 빨간 드레스를 보여 주며 입으면 아주 멋질 거라고 말했다. 그녀도 맘에 든다고 말했다. 그러자 그가 말했다. "당신, 이 드레스 꼭 사야 해요." 그녀는 약간 놀란 표정으로 그런 것을 사 입을 만한 여유가 없다고 말했다. 잡스는 아무 말도 하지 않았다. 그렇게 둘은 매장을 나섰다. "저녁 내내 그런 식으로 이야기를 했으니 당연히 사 주는 거라고 생각하지 않겠어요?" 그 사건에 대해 진정으로 의아해하며 그녀가 내게 물었다. "그 빨간 드레스의 미스터리에 대해 어떻게 생각하실지 모르겠지만, 저는 좀 이상하다고 느꼈어요." 잡스는 그녀에게 컴퓨터는 주면서 드레스는 사 주지 않았다. 그리고 꽃을 가져다줄 때도 사무실에서 있었던 행사에 쓰고 남은 것을 가져왔노라고 꼭 말하곤 했다. "그는 로맨틱하면서 동시에 로맨틱해지는 걸 두려워했어요."

넥스트 컴퓨터 제작 작업에 몰두하던 어느 날 잡스는 우드사이드에 있는 바에즈의 집을 찾았다. 그 컴퓨터가 음악을 얼마나 멋지게 연주하는지 보여 주기 위해서였다. "그는 브람스의 사중주를 틀었어요. 그러고는 컴퓨터가 언젠가는 인간이 연주하는 것보다 더 좋은 소리를 낼 거라고 말했어요. 심지어는 감정 표현과 리듬감도 더 잘 전달할 거라고 했어요." 그녀는 그러한 생각이 혐오스러웠다. "그가 혼자 신이 나서 점점 흥분하는 동안 저는 이런 생각과 함께 서서히 분노가 끓어올랐지요. '어떻게 음악을 그런 식으로 모욕할 수가 있지?' 하고요."

잡스는 데비 콜먼과 조애나 호프먼에게 바에즈와의 관계에 대해 털어놓으며, 10대 아들이 있고 아이를 더 갖고 싶은 시기는 지났을 법한 사람과 결혼할 수 있겠느냐며 걱정했다. "스티브는 때때로 그녀가 딜런과 같은 진정한 '정치적' 가수가 아니라 단순히 일시적 '이슈'에 대해서만 노래하는 가수라고 비하하곤 했어요." 호프먼이 말한다. "그녀는 강인한 여자였어요. 그런데 스티브는 자기가 주도권을 잡고 있다는 사실을 분명히 하길 원했죠. 게다가 그는 항상 가정을 꾸리고 싶어 했는데 그녀와는 그러지 못할 거란 걸 알았죠."

그래서 둘은 약 3년 동안 연인으로 지내다 다시 친구 사이로 돌아갔다. "그녀를 사랑한다고 생각했는데, 그냥 많이 좋아하기만 했던 것 같아요." 잡스는 회상한다. "우리는 맺어질 운명이 아니었지요. 저는 아이를 가지길 원했는데 그녀는 원치 않았어요." 1989년의 회고록에서 바에즈는 전 남편과 이혼한 사유와 그 후로 다시는 결혼을 하지 않은 이유에 대해 말했다. "나는 혼자 지내야 할 운명이었다. 그래서 그때 이후로 계속 혼자인 것이다. 이따금 누굴 만나긴 했지만 잠깐 나

보통 남자

들이를 갔다 온 것이라고 봐야 한다." 그녀는 책의 뒷부분에 흥미로운 '감사의 말'을 남겼다. "부엌에 워드프로세서를 설치해 주고 그것을 사용하도록 강권한 스티브 잡스에게 감사의 말을 전한다."

생모와 여동생을 찾다

잡스가 서른한 살 되던 해(애플에서 쫓겨나고 1년 후였다.) 오랜 세월 담배를 피워 온 그의 어머니 클라라 잡스가 폐암에 걸렸다. 잡스는 병상을 지키며 과거에는 거의 한 번도 보인 적이 없던 태도로 그녀와 대화를 나누었고, 전에는 물어보기 꺼려 했던 질문들을 꺼냈다. "아버지랑 결혼했을 때 어머니는 처녀였어요?" 그가 물었다. 말을 하기가 어려운 상황이었지만 그녀는 억지로 웃어 보였다. 그러고는 그에게 그전에 결혼을 한 적이 있는데 그 남자는 전쟁에서 돌아오지 못했다고 이야기해 주었다. 두 번째 남편 폴 잡스와 함께 어떠한 과정을 거쳐 그를 입양했는지에 대해서도 자세하게 설명해 주었다.

그 무렵 잡스는 자신을 입양시킨 생모를 찾아내는 데 성공한 터였다. 생모를 찾기 위한 조용한 탐색은 1980년 초 탐정 한 사람을 고용하면서 시작되었다. 하지만 그 탐정은 아무 성과도 내놓지 못했다. 잡스는 자신의 출생증명서에 적힌 샌프란시스코의 어느 의사 이름에 주목했다. "전화번호부를 뒤졌더니 그 이름이 있더군요. 그래서 전화를 걸었지요." 하지만 그 의사도 도움이 되질 않았다. 화재로 인해 예전 환자들의 기록이 소실되었다는 것이었다. 하지만 그것은 사실이 아니었다. 의사는 전화를 끊자마자 편지 한 장을 써서 봉투에 담고는 밀봉했다. 그리고 봉투 겉면에 이렇게 적었다. "나의 사망 후 스티브 잡스에게 전달할 것." 얼마 후 그가 죽자, 그의 미망인이 잡스에게 그 편지를 보냈다. 잡스의 어머니가 위스콘신 출신의 미혼 대학원생이었으며, 이름은 조앤 시블이라는 내용이었다.

그녀의 소재를 파악하는 데 수개월의 시간과 또 다른 탐정의 노력이 들어갔다. 잡스를 포기하고 나서 조앤은 잡스의 생부인 압둘파타 '존' 잔달리와 결혼했고, 모나라는 이름의 딸을 한 명 더 낳았다. 결혼 5년 만에 잔달리는 아내와 딸을 버리고 떠났으며, 시블은 조지 심프슨이라는 활기 넘치는 아이스 스케이팅 강사와 재혼했다. 하지만 그들의 결혼도 오래가지 않았고, 1970년 그녀는 이곳저곳을 떠돌다가 모나 심프슨과 함께 로스앤젤레스에 정착했다.(이제 둘은 심프슨이라는 성을 썼다.)

잡스는 자신이 진짜 부모로 여기는 폴 잡스와 클라라 잡스에게 생모를 찾고 있다는 사실을 알리길 꺼렸다. 평소에는 볼 수 없는 감수성과 부모에 대한 깊은 애정으로, 그는 그들이 상처 받을까 봐 걱정했다. 그래서 그는 1986년 클라라 잡스가 사망하고 나서야 조앤 심프슨에게 연락을 취했다. "혹여 두 분께서 내가 그분들을 부모님이 아니라고 생각하는 것으로 오해할까 봐 걱정했어요. 그분들은 진정 나의 부모님이었으니까요." 그가 회상한다. "그분들을 사랑했기 때문에 내가 생모를 찾고 있다는 사실을 모르시길 바랐던 겁니다. 몇몇 기자들이 낌새를 챘을 때도 입을 다물게 만들었습니다." 클라라 잡스가 사망한 후 그는 마음을 굳게 먹고 폴 잡스에게 털어놓았다. 그의 아버지는 전혀 개의치 않았으며, 생모와 만나도 괜찮다고 말했다.

그렇게 준비를 한 후 잡스는 조앤 심프슨에게 전화를 걸어 자신의 존재를 알렸고, 로스앤젤레스에서 그녀를 만나기로 했다. 훗날 그는 거의 호기심에서 비롯한 행동이었다고 주장했다. "저는 사람의 특성을 결정하는 데 유전보다는 환경이 더 많은 역할을 한다고 믿는 사람입니다. 그렇지만 생물학적 뿌리에 대해서도 어느 정도 궁금해할 수밖에 없잖아요." 그는 또한 조앤 심프슨에게 그녀가 한 일이 괜찮다고 안심시켜 주고 싶었다. "친어머니를 만나려고 했던 주된 이유는 잘 지내고 계신지 확인하고 감사 인사를 전하기 위해서였어요. 낙태할 수도 있었을 텐데 그런 결정을 내리지 않은 일이 고맙게 여겨졌거든요. 그때 그분은 스물세 살이었으니 저를 끝까지 지키기 위해 얼마나 많은 고생을 했겠어요."

잡스가 로스앤젤레스에 있는 그녀의 집에 들어서자 조앤 심프슨은 감정이 복받쳐 올랐다. 그녀는 잡스가 부와 명예를 가졌다는 사실을 알긴 했지만 정확히 무슨 일을 하는지는 몰랐다. 아들을 보자마자 그녀는 회한을 쏟아 냈다. 자신이 입양 문서에 서명하도록 압박을 받았고, 아들이 새로운 부모 밑에서 행복하다는 말을 듣고서야 서명을 했다는 것이었다. 그를 언제나 그리워했고 자신이 한 일에 대해 뼈가 저리도록 후회했다고 털어놓았다. 잡스가 다 이해하고 있으며 모든 게 잘 풀렸다고 안심시켰지만 그녀는 계속해서 용서해 달라고 간청했다.

조금 진정이 되자, 그녀는 잡스에게 친여동생이 있다고 말해 주었다. 여동생 모나 심프슨은 당시 맨해튼에서 소설가의 꿈을 키우고 있었다. 조앤 심프슨은 모나 심프슨에게 오빠가 있다는 말을 한 적이 없었다. 조앤 심프슨은 그날 바로 전화를 걸어 소식을 전했다. "너에게 오빠가 있단다. 멋있고 유명한 사람이야. 뉴욕에 데려가서 널 만나게 해 줄게." 그때 모나 심프슨은 생애 첫 번째 소설의 결말 부분을 마무리하느라 '산고'를 겪고 있었다. 『이곳이 아니라면 어디라도』라는 제목으로, 위스콘신에서 시작해 로스앤젤레스에서 끝나는 어머니와 자신의 긴 여정에 관한 내용이었다. 소설을 읽어 본 사람이라면 조앤 심프슨이 딸에게 오빠에 관한 소식을 전할 때의 태도가 다소 특이하다는 사실에 대해 별로 놀라지 않을 것이다. 조앤 심프슨은 그녀의 오빠가 누구인지 말하지 않았다. 단지 한때 가난했다가 이제는 부유해졌고, 유명한 데다 인물까지 좋으며, 길고 어두운 색조의 머리칼을 지녔고, 캘리포니아에 산다는 얘기만 했다. 당시 모나 심프슨은 《파리 리뷰》에서 일하고 있었다. 《파리 리뷰》는 조지 플림프턴이 발간하던 문예지로서, 맨해튼의 이스트 강 근처에 위치한 그의 타운하우스 1층에 사무실이 있었다. 모나 심프슨과 그녀의 동료들은 그녀의 오빠가 누군지 맞히는 게임을 했다. 존 트라볼타가 가장 많이 나온 답변이었다. 다른 배우들의 이름도 거론되었다. 누군가가 "애플 컴퓨터를 시작한 친구들 중 한 명일지도 모르죠."라고 무심코 말하기도 했다. 하지만 누구도 그들의 이름을 기억하지는 못했다.

재회는 세인트 레지스 호텔 로비에서 이루어졌다. 조앤 심프슨이 모나 심프슨에게 오빠를 소개했다. 실제로 애플을 시작한 사람들 중 한 명이었다. "대화를 나눠 보니 아주 솔직하다는 느낌이 들었어요. 사랑스럽고 평범하며 상냥한 남자였죠." 모나 심프슨의 회상이다. 셋은 로비에 앉아 몇 분 동안 얘기를 나눴고, 잡스는 단둘이 산책을 하자며 동생을 데리고 나갔다. 잡스는 자기를 많이 닮은 동생이 있다는 사실이 무척 기뻤다. 둘 모두 예술에 대한 열정이 강렬했고 주위 환경을 예리하게 관찰했으며 예민하면서도 의지가 강했다. 함께 저녁 식사를 하러 갔을 때 둘은 눈여겨보는 건축적 디테일이나 흥미를 느끼는 사물도 서로 같다는 사실을 발견했다. 둘은 신이 나서 서로의 관심사에 대해 얘기를 나눴다. "내 동생이 글을 쓰는 작가랍니다!" 잡스는 애플 동료들에게 이렇게 기쁨을 표현했다.

1986년 말 플림프턴이 『이곳이 아니라면 어디라도』의 출간을 축하하는 파티를 열자, 잡스는 모나 심프슨과 함께하기 위해 뉴욕으로 날아왔다. 그들은 점점 더 가까워졌다. 하지만 둘의 관계에는 자신들이 누구이며 어떻게 해서 만나게 되었는지 등과 관련된 복잡한 문제들도 포함되었다. "처음에는 내가 그녀의 인생에 나타난 것, 그리고 어머니가 나에게 그토록 많은 애정을 표현하는 것에 대해 모나가 온전히 기뻐한 것만은 아니었지요." 잡스가 회상한다. "하지만 점차 서로를 알게 되면서 정말 좋은 친구가 되었어요. 가족이라는 느낌도 확실히 들었고요. 이제 모나는 제게 없어선 안 될 존재가 되었어요. 더 좋은 동생은 상상할 수도 없고요. 입양된 여동생 패티와는 그렇게 가깝게 지내질 못했지요." 모나 심프슨 역시 그에 대한 애정이 깊어졌고, 때로는 그의 편을 들며 보호하려는 태도를 보이기도 했다. 하지만 훗날 잡스를 소재로 한 『보통 남자』라는 신랄한 소설에서 그의 별난 점들을 불쾌하리만큼 정확하게 묘사하기도 한다.

대부분의 경우 서로 죽이 잘 맞았지만, 모나 심프슨의 옷차림에 대해서만큼은 종종 입씨름이 벌어지곤 했다. 그녀는 궁핍한 소설가처럼 옷을 입었는데, 잡스는 그 점이 못마땅했다. 왜 '충분히 매력적인' 옷을 입지 않느냐는 지적이었다. 한번은 그의 언급에 잔뜩 짜증이 난 모나 심프슨이 그에게 편지를 썼다. "나는 젊은 작가고 이게 내 삶이야. 내가 모델이 되려고 하는 것도 아니잖아." 그는 답장을 하지 않았다. 얼마 후 이세이 미야케의 매장에서 상자 하나가 왔다. 기술의 영향을 받은 강력한 스타일의 의상을 만드는 일본인 패션 디자이너 미야케는 잡스가 가장 좋아하는 디자이너 중 한 명이었다. "오빠가 저를 위해 쇼핑을 한 거예요." 모나는 회상한다. "아주 멋진 옷들을 골랐더군요. 사이즈도 딱 맞았고 색상도 돋보였어요." 상자에는 잡스가 특히 좋아하던 여성용 정장도 담겨 있었다. 똑같은 정장을 세 벌이나 사서 보냈을 정도였다. "모나에게 처음 보냈던 정장들이 아직도 기억나요." 그가 말한다. "옅은 회색빛이 감도는 녹색 리넨으로 된 바지와 상의였는데, 그녀의 불그스름한 머리와 멋지게 어울렸지요."

잃어버린 아버지

한편 모나 심프슨은 그녀가 다섯 살 때 집을 떠나 버린 아버지를 찾기 위해 노력하고 있었다. 그녀는 맨해튼의 저명한 작가인 켄 올레타와 닉 필레기를 통해 사설 흥신소를 운영하는 뉴욕의 전직 경찰을 소개받았다. "그에게 얼마 안 되지만 제가 가진 돈 전부를 지불했어요." 하지만 탐색은 성과가

보통 남자

없었다. 그녀는 다시 캘리포니아에 있는 또 다른 탐정과 접촉했다. 그는 자동차 등록부를 뒤져 새크라멘토에 사는 압둘파타 잔달리의 주소를 찾아냈다. 심프슨은 잡스에게 소식을 전했고, 아버지로 추정되는 남자를 만나기 위해 뉴욕에서 비행기에 올랐다.

잡스는 잔달리를 만나는 데 관심이 없었다. 훗날 그는 이렇게 설명했다. "그는 나를 소홀히 대했어요. 그에게 무슨 원망이 있다거나 뭐 그런 뜻으로 하는 얘기는 아닙니다. 나는 어쨌든 내가 태어난 걸 다행으로 여기니까요. 하지만 가장 마음에 걸리는 건 그가 모나까지 소홀히 대했다는 겁니다. 그 애를 버렸잖아요." 잡스도 자신의 혼외 딸 리사를 버렸고, 이제 관계를 회복하려고 애쓰는 중이었다. 하지만 그러한 상황이 잔달리에 대한 감정을 완화하는 쪽으로 영향을 미치지는 않았다. 심프슨은 혼자서 새크라멘토로 향했다.

"몹시 긴장되더군요." 심프슨의 회상이다. 그녀의 아버지는 작은 식당에서 일을 하고 있었다. 그는 그녀를 만나서 반가워 보였지만, 전반적인 상황에 대해서는 왠지 태도가 소극적이었다. 그들은 몇 시간 동안 대화를 나눴고, 그는 자신이 위스콘신을 떠난 후 교직을 버리고 레스토랑 사업에 뛰어들었다고 술회했다. 두 번째 결혼은 오래가지 못했고, 세 번째로는 나이가 많은 부유한 여성을 만나 꽤 오래 같이 살았다고 했다. 아이는 더 가지지 않았다.

잡스가 심프슨에게 자기 얘기를 하지 말라고 부탁했기 때문에 그녀는 오빠에 대해 언급하지 않았다. 하지만 대화 도중 잔달리는 지나가는 말로 모나 심프슨이 태어나기 전 남자아이를 하나 가졌다고 이야기했다. "그는 어떻게 됐나요?"

그녀가 물었다. "그 아이는 결코 만나지 못할 거야. 사라져 버렸어." 심프슨은 움찔했지만 아무 말도 하지 않았다.

잔달리가 자신이 과거에 운영했던 레스토랑들에 대해 설명할 때 그보다 더 놀라운 사실이 드러났다. 그는 지금 그들이 앉아 있는 곳보다 더 고급스러운 레스토랑도 경영한 적이 있다면서, 새너제이 북쪽에서 지중해라는 레스토랑을 운영할 때 그녀가 찾아왔으면 좋았을 거라고 다소 감상에 젖은 듯 말했다. "정말 멋진 곳이었어. 기술 분야에서 성공한 사람들은 다 왔지. 스티브 잡스도 말이야." 모나는 놀라서 눈이 동그래졌다. "정말이야. 그가 종종 찾아왔어. 상냥한 데다가 팁도 많이 주곤 했지." 그가 덧붙였다. 심프슨은 "스티브 잡스가 당신 아들이에요!"라고 말하고 싶은 걸 겨우 억눌렀다.

아버지와 헤어지고 나서 그녀는 식당 공중전화로 오빠에게 전화를 걸어 버클리의 엑스프레소 로마 카페에서 만나자는 약속을 잡았다. 잡스는 그 자리에 리사를 데리고 나와 가족 드라마에 극적인 요소를 더했다. 리사는 당시 초등학생으로 어머니 크리스앤 브레넌과 살고 있었다. 카페에 모두 모인 때는 저녁 10시가 가까운 시간이었다. 심프슨이 이야기를 쏟아 냈다. 그녀가 새너제이 인근의 레스토랑 얘기를 꺼냈을 때 잡스 역시 놀라지 않을 수 없었다. 그곳에 갔던 기억이 났고, 자신의 생부를 만났던 장면도 떠올랐다. "기가 막히더군요. 그 레스토랑에 몇 번 갔고 주인도 만났거든요. 그래요, 시리아 사람이었어요. 악수까지 나눴는데……."

그럼에도 잡스는 생부를 만날 마음이 생기지 않았다. "그때 나는 상당한 재산을 모은 상태였어요. 그래서 그가 돈만 보고 접근하거나, 아니면 돈을 안 주면 언론에 알리겠다 하

보통 남자

는 식으로 나오면 어쩌나 하는 생각도 들었어요. 그래서 모나에게 저에 대해 이야기하지 말라고 거듭 당부했지요."

심프슨은 그의 당부를 따랐다. 하지만 수년 후 잔달리는 인터넷에서 자신과 잡스의 관계에 대해 언급한 내용을 보게 되었다.(모나가 어느 참고 도서에 잔달리를 자신의 아버지로 올려놓은 것을 본 블로거가, 그렇다면 잔달리가 잡스의 아버지도 되는 게 틀림없다고 추측한 내용이었다.) 그때 잔달리는 네 번째 결혼을 한 상태였고, 네바다 주 리노 서쪽에 있는 붐타운 리조트 및 카지노에서 식음료 지배인으로 일하고 있었다. 그는 2006년 심프슨을 만나는 자리에 자신의 새 아내 로실을 데리고 나왔을 때 이 문제를 거론했다. "스티브 잡스와는 어떻게 되는 거지?" 그가 물었다. 모나는 그의 추측이 옳음을 확인해 주었고, 잡스가 그를 만날 의향이 없다는 사실도 덧붙였다. 잔달리는 크게 개의치 않는 듯했다. "제 아버지는 생각이 깊고 이야기도 무척 재미있게 하는 분이에요. 하지만 매우 소극적이죠." 심프슨이 말한다. "그는 그 얘기를 다시는 꺼내지 않았어요. 스티브에게 연락을 하지도 않았고요."

심프슨은 잔달리를 찾는 과정을 1992년 출간한 자신의 두 번째 소설 『잃어버린 아버지』의 소재로 삼았다.(잡스는 넥스트의 로고를 제작한 디자이너 폴 랜드를 설득해 책 표지를 디자인하게 했으나, 모나의 말에 의하면 "너무 끔찍해서 사용하지 않기로" 했다고 한다.) 그녀는 계속해서 시리아의 홈스와 미국에 살고 있는 잔달리 가족들을 찾아냈고, 2011년에는 자신의 시리아 뿌리에 관한 소설을 쓰기 시작했다. 워싱턴 주재 시리아 대사는 그녀를 위해 만찬을 열어 주었고, 그녀의 사촌과 그 사촌의 아내가 만찬에 참석하기 위해 플로리다에서 날아오기도 했다.

심프슨은 잡스가 언젠가는 잔달리를 만날 것이라고 생각했지만, 그는 오히려 시간이 지날수록 더욱 관심을 잃었다. 2010년 잡스와 그의 아들 리드가 모나 심프슨의 생일을 축하하는 저녁 식사에 참석하기 위해 그녀의 로스앤젤레스 집을 방문했을 때, 리드는 그곳에서 할아버지의 사진들을 발견하고 한동안 열심히 훑어보았다. 하지만 잡스는 일부러 못 본 체했다. 그는 자신의 시리아 핏줄에 대해서도 관심이 없었다. 대화에서 중동 이야기가 나와도 그는 흥미를 보이지 않았고 평소처럼 강력하게 자신의 견해를 피력하지도 않았다. 2011년 봄 시리아가 중동의 민주화 물결에 휩쓸려 시위와 진압으로 연일 매스컴을 탈 때도 마찬가지였다. 오바마 정부가 이집트와 리비아, 시리아에 더 적극적으로 개입해야 하는지 물어보자 그는 이렇게 답했다. "미국이 거기서 무엇을 해야 하는지 아무도 모르는 거 같아요. 개입해도 욕먹고 개입 안 해도 욕먹을걸요."

반면 잡스는 자신의 생모 조앤 심프슨과는 친밀한 관계를 유지했다. 크리스마스 시즌이 오면 심프슨 모녀는 잡스의 집을 방문하곤 했다. 그들의 만남은 즐거울 때가 많았지만, 그들을 감정적으로 지치게 만들기도 했다. 조앤 심프슨은 종종 갑자기 울음을 터뜨리며 자신이 잡스를 얼마나 사랑했는지, 그를 포기한 것이 얼마나 미안한지 고백하곤 했다. 잡스는 모든 게 잘 풀렸다며 그녀를 달래 주었다. 어느 크리스마스에는 그가 이렇게 얘기했다. "걱정하지 마세요. 저는 아주 행복한 어린 시절을 보냈고, 또 이렇게 괜찮은 사람이 되었잖아요."

잡스의 딸, 리사

한편 리사 브레넌의 어린 시절은 그리 행복하지 않았다. 어린 시절 내내 잡스는 그녀를 거의 보러 오지 않았다. "아버지가 되고 싶지 않았어요. 그래서 아버지 노릇을 하지 않았지요." 이렇게 회상하는 잡스의 목소리에 약간의 회한이 서려 있긴 했다. 하지만 아주 가끔씩은 마음이 움직였다. 리사 브레넌이 세 살 무렵이던 어느 날 잡스는 자신이 크리스앤 브레넌과 리사 브레넌을 위해 사 준 집 근처를 지나다가 잠시 들러야겠다는 생각을 했다. 그는 집 안에는 들어가지 않고 문 앞 계단에 앉은 채 크리스앤 브레넌과 얘기를 나눴다. 리사 브레넌은 그가 누군지 몰랐고, 이와 비슷한 장면이 1년에 한두 차례 반복되었다. 잡스는 예고 없이 들러 딸의 진학 문제나 여타 문제들에 대해 잠시 의견을 교환하고는 벤츠를 타고 가 버렸다.

그러다가 1986년 리사 브레넌이 여덟 살이 되던 해부터는 그의 방문이 잦아졌다. 잡스는 더 이상 매킨토시를 창출하기 위해 몸을 혹사하지 않아도 되었고, 그와 관련된 스컬리와의 권력 싸움에서도 자유로웠다. 보다 차분하고 우호적인 분위기의 넥스트에서 일하고 있었기 때문이다. 게다가 넥스트의 팰러앨토 본사는 브레넌 모녀의 집에서 가까웠다. 3~4학년 무렵 리사 브레넌이 뛰어난 지능과 예술 감각을 지녔다는 사실이 분명해졌고, 선생님들은 그녀의 작문 실력까지 매우 높이 평가했다. 리사 브레넌은 기가 세고 활력이 넘치는 아이였으며, 아버지처럼 반항아적인 기질도 조금 있었다. 특히 반달 같은 눈썹과 중동인 특유의 약간 각진 얼굴이 잡스를 쏙 빼

닮았다. 하루는 잡스가 리사 브레넌을 사무실에 데리고 나와 직원들을 깜짝 놀라게 했다. 그녀는 복도에서 옆으로 재주넘기를 하며 외쳐 댔다. "나 좀 봐요!"

잡스와 친구 사이였던 호리호리하고 성격 좋은 넥스트의 엔지니어 애비 테버니언은 그들이 함께 저녁 식사를 하러 나갈 때 가끔 크리스앤 브레넌의 집에 들러 리사 브레넌을 데려갔다고 말한다. "스티브는 리사에게 매우 상냥하게 대했어요. 그는 채식주의자였고 크리스앤도 마찬가지였지만 리사는 아니었죠. 그는 개의치 않았어요. 리사에게 닭고기를 시키라고 했고, 그러면 리사는 순순히 따랐어요."

자연 식품만 먹는 것을 마치 신앙처럼 여기는 부모 사이를 왔다 갔다 하던 리사 브레넌에게는 닭고기를 먹는 것이 하나의 작은 탐닉이었다. "우리는 머리를 염색하지 않는 여자들이 찾는 효모 냄새 나는 가게에서 장을 봤다.(푼타렐라와 퀴노아, 셀러리액, 캐럽이 입혀진 견과류 등.)" 그녀는 훗날 이렇게 썼다. "하지만 가끔 외국 음식도 먹었다. 몇 번은 여러 줄의 꼬챙이에 닭을 꽂아 돌려 가며 굽는 맛집에서 매운 양념 닭꼬치를 사서는 차 안에서 손가락으로 뜯어 먹기도 했다." 잡스는 식단에 광적으로 집착했고, 따라서 먹는 것에 있어 크리스앤 브레넌보다 훨씬 더 까다로웠다. 잡스는 딸과 함께한 자리에서 수프를 먹다가 버터가 첨가됐다는 사실을 알고는 뱉어 낸 적도 있었다. 애플 시절 먹거리에 대해 조금 관대해졌던 그는 다시 엄격한 채식주의자로 돌아와 있었다. 어린 나이에도 리사 브레넌은 음식에 대한 잡스의 강박증에 그의 인생 철학이 반영되어 있음을 깨달았다. 즉 금욕주의와 미니멀리즘이 감각을 더 예민하게 만든다는 철학 말이다. "아버지는 훌륭한 수확은 척박한 자원에서, 즐거움은 절제에서 비롯한다고 믿었어요. 그는 대부분의 사람들이 모르는 공식을 알고 있었어요. 모든 것에는 반대급부가 따른다는 것 말이에요."

마찬가지로, 잡스의 빈번한 부재와 차가움은 이따금 그가 보이는 따뜻함이 그만큼 더 만족스럽게 느껴지도록 만들었다. "아버지와 함께 살지는 않았지만 가끔 우리 집에 들르곤 했어요. 저를 잠깐 동안 혹은 몇 시간 동안 설레게 하는 신과 같은 존재였죠." 잡스는 곧 리사 브레넌과 산책을 할 정도로 그녀에 대해 관심을 보이게 되었다. 그녀와 팰러앨토의 옛 거리들을 따라 인라인스케이트를 타며 조애나 호프먼과 앤디 허츠펠드의 집에 들르기도 했다. 그녀를 처음으로 호프먼에게 데리고 간 날, 잡스는 그냥 문을 두드리며 소리쳤다. "리사가 왔어요." 호프먼은 누군지 바로 알아챘다. "역시 피는 못 속인다는 말이 맞더군요. 그런 턱을 가진 사람은 아무도 없을걸요. 아주 특징적인 턱이죠." 열 살 때까지 어머니와 이혼한 아버지를 모르고 자란, 아픈 기억이 있던 호프먼은 잡스에게 더 좋은 아버지가 되라고 독려했다. 그는 그녀의 조언대로 했고, 나중에 그에 대해 고마워했다.

잡스는 딸을 데리고 도쿄 출장을 가기도 했다. 세련되고 깔끔한 오쿠라 호텔에 방을 잡은 그들은 지하의 고급스러운 스시 바에서 식사를 했다. 잡스는 장어 초밥을 너무 좋아해서 따뜻하게 익힌 장어를 '채식'이라고 얼버무리며 여러 접시를 주문했다. 초밥에는 가는 소금이나 달콤한 소스가 얇게 뿌려져 있었는데, 리사 브레넌은 세월이 흘러서도 그것이 입 안에서 녹던 맛을 잊지 못했다. 둘 사이의 거리감도 그처럼 녹아서 사라졌다. 그녀는 훗날 이렇게 썼다. "그렇게 장어 요리를 앞에 두고 난생처음 아버지와 함께 있는 시간이 너무도 편하고 만족스럽게 느껴졌다. 차가운 샐러드 후에 나오는 수많은 음식과 포옹과 따뜻함의 느낌은 한때 다가가지 못했던 공간이 열렸음을 의미했다. 아버지는 스스로에 대해 덜 엄격했고, 작은 의자와 장어, 그리고 내가 존재하는 거대한 천장 아래에서 심지어 인간적이기까지 했다."

하지만 언제나 달콤하고 화창한 날들만 있었던 것은 아니다. 잡스는 다른 대부분의 사람들에게 그랬던 것처럼 자신의 딸에게도 변덕을 부렸다. 포옹과 유기(遺棄)가 모종의 주기처럼 반복되었다. 하루는 장난을 치며 놀다가도 그다음 날은 차가워지거나 아예 모습을 감추었다. "리사는 늘 아버지와의 관계에 대해 불안해했어요." 허츠펠드가 말한다. "한번은 리사의 생일 파티에 갔는데, 당연히 스티브도 오기로 돼 있었죠. 하지만 늦도록 나타나질 않는 거예요. 리사는 극도로 불안해하다가 크게 실망했어요. 하지만 스티브가 마침내 나타나자 언제 그랬냐는 듯 환하게 밝아지더군요."

리사 브레넌도 점점 성질을 부리기 시작했다. 그들의 관계는 수년에 걸쳐 마치 롤러코스터처럼 움직였고, 그들이 공통적으로 지닌 고집 때문에 불화가 오래 지속되곤 했다. 한번 싸우고 나면 수개월 동안 서로 말을 안 하고 지낼 정도였다. 둘 다 먼저 손을 내밀고 사과를 하거나 상처를 치유하는 데 서툴렀다. 잡스가 반복되는 건강 문제로 어려움을 겪을 때도 마찬가지였다. 2010년 가을의 어느 날, 그는 회상에 잠겨 나와 함께 오래된 사진들을 꺼내 보았다. 그러다 리사 브레넌이 어렸을 때 함께 찍은 사진이 나오자 잠깐 동안 말없이 바라보았다. "아이를 충분히 만나 주지 않았던 것 같아요." 그가 말했다. 그해 내내 리사 브레넌과 연락을 끊고 있던 터라 나는 그에게 전화나 이메일로 연락을 취해 보는 게 어떻겠느냐고 제안했다. 그는 잠시 나를 물끄러미 바라보더니 다시 옛날 사진들을 훑어보기 시작했다.

낭만주의자 스티브 잡스

여자 문제에 관한 한 잡스는 매우 낭만적인 모습을 보였다. 그는 극적인 방식으로 사랑에 빠지는 경향이 있었고, 연애할 때 벌어지는 일은 좋은 일이든 안 좋은 일이든 모두 친구들에게 이야기했으며, 여자 친구와 떨어져 있을 때는 사람들 앞에서 그리워하는 티를 내곤 했다. 1983년 여름, 그는 존 바에즈와 실리콘밸리의 조촐한 만찬회에 참석했다. 거기서 그는 펜실베이니아 대학교에 다니고 있던 제니퍼 이건이라는 학생의 옆자리에 앉게 되었다.(그녀는 잡스가 누군지 잘 몰랐다.) 그 무렵 잡스와 바에즈는 둘의 관계가 오래 지속될 수 없다는 사실을 깨달은 상태였다. 잡스는 여름방학 동안 샌프란시스코의 잡지사에서 일하고 있던 이건에게 매력을 느꼈다. 그는 이건의 연락처를 알아내어 전화를 걸었다. 그러고는 채식 수플레를 전문으로 하는 텔레그래프 힐 근처의 작은 음식점인 '카페 재클린'에서 첫 데이트를 즐겼다.

그들은 1년 정도 사귀었고, 잡스는 그녀를 만나기 위해 동부로 날아가곤 했다. 그는 보스턴에서 열린 맥월드 행사에서 수많은 군중들에게 자신이 여자 친구를 너무도 사랑하며, 그렇기 때문에 필라델피아행 비행기를 타기 위해 서둘러야 한다고 공개적으로 이야기했다. 군중은 환호성을 질렀다. 그가 뉴욕을 방문하고 있을 때는 이건이 그곳까지 기차를 타고 와 칼라일 호텔이나 어퍼이스트사이드에 있는 제이 샤이엇의 아파트에서 함께 지냈다. 그들은 주로 카페 룩셈부르크에서 식사를 했고, 잡스가 리모델링을 계획하고 있던 산레모의 아파트를 수차례 방문했으며, 영화(여러 번)나 오페라(적어도 한 번 이상)를 보러 다녔다.

　잡스와 이건은 떨어져 있는 많은 밤 동안 몇 시간씩 통화를 하며 보내기도 했다. 그들이 논쟁을 벌인 주제 중 하나는 잡스가 불교 연구를 통해 확립한 신념에 관한 것이었다. 그것은 물질에 대한 집착을 피하는 것이 중요하다는 믿음이었다. 그는 이건에게 우리의 소비 욕구가 건전하지 못하며, 깨달음을 얻기 위해서는 무엇에도 집착하지 않고 물질을 추구하지 않는 삶의 방식을 계발해야 한다고 말했다. 또한 자신의 선불교 스승 고분 치노가 물질의 추구와 획득이 야기하는 문제들에 대해 강연한 녹음테이프도 주었다. 이건은 반감을 드러냈다. 사람들이 탐낼 만한 컴퓨터와 여타의 제품을 만드는 것이야말로 그러한 철학을 거스르는 행동이 아니냐는 것이었다. 제니퍼가 회상한다. "그는 그렇게 이분법적으로 사고하는 것에 대해 짜증을 냈고, 우리는 그에 대해 열띤 논쟁을 벌였어요."

　결국 자신이 만드는 물건들에 대한 잡스의 자부심은 사람들이 물질에 대한 집착을 피해야 한다는 그의 신념을 압도했다. 1984년 1월 매킨토시가 출시되었을 무렵, 이건은 겨울방학을 맞아 샌프란시스코에 있는 어머니 집에 머무르고 있었다. 어느 날 저녁 스티브 잡스(그가 갑자기 유명해진 때였다.)가

막 포장된 매킨토시 한 대를 들고 문 앞에 나타나 식사를 하고 있던 손님들을 놀라게 했다. 그는 사람들의 놀란 시선을 뒤로 한 채 컴퓨터를 설치하기 위해 이건의 방으로 들어갔다.

잡스는 다른 몇몇 친구들에게 그랬던 것처럼 이건에게도 자신이 오래 살지 못할 것 같다는 예감을 털어놓았다. 자기가 그토록 열정적이고 참을성이 없는 이유가 바로 거기에 있다고 했다. "그는 성취하고자 하는 모든 일들에 대해 모종의 시급함을 느꼈어요." 그녀의 회상이다. 그들의 관계는 1984년 가을 무렵 시들해졌다. 결혼하기에는 자신이 아직 너무 어리다고 이건이 못 박은 직후였다.

그로부터 얼마 후, 그러니까 1985년 초 애플에서 스컬리와의 갈등이 시작될 즈음의 일이다. 사업상 미팅에 참석하러 가는 길이었던 잡스는 비영리단체들에 컴퓨터를 기부하는 애플 재단 소속의 동료를 보기 위해 그의 사무실에 들렀다. 사무실에는 나긋나긋한 금발 여인이 한 명 앉아 있었다. 그녀는 자연스러운 순수함이 묻어나는 히피 분위기와 컴퓨터 컨설턴트에게서나 찾아볼 수 있는 침착한 감수성이 결합된 인물이었다. 이름은 티나 레지, 한때 피플스 컴퓨터 사에서 일한 바 있었다. "내가 본 여인 중에 가장 아름다웠어요." 잡스가 회상했다.

이튿날 잡스는 레지에게 전화를 걸어 저녁 식사를 하자고 했다. 하지만 그녀는 남자 친구와 동거 중이라며 거절했다. 며칠 후 잡스는 그녀를 이끌고 근처의 공원으로 산책을 나가 다시 한 번 함께 저녁을 먹자고 청했다. 그러자 이번에는 집에 돌아가서 자신의 남자 친구에게 잡스와 저녁을 먹고 싶다고 말한 후 나오겠다고 했다. 그녀는 매우 솔직하고 개방적이었다. 저녁 식사 후 그녀는 울음을 터뜨렸다. 자신의 삶이 혼란스러워질 것임을 알았기 때문이었다. 그리고 실제로 그렇게 되었다. 두세 달 후 그녀는 우드사이드에 위치한 잡스의 가구 없는 저택으로 들어왔다. "그녀는 내가 진심으로 사랑한 첫 번째 여인이었어요." 잡스는 회상한다. "우리는 매우 깊은 정을 나누었지요. 그녀만큼 저를 잘 이해할 사람이 또 있을지 모르겠어요."

레지는 문제가 많은 가정에서 자랐다. 잡스는 입양과 관련된 자신의 고통을 그녀와 나누었다. "우리는 둘 다 어린 시절에 상처를 받았어요." 레지는 회상한다. "그는 우리 둘더러 '부적합자'라고 했어요. 그래서 서로에게 어울렸던 거죠." 그들은 신체적 애정 표현에 매우 열정적이었으며, 서로에 대한 애정을 공개적으로 드러냈다. 넥스트 직원들은 회사 로비에서 종종 벌어지던 그들의 애정 행위에 대해서 잘 알았다. 그들이 영화관이나 우드사이드 저택을 방문한 손님들 앞에서 벌인 싸움도 많은 사람들이 기억했다. 하지만 잡스는 레지의 순수함과 자연스러움을 쉬지 않고 칭찬했다. 그녀에게 온갖 종류의 영적인 특질들을 결부하기도 했다. 현실적인 성격의 조애나 호프먼은 마치 다른 세상에 존재하는 사람인 양 레지에게 심취했던 잡스의 열병에 대해 이렇게 말했다. "스티브는 약점과 신경증을 영적인 특질로 착각하는 경향이 있었어요."

1985년 잡스가 애플에서 물러날 무렵, 그와 레지는 함께 유럽 여행을 떠났다. 잡스는 여행을 통해 그동안 받은 상처들을 치유하고 싶었다. 어느 날 저녁 센 강을 가로지르는 다리 위에서 그들은 그냥 프랑스에 머무는 게, 아니, 아예 눌러 앉아 영원히 정착하는 게 어떨까 하는 다소 환상이 섞인 대

보통 남자

화를 나누었다. 레지는 그러고 싶은 생각이 컸지만 잡스는 원하지 않았다. 상처를 받았다고 야심까지 버릴 수는 없었다. "내가 무엇을 하느냐에 따라 나 자신이 정의되는 거야." 그가 그녀에게 말했다. 25년 후 그녀가 잡스에게 보낸 가슴 아픈 이메일에는 파리에서의 순간들을 회상하는 내용도 담겨 있었다. 서로 각자의 길을 떠나긴 했지만 여전히 영적인 유대감은 유지하고 있던 상태였다.

1985년 여름 우리는 파리의 어느 다리 위에 있었지. 날씨는 흐렸어. 우리는 부드러운 돌난간에 기대어 아래로 흐르는 초록색 물을 내려다보았어. 당신의 세계는 분열되어서 잠시 멈춰 버렸고, 당신이 다음에 선택할 무언가를 중심으로 재조정되기 위해 준비하고 있었지. 나는 과거로부터 도망치고 싶었어. 당신을 설득해서 파리에서 새로운 삶을 시작하고 싶었어. 과거의 우리를 버리고, 다른 무언가가 우리를 이끌도록 말이야. 우리가 당신의 부서진 세계 속 어두운 수렁에서 기어 나와, 무명의 상태로 새롭고 단순한 삶 속으로 들어가길 바랐어. 내가 당신을 위해 저녁 식사를 준비하고 매일매일을 함께할 수 있는, 마치 목적 없이 게임 그 자체를 즐기는 어린아이들처럼 말이야. 당신이 웃으면서 "내가 뭘 할 수 있을까? 이제 실직자가 된 마당에."라고 말하기 전에 내 생각을 고려해 봤을 거라고 생각하고 싶어. 우리의 담대한 미래가 우리를 현실로 돌려놓기 전까지, 당신이 주저하던 그 잠깐의 시간 동안, 그 찰나와 같은 시간 동안에 우리는 그러한 단순한 삶을 살며 평화로운 노년에 이르는 행복을 누린 셈이라고 생각하고 싶어. 프랑스 남부의 농장에서 손주들과 함께 조용히 우리의 나날을 보내며, 마치 신선한 빵처럼 따뜻하고 완전하게 우리의 작은 세계를 인내와 친숙함이라는 향기로 채우면서 말이야.

그들의 관계는 5년 동안 오르락내리락했다. 레지는 가구가 거의 갖춰지지 않은 잡스의 집에 사는 것을 싫어했다. 잡스가 셰 파니스 레스토랑에서 일한 적 있는 멋쟁이 커플을 고용해 집 관리와 채식 요리를 맡기는 바람에 그녀는 자신이 오히려 침입자인 것처럼 느꼈다. 그녀는 이따금 팰러앨토에 있는 자신의 아파트로 거처를 옮기기도 했는데, 특히 잡스와 격렬한 다툼을 벌이고 나면 그랬다. 언젠가는 그들의 침실로 이어지는 복도 벽에 이렇게 휘갈겨 쓰기도 했다. "무시는 일종의 학대이다." 그녀는 잡스에게 큰 매력을 느꼈지만, 동시에 배려라곤 눈 씻고 찾아봐도 없는 그의 태도에 당혹스러워하기도 했다. 훗날 그녀는 그토록 자기중심적인 사람과 사랑을 한다는 게 얼마나 극심한 고통을 수반하는지 술회했다. 배려할 능력이 없는 사람을 깊이 배려하는 것은 누구에게도 권하고 싶지 않은 끔찍한 일이라는 것이다.

그들은 너무도 많은 면에서 달랐다. "스펙트럼 양극에 가혹함과 친절함이 있다고 볼 때, 그들은 거의 반대 극단에 위치했어요." 허츠펠드가 말했다. 레지의 친절함은 크고 작은 일에서 다양하게 드러났다. 그녀는 구걸하는 사람들에게 항상 돈을 주었고, 정신 질환이 있는 사람들(그녀의 아버지도 정신 질환을 앓았다.)을 돕는 일에 자원하기도 했다. 또한 그녀를 편하게 대할 수 있도록 브레넌 모녀까지 배려했다. 잡스를 설득해 리사 브레넌과 더 많은 시간을 보내도록 만드는 데에도 그 누구보다 많은 노력을 기울였다. 하지만 레지에게는 잡스의 야심이나 열정 같은 게 없었다. 잡스에게 그녀를 영적인 존재처럼 보이게 만들었던 영묘한 특성은 또한 두 사람이 같은 사고방식을 갖는 것을 방해했다. "그들의 관계는 엄청나게 격렬했어요." 허츠펠드가 말한다. "성격 차이 때문에 정말 많이도 다투었죠."

그들은 미적 감각이란 근본적으로 개인에 따라 다른 것인지(레지의 입장), 아니면 사람들에게 가르쳐 줘야 할 이상적이고 보편적인 미감이 존재하는 것인지(잡스의 입장)에 관해서도 기본적인 철학이 달랐다. 그녀는 잡스가 바우하우스 운동에 영향을 너무 많이 받았다고 비판했다. "스티브는 사람들에게 미적 감각을 가르치는 게 우리가 할 일이라고 생각했어요. 사람들에게 뭘 좋아해야 하는지 가르쳐야 한다는 것이었죠." 그녀는 회상한다. "하지만 저는 그렇게 생각하지 않아요. 저는 우리가 서로의 내면에 깊이 귀 기울이면, 우리가 이미 갖추고 있는 참다운 것이 우러나오게 할 수 있다고 믿어요."

둘은 오랫동안 함께 지낼 때 자주 다투었다. 하지만 떨어져 있으면 잡스는 늘 레지를 그리워했다. 결국 1989년 여름, 그는 그녀에게 청혼했다. 하지만 그녀는 받아들일 수 없었다. 레지는 그와 결혼하면 자기가 미쳐 버릴 거라고 친구들에게 말했다. 불안정한 집안에서 자란 그녀는 잡스와의 관계에서 그와 유사한 불안정성을 너무 많이 발견했다. 그들은 서로에게 끌리는 상반된 성격인 동시에 충돌하기가 너무 쉬운 조합이었다. "저는 '스티브 잡스'라는 아이콘에 걸맞은 좋은 아내가 될 수 없었을 거예요. 여러 수준에서 형편없었을 거예요.

둘만의 관계에서 그의 불친절을 견딜 수도 없었을 거고요. 그에게 상처를 주고 싶지 않았지만, 그가 다른 사람들에게 상처 주는 것을 옆에서 지켜보고 싶지도 않았어요. 그건 매우 고통스럽고 지치는 일이었거든요."

잡스와 헤어진 후 레지는 정신 건강 정보 네트워크인 '오픈마인드'를 캘리포니아에 설립하는 일에 참여했다. 그녀는 우연히 어떤 정신의학 서적에서 자기애성 인격 장애에 대해 읽고는 그것에 대한 설명이 잡스와 완벽하게 일치한다고 생각했다. "너무도 잘 들어맞았고, 그가 힘들어하던 것들의 상당 부분을 잘 설명해 주더군요. 그가 좀 더 친절하고 덜 자기중심적인 사람이 되기를 바라는 건 마치 장님이 눈을 뜨기를 바라는 것과 마찬가지라는 사실을 깨달았어요. 젊은 시절 그가 딸 리사와 관련하여 내린 일부 결정들에 대해서도 이해할 수 있게 되었죠. 문제는 공감인 것 같아요. 그는 공감 능력이 결여된 사람이에요."

나중에 레지는 다른 남자와 결혼해 아이 둘을 낳고 이혼했다. 잡스는 행복한 결혼 생활을 영위하면서도 가끔씩 그녀에 대한 그리움을 공개적으로 표현하곤 했다. 그가 암 투병 중이라는 사실이 알려지자 그녀는 그를 응원하기 위해 다시 연락을 취해 왔다. 레지는 둘의 관계를 회상할 때마다 꽤 감성적이 되었다. "서로 가치관이 충돌해서 우리가 한때 원하던 관계를 맺는 건 불가능해졌지만, 수십 년 전 그에 대해 느꼈던 배려와 사랑은 지금까지 지속되고 있어요." 그녀가 내게 말했다. 마찬가지로, 어느 날 오후 거실에 앉아 그녀를 떠올리던 잡스도 갑자기 울기 시작했다. "내가 만난 사람 중에 가장 순수한 사람이었어요." 뺨을 적시는 눈물을 훔칠 생각

보통 남자

도 없이 그가 말했다. "그녀는 어딘가 영적인 매력이 있었고 우리의 유대감에도 영적인 요소가 있었지요." 그는 그들의 관계가 행복한 결실을 맺지 못한 것에 대한 미련이 남아 있다고, 항상 후회한다고 말했다. 그리고 그녀도 마찬가지일 거라는 사실을 그는 알았다. 하지만 그들은 함께할 운명이 아니었다. 그 점에 대해서 둘 다 동의했다.

인생의 반려 로렌 파월을 만나다

중매인이라면, 이 시점에서 잡스에게 딱 맞는 배필감을 그려 볼 수 있을 것이다. 잡스의 옛 애인들에 관한 데이터를 분석해서 말이다. 우선 똑똑하면서도 가식이 없어야 한다. 그에게 맞설 수 있을 정도로 당당해야 하지만 혼란을 극복할 수 있을 정도로 평온해야 하고, 교육 수준이 높고 독립심이 강해야 하지만 잡스와 그의 가족을 위해 양보할 준비도 돼 있어야 한다. 털털하면서도 천사 같은 분위기가 감돌아야 한다. 또한 그를 다룰 수 있는 감각이 있으면서도 늘 그에게 얽매이지는 않을 정도로 안정된 사람이어야 한다. 그리고 팔다리가 길고 금발에다 여유 있는 유머 감각을 갖추고 유기농 채식을 좋아하는 사람이라면 금상첨화일 것이다. 티나 레지와 헤어지고 난 후인 1989년 10월, 바로 그런 여인이 그의 인생에 나타났다.

더 구체적으로 말하자면, 그녀가 그의 강의실로 걸어 들어왔다. 스탠퍼드 경영대학원에서 기획한 '위에서 바라본 관점' 강의 시리즈 중 한 회분을 어느 목요일 저녁 잡스가 진행했던 것이다. 로렌 파월은 경영대학원 신입생이었고, 같은 수업을 듣는 친구의 제안에 따라 이 강의를 들으러 왔다. 그들은 늦게 도착해서 자리가 없었기 때문에 통로에 앉아야 했다. 안내원이 그들에게 자리를 옮겨야 한다고 말하자, 파월은 친구를 데리고 맨 앞줄의 예약 좌석 두 개를 마음대로 차지하고 앉았다. 잡스가 도착하자 안내원은 그를 파월의 옆자리로 안내했다. "오른쪽을 보니까 아름다운 여인이 앉아 있었어요. 그래서 강의가 시작되기 전까지 잠깐 그녀와 얘기를 나눴지요." 잡스의 회상이다. 그들은 정감 어린 농담을 주고받았다. 파월은 자신이 추첨에 당첨되어 그 자리에 앉게 되었는데, 상으로 잡스가 저녁 식사를 사 줘야 한다고 농담을 던졌다. "그가 너무 사랑스러웠거든요."

강연 후 잡스는 연단 끄트머리에 서서 학생들과 담소를 나누었다. 그때 파월이 교실을 나서려다가 돌아와 무리의 한쪽 끝에서 잠시 서성이더니 다시 나가는 모습이 보였다. 그는 대화를 나누려고 자신을 불러 세우는 학장을 무시한 채 파월을 쫓아갔다. 주차장에서 그녀를 따라잡은 잡스가 말했다. "아니, 추첨에 당첨돼서 제가 저녁을 사야 한다면서요?" 그녀가 웃었다. "토요일 어때요?" 그가 물었다. 그녀는 좋다며 자신의 전화번호를 적어 주었다. 잡스는 전화번호를 받아들고 자신의 차가 주차된 곳으로 향했다. 우드사이드 위쪽 산타크루스 산에 위치한 토머스 포가티 포도주 양조장으로 가야 했기 때문이다. 그곳에서 넥스트의 교육 세일즈 팀과 저녁 식사를 하기로 돼 있었다. 그는 갑자기 걸음을 멈추고는 몸을 돌렸다. "교육 세일즈 팀보다는 그녀와 저녁을 먹는 게 낫겠다고 생각했어요. 그래서 그녀의 차가 있는 곳으로 달려

보통 남자

가 오늘 저녁은 어떠냐고 물었지요." 그녀는 쾌히 승낙했다. 아름다운 가을 저녁이었고, 둘은 팰러앨토의 근사한 채식 식당 세인트 마이클스 앨리로 갔다. 둘은 그곳에서 네 시간을 함께 있었다. "그때 이후로 계속 함께한 셈이지요." 잡스의 말이다.

애비 테버니언은 넥스트의 교육 세일즈 팀원들과 양조장 식당에 앉아 잡스를 기다리고 있었다. "스티브는 가끔 그렇게 약속을 안 지키곤 했어요. 그와 통화를 하고 뭔가 특별한 일이 생겼다는 걸 알 수 있었죠." 파월은 집에 도착하자마자 버클리에 사는 가장 친한 친구 캐서린 스미스에게 전화를 걸어 자동 응답기에 메시지를 남겼다. "방금 나한테 일어난 일을 아마 믿지 못할걸! 내가 누굴 만났는지 못 믿을 거라고!" 스미스는 다음 날 아침 파월에게 전화해서 자초지종을 들었다. "우리는 스티브에 대해서 이미 알았고 관심도 많았어요. 경영학도들이었으니까요." 스미스의 말이다.

나중에 앤디 허츠펠드와 몇몇은 파월이 처음부터 계획적으로 잡스에게 접근한 것으로 추측했다. "로렌은 친절하지만 계산적인 면도 있거든요. 애초부터 잡스를 표적으로 삼았던 거 같아요." 허츠펠드가 말한다. "그녀의 대학 룸메이트가 내게 말해 줬어요. 로렌이 잡지 표지에 실린 스티브의 사진을 보면서 그를 기어이 만나 볼 거라고 다짐했다고 말이에요. 스티브가 그렇게 조종당한 게 사실이라면, 참 아이러니라 할 수 있겠죠." 하지만 파월은 훗날 그것이 터무니없는 억측이라고 주장했다. 그녀가 강연에 갔던 이유는 단순히 친구가 가고 싶어 했기 때문이었고, 보게 될 사람이 누군지에 대해서도 약간 헷갈렸다고 말한다. "그날의 강사가 스티브 잡스라는 건 알았지만 제가 떠올린 얼굴은 빌 게이츠의 얼굴이었어요. 둘을 혼동했던 거예요. 1989년이었으니까, 그가 넥스트를 경영할 때였잖아요. 내가 그렇게 크게 관심을 가질 대상이 아니었다는 뜻이에요. 저는 별로 그러고 싶은 마음을 못 느꼈는데 친구가 열광하며 가자고 해서 갔던 겁니다."

"내 인생에서 진심으로 사랑한 여자는 딱 두 명이에요. 바로 티나와 로렌입니다." 잡스의 회상이다. "존 바에즈의 경우도 사랑인 줄 알았지만 사실은 매우 많이 좋아했던 것뿐이에요. 오로지 티나와 로렌밖에 없지요."

1963년 뉴저지에서 태어난 로렌 파월은 어린 시절부터 자립심이 강했다. 아버지는 해병대 소속 조종사였는데, 캘리포니아 샌타애나에서 비행기 추락 사고로 명예롭게 산화했다. 기체 결함이 생긴 다른 비행기를 착륙시키려고 유도하던 중, 그 비행기가 자신의 비행기에 충돌하자 주거 지역에 추락하는 참사를 막기 위해 비상 탈출을 포기하고 비행기를 계속 몰았던 것이다. 어머니는 재혼을 했지만, 그 결혼은 크게 잘못된 선택이었음이 드러났다. 그럼에도 다수의 가족들을 부양할 다른 방도가 없었던 그녀의 어머니는 이혼할 엄두도 내지 못했다. 10년 동안 파월과 그녀의 세 남자 형제들은 긴장된 집안 분위기 속에서 조심스럽게 처신해야 했고, 여러 문제들을 나누어서 책임져야 했다. 그녀는 착실하게 성장기를 보냈다. "제가 얻은 교훈은 분명했어요. 언제든 자립할 수 있는 능력을 갖춰야 한다는 거였죠." 그녀가 말한다. "그런 자세를 가진 저에 대해 자부심을 느꼈어요. 돈에 대해서도 저는 그것이 자립하는 데 필요한 도구라고 생각하지, 나라는 사람의

보통 남자

정체성을 규정하는 요소라고 생각하지 않습니다."

그녀는 펜실베이니아 대학교를 졸업한 후 골드만 삭스에 취직해 채권 거래 전략가로 일했다. 그곳에서 그녀는 회사 자체의 투자 계정을 관리하며 어마어마한 액수의 돈을 다뤘다. 그녀의 상사 존 코진은 그녀가 골드만 삭스에서 계속 일하기를 바랐지만, 파월은 그곳의 일이 자기 계발에 도움이 되지 않는다고 판단했다. "크게 성공할 수도 있는 환경이었어요. 하지만 그저 자본 형성에 기여하는 일일 뿐이었죠." 그래서 그녀는 입사한 지 3년 만에 회사를 그만두고 이탈리아 피렌체로 갔다. 거기서 8개월 동안 살다가 스탠퍼드 경영대학원에 입학한 것이다.

그 목요일에 함께 저녁 식사를 한 후, 그녀는 토요일에 잡스를 팰러앨토에 있는 자신의 아파트로 초대했다. 캐서린 스미스는 자기도 잡스를 만나고 싶다며 버클리에서 차를 몰고 왔다. 잡스에게는 파월의 룸메이트라고 인사하면 되지 않겠느냐면서 말이다. 스미스는 그들의 관계가 빠르게 열정적으로 불타올랐다고 기억한다. "얼마나 진하게 키스를 하고 애무를 하고 그랬는지 몰라요. 잡스는 로렌에게 완전히 빠져 버렸어요. 얼마 후부터는 저에게 전화를 걸어 이렇게 묻곤 했죠. '로렌이 나를 정말 좋아하는 것 같나요? 어떻게 생각해요?' 어느 날 갑자기 그렇게 상징적인 인물이 저에게 전화를 걸어 이것저것 묻기 시작하니까 묘한 기분이 들더군요."

1989년의 마지막 날 저녁, 이들 셋은 이름난 주방장 앨리스 워터스가 운영하는, 버클리의 유명 레스토랑 셰 파니스에 식사를 하러 갔다. 당시 열한 살이던 잡스의 딸 리사 브레넌도 그 자리에 함께했다. 그날 저녁 식사 자리에서 무언가 기분 나쁜 일이 발생해 잡스와 파월이 다투기 시작했다. 둘은 식당에서 따로 나갔고, 파월은 결국 스미스의 아파트에서 밤을 보냈다. 다음 날 아침 9시 현관을 두드리는 소리에 스미스가 문을 열자 잡스가 서 있었다. 그는 직접 딴 야생화를 손에 든 채 이슬비를 맞고 서 있었다. "들어가서 로렌 좀 봐도 될까요?" 그가 물었다. 파월이 아직 자는 중이어서 그가 그냥 침실로 들어갔다. 두 시간가량이 흘렀고, 스미스는 갈아입을 옷을 가지러 들어가지도 못한 채 거실에서 마냥 기다렸다. 참다못한 그녀는 결국 잠옷 위에 코트를 걸치고 먹을거리를 좀 사 오기 위해 피츠 커피로 향했다. 잡스는 정오가 될 때까지 나오지 않았다. "캐서린, 잠깐 와 볼래요?" 그가 안에서 불러 셋이 침실에 모였다. "알다시피 로렌의 아버지는 돌아가셨고 어머니도 여기 안 계시잖아요. 당신이 로렌의 가장 친한 친구니까 당신에게 허락을 구하는 게 적절하다고 생각해요." 그가 말했다. "로렌과 결혼하고 싶습니다. 허락해 주시겠어요?"

스미스는 침대에 기어 올라가 잠시 생각했다. "너도 그러고 싶니?" 그녀가 파월에게 물었다. 파월이 그렇다며 고개를 끄덕이자, 스미스가 말했다. "그렇다면 제 대답도 마찬가지예요."

그렇지만 그것으로 모든 게 결정된 건 아니었다. 잡스는 무언가에 대해 한동안 광적인 강렬함으로 집중하다가 갑자기 시선을 돌려 버리는 경향이 있었다. 회사에서 그는 자기가 원하는 때에 원하는 것에만 집중했고, 그 밖에 다른 것에 대해서는 사람들이 아무리 그의 관심을 끌어내려고 노력해도 무대응으로 일관했다. 사생활에서도 마찬가지였다. 때때로 그와 파월은 애정 표현을 너무 진하게 해서 스미스나 파월의 어머니 등 동석한 모든 사람들을 당황하게 했다. 가구가 거의 없는 그의 우드사이드 맨션에서 동거할 때는 아침마다 잡스가 테이프덱으로 파인 영 캐니벌스의 「시 드라이브스 미 크레이지(She Drives Me Crazy)」를 크게 틀어 그녀를 깨우곤 했다. 하지만 그러다가도 갑자기 한동안 그녀를 완전히 무시하는 태도를 취하곤 했다. "스티브는 그녀가 우주의 중심인 양 강렬하게 집중하다가, 돌연 냉정하게 거리를 두며 일에 집중하는 행태를 반복해서 보이곤 했어요." 스미스가 말한다. "그에게는 레이저광선처럼 집중하는 능력이 있었어요. 그 광선이 누군가에게 향하는 경우 그 사람은 그의 관심의 빛을 황홀하게 쬐게 되죠. 그러다가 그것이 다른 곳으로 옮겨 가고 나면 그 사람은 암흑 속에 남겨지는 거예요. 로렌으로서는 매우 혼란스러웠을 겁니다."

1990년 새해 첫날 파월이 잡스의 청혼을 받아들였음에도, 그는 수개월 동안이나 결혼 이야기를 다시 꺼내지 않았다. 스미스는 결국 팰러앨토에서 잡스를 만나 어느 모래밭의 가장자리에 앉혀 놓고 따져 물었다. "대체 어떻게 된 건가요?" 잡스는 자신의 생활 방식과 성격을 파월이 확실히 감당할 수 있다는 사실을 확인할 때까지 기다릴 필요가 있다고 답했다. 결국 기다리는 데 지친 로렌은 9월에 그의 집에서 나와 버렸다. 그다음 달 잡스는 그녀를 찾아와 다이아몬드 약혼반지를 건넸고, 그녀는 다시 그의 집으로 들어갔다.

12월, 잡스는 파월을 데리고 그가 가장 좋아하는 여행지인 하와이의 코나 빌리지로 갔다. 그가 그곳을 찾기 시작한 시점은 9년 전으로 거슬러 올라간다. 애플에서 한창 스트레스가 쌓이던 시절 그는 비서에게 잠시 탈출해서 쉴 만한 곳을 알아보라고 부탁했고, 그렇게 해서 코나를 알게 된 것이다. 처음 도착했을 때 그는 하와이라는 커다란 섬의 해변에 짚으로 된 지붕이 얹힌 방갈로들이 듬성듬성 떨어져 있는 풍경이 별로 마음에 들지 않았다. 그곳은 가족 휴양지였고, 여러 사람이 함께 모여 식사를 하는 그런 곳이었다. 하지만 몇 시간도 지나지 않아 그곳이 파라다이스처럼 느껴졌다. 그를 감동시키는 단순함과 보기 드문 아름다움을 발견한 것이다. 그 후 그는 기회가 닿기만 하면 그곳을 다시 찾았다. 그해 12월 파월과 함께한 휴가는 특별히 더 즐거웠다. 그들의 사랑은 충분히 무르익어 있었다. 크리스마스이브에 그는 좀 더 형식을 갖추어 다시 청혼했다. 얼마 지나지 않아 결혼 결정을 재촉하는 또 다른 요소가 생겼다. 하와이에 머무는 동안 파월이 임신을 한 것이다. "우리는 정확히 언제 어디서 그렇게 됐는지 알지요." 잡스는 이렇게 말하며 웃음을 터뜨렸다.

1991년 3월 18일의 결혼식

파월이 임신했다고 해서 문제가 모두 해결된 것도 아니었다. 잡스는 결혼에 대해 또 주저하기 시작했다. 1990년의 시작과 끝에 극적으로 청혼해 놓고도 말이다. 화가 난 그녀는 잡스의 집을 나와 자신의 아파트로 돌아갔다. 잡스는 한동안 뚱해 있었고, 상황을 무시하려 했다. 그는 갑자기 자신이 아직도 티나 레지를 사랑하는 걸지도 모른다고 생각했다. 그는 레지를 되찾기 위해, 심지어는 결혼까지 고려해 보기 위해 그녀에게 장미꽃을 보내기도 했다. 그는 자신이 원하는 바를 몰랐고, 여러 명의 친구들과 지인들에게 어떻게 하는 게 좋

보통 남자

겠느냐고 물어봐 그들을 놀라게 했다. 티나와 로렌 중에서 누가 더 예쁘지? 둘 중에 누가 더 마음에 들어? 누구와 결혼을 해야 할까? 모나 심프슨의 소설 『보통 남자』의 한 장에서, 잡스를 본따 만든 인물은 "누가 더 예쁜지 100명이 넘는 사람들에게 물었다." 하지만 그것은 허구였다. 현실에서는 아마 100명 이하였을 것이다.

그는 결국 옳은 선택을 했다. 레지가 친구들에게 말했듯이, 그녀가 잡스에게 돌아갔다면 살아남지 못했을 것이고 그들의 결혼 생활 역시 마찬가지였을 터였다. 레지와의 영적인 유대감을 그리워하긴 했지만, 그는 파월과 훨씬 더 안정된 관계를 유지할 수 있었다. 그는 파월을 좋아했고, 사랑했으며, 존경했고, 그녀와 함께 있는 것을 편안해했다. 신비스러워 보이지는 않았을지 모르겠지만, 그녀는 그의 인생에 현명한 동반자가 되었다. 크리스앤 브레넌을 비롯해 잡스가 만난 여인들 대부분은 정도 이상으로 감정이 연약하고 불안정했지만 파월은 그렇지 않았다. 조애나 호프먼은 말한다. "그는 세상에서 가장 운이 좋은 남자일 거예요. 로렌과 결혼했으니 말이에요. 똑똑해서 그와 지적으로 교류할 수 있고, 또 그의 변덕과 격렬한 성격을 안정적으로 견뎌 낼 수도 있고요. 스티브는 신경과민이 없는 그녀를 티나처럼 신비스럽게 생각하지 않을지 모르지만, 사실 그렇게 보는 것 자체가 어리석은 짓이죠." 앤디 허츠펠드도 이에 동의한다. "로렌은 외모는 티나와 많이 닮았지만 성격은 완전히 달라요. 훨씬 더 강하고 안정된 여성이죠. 그래서 그들의 결혼 생활이 잘 유지되는 겁니다."

잡스도 이러한 상황을 잘 이해했다. 그의 불안정한 감정에도 결혼 생활은 비교적 안정적으로 지속되었다. 그들은 서로에게 충실하고 신실했으며, 결혼 생활에 으레 따르는 기복과 미묘한 감정적 다툼을 극복해 냈다.

애비 테버니언은 잡스를 위해 총각 파티를 열어 줘야겠다고 생각했다. 하지만 생각만큼 그리 쉬운 일은 아니었다. 잡스는 파티를 좋아하지 않았고, 어울려 다니는 패거리도 없었다. 신랑 들러리로 정할 마땅한 친구도 없는 상태였다. 결국 파티 참석자는 테버니언 자신과, 넥스트에서 일하기 위해 휴직한 리드 대학교의 컴퓨터 공학과 교수 리처드 크랜들뿐이었다. 테버니언은 리무진을 빌려 잡스의 집으로 갔다. 도착하여 문을 두드리자, 정장 차림에 가짜 수염을 단 파월이 문을 열어 주며 자기도 남자들 중 한 명으로 따라가겠다고 말했다.(물론 농담이었다.) 그렇게 술을 마시지 않는 총각 세 명이 자신들만의 어설픈 총각 파티를 위해 샌프란시스코로 향했다.

테버니언은 잡스가 좋아하는 포트 메이슨의 채식 레스토랑 그린스에 예약을 잡을 수 없었다. 그래서 어느 호텔의 고급 레스토랑을 예약했다. "여기서 먹기 싫어." 테이블에 빵이 올라오자마자 잡스가 말했다. 그는 나머지 두 명에게 일어나자고 말하며 나가 버렸다. 잡스가 레스토랑에서 보이는 매너에 아직 익숙하지 않았던 테버니언은 깜짝 놀랐다. 잡스는 자신이 좋아하는 수플레 식당인 노스비치의 카페 재클린으로 그들을 데려갔다. 실제로 그곳이 더 나았다. 그 후 그들은 리무진을 타고 골든게이트교를 건너 소살리토에 있는 바에 들어가 테킬라 세 잔을 주문했다. 하지만 입술을 살짝 적시는 정도로만 마셨다. "보통의 총각 파티처럼 시끌벅적 신명 나게 놀지는 못했지만, 스티브 같은 사람에게 우리가 해 줄

보통 남자

수 있는 최선이었어요. 다른 사람들은 나서려 하지도 않았거든요." 테버니언의 회상이다. 잡스도 고마워했다. 그는 테버니언이 자신의 여동생 모나 심프슨과 결혼하면 좋겠다고 말했다. 그렇게 되지는 않았지만, 그런 생각 자체가 깊은 애정의 표시였다.

파월은 곧 결혼할 사람에 대한 경고를 여기저기서 충분히 받았다. 결혼식을 준비하는 중, 초대장의 글씨체를 디자인할 사람이 몇 가지 시안을 들고 집을 방문했다. 가구가 없었기 때문에 그녀는 바닥에 앉아 샘플을 펼쳐 보였다. 잡스가 잠깐 들여다보더니 일어서서 거실을 나갔다. 그들은 잡스를 기다렸지만 그는 돌아오지 않았다. 얼마 후 파월은 그를 찾으러 그의 방으로 갔다. "저 여자 내보내." 그가 말했다. "갖고 온 거 못 봐 주겠어. 쓰레기야."

1991년 3월 18일, 서른여섯 살의 스티븐 폴 잡스와 스물일곱 살의 로렌 파월은 요세미티 국립공원의 아와니 로지에서 결혼식을 올렸다. 1920년에 지어진 아와니 로지는 돌과 콘크리트, 나무로 된 구조물이 제멋대로 펼쳐져 있는 고급 호텔이며, 건물 디자인은 아르데코와 미술 공예 운동, 그리고 대형 석재 벽난로를 선호하는 국립공원의 취향이 혼합된 양식이다. 그곳의 최고 장점은 전망이다. 바닥에서 천장까지 이어진 창이 있어 하프돔과 요세미티 폭포를 내다볼 수 있다.

스티브의 아버지 폴 잡스와 여동생 모나 심프슨을 비롯해 약 50명이 결혼식에 참석했다. 심프슨은 약혼자 리처드 어펠을 데리고 왔는데, 변호사였던 그는 나중에 텔레비전 코미디 작가로 전업했다.(인기 만화영화 「심슨 가족」의 작가가 된 그는 극중 '호머 심슨'의 어머니 이름을 아내의 이름에서 따왔다.) 잡스는 모두 전세 버스를 타고 오라고 요구했다. 결혼식의 모든 측면들을 통제하고 싶었던 것이다.

결혼식은 일광욕실에서 진행되었다. 함박눈이 내리는 가운데 저 멀리 글레이셔 포인트가 희미하게 눈에 들어왔다. 잡스의 오랜 선불교 스승 오토가와 고분 치노가 사회를 맡았다. 그는 막대기를 흔들며 징을 쳤고, 향을 피우고는 하객들이 알아들을 수 없는 주문을 중얼거렸다. "그가 술에 취한 줄 알았어요." 테버니언의 말이다. 웨딩 케이크는 요세미티 계곡 끄트머리에 위치한 화강암 바위인 하프돔 모양으로 만들어졌다. 계란이나 우유, 가공식품이 전혀 들어가지 않은 철저한 채식 케이크였기 때문에 하객들 일부는 케이크에 손도 대지 않았다. 식후 그들은 모두 함께 하이킹을 했다. 파월의 건장한 남자 형제들은 서로 달려들고 야단을 떨며 눈싸움을 하기 시작했다. "있잖아, 모나." 잡스가 여동생에게 말했다. "로렌네는 조 네이머스(유명한 미식축구 선수.— 옮긴이)를 닮았고, 우리는 존 뮤어(미국의 작가이자 생태 보호주의자.— 옮긴이)를 닮은 것 같아."

새 보금자리와 잡스의 세탁기 구매 철학

파월도 남편과 마찬가지로 자연식품에 관심이 많았다. 그녀는 경영대학원에 다닐 때 주스 회사 오드왈라에서 파트타임으로 일하며 회사 최초의 마케팅 계획을 개발하는 데 기여했다. 잡스와 결혼한 후, 그녀는 직업이 있는 게 중요하다고 느꼈다. 어머니의 경우를 보며 자립하는 것이 얼마나 중요한지 배운 그녀였다. 그녀는 자신의 회사 테라베라를 시작했다. 유기농 식자재로 바로 먹을 수 있는 기성 식품을 만들어 공급하는 회사였는데, 북부 캘리포니아 전역의 가게들에 납품했다.

가구도 없이 외딴 곳에 을씨년스럽게 자리 잡은 우드사이드 맨션에 사는 대신, 둘은 옛 팰러앨토의 가족 친화적인 동네의 한 구석에 위치한 매력적이고 소박한 집으로 이사했다. 그곳에 사는 것은 사실 특권이었다. 이웃 가운데는 선구적 벤처 투자가 존 도어와 구글 창업자 래리 페이지, 페이스북 창업자 마크 주커버그 등이 있었고, 앤디 허츠펠드와 조애나 호프먼도 포함되었다. 하지만 이들이 사는 주택들은 화려하지 않았고, 집을 가리기 위한 높은 울타리나 긴 진입로도 없었다. 그 대신 친근한 보도를 양 옆에 낀 평평하고 조용한 거리를 따라 나란히 아늑하게 자리 잡고 있었다. "아이들이 걸어서 친구를 만나러 다닐 수 있는 동네에 살고 싶었어요." 잡스가 나중에 말했다.

그 집은 잡스가 처음부터 지었다면 추구했을 미니멀리즘이나 모더니즘과는 거리가 멀었다. 팰러앨토의 거리를 지나는 사람이면 누구나 멈춰 서서 쳐다봤을 법한 거대하고 눈에 띄는 저택도 아니었다. 그것은 1930년대에 그 지역 출신의 설계사 카 존스가 지은 집이었다. 그는 영국이나 프랑스의 전원주택과 같은 '동화책 스타일'의 집을 전문적으로 설계하는 사람이었다.

그들의 이층집은 빨간 벽돌과 노출된 나무 들보로 구성되었고, 널빤지로 덮은 곡선 모양의 지붕을 갖췄으며, 코츠월드의 듬성듬성 퍼져 있는 오두막이나 부유한 호빗이 살 법한 집을 연상시켰다. 유일하게 캘리포니아 느낌을 살린 부분은 집의 별채들이 미션식(단순한 구조와 자연재 사용이 특징인 건축 양식. — 옮긴이)의 안뜰을 조성한다는 점이었다. 2층 높이의 둥근 천장 아래에 놓인 거실은 격식 없이 수수했고, 바닥은 타일과 테라코타로 돼 있었다. 한쪽 끝에는 천장 꼭대기까지 이어지는 커다란 삼각형 모양의 창문이 나 있었다. 잡스가 구입할 당시에는 마치 교회처럼 스테인드글라스가 껴 있었는데, 나중에 그가 투명한 유리로 교체했다. 그와 파월이 개조한 또 한 가지는, 가족의 주된 모임 장소가 될 부엌에 기다란 나무 테이블과 숯불 오븐을 놓을 수 있도록 공간을 확장한 것이었다. 원래 계획대로는 집수리에 4개월이 걸릴 예정이었지만, 잡스가 디자인을 계속 바꾸는 바람에 16개월이 걸렸다. 그들은 또한 뒤쪽에 있는 작은 집을 매입해 철거한 다음 마당을 만들었다. 파월은 이곳을 제철에 맞는 꽃들과 야채, 허브가 가득한 아름답고 자연적인 정원으로 만들었다.

잡스는 카 존스가 단순하고 안정된 구조를 얻기 위해 오래된 벽돌과 전봇대에서 얻은 목재 등 중고 재료를 활용한 방식에 깊은 인상을 받았다. 부엌을 이루는 들보들은 골든게이트교의 콘크리트 토대를 세우기 위한 거푸집을 만드는 데 사용된 것들이었다.(그 다리가 건설된 시기에 집이 지어졌다는 얘기다.) "그는 독학으로 설계를 배운 꼼꼼한 장인이었어요." 잡스가 디테일 하나하나를 가리키며 말했다. "그는 돈을 버는 것보다는 독창성을 발휘하는 데 더 관심을 가졌어요. 그의 아이디어들은 도서관의 책들이나 《건축학 다이제스트》와 같은 잡지들에서 나왔지요."

잡스는 최소한의 필수품을 제외하고는 우드사이드 저택에 가구를 들이지 않았다. 침실에는 옷장과 매트리스, 식당으로 쓰는 공간에는 카드놀이용 테이블과 몇 개의 접이의자가 전부였다. 그는 주변에 자신이 감탄할 수 있는 것들만 놓기를 원했고, 그래서 그저 나가서 많은 가구를 사들이는 일 자체가 힘에 겨웠다. 하지만 이제 아내와, 그리고 곧 태어날 아이와 함께 평범한 동네에 살게 된 그는 양보를 해야 하는 상황에 처했다. 쉽지는 않았다. 그들은 침대와 옷장, 그리고 거실에 놓을 스테레오 시스템을 구입했지만, 소파와 같은 가구들을 사들이는 데는 훨씬 더 긴 시간이 걸렸다. "우리는 사실상 8년 동안 가구를 구입하는 문제에 대해 토론을 한 셈이에요." 파월이 회상했다. "우리는 반복해서 우리 자신에게 물었죠. 소파의 목적은 과연 무엇인가?" 가전제품을 사는 것도 단순한 충동구매가 아니라 하나의 철학적인 과업이었다. 몇 년 후 잡스는 《와이어드》에 새로운 세탁기를 들여놓기까지의 과정을 이렇게 설명했다.

미국인들은 세탁기와 건조기를 잘 만들지 못한다는 결론을 내렸어요. 유럽인들이 훨씬 더 잘 만들지요. 다만 세탁하는 데 시간이 두 배가 더 걸려요! 유럽 세탁기는 미국 세탁기가 사용하는 물의 4분의 1만 사용하고, 세탁 후 옷에 남는 세제도 훨씬 적지요. 가장 중요한 건 옷을 훼손하지 않는다는 점이에요. 세제와 물을 훨씬 덜 쓰지만, 세탁이 끝나면 옷이 훨씬 더 깨끗하고 부드럽고 오래간다는 겁니다. 우리 가족은 어떤 트레이드오프를 취해야 할 것인가를 놓고 많은 대화를 나눴습니다. 디자인에 대해

서뿐 아니라 우리 가족이 추구하는 가치에 대해서도 많은 이야기를 나눴어요. 세탁을 한 시간 혹은 한 시간 반 만에 하는 게 가장 중요한가? 아니면 세탁된 옷이 더 부드럽고 오래가는 게 중요한가? 또 물을 4분의 1로 사용하는 건 우리에게 어떤 중요성을 갖는가? 우리는 대략 2주 동안 매일 저녁 식사 자리에서 이 문제를 놓고 이야기를 나눴지요.

결국 그들은 독일 회사 밀레에서 만든 세탁기와 건조기를 구입했다. "그때까지 그 어떤 첨단 기술 제품에서 얻은 것보다 더 큰 만족감을 느꼈지요." 잡스가 말했다.

잡스가 천장이 둥근 거실에 놓기 위해 구입한 유일한 예술품은 앤설 애덤스의 사진이었는데, 캘리포니아의 론파인에서 시에라네바다의 겨울 해돋이를 찍은 작품이었다. 애덤스는 딸을 위해 그것을 거대한 벽화로 만들어 선물했는데, 딸이 나중에 팔아 버렸다. 한번은 잡스의 가정부가 모르고 젖은 헝겊으로 벽화를 닦은 일이 있었다. 잡스는 애덤스와 작업했던 사람을 수소문해서 집으로 부른 후, 사진을 한 꺼풀 벗겨 복원 작업을 하도록 청했다.

집이 너무도 검소해서, 빌 게이츠는 아내와 함께 방문했을 때 조금 당황하기까지 했다. "가족 모두가 여기서 사는 거예요?" 게이츠가 물었다. 그는 시애틀 인근에 6000제곱미터의 저택을 짓는 중이었다. 잡스는 애플에 복귀한 이후에도 집에 안전 요원이나 상주 관리인 들을 두지 않았다. 세계적으로 유명한 갑부로서는 드문 경우였다. 낮에는 뒷문을 열어 놓기까지 했다.

보통 남자

그의 유일한 안전 문제는 슬프고 기이하게도 버렐 스미스 때문에 생겼다. 더부룩한 머리에 순진한 얼굴을 한 그는 한때 매킨토시의 소프트웨어 엔지니어였고, 앤디 허츠펠드의 단짝 친구이기도 했다. 애플을 떠난 후 스미스는 조울증과 정신분열증에 시달리기 시작했다. 허츠펠드의 집에서 몇 집 떨어진 곳에 살던 그는 병세가 심해지자 알몸으로 거리를 배회했으며, 어떤 때는 자동차와 교회의 창문을 부수기도 했다. 그는 강한 약물 치료를 받았지만 별 효과가 없었다. 한번은 병세가 최악에 달해 저녁마다 잡스의 집에 나타나 창문에 돌을 던졌고, 알 수 없는 내용의 편지를 놓고 갔으며, 붉은색 폭죽을 집 안에 던지기도 했다. 그는 체포되었지만 치료를 더 받는다는 조건으로 기소유에 되었다. "버렐은 굉장히 재미있고 순진한 친구였어요. 그런데 4월 어느 날부터 정신이 이상해진 거예요." 잡스가 회상했다. "너무도 이상하고 슬픈 일이었지요."

그 후 스미스는 자기만의 세계에 완전히 갇혀 지내며 계속해서 강력한 약물 치료를 받았다. 2011년에도 여전히 팰러앨토의 거리를 떠돌았으며, 허츠펠드를 비롯하여 그 누구와도 대화를 할 수 없는 지경까지 이르렀다. 잡스는 마음이 아파 그를 더 도울 방도가 없겠느냐고 허츠펠드에게 묻곤 했다. 감옥에 수감되어 신분을 밝히기를 거부한 적도 있다. 사흘 후 그 일에 대해 알게 된 허츠펠드는 잡스에게 전화를 걸어 그를 꺼내는 걸 도와 달라고 요청했다. 잡스는 도와주었다. 그러고는 한 가지 질문을 던져 허츠펠드를 놀라게 했다. "나한테 비슷한 일이 생기면, 버렐한테 한 만큼 나도 잘 보살펴 줄 거야?"

잡스는 팰러앨토에서 산속으로 약 15킬로미터 들어간 곳에 위치한 우드사이드 저택을 그대로 보유했다. 그는 1925년에 스페인 식민지 양식을 되살려 지은 그 침실 열네 개짜리 저택을 허물고 극도로 단순한 집을 지으려는 계획을 갖고 있었다. 3분의 1 정도로 규모를 축소해 현대풍의 일본식 주택을 짓고 싶었던 것이다. 하지만 그는 유서 깊은 그 주택을 보존하고자 하는 환경보호주의자들과 20년 이상 더디고 지루한 법정 싸움을 벌여야 했다.(2011년 그는 마침내 집을 허물 수 있는 허가를 받았지만, 이미 새로운 집을 지을 마음이 사라진 뒤였다.)

잡스는 거의 버려지다시피 한 우드사이드 저택(특히 수영장)에서 가끔 가족 파티를 열었다. 빌 클린턴은 대통령 시절, 영부인 힐러리 클린턴과 함께 스탠퍼드 대학교에 다니는 딸을 방문할 때면 잡스의 사유지에 있는, 1950년대에 지어진 랜치 하우스에 머물기도 했다. 본채와 랜치 하우스 모두 가구가 없었기 때문에 파월은 클린턴 부부가 찾아올 예정이면 가구 및 예술품 판매상들에게 연락을 취해 임시로 가구를 들여놓았다. 모니카 르윈스키 스캔들이 터지고 얼마 지나지 않은 시점에, 파월은 클린턴 부부의 방문을 앞두고 최종적으로 가구들을 점검하다가 그림 한 점이 없어진 사실을 발견했다. 걱정이 된 그녀는 선발대와 경호원들에게 어떻게 된 일이냐고 물었다. 그러자 한 사람이 그녀를 한쪽으로 데려가 옷걸이에 걸린 드레스를 소재로 한 그림이라서 감춰 놓았다고 설명했다. 르윈스키 사건과 관련해 파란색 드레스가 한창 논란이 되던 상황을 고려해서 취한 조치였다.

딸 리사와 함께 살다

리사 브레넌이 8학년 중반에 이르렀을 무렵, 그녀의 교사들이 잡스에게 전화를 걸어 왔다. 학교생활에서 많은 문제가 발생하고 있다는 이야기였다. 아무래도 브레넌이 어머니와 따로 사는 게 최선일 것 같았다. 잡스는 그녀와 산책을 하며 상황을 물었고, 자기 집으로 들어오는 게 어떻겠느냐고 제안했다. 막 열네 살이 된 조숙한 아이 브레넌은 이틀 동안 생각해 보더니 그러겠다고 대답했다. 그녀는 이미 어느 방에서 지내고 싶은지 결정한 상태였다. 아버지 방 바로 옆방이었다. 전에 그 집을 방문했을 때 아무도 없는 시간을 이용해 이 방 저 방의 맨바닥에 누워 보면서 마음에 드는 방을 찾았던 터였다.

그때는 힘든 시기였다. 몇 블록 떨어진 곳에 살던 크리스 앤 브레넌이 찾아와 마당에서 그들에게 고함을 질러 댈 때도 있었다. 딸을 나가게 한 그녀의 행동과 외부에서 추정한 이런저런 혐의에 대해 어떻게 생각하느냐고 내가 묻자, 그녀는 그 시기에 대체 무슨 일이 있었는지 머릿속으로 아직 정리가 되지 않는다고 대답했다. 그리고 얼마 후 당시의 상황을 설명하는 데 도움이 될 거라면서 장문의 이메일을 보내왔다. 그 내용 중 일부를 보자.

스티브가 우드사이드 시 당국으로부터 자신의 저택에 대한 철거 허가를 어떻게 받아 냈는지 아시나요? 우드사이드 저택의 역사적 가치 때문에 그것을 보존하고 싶어 하는 지역민들이 있었는데, 잡스는 원래 집을 허물고 과수원이 딸린 집을 짓길 원했어요. 스티브는 수년 동안 그 집을 수리도 하지 않은 채 피폐해지도록 그냥 방치해 두었죠. 결국 복원할 방도조차 없어진 거예요. 자신이 원하는 것을 얻기 위해 그가 사용하던 전략은 바로 관심과 저항을 최소한도로 줄이는 아주 간단한 방법이었어요. 그런 식으로 집을 그대로 내버려 두고, 심지어 몇 년 동안 창문을 열어 놓아 폐가가 되도록 만든 겁니다. 영리한 방법이죠, 안 그래요? 그래서 이제는 어려움 없이 자신의 계획대로 할 수 있게 되었죠. 그와 비슷한 방식으로 그는 리사가 열세 살 혹은 열네 살 때 자신의 집으로 들어오게 하기 위해 저의 영향력을 약화하고 안녕을 훼손하는 작업을 진행했어요. 이번 전략은 전보다 훨씬 더 손쉬웠지만 저에게는 훨씬 더 파괴적이었고 리사에게는 훨씬 더 많은 문제를 안겨 주었죠. 고상한 방법은 아니었겠지만, 그렇게 그는 원하는 걸 손에 넣은 겁니다.

리사 브레넌은 팰러앨토 고등학교에 다니는 4년 동안 잡스, 파월과 함께 살았고, 리사 브레넌잡스라는 이름을 쓰기 시작했다. 잡스는 좋은 아버지가 되려고 노력했지만 때로는 딸에게 차갑고 무심한 인상을 주기도 했다. 집에서 잠시 탈출해야겠다고 느끼면 브레넌은 근처에 사는 친한 이웃을 찾아갔다. 파월은 지원을 아끼지 않으려 노력했고, 학교 행사에도 빠지지 않고 참석하려 애썼다.(잡스는 별로 참석하지 않았다.)

12학년 무렵 학교생활에 완전히 적응한 브레넌은 많은 활약을 펼쳤다. 학교신문 《캠퍼닐리》에 들어가 공동 편집자가 되었다. 급우인 동시에 자신의 아버지에게 최초의 일자리를 주었던 사람의 손자인 벤 휼렛과 함께 그녀는 학교 이사회가 운영자들의 급여를 비밀리에 인상한 사건을 폭로하기도 했다. 대학에 진학할 때가 되자 그녀는 동부로 가고 싶다는 확신이 생겼다. 그녀는 하버드 대학교에 원서를 넣었고(아버지가 출장 중이어서 그의 서명을 위조했다.) 1996년 입학 허가를 받았다.

하버드에서는 대학 신문 《크림슨》과 문예지 《애드버킷》에 들어가 활동했다. 남자 친구와 헤어지고 나서는 런던의 킹스 칼리지로 유학을 떠나 1년 동안 그곳에서 생활했다. 대학 시절 아버지와의 관계는 계속해서 혼란스러웠다. 그녀가 집에 오면 두 사람은 저녁 식사 메뉴나 이복형제들에게 충분한 관심을 보이고 있는지 여부 등과 같은 사소한 문제들을 놓고 말싸움을 벌였고, 몇 주 혹은 몇 달 동안 서로 말을 하지 않았다. 때로는 갈등과 다툼이 너무 심해져서 잡스가 그녀의 학비 지원을 끊기까지 했다. 그럴 때면 리사 브레넌은 앤디 허츠펠드와 다른 사람들에게 돈을 빌려야 했다. 한번은 아버지가 학비를 내주지 않을 거라고 생각한 브레넌이 허츠펠드에게서 2만 달러를 빌리기도 했다. "돈을 빌려 준 것에 대해 그가 화를 냈어요." 허츠펠드가 회상했다. "하지만 다음 날 아침 일찍 회계사에게 전화를 걸어 저에게 돈을 송금하라고 지시했죠." 잡스는 2000년 브레넌의 하버드 졸업식에 가지 않았다. 초대받지 않았다는 이유로.

하지만 좋은 때도 있었다. 예를 들면 어느 여름 리사 브레넌이 집에 돌아와 일렉트로닉 프런티어 재단이 샌프란시스코의 유명한 필모어 오디토리엄에서 개최한 자선 콘서트에 참여한 적이 있다. 그레이트풀 데드와 제퍼슨 에어플레인, 지미 헨드릭스 등이 콘서트를 열어 유명해진 장소였다. 리사는 트레이시 채프먼의 대표곡 「토킹 어바웃 어 레볼루션(Talkin' Bout a Revolution)」을 불렀고("가난한 사람들이 들고 일어날 것이다, 그리고 그들의 몫을 챙길 것이다……") 잡스는 한 살배기 딸 에린을 안고 뒤쪽에 서서 구경했다.

롤러코스터 같은 둘의 관계는 리사 브레넌이 프리랜서 작가가 되기 위해 맨해튼으로 이사한 후에도 오르내리길 반복했다. 잡스가 크리스앤 브레넌에 대해 절망감을 느끼는 바람에 문제가 악화되기도 했다. 전에 그녀에게 70만 달러 가치의 집을 사줄 때 그는 명의를 리사 브레넌 앞으로 해 놓았다. 그런데 크리스앤 브레넌이 리사 브레넌을 설득해 자신의 이름으로 명의를 옮긴 후 집을 팔아 버린 것이다. 그러고는 어느 '영적 지도자'와 함께 여행을 하고 파리에서 사는 데 돈을 다 써 버렸다. 돈이 떨어지자 그녀는 샌프란시스코로 돌아와 '라이트 페인팅'(어둠 속에서 빛을 이용해 형상을 만드는 사진 기법.— 옮긴이)을 만들고 불교의 만다라를 그리는 예술가가 되었다. 그녀의 웹사이트(허츠펠드가 관리해 주었다.)에는 이렇게 적혀 있다. "나는 진화하는 인류와 고양되는 지구에 비전을 제시하는 '증보자'이다. 나는 그림들을 그리고 그것들과 함께 살면서 신성한 진동의 형태와 색, 음파를 체험한다." 그녀가 심각한 축농증과 치아 문제로 돈이 필요하게 됐을 때 잡스는 돈을 대 주지 않았다. 그 때문에 리사 브레넌은 또 몇 년 동안 그와 연락을 끊었다. 이런 양상이 반복되었다.

모나 심프슨은 이 모든 이야기를 소재로 삼고 자신의 상상력을 보태 1996년에 세 번째 소설 『보통 남자』를 발표했다.

'이 작품'의 주인공은 잡스를 바탕으로 만들어졌는데, 어느 정도는 현실과 일치한다. 소설은 퇴행성 골격 질환에 걸린 뛰어난 친구에게 선의를 베풀며 특수 자가용을 마련해 준 잡스의 남모르는 관대함을 반영하기도 하고, 아버지임을 거부한 과거의 일을 비롯해 리사 브레넌과의 관계에서 보인 여러 모습들을 정확하게 묘사하기도 한다. 하지만 소설화한 부분도 많다. 예를 들면 리사 브레넌이 아직 어릴 때 크리스앤 브레넌이 그녀에게 운전을 가르쳐 준 것은 사실이지만, 소설 속의 '제인'이 일곱 살의 나이에 아버지를 찾기 위해 트럭을 몰며 산을 넘는 장면은 당연히 실제로는 없었던 일이다. 그리고 이 책에는 저널리스트들이 흔히 하는 말로 "너무 좋아서 확인해 보고 싶지 않은" 세부적인 것들이 포함돼 있다. 예컨대 책 첫 문장에서 잡스 캐릭터를 묘사하는 절묘한 표현 같은 게 그렇다. "그는 변기 물을 내릴 시간도 없을 정도로 바쁜 남자였다."

표면적으로 보면, 잡스에 대한 소설의 허구적 묘사는 다소 가혹해 보인다. 심프슨은 주인공이 "다른 사람들의 바람이나 변덕에 맞춰 줄 줄 모르는 사람"이라고 설명한다. 그의 위생 상태도 현실의 잡스와 마찬가지로 미심쩍었다. "그는 체취 제거제가 쓸모없다고 생각했고, 적절한 식단과 박하 카스티야 비누만 있으면 땀도 나지 않고 냄새도 나지 않는다고 주장했다." 소설은 여러 층위에서 서정적이고 복잡 미묘하다. 책을 다 읽고 나면, 자신이 창업한 기업의 통제권을 잃어버린 한 남자, 자신이 포기한 딸을 다시 인정하게 되는 한 남자에 대한 전체적인 그림을 볼 수 있다. 마지막 장면에서는 그가 딸과 함께 춤을 춘다.

잡스는 나중에 그 책을 읽은 적이 없다고 말했다. "나에 대한 내용이라고 들었어요. 진짜 나에 대한 거라면 기분이 정말 나쁘겠죠. 동생에게 기분 나빠 하기 싫었기 때문에 읽지 않았어요." 하지만 책이 출간되고 몇 달 후, 《뉴욕 타임스》에서 그는 이 책을 읽었고 주인공을 통해 자신의 모습을 볼 수 있었다고 말했다. "한 25퍼센트는 완전히 접니다. 소소한 버릇들까지 말입니다." 그는 스티브 로어 기자에게 이렇게 말했다. "그 25퍼센트가 어느 어느 부분인지는 당연히 말할 수 없습니다." 그의 아내에 따르면, 사실은 잡스가 그 책을 휙휙 훑어보고는 자신에게 건네며 대신 읽어 보고 어떤 반응을 보이는 게 좋을지 알려 달라고 했다고 한다.

심프슨은 책을 출간하기 전에 리사 브레넌에게 원고를 보내 주었다. 하지만 그녀는 처음에는 도입부밖에 읽지 않았다. "첫 몇 페이지에서 제인이라는 캐릭터를 통해 저의 가족과 개인적인 일화들, 저의 물건들, 생각들, 그리고 저 자신을 만나게 되었어요." 그녀가 말했다. "그리고 진실과 진실 사이에 끼어 있는 허구도 보았고요. 저에게는 거짓이었죠. 하지만 위험할 정도로 진실에 가까웠기 때문에 더욱 두드러져 보였어요." 브레넌은 상처를 받았다. 그녀는 하버드 《애드버킷》에 그 이유를 밝히는 글을 기고했다. 원고 초안은 상당히 신랄했지만 싣기 전에 수위를 약간 낮추었다. 그녀는 심프슨과 쌓은 가족애 때문에 사생활이 침해됐다고 느꼈다. "나는 지난 6년 동안 모나가 자료를 수집하고 있었다는 사실을 몰랐다. 내가 그녀의 위로를 원하고 그녀의 조언을 얻는 동안 그녀 역시 뭔가를 얻어 내고 있다는 사실을 몰랐던 것이다." 하지만 얼마 후 둘은 화해했다. 그들은 책에 대해 얘기하기 위해 커피숍을 찾았고, 브레넌은 책을 아직 다 읽지 못했다고 말했다. 심프슨은 마지막 부분이 마음에 들 거라고 이야기해 주었다. 그 후 수년 동안, 그들은 이따금 연락하며 지내는 사이가 되었다. 그래도 브레넌과 잡스의 관계보다는 더 친밀했다.

잡스의 아이들

1991년 결혼식을 올리고 몇 달 후 파월은 아이를 낳았다. 아이의 이름을 정하는 일이 세탁기를 고르는 일만큼이나 어려웠기 때문에 아이는 한동안 '베이비 보이 잡스'라고 불렸다. 결국 그들은 아이에게 리드 폴 잡스라는 이름을 지어 주었다. 중간 이름 '폴'은 잡스의 아버지에게서 따온 것이었고, '리드'는 잡스가 다닌 대학교 이름에서 따온 게 아니라 단순히 듣기에 좋아서 선택한 것이었다.(잡스와 파월 둘 다 그렇게 주장했다.)

리드 폴 잡스는 여러모로 자신의 아버지와 비슷했다. 그는 예리하고 똑똑했으며, 강렬한 눈빛과 사람을 홀리는 매력이 있었다. 하지만 아버지와는 달리 상냥한 매너와 함부로 나서지 않는 얌전한 성격도 지녔다. 그는 창의적이었다. 어릴 때는 코스튬플레이를 즐길 정도로 창의적이었으며, 과학에 큰 흥미를 보이는 모범생이기도 했다. 그는 아버지의 눈빛을 모방할 수도 있었지만 사람들에게 다정한 시선을 던지는 쪽을 택했고, 잔인한 성격은 조금도 찾아볼 수 없었다.

에린 시에나 잡스는 1995년에 태어났다. 그녀는 좀 더 조용한 성격이었고, 때때로 아버지의 관심을 충분히 받지 못하는 것을 힘들어했다. 그녀는 아버지와 마찬가지로 디자인과 건축에 관심이 많았다. 하지만 아버지가 유지하는 거리감으로 인해 상처 받지 않기 위해 자신도 감정적으로 약간 거리를 두는 법을 배웠다.

막내 이브 잡스는 1998년에 태어났다. 그녀는 강한 의지와 유머 감각을 지닌 야무진 아이로 자랐다. 애정을 갈구하지도, 겁을 먹지도 않는 그녀는 아버지를 다룰 줄 알았고 그와 협상할 줄도 알았으며(어떤 때는 이기기도 했다.) 그를 놀리기까지 했다. 잡스는 그녀가 미국 대통령이 되지 않는다면 애플 CEO가 될 거라고 농담하곤 했다.

잡스는 아들 리드와는 친밀한 관계를 유지했지만 딸들과는 종종 약간 거리를 두었다. 다른 사람들에게 그랬던 것처럼 아이들에게도 관심을 집중했다가 다른 일에 몰두할 때면 완전히 무시해 버리곤 했다. "그는 때때로 일에만 집중하고 딸들에게 충분한 관심을 보이지 않았어요." 파월의 말이다. 한번은 잡스가 아이들이 얼마나 훌륭하게 성장하고 있는지 경이로워하며 아내에게 말했다. "우리가 항상 애들한테 애정을 쏟으며 돌본 것도 아닌데 말이야." 로렌은 이 말에 재미있어하면서도 약간 심기가 불편해졌다. 그녀는 리드 잡스가 두 살 되던 해에 아이를 더 잘 돌보고 아이들을 더 가질 생각으로 일을 그만두고 집에 들어앉은 터였다.

1995년 오라클 CEO 래리 엘리슨이 잡스의 40번째 생일을 축하하기 위해 기술 분야의 스타들과 재벌들을 초대하여 파티를 열었다. 그는 잡스의 친한 친구였고, 가끔 자신이 보유한 여러 대의 요트에 잡스의 가족을 초대하기도 했다. 리드 잡스는 그를 "우리 가족의 부유한 친구"라고 부르기 시작했

보통 남자

다. 그의 아버지가 자랑을 목적으로 부를 과시하지 않았음을 보여 주는 흥미로운 증거다. 불교에 몰입하던 시절 잡스가 배운 교훈은 물질적 소유가 삶을 더욱 풍성하게 하기보다는 방해한다는 사실이었다. "내가 아는 웬만한 CEO들은 보안과 안전에 아주 세세하게 신경을 쓰지요." 그가 말한다. "심지어는 집에도 경호원을 두더군요. 그게 어디 사람 사는 겁니까? 미친 짓이지요. 우리는 그런 방식으로 아이들을 키우고 싶지 않다, 그렇게 결정을 내린 겁니다."

두 명의 독재자

월트 디즈니는 "불가능한 일에 도전하는 것은 신나는 일이다."라고 말했다. 이것은 바로 잡스가 지향하는 유의 태도이기도 했다. 잡스는 디테일과 디자인을 중시하는 디즈니의 철학을 존경했고, 픽사와 디즈니 영화 스튜디오가 자연스럽게 들어맞는 무언가를 공유한다고 느꼈다.

이미 월트 디즈니 사는 픽사가 개발한 컴퓨터 애니메이션 제작 시스템(CAPS)의 라이선스를 얻은 상태였고 이로 인해 픽사 컴퓨터의 최대 고객이 된 터였다. 어느 날 디즈니의 영화 부문 책임자인 제프리 카첸버그가 CAPS 기술이 활용되는 상황을 보여 주기 위해 잡스를 버뱅크의 스튜디오로 초대했다. 디즈니 직원들의 안내를 받으며 스튜디오를 둘러보던 중 잡스가 카첸버그에게 물었다. "디즈니는 픽사와의 관계에 만족합니까?" 카첸버그는 밝은 목소리로 당연히 그렇다고 대답했다. 그러자 잡스가 다시 물었다. "그럼 픽사가 디즈니와의 관계에 만족한다고 생각하십니까?" 카첸버그는 물론 그러리라 생각한다고 답했다. 잡스가 말했다. "아닙니다. 우리는 만족하지 못해요. 우리는 디즈니와 함께 애니메이션을 제작하고 싶습니다. 그래야 만족스러울 것 같군요."

카첸버그는 긍정적인 반응을 보였다. 그는 존 래시터의 단편 애니메이션들을 높이 평가했고, 비록 성공하지는 못했지만 래시터를 다시 디즈니로 데려가기 위해 노력한 적도 있었다. 그래서 카첸버그는 애니메이션 공동 작업을 의논하기 위해 픽사 팀을 만났다. 캣멀과 잡스, 래시터가 회의 테이블 앞에 앉자 카첸버그는 곧장 본론으로 들어갔다. 그는 래시터를 쳐다보며 말했다. "존, 당신이 디즈니로 돌아올 일은 없을 테니 그 대신 이 방법을 택해야 할 것 같군요."

디즈니와 픽사가 모종의 공통점을 지닌 것처럼 카첸버그와 잡스에게도 몇 가지 공통점이 있었다. 두 사람 모두 필요할 때면 강력한 매력을 발산했고 자신의 기분이나 이해관계에 따라서 공격적인(또는 눈살을 찌푸리게 만드는) 성향을 드러냈다. 픽사를 떠나기 직전이었던 앨비 레이 스미스도 그날 회의에 참석했다. "카첸버그와 잡스가 굉장히 비슷하다는 인상을 받았습니다." 스미스는 회상했다. "둘 다 언변이 뛰어난 독재자였어요." 카첸버그는 스스로도 기꺼이 이런 점을 인정했다. 그는 픽사 팀 앞에서 이렇게 말했다. "다들 저를 독재자라고 합니다. 맞아요, 전 독재자입니다. 하지만 대개의 경우엔 제가 옳지요." 이는 잡스의 입에서 나온다 해도 결코 어색하지 않을 말이었다.

똑같이 열정과 고집이 있는 두 사람의 성격에서 예상할 수 있듯이 카첸버그와 잡스의 협상은 수개월간 계속되었다. 카첸버그는 픽사의 3D 애니메이션 독점 기술에 대한 권리를 디즈니가 소유해야 한다고 주장했다. 잡스는 안 된다고 했고, 이 문제에서는 잡스의 의견이 관철되었다. 한편 잡스는 픽사가 애니메이션 작품 및 캐릭터들에 대한 공동소유권을 가져야 한다고 요구했다. 그는 비디오 저작권과 속편에 대한 권리를 공동소유해야 한다고 생각했다. 잡스의 이런 요구에 카첸버그는 말했다. "정 그걸 원한다면 협상은 이쯤에서 중단합시다." 이 문제는 결국 잡스가 양보할 수밖에 없었다.

래시터는 이 깐깐하고 고집 센 두 결투자가 찌르기와 피하기를 반복하는 모습을 내내 옆에서 지켜보았다. 그는 이렇게 회상한다. "협상에 달려드는 스티브와 제프리를 보고 있자니 절로 경외감 같은 게 들더군요. 마치 펜싱 경기를 관람하는 기분이었습니다. 두 사람 모두 고수였어요." 하지만 카첸버그가 '사브르'(베기, 찌르기 공격이 가능한 펜싱 도구. — 옮긴이)를 손에 쥐고 좀 더 광범위한 공격을 가했다면 잡스는 '플뢰레'(상체 찌르기만 가능한 펜싱 도구. — 옮긴이)를 든 상태였다. 픽사는 심각한 재정난으로 인해 디즈니와의 계약을 꼭 성사시켜야 하는 상황이었다. 디즈니보다는 픽사가 더 절실한 입장이었던 것이다. 게다가 디즈니는 제작에 들어가는 모든 비용에 자금을 댈 수 있는 능력이 있었지만 픽사는 그렇지 못했다. 결국 1991년 5월에 다음과 같은 내용의 계약이 체결되었다. 디즈니는 작품 및 캐릭터들에 대한 권리를 소유하고, 수익의 약 12.5퍼센트를 픽사에 지불하며, 크리에이티브 작업에 대한 통제권을 보유하고, 약간의 위약금을 물고 언제라도 작품 제작 프로젝트를 중단할 수 있으며, 픽사와 함께 향후 두 편을 더 제작할 수 있는 권리(의무는 아니었다.)를 지니고, 작품 속 캐릭터들을 이용하여 속편을 제작할(픽사의 참여 여부와 상관없이) 권리를 지닌다는 것이었다.

존 래시터가 제안한 작품에는 「토이 스토리」라는 이름이 붙었다. 이 작품의 출발점은 어떤 제품이든 그 나름의 본질적 역할, 다시 말해 만들어진 목적을 갖고 있다는 믿음이었다.(이는 래시터와 잡스가 공유한 생각이었다.) 만일 어떤 물건이 감정을 지닌다면 그 감정은 자신의 본질적 역할을 완수하고 싶은 욕구를 토대로 형성된다. 예컨대 유리컵의 목적은 물을 담는 것이다. 만약 유리컵에 감정이 있다면 유리컵은 물이 가득 차 있을 때는 행복한 감정을, 물이 비어 있을 때는 슬픈 감정을 느낄 것이다. 컴퓨터 모니터의 본질적 역할은 사람과 접촉하고 교류하는 것이다. 외발 자전거의 본질은 서커스에서 누군가를 태우는 것이다. 장난감이 만들어진 목적은 아이들이 갖고 놀기 위해서다. 따라서 장난감은 새로운 장난감에게 밀려나 주인의 사랑을 빼앗기거나 버려질 때 존재론적 두려움을 느끼게 된다. 「토이 스토리」는 바로 그런 장난감의 이야기였다. 오래된 장난감과 세련된 새 장난감이 짝을 이루는 버디 무비, 이것은 본질적으로 드라마 요소를 내포할 수 있었다. 거기에다 주인에게서 외면당한 장난감이라는 주제까지 합친다면 더할 나위 없었다. 이 작품의 오리지널 트리트먼트(등장인물, 플롯 등을 상세하게 기술한 일종의 제작 기획안으로서 시나리오의 토대가 된다.— 옮긴이)는 다음과 같은 문구로 시작했다. "우리는 누구나 어린 시절 장난감을 잃어버리고 가슴 아파한 경험을 갖고 있다. 이 이야기의 주인공은 자신에게 가장 소중한 무언가, 즉 어린이의 품을 잃고 그것을 다시 되찾으려 애쓰는 장난감이다. 주인의 사랑을 받는 것은 모든 장난감의 존재 이유이다. 주인에게 받는 사랑은 장난감이라는 존재가 느끼는 감정의 토대가 된다."

컴퓨터 작업을 수없이 반복한 끝에 버즈 라이트이어와 우디라는 두 주인공 캐릭터가 완성되었다. 래시터와 팀원들은 2~3주에 한 번씩 스토리보드나 데모 필름을 수정하고 보완하여 디즈니 관계자들에게 보여 주었다. 스크린 테스트 초반에 픽사 팀원들은 자신들의 놀라운 애니메이션 기술을 자랑스럽게 보여 주었다. 예를 들면 우디가 방 안의 서랍장 위에서 깡충깡충 돌아다니는 동안, 베니션블라인드를 통해 들어

온 햇빛 때문에 우디의 체크무늬 셔츠에 가늘고 긴 블라인드 그림자가 생겨나는 장면 같은 것 말이다. 컴퓨터가 아닌 손으로 작업해서는 표현해 내기가 거의 불가능한 효과였다.

하지만 플롯 면에서는 디즈니의 경영진을 만족시키기가 쉽지 않았다. 픽사 팀이 프레젠테이션을 할 때마다 카첸버그는 이야기 전개의 많은 부분에 불만을 표시하며 세세한 부분들에 대해서까지 이런저런 지적을 했다. 카첸버그의 제안과 변덕스러운 의견이 다음 트리트먼트에 반영될 수 있도록 하기 위해서 클립보드 컴퓨터와 펜을 손에 든 일단의 직원들이 늘 옆에 대기했다.

카첸버그는 두 주인공이 좀 더 날카롭게 대립하도록 이야기를 전개해야 한다고 주장했다. 그는 이 애니메이션 제목이 「토이 스토리」이긴 하지만 오직 어린아이들만을 관객으로 삼아서는 안 된다고 말했다. 그는 이렇게 회상한다. "처음엔 드라마적 요소도, 진정한 스토리나 갈등도 없었습니다. 뭔가 작품을 이끌어 가는 강력한 힘이 부족했지요." 그는 래시터에게 「흑과 백」이나 「48시간」 같은 고전적인 버디 무비를 보라고 권유했다. 서로 다른 가치관과 기질을 지닌 두 주인공이 어쩔 수 없이 힘을 합치도록 스토리가 전개되는 영화들이었다. 그리고 카첸버그는 보다 '자극적인 캐릭터'를 요구했다. 즉 우디가 집 안에 들어온 새로운 장난감인 버즈를 좀 더 질투심 많고 심술궂고 적대적인 태도로 대하도록 만들라는 것이었다. 그래서 우디가 버즈를 창밖으로 밀어 버린 후에 "장난감 세계도 서로 먹고 먹히는 세계야."라고 말하는 장면을 넣기로 했다.

수차례에 걸쳐서 카첸버그를 비롯한 여러 디즈니 간부의

의견을 반영하고 나자 우디는 매력적인 구석이라곤 거의 찾아볼 수 없는 캐릭터가 되어 있었다. 어떤 장면에서는 우디가 슬링키에게 다른 장난감들을 침대에서 밀쳐 내는 것을 와서 도우라고 명령했다. 슬링키가 머뭇거리자 우디가 고함을 지른다. "누가 너더러 생각 같은 걸 하래, 이 멍청이 스프링아!" 그러자 슬링키는 얼마 후 픽사 팀이 던지게 될 질문을 내뱉는다. "저 카우보이 녀석은 왜 저렇게 무시무시한 거야?" 우디의 목소리를 연기하기로 계약한 톰 행크스조차 어느 시점에선가 이렇게 소리칠 정도였다. "뭐 이런 비호감 캐릭터가 다 있어!"

컷! 제작 중단

1993년 11월 「토이 스토리」의 전반부를 웬만큼 완성한 래시터와 픽사 팀원들은 카첸버그를 비롯한 디즈니 경영진에게 그것을 보여 주기 위해 버뱅크로 향했다. 디즈니의 장편 애니메이션 책임자인 피터 슈나이더는 외부 업체에 디즈니 애니메이션의 제작을 맡긴 카첸버그의 선택 자체가 불만스러웠다. 그는 픽사 팀원들이 가져온 영상물을 보고 완전히 졸작이라면서 「토이 스토리」 제작을 중단해야 한다고 말했다. 카첸버그도 같은 의견이었다. 카첸버그는 동료인 톰 슈마허를 쳐다보며 이렇게 말했다. "대체 왜 이렇게 형편없는 작품이 나왔을까요?" 그러자 슈마허가 퉁명스럽게 대꾸했다. "어느 순간부턴가 저들의 애니메이션이 아니었으니까요." 슈마허는 훗날 이렇게 설명했다. "픽사 사람들은 제프리 카첸버그의 의견을 그대로 따랐어요. 그래서 「토이 스토리」가 완전히 잘못된 방향으로 빗나간 거죠."

래시터는 슈마허의 생각이 옳다는 것을 깨달았다. 그는 회상한다. "그날 앉아서 스크린을 쳐다보는 동안 얼마나 당혹스러웠는지 모릅니다. 결국 그건 불쾌하고 심술궂은 캐릭터들로 가득한 이야기였으니까요." 래시터는 픽사 사무실로 돌아가 대본을 다시 수정할 기회를 달라고 디즈니에 요청했다.

잡스는 에드 캣멀과 더불어 「토이 스토리」의 공동 제작자 역할을 맡았지만 크리에이티브 과정에는 그다지 많이 개입하지 않았다. 통제하길 좋아하는(특히 미적 부분과 디자인의 문제에서) 잡스의 성향을 감안할 때, 그렇게 자제할 수 있었던 것은 그가 래시터와 다른 픽사 예술가들을(그리고 그의 간섭을 차단할 수 있는 래시터와 캣멀의 권한을) 존중했기 때문이었다. 하지만 잡스는 픽사와 디즈니의 관계를 관리하는 데 기여했고 픽사 팀원들은 이 점을 높이 평가했다. 카첸버그와 슈나이더가 「토이 스토리」 제작을 중단시키자 잡스는 자신의 사비를 들여 프로젝트를 계속 진행했다. 그리고 픽사 팀원들과 함께 카첸버그를 비난하는 데 열을 올렸다. 잡스는 회상한다. "그가 「토이 스토리」를 완전히 망쳐 버렸거든요. 그는 우디가 못된 캐릭터가 되길 원했어요. 그가 「토이 스토리」를 중단시켰을 때 우리 역시 그런 사람과 일하지 않게 되어 다행이라고 자위하며 이렇게 말했지요. '우린 이런 걸 만들려고 했던 게 아니잖아.' 그래서 우리가 원하는 방식으로 밀어붙였지요."

3개월 후 픽사 팀은 수정된 대본을 들고 다시 디즈니를 찾았다. 앤디의 다른 장난감들을 괴롭히는 압제적인 캐릭터였던 우디는 좀 더 지혜로운 리더로 바뀌어 있었다. 버즈 라이트이어가 등장한 이후 우디가 질투심을 느끼는 과정도 관객이 보다 공감할 수 있는 방식으로 표현했고, 그런 우디의 마음을 표현하기 위해 랜디 뉴먼이 만든 「스트레인지 싱스(Strange Things)」라는 곡도 삽입했다. 우디가 버즈를 창밖으로 밀어 내는 장면은, 우디가 짓궂은 장난을 쳐서 이런저런 물건이 넘어지고 결정적으로 럭소 램프가 움직이는 바람에(래시터의 첫 단편 애니메이션 「럭소 주니어」에 대한 오마주였다.) 버즈가 창밖으로 떨어지는 것으로 바뀌었다. 카첸버그와 디즈니 측은 픽사 팀이 가져온 새로운 대본에 고개를 끄덕여 주었고, 1994년 2월 「토이 스토리」 제작이 재개된다.

한편 카첸버그는 비용을 줄이려고 노력하는 잡스의 노력을 마음에 들어 했다. "초반의 예산 수립 과정에서도 스티브는 비용에 몹시 신경 쓰면서 최대한 효율적으로 일을 진행하려고 애썼지요." 하지만 디즈니가 대기로 했던 제작비 1700만 달러로는 부족하다는 것이 드러났다. 특히 카첸버그가 우디를 더욱 심술궂은 캐릭터로 만들라고 요구하는 바람에 내용을 대폭 수정해야 해서 비용이 더욱 추가되었다. 잡스는 제작비를 추가로 요구했다. 그러자 카첸버그가 말했다. "이미 계약을 맺었잖소. 우리는 당신에게 프로젝트 통제권을 주고, 당신은 우리가 제공한 금액으로 일을 진행하기로 말이오." 잡스는 분노했다. 잡스는 카첸버그에게 전화를 걸거나 아니면 비행기를 타고 직접 찾아가, 카첸버그의 표현을 빌리자면 "오로지 스티브만이 보여 줄 수 있는 끈질긴 집요함"을 발휘했다. 잡스는 카첸버그가 원래의 플롯을 완전히 망가뜨리는 바람에 작품을 제대로 복구하기 위한 추가 작업이 필요했으므로 디즈니가 비용 초과분을 부담할 책임이 있다고 주장했다. 카첸 버그가 이렇게 받아쳤다. "이것 봐요! 우리는 당신들을 도와 주려고 한 겁니다. 크리에이티브 작업에 귀중한 도움을 받아 놓고선 지금 우리더러 돈을 더 달라고 하는 겁니까?" 두 통제 광이 아량을 베푼 건 자신이라고 서로 주장하는 셈이었다.

다행히 잡스보다 외교적 수완이 훨씬 더 뛰어난 에드 캣멀이 나서서 타협점을 찾아 준 덕에 상황은 정리되었다. "당시 작업에 참여한 다른 팀원들에 비해 저는 제프리에 대해 훨씬 더 긍정적인 시각을 갖고 있었어요." 캣멀의 회상이다. 그러나 제작비 요구와 관련된 충돌을 계기로 잡스는 앞으로 디즈니와의 관계에서 자신이 더 큰 주도권을 쥘 수 있는 방법을 궁리하기 시작했다. 단순히 청부업자의 역할을 맡는 것은 잡스의 성미에 맞지 않았다. 그는 통제권을 쥐고 싶어 했다. 이는 곧 향후에는 픽사에 더 많은 자금을 투입해야 할 필요가 있음을, 그리고 디즈니와 새로운 계약을 맺어야 함을 의미했다.

「토이 스토리」 작업이 진전되어 갈수록 잡스는 이 일에 더욱더 큰 흥미를 느꼈다. 한때 그는 픽사의 매각을 고려하며 여러 기업들(홀마크 카드, 마이크로소프트 등)과 접촉했지만, 우디와 버즈가 생명력 넘치는 캐릭터로 완성되어 가는 것을 지켜보면서 자신이 영화 산업에 커다란 변화를 일으키는 주인공이 되리라는 예감에 휩싸였다. 「토이 스토리」에 들어갈 장면들이 완성되면 그는 몇 번이고 그것을 되풀이해 보았을 뿐 아니라, 집으로 지인들을 초대해 그것을 보여 주며 이 애니메이션에 대한 자신의 기대와 열정을 드러냈다. "개봉하기 전에 제가 본 「토이 스토리」 버전이 몇 개인지도 잘 기억나지 않습니다. 얼마나 많이 봤던지 말입니다." 오라클의 창업자로서 잡스와 가깝게 지내던 래리 엘리슨의 회상이다. "나중에는 무슨 고문을 받는 기분이더군요. 집에 불러 놓고 매번 최근에 10퍼센트 정도 수정된 버전을 보여 주곤 했습니다. 그는 스토리 측면에서나 기술적인 측면에서나 완벽한 작품을 만들어 내야 한다는 생각에 사로잡혀 있었어요. 완벽하지 않으면 절대 만족하지 못했지요."

1995년 1월 맨해튼의 센트럴파크에서 열린 「포카혼타스」의 언론 시사회에 디즈니의 초대를 받아 참석했을 때, 픽사에 대한 자신의 투자가 결국 현명한 선택으로 입증되리라는 잡스의 예감은 점점 확신으로 변해 갔다. 이날 행사에서 디즈니 CEO 마이클 아이스너는 이제 곧 센트럴파크의 그레이트 론에 설치된 25미터 높이의 스크린을 통해 「포카혼타스」가 10만 명의 관객들 앞에 그 모습을 드러낼 것이라고 발표했다. 공식적인 행사를 멋지게 연출하는 것에 관한 한 누구 못지않은 고수인 잡스마저도 그날 행사의 방대한 규모에 놀라서 입을 다물지 못했다. 「토이 스토리」에서 버즈 라이트이어가 외치는 "무한한 공간 저 너머로!"라는 말이 갑자기 주목할 가치가 있는 것으로 느껴졌다. 무한한 가능성이 느껴진 것이다.

잡스는 그해 11월로 예정된 「토이 스토리」 개봉과 때를 같이하여 픽사의 기업공개를 단행하기로 결심했다. 평소 기업공개라면 열정적으로 달려들던 투자은행들이 회의적인 반응을 보이며 잡스의 그런 생각이 현명하지 못하다고 말했다. 픽사는 지난 5년간 적자를 낸 회사였기 때문이다. 하지만 잡스의 의지는 확고했다. 래시터는 그때를 이렇게 회상한다. "저는 굉장히 불안했습니다. 두 번째 작품이 나올 때까지 기다려야 한다고 주장했지요. 하지만 스티브의 의지를 꺾을 수는 없었습니다. 그는 앞으로 제작비의 절반을 우리가 부담하고 이익을 나누는 식으로 디즈니와 계약 조건을 재협상하려면 현금을 확보해 놓아야 한다고 말했어요."

무한한 공간 저 너머로!

1995년 11월 「토이 스토리」의 시사회는 두 곳에서 열렸다. 디즈니는 로스앤젤레스에 있는 화려한 엘 캐피턴 극장에서 시사회를 열었고 극장 바로 옆에 「토이 스토리」 캐릭터들이 등장하는 재미난 '유령의 집'도 마련했다. 픽사 관계자들도 시사회 초대권을 받고 참석했지만, 그날 초대받은 유명인들은 대부분 디즈니와 관련된 인물이었다. 잡스는 그곳에 참석하지 않았다. 그 대신 그는 다음 날 저녁 샌프란시스코에 있는 극장인 리젠시를 빌려 따로 시사회를 열었다. 이 자리에는 톰 행크스나 스티브 마틴 같은 할리우드 배우들 대신에 주로 실리콘밸리의 유명 인사들이 초대받았다. 래리 엘리슨, 앤디 그로브, 스콧 맥닐리 등이 참석했다. 행사는 잡스가 주도적으로 진행했다. 래시터가 아니라 잡스가 무대에 올라 영화를 소개한 것이다.

디즈니와 픽사의 미묘한 신경전이 가미된 이 두 시사회는 곪아 가던 문제를 부각했다. 「토이 스토리」는 디즈니의 작품인가, 픽사의 작품인가? 픽사는 디즈니가 애니메이션 영화를 제작하도록 도와주는 단순한 청부업자인가? 아니면 디즈니는 픽사가 애니메이션을 세상에 선보이도록 도와주는 배급 및 마케팅 업체인가? 답은 아마 그 중간쯤 되는 지점에 있었을 것이다. 문제는 주요 당사자들(특히 마이클 아이스너와 스티브 잡스)이 그런 식의 협력 관계를 계속 유지할 수 있느냐 여부였다.

「토이 스토리」가 개봉해 상업성과 예술성 양면에서 엄청난 성공을 거두자 판이 더욱 커졌다. 「토이 스토리」는 개봉 첫 주말에만 미국 내 수익 3000만 달러를 거둬들이며 제작비를 뽑아냈고, 계속 흥행 가도를 달려 미국에서 1억 9200만 달러, 전 세계적으로는 3억 6200만 달러의 수익을 올리며 「배트맨 포에버」와 「아폴로 13」을 제치고 그해 최고 수익을 거둔 영화가 되었다. 영화 리뷰 웹사이트인 로튼 토마토에 따르면 「토이 스토리」에 대한 비평 73개 모두가 긍정적인 평가를 내렸다. 《타임》의 리처드 콜리스는 "올해 개봉된 것 가운데 가장 창의적인 코미디"라는 찬사를 보냈고, 《뉴스위크》의 데이비드 앤슨은 "경이로운 작품"이라고 평했다. 또 《뉴욕 타임스》의 재닛 매슬린은 모든 세대에 추천할 수 있는 애니메이션이라면서 "아이와 어른 모두에게 어필하는 디즈니 최상의 전통을 잇는 놀라운 수작"이라고 평가했다.

한 가지, 잡스의 신경을 거슬리게 한 것은 매슬린을 비롯한 몇몇 이들이 픽사는 부각하지 않고 '디즈니 전통'만을 언급했다는 사실이었다. 실제로 매슬린은 영화 리뷰에서 아예 픽사를 언급하지도 않았다. 잡스는 그런 시각이 반드시 바뀌어야 한다고 생각했다. 잡스와 존 래시터가 텔레비전 인터뷰 프로그램인 「찰리 로즈」에 출연했을 때, 잡스는 「토이 스토리」가 픽사의 작품이라고 강조하면서 픽사가 지닌 역사적 의미까지 부각하려고 애썼다. 그는 말했다. "「백설 공주」가 나온 이래로 모든 주요 스튜디오들이 애니메이션 산업에 뛰어들었습니다. 그리고 지금까지 대히트를 친 장편 애니메이션을 만들어 낸 유일한 회사는 디즈니 스튜디오뿐입니다. 픽사는 이제 그런 작품을 만들어 낼 수 있는 두 번째 스튜디오가 되었습니다.”

또 잡스는 디즈니가 픽사가 만든 작품의 배급자에 불과하다는 이미지를 심어 주려고 애썼다. “그는 계속 ‘우리 픽사가 진짜 중요한 존재이고 디즈니 너희는 별 볼 일 없는 녀석들이다.’ 하는 식으로 말했지요.” 마이클 아이스너는 회상한다. “하지만 「토이 스토리」라는 작품을 탄생시킨 장본인은 바로 디즈니였습니다. 우리가 그 애니메이션의 제작에 결정적역할을 했고, 대히트작을 만들기 위해서 소비자 마케팅 팀에서부터 디즈니 채널에 이르기까지 디즈니의 모든 부문이 함께 힘을 쏟아부었으니까요.” 잡스는 ‘이것이 디즈니와 픽사중에 누구의 작품인가?’라는 근본적인 문제가 단순히 양측의 입씨름이 아니라 계약상의 측면에서 해결되어야 한다고 결론지었다. “「토이 스토리」의 성공 이후 우리가 디즈니와 새로운 계약을 맺어야 한다고 판단했습니다. 단순히 피고용자입장에서 작품을 만들어 내는 회사가 아니라 진정한 애니메이션 스튜디오가 되려면 말입니다.” 그러나 디즈니와 대등한입장으로 계약 테이블 앞에 앉기 위해서 픽사는 자금을 들고나올 필요가 있었다. 그러려면 성공적인 기업공개가 반드시필요했다.

픽사는 「토이 스토리」가 개봉되고 정확히 일주일 후에 기업공개를 단행했다. 잡스는 「토이 스토리」가 대성공을 거둘

것이라고 확신했고 그의 그런 모험적인 베팅은 엄청난 성공으로 되돌아왔다. 과거 애플의 기업공개 때와 마찬가지로, 잡스와 픽사 사람들은 상장을 축하하기 위해 주식거래가 시작되는 아침 7시에 샌프란시스코에 있는 상장 주관사의 사무실에 모였다. 원래는 초기 공모가를 약 14달러로 책정할 계획이었다. 하지만 잡스는 22달러를 고집했다. 주식 공모가 성공적으로 진행되기만 하면 픽사에 훨씬 더 많은 자금이 확보될 거라는 기대가 있었기 때문이다. 결과는 잡스의 기대까지도 뛰어넘는 대성공으로 드러났다. 픽사의 주가는 그해 가장 놀라운 성과를 보여 준 넷스케이프의 기업공개 주가도 뛰어넘었다. 거래 개시 30분 만에 픽사의 주가는 45달러까지 올라갔다. 매수 주문이 너무 많이 몰리는 바람에 거래가 잠깐 지연되기도 했다. 주가는 장중에 49달러까지 올라갔다가 39달러로 마감했다.

그해 초에 잡스는 픽사를 인수할 구매자를 찾으려는 생각을 했다. 그것이 픽사에 쏟아부은 5000만 달러를 되찾을 수 있는 길이라 여겼기 때문이다. 기업공개를 한 날 주식시장이 마감되었을 때 잡스가 보유한 주식(픽사 지분의 80퍼센트를 갖고 있었다.)의 가치는 20배 이상 불어나 무려 12억 달러가 되었다. 이는 1980년 애플이 주식을 상장했을 때 그가 소유하게 된 부의 약 다섯 배였다. 그러나 잡스는 자신에게 금전적 부는 별로 중요하지 않다고 《뉴욕 타임스》의 존 마코프에게 말했다. "나는 호화 요트 같은 걸 꿈꾸지 않습니다. 돈 때문에 이 일에 뛰어든 게 아닙니다."

픽사가 성공적으로 기업공개를 마쳤다는 것은 픽사가 영화 제작비를 위해 더 이상 디즈니에게만 의존할 필요가 없다는 것을 의미했다. 그것이 바로 잡스가 바라던 바였다. "제작비의 절반을 우리가 부담할 수 있으므로 이윤의 절반도 요구할 수 있게 된 거죠." 잡스는 회상한다. "하지만 그보다 더 중요한 것으로, 나는 공동 브랜드를 원했습니다. 디즈니의 작품인 동시에 픽사의 작품이기도 해야 하는 것이지요."

잡스는 아이스너를 찾아가 함께 점심 식사를 했다. 아이스너는 잡스의 거만한 태도에 깜짝 놀랐다. 디즈니와 픽사는 작품 세 편을 만들기로 계약을 맺었고 그 시점에는 불과 한 편만 제작한 상태였다. 양측은 각자 강력한 무기를 갖고 있었다. 카첸버그는 아이스너와의 심각한 갈등 끝에 디즈니를 떠난 후 스티븐 스필버그, 데이비드 게펜과 함께 '드림웍스 SKG'를 차린 상태였다. 잡스는, 만일 아이스너가 픽사와 새로운 계약을 체결하는 데 동의하지 않는다면 픽사는 세 편을 만들기로 한 계약이 만료되는 대로 다른 스튜디오(예를 들면 드림웍스 SKG)와 손잡을 것이라고 말했다. 한편 아이스너 쪽에서는, 만일 픽사가 그런 식으로 행동하는 경우 디즈니는 우디와 버즈를 비롯해 래시터가 창조해 낸 모든 캐릭터를 그대로 사용하여 「토이 스토리」 속편을 제작할 수도 있다고 위협했다. 잡스는 나중에 이렇게 술회했다. "만일 그들이 독자적으로 「토이 스토리」 속편을 만들었다면 아이들에게 엄청난 실망을 안겨 줬을 겁니다. 존은 그런 상황이 벌어지는 걸 상상하면서 무척 괴로워했지요."

결국 양측은 합의점을 찾았다. 아이스너는 픽사가 향후 작품 제작비의 절반을 부담하고 이윤의 절반도 가져가기로 한다는 데 동의했다. "마이클은 우리가 히트작을 별로 많이 만들어 내지 못할 거라고 생각했어요. 그러니 디즈니 측이 지금 부담을 던 거라고 믿었지요." 잡스는 말한다. "하지만 결과적으로 그건 우리한테 커다란 성공과 결실을 가져다준 계약이었습니다. 이후 픽사는 크게 히트한 애니메이션을 연이어 열 편이나 탄생시켰으니까요." 또한 디즈니는 공동 브랜드 사용에도 동의했다. 물론 세부적인 사항을 결정하는 과정에서 수많은 입씨름과 의견 충돌이 있었지만 말이다. "저는 디즈니 작품이어야 한다는 입장을 고수했지만 결국 나중엔 픽사 측 의견에 동의했습니다." 아이스너는 회상한다. "우리는 '디즈니'라는 글자와 '픽사'라는 글자를 각각 얼마나 크게 표시할 것인지를 놓고 논쟁을 벌였어요. 마치 네 살짜리 아이들처럼 말입니다." 그리고 마침내 1997년 초 양측은 계약 체결을 완료했다.(향후 10년간 작품 다섯 편을 함께 만들기로 했다.) 적어도 당분간은 동맹 관계를 유지하기로 한 셈이다. "그때 아이스너는 합리적이고 공정한 태도로 저를 대했습니다." 잡스는 훗날 이렇게 술회했다. "하지만 10년이라는 세월이 흐르는 동안 저는 그가 사악한 인간이라는 결론을 내리게 되었지요."

픽사 주주들에게 보내는 편지에서 잡스는, 향후 모든 작품 제작 시(또한 광고 및 완구에서도) 픽사가 디즈니와 동등한 입장에서 공동 브랜드를 사용할 수 있는 권리를 갖는다는 점이 새로운 계약의 가장 중요한 부분이라고 설명했다. 그는 이렇게 썼다. "우리는 픽사가 디즈니와 동등한 수준의 신뢰도를 가진 브랜드로 성장하기를 원합니다. 하지만 픽사가 그런 신뢰도를 얻으려면, 작품을 만드는 것은 바로 픽사라는 사실을 소비자들이 인식해야만 합니다." 잡스는 뛰어난 제품을 창조해 낼 줄 아는 인물이었다. 하지만 그것 못지않게 중요한 것은 가치 있는 브랜드를 가진 뛰어난 기업을 만들어 내는 그의 능력이었다. 이제 잡스는 업계에서 손꼽히는 최고의 기업 두 개, 즉 애플과 픽사를 탄생시킨 인물이 되었다.

스티브 잡스   1996

데스크톱 시장의 암흑기가 시작되다

1988년 잡스가 넥스트의 베일을 벗기자 뜨거운 반응이 일었다. 하지만 이듬해 컴퓨터 판매가 시작되자 열기가 식어 버렸다. 언론을 감탄시키며 겁주고 구워삶는 잡스의 능력은 효과가 없었고, 급기야 회사의 어려움에 관한 일련의 기사들이 언론을 탔다. AP 통신사의 바트 지글러는 이렇게 보도했다. "업계가 호환 가능한 시스템을 지향하는 이때 넥스트는 다른 컴퓨터들과 호환되지 않는 제품을 만들고 있다. 넥스트에서 구동할 수 있는 소프트웨어가 별로 없기 때문에 고객들을 유치하는 데 어려움을 겪고 있다."

넥스트는 자기 위치를 퍼스널 워크스테이션이라는 새로운 범주의 리더로 재설정하기 위해 애썼다. 워크스테이션의 성능과 PC의 친근함을 동시에 원하는 고객을 타깃으로 삼은 것이다. 하지만 그런 고객들은 이제 급속도로 성장하는 선 마이크로시스템스에서 컴퓨터를 사고 있었다. 1990년 넥스트의 매출은 2800만 달러였지만, 선은 25억 달러였다. IBM은 넥스트 소프트웨어의 라이선스를 사겠다는 거래를 취소했고, 잡스는 결국 자신의 천성에 반하는 결정을 내릴 수밖에 없었다. 하드웨어와 소프트웨어가 통합적으로 연결돼야 한다는 깊은 신념에도 불구하고, 그는 1992년 1월 넥스트스텝 운영체제가 다른 컴퓨터들에서도 구동되도록 라이선스를 판매하는 데 동의했다.

잡스를 옹호한 의외의 인물 중 한 명은 장루이 가세였다. 그는 이전에 애플에서 잡스를 배척하는 무리에 가담했고, 자신 역시 얼마 후 애플에서 퇴출당하는 일을 겪었다. 그는 넥스트 제품들이 얼마나 창의적인지 칭찬하는 글을 기고했다. "넥스트가 애플과 똑같진 않을 것이다. 하지만 스티브는 여전히 스티브다." 그 기사가 나가고 며칠 후, 노크 소리를 들은 가세의 아내가 문을 열자 잡스가 현관에 서 있었다. 그녀는 2층으로 뛰어 올라가 가세에게 잡스가 왔다고 전했다. 그는 가세가 쓴 글에 대해 고마움을 표했고, 인텔의 앤디 그로브와 함께 넥스트스텝 운영체제를 IBM/인텔의 플랫폼에 탑재할 계획을 발표하는 행사에 그를 초대했다. "저는 스티브의 아버지 폴 잡스 옆에 앉았지요. 그의 기품 있는 모습이 인상 깊었어요. 까다로운 아들을 키운 그는 아들이 앤디 그로브와 함께 무대 위에 서 있는 모습을 자랑스러워했고 기뻐했지요." 가세의 회상이다.

몇 년 후 잡스는 피할 수 없는 다음 결정을 내렸다. 하드웨어 개발을 모두 포기하기로 한 것이다. 그것은 픽사에서 하드웨어를 포기했을 때와 마찬가지로 고통스러운 결정이었다. 그는 자신이 만드는 제품의 모든 측면에 신경을 썼지만, 하드웨어에 품은 열정은 특히 각별했다. 그는 훌륭한 디자인에서 활력을 얻었고, 제조와 관련된 디테일에 집착했으며, 로봇들이 완벽한 기기를 만드는 모습을 몇 시간이고 지켜보곤 했다. 하지만 이제 인력의 절반 이상을 해고해야 했고 애정이 담긴 공장을 캐논에 팔아야 했으며(캐논은 값비싼 가구들을 경매로 팔아 버렸다.) 특색 없는 기기를 만드는 제조사들에 운영체제의 라이선스를 판매하는 회사로 만족해야 했다.

1990년대 중반, 잡스는 새롭게 시작한 가정생활과 크게 성공한 영화 사업체에서 즐거움을 찾았다. 하지만 PC 산업에 대해서는 절망감을 드러냈다. "혁신이 사실상 중단됐습니다." 그가 1995년 말 《와이어드》의 게리 울프에게 말했다. "마이크로소프트는 거의 아무런 혁신도 시도하지 않으면서 시장을 지배하고 있습니다. 애플이 졌습니다. 데스크톱 시장은 암흑기에 접어든 겁니다."

비슷한 시기에 앤서니 퍼킨스 및 《레드 헤링》의 편집자들과 가진 인터뷰에서도 그는 우울한 모습을 드러냈다. 먼저 그는 자신의 성격 중 '나쁜 면모'를 보여 주었다. 퍼킨스와 그의 동료들이 도착하자, 잡스는 '산책을 하러' 뒷문으로 빠져나가더니 45분 동안 돌아오지 않았다. 해당 잡지의 사진기자가 사진을 찍기 시작하자 그는 그녀에게 빈정대듯 쏘아붙여 그만 찍게 만들었다. 퍼킨스는 나중에 이렇게 말했다. "조작과 이기심, 노골적인 무례를 느꼈지요. 우리는 그의 광기를 자극하는 동인이 무엇인지 파악할 수 없었어요." 마침내 인터뷰를 위해 진정한 잡스는 웹의 등장도 마이크로소프트의 독점을 막는 데 별 도움이 안 될 거라고 말했다. "윈도가 이겼어요." 그가 말했다. "불행히도 윈도가 맥을 눌렀지요. 유닉스도 눌렀고, OS/2도 눌렀어요. 열등한 제품이 이긴 겁니다."

넥스트가 하드웨어와 소프트웨어가 통합된 제품을 판매하는 데 실패하자 잡스의 경영 철학 자체가 도마 위에 올랐다. "우리가 실수한 겁니다. 애플에서처럼 위젯 전체를 만드는 공식을 그대로 따랐으니 말입니다." 그가 1995년에 말했다. "세상이 변하고 있다는 걸 깨닫고 곧바로 소프트웨어 회사로 변신했어야 했지요." 하지만 그는 아무리 노력해도 그러한 접근에 열정이 생기지 않았다. 고객을 만족시키는 훌륭한 엔드투엔드 제품을 만드는 대신, 이제 넥스트 소프트웨어를 다양한 하드웨어 플랫폼에 설치하고자 하는 기업들에 기업용 소프트웨어를 파는 사업체를 떠맡게 된 것이다. "내 열정은 거기에 있지 않았지요." 그는 훗날 이렇게 안타까움을 토로했다. "개인 고객들에게 제품을 팔 수 없다는 사실에 몹시 낙심했어요. 저는 기업용 제품을 팔거나 다른 사람들의 시시한 하드웨어에서 구동될 소프트웨어의 라이선스를 판매하기 위해 이 땅에 온 게 아니에요. 그런 일은 결코 좋아할 수가 없었지요."

애플의 추락

잡스가 퇴출된 후 몇 년 동안 애플은 데스크톱 출판 분야에서의 일시적인 우위를 바탕으로 편하게 앉아 고수익을 올릴 수 있었다. 1987년 존 스컬리는 스스로를 천재처럼 여기며 경영과 관련된 일련의 선언을 했다. 하지만 오늘날 돌아봤을 때 민망할 정도로 잘못된 방침들이었다. 잡스는 애플이 '훌륭한 소비자 제품 회사'가 되기를 원했다. 이에 대해 스컬리는 이렇게 썼다. "한마디로 정신 나간 계획이었다. (중략) 애플은 결코 소비자 제품 회사가 될 수 없었다. (중략) 현실을 왜곡해 세상을 바꾸려는 꿈이나 꾸고 있을 순 없었다. (중략) 첨단 기술은 소비자 제품으로 설계되고 판매될 수 없는 것이다."

이 글을 읽은 잡스는 아연실색했다. 그리고 스컬리의 지휘 아래 1990년대 초 애플의 시장 점유율과 수익이 끊임없이 하락하는 것을 지켜보고 분노와 경멸을 분출하지 않을 수 없었다. "스컬리는 부패한 사람들과 타락한 가치들을 끌어들임으로써 애플을 파괴했어요." 잡스는 훗날 이렇게 한탄했다. "그들은 훌륭한 제품을 만드는 것보다 돈을 버는 데 관심이 더 많았어요. 물론 애플을 위해서이기도 했지만 주로 자기 자신들을 위해서 그랬지요." 잡스는 스컬리의 수익 추구가 결국 시장 점유율 하락이라는 대가를 초래했다고 생각했다. "매킨토시가 마이크로소프트에 패배한 이유는, 스컬리가 제품을 개선하고 가격을 인하하는 데 집중하지 않고 수익을 최대한 많이 짜내는 데만 열중했기 때문입니다."

마이크로소프트가 매킨토시의 그래픽 유저 인터페이스를 모방하는 데는 몇 년이 소요되었다. 결국 1990년 그래픽 유저 인터페이스를 장착한 윈도 3.0이 출시되면서 마이크로소프트의 데스크톱 시장 지배를 위한 행진이 시작되었다. 1995년 8월에 출시된 윈도 95는 역사상 가장 성공적인 운영체제가 되었고, 반대로 매킨토시의 매출은 급락하기 시작했다. 나중에 잡스가 말했다. "마이크로소프트는 다른 사람들이 개발한 것을 단순히 도용했지요. 그러고는 IBM과 호환되는 제품들에 대한 통제권을 계속 가지고 활용한 겁니다. 애플은 받아 마땅한 벌을 받은 거예요. 내가 떠난 후 새로운 것을 전혀 개발하지 않았으니까요. 맥은 거의 개선되지도 않았고요. 그래서 마이크로소프트가 공략하기 쉬운 대상이 되고 만 겁니다."

스탠퍼드 경영대학원에 소속된 동아리의 초청으로 어느 학생 집에서 강연을 할 때도 그는 애플에 대한 불만을 표출했다. 학생이 매킨토시 키보드에 사인을 해 달라고 부탁하자, 잡스는 자신이 애플을 떠난 뒤에 키보드에 추가된 키들을 제거해도 개의치 않겠다면 해 주겠다고 말했다. 그는 자동차 열쇠를 꺼내더니 한때 그가 금지했던 네 개의 화살표 키들을 뜯어냈고, 맨 윗줄의 "F1, F2, F3……." 키들도 제거했다. "키보드부터 하나씩 바꿔 나가면서 세상을 바꿀 거야." 그가 정색하며 말했다. 그러고는 훼손된 키보드에 사인을 했다.

하와이의 코나 빌리지에서 보낸 1995년 크리스마스 휴가 기간 동안, 잡스는 활기 넘치는 친구이자 오라클의 회장인 래리 엘리슨과 해변을 거닐었다. 그들은 애플을 인수해 잡스가 다시 CEO 자리에 앉는 방안에 대해 논의했다. 엘리슨은 30억 달러를 지원할 수 있다고 말했다. "내가 애플을 인수하면 자네가 CEO로서 25퍼센트를 갖게 될 거야. 그리고 과거의 영광을 되살리는 거지." 하지만 잡스는 반대했다. "난 적대적 인수를 추구하는 사람이 아니거든요." 그는 설명한다. "그들이 나에게 돌아와 달라고 부탁했다면 얘기가 달라졌겠지만요."

1996년, 1980년대 말 최고 16퍼센트까지 올랐던 애플의 시장점유율은 이제 4퍼센트로 떨어져 있었다. 1993년 스컬리를 대체한 마이클 스핀들러는 회사를 선 마이크로시스템스, IBM, HP에 팔려고 시도했지만 모두 실패했다. 그래서 1996년 2월 애플의 CEO 자리는 다시 연구 엔지니어이자 내셔널 반도체의 CEO인 길 아멜리오에게 넘어갔다. 그가 부임한 첫해 회사는 10억 달러 적자를 봤고, 1991년에 70달러였던 주가는 기술주 거품으로 다른 회사의 주가가 폭등하는 상황에서도 14달러까지 떨어졌다.

아멜리오는 잡스를 그다지 좋아하지 않았다. 그들이 처음 만난 것은 1994년 아멜리오가 애플의 이사로 선임된 직후였다. 잡스는 그에게 전화를 걸어 일방적으로 통보했다. "당신을 한번 만나야겠어요." 아멜리오는 내셔널 반도체에 있는 자신의 사무실로 그를 초대했다. 그는 사무실 유리창을 통해 잡스가 도착하는 모습을 지켜보던 것을 이렇게 회상한다. "공격적이면서도 어딘지 모르게 우아한 면모를 갖춘 복싱 선수 같았어요. 아니면 먹이를 포획하기 위해 도사리고 있는 살쾡이 같았다고나 할까." 몇 분 동안 형식적인 인사말이 오가다가(평소 잡스가 할애하는 시간보다 훨씬 길었다.) 잡스가 돌연 자신이 찾아온 이유를 밝혔다. 그는 자신이 애플의 CEO로 돌아갈 수 있도록 도와 달라고 아멜리오에게 청했다. "애플의 병력을 규합할 수 있는 사람은 단 한 명입니다." 잡스가 말했다. "회사를 바로잡을 수 있는 사람은 한 명뿐입니다." 잡스는 매킨토시 시대는 이미 지났으며, 이제 애플이 맥만큼이나 혁신적인 새로운 무언가를 만들 때가 됐다고 주장했다.

"맥이 죽었다면 무엇이 그 자리를 대신할 수 있다는 거죠?" 아멜리오가 물었다. 하지만 잡스의 대답은 인상적이지 않았다. "뭐 확실한 대안을 갖고 있는 것 같지는 않았지요. 일련의 대략적인 구상만 하고 있는 것으로 보이더군요." 아멜리오는 자신이 잡스의 현실 왜곡장을 목도하고 있는 것이라 느꼈으며 그것에 끌려 들어가지 않는 자신을 대견해했다. 그는 예의도 갖추지 않고 잡스를 사무실 밖으로 쫓아냈다.

1996년 여름 무렵, 아멜리오는 심각한 문제에 봉착했다. 당시 애플은 '코플랜드'라는 새로운 운영체제 개발에 희망을 걸고 있었다. 하지만 CEO가 되고 얼마 후 아멜리오는 코플랜드가 보다 나은 네트워킹과 메모리 보호에 대한 애플의 필요를 해결해 주지 못할, 껍데기만 부풀려진 공허한 제품이라는 사실을 발견했다. 게다가 예정대로 1997년에 출하하는 것도 불가능해 보였다. 아멜리오는 되도록 빨리 대안을 찾겠다고 공개적으로 약속했다. 하지만 찾기가 쉽지 않았다.

애플은 파트너가 필요했다. 다시 말해 안정된 운영체제, 이 왕이면 유닉스와 비슷하고 객체 지향적인 응용 계층을 갖춘 운영체제를 만들 수 있는 협력사가 필요했다. 물론 그러한 소프트웨어를 제공할 수 있는 회사가 하나 있었다. 바로 넥스트였다. 하지만 애플이 넥스트에 초점을 맞추기까지는 시간이 좀 더 걸린다.

애플은 우선 장루이 가세가 창업한 '비(Be)'라는 회사에 연락을 취했다. 가세는 비를 애플에 매각하는 문제를 협상하자는 데 동의했다. 하지만 1996년 8월 하와이에서 있었던 아멜리오와의 미팅에서 가세는 자신의 능력을 과신하다가 일을 그르쳤다. 50명 규모인 자신의 팀을 이끌고 애플에 들어갈 테니 애플 지분의 15퍼센트(약 5억 달러 상당)를 달라고 요구한 것이다. 아멜리오는 크게 놀랐다. 애플은 비의 가치를 5000만 달러로 책정해 놓은 터였다. 제안과 역제안이 수차례 오간 후, 가세는 2억 7500만 달러 선에서 더 이상 물러서는 것을 거부했다. 그는 애플이 선택의 여지가 없다고 생각했다. 가세가 한 말이 나중에 아멜리오의 귀에 들어갔다. "내가 그들의 불알을 틀어쥐고 있거든. 항복할 때까지 손에 힘을 줄 생각이야." 아멜리오는 몹시 기분이 상했다.

애플의 최고 기술 책임자(CTO)인 엘런 핸콕은 유닉스를 기반으로 한 선 마이크로시스템스의 솔라리스 운영체제를 택하자고 주장했다. 그것이 아직 사용자 친화적인 인터페이스를 갖추지 못했음에도 말이다. 한편 아멜리오는 하필 마이크로소프트의 윈도 NT를 사용하는 방안으로 마음이 기기 시작했다. 인터페이스를 조금 수정하면 맥과 똑같은 느낌

잡스의 재림

을 낼 수 있을 뿐 아니라, 윈도 사용자들에게 열려 있는 다양한 소프트웨어와도 호환이 가능해서 좋다는 생각이었다. 빌 게이츠는 이런 움직임을 알게 된 후 거래를 성사하고 싶어 아멜리오에게 직접 전화하기 시작했다.

물론 또 다른 대안이 있었다. 2년 전 《맥월드》의 칼럼니스트 가이 가와사키(과거 애플 소프트웨어의 홍보 담당이기도 했다.)가 애플이 넥스트를 인수하고 잡스를 CEO에 앉힌다는 내용의 패러디 기사를 잡지에 실은 적이 있었다. 그 기사에서 마이크 마쿨라는 잡스에게 이렇게 묻는다. "포장만 바꾼 유닉스를 팔면서 나머지 인생을 보내고 싶은가, 아니면 세상을 바꾸고 싶은가?" 잡스는 그의 말에 동의하며 이렇게 답한다. "저도 이제 아버지가 됐으니까 좀 더 고정적인 수입원이 필요합니다." 기사는 잡스에 대해 이렇게 덧붙인다. "넥스트에서의 경험이 있기 때문에, 그는 새로이 발견한 겸손함을 가지고 애플로 돌아올 것으로 기대된다." 또한 빌 게이츠의 말도 인용한다. "이제 마이크로소프트가 모방할 수 있는 혁신적인 제품을 잡스가 더 많이 만들게 됐군요." 물론 기사의 내용은 전부 농담이었다. 하지만 현실은 풍자를 현실화하는 이상한 버릇을 가지고 있다.

다시 쿠퍼티노를 향해

"이 문제와 관련해 스티브한테 전화해도 될 만큼 친한 사람 없나?" 아멜리오가 직원들에게 물었다. 2년 전 잡스와의 만남이 불편하게 끝났기 때문에 아멜리오는 직접 전화하기가 싫었다. 하지만 곧 그럴 필요가 없다는 사실이 드러났다. 넥스트에서 이미 의향을 타진해 오고 있었기 때문이다. 넥스트의 중간급 마케팅 관리자인 개릿 라이스가 잡스와는 한 마디 상의도 없이 전화기를 집어 들고 엘렌 핸콕에게 전화를 걸었던 것이다. 넥스트의 소프트웨어를 한번 살펴볼 의향이 있는지 묻기 위해서였다. 핸콕은 라이스에게 사람을 보냈다.

1996년 추수감사절 무렵, 이미 두 회사의 중간급에서 논의가 진행 중이라는 사실을 안 잡스가 아멜리오에게 직접 전화를 걸었다. "지금 일본 가는 길인데 일주일 후면 돌아옵니다. 오자마자 만났으면 좋겠어요." 잡스가 말했다. "만날 때까지는 아무 결정도 내리지 말길 바랍니다." 아멜리오는 잡스와의 전적에도 불구하고 그에게서 연락을 받은 것이 기뻤다. 그와 함께 일할 수 있는 가능성이 열린 것에 황홀해하기까지 했다. "스티브와의 그 통화는 마치 훌륭한 빈티지 와인 한 잔을 들이켜는 것처럼 짜릿했지요." 아멜리오는 둘이 만나기 전까지는 비든 다른 누구든 아무런 거래도 맺지 않겠다고 약속했다.

잡스에게 있어 비와의 경쟁은 사업과 개인적인 복수 양면에서 꼭 이겨야 할 무엇이었다. 넥스트가 망해 가고 있었기 때문에, 애플은 반드시 붙잡아야 할 생명 줄과 같았다. 또한 잡스는 종종 원한을 품는 경향이 있었는데, 그것이 때로는 매우 격렬했다. 가세는 그의 리스트에서 상위에 위치했다. 스컬리보다 더 높은 순위였다. "가세는 정말로 사악한 사람이에요." 잡스가 나중에 말했다. "내가 인생에서 만난, 진정 사악하다고 할 만한 소수의 인간들 중 한 명입니다. 지난 1985년에 내 등에 칼을 꽂았잖아요." 스컬리는 최소한 가슴에 칼을 꽂는 신사다움은 보였던 것이다.

1996년 12월 2일, 잡스는 11년 전 애플에서 내쫓기고 난 후 처음으로 쿠퍼티노 사옥에 발을 들여놓았다. 그는 중역 회의실에서 아멜리오와 핸콕을 앞에 두고 넥스트를 매각하기 위해 열변을 토했다. 이번에도 화이트보드에 필기를 하며 설명했다. (그의 말을 따르자면) 그는 넥스트의 출범으로 인해 컴퓨터 시스템 분야에 일게 된 네 개의 큰 물결에 대해 강의했다. 그는 비의 운영체제가 완전하지 못하고 넥스트의 운영체제보다 정교하지도 못하다고 주장했다. 자신이 존중하지 않는 두 사람을 상대로 설득하고 있었음에도 최상의 세일즈맨 기질을 발휘했다. 그는 사양하는 태도를 가장하는 데 특히 능숙했다. "어쩌면 정신 나간 생각일지도 모릅니다." 그가 말했다. "하지만 여러분이 진정 흥미를 느끼고 의견을 주신다면 어떤 유형의 거래든 가능하도록 만들어 보겠습니다. 소프트웨어 라이선스를 제공하든, 회사 전체를 팔든, 뭐든지 해 드릴 용의가 있습니다." 사실 그는 전부 다 팔고 싶어 했다. 그래서 은근히 그쪽으로 밀어붙였다. "좀 더 자세히 들여다보시면 소프트웨어 외에 다른 것도 가지고 싶어질 겁니다." 그가 말했다. "회사 전체와 직원 모두를 인수하고 싶을 겁니다."

1년 전 크리스마스 휴가지에서 엘리슨과 긴 산책을 하며 이런저런 궁리를 할 때 잡스는 이미 이런 내용까지 거론했다. "있잖아 래리, 당신이 애플을 사지 않고도 내가 애플로 돌아가서 지휘권을 잡을 수 있는 방법이 있어." 엘리슨은 당시를 이렇게 기억한다. "자신의 전략을 설명하더군요. 애플이 넥스트를 인수하게 만든 다음 이사회에 합류해서 추이를 보다가 CEO 자리에 앉으면 된다, 이렇게 말이에요." 엘리슨은 잡스가 중요한 점을 간과하고 있다고 생각했다. "하지만 스티브, 이해 안 되는 게 하나 있어." 그가 말했다. "우리가 회사를 인수해야 우리가 돈을 벌 수 있는 거잖아. 그런 식으로 팔려 가서 무슨 돈을 번다는 거야? 지분을 최대한 확보하지 않으면 어떻게 돈을 버느냐고?" 그들이 추구하는 바가 얼마나 다른지 나타나는 대목이었다. 잡스는 엘리슨의 왼쪽 어깨에 손을 올리고서는 코가 닿을 만큼 가까이 그를 잡아당겼다. 그리고 이렇게 말했다. "래리, 돈이 중요한 게 아냐. 그렇기 때문에 내가 당신의 친구라는 사실이 진정 중요한 거고. 돈은 더 벌어서 뭐하려고 그래? 더 이상 필요 없을 정도로 많으면서."

엘리슨은 자신의 대답이 투정에 가까웠다고 기억한다. "글쎄, 내게 돈이 더 필요하지 않을지는 몰라도, 그렇다고 해서 그 돈이 어떤 금융회사의 펀드매니저에게 돌아가야 할 이유도 없잖아? 왜 우리가 아니고 다른 사람이 그 돈을 가져가야 하느냐고?"

"내가 애플로 돌아가도 회사의 지분을 전혀 보유하지 않으면 도덕적으로 우월한 위치를 점하게 되는 거야." 잡스가 대답했다.

"스티브, 그거 참 비싼 자산이군. 그 도덕적으로 우월한 위치라는 거." 엘리슨이 말했다. "좋아 스티브, 당신은 내 가장 친한 친구고 애플은 당신 회사야. 당신이 무엇을 원하든 그대로 따를게." 훗날 잡스는 당시에 자신이 애플의 경영권을 장악할 음모까지 꾸미지는 않았다고 밝혔지만, 엘리슨은 그것이 불가피한 일로 느껴졌다고 말했다. 그는 나중에 말했다. "아멜리오와 30분만 같이 있어 본 사람이라면 누구라도 그가 스스로를 파괴하는 것 외에는 아무것도 하지 못한다는 사실을 깨달았을 겁니다."

넥스트와 비의 대격돌은 아멜리오와 핸콕, 그리고 여섯 명의 애플 임원들이 참석한 가운데 12월 10일 팰러앨토의 가든 코트 호텔에서 벌어졌다. 넥스트가 먼저였다. 잡스가 최면을 거는 듯한 세일즈 기술을 발휘하는 동안 애비 테버니언이 소프트웨어를 시연했다. 그들은 넥스트 소프트웨어가 어떤 식으로 화면에 비디오 클립 네 개를 동시에 재생하고, 멀티미디어를 창출하며, 인터넷에 연결할 수 있는지 보여 주었다. "넥스트 운영체제를 팔기 위한 스티브의 프레젠테이션은 정말 현란했지요." 아멜리오가 말한다. "그는 마치 맥베스 역을 맡은 로렌스 올리비에의 연기를 찬양하며 묘사하듯 제품의 강점과 장점 들을 늘어놓았어요."

그다음은 가세였다. 하지만 그는 이미 계약을 따 놓은 것처럼 행동했다. 가세는 새로운 프레젠테이션을 제시하지도 않았다. 그는 그저 애플 팀이 비 OS의 성능을 이미 충분히 알 테니 추가 질문에만 답하겠다고 말했다. 시간이 얼마 걸리지도 않았다. 가세가 발표를 하는 동안 잡스와 테버니언은 팰러앨토의 거리를 산책했다. 잠시 후 그들은 회의에 참석했던 애플 임원 한 명과 마주쳤다. 그가 말했다. "당신들이 이길 것 같네요."

훗날 테버니언은 그것이 그리 놀라운 일도 아니었다고 말한다. "우리는 더 나은 기술을 가지고 있었고, 완전한 솔루션을 갖추고 있었어요. 게다가 스티브도 있었고요." 아멜리오는 잡스를 복귀시킬 경우, 애플의 경영진이 양날의 검을 쥐게 되는 것임을 알았다. 하지만 그것은 가세를 데려와도 마찬가지였다. 애플 초기부터 근무했던 매킨토시 팀의 베테랑 래리 테슬러는 아멜리오에게 넥스트를 선택하라고 조언하며 이렇게 덧붙였다. "어느 회사를 택하든 당신의 자리를 빼앗을 사람이 들어올 겁니다. 스티브든 장루이든."

아멜리오는 잡스를 택했다. 그는 잡스에게 전화를 걸어 넥스트 인수를 위한 협상 권한을 달라고 이사회에 요구할 계획이라고 말했다. "회의에 참석하시겠어요?" 그가 물었다. 잡스는 그러겠다고 대답했다. 회의실에 들어선 잡스는 복잡한 감정이 밀려왔다. 마이크 마쿨라를 만난 것이다. 한때 그의 멘토이자 아버지 같았던 마쿨라였지만, 1985년에 마쿨라가 스컬리의 편을 들어준 후로는 연락을 끊은 상태였다. 잡스는 그에게 다가가 악수를 나눴다. 그러고는 테버니언의 도움 없이 넥스트 프레젠테이션을 진행했다. 발표가 끝났을 때 이사회는 그에게 완전히 넘어와 있었다.

잡스는 좀 더 친근한 환경에서 협상하기 위해 아멜리오를 팰러앨토에 있는 자신의 집으로 초대했다. 아멜리오가 1973년식 벤츠를 타고 도착하자 잡스는 크게 감탄했다. 차가 마음에 들었던 것이다. 드디어 보수공사를 끝낸 부엌에서 잡스는 차를 끓이기 위해 주전자를 올렸고, 둘은 평평한 가마 형태의 피자 오븐 앞에 놓인 목재 테이블에 앉았다. 재정에 관한 협상은 부드럽게 진행되었다. 잡스는 가세처럼 지나치게 욕심을 부리는 과오를 범하지 않도록 조심했다. 그는 애플이 넥스트의 주식을 주당 12달러에 인수할 것을 제안했다. 그럴 경우 총 5억 달러가 소요될 터였다. 아멜리오는 너무 비싸다며 거절했다. 그는 주당 10달러로 하여 약 4억 달러에 넘길 것을 제시했다.

비와는 달리 넥스트는 실제 제품과 수익, 훌륭한 팀을 보유하고 있었기 때문에, 잡스는 그의 역제안에 다소 놀라면서도 기분이 그리 나쁘지는 않았다. 그는 제안을 즉시 받아들였다.

한 가지 문제가 된 것은 잡스가 인수액을 현금으로 받길 원한다는 것이었다. 하지만 아멜리오는 잡스 역시 "이번 인수의 성패에 이해관계를 가질" 필요가 있으며 따라서 주식으로 받고 최소한 1년간은 주식을 팔지 않는 데 동의해야 한다고 주장했다. 잡스는 거절했다. 둘은 결국 타협안을 마련했다. 잡스가 1억 2000만 달러는 현금으로, 3억 7000만 달러는 주식으로 받고 최소 6개월 동안 주식을 보유하기로 합의한 것이다.

평소와 마찬가지로 잡스는 산책을 하며 대화를 나누고 싶어 했다. 아멜리오와 팰러앨토를 느긋하게 걸으며 잡스는 자신이 애플 이사회에 들어가야 한다고 그를 설득했다. 아멜리오는 그런 일을 급하게 추진하기에는 과거의 사연이 너무 많다며 그의 요구를 회피했다. "길, 그 말은 정말 가슴 아픕니다." 잡스가 말했다. "애플은 내 회사였어요. 스컬리와 끔찍한 일이 있었던 그날 이후로 손을 뗐지만요." 아멜리오는 자기는 이해하지만 이사회가 어떻게 생각할지 잘 모르겠다고 말했다. 잡스와 협상을 시작하기 직전, 아멜리오는 마음속으로 "논리를 주 무기로 삼아 전진할 것"이고 "그의 카리스마는 피해 갈 것"이라고 다짐했다. 하지만 산책을 하는 동안 다른 여러 사람과 마찬가지로 잡스의 장력에 갇혀 버렸다. 그는 회상한다. "스티브의 에너지와 열정에 매료되어 버렸지요."

유난히 긴 팰러앨토의 블록들을 두세 바퀴 돌고 집에 돌아왔을 때, 파월과 아이들도 집에 막 도착했다. 순조롭게 마무리된 협상을 다 같이 축하하고 나서 아멜리오는 벤츠를 타고 떠났다. "그는 우리가 마치 오랜 친구 사이인 것처럼 느끼게 해 줬어요." 아멜리오가 회상했다. 잡스에게는 실로 그런 노하우가 있었다. 훗날 잡스가 그를 퇴출시킬 계략을 꾸미고 난 후, 아멜리오는 잡스가 보여 주었던 친근함을 회상하며 생각에 잠겼다. "나중에 고통스럽게 발견한 사실은, 그것 역시 극도로 복잡한 그의 성격의 한 가지 측면에 불과했다는 겁니다."

가세에게 넥스트를 인수하기로 했다고 통보한 후 아멜리오는 그보다 불편한 일을 한 가지 더 수행해야 했다. 빌 게이츠에게 그 결정을 알리는 일이었다. "그는 폭발했어요." 아멜리오가 회상했다. 게이츠는 잡스가 계획을 기어이 성공시킨 것에 대해 놀라지는 않았지만 터무니없는 일이 벌어졌다고 생각했다. "스티브 잡스가 쓸 만한 뭔가를 진짜로 갖고 있다고 생각해요?" 게이츠가 아멜리오에게 말했다. "내가 그의 기술을 아는데, 유닉스를 재탕한 것에 불과해요. 애플 기기들에서 작동시키는 건 불가능할 거라고요." 잡스와 마찬가지로 게이츠도 스스로 화를 증폭하는 경향이 있었다. 아멜리오는 그가 2~3분 동안 몹시 열을 내며 따진 것으로 기억한다. "스티브가 기술에 대해서는 쥐뿔도 모른다는 거 모르세요? 그냥 말발만 센 세일즈맨이라고요. 그렇게 바보 같은 결정을 내리시다니 정말 믿을 수가 없군요. 그는 엔지니어링에 대해 아무것도 몰라요. 그리고 그가 말하고 생각하는 것의 99퍼센트는 다 잘못된 거라고요. 그런 쓰레기를 대체 뭐하러 사는 겁니까?"

세월이 흐른 후 내가 그때 얘기를 꺼내자, 게이츠는 그 정도로 화낸 기억은 없다고 말했다. 그는 따지고 보면 넥스트 인수가 애플에 새로운 운영체제를 제공해 준 것도 아니었다고 주장했다. "아멜리오는 넥스트를 인수하는 데 정말 많은 돈을 지불했어요. 하지만 솔직히 생각해 보자고요. 그래서 넥스트 운영체제가 사용된 적이 있나요? 한 번도 없잖아요." 그보다는 궁극적으로 넥스트 기술의 핵심이 포함되도록 기존의 애플 운영체제를 진화시킨 애비 테버니언이 영입되었다는 점이 중요했다. 게이츠는 그 거래로 인해 잡스가 다시 권력을 잡을 거라는 사실을 알았다. "운명의 장난이었지요. 그들이 사실상 사들인 것은 대부분의 사람들이 훌륭한 CEO로서 자질이 없다고 판단한 인물이었던 겁니다. 그는 경험이 별로 많지 않았으니까요. 하지만 그는 탁월한 디자인 감각과 엔지니어링 감각을 지닌 명석한 친구였지요. 자신의 광적인 성격을 억누르고 결국 임시 CEO로 선임되다니, 정말 대단한 인물이지요."

엘리슨이나 게이츠의 생각과는 달리, 잡스는 자신이 애플에서 적극적인 역할을 하고 싶은지 여부와 관련해 크게 상충하는 감정들을 품고 있었다. 넥스트의 인수가 공식적으로 발표되기 며칠 전, 아멜리오는 잡스에게 애플에 풀타임으로 들어와 운영체제 개발을 책임져 달라고 청했다. 하지만 잡스는 적극적으로 개입해 달라는 아멜리오의 요구를 계속 피했다.

발표 당일, 결국 아멜리오는 잡스를 사무실로 불렀다. 그의 답변이 필요했다. "스티브, 그냥 돈만 받고 떠나고 싶은 건가요?" 아멜리오가 물었다. "원하는 게 그거라면 그렇게 하도록 놓아 드려야 합당하겠지요." 잡스는 대답이 없었다. 그를 물끄러미 쳐다보기만 했다. "아니면 정식으로 복귀하고 싶은 건가요? 고문 자리는 어때요?" 잡스는 계속해서 침묵했다. 아멜리오는 밖으로 나와 잡스의 변호사 래리 손시니를 붙들고는 잡스가 뭘 원하는 것 같으냐고 물었다. "저도 몰라요." 손시니가 말했다. 그래서 아멜리오는 사무실로 돌아와 문을 닫고 다시 한 번 물었다. "스티브, 뭘 생각하는 건가요? 진심으로 하고 싶은 게 뭔가요? 지금 결정해야 해요."

"어젯밤 한숨도 못 잤어요." 잡스가 대답했다.

"왜요? 뭐가 문제인데요?"

"처리해야 할 수많은 일들, 그리고 우리가 합의한 거래에 대해 생각했어요. 전부 뒤죽박죽돼서 혼란스러워요. 지금 너무 피곤해서 생각을 제대로 할 수가 없어요. 그냥 더 이상 질문을 받고 싶지 않을 뿐이에요."

아멜리오는 그렇게 할 수 있는 상황이 아니라고 말했다. 무슨 말이든 해야 한다는 것이었다.

결국 잡스가 대답했다. "음, 저들에게 무슨 말이든 해야 한다면, 그냥 회장 고문을 하는 것으로 말해 주세요." 아멜리오는 그렇게 했다.

넥스트 인수 사실은 1996년 12월 20일 저녁, 애플 본사에서, 환호하는 직원들 250명 앞에서 발표되었다. 아멜리오는 잡스의 요청대로 그의 역할이 파트타임 고문이라고 설명했다. 잡스는 무대 옆이 아니라 강당 뒤쪽에서 나타나 통로를 통해 느긋하게 앞으로 걸어 나왔다. 아멜리오는 이미 직원들에게 잡스가 연단에 올라 이야기하기에는 너무 피곤한 상태라고 말해 놓은 터였다. 하지만 잡스는 청중의 박수 소리에 에너지가 충만해졌다. "매우 감격스럽습니다." 잡스가 말

잡스의 재림

했다. "옛 동료들 중 몇몇과 재회할 생각을 하니 가슴이 설렙니다."《파이낸셜 타임스》의 루이즈 키호는 잡스의 이야기가 끝나자마자 연단으로 다가와 비난에 가까운 말투로 물었다. "앞으로 애플의 경영권을 되찾을 계획이신가요?" 그러자 잡스가 대답했다. "그런 거 없어요, 루이즈. 지금 내 인생에는 다른 많은 일들이 진행되고 있어요. 가족이 생겼고 픽사에도 참여하고 있잖아요. 시간이 제한돼 있다고요. 하지만 내 아이디어 몇 가지는 나눌 수 있길 바랍니다."

이튿날 잡스는 픽사를 찾았다. 그곳에 큰 애정을 가지게 된 그는 직원들에게 자신이 계속 사장으로 남아 경영에 적극적으로 참여할 것이라는 사실을 알리고 싶었다. 하지만 픽사 사람들은 그가 파트타임으로나마 애플로 돌아가는 것에 대해 반가워했다. 잡스의 관심이 조금이라도 분산되는 것이 그들에게는 좋은 일이었기 때문이다. 대규모 거래를 위한 협상을 할 때는 그가 도움이 됐지만, 시간적 여유가 많을 경우 그는 위험인물이 되기 쉬웠다. 그는 래시터의 사무실로 찾아가 단지 파트타임 고문으로 일하는 것이지만 그래도 시간을 많이 빼앗길 거라고 말했다. 그는 래시터에게 축복을 빌어 달라고 청했다. "이 일로 가족들과 함께하는 시간이 많이 줄어들 것 같아 자꾸 마음에 걸려. 픽사 식구들과 함께하는 시간도 그렇고." 잡스가 말했다. "내가 돌아가겠다고 마음먹은 유일한 이유는, 애플이 죽지 않아야 세상이 더 살기 좋은 곳이 되기 때문이야."

래시터는 온화하게 웃으며 말했다. "축복을 빌어요."

부활

지금의 패자는 훗날 승자가 되리니

맥월드 엑스포에서 스티브 워즈니악을 무대로 불러낸
길 아멜리오와 뒤편으로 물러선 스티브 잡스　　　1997

되찾은 왕국

"30대 혹은 40대에 들어선 예술가가 뭔가 놀라운 기여를 하는 일은 매우 드물다." 서른 살에 접어들면서 잡스가 했던 말이다.

이 말은 잡스의 30대 시절, 즉 1985년 애플에서 퇴출된 후 10년의 기간에 그대로 적용되었다. 하지만 1995년 마흔 살이 되면서 그는 다시 한 번 날아올랐다. 그해 「토이 스토리」가 개봉했고, 애플이 넥스트를 인수하면서 잡스는 자신이 창업한 회사에 복귀할 수 있는 기회를 잡았다. 잡스는 애플로 돌아가 마흔이 넘은 사람도 최고의 혁신가가 될 수 있음을 보여 줄 터였다. 20대에 PC를 변혁시킨 그는 이제 뮤직 플레이어, 음반 업계의 사업 모델, 휴대전화, 모바일 애플리케이션, 태블릿 컴퓨터, 출판, 언론 등의 분야에 혁신을 불러일으킨다.

잡스는 이전에 래리 엘리슨에게 애플에 복귀하기 위한 전략을 얘기했다. 일단 애플에 넥스트를 팔고 이사로 선임된 다음, 아멜리오가 넘어질 때를 기다리며 준비한다는 것이었다. 그가 자신의 동기는 돈이 아니라고 말했을 때 엘리슨은 당황했을 것이다. 하지만 잡스의 말은 부분적으로는 사실이었다. 그에게는 엘리슨의 과다한 소비 욕구도, 빌 게이츠의 박애주의적 충동도, 《포브스》 부자 리스트에서 순위 경쟁을 벌이려는 욕심도 없었다. 그 대신 그는 자아 욕구와 개인적인 동기들로 인해 사람들의 감탄을 자아낼 만한 유산을 창출함으로써 만족을 얻으려고 했다. 사실 그는 두 가지 유산을 남기고 싶어 했다. 혁신과 변혁을 선도하는 위대한 제품을 만드는 것, 그리고 영구히 지속될 수 있는 회사를 구축하는 것,

이렇게 두 가지였다. 그는 에드윈 랜드와 빌 휼렛, 데이비드 패커드 등과 같은 인물의 반열에 오르고자 했다.(실은 뛰어넘고자 했다.) 그렇게 하기 위한 최선의 방법은 애플에 복귀하여 자신의 왕국을 되찾는 것이었다.

그럼에도 왕위에 다시 오를 시간이 되자 그는 주저하는 듯한 태도를 보였다. 길 아멜리오를 비판하는 것에 대해서는 부끄러워하지 않았다. 그것은 그의 천성이었고, 아멜리오가 일을 형편없이 하고 있다고 판단한 이후로는 다른 태도를 취하기도 어려웠다. 하지만 권력의 잔이 그의 입술에 닿으려고 하자 그는 이상하게도 머뭇거렸고, 심지어는 거부하는 태도를 보이기도 했다. 내숭을 떤 것인지도 모르겠다.

잡스는 아멜리오에게 말했던 대로 1997년 비공식 파트타임 고문으로 애플에 합류했다. 그는 인사와 관련된 일부 업무에서, 특히 넥스트에 있다가 통합된 자신의 직원들을 보호하는 일에서 목소리를 높이기 시작했다. 하지만 다른 대부분의 일과 관련해서는 평소의 그답지 않게 수동적인 자세를 취했다. 그를 이사회에 합류시키지 않겠다는 아멜리오의 결정이 그를 불쾌하게 했다. 그 대신 애플의 운영체제 부문을 맡아 달라는 제안은 모욕으로까지 느껴졌다. 이렇게 아멜리오는 잡스가 회사 내부에 있으면서 동시에 외부에 있는 상황을 연출해 냈다. 하지만 이러한 상황이 평화를 가져다줄 수는 없었다. 잡스는 나중에 이렇게 회상했다.

길은 내가 회사에 있는 걸 싫어했지요. 나는 그가 머저리라고 생각했고요. 그에게 넥스트를 팔기 전부터 알았어요. 나는 그냥 맥월드 같은 행사에 얼굴마담 역할이나 하러 가끔 불려 다닐 것요. 하지만 뭐, 그런 건 상관없었어요. 픽사의 CEO로 일하고 있었으니까요. 나는 팰러앨토 시내에 사무실을 내고 일주일에 며칠은 거기서 애플 일을 봤고, 하루나 이틀은 차를 몰고 픽사로 가곤 했지요. 그런대로 괜찮은 생활이었어요. 삶의 속도를 늦추고 가족들과 시간을 보낼 수 있었으니까요.

실제로 잡스는 1월 초 맥월드 행사에 불려 나갔고, 거기서 아멜리오가 머저리라는 자신의 견해를 재차 확신하게 되었다. 4000명에 가까운 애플 신봉자들이 샌프란시스코 메리어트 호텔 연회장에 앞다투어 도착해서는 아멜리오의 기조연설을 기다렸다. 영화 「인디펜던스 데이」에서 애플 파워북을 이용해 세계를 구한 배우 제프 골드블럼이 그를 소개했다. "저는 「쥬라기 공원 — 잃어버린 세계」에서 카오스이론 전문가 역을 맡은 바 있습니다." 골드블럼이 말했다. "이 정도면 애플 행사에서 한마디 해도 될 자격은 갖춘 셈이라 생각합니다." 그러고는 아멜리오에게 무대를 넘겼다. 그는 단추를 목까지 꽉 채운 차이나 칼라 셔츠에 화려한 스포츠 재킷을 걸치고 무대에 등장했다. "마치 라스베이거스의 코미디언 같았다." 《월스트리트 저널》의 짐 칼턴 기자가 말했다. 기술 전문 기자 마이클 멀론은 이렇게 묘사했다. "이혼한 지 얼마 안 된 삼촌이 첫 데이트에 나갈 때 입을 법한 차림새였다."

하지만 그보다 더 큰 문제는 아멜리오가 행사 직전까지 휴가를 다녀왔으며, 연설문 작성자들과 한바탕 싸우고 나서는 리허설마저 거부했다는 사실이었다. 무대 뒤 대기실에 도착한 잡스는 혼란스러운 상황에 속이 상했다. 연단에 서서 지리멸렬하게 끝없이 이어지는 프레젠테이션을 더듬거리며 전달하는 아멜리오의 모습에는 분통까지 터졌다. 아멜리오는 텔레프롬프터에 제시되는 연설의 요점들을 제대로 파악하지 못한 상태였고, 다급한 나머지 프레젠테이션을 즉흥적으로 이끌어 가려 했다. 여러 차례 생각의 흐름을 놓쳤고, 그런 식으로 한 시간이 흘러가자 청중들은 기가 차다는 분위기였다. 중간 중간에 특별 손님을 무대로 초청하는 시간이 있었다. 예컨대 아멜리오의 소개로 가수 피터 가브리엘이 무대로 올라와 새로운 음악 프로그램을 시연해 보였다. 또 아멜리오는 맨 앞줄에 앉아 있는 무함마드 알리를 가리키며 그의 참석을 알렸다. 원래 계획대로라면 그도 무대에 올라와 파킨슨병과 관련된 웹사이트를 홍보해야 했지만, 아멜리오는 그를 불러내지도 않았고 그가 왜 참석했는지 설명하지도 않았다.

아멜리오는 두 시간이 넘도록 횡설수설하다가 마침내 모든 사람들이 애타게 기다리던 인물을 불러냈다. "자신감과 스타일, 매력 그 자체를 발산하며 무대에 나타난 잡스의 모습은 우물쭈물하던 아멜리오와는 정반대의 분위기를 연출했다." 칼턴이 썼다. "엘비스가 돌아왔다 해도 그보다 더 큰 반향을 일으키지는 못했을 것이다." 청중은 모두 기립한 채 1분이 넘도록 요란스럽게 박수를 보냈다. 광야에서의 10년이 드디어 마감된 것이다. 그는 손짓으로 청중을 진정시키고는 당면한 문제의 핵심을 파고들었다. "다시 불꽃을 살려내야 합니다." 그가 말했다. "맥은 지난 10년 동안 별로 진보하지 못했습니다. 그래서 윈도에 따라잡힌 겁니다. 그보다 더 좋은 운영체제를 개발해 내야만 합니다."

잡스가 전달한 격려의 메시지는 아멜리오의 끔찍한 연설

을 만회하는 피날레가 될 수도 있었다. 하지만 불행히도 아멜리오가 다시 무대에 나타나더니 또 한 시간에 걸쳐 횡설수설을 늘어놓았다. 연설을 시작하고 도합 세 시간이 지나서야 아멜리오는 마침내 마무리를 지었다. 그는 잡스를 무대로 다시 불러냈고, 이어서 깜짝 이벤트로 스티브 워즈니악까지 올라오게 했다. 또 한 번 법석판이 벌어졌다. 그러나 잡스의 표정에는 불쾌함이 역력했다. 그는 세 명이서 손을 맞잡고 공중으로 추켜올리며 승리의 장면을 연출하자는 아멜리오의 신호를 일부러 피했다. 그는 천천히 무대 밖으로 나갔다. "그는 내가 계획했던 마무리 장면을 아주 잔인하게 망쳐 놓았어요." 아멜리오는 훗날 이렇게 불평했다. "애플이 언론에서 좋은 평을 받는 것보다 자신의 개인적인 감정이 더 중요했던 겁니다." 새해를 맞이한 지 일주일밖에 되지 않았지만 애플의 중심이 그대로 유지되지 않으리라는 사실은 이미 분명해지고 있었다.

잡스는 즉시 자신이 신뢰하는 사람들을 애플의 고위직에 앉히기 시작했다. "넥스트에 있다가 합류한 훌륭한 직원들이 당시 애플의 높은 자리에 앉아 있던 실력 없는 직원들에게 뒤통수를 맞지 않도록 신경을 썼어요." 그가 회상했다. 넥스트 대신 선의 솔라리스를 선택하자고 했던 엘렌 핸콕은 잡스의 '머저리 리스트'에서 최상위를 차지했다. 그녀는 특히 애플의 새로운 운영체제에 솔라리스의 핵심 기술을 사용하자고 계속 주장함으로써 상황을 악화시켰다. 이러한 결정들과 관련해 잡스가 어떤 역할을 할 것 같으냐고 어느 기자가 묻자 그녀는 냉정하게 대답했다. "아무 역할도 할 게 없습니다.” 하지만 결국 그녀가 틀린 것으로 드러났다. 잡스가 취한 첫 번째 조치는 그녀의 업무를 넥스트 출신의 두 친구에게 넘기는 것이었다.

소프트웨어 엔지니어링 부문의 책임자로는 자신의 친구 애비 테버니언을 택했다. 하드웨어 부문은 넥스트에 하드웨어 부문이 있던 시절에 그것을 담당했던 존 루빈스타인에게 맡겼다. 스카이 섬에서 휴가를 보내고 있던 그에게 잡스가 직접 전화를 걸었다. “애플에 사람이 좀 필요해.” 그가 말했다. “합류하겠나?” 루빈스타인은 그러기로 했다. 맥월드 행사와 때를 맞춰 돌아온 그는 그 무대에서 아멜리오가 프레젠테이션을 망치는 모습을 볼 수 있었다. 상황은 그가 예상했던 것보다 심각했다. 회의 시간이면 직원들이 터무니없는 주장을 펼치는 가운데 테이블의 다른 쪽 끝에 혼수상태에 빠진 듯한 아멜리오가 멍하니 앉아 있는 모습을 볼 수 있었다. 테버니언과 루빈스타인은 마치 우연히 정신병원에 발을 들여놓기라도 한 듯 서로 불안한 눈빛을 교환하곤 했다.

잡스는 사무실에 규칙적으로 출근하지는 않았지만 아멜리오와 통화는 자주 했다. 일단 테버니언과 루빈스타인, 그리고 자신이 신뢰하는 몇몇 수하들을 고위직에 앉히는 데 성공하자, 잡스는 허우적대는 제품 부문으로 초점을 돌렸다. 그의 신경을 거슬리는 제품 중에 필기 문자 인식 기능을 갖춘, ‘뉴턴’이라는 개인용 소형 디지털 기기가 있었다. 이 제품과 관련된 농담들이나 만화 「둔스베리」에 묘사된 것만큼 나쁜 제품은 아니었지만, 잡스는 뉴턴을 싫어했다. 그는 화면에 무언가를 적으려면 스타일러스(PDA 등의 기기 화면에 글씨를 쓸 때 사용하는 펜.— 옮긴이)나 펜을 사용해야 하는 방식을 경멸

라고 외쳤을 때와 마찬가지로, 애플을 인수하겠다는 엘리슨의 아이디어는 사람들의 관심을 별로 끌지 못했다. 그러자 그는 한 발 더 나아가 《새너제이 머큐리 뉴스》의 댄 길모어에게 애플 주식의 과반수를 사들이는 데 필요한 10억 달러를 조성하기 위해 투자자 그룹을 만들겠다고 말했다.(당시 애플의 시장가치는 약 23억 달러였다.) 기사가 발표된 첫날 애플 주식에 거래가 몰려 주가가 11퍼센트나 상승했다. 엘리슨의 경박한 짓거리는 거기서 그치지 않았다. 그는 'savapple@us.oracle.com'이라는 이메일 주소를 만들어 대중에게 자신의 계획을 실행에 옮기는 게 마땅한지 여부에 대해 투표해 달라고 요청했다.(엘리슨은 처음에 이메일 주소를 'saveapple(애플을 구하다)'로 정했지만 문자를 여덟 개로 제한하는 자사 이메일 시스템 때문에 알파벳을 하나 뺄 수밖에 없었다.)

　잡스는 엘리슨이 스스로에게 부여한 역할을 조금 재미있어했다. 그의 행동을 어떻게 받아들여야 할지 몰랐던 잡스는 그 주제에 대한 언급을 교묘히 피했다. "래리가 그 문제를 가끔씩 꺼내곤 하지요." 그가 어느 기자에게 말했다. "그러면 나는 애플에서 내가 맡은 역할이 고문이라고 설명하곤 합니다." 한편 아멜리오는 격노했다. 그는 엘리슨에게 따지기 위해 전화를 걸었으나 엘리슨은 전화를 받지 않았다. 그래서 아멜리오는 잡스에게 전화를 걸었다. 그러자 잡스는 애매하면서도 반은 진심인 대답을 내놓았다. "뭐가 어떻게 돌아가는 건지 나도 잘 몰라요. 다 미친 짓거리들이라고 생각해요." 그러고는 진심이 조금도 담기지 않은 말로 그를 안심시켰다. "당신과 나는 좋은 관계잖아요." 잡스는 엘리슨의 계획을 거부하는 내용의 성명을 발표하여 모든 추측들을 일축할 수 있었다. 하지만 그는 그러지 않았고, 아멜리오는 그 점이 매우 신경 쓰였다. 잡스는 일정한 거리를 유지했고, 그것은 그의 이익과 천성 모두에 부합했다.

아멜리오가 직면한 보다 심각한 문제는 그가 이사회 의장 에드 울러드의 지지를 잃었다는 점이었다. 울러드는 엔지니어 출신으로 사람들에게 귀를 기울일 줄 알고 직선적이며 분별력 있는 사람이었다. 그에게 아멜리오의 단점에 대해 얘기한 사람은 잡스만이 아니었다. 애플의 CFO 프레드 앤더슨도 울러드에게 회사가 은행과의 계약 조항을 위반하고 채무불이행 상태에 이르기 직전이며, 직원들의 사기가 끝없이 하락하고 있다고 얘기했다. 3월 이사회 회의에서 이사들은 불만을 표하며 아멜리오가 제안한 광고 예산안을 부결했다.

게다가 언론도 아멜리오에게 등을 돌렸다. 《비즈니스 위크》는 「애플은 완전히 무너졌는가?」라는 표지 기사를 실었고, 《레드 헤링》은 「길 아멜리오는 제발 사퇴하라」라는 제목의 사설을 발표했다. 《와이어드》는 애플 로고가 가시 면류관을 쓴 성심 모양으로 십자가에 달린 그림을 싣고 「기도하라」라고 제목을 붙인 표지 기사를 게재했다. 수년간 애플의 잘못된 경영을 비난해 온 《보스턴 글로브》의 마이크 바니클은 이렇게 썼다. "이 멍청이들은 사람들에게 겁을 주지 않은 유일한 컴퓨터를 1997년의 레드 삭스 불펜 꼴로 만들어 놓고 어떻게 아직도 월급을 받고 있는 것일까?" 5월 말, 아멜리오는 《월스트리트 저널》의 짐 칼턴과 인터뷰를 했다. 칼턴은 그에게 애플이 '죽음의 소용돌이'에 빠졌다는 인식을 바꿔 놓을 수 있을지 물었다. 그러자 아멜리오가 칼턴을 똑바로 쳐다보면서 대답했다. "그 질문에 어떻게 대답해야 할지 모르겠군요."

그해 2월에 잡스와 아멜리오가 최종 계약서에 서명을 마쳤을 때, 잡스는 기뻐 날뛰며 아멜리오에게 이렇게 말했다. "어디 가서 끝내주는 와인 한잔하면서 축하하기로 하죠!" 아멜리오는 다음에 자신의 와인 보관실에서 와인을 가져올 테니 부부 동반으로 모여서 축하하자고 제안했다. 6월이 다 되어서야 날짜를 잡은 그들은 둘 사이에 고조되고 있던 긴장감에도 불구하고 즐거운 시간을 보낼 수 있었다. 하지만 음식과 와인은 참석자들만큼이나 서로 조합이 맞지 않았다. 아멜리오는 1964년산 슈발 블랑과 몽라셰 한 병씩을 가져왔다.(각각 300달러 정도 되었다.) 잡스는 레드우드시티에 있는 채식 식당을 잡아 놨고, 음식 값은 총 72달러가 나왔다. 아멜리오의 아내는 집에 돌아와 남편에게 이렇게 말했다. "정말 매력 있는 사람이에요. 안사람도 그렇고."

잡스는 마음만 먹으면 사람들을 꾀고 매혹할 수 있었으며, 그러기를 즐겼다. 아멜리오와 스컬리 같은 인물들은 잡스가 자신들에게 잘 보이려고 하는 이유가 자신들을 좋아하고 존중하기 때문이라고 쉽게 믿어 버렸다. 잡스는 종종 아부에 굶주린 사람들에게 마음에도 없는 아부 한마디를 갑자기 던짐으로써 상대방이 그러한 착각을 하도록 만들었다. 좋아하는 사람들에게 쉽게 모욕적인 행동을 가할 수 있었던 것처럼 그는 싫어하는 사람들 앞에서도 자연스럽게 매력을 발휘할 수 있었다. 아멜리오는 그 점을 간파하지 못했다. 그 역시 스컬리와 마찬가지로 잡스의 애정을 너무도 갈구했기 때문이다. 아멜리오가 잡스와 좋은 관계를 맺고 싶은 자신의 갈망을 설명하기 위해 사용한 말은 스컬리가 사용했던 것과 매우 비슷했다. "어떤 문제가 풀리지 않을 때면 저는 그와 함께 산책을 하며 문제에 대해 얘기를 나눴어요." 아멜리오가 회상했다. "열 번 중에 아홉 번은 동의에 이르곤 했지요." 그는 신기하게도 잡스가 자신을 실제로 존경한다고 믿으려 애썼다. "스티브가 뛰어난 머리로 문제에 접근하는 방식을 보면 감탄이 절로 나오곤 했지요. 그럴 때면 우리가 서로 신뢰를 쌓아가고 있다는 느낌이 들곤 했어요."

하지만 부부 동반 모임을 하고 며칠 후 아멜리오의 환상은 깨졌다. 인수 협상을 벌일 때 그는 잡스에게 주식을 최소한 6개월 동안은 보유하고, 가능한 한 늦게 팔라고 당부했다. 6월은 그 6개월의 기간이 끝나는 시점이었다. 어느 날 애플 주식 한 무더기(150만 주)가 갑자기 매각되자, 아멜리오는 잡스에게 전화를 했다. "당신의 주식이 매각된 게 아니라고 사람들에게 얘기하고 있어요." 그가 말했다. "우리에게 먼저 알리기 전에는 주식을 팔지 않기로 한 것 기억하죠?"

"그렇죠." 잡스가 대답했다. 아멜리오는 그 대답을 잡스가 주식을 팔지 않았다는 말로 받아들였다. 그래서 그러한 내용의 성명을 발표했다. 하지만 얼마 후 증권거래위원회의 보고서가 나오자 잡스가 실제로 주식을 처분했다는 사실이 드러났다. "이런 젠장. 스티브, 분명히 주식을 팔았느냐고 물었을 때 아니라고 했잖소." 잡스는 애플이 나아가고 있는 방향에 대해 "비관적인 생각을 금치 못해" 주식을 팔았으며, "조금 쑥스러워서" 그 점을 인정하고 싶지 않았던 거라고 말했다. 수년 후 그 일에 대해 물어보자 그는 간단하게 대답했다. "길에게 알려야 할 필요를 느끼지 않았어요."

잡스는 왜 주식 매각 여부에 대해 아멜리오에게 거짓말을 했을까? 단순한 이유 한 가지는 잡스가 가끔 진실을 외면하는 경향이 있기 때문이라는 것이다. 헬무트 소넨펠드는 헨리 키신저에 대해 언젠가 이렇게 말했다. "그가 거짓말을 하는 이유는 그게 이득이 되어서가 아니라 그게 그의 천성이기 때문이다." 정당하다고 느낄 경우 종종 사람들을 오도하거나 진실을 숨기는 것이 잡스 성격의 일부였다. 반면 그는 대부분의 사람들이 포장하거나 감춰 두는 사실을 말함으로써 잔인할 정도로 솔직해지는 때도 있었다. 의도적인 거짓말과 지나친 솔직함 모두 일반적인 규칙들이 자신에게는 적용되지 않는다고 생각하는 그의 니체 철학적 태도의 여러 측면일 뿐이었다.

왕의 귀환

잡스는 애플을 인수하겠다는 래리 엘리슨의 호언을 묵살하길 거부했고, 비밀리에 주식을 팔아 놓고는 그에 대해 거짓말까지 했다. 아멜리오는 마침내 잡스가 자신을 노리고 있다는 사실을 깨달았다. "그를 내 편으로 생각하려는 저의 의지와 열망이 지나쳤다는 사실을 결국 받아들였어요." 아멜리오가 나중에 회상했다. "나의 종말을 앞당기기 위한 스티브의 계획들이 빠르게 진행되고 있었던 겁니다."

실제로 잡스는 기회가 있을 때마다 아멜리오를 비난했다. 그러한 행동을 억제할 수 있는 성격도 아니었고, 그의 비판들은 사실이었기 때문에 가치도 있었다. 하지만 이사회가 아멜리오에게 등을 돌린 데는 보다 중요한 요인이 따로 있었다.

CFO 프레드 앤더슨은 에드 울러드와 이사들에게 애플의 긴박한 상황에 대해 알리는 것이 자신의 신탁 의무라고 생각했다. "자금이 고갈되고 있고, 직원들이 떠나고 있으며, 중요한 직책에 있는 사람들도 퇴사를 고려하고 있다고 말해 준 건 프레드였어요." 울러드가 말했다. "그는 회사가 곧 좌초할 거라는 사실을 분명히 밝혔어요. 자기 자신도 떠날 생각을 하고 있다더군요." 주주총회에서 허우적대던 아멜리오의 모습을 보았던 울러드의 걱정은 이러한 사실들로 인해 한층 더 무거워졌다.

울러드는 골드만 삭스에 애플의 매각 가능성을 타진해 달라고 부탁해 놓은 터였다. 하지만 그 투자은행은 애플의 시장가치가 너무 떨어졌기 때문에 적당한 전략적 매입자를 찾기가 거의 불가능할 것이라는 답변을 보내왔다. 6월 이사회 임원 회의에서(아멜리오는 자리에 없었다.) 울러드는 이사들에게 자신이 추정하는 회사의 생존 확률을 밝혔다. "길이 계속 CEO를 맡으면 파산을 면할 확률이 10퍼센트밖에 안 됩니다. 그를 해고하고 스티브를 설득하여 CEO를 맡게 하면 살아남을 확률이 60퍼센트입니다. 길을 해고했는데 스티브를 복귀시키지 못해서 새 CEO를 찾아야 한다면 생존 확률은 40퍼센트입니다." 이사회는 울러드에게 잡스의 복귀 의사를 물을 권한을 주었다. 그리고 결과가 어떻게 되든 독립 기념일 연휴 동안 이사들에게 전화를 걸어 긴급 이사회를 소집하도록 당부했다.

울러드는 그의 아내와 함께 윔블던 테니스 경기를 관람하기 위해 런던으로 날아갔다. 그는 낮에는 테니스 경기를 몇 개 구경하고 저녁에는 '인 온 더 파크'에 잡은 스위트룸에서 미국에 있는 사람들에게 전화를 걸었다.(미국은 그때 낮이었다.) 체류를 마치고 호텔에서 체크아웃 했을 때 전화 요금만 2000달러가 나왔다.

그는 우선 잡스에게 전화를 걸었다. 이사회가 아멜리오를 해고할 것이니 다시 CEO를 맡아 달라는 부탁이었다. 이전에 잡스는 아멜리오를 조롱하고 애플이 나아가야 할 방향에 대한 자신의 생각을 개진하는 일에 공격적인 태도를 보였다. 하지만 갑자기 그에게 승리의 잔이 주어지자 그는 소심해졌다. "도와 드리기는 할게요." 그가 대답했다.

"CEO로서 말이죠?" 울러드가 물었다.

잡스는 아니라고 대답했다. 울러드는 그에게 최소한 직무 대행이라도 맡아 달라고 강하게 설득했다. 하지만 잡스는 또 거절했다. "고문 역할은 할 수 있어요. 무보수로요." 그는 오랫동안 원했던 이사회의 일원이 되는 데는 동의했다. 하지만 이사회 의장이 되어 달라는 부탁은 거절했다. "지금으로선 그 정도밖에 할 수 없어요." 얼마 후 잡스는 픽사 직원들에게 이메일을 보내 그들을 버리고 떠나지 않을 거라고 확인해 주었다. "3주 전 애플 이사회로부터 CEO가 되어 달라는 내용의 전화를 받았습니다. 하지만 거절했습니다. 그랬더니 다시 이사회 의장을 맡아 달라고 했습니다. 하지만 또 거절했습니다. 그러니까 걱정하지 않으셔도 됩니다. 유언비어가 돌더라도 그렇게 알고 있으면 됩니다. 저는 픽사를 떠날 생각이 없습니다. 여러분은 저와 함께 갈 운명입니다."

잡스는 왜 지휘권을 넘겨받지 않았을까? 왜 그는 20년 동안 갈망했던 직책을 받아들이는 데 주저했을까? 그에게 질문했을 때 그는 이렇게 대답했다.

픽사의 기업공개를 막 끝낸 참이었고, 나는 그곳의 CEO로서 만족하고 있었지요. 상장회사 두 곳의 CEO를 임시로라도 맡은 사람을 본 적도 없었고 그게 법적으로 가능한지 여부도 몰랐어요. 나는 어떻게 해야 할지, 내가 뭘 원하는지 몰랐어요. 한편 가족들과 많은 시간을 보내는 생활을 즐기고 있었지요. 딜레마에 빠진 겁니다. 애플이 곤경에 처했다는 것을 안 나는 스스로에게 물었어요. 지금 누리고 있는 행복한 생활을 포기할 의사가 있는가? 픽사의 주주들은 모두 어떻게 생각할까? 나는 내가 존경하는 사람들과 상의해 봤어요. 그리고 마침내 토요일 아침 8시에 앤디 그로브에게 전화를 했지요. 너무 이른 시간이었어요. 그에게 애플로 돌아가는 것의 장단점을 설명하고 있는데 그가 갑자기 중간에 말을 끊더니 이렇게 말하는 겁니다. "스티브, 난 애플 따위는 관심도 없어." 나는 충격을 받았어요. 그때 깨달았지요. 애플에 대해 나만큼 관심을 가지는 사람은 없구나. 내가 시작한 회사이고 없어지지 않는 한 세상에 도움이 될 수 있는 회사다. 그래서 애플이 정식 CEO를 찾는 일을 돕기 위해 임시로 애플에 복귀하기로 결정한 겁니다.

사실 픽사 직원들은 잡스가 자신들에게 관심을 덜 가지는 것에 대해 기뻐했다. 그들은 잡스가 이제 애플에도 신경 써야 한다는 사실에 대해 비밀리에(가끔은 공개적으로) 좋아했다. CEO직을 훌륭하게 수행했던 에드 캣멀이 언제든 그의 업무를 공식적으로든 비공식적으로든 맡으면 되었다. 잡스는 가족들과의 시간을 즐겼다고 말했지만, 아무리 여유 시간이 많다 해도 '올해의 아버지 상'을 받을 만한 인물은 아니었다. 그는 아이들, 특히 리드 잡스에게 관심을 쏟는 일을 전보다 잘하고 있었지만 그의 주된 초점은 늘 업무에 맞춰져 있었다. 그는 어린 두 딸에게 거리를 두며 냉정하게 대하는 일이 잦았고, 리사 브레넌과의 관계도 다시 소원해졌으며, 남편으로서도 종종 까다롭게 굴었다.

그렇다면 애플을 장악하는 데 망설인 진짜 이유는 무엇이었을까? 확고한 의지와 모든 것을 통제하려는 욕구가 있더라도, 잡스는 무언가에 대해 확신이 서지 않을 경우 우유부단하거나 표현을 삼가는 태도를 보였다. 완벽을 열망하는 그는 그보다 수준이 떨어지는 것에 만족하거나 여타의 가능성과 타협하는 법을 잘 몰랐다. 또한 복잡한 것과 씨름하기를 좋아하지 않았다. 이런 성향은 그의 제품과 디자인에 적용되었고 집에 들일 가구에도 그랬으며 개인적인 책임 문제에서도 드러났다. 어떠한 행동 방식이 옳다고 확신할 경우 그를 막을 수 있는 방법은 없었다. 하지만 의심이 생길 경우 그는 마음에 완벽하게 들지 않는 것들에 대해서는 생각하지 않으려고 뒤로 물러나곤 했다. 아멜리오가 그에게 무슨 역할을 하고 싶으냐고 물어봤을 때도 마찬가지였다. 잡스는 입을 다물어 버리며 자신을 불편하게 만드는 상황을 무시하곤 했다.

이러한 태도는 부분적으로, 모든 것을 이분법적으로 보려는 그의 성향에서 비롯했다. 사람은 무조건 영웅 아니면 머저리였고, 제품은 경이롭지 않으면 쓰레기였다. 결국 더 복잡하고 애매하며 미묘한 것들에 대해서는 난처해지지 않을 수 없었다. 결혼을 하거나 적절한 소파를 구입하거나 회사를 맡기로 결정하는 것과 같은 문제들에 대해서 말이다. 또한 그는 실패할 일은 시작조차 하지 않는 성격이었다. "제 생각엔 과연 애플을 회생시킬 수 있을지 진단해 보고 싶었던 것 같아요." 프레드 앤더슨의 말이다.

올러드와 이사회는 아멜리오를 해고하기로 결정했다. 잡스가 '고문' 역할을 얼마나 적극적으로 수행할지 분명하지 않은 상황이었지만 다른 선택의 여지가 없었다. 아멜리오가 런던에서 걸려 온 올러드의 전화를 받았을 때 그는 아내와 아이들, 손주들과 소풍을 가려는 참이었다. "우리는 자네가 물러나야겠다고 결정했네." 올러드가 간단히 말했다. 아멜리오는 이 문제에 대해 논의할 만한 상황이 아니라고 대답했지만 올러드는 계속 밀어붙였다. "CEO를 교체한다고 발표할 예정이야."

아멜리오는 항의했다. "에드, 기억 안 나요? 회사를 정상화하려면 3년은 걸릴 거라고 이사회에 말했잖아요. 아직 반도 안 지났어요."

"이사회는 이 문제에 대해 더 이상 논의하지 않기로 했네." 올러드가 답했다. 아멜리오는 그 결정에 대해 누가 아느냐고 물었다. 올러드는 사실대로 이사진 모두와 잡스가 안다고 대답했다. "우리는 스티브하고도 상의했네." 올러드가 말했다. "그는 자네가 매우 좋은 사람이긴 하지만 컴퓨터 업계에 대해서는 잘 모른다고 생각하더군."

"이런 결정을 내리는 데 도대체 왜 스티브를 포함하는 거죠?" 아멜리오가 화를 내며 말했다. "스티브는 이사회의 일원도 아닌데 대체 무슨 이유로 이 논의에 낀단 말입니까?" 하지만 올러드도 물러서지 않았고, 아멜리오는 예정대로 가족 소풍을 가기 위해 전화를 끊어야 했다. 그는 아내에게 소식을 전했다.

잡스는 때때로 지나치게 냉담한 자세와 애정에 굶주린 태도가 이상하게 조합된 모습을 보여 주었다. 평소 그는 사람들이 자신에 대해 어떻게 생각하든 조금도 개의치 않았다. 누군가를 완전히 무시한 채 다시는 그들과 이야기를 안 할 때도 있었다. 하지만 또 어떨 때는 심중을 털어놓거나 자기 입장을 해명하고 싶은 충동을 느끼기도 했다. 그날 저녁 잡스는 뜻밖에도 아멜리오에게 전화를 걸었다. 아멜리오는 놀라지 않을 수 없었다. "있잖아요 길, 그냥 이것만 말씀드리고 싶어요. 오늘 에드와 그 문제에 관해 대화를 나눴는데 기분이 정말 안 좋네요. 이런 결정이 나온 것과 저는 아무 관계도 없다는 사실을 알아주셨으면 합니다. 이사회에서 내린 결정이거든요. 저한테 의견을 묻고 조언을 청하긴 했지요." 잡스는 아멜리오에게 "내가 만난 사람 중에서 가장 높은 수준의 도덕성을 지닌 것에 대해 존경한다."라고 말했다. 그러고는 청하지도 않았는데 조언을 해 주기 시작했다. "6개월 정도 푹 쉬는 게 좋습니다. 애플에서 쫓겨났을 때 저는 바로 다른 일을 시작했거든요. 그 점이 후회가 되곤 했어요. 나 자신을 위해 그 시간을 활용해야 했는데." 잡스는 아멜리오에게 혹시 궁금한 게 생기면 언제든 연락하라고, 언제든 시간을 내서 이야기를 들어주고 조언도 해 주겠다고 말했다.

상당히 놀란 아멜리오는 고맙다는 말 몇 마디를 겨우 중얼거렸다. 아멜리오는 잡스가 한 얘기를 아내에게 들려주었다. "어떤 면에서는 아직도 이 친구가 마음에 들어. 하지만 믿을 수 없는 인간이지." 그가 말했다.

"스티브한테 완전히 속았어요." 그의 아내가 말했다. "바보가 된 것 같은 기분이에요.”

“그런 사람 많지. 한 명 더 늘었네.” 아멜리오가 대답했다.

당시 애플의 비공식 고문으로 활동하던 스티브 워즈니악은 잡스가 돌아온다는 소식을 크게 반겼다. “회사에 딱 필요했던 게 바로 그거예요.” 그가 말했다. “스티브에 대해 어떻게 생각하든 회사의 생기를 되살리는 법을 아는 유일한 인물이니까요.” 잡스가 아멜리오를 물리쳤다는 사실도 그리 놀랍지 않았다. 얼마 후 워즈는 《와이어드》에 이렇게 얘기했다. “길 아멜리오가 스티브 잡스를 만난 순간, 이미 게임은 끝난 겁니다.”

그 주 월요일, 애플의 임원들은 호출을 받고 강당에 모였다. 아멜리오는 차분하고 편안한 표정으로 들어섰다. “제가 물러나야 할 때가 된 것 같습니다. 저도 매우 안타깝게 생각합니다.” 그가 말했다. 임시 CEO를 맡기로 한 프레드 앤더슨이 다음 차례였다. 그는 모든 일을 잡스와 상의하여 처리할 것이라고 분명히 밝혔다. 그리고 드디어 잡스가 모습을 드러냈다. 예전의 그 메모리얼 데이 주말 기간에 벌어졌던 싸움으로 권력을 상실한 지 정확히 12년 만이었다.

잡스가 공개적으로 (혹은 스스로) 인정하고 싶었든 그렇지 않았든, 그가 단지 ‘고문’ 역할에서 그치지 않고 회사 전반을 관장할 것임이 즉시 분명해졌다. 반바지에 운동화, 그리고 그의 상징이 된 검은색 터틀넥을 입고 무대에 등장한 잡스는 자신이 그토록 사랑하는 조직에 활기를 불어넣기 시작했다. “좋아요. 우리 회사의 문제가 뭔지 한번 이야기해 보세요.” 그가 말했다. 몇 명이 중얼거리는 소리가 들렸지만 잡스는 그들의 말을 잘랐다. “바로 제품이에요!” 그가 말했다. “그러면 제품은 뭐가 잘못됐을까요?" 다시 몇 명이 대답을 하려고 했지만 잡스가 이내 정답을 내놓았다. "제품들이 형편없다는 겁니다!" 그가 소리쳤다. "제품들이 더 이상 섹시하지 않단 말이에요!"

올러드는 잡스를 구슬려 매우 적극적으로 '고문' 역할을 수행하는 데 동의하도록 만들었다. 잡스는 "애플이 새 CEO를 고용할 때까지 최장 90일 동안 회사 일에 적극 개입할 것"이라는 성명을 발표하는 것도 승인했다. 올러드는 영리하게도 이 성명서에 잡스가 "조직을 이끄는 고문"으로서 복귀하는 것이라고 명시했다.

잡스는 임원 전용 층의 회의실 옆에 위치한 작은 사무실을 택했다. 아멜리오가 쓰던 복도 끝의 큰 사무실을 피하려는 의도가 역력했다. 그는 제품 디자인, 부실 부문 정리, 공급업체와의 협상, 광고대행사 재검토 등 비즈니스 전반에 참여했다. 또한 유능한 직원들의 이탈을 막아야 한다고 느낀 그는 그들이 보유한 스톡옵션의 가격을 다시 책정하기로 했다. 애플의 주가가 너무 많이 떨어져 그들의 옵션이 무가치해진 상태였다. 그는 옵션 행사 가격을 낮추어 옵션의 가치를 다시 올리고자 했다. 당시 그러한 방법이 불법은 아니었지만 모범적인 관행으로 간주되지도 않았다. 애플에 복귀하고 맞은 첫 목요일, 잡스는 전화상으로 진행하는 이사회 회의를 소집하여 문제를 간단하게 설명했다. 이사들은 난색을 표했다. 그들은 그러한 변화가 회사에 끼칠 법적, 재정적 영향에 대해 조사할 시간을 달라고 했다. "당장 진행해야 합니다." 잡스가 그들에게 말했다. "실력 있는 직원들이 떠나고 있다고요."

잡스를 지지하는 에드 올러드도 반대했다.(올러드는 보상

위원회 위원장도 겸하고 있었다.) "듀폰에서 한 번도 안 해 본 일이라서⋯⋯." 그가 말했다.

"이런 문제를 해결하라고 저를 부른 것 아닙니까. 사람이 핵심이라고요." 잡스가 주장했다. 그래도 두 달에 걸쳐 조사를 수행하자고 이사회에서 제안하자 잡스는 폭발했다. "지금 제정신이에요?" 그는 한동안 말없이 침묵을 지키더니 입을 열었다. "여러분, 이대로 하기 싫으시다면 저는 월요일부터 출근하지 않겠습니다. 저는 지금 이것보다 훨씬 더 어려운 결정을 수천 가지나 더 내려야 합니다. 이런 종류의 결정마저 여러분이 지지해 주지 못한다면 저는 실패할 겁니다. 그러니까 여러분이 못 하겠으면 저도 나가렵니다. 저를 탓하면서 '스티브가 일을 감당하지 못했어.'라고 말해도 상관없습니다."

이튿날 이사회와 상의를 마친 울러드가 잡스에게 전화했다. "승인하기로 했네." 그가 말했다. "하지만 이사들 몇몇이 불만을 품고 있어. 자네가 일을 너무 강압적으로 처리한다고 말이야." 고위 직원들의 옵션은 13.25달러로 다시 설정되었다.(잡스는 옵션이 없었다.) 아멜리오가 해고당한 날의 주가와 같은 가격이었다.

하지만 승리를 선언하고 이사회에 감사를 표하는 대신, 잡스는 자신이 존중하지도 않는 이사들에게 이런저런 결정을 설명해야 하는 상황에 대해 계속 불만을 터뜨렸다. "말을 갈아탑시다. 이래 가지고는 안 되겠어요." 그가 울러드에게 말했다. "이 회사는 지금 휘청거리고 있어요. 이사들을 어르고 달랠 시간이 없다고요. 그러니까 전부 사임해 주길 바랍니다. 그러지 않으면 내가 그만두고 월요일부터 안 나올 테니까." 그는 울러드 딱 한 명만 남을 수 있다고 말했다.

부활

대부분의 이사들은 아연실색했다. 잡스는 여전히 풀타임 직책이나 '고문' 이상의 역할을 맡지 않으려 했다. 그러면서도 이사들에게 떠나 달라고 말할 수 있는 권한은 가졌다고 생각하는 것이었다. 하지만 부인할 수 없는 사실은 그가 실제로 그러한 권력을 쥐고 있었다는 것이다. 이사회는 분노한 잡스가 홀연히 떠나 버리는 상황을 감수할 여유가 없었고, 사실 그때는 이미 애플 이사회의 일원으로 남아 있는 게 그리 매력적인 일도 아니었다. "수많은 어려움을 겪었던 그들 대부분은 사임하는 것을 오히려 반가워했지요." 울러드의 회상이다.

　이사회는 이번에도 잡스의 결정을 묵인했다. 그리고 한 가지 요청을 했다. 울러드 외에 다른 이사 한 명이 남도록 허용해 달라는 부탁이었다. 그렇게 하는 게 보기에도 좋을 거라는 것이었다. 잡스는 동의했다. "그들은 형편없고 끔찍한 이사들이었어요." 그가 나중에 말했다. "나는 에드 울러드 외에 개러스 창이라는 사람이 남는 것에 동의했어요. 개러스는 '제로'였어요. 형편없었던 게 아니라 그냥 있으나 마나 한 '제로'였어요. 반면 울러드는 내가 본 이사들 중 최고라고 할 수 있지요. 그는 귀족 같았어요. 내가 만난 사람 중에 가장 도움이 많이 되고 지혜로운 사람이었어요."

　사임 요청을 받은 사람 중에는 마이크 마쿨라도 있었다. 1976년 젊은 벤처 투자가로서 잡스의 창고를 방문했을 때, 그는 작업대 위에 놓인 미완성 컴퓨터와 사랑에 빠져 25만 달러의 여신 한도를 보장했고, 새로 창업한 애플의 세 번째 파트너이자 지분의 3분의 1을 소유한 사람이 되었다. 이후 20년 동안 그는 이사회에 계속 몸담았고, 여러 명의 CEO를 맞이하고 내보냈다. 그는 잡스를 지지하기도 했지만, 1985년의 대결에서 스컬리 편을 들어준 것에서 볼 수 있듯이 잡스와 충돌하기도 했다. 잡스가 돌아오기로 한 이상 자신이 떠날 때가 됐음을 그는 알았다.

잡스는 자신과 의견이 엇갈리는 사람들에게 특히 신랄하고 차갑게 대했지만, 초기부터 자신과 함께했던 이들에게는 감상적인 태도를 보이기도 했다. 서로 다른 길을 걸었지만, 워즈니악은 잡스의 분류에서 좋은 쪽에 해당했다. 앤디 허츠펠드와 매킨토시 팀 출신의 몇 명도 그러했다. 종국에는 마이크 마쿨라도 거기에 속하게 되었다. "그에게 깊은 배신감을 느꼈지요. 하지만 그는 내게 아버지 같은 존재였고, 그래서 늘 그에게 마음을 쓰지 않을 수 없었어요." 잡스가 나중에 회상했다. 애플 이사회에서 나가 달라는 말을 전할 때가 되자, 잡스는 마쿨라를 개인적으로 만나기 위해 우드사이드 언덕 지대에 자리한 그의 성 같은 저택으로 차를 몰고 갔다. 그는 평소대로 산책을 하자고 제안했고, 둘은 피크닉 테이블이 놓인 삼나무 숲을 향해 걸었다. "그는 신선한 출발을 하기 위해 새로운 이사진을 갖추고 싶다고 말했어요." 마쿨라가 말했다. "제가 오해하거나 기분 나쁘게 받아들일까 봐 걱정하더군요. 나는 정말 괜찮으니 그런 걱정 말라고 하니까 그제야 안도합디다."

그들은 애플이 앞으로 어디에 초점을 맞춰야 하는지 이야기하며 나머지 시간을 보냈다. 잡스는 오래도록 존속할 회사를 구축하고자 하는 야심이 있었다. 그래서 마쿨라에게 그러기 위해 필요한 공식이 무엇이냐고 물었다. 마쿨라는 오래 지속되는 회사들은 스스로를 재창조할 줄 안다고 답했다. 예컨대 HP는 끊임없이 스스로를 재창조했다. 음향 발진기 회사로 시작해 계산기 회사로 탈바꿈했고, 그다음에는 컴퓨터 회사가 되었다. "PC 사업에서 애플은 마이크로소프트에 밀려나고 있어." 마쿨라가 말했다. "회사를 재창조해서 뭔가 다른 것을 하게 만들어야 해. 다른 소비자 제품이나 전자 기기 같은 것 말이야. 나비처럼 탈바꿈을 하는 그런 조직이 돼야 해." 잡스는 묵묵히 경청하며 그의 말에 동의했다.

7월 말 개혁안 비준 절차를 밟기 위해 기존 이사들이 소집되었다. 제멋대로인 잡스와는 달리 품위를 중시하는 울러드는 잡스가 청바지에 운동화를 신고 회의에 나타나자 조금 당황했다. 그는 잡스가 원로 이사들의 실패를 탓하며 그들을 비난할까 봐 우려했다. 하지만 잡스는 유쾌하게 "여러분, 안녕하십니까?"라는 한마디만 던질 뿐이었다. 이사들은 곧바로 본론에 들어가 사임을 받아들이고 잡스를 이사로 선임하며 울러드와 잡스에게 새로운 이사들을 모을 권한을 부여하기로 결정했다.

물론 잡스가 가장 먼저 영입한 인물은 래리 엘리슨이었다. 엘리슨은 흔쾌히 응했지만 회의에 참석하기는 싫다고 했고, 잡스는 그에게 전체 회의 중에서 절반만 나와도 괜찮다고 했다.(하지만 얼마 후 엘리슨은 세 차례에 한 번꼴로 회의에 참석하기 시작했다. 그러자 잡스는 《비즈니스 위크》 표지에 나온 그의 사진을 오려 실물 크기로 확대한 다음 판지에 붙여서 엘리슨의 의자에 올려놓았다.)

잡스는 1980년대 초 애플의 마케팅을 담당하다가 스컬리와 잡스 사이의 충돌로 곤란한 입장에 처했던 빌 캠벨도 영입했다. 캠벨은 결국 스컬리 편에 섰지만, 나중에는 그를 너무도 싫어하게 되었기 때문에 잡스의 용서를 받을 수 있었다. 이제 그는 인튜이트의 CEO였고 잡스의 산책 친구였다. "스티브의 집 뒤뜰에 앉아서 대화를 나눴지요." 잡스의 팰러앨토 집에서 다섯 블록밖에 떨어지지 않은 곳에 살던 캠벨이 회상한다. "그는 자신이 애플로 돌아갈 것이고 저를 이사회에 앉히고 싶다고 말했어요. 그래서 대답했죠. '그게 정말이야? 당연히 그래야지.'" 캠벨은 컬럼비아 대학교에서 미식축구 코치로 일한 적이 있다. 잡스는 "B급 선수들로 A급 성과를 끌어낼 수 있는" 그의 재능이 절실하다고 말했다. 그러면서 애플에서는 A급 선수들과 일하게 될 거라고 덧붙였다.

울러드는 크라이슬러와 IBM에서 CFO로 일한 바 있는 제리 요크를 데려왔다. 당시 하스브로의 플레이스쿨 부문 매니저였고 그전에는 디즈니의 전략 기획 담당자였던 멕 휘트먼 등 다른 몇몇도 물망에 올랐지만, 잡스가 거부했다.(1998년 휘트먼은 이베이의 CEO가 되었고, 나중에는 캘리포니아 주지사 선거에 출마했다.) 잡스는 휘트먼과 점심 식사를 하면서 평소처럼 사람들을 '천재' 아니면 '머저리'로 구분하는 이분법 잣대를 들이댔다. 그가 볼 때 휘트먼은 '천재' 부류에 속하지 않았다. "전봇대만큼이나 멍청해 보였어요." 그가 다소 성급하게 판단한 경우라 하겠다.

그 후로 오늘에 이르기까지 잡스는 기회가 닿는 대로 강력한 리더들과 접촉해 그들을 애플 이사직에 합류시켰다. 거기에는 앨 고어와 구글의 에릭 슈미트, 지넨테크의 아트 레빈슨, 갭과 제이크루의 미키 드렉슬러, 에이번의 안드레아 정 등도 포함되었다. 잡스는 그들이 항상 자신에게 충성해야 한다는 점을 강조했다.(도가 지나칠 정도로 요구할 때도 있었다.)

부활

그들은 각자의 위상에도 불구하고 종종 잡스에게 위압당하거나 그에 대한 외경심에 사로잡힌 듯했고, 그를 기쁘게 하기 위해 늘 노력했다. 애플에 복귀하고 나서 몇 년 후, 잡스는 증권거래위원회의 전 의장 아서 레빗을 애플 이사로 초빙했다. 1984년 첫 매킨토시를 구입한 후 애플 컴퓨터에 '중독된' 것을 자랑스럽게 여기던 그는 뛸 듯이 기뻐했다. 그는 상기된 채 쿠퍼티노를 방문했고, 거기서 자신의 직책에 대해 잡스와 이야기를 나눴다. 하지만 얼마 후 잡스는 레빗이 기업의 통치 구조에 관해 연설한 내용을 읽게 되었다. 이사회가 보다 강력하게 독립적인 역할을 수행해야 한다는 내용이었다. 잡스는 그에게 전화를 걸어 제안을 철회했다. "아서, 아무래도 당신은 우리 이사회를 별로 맘에 들어 하지 않을 것 같다는 생각입니다. 없었던 얘기로 하는 게 나을 거 같네요. 솔직히 말하면, 당신이 거론했던 문제들 일부가 다른 회사들에는 적합할지 모르겠지만 애플의 문화에는 맞지 않는다는 판단입니다." 레빗은 훗날 이렇게 썼다. "어안이 벙벙해지지 않을 수 없었다. (중략) 결국 애플 이사회는 CEO로부터 독립적으로 행동할 수 있는 조직이 아니라는 의미였다."

'우리'의 애플

애플의 스톡옵션 가격을 조정한다는 내용을 담아 직원들에게 전달한 메모의 말미에는 "스티브와 경영진"이라는 서명이 박혔다. 그리고 곧이어 잡스가 회사의 모든 제품 검토 회의를 주관하고 있다는 사실도 대중에 밝혀졌다. 그 외에도 잡스가 이제 애플에 깊이 관여하고 있음을 보여 주는 여타 사례들이 알려진 덕분에 애플의 주가는 7월 한 달 동안 13달러에서 20달러까지 올라갔다. 이는 1997년 8월 보스턴에서 열린 맥월드 행사의 흥분된 열기로 이어졌다. 5000명이 넘는 애플의 충성스러운 팬들이 잡스의 기조연설을 듣기 위해 몇 시간 전부터 파크 플라자 호텔의 캐슬 컨벤션 홀에 밀려들기 시작했다. 그들은 돌아온 영웅을 보기 위해, 그리고 그가 그들의 리더가 될 준비를 진정 마쳤는지 확인하기 위해 그곳을 찾았다.

오버헤드 스크린에 1984년에 찍은 잡스의 사진이 뜨자 커다란 환호성이 울렸다. "스티브! 스티브! 스티브!" 청중들이 외치기 시작했다. 연사를 소개하는 중에도 그들의 환호는 계속되었다. 그가 드디어 흰 티셔츠에 검은색 조끼, 청바지 차림으로 장난기 가득한 미소를 띤 채 무대로 걸어 나오자, 유명록 스타 공연에 버금가는 환호성과 카메라 플래시가 터져 나왔다. 일단 그는 자신의 공식적인 소속을 상기시킴으로써 고조된 분위기에 찬물을 끼얹었다. "저는 픽사 회장이자 CEO인 스티브 잡스입니다." 그가 자신의 직함이 포함된 슬라이드를 화면에 비추면서 소개했다. 그러고는 애플에서의 역할에 대해 설명했다. "다른 많은 사람들과 마찬가지로 저 역시 애플을 건강하게 회복시키기 위해 힘을 보태고 있습니다."

하지만 잡스가 무대 위를 왔다 갔다 하며 손에 든 리모컨으로 슬라이드를 넘겨 감에 따라, 이제 그가 애플의 지휘권을 잡고 있고 그 자리에 계속 머물 것이라는 사실이 분명해졌다. 그는 신중하게 준비한 프레젠테이션을 노트도 없이 진행하며 애플의 매출이 어째서 지난 2년간 30퍼센트 이상 떨어졌는지 설명했다. "애플에는 훌륭한 사람들이 많습니다. 하지만 계획 자체가 잘못됐기 때문에 그들도 잘못된 일을 하고 있는 겁니다. 좋은 전략과 보조를 맞추고 싶어 하는 사람들이 많다는 사실을 발견했습니다. 다만 지금까지는 그런 전략이 없었던 겁니다." 청중은 다시 한 번 환호성을 지르며 휘파람을 불어 댔다.

잡스가 이야기를 이어 나갈수록 열정이 점점 더 강렬하게 발산되었다. 그는 애플이 앞으로 할 일들에 대해 밝히면서 '그들'이라는 표현 대신 '우리'와 '나'라는 표현을 쓰기 시작했다. "애플 컴퓨터를 구입하려면 여전히 다른 사람들과는 다르게 사고해야 한다고 생각합니다. 우리 컴퓨터를 사는 사람들은 실제로 다른 것을 생각합니다. 이분들은 이 세상의 창조적인 영혼들이고, 이 세상을 바꾸고자 하는 이들입니다. 그런 사람들을 위해서 '우리는' 도구를 만들어 드립니다." '우리'라는 단어를 강조할 때 그는 두 손을 동그랗게 모아 쥐고는 자신의 가슴을 톡톡 두드렸다. 연설의 후반부에 들어가 애플의 미래에 대해 얘기할 때도 그는 계속해서 '우리'라는 단어를 힘주어 말했다. "우리 역시 다르게 사고할 것이고, 처음부터 우리 제품을 구입해 온 사람들을 위해 봉사할 것입니다. 많은 사람들이 이분들을 미쳤다고 말하지만 그 속에서 우리는 천재성을 발견하기 때문입니다." 기립 박수가 길게 이어지는 동안, 사람들은 놀랍다는 표정으로 서로를 쳐다봤고 몇 명은 눈물을 훔치기도 했다. 잡스는 자기 자신과 애플의 '우리'가 하나임을 분명히 한 것이다.

마이크로소프트와 손잡다

1997년 8월 맥월드에서 잡스가 전달한 연설의 클라이맥스는 《타임》과 《뉴스위크》의 표지에도 실리게 되는 폭탄선언이었다. 발표가 끝나갈 즈음, 그는 물을 한 모금 마시고는 좀 더 침착한 목소리로 말하기 시작했다. "애플은 생태계 안에 살고 있습니다. 다른 파트너들의 도움이 필요하다는 의미입니다. 이 업계에서 파괴적인 관계는 아무에게도 도움이 되지 않습니다." 극적인 효과를 위해 그는 다시 잠깐 멈추더니 말했다. "애플의 새로운 파트너 중 하나를 오늘 여러분에게 발표하겠습니다. 매우 뜻깊은 관계입니다. 저희는 마이크로소프트와 협력하기로 했습니다." 마이크로소프트와 애플의 로고가 화면에 뜨자 사람들의 놀란 숨소리가 홀을 메웠다.

애플과 마이크로소프트는 다수의 저작권 및 특허권 문제로 10년 동안 전쟁을 치르고 있었다. 가장 대표적인 것이 마이크로소프트가 애플의 그래픽 유저 인터페이스(GUI)의 디자인과 느낌을 도용했는지 여부와 관련된 문제였다. 1985년 잡스가 애플에서 퇴출당할 무렵, 존 스컬리는 마이크로소프트와 다소 불리한 협상을 맺었다. 마이크로소프트가 애플 GUI의 라이선스를 받아 윈도 1.0에 사용하는 대신, 엑셀을 2년 동안 오직 맥에만 공급한다는 내용이었다. 1988년 마이크로소프트가 윈도 2.0을 출시하자 애플은 소송을 제기했다. 스컬리는 1985년에 맺은 협상이 윈도 2.0에는 적용되지 않으며, 윈도에 추가된 개선 사항들(빌 앳킨슨이 개발한, 다수의 창들을 겹쳐서 띄우는 기술을 차용한 것 등이다.)로 인해 그들의 계약 위반이 더 분명해졌다고 주장했다. 1997년 애플은 그 재판과 여러 소송에서 패소했지만 소송 몇 개가 아직 진행 중이었고 새로운 소송이 제기될 가능성도 있는 상황이었다. 게다가 클린턴 정권의 법무부가 마이크로소프트를 상대로 대규모 반(反)독점 소송을 준비하고 있었다. 잡스는 담당 검사 조엘 클라인을 팰러앨토로 초대했다. 그는 클라인과 커피를 마시며 마이크로소프트에 거액의 벌금을 물리는 일에 너무 연연하지 말라고 말했다. 그 대신 그들이 계속 소송에 정신이 팔려 있게만 해도 된다는 것이었다. 그렇게 하면 애플이 마이크로소프트를 피해서 뛸 수 있는 기회를 잡고, 경쟁력 있는 제품들을 내놓을 거라는 것이었다.

아멜리오가 지휘권을 잡자 둘 간의 대결은 더욱 격렬해졌다. 마이크로소프트는 미래의 매킨토시 운영체제를 위한 워드와 엑셀을 더 이상 개발하지 않겠다고 나왔다. 그렇게 되면 애플은 무너질 수도 있는 상황이었다. 빌 게이츠를 잠시 변호하자면, 그는 단순히 앙심 때문에 그렇게 나오는 게 아니었다. 끊임없이 바뀌는 리더들을 비롯하여 애플의 그 누구도 새 운영체제가 무엇이 될지 모르는 마당에, 미래의 매킨토시 운영체제를 위해 제품을 계속 개발해야 한다? 게이츠로서는 주저하는 게 당연했다. 애플이 넥스트를 인수한 직후, 아멜리오와 잡스가 마이크로소프트를 방문했다. 하지만 게이츠는 둘 중 누가 책임자인지 구분하기가 어려웠다. 며칠 후 그는 잡스에게 직접 전화를 걸었다. "이봐요, 제기랄. 그럼 이제 우리 애플리케이션들을 넥스트 운영체제에 맞춰야 한다는 거요?" 게이츠가 회상하길, 잡스는 "길 아멜리오를 비난하는 건방진 몇 마디를 던졌고" 곧 모든 게 분명해질 거라고 답했다고 한다.

아멜리오가 사임하고 리더십 문제가 부분적으로 해결되자, 잡스는 우선 게이츠에게 전화를 걸었다. 잡스는 그와의 통화를 이렇게 기억한다.

빌에게 전화를 걸었어요. 그러고는 내가 상황을 완전히 바꿔 놓을 거라고 말했지요. 빌은 늘 애플에 신세 진게 있다는 마음이 있었어요. 그를 응용 프로그램 소프트웨어 사업에 끌어들인 것이 우리였고, 마이크로소프트가 최초로 개발한 응용 프로그램도 맥을 위한 엑셀과 워드였으니까요. 그래서 전화를 걸어 도움이 필요하다며 이렇게 말했어요. "마이크로소프트가 애플의 특허들을 깔아뭉개고 있지만, 그래도 우리가 소송을 계속 벌여 나가면 몇 년 후에 우리가 10억 달러 규모의 소송 하나 정도는 이길 수 있다. 이 사실은 당신도 알고 나도 안다. 하지만 우리가 계속 전쟁을 벌이면 애플이 그때까지 살아남으리라는 보장이 없다. 이 점을 나는 잘 안다. 그러니까 문제를 즉시 해결할 수 있는 방안을 찾아보자. 내가 필요로 하는 것은 단 두 가지다. 마이크로소프트가 계속해서 맥을 위한 소프트웨어를 만든다고 약속하고, 애플의 성공에 이해관계가 걸리도록 마이크로소프트도 애플에 투자해라." 그러고는 어떻게 생각하느냐고 물었지요.

잡스가 한 말을 게이츠에게 들려주며 진위 여부를 묻자 게이츠는 잡스의 기억이 정확하다고 말했다. "당시 우리 회사에는 맥과 관련된 일을 즐기는 일단의 직원들이 있었어요. 사실 우리 모두 맥 컴퓨터를 좋아했지요." 게이츠의 회상이다. 그는 아멜리오와 6개월 동안 협상을 벌였는데, 갈수록 제안 사항들이 길어지고 복잡해져서 머리가 아프던 터였다. "그런데 스티브가 나타나더니 이렇게 말하는 겁니다. '이봐요, 그 거래는 너무 복잡해요. 내가 원하는 건 단순한 협정이오. 소프트웨어를 개발하겠다고 약속하고 애플에 투자하시오.' 그래서 단 4주 만에 조건에 합의하고 협정을 맺을 수 있었어요."

게이츠와 마이크로소프트 CFO 그레그 마페이가 협약의 틀을 정하기 위해 팰러앨토로 찾아왔다. 그리고 그다음 일요일 세부 사항을 결정하기 위해 마페이 혼자 다시 찾아왔다. 마페이가 집에 도착하자, 잡스는 냉장고에서 생수 두 병을 꺼내고는 그를 데리고 팰러앨토 동네를 산책했다. 둘 다 반바지를 입고 있었고, 잡스는 맨발이었다. 어느 침례교 교회 앞에 앉아, 잡스는 곧바로 핵심 문제를 언급했다. "우리가 신경 쓰는 건 두 가지뿐이에요. 맥을 위한 소프트웨어를 만들겠다는 약속, 그리고 애플에 대한 투자."

협상이 빠른 속도로 진행되긴 했지만, 잡스가 보스턴 맥월드에서 연설을 하기 몇 시간 전까지는 세부 사항들이 결정되지 않았다. 휴대전화가 울린 것은 그가 파크 플라자 호텔의 캐슬 컨벤션 홀에서 리허설을 하고 있을 때였다. "아, 빌." 그의 목소리가 오래된 강당 전체에 울렸다. 그는 구석으로 가 사람들이 듣지 못하도록 목소리를 낮췄다. 통화는 한 시간 동안 이어졌다. 그리고 마침내 남아 있던 거래 조건들이 모두 합의되었다. "빌, 우리 회사를 지원해 줘서 고마워요." 반바지를 입은 잡스가 쪼그려 앉으며 말했다. "덕분에 세상이 더 살기 좋은 곳이 되었네요."

맥월드의 기조연설에서 잡스는 마이크로소프트와의 협정에 대해 자세히 설명했다. 처음에는 충성스러운 팬들에게서 불평과 짜증의 소리가 나왔다. 그들이 특히 불만스러웠던 부분은 마이크로소프트와 맺은 평화협정의 일환으로 "애플이 매킨토시의 디폴트 브라우저를 인터넷 익스플로러로 하기로 했다."라는 잡스의 발표였다. 청중이 야유를 보내자 잡스가 재빨리 덧붙였다. "우리는 고객의 선택권을 존중하기 때문에 다른 종류의 인터넷 브라우저도 포함할 겁니다. 디폴트 설정은 사용자가 원하는 대로 얼마든지 바꿀 수 있는 거잖아요." 군데군데에서 웃음과 박수가 터져 나왔다. 청중은 다시 집중하기 시작했고, 특히 마이크로소프트가 애플에 1억 5000만 달러를 투자하고 무의결권주를 받는다고 잡스가 발표하자 모두가 귀를 쫑긋 세웠다.

하지만 한층 좋아진 분위기가 일거에 어수선해졌으니, 잡스가 그의 무대 경력에서 몇 안 되는 실수를 하고 말았던 것이다. 시각적 효과와 선전 기법을 너무 과용한 탓이었다. "오늘 위성 다운링크를 통해 특별한 손님을 모시고자 합니다." 그가 말했다. 그러자 잡스와 강당 전체를 내려다보는 대형 스크린에 빌 게이츠의 얼굴이 불쑥 나타났다. 그는 얼굴에 엷은 미소를 머금었는데, 어찌 보면 능글맞게 웃는 것 같기도 했다. 깜짝쇼에 놀란 청중은 탄식하는 소리를 냈고, 야유와 휘파람 소리가 이어졌다. 스크린에 비친 장면은 1984년 매킨토시의 첫 텔레비전판 '빅 브라더 광고'를 적나라하게 연상시켰기 때문에, 실제로 그 광고처럼 어떤 다부진 여인이 통로로 뛰어 들어온 다음 해머를 정확하게 던져 스크린을 없애 버릴 것만 같은 느낌이 들었다.

하지만 그 모든 게 현실이었다. 청중의 야유는 전혀 인식하지 못한 채, 게이츠는 마이크로소프트 본사에서 위성 연결을 통해 이야기하기 시작했다. "저의 경력에서 가장 신나는 일 중 하나가 바로 스티브와 함께 매킨토시와 관련된 일을 하는 것입니다." 그가 고음의 목소리로 노래하듯 말했다. 이어서 매킨토시를 위해 제작하고 있는 마이크로소프트 오피스의 새 버전을 홍보하자 청중들은 차분해졌고, 서서히 새로 편성된 세계 질서를 받아들이는 모습을 보였다. 게이츠가 워드와 엑셀의 새 매킨토시 버전이 "윈도 플랫폼을 위해 개발한 것보다 여러 면에서 더욱 진보한 제품"이라고 말하자 청중들은 약간의 박수를 보내기도 했다.

잡스는 자신과 청중들을 압도하는 게이츠의 이미지를 띄운 게 실수였음을 깨달았다. "원래는 그가 보스턴에 와 주길 바랐어요." 그가 나중에 말했다. "그건 내 최악의 무대연출이었어요. 나를 작아 보이게 했고, 애플을 작아 보이게 했고, 마치 모든 게 빌의 손안에 있는 것처럼 보이게 했으니까요." 게이츠 역시 행사를 녹화한 비디오를 보고 부끄러워했다. "내 얼굴이 그렇게 거대하게 확대될 거라곤 전혀 생각하지 못했거든요."

잡스는 즉흥 설교를 통해 청중을 달래려고 애썼다. "앞으로 진보하여 건강한 애플을 다시 만들고 싶다면 몇 가지 희생해야 하는 것들이 있습니다. 마이크로소프트가 이기면 애플은 지는 거다, 이런 개념을 버려야 합니다. 마이크로소프트 오피스를 매킨토시에서 사용하고 싶다면, 그것을 만드는 회사에 약간의 감사 정도는 표하는 게 낫지 않을까요."

잡스가 열정을 가지고 돌아왔을 뿐 아니라 마이크로소프

트와 협정까지 맺었다는 소식은 애플이 그토록 필요로 했던 추진력을 안겨 주었다. 그날 장을 마감했을 때 애플의 주가는 6.56달러(33퍼센트)나 상승해 26.31달러가 돼 있었다. 아멜리오의 사임 당일에 기록한 주가의 두 배였다. 그날 하루의 상승으로 애플의 시가총액에 8억 3000만 달러가 추가되었다. 벼랑 끝까지 내몰렸던 회사가 다시 살아난 것이다.

맥월드 엑스포에서 피카소의 사진을 띄운
스티브 잡스   1998

미친 자들을 위해 축배를

1997년 7월 초, 과거 매킨토시 출시 때 그 유명한 '1984' 광고를 만들었던 샤이엇데이의 크리에이티브 디렉터 리 클라우는 로스앤젤레스 도로를 달리고 있었다. 그때 운전석 옆의 카폰이 울렸다. 잡스였다. "여보세요, 스티브입니다. 있잖아요, 아멜리오가 사임했어요. 날 좀 만나러 와 주겠어요?"

당시 애플은 새로운 광고대행사를 선정하기 위해 여러 곳을 검토 중이었는데, 어떤 대행사도 잡스의 마음에 차지 않았다. 잡스는 클라우와 그의 회사(이제 TBWA샤이엇데이라고 불렸다.)가 애플의 광고를 맡기 위한 경쟁에 참여해 주길 원했다. 잡스는 클라우에게 말했다. "애플이 아직 건재하다는 걸, 아직도 특별한 뭔가를 추구한다는 걸 세상에 보여 줘야 합니다."

클라우는 자신은 일을 따내기 위해 고객들 앞에서 피칭을 하지 않는다고 말했다. "우리가 일하는 방식을 스티브 당신도 잘 알잖습니까." 하지만 잡스는 끈질기게 부탁했다. 애플과 손잡기 위해 애쓰는 다른 모든 대행사들(BBDO, 아널드 월드와이드 등)을 거절하고 "오랜 친구"(잡스의 표현이다.)를 다시 데려오는 일은 쉽지 않을 터였다. 잡스의 간곡한 요청에 결국 클라우는 애플에 보여 줄 광고 아이디어를 들고 쿠퍼티노로 날아왔다. 세월이 흐른 후 잡스는 그때를 회상하며 눈물을 글썽였다.

지금도 목이 메려고 하는군요. 리는 애플에 깊은 애정을 품고 있는 게 분명했어요. 그는 광고업계 최고의 인재였습니다. 10년간 그 어떤 사람들 앞에서도 피칭을 한 적이 없었습니다. 그런 그가 애플에 찾아와 가슴에서 우러나오는 열정으로 광고 아이디어를 설명하더군요. 우리 못지않게 애플을 사랑하기에 가능했던 일입니다. 클라우와 팀원들은 "다른 것을 생각하라(Think Different)"라는 멋진 카피를 생각해 냈습니다. 다른 광고 에이전시들이 내놓은 아이디어보다 열 배는 멋진 카피였습니다. 저는 가슴이 벅차올랐습니다. 지금도 그때를 생각하면 눈물이 나려 합니다. 리가 애플에 대해 그처럼 깊은 애정을 보여 줬다는 사실, 그리고 "다른 것을 생각하라"라는 끝내주는 아이디어가 우리 앞에 나타난 순간을 떠올리면 말입니다. 이따금 영혼과 사랑의 순수함을 마주하는 순간이 있는데 그럴 때면 저는 늘 눈물이 납니다. 그런 순수함은 제 안으로 파고들어 와 저를 사로잡지요. "다른 것을 생각하라" 아이디어를 만났을 때가 바로 그랬습니다. 언제까지고 잊지 못할 순수함이 느껴졌어요. 리가 그 광고 아이디어를 보여 줄 때 저는 눈물을 흘리고 말았습니다. 그리고 지금도 그때 생각만 하면 코끝이 찡해집니다.

잡스와 클라우가 생각하기에 애플은 분명 세계에서 손꼽히는 최고 브랜드들 가운데 하나였다. 애플은 감성적 호소력을 지닌 상위 다섯 개 브랜드 안에 충분히 들 만했다. 하지만 애플만의 독특한 무언가를 대중에게 각인시킬 필요가 있었다. 그래서 잡스와 클라우는 제품을 소개하는 식의 광고가 아니라 강렬한 브랜드 이미지를 전달하는 캠페인을 만들기로 했다. 애플 컴퓨터의 기능과 장점을 강조하는 것이 아니라 창의적인 사람이 컴퓨터를 이용해 성취해 낼 수 있는 것이 무엇인지 느끼게 해 주는, 그런 광고 말이다. "그건 프로세서 속도나 메모리에 관해 이야기하는 광고가 아니었습니다. 창의성에 대한 광고였지요." 잡스의 회상이다. 또 그 광고는 단순히 잠재 고객들에게 어필하기 위한 것이 아니라 애플의 직원들에게 던지는 메시지이기도 했다. "애플 사람들은 자신의 정체성을 잊어버린 상태였습니다. 자신의 본 모습을 기억해 내는 방법 중 하나는 자신이 존경하는 마음속 영웅을 떠올리는 것이지요. 그게 바로 그 광고의 출발점이었어요."

클라우와 팀원들은 '다르게 생각할 줄' 아는 '미친 사람들'을 찬미하는 메시지를 담기 위해 다양한 방식을 시도해 보았다. 먼저 실의 노래 「크레이지(Crazy)」("약간 미치지 않으면 절대 살아갈 수 없어"라는 가사가 있다.)를 이용해 광고 영상을 만들어 보았지만 저작권 문제 때문에 그 곡을 사용할 수가 없었다. 그다음엔 로버트 프로스트의 시 「가지 않은 길」의 구절을 이용한 버전, 그리고 영화 「죽은 시인의 사회」에 나오는 로빈 윌리엄스의 대사를 이용한 버전도 만들어 보았다. 여러 아이디어를 시도해 본 끝에 결국 그들은 광고에 들어가는 문구를 다른 곳에서 따오지 않고 직접 만들기로 결정했다. 그래서 "미친 자들을 위해 축배를."로 시작하는 원고를 작성하기 시작했다.

광고 문구를 결정하는 과정에서 잡스는 그 어느 때보다도 까다롭게 굴었다. 클라우 회사의 젊은 카피라이터가 임시 완성된 문안을 들고 애플을 찾아갔을 때 잡스는 불같이 화를 내며 소리쳤다. "이걸 대체 어디다 쓰라는 거야! 정말 한심하군!" 잡스를 처음 만나 본 카피라이터는 그 자리에 얼어붙어서 한마디도 입 밖에 내지 못했다. 그 카피라이터는 다시는 애플을 찾아가지 않았다. 하지만 클라우와 그 동료인 켄 시걸, 크레이그 타니모토를 비롯해 잡스를 견뎌 낼 강단이 있는 사람들은 잡스와 호흡을 맞춰 가며 일을 진행할 수 있었고, 마침내 잡스의 마음에 꼭 드는 문구를 탄생시켰다. 60초 광고에 담긴 한 편의 시와도 같은 그 문구는 다음과 같았다.

미친 자들을 위해 축배를. 부적응자들. 반항아들. 사고 뭉치들. 네모난 구멍에 박힌 둥근 말뚝 같은 이들. 세상을 다르게 바라보는 사람들. 그들은 규칙을 싫어합니다. 또 현실에 안주하는 것을 원치 않습니다. 당신은 그들의 말을 인용할 수도 있고, 그들에게 동의하지 않을 수도 있으며, 또는 그들을 찬양하거나 비난할 수도 있습니다. 당신이 할 수 없는 한 가지는 그들을 무시하는 것입니다. 왜냐하면 그들이 세상을 바꾸기 때문입니다. 그들은 인류를 앞으로 나아가도록 합니다. 어떤 이들은 그들을 보고 미쳤다고 하지만, 우리는 그들을 천재로 봅니다. 자신이 세상을 바꿀 수 있다고 믿을 만큼 미친 자들⋯⋯. 바로 그들이 실제로 세상을 바꾸기 때문입니다.

여기에는 "그들은 인류를 앞으로 나아가도록 합니다."를 포함해 잡스가 직접 쓴 문장도 몇 개 들어 있었다. 8월 초 보스턴에서 맥월드 행사가 열릴 무렵엔 광고의 대략적인 버전이 만들어졌다. 아직 최종적으로 완성된 상태는 아니었지만 잡스는 보스턴 맥월드 기조연설에서 이 광고의 콘셉트와 "다른 것을 생각하라" 문구를 활용했다. 그는 연설에서 말했

다른 것을 생각하라

다. "탁월한 아이디어를 탄생시키는 싹이 바로 여기에 들어 있습니다. 애플은 틀을 깨고 생각할 줄 아는 사람들, 컴퓨터를 사용해 세상을 바꾸는 데 기여하는 사람들을 위한 회사입니다."

광고 카피를 선택하는 과정에서 문법적인 문제를 둘러싸고 약간의 의견 충돌도 일어났다. different라는 말이 동사 think를 수식하려면 부사가 되어야 하므로 'think differently'가 되어야 했다. 하지만 잡스는 'different'를 명사처럼 사용하자고 주장했다. 'think victory(승리를 생각하라)'나 'think beauty(아름다움을 생각하라)' 같은 문장처럼 생각하자고 말이다. 또 'think different'는 'think big'처럼 일상적인 구어체 표현이었다. 잡스는 그때를 떠올리며 회상한다. "우리는 그 카피가 올바른 것인지를 놓고 많은 의견을 나눴습니다. 우리가 전달하고자 하는 의도를 생각해 본다면, 그건 문법에 어긋나지 않는 표현입니다. '똑같은 것'이 아니라 '다른 것'을 생각하라는 겁니다. 조금 다른 것이든 많이 다른 것이든, '다른 것'을 생각하라는 메시지이거든요. 'Think differently(다르게 생각하라)'로는 그 느낌을 전달할 수 없다는 게 제 판단이었습니다."

클라우와 잡스는 영화 「죽은 시인의 사회」에 담긴 정신을 가미하기 위해서 로빈 윌리엄스가 광고 내레이션을 읽는 것이 좋겠다고 생각했다. 하지만 로빈 윌리엄스의 소속사는 윌리엄스가 광고에 목소리 출연을 할 의사가 없다고 밝혔고, 잡스는 윌리엄스와 직접 통화하려고 시도했다. 윌리엄스 대신 그의 아내가 잡스와 통화를 했는데 그녀는 남편과 전화를 연결해 주려 하지 않았다. 잡스의 현란한 말솜씨를 익히

들어 알았기 때문이다. 클라우와 잡스는 작가 마야 안젤루와 영화배우 톰 행크스도 고려해 보았다. 잡스는 그해 가을에 열린 한 기금 모금 만찬에 참석했는데 이 자리에는 빌 클린턴도 와 있었다. 잡스는 클린턴에게 단둘이 잠깐 이야기를 나누고 싶다고 요청한 뒤 행크스에게 전화를 걸어 설득해 달라고 부탁했다. 하지만 대통령은 잡스의 요청을 거절했다. 결국 '다른 것을 생각하라' 광고 내레이션은 애플의 열렬한 팬인 영화배우 리처드 드레이퍼스가 맡게 되었다.

텔레비전 광고뿐만 아니라 지면 광고 캠페인도 사람들에게 대단히 강렬한 인상을 심어 줄 만한 것이었다. 각 지면 광고에는 위대한 역사적 인물의 흑백사진을 싣고 사진 한쪽 구석에 애플 로고와 "다른 것을 생각하라" 문구를 찍었다. 사진의 주인공 이름을 삽입하지 않았다는 점이 광고를 더욱 돋보이게 했다. 일부는 누구나 그 이름을 알 만한 유명인들이었다. 아인슈타인, 간디, 존 레넌, 밥 딜런, 피카소, 에디슨, 찰리 채플린, 마틴 루서 킹 등이 그러했다. 그리고 일반 대중이 금방 이름을 떠올리기 쉽지 않은 인물들도 있었다. 마사 그레이엄, 앤설 애덤스, 리처드 파인먼, 마리아 칼라스, 프랭크 로이드 라이트, 제임스 왓슨, 아멜리아 에어하트가 그들이었다.

그들 대부분은 잡스가 언제나 존경해 온 영웅이었다. 기꺼이 모험을 감수하고 실패에 굴하지 않으며 남과 다른 방식으로 새로운 것을 시도한 창의적인 인물이었기 때문이다. 잡스는 특유의 근성을 또다시 드러내며 해당 인물의 이미지를 가장 완벽하게 전달할 수 있는 사진을 택해야 한다고 고집했다. 한번은 클라우 앞에서 흥분한 목소리로 "이건 간디라는 인물을 제대로 보여 줄 수 있는 사진이 아닙니다."라고 외쳤다.

다른 것을 생각하라

클라우는, 물레 앞에 앉은 간디를 찍은 마거릿 버크화이트의 유명한 사진은 타임라이프 픽처스가 소유권을 가지고 있기 때문에 상업적 용도로 사용할 수 없다고 설명했다. 그러자 잡스는 타임 사의 편집장인 노먼 펄스타인에게 곧바로 전화를 걸어 이번만 예외적으로 사진의 사용을 허용해 달라고 끈질기게 졸랐다. 또 잡스는 고(故) 케네디 대통령의 여동생인 유니스 슈라이버에게 전화를 걸어, 애팔래치아 지방에서 찍은 로버트 케네디의 사진을 사용할 수 있도록 가족을 설득해 달라고 부탁하기도 했으며, 머펫(팔과 손가락으로 조작하는 인형.─옮긴이)을 창조한 짐 헨슨의 근사한 사진을 입수하기 위해 그의 자녀들에게 연락했다.

잡스는 존 레넌의 사진을 얻기 위해 오노 요코에게도 연락했다. 오노는 사진 한 장을 잡스에게 보내 주었지만 잡스는 그 사진이 마음에 들지 않았다. "지면 광고가 나가기 전에 저는 마침 뉴욕에 있었습니다. 그래서 그녀에게 작은 일본식 식당에서 만나자고 했지요." 잡스의 회상이다. 오노는 잡스에게 봉투 하나를 내밀며 말했다. "이게 더 나을 거예요. 당신이 찾아올 줄 알았어요. 그래서 이 사진을 가져왔어요." 그것은 존 레넌과 그녀가 손에 꽃을 들고 침대에 나란히 앉아 있는 사진이었다. 애플은 지면 광고에 결국 이 사진을 사용했다. 잡스는 회상한다. "왜 존이 그녀를 사랑했는지 알 것 같더군요."

리처드 드레이퍼스의 내레이션은 훌륭했다. 하지만 리 클라우는 또 다른 아이디어를 제안했다. 잡스가 직접 내레이션을 하면 어떨까? 클라우는 잡스에게 말했다. "한번 해 봅시다. 멋질 거예요." 그래서 잡스는 스튜디오에서 몇 차례에 걸쳐 녹음한 끝에 멋진 내레이션을 완성해 냈다. 사진 속 인물의 이름을 삽입하지 않은 것과 마찬가지로 목소리의 주인공도 밝히지 않겠다는 것이 그들의 계획이었다. 나중에야 사람들은 그것이 잡스의 목소리라는 걸 알게 될 터였다. 클라우는 잡스에게 말했다. "당신의 목소리를 집어넣으면 효과가 정말 클 겁니다. 브랜드 이미지를 확실하게 구축하는 길이에요."

잡스는 일단 녹음을 하긴 했지만 자신의 내레이션을 사용할지 아니면 드레이퍼스의 내레이션으로 갈지 마음을 정하지 못했다. 마침내 광고 테이프를 방송국에 넘기는 날이 하루 앞으로 다가왔다. 광고는 텔레비전용 「토이 스토리」가 처음으로 방송될 때 나가기로 되어 있었다. 잡스는 시간에 쫓기며 결정을 내려야 하는 상황을 좋아하지 않았다. 결국 그는 클라우에게 일단 두 버전을 모두 넘기자고 말했다. 아침까지 최종 결정을 내리겠다는 것이었다. 이튿날 아침 잡스는 드레이퍼스 버전을 사용하자고 말하면서 이렇게 덧붙였다. "내 목소리를 사용할 경우, 사람들이 그게 내 목소리인 걸 알고 나면 결국 나에 대한 광고라고 느낄 겁니다. 그래선 안 됩니다. 이건 애플의 광고니까요."

과거 사과 농장 시절 이래로 잡스는 언제나 스스로를(그리고 나아가 애플도) 반문화 세계의 일원이라고 생각했다. '1984' 광고와 '다른 것을 생각하라' 광고를 통해 그는 자신의 반항적 기질을 한껏 드러내는 방향으로 애플이라는 브랜드를 포지셔닝했으며(엄청난 거부가 된 이후였음에도 말이다.) 동시에 다른 베이비 붐 세대와 그 자녀들도 거기에 공감하게끔 이끌었다. "젊은 시절의 잡스를 처음 만났을 때부터 저는 느꼈습니다. 그는 자신의 브랜드가 사람들에게 어떤 영향을 미쳤으면 하는지 직관적으로 알았어요." 클라우의 말이다.

다른 기업이나 기업 리더였다면 브랜드 정체성을 간디나 아인슈타인, 마틴 루서 킹, 피카소, 달라이 라마와 연결한다는 대담하고 뻔뻔한 발상으로 성공에 이르기 힘들었을지도 모른다. 그것은 잡스였기에 가능한 일이었다. 그는 사람들에게 스스로를 반(反)기업적이고 창의적이며 혁신적인 반항아로 정의하도록, 그리고 그 정의를 내리는 기준이 '어떤 컴퓨터 브랜드를 사용하는가'가 되도록 이끌었다. "스티브는 첨단 기술 업계에서 라이프스타일 브랜드를 창조해 낸 유일한 인물입니다."라고 래리 엘리슨은 말한다. "사람들이 포르쉐, 페라리, 프리우스 같은 자동차를 갖고 자부심을 느끼는 이유는 '내가 모는 차가 나를 말해 준'다고 여기기 때문입니다. 사람들은 애플 제품에 대해서도 그렇게 느끼지요."

'다른 것을 생각하라' 광고 이후, 잡스는 애플을 이끄는 동안 매주 수요일 오후에 자유로운 분위기의 세 시간짜리 미팅을 열어 광고대행사 관계자들, 마케팅 및 커뮤니케이션 팀원들과 함께 광고 전략을 논의했다. "스티브 같은 방식으로 마케팅에 접근하는 CEO는 지구상에 아무도 없습니다."라고 클라우는 말한다. "그는 매주 수요일마다 새로운 텔레비전 광고, 지면 광고, 옥외광고 콘셉트를 승인했어요." 미팅이 끝나면 종종 잡스는 클라우와 그의 팀원 두 명(덩컨 밀너와 제임스 빈센트)을 보안이 철저한 디자인 작업실로 데려가 개발 중인 제품을 보여 주었다. "개발 중인 제품을 설명하는 그의 몸 전체에서 열정이 뿜어져 나오는 게 느껴졌지요." 빈센트의 회상이다. 만들고 있는 제품에 대한 열정을 광고 전문가들과 함께 나눔으로써, 잡스는 애플 광고에도 그 열정이 고

스란히 스며들도록 만들 수 있었던 것이다.

iCEO

'다른 것을 생각하라' 광고 작업이 마무리되어 가는 동안 잡스는 자신만의 다른 구상도 품고 있었다. 그는 당분간만이라도 자신이 공식적으로 회사 운영을 책임지는 리더가 되어야겠다고 마음먹었다. 10주 전 아멜리오가 사임한 이후 잡스는 사실상 애플의 리더 역할을 해 오고 있었지만 그에게 붙은 직함은 '고문'에 불과했다. 프레드 앤더슨이 명목상의 임시 CEO였다. 1997년 9월 16일 잡스는 자신이 '임시(interim)' CEO 자리를 맡겠다고, 그리고 직함은 iCEO로 줄여 표현하겠다고 선언했다. 그의 경영권은 잠정적인 것이었다. 연봉도 받지 않았고 정식 계약도 맺지 않았다. 하지만 사내에서의 행동만큼은 거침없었다. 명백한 리더였으며, 다수의 합의를 토대로 리더십을 발휘하지도 않았다.

그 주에 잡스는 경영진 및 고위 관리자들을 애플의 사내 강당에 소집하여, 자신이 새로 맡게 된 역할을 축하하고 애플의 새로운 광고를 공식적으로 소개하는 행사를 열었다. 건물 밖 야외에서 맥주와 야채 음식을 곁들여 식사하는 시간도 가졌다. 이날 잡스는 턱수염을 짧게 기른 얼굴에 반바지를 입고 잔디밭을 맨발로 돌아다녔다. 그는 약간 피로해 보이긴 하지만 단호한 의지를 담은 표정으로 말했다. "지난 10주 동안 저는 정말로 열심히 뛰었습니다. 우리는 알맹이 없는 허세는 버려야 합니다. 훌륭한 제품, 훌륭한 마케팅, 훌륭한 유통의 기초로 돌아가야 합니다. 애플은 기초에 충실한 태도에서 멀어지고 말았습니다."

잡스와 이사회는 몇 주에 걸쳐 공식 CEO로 임명할 만한 인물을 계속 물색했다. 여러 후보자가 거론되었다. 코닥의 조지 M. C. 피셔, IBM의 샘 팔미사노, 선 마이크로시스템스의 에드 잰더 등이었다. 하지만 그들 대부분은 잡스가 이사회 임원으로 남아 활발히 활동하는 한 애플의 CEO 자리를 맡고 싶지 않다는 의사를 표현했다. 《샌프란시스코 크로니클》은, 잰더가 "스티브가 뒤에서 지켜보면서 모든 의사 결정을 내릴 때마다 끼어들고 비판하는 것을 원치 않았기 때문에" CEO직을 거절했다고 보도했다. 한번은 잡스와 엘리슨이 애플 CEO에 앉길 원하는 어느 컴퓨터 컨설턴트에게 장난을 쳤다. 그들은 컨설턴트에게 CEO로 선정되었다는 가짜 이메일을 보냈다. 그 컨설턴트는 얼마 후 신문 기사를 통해 그것이 장난이었다는 사실을 확인하고 대단히 당혹스러워했다.

12월이 되자 잡스의 iCEO 직위가 '임시'가 아닌 사실상 '무기한'의 성격을 갖게 되었다는 점이 분명해졌다. 잡스가 회사를 이끌어 나감에 따라 이사회는 서서히 CEO 물색을 그만두었다. 잡스는 회상한다. "헤드헌팅 업체와 협력해서 거의 네 달 동안이나 CEO를 찾았습니다. 하지만 적임자를 찾을 수가 없었지요. 그래서 제가 회사의 리더 자리에 남기로 한 겁니다. 애플은 훌륭한 인물이 매력을 느낄 만한 상태가 아니었지요."

잡스는 두 회사를 운영해 나가는 일이 결코 만만치 않음을 곧 깨달았다. 그는 지난날을 돌아보면서 그 시절부터 건강에 문제가 생기기 시작했다고 회상한다.

정말 힘들었습니다. 제 인생에서 제일 힘든 시기였던 것 같아요. 저에겐 가족이 있었습니다. 또 픽사도 있었습니다. 아침 7시에 출근해서 밤 9시에 퇴근하곤 했는데 그때쯤이면 아이들은 이미 잠든 후였지요. 어찌나 녹초가 되었던지 정말 말 한마디 할 기력도 남지 않았습니다. 퇴근하고 집에 와서 로렌과도 거의 이야기를 나누지 않았어요. 한 30분쯤 텔레비전만 보며 늘어져 있었지요. 정말 살인적인 스케줄의 연속이었습니다. 검은색 포르쉐 컨버터블을 몰고 픽사와 애플을 정신없이 왔다 갔다 했어요. 그 무렵 신장결석이 생겼습니다. 병원으로 달려가 진통제 주사를 맞고 견디곤 했습니다.

비록 살인적인 스케줄을 소화해야 했지만 잡스는 애플에 전념하면 할수록 자신이 결코 애플을 떠날 수 없으리라는 사실을 더욱 분명히 깨달았다. 1997년 10월에 있었던 컴퓨터 박람회에서 마이클 델은 "만일 당신이 스티브 잡스이고 애플을 넘겨받는다면 어떻게 하시겠습니까?"라는 질문을 받았다. 델은 "나라면 애플 문을 닫아 버리고 주주들한테 투자액을 전부 돌려주겠소."라고 대답했다. 이 이야기를 들은 잡스는 즉시 델에게 이런 내용을 적은 이메일을 보냈다. "CEO란 의당 품위를 지녀야 합니다. 그런데 당신은 그래야 한다고 생각하지 않는 것 같군요." 잡스는 자신의 직원들을 단결시키기 위한 한 방법으로서 경쟁심을 북돋우길 좋아했으며(과거 IBM이나 마이크로소프트를 상대할 때 그랬듯이 말이다.) 델을 상대하는 과정에서도 역시 그런 방식을 썼다. 그는 제조 및 유통을 위한 주문 제조 시스템을 도입하기 위해 사내 관리자들을 소집하여 회의를 연 자리에서, 회의실 앞에 크게 확대한 마이클 델의 얼굴 사진을 붙이고 그 얼굴 한가운데에 과녁을 그려 놓았다. 잡스가 "두고 보게 친구, 우리가 곧 추격할 테니."라고 외치자 직원들이 환호성을 질렀다.

잡스가 열정적으로 추구하는 한 가지는 바로 오랜 세월 존속하는 영속성 있는 회사를 만드는 것이었다. 그는 10대 시절 여름방학 동안 HP에서 일하면서, 창의적인 사람 한 명보다 체계를 갖춘 훌륭한 기업이 훨씬 더 커다란 혁신을 일궈 낼 수 있다는 사실을 깨달았다. "기업이 최고의 혁신을 만들어 내는 주인공이 될 수 있다는 걸 깨달았습니다. 기업을 어떻게 조직하고 운영하느냐가 중요하지요." 잡스는 회상한다. "기업 하나를 일궈서 훌륭하게 성장시킨다는 것, 얼마나 멋진 일입니까? 다시 애플에 돌아올 기회를 얻었을 때, 애플 없이는 제 삶이 의미가 없다는 걸 깨달았습니다. 그래서 애플에 계속 남아 이 회사를 다시 일으켜 세우기로 결심한 겁니다."

엔드투엔드로 돌아가다

애플과 관련하여 일었던 주요 논쟁 중 하나는 애플이 자사 운영체제의 라이선스를 보다 적극적으로 다른 컴퓨터 회사들에 제공해야 하느냐 하는 점이었다. 마이크로소프트가 윈도에 대해 그렇게 했던 것처럼 말이다. 애초부터 워즈니악은 이에 찬성하는 입장이었다. 워즈는 회상한다. "애플은 그 어느 회사보다 뛰어난 운영체제를 갖고 있었습니다. 하지만 사람들이 그 운영체제를 갖기 위해서는 다른 회사 제품의 두 배 가격을 주고 애플의 하드웨어를 구입해야만 했습니다. 그렇게 만든 건 실수였어요. 애플은 운영체제 라이선스를 적절한 가격에 제공했어야 옳습니다." 제록스 PARC 출신이며 1984년에 애플 펠로가 된 앨런 케이 역시 맥 운영체제 소프트웨어의 라이선스를 허용해야 한다는 관점을 강력하게 지지했다. 그는 회상한다. "소프트웨어 개발자들은 항상 멀티 플랫폼을 염두에 둡니다. 그것이 어디서든 구동될 수 있길 원하니까요. 라이선스 관련 전투는 제가 애플에서 패배를 맛본 가장 큰 싸움이었습니다."

마이크로소프트 운영체제의 라이선스를 제공하여 막대한 이익을 거둬들인 빌 게이츠는 1985년 잡스가 사임하자 애플 역시 그런 방식을 취할 것을 애플 측에 강력히 권한 바 있었다. 게이츠는, 설령 마이크로소프트 운영체제를 쓰던 고객들 일부를 애플에 빼앗긴다 할지라도 마이크로소프트가 매킨토시 및 매킨토시 호환 제품 사용자들을 위한 애플리케이션 소프트웨어(워드나 엑셀 등)를 만들어서 수익을 올릴 수 있으리라고 생각했다. "저는 애플이 라이선스를 제공하도록 만들기 위해 무척 애썼습니다." 게이츠는 그런 취지를 담은 공식 서한을 스컬리 앞으로 보냈다. 이 글에서 게이츠는 이렇게 주장했다. "현재 컴퓨터 업계의 상황과 지형도를 감안할 때, 애플이 다른 컴퓨터 제조사들의 지지와 신뢰 없이 자신의 혁신적 기술력만으로 업계 표준을 창조하기는 불가능합니다. 애플은 '맥 호환 기종'이 개발될 수 있도록 3~5개 주요 컴퓨터 회사들에 매킨토시 기술의 라이선스를 제공해야 합니다." 게이츠는 스컬리에게서 아무런 답신을 받지 못했다.

그래서 맥 호환 기종을 훌륭하게 만들어 낼 만한 몇몇 회사의 이름을 적어 두 번째 서한을 보냈다. 그는 글의 말미에 이렇게 덧붙였다. "라이선스 문제와 관련해 필요한 점이 있다면 얼마든지 돕고 싶습니다. 연락 주십시오."

그럼에도 애플은 매킨토시 운영체제의 라이선스를 제공하지 않았다. 그러다가 1994년에 CEO 마이클 스핀들러가 두 회사(파워 컴퓨팅과 래디우스)에 매킨토시 호환 제품을 만들 수 있도록 허가했다. 1996년 CEO 자리에 오른 길 아멜리오는 모토로라에도 호환 제품 제작을 허용했다. 결과적으로 이 사업 전략은 미덥지 않은 것으로 드러났다. 애플은 판매되는 컴퓨터 한 대당 80달러의 라이선스 수익을 올렸지만, 애플의 시장이 확대되는 대신에 호환 제품들로 인해 대당 500달러까지 수익을 안겨 주는 애플의 고급 컴퓨터들이 덜 팔리는 결과가 초래되었다.

하지만 잡스가 호환 제품에 반대한 것은 단순히 경제적인 이유 때문은 아니었다. 그는 애초부터 그런 접근 방식을 혐오했다. 그가 중시하는 핵심 철학 하나는 하드웨어와 소프트웨어가 밀접하게 통합되어야 한다는 것이었다. 그는 제품의 모든 측면을 통제하길 원했고 이를 위해서는 엔드투엔드 접근법으로 사용자 경험을 창출해야 했다.

그래서 잡스는 애플에 복귀하자마자 매킨토시 호환 제품 생산을 중단하는 것을 최우선 과제로 삼았다. 1997년 7월 맥 운영체제의 새로운 버전이 나왔을 때(아멜리오가 사임하고 몇 주 후였다.) 잡스는 맥 호환 제품 생산자들이 운영체제를 업그레이드하는 것을 허용하지 않았다. 파워 컴퓨팅의 사장인 스티븐 '킹' 강은 그해 8월 보스턴 맥월드 행사에 참석한 잡스

앞에서 호환 제품 생산을 옹호하는 시위를 벌이며, 만일 잡스가 애플의 라이선스 제공을 중단하면 매킨토시 운영체제는 시장에서 사멸할 것이라고 공개적으로 경고했다. 강은 이렇게 말했다. "플랫폼이 폐쇄되면 끝나 버리는 겁니다. 끝장이라고요. 폐쇄적인 시스템은 죽음에 이르고 맙니다."

물론 잡스는 그렇게 생각하지 않았다. 그는 울러드에게 전화를 걸어 애플의 라이선스 사업을 중단하겠다고 말했다. 이사회도 잡스의 결정을 따르기로 했다. 9월에 잡스는 파워 컴퓨팅과 합의안을 도출했다. 이 안에 따라 애플은 파워 컴퓨팅에 1억 달러를 지불하고, 파워 컴퓨팅은 라이선스를 애플에 양도하는 동시에 애플 측에 고객 데이터베이스를 넘기기로 했다. 곧이어 잡스는 호환 제품을 생산하는 다른 업체들에 대해서도 라이선스 제공을 중단했다. 그는 이렇게 말한다. "형편없는 하드웨어를 만드는 회사들에게 우리 운영체제를 사용하도록 허락하고 결국 우리 판매량을 깎아 먹게 만드는 것만큼 어리석은 일이 세상에 또 있을까요?"

초점의 회복과 집중

잡스의 가장 큰 장점 중 하나는 제대로 집중하는 방법을 안다는 것이었다. "'하지 말아야 할 일'을 판단하는 것은 '해야 할 일'을 판단하는 것 못지않게 중요합니다. 이것은 회사 차원에서도, 제품 차원에서도 중요합니다."

잡스는 애플에 복귀하자마자, 정확한 대상에 집중해야 한다는 원칙을 실천하기 위한 움직임을 시작했다. 어느 날 그는 사내 복도를 걷다가 젊은 직원과 마주쳤다. 와튼 스쿨 졸업생인 그는 아멜리오의 비서로 일했는데 곧 사직서를 낼 생각이라고 했다. 그러자 잡스가 말했다. "음, 잘됐군요. 귀찮은 일을 맡아 줄 직원이 필요하던 참이었는데." 그에게 맡겨진 새로운 직무는, 잡스가 애플 내의 여러 제품 팀들과 만나서 그들에게 진행 상황을 보고받고 특정 제품 개발이나 프로젝트의 진행이 타당한 이유를 설명하도록 다그치는 자리에서 그 내용들을 종이에 기록하는 일이었다.

또한 잡스는 애플 복귀와 함께 필 실러를 데려왔다. 실러는 과거 애플에서 일한 적이 있지만 잡스가 복귀할 당시에는 그래픽 소프트웨어 회사인 매크로미디어에서 일하고 있었다. "스티브는 각 팀을 팀별로 좌석이 20개인 회의실로 부르곤 했습니다. 그러면 대개 30명 정도가 참석했지요. 그들은 파워포인트 발표를 준비하곤 했는데 스티브는 그걸 몹시 싫어했어요." 실러의 회상이다. 그래서 잡스가 복귀한 후 애플 제품들을 검토하는 기간에 제일 먼저 한 일은 파워포인트 사용을 금지한 것이었다. "머리를 써서 생각하지는 않고 슬라이드 프레젠테이션을 하는 것에 저는 반대합니다. 프레젠테이션 가지고는 문제가 해결되지 않습니다. 오히려 문제가 더 생기지요. 슬라이드만 잔뜩 들이대기보다는 적극적으로 참여하고 끈질기게 논의해서 결론을 내고, 그래야 하는 거 아닙니까. 자신이 말하는 내용을 장악하고 있는 사람에겐 파워포인트 같은 게 필요 없습니다." 잡스의 말이다.

제품들을 검토하다 보니, 애플이 초점을 잃어버렸다는 사실이 점점 분명해졌다. 관료주의적인 압력으로 인해, 그리고 판매상들의 변덕을 만족시키기 위해, 애플은 각 제품마다 다양한 버전들을 생산해 내고 있었다. "정말 말도 안 되는 상황이었어요. 그 수많은 제품들 대부분이 엉망이었지요." 실러의 회상이다. 애플의 매킨토시 버전은 10여 개에 달했고, 그 각각에는 1400이니 9600이니 하는 식으로 버전 번호들이 복잡하게 붙어 있었다. "그것에 대해 3주 동안 직원들한테 설명을 들었는데도 이해가 안 가더군요." 잡스의 말이다. 마침내 그는 이런 식으로 간단한 질문을 던지기 시작했다. "어떤 걸 내 친구들한테 사라고 하면 좋을까?"

질문만큼이나 간단하고 쉬운 대답이 돌아오지 않으면, 잡스는 제품 모델들을 과감하게 없애 버렸다. 곧 제품 종류의 70퍼센트가 없어졌다. 그는 직원들에게 말했다. "여러분은 똑똑한 인재들이에요. 그런 시시하고 형편없는 제품에 시간을 낭비해선 안 됩니다." 일거에 프로젝트들을 중단시켜 버리는 잡스의 방식에 많은 엔지니어들이 격분했다. 그로 인해 많은 직원을 해고해야 했기 때문에 더 그랬다. 하지만 잡스의 주장에 따르면 많은 뛰어난 직원들(진행하던 프로젝트가 중단된 일부 직원을 포함하여)이 그런 잡스의 조치에 고마워했다고 한다. 그는 1997년 9월 한 직원회의에서 "엔지니어링 팀원들이 몹시 좋아하고 있습니다."라고 말했다. "그들과 미팅한 자리에서 그들이 진행 중이던 제품 프로젝트가 취소되었다는 걸 알렸습니다. 그랬더니 팔짝팔짝 뛰면서 반기더군요. 마침내 우리가 나아갈 방향을 제대로 잡았다고 느꼈기 때문입니다."

몇 주 뒤, 마침내 잡스는 결단을 내려야겠다고 결심했다. 그는 중요 제품 전략 회의에서 외쳤다. "이대로는 안 됩니다! 정신 나간 짓들을 하고 있다고요." 그는 매직펜을 들고 화이트보드 앞으로 성큼성큼 다가가 가로선과 세로선을 그어 커다란 정사각형을 네 칸으로 나눈 표를 그렸다. "지금 애플이 해야 할 일은 바로 이겁니다." 그는 사각형 위쪽에 '소비자용', '프로용'이라고 적었다. 사각형 왼쪽에는 '데스크톱', '휴대용'이라고 적었다. 잡스는 도표를 가리키면서 각 사분면에 해당하는 네 가지 뛰어난 제품을 만드는 것이 애플이 해야 할 일이라고 역설했다. 실러는 그때 "방 안이 쥐 죽은 듯 조용해졌"다고 회상한다.

잡스가 9월 이사회 회의 자리에서 그런 제품 전략을 설명했을 때도 이사진은 깜짝 놀랐다. 울러드는 회상한다. "길은 회의 때마다 제품 개발을 더 많이 승인해야 한다고 종용했습니다. 애플의 제품 종류가 더 늘어나야 한다고 늘 말했거든요. 하지만 애플에 돌아온 스티브는 제품을 줄여야 한다고 말했어요. 그는 사분면으로 이뤄진 도표를 그려 놓고는 '바로 여기에 집중해야 한다.'라고 강조했습니다." 처음에 이사회는 '리스크가 높은 전략'이라면서 회의적인 반응을 보였다. 하지만 잡스는 "분명히 해낼 수 있습니다."라고 하면서 자신감 넘치는 모습을 보였다. 이사회는 이 새로운 전략을 표결에 부치지 않았다. 애플을 이끄는 책임자인 잡스는 자신이 구상한 전략을 밀고 나갔다.

그 결과 애플의 엔지니어와 관리자 들은 잡스가 말한 네 개의 영역에만 집중하기 시작했다. 그들이 '프로용 데스크톱'으로서 개발에 주력할 제품은 파워 매킨토시 G3이었다. '프로 휴대용'에 해당하는 것은 파워북 G3이었다. '소비자용 데스크톱'은 이후 아이맥이 될 제품을 의미했다. 또 '소비자 휴대용'을 위해서는 나중에 아이북이라 불리는 제품에 집중한다.

또한 이는 곧 애플이 프린터나 서버 같은 다른 사업 부문에서 손을 뗀다는 의미였다. 1997년 당시 애플은 스타일라이터라는 컬러 프린터를 판매했는데, 이 프린터는 기본적으로 HP 데스크젯의 한 버전이었다. HP는 주로 잉크 카트리지 판매에서 수익을 얻고 있었다. 잡스는 제품 검토 회의에서 말했다. "도저히 이해가 안 가는군요. 엄청난 물량을 만들면서 거기서 이윤은 뽑아내지 못한다뇨? 말도 안 됩니다." 그는 자리에서 벌떡 일어나 방을 나가더니 HP 측에 전화를 걸었다. 그리고 애플과 HP 사이의 계약을 파기하자고 제안하면서 애플은 프린터 사업에서 발을 뺄 것이라고 말했다. 그러고 나서 잡스는 다시 회의실로 돌아와 애플이 프린터 사업을 중단할 것이라고 선언했다. "스티브는 애플이 돌아가는 상황을 보고는 우리가 사고방식의 틀을 깨야 한다는 걸 금세 깨달았어요." 실러의 회상이다.

잡스가 내린 가장 인상적인 결정은 필기체 인식 기능을 갖춘 PDA 뉴턴의 생산을 완전히 중단하기로 한 것이었다. 잡스가 뉴턴을 못마땅하게 여긴 이유는, 그것이 스컬리가 열정적으로 지지했던 제품이었고 기능도 완벽하지 않았기 때문이다. 또 잡스가 스타일러스를 사용하는 기기를 원래 싫어하기 때문이기도 했다. 1997년 초반에 잡스는 아멜리오로 하여금 뉴턴 프로젝트를 폐기하게 하려고 애쓴 적이 있었지만, 그 부문을 자회사로 분리하도록 하는 데 그쳤다. 그래서 1997년 말 잡스가 애플의 제품 검토를 수행할 때도 뉴턴이 여전히 생산되고 있었던 것이다. 그는 훗날 그때를 떠올리며 이렇게 말했다.

만일 애플이 덜 불안한 상황이었다면 저는 어떻게 해

서든 그 상태를 살려 나가는 방향으로 타개책을 찾았을 겁니다. 저는 애플을 이끄는 간부들을 신뢰할 수가 없었습니다. 직감적으로 알 수 있었습니다. 애플이 분명히 멋진 기술을 갖고 있는데도 잘못된 경영 때문에 그 기술이 빛을 보지 못하고 있다는 걸요. 저는 그런 잘못된 경영을 바로잡고 과감한 조치를 취함으로써, 뛰어난 엔지니어들이 마음껏 기량을 발휘하여 새로운 모바일 기기 개발에 전념하도록 했습니다. 그래서 나중에 결국 애플이 아이폰과 아이패드를 만들어 낼 수 있었던 겁니다.

집중해야 할 곳에 집중한다는 접근법이 애플을 구해 냈다. 복귀 첫 해에 잡스는 3000명 이상을 해고했으며 이는 애플의 수익성을 되살리는 데 기여했다. 잡스가 임시 CEO가 된 1997년 9월에 끝난 회계연도 동안, 애플은 10억 4000만 달러의 적자를 기록했다. "파산에 이르기까지 90일도 채 남지 않은 상황이었습니다." 잡스의 회상이다. 1998년 1월 샌프란시스코에서 열린 맥월드 행사에서 잡스는 아멜리오가 1년 전 크게 망친 바로 그 무대에 올랐다. 보기 좋게 턱수염을 기르고 가죽 재킷을 입은 잡스는 애플의 새로운 제품 전략을 자신감 넘치는 목소리로 설명했다. 그리고 프레젠테이션 말미에 이렇게 덧붙였다. "아, 그리고 한 가지 더……."(One more thing. 훗날 잡스는 프레젠테이션을 끝낼 때 이 문구를 애용한다.) 이날 잡스가 덧붙여 강조한 '한 가지'는 바로 "이윤을 생각하라(Think Profit)"라는 문구였다. 잡스의 입에서 이 문구가 나오자 청중은 환호와 박수를 보냈다. 2년간 끔찍한 적자에 시달린 끝에 애플은 1997년 마지막 분기(회계연도상의 첫 분기) 동안

4500만 달러, 1998년 전체 회계연도 동안에는 3억 900만 달러의 수익을 올린다. 잡스의 귀환과 더불어 애플의 힘찬 비상이 다시 시작된 것이다.

잡스와 아이브의 스튜디오

조니 아이브와 함께 '해바라기' 아이맥을
사이에 두고 선 스티브 잡스

2002

제품의 본질을 담지 않으면 디자인이 아니다

1997년 9월 iCEO가 된 잡스는 곧 격려 연설을 하기 위해 팀장급 이상 간부 및 임원들을 불러 모았다. 참석자들 중에는 디자인 팀장을 맡고 있던 예민하고 열정적인 30세의 영국인 조너선 아이브도 있었다. '조니'라는 애칭으로 불리던 그는 회사를 그만둘 예정이었다. 제품의 디자인보다는 수익의 극대화에만 집중하는 회사가 지긋지긋했던 것이다. 하지만 잡스의 연설로 다시 생각해 보게 됐다. "우리의 목표가 단순히 돈을 버는 게 아니라 훌륭한 제품을 만드는 것이라고 선언하던 스티브의 모습이 지금도 생생하게 기억납니다. 그런 철학을 바탕으로 내리는 결정들은 그동안 애플이 내리던 결정들과는 근본적으로 다를 수밖에 없다고 생각했습니다." 아이브와 잡스는 곧 긴밀한 유대감을 키워 산업디자인 분야에서 당대 최고의 협력을 하게 된다.

아이브는 런던의 동북쪽 끄트머리에 위치한 칭포드라는 동네에서 자랐다. 그의 아버지는 지역 대학교에서 은세공을 가르쳤다. "아버지는 환상적인 공예가였어요." 아이브가 회상했다. "하루 종일 시간을 내어 저와 함께 대학 작업실에서 놀아 주는 게 아버지의 크리스마스 선물이었죠. 아무도 없는 크리스마스 연휴에 말이에요. 제가 뭘 상상하든 그것을 만들도록 도와주셨어요." 단, 한 가지 조건이 있었다. 아버지와 함께 만들고 싶은 것을 조니가 손으로 그려야 했다. "저는 어렸을 때부터 손으로 만든 것들의 아름다움을 이해했어요. 진짜 중요한 건 그것에 들어간 정성이라는 사실도 깨달았죠. 저는 어떤 제품에서 소홀함이 느껴지는 걸 정말 싫어해요."

아이브는 뉴캐슬 과학기술 대학교에 진학했고, 남는 시간과 여름방학 동안에는 디자인 컨설팅 회사에서 일했다. 그의 창작물 중에는 머리 부분에 만지작거리며 놀기 좋은 작은 공을 장착한 펜이 있었다. 사용자가 재미있는 정서적 애착을 느낄 수 있는 펜이었다. 졸업 작품으로 그는 청각 장애가 있는 아이들과 의사소통할 수 있는 마이크와 이어폰을 디자인했다.(깨끗한 흰색 플라스틱으로 만들었다.) 그의 아파트는 완벽한 디자인을 위해 폼(고무, 비닐, 폴리우레탄 등의 발포제.— 옮긴이)으로 제작한 모형들로 가득 찼다. 그는 현금인출기와 유선형 전화기를 디자인해서 왕립 예술 협회상을 받기도 했다. 일부 디자이너들과는 달리, 그는 단순히 겉보기에 아름다운 스케치를 하지 않았다. 그는 작품의 공학적 측면과 내부 부품들의 작동 방식에도 신경을 썼다. 대학 시절 그가 얻은 통찰 한 가지는 매킨토시를 이용해 디자인을 할 수 있다는 사실이었다. "매킨토시를 발견하고서는 그것을 만드는 사람들에게 모종의 동질감을 느꼈어요." 그가 회상했다. "그 순간 회사가 뭘 하는 곳인지, 혹은 뭘 해야 하는 곳인지 이해하게 되었죠."

졸업 후 아이브는 런던에서 탠저린이라는 디자인 회사를 창업하는 데 참여했다. 그 회사는 얼마 후 애플과 컨설팅 계약을 맺었다. 1992년 그는 애플의 디자인 부서에 취직해 쿠퍼티노로 이사했고, 잡스가 복귀하기 1년 전인 1996년 팀장이 되었다. 하지만 회사 생활은 별로 만족스럽지 않았다. 아멜리오에게 디자인에 대한 이해와 존중이 없었기 때문이다. "제품에 심혈을 기울이는 느낌이 없었어요. 수익을 극대화하는 데만 신경을 썼기 때문이죠." 아이브는 말한다. "우리 디

디자인의 원칙

자이너들에게 요구하는 게 고작 어떤 것의 외양을 정해 놓고는 그 모형을 만들어 달라는 것뿐이었어요. 그러고 나면 엔지니어들이 그것을 최대한 저렴한 비용을 들여 제작했고요. 저는 그만두기 직전이었어요."

지휘권을 잡은 잡스가 격려 연설을 마쳤을 때 아이브는 회사에 계속 붙어 있기로 결심했다. 처음에 잡스는 회사 바깥에서 세계적인 수준의 디자이너를 찾았다. 그는 IBM 싱크패드를 디자인한 리처드 새퍼, 페라리 250과 마세라티 기블리 I을 디자인한 조르제토 주지아로 등과 상의했다. 그러던 어느 날 애플의 디자인 스튜디오를 둘러보았고, 상냥하고 열정적이며 진지한 아이브와 대화를 나누다가 서로 사고방식이 같다는 것을 알아차렸다. "우리는 형태와 질료에 대한 접근 방식에 관해 대화를 나눴어요." 아이브가 회상했다. "우리가 동일한 주파수를 가졌다는 걸 알았죠. 그 순간 제가 왜 애플을 사랑하는지도 깨달았고요." 처음에 아이브는 잡스가 하드웨어 부문 책임자로 임명한 존 루빈스타인에게 업무를 보고했다. 하지만 나중에는 잡스에게 직접 보고를 하며 그와 유난히 끈끈한 관계를 맺었다. 그들은 정기적으로 점심 식사를 같이하기 시작했고, 잡스가 아이브의 디자인 스튜디오를 방문해 담소를 나누며 하루를 마무리하는 일도 잦아졌다. "조니는 특별한 지위를 얻었어요." 파월이 말했다. "우리 집에도 자주 놀러 왔고 가족끼리도 아주 친해졌어요. 스티브가 그에게 의도적으로 상처를 주는 일도 전혀 없었어요. 스티브의 인생에 들어오는 사람들 대부분은 대체가 가능한데, 조니는 결코 거기에 속하지 않아요."

잡스는 아이브에 대한 경의를 이렇게 묘사했다.

조니가 애플뿐 아니라 전 세계에 끼친 영향은 실로 엄청납니다. 그는 다방면에 능통하고 놀라울 정도로 똑똑한 친구입니다. 비즈니스 개념과 마케팅 개념도 잘 이해하고 무엇이든 매우 빠르고 쉽게 파악하지요. 그는 우리가 하는 일의 핵심을 누구보다도 잘 알아요. 애플에 내 영적인 파트너가 있다면 바로 조니입니다. 조니와 내가 대부분의 제품들을 구상하고, 그다음에 다른 사람들을 끌어들여 의견을 묻지요. "이봐, 이거 어떤 거 같아?" 그는 제품의 전체 그림뿐 아니라 아주 세부적인 사항들도 볼 줄 알아요. 그리고 애플이 제품 회사라는 사실도 확실히 이해하고요. 단순히 디자이너라고만 할 수 없어요. 그래서 나에게 직접 보고를 하는 거지요. 나를 제외하고 회사의 운영에 가장 큰 영향력을 행사하는 사람이 조니예요. 그에게 이래라저래라 할 수 있는 사람은 아무도 없어요. 내가 그런 분위기를 만들어 놨거든요.

대부분의 디자이너들과 마찬가지로, 아이브는 특정 디자인의 원리와 단계별 사고를 분석하길 즐겼다. 반면 잡스는 그러한 과정을 좀 더 직관적으로 수행했다. 그는 마음에 드는 모형이나 스케치에는 호감을 보이고 마음에 안 드는 것들은 그냥 짓밟아 버리곤 했다. 그러면 신호를 받은 아이브가 잡스의 축복을 받은 개념들을 제품으로 개발했다.

아이브는 전자 기기 회사 브라운의 독일인 산업디자이너 디터 람스의 팬이었다. 람스는 '더 적게 그러나 더 낫게'라는 원칙을 설파했다.

마찬가지로 잡스와 아이브도 새로운 제품을 디자인할 때

디자인의 원칙

마다 그것을 어느 정도로 단순화할 수 있는가를 놓고 씨름했다. 잡스가 만든 애플의 첫 브로슈어가 "단순함이 궁극의 정교함이다."라고 선언했을 때부터, 잡스는 복잡성을 무시하는 게 아니라 그것을 극복함으로써 얻는 단순성을 추구했다. "상당한 노력이 있어야 하죠." 잡스가 말한다. "무언가를 단순화하는 것, 잠재적인 난제들을 이해하고 명쾌한 해결책을 내놓는 것 말입니다."

표면적인 단순성이 아닌 진정한 단순성을 찾는 잡스의 여정에서 아이브는 마침내 만난 영적인 동반자인 셈이었다. 아이브는 디자인 스튜디오에 앉아 자신의 철학을 이렇게 설명했다.

우리는 왜 단순한 게 좋은 거라고 생각할까요? 물리적인 제품을 다룰 때 그것을 제압할 수 있다고 느끼고 싶어 하기 때문입니다. 복잡한 것에 질서를 부여하면, 제품이 사용자에게 순종하도록 하는 방법을 찾을 수 있습니다. 단순함은 단지 하나의 시각적인 스타일이 아닙니다. 미니멀리즘의 결과이거나 잡다한 것의 삭제도 아니에요. 진정으로 단순하기 위해서는 매우 깊이 파고들어야 합니다. 예를 들어 무언가에 나사를 한 개도 쓰지 않으려고 하다 보면 대단히 난해하고 복잡한 제품이 나올 수도 있습니다. 더 좋은 방법은 보다 깊이 들어가 제품에 대한 모든 것과 그것의 제조 방식을 이해하는 겁니다. 본질적이지 않은 부분들을 제거하기 위해서는 해당 제품의 본질에 대해 깊이 이해하고 있어야 합니다.

잡스와 아이브가 공유한 근본 원칙이 바로 그것이었다. 디자인은 단순히 어떤 제품의 표면적 모습이 아니었다. 디자인은 제품의 본질을 반영해야 했다. 잡스는 애플의 지휘권을 잡고 얼마 후 《포춘》에 이렇게 이야기했다. "대부분의 사람들에게 디자인은 '겉모습'을 뜻합니다. 하지만 내 생각엔, 그건 디자인의 의미와 정반대입니다. 디자인은 인간이 만든 창작물의 근간을 이루는 영혼입니다. 그 영혼이 결국 여러 겹의 표면들을 통해 스스로를 표현하는 겁니다."

그 결과, 애플에서 제품을 디자인하는 과정은 그것이 어떻게 설계되고 제작될 것인가 하는 문제와 통합적으로 연결되었다. 아이브는 애플의 파워 맥에 대해 이렇게 설명했다. "우리는 정말로 본질적이지 않은 것은 전부 없애길 원했죠. 그러기 위해서는 디자이너와 제품 개발자, 엔지니어, 제조 팀 간에 총체적인 협력이 필요했어요. 우리는 끊임없이 처음으로 돌아갔죠. 이 부품이 필요할까? 이걸 사용해서 다른 부품 네 개가 수행하는 기능을 대신할 수는 없을까?"

제품의 디자인과 본질, 그리고 제조 방법 간의 연결에 대한 집착은 잡스와 아이브가 프랑스 여행 중 어느 주방용품 가게에 들렀을 때 분명하게 드러났다. 아이브는 마음에 드는 칼을 집어 들었다가 실망한 표정으로 다시 내려놓았다. 그러자 잡스도 똑같은 행동을 했다. "우리 둘 모두 손잡이와 칼날 사이에서 작은 접착제 흔적을 발견했어요." 아이브가 회상했다. 그들은 칼의 제조 방식이 그것의 훌륭한 디자인을 망쳤다는 얘기를 했다. "칼을 접착제로 붙였단 걸 굳이 그렇게 확인시켜 줄 필요가 있을까요. 그걸 좋아할 사람이 있겠느냐 이겁니다." 아이브가 말한다. "스티브와 저는 그런 것들에 신경을 많이 씁니다. 그런 것 하나하나가 칼의 순수함을 망치고 도구의 본질을 손상한다고 생각하거든요. 우리는 둘 다 제품이 순수하고 매끄럽게 만들어져야 한다고 생각해요."

다른 대부분의 회사들에서는 주로 엔지니어들이 디자이너들을 이끄는 경향이 있다. 엔지니어들이 원하는 사양과 요구 사항을 내놓으면 디자이너들이 거기에 맞는 케이스와 외형을 만들어 낸다. 하지만 잡스는 그러한 과정이 반대로 진행되어야 한다고 판단했다. 애플 초기, 잡스가 오리지널 매킨토시의 케이스 디자인을 승인한 이후에 엔지니어들이 회로 기판과 부품 들을 거기에 맞춰야 했다.

하지만 잡스가 떠난 후 그 과정은 다시 엔지니어 위주로 돌아갔다. "스티브가 돌아오기 전에는 엔지니어들이 '자, 안에 들어갈 것들이야.'라면서 프로세서와 하드 드라이브를 던져 주면, 디자이너들이 그에 맞게 케이스를 설계했어요." 애플의 마케팅 책임자 필 실러가 말했다. "그런 식으로 일을 하면 끔찍한 제품이 나오죠." 하지만 잡스가 돌아와 아이브와 협력하기 시작하자 균형은 다시 디자이너 쪽으로 기울었다. "스티브는 우리가 위대해지기 위한 무엇을 만들려면 디자인이 가장 중요하다고 계속해서 강조했어요. 다시 한 번 디자인이 엔지니어링을 통제하게 된 거죠."

하지만 때로는 이 방식이 역효과를 내기도 했다. 예를 들면 잡스와 아이브는 아이폰 4의 가장자리에 부드러운 알루미늄을 사용하자고 계속 주장했다. 그러면 안테나 기능이 저하될 거라고 엔지니어들이 계속 우려했는데도 말이다.(38장 참고.) 하지만 대개의 경우 그들의 독특한 디자인(아이맥, 아이팟, 아이패드)은 애플을 차별화했고, 잡스 복귀 후 수년 동안 애플이 승리의 개가를 부르도록 이끌었다.

아이브와 잡스의 아이디어 놀이터

조니 아이브가 감독하는 디자인 스튜디오는 애플 본사의 투 인피니트 루프 건물 1층에 있다. 창문은 색유리로 차단돼 있으며, 무겁고 두꺼운 금속 문이 굳게 잠겨 있다. 바로 안쪽에는 출입을 통제하는 안내원 두 명이 유리로 된 안내 데스크에 앉아 있다. 애플 직원이라도 출입이 거의 허용되지 않는다. 이 책을 위한 조니 아이브와의 인터뷰도 대부분 다른 곳에서 진행되었다. 하지만 2010년의 어느 날, 그는 시간을 내어 오후 내내 스튜디오를 구경시켜 주면서 자신이 그곳에서 잡스와 어떤 식으로 협력하는지 이야기해 주었다.

입구 왼쪽에는 젊은 디자이너들이 사용하는 책상이 여러 개 있다. 오른쪽에 위치한 동굴 같은 작업 공간에는 진행 중인 제품들을 진열하고 만져 볼 수 있도록 긴 금속 테이블 여섯 대가 놓였다. 작업 공간 너머에는 컴퓨터 이용 설계(CAD) 스튜디오가 자리했는데, 워크스테이션들이 빽빽이 들어서 있다. 이어지는 방에는 화면에 나온 디자인을 폼 모형으로 제작하기 위한 조형 기계들이 놓여 있다. 거기서 더 들어가면 모형에 보다 사실적인 느낌을 입히는 로봇 조종 스프레이 페인팅실이 있다. 분위기는 널찍하고 산업적이며, 인테리어는 금속 느낌의 회색으로 통일했다. 바깥의 나무들에 달린 나뭇잎들이 가려진 창문에 빛과 그림자의 패턴을 수놓는다. 테크노나 재즈가 배경음악으로 깔린다.

디자인의 원칙

컨디션이 좋고 사무실에 있을 때면 잡스는 거의 항상 아이브와 점심을 같이 먹었고 오후에는 스튜디오에 들렀다. 스튜디오에 들어선 그는 테이블 위를 훑어보며 개발 중인 제품들을 한눈에 살펴보고, 그것이 애플의 전략에 적합한지 판단했으며, 진화하는 각각의 디자인을 손끝으로 확인했다. 대개 잡스와 아이브는 둘이서만 얘기를 나누었다. 나머지 디자이너들은 일을 하다가 가끔 머리를 들고 쳐다보긴 했지만 예의상 거리를 두었다. 특정한 문제가 있을 경우, 잡스는 기계 디자인 책임자나 아이브의 부하들을 부르곤 했다. 또 어떤 것에 흥분하거나 기업 전략에 관한 아이디어가 떠오를 경우, 그는 최고 운영 책임자(COO)인 팀 쿡이나 마케팅 담당 필 실러를 불러 논의에 참여시키기도 했다. 아이브는 그들의 일반적인 작업 과정에 대해 이렇게 묘사한다.

이 커다란 공간은 우리가 진행 중인 작업들을 한눈에 둘러볼 수 있는 곳입니다. 스티브는 여기에 오면 이 테이블들 중 하나를 골라 앉습니다. 예를 들어 새로운 아이폰을 개발 중이라면, 그는 의자에 앉아 다양한 모델들을 가지고 놀며 손으로 느껴 보면서 어느 게 가장 마음에 드는지 얘기합니다. 그러고는 우리 둘이서 테이블을 돌며 다른 제품들은 어떻게 진행되고 있는지 확인하죠. 그는 아이폰, 아이패드, 아이맥, 노트북 등 우리가 진행하거나 고려하는 제품 전체의 상황을 여기서 한번에 파악할 수 있습니다. 그러면 회사가 에너지를 어디에 쏟고 있는지, 그리고 다양한 작업들이 서로 어떻게 연결되는지도 알 수 있죠. 그런 다음 이렇게 물어보기도 합니다. "여기에 이렇게 집중하는 게 맞는 걸까? 이건 이미 많이 성장하고 있는 분야잖아." 이곳에서는 여러 제품들이 각각 어떻게 연관되는지도 알 수 있어요. 큰 회사에서는 대개 그러기가 쉽지 않죠. 이 테이블 위에 놓인 모형들을 보고서 그는 향후 3년 정도의 미래를 내다볼 수 있어요.

디자인 과정의 상당 부분은 대화로 이루어져요. 테이블 주위를 돌며 모형을 가지고 놀면서 서로 질문과 대답을 주고받는 식이죠. 그는 복잡한 설계도를 읽는 걸 좋아하지 않아요. 그 대신 모형을 보고 느끼길 원하죠. 그가 하는 방식이 옳아요. CAD 렌더링에서는 아무리 훌륭해 보여도 실제 모형으로 만들었을 때 형편없게 나올 때가 있거든요.

여기가 조용하고 차분하기 때문에 잡스가 들르길 좋아하는 것 같아요. 시각을 중시하는 사람에겐 천국이죠. 공식적인 디자인 검토 회의가 없기 때문에 중대한 결정을 내려야 할 필요도 없어요. 그 대신에 우리는 언제라도 바꿀 수 있는 유동적인 결정들을 내리곤 해요. 매일 이런 과정을 반복하기 때문에 바보 같은 프레젠테이션을 할 필요가 없어요. 덕분에 의견이 크게 충돌할 일도 없고요.

내가 이곳을 방문한 날, 아이브는 매킨토시에 쓸 유럽형 전원 플러그와 연결 장치 개발을 감독하고 있었다. 검토를 받기 위해 약간의 변형을 가한 폼 모형 수십 개가 페인트칠까지 마친 상태로 준비되어 있었다. 디자인 부문 책임자가 이런 사소한 일까지 고민하는 것에 대해 어떤 이들은 의아해할지 모르지만, 애플에서는 잡스까지 관여했다. 애플 II를 위한 특별 전원 공급 장치를 만든 이후로, 잡스는 그러한 부품들의 엔지니어링뿐 아니라 디자인에도 신경을 썼다. 맥북의 흰색 전원 장치는 물론이고 기분 좋은 '탁' 소리를 내며 꽂히는 자석 연결 장치에 대한 특허를 출원할 때 잡스의 이름도 포함되었다. 사실 2011년 초까지 그는 212개의 특허에 이름을 올렸으니 발명가라 해도 무방하다.

아이브와 잡스는 제품의 포장에도 엄청난 관심을 쏟았고 특허까지 출원했다. 예를 들면 2008년 1월 1일 승인된 미국 특허 D558575호는 아이팟 나노의 박스에 대한 것이다. 포장을 열면 아이팟이 박스에 어떤 방식으로 들어가 있는지 보여 주는 네 개의 그림이 있다. 2009년 7월 21일에 승인된 특허 D596485호는 튼튼한 뚜껑과 내부에 광택 나는 작은 플라스틱 받침대를 갖춘 아이폰 포장에 대한 것이다.

마이크 마쿨라는 일찍부터 잡스에게 "가치를 귀속하라."라고 가르쳤다. 다시 말해 사람들이 겉모습만 보고서 내용까지 판단한다는 사실을 이해하고, 애플 제품의 모든 외면과 포장 뒤에는 아름다운 보석이 숨어 있다고 느끼도록 만들라는 것이었다. 아이팟 미니든 맥북 프로든, 애플 고객들은 정교하게 제작된 박스를 개봉해 유혹하듯이 자리 잡은 제품을 발견하는 그 느낌을 안다. "스티브와 저는 포장에 많은 시간을 할애합니다." 아이브가 말했다. "저는 뭔가의 포장을 벗기는 걸 매우 좋아합니다. 포장 벗기기를 하나의 의식이 되도록 설계하면 제품을 한층 특별하게 느끼도록 만들 수 있죠. 포장은 한 편의 연극이 될 수도 있어요. 드라마를 만들어 낼 수 있단 얘깁니다."

예술가의 섬세한 기질을 가진 아이브는 때때로 잡스가 모든 성과의 공훈을 너무 많이 차지하는 것에 기분이 상했다. 수년 동안 다른 동료들 역시 불편함을 느낀 부분이었다. 또한 잡스에 대한 개인적인 감정들이 종종 너무 강렬해져 쉽게 상처를 받기도 했다. "저의 아이디어들을 살펴보고는 '이건 별로, 이것도 별로, 이건 좋다.'라고 말하곤 했어요." 아이브가 말했다. "그리고 나중에 그것을 발표할 때면 그는 그게 마치 자신의 아이디어인 것처럼 이야기했죠. 제가 그 자리에 앉아 있는데도 말이에요. 저는 아이디어의 출처에 극도로 신경을 쓰는 편이에요. 제 아이디어들을 공책에 적어 관리할 정도죠. 그러니 저의 디자인이 잡스의 공훈으로 돌아갔을 때 얼마나 마음이 아팠겠어요." 아이브는 회사 외부인들이 마치 잡스가 애플의 아이디어맨인 것처럼 묘사할 때도 신경이 곤두섰다. "그런 일은 우리 회사를 취약하게 만듭니다." 아이브가 부드러운 목소리로 진지하게 말했다. 하지만 그는 잠시 말이 없다가 실제로 잡스가 중요한 역할을 수행한다는 점을 인정했다. "다른 수많은 회사들에서는 훌륭한 아이디어와 디자인 들이 업무 처리 과정에서 사라지고 말아요. 저와 제 팀의 아이디어들은 다른 곳에서는 아무런 인정도 못 받고 사장되었을 거예요. 만약 스티브가 이곳에서 우리를 밀어붙이고 함께 일하며 수많은 저항을 헤쳐 나가도록 돕지 않았다면 우리의 아이디어 상당수는 제품으로 현실화되지 않았을 겁니다."

아이맥

반가워 (다시 만나서)

백 투 더 퓨처

디자인 면에서 잡스와 아이브의 공동 작업으로 탄생한 최초의 성과는 아이맥이었다. 1998년 5월에 등장한 아이맥은 가정 소비자 시장을 노린 데스크톱 컴퓨터였다. 잡스에게는 이 컴퓨터의 사양에 대한 확고한 계획이 있었다. 키보드, 모니터, 컴퓨터가 하나의 유닛으로 결합된 올인원 제품, 상자에서 꺼내자마자 곧바로 사용할 수 있는 제품, 브랜드 헌장(기업의 비전을 집약적으로 표현한 짤막한 문구.— 옮긴이)을 구현하는 독특한 디자인의 제품을 개발한다는 것이 그의 구상이었다. 가격은 1200달러 정도로 책정했다.(그 무렵 애플의 컴퓨터 중에는 2000달러 이하의 제품이 없었다.) 실러는 당시를 이렇게 회상한다. "잡스는 1984년 매킨토시라는 원래의 뿌리로 돌아가 올인원 소비자 제품을 내놓아야 한다고 했습니다. 이는 곧 디자인과 엔지니어링의 공조가 필요하다는 의미였습니다."

당초 계획은 '네트워크 컴퓨터', 즉 하드 드라이브 없이 인터넷을 비롯한 각종 네트워크 접속에 주로 이용되는 저렴한 단말기를 개발하는 것이었다. 이는 오라클의 래리 엘리슨이 적극 추천한 개념이기도 했다. 하지만 애플의 CFO 프레드 앤더슨은 신제품이 사용자에게 필요한 기능을 완전히 갖춘 가정용 데스크톱 컴퓨터로 자리매김하려면 디스크드라이브가 장착된 고성능 제품을 개발해야 한다고 강력히 주장했다. 결국 잡스도 이 의견에 동의했다.

하드웨어 책임자 존 루빈스타인은 전문가용 고급 컴퓨터인 파워 맥 G3의 마이크로프로세서 및 내부 장치를 새 컴퓨터에 맞게 개조했다. 신제품에는 하드 드라이브와 콤팩트디스크 트레이가 장착될 예정이었다. 하지만 잡스와 루빈스타인은 플로피디스크 드라이브는 넣지 않겠다는 과감한 결정을 내렸다. 잡스는 이 결정에 대해 아이스하키 스타 웨인 그레츠키의 격언을 인용하여 설명했다. "퍽이 있던 곳이 아닌 퍽이 이동할 곳으로 움직여야 합니다." 당시로서는 다소 시대를 앞선 선택이었지만, 이후 결국 대부분의 컴퓨터에서 플로피디스크 드라이브가 제거되었다.

아이브와 디자인 팀의 부팀장 대니 코스터는 초현대적 디자인을 스케치하기 시작했다. 잡스는 그들이 제작한 10여 개의 폼 모형 모두에 퉁명스럽게 퇴짜를 놓았다. 하지만 아이브는 잡스에게 부드럽게 조언하는 법을 알았다. 아이브도 그 모형들 가운데 아주 뛰어난 것은 없다고 동의했다. 다만 그중 하나만큼은 가능성이 있다고 지목했다. 곡선으로 이루어진 재미있는 외관의 모형으로, 테이블에 뿌리를 내려 움직일 수도 없을 것 같은 여느 컴퓨터와는 생김새가 달랐다. 그는 잡스에게 말했다. "이 모형은 책상에 갓 올려놓은 듯한 느낌, 혹은 금방이라도 들고서 어디론가 떠날 수 있을 것 같은 느낌을 줍니다."

아이브는 이 재미있는 모형을 더욱 개선하여 잡스에게 다시 보여 주었다. 이번에는 잡스도, 특유의 이분법적 세계관을 드러내며, 디자인이 아주 마음에 든다고 극찬했다. 그는 그 폼 모형을 들고 본사 이곳저곳을 돌아다니기 시작했다. 그러다 신임하는 부하 직원이나 이사 들을 만나면 확신에 찬 태도로 보여 주었다. 애플은 광고 속에서 그들이 남들과 '다른 것을 생각한다'는 자부심을 한껏 드러냈다. 하지만 그 무렵까지는 기존의 컴퓨터와 크게 다른 제품을 제시하지 못하고 있었다. 그러던 중 마침내 잡스가 새로운 무언가를 갖게 된 것이었다.

아이브와 코스터가 제안한 플라스틱 케이스는 바다 빛깔의 청록색으로, 나중에 오스트레일리아 해변의 이름을 따서 본다이 블루라는 이름이 붙었다. 이 케이스는 반투명으로 만들어져 컴퓨터 내부를 훤히 들여다볼 수 있었다. "우리는 사용자의 필요에 따라 컴퓨터가 변할 수도 있음을 표현하고자 했습니다. 마치 카멜레온처럼 말입니다." 아이브는 말한다. "그게 바로 반투명 케이스를 선택한 이유였습니다. 색깔로 분위기를 연출하는 동시에 변화 없는 정적인 느낌도 없애 주는 거죠. 당돌한 느낌을 주기도 하고요."

은유적으로나 현실적으로나 이 반투명 케이스는 컴퓨터의 내부 공학을 외부 디자인과 연결하는 역할을 했다. 잡스는 내부가 전혀 보이지 않을 때도 회로 기판 위의 칩 배열이 깔끔해 보여야 한다고 늘 강조했다. 이제는 그것이 보이게 되었다. 새로운 케이스는 컴퓨터의 모든 요소를 제조하고 그것을 조화롭게 배치하는 데 들인 정성을 사용자에게 보여 줄 터였다. 이 흥미로운 디자인은 단순성을 표현한 동시에 진정한 단순성이 수반하는 깊이까지 드러냈다.

심지어 플라스틱 껍데기의 단순성 자체만도 엄청나게 복잡한 과정을 수반했다. 아이브의 팀은 애플의 한국 제조 업체와 협력하여 케이스 생산 공정에 완벽을 기했다. 또한 매력적인 반투명 색깔을 만들고자 젤리 과자 공장까지 찾아다니며 연구를 거듭했다. 케이스의 가격은 개당 60달러로, 보통 컴퓨터 케이스에 비해 세 배나 비쌌다. 다른 회사였으면 반투명 케이스가 추가 비용을 정당화할 만큼 매출을 늘려 줄 것인지 확인하기 위해 프레젠테이션과 연구를 수차례 실시했을 것이다. 하지만 잡스는 그와 같은 분석을 요구하지 않았다.

디자인의 마무리는 아이맥의 상단에 자리 잡은 손잡이였다. 기능성보다는 상징성과 장난기가 강했다. 이 제품은 데스크톱 컴퓨터였다. 실제로 컴퓨터를 들고 다닐 사람들은 많지 않았다. 아이브는 이렇게 설명했다.

그 당시만 해도 사람들은 첨단 기술을 편안하게 받아들이지 못했습니다. 만약 당신이 어떤 것에 두려움을 느낀다면 그걸 건드리지도 않겠지요. 우리 어머니도 그러셨어요. 그래서 생각했지요. 여기에 손잡이를 달면 사람들이 이 컴퓨터와 관계를 맺는 데 도움이 되겠구나 하고요. 손잡이에 다가가는 것은 쉬운 일이지요. 보면 무엇인지 바로 알 수도 있고요. 만져도 된다는 생각이 들고 마음대로 다룰 수 있다는 기분을 느끼게 합니다. 유감스럽게도 안으로 오목하게 들어간 손잡이를 만드는 데는 돈이 많이 듭니다. 예전의 애플이었다면 저는 제 주장을 관철할 수 없었을 겁니다. 스티브가 정말 대단한 것은 이 손잡이를 보자마자 "아주 멋진데!"라고 반응하며 즉각 승인했다는 겁니다. 저는 제 생각을 다 설명하지도 않았어요. 하지만 그는 직관적으로 모든 것을 이해했습니다. 손잡이가 아이맥에 담긴 친근함과 재미의 일부분임을 곧바로 간파한 거죠.

잡스는 루빈스타인의 지지를 받는 제조 담당 엔지니어들의 반대를 막아야 했다. 루빈스타인은 아이브의 미적 욕구와 갖가지 디자인 아이디어를 접할 때마다 현실적인 비용 문제를 제기하곤 했다. 잡스는 이렇게 말했다. "견본을 가지고 엔지니어에게 갔더니 그걸 만들 수 없는 이유 서른여덟 가지를 내놓더군요. 그래서 제가 말했지요. '아니, 아니, 우리는 이걸 해야 해.' 그들이 물었습니다. '글쎄, 왜요?' 제가 대답했지요. '내가 CEO니까. 나는 이걸 충분히 할 수 있다고 생각해.' 결국 그들은 마지못해 제작에 임했지요."

잡스는 리 클라우와 켄 시걸을 비롯한 TBWA샤이엇데이 광고대행사 사람들에게 비행기를 타고 와서 준비 중인 신제품을 봐 달라고 요청했다. 잡스는 그들을 보안이 삼엄한 디자인 스튜디오로 데려간 다음, 아이브의 반투명 눈물 모양의 디자인을 극적으로 공개했다. 그것은 마치 미래를 배경으로 한 1980년대의 텔레비전 애니메이션 「우주 가족 젯슨」에나 나올 법한 물건이었다. 깜짝 놀란 그들은 잠시 할 말을 잃었다. "무척 충격적이었습니다. 하지만 속마음을 솔직히 털어놓을 수는 없었습니다." 시걸은 회상한다. "사실 당시에는 이런 생각이 들었습니다. '이런, 이들은 지금 자신들이 뭘 하고 있는지 알까?' 그건 정말이지 너무 파격적이었습니다." 잡스는 그들에게 이 제품의 이름을 지어 달라고 했다. 시걸은 다섯 개의 이름을 가지고 잡스를 찾아왔다. '아이맥'도 그중 하나였다. 처음에 잡스는 그 다섯 개의 이름 중 어느 것도 좋아하지 않았다. 그래서 시걸은 일주일 뒤 다른 이름이 적힌 목록을 가지고 돌아왔다. 광고대행사에서는 여전히 '아이맥'을 선호한다는 말도 덧붙였다. 잡스는 대답했다. "이번 주에는 그 이름이 아주 싫지는 않군요. 그래도 여전히 마음에 들진 않아요." 잡스는 원형 제품 몇 개에 실크스크린으로 iMac이라는 이름을 인쇄해 보았다. 그러면서 그 이름이 점점 마음에 들기 시작했다. 결국 신제품의 이름은 아이맥이 되었다.

아이맥의 완성 기한이 다가오자 잡스 특유의 성마른 기질이 다시 나타나기 시작했다. 특히 제조상의 문제에 직면할 때면 더욱 그랬다. 한번은 제품 검토 회의에서 제조 공정이 더디게 진행되고 있다는 사실이 드러났다. "그는 엄청나게 분노했어요. 정말 굉장했지요." 아이브의 회상이다. 잡스는 탁자 주변을 돌며 루빈스타인부터 시작해서 참석자 모두를 질책했다. "우리는 지금 회사를 살리려고 애쓰는 중이오." 그는 고함을 쳤다. "그런데 당신들은 일을 엉망으로 만들고 있어!"

예전 매킨토시 팀과 마찬가지로, 아이맥 팀원들도 어떻게든 신제품 발표회 일정에 맞추어 제품을 완성하기 위해 안간힘을 쓰고 있었다. 하지만 발표를 앞두고 잡스는 마지막으로 또 한 번 크게 폭발했다. 출시 프레젠테이션 리허설 날이 다가오자 루빈스타인은 서둘러 시제품 두 대를 준비했다. 그때까지 잡스를 비롯해서 어느 누구도 최종 완성품을 본 적이 없었다. 무대에 설치된 아이맥을 살피던 잡스는 전면부 화면 아래에 버튼이 하나 달린 것을 보았다. 그 버튼을 누르자 CD 트레이가 튀어나왔다. "젠장, 이건 또 뭐야?" 점잖지 못한 말로 그가 물었다. "모두가 입도 뻥긋하지 않았습니다. CD 트레이가 뭔지 그가 모를 리 없었으니까요." 실러의 말이다. 잡스의 불평은 계속되었다. 그는 고급 자동차에 사용되던 우아한 슬롯 드라이브를 거론하며 아이맥에도 깔끔한 CD 슬롯이 장착되어야 한다고 주장했다. 격노한 잡스는 실러를 밖으로 내쫓았다. 실러는 루빈스타인에게 전화를 걸어 리허설 현장으로 와서 좀 도와 달라고 했다. "스티브, 이건 우리가 지난번에 부품에 대해 논의했을 때 제가 보여 줬던 바로 그 드라이브예요." 루빈스타인이 설명했다. "아니, 분명 트레이는 없었소. 슬롯이었지." 잡스가 말했다. 루빈스타인은 물러나지 않았다. 잡스의 분노 또한 사그라지지 않았다. 훗날 잡스는 이 일을 떠올리며 이렇게 말했다. "눈물이 날 지경이었지요. 조치를 취하기에는 너무 늦은 시점이었거든요."

리허설은 연기되었다. 한동안은 잡스가 제품 출시 자체를 취소한 것처럼 보였다. "루비(루빈스타인)가 '내가 미친 거야?'라고 묻는 듯한 표정으로 저를 쳐다보더군요." 실러가 회상한다. "제가 스티브와 함께 제품 출시를 준비한 건 그때가 처음이었습니다. 제대로 된 제품이 아니면 출시하지 않는다는 그의 사고방식을 목격한 것도 그때가 처음이었고요." 결국 그들은 아이맥의 다음 버전에서 트레이를 슬롯 드라이브로 교체하기로 합의했다. 잡스는 슬픈 기색으로 말했다. "최대한 신속히 슬롯 방식으로 가겠다고 약속하면 제품 출시를 진행하지요."

신제품 발표회에서 보여 줄 영상에도 문제가 생겼다. 영상에서는 조니 아이브가 등장해 자신의 디자인 철학을 설명하며 이렇게 묻는다. "젯슨 가족은 어떤 컴퓨터를 사용했을까요? 말하자면 이는 과거에 그리던 미래 같은 것이지요." 그 순간, 「우주 가족 젯슨」의 제인 젯슨이 비디오 화면을 보는 장면이 2초간 나오고 이어서 다시 2초간 젯슨 가족이 크리스마스트리 옆에서 웃으며 장난치는 모습이 나온다. 그런데 리허설에서 조연출 한 명이 잡스에게 그 애니메이션 클립을 삭제해야 한다고 알렸다. 제작사인 해나바베라 측이 애니메이션의 사용을 허가하지 않았던 것이다. "그대로 둬요." 잡스가 내뱉듯 말했다. 조연출은 무단 사용 금지 규정이 있다고 설명했다. 잡스가 말했다. "상관없어요. 그대로 쓸 겁니다." 결국 클립은 삭제되지 않았다.

리 클라우는 잡지에 실을 컬러 광고 시리즈를 준비한 다음 잡스에게 페이지 교정쇄를 보냈다가 분노에 찬 잡스의 전화를 받았다. 잡스가 주장하길, 잡지에 나온 파란색은 그들이 선정한 아이맥 사진의 파란색과 다르다고 했다. "당신들은 자기가 해야 할 일이 뭔지도 제대로 모르고 있어요." 잡스가 고함쳤다. "광고는 다른 사람에게 맡길 거요. 이런 거지 같은 걸 쓸 순 없으니까." 클라우는 잡스의 말을 반박했다. 그는 잡스에게 사진과 광고를 한번 비교해 보라고 했다. 하지만 그때 회사 밖에 있던 잡스는 자신의 말이 맞다고 주장하며 계속 소리를 질렀다. 결국 클라우는 잡스를 설득해서 원본 사진과 광고 사진을 대조해 보도록 했다. "저는 마침내 그에게 이 파란색이 그 파란색이고 그 파란색이 이 파란색이라는 사실을 입증했습니다." 수년 뒤 웹사이트 '고커'의 스티브 잡스 관련 게시판에 이 사건의 뒷이야기가 올라왔다. 작성자는 잡스의 집에서 몇 블록 떨어진 홀 푸드 매장에서 일하는 종업원이었다. "카트를 정리하고 있는데 장애인 주차 구역에 세워진 은색 메르세데스가 눈에 띄었습니다. 차 안에서는 스티브 잡스가 카폰에 대고 소리를 지르고 있었어요. 당시는 아이맥이 발표되기 직전이었죠. 제 귀에 이런 말이 똑똑히 들렸습니다. '그. 빌어먹을. 파란색으로는. 안 된다고!'"

언제나처럼 잡스는 제품을 극적으로 선보이는 데 강박적으로 매달렸다. CD 트레이 때문에 리허설을 한 차례 중단하긴 했지만, 출시를 결정한 이후 잡스는 '화려한 쇼'를 선보이기 위해 여러 번의 리허설을 충실히 실시했다. 그는 무대를 가로질러 걸어가며 "새롭게 선보이는 아이맥을 반겨 주십시오."라고 선언하는 클라이맥스 부분을 몇 번이고 거듭 점검했다. 그는 아이맥의 반투명한 색감을 선명하게 보여 줄 수 있는 완벽한 조명을 원했다. 예행연습을 몇 차례나 했지만 그는 여전히 만족할 수 없었다. 스컬리가 1984년 매킨토시의 출시 행사 리허설 때 목격했던, 무대조명에 대한 집착이 다시 나타난 것이었다. 잡스는 조명의 밝기를 높이고 불을 더 일찍 켜라고 지시했다. 그런 다음에도 그는 흡족해하지 않았다. 무대 아래 통로로 내려간 그는 중앙의 좌석에 앉아 두 다리를 앞좌석에 걸친 채 말했다. "제대로 될 때까지 계속해 봅시다. 알겠죠?" 다시 한 번 조명이 켜졌다. "아냐, 아냐." 잡스가 불평했다. "이거 뭐 제대로 하질 못하는군." 다음번 시도에서는 조명의 밝기는 충분했으나 불이 너무 늦게 들어왔다. "똑같은 얘기를 계속하기도 지겹군." 잡스가 투덜거렸다. 마침내 아이맥이 정확한 타이밍에 환하게 빛났다. "오! 바로 그거야! 아주 멋져!" 잡스가 외쳤다.

1년 전, 잡스는 자신의 멘토이자 파트너였던 마이크 마쿨라를 이사회에서 축출했다. 하지만 아이맥 개발에 큰 자부심을 느낀 데다, 아이맥과 원조 매킨토시 사이의 연관성 때문에 감상에 젖은 잡스는 마쿨라를 쿠퍼티노로 초대하여 개인적 소감을 물었다. 마쿨라는 아이맥에 깊은 인상을 받았다. 그가 유일하게 이의를 제기한 부분은 아이브가 디자인한 새 마우스였다. 마쿨라는 마우스가 하키 퍽처럼 생겼으며 사람들이 별로 좋아하지 않을 거라고 말했다. 잡스는 동의하지 않았지만 결국 마쿨라의 의견이 옳았던 것으로 드러났다. 그것만 제외하면 결과적으로 아이맥은, 이전 모델이 그랬듯, 엄청나게 훌륭한 제품으로 판명되었다.

쇼는 다시 시작되었다

1984년 원조 매킨토시를 출시할 때 잡스는 새로운 유형의 극을 창조했다. 신제품의 데뷔를 획기적 이벤트로 만든 것이다. 이 이벤트는 하늘이 갈라지며 빛이 내리비치고 천사들이 노래하고 선택받은 충실한 이들이 할렐루야를 노래하면서 절정에 달했다. 애플을 살리고 다시 한 번 퍼스널 컴퓨팅에 변혁을 가할 신제품을 성대히 발표하기 위해 잡스는 쿠퍼티노의 디엔자 대학교 플린트 강당이라는 상징적인 장소를 선택했다. 1984년에 사용한 바로 그 장소였다. 그는 의심을 불식하고, 지지자들을 다시 불러 모으고, 개발자 집단의 지지를 얻고, 신제품의 마케팅을 활성화하기 위해 모든 노력을 다할 작정이었다. 하지만 잡스가 그처럼 애쓴 것은 스스로 그런 행사의 기획자 역할을 즐기기 때문이기도 했다. 훌륭한 쇼를 펼쳐 보이는 것은 훌륭한 제품을 개발하는 것과 마찬가지로 그의 열정을 자극했다.

마음속의 감상적 일면을 드러내기라도 하듯, 잡스는 정중하고도 큰 목소리로 그가 초대한 세 사람을 청중 앞에 불러 세웠다. 그는 이미 그들 모두와 소원해졌지만 이제는 그들과 재결합하기를 원했다. "저는 제 부모님의 차고에서 스티브 워즈니악과 처음 회사를 시작했습니다. 그리고 오늘, 스티브가 이 자리에 함께했습니다." 잡스가 워즈니악을 가리키며 박수

아이맥

를 이끌어 냈다. "이후 마이크 마쿨라가 우리 회사에 합류했고, 곧이어 애플 최초의 사장인 마이크 스콧이 들어왔지요. 그분들도 오늘 이곳에 참석했습니다. 이 세 사람이 없었다면 오늘 이 자리도 없었을 것입니다." 또 한차례의 박수갈채가 쏟아지는 동안 그의 눈이 잠시 촉촉해졌다. 청중 가운데는 앤디 허츠펠드를 비롯해 원조 맥 팀의 팀원들도 다수 앉아 있었다. 잡스는 그들에게 미소를 지어 보였다. 그는 이제 곧 그들이 자부심을 느끼리라 생각했다.

애플의 신제품 전략을 담은 사분면에 이어 새 컴퓨터의 성능에 관한 슬라이드 몇 장을 보여 준 다음, 마침내 잡스가 그의 새로운 '자식'을 선보일 차례가 되었다. "이것이 오늘날 컴퓨터의 모습입니다." 베이지색 상자 모양의 본체와 모니터가 담긴 사진을 뒤쪽의 대형 스크린에 비추며 그가 말했다. "저는 오늘 이후 달라질 컴퓨터의 새로운 모습을 여러분에게 제시하는 영광을 누리고자 합니다." 잡스는 무대 중앙의 테이블 위에 씌워진 천을 걷어 냈다. 그와 함께 때맞춰 켜진 조명을 받은 아이맥이 환하게 반짝이며 모습을 드러냈다. 마우스 버튼을 누르자, 원조 매킨토시 출시 때 그랬던 것처럼 화면에 이 컴퓨터로 할 수 있는 놀라운 일들을 보여 주는 각종 이미지가 빠르게 지나갔다. 마지막에는 1984년 매킨토시의 화면을 장식했던 "반가워."라는 인사말이 당시와 똑같은 재미있는 글씨체로 표시되었다. 다만 이번에는 괄호 속에 넣은 "다시 만나서(again)"라는 말이 그 아래에 덧붙었다. "반가워. (다시 만나서.)" 우레와 같은 박수가 쏟아졌다. 잡스는 뒤로 물러서서 자신의 새 매킨토시를 자랑스럽게 바라보았다. "마치 다른 행성에서 온 것 같아 보이지요." 청중은 그의 말에 웃음을 터뜨렸다. "아주 좋은 행성, 더 훌륭한 디자이너가 있는 행성에서 말입니다."

다시 한 번 잡스는 업계의 아이콘, 다가올 새 천 년의 선구자가 될 신제품을 선보인 것이다. 이 제품은 '다른 것을 생각한다'는 약속을 완수했다. 케이블 더미와 두꺼운 설명서가 첨부된 베이지색 상자와 모니터 대신, 쉽게 손댈 수 있고 개똥지빠귀의 알처럼 눈을 즐겁게 하는 친숙하고 대담한 기기를 눈앞에 펼쳐 놓았다. 사용자가 할 일은 아이맥의 귀엽고 자그마한 손잡이를 쥐고 우아한 흰색 박스에서 꺼낸 다음 벽에 코드를 꽂는 것뿐이었다. 그때까지 컴퓨터를 두려워하던 사람들도 이제는 아이맥을 갖고 싶어 했다. 방에 아이맥을 들여놓으면 다른 사람들이 보고 감탄하거나 어쩌면 부러워할 수도 있었다. 스티븐 레비는 《뉴스위크》에 다음과 같이 썼다. "공상과학소설의 번뜩임과 칵테일 우산의 키치적 느낌이 혼합된 하드웨어다. 아이맥은 지난 수년간 등장한 컴퓨터 가운데 가장 멋지게 생겼을 뿐만 아니라, 실리콘밸리의 원조 꿈의 기업이 이제 몽유병을 떨쳐 냈음을 당당히 선언하는 제품이다."《포브스》는 아이맥을 가리켜 "업계를 바꿔 놓을 성공작"이라 칭했다. 존 스컬리는 '유배 생활'에서 나와 과장된 어조로 이렇게 이야기했다. "그는 15년 전 애플이 커다란 성공을 거두었을 때와 똑같은 단순한 전략을 구사했어요. 히트 상품을 만든 다음 훌륭한 마케팅을 통해 그것을 홍보한 것이지요."

흠을 잡는 목소리는 단 한 곳의 익숙한 모퉁이에서 들려왔다. 아이맥이 사방에서 찬사를 받을 당시, 빌 게이츠는 마이크로소프트를 방문한 일단의 금융 전문가들에게 이는 일시적 유행일 뿐이라고 장담했다. "지금 애플이 앞서 가는 단 한 가지는 바로 색깔뿐입니다." 게이츠는 장난스럽게 빨간색으로 칠한 윈도 PC를 가리키며 말했다. "우리가 그걸 따라잡는 데 그리 오랜 시간이 걸릴 거라 생각지 않습니다." 이에 격분한 잡스는 어느 기자에게 자신은 이미 미감이 완전히 결여된 점에 대해 게이츠를 공개적으로 비판해 왔으며, 그는 아이맥을 다른 컴퓨터보다 훨씬 더 매력적인 제품으로 만드는 요인이 무엇인지 전혀 모르는 사람이라고 말했다. "우리 경쟁자들이 이해하지 못하는 부분이 있습니다. 그들은 아이맥을 스타일 측면에서만, 겉으로 드러난 외관 측면에서만 생각합니다. 그러고는 형편없는 컴퓨터를 놓고서 거기에도 색깔만 좀 칠하면 아이맥이 될 거라고 말하지요."

아이맥은 1998년 8월 1299달러의 가격으로 시판되었고, 처음 6주 동안 27만 8000대, 그해 말까지 80만 대가 팔리며 애플 역사상 가장 빠르게 판매된 컴퓨터가 되었다. 주목할 점은 매출의 32퍼센트는 컴퓨터를 처음 구매하는 소비자가 차지했으며, 12퍼센트는 윈도 PC를 쓰던 사람들이었다는 사실이다.

얼마 지나지 않아 아이브는 본다이 블루 외에 추가로 매력적인 색깔 네 가지를 만들어 냈다. 같은 컴퓨터를 다섯 가지 색깔로 제공하려면 제조와 재고 관리, 유통 등에 큰 어려움이 생길 게 뻔했다. 이런 경우 예전의 애플을 포함한 대부분의 기업은 연구와 회의를 통해 비용과 수익을 따져 보려 했을 것이다. 하지만 잡스는 새로운 색깔을 본 순간 완전히 들떠서 다른 경영진을 디자인 스튜디오로 소집했다. 그는 흥분에 차 이렇게 말했다. "우리는 이 색깔 전부를 사용할 겁니다!" 그들이 떠난 뒤 아이브는 놀란 얼굴로 팀 동료들을 바라보았다. 아이브는 회상한다. "대개 기업에서 그런 결정을 내리는 데는 수개월이 걸리잖아요. 스티브는 그걸 30분 만에 끝냈어요."

잡스가 아이맥에서 꼭 개선하고 싶어 하던 중요한 문제가 한 가지 남았다. 바로 그가 혐오하던 CD 트레이였다. "소니의 고급 스테레오에 슬롯 드라이브가 장착된 것을 봤습니다. 그래서 드라이브 제조 업체를 찾아가 9개월 뒤 출시할 아이맥 새 버전에 사용할 슬롯 드라이브를 만들어 달라고 했지요." 루빈스타인은 잡스를 설득해서 슬롯 드라이브 장착을 막으려고 했다. 그는 장차 재생뿐만 아니라 음악을 CD에 구울 수 있는 CD 드라이브가 나올 것이며, 그런 드라이브는 슬롯보다는 트레이 형태에서 먼저 이용이 가능해질 것이라 예상했다. "슬롯 방식을 택하면 우리는 최신 기술에 뒤처질 겁니다." 루빈스타인의 주장이었다.

"상관없어요. 난 슬롯을 원하니까." 잡스가 날카롭게 대꾸했다. 그들은 샌프란시스코의 스시 바에서 함께 점심을 먹고 있었다. 잡스는 잠시 산책을 하며 대화를 계속하자고 했다. "슬롯 드라이브 쪽으로 갑시다. 내게 베푸는 개인적 호의라고 생각해 줘요." 물론 루빈스타인은 잡스의 뜻을 따르기로 했다. 하지만 결국에는 루빈스타인의 예측이 옳았던 것으로 드러났다. 파나소닉에서 읽고 쓰기가 모두 가능한 CD 드라이브가 출시되었는데 초기에는 구식 트레이 로더가 달린 컴퓨터에서만 쓸 수 있었다. 이 일은 향후 몇 년에 걸쳐 애플에 흥미로운 영향을 미쳤다. 슬롯 드라이브를 채택한 애플은 음악을 선별해 CD로 굽고 싶어 하는 사용자들의 요구에 신속히 대응할 수 없었다. 하지만 이로 말미암아 애플은 경쟁자를 뛰어넘을 수 있는 창의적이고 대담한 길을 찾아야 했고, 잡스는 마침내 음악 시장에 뛰어들겠다는 결단을 내렸다.

그렇게 세월이 흘러도 여전히 유별난

팀 쿡과 스티브 잡스   2007

막후의 관리자 팀 쿡

스티브 잡스가 애플로 복귀한 첫 해에 '다른 것을 생각하라' 광고와 아이맥을 만들어 내자 이미 대다수 사람들이 알던 사실, 즉 그는 창의적이며 선견지명이 있다는 사실이 더욱 확실해졌다. 그는 첫 라운드에서 그것을 증명했다. 다만 그가 회사를 운영할 만한 인물인지는 여전히 분명치 않았다. 첫 라운드에서 그 점까지 확실히 입증되지는 않았던 것이다.

잡스는 세세한 부분을 중시하는 현실주의적 자세로 직무에 매진했다. 이 세계의 규칙에 얽매이지 않는 잡스의 몽상가적 기질에 익숙했던 이들은 그런 그의 모습에 깜짝 놀랐다. "그는 경영자나 선지자가 아닌, 관리자가 되었어요. 기쁘고 놀라운 일이었습니다." 잡스를 설득하여 애플로 복귀시킨 에드 울러드 이사회 의장의 말이다.

잡스의 경영 좌우명은 '집중'이었다. 그는 지나치게 많은 제품 라인을 정리하고 애플이 개발 중이던 새로운 운영체제에서 필요 없는 기능을 제거했다. 그뿐만 아니라 제품을 꼭 자사 공장에서 제조해야 한다는 과도한 통제 욕구를 버리고 회로 기판부터 완제품에 이르기까지 모든 생산 과정을 외부 업체에 위탁했다. 그러고는 공급 업체들에 엄격한 규정을 적용했다. 그가 애플의 경영권을 넘겨받을 당시, 창고에는 2개월분 이상의 재고가 보관되어 있었는데 이는 업계의 회사들 가운데 가장 많은 양이었다. 달걀이나 우유와 마찬가지로 컴퓨터 역시 유통기한이 짧은 제품이다. 따라서 이 재고가 수익에 미치는 타격은 최소 5억 달러에 달했다. 1998년 초, 잡스는 재고를 절반으로 줄여 1개월분만 보유했다.

하지만 잡스는 여전히 매끄러운 외교적 수완이 부족했다. 그렇기 때문에 성공을 이루는 과정에서 그 대가도 치러야 했다. 물류 업체 에어본 익스프레스가 예비 부품을 신속히 배달하지 못한다고 판단한 잡스는 담당자에게 계약을 파기하라는 지시를 내렸다. 담당자가 소송이 제기될 수 있다는 점을 들어 이의를 제기하자 잡스는 이렇게 대답했다. "가서 그들에게 우리를 계속 가지고 놀았다가는 이 회사에서 땡전 한 푼 가져갈 수 없을 거라고 전하기나 하세요." 결국 담당자는 회사를 그만두었고 소송이 제기되었다. 그 문제를 해결하기까지는 꼬박 1년이 걸렸다. "그때 회사를 그만두지 않았으면 제 스톡옵션의 가치가 1000만 달러까지 올랐을 겁니다." 라고 그 담당자는 말했다. "하지만 저는 도저히 견딜 수 없다는 걸 깨달았어요. 회사에 남았다 해도 어차피 그가 절 해고했을 거예요." 새로 선정된 물류 업체는 재고를 75퍼센트 줄이라는 지시를 받고 그대로 따랐다. "스티브 잡스는 약속을 이행하지 못한 데 대해 철저한 무관용 원칙을 고수합니다." 이 회사 CEO의 말이다. 한번은 VSLI 테크놀로지 사가 정해진 기한 내에 칩을 충분히 공급하지 못할 위기에 빠졌다. 그러자 잡스가 그 회사의 관계자들이 참석한 미팅 자리에 난입해 "빌어먹을 고자 자식들!(Fucking dickless assholes!)"이라고 고함을 질렀다. 결국 칩은 제시간에 모두 납품되었고 VSLI 사의 경영진은 등에 자랑스럽게 "팀 FDA(잡스가 퍼부은 욕설의 머리글자. ― 옮긴이)"라고 새겨진 재킷을 만들어 입었다.

애플의 운영 본부장은 잡스 밑에서 일한 지 3개월 만에 중압감을 견디지 못하고 사직했다. 이후 거의 1년 가까이 잡스는 운영을 직접 관리했다. 그의 말에 따르면, 면접을 보러 온

이들이 전부 "고리타분한 제조업 쪽 사람들 같아 보였기 때문"이었다. 그는 마이클 델이 했던 것처럼 적기 공급 생산(JIT, just in time) 공장과 공급망을 구축할 수 있는 사람을 원했다. 그러던 중 1998년, 그는 37세의 정중한 남성 한 명을 만났다. 컴팩 컴퓨터의 조달 및 공급망 관리자인 팀 쿡이었다. 장차 애플의 운영 관리자직을 맡고 나아가 애플을 꾸려 가는 데 없어서는 안 될 막후 파트너로 성장할 인물이었다. 잡스는 당시를 이렇게 회상한다.

팀 쿡은 조달 관리자 출신이었어요. 정확히 우리가 필요로 하던 배경을 갖춘 셈이었지요. 저는 그가 저와 똑같은 방식으로 사물을 본다는 사실을 깨달았어요. 저는 일본에 갔을 때 다수의 JIT 공장을 둘러본 적이 있었습니다. 맥을 제작할 때나 넥스트에 있을 때 그런 공장을 세워 보기도 했고요. 저는 제가 원하는 바를 알았어요. 팀을 만나 보니 그도 저와 원하는 게 같더군요. 그래서 함께 일하기 시작했고 오래지 않아 저는 그가 자신이 할 일을 정확히 안다고 신뢰하게 되었습니다. 그는 저와 같은 비전을 가지고 있었고, 우리는 고도의 전략적 차원에서 서로 상호작용 할 수 있었지요. 덕분에 저는 그가 찾아와 이야기를 꺼내지 않는 한 많은 일을 잊어버리고 지낼 수 있었어요.

조선소 노동자의 아들인 쿡은 앨라배마 주의 모빌 시와 펜서콜라 시 사이에 자리 잡은 로버츠데일이라는 작은 도시에서 자랐다. 멕시코 만 연안에서 30분 거리에 위치한 곳이었다. 그는 오번 대학교에서 산업공학을 전공하고 듀크 대학교에서 경영학 학위를 받은 뒤 IBM에 입사해 노스캐롤라이나 주에 있는 리서치 트라이앵글 연구 단지에서 12년간 근무했다. 잡스가 그를 면접한 시기는 쿡이 컴팩으로 이직한 지 얼마 지나지 않았을 때였다. 쿡은 언제나 매우 논리적인 엔지니어였고, 당시로서는 애플로 다시 옮기는 것보다는 컴팩에 그대로 있는 게 더 합리적인 선택으로 보였다. 하지만 그는 잡스의 아우라에 매혹되고 말았다. 훗날 쿡은 말했다. "스티브와 첫 면접을 시작한 지 5분 만에 저는 경계심과 논리를 모두 던져 버리고 애플에 입사하고 싶어졌습니다. 애플에 합류하는 것이 창조적인 천재를 위해 일할 일생일대의 기회가 될 거라는 직감이 들었지요." 결국 그는 그 길을 택했다. "엔지니어들은 분석적으로 의사 결정을 하도록 교육받습니다. 하지만 가끔은 본능이나 직감에 기댈 수밖에 없을 때가 있습니다."

애플에서 그가 맡은 역할은 잡스의 직감을 실행하는 것이었다. 그는 자신의 직무를 매우 성실하게 완수했다. 결혼도 하지 않고 자신의 모든 것을 일에 바쳤다. 쿡은 거의 항상 오전 4시 30분에 일어나 이메일을 보낸 뒤, 한 시간 동안 체육관에서 운동을 하고 6시가 조금 지날 때쯤 사무실 책상 앞에 앉았다. 일요일 저녁에는 전화 회의를 하며 다가올 한 주를 준비했다. 툭하면 짜증을 내고 격렬한 비난을 퍼부어 사람들을 위축시키는 CEO가 이끄는 회사에서, 쿡은 침착한 태도와 푸근한 앨라배마 억양, 조용히 상대를 바라보는 시선으로 어려운 상황들을 해결해 나갔다. 《포춘》의 애덤 라신스키는 이렇게 썼다. "쿡은 유쾌하게 웃을 줄 아는 사람이긴 하지만 평상시에는 찌푸린 얼굴을 하고 무미건조한 유머를 구사한다. 회의를 할 때 그는 사이사이 불편할 만큼 오랫동안 말을 멈추는 것으로 유명하다. 그때 사람들 귀에 들리는 거라고는 그가 끊임없이 먹는 에너지 바의 포장지를 찢는 소리뿐이다.”

재직 초기에 어떤 회의에서 쿡은 애플의 중국 공급 업체에 문제가 생겼다는 소식을 들었다. “이건 정말 큰 문제군요.” 그가 말했다. “누군가가 중국에 가서 이걸 처리해야겠어요.” 30분 뒤, 그는 탁자 앞에 앉아 있는 운영 담당 간부를 보며 냉정한 목소리로 물었다. “왜 아직 여기 있죠?” 그 간부는 자리에서 일어나 짐을 꾸릴 틈도 없이 곧장 샌프란시스코 공항으로 가서 중국행 비행기 표를 끊었다. 그는 쿡의 심복 중한 명이 되었다.

쿡은 애플의 핵심 공급 업체를 100곳에서 24곳으로 줄였다. 공급 업체들은 거래를 지속하기 위해 더 나은 조건을 제시해야 했으며, 그의 설득에 따라 회사 위치를 애플의 공장 옆으로 옮긴 업체도 다수 있었다. 또한 쿡은 애플의 창고 19개 가운데 10개를 폐쇄했다. 쌓아 둘 공간을 없앰으로써 재고를 줄인 것이다. 잡스는 1998년 초에 2개월분의 재고를 1개월분으로 줄였다. 그해 9월, 쿡은 그것을 6일분으로 줄였으며 이듬해 9월 무렵에는 놀랍게도 2일분으로 줄였다.(때로는 단지 15시간분만 남겨 놓기도 했다.) 그뿐만 아니라 컴퓨터 제조 공정도 4개월에서 2개월로 단축했다. 이 모든 조치 덕분에 비용이 절감되었음은 물론, 새 컴퓨터를 한 대 한 대 생산할 때마다 최신 부품을 사용할 수 있게 되었다.

모크 터틀넥과 팀워크

1980년대 초, 일본을 방문한 잡스는 소니 회장 모리타 아키오에게 회사 공장의 전 직원이 유니폼을 입고 있는 이유를 물었다. "그는 무척 부끄러워하면서, 전후에 다들 입을 옷이 없다 보니 소니 같은 회사가 근로자들에게 입을 것을 줘야 했고 그게 전통으로 굳어졌다고 이야기했지요." 이와 같은 유니폼은 시간이 흐르며 그 회사만의 특징적인 스타일로 발전해(특히 소니 같은 경우가 그랬다.) 근로자와 회사 사이에 유대감을 형성하는 역할을 했다. 잡스는 말했다. "애플에도 그와 같은 유대감이 필요하다고 생각했어요."

스타일을 중시하던 소니는 유명 디자이너 이세이 미야케에게 유니폼 개발을 맡겼다. 그가 만든 유니폼은 잘 찢어지지 않는 립스톱 나일론 소재 재킷이었다. 어깨와 팔 부분 사이에 지퍼가 달려서 분리하면 조끼로 입을 수도 있었다. "저는 이세이에게 전화를 걸어 애플 직원들이 입을 조끼를 만들어 달라고 부탁했어요." 잡스가 회상했다. "견본 몇 벌을 들고 돌아가 직원들에게 우리 모두가 이 조끼를 입고 일하면 멋질 거라고 얘기했지요. 그랬더니 세상에, 어찌나 야유를 보내던지 무대에서 쫓겨나다시피 내려왔지요. 유니폼을 반기는 이가 아무도 없었어요."

하지만 그 과정에서 잡스는 미야케와 친구가 되어 자주 그를 찾아갔다. 또한 잡스는 자신이 입을 유니폼이 있으면 좋겠다는 생각도 하게 되었다. 일상적으로 편리할 뿐 아니라(이것이 그가 주장한 이유였다.) 특징적 스타일을 표현할 수도 있기 때문이었다. "그래서 저는 이세이에게 제가 맘에 들어 하던 그의 검은색 터틀넥을 몇 벌 만들어 달라고 부탁했어요. 그랬더니 그 옷을 100벌 정도 만들어 주더군요." 이 얘기를 듣고 내가 놀라는 걸 본 잡스는 옷장에 쌓여 있는 검은색 터틀넥을 보여 주었다. "이게 제가 입는 옷입니다. 죽을 때까지 입어도 될 만큼 있지요."

잡스는 비록 독재자 기질이 있긴 하지만(그는 결코 '합의의 제단'에 참배하지 않는 인물이다.) 애플에 협력 문화를 조성하기 위해 노력했다. 회의가 거의 없다는 점을 자랑스럽게 여기는 회사들을 흔히 볼 수 있다. 반면 잡스는 회의를 많이 했다. 매주 월요일에는 경영진 회의, 수요일 오후에는 마케팅 전략 회의, 그 밖에 끝없이 이어지는 제품 검토 회의 등이 있었다. 다만 그는 파워포인트를 비롯한 격식 차린 프레젠테이션을 질색했다. 그래서 직원들로 하여금 탁자에 둘러앉아 각 부서의 다양한 관점과 견해를 바탕으로 충분한 논의를 거친 후 결론을 내리도록 했다.

잡스는 애플의 중요한 강점이 디자인, 하드웨어, 소프트웨어, 콘텐츠 등을 아우르는 제품 전체의 통합성에 있다고 믿었다. 그래서 그는 모든 부서가 동시에 협력하여 일하기를 바랐다. 이를 위해 그가 이용한 문구는 '깊은 협력'과 '동시 공정'이었다. 제품이 엔지니어링, 디자인, 제조, 마케팅, 유통 단계를 순차적으로 통과하는 공정이 아닌, 이들 여러 부문이 동시에 협력하는 공정을 원했던 것이다. "우리의 방식은 통합된 제품을 개발하는 것이었어요. 이는 곧 공정 또한 통합적이고 협력적이어야 한다는 의미였지요." 잡스의 말이다.

이 접근법은 핵심 직원을 채용할 때도 적용되었다. 잡스는 특정 부서에 지원한 면접자들을 해당 부서의 관리자가 아닌,

회사 수뇌부(쿡, 테버니언, 실러, 루빈스타인, 아이브 등)와 만나게 했다. "그런 다음 우리끼리 따로 모여서 그들이 적당한지 어떤지 이야기를 나눴지요." 잡스의 말이다. 그의 목표는 "머저리가 급증하지 않도록", 즉 회사에 이류 인재가 넘치지 않도록 경계하는 것이었다.

삶에서 만나는 것들은 대부분 최고와 평범함 사이의 차이가 30퍼센트 정도입니다. 최고의 항공 여행, 최고의 식사, 이런 것들은 평범한 항공 여행이나 식사에 비해 30퍼센트가량 더 낫다는 이야깁니다. 하지만 저는 워즈에게서 평범한 엔지니어보다 50배나 뛰어난 엔지니어를 봤습니다. 그는 자신의 머릿속에서 회의를 열 수도 있는 인물이었지요. 맥 팀은 그와 같은 완전한 팀, 즉 A급 선수들로 이루어진 팀을 구축하기 위한 시도였어요. 사람들은 그들이 서로 사이가 안 좋을 것이며, 함께 일하는 걸 싫어할 거라고 말했지요. 하지만 저는 A급 선수들은 A급 선수들과 함께 일하는 걸 좋아한다는 사실을 깨달았어요. 그들은 단지 C급 선수들과 일하는 걸 싫어할 뿐이지요. 픽사는 온전히 A급 선수들로만 이루어진 회사였습니다. 애플로 복귀하면서 저는 그걸 다시 시도해 보기로 작정했어요. 그러려면 협력적인 채용 절차가 필요했지요. 우리는 직원을 채용할 때면 설사 그가 마케팅 부문에 합류할 예정이라 하더라도 디자인 부서 사람들이나 엔지니어들과 이야기를 나눕니다. 제 역할 모델은 J. 로버트 오펜하이머였습니다. 그가 원자폭탄 프로젝트를 위해 찾았던 사람들의 유형에 관해 읽었거든요. 저는 결코 오펜하이머만큼 잘하지는 못했어요. 하지만 그게 바로 제가 하려던 것이었지요.

이러한 절차는 지원자들을 두렵게 할 수도 있었다. 그러나 잡스에게는 인재를 알아보는 눈이 있었다. 애플이 새로운 운영체제에 사용할 그래픽 기반 인터페이스를 디자인할 사람을 구할 당시, 잡스는 한 젊은이에게 이메일을 받고 그를 회사로 불렀다. 하지만 면접 결과는 좋지 않았다. 지원자가 너무 긴장했기 때문이다. 그날 늦게, 잡스는 낙담에 빠져 로비에 앉아 있던 지원자와 마주쳤다. 그는 잡스에게 자신의 아이디어를 한번 봐 달라고 청했고, 잡스는 어도비 디렉터로 제작된 짤막한 데모를 보았다. 매킨토시의 화면 하단 독(dock)에 더 많은 아이콘을 집어넣는 방법을 보여 주는 데모였다. 그가 독 안에 빽빽하게 들어찬 아이콘 위로 커서를 옮기자, 커서가 확대경처럼 변하며 하나하나의 아이콘을 크게 부풀렸다. "저도 모르게 '이런, 세상에!'라는 말이 나오더군요. 그 자리에서 그를 채용했습니다." 잡스의 회상이다. 이 기능은 맥 OS X의 매력적인 일부가 되었고, 그날 채용된 디자이너는 이후 멀티터치 스크린용 관성 스크롤(화면에서 손가락을 뗀 다음에도 잠시 동안 스크롤이 계속되는 재미있는 기능) 등을 고안했다.

넥스트에서의 경험 덕분에 잡스는 성숙해졌지만 그렇다고 해서 그의 성격이 아주 원만해진 것은 아니었다. 그의 메르세데스 자가용에는 여전히 번호판이 없었고, 회사 정문 옆의 장애인 주차 구역에 차를 세웠으며, 가끔은 두 칸에 걸쳐 주차할 때도 있었다. 이는 일종의 러닝 개그(영화나 텔레비전 프로그램에서 코믹한 요소를 계속 되풀이하는 것. — 옮긴이)가 되었다. 직원들은 "다른 곳에 주차하라.(Park Different.)"라고 적힌 표지판을 만드는가 하면, 장애인 주차 구역의 휠체어 기호를 메르세데스 로고로 다시 그리기도 했다.

회의가 끝날 때면 보통 그는 앞으로의 전략이나 결정을 발표했다. 퉁명스러운 말투로 "나한테 아주 멋진 아이디어가 있어요."라고 말하곤 했는데, 다른 누군가가 전에 제안했던 아이디어일 경우에도 그렇게 말했다. 혹은 "형편없는 아이디어네요. 그건 추진하지 않을 겁니다."라고 선언하는 경우도 있었다. 간혹 문제를 직시할 준비가 안 됐을 때는 한동안 그것을 묵살했다.

누구나 잡스에게 이의를 제기할 수 있었다. 잡스는 그와 같은 도전을 장려하기까지 했으며 때로는 이의 제기를 한 사람에게 경의를 표하기도 했다. 하지만 도전자는 잡스가 그 아이디어를 검토하는 과정에서 공격을 퍼붓고 심지어 불같이 화를 낼 수도 있다는 점을 각오해야 했다. "잡스가 그럴 때는 논쟁에서 절대 이길 수 없어요. 그렇지만 궁극적으로 그를 이기는 경우도 가끔 있지요." 리 클라우와 함께 일하는 창조적인 젊은 광고인 제임스 빈센트는 말한다. "잡스는 우리가 뭔가를 제안할 당시에는 '그건 멍청한 아이디어네요.'라고 해 놓고 나중에 똑같은 아이디어를 가지고 와서 '이렇게 할 생각입니다.'라고 할 때가 있어요. 그러면 '제가 2주 전에 그 얘기를 꺼냈을 때는 멍청한 아이디어라고 했잖습니까.'라고 말하고 싶어지지요. 하지만 그러면 안 됩니다. 그 대신 '그거 좋은 생각이네요. 그렇게 합시다.'라고 말하면 원하는 바를 얻는 겁니다."

사람들은 잡스가 가끔씩 보이는 불합리하고 부정확한 주

CEO

장도 참아 내야 했다. 가정에서든 회사에서든 그는 사실과 다른 과학적, 역사적 주장을 매우 자신만만하게 내세우는 경향이 있었다. "그는 완전히 문외한인 분야에 대해 이야기할 때도 얼마나 열성적이고 확고하게 나오는지 그가 해당 분야를 잘 안다고 믿을 정도입니다." 아이브의 말이다. 그는 이러한 점이 잡스의 기묘한 매력이라 설명했다. 리 클라우는 잡스에게 방송 광고의 한 장면을 보여 줬던 일을 떠올렸다. 당시 클라우는 잡스가 요구한 몇몇 사소한 점을 수정했는데 이를 본 잡스는 광고가 완전히 망가졌다며 장황한 비난을 늘어놓았다. 클라우는 그에게 수정 전 버전을 보여 주며 그가 틀렸다는 것을 증명해야 했다. 그러나 때때로 잡스는 세세한 부분을 놓치지 않는 예리한 눈으로 다른 사람이 미처 보지 못한 작은 문제를 집어내기도 했다. "한번은 잡스가 광고에서 프레임 두 개가 삭제된 것을 발견한 적이 있었어요. 워낙 순식간에 지나가는 장면이라 알아채는 게 거의 불가능했는데도 말이지요." 클라우가 말했다. "그는 그중 한 프레임이 음악의 비트와 정확하게 맞아떨어진다며 다시 넣기를 원했어요. 확실히 그의 말이 옳았습니다."

프레젠테이션의 예술

아이맥 출시 행사가 성공한 후, 잡스는 한 해에 네다섯 차례씩 신제품의 극적인 데뷔 및 프레젠테이션을 연출하기 시작했다. 그는 이 '예술 장르'에 통달했으며 다른 기업 리더들 가운데는 그와 한번 겨뤄 볼 경쟁자조차 없었다. "잡스의 프레젠테이션을 보는 청중의 뇌에서는 급격히 도파민이 분비된다." 카민 갤로가 자신의 저서 『스티브 잡스 프레젠테이션의 비밀』에서 한 말이다.

극적인 제품 발표에 대한 욕구가 강하다 보니 발표가 준비될 때까지 비밀을 지켜야 한다는 잡스의 강박도 더욱 심해졌다. 심지어 애플은 법원에 '비밀을 생각하라(Think Secret)'라는 블로그를 폐쇄해 달라는 요청까지 했다. 이 블로그는 맥 애호가이자 하버드 대학생인 니컬러스 치아렐리가 운영하던 것으로, 곧 출시될 애플 제품에 관한 예상이나 극비 정보를 발표하는 사이트였다. 또 다른 예로는 지난 2010년에 벌어진 IT 전문 블로그 '기즈모도'와 애플 사이의 분쟁을 들 수 있다.(기즈모도가 아직 발표되지 않은 아이폰 4 초기 모델을 입수, 공개한 것이 계기였다.) 애플의 이러한 움직임은 비판을 초래했지만, 한편으로는 잡스의 신제품 발표에 대한 기대를 높이는 데 기여했으며, 때로는 광적인 흥분을 불러일으키기도 했다.

잡스의 제품 출시 쇼는 정교하게 구성되었다. 그는 청바지와 터틀넥을 입고 생수병을 든 채 무대를 느긋하게 거닐었다. 객석은 지지자들로 가득했다. 행사장 분위기는 기업의 제품 발표회라기보다는 마치 어떤 종교의 부흥회와 비슷했다. 기자들의 자리는 객석 중앙에 마련되었다. 잡스는 슬라이드에 들어갈 내용과 연설의 요점을 직접 작성하고 수정한 다음, 그것을 친구들에게 보여 주고 동료들과 함께 심사숙고하며 개선해 나갔다. "그는 각각의 슬라이드를 예닐곱 번씩 수정해요. 프레젠테이션 전날 밤늦게까지 슬라이드를 점검하는 동안 저도 그의 곁에 함께 있곤 한답니다." 잡스의 아내 로렌 파월의 말이다. 잡스는 그녀에게 슬라이드 세 가지 버전을

CEO

부 디자인에 관해서도 고심을 거듭했다. 디자인이 마무리되는 데만 1년이 넘는 시간이 걸렸다. 잡스는 엘리슨의 비행기를 기준점으로 삼고 그의 디자이너를 고용했다. 얼마 지나지 않아 잡스는 그녀를 미치게 했다. 예컨대 엘리슨의 G-5기에는 선실 사이에 문이 있고 열림 버튼과 닫힘 버튼이 각각 따로 달려 있었다. 잡스는 버튼 한 개로 문의 개폐를 조정하고 싶어 했다. 또 번쩍거리는 스테인리스 재질의 버튼이 마음에 들지 않아 브러시드 메탈(솔질을 해서 표면에 자잘한 흠집을 낸 듯한 질감의 금속.—옮긴이) 소재로 교체해 달라고 했다. 그렇게 해서 결국 원하던 비행기를 갖게 된 잡스는 그것을 무척 소중히 여겼다. "제 것과 비교해 보니 그가 바꿔 놓은 부분이 전부 제 비행기보다 낫더군요." 엘리슨의 말이다.

2000년 1월, 샌프란시스코에서 열린 맥월드에서 잡스는 새로운 매킨토시 운영체제 OS X을 발표했다. 3년 전 애플이 넥스트에서 매입한 소프트웨어의 일부가 사용된 운영체제였다. 넥스트의 운영체제가 애플에 통합된 바로 그 시기에 잡스가 애플과 다시 한 몸이 되기로 결심했다는 것은 결코 우연으로 볼 수만은 없는 절묘한 결과였다. 애비 테버니언은 넥스트 운영체제에 이용된 유닉스 계열의 마하 커널을 다윈이라는 맥 OS 커널로 개조했다. 다윈은 메모리 보호와 고급 네트워킹, 선점형 멀티태스킹 등을 제공했다. 이들 요소는 매킨토시에 꼭 필요한 것이었던 만큼 다윈은 이후에도 계속 맥 OS의 기반이 될 터였다. 빌 게이츠를 비롯한 몇몇 비판자들은 애플이 결국 넥스트 운영체제를 완전히 받아들이지 못했다고 지적했다. 이 견해는 어느 정도 사실이었다. 애플은 전혀 새로운 시스템으로 도약하기보다는 기존 시스템을 발전시키는 쪽을 택했다. 예전 매킨토시 시스템에 맞추어 제작된 응용 프로그램들도 대부분 새 시스템과 호환이 되거나 이식이 수월했다. 덕분에 운영체제를 업그레이드한 맥 사용자들은 수많은 신기능이 생겨났음에도 인터페이스가 그리 낯설지 않다는 느낌을 받았다.

맥월드에 모인 팬들이 이 뉴스에 열광했음은 물론이다. 특히 잡스가 독 안의 아이콘 위로 커서를 옮겨서 아이콘이 확대되는 것을 자랑스럽게 보여 줄 때는 환호성이 더욱 높아졌다. 하지만 가장 큰 박수가 쏟아진 것은 잡스가 그 특유의 "아, 그리고 한 가지 더……."라는 마무리 대사를 위해 남겨 둔 마지막 뉴스를 발표했을 때였다. 그는 픽사와 애플에서 자신이 수행하는 직무에 관해 이야기하며 이제 두 가지 역할을 소화하는 것이 편안해졌다고 했다. "그래서 저는 오늘 제 직함 앞에 붙은 '임시'라는 칭호를 떼어 내기로 했다는 소식을 여러분께 기쁜 마음으로 알립니다." 그가 함박웃음을 지으며 말했다. 마치 비틀스가 재결성이라도 한 듯, 청중은 자리에서 벌떡 일어나 큰 소리로 환호했다. 잡스는 입술을 깨물며 안경을 고쳐 쓰고 짐짓 겸손한 자세를 보였다. "여러분이 그렇게까지 반겨 주시니 쑥스럽군요. 저는 날마다 회사에 나가 세상에서 재능이 가장 뛰어난 사람들과 함께 일합니다. 애플에서도, 픽사에서도 그렇지요. 하지만 그 일들은 모두 팀 스포츠와 같은 것입니다. 여러분의 환호는 제가 애플의 모든 사람들을 대표하여 받는 것으로 하겠습니다."

CEO

회청색 사암과 지니어스 바

뉴욕 맨해튼 5번로의 애플 스토어

이해하고 유혹하라

잡스는 어떤 것에 대해서든 통제권을 내주길 싫어했다. 특히 고객 경험에 영향을 미치는 부분에 관해서는 모두 자신이 통제하고 싶어 했다. 하지만 그도 어쩌지 못하는 문제가 있었다. 그가 제어할 수 없는 한 부분, 그건 바로 매장에서 애플 제품을 구입할 때 고객이 겪는 경험이었다.

바이트 숍의 시대는 저물었다. 컴퓨터 판매는 동네 컴퓨터 전문점에서 대형 체인점 및 할인점으로 중심을 옮겨 가고 있었다. 그런 대형 매장의 종업원 대다수는 애플 제품만의 독특한 특징을 설명할 지식도 의욕도 없었다. "그 판매원들이 신경 쓰는 건 50달러의 판매 수당뿐이었어요." 잡스의 말이다. 다른 컴퓨터들은 다들 비슷비슷했지만 애플 제품에는 혁신적인 기능이 있었고 가격도 더 비쌌다. 그러나 아이맥은 통상 델 컴퓨터와 컴팩 컴퓨터 사이에 진열되었고, 애플에 대한 지식이 없는 종업원이 각 컴퓨터의 사양을 읊어 대는 게 전부였다. 이는 잡스가 원하는 바가 아니었다. "매장에서 고객에게 우리 메시지를 전할 길을 찾지 않으면 모든 게 엉망이 될 상황이었어요."

잡스는 1999년 말부터 비밀리에 면접을 진행하며 애플 소매점 체인을 개발할 경영자를 찾았다. 여러 후보 가운데 디자인에 대한 애착과 소년 같은 열정을 지닌 타고난 소매업 전문가가 한 명 있었다. 론 존슨이라는 인물이었다. 대형 할인점 '타깃'의 상품 기획 부문 부사장이던 존슨은 독특한 외관의 제품을 출시하는 일을 책임지고 있었다. 예컨대 마이클 그레이브스가 디자인한 찻주전자 등이 그런 제품이었다. "스티브는 대화하기 무척 편한 사람이었어요." 존슨이 잡스와의 첫 만남을 떠올리며 말했다. "찢어진 청바지와 터틀넥을 입은 사람이 갑자기 나타나더니 훌륭한 매장을 필요로 하는 이유를 유창하게 이야기하더군요. 그는 애플이 성공하려면 혁신을 바탕으로 승리를 거두어야 하는데 고객과 의사소통할 길이 없으면 혁신으로 승리할 방도가 없다고 했어요."

2000년 1월에 존슨이 다시 면접을 보기 위해 찾아왔을 때, 잡스는 함께 산책을 하자고 제안했다. 그들은 오전 8시 30분 무렵에 140개의 매장이 어지럽게 분포한 스탠퍼드 쇼핑몰로 갔다. 아직 상점들이 문을 열기 전이라 그들은 쇼핑몰 전체를 거듭 둘러보며 그곳이 어떤 식으로 조직되어 있는지, 다른 상점들과 비교할 때 대형 백화점이 수행하는 역할은 무엇인지, 특정 전문점이 성공을 거두는 이유는 무엇인지 등에 대해 의견을 주고받았다.

그들은 계속 걸으며 이야기를 나누다가 10시가 되어 상점들이 문을 열자 에디 바우어 매장으로 들어갔다. 이 매장은 쇼핑몰 바깥으로 입구가 나 있고 주차장 쪽으로도 입구가 하나 더 있었다. 잡스는 애플 스토어에는 입구를 한 개만 두기로 결심했다. 그 편이 고객 경험 관리(CEM)를 하기에 더 수월할 터였다. 또한 그들이 보기에 에디 바우어 매장은 너무 길고 좁았다. 고객이 안으로 들어서자마자 매장의 구조를 직관적으로 파악할 수 있도록 하는 것이 중요했다.

이 쇼핑몰에는 컴퓨터 관련 매장이 없었다. 존슨은 그 이유를 이렇게 설명했다. "컴퓨터처럼 자주 사지도 않고 살 때 목돈이 드는 물건을 구입할 때는 소비자들이 다소 불편한 곳에 위치한 매장도 기꺼이 찾아간다는 게 통념이지요. 그렇기 때문에 컴퓨터 매장은 이런 쇼핑몰보다 더 임대료가 저렴한 지역에 주로 자리를 잡습니다." 잡스는 그러한 통념에 동의하지 않았다. 애플 스토어는 임대료가 아무리 비싸도 대형 쇼핑몰과 시내 중심가에, 즉 사람들의 왕래가 활발한 지역에 있어야 한다는 것이 그의 생각이었다. "소비자들이 10킬로미터 이상을 달려와서 우리 제품을 사게 해서는 안 되지요. 열 걸음 정도 걸어오게 해야 합니다." 특히 윈도 PC 사용자들을 노릴 필요가 있었다. "만약 그들이 매장 근처를 지나간다면, 그리고 우리 매장이 충분히 매력적이라면 그들은 호기심을 느껴 안으로 들어올 겁니다. 그렇게 우리 제품을 보여 줄 기회만 얻는다면 분명 그들의 마음을 사로잡을 수 있을 겁니다."

존슨은 매장의 크기가 브랜드의 중요성을 나타낸다고 했다. "애플이 갭만큼 큰 브랜드인가요?" 그가 물었다. 잡스는 훨씬 더 큰 브랜드라고 대답했다. 존슨이 말하길, 그렇다면 매장도 갭보다 훨씬 더 커야 한다고 했다. "그렇지 않으면 의미 있는 이미지를 전달하지 못하거든요." 잡스는 "좋은 회사는 제품과 서비스에 가치를 귀속해야 한다."라는 마이크 마쿨라의 격언을 설명했다. 즉 포장부터 마케팅에 이르기까지 모든 면을 통해 가치와 중요성을 전달해야 한다는 의미였다. 존슨은 이 말이 무척 마음에 들었다. 이는 분명 회사의 매장에도 적용되는 말이었다. "매장은 브랜드를 물리적으로 표현하는, 그 무엇보다 강력한 수단이 되어야 합니다." 존슨이 말했다. 이어서 그는 어린 시절 랄프 로렌 매장에 갔을 때 받은 느낌을 이야기했다. 맨해튼의 72번가와 매디슨로 교차점에 자리했던 그 매장은 벽면이 나무 판으로 만들어졌고 곳곳에 예술품이 가득한, 맨션 같은 곳이었다고 한다. "저는 폴로셔츠를 살 때마다 그 맨션을 떠올립니다. 랄프의 이상이 물리적으로 표현된 곳이었지요. 갭에서는 미키 드렉슬러가 그 일을 해냈습니다. 갭 제품을 생각하면 언제나 깨끗한 공간, 나무 바닥과 흰 벽, 차곡차곡 개어 놓은 상품이 있는 널찍한 갭 매장이 떠오르지요."

이야기를 마친 그들은 회사로 돌아와 회의실에서 애플 제품들을 가지고 놀았다. 제품 종류가 많지 않아 전통적 구조의 매장 선반을 꽉 채우기에는 부족했다. 하지만 그것은 약점이 아닌 강점이었다. 그들은 제품 수가 적어서 오히려 더 유리한, 기존과는 다른 유형의 매장을 만들 수 있었다. 그들은 미니멀하고, 넓고 쾌적하며, 사람들이 제품을 직접 사용해 볼 수 있는 매장을 구상했다. "대다수 사람들은 애플 제품을 모릅니다." 존슨은 말한다. "그들에게 애플은 모종의 컬트입니다. 애플은 이제 컬트적인 것에서 멋진 것으로 변해야 합니다. 사람들이 직접 제품을 만져 보며 이것저것 시도해 볼 수 있는 근사한 매장이 생기면 그 목표를 이루는 데 도움이 될 겁니다." 재미있고, 쉽고, 세련되고, 창의적인 제품, 최첨단의 세련됨과 다가가기 어려운 낯섦 사이의 경계선에서 긍정적 부분만을 취한 제품. 애플 스토어에는 이와 같은 애플 고유의 특성들이 고스란히 담길 터였다.

애플 스토어의 탄생

잡스가 마침내 자신의 구상을 밝혔으나 이사회는 감동하지 않았다. 이미 게이트웨이 컴퓨터가 교외 지역에 그런 매

애플 스토어

장들을 오픈했다가 실패를 맛보고 쓰러져 가고 있었기 때문이다. 잡스는 시내 중심가의 쇼핑몰에 입점하면 그보다 나은 결과가 나올 거라 주장했지만 그것만으로는 이사들을 안심시킬 수 없었다. '다른 것을 생각하라'와 '미친 자들에게 축배를'은 광고 슬로건으로는 좋았지만 그것을 선뜻 기업 전략의 가이드라인으로 삼을 수는 없었다. "저는 머리를 긁적이며 미친 짓이라고 생각했습니다." 지넨테크의 CEO로, 2000년에 잡스의 요청을 받아 애플 이사회에 합류한 아트 레빈슨은 말한다. "애플은 작은 회사, 약소한 경쟁자였어요. 당시 저는 과연 이런 아이디어를 지지해도 좋을지 잘 모르겠다고 말했지요." 울러드 역시 의구심을 보였다. "게이트웨이는 그렇게 시도했다가 실패했고 델은 매장 없이 곧바로 소비자에게 판매하면서도 성공을 거두고 있네." 잡스는 이사회의 지나친 반발을 결코 달가워하지 않았다. 지난번에 그런 일이 발생했을 때는 이사 대부분을 교체해 버렸다. 울러드는 이런저런 사안을 놓고 잡스와 밀고 당기며 줄다리기하는 데도 지쳤을 뿐더러 개인적 이유도 있어서 이제 이사회 의장직에서 물러나야겠다고 결심했다. 하지만 그가 사임 의사를 밝히기도 전에 이사회가 시험 삼아 매장 네 군데를 운영해 보라는 승인을 내렸다.

이사회에서 잡스를 지지하는 인물도 있었다. 1999년에 이사로 뽑힌 브롱크스 출신의 소매업 왕자 밀러드 '미키' 드렉슬러가 바로 그였다. 드렉슬러는 갭의 CEO로, 부진하던 체인을 미국 캐주얼 문화의 아이콘으로 탈바꿈시킨 인물이었다. 그는 잡스와 마찬가지로 디자인, 이미지, 소비자 열망 등의 문제에 정통했으며 그것으로 성공을 거둔 세계에서 몇 안 되는 경영자 중 한 명이었다. 또한 그는 제품 제조 및 판매의 모든 과정을 제어하는 엔드투엔드 방식을 고집했다. 즉 갭 매장은 오직 갭 제품만 취급했으며, 갭 제품은 거의 갭 매장에서만 판매되었다. "백화점 매장에서 철수한 이유가 거기에 있었지요. 제품의 제조에서 판매에 이르기까지 완전히 관리할 수 없다는 사실을 견딜 수 없었던 겁니다." 드렉슬러는 말한다. "스티브 역시 그랬습니다. 그가 저를 이사로 택한 이유도 그것이었다고 생각합니다."

드렉슬러는 잡스에게 한 가지 조언을 했다. "회사 근처에 비밀리에 시험 매장을 짓고 설비를 완전히 갖춘 다음, 편안한 기분이 들 때까지 거기서 시간을 보내 보세요." 다시 말해서 앞으로 모든 애플 스토어의 기준이 될 '원형 스토어'를 하나 만들어 보라는 조언이었다. 존슨과 잡스는 쿠퍼티노에 있는 빈 창고를 빌렸다. 이후 그들은 6개월 동안 매주 화요일마다 그곳에 모여 오전 내내 브레인스토밍을 하며 서로의 소매 철학을 갈고닦았다. 그곳은 어느새 아이브의 디자인 스튜디오와 같은 역할을 하기 시작했다. 잡스가 차츰 진화하는 매장을 보고 만지며 혁신을 떠올릴 수 있는 안식처가 된 것이다. "홀로 그곳을 거닐며 이것저것 살피는 일이 정말 즐거웠습니다." 잡스는 회상했다.

때때로 그는 드렉슬러나 엘리슨 등 믿을 만한 친구들을 그곳으로 불렀다. "주말만 되면 날 불러서 「토이 스토리」의 새로운 장면을 보여 주거나 창고로 데려가 매장에 사용될 실물 크기의 모형들을 보여 주었지요." 엘리슨이 말한다. "그는 미적 측면이나 서비스 경험의 아주 세세한 부분에까지 강박적으로 집착했어요. 결국에는 제가 '스티브, 나를 한 번만 더 이리로 데려오면 다시는 당신을 만나러 오지 않겠어.'라고 했을 정도입니다."

엘리슨의 회사 오라클은 손바닥만 한 크기의 휴대용 계산 시스템을 개발하고 있었다. 이것이 완성되면 금전등록기가 설치된 계산대가 필요 없어질 터였다. 엘리슨이 찾아올 때마다 잡스는 신용카드를 건네거나 영수증을 출력하는 등의 불필요한 단계를 없애서 계산 과정을 간소화하는 방법에 대해 조언해 달라고 졸랐다. "애플 스토어와 애플의 제품들을 보면 단순미에 대한 스티브의 집착을 알 수 있을 겁니다. 애플 스토어에서는 이러한 바우하우스적 미감과 훌륭한 미니멀리즘이 계산 과정에 이르기까지 내내 이어집니다. 절차의 수를 최소화했다는 의미지요. 스티브는 자신이 원하는 계산 과정을 어떻게 구현하고 싶은지 우리에게 정확하고 명료하게 제시했습니다." 엘리슨의 말이다.

거의 완성된 원형 스토어를 본 드렉슬러는 몇 가지 문제를 지적했다. "공간이 너무 잘게 나뉘어 있고 충분히 깨끗하지도 않은 것 같아요. 주의를 분산하는 구조인 데다 색깔도 너무 많아요." 그는 소매 공간에 들어온 고객은 한눈에 흐름을 파악할 수 있어야 한다는 점을 강조했다. 잡스 또한, 훌륭한 상품이 그렇듯 훌륭한 매장의 핵심은 주의를 산만하게 하는 요소를 제거하고 단순함을 추구하는 것이라는 데 동의했다. "이후 그는 문제를 완벽하게 해결했어요. 애플 제품과 관련된 경험 전반을 완전하고 철저하게 제어한다는 것이 그의 비전이었습니다. 제품의 디자인 방식부터 판매 방식에 이르기까지의 전체 과정을 말이지요." 드렉슬러의 말이다.

2000년 10월, 원형 스토어의 준비 과정이 거의 마무리된 것으로 보이던 시기였다. 화요일 회의 전날 밤, 잠자리에 들었던 존슨은 불현듯 뭔가 근본적인 문제가 있다는 사실을 깨닫고 한밤중에 자리에서 벌떡 일어났다. 그들은 애플의 주요 제품들을 중심으로 매장을 구성했다. 즉 매장 내부가 파워 맥 구역, 아이맥 구역, 아이북 구역, 파워북 구역 등으로 나뉘어 있었다. 하지만 잡스는 '모든 디지털 활동의 허브가 되는 컴퓨터'라는 새로운 개념을 개발하는 중이었다. 다시 말해, 컴퓨터로 카메라에 든 사진이나 동영상을 다루고, 언젠가는 뮤직 플레이어와 노래, 책, 잡지 등도 컴퓨터를 통해 이용한다는 개념이었다. 그날 새벽녘에 존슨은 매장을 네 개의 컴퓨터 제품군 중심으로 구성할 것이 아니라 사람들이 하고 싶어 하는 행위 중심으로 구성해야 한다는 깨달음을 얻었다. "예를 들면 영화 구역을 마련해서 그곳에 아이무비 소프트웨어가 구동되는 여러 대의 맥과 파워북을 설치하고, 사람들에게 비디오카메라의 영상을 컴퓨터로 불러들여 편집하는 과정을 보여 줘야 한다는 생각이었지요."

화요일 아침 일찍 잡스의 사무실에 도착한 존슨은 매장 구조를 변경해야 할 필요성을 갑자기 깨달았다고 이야기했다. 존슨도 잡스의 험악한 언어에 대해 들어 보기는 했으나 그 신랄함을 직접 느껴 본 적은 없었다. 그때까지는 말이다. 잡스가 폭발했다. "그러려면 얼마나 큰 변화가 필요한지 알기는 해요?" 그가 고함쳤다. "나는 이 매장에 6개월이나 꽁무니 빠지도록 매달렸어요. 그런데 이제 와서 모든 걸 다 바꾸자는 말이오?" 잡스가 돌연 목소리를 낮추었다. "난 지쳤어요. 매장을 처음부터 다시 디자인하는 일을 해낼 수 있을지 없을지도 모르겠다고요."

애플 스토어

존슨은 아무 말도 하지 못했다. 잡스는 그에게 계속 아무 말도 하지 말라고 했다. 원형 스토어에는 화요일 회의를 위해 사람들이 모여 있을 터였다. 차에 탄 잡스는 자신에게나 다른 팀원에게나 한마디도 하지 말라고 존슨에게 일렀다. 차 안에서의 7분은 침묵 속에서 흘러갔다. 매장에 도착할 무렵, 잡스의 머릿속에서 정보처리가 끝났다. "론의 말이 옳다는 걸 알았습니다." 잡스의 회상이다. 잡스는 다음과 같은 말로 회의를 시작하여 론을 깜짝 놀라게 했다. "론의 생각에 따르면, 우리는 매장을 잘못 만들었습니다. 그는 매장이 제품 중심이 아닌, 사람들이 하고 싶어 하는 행위 중심으로 구성되어야 한다고 생각합니다." 잠시 숨을 돌린 잡스가 말을 이었다. "여러분도 아시겠지만 그의 말이 옳습니다." 잡스는 예정된 1월 공개가 3~4개월 지연되더라도 매장의 설계를 다시 할 것이라고 말했다. "우리가 문제를 바로잡을 수 있는 단 한 번뿐인 기회입니다."

잡스는 올바르게 행하던 어떤 일이 때로는 '되감기 버튼'을 누를 것을 요구한 순간에 대해 이야기하기를 즐겼다.(이날도 팀원들에게 그런 일화를 들려주었다.) 그런 순간이 닥칠 때마다 그는 불완전함이 발견된 부분을 다시 작업하여 뜯어고쳐야 했다. 그는 「토이 스토리」 제작 당시 등장인물 우디가 갈수록 머저리처럼 변해 버려서 재작업한 일과 원조 매킨토시를 만들 때 겪은 두세 차례의 유사한 경우에 대해 이야기했다. "뭔가가 제대로 되어 있지 않을 때 그것을 묵살하거나 나중에 고치겠다고 미루어 두면 안 됩니다. 그건 다른 회사들이나 하는 짓입니다."

수정된 원형 스토어가 2001년 1월 마침내 완성되자 잡스는 이사들을 불러 처음으로 그것을 공개했다. 그는 설계의 바탕이 된 이론들을 화이트보드에 스케치해 가며 설명한 다음, 이사들을 밴에 태워 3킬로미터 정도 떨어진 원형 스토어로 향했다. 잡스와 존슨이 만든 결과물을 본 이사들은 만장일치로 추진을 승인했다. 이사들은 이구동성으로 애플 스토어가 제품 판매와 브랜드 이미지 간의 관계를 새로운 수준으로 끌어올려 줄 것이라는 데 동의했다. 또한 그것은 소비자가 애플 컴퓨터를 델이나 컴팩 같은 흔하고 평범한 제품이 아닌, 특별한 제품으로 바라보게 해 줄 터였다.

하지만 외부 전문가 대다수는 그렇게 생각하지 않았다. "스티브 잡스가 너무 다르게 생각하는 것을 그만둬야 할 때가 된 것 같다."《비즈니스 위크》는 "미안해요 스티브, 애플 스토어가 성공하지 못할 이유는 이거예요."라는 제목의 기사에 이렇게 썼다. 애플의 전 CFO 조지프 그라치아노의 말이 기사에 인용되었다. "애플의 문제는 치즈와 크래커에 충분히 만족하는 세상에서 아직도 캐비어를 대접하는 것이 성장의 길이라고 믿고 있다는 점이다." 또한 소매업 컨설턴트 데이비드 골드스타인은 다음과 같이 단언했다. "앞으로 2년이면 그들도 이 뼈아프고 값비싼 실패작에 대한 관심을 말끔히 접을 것이다."

기술과 미학, 열정으로 지은 꿈의 매장

2001년 5월 19일, 첫 번째 애플 스토어가 버지니아 주의 대형 쇼핑몰 타이슨스 코너에 문을 열었다. 깨끗하게 반짝이

애플 스토어

는 백색 판매대와 표백 목재로 깐 바닥, 침대에 있는 존과 요코의 모습을 담은 거대한 크기의 '다른 것을 생각하라' 포스터가 돋보였다. 회의론자들의 예상은 빗나갔다. 과거 게이트웨이 매장은 일주일에 평균 250명 정도의 방문객이 찾았다. 2004년 무렵 애플 스토어를 찾는 방문객 수는 매주 평균 5400명 정도를 기록했다. 그해에 애플 스토어는 연 매출 12억 달러를 달성함으로써 소매업계 사상 첫 10억 달러 돌파라는 이정표를 세웠다. 각 매장의 매출은 엘리슨의 소프트웨어를 통해 4분마다 표로 작성되었다. 덕분에 애플은 즉각적인 정보를 활용해 제조와 공급, 판매 채널을 원활하게 통합할 수 있었다.

애플 스토어가 번창하는 과정에서 잡스는 모든 측면에 관여했다. "애플 스토어가 막 문을 열 당시 어느 마케팅 회의에서는 화장실 표지판에 들어갈 회색의 색조를 정하는 데 30분이나 걸린 적이 있어요." 리 클라우의 회상이다. 보린 크윈스키 잭슨이라는 건축 회사가 주요 애플 스토어의 설계를 맡았지만 중요한 결정은 모두 잡스가 내렸다.

잡스가 특히 중점을 둔 부분은 매장 내 계단이었다. 그는 넥스트 시절에 자신이 만들었던 계단을 그대로 모방해 애플 스토어에 설치했다. 공사 중인 매장을 방문할 때면 언제나 그는 계단에 대해 이런저런 수정 방안을 제안하곤 했다. 그는 계단과 관련하여 두 개의 특허에 주 발명자로 이름을 올렸다. 하나는 유리 발판 및 티타늄이 혼합된 유리 지지대를 특징으로 하는 투명 계단에 대한 것이고, 다른 하나는 (하중을 견딜 수 있도록 유리 박판 여러 장을 붙여서 만든) 유리판을 이용하는 엔지니어링 시스템에 대한 것이다.

1985년 애플에서 쫓겨났을 때, 잡스는 이탈리아에 갔다가 피렌체의 보도에 깔린 회색 돌에 깊은 인상을 받았다. 2002년, 애플 스토어의 가벼운 나무 바닥이 단조로워 보인다는(이 정도로는 마이크로소프트 사람들을 괴롭히기 어려울 거라는) 결론을 내린 잡스는 나무 대신 피렌체에서 보았던 그 돌을 사용하기로 결정했다. 동료들 중 몇몇은 콘크리트를 이용해 그 돌의 색깔과 질감을 모방하면 비용이 열 배는 덜 든다고 강권했지만 잡스는 진품을 고집했다. 잡스가 원했던 것은 회청색 피에트라 세레나 사암으로, 피렌체 외곽 피렌추올라 지방의 한 가문이 운영하는 일 카소네 채석장에서 생산되었다. "우리는 그 지방에서 나오는 돌 중에서 단지 3퍼센트만 골라냅니다. 색의 농담, 결, 순도가 적절해야 하기 때문이죠." 존슨이 말했다. "색깔이 적절하고 흠 없이 온전한 재료만을 사용해야 한다는 스티브의 생각은 확고했습니다." 그래서 피렌체의 디자이너들은 애플이 원하는 조건에 맞게 채석된 돌만 선별하고, 그것을 적당한 크기의 타일 형태로 자르는 과정을 감독했다. 절단된 돌에는 스티커를 붙여 각 타일이 짝을 이루는 다른 타일 옆에 정확히 배치될 수 있도록 했다. "피렌체의 보도를 만드는 데 사용된 것과 똑같은 돌이니 오랜 세월이 흘러도 끄떡없으리라는 점은 확실히 보장된 셈이지요." 존슨의 말이다.

애플 스토어에서 눈길을 끄는 또 다른 특징으로는 지니어스 바를 들 수 있다. 존슨은 이틀간 팀원들과 함께한 워크숍에서 이 아이디어를 떠올렸다. 그는 팀원들 모두에게 이제까지 받아 본 최고의 서비스가 무엇인지 물었다. 그러자 거의 모든 팀원이 포 시즌스 호텔이나 리츠칼튼 호텔에서의 멋진 경험을 언급했다. 이에 존슨은 당시 처음으로 임명된 애플 스토어 매니저 다섯 명을 리츠칼튼으로 보내 교육 프로그램을 이수시키는 한편, 그곳의 서비스를 모방하여 안내 데스크와 바의 중간쯤 되는 무언가를 만든다는 계획을 구상했다. "매장 안에 바를 만들고 맥에 능통한 직원들을 배치하면 어떨까요? 이름은 '지니어스 바'라고 하고요." 그가 잡스에게 말했다.

잡스는 그 아이디어를 정신 나간 짓이라고 평가했다. 심지어 이름조차 싫어했다. "그들을 천재(지니어스)라고 할 수는 없지. 컴퓨터밖에 모르는 사람들이니까. 그 지니어스 바라는 데서 발휘할 대인 관계 기술도 없고." 존슨은 결국 아이디어가 묵살된 것으로 생각했다. 하지만 이튿날 존슨과 마주친 애플의 법률고문은 이렇게 말했다. "그건 그렇고, 스티브가 방금 나한테 지니어스 바라는 이름에 대해 상표등록을 하라고 하더군요."

2006년 문을 연 맨해튼 5번로의 애플 스토어에는 잡스의 열정이 다양한 형태로 담겼다. 큐브 형태의 입구, 독특한 계단, 유리, 미니멀리즘을 통한 최대한의 표현 등이 그 점을 역력히 드러냈다. "그곳은 진정 스티브의 매장이었지요." 존슨의 말이다. 하루 24시간, 일주일 내내 문을 여는 이 매장은 개점 첫 해에 매주 5만 명의 방문객을 끌어들임으로써 유동 인구가 많은 지역에 매장을 여는 전략이 타당했음을 입증했다.(게이트웨이의 방문객 수가 일주일에 250명이었음을 상기하라.) "이 애플 스토어의 제곱미터당 수익은 세계 그 어느 상점보다 높습니다." 잡스가 2010년에 자랑스럽게 이야기했다. "제곱미터당 수익이 아닌 총수익 면에서도 뉴욕의 어떤 상점보다 높아요. 삭스나 블루밍데일스를 포함한 모든 매장 가운데서 말이지요."

잡스는 신제품을 발표할 때 발휘하는 그 재능을 이용하여 애플 스토어를 개점할 때도 흥분과 기대를 불러일으켰다. 애플 스토어가 들어서는 곳으로 여행을 가서는 건물 바깥에서 밤을 보내면서 개점을 기다리는 사람들이 등장하기 시작했다. "당시 열네 살이던 아들 녀석의 제안으로 팰러앨토에서 처음으로 그 '밤샘 기다림'을 해 봤습니다. 그러고 얼마 지나지 않아 애플 스토어 개점을 기다리는 일은 흥미로운 사회적 이벤트가 되었습니다." 애플 스토어 팬을 위한 웹사이트를 운영하는 개리 앨런이 쓴 글이다. "저와 제 아들은 지금까지 여러 차례 밤샘 기다림을 해 봤는데요. 그중 다섯 번은 해외에 가서 한 겁니다. 그런 여행을 통해 우리는 정말 대단한 사람들을 많이 만났습니다."

최초의 매장이 문을 연 지 10년 만인 2011년 현재, 애플 스토어 수는 317개이다. 가장 규모가 큰 매장은 런던 코번트 가든에 있고, 높이로 볼 때 1위 매장은 도쿄 긴자에 있다. 매장 한 곳당 평균 방문자 수는 일주일에 1만 7600명이고 평균 수입은 3400만 달러이며, 2010 회계연도의 순매출 총액은 98억 달러에 달한다. 하지만 애플 스토어의 성과는 이것이 전부가 아니다. 애플 스토어에서 직접적으로 발생하는 수익은 애플 총수익의 15퍼센트에 불과하다. 하지만 애플 스토어가 창출하는 화제와 그로 인한 브랜드 인지도 증대는 애플이 하는 모든 일에 힘을 실어 주는 간접 효과를 발휘한다.

암으로 투병 중이던 2010년에도 잡스는 미래의 애플 스토어를 구상하며 시간을 보냈다. 어느 날 오후, 그는 내게 맨해

애플 스토어

튼 5번로 애플 스토어의 사진을 보여 주면서 각각 열여덟 장의 유리판으로 이루어진 벽면을 가리켰다. "여기에는 당시 유리 공업의 최신 기술이 적용되었지요." 그가 말했다. "우리는 이 유리판을 만들기 위해 자체적으로 오토클레이브(고온, 고압에서 합성, 분해, 승화, 추출 등의 화학 처리를 하는 내열, 내압성 용기. — 옮긴이)를 개발했어요." 이어서 그는 스케치를 한 장 꺼냈다. 열여덟 장의 유리판이 네 장의 커다란 유리판으로 바뀌어 있었다. 이것이 앞으로 할 일이라고 그는 말했다. 다시 한 번 미학과 기술의 교차점에서 시도하는 도전이 될 터였다. "현재의 기술로 이걸 하려면 큐브를 30센티미터가량 낮게 만들어야 해요. 하지만 그러고 싶진 않거든요. 그래서 중국에 새로운 오토클레이브 설비를 건설하려 합니다."

론 존슨은 이 아이디어를 반기지 않았다. 그는 열여덟 장의 유리판이 네 장보다 더 보기 좋다고 생각했다. "지금의 애플 스토어는 뒤쪽에 있는 GM 빌딩의 돌기둥과 기가 막힌 조화를 이룹니다. 보석함처럼 반짝이지요. 유리판 수를 줄여서 너무 투명해 보이면 오히려 썰렁한 느낌만 줄 겁니다." 그는 이 문제로 잡스와 논쟁을 벌이기도 했지만 아무 소용이 없었다. "기술의 발달로 뭔가 새로운 것을 할 수 있게 되면 잡스는 반드시 그걸 활용하고 싶어 합니다. 게다가 그는 언제나 적을수록 많은 것이고, 단순할수록 좋은 것이라고 생각하지요. 그러니까 더 적은 수의 유리판을 사용해서 유리 큐브를 세울 수 있다면 그게 더 나은 것이고 더 단순한 것이며, 첨단 기술의 선두에 서는 것이지요. 그것이 바로 제품이든 매장이든 스티브가 지향하는 방향입니다."

아이튠스에서 아이팟까지

원조 아이팟   2001

미래 혁신을 향한 태동

잡스는 1년에 한 차례씩 가장 소중한 직원 100명을 뽑아 휴양지로 데려간다. 그는 그들을 '톱 100'이라 부른다. 선발 기준은 간단하다. 새로운 회사로 떠난다고 가정했을 때 '구명보트'에 꼭 태우고 싶은 사람들만 가려내는 것이다. 행사가 막바지에 다다르면 잡스는 화이트보드 앞에 서서(그는 화이트보드를 무척 좋아한다. 분위기를 완벽하게 장악하고 사람들을 집중시킬 수 있기 때문이다.) 이렇게 묻는다. "우리가 앞으로 해야 할 일 열 가지는 무엇일까요?" 직원들은 리스트에 자신의 아이디어를 올리고 싶어서 경쟁적으로 제안을 내놓는다. 잡스는 제시된 의견을 받아 적은 다음, 형편없다고 생각되는 것은 줄을 그어 지운다. 그렇게 한참이 지나고 나면 화이트보드에는 열 개의 아이디어가 남는다. 잡스는 열 개 가운데 아래쪽 일곱 개를 지운 뒤 선언한다. "우리가 할 수 있는 건 이세 가지뿐입니다."

2001년 무렵 애플은 PC 회사로 다시 우뚝 섰다. 이제는 '다른 것을 생각해야 할' 시기였다. 몇 가지 가능성이 그해 화이트보드의 윗 부분을 차지했다.

당시는 디지털 세계에 먹구름이 드리워진 시기였다. 닷컴 거품이 붕괴되었고 나스닥 지수 또한 고점 대비 50퍼센트 이상 하락했다. 2001년 1월 슈퍼볼 광고에 등장한 기술 기업은 불과 세 곳으로, 열일곱 개 기업이 광고를 냈던 그 전해와 크게 대조를 이루었다. 디플레이션이 점점 심해졌다. 잡스와 워즈니악이 애플을 창업한 이래 25년 동안 PC는 디지털 혁명의 중심을 차지했다. 전문가들은 PC가 그러한 역할을 하는 시대도 곧 막을 내리리라 예측했다. 《월스트리트 저널》의 월트 모스버그는 기사에 이렇게 썼다. "PC는 이제 완전히 성숙하여 따분한 물건이 되었다." 게이트웨이 CEO 제프 바이첸은 "우리는 이제까지의 PC 중심 노선에서 확실히 벗어날 것이다."라고 선언했다.

잡스가 애플을, 그리고 기술 산업 전반을 변화시킬 원대한 전략에 착수한 것은 바로 이 시점이었다. 그는 PC가 주변부로 밀려나리라 생각지 않았다. 잡스가 보기에 앞으로 PC는 뮤직 플레이어에서부터 비디오 레코더, 카메라에 이르기까지 다양한 기기들을 하나로 조화시키는 '디지털 허브' 역할을 할 터였다. 사용자는 이 모든 기기를 컴퓨터에 연결하여 동기화하고 컴퓨터를 통해 음악, 사진, 동영상, 정보 등 잡스가 '디지털 라이프스타일'이라 명명한 모든 측면을 관리할 것이다. 이러한 잡스의 비전에 따라 이후 애플은 단순히 컴퓨터 회사의 범주에 머물지 않게 되며(실제로 회사 이름에서 '컴퓨터'라는 말이 사라지게 된다.) 매킨토시는 새롭게 등장할 아이팟, 아이폰, 아이패드 같은 놀라운 기기들의 허브가 됨으로써 최소 10년간 새로운 활력을 얻는다.

서른 살이 되었을 때 잡스는 나이와 더불어 경직되는 사고를 레코드판에 비유해서 이야기한 적이 있다. 그는 왜 사람들이 서른만 넘어가면 완고한 사고방식에 빠지고 혁신적인 성향이 줄어드는지 곰곰이 생각했다. "사람들은 일정한 패턴 속에 갇히는 겁니다. 레코드판의 홈과 같은 그런 패턴 말입니다. 그들은 결코 거기서 빠져나오질 못합니다. 물론 선천적으로 호기심이 왕성해서 평생 어린아이 같은 사람도 있지만 결코 흔치 않지요." 마흔다섯이 된 잡스는 바야흐로 자신의 홈에서 벗어나려 하고 있었다.

그가 다른 누구보다 앞서 새로운 시대의 디지털 혁명을 구상하고 수용할 수 있었던 데는 몇 가지 이유가 있다.

첫째, 늘 그랬듯 그는 인문학과 과학기술의 교차점에 서 있었다. 그는 음악, 그림, 영상을 사랑했다. 그러면서 컴퓨터도 사랑했다. 디지털 허브의 본질은 창조적 예술 작품에 대한 감상을 훌륭한 엔지니어링과 결합하는 데 있다. 언젠가부터 잡스는 제품 프레젠테이션 말미에 간단한 슬라이드 한 장을 보여 주기 시작했다. 슬라이드에 담긴 것은 '인문학'과 '과학기술'이라는 이름의 거리가 만나는 교차로를 표시한 도로 표지판이었다. 그곳이 바로 그가 머무는 곳이었다. 또한 그것이 바로 그가 일찌감치 디지털 허브라는 개념을 떠올릴 수 있었던 이유다.

둘째, 완벽주의자인 잡스는 하드웨어부터 소프트웨어, 콘텐츠, 마케팅에 이르기까지 제품의 모든 측면을 통합해야 한다고 생각했다. 데스크톱 컴퓨터 영역에서는 이러한 전략이 하드웨어와 소프트웨어를 다른 회사들에 개방하는 마이크로소프트나 IBM의 접근법을 이길 수 없었다. 하지만 디지털 허브 영역에서는 컴퓨터와 기기, 소프트웨어를 통합해서 통일성을 부여한 애플 같은 회사가 그들보다 유리했다. 즉 애플의 경우, 동일 계열의 컴퓨터로 모바일 기기에 담긴 콘텐츠를 막힘없이 매끄럽게 제어하도록 만들 수 있다는 의미였다.

셋째, 그에게는 단순미를 추구하는 본능이 있었다. 2001년 이전에도 휴대용 뮤직 플레이어나 동영상 편집 프로그램을 비롯해 다양한 디지털 라이프스타일 제품들이 존재했다. 하지만 기존의 다른 회사 제품들은 모두 복잡했다. 사용자 인터페이스를 익히는 것이 집에 있는 VCR을 다루는 것보다 더 어려웠다. 그 제품들은 아이팟이나 아이튠즈가 아니었다.

넷째, 그는 큰 리스크를 감수하고 새로운 비전에 모든 것을 걸, 그가 즐겨 쓰는 표현을 빌리자면 "농장이라도 걸" 의지가 충만했다. 닷컴 붕괴로 말미암아 업계 내의 다른 회사들은 신제품 개발에 투자를 줄였다. "다른 모든 이들이 투자를 줄일 때 우리는 투자를 통해 침체기를 돌파하기로 했지요. 우리는 연구 개발(R&D)에 지속적으로 투자하며 많은 것을 고안해 내기로 결정했어요. 침체기가 끝났을 때 경쟁자들보다 한참 앞서 나가기 위해서였지요." 그의 회상이다. 덕분에 애플은 오늘날의 그 어떤 기업이 이룬 것보다 위대한 지속적 혁신의 10년을 맞이할 수 있었다.

새로운 진화가 시작되다

컴퓨터가 디지털 허브로 진화한다는 잡스의 비전은 애플이 1990년대 초 개발한 파이어와이어라는 기술에 뿌리를 두었다. 파이어와이어는 동영상과 같은 디지털 파일을 다른 기기로 옮길 때 사용되는 고속 직렬 포트였다. 일본의 캠코더 제조사들이 파이어와이어를 채택하자 잡스는 이것을 1999년 10월에 출시될 아이맥 새 버전에 포함하기로 했다. 파이어와이어가 카메라에서 컴퓨터로 동영상을 옮겨 편집하고 배포하는 시스템의 일부가 될 수 있다는 사실을 깨달은 것이다.

이것이 실현되려면 아이맥에 훌륭한 동영상 편집 프로그램이 있어야 했다. 잡스는 어도비(디지털 그래픽 회사로, 출범할 때 잡스의 도움을 받았다.)의 오랜 친구들을 찾아가 윈도 컴퓨터에서 인기를 끌던 어도비 프리미어의 맥 버전을 만들어 달라고 부탁했다. 하지만 어도비의 경영진은 그 부탁을 딱 잘라 거절하여 잡스를 아연케 했다. 그들은 매킨토시 사용자가 너무 적어서 소프트웨어를 만드는 노력을 기울일 가치가 없다고 했다. 잡스는 배신감으로 분노했다. 훗날 그는 이렇게 말했다. "어도비는 내 덕분에 업계에서 자리를 잡은 겁니다. 그런데 나를 엿 먹이더군요." 어도비는 거기서 한 발 더 나아가 포토샵 같은 다른 인기 프로그램들의 맥 OS X 버전도 만들지 않기로 했다. 디자이너를 비롯해서 이들 프로그램으로 창조적 일을 하는 사람들 사이에서 매킨토시의 인기가 높았는데도 말이다.

잡스는 어도비를 결코 용서할 수 없었다. 10년 뒤, 그는 아이패드에서 어도비 플래시를 구동할 수 없도록 조치함으로써 이 회사와 공개적인 전쟁에 들어갔다. 잡스는 어도비를 통해 귀중한 교훈을 얻었고, 이를 계기로 시스템의 모든 핵심 요소를 엔드투엔드 방식으로 관리하고자 하는 열망이 더욱 강해졌다. "1999년에 어도비 때문에 낭패를 봤을 때 제가 가장 절실히 깨달은 바는 어떤 사업이든 하드웨어와 소프트웨어 모두를 통제할 수 없다면 뛰어들지 말아야 한다는 점이었지요. 그러지 않으면 우리 머리통이 날아갈 수도 있겠다는 생각이 든 겁니다."

결국 1999년부터 애플은 예술과 기술의 교차점에 있는 사람들에게 초점을 맞추어 아이맥용 애플리케이션들을 제작하기 시작했다. 디지털 영상 편집 프로그램인 파이널 컷 프로, 기능을 좀 더 단순화한 일반 소비자용 프로그램 아이무비, 동영상이나 음악을 디스크에 구울 때 쓰는 iDVD, 어도비 포토샵의 경쟁 프로그램 아이포토, 음악을 만들고 믹싱하는 데 사용하는 개러지밴드, 컴퓨터의 음악 파일을 관리하는 아이튠즈, 음악 구매에 사용하는 아이튠즈 스토어 등이 그것이다.

디지털 허브라는 아이디어는 급속히 구체화되었다. "캠코더를 쓰면서 처음 이 개념을 이해했지요." 잡스는 말한다. "아이무비를 이용하면 캠코더가 열 배는 더 유용해집니다." 덕분에 예전 같으면 절대 끝까지 보지 않고 묵혀 두었을 몇 시간짜리 원본 영상을 컴퓨터에서 편집하고, 우아한 오버랩 장면을 만들고, 음악을 삽입하고, 제작 책임자란에 사용자의 이름을 넣은 크레디트 롤을 만들 수 있게 되었다. 이제 사람들은 창의성을 발휘하고, 자신을 표현하고, 감성적인 무언가를 만들 수 있었다. "PC가 새로운 무언가로 변신하리라는 생각이 떠오른 것이 바로 그때였어요."

잡스는 여기서 또 다른 깨달음을 얻었다. 컴퓨터가 허브 역할을 하면 휴대용 기기는 더욱 단순해질 수 있다는 사실이었다. 휴대용 기기에 영상 및 사진 편집 등과 같은 다양한 기능을 담아내려는 시도는 많았지만 그 결과는 신통치 않았다. 화면이 너무 작아서 각종 기능으로 가득한 메뉴를 수용할 수 없었기 때문이다. 컴퓨터에서는 그런 기능들을 사용하기가 한결 수월했다.

그리고 한 가지 더……. 잡스는 모든 것(각종 기기, 컴퓨터, 소프트웨어, 애플리케이션, 파이어와이어)이 견고하게 통합되었을 때 디지털 허브가 최상의 효과를 발휘한다는 사실도 깨달았다. "엔드투엔드 솔루션을 제공해야 한다는 믿음이 이

전보다 한층 더 깊어졌지요."

이 깨달음이 특히 중요했던 이유는 그처럼 통합된 접근법을 취하기에 유리한 회사가 오직 애플 한 곳뿐이었기 때문이다. 마이크로소프트는 소프트웨어를 만들었고, 델과 컴팩은 하드웨어를 만들었고, 소니는 다양한 디지털 기기를 생산했고, 어도비는 각종 애플리케이션을 개발했다. 하지만 이 모든 것을 전부 다루는 회사는 애플밖에 없었다. 잡스는 《타임》과의 인터뷰에서 이렇게 설명했다. "하드웨어, 소프트웨어, 운영체제 등 모든 걸 다 갖추고 있는 회사는 우리뿐입니다. 우리는 사용자 경험을 온전히 책임질 수 있습니다. 다른 회사들이 할 수 없는 일을 할 수 있지요."

디지털 허브 전략의 첫 번째 대상은 동영상이었다. 맥 사용자는 파이어와이어를 통해 동영상을 컴퓨터로 옮기고, 아이무비로 그것을 편집하여 작품으로 만들 수 있었다. 그런 다음에는? 아마 영상을 DVD에 구워서 친구들과 함께 텔레비전으로 감상하고 싶어질 것이다. "그래서 우리는 드라이브 제조 업체와 장기간에 걸친 공동 작업으로 DVD를 구울 수 있는 드라이브를 탄생시켰지요. 업계 최초로 DVD라이터를 출시한 겁니다." 잡스의 말이다. 늘 그랬듯, 잡스는 제품을 최대한 단순하게 만드는 데 집중했다. 그것이 곧 성공의 열쇠였기 때문이다. 애플에서 소프트웨어 설계를 맡고 있는 마이크 에반젤리스트는 소프트웨어 인터페이스의 초기 버전을 잡스에게 보여 주었던 때를 기억한다. 일련의 스크린 샷을 본 잡스는 자리에서 벌떡 일어나 마커 펜을 집어 들고 화이트보드에 단순한 직사각형을 하나 그렸다. "이게 새 애플리케이션이오." 잡스가 말했다. "창은 딱 한 개. 동영상 파일을 이 창으로 끌어다 넣고 그런 다음 '굽기' 버튼을 클릭한다. 그걸로 끝. 프로그램을 이렇게 만들란 말이오." 에반젤리스트는 할 말을 잃었다. 하지만 이 단순함이 iDVD의 탄생으로 이어졌다. 잡스는 '굽기' 버튼의 아이콘 디자인에도 기여했다.

잡스는 디지털 사진술 또한 곧 폭발적으로 발전할 것이라 확신했다. 그래서 컴퓨터를 사진의 허브로 만들 방법도 개발하게 했다. 하지만 첫해에는 커다란 기회 하나를 놓치기도 했다. 당시 HP를 비롯한 몇몇 회사가 음악 CD를 구울 수 있는 드라이브를 생산하고 있었지만 잡스는 애플이 음악보다 영상에 중점을 둬야 한다고 주장했다. 더구나 아이맥에 트레이 드라이브가 아닌 우아한 슬롯 드라이브를 장착해야 한다는 잡스의 분노에 찬 고집 또한 CD라이터의 도입을 가로막은 이유가 되었다. "그 문제에 관해서는 우리가 배를 놓친 셈이었지요." 잡스는 회상한다. "그래서 정말 빠르게 따라잡을 필요가 있었습니다."

혁신적 기업의 특징은 새로운 아이디어를 남보다 먼저 내놓을 뿐만 아니라, 남보다 뒤처졌음을 깨달았을 때 크게 도약할 줄도 안다는 것이다.

아이튠스 ― 리핑하고, 믹싱하고, 구워라

잡스가 음악 시장이 커지리라는 사실을 깨닫기까지는 그리 오랜 시간이 걸리지 않았다. 2000년 무렵에는 CD에 든 음악을 컴퓨터로 추출하거나 냅스터와 같은 파일 공유 서비스를 통해 음악 파일을 다운로드 한 뒤 공CD에 구워서 듣는 것이

대유행이었다. 그해 미국에서 판매된 공CD 수는 3억 2000만 장이었다. 미국 인구가 2억 8100만 명이라는 점을 감안하면, 적잖은 사람들이 CD 굽기에 푹 빠져 있다고 볼 수 있었다. 그럼에도 애플은 그들의 요구에 부응하지 못하고 있었다. "멍청이가 된 기분이었습니다." 《포춘》과의 인터뷰에서 잡스가 말했다. "우리가 기회를 놓쳤다는 생각이 들었습니다. 만회하려면 필사적인 노력이 필요했지요."

잡스는 아이맥에 CD라이터를 추가했지만 그것만으로는 충분치 않았다. 그의 목표는 CD의 음악을 추출하고, 그 파일을 컴퓨터에서 관리하고, 공CD에 굽는 과정을 더욱 간단하게 만드는 것이었다. 이미 다른 회사에서 제작한 음악 관리 프로그램들이 있었지만 전부 투박하고 복잡했다. 잡스의 재능 중에는 이류 제품들로 가득한 시장을 발견하는 안목도 있었다. 그는 시중에 출시된 음악 프로그램들(리얼 주크박스, 윈도 미디어 플레이어, HP가 CD라이터와 함께 제공하는 프로그램 등)을 살펴보고 나서 이런 결론에 도달했다. "너무 복잡해서 머리가 천재적으로 좋아야 기능의 절반이나마 파악할 수 있겠군!"

이때 빌 킨케이드라는 인물이 나타났다. 한때 애플에서 소프트웨어 엔지니어로 일했던 그는 포뮬러 포드 자동차 경주에 참가하기 위해 캘리포니아 주 윌로스의 트랙으로 향하는 중이었다. 마침 (다소 안 어울리긴 하지만) 미국 공영 라디오를 듣고 있었는데, 리오라는 휴대용 MP3 플레이어가 소개되었다. 리포터가 말미에 이렇게 말했다. "하지만 맥 사용자 여러분은 너무 들뜨지 마세요. 맥에는 연결이 안 될 테니까요." 킨케이드는 그 말을 듣는 순간 돌연 의욕이 차올라 이렇게 중얼거렸다. "흥! 그건 내가 해결해 주지!"

그는 맥에서 쓸 수 있는 리오 관리 프로그램을 만들기 위해 역시 애플의 소프트웨어 엔지니어 출신인 친구 제프 로빈과 데이브 헬러를 불렀다. 그리하여 그들은 '사운드잼'이라는 프로그램을 만들어 냈다. 사운드잼은 리오를 사용하는 데 필요한 인터페이스, 컴퓨터의 음악 파일을 관리하는 주크박스, 음악이 연주되는 동안 리듬에 맞춰 화면에 표시되는 몽환적인 라이트 쇼 등이 특징이었다. 2000년 7월, 음악 관리 소프트웨어 개발을 추진하던 시기에 사운드잼을 발견한 애플은 그 프로그램을 사들이고 사운드잼의 개발자들도 다시 애플의 울타리 안으로 불러들였다.(이때부터 그들 셋은 계속 애플에서 근무했으며 로빈은 이후 10년 동안 음악 소프트웨어 개발 팀을 이끌었다. 잡스는 그의 가치를 매우 높이 평가하여 한번은 《타임》 기자에게 그의 성을 공개하지 않겠다는 약속을 받아 낸 다음에야 인터뷰를 허락한 적도 있다.)

잡스는 직접 그들과 함께 작업하며 사운드잼을 애플 제품으로 탈바꿈시켰다. 이 프로그램에는 각종 기능이 가득했으며 그 때문에 화면이 복잡할 때가 많았다. 잡스는 프로그램을 더 간단하고 재미있게 만들도록 독려했다. 아티스트를 찾는지, 노래나 앨범을 찾는지 일일이 지정해야 하는 인터페이스가 아닌, 사용자가 원하는 항목을 자유롭게 입력하여 검색할 수 있는 단순한 박스 형태의 인터페이스를 요구했다. 그들은 아이무비에서 브러시드 메탈 느낌의 매끄러운 외관을 차용했고, 이름도 연계성을 고려해 아이튠스로 지었다.

잡스는 2001년 1월 맥월드에서 디지털 허브 전략의 일환으로 아이튠스를 공개했다. 맥 사용자에게는 모두 무료로 제공할 계획이었다. 그는 이렇게 선언했다. "아이튠스와 함께 음악 혁명에 동참하십시오. 그리고 여러분의 음악 기기를 열 배 더 가치 있게 활용하십시오." 연설을 마치자 커다란 박수 갈채가 쏟아졌다. 그가 마지막에 외친 구호는 그대로 아이튠스의 광고 문구가 되었다. "리핑하고, 믹싱하고, 구워라."

그날 오후, 잡스는 《뉴욕 타임스》의 존 마크오프를 만났다. 인터뷰는 그리 잘 진행되지 않았다. 하지만 인터뷰 말미에 잡스가 자신의 맥 앞에 앉아 아이튠스를 자랑스럽게 보여주었다. "이걸 보면 젊었을 때가 떠오릅니다." 화면에 펼쳐지는 몽환적인 패턴을 보며 잡스가 말했다. 그 패턴이 LSD를 복용하던 시절을 생각나게 한 것이다. 잡스는 마크오프에게 LSD 복용이 자신의 인생에서 두세 번째 안에 드는 중요한 일이라고 말했다. 그것을 경험해 보지 않은 사람은 그를 온전히 이해할 수 없으리라는 얘기였다.

애플의 미래를 바꿀 아이팟 프로젝트

디지털 허브 전략의 다음 단계는 휴대용 뮤직 플레이어를 만드는 것이었다. 잡스는 애플이 아이튠스 소프트웨어와 연동하는 뮤직 플레이어를 개발할 수 있음을 깨달았다. 아이튠스에 연계하면 기기는 더욱 단순해질 수 있을 터였다. 복잡한 작업은 컴퓨터에 맡기고 간단한 것만 기기에서 처리하게 하면 되기 때문이었다. 그렇게 해서 향후 10년에 걸쳐 애플을 컴퓨터 제조업체에서 세계 최고의 기술 기업으로 탈바꿈시키는 기기, 아이팟이 탄생했다.

음악을 사랑한 잡스는 이 프로젝트에 특별한 열정을 보였다. 이미 출시되어 있는 뮤직 플레이어들은, 그가 동료들에게 한 말을 그대로 옮기자면 "정말 후졌다." 필 실러와 존 루빈스타인, 그 밖의 팀원들도 모두 그 의견에 동감했다. 아이튠스를 개발하는 과정에서 그들은 리오를 비롯한 여러 기기를 사용해 보며 유쾌한 분위기 속에서 그 제품들의 문제점을 꼬집었다. 실러는 회상한다. "우리는 함께 둘러앉아 그 물건들이 정말 쓰레기라고 얘기하곤 했어요. 담을 수 있는 곡이 기껏해야 열여섯 곡 정도였고, 사용법도 복잡하기 이를 데 없었거든요."

잡스는 2000년 가을부터 휴대용 뮤직 플레이어의 개발을 추진했다. 하지만 루빈스타인은 필요한 부품을 아직 구할 수 없다며 잡스에게 기다려 줄 것을 요청했다. 몇 개월 뒤, 루빈스타인은 알맞은 소형 LCD 스크린과 충전 가능한 리튬 폴리머 배터리를 확보했다. 하지만 어려운 문제는 여전히 남아 있었다. 훌륭한 뮤직 플레이어를 만들려면 크기가 작으면서도 메모리는 방대한 디스크드라이브를 찾아내야 했다. 그러던 2001년 2월, 그는 일본으로 갔다. 애플의 공급 업체들을 방문하는 정기 출장이었다.

도시바와의 정례 회의가 마무리될 무렵, 엔지니어들이 그해 6월에 완성될 신제품을 언급했다. 크기가 아주 작은 1.8인치 드라이브로(1달러 은화 크기다.) 용량은 5기가바이트였는데(음악 파일로 치면 약 1000곡을 넣을 수 있다.) 그걸로 뭘 해야 할지 모르겠다는 얘기였다. 도시바 엔지니어들이 가져온 그 드라이브를 보는 순간 루빈스타인은 즉시 그걸로 뭘 할 수 있을지 깨달았다. 주머니 속에 1000곡의 노래를 넣고 다닌다!

디지털 허브

완벽했다. 하지만 그는 포커페이스를 유지했다. 그때 일본에는 잡스도 와 있었다. 도쿄 맥월드 행사에서 기조연설을 하러 온 것이었다. 루빈스타인은 그날 밤 잡스가 머무르던 오쿠라 호텔로 찾아갔다. "문제를 당장 해결할 방법을 찾았습니다." 루빈스타인이 말했다. "1000만 달러짜리 수표 한 장만 있으면 됩니다." 잡스는 즉시 그에게 권한을 위임했다. 루빈스타인은 도시바와 그 새로운 디스크드라이브에 대한 독점 계약을 맺기 위해 협상을 진행하는 한편, 개발 팀을 이끌 인물을 찾아 주변을 둘러보기 시작했다.

토니 파델은 겉모습은 사이버펑크 스타일이었지만 미소가 매력적인 인물로, 자신감이 넘치고 기업가적 기질이 있는 프로그래머였다. 그는 미시간 대학교 재학 시절에 이미 회사를 세 번이나 창업한 경험이 있었다. 이후 휴대용 기기 제조업체인 제너럴 매직(애플에서 피난 나와 머물던 앤디 허츠펠드와 빌 앳킨슨을 이곳에서 만났다.)에서 근무하다가 다시 필립스 일렉트로닉스로 옮겨 한동안 불편한 시간을 보냈다. 그는 필립스에서 탈색한 짧은 머리와 반항아적 기질로 기업의 고루한 문화에 저항했다. 한편 그는 더 나은 디지털 뮤직 플레이어에 관한 몇 가지 아이디어를 구상해 놓은 상태였다. 그동안 리얼네트웍스와 소니, 필립스 등을 돌아다니며 자신의 계획을 실현할 기회를 모색했으나 성과를 거두지 못하고 있었다. 하루는 베일에서 삼촌과 함께 스키를 타고 있는데 휴대전화가 울렸다. 파델은 리프트 위에서 전화를 받았다. 전화를 건 사람은 루빈스타인이었다. 그는 파델에게 '소형 전자 기기'를 개발할 사람을 찾고 있다고 했다. 자신감이 넘쳤던 파델은 자신이 그런 기기를 만드는 데 귀재라며 큰소리를 쳤다. 루빈스타인은 그를 쿠퍼티노로 초대했다.

파델은 자신이 뉴턴의 뒤를 이을 새로운 PDA를 개발하기 위해 채용되는 것으로 생각했다. 하지만 루빈스타인은 파델을 만나자 곧 화제를 아이튠스로 돌렸다. 아이튠스가 등장한 지 3개월쯤 되었을 때였다. "기존의 MP3 플레이어를 아이튠스와 연결해 보려 했는데 나와 있는 제품들이 전부 형편없더군요. 정말 끔찍해요." 루빈스타인이 말했다. "그래서 우리가 직접 MP3 플레이어를 만들려고 합니다."

파델은 흥분했다. "음악이라면 저도 죽고 못 사는 사람입니다. 리얼네트웍스에서 그런 걸 해 보려고 했고, 또 팜 사에 MP3 플레이어 개발을 권유하기도 했죠." 그는 계획에 참가해 최소한 고문 역할은 하겠다는 뜻을 밝혔다. 몇 주 뒤, 루빈스타인은 파델을 만나 팀을 이끌려면 애플의 정식 직원이 되어야 한다고 고집했다. 하지만 파델은 거부했다. 그는 자유가 좋았다. 루빈스타인은 파델의 칭얼거리는 소리에 화가 났다. "이건 인생을 바꿔 놓을 결정이에요. 결코 후회하지 않을 겁니다."

루빈스타인은 파델이 결정을 내릴 수밖에 없는 상황을 만들기로 했다. 그는 해당 프로젝트에 배정된 20여 명의 사람들을 불러 모아 회의실을 가득 채웠다. 파델이 회의실로 들어오자 루빈스타인은 이렇게 말했다. "토니, 당신이 풀타임으로 합류하지 않는다면 우리는 이 프로젝트를 진행하지 않을 겁니다. 어떻게 하겠습니까? 지금 당장 결정해야 합니다."

파델은 루빈스타인의 눈을 똑바로 쳐다보고는 모여 있는 사람들에게로 시선을 돌리며 말했다. "애플에서는 항상 이처럼 강압적으로 제안을 받아들이게 합니까?" 잠시 입을 다물

디지털 허브

고 있던 그는 결국 제안을 수락하겠다면서 마지못해 루빈스타인과 악수를 나눴다. "그 일로 존과 저 사이에는 오랫동안 불편한 감정이 남았습니다." 파델의 말이다. 루빈스타인의 생각도 마찬가지였다. "그 일에 대해서만큼은 아마 지금까지도 저를 용서하지 않고 있을 겁니다."

파델과 루빈스타인은 충돌할 수밖에 없는 운명이었다. 둘모두 자신이 아이팟을 탄생시켰다고 생각했기 때문이다. 루빈스타인 입장에서 보면, 그는 파델이 오기 몇 개월 전에 잡스에게서 임무를 부여받았고, 도시바의 디스크드라이브를 찾아냈으며, 스크린과 배터리 문제를 해결했고, 그 밖의 핵심 요소들을 준비했다. 파델을 데려온 것도 그였다. 파델만 주목받자 그게 못마땅한 루빈스타인 쪽 사람들은 그를 '토니 발로니'(허튼소리, 거짓말.—옮긴이)라 부르기 시작했다. 반면 파델의 입장에서 보면, 그는 애플에 오기 전부터 이미 훌륭한 MP3 플레이어를 만들 계획이 있었고 다른 회사들과 일할 가능성도 타진하던 중이었다. 아이팟 개발의 일등 공신이 누구인가, 즉 '아이팟의 아버지'라 불러 마땅한 사람이 누구인가 하는 문제는 이후 수년간 인터뷰, 기사, 웹페이지 등에서, 심지어는 위키피디아 표제어를 통해서도 논란의 대상이 되었다.

하지만 개발에 들어가고 몇 개월 동안은 너무 바빠서 다툴 틈도 없었다. 잡스는 아이팟을 크리스마스 시즌에 맞춰 시장에 깔길 원했다. 그러려면 10월에는 첫 공개를 해야 했다. 그들은 먼저 애플이 개발하려는 제품의 토대로 삼기 위해 기존의 MP3 플레이어들을 조사했고, 그러던 끝에 포털플레이어라는 작은 제조업체를 파트너로 결정했다. 파델은 그곳의 담당자들에게 말했다. "이것은 애플을 탈바꿈할 프로젝트입니다. 앞으로 10년 후면 애플은 컴퓨터 회사가 아닌 음악 회사로 바뀌어 있을 겁니다." 파델은 그들을 설득해 독점 계약을 체결했다. 그러고 나서 곧바로 포털플레이어 제품의 결점들, 즉 복잡한 인터페이스, 짧은 배터리 수명, 노래를 열 곡이상 담을 수 없는 재생 목록 등을 수정하는 데 착수했다.

"바로 그거야!" ─ 트랙휠의 탄생

역사에 남을 만한 순간이라서, 그리고 리더의 역할이 진정 돋보여서 참석자 모두의 뇌리에 오랫동안 기억되는 회의가 있기 마련이다. 2001년 4월, 애플의 4층 회의실에서 열린 회의가 바로 그런 경우였다. 이 자리에서 잡스는 아이팟의 기본 방향을 결정했다. 파델이 잡스 앞에서 자신의 계획을 발표했고, 루빈스타인과 실러, 아이브, 제프 로빈, 마케팅 책임자 스탄 응 등이 참석했다.

파델은 1년 전 앤디 허츠펠드의 집에서 열린 생일 파티에 참석했다가 잡스를 만났다. 또한 잡스에 관한 일화도 많이 들었다. 그 일화 대부분은 머리카락이 쭈뼛해지는 이야기였다. 어쨌든 그에 대해 잘 아는 것이 아니었으므로 당연히 두려움이 앞섰다. "그가 회의실로 걸어 들어오자 저는 자세를 바로 하며 생각했지요. '와, 스티브다!' 정말로 조심스러운 마음이었어요. 그가 때때로 얼마나 가혹하게 나오는지 들어서 알고 있었거든요."

회의는 잠재 시장 및 다른 회사들의 동향에 대한 프레젠

디지털 허브

테이션으로 시작되었다. 잡스는, 언제나 그랬듯, 인내심을 보이지 않았다. "그는 슬라이드 한 벌에 1분 이상 관심을 기울이지 않는 사람입니다." 파델의 말이다. 슬라이드에 다른 잠재 경쟁자들이 뜨자 잡스는 손을 저어 치우라는 신호를 보냈다. "소니는 걱정할 필요 없습니다. 우리는 우리가 무슨 일을 하는지 알지만 그들은 그렇지 않아요." 그것을 끝으로 슬라이드 발표는 중단되었고 잡스는 참석자들에게 질문을 퍼붓기 시작했다. 파델은 교훈을 얻었다. "스티브는 그때그때의 순간을 중시하고 주로 이야기를 통해 문제를 이해하려 합니다. 한번은 그가 이런 말을 하더군요. '슬라이드가 있어야 설명을 할 수 있다면 그건 자기가 지금 무슨 말을 하는지 모른다는 뜻이오.'"

잡스는 직접 느끼고 살피고 만져 볼 수 있는 물리적 대상을 좋아했다. 그래서 파델은 서로 다른 세 가지 모형을 회의실로 가져왔다. 루빈스타인은 파델이 선호하는 모형이 잡스에게 깊은 인상을 남길 수 있도록 미리 모형 공개 순서를 조언해 주었다. 그들은 그 주된 모형을 탁자 중앙에 배치하고 사발 모양의 나무 덮개를 씌워 두었다.

파델은 아이팟에 사용될 다양한 부품들을 상자에서 꺼내 탁자 위에 펼쳐 놓고는 발표를 시작했다. 그가 꺼낸 것은 1.8 인치 드라이브, LCD 스크린, 회로 기판, 배터리 등이었고 각각의 부품에는 가격과 무게가 적힌 라벨이 붙어 있었다. 참석자들은 내년쯤에 이들 부품의 크기와 가격이 얼마나 낮아질지 논의했다. 몇몇 부품을 그 자리에서 레고 블록처럼 조립하면 선택 가능한 대안들을 살펴볼 수도 있었다.

이어서 파델은 자신이 준비한 모형을 공개했다. 모형은 스티로폼으로 만들었으며 적절히 무게가 느껴지도록 속에 낚싯대용 납 봉을 넣었다. 첫 번째 모형에는 메모리 카드를 자유롭게 장착할 수 있는 슬롯이 있었다. 잡스는 너무 복잡하다며 퇴짜를 놓았다. 두 번째 모형에는 D램이 사용되어 가격은 저렴했지만 배터리가 다 되면 메모리에 들어 있던 음악 파일이 모두 사라질 수 있었다. 잡스는 이것 역시 반기지 않았다. 다음으로 파델은 부품 몇 개를 조립하여 1.8인치 하드 드라이브를 장착하면 어떤 형태의 기기가 되는지 보여 주었다. 이번에는 잡스도 흥미로워하는 것 같았다. 파델은 이때를 놓치지 않고 덮개를 들추고는 하드 드라이브 방식으로 완전히 조립된 모형을 공개했다. "저는 부품들을 가지고 다른 것도 조립하며 좀 더 뜸을 들이고 싶었지만 스티브는 즉시 우리가 만든 모형 그대로 하드 드라이브 방식을 택한다는 결정을 내렸습니다." 파델의 회상이다. 그는 잡스의 반응에 다소 어안이 벙벙하기도 했다. "저는 필립스에서도 일한 적이 있는데 거기서는 이런 결정이 내려지기까지 수많은 회의가 필요합니다. 파워포인트 프레젠테이션을 몇 번이고 거듭하다가 결국 연구가 더 필요하다는 결론으로 돌아가곤 하지요."

다음은 필 실러의 차례였다. "제 아이디어를 지금 가져올까요?" 회의실 밖으로 나간 그는 아이팟 모형을 몇 개 가지고 돌아왔다. 모든 모형의 전면부에는 똑같은 장치가 달려 있었다. 그것은 바로 머지않아 엄청나게 유명해질 트랙휠이었다. "사용자들이 재생 목록을 편리하게 살펴볼 방법이 무엇일까 계속 고민했습니다." 실러는 회상한다. "버튼을 몇백 번이나 누를 수는 없지요. 그래서 휠이 있으면 근사하지 않을까 생각한 겁니다." 엄지손가락으로 휠을 돌리면 곡 제목이

스크롤되었다. 휠을 돌리면 돌릴수록 스크롤 속도가 빨라졌다. 덕분에 수백 개의 곡도 손쉽게 살펴볼 수 있었다. 잡스가 외쳤다. "바로 그거야!" 그는 파델과 엔지니어들에게 그 휠을 장착하라고 지시했다.

일단 프로젝트가 시작되자 잡스는 일상적으로 그 일에 매달렸다. 그의 주된 요구 사항은 "간단하게 만들라!"라는 것이었다. 그는 사용자 인터페이스의 화면 하나하나를 점검하며 엄격한 기준을 적용했다. 예컨대 노래든 기능이든 클릭 세 번 이내에 찾아지고 실행돼야 한다는 것이었다. 그리고 그 클릭은 직관적이어야 했다. 만약 뭔가를 찾아가는 과정이 쉽게 이해가 안 되거나 세 번 이상의 클릭을 필요로 하면 그는 혹독한 비판을 가했다. 파델은 말한다. "우리는 유저 인터페이스와 관련해 한껏 머리를 쥐어짜서 모든 옵션을 빠짐없이 고려했다고 생각했지만 잡스는 '이 점은 생각하지 못했나요?'라고 말하곤 했습니다. 그러면 우리는 전부 '아차!' 하지 않을 수 없었죠. 그는 종종 문제나 접근법을 새롭게 정의해 주었고 그러면 우리가 고민하던 사소한 문제들이 사라졌습니다."

매일 밤, 잡스는 전화를 걸어 아이디어를 전달했다. 잡스가 그렇게 아이디어를 던져 줄 때면 파델이 이끄는 팀의 모든 이들은, 심지어 루빈스타인조차도, 파델을 보호하고 지원하기 위해 힘을 모았다. 그들은 서로 전화를 걸어서 잡스의 최근 제안을 설명하고 그의 마음을 어떻게 그들이 원하는 방향으로 조금씩 몰고 갈지 공모했다. 이러한 시도의 절반 정도는 성공을 거두었다. 파델은 말한다. "스티브가 제시한 아이디어 때문에 머리에서 현기증이 나곤 했지요. 우리 모두는 그보다 한발 앞서기 위해 늘 노력했어요. 스위치의 위치, 버튼 색깔, 가격 전략 등 날마다 그런 일이 발생했어요. 잡스 특유의 스타일 때문에 동료들과 협력해서 서로를 보호하고 지원해야 했지요."

잡스의 핵심 아이디어 중 하나는 되도록 아이팟이 아닌 아이튠스에서 기능이 실행되도록 해야 한다는 것이었다. 그는 훗날 이렇게 설명했다.

특히 논쟁을 많이 했던 부분인데요, 아이팟을 정말 사용하기 쉽게 만들려면 기기 자체의 기능에는 제한을 둬야 했지요. 그 대신 우리는 컴퓨터에서 구동하는 아이튠스에 많은 기능을 부여했어요. 예를 들면 아이팟에서는 재생 목록을 만들 수 없도록 했습니다. 우선 아이튠스에서 재생 목록을 만든 다음, 그것을 아이팟과 동기화하도록 한 것입니다. 이는 논란을 불러일으켰습니다. 하지만 리오를 비롯한 다른 기기들이 사용하기 골치 아팠던 이유는 너무 복잡했기 때문입니다. 그 기기들은 자체적으로 재생 목록 작성 등의 기능을 지원해야 했지요. 컴퓨터의 주크박스 소프트웨어와 통합이 되어 있질 않았으니까요. 반면 아이튠스 소프트웨어와 아이팟을 가지고 있으면 컴퓨터와 기기가 서로 공조하게 만들 수 있고, 그렇게해서 기기의 복잡성을 떨쳐 낼 수 있었던 겁니다.

잡스가 요구한, 동료들을 경악케 했던 단순성은 아이팟에서 전원 스위치를 제거한다는 결정에서 절정에 달했다. 이는 이후 애플 기기 대부분에 적용되었다. 잡스는 이렇게 주장했

　　　　　　　디지털 허브

다. 전원 스위치는 전혀 필요가 없는 장치다. 그것은 미학적으로나 신학적으로나 조화롭지 못하다. 사용하지 않을 때는 자동으로 '동면' 상태에 들어갔다가 사용자가 아무 버튼이나 누르면 다시 깨어나도록 만들면 된다. 굳이 기기를 꺼내고 버튼을 눌러서 '작별을 고하게' 할 필요가 없는 것 아니냐.

갑자기 모든 것이 제자리를 찾으며 조화를 이루었다. 1000곡을 담을 수 있는 칩. 1000곡을 손쉽게 탐색할 수 있는 인터페이스와 스크롤 휠. 1000곡을 10분 내로 옮길 수 있는 파이어와이어 연결. 1000곡을 재생하는 내내 지속되는 배터리까지. 잡스는 회상한다. "다들 서로를 바라보며 이렇게 말했지요. '이거 정말 멋진 물건이 되겠는데.' 얼마나 멋진 제품인지 알 수 있었어요. 우리도 개인적으로 꼭 갖고 싶다는 생각이 들었거든요. 개념 자체도 아름답다고 할 만큼 단순해졌지요. '1000곡의 노래를 주머니 속에.'" 카피라이터 한 명이 제품 이름을 '팟(Pod)'으로 하자고 제안했다. 잡스도 동의했다. 그러고는 아이맥과 아이튠스에서 빌려 온 'i'를 붙여 아이팟(iPod)으로 명명했다.

그런데 사람들은 그 1000곡의 노래를 어디서 구해 아이팟에 담을 것인가? 어떤 이들은 정당하게 구입한 CD에서 추출한 파일을 넣을 것이다. 이건 아무 문제가 없었다. 하지만 불법 다운로드를 하는 사람들도 많을 것이다. 오직 비즈니스 측면만 생각한다면 잡스는 불법 다운로드를 부추김으로써 이익을 얻을 수도 있었다. 그것이 소비자들로서는 가장 값싸고 손쉽게 아이팟을 채우는 방법이었다. 더구나 반문화적 성향을 띤 그는 음반사에 동정심을 느끼지도 않았다. 하지만 그는 지적 재산권은 보호받아야 하며, 예술가들이 창작물로 돈을 벌 수 있어야 한다고 믿었다. 결국 개발 과정이 거의 마무리될 무렵, 잡스는 아이팟의 동기화를 한 방향으로만 작동시키기로 결정했다. 즉 사용자가 컴퓨터의 음악을 아이팟으로 옮길 수는 있지만 아이팟에 든 음악을 컴퓨터로 옮길 수는 없도록 한 것이다. 이는 아이팟에 음악을 채운 다음 친구들끼리 돌려가며 마구 복사하는 것을 방지하려는 조치였다. 또한 잡스는 아이팟의 투명 플라스틱 포장에 다음과 같은 간단한 메시지를 넣기로 했다. "음악은 훔치는 게 아닙니다.(Don't Steal Music.)"

순백색의 특별한 무게감

조니 아이브가 아이디어를 떠올린 것은 어느 날 아침 샌프란시스코의 집에서 쿠퍼티노로 향하는 차 안에서였다. 당시 그는 스티로폼으로 만든 아이팟 모형을 만지작거리며 최종 완성품의 외관을 어떻게 만들지 궁리하던 중이었다. "전면부는 순백색으로 해야겠어요." 차 안에서 그가 동료에게 말했다. 흰색 전면부를 광택 나는 스테인리스강으로 만든 후면부와 매끄럽게 결합한다는 것이 그의 생각이었다. "대다수의 소형 소비자 제품에는 일회용품 같다는 느낌이 있습니다." 아이브는 말한다. "문화적 무게감이 없어요. 아이팟에 대해 제가 가장 자랑스러워하는 부분은 일회용품 같은 가벼움이 아닌, 특별한 무게감을 담아냈다는 점입니다."

백색은 그냥 백색이 아닌 순백색이어야 했다. "기기뿐 아니라 이어폰과 케이블, 충전용 어댑터까지 모두 새하얗게 만들 작정이었지요." 아이브의 회상이다. 주위 사람들은 이어폰은 당연히 검은색으로 가야 한다고 주장했다. "하지만 스티브는 제 생각을 곧바로 이해하고 백색을 수용했어요. 백색은 제품에 순수성을 더해 주었습니다." 백색 이어폰 줄의 구불구불한 흐름은 아이팟이 하나의 아이콘으로 자리매김하는 데 기여했다. 아이브는 이렇게 설명한다.

아이팟에는 의미심장한 무게감도 있지만 한편으로 매우 차분하고 절제된 분위기도 있었습니다. 아이팟은 눈앞에서 꼬리를 흔드는 제품이 아니었어요. 절제되면서도 흥분을 유발하는 느낌, 그게 흐르듯 드리운 이어폰 덕분에 살아난 겁니다. 그게 바로 제가 백색을 선택한 이유이기도 하고요. 백색은 단지 중립적인 색이 아니에요. 무척 순수하고 차분하지요. 또 대담하고 이목을 끄는 동시에 눈에 잘 띄지 않기도 합니다.

리 클라우가 이끄는 TBWA샤이엇데이 소속 광고 팀은 기기의 기능을 중심으로 하는 전통적인 제품 소개 광고를 하기보다는 아이팟의 우상적 성격과 백색을 강조하기로 했다. 팀원 가운데 제임스 빈센트는 최근 이 광고 회사에 입사한 인물로, 밴드와 DJ를 한 적이 있는 영국 출신의 호리호리한 젊은이였다. 당연히 그는 애플 광고의 초점을 반항적인 베이비붐 세대보다는 뉴 밀레니엄 세대의 세련된 음악 애호가들에게 맞추었다. 미술 감독 수전 앨린샌건의 도움을 받아 그들은 몇 가지 광고판과 포스터를 제작한 뒤, 잡스의 회의실 탁자 위에 각각의 버전을 펼쳐 놓고 그의 검토를 기다렸다.

맨 오른쪽 끝에는 흰 배경에 아이팟의 모습을 있는 그대로 담은 가장 전통적인 방식의 포스터를 배치했다. 맨 왼쪽 끝에 놓인 것은 그래픽과 상징적 기법을 가장 많이 활용한 포스터였다. 아이팟을 들으며 춤을 추는 사람의 실루엣만 보이고, 백색 이어폰 줄이 그 흐름에 자연스레 출렁이는 모습이었다. "사람과 음악 간의 정서적이고 극히 개인적인 관계를 잘 드러낸 광고였지요." 빈센트의 말이다. 그는 제작 감독인 덩컨 밀너에게 다 같이 확고한 태도로 맨 왼쪽 끝에 서 있자고 제안했다. 그럼으로써 잡스를 왼쪽으로 끌어당길 수 있을지 보고 싶었던 것이다. 잡스는 회의실로 들어오자마자 오른쪽으로 가서 꾸밈없이 제품만 제시한 사진을 봤다. "이것 멋진데요." 잡스가 말했다. "이 광고에 대해 이야기해 봅시다." 빈센트, 밀너, 클라우는 반대편 끝에 선 채로 꿈적도 하지 않았다. 마침내 고개를 든 잡스는 상징적 이미지가 많이 사용된 사진을 힐끔 보고는 말했다. "아, 여러분은 이게 마음에 든다 이거군요." 그는 고개를 저었다. "이건 제품을 보여 주지 않아요. 아이팟이 무엇인지 전해 주질 않잖아요." 빈센트는 상징적 이미지를 사용하되 "1000곡의 노래를 주머니 속에."라는 광고 문구를 추가하자고 제안했다. 그것이 모든 것을 말해 줄 터였다. 잠시 뒤쪽으로 시선을 돌려 탁자 오른쪽 끝을 보던 잡스는 결국 그들의 제안에 동의했다. 얼마 지나지 않아 그는, 놀라울 일도 아니지만, 상징적 이미지의 광고를 요구한 것이 자신의 아이디어라고 주장했다. 잡스는 회상한다. "회의적인 시선으로 이렇게 묻는 이들도 있었지요. '이걸로 정말 아이팟이 팔리겠어요?' CEO직에 있다는 건 그럴 때 도움이 되지요. 저는 그런 반응을 무시하고 그 아이디어

디지털 허브

를 밀어붙였습니다."

잡스는 애플이 컴퓨터, 소프트웨어, 디지털 기기가 통합된 시스템을 보유한 덕분에 누리는 또 다른 이점이 있다는 사실을 깨달았다. 아이팟의 판매가 아이맥의 판매를 촉진할 것이라는 점이었다. 이는 곧 애플이 아이맥 광고에 투입하던 7500만 달러를 아이팟 광고 쪽으로 돌릴 수 있다는 의미였다. 애플로서는 일석이조의 효과를 누리는 셈이었다. 실제로는 일석삼조에 가까웠다. 아이팟 광고가 애플 브랜드 전체에 젊음이라는 광채를 더해 줄 것이기 때문이었다. 잡스는 당시를 이렇게 회상했다.

> 저는 아이팟을 광고함으로써 그만큼 맥도 판매할 수 있다는 멋진 아이디어를 떠올렸습니다. 그뿐만 아니라 아이팟은 애플을 혁신과 젊음을 상징하는 브랜드로 만들어 줄 제품이었습니다. 그래서 저는 7500만 달러의 광고비를 아이팟 쪽으로 옮겼습니다. 뮤직 플레이어 시장의 규모를 감안하면 그 금액의 100분의 1을 지출하는 것도 타당하다고 하기 어려웠지만 말이에요. 이는 곧 우리가 뮤직 플레이어 시장을 완전히 지배한다는 의미였습니다. 우리는 다른 경쟁자들보다 100배 더 많은 투자를 하는 셈이었거든요.

아이팟의 텔레비전 광고에는 잡스, 클라우, 빈센트가 고른 노래들에 맞추어 춤을 추는 사람의 실루엣이 등장했다. "음악을 찾는 일은 매주 열리는 마케팅 회의에서 우리의 주된 즐거움이었습니다." 클라우는 말했다. "우리가 짜릿한 구절을 몇 개 들려주면 잡스는 '그건 별로예요.'라고 말하곤 했지요. 그러면 제임스가 그를 설득해야 했습니다." 아이팟 광고는 다수의 신인 밴드들이 유명해지는 데도 기여했다. 대표적인 밴드가 블랙 아이드 피스였다. 그들의 노래 「헤이 마마(Hey Mama)」가 삽입된 광고는 실루엣 장르의 고전이 되었다. 새 광고가 제작에 들어가려 할 때면 잡스는 마음이 바뀌는 일이 잦았다. 그는 빈센트에게 전화를 걸어 계획을 취소하자고 했다. "음악이 좀 통속적으로 들리지 않아요?" "좀 진부하게 들리는데요." "이거 취소합시다." 그러면 제임스는 당황하며 그의 마음을 돌려놓으려 애썼다. "기다려 보세요. 멋진 광고가 될 겁니다." 빈센트의 말을 들은 잡스는 언제나 수그러들었고 광고가 완성된 뒤에는 그것을 무척 마음에 들어하곤 했다.

2001년 10월 23일, 잡스는 그의 상징이 된 신제품 출시 행사에서 아이팟을 처음 공개했다. "힌트, 맥은 아닙니다." 행사의 초청 문구는 궁금증을 자극했다. 잡스는 우선 신제품의 성능을 기술적 측면에서 설명했다. 이제 아이팟을 공개할 차례가 되었으나 잡스는 이전 행사에서처럼 탁자로 걸어가 벨벳 천을 걷어 내는 모습을 보여 주지 않았다. 그 대신 그는 이렇게 말했다. "마침 제 주머니에 그 제품이 들어 있습니다." 그는 청바지 주머니에 손을 넣어 반짝이는 하얀 기기를 꺼내 들었다. "이 놀랍고 자그마한 기기에 1000곡의 노래가 담겨 있습니다. 제 주머니에 쏙 들어가는군요." 그는 그것을 다시 주머니에 넣고 박수를 받으며 유유히 무대에서 퇴장했다.

처음에는 일부 전자 제품 마니아들 사이에서 회의론이 일기도 했다. 특히 399달러에 달하는 가격에 대해 그랬다. 블로

디지털 허브

그 커뮤니티에서는 아이팟이 '바보들이 우리의 기기에 가격을 매긴다.(Idiots Price Our Device.)'의 약자라는 농담도 유행했다. 하지만 소비자들은 곧 호의적인 반응을 보이기 시작했다. 그리고 그것은 폭발적인 연쇄반응으로 이어졌다. 결국 아이팟은 곧 애플이 지향하는 모든 것의 정수가 되었다. 시와 공학의 결합, 예술 및 창의성과 기술의 교차, 대담하면서도 단순한 디자인이 바로 그것이었다. 컴퓨터부터 파이어와이어, 기기, 소프트웨어, 콘텐츠 관리에 이르기까지 전부가 통합된 엔드투엔드 시스템 덕분에 아이팟은 사용하기가 더할 나위 없이 간편했다. 상자를 열고 아이팟을 꺼내는 순간 사용자의 눈앞에는 마치 빛을 발하는 듯한 아름다운 제품이 모습을 드러냈다. 그것에 비하면 다른 모든 뮤직 플레이어들은 마치 우즈베키스탄에서 디자인하고 제조한 것 같았다.

애플은 원조 맥이 회사를 미래로 이끈 명확한 제품 비전을 제시한 이래 처음으로 아이팟을 통해 그에 비견될 성과를 거두었다. "만약 누군가가 애플이 이 지구상에 존재하는 이유를 묻는다면 나는 이 제품을 들어 보이겠습니다." 당시 잡스가 《뉴스위크》의 스티븐 레비에게 한 말이다. 애플의 통합 시스템에 대해 오랫동안 회의적인 입장이었던 워즈니악도 자신의 철학을 수정했다. "와, 이런 걸 만들 회사는 애플뿐이라는 말이 이제 이해가 갑니다." 워즈니악은 아이팟의 등장에 열광했다. "결국, 애플의 전체 역사는 하드웨어와 소프트웨어 모두를 만들어 내는 것이었습니다. 그리고 이제 그 두 가지가 결합하면 더 큰 효과를 발휘한다는 결과를 여실히 보여 주었습니다."

아이팟 소개 기사를 작성한 날, 레비는 만찬 행사에 갔다가 우연히 빌 게이츠를 만났다. 그는 게이츠에게 아이팟을 보여 주었다. "혹시 이거 보셨어요?" 레비가 물었다. 훗날 그는 이날의 만남을 이렇게 이야기했다. "게이츠는 공상과학영화의 한 장면을 연상케 하는 모습으로 아이팟을 들여다봤어요. 마치 신기한 물체와 마주친 외계인이 자신과 그 물체 사이에 특수한 터널 같은 것을 만들어 그것에 관한 모든 정보를 곧장 뇌로 빨아들이는 듯한 느낌이었지요." 게이츠는 화면에 시선을 고정한 채 스크롤 휠을 조작하기도 하고 버튼 조합도 하나하나 전부 눌러 보았다. "굉장한 제품인 것 같네요." 마침내 그가 입을 열었다. 이어서 잠시 말을 멈춘 그는 곤혹스러운 표정으로 이렇게 물었다. "이거 매킨토시에만 연결되나요?"

피리 부는 사나이

불법 다운로드보다 매력적인 합법적 대안을 궁리하다

2002년 초, 애플은 한 가지 난제에 직면했다. 아이팟, 아이튠스 소프트웨어, 컴퓨터 사이의 매끄러운 연결 덕분에 사용자는 손쉽게 음악을 관리할 수 있었다. 하지만 새 음악을 구하려면 이 편안한 환경에서 벗어나 CD를 사거나 인터넷으로 음악 파일을 다운로드 해야 했다. 대개의 경우 음악을 다운로드 한다는 것은 파일 공유나 저작권 침해 서비스와 같은 불법적 영역에 손을 댄다는 의미였다. 그렇기 때문에 잡스는 아이팟 사용자들에게 간단하고, 안전하고, 합법적으로 음악을 다운로드 할 길을 제공하고 싶었다.

음반 업계 역시 난제에 직면했다. 그들은 무료로 음악을 구할 수 있게 해 주는 냅스터, 그록스터, 그누텔라, 카자 등의 저작권 침해 서비스 때문에 골치를 앓고 있었다. 2002년에는 합법적 CD의 판매량이 9퍼센트 감소했는데 당연히 불법 서비스가 어느 정도 영향을 미친 까닭이었다.

음반사 경영자들은 디지털 음악 복제 방지를 위한 공통 기준에 합의하고자 필사적으로, 마치 예전 코미디 영화의 키스톤 캅스(20세기 초 미국에서 인기를 끌었던 키스톤의 희극 영화에 나오는 제복을 입은 경찰들.— 옮긴이)처럼 정신없이 허둥대며 애를 썼다. 워너 뮤직의 폴 비디치와 AOL 타임 워너의 빌 라두첼은 소니와 협력 관계를 구축했다. 그들은 애플도 그들의 컨소시엄에 참여하기를 바랐다. 2002년 1월, 그들을 대표하는 일군의 사람들이 잡스를 만나기 위해 쿠퍼티노로 왔다.

그리 유쾌한 미팅은 아니었다. 비디치는 감기에 걸려 목소리가 나오지 않았던 터라 그의 대리인인 케빈 게이지가 프레젠테이션을 했다. 회의실 탁자 상석에 앉은 잡스는 짜증 난 기색으로 몸을 꼼지락거렸다. 슬라이드를 네 장 본 뒤, 그는 손을 내저으며 끼어들었다. "당신들은 어리석은 짓만 하고 있어요." 모든 이의 시선이 비디치를 향했다. 비디치는 목소리를 내려고 애쓰고 있었다. "그 말이 맞아요." 한참 만에 그가 말문을 열었다. "우리는 뭘 어떻게 해야 할지 모르고 있습니다. 우리가 깨달을 수 있도록 당신이 도와줘야 합니다." 훗날 잡스는 당시 이 말을 듣고 조금 놀랐다고 회상했다. 잡스는 그들의 요청을 받아들여 애플도 워너 및 소니와 협력하겠다는 뜻을 밝혔다.

음반사들이 합의에 성공하여 음악 파일의 복제 방지를 위한 코덱을 표준화했더라면 다수의 온라인 스토어가 확산되었을 것이다. 그러면 애플이 아이튠스 스토어를 만들어 음악 파일의 온라인 판매를 지배하기도 어려웠을 것이다. 하지만 소니는 2002년 1월의 쿠퍼티노 회의를 마친 뒤 논의에서 발을 빼기로 결정함으로써 그러한 기회를 잡스에게 넘겨주고 말았다. 소니는 자사의 독점적 포맷을 고집했다. 거기서 발생하는 로열티를 노렸던 것이다.

소니의 CEO 이데이 노부유키는 《레드 헤링》의 편집자 토니 퍼킨스에게 이렇게 설명했다. "아시다시피 스티브에게는 자기만의 어젠더가 있습니다. 그가 천재이기는 하지만 모든 것을 상대방과 공유하지는 않는 사람이지요. 대기업 입장에서는 함께 일하기 어려운 사람입니다. 끔찍하게 힘듭니다." 당시 소니의 북미 지역 책임자였던 하워드 스트링어는 이런 말을 덧붙였다. "그와 협력하려고 애쓰는 건 솔직히 말해 시간 낭비였습니다."

소니는 애플 대신 유니버설과 손잡고 '프레스플레이'라는 가입형 서비스를 개발했다. 한편 AOL 타임 워너, 베르텔스만, EMI는 리얼네트웍스와 협력하여 '뮤직넷'을 만들었다. 양자 모두 자신이 보유한 음악을 상대방이 서비스할 수 없도록 했기 때문에 각자 실제로 제공하는 것은 출시된 음악의 절반 정도에 불과했다. 또한 양쪽 다 가입형 서비스였던지라 고객이 스트리밍되는 음악을 들을 수는 있어도 음악 파일을 소유할 수는 없었으며, 가입 기간이 끝나면 음악에 접근할 권한도 사라졌다. 그들의 서비스에는 복잡한 제약이 많았고 인터페이스 역시 투박했다. 실제로 그들은 뚜렷한 차이점을 보이지 못한 채 한데 묶여 《PC 월드》에서 선정한 '역대 최악의 기술 제품 25선'에 9위로 선정되었다. 이 잡지는 기사를 통해 다음과 같이 평했다. "이들 서비스가 제공하는 놀랄 만큼 멍청한 기능들은 음반사들이 여전히 아무것도 이해하지 못하고 있다는 사실을 보여 준다."

그 시점에서 잡스는 저작권 침해 행위를 그냥 방관할 수도 있었다. 공짜로 손쉽게 음악을 구할 수 있는 경우 아이팟은 더 쓸모 있는 제품이 될 터였다. 하지만 음악을, 그리고 그 음악을 만든 예술가들을 진심으로 좋아했던 잡스는 창작물을 도둑질하는 행위에 반대했다. 훗날 그는 이렇게 말했다.

일찍이 애플 초창기부터 저는 회사가 번영하려면 지적 재산을 창조해야 한다는 것을 깨달았지요. 사람들이 우리 소프트웨어를 복제하거나 훔쳤다면 애플은 파산했을 겁니다. 만약 소프트웨어가 보호를 받지 못한다면 새로운 소프트웨어나 제품 디자인을 개발할 의욕도 없어질 겁니다. 지적 재산에 대한 보호가 사라지기 시작하면 창조적 회사들도 모두 사라질 것이고 창업도 이루어지지 않을 겁니다. 또한 지적 재산을 보호해야 할 더욱 간단한 이유가 있었어요. 도둑질은 나쁜 짓이니까요. 그것은 사람들에게 상처를 입히고 자기 자신의 인격도 손상하지요.

그는 저작권 침해를 막는 최선의 방법은, 아니, 사실상 유일한 방법은 음반사들이 제시한 바보 같은 서비스보다 더욱 매력적인 대안을 제공하는 것임을 알고 있었다. "음악을 훔치는 사람들의 80퍼센트는 그런 행동을 하고 싶어 하지 않을 거라고 믿습니다. 단지 합법적 대안이 없어서 그럴 뿐이지요." 잡스가 《에스콰이어》의 앤디 랭어에게 한 말이다. "그래서 우리가 그 합법적 대안을 만들자고 했지요. 음반사, 아티스트, 애플, 사용자 모두가 승자가 될 수 있도록 말입니다. 더나은 서비스를 받을 수 있고 도둑이 될 필요도 없으니까요."

잡스는 '아이튠스 스토어'를 만들기로 결정하고 상위 5위권 내의 음반사들과 접촉하여 그들의 음악을 그곳에서 판매하자고 설득했다. "사람들을 설득해서 그들 자신을 위한 일을 하도록 하는 데 제 시간을 그렇게 많이 들인 적은 일찍이 없었지요." 그의 회상이다. 음반사들은 앨범 단위가 아닌 곡 단위로 개별 판매가 이루어진다는 점과 가격 모델에 대해 우려를 표했다. 잡스는 아이튠스 스토어가 시장 점유율 5퍼센트에 불과한 매킨토시에서만 서비스된다는 점을 강조했다. 그들이 큰 리스크를 감수하지 않고도 아이디어를 시험해 볼 수 있다는 의미였다. "우리는 애플의 낮은 시장 점유율을 이점으로 내세웠어요. 아이튠스 스토어가 실패로 끝나더라도 업계 전체가 타격을 입는 것은 아니라고 했지요."

잡스는 디지털 음악을 곡당 99센트에 판매하자고 제안했다. 소비자들이 선뜻 구입에 나설 만한 가격이었다. 음반사의 몫은 70센트였다. 잡스는 이 방식이 음반사가 선호하는 월 단위 가입형 모델보다 더 매력적이라고 주장했다. 사람들은 자신이 좋아하는 노래에 대해 정서적 유대감을 느낀다는 것이 그의 믿음이었다.(옳은 견해였다.) 그들은 「심퍼시 포 더 데블(Sympathy for the Devil)」이나 「셸터 프럼 더 스톰(Shelter from the Storm)」 같은 노래를 빌리기보다는 '소유'하고 싶어 했다. 당시 잡스는 《롤링 스톤》의 제프 구델에게 이렇게 말했다. "가입형 서비스의 명맥이 완전히 끊기진 않을지 몰라도 결코 주류가 될 수는 없을 겁니다."

또한 잡스는 앨범 전체가 아닌, 한 곡 한 곡을 개별적으로 판매해야 한다고 주장했다. 이는 결국 음반사와 잡스 사이의 가장 큰 갈등 요인이 되었다. 그동안 음반사는 2~3개의 멋진 곡과 10여 개의 그저 그런 곡으로 앨범을 채워 돈을 벌었다. 소비자가 원하는 곡을 들으려면 그 곡이 들어 있는 앨범을 살 수밖에 없었다. 앨범을 해체하려는 잡스의 계획에 몇몇 뮤지션이 아티스트적 입장에서 반대 의견을 내놓기도 했다. 나인 인치 네일스의 트렌트 레즈너는 이렇게 말했다. "훌륭한 앨범에는 하나의 흐름이 있는 겁니다. 각각의 곡들이 서로를 지원하도록 앨범을 꾸민다는 얘깁니다. 그것이 제가 음악을 만드는 방식입니다." 하지만 이러한 반대에는 현실적 타당성이 부족했다. "불법 복제와 온라인 다운로드로 말미암아 이미 앨범은 해체된 상태였지요. 음악을 개별 곡 단위로 팔지 않는 한 불법 복제와 싸우는 일 자체가 불가능했어요." 잡스의 회상이다.

문제의 핵심은 기술을 사랑하는 사람들과 예술을 사랑하는 사람들 사이의 간극에 있었다. 잡스는, 픽사와 애플에서 보여 주었듯이, 이 두 가지를 모두 사랑했다. 둘 사이의 간극을 메우기에 적합한 위치에 있었던 셈이다. 훗날 그는 이렇게 설명했다.

픽사에 갔을 때 커다란 차이점을 깨달았지요. 기술 회사들은 창의성을 이해하지 못하고, '직관적' 사고의 가치도 모릅니다. 음반사의 신인 발굴 담당자들이 아티스트 100명의 음악을 듣고 성공할 것 같은 다섯 명을 골라낼 때 발휘하는 그런 능력을 이해하지 못한다는 얘기지요. 그들은 창조적 일을 하는 사람들은 그저 온종일 소파에서 빈둥거리기나 하고 제멋대로 생활한다고 생각해요. 픽사 같은 곳에 있는 사람들이 얼마나 의욕적이고 절제된 자세로 일을 하는지 본 적이 없으니까요. 반면, 음반사는 기술에 대해 무엇 하나 제대로 아는 게 없지요. 그들은 기술 분야 사람들 몇 명을 채용해 놓으면 일이 다 해결될 거라고 생각합니다. 하지만 그건 애플이 직원 몇 명을 채용해 음악 제작에 나서는 것과 다를 바 없는 일이에요. 음반사가 결국 기술 분야의 이류 인력에게 일을 맡기는 것처럼 우리도 신인 발굴 분야의 이류 인력이나 얻겠지요. 저는 기술을 개발하려면 직관과 창의성이 필요하며, 예술적인 무언가를 만들어 내려면 현실적 규율이 필

아이튠스 스토어

요하다는 점을 이해하는 몇 안 되는 사람 가운데 한 명입니다.

잡스는 타임 워너 내 AOL 사업부의 CEO 배리 슐러와 오래전부터 교류가 있었다. 그는 슐러의 지혜를 빌려 음반사들을 아이튠즈 스토어로 끌어들일 방법을 모색했다. "불법 복제로 다들 이성을 잃어 가고 있어요." 슐러가 잡스에게 말했다. "통합된 엔드투엔드 서비스를 제공할 수 있는 애플이야말로 합법적 음악 소비를 장려할 수 있는 최선의 파트너임을 강조하세요." 2002년 3월의 어느 날, 슐러는 잡스의 전화를 받고 비디치와의 협의에 참여하기로 했다. 잡스는 비디치에게 연락해 워너 뮤직의 대표 로저 에임스와 함께 쿠퍼티노로 와 달라고 요청했다. 이 모임에서 잡스는 한껏 매력을 발산했다. 에임스는 냉소적이고 재미있고 영리한 영국인으로, 잡스가 좋아하는 유형의 (제임스 빈센트나 조니 아이브 같은) 인물이었다. 덕분에 잡스도 좋은 면모를 보일 수 있었다. 심지어 회의 초반에 그는 보기 드물게 중재자 역할도 했다. 애플에서 아이튠즈를 관리하는 에디 큐와 에임스 사이에 왜 영국의 라디오방송에서는 미국과 같은 역동성을 느낄 수 없느냐는 문제를 놓고 논쟁이 벌어진 것이다. 잡스는 둘 사이에 개입하여 이렇게 말했다. "우리는 기술에 대해서는 알지만 음악에 대해서는 그만큼 모르잖아요. 그러니 왈가왈부하지 맙시다."

에임스는 회의에 들어가자마자 먼저 잡스에게 복제 방지 코드를 갖춘 새로운 포맷의 CD를 지원해 달라고 요청했다. 잡스는 곧바로 승낙했다. 그러고는 그가 원하는 문제로 화제를 돌렸다. 잡스는 워너 뮤직이 아이튠스 스토어의 출범을 도와줘야 한다고 했다. 워너 뮤직이 돕는다면 업계 전체에 아이튠스 스토어의 타당성을 홍보할 수 있을 터였다.

당시 에임스는 AOL 사업부에서 운영 중이던 초보적 수준의 음악 다운로드 서비스를 개선하려 했으나 이사회의 반대로 좌절을 맛본 상태였다. "AOL을 통해서 다운로드를 받고 나면 그 노래가 내 빌어먹을 컴퓨터의 어디쯤에 있는지 찾을 수가 없었어요." 그래서 그는 잡스가 아이튠스 스토어의 시험작을 보여 주었을 때 깊은 인상을 받았다. "좋아요, 좋아요. 이게 바로 그동안 우리가 기다리던 겁니다." 워너 뮤직은 애플과 계약하기로 합의했다. 나아가 그는 잡스가 다른 음반사의 지지를 얻을 수 있도록 돕겠다고 제안했다.

잡스는 동부로 날아가 아이튠스 스토어를 타임 워너의 다른 경영진에게도 보여 주었다. "그는 마치 장난감을 가지고 노는 아이처럼 맥 앞에 앉아 있었어요." 비디치는 회상한다. "그는 제품에 완전히 몰입했어요. 다른 어떤 CEO에게서도 찾아보기 힘든 모습이었지요." 에임스와 잡스는 아이튠스 스토어의 세부 사항을 놓고 협의를 시작했다. 음악 파일을 다른 기기로 복사할 수 있는 횟수, 복제 방지 시스템의 작동 방식 등이 논의되었다. 곧 합의를 이끌어 낸 그들은 다른 음반사들을 끌어들이는 일에 착수했다.

음악 산업의 역사적 전환을 이끌다

반드시 끌어들여야 할 핵심 인물은 유니버설 뮤직 그룹의 수장 더그 모리스였다. 그의 영역에는 U2, 에미넴, 머라이어 캐리 등 결코 빼놓을 수 없는 아티스트들은 물론, 모타운이나 인터스코프게펜A&M 같은 유력 음반사도 포함되어 있었다. 모리스 역시 잡스와 대화를 나누고 싶어 했다. 그는 그 어떤 기업가보다도 불법 복제에 분노했으며 음반사에서 근무하는 기술 분야 사람들의 무능함에 진저리를 치고 있었다. "개척기의 황량한 서부를 보는 것 같았지요. 디지털 음악을 파는 곳은 하나도 없었고 해적질만 가득했거든요. 음반사가 시도한 모든 것은 전부 실패로 돌아갔어요. 음반 업계 종사자들의 기술 능력과 기술 전문가들의 그것 사이에는 그야말로 엄청난 차이가 있었습니다."

에임스는 잡스와 함께 브로드웨이를 걸으며 모리스의 사무실로 향했다. 가는 도중 그는 잡스에게 무슨 말을 하면 좋을지 간략하게 조언해 주었다. 그것이 효과를 발휘했다. 모리스는 잡스가 모든 것을 하나로 묶어 아이튠즈 스토어에 담아냈다는 사실에 감명을 받았다. 그의 방식대로라면 소비자는 편리함을 누리고, 음반사는 안심하고 음악을 맡길 수 있을 터였다. 모리스는 말한다. "스티브는 정말 멋진 것을 만들어 냈어요. 그는 아이튠즈 스토어, 음악 관리 소프트웨어, 아이팟 등을 묶는 완벽한 시스템을 제시했어요. 흠잡을 데 없이 매끄럽게 작동하는 시스템이었지요. 완전한 패키지를 갖춘 셈이었어요."

모리스는 잡스가 음반사에는 결여된 비전을 가지고 있다고 확신하고 기술 분야 부사장에게 이렇게 말했다. "우리는 잡스를 믿어야 합니다. 유니버설에는 기술에 대해 아는 사람이 아무도 없으니까요." 당연히 유니버설의 기술 담당자들은 잡스와의 협력을 반기지 않았다. 모리스는 계속해서 거부감을 버리고 신속히 잡스와 협의하라는 지시를 내려야 했다. 그 결과, 유니버설 측은 애플의 디지털 저작권 관리 시스템인 페어플레이에 몇 가지 제약을 더해 다운로드 한 음악이 너무 많은 기기로 복제되는 것을 막을 수 있었다. 그러나 전반적으로 보면 그들은 잡스가 에임스를 비롯한 워너 뮤직 직원들과 계획한 아이튠스 스토어의 개념에 순순히 동의했다.

잡스에게 홀딱 반한 모리스는 유니버설 산하 인터스코프게펜A&M 음반사의 책임자인 지미 아이오빈에게 전화를 걸었다. 아이오빈은 언변이 유창하고 자신감 넘치는 인물로, 모리스와는 지난 30년간 날마다 대화를 나눠 온 절친한 친구 사이였다. "잡스를 만난 순간 그가 우리의 구세주라는 생각이 들었습니다. 그래서 저는 즉시 지미를 불렀습니다. 그의 소감을 듣고 싶었어요." 모리스의 회상이다.

잡스는 필요하다면 놀라울 만큼 매력적인 사람이 될 수 있었다. 그는 아이오빈이 아이튠스 스토어의 시험작을 확인하기 위해 쿠퍼티노를 찾았을 때 그러한 매력을 가동했다. "얼마나 간단한지 보여 드릴까요?" 그가 아이오빈에게 물었다. "그쪽 회사의 기술 담당자들은 결코 이런 걸 못할 겁니다. 음반사에는 온라인 스토어를 이만큼 단순하게 만들 수 있는 사람이 없거든요."

아이오빈은 곧바로 모리스에게 전화를 걸었다. "이 친구는 아주 특별해! 자네 말이 맞아. 일괄 솔루션을 가지고 있어." 그들은 소니와 함께 일하며 보낸 지난 2년을 한탄했다. 2년간 이루어진 일은 아무것도 없었다. "소니는 절대 해법을 찾지 못할 거야." 그가 모리스에게 말했다. 그들은 소니와 거래를 끊고 애플과 손을 잡기로 했다. "소니가 이 문제를 해결하지 못한 것은 저로서는 믿기 어려울 만큼 놀라운 일입니다. 역사에 남을 실패지요." 아이오빈은 말한다. "스티브는 사업 부문 간에 협력이 이루어지지 않으면 직원들을 해고했을 겁니다. 하지만 소니의 사업 부문들은 서로 전쟁을 벌이고 있었어요."

확실히 소니는 결코 따르지 말아야 할 선례를 애플에 보여 주었다. 소니에는 세련된 제품들을 생산하던 소비자 가전 사업부와 밥 딜런 등의 인기 아티스트들을 보유한 음악 사업 부문이 있었다. 하지만 각자 자기 부문의 이익만 지키려 들다 보니 회사가 하나의 통합체로서 역량을 집중하여 엔드투엔드 서비스를 제공할 수 없었다.

소니 음악 부문의 새로운 책임자 앤디 랙에게는 소니의 음악을 아이튠스 스토어에서 판매하는 문제를 놓고 잡스와 협상을 벌여야 한다는 결코 달갑지 않은 과제가 주어졌다. 활력 넘치고 수완 좋은 인물이었던 랙은 소니로 오기 바로 전까지 언론계에서 뛰어난 활동을 펼쳤다.(CBS 뉴스 프로듀서였고 NBC 사장으로도 재직했다.) 그는 늘 유머 감각을 잃지 않으며 사람을 평가할 줄 알았다. 그는 소니의 음악을 아이튠스 스토어에서 판매하는 것이, 음악 비즈니스에서 내려지는 많은 결정들이 그렇듯, 미친 짓인 동시에 불가피한 일임을 깨달았다. 애플은 개별 곡 판매와 그에 따른 아이팟 매출의 증가로 엄청난 수익을 챙길 터였다. 랙은 음반사들도 아이팟의 성공에 기여한 바가 있으니 그 기기가 판매될 때마다 로열티를 받아야 한다고 생각했다.

잡스는 랙과 대화를 나누는 동안 많은 부분에서 그에게 동감을 표하며 음반사의 진정한 파트너가 되고 싶다는 바람을 밝히곤 했다. "스티브, 애플이 만든 기기가 판매될 때마다 우리에게 얼마쯤 준다면 나도 마음을 돌리겠습니다." 랙이 우렁차게 울리는 목소리로 얘기를 꺼냈다. "그 기기는 참 아름다운 제품이에요. 하지만 우리 음악도 분명 기기의 판매에 기여하고 있지요. 내가 생각하는 진정한 파트너십이란 그런 겁니다."

"당신 말에 동의합니다." 잡스가 랙에게 이 말을 한 것은 한두 번이 아니었다. 하지만 그는 이렇게 대답한 뒤 더그 모리스와 로저 에임스를 찾아가 짐짓 안타까운 기색으로, 랙은 상황을 이해하지 못하고 있다고, 음악 비즈니스에 대해서 아무것도 모를뿐더러 모리스와 에임스만큼 현명하지도 않다고 한탄했다. "제가 뭔가를 제안하면 스티브는 일단은 동의를 했습니다. 하지만 그 일이 실제로 이루어지는 경우는 결코 없었어요. 그게 전형적인 그의 방식이었습니다." 랙이 말했다. "그는 상대를 기대감에 부풀게 한 다음, 곤란한 문제는 논의에서 슬쩍 제외하곤 했습니다. 확실히 그에겐 병적인 데가 있었지만 협상을 할 때는 그 점이 유용할 수도 있었지요. 어쨌든 그는 천재입니다."

랙은 소니가 대형 음반사 가운데 애플을 거부하는 유일한 회사이며, 다른 음반사의 지지 없이는 협상에서 이길 수 없다는 사실을 알고 있었다. 하지만 잡스는 애플의 마케팅 영향력이 발휘하는 매력과 듣기 좋은 말을 이용해 다른 음반사들을 자기편으로 삼았다. "업계 전체가 단결했더라면 로열티를 받을 수 있었을 겁니다. 우리가 그토록 필요로 하던 이중 수입원을 확보했겠지요." 랙은 말했다. "우리는 분명 아이팟의 판매에 기여하고 있었어요. 로열티를 받는 것이 공정한 일이었지요." 그것은 분명 잡스가 구상한 엔드투엔드 전략의 장점 중 하나였다. 아이튠스 스토어에서 음악을 판매하면 아이팟의 판매가 늘고 이는 다시 매킨토시의 판매로 이어질 터였다. 랙을 더욱 화나게 한 것은 소니도 같은 일을 할 수 있었다는 사실이었다. 하지만 소니는 하드웨어, 소프트웨어, 콘텐츠 부문 간의 협력을 이끌어 내는 데 실패한 상태였다.

잡스는 랙의 마음을 돌리기 위해 많은 노력을 기울였다. 한번은 뉴욕에 간 그가 포 시즌스 호텔의 펜트하우스로 랙을 초대하기도 했다. 잡스는 미리 두 사람이 먹을 아침 식사(오트밀과 과일)까지 주문해 놓고 그를 맞이했다. "'세심한 배려' 이상의 환대였지요." 랙은 회상한다. "하지만 제너럴 일렉트릭(GE)의 잭 웰치는 제게 사랑에 빠지지 말라고 가르쳤습니다. 모리스나 에임스는 잡스의 유혹에 넘어갔지요. 그들은 제게 이렇게 얘기했습니다. '당신은 이해를 못하고 있어요. 결국 당신도 잡스에게 반할 겁니다. 애플은 해법을 쥐고 있어요.' 결국 저는 업계 내에서 고립되고 말았습니다."

소니가 아이튠스 스토어에서 음악을 판매하는 데 동의한 뒤에도 애플과 소니 사이에는 자주 논쟁이 벌어졌다. 계약을 갱신하거나 변경할 때마다 협상 테이블은 결전의 장이 되었다. "앤디 랙의 경우, 지나치게 강한 자존심이 문제를 일으킬 때가 많았지요."라고 잡스는 주장한다. "그는 음악 비즈니스를 진정으로 이해하지 못했고, 그 분야에서 결코 성공할 수도 없었어요. 가끔은 그가 멍청이라는 생각도 들었습니다." 잡스의 말을 전하자 랙은 이렇게 대답했다. "저는 소니와 음반 업계를 위해 싸웠습니다. 그가 왜 저를 멍청이라고 생각했는지도 이해가 갑니다."

하지만 음반사들을 모아 아이튠스 계획에 대한 지지를 얻어 내는 것만으로는 충분치 않았다. 이들 음반사에 소속된 아티스트 다수는 계약서에 별도 조항이 있어서 디지털 음악의 유통을 직접 관리하거나 개별 곡 단위의 판매를 금지할 수 있었다. 잡스는 톱 뮤지션들을 회유하는 작업에 들어갔다. 재미는 있었지만 생각보다 훨씬 어려운 일이었다.

아이튠스가 출시되기 전, 잡스는 보노와 믹 재거, 셰릴 크로 등 거의 20여 명에 달하는 거물급 아티스트를 만났다. "그는 밤 10시에도 끈질기게 집으로 전화를 걸어 레드 제플린이나 마돈나와 연락을 취해야 한다고 말하곤 했습니다." 워너의 로저 에임스는 당시를 이렇게 회상했다. "그는 확고했어요. 그가 아니었다면 누구도 이들 아티스트를 설득하지 못했을 겁니다."

아마 그중에서도 가장 기묘한 만남은 닥터 드레가 애플 본사에 찾아왔을 때일 것이다. 잡스는 비틀스와 딜런을 사랑했다. 하지만 랩에는 별로 매력을 느끼지 못한다는 점을 인정한 바 있었다. 이제 잡스는 에미넴을 비롯한 여러 래퍼들을 설득하여 아이튠스 스토어로 끌어들여야 했고, 그러기 위해 에미넴의 멘토인 닥터 드레와 협의해야 했다. 잡스가 아이튠스 스토어와 아이팟의 매끄러운 연동을 보여 주자 닥터 드레는 칭찬을 아끼지 않았다. "이야, 드디어 뭘 좀 제대로 아는 사람이 나타났군!"

잡스는 음악적 성향 면에서 닥터 드레와 정반대라 할 수 있는 트럼펫 연주자 윈턴 마살리스도 만났다. 그는 재즈 앳 링컨 센터(뉴욕의 타임 워너 센터에 있는 재즈 전용 극장. ─ 옮긴이)를 위한 모금 행사차 서부 연안 지역에 왔다가 잡스의 아

아이튠스 스토어

내를 만났다. 잡스는 마살리스에게 적극 권하여 팰러앨토의 집을 방문케 한 다음, 아이튠스 스토어를 보여 줬다. "뭘 검색해 보고 싶으세요?" 그가 마살리스에게 물었다. 마살리스는 '베토벤'이라고 대답했다. "자, 이 프로그램이 뭘 할 수 있는지 보세요!" 잡스는 마살리스의 관심이 다른 데로 향하려 할 때마다 더욱 힘주어 말했다. "인터페이스가 어떻게 작동하는지 보세요." 마살리스는 훗날 이날을 떠올리며 이렇게 얘기했다. "저는 컴퓨터에 별로 관심이 없는 사람이에요. 그에게도 계속 그렇게 말했지요. 하지만 그의 얘기는 두 시간이나 계속되었어요. 마치 뭔가에 홀린 사람 같았지요. 잠시 후 저는 컴퓨터가 아닌 그를 바라보기 시작했습니다. 그의 열정에 매료되었기 때문이지요."

2003년 4월 28일, 잡스는 샌프란시스코의 모스콘 컨벤션 센터에서 열린 특유의 신제품 발표회에서 아이튠스 스토어를 처음 선보였다. 점점 벗겨지고 있는 짧은 머리에 일부러 면도하지 않은 모습으로, 잡스는 무대를 천천히 거닐며 냅스터가 "인터넷이 음악 전파에 기여할 수 있다는 사실을 보여 주었다."라고 설명했다. 또한 그는 냅스터에서 파생된 카자가 사람들에게 노래를 공짜로 제공했음을 지적했다. 이들과 어떻게 경쟁할 것인가? 이 의문에 대한 답으로, 그는 이들 무료 서비스를 이용하는 데 따르는 부정적 측면을 설명했다. 이들 서비스는 신뢰도가 낮았고 파일의 품질이 열악한 경우가 많았다. "지원되는 파일 중 다수는 일곱 살짜리 애들이 인코딩한 것입니다. 파일이 제대로 만들어졌겠습니까?" 더구나 그 파일들은 미리 들어 볼 수도 없었고 앨범 커버도 없었다. "무엇보다 큰 문제는 그러한 다운로드가 도둑질이라는 사실입니다. 나쁜 업보를 쌓아 좋을 일은 없겠지요."

그렇다면 이와 같은 불법 복제 사이트가 급증한 이유는 무엇인가? 잡스는 대안이 없기 때문이라고 말했다. 그는 죄수복을 입은 수감자의 모습이 담긴 슬라이드를 보여 주며 프레스플레이와 뮤직넷 같은 가입형 서비스가 "사용자를 범죄자 취급"한다고 했다. 이어서 밥 딜런의 모습을 담은 슬라이드가 스크린에 떴다. "사람들은 자신이 사랑하는 음악을 소유하길 원합니다."

그는 "음반사들과 많은 협상을 벌인 결과 그들도 우리와 함께 세상을 변화시킬 뭔가를 하려는 의지가 있음을 알았다"고 했다. 아이튠스 스토어는 20만 곡을 보유한 상태에서 서비스를 시작할 것이며 곡을 날마다 늘려 갈 것이라 했다. 아이튠스 스토어 사용자는 원하는 노래를 소유하고, CD에 굽고, 신뢰할 수 있는 고품질 파일을 다운로드 하고, 구매하기 전에 미리 노래를 들어 보고, 아이무비와 iDVD를 이용해 '인생의 사운드트랙'을 만들 수 있었다. 가격은? 겨우 99센트로, 스타벅스 라떼 가격의 3분의 1에도 못 미쳤다. 아이튠스 스토어가 가치 있는 이유는? 카자에서 제대로 된 음악을 구하려면 15분이 걸리지만 아이튠스에서는 1분이면 충분했다. 그는 잠깐 계산을 하더니, 4달러도 채 안 되는 돈을 아끼기 위해 한 시간을 들이는 것은 "최소 임금도 못 받고 일하는 것과 마찬가지"라 했다. 그리고 한 가지 더……. "아이튠스를 이용하면 여러분은 더 이상 도둑질을 하지 않아도 됩니다. 선한 업보를 쌓는 것이지요."

그 말에 누구보다 크게 박수를 친 것은 앞줄에 앉은 음반

　　　　　　　　　　　　　아이튠스 스토어

사 대표들이었다. 그 자리에는 더그 모리스와 언제나처럼 야구 모자를 쓴 지미 아이오빈, 워너 뮤직 사람들이 참석해 있었다. 아이튠스 스토어 담당자 에디 큐는 6개월 뒤면 100만 곡이 판매될 거라고 예상했다. 하지만 아이튠스 스토어는 단 '6일' 만에 100만 곡을 판매했다. 잡스는 선언했다. "아이튠스 스토어는 음악 산업의 전환점으로 역사에 남을 것입니다."

윈도용 아이튠스 출시

"우리가 당했습니다." 마이크로소프트에서 윈도 개발을 담당하는 짐 올친은 동료 네 명에게 이렇게 시작하는 이메일을 보냈다. 그는 그날 오후 5시에 아이튠스 스토어를 봤다. 이메일에는 딱 한 줄이 더 적혀 있었다. "그들이 어떻게 음반사들을 따라오게 했을까요?"

그날 저녁, 마이크로소프트의 온라인 사업 그룹을 이끄는 데이비드 콜에게서 답장이 왔다. "애플이 이걸 윈도로 가져오면(나는 그들이 윈도에 진출하지 않는 실수를 저지르는 않을 거라 생각합니다.) 그때는 정말로 크게 당할 겁니다." 그는 윈도 팀 역시 "이런 종류의 해법을 시장에 내놓아야 한다."라고 말하며 이렇게 덧붙였다. "그러려면 우리가 사용자에게 직접 가치를 전달할 수 있는 '엔드투엔드 서비스'에 대해 새로운 초점과 목표를 맞출 필요가 있습니다. 현재 우리에겐 그러한 서비스가 없으니까요." 마이크로소프트도 자체적으로 인터넷 서비스(MSN)를 실시하고 있긴 했지만 애플처럼 '엔드투엔드 서비스'를 제공하는 것은 아니었다.

그날 밤 10시 46분, 빌 게이츠도 논의에 가세했다. "또 애플의 잡스군요."라는 이메일 제목에서 그의 좌절감이 드러났다. "몇 가지 중요한 부분에 초점을 맞추고, 사용자 인터페이스를 제대로 이해하는 인력을 확보하고, 제품을 혁명적인 것으로 광고하는 스티브 잡스의 능력은 놀랍습니다." 게이츠 역시 잡스가 음반사를 설득해서 아이튠스 스토어에 참여시켰다는 데 놀라움을 표했다. "참 신기한 일입니다. 사용하기에 불편하긴 하지만 음반사들도 자체적으로 음악 서비스를 제공하잖아요. 그런데 어찌된 일인지 그들이 애플에 멋진 일을 벌일 수 있는 능력을 부여하기로 결정했군요."

게이츠는 그때까지 어느 누구도 월 정액 가입형 서비스 대신 음악 파일을 판매하는 서비스를 개발하지 않았다는 사실 역시 신기한 일이라고 했다. "신기한 노릇이긴 하지만 그렇다고 해서 우리가 일을 망친 것은 아닙니다. 우리가 일을 망쳤다면 리얼, 프레스플레이, 뮤직넷 등 다른 모든 이들 또한 마찬가지지요. 잡스가 저런 것을 내놓았으니 이제 우리도 신속히 움직여서 사용자 인터페이스와 저작권 면에서 그 못지않게 훌륭한 뭔가를 만들어 내야 합니다. (중략) 계획이 필요합니다. 잡스가 또 한 번 우리를 놀라게 했지만 우리도 금방 그에 필적하는, 더 나은 것을 내놓을 수 있음을 입증하기 위한 계획 말입니다." 사적인 대화를 통해 이루어진 놀라운 고백이었다. 마이크로소프트는 이번에도 애플의 행보에 깜짝 놀라며 한 걸음 뒤처졌고, 이번에도 애플을 모방해 그것을 만회하려 했다. 하지만 소니와 마찬가지로 마이크로소프트도 결코 그러한 서비스를 실현할 수는 없었다. 잡스가 이미 길을 보여 주었음에도 말이다.

반면 애플은 계속해서 마이크로소프트의 희망을 좌절시켰다. 콜의 예상대로였다. 윈도용 아이튠스 소프트웨어와 스토어를 개발하기로 한 것이다. 하지만 이 결정에는 다소간 내부의 진통도 따랐다. 우선 '아이팟을 윈도 컴퓨터들에서도 구동하도록 만들 것인지 여부'를 결정해야 했다. 잡스는 반대했다. "아이팟을 맥에서만 쓸 수 있게 한 덕분에 맥의 매출이 우리가 기대했던 것보다 훨씬 활성화된 겁니다." 잡스의 회상이다. 하지만 실러, 루빈스타인, 로빈, 파델 등 애플의 수뇌부 네 명은 모두 잡스의 의견에 반대했다. 이는 애플이 장차 나아갈 방향에 관한 논쟁이었다. "우리는 이제 애플이 맥 판매에만 매달려서는 안 된다고, 뮤직 플레이어 사업에 적극적으로 임해야 한다고 생각했습니다." 실러의 말이다.

잡스는 언제나 애플만의 통일된 유토피아를 만들고 싶어 했다. 그는 하드웨어, 소프트웨어, 주변 기기가 훌륭한 조화를 이루어 사용자에게 멋진 경험을 제공하고, 한 제품의 성공이 다른 모든 제품의 매출 증대로 이어지는, 마법의 벽에 둘러싸인 정원을 꿈꾸었다. 그런 그가 애플의 가장 유망한 제품을 윈도 PC에서 사용할 수 있게 하라는 압력에 직면한 것이었다. 그것은 그의 천성과 맞지 않는 일이었다. "몇 달 동안 그야말로 극심한 논쟁이 이어졌지요. 나 혼자 다른 모든 이를 상대하는 그런 대립이었어요." 한번은 잡스가 "내 눈에 흙이 들어가기 전까지는" 윈도 이용자들이 아이팟을 사용하는 일은 없을 거라고 단언하기도 했다. 그러나 그의 팀은 압박을 멈추지 않았다. 파델은 이렇게 말했다. "이건 '반드시' 윈도 PC로 진출해야 합니다."

마침내 잡스가 선언했다. "그게 사업적 관점에서 타당하다는 걸 내게 입증하기 전까지는 난 절대로 안 할 겁니다."
사실상 그가 자기 방식으로 패배를 인정한 셈이었다. 감정과
신조를 제쳐 놓고 보면 윈도 사용자가 아이팟을 구입하도록
하는 것은 당연히 사업적 타당성이 높은 일이었고 입증하기
도 수월했다. 전문가들을 불러들여 판매 시나리오를 전개해
본 결과, 윈도 사용자에게 아이팟을 판매하는 편이 더 큰 수
익을 가져온다는 결론이 나왔다. "우리는 스프레드시트를 작
성했어요. 모든 시나리오를 검토한 결과, 맥 매출이 아무리
감소한다 해도 아이팟의 매출 증대에서 얻는 수익으로 상쇄
하고도 남는다는 결론이 나왔습니다." 실러의 말이다. 고집
세기로 유명한 잡스지만 때로는 자신의 뜻을 굽힐 때가 있었
다. 하지만 양보의 말을 할 때도 결코 상냥함이란 찾아볼 수
없었다. "젠장, 마음대로 하시오." 분석 결과를 본 잡스가 말
했다. "당신들 같은 멍청이들 얘기를 듣는 것도 이제 넌더리
가 나요. 가서 뭐든 하고 싶은 대로 해 봐요."

그러나 아직 한 가지 질문이 남아 있었다. 아이팟을 윈도
PC에서 사용할 수 있게 한다면, 애플이 윈도 PC 버전의 아
이튠스도 만들어야 한다는 말인가? 잡스는 언제나 하드웨
어와 소프트웨어가 조화를 이루어야 한다고 믿었다. 아이팟
이 제공하는 사용자 경험은 컴퓨터에 설치된 아이튠스 소프
트웨어와 아이팟 사이에 완벽한 동기화가 이루어져야 가능
한 것이었다. 실러는 반대했다. "미친 짓이라고 생각했습니
다. 우리는 윈도 소프트웨어를 만들지 않으니까요." 그는 회
상했다. "하지만 스티브는 '일을 하려거든 제대로 해야 한다'
고 주장했지요."

처음에는 실러 쪽이 우세했다. 애플은 외부 회사인 뮤직

매치가 제작한 소프트웨어를 통해 아이팟을 작동하기로 결정했다. 하지만 소프트웨어가 너무 불편하고 투박해서 잡스의 주장을 입증하는 결과만 낳고 말았다. 결국 애플은 서둘러 윈도용 아이튠스를 개발하는 작업에 착수했다. 잡스는 당시를 이렇게 회상했다.

> 아이팟이 윈도 PC에서 구동되도록 하기 위해 우리는 처음에 주크박스 프로그램을 보유한 다른 회사와 협력 관계를 맺고 그들에게 아이팟 연결에 관한 비밀 정보까지 제공했습니다. 그런데 그들이 만든 프로그램은 쓰레기나 다름없었어요. 최악의 결과였지요. 사용자 경험의 상당 부분을 좌우하는 것이 그 프로그램이었으니까요. 이 형편없는 주크박스가 사용되는 것을 6개월간 참고 견딘 끝에 마침내 윈도용 아이튠스 개발에 들어갔습니다. 사용자 경험의 커다란 부분을 다른 누군가가 좌우하도록 할 수는 없으니까요. 제게 동의하지 않는 사람들도 있을지 모르지만 이 문제에 대한 제 생각은 언제나 변함이 없습니다.

아이튠스를 윈도에 이식한다는 것은 곧 모든 음반사와 다시 협상을 해야 한다는 의미였다. 당초 음반사들이 애플과의 거래에 동의했던 것은 아이튠스 스토어가 매킨토시를 사용하는 소수 소비자만을 대상으로 한다는 점이 보장되었기 때문이었다. 소니는 특히 심하게 반발했다. 앤디 랙은 또다시 잡스가 이미 합의된 계약 조건을 바꾸려 든다고 생각했다. 그것은 사실이었다. 하지만 다른 음반사들은 아이튠스 스토어에 만족하고 있었던 터라 거래를 지속하겠다는 뜻을 밝혔다. 결국 소니도 항복할 수밖에 없었다.

잡스는 2003년 10월 샌프란시스코에서 열린 프레젠테이션에서 윈도용 아이튠스의 출시를 발표했다. "많은 이들이 우리가 결코 만들지 않을 거라고 생각했던 제품을 소개하고자 합니다." 그는 뒤쪽에 설치된 거대한 스크린을 향해 손을 흔들었다. 슬라이드에 다음 문구가 표시되었다. "지옥이 얼어붙었다."(이글스가 해체하면서 "지옥이 얼어붙어야 재결합할 것." 이라 했던 데서 유래한 표현으로 절대로 일어나지 않을 일이 일어났다는 의미. '해가 서쪽에서 떴다.'와 비슷한 표현이라 할 수 있다.— 옮긴이) 이 쇼에서는 아이챗과 영상을 통해 믹 재거, 닥터 드레, 보노 등이 모습을 드러내기도 했다. 보노는 아이팟과 아이튠스에 대해 이렇게 말했다. "음악과 음악가들을 위한 정말 멋진 물건입니다. 제가 지금 이렇게 이 회사에 알랑대는 이유도 그것 때문이에요. 나는 아무에게나 알랑거리는 사람이 아니거든요."

잡스는 말을 절제하는 사람이 아니었다. 그는 청중의 환호에 화답하며 이렇게 선언했다. "윈도용 아이튠스는 아마 지금까지 나온 윈도용 프로그램 가운데 가장 뛰어난 제품일 겁니다."

마이크로소프트는 고마워하지 않았다. "그들은 예전에 PC 사업에서 추구했던 것과 똑같은 전략을 취하고 있습니다. 하드웨어와 소프트웨어를 모두 통제한다는 것이지요." 빌 게이츠는 《비즈니스 위크》와의 인터뷰에서 이렇게 말했다. "우리는 언제나 애플과는 다소 다른 방식으로 일하며 사람들에게 선택권을 부여해 왔습니다." 마이크로소프트는 그로부터 3년이 지난 2006년 11월이 되어서야 마침내 아이팟에 대한 저 나름의 대답을 내놓았다. 제품의 이름은 '준'이었다. 아이팟보다 다소 투박하긴 했지만 외관은 비슷했다. 출시된 지 2년이 지난 뒤에도 이 제품의 시장 점유율은 5퍼센트가 안 되었다. 몇 년 뒤, 잡스는 준이 시장에서 부진하고 디자인에도 독창성이 없는 이유를 다음처럼 가차 없이 지적했다.

나이가 들수록 동기부여가 얼마나 중요한지 실감합니다. 준이 시시한 이유는 마이크로소프트 사람들이 음악이나 예술을 우리처럼 진정으로 사랑하지 않기 때문입니다. 우리가 승리한 이유는 한 사람 한 사람이 음악을 사랑해서입니다. 우리는 자기 자신을 위해 아이팟을 만들었습니다. 당신이 스스로를 위해, 또는 절친한 친구나 가족을 위해 뭔가를 한다면 결코 게으름을 피우며 대충대충 하지 않을 겁니다. 하지만 누구든 진정으로 좋아하지 않는 뭔가를 할 때는 특별히 더 노력하거나, 주말에 일을 더 하거나, 현재 상태에 과감히 도전하려 애쓰지 않겠지요.

자기 잠식을 두려워 말라

2003년 4월, 앤디 랙이 소니에서 처음 맞이하는 연례 임원 총회가 열렸다. 애플이 아이튠즈 스토어를 출시한 주의 일이었다. 그는 4개월 전 소니의 음악 부문 책임자로 임명된 이래, 상당한 시간을 잡스와의 협상에 투자했다. 사실, 총회가 열린 날에도 그는 아이팟 최신 버전과 아이튠스 스토어 설명서를 가지고 쿠퍼티노에서 곧장 도쿄로 온 참이었다. 경영자 200명 앞에 선 그는 주머니에서 아이팟을 꺼냈다. "자, 바로 이겁니다." CEO 이데이 노부유키와 소니 북미 지역 책임자 하워드 스트링어가 유심히 지켜보는 가운데 그가 말을 이었다. "이것이 바로 애플이 만든 워크맨 킬러입니다. 신기하게 생각할 것은 하나도 없습니다. 여러분이 음악 회사를 인수한 이유는 이런 기기를 만들기 위해서였으니까요. 여러분은 이보다 더 잘할 수 있습니다."

하지만 소니는 그렇게 할 수 없었다. 소니는 워크맨을 만들어서 휴대용 음악 시장을 개척했고, 거대 음반사를 보유했으며, 오래전부터 아름다운 소비자 기기를 제조해 왔다. 소니는 잡스의 하드웨어, 소프트웨어, 기기, 콘텐츠 판매 통합 전략에 맞서는 데 필요한 모든 강점을 갖추고 있었다. 그런데 왜 실패했을까? 한 가지 이유를 들자면 AOL 타임 워너와 마찬가지로 소니도 독자적 손익 구조를 갖춘 다수의 사업 부문(이 말 자체가 불길하다.(부문을 뜻하는 단어 'division'에는 '분열'이라는 뜻도 있다. — 옮긴이))으로 조직된 기업이기 때문이었다. 각 사업 부문이 자신들의 이해타산을 중시하지 않을 수 없는 구조라는 의미다. 그렇기 때문에 이러한 구조의 기업에서 사업 부문 간의 협력을 통해 시너지 효과를 내기란 대개의 경우 지극히 어려운 일이었다.

잡스는 결코 애플에 준(準)자치적 사업 부문을 편성하지 않았다. 그는 모든 부문을 가까이에서 관리했으며 그들이 결속력 있고 유연한, 단일 손익 구조를 갖는 하나의 조직으로서 일하도록 했다. "애플에는 독자적으로 손익계산을 하는 사업 부문이 없습니다." 팀 쿡은 말한다. "우리는 회사 전체적으로 손익 계정을 하나만 운용합니다."

그뿐만 아니라, 다른 많은 회사들과 마찬가지로, 소니는 자기 잠식 효과(기능이나 디자인이 더 뛰어난 후속 제품이 나오면서 같은 기업이 먼저 내놓은 유사 제품의 매출을 잠식하는 현상.— 옮긴이)를 두려워했다. 뮤직 플레이어와 다운로드 서비스를 개발해 디지털 음악 파일의 공유를 손쉽게 만들면 음반 부문의 매출에 피해를 안길 수도 있었다. 이 점 때문에 소니는 망설였다. 잡스의 사업 원칙 중 하나는 결코 자기 잠식을 두려워하지 말라는 것이었다. "우리가 스스로를 잡아먹지 않으면 다른 누군가가 우리를 잡아먹을 겁니다." 아이폰이 아이팟의 매출을 잠식하고, 아이패드가 랩톱의 매출을 잠식할 가능성이 있었지만 그 때문에 잡스가 계획을 포기하는 일은 없었다.

그해 7월, 소니는 음악 산업계의 베테랑 제이 새미트에게 아이튠스와 비슷한 '소니 커넥트'라는 서비스를 개발하도록 지시했다. 소니의 휴대용 음악 기기에서 재생 가능한 음악 파일을 온라인으로 판매한다는 계획이었다. 《뉴욕 타임스》는 이렇게 보도했다. "소니의 이번 조치는 때때로 갈등을 빚던 전자 제품 사업 부문과 콘텐츠 사업 부문을 결속하기 위한 것으로 받아들여졌다. 일찍이 워크맨을 발명해 휴대용 오디오 시장을 장악했던 소니는 언젠가부터 애플에 완패를 거듭했다. 그동안 많은 이들이 그 이유로 소니 사업 부문 간의 내부 다툼을 지적해 왔다." 소니 커넥트는 2004년 5월에 출시되어 3년 남짓 버티다 결국 폐지되었다.

마이크로소프트는 1980년대에 운영체제를 개발했을 때 그랬던 것처럼 윈도 미디어 소프트웨어와 디지털 저작권 포맷에 대해 기꺼이 다른 회사들에 라이선스를 제공했다. 반면, 잡스는 여타 뮤직 플레이어 제조업체들이 애플의 페어플레이를 사용하는 것을 허가하지 않고 오직 아이팟에서만 작동되도록 했다. 또한 그는 다른 온라인 스토어에서 아이팟용 음악 파일을 판매하는 것도 허가하지 않았다. 다수의 전문가들은 이러한 정책이 1980년대 컴퓨터 시장에서 그랬던 것처럼 결국 애플의 시장 점유율을 떨어뜨릴 것이라 경고했다. 하버드 경영대학원 교수 클레이턴 크리스텐슨은 《와이어드》에 이렇게 말했다. "애플이 계속해서 독점 구조에 의존한다면 아이팟은 그저 틈새 상품이 되고 말 겁니다."(그는 이 경우만 제외하면 선견지명과 통찰력이 있는 비즈니스 분석가로 세계에서 손꼽히는 인물이었다. 잡스도 그의 저서 『혁신 기업의 딜레마』에 깊은 영향을 받았다.) 빌 게이츠 역시 같은 주장을 했다. "음악이라고 해서 특별할 것은 없습니다. PC 세계에서는 그동안 언제나 그러한 사고방식이 우세했으며, 이는 소비자에게 선택권을 제공하는 데 기여했습니다."

리얼네트웍스의 설립자 롭 글래스터는 2004년 7월 '하모니'라는 서비스로 애플의 규제를 교묘히 회피하려 했다. 그는 잡스를 설득해 애플의 페어플레이 포맷을 하모니에서 사용하려 했으나 거절당한 바 있다. 그러자 글래스터는 포맷을 리버스 엔지니어링(소프트웨어 공학의 한 분야로, 이미 만들어진 시스템을 역추적해 처음의 문서나 설계 기법 등의 자료를 얻어 내는 일을 말한다.— 옮긴이) 해서 하모니에서 판매되는 음악 파일에 적용했다. 글래스터의 전략은 하모니에서 판매되는 음악이 아이팟, 준, 리오 등 어떤 기기에서든 재생되도록 만드는 것이었다. 그는 '선택의 자유'라는 슬로건을 바탕으로 마케팅 캠페인을 시작했다. 분노한 잡스는 "리얼네트웍스가 해커의 전술과 비도덕성을 받아들여 아이팟을 침범한 것에 큰 충격을 받았다."라는 메시지를 발표했다. 리얼네트웍스는 "이봐 애플, 내 아이팟을 부수지 마."라는 제목의 인터넷 청원서를 발표하여 이에 대응했다. 잡스는 몇 달간 침묵을 지켰다. 하지만 10월에 그는 하모니에서 구입한 음악 파일을 사용할 수 없게 만든 새로운 버전의 아이팟 소프트웨어를 출시했다. "스티브는 유례를 찾기 힘들 만큼 특이한 사람입니다." 글래스터의 말이다. "그와 거래를 해 보면 압니다."

그사이 잡스와 그의 팀(루빈스타인, 파델, 로빈, 아이브)은 계속해서 신형 아이팟을 개발하며 시장의 열광적 환호 속에서 애플의 우위를 더욱 공고히 다졌다. 2004년 1월에 발표된 아이팟 미니는 원조 아이팟에 처음으로 커다란 변화를 준 모델이었다. 원조 아이팟보다 크기가 훨씬 작은(딱 명함만 한 크기의) 이 제품은 용량이 더 작았지만 가격은 전과 비슷했다. 한때 잡스는 누가 용량이 더 작은 제품을 같은 값에 사려 하겠느냐며 이 제품을 폐기하려 했다. "그는 운동을 즐기지 않습니다. 그래서 달리기를 하거나 체육관에서 운동할 때 그것이 얼마나 유용할지 잘 몰랐어요." 파델의 말이다. 아이팟 미니는 여타의 소규모 플래시 드라이브 업체들이 내놓은 제품들을 물리침으로써 아이팟을 진정한 시장 지배자의 위치에 올려 주었다. 아이팟 미니가 출시되고 18개월 만에, 휴대용 뮤직 플레이어 시장에서 애플의 점유율은 31퍼센트에서 74퍼센트로 치솟았다.

2005년 1월 출시된 아이팟 셔플은 한층 더 혁명적이었다. 잡스는 아이팟의 기능 가운데 재생되는 노래 순서를 무작위로 바꿔 주는 셔플 기능이 굉장히 인기를 끈다는 점에 주목했다. 사람들은 예상치 못한 놀라움을 좋아했다. 또한 매번 재생 목록을 작성하고 수정하는 것을 무척 귀찮아했다. 일부 사용자는 노래가 정말 무작위로 선택되는지 밝혀내는 데 집착해 "만약 정말 무작위라면 왜 내 아이팟은 계속해서 네빌 브라더스의 노래로 되돌아가는 걸까?"라는 의문을 제기하기도 했다.

이 기능이 아이팟 셔플의 탄생으로 이어졌다. 루빈스타인과 파델은 작고 저렴한 플래시 드라이브 방식의 제품 개발을 진행하며 화면을 더 작게 만드는 작업에 매달려 있었다. 그러던 어느 날 잡스가 와서 놀라운 제안을 했다. 화면을 제거하라는 얘기였다. "뭐라고요?" 파델이 물었다. "화면을 아예 없애자고요." 잡스가 말했다. 파델은 그러면 사용자들이 어떻게 노래를 찾느냐고 물었다. 어떤 사용자들은 노래를 찾을 필요를 못 느끼리라는 게 잡스의 생각이었다. 노래를 무작위로 재생하면 그만이었다. 기기 안에 든 노래는 어쨌든 전부 사용자가 고른 것이었다. 당장 듣고 싶지 않은 노래가 나올 때 다음 곡으로 넘어가게 하는 버튼만 있으면 화면이 불필요했다. "불확실성을 수용하라." 이것이 아이팟 셔플의 광고 문구였다.

경쟁자들이 비틀거리고 애플이 혁신을 거듭하는 동안, 음악은 애플이 벌이는 사업의 더욱 중요한 부분이 되었다. 2007년 1월, 아이팟 매출로 발생한 수익이 애플 전체 수입의 절반에 달했다. 아이팟은 또한 애플 브랜드에 광채를 더해

아이튠스 스토어

주었다. 하지만 그보다 더 큰 성공작은 아이튠스 스토어였다. 2003년 4월 첫 등장 이후 6일 만에 100만 곡을 판매한 이 스토어는 결국 그해에 7000만 곡을 판매했다. 2006년 2월에는 마침내 10억 번째 곡이 판매되었다. 미시간 주 웨스트블룸필드에 사는 알렉스 오스트롭스키라는 16세 소년이 다운로드한 콜드플레이의 「스피드 오브 사운드(Speed of Sound)」라는 곡이었다. 잡스는 그에게 축하 전화를 걸고 아이팟 열 대와 아이맥 한 대, 1만 달러 상당의 아이튠스 상품권을 수여했다. 100억 번째로 판매된 곡은 2010년 2월, 조지아 주 우드스톡에 사는 루이 설서라는 71세 남성이 다운로드 한, 조니 캐시의 「게스 싱스 해픈 댓 웨이(Guess Things Happen That Way)」였다.

아이튠스 스토어의 성공으로 애플이 얻은 이득 가운데는 겉으로 잘 드러나지 않는 것도 있었다. 2011년이 되면서 중요한 새 비즈니스가 부상했다. 사람들이 맡긴 온라인 신원 정보 및 결제 정보를 바탕으로 서비스를 제공하는 사업이었다. 애플은 아마존과 비자, 페이팔, 아메리칸 익스프레스, 그리고 다른 몇몇 서비스 업체와 협력하여 이메일 주소 및 신용카드 정보를 의탁한 고객들의 데이터베이스를 구축했다. 쇼핑의 안전성과 편리함을 높이기 위해서였다. 이 데이터베이스 덕분에 애플은 자사 온라인 스토어를 통해 잡지 구독권 등을 판매할 수 있었다. 즉 잡지사가 아닌 애플이 독자와 직접적인 관계를 형성하게 된 것이다. 아이튠스 스토어가 구독권과 동영상, 앱까지 판매하기 시작하면서 데이터베이스의 규모도 확대되어 2011년 6월 무렵에는 2억 2500만 사용자의 정보가 축적되었다. 이로써 애플은 차세대 디지털 상거래에 대비하는 유리한 위치를 점하게 되었다.

지미 아이오빈, 보노, 스티브 잡스, 에지 · 2004

당신의 아이팟에는……?

'아이팟 현상'이 확대됨에 따라 대통령 후보자, B급 유명인, 처음 만난 데이트 상대, 영국 여왕 등 하얀 이어폰을 끼고 있는 사람이라면 누구나 이런 질문을 들었다. "당신의 아이팟에는 무슨 노래가 들어 있지요?" 이 질문은 지난 2005년 초, 엘리자베스 버밀러가 《뉴욕 타임스》에 쓴 기사를 계기로 급속히 유행하기 시작했다. 당시 그녀는 이 질문에 대한 조지 W. 부시 대통령의 답변을 분석하는 기사를 작성했다. "부시의 아이팟에는 전통적인 컨트리 가수들의 노래가 많다. 그 중에서 그가 특히 즐겨 듣는 곡은 밴 모리슨의 「브라운 아이드 걸(Brown Eyed Girl)」과 존 포거티의 (누구나 예상했겠지만) 「센터필드(Centerfield)」다." 그녀는 《롤링 스톤》의 편집자 조 레비에게 부시의 선곡을 분석해 달라고 의뢰했다. 레비는 다음과 같은 견해를 밝혔다. "한 가지 재미있는 점은, 부시 대통령이 자신을 좋아하지 않는 아티스트들을 좋아한다는 사실입니다."

스티븐 레비는 『완벽한 것』에서 이렇게 썼다. "친구, 처음 만난 데이트 상대, 또는 비행기 옆자리에 앉은 전혀 모르는 사람에게 아이팟을 건네는 것은 마치 책을 펴 보이듯 스스로를 드러내는 일이라네. 상대방이 할 일은 클릭휠로 당신의 아이팟에 든 곡들을 훑어보는 것뿐이야. 그러면 당신은, 음악적으로 말해, 완전히 발가벗은 상태가 되는 거지. 아이팟은 당신이 무엇을 좋아하는지 보여 주는 데서 그치지 않는다네. 그것은 '당신이 어떤 사람인지까지' 보여 주지." 어느 날, 잡스의 거실에서 그와 함께 음악을 듣던 중 나는 그의 아이팟을 보여 달라고 청했다. 그는 자신의 아이팟을 건네주었다. 2004년에 채워 둔 음악이라고 했다.

예상했던 대로, 그의 아이팟에는 딜런의 해적판 여섯 개가 모두 들어 있었다. 잡스와 워즈니악은 이 음반들이 정식으로 발매되기 수년 전에 여기저기 찾아다니며 그 수록곡들을 오픈릴 테이프에 담아내는 데 성공했고, 잡스는 그 곡들을 들으며 딜런을 숭배하기 시작했다. 그 밖에 딜런의 다른 앨범 열다섯 장도 들어 있었다. 첫 앨범인 『밥 딜런』(1962)부터 순서대로 있었는데 1989년 앨범인 『오 머시(Oh Mercy)』 이후의 앨범은 없었다. 잡스는 딜런의 앨범을 놓고 앤디 허츠펠드를 비롯한 여러 사람과 오랜 시간 논쟁을 벌인 바 있었다. 잡스가 주장하길, 이 시기 이후에 나온 딜런의 앨범은(사실상 『블러드 온 더 트랙스』(1975) 이후의 모든 앨범은) 초창기만큼 강렬하지 않다고 했다. 그가 예외적으로 인정한 곡은 2000년에 발표한 영화 「원더 보이스」에 삽입된 「싱스 해브 체인지드(Things Have Changed)」뿐이었다. 눈에 띄는 점은, 그가 애플에서 쫓겨난 그 주 주말에 허츠펠드가 가져다준 『엠파이어 벌레스크』(1985) 앨범이 없다는 것이었다.

그의 아이팟에서 큰 비중을 차지하는 또 다른 아티스트는 비틀스였다. 『어 하드 데이스 나이트(A Hard Day's Night)』, 『애비 로드(Abbey Road)』, 『헬프!(Help!)』, 『렛 잇 비(Let It Be)』, 『매지컬 미스터리 투어(Magical Mystery Tour)』, 『미트 더 비틀스!(Meet the Beatles!)』, 『서전트 페퍼스 론리 하츠 클럽 밴드(Sgt. Pepper's Lonely Hearts Club Band)』, 이렇게 일곱 앨범들의 수록곡이 들어 있었다. 솔로 앨범은 없었다. 그다음을 차지한 것은 롤링 스톤스로, 『이모셔널 레스큐(Emotional Rescue)』, 『플래시

포인트(Flashpoint)』, 『점프 백(Jump Back)』, 『섬 걸스(Some Girls)』, 『스틱키 핑거스(Sticky Fingers)』, 『타투 유(Tattoo You)』 등 여섯 장의 앨범이 들어 있었다. 딜런과 비틀스의 앨범은 대부분 전곡이 담겨 있었다. 하지만 앨범은 개별 곡 단위로 해체될 수 있으며 그렇게 되어야 한다고 믿는 사람답게 롤링 스톤스를 비롯한 다른 아티스트의 앨범에서는 서너 곡만 골라서 넣었다. 한때 그의 연인이었던 존 바에즈의 곡도 상당히 많았다. 두 가지 버전의 「러브 이즈 저스트 어 포 레터 워드(Love is Just a Four Letter Word)」를 비롯해 네 장의 앨범에서 고른 다양한 노래가 들어 있었다.

잡스의 선곡을 보면, 그가 주로 1960년대 음악을 들으며 1970년대에 청소년기를 보냈음을 알 수 있다. 그의 아이팟에는 어리사 프랭클린, B. B. 킹, 버디 홀리, 버펄로 스프링필드, 돈 매클린, 도노반, 도어스, 재니스 조플린, 제퍼슨 에어플레인, 지미 헨드릭스, 조니 캐시, 존 멜렌캠프, 사이먼 앤드 가펑클은 물론, 심지어 몽키스(「아임 어 빌리버(I'm a Believer)」)와 샘 더 샘(「울리불리(Wooly Bully)」)도 들어 있었다. 좀 더 현대에 가까운 아티스트들의 음악은 전체의 4분의 1 정도로, 10000 매니악스, 얼리셔 키스, 블랙 아이드 피스, 콜드플레이, 다이도, 그린 데이, 존 메이어(잡스와 애플의 친구다.), 모비(마찬가지다.), 보노와 U2(역시 마찬가지다.), 실, 토킹 헤즈 등이었다. 클래식 음악으로는 「브란덴부르크 협주곡」을 비롯한 바흐의 작품 몇 곡과 요요마 앨범 세 장 등이 있었다.

잡스는 2003년 5월에 셰릴 크로에게, 에미넴의 노래를 몇 곡 다운로드 해서 들어 봤는데 "점점 좋아지는 것 같다."라고 했다. 그 뒤에 제임스 빈센트가 그를 에미넴 콘서트에 데려가기도 했다. 그럼에도 잡스의 재생 목록에 랩 음악은 없었다. 콘서트가 끝난 뒤 잡스는 빈센트에게 "난 잘 모르겠네요……."라고 했다. 나중에 그는 내게 말했다. "아티스트로서 에미넴을 존중합니다만, 그의 음악을 듣고 싶은 건 아니에요. 딜런을 들을 때와는 달리 에미넴을 들을 때는 가치관에 공감할 수가 없거든요." 잡스가 2004년에 작성한 재생 목록에 포함된 곡들은 결코 유행의 첨단을 달리는 음악이라 할 수 없었다. 하지만 1950년대에 태어난 사람들은 잡스의 인생이 담긴 사운드트랙이라 할 수 있는 그 재생 목록에 공감을 느끼고 진가를 인정할 수 있을 것이다.

잡스가 아이팟에 음악을 담은 2004년 이후 7년 동안 그가 즐겨 듣는 음악에는 큰 변화가 없었다. 2011년 3월에 아이패드 2가 나오자 그는 기존 아이팟의 음악을 그대로 그리 옮겼다. 어느 날 오후, 나는 잡스와 함께 그의 집 거실에 앉아 있었다. 그는 그윽하게 향수에 잠긴 채 아이패드에 담긴 곡들을 훑어보다가 듣고 싶은 곡이 나오면 화면을 두드렸다.

우리는 언제나처럼 딜런과 비틀스의 곡들을 들었다. 이후 더욱 사색적인 분위기에 빠진 그는 베네딕트 수도회가 부른 「스피리투스 도미니(Spiritus Domini)」라는 그레고리안 성가를 틀었다. 잡스는 1분가량을 거의 무아지경에 가까운 멍한 상태로 음악 감상에 몰입했다. "정말 아름다워." 그가 중얼거렸다. 이어서 바흐의 「브란덴부르크 협주곡 2번」, 그리고 「평균율 클라비어 곡집」에 수록된 푸가가 재생되었다. 그는 클래식 작곡가 중 바흐를 가장 좋아한다고 했다. 특히 그는 두 가지 버전의 「골드베르크 변주곡」을 비교해 가며 듣는 것을 즐겼다. 이 두 버전은 모두 피아니스트 글렌 굴드의 작품으로,

하나는 그가 22세의 무명 피아니스트였던 1955년에 녹음한 것이고 다른 하나는 세상을 뜨기 한 해 전인 1981년에 남긴 것이다. "이 곡들은 마치 낮과 밤 같아요." 어느 날 두 곡을 연이어 들은 뒤 잡스가 한 말이다. "첫 번째 버전은 활기가 넘치고, 젊고, 화려하고, 빠르게 연주되지요. 두 번째 버전은 여유로우면서 꾸밈이 없어요. 인생을 살며 많은 일을 경험한 깊은 영혼이 느껴져요. 심오하고 현명하지요." 그날 오후는 잡스가 세 번째 병가를 내고 집에서 쉬던 참이었다. 나는 그에게 두 버전 중 어느 쪽을 더 좋아하느냐고 물었다. "굴드는 두 번째 버전을 훨씬 더 좋아해요." 그가 말했다. "저는 활기 넘치는 초기 버전을 더 좋아했지요. 하지만 이제는 굴드의 마음이 이해가 됩니다."

숭고한 분위기에 젖었던 그가 갑자기 1960년대로 돌아갔다. 도노반의 「캐치 더 윈드(Catch the Wind)」였다. 내가 의아한 눈으로 바라보는 것을 알아챈 그가 반박하듯 말했다. "도노반의 곡 중에도 굉장히 멋진 것들이 있어요. 정말 좋아요." 그는 도노반의 또 다른 곡 「멜로 옐로(Mellow Yellow)」를 들려주었다. 그러더니 그 곡이 가장 좋은 예는 아닌 것 같다는 점을 인정했다. "젊었을 때는 훨씬 더 좋게 들렸는데……."

나는 우리가 어린 시절에 들었던 음악 가운데 요즘 들어도 정말 좋은 곡은 뭐가 있을지 물었다. 목록을 스크롤 하던 그는 그레이트풀 데드의 1969년도 노래 「엉클 존스 밴드(Uncle John's Band)」를 틀었다. 그는 가사를 들으며 고개를 끄덕였다. "삶이 저 태평스러운 거리처럼 편안해 보일 때, 당신의 집 문간에는 위험이 도사리고 있지요." 우리는 잠시 1960년대의 달콤함이 불협화음 속에서 막을 내리던 저 격동의 시절로 돌아갔다. "워, 오, 나는 알고 싶어요, 당신에겐 동정심이 있나요?"

이어서 그는 조니 미첼로 넘어갔다. "그녀에겐 입양 보낸 딸이 있었어요. 이것은 그녀의 어린 딸에 관한 노래지요." 잡스가 말했다. 그녀의 노래 「리틀 그린(Little Green)」이 흘러나왔다. 우리는 그 애처로운 멜로디와 가사에 귀를 기울였다. "그래, 온갖 서류에 성을 적어 넣었지. 슬프고 미안했지만 부끄럽지는 않았어. 작은 풀잎아, 해피엔딩을 맞이하렴." 나는 그에게 지금도 입양된 것에 대해 자주 생각하는지 물었다. "아니요, 뭐 별로." 그가 대답했다. "너무 자주 생각하지는 않아요."

요즘에는 출생보다는 나이 드는 것에 대해 생각할 때가 더 많다고 했다. 그 말 때문에 생각이 났는지 그는 조니 미첼의 최고 명곡 「보스 사이즈 나우(Both Sides Now)」를 틀었다. 가사는 나이가 들면서 더욱 현명해지는 것에 관한 내용이었다. "난 이제 인생의 양면을 모두 바라보게 됐어요. 승리와 패배 모두를, 하지만 왠지 아직도 내 기억 속에 떠오르는 건 인생의 환상뿐이에요. 난 인생이 뭔지 정말 모르겠어요." 글렌 굴드가 그랬듯, 미첼도 긴 시간 간격을 두고 이 곡의 새로운 버전을 녹음했다. 원곡은 1969년에 발표되었는데, 결코 잊지 못할 강렬한 인상을 주는 느린 버전이 2000년에 다시 나온 것이다. 그는 두 번째 버전도 들려주었다. 그가 말했다. "사람들이 어떻게 나이를 먹어 가는지 지켜보는 건 흥미로운 일이에요."

또한 그는 어떤 사람들은 젊은 시절부터 나이를 잘못 먹어 간다는 말도 덧붙였다. 나는 누구를 염두에 두고 한 말인지 그에게 물었다. "존 메이어는 역사상 최고의 기타 연주자 가운데 한 명이에요. 하지만 애석하게도 그는 모든 걸 망치고 있는 것 같아요." 잡스가 대답했다. 그는 메이어를 좋아했다. 가끔씩 팰러앨토로 초대해 함께 저녁을 먹기도 했다. 메이어는 스물일곱 살이던 2004년에 맥월드 행사에 참가했다. 그해 1월에 열린 이 행사에서 잡스는 작곡 프로그램인 '개러지밴드'를 발표했다. 이후 수년간 메이어는 애플 신제품 발표 행사의 단골손님이 되었다. 잡스가 메이어의 히트곡 「그래비티 (Gravity)」를 틀었다. 가사는 사랑에 빠졌으나 이상하게도 그것을 떨쳐 버리길 꿈꾸는 남자에 관한 이야기였다. "중력이 나와 반대로 작용하고 있어. 중력이 나를 끌어내리려 하네." 잡스는 고개를 저으며 말했다. "저는 그가 겉으로 드러난 모습과는 달리 내면은 착한 젊은이라고 생각해요. 단지 자제가 되지 않는 것뿐이지요."

음악 감상이 끝나 갈 무렵, 나는 그에게 비틀스와 롤링 스톤스 중 어느 쪽이 좋으냐는 진부한 질문을 던졌다. "금고에 불이 나서 마스터 테이프를 단 한 개만 꺼낼 수 있다면 저는 비틀스를 택할 겁니다. 정말 어려운 문제는 비틀스와 딜런, 둘 중 하나를 선택해야 하는 경우지요. 롤링 스톤스를 대신할 수 있는 사람들은 어딘가에 있을 겁니다. 하지만 그 누구도 딜런이나 비틀스가 될 수는 없어요." 잡스는 자라면서 이들 모두의 음악을 들을 수 있었던 우리는 진정 행운아라는 평을 덧붙였다. 그때, 당시 열여덟이던 그의 아들이 방으로 들어왔다. "리드는 이해 못 하지요." 잡스가 한탄했다. 어쩌면 그가 이해를 못 하고 있는 것인지도 몰랐다. 그는 "영원한 청춘"이라는 문구가 박힌 존 바에즈 티셔츠를 입고 있었다.

밥 딜런

잡스가 기억하는 한, 그가 너무 긴장해서 말이 잘 안 나온 적은 오직 밥 딜런을 만났을 때뿐이었다. 2004년 10월의 일로, 당시 딜런은 팰러앨토 근처에서 공연을 했고 잡스는 첫 번째 암 수술을 받은 뒤 회복 중이었다. 딜런은 남과 어울리기 좋아하는 사람이 아니었다. 보노나 데이비드 보위와는 달랐다. 그는 잡스의 친구가 된 적이 없었으며, 그러고 싶어 하지도 않았다. 그런 그가 콘서트를 앞두고 잡스를 자신이 묵고 있는 호텔로 초대했다. 잡스는 그때를 회상했다.

> 그의 방 바깥의 테라스에 함께 앉아 두 시간 동안 이야기를 나눴지요. 그는 제 영웅이었어요. 그래서 굉장히 긴장했지요. 한편으로는 그가 명석함을 잃지는 않았을지, 많은 사람들이 그렇듯 나이가 들면서 우스꽝스러운 모습이 되지는 않았을지 걱정이 되기도 했어요. 하지만 기쁘게도 그는 여전히 송곳처럼 날카로웠어요. 정말 개방적이고 솔직했지요. 그는 자신의 인생과 곡을 쓰는 일에 관해 들려줬어요. 이런 말을 했지요. "음악이 그냥 내 안으로 들어오는 거예요. 내가 곡을 반드시 써야만 한다, 뭐 그런 게 아니었어요. 그런데 이젠 더 이상 그런 일이 일어나지 않아요. 나는 더 이상 그런 식으로 곡을 쓰지 못해요." 잠시 말을 멈추었던 그가 특유의 쉰 듯한 목소리로 살짝 미소를 지으며 말했어요. "그래도 아직 그 노래들을 부를 수는 있지요."

다음번에 다시 팰러앨토 근처로 공연을 하러 온 딜런은 콘서트를 시작하기 직전에 잡스를 화려하게 꾸며진 자신의 투어 버스로 초대했다. 가장 좋아하는 곡이 무엇이냐는 딜런의 물음에 잡스는 「원 투 매니 모닝스(One Too Many Mornings)」라고 답했다. 그날 밤 딜런은 그 노래를 불렀다. 콘서트가 끝나고 잡스가 건물 뒤쪽으로 걸어 나오는데 지나가던 투어 버스가 끼익 소리를 내며 멈춰 섰다. 문이 휙 열리더니 모습을 드러낸 딜런이 쉿소리로 물었다. "그래, 내가 불러 준 노래는 잘 들었어요?" 그 말을 남기고 그는 떠났다. 이 이야기를 할 때 잡스는 딜런의 목소리를 사뭇 비슷하게 흉내 냈다. "언제나 그는 제 영웅입니다. 그를 흠모하는 마음은 세월이 흐르면서 더욱 깊어졌어요. 그렇게 젊은 나이에 어떻게 그런 대단한 일을 해냈는지 모르겠습니다."

콘서트에서 딜런을 만나고 몇 개월 뒤, 잡스는 장대한 계획을 세웠다. 아이튠스 스토어에서 지금까지 딜런이 녹음한 모든 노래가 담긴 디지털 '패키지 세트'를 판매하기로 한 것이다. 전부 합해 700곡이 넘는 방대한 양이었지만, 가격을 199달러로 낮추기로 했다. 잡스는 디지털 시대에 딜런을 소개하는 큐레이터가 되고자 했다. 하지만 딜런이 소속된 소니의 앤디 랙은 아이튠스와 관련하여 몇 가지 양보를 받아 내기 전까지는 잡스와 타협할 마음이 없었다. 더구나 랙은 199달러라는 가격이 너무 저렴해서 딜런의 격을 떨어뜨릴 것이라 생각했다. "밥은 국보급 아티스트입니다." 랙은 말한다. "그런데 스티브는 밥을 흔하고 값싼 상품처럼 판매하려고 했던 겁니다." 이 계획은 랙을 비롯한 음반사 경영자들과 잡스 사이에 존재하는 갈등의 핵심을 건드렸다. 즉 그들이 아닌 잡스가 소매가를 정한다는 것, 그것이 문제였다. 랙은 잡스의 제안을 거절했다.

"좋아요, 그럼 딜런에게 직접 연락하겠어요." 잡스가 말했다. 하지만 딜런은 이런 일을 다뤄 본 적이 없었다. 그래서 그의 에이전트인 제프 로젠이 대신 나섰다.

"정말 불쾌한 아이디어예요." 랙이 잡스의 계획을 설명하며 로젠에게 말했다. "밥은 스티브의 영웅이에요. 온갖 감언이설로 계약을 성사하려 할 겁니다." 랙은 CEO로서나 개인적으로나 잡스를 저지하고 나아가 그를 곤란에 빠뜨리고 싶다는 바람을 가졌다. 그래서 로젠에게 제안했다. "내일 100만 달러짜리 수표를 한 장 써 줄 테니 당분간 잡스와의 협의를 보류하세요." 훗날 랙은 그 돈이 장래의 로열티에 대해 선인세 형식으로 미리 지급한 것이라고 설명했다. "음반사들이 흔히 하는 회계상의 관례였을 뿐입니다." 로젠은 45분 뒤 전화를 걸어 랙의 제안을 수락했다. "앤디는 우리와 많은 일들을 잘해 왔지요. 그런 그가 원치 않는 일이라면 우리도 하지 않기로 했습니다." 로젠은 회상한다. "저는 그때 앤디가 우리에게 결정을 미루도록 모종의 선급금을 준 것으로 생각합니다."

하지만 2006년, 랙이 소니 음악 부문(이제 '소니 BMG'로 이름이 바뀌었다.) CEO 자리에서 물러나자 잡스는 협상을 재개했다. 잡스는 딜런에게 그의 모든 곡이 담긴 아이팟을 보내는 한편, 로젠에게 애플이 어떤 유형의 마케팅 캠페인을 벌일 것인지 설명했다. 그해 8월, 잡스는 중대한 거래가 성사되었다고 발표했다. 애플은 딜런이 녹음한 모든 곡이 담긴 디지털 패키지 세트를 199달러에 판매할 뿐 아니라, 딜런의 새 앨범 「모던 타임스(Modern Times)」도 독점 예약 판매하기로 한다는 내용이었다. "밥 딜런은 우리 시대에 가장 존경받는 시인이자 뮤지션입니다. 또한 그는 개인적으로 제 영웅이기도 하지요." 발표회에서 잡스가 한 말이다. 패키지 세트의 773곡 중에는 미네소타의 어느 호텔에서 작곡해 1961년에 테이프로 발매한 「웨이드 인 더 워터(Wade in the Water)」, 1962년 그리니치빌리지의 가스라이트 카페 라이브 콘서트에서 부른 「핸섬 몰리(Handsome Molly)」, 1964년 뉴포트 포크 페스티벌 무대에서 멋지게 들려주었던 「미스터 탬버린 맨(Mr. Tambourine Man)」(잡스가 무척 좋아하는 곡이다.), 1965년에 발표된 「아웃로 블루스(Outlaw Blues)」의 어쿠스틱 버전 등 희귀 트랙 42곡도 포함되었다.

계약 내용에 따라 딜런은 아이팟 텔레비전 광고에 출연해 새 앨범 「모던 타임스」의 발매를 알렸다. 이는 일찍이 톰 소여가 친구들을 꾀어 울타리에 페인트칠을 시킨 이래 가장 놀라운 방식으로 고정관념을 뒤집은 사례라 할 수 있었다. 과거에는 광고에 유명인을 출연시키려면 그들에게 거액을 지불해야 했다. 하지만 2006년이 되면서 상황이 바뀌었다. 거물급 아티스트들이 아이팟 광고에 출연하길 '먼저 원했던' 것이다. 아이팟 광고 출연은 성공이 보장되는 길이었다. 제임스 빈센트는 이미 몇 년 전에 이러한 현상을 예상한 바 있었다. 잡스가 어떻게 그 많은 뮤지션들과 접촉하고, 어떻게 그들에게 출연료를 지급할 것인지 이야기했을 때였다. "아뇨, 상황이 곧 달라질 겁니다. 애플은 여느 회사들과는 다른 부류의 브랜드입니다. 대다수 아티스트보다 더 멋진 이미지를 가진 브랜드이니까요. 우리는 미디어 쪽으로 1000만 달러를 투입해서 우리가 캐스팅한 밴드를 지원할 겁니다. 앞으로 우리는 출연료가 아닌, 애플이 뮤지션에게 제공하는 기회에 대해 강조해야 합니다.”

리 클라우는 당시 딜런을 모델로 쓰는 것을 두고 애플과 광고대행사의 젊은 직원들이 다소 이의를 제기하기도 했다고 회상했다. “그들은 딜런이 아직도 충분히 매력적이라 할 수 있느냐며 의문을 제기했어요.” 잡스는 그런 의견에 일절 귀를 기울이지 않았다. 그는 딜런을 얻었다는 사실이 황홀할 뿐이었다.

잡스는 딜런이 출연하는 광고의 세세한 부분까지 강박적으로 신경 썼다. 그는 쿠퍼티노로 온 로젠과 함께 딜런의 앨범을 검토하며 광고에 어떤 곡을 사용할 것인지 논의한 끝에 「섬데이 베이비(Someday Baby)」를 선택했다. 잡스는 클라우가 딜런의 대역을 써서 제작한 테스트 영상을 본 뒤 긍정적인 반응을 보이며 승인을 내렸다. 하지만 정작 내슈빌에서 딜런 본인과 함께 촬영한 영상은 마음에 들어 하지 않았다. 독특함이 부족했기 때문이었다. 그는 새로운 스타일을 원했다. 클라우는 감독을 다른 사람으로 교체하고 로젠은 딜런을 설득해 재촬영에 들어갔다. 새로 제작한 영상은 실루엣 스타일 광고를 응용한 것으로, 카우보이모자를 쓰고 의자에 앉은 딜런이 부드러운 역광 속에서 기타를 치며 노래를 부르는 동안 헌팅캡을 쓴 세련된 여성이 아이팟을 들며 춤추는 모습이 담겨 있었다. 잡스는 굉장히 흡족해했다.

이 광고는 아이팟 마케팅의 후광 효과를 분명히 보여 주었다. 덕분에 딜런은 젊은 팬들을 확보할 수 있었다. 아이팟이 애플 컴퓨터에 젊은 고객을 끌어다 준 것처럼 말이다. 광고에 힘입어 딜런의 새 앨범은 크리스티나 아길레라와 아웃캐스트를 밀어내고 발매 첫 주에 《빌보드》 앨범 차트 1위에 올랐다. 딜런이 1위를 한 것은 1976년에 「디자이어(Desire)」를 발표한 이후 30년 만에 처음이었다. 《애드 에이지》는 딜런을 새롭게 띄운 애플의 역할을 크게 조명했다. "아이튠즈 광고는 대형 브랜드가 유명인에게 거액의 출연료를 주고 그 스타의 가치를 이용해 제품을 홍보하는 지극히 평범한 광고와 다르다. 이 광고는 기존 공식을 완전히 뒤집었다. 전지전능한 애플 브랜드는 딜런이 젊은 청중에 다가서도록 만들었을 뿐 아니라, 그가 포드 정부 시절 이후로는 경험하지 못했던 엄청난 판매고를 올리도록 도왔다."

비틀스

잡스가 소중히 여기는 CD 중에는 존 레넌을 비롯한 비틀스 멤버들이 스튜디오에서 「스트로베리 필즈 포에버(Strawberry Fields Forever)」를 수정하는 과정을 10여 트랙으로 나누어 녹음한 해적판이 있었다. 이 CD는 잡스가 완벽한 제품을 만드는 방법에 관한 철학을 확립하는 데 모종의 지침 역할을 해주었다. 때때로 잡스는 이 CD를 오노 요코에게서 받았다고 이야기했지만 실은 앤디 허츠펠드가 발견하여 1986년에 잡스에게 복사해 준 것이었다. 그의 팰러앨토 집 거실에 앉아 있던 어느 날, 잡스는 유리로 만든 책장을 뒤져 이것을 찾아낸 다음 CD 플레이어에 넣고는 자신이 그들의 해적판에서 무엇을 배웠는지 설명했다.

이 노래는 복잡한 곡이에요. 그들이 몇 달에 걸쳐 시행

착오를 겪다가 마침내 곡을 완성하는 창작 과정을 지켜볼 수 있으니 얼마나 흥미진진한지 모릅니다. 전 언제나 비틀스 멤버 가운데 레넌을 제일 좋아했어요. (그는 레넌이 첫 번째 곡을 녹음하다가 중단하고 앞으로 돌아가 코드를 수정하는 부분에서 웃음을 터뜨렸다.) 방금 전에 그들이 잠깐 시도한 것 들었어요? 결과가 신통치 않았지요. 그래서 그들은 앞으로 돌아가 다시 시작했어요. 이 버전은 아직 곡이 별로 다듬어지지 않은 상태입니다. 이걸 들으면 그들도 그저 보통 사람일 뿐이라는 생각도 들지요. 이 버전까지는 다른 사람들도 이렇게 할 수 있다는 생각이 들거든요. 작곡이나 발상은 어떨지 모르지만 연주라면 다른 이들도 능히 이 정도는 해낼 수 있으니까요. 하지만 그들은 여기서 멈추지 않았어요. 그들은 대단한 완벽주의자여서 끊임없이 고치고 또 고쳤지요. 저는 30대에 여기서 깊은 감명을 받았어요. 이 곡을 위해 그들이 얼마나 많은 노력을 기울였는지 알 수 있었거든요.

그들은 많은 분량의 작업을 거듭 진행하며 이 CD에 트랙을 하나하나 쌓아 갔어요. 곡을 완벽에 가깝게 만들기 위해 계속해서 앞으로 되돌아간 거죠. (세 번째 곡을 듣던 그가 악기 편성이 전보다 복잡해졌음을 지적했다.) 우리가 애플에서 물건을 만드는 과정도 이와 비슷할 때가 많아요. 신형 노트북이나 아이팟을 개발할 때 제작하는 모형의 수만 봐도 그렇지요. 우리는 특정 버전을 기준으로 개발을 시작해서 디자인의 세세한 부분, 버튼 모양, 기능이 작동하는 방식 등을 개선하고 또 개선합니다. 해야 할 일이 굉장히 많아요. 하지만 그럼으로써 제품은 점점 발전합니다. 그리고 결국 '와, 이걸 어떻게 만들었지? 나사는 어디 있어?' 같은 반응이 나오는 제품이 탄생하는 겁니다.

이런 사실을 감안하면, 비틀스가 아이튠즈에 없다는 사실에 잡스가 심란함을 느꼈던 것도 충분히 이해가 가는 일이다.

비틀스의 비즈니스를 담당하는 애플 코퍼레이션과 잡스 사이의 분쟁은 30년이 넘게 이어졌다. 그렇기 때문에 이들의 관계를 다룬 기사에서는 '멀고도 험한 길'(The Long and Winding Road, 비틀스의 노래 제목.— 옮긴이)이란 표현을 흔히 찾아볼 수 있었다. 처음 갈등이 시작된 것은 애플 컴퓨터가 설립된 직후인 1978년으로, 애플 코퍼레이션이 비틀스의 이전 음반 사 이름이 애플이었다는 사실에 근거해 상표권 침해 소송을 제기하면서부터였다. 이 소송은 3년 뒤 애플 컴퓨터가 애플 코퍼레이션에 8만 달러를 지급하는 것으로 마무리되었다. 합의문에는 "비틀스는 앞으로 컴퓨터 용품을 전혀 제조하지 않을 것이며, 애플은 음악과 관련된 어떤 제품도 판매하지 않을 것이다."라는, 당시로서는 아무런 문제 될 것이 없어 보이는 조항도 들어갔다.

비틀스는 합의 내용을 충실히 이행했다. 그들 중 누구도 컴퓨터를 만들지 않았으니 말이다. 하지만 애플은 결국 음악 사업에 손을 댔다. 맥에 음악 파일 재생 기능이 생긴 1991년, 그리고 아이튠즈 스토어가 출범한 2003년에 애플은 재차 고소를 당했다. 비틀스와 오랫동안 함께 일해 온 변호사 한 명은, 잡스는 지켜야 할 법적 합의는 생각지 않고 자신이 원하는 건 뭐든지 하려는 경향이 있다고 지적했다. 이들 간의 법적 문제는 2007년에 합의가 이루어짐으로써 마침내 타결되었다. 애플은 세계 어디서든 그 이름을 사용할 권리를 얻는 대가로 애플 코퍼레이션에 5억 달러를 지급하되, 비틀스가 음반이나 비즈니스에 애플 코퍼레이션이라는 이름을 사용하려면 다시 애플로부터 라이선스를 받아야 하는 것으로 합의한 것이다.

하지만 이 합의가 비틀스를 아이튠스로 데려오는 문제까지 해결해 준 것은 아니었다. 그것이 성사되려면 먼저 비틀스와 EMI 뮤직(비틀스의 곡 대부분에 대한 권리를 보유하고 있었다.)이 디지털 저작권을 처리하는 방식에 대해 내부적으로 합의를 봐야 했다. "비틀스 멤버들은 모두 아이튠스에서 음악을 판매하길 원했어요." 잡스가 훗날 회상했다. "하지만 그들과 EMI는 결혼한 지 오래된 부부 같았지요. 서로를 미워하면서도 갈라설 수는 없는 부부 말이에요. 제가 가장 좋아하는 밴드가 아이튠스의 마지막 거부자라는 상황을 살아 있는 동안에 꼭 해결하고 싶었습니다." 결국 그는 그 소망을 이룬다.

보노

U2의 리드 싱어 보노는 애플의 마케팅이 발휘하는 영향력을 매우 높이 평가했다. U2는 세계 최고의 밴드였다. 하지만 함께한 지 거의 30년이 된 2004년에는 그들의 이미지에 새로운 활기를 불어넣을 필요가 있었다. 그들은 멋진 새 앨범을 막 완성한 참이었다. 이 앨범에는 밴드의 리드 기타리스트 디에지가 "모든 록 넘버의 어머니"라 선언한 노래도 수록되어

있었다. 보노는 이 곡에 사람들의 관심을 집중할 방법을 찾아야 한다고 생각했다. 그는 잡스에게 전화를 걸었다.

"저는 애플로부터 구체적인 무언가를 얻길 바랐습니다." 보노는 회상한다. "우리는 「버티고(Vertigo)」라는, 공격적인 기타 리프가 들어간 곡을 만들었지요. 인기를 끌 만한, 전염성이 있는 곡이었어요. 하지만 그러기 위해선 먼저 사람들에게 그 곡을 여러 번 들려줄 필요가 있었지요." 그는 라디오방송을 통해 노래를 홍보하는 시대는 끝났다는 현실을 직시했다. 결국 보노는 팰러앨토에 있는 잡스의 집을 찾아가 함께 정원을 거닐며, 그로서는 보기 드물게, 잡스를 설득하려 애썼다. U2는 오랫동안 광고 출연을 거부해 왔다. 2300만 달러짜리 제안도 일축한 적이 있었다. 그러나 이제 그는 아이팟 광고에 무료로(또는 적어도 서로 이득을 볼 수 있는 거래 조건으로) 출연하고 싶다는 뜻을 피력하고 있었다. 훗날 잡스는 이렇게 회상했다. "그들은 그때까지 한 번도 방송 광고를 해 본 적이 없었지요. 하지만 그들은 불법 다운로드로 음악을 도둑맞고 있던 터라 아이튠스를 이용한 우리의 판매 방식을 맘에 들어 했지요. 또한 그들은 우리의 홍보를 통해 젊은 층에 다가갈 수 있으리라 생각했어요."

보노는 음악뿐 아니라 밴드 멤버들도 광고에 출연하길 원했다. 다른 CEO들은 U2가 광고에 출연한다고 하면 기뻐서 춤이라도 췄겠지만 잡스는 결정을 뒤로 조금 미뤘다. 그때까지 아이팟 광고에는 실루엣만 나올 뿐, 알아볼 수 있는 사람이 출연한 적이 없었다.(아직 딜런 광고가 만들어지기 전이었다.) 보노는 이렇게 말했다. "광고에 팬들의 실루엣은 나오지 않습니까? 그렇다면 다음 단계는 아티스트의 실루엣 아닐까요?" 잡스는 검토해 볼 만한 아이디어인 것 같다고 대답했다. 보노는 잡스에게 아직 발매되지 않은 앨범, 『하우 투 디스맨틀 언 어타믹 밤(How to Dismantle an Atomic Bomb)』의 복사본을 한 장 주고 돌아갔다. "밴드 외부 사람 중 그 앨범의 사본을 받은 사람은 그밖에 없었지요." 보노의 말이다.

몇 차례 회의가 이어졌다. 잡스는 로스앤젤레스의 홈비힐스 지역에 사는 지미 아이오빈을 찾아갔다. 그는 U2 앨범의 유통을 맡은 인터스코프 음반사의 책임자였다. 아이오빈의 집에는 에지와 U2의 매니저 폴 맥기네스가 함께 와 있었다. 다음 회의는 잡스의 부엌에서 열렸다. 협의가 진행되는 동안 맥기네스가 계약의 요점을 수첩에 적었다. U2는 광고에 출연하고 애플은 옥외 광고판부터 아이튠스 홈페이지에 이르기까지 다양한 장소에서 앨범을 활발히 홍보하기로 했다. U2 측은 출연료는 받지 않기로 했지만 특별 제작되는 아이팟 U2 에디션에 대해 로열티를 받고자 했다. 보노는 랙과 마찬가지로 아이팟이 한 대 판매될 때마다 뮤지션이 로열티를 받아야 한다고 생각했다. 또한 이것은 그가 자신이 몸담은 밴드를 위해 제한된 방법으로나마 신념을 내세운 것이기도 했다. "보노와 저는 스티브에게 검은색 아이팟을 만들어 달라고 요청했어요." 아이오빈은 회상한다. "우리는 단순한 상업적 스폰서십의 체결이 아닌, 브랜드 병용 방식의 거래를 하고자 했어요."

"우리는 우리만의 아이팟을 원했지요. 평범한 흰색 제품과는 뚜렷이 구별되는 것으로 말입니다." 보노는 회상한다. "우리는 검은색을 원했지만 스티브는 이렇게 말했어요. '흰색이 아닌 다른 색도 시도해 봤지만 별로 멋있지 않았어요.'

뮤직 맨

하지만 다음번 회의에서 그가 보여 준 검은색 아이팟은 정말로 멋지더군요."

광고는 언제나처럼 아이팟을 들으며 춤추는 여성의 실루엣이 나오는 가운데, 부분적으로 실루엣 처리된 U2 멤버들이 등장하는 강렬한 장면을 사이사이에 배치하는 식으로 가기로 정해졌다. 하지만 런던에서 광고 촬영이 진행되는 동안에도 합의는 마무리되지 않았다. 잡스는 여전히 검은색 아이팟의 발매를 마뜩잖아했고, 로열티 지급 여부 및 홍보 자금 문제도 확실히 결정되지 않은 상태였다. 그는 광고 제작을 감독하는 제임스 빈센트에게 전화를 걸어 모든 것을 일단 보류하라고 했다. "아무래도 일이 성사될 것 같지가 않아요. 그들은 우리가 얼마나 큰 가치를 제공하는지도 모르고 상황을 점점 악화시키고 있어요. 다른 광고를 하는 쪽으로 생각해 봅시다." 평생 U2의 팬이었던 빈센트는 U2와 애플 모두에게 이 광고가 큰 성공을 가져다줄 것임을 알고 있었다. 그는 보노와 연락할 수 있게 해 주면 자신이 협상을 진척해 보겠다고 간청했다. 잡스는 그에게 보노의 휴대전화 번호를 알려 줬다. 그는 더블린 집의 부엌에 있는 보노에게 연락했다.

"일이 제대로 될 것 같지 않아요." 보노가 빈센트에게 말했다. "다른 멤버들도 그다지 내켜 하지 않고요." 빈센트는 문제가 무엇인지 물었다. "더블린의 10대 소년이던 시절에 우리는 결코 구린(naff) 짓은 하지 말자고 다짐했어요." 보노가 대답했다. 빈센트는 자신이 영국인이고 록 가수들의 속어에 익숙한데도 그 '구린 짓'이 무슨 뜻인지 모르겠다고 했다. "돈 때문에 하는 쓰레기 같은 짓이라는 뜻이에요. 우리에게 가장 중요한 건 팬들입니다. 광고에 출연하는 건 팬들을 실망시키는 짓인 것 같다는 기분이 들어요. 그러고 싶지 않아요. 시간을 허비하게 해서 미안합니다."

빈센트는 애플이 어떻게 해야 일이 성사되겠느냐고 물었다. "우리는 애플에 우리가 줄 수 있는 가장 소중한 것을 줄 겁니다. 그건 바로 우리의 음악이지요. 그렇다면 애플은 우리에게 뭘 줄 수 있습니까? 광고……. 우리 팬들은 광고나 홍보는 당신들 회사를 위한 것으로 생각할 겁니다. 우리는 그 이상의 무언가가 필요해요." 아이팟 U2 에디션이나 로열티 문제가 어느 정도 합의되었는지 몰랐던 빈센트는 황급히 그 얘기를 꺼내며 보노를 설득하려 했다. "그게 우리가 줄 수 있는 가장 소중한 것입니다." 빈센트가 말했다. 보노는 잡스와 협의를 시작할 때부터 그것을 요구해 왔던 터라 확실히 다짐을 받아 두려 했다. "그거 멋지네요. 하지만 그게 정말로 실현될 수 있는 건지 확답을 받아야겠습니다."

빈센트는 또 다른 U2 열성 팬인 조니 아이브(그는 1983년 뉴캐슬에서 처음으로 그들의 공연을 봤다.)에게 즉시 전화를 걸어 상황을 설명했다. 아이브는 이미 검은색 몸체에 붉은색 휠이 달린 아이팟 모형을 만들어 두었다고 했다. 앨범 커버의 색깔에 맞추기 위해 보노가 요구했던 배색이었다. 빈센트는 잡스에게 연락해서 아이브를 더블린으로 보내 보노에게 블랙앤드레드 아이팟을 보여 주는 게 어떻겠냐고 제안했다. 잡스가 승낙하자 그는 다시 보노에게 전화해 조니 아이브를 아느냐고 물었다. 빈센트는 이미 그들이 전에 만났고 서로 존경하는 사이임을 몰랐다. "조니 아이브를 아느냐고요?" 보노가 웃음을 터뜨렸다. "나는 그 친구를 사랑해요. 그의 목욕물도 마실 수 있어요."

뮤직 맨

"아마 좀 짧을걸요." 그렇게 농담을 건넨 후 빈센트가 물었다. "그를 그쪽으로 보내서 새로 제작한 아이팟이 얼마나 멋진지 보여 드리려 하는데 어떨까요?"

"내가 직접 마세라티를 몰고 그를 마중 나가지요. 내 집에서 머물게 하면서 같이 나가서 밥도 먹고 코가 비뚤어지게 술도 마실 겁니다."

이튿날, 아이브가 더블린으로 가는 동안 빈센트는 U2와의 거래를 재고하려는 잡스를 말려야 했다. "우리가 적절한 일을 하는 건지 모르겠어." 잡스가 말했다. "다른 누군가가 또이런 요구를 하면 곤란하잖아." 그는 아티스트에게 로열티를 지급하는 선례가 생겼다는 점에 우려를 표했다. 빈센트는 U2와의 거래만 '특별 대우'가 될 것이라 장담했다.

"더블린에 도착한 조니를 제 손님 숙소에 묵도록 했어요. 아래쪽으로 철로가 있고 바다가 보이는 평화로운 곳이지요." 보노는 회상한다. "그는 제게 검은색 몸체에 짙은 붉은색 휠이 달린 아름다운 아이팟을 보여 줬어요. 제가 말했지요. 좋아요, 이걸로 갑시다." 그들은 동네 술집에 가서 몇 가지 세부 사항을 마무리한 뒤 쿠퍼티노의 잡스에게 연락해 의사를 물었다. 잡스는 제품의 디자인과 합의 내용의 세부 사항들을 하나하나 꼼꼼히 따졌다. 보노는 이 점에 감명을 받았다. "CEO가 그렇게 세세한 부분까지 신경 쓴다는 게 정말 놀라웠습니다." 합의에 이르자 아이브와 보노는 본격적으로 술을 마시기 시작했다. 둘 다 즐거운 기분이었다. 몇 잔을 마신 뒤, 그들은 빈센트에게 전화를 걸어 보기로 했다. 하지만 그가 집에 없었던 터라 보노는 자동 응답기에 메시지를 남겼다. 빈센트는 그 메시지를 절대 지우지 않았다. "당신의 친구 조니와 함께 여기 활기 넘치는 더블린에 앉아 있습니다. 우리 둘 다 좀 취했어요. 우리는 이렇게 멋진 아이팟이 탄생해서 아주 행복해요. 나는 그게 존재한다는 사실조차 믿기 어려울 지경이에요. 그래서 지금도 손에 꼭 쥐고 있지요. 고마워요!"

잡스는 새로운 텔레비전 광고와 특별한 아이팟을 공개하기 위해 새너제이의 고급 극장을 빌렸다. 보노와 에지가 잡스와 함께 무대 위로 올라갔다. U2의 신보는 발매 첫 주에 84만 장이 판매되었고 《빌보드》 차트 1위에 등극했다. 보노는 언론에, 출연료를 받지 않고 광고에 출연한 이유는 "U2도 이 광고를 통해 애플 못지않게 큰 가치를 얻을 것이기 때문"이라고 했다. 지미 아이오빈은 광고 덕분에 U2가 "젊은 팬들에게 한 걸음 더 다가갈 수 있을 것"이라 덧붙였다.

주목할 점은, 어떤 록 밴드든 컴퓨터 및 전자 기기 회사와의 제휴가 젊은 층에 어필할 세련된 이미지를 확보하는 최선의 길이었다는 사실이다. 훗날 보노는 기업 스폰서십이 항상 악마와의 거래는 아니라고 설명했다. "한번 들여다봅시다." 그가 《시카고 트리뷴》의 음악 평론가 그레그 코트와 인터뷰하면서 한 말이다. "우리 얘기에 등장하는 '악마'는 일군의 창의적인 사람들입니다. 록 밴드에 몸담고 있는 수많은 사람들보다 더욱 창의적인 이들이지요. 리드 싱어는 스티브 잡스입니다. 이들은 음악 문화에서 일렉트릭 기타 이후로 가장 아름다운 예술품을 고안해 냈습니다. 바로 아이팟이지요. 예술의 임무는 추함을 몰아내는 것입니다."

보노는 2006년에 잡스와 또 하나의 거래를 했다. 아프리카에서 에이즈를 퇴치하기 위한 기금을 모으고 인식을 높이려는 취지의 프로덕트 레드(Product Red) 캠페인에 애플도 참여하도록 권했던 것이다. 잡스는 결코 자선활동에 관심이 많은 인물은 아니었다. 하지만 그는 보노가 벌이는 캠페인의 일환으로 특별히 붉은색 아이팟을 제작하겠다는 의사를 밝혔다. 깊은 진심이 담긴 약속은 아니었다. 예를 들어, 그는 (APPLE)^{RED}와 같이 회사 이름을 괄호 안에 넣고 그 옆에 위첨자로 '레드'를 붙이는 이 캠페인 특유의 표기법을 무척 꺼렸다. "나는 '애플'을 괄호 안에 넣고 싶지 않아요." 잡스가 보노에게 말했다. "하지만 스티브, 그것이 이 캠페인의 대의에 대한 우리의 단합을 보여 주는 방식이에요." 분위기가 점점 과열되어 욕을 주고받을 만큼 격렬한 논쟁을 벌인 끝에 그들은 일단 하룻밤 자면서 생각해 보고 다음 날 결정을 내리기로 했다. 결국 잡스가 일종의 타협안을 내놓았다. 보노는 광고에서 무엇이든 마음대로 하고 대신에 잡스는 어떤 제품, 어떤 스토어에서도 애플을 괄호 안에 넣지 않기로 하자는 것이었다. 결국 그 캠페인을 위해 제작한 아이팟에는 (APPLE)^{RED}가 아닌, (PRODUCT)^{RED}라는 상표가 부착되었다.

"스티브는 격정적인 면이 있어요." 보노는 회상한다. "하지만 그런 순간들 덕분에 우리는 더욱 가까운 친구가 되었지요. 인생을 살아가는 동안 그렇게 열띤 토론을 벌일 수 있는 사람을 만난다는 건 흔한 일이 아니거든요. 그는 자기주장이 굉장히 강해요. 우리가 공연을 마친 뒤에 잡스에게 감상을 물으면 그는 언제나 자기 나름의 의견을 내놓지요." 잡스 가족은 이따금 프랑스 리비에라 연안의 니스 부근에 있는 보노의 집을 방문했다. 보노와 그의 아내, 네 명의 자녀가 함께 사는 곳이었다. 2008년 휴가 때, 잡스는 보트를 전세 내서 보노의 집 근처에 정박해 두었다. 그들은 함께 식사를 했다. 보노는 U2가

신보에 싣기 위해 준비 중인 노래들을 들려주기도 했다.(이 앨범은 「노 라인 온 더 호라이즌(No Line on the Horizon)」이라는 제목으로 발표된다.) 그러나 이러한 우정에도 협상에 임할 때면 잡스는 여전히 냉정했다. 그들은 또 광고를 한 편 제작해 「겟 온 유어 부츠(Get On Your Boots)」라는 곡을 특별하게 발표하려 했으나 끝내 합의를 보지 못했다. 2010년에 보노가 척추를 다쳐 순회공연이 취소되었을 때, 잡스의 아내 파월은 그에게 코미디 듀오 '플라이트 오브 더 콘코즈'의 DVD와 『모차르트의 뇌와 전투기 조종사』라는 책, 정원에서 채취한 꿀, 진통 크림이 담긴 선물 바구니를 보냈다. 잡스는 쪽지를 써서 마지막 물건에다 붙였다. 거기에는 이런 말이 적혀 있었다. "진통 크림 — 요게 특히 맘에 드네요."

요요마

잡스가 연주자로서도 인간적으로도 존경하는 클래식 뮤지션이 한 명 있었다. 바로 요요마였다. 그는 스스로 빚어내는 첼로 음색만큼이나 감미롭고 심오한, 다재다능한 거장이었다. 그들이 처음 만난 것은 1981년으로, 당시 잡스는 애스펀 디자인 컨퍼런스에, 요요마는 애스펀 뮤직 페스티벌에 참가 중이었다. 잡스는 순수성을 드러내는 예술가에게 깊이 감동하는 경향이 있었던 터라 요요마의 팬이 되었다. 잡스는 자신의 결혼식에서 연주를 해 달라고 요요마에게 부탁했다. 하지만 마침 요요마의 해외 순회공연과 일정이 겹쳤다. 몇 년 뒤, 잡스의 집을 방문한 그는 거실에 앉아 1733년산 스트라

디바리우스 첼로를 꺼낸 뒤 바흐의 곡을 연주했다. "그때 결혼식에서 연주하려 했던 곡입니다." 잡스는 눈물을 글썽이며 말했다. "당신의 연주는 신의 존재를 입증하는 가장 확실한 증거군요. 인간 혼자서 이런 일을 해낼 수 있다고는 도저히 믿을 수가 없으니까요." 이후 다시 잡스의 집을 찾은 요요마는 그와 부엌에 앉아 이야기를 나누는 동안 잡스의 딸 에린에게 자신의 첼로를 만져 보도록 허락해 주었다. 그 무렵 갑작스레 찾아온 암으로 투병 중이던 잡스는 요요마를 졸라 자신의 장례식에서 연주를 해 주겠다는 약속을 받아 냈다.

픽사의 친구들

······그리고 적들

니다. 할리우드 사람들은 거짓말을 많이 합니다. 이상하지요. 그들이 거짓말을 하는 것은 성과에 대해 책임을 지지 않는 산업에 몸담고 있기 때문입니다. 정말 책임이 전혀 없습니다. 그래서 잘못을 해 놓고도 무사히 빠져나갈 수 있지요.

「개미」를 이긴 것보다 더 중요한 일은(그리고 양측의 반목만큼이나 흥미로운 것은) 픽사가 히트작이 한 편뿐인 포말회사가 아니라는 점을 보여 준 것이었다. 「벅스 라이프」의 총수익은 「토이 스토리」에 뒤지지 않았고 이는 처음의 성공이 요행이 아님을 입증하는 것이었다. "사업의 고전으로 통하는 게 하나 있습니다. 바로 '두 번째 작품 증후군'이지요." 잡스는 첫 성공작 이후 내놓는 두 번째 작품이 실패하는 이유는 첫 작품의 성공 요인을 진정으로 이해하지 못하는 데 기인한다고 했다. "나는 애플에서도 그것을 이겨 냈습니다. 두 번째 영화가 그것을 이겨 내면 픽사는 성공할 거라는 느낌이 들었지요."

"스티브 자신의 영화"

1999년 11월에 나온 「토이 스토리 2」는 미국에서 2억 4600만 달러, 세계적으로 4억 8500만 달러의 수익을 올리며 훨씬 더 크게 흥행했다. 이제 픽사의 성공이 확실해졌으니 세를 과시하기 위해 본사를 지어야 했다. 잡스와 픽사 시설 팀은 버클리와 오클랜드 사이, 샌프란시스코에서 베이 브리지를 건넌 곳에 위치한 산업 지역 에머리빌에서 버려진 델몬트 과일 통

조립 공장을 찾아냈다. 잡스는 그곳을 허물고 애플 스토어 건축가인 피터 보린에게 그 6만 5000제곱미터 부지에 새 건물을 설계하는 일을 맡겼다.

잡스는 전체 개념부터 자재 및 구조와 관련한 아주 작은 세부 사항에 이르기까지 새 건물의 모든 측면에 집착적으로 관여했다. "스티브, 적절한 종류의 건물은 문화에 크게 기여할 수 있다고 확고하게 믿었지요." 픽사의 사장인 에드 캣멀의 말이다. 잡스는 마치 영화감독이 영화의 장면 하나하나에 세심하게 주의를 쏟듯 건물의 건설을 통제했다. 래시터는 말한다. "픽사 건물은 스티브 자신의 영화였죠."

당초 래시터는 각 프로젝트별로 건물이 따로 있고 각 개발 팀별로 방갈로들이 나뉘어 있는 전형적인 할리우드식 스튜디오를 원했다. 그러나 이미 그런 식의 새 캠퍼스에서 근무하던 디즈니 사람들이 팀들 간에 고립감이 생기는 등 불편한 점이 많다는 의견을 피력했고, 잡스도 이에 동의했다. 실제로 그는 정반대로 중앙에 안뜰을 놓고 하나의 거대한 건물이 이를 둘러싸게 하여 사람들이 서로 우연히 마주치도록 설계해야 한다고 결정했다.

디지털 세상에 살고 있음에도, 혹은 어쩌면 그것의 고립 가능성을 너무도 잘 알기 때문에 잡스는 직접적인 만남을 열렬히 신봉했다. 그는 말했다. "이런 네트워크 시대에는 이메일이나 아이챗을 통해 아이디어들을 발전시킬 수 있다고 생각하고 싶겠지요. 그건 말도 안 됩니다. 창의성은 우연한 만남이나 무작위적인 논의에서 나오는 겁니다. 누군가를 우연히 만나 일의 진행 상황을 묻고 진심 어린 반응을 보여 주다 보면 곧 온갖 종류의 아이디어들로 요리를 하게 되지요."

그래서 그는 픽사 건물이 우연한 만남과 임의적인 협력을 독려하는 방식으로 설계되도록 했다. "건물이 그런 것을 독려하지 않으면 뜻밖의 발견으로 야기되는 혁신과 마법을 상당 부분 잃을 수 있습니다. 그래서 우리는 사람들이 사무실에서 나와, 그렇게 하지 않았다면 서로 만날 일이 없었을 사람들과 중앙 안뜰에서 섞이도록 건물을 설계했지요." 현관문들과 주요 계단들 및 복도들이 모두 안뜰로 이어졌고 안뜰에는 카페와 우편함이 설치되었으며 회의실 창문들은 안뜰을 내려다보았고 600석짜리 극장과 그보다 좀 더 작은 상영관 두 개 모두 안뜰로 출입구를 냈다. 래시터는 회상한다. "스티브의 이론은 첫날부터 효과를 발휘했습니다. 몇 달 동안 못 만난 사람들을 끊임없이 마주쳤거든요. 그렇게 협력과 창의성을 독려하는 건물은 본 적이 없습니다."

잡스는 심지어 남자 화장실과 여자 화장실을 커다랗게 하나씩만 만들어 역시 안뜰과 연결되게 하라고 지시했다. 픽사의 본부장 팸 커윈이 회상한다. "아주 강력하게 주장했습니다. 우리 중 몇몇은 너무 심하다고 느꼈죠. 한 임산부는 10분이나 걸어서 화장실에 갈 수는 없다고 반발했고 그래서 큰 싸움으로 이어졌습니다." 이는 래시터가 잡스의 뜻을 거스른 몇 안 되는 경우들 가운데 하나였다. 결국 그들은 타협에 도달했다. 건물 두 개 층 모두 안뜰을 기준으로 양측에 남녀 화장실을 한 쌍씩 설치하기로 한 것이다.

건물의 철제 빔이 겉으로 드러나 보이는 설계였으므로 잡스는 최고의 색과 질감을 가진 빔을 고르기 위해 전국 각지의 제조사들이 보내온 샘플들을 일일이 검토했다. 그런 다음 아칸소 주의 한 제강소를 선택해 그들에게 철제 빔에 모래 분사 처리를 하도록 지시했고, 또 운반할 때 빔에 흠집이 나지 않도록 주의하라고 신신당부했다. 빔의 연결도 용접이 아닌 볼트로 죄는 방식을 택했다. "우리는 강철을 모래 분사로 갈고 투명 코팅을 했지요. 원래의 재질이 그대로 느껴지게 말이에요. 제강소 직공들은 그 빔들을 올리는 동안 주말에 가족들을 데려와 보여 주기도 했어요." 그의 회상이다.

우연한 발견을 독려하는 가장 유별난 작품은 '러브 라운지'였다. 애니메이터 중 한 명이 배정받은 사무실에 입주하자마자 안쪽 벽에 작은 문이 나 있는 것을 발견했다. 그것을 열면 기어야 통과할 수 있는 낮은 통로가 나왔고 이 통로는 판금으로 둘러싸이고 통풍과 에어컨 설비가 갖춰진 방으로 이어졌다. 그와 동료들은 이 비밀의 방을 아지트로 삼고는 크리스마스 조명과 라바 램프 들로 장식하고 동물 무늬 천을 씌운 벤치와 술 달린 쿠션, 접이식 칵테일 테이블, 술병, 바 용품, '러브 라운지'라고 적힌 냅킨 들을 갖다놓았다. 통로에 비디오카메라가 설치되어 있어 안에서 누가 오는지 감시할 수도 있었다.

래시터와 잡스는 중요한 손님들을 그리로 데려가 벽에 서명하게 했다. 마이클 아이스너와 로이 디즈니, 팀 앨런, 랜디 뉴먼 등이 서명했다. 잡스는 그곳을 무척 좋아했다. 그러나 술을 마시지 않는 그는 가끔씩 그곳을 명상실이라고 언급했다. 그곳을 보면 리드 대학교 시절에 자신과 대니얼 콧키가 쓰던 다락방이 떠오른다고 말했다. 다만 LSD는 없었다.

픽사의 친구들

위대한 두 회사

2002년 2월 미국 상원 위원회 앞에서 증언할 때, 마이클 아이스너는 잡스가 만든 애플의 아이튠스 광고를 호되게 비난했다. "전면 광고나 옥외 광고판에 '리핑하고, 믹싱하고, 구워라'라고 써 놓은 컴퓨터 회사들이 있습니다. 그건 그 컴퓨터를 사면 도둑질로 CD를 만들어 친구들에게 나눠 줄 수 있다는 뜻이지요." 그는 이렇게 단언했다.

이는 그리 현명한 말이 아니었다. '리핑'의 의미를 잘못 이해해 CD의 파일들을 컴퓨터로 옮기는 일이 아니라 누군가에게 사기를 치거나 뭔가를 훔치는 일(즉 'rip off'의 의미)로 추정한 것이니까 말이다. 그보다 중요한 것은 그것이 잡스를 정말 화나게 했으며, 아이스너가 다분히 의도적으로 그런 말을 했다는 사실이었다. 이 역시 현명한 행동이 아니었다. 그 당시 픽사는 디즈니와의 계약에 따라 네 번째 영화 「몬스터 주식회사」를 제작한 상태였다.(이 영화는 결국 세계적으로 총 5억 2500만 달러의 수익을 올리며 픽사 사상 최대의 성공을 기록한다.) 디즈니가 픽사와 계약을 갱신해야 할 시점이 다가오고 있었다. 그런데 아이스너가 미국 상원에서 공개적으로 파트너의 눈을 찌름으로써 계약 갱신을 어렵게 만든 것이다. 도저히 믿을 수 없었던 잡스는 디즈니의 한 중역에게 전화해서 이렇게 말했다. "방금 마이클이 나한테 무슨 짓을 했는지 알아요?"

아이스너와 잡스는 배경이 완전히 다른 데다 두 사람의 출신 지역도 동부 연안과 서부 연안으로 정반대였다. 그러나 고집이 세고 양보하는 일이 드물다는 점에서는 서로 비슷했다. 둘 다 좋은 제품을 만들겠다는 열정을 가졌으며, 이는 세부 사항까지 완벽하게 통제하려 들고 거침없이 혹평을 쏟아 낸다는 의미이기도 했다. 아이스너가 디즈니 월드에서 와일드라이프 익스프레스를 타고, 몇 번이고 동물의 왕국을 왔다 갔다 하며 고객 경험을 개선할 현명한 방법들을 생각해 낸 것은 잡스가 아이팟 인터페이스를 갖고 놀며 그것을 좀 더 단순화하는 방법들을 찾아낸 것과 다르지 않았다. 그런가 하면 두 사람의 인적 자원 관리 방식은 서로 비슷하게 교훈적인 것과 거리가 멀었다.

둘 다 누군가에게 강요를 받기보다는 사람들을 밀어붙이는 데 더 능숙했고, 그러다 보니 서로를 괴롭히려 들기 시작하면서 불쾌한 분위기가 조성되었다. 의견 충돌이 일어나면 매번 상대가 거짓말을 한다고 단언하곤 했다. 게다가 아이스너나 잡스나 둘 다 서로에게서 무언가를 배울 수 있다고 생각하지도, 심지어 배울 게 있는 척함으로써 약간의 거짓 존경을 표할 수 있다고 생각하지도 않았다. 잡스는 아이스너에게 그 책임을 돌렸다.

내가 생각하기에 그중 최악은 디즈니가 실패를 거듭하는 동안 픽사는 연이어 훌륭한 작품들을 내놓으면서 디즈니의 사업을 성공적으로 쇄신해 주었다는 점이었지요. 디즈니 CEO라면 픽사는 어떻게 그럴 수 있을까 궁금해해야 마땅한 것 아닙니까? 하지만 20년간 관계를 지속하면서 그가 픽사를 방문한 시간은 다 합쳐 봐야 대략 두 시간 반 정도입니다. 그것도 축하 연설을 하러 온 거지요. 그는 절대 궁금해하지 않았어요. 놀라웠지요. 호기심이 얼마나 중요한 건데.

　　　　　　　　　　　　픽사의 친구들

그것은 과장이었다. 잡스가 동행하지 않은 경우까지 포함하면 아이스너가 픽사에 나타난 시간은 그보다 좀 더 많았다. 하지만 그가 픽사의 예술성이나 기술에 대해 거의 호기심을 보이지 않은 것은 사실이었다. 마찬가지로 잡스 역시 디즈니의 경영에서 교훈을 얻기 위해 그리 많은 시간을 쏟지 않았다.

잡스와 아이스너 사이의 공개 저격은 2002년 여름에 시작되었다. 잡스는 특히 한 기업을 몇 대에 걸쳐 존속시켰다는 점에서 오래전부터 위대한 월트 디즈니의 창의적인 정신을 높이 샀다. 그는 월트의 조카 로이를 이러한 역사적 유산과 영혼의 화신으로 보았다. 로이는 자기 나름대로 아이스너와 불협화음을 일으키는 가운데 여전히 디즈니 이사회에 남아 있었고, 잡스는 아이스너가 CEO로 있는 한 픽사와 디즈니 간 계약을 갱신하지 않겠다고 그에게 알렸다.

로이 디즈니는 그와 가까운 이사 스탠리 골드와 함께 다른 이사들에게 픽사 문제에 관해 경고하기 시작했다. 이에 자극을 받은 아이스너는 2002년 8월 말 이사회에 다소 억지스러운 내용의 이메일을 보냈다. 픽사는 반드시 계약을 갱신하려 할 것이다. 부분적으로는 디즈니가 지금까지 제작된 픽사 영화들과 그 캐릭터들에 대해 권리를 갖고 있기 때문이다. 게다가 픽사가 「니모를 찾아서」를 완성하고 나면 디즈니는 1년 후 협상에서 좀 더 유리한 입장에 서게 될 것이다. 그는 이렇게 주장하며 다음과 같이 덧붙였다. "어제 우리는 내년 5월에 개봉하는 픽사의 새 영화 「니모를 찾아서」를 두 번째로 보았습니다. 이것은 그들에게 일종의 현실 인식을 안겨 줄 겁니다. 나쁘진 않지만 결코 전작들의 수준을 따라가지 못할 영화입니다. 물론 그들은 이 작품이 아주 훌륭하다고 생각하고 있지요." 이 이메일에는 두 가지 주요한 문제가 따랐다. 첫째는 그것이 《로스앤젤레스 타임스》에 유출되어 잡스를 몹시 화나게 했다는 점이고, 둘째는 그 내용이 완전히 틀렸다는 점이다.

「니모를 찾아서」는 픽사의 (그리고 디즈니의) 역대 최고 히트작이 되었다. 이는 그때까지 애니메이션 영화 사상 최고의 성공작으로 꼽히던 「라이온 킹」도 쉽게 물리쳤다. 미국 내 수익은 3억 4000만 달러, 세계적으로는 8억 6800만 달러의 수익을 기록했다. 또한 2010년까지 DVD 판매량이 4000만 장에 달하면서 역사상 가장 인기 있는 DVD가 되었고, 디즈니 테마파크에서 가장 인기 있는 놀이 기구 몇 개를 탄생시키기도 했다. 게다가 풍부한 질감 표현과 섬세함, 깊은 아름다움이 돋보이는 예술 작품으로서 아카데미 애니메이션 상을 받기도 했다. "내가 그 영화를 좋아하는 이유는 위험을 감수하는 법, 그리고 사랑하는 이들이 위험을 감수하도록 놔두는 법을 터득하는 것이 주제이기 때문입니다." 잡스의 말이다. 이 영화의 성공으로 픽사는 현금 보유량에 1억 8300만 달러가 추가되어 디즈니와의 최종 대결을 위한 전쟁 자금을 무려 5억 2100만 달러나 보유하게 되었다.

「니모를 찾아서」가 끝나고 나자 잡스는 아이스너에게 너무 일방적이라 거절당할 게 분명한 제안을 했다. 기존 계약대로 수익을 50 대 50으로 나누는 대신 픽사가 제작한 영화들과 그 캐릭터들에 대해 픽사가 전권을 보유하고 디즈니에게는 영화 배급 수수료로 7.5퍼센트만 지불한다는 조건이었다. 게다가 기존 계약에 속한 마지막 영화 두 편(「인크레더블」과 「카」를 제작하고 있었다.)에 대해서도 이 새로운 배급 계약을 적용해야 한다고 했다.

그러나 아이스너는 한 가지 강력한 으뜸패를 갖고 있었다. 픽사가 계약을 갱신하지 않는다고 해도 디즈니는 「토이 스토리」 및 픽사가 제작한 여타 영화들의 속편을 제작할 권리를 보유했고, 우디에서부터 니모에 이르기까지 모든 캐릭터들에 대해서도 (미키 마우스나 도널드 덕의 경우와 똑같은) 소유권을 갖고 있었다. 아이스너는 이미 픽사가 제작을 거부한 「토이 스토리 3」을 디즈니 애니메이션 스튜디오에서 제작하는 계획을 진행 중이었다.(혹은 그러겠다고 위협하고 있었다.) "디즈니 스튜디오가 내놓은 「신데렐라 2」를 보면 「토이 스토리 3」이 어떻게 될지 생각만 해도 몸서리쳐지지 않을 수 없었지요." 잡스는 말했다.

아이스너는 2003년 11월 로이 디즈니를 이사회에서 쫓아내는 데 성공하지만 그것으로 혼란이 가라앉지는 않았다. 로이 디즈니가 통렬한 공개장을 발표한 것이다. 그는 이렇게 썼다. "이 회사는 초점과 창의적 에너지 그리고 유산을 잃었습니다." 그는 아이스너가 실패한 점들을 길게 열거했는데, 그중 한 예로 든 것이 픽사와 건설적인 관계를 맺지 못한 것이었다. 이 무렵 잡스는 더 이상 아이스너와 일하고 싶지 않다고 결정한 상태였다. 그리하여 2004년 1월에 그는 디즈니와의 협상을 그만두겠다고 선언했다.

잡스는 대개의 경우 팰러앨토의 자택 식탁에서 친구들과 둘러앉아 주고받은 강력한 의견들을 그대로 외부에 공개하지는 않는, 그 정도의 자제력은 있었다. 그러나 이번에는 자제하지 않았다. 그는 기자들과의 화상회의에서 픽사가 히트작들을 제작하는 동안 디즈니 애니메이션은 "창피한 불발

탄들"을 만들고 있었다고 말했다. 그는 디즈니가 픽사 영화들에 창의적인 기여를 한다는 아이스너의 생각을 비웃었다. "사실, 수년 동안 디즈니와는 창의적인 협력을 거의 하지 않았습니다. 우리 영화들과 최근 디즈니 영화 세 편의 창의성을 비교해 보면 두 회사의 창의적 능력을 직접 판단할 수 있을 겁니다." 잡스는 보다 창의적인 팀을 구축했을 뿐 아니라 이제는 디즈니만큼이나 영화 팬들을 끌어들이는 강력한 브랜드를 구축해 놓았다. 놀라운 위업이 아닐 수 없었다. "우리는 이제는 픽사가 애니메이션에서 가장 강력하고 신뢰성 높은 브랜드라고 생각합니다." 잡스가 사전에 귀띔해 주려고 전화했을 때 로이는 이렇게 화답했다. "사악한 마녀가 죽으면 우린 다시 뭉칠 수 있을 겁니다."

존 래시터는 디즈니와의 결별 가능성에 경악했다. 그는 회상한다. "내 자식들이 걱정됐습니다. 그들이 우리가 만든 캐릭터들을 어떻게 망쳐 놓을지 걱정된 겁니다. 그건 내 심장에 비수를 꽂는 것과 같았으니까요." 그는 픽사 회의실에서 고위 임원들에게 소식을 전하면서 울음을 터뜨렸고 스튜디오 안뜰에 800여 명의 픽사 직원들을 모아 놓고 연설을 하면서 또 한 번 눈물을 흘렸다. "소중한 자녀들에 대한 양육권을 포기하고 어린이 성추행 전과범에게 입양시키는 것 같군요." 그다음으로 잡스가 안뜰 무대에 올라 상황을 진정시키려고 노력했다. 그는 디즈니와 결별해야 하는 이유를 설명하고 픽사는 독립적인 조직으로서 계속 성공을 구가하리라 기대할 수 있다고 단언했다. 오랫동안 픽사 스튜디오의 기술 감독으로 일한 오렌 제이콥은 이렇게 말했다. "그는 상대를 믿게 하는 확실한 능력을 갖고 있습니다. 그 순간 우리 모두 무슨 일이 있어도 픽사가 번영할 거라는 확신이 들었지요."

결국 디즈니의 COO 밥 아이거가 개입해 상황을 수습할 수밖에 없었다. 그는 변덕스러운 주위 사람들에 비해 매우 분별력 있고 옹골진 사람이었다. 텔레비전 방면에서 경력을 쌓은 그는 ABC 방송국의 사장 자리에 올랐다가 그 방송국이 1996년 디즈니에 인수되는 바람에 디즈니의 COO가 된 것이다. 기업 임원으로 명성을 떨친 만큼 발 빠른 경영에 뛰어났고 재능에 대한 예리한 판단력과 기분 좋게 사람들을 이해하는 능력, 입을 다물고 있어도 전혀 문제되지 않을 만큼 조용한 성향을 갖고 있었다. 아이스너나 잡스와는 다른, 잘 단련된 차분한 성격은 자아가 강한 사람들과 협상하는 데 도움이 되었다. 훗날 아이거는 이렇게 회상했다. "스티브는 우리와 협상을 중단할 거라고 선언함으로써 어느 정도 유리한 입지를 구축한 셈입니다. 우리는 위기에 봉착했고, 나는 상황을 해결하기 위해 몇 가지 논지를 개발했습니다."

아이스너는 프랭크 웰스가 사장으로 재직하던 10년 동안 디즈니를 훌륭하게 이끌었다. 웰스는 경영 책무와 관련해 아이스너의 부담을 많이 덜어 주었고 덕분에 아이스너는 영화 프로젝트들과 테마파크 놀이 기구, 텔레비전 파일럿 등 수많은 제품 및 작품 들을 개선하는 방법에 관해 대개는 귀중한, 그리고 종종 눈부신 제안들을 내놓을 수 있었다. 그러나 웰스가 1994년 헬리콥터 추락 사고로 사망한 후 아이스너는 적절한 경영자를 찾지 못했다. 카첸버그가 웰스의 역할을 맡겠다고 했지만 아이스너는 그것을 이유로 그를 쫓아냈다. 1995년 마이클 오비츠가 사장이 되었지만 그리 어울리는 모습이 아니었다. 그는 2년도 안 되어 물러났다. 훗날 잡스는 이렇게 평가했다.

첫 10년 동안 아이스너는 CEO 역할을 정말 훌륭히 해 냈습니다. 이후 후반 10년은 정말 형편없었지요. 이런 변화가 찾아온 것은 프랭크 웰스가 죽었을 때입니다. 아이스너는 정말 창의성이 뛰어난 사람입니다. 정말 적절하고 훌륭한 조언을 하기도 하지요. 그래서 프랭크가 경영을 맡고 있을 때 아이스너는 뒤영벌처럼 이 프로젝트 저 프로젝트를 옮겨 다니며 그것들을 개선하려는 노력을 기울일 수 있었습니다. 하지만 막상 운영을 맡자 아이스너는 정말 끔찍한 경영자가 되었지요. 그의 밑에서 일하는 걸 아무도 좋아하지 않았습니다. 권한이 전혀 없는 것처럼 느껴졌거든요. 그는 게슈타포 같은 전략적 계획 수립 그룹을 갖고 있었습니다. 그들의 승인이 없으면 아무도 돈을 쓸 수 없었지요. 단 한 푼도 말입니다. 나는 그와 갈라섰지만 첫 10년간의 업적은 높이 사지 않을 수 없습니다. 그리고 그에게는 내가 정말로 좋아하는 부분도 있어요. 가끔은 함께 있는 게 재미있는 사람이지요. 영리하고 재치가 넘치니까요. 하지만 그에게는 안 좋은 면이 있습니다. 자존심이 너무 셉니다. 아이스너는 처음에는 합리적이고 공정해 보였지만 10년 넘게 그를 상대하다 보니 결국 안 좋은 면이 보이더군요.

2004년 아이스너의 가장 큰 문제는 자사의 애니메이션 부문이 얼마나 엉망인지 모른다는 점이었다. 최근의 두 영화 「보물섬」과 「브라더 베어」는 디즈니의 유산에 명예가 되지도, 대차대조표에 도움이 되지도 않았다. 히트 애니메이션은 디즈니의 생혈과 같은 것이었다. 그것은 테마파크의 놀이 기구들과 장난감들, 텔레비전 프로그램들을 탄생시키는 근원이었다. 「토이 스토리」는 속편 영화뿐 아니라 「디즈니 아이스 쇼」와 디즈니 유람선에서 펼쳐지는 「토이 스토리 뮤지컬」, 버즈 라이트이어를 주인공으로 한 비디오 영화, 컴퓨터 동화책 한 편, 비디오 게임 두 편, 2500만 점이 팔린 열두 가지 피규어, 의류 라인, 디즈니 테마파크의 놀이 기구 아홉 개를 낳았다. 「보물성」은 이러한 성과를 올리지 못했다.

훗날 아이거는 이렇게 설명했다. "마이클은 애니메이션 부문과 관련해 디즈니의 문제가 얼마나 심각한지 몰랐습니다. 픽사를 다루는 방식에서 확연하게 드러났죠. 그는 자신에게 픽사가 얼마나 필요한 존재인지 체감하지 못했습니다." 게다가 아이스너는 협상하길 좋아하고 양보하길 싫어했는데, 비슷한 성향을 가진 잡스를 상대할 때는 이것이 늘 좋은 조합이라 할 수 없었다. 아이거는 말한다. "모든 협상은 양보에 의해 이뤄져야 하는데, 둘 다 양보를 잘 하는 사람이 아니었지요."

이러한 난국은 2005년 3월의 어느 토요일 밤 아이거가 전 상원 의원 조지 미첼과 디즈니의 다른 이사회 임원들로부터 전화를 받으면서 끝이 났다. 그들은 아이거에게 몇 달 안에 그가 아이스너 대신 디즈니의 CEO 자리를 맡게 될 거라고 말했다. 다음 날 아침, 잠에서 깬 아이거는 자신의 딸들과 스티브 잡스, 존 래시터에게 차례대로 전화를 했다. 그는 아주 간단하고 분명하게 자신이 픽사를 높이 평가하며 거래를 하고 싶다고 말했다. 잡스는 신이 났다. 그는 아이거를 좋아했을 뿐 아니라, 두 사람이 약간의 연관성을 갖고 있다는 사실에 경탄하기도 했다. 잡스의 예전 여자 친구인 제니퍼 이건이 펜실베이니아 대학 시절 아이거의 아내 윌로 베이와 룸메이트였던 것이다.

그해 여름 아이거가 공식적으로 CEO 자리를 맡기 전, 그와 잡스는 시범적으로 계약을 맺는 기회를 가졌다. 애플은 음악뿐만 아니라 동영상까지 재생할 수 있는 아이팟을 출시할 예정이었다. 그러려면 텔레비전 프로그램을 구매해야 했는데, 늘 그랬듯이 잡스는 해당 제품이 무대에서 베일을 벗기 전까지는 비밀에 부치길 원했으므로 공개적으로 협상하고 싶지 않았다. 가장 성공적인 미국 드라마 두 편, 즉 「위기의 주부들」과 「로스트」가 둘 다 ABC 소유였고, ABC는 아이거가 디즈니에서 관리 및 감독을 하는 회사였다. 아이팟을 여러 대 가지고 있으며, 새벽 5시 운동할 때부터 밤늦게까지 그것을 사용하는 아이거는 이미 아이팟에 ABC의 텔레비전 프로그램들을 활용하는 방안에 대해 궁리하고 있었다. 그래서 그는 곧바로 ABC의 최고 인기 프로그램들을 끼워 넣자고 제안했다. 아이거는 말했다. "일주일 후에 그 거래에 대해 협상에 들어갔는데 꽤 복잡했습니다. 하지만 스티브가 나의 방식을 본다는 점, 그리고 디즈니가 사실상 스티브와 협력할 수 있음을 모두에게 보여 준다는 점에서 중요한 거래였지요."

잡스는 비디오 아이팟을 발표하기 위해 새너제이의 극장 하나를 빌렸고 아이거를 초대해 깜짝 손님으로 무대에 올라와 달라고 했다. 아이거는 회상한다. "잡스의 발표회에 가 본 적이 없어서 그게 얼마나 대단한 건지 전혀 몰랐습니다. 우리 관계에 있어 정말 커다란 발전이었죠. 그는 내가 기술을 옹호하는 입장이며 기꺼이 위험을 감수할 의향이 있다는 것을 알게 되었습니다." 잡스는 신제품 아이팟의 모든 기능과 그것이 "지금까지 우리가 이룩한 최고의 성과물 중 하나"라는 점 그리고 아이튠스 스토어에서 이제 뮤직비디오와 단편 영화 들을 판매한다는 점을 강조하며 늘 그랬듯이 멋지게 시연해 보였다. 그리고 평소 습관대로 마지막에 "한 가지가 더" 있다고 했다. 바로 이 아이팟으로 텔레비전 프로그램까지 볼 수 있다는 것이었다. 엄청난 박수갈채가 쏟아졌다. 그는 ABC의 최고 인기 프로그램 두 개를 언급했다. "ABC 소유주가 누굽니까? 디즈니죠! 저는 그들을 잘 압니다." 그가 의기양양하게 말했다.

아이거는 잡스만큼이나 여유롭고 편안한 얼굴로 무대에 올랐다. 그가 말했다. "스티브와 저를 정말 신나게 만드는 것 한 가지는 훌륭한 콘텐츠와 훌륭한 기술의 교차입니다. 이 자리에서 애플과 디즈니의 관계 확장에 대해 발표할 수 있어서 대단히 기쁘군요." 그런 다음 적당히 뜸을 들였다가 다시 말했다. "픽사가 아니라 애플과 말입니다."

그러나 두 사람의 따뜻한 포옹을 통해 픽사와 디즈니의 계약도 갱신될 수 있다는 사실이 분명해졌다. 아이거는 회상한다. "그건 저의 운영 방식을 암시하는 것이었지요. 전쟁이 아닌 사랑을 통한 방식. 우리는 로이 디즈니, 컴캐스트, 애플, 픽사와 전쟁을 치르고 있었습니다. 저는 그 모든 걸 바꾸고 싶었지요. 특히 픽사와의 관계가 그랬습니다."

아이거는 아이스너가 마지막으로 CEO의 역할을 하도록 그를 수행해서 홍콩에 디즈니랜드를 개장하고 돌아온 터였다. 개장 축하 의식 가운데는 디즈니가 늘 시행하던 메인 스트리트 퍼레이드가 포함되어 있었다. 아이거는 그 퍼레이드를 보며 지난 10년 동안 만들어진 캐릭터가 전부 픽사의 것이라는 사실을 깨달았다. 그는 회상한다. "전구가 번쩍 들어왔어요. 옆에 마이클이 있었지만 입 밖에 내진 않았습니다. 그의 후반 10년 동안의 애니메이션 지휘 능력을 비난하는 셈이 될 테니까요. 전반 10년 동안에는 「라이온 킹」과 「미녀와 야수」, 「알라딘」을 내놓았지만 그 후 10년 동안은 아무런 성과가 없었습니다."

아이거는 버뱅크로 돌아가 재무 분석을 지시했다. 그리하여 그들이 지난 10년 동안 부수적인 제품에 도움이 되는 것을 거의 생산하지 못했을 뿐 아니라 실제로 애니메이션 자체와 관련해서도 손해를 보았다는 것을 깨달았다. CEO 취임후 첫 회의에서 이러한 분석 자료를 이사회에 보여 주자 그들은 그동안 이에 대해 전혀 들은 바가 없다는 사실에 분노를 표출했다. 그는 이사회에 말했다. "애니메이션이 사라지면 우리 회사도 사라집니다. 히트 애니메이션 한 편은 커다란 파도가 되고 그에 따른 잔물결이 우리 사업의 각 부분으로, 즉 퍼레이드 캐릭터에서부터 음악과 테마파크, 비디오 게임, 텔레비전, 인터넷, 소비재에 이르기까지 모든 부분으로 흘러갑니다. 파도를 일으키는 게 없으면 우리 회사는 성공할 수 없습니다." 그는 몇 가지 안을 제시했다. 기존의 애니메이션 경영진을 그대로 유지하는 것은 효과가 없을 거라고 말했다. 그들을 교체한다는 대안이 있지만 누가 적임자가 될지 모르겠다고 했다. 그의 마지막 안은 픽사를 인수하는 것이었다. "문제는 픽사를 인수하는 것이 가능한지 여부조차 모른다는 겁니다. 만약 가능하다면 그 가격이 엄청날 겁니다." 그가 말했다. 이사회는 그에게 거래를 모색할 것을 승인했다.

아이거는 다소 독특한 방식을 택했다. 먼저 잡스와 대화를

픽사의 친구들

나누며 홍콩에서 문득 깨달은 사실과 그로 인해 디즈니에는 픽사가 절실하게 필요하다는 점을 알게 됐다는 사실을 솔직하게 털어놓았다. 잡스는 회상한다. "그래서 밥 아이거를 좋아하게 된 겁니다. 그는 그냥 솔직하게 그런 얘기를 털어놓았지요. 사실 그건 협상을 시작하기에는 정말 어리석은 방법 아닙니까? 적어도 전통적인 교범에 따르면 말입니다. 그는 테이블에 자신의 카드를 펼쳐 놓고 '우린 망했습니다.'라고 말한 셈입니다. 그 순간 그 사람이 좋아졌어요. 저와 일하는 방식이 똑같았거든요. 그냥 테이블에 패를 전부 펼쳐 놓고 '어떻게 되는지 봅시다.' 하는 식 말입니다."(사실, 잡스는 평소에 그런 방식을 사용하지 않았다. 그는 종종 상대방의 제품이나 서비스가 형편없다고 선언하는 것으로 협상을 시작했다.)

잡스와 아이거는 여러 번 같이 산책을 했다. 애플 본사를 걷기도 하고 팰러앨토를 걷기도 했으며 선밸리에 있는 앨런 앤드 컴퍼니 소유의 휴양지를 걷기도 했다. 처음에 그들은 새로운 배급 계약을 구상했다. 이전에 제작한 모든 영화와 캐릭터에 대해서는 픽사가 전권을 갖고 그 대가로 디즈니는 픽사의 지분을 보유하며 이후의 영화들에 대해서는 픽사가 디즈니에게 배급 수수료만 지불한다는 것이었다. 그러나 아이거는 그렇게 되면 픽사가 그저 디즈니의 커다란 경쟁자만 되는 게 아닐까 하는 걱정이 들었다. 그렇다면 디즈니가 픽사의 지분을 갖고 있다고 해도 상황이 좋지 않을 게 분명했다.

그래서 그는 잡스에게 그들이 실제로 더욱 커다란 무언가를 해야 한다는 암시를 주기 시작했다. "이 문제에 대해 제가 정말 새로운 각도에서 생각하고 있다는 걸 알아주셨으면 좋겠습니다." 그가 말했다. 잡스 역시 그러한 진전을 독려하는 듯한 태도를 취했다. "우리 둘 다 머지않아 그 논의가 인수합병 이야기로 이어질 수도 있다는 점을 분명히 알았지요." 잡스의 회상이다.

그러나 잡스는 먼저 존 래시터와 에드 캣멀의 찬성을 얻어야 했으므로 그들에게 자신의 집으로 와 달라고 했다. 그는 바로 본론으로 들어갔다. "우린 밥 아이거라는 사람을 잘 알아 둘 필요가 있어요." 그가 그들에게 말했다. "그와 운명을 같이하여 그가 디즈니를 바꾸도록 도와야 할 것 같아요. 그는 좋은 사람이거든요."

처음에 그들은 회의적이었다. 래시터는 회상한다. "잡스는 우리가 조금 충격을 받았다고 생각했을 겁니다." 잡스는 계속해서 말을 이었다. "두 사람이 원치 않는다면 난 괜찮아요. 하지만 아이거가 어떤 사람인지 알아본 다음에 결정을 내렸으면 좋겠습니다. 나도 두 사람과 같은 생각이었는데 이제 이 사람이 정말 좋아졌거든요." 그는 ABC 프로그램들을 아이팟에서 재생시키는 거래가 매우 수월하게 이뤄졌다고 설명하며 이렇게 덧붙였다. "아이스너가 지휘하던 디즈니와는 완전히 달라요. 아이거는 솔직한 사람입니다. 꾸미는 게 전혀 없지요." 래시터는 자신과 캣멀이 당시 입을 벌린 채 멍하니 앉아 있었다고 회상했다.

아이거는 작업에 착수했다. 그는 로스앤젤레스에서 비행기를 타고 래시터의 집을 찾아가 저녁 식사를 하고 그의 아내와 가족을 만났으며, 자정이 훌쩍 넘은 시간까지 이야기를 나눴다. 또한 캣멀을 데리고 식사를 하러 갔으며, 측근도, 잡스도 없이 혼자 픽사 스튜디오를 방문하기도 했다. "가서 중역들을 한 사람씩 전부 만나 봤지요. 그들은 제각기 저에게 그들의 영화에 대해 피칭했습니다." 그가 말했다. 래시터는 자신의 팀이 아이거를 크게 감동시켰다는 사실이 뿌듯했고 당연히 이것 때문에 아이거에게 마음을 열게 되었다. "픽사에서 그날처럼 자랑스러웠던 적이 없습니다. 모든 팀과 피칭들이 놀라웠습니다. 밥은 경탄했지요."

실제로 아이거는 이후 2~3년에 걸쳐 개봉할 영화들(「카」, 「라따뚜이」, 「월-E」)을 보고 돌아와서 디즈니의 CFO에게 말했다. "세상에, 그들은 엄청난 것들을 갖고 있어. 이 거래를 성사해야 돼. 그게 회사의 미래야." 그는 디즈니 애니메이션에서 만들고 있는 영화들은 믿지 않는다고 솔직하게 털어놓았다.

그들이 체결한 거래는 디즈니가 픽사를 주식으로 74억 달러에 인수하는 것이었다. 그러면 잡스는 디즈니의 주식을 대략 7퍼센트 보유하게 되며 디즈니의 최대 주주가 되는 것이었다. 아이스너의 1.7퍼센트, 로이 디즈니의 1퍼센트와 비교할 때 엄청난 지분이었다. 디즈니 애니메이션은 픽사 밑으로 들어가고 이렇게 합쳐진 기업은 래시터와 캣멀이 함께 운영을 맡을 예정이었다. 픽사는 그 자체로 독립성을 유지하고 그 스튜디오와 본사는 에머리빌에 계속 남으며 심지어는 이메일 도메인도 그대로 유지할 수 있었다.

어느 일요일 아침, 아이거는 잡스에게 래시터와 캣멀을 데리고 로스앤젤레스 센추리 시티에서 열리는 디즈니 이사회의 비밀회의에 참석해 달라고 청했다. 파격적이고 값비싼 거래를 이사진들이 좀 더 편안하게 받아들이도록 만들기 위한 의도였다. 주차장에서 올라갈 준비를 하면서 래시터가 잡스에게 말했다. "제가 너무 흥분하거나 너무 장황해지기 시작하면 제 다리를 건드려 주세요." 결국 잡스는 래시터의 다리를 한 번 건드려야 했지만, 그것을 제외하면 그는 완벽한 세일즈 피칭을 해냈다. "저는 우리의 영화가 만들어지는 방식과 우리의 철학, 서로를 솔직하게 대한다는 점, 창의성을 양성하는 방식에 대해 얘기했습니다." 래시터의 회상이다. 이사회는 많은 질문을 던졌고 잡스는 대부분의 질문을 래시터에게 넘겼다. 그러나 예술과 기술을 연결하는 것이 얼마나 신나는 일인지에 대해서는 자신이 직접 얘기했다. "애플에서 그렇듯이 그것은 우리 문화의 핵심입니다." 그가 말했다. 아이거는 이렇게 회상했다. "너무도 감동적이고 열정적인 그들의 모습에 모두 입을 다물지 못했지요."

그러나 디즈니 이사회가 합병을 승인할 준비를 하는 동안 마이클 아이스너가 그 거래를 무산시키려고 음지에서 고개를 들었다. 그는 아이거에게 전화해 너무 비싼 거래라고 했다. "애니메이션 부문은 당신이 직접 변화시킬 수 있어요." 아이스너가 그에게 말했다. 그러자 아이거가 물었다. "어떻게요?" 아이스너가 대꾸했다. "분명히 할 수 있다고요." 아이거는 짜증이 났다. "마이클, 당신도 변화시키지 못했는데 내가 어떻게 할 수 있다는 거요?" 그가 물었다.

아이스너는 (더 이상 이사회의 일원도 아니고 중역도 아니었지만) 자신도 이사회 회의에 참석해 합병에 반대하는 발언을 하고 싶다고 했다. 아이거는 거절했지만 아이스너는 대주주인 워런 버핏과 선임 이사인 조지 미첼에게 전화했다. 상원의원 출신인 조지 미첼은 아이스너에게 발언권을 주자고 아이거를 설득했다. 아이스너는 말한다. "저는 이사들에게 그들이 이미 픽사가 그때까지 제작한 영화들의 85퍼센트를 소유하고 있으니 픽사를 인수할 필요가 없다고 말했습니다."
그는 이미 제작된 영화들에 대해 디즈니가 수익의 85퍼센트
를 얻고 있으며 이와 더불어 모든 속편을 제작하고 캐릭터들
을 이용할 권리도 갖고 있다는 사실을 언급했다. "이건 디즈
니가 아직 소유하지 못한 픽사의 15퍼센트에 대한 거래일 뿐
이라고 프레젠테이션을 했습니다. 여러분이 그걸 갖기 위해,
단지 미래의 픽사 영화들에 대해서 엄청난 베팅을 하는 것이
라고 강조했지요." 아이스너는 픽사가 연이어 승리를 거둬 온
것은 사실이지만 그것이 계속될 수는 없다고 말했다. "역사
적으로 연이어 몇 차례 히트를 기록했다가 실패한 제작자들
과 감독들을 예로 들었습니다. 스필버그와 월트 디즈니 모두
그런 경우였지요." 그는 해당 거래가 가치가 있으려면 미래
의 픽사 영화가 편당 13억 달러 이상의 수익을 올려야 한다
고 계산했다. "내가 그렇게 현실을 보여 준 데 대해 스티브는
미치려 했지요."

그가 회의실을 나가자 아이거는 그의 주장을 조목조목 반
박하기 시작했다. "저 프레젠테이션에서 무엇이 틀렸는지 말
씀드리지요." 그는 이렇게 운을 뗐다. 두 사람의 말을 모두
들은 이사회는 아이거가 제안한 거래를 승인했다.

아이거는 비행기를 타고 에머리빌로 가서 잡스를 만나 그
와 공동으로 픽사 사람들에게 해당 계약을 발표했다. 그러나
그전에 잡스는 래시터와 캣멀 두 사람하고만 조용히 얘기를
나눴다. 그가 말했다. "둘 중 한 사람이라도 회의적이라면 저
들에게 고맙지만 이 거래는 없던 걸로 하자고 말하지요." 정
말 진심은 아니었다. 그 시점에서는 그렇게 하는 게 거의 불
가능했으니까 말이다. 그렇다고는 해도 고마운 제스처가 아

닐 수 없었다. "저는 좋습니다." 래시터가 말했다. "하죠." 캣멀도 동의했다. 그들은 다 함께 부둥켜안았고 잡스는 눈물을 흘렸다.

이윽고 모두가 안뜰에 모였다. "디즈니가 픽사를 인수하기로 했습니다." 잡스가 선언했다. 몇 명이 눈물을 흘렸지만 잡스가 거래 조건을 설명하자 직원들은 어떤 면에서는 그것이 역인수라는 사실을 깨달았다. 캣멀은 디즈니 애니메이션의 책임자가 되고 래시터는 최고 크리에이티브 책임자(CCO)가 될 예정이었다. 마침내 직원들은 환호하기 시작했다. 잡스는 한쪽 옆에 서 있던 아이거를 무대 중앙으로 불렀다. 그가 픽사의 특별한 문화를 언급하며 디즈니가 그런 것을 배양할 필요뿐 아니라 거기서 교훈을 배울 필요도 있다고 말하자 사람들은 박수갈채를 보냈다.

훗날 잡스는 말했다. "나의 목표에는 언제나 위대한 제품을 만드는 것뿐 아니라 위대한 회사를 세우는 것까지 포함되어 있었습니다. 월트 디즈니는 그것을 해냈지요. 그리고 그때 우리가 그 합병에 응함으로써 우리는 픽사를 위대한 회사로 유지하는 동시에 디즈니 역시 위대한 회사로 남도록 도왔습니다."

애플을 차별화하는 것

아이북을 든 스티브 잡스   1999

조개, 아이스 큐브, 해바라기

1998년 아이맥을 소개한 후부터 잡스와 조니 아이브는 재미있는 디자인을 애플 컴퓨터의 특징으로 삼았다. 귤색 조개 모양의 일반 랩톱 컴퓨터가 있었고 완벽한 아이스 큐브를 연상시키는 전문가용 데스크톱 컴퓨터도 있었다. 이 가운데는 옷장 깊숙한 곳에서 우연히 발견하는 나팔바지처럼 당시에는 멋져 보였지만 지금은 촌스러워 보이는 것들도 있는데, 이러한 것들은 때로 다소 지나쳤던 디자인에 대한 애정을 보여 준다. 그러나 그것들이 바로 애플 차별화의 주역이었고, 윈도 세계에서 살아남는 데 필요한 대중의 관심을 유발한 기폭제였다.

2000년에 출시된 파워 맥 G4 큐브는 디자인이 워낙 매혹적이라 심지어 뉴욕 현대미술관 전시품에 선정될 정도였다. 완벽한 8인치(약 20센티미터) 입방의 크리넥스 상자만 한 이 컴퓨터는 잡스의 미의식이 온전하게 표출된 작품이었다. 그 세련미의 바탕은 미니멀리즘이었다. 표면에 버튼이 하나도 없었다. CD 트레이 없이 가느다란 슬롯 하나만 있었다. 그리고 원조 매킨토시와 마찬가지로 팬이 없었다. 순수한 선(禪)의 추구였다. 그는 《뉴스위크》에 이렇게 말했다. "사려 깊은 외관을 가진 무언가를 보면 우린 이렇게 말하지요. '와, 틀림없이 내부도 정말 사려 깊을 거야.' 우린 많은 것을 생략함으로써, 불필요한 것들을 제거함으로써 진보합니다."

G4 큐브는 과시적이라 할 만큼 과시가 없고 강력했다. 그러나 성공하지 못했다. 그것은 최첨단 데스크톱으로 설계되었지만 잡스는 다른 제품에 대해서도 늘 그랬듯 이 제품 역

시 소비자들에게 대량 판매될 수 있는 것으로 만들고 싶었다. 결국 G4 큐브는 어느 시장에서도 인기를 얻지 못했다. 전문가들은 보석 같은 조각물을 책상에 놓으려 들지 않았고 대중 시장 소비자들은 평범한 데스크톱의 두 배에 달하는 가격을 지불할 생각이 없었다.

잡스는 큐브가 분기당 20만 대씩 판매될 거라고 예상했다. 그러나 첫 분기의 판매량은 그 절반에 그쳤다. 다음 분기에는 3만 대에도 미치지 못했다. 훗날 그는 넥스트 컴퓨터와 마찬가지로 큐브 역시 디자인과 가격이 과했다는 점을 시인했다. 그러나 점점 그는 그 나름대로 교훈을 배워 가고 있었다. 이러한 과정을 거침으로써 훗날 아이팟 같은 기기를 만들 때 비용을 통제하고 적절한 예산으로 적절한 시기에 출시하는 데 필요한 트레이드오프를 하게 되는 것이다.

부분적으로는 큐브의 매출 부진에 기인해 2000년 9월 애플의 수익은 실망스러운 수준이었다. 기술 거품이 빠지고 애플의 교육 시장점유율이 하락하던 시기였다. 60달러를 웃돌던 애플의 주가는 하루 만에 50퍼센트 하락했고, 12월 초에 이르자 15달러 아래로 떨어졌다.

그럼에도 잡스는 계속해서 특이한 디자인, 심지어는 즐거움을 주는 디자인을 요구했다. 평면 스크린이 상용화되자 그는 이제 「우주 가족 젯슨」에나 나올 법한 반투명 소비자 데스크톱 컴퓨터, 즉 아이맥을 교체해야 한다는 결론을 내렸다. 아이브는 컴퓨터 본체가 평면 스크린 뒷면에 장착되는 다소 인습적인 모델을 구상했다. 잡스는 그것이 마음에 들지 않았다. 픽사에서나 애플에서나 종종 그랬듯 그는 다시 생각해 보자며 제동을 걸었다. 순수성이 결여된 디자인은 안 된다는 얘기였다. 그는 아이브에게 물었다. "모든 걸 뒷면에 갖다 붙이려면 뭐 하러 평면 스크린을 만드나? 각각의 요소가 제각기 그 본분을 발휘하게 해야지."

잡스는 그날 일찍 집에 돌아가 그 문제를 곰곰이 생각한 다음 아이브에게 전화해서 집으로 오라고 했다. 그들은 잡스의 아내가 해바라기를 풍성하게 심어 놓은 정원으로 들어갔다. 그녀는 회상한다. "저는 매년 정원을 새롭게 꾸미는데, 그해에는 해바라기를 잔뜩 심어 놓았어요. 아이들을 위해서 해바라기 집까지 만들어 놓았고요. 조니와 스티브는 디자인 문제에 대해 계속 고민하고 있었죠. 그때 조니가 물었어요. '해바라기처럼 스크린을 토대에서 분리하면 어떨까요?' 그러고는 신이 나서 스케치를 하기 시작했어요." 아이브는 그 디자인이 이야기를 암시한다는 점이 마음에 들었고 해바라기 모양을 택할 경우 평면 스크린이 태양을 향할 수 있을 정도로 유동성과 반응성이 높아진다는 점을 깨달았다.

아이브의 새 디자인에서 맥의 스크린은 가동성 크롬 연결부에 붙어 해바라기처럼 보일 뿐 아니라 건방진 럭소 램프처럼 보이기도 했다. 실제로 그것은 존 래시터가 픽사에서 만든 첫 단편 영화의 캐릭터 럭소 주니어의 유쾌한 성격을 환기시켰다. 애플은 이 디자인에 대해 많은 특허를 취득했으며, 대부분은 아이브에게 공로를 돌렸지만 그중 하나('평면 스크린에 가동성 부품을 부착한 컴퓨터 시스템')에 대해서는 자신을 주발명가로 올렸다.

애플의 매킨토시 디자인 가운데 일부는 나중에 돌아보면 지나치게 귀여워 보일 수도 있다. 그러나 다른 컴퓨터 제조사들은 정반대편에 서 있었다. 컴퓨터는 혁신이 기대되는 산업인데도 저렴하게 디자인된 따분한 상자 모양이 업계를 지배하고 있었던 것이다. 델과 컴팩, HP 같은 회사들은 파란색을 칠하고 새로운 모양을 시험하는 등 두세 차례 시시한 시도를 했지만 결국 외주 제작과 가격 경쟁으로 컴퓨터를 일상적이고 흔한 상품으로 만들어 버렸다. 아이튠스와 아이무비 같은 획기적인 프로그램과 대담한 디자인을 시도한 애플은 거의 유일하게 혁신을 꾀하는 곳이었다.

인텔 인사이드 애플

애플의 혁신은 단순히 외관에만 그치지 않았다. 1994년부터 애플은 IBM과 모토로라가 제휴하여 만든 파워PC라는 마이크로프로세서를 사용하고 있었다. 몇 년간 그것은 인텔 칩보다 속도가 빨랐으므로 애플은 익살스러운 광고들을 통해 이러한 이점을 자랑하곤 했다. 그러나 잡스가 복귀할 무렵 모토로라는 새로운 버전의 칩 개발에서 뒤처지고 있었고, 이로 인해 잡스와 모토로라 CEO 크리스 갤빈 사이에 싸움이 벌어졌다. 잡스는 1997년에 애플에 복귀한 직후 클론 제조업자들에게 매킨토시 운영체제의 라이선스를 제공하는 것을 중단키로 결정하면서 갤빈에게 모토로라가 새로운 랩톱용 파워PC 칩 개발을 서두르기만 한다면 모토로라 클론인 스타맥스 맥에 대해서만 호환성을 부여하는 예외 조치를 고려해 보겠다고 제안했던 터였다. 통화의 분위기가 뜨겁게 달아올랐다. 잡스는 모토로라 칩이 형편없다는 의견을 제시했다. 역시 성질이 불같았던 갤빈은 반격을 가했다. 잡스는 먼저 전화를 끊어 버렸다. 모토로라 스타맥스 계획은 취소되었고 잡스는 비밀리에 모토로라/IBM 파워PC 칩을 끊고 대신 인텔 칩을 채택하는 계획을 세우기 시작했다. 이는 간단한 일이 아니었다. 운영체제를 완전히 새로 쓰는 것과 같았으니까 말이다.

잡스는 이사회에 실질적인 권한을 조금도 양도하지 않았지만, 이사회 회의를 적극 활용하기는 했다. 자신은 화이트보드 옆에 서서 자유분방한 토론을 이끌면서 이사들로 하여금 거리낌 없이 아이디어들을 검토하고 전략들을 숙고해 보게 한 것이다. 이사회 임원들은 인텔 아키텍처로 전환할지 여부를 놓고 무려 18개월에 걸쳐 논의를 거듭했다. "논쟁을 벌이고 많은 질문을 던진 끝에 마침내 우리 모두 그것을 해야 한다고 결정했지요." 그중 한 명인 아트 레빈슨의 회상이다.

당시에는 인텔의 사장이었지만 후에 인텔의 CEO가 되는 폴 오텔리니가 잡스와 협의를 시작했다. 그들은 잡스가 넥스트를 살리려고 고군분투하던 시절에 (훗날 오텔리니의 표현에 따르면) "그의 거만함이 일시적으로 누그러졌을 때" 알게 된 사이였다. 사람들에 대해 차분하면서도 냉소적 관점을 갖고 있던 오텔리니는 2000년대 초반 애플에서 잡스를 다시 상대하면서 "그의 활력이 돌아오고 있으며 더 이상 예전처럼 겸허하지 않다"는 것을 깨닫고 싫어하기는커녕 오히려 기뻐했다. 인텔은 다른 컴퓨터 제조업자들과도 거래를 하고 있었는데, 잡스는 그보다 더 저렴하게 공급해 달라고 했다. "우리는 격차를 줄이는 창의적인 방법을 찾아야 했습니다." 오텔리니의 말이다. 협상은 대부분 잡스가 선호하는 오랜 산책을 하면서, 때로는 스탠퍼드 캠퍼스 위쪽에 있는 '더 디시'라는 전파망원

경까지 걸으면서 이뤄졌다. 잡스는 이야기를 들려주고 컴퓨터 진화의 역사에 대한 자신의 관점을 설명함으로써 산책을 시작했다. 그리고 마지막에는 숫자를 놓고 논쟁을 벌였다.

"인텔은 앤디 그로브와 크레이그 배럿이 경영을 맡은 시절부터 힘든 파트너라는 악명을 떨치고 있었습니다. 저는 인텔이 함께 일할 수 있는 회사라는 점을 보여 주고 싶었지요." 오텔리니의 말이다. 그리하여 인텔의 일류 팀이 애플과 협력하게 되었고 그들은 마감을 넘기는 일 없이 6개월이라는 전환 기간을 지킬 수 있었다. 잡스는 오텔리니를 애플의 '톱 100' 휴양 수련회에 초청했고 오텔리니는 토끼 의상처럼 보이는 유명한 인텔 실험 가운 하나를 입고 나와 잡스와 커다란 포옹을 나눴다. 평소 나서길 꺼려 하는 오텔리니였지만 2005년 공개 발표 석상에서도 다시 무대에 올라 잡스와 또 한 번 진한 포옹을 나누었다. 커다란 스크린에서는 "애플과 인텔, 마침내 함께하다."라는 문구가 번쩍거렸다.

빌 게이츠는 놀라서 입을 벌렸다. 말도 안 되는 색깔의 케이스 디자인은 그에게 별다른 감흥을 주지 않았다. 그러나 컴퓨터의 CPU를 교환하는 비밀 계획이 적절한 시기에 매끄럽게 완수된 것은 그가 진정으로 경탄하는 업적이었다. 훗날 잡스가 이룩한 그 일에 대해 내가 질문을 던졌을 때 그는 이렇게 말했다. "'자, 마이크로프로세서 칩을 바꿉시다. 단, 절대 박자를 놓쳐선 안 됩니다.' 이건 정말이지 불가능한 일처럼 들립니다. 그런데 무엇보다도 그들이 그것을 해낸 겁니다."

잡스와 연봉 1달러

잡스의 별난 점 가운데는 돈에 대한 태도도 포함된다. 1997년 애플로 돌아왔을 때 그는 연봉 1달러를 받고 일하는 사람으로, 자신을 위해서가 아니라 회사를 위해 그렇게 하는 사람으로 스스로를 묘사했다. 그럼에도 그는 이사회의 검토 및 성과 기준에서 일반적이고 적절한 보상 관행에 속한다고 할 수 없는 스톡옵션 일시 대량 제공(미리 정한 가격에 애플 주식을 살 수 있는 대량의 스톡옵션을 제공하는 것.— 옮긴이) 아이디어는 받아들였다.

'임시' 꼬리표를 떼고 정식 CEO가 된 후 그는 2000년 초에 에드 울러드와 이사회로부터 (전용기와 더불어) 스톡옵션 일시 대량 제공을 제의받았다. 그때 그는 스스로 구축한, 돈에 무관심한 사람의 이미지를 거부하고 이사회가 제안한 것보다 훨씬 더 많은 스톡옵션을 요구하여 울러드를 아연실색하게 했다. 그러나 잡스가 받고 얼마 지나지 않아 이 스톡옵션은 무의미한 것이 되었다. 2000년 9월 (큐브의 매출 부진과 인터넷 거품의 파열로 인해) 애플의 주가가 무너지면서 그의 스톡옵션이 무가치한 것이 되었기 때문이다.

상황을 더욱 악화시킨 것은 2001년 6월 과도한 보상을 받는 CEO들을 다룬 《포춘》의 표지 기사 「CEO의 거대 임금 착복 이야기」였다. 거만하게 미소를 짓고 있는 잡스의 얼굴이 표지를 채우고 있었다. 당시 그의 옵션은 언더워터(시세가 하락하여 스톡옵션의 매입 가격이 시가보다 높아진 상황.— 옮긴이)에 있었지만 그것을 받은 시점을 기준으로 가치를 매기는 전문 방식(블랙숄즈 모형에 의한 평가)에 따르면 그 값어치는 8억 7200만 달러였다.《포춘》은 그것이 '지금까지' 한 사람의 CEO가 받은 최대의 보상 패키지라고 선언했다. 세계를 통틀어 최악의 수준이라는 것이었다. 사실 잡스가 4년 동안 열심히 일한 덕에 애플은 흑자로 전환하는 데 성공했지만 그가 챙긴 돈은 거의 없었다. 그럼에도 하루아침에 탐욕스러운 CEO의 상징이 되어 위선자의 이미지로 자아상이 손상된 것이다. 그는 그의 옵션이 사실상 "가치가 제로."라고 밝히고《포춘》이 보도한 8억 7200만 달러의 반값에 팔 테니 사라고 제안하는 통렬한 편지를 편집자에게 써 보냈다.

한편 잡스는 기존의 스톡옵션이 가치가 없어 보이자 이사회가 또 한 번 대량의 스톡옵션을 부여하길 바랐다. 그는 이사회에게 (필경 자신에게도) 그것은 부자가 되기 위해서가 아니라 적절한 인정을 받기 위한 것이라고 주장했다. "그건 돈하고는 크게 상관이 없었지요." 나중에 해당 스톡옵션 관련 증권 거래 위원회(SEC) 소송에서 그는 이렇게 증언했다. "사람은 누구나 동료들에게 인정받고 싶어 합니다. (중략) 이사회가 진정으로 나와 뜻을 같이한다는 느낌이 들지 않았습니다." 스톡옵션이 손실 상태가 되자 그는 자신이 암시를 주지 않아도 이사회가 알아서 또 한 번 옵션을 제안해야 한다고 느꼈다. "나는 내가 일을 꽤 잘하고 있다고 생각했습니다. 스톡옵션을 새로 받으면 기분이 정말 좋을 것 같았지요."

사실 그가 엄선한 이사회는 그에게 맹목적이었다. 그리하여 2001년 8월 주가가 18달러를 조금 밑돌 때 그들은 또 한번 대량의 옵션을 부여하기로 결정했다. 문제는 그가 이미지를 걱정한다는 점이었다. 특히《포춘》기사가 나간 후로는 더욱 그랬다. 그래서 그는 새로운 옵션을 받는 동시에 이사회

21세기 맥

가 자신의 예전 옵션을 취소해 주길 바랐다. 하지만 그렇게 하는 것은 회계에 부정적인 영향을 끼칠 우려가 있었다. 사실상 예전 옵션의 가격을 다시 책정하는 것과 같았기 때문이다. 그러려면 현재의 수익에 대해 차변(부채란) 기입을 해야 했다. 이러한 '가변적 회계' 문제를 피하는 유일한 방법은 새 옵션을 받고 적어도 6개월 후에 예전 옵션을 취소하는 것이었다. 게다가 잡스는 새 옵션을 부여하는 시점을 놓고 이사회와 실랑이를 벌이기 시작했다.

2001년 12월 중순이 되어서야 잡스는 마침내 새로이 스톡옵션을 받는데 동의했고, 주위의 시선에 용감히 맞서며 6개월 동안 예전 옵션이 취소되길 기다렸다. 그러나 그 무렵 주가는 (주식 분할에 따른 변동을 감안할 때) 3달러가 올라 약 21달러에 이르렀다. 권리 행사 가격이 이 새로운 주가로 책정되면 주당 3달러씩 손해를 보는 셈이었다. 따라서 애플의 법률고문 낸시 하이넨은 최근의 주가를 검토해 보고 주가가 18.30달러였던 10월의 어느 날을 옵션 부여 날짜로 정하도록 도왔다. 그녀는 또한 이사회가 해당 날짜에 옵션 제공을 승인했음을 입증하기 위한 일련의 의사록을 승인했다. 이러한 백데이팅(옵션과 관련해 주가가 낮은 시점으로 일자를 소급 적용해 부당 이익을 취하는 것.—옮긴이)이 잡스에게 안겨 주는 잠재적 가치는 2000만 달러였다.

그러나 또 한 번 잡스는 결국 돈 한 푼 만져 보지도 못하고 좋지 않은 평판으로 고생한다. 애플의 주가는 계속 하락했고 2003년 3월이 되자 심지어 새로 받은 옵션도 큰 폭으로 언더워터에 빠져 잡스는 옵션 일체를 7500만 달러 상당의 주식 무조건 증여로 전환했다. 이렇게 되면 잡스는 1997년 복귀한 이후부터 2006년 부여 종료 시점까지 매년 약 830만 달러의 연봉을 받는 셈이 되는 것이었다.

《월스트리트 저널》이 2006년에 스톡옵션 백데이팅에 대해 강력한 연타를 날리지 않았더라면 이런 것들이 전혀 문제가 되지 않았을지도 모른다. 기사에 애플이란 이름이 언급되지는 않았지만, 애플 이사회는 앨 고어와 구글의 에릭 슈미트, IBM 및 크라이슬러 전 CFO 제리 요크 세 사람으로 위원회를 구성해서 자사의 관행을 조사하는 임무를 맡겼다. "애초부터 우리는 스티브에게서 잘못이 발견되면 그대로 밝히겠다는 결의를 맺고 출발했습니다." 고어의 회상이다. 이 위원회는 잡스 및 여타 고위 임원들의 보상과 관련해 몇 가지 부정행위를 발견하고 그것을 즉각 SEC에 회부했다. 보고에 따르면 잡스는 백데이팅에 대해 알고 있었지만 결국 금전적으로 이익을 보진 못했다.(디즈니 이사회가 편성한 위원회도 잡스가 픽사를 맡았을 때 이와 유사한 백데이팅이 있었음을 발견했다.)

이러한 백데이팅 관행의 경우, 특히 애플에서 이 수상쩍은 날짜 소급 보상으로 이익을 본 사람이 아무도 없다는 점에서 관련 법을 적용하기가 매우 애매했다. SEC는 8개월에 걸쳐 자체 조사를 수행했고 2007년 4월 "부분적으로는 자체 위원회의 조사를 통한 신속하고 광범위하며 이례적인 협조와 그 즉각적인 자진 신고를 감안하여" 애플을 고발하지 않겠다고 선언했다. SEC는 잡스가 백데이팅에 대해 알고 있었다는 사실이 발각되었음에도 그가 "그것의 회계상 함의는 몰랐"다는 이유로 그의 직권남용을 사면해 주었다.

SEC는 그 대신 이사회 임원이었던 애플 전 CFO 프레드 앤더슨과 법률고문 낸시 하이넨을 상대로 소송을 제기했다.

공군 대위 출신으로 매우 청렴한 성품에 사각 턱을 가진 앤더슨은 애플에 현명하고 차분한 영향력을 미쳐 온 사람이었다. 애플에서 그는 잡스의 분노를 잠재우는 능력으로 유명했다. 그는 그저 한 가지 일련의 보상(잡스의 보상은 아니다.) 관련 서류에 대해 '부주의'했다는 이유로 SEC의 소환을 받았으므로 SEC로부터 기업 이사회에 계속 남아도 좋다는 허락을 받았다. 그럼에도 그는 결국 애플 이사회를 사임했다. 고어의 위원회가 조사 결과를 놓고 논의할 때 잡스와 그는 둘다 이사회 회의에서 빠져야 했고, 할 수 없이 잡스의 사무실에 단둘이 앉아 있었다. 그때를 마지막으로 두 사람은 두 번다시 만나지 않았다.

앤더슨은 자신이 희생양이 되었다고 생각했다. 그가 SEC와의 문제를 해결하고 나자 그의 변호사는 비난의 일부를 잡스에게 돌리는 성명서를 발표했다. 거기에는 앤더슨이 "잡스 씨에게 경영진의 옵션은 실제 이사회 합의 날짜를 기준으로 가격이 책정되어야지, 그렇지 않으면 회계 비리가 될 수 있다고 주의를 주었으며" 잡스는 이에 대해 "이사회가 사전 승인을 했다."라고 대답했다고 적혀 있었다.

하이넨은 처음에는 자신의 혐의를 부정했지만 결국 인정하고 벌금을 냈다. 마찬가지로 회사도 1400만 달러의 손해배상에 동의함으로써 주주들의 소송을 해결했다.

어떤 면에서 보상 문제는 잡스의 주차 기벽과도 일맥상통했다. 그는 'CEO 전용' 자리를 갖는 등의 과시적 요소는 거부했지만 그 대신 자신이 장애인 주차 구역에 차를 댈 권리가 있다고 생각했다. 그는 (자신에게나 타인에게나) 기꺼이 연봉 1달러를 받고 일하는 사람으로 비춰지길 원했지만 한편으로는 대량의 스톡옵션을 받고 싶어 했다. 한마디로 비즈니스 기업가로 변모한 반문화적 반항아의 모순, 돈에 연연하지 않고 열정을 불태운 것으로 믿고 싶은 자칭 선각자의 모순을 내뿜고 있었던 것이다.

다이애너 워커가 담은
스티브 잡스의 모습들

사진작가 다이애너 워커는 특별히 허락을 받아 지난 30년 동안
친구 스티브 잡스의 사진을 찍었다.
다음은 그녀의 포트폴리오에서 발췌한 사진들이다.

1982년 쿠퍼티노에 위치한
집에서 가부좌를 틀고 앉은 잡스.
그는 지나치게 완벽을 추구한
나머지 집에 가구를 들여놓는 데
어려움을 겪었다.

부엌에서 활짝 웃고 있는 잡스. "인도에서 7개월을 보내고 돌아온 후 나는 서구 사회의 광기와 이성적 사고가 지닌 한계를 목격했습니다."

1982년 스탠퍼드
대학교에서 특강 중인 잡스.
"여러분 중에 섹스 경험이
없는 학생이 얼마나 되지요?
LSD를 해 본 학생은요?"

첫째 딸의 이름을 딴 컴퓨터 리사를 앞에 두고 앉은
잡스. "피카소는 '좋은 예술가는 모방하고 위대한
예술가는 훔친다.'라고 말했습니다. 우리는 훌륭한
아이디어를 훔치는 것을 부끄러워한 적이 없습니다."

1982년 애플 사무실에서 의자에 기대
앉아 있는 잡스. 시장조사를 하길
원하느냐고 묻자 그는 답했다. "아니요.
고객들은 우리가 직접 보여 주기
전까지는 자신들이 무엇을 원하는지
모르기 때문입니다."

1984년 존 스컬리와 함께
센트럴파크 공원 벤치에 앉아
있는 잡스. "설탕물이나 팔면서
남은 인생을 보내고 싶습니까?
아니면 세상을 바꿀 기회를
붙잡고 싶습니까?"

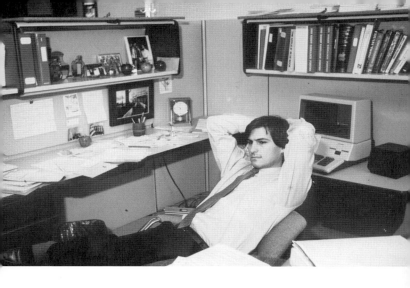

1988년 넥스트에서의 스티브
잡스. 애플의 제약에서 벗어난
그는 최선의 재능과 최악의
직감을 넥스트에 쏟아부었다.

1997년 8월 존 래시터와 함께 활짝 웃는 잡스.
픽사의 디지털 애니메이션 사업 팀을 운영한
래시터는 천사 같은 얼굴과 태도 뒤에 잡스와
맞먹는 예술적 완벽주의를 감춘 인물이었다.

1997년 애플의 지휘권을 되찾은 후 집에서 보스턴 맥월드 행사 연설문을 작성하는 잡스. "우리 역시 다르게 사고할 것이고, 처음부터 우리 제품을 구입해 온 사람들을 위해 봉사할 것입니다. 그 광기 속에서 우리는 천재성을 발견하기 때문입니다."

게이츠와 전화로 평화협정 거래를 타결하는 잡스. "빌, 우리 회사를 지원해 줘서 고마워요. 덕분에 세상이 더 살기 좋은 곳이 되었네요."

보스턴 맥월드 행사장에 위성으로 연결된
게이츠가 둘이 맺은 거래를 설명하는
모습을 지켜보는 잡스. "그건 내 최악의
무대연출이었지요. 나를 작아 보이게 했으니까요."

1997년 8월 아내 로렌 파월과 함께 팰러앨토
자택의 뒷마당에서 다정한 한때를 보내는 잡스.
로렌은 그의 인생에서 현명한 닻이 되었다.

2004년 팰러앨토의
자택 사무실에 앉아 있는 잡스.
"나는 인문학과 과학기술의
교차점에서 살아가는 것을
좋아합니다."

잡스 가족 앨범 사진

2011년 8월 잡스의 병세가 위중해졌을 때 아이작슨과
그는 그의 방에 같이 앉아 결혼식장 및 휴가지에서 찍은
사진들을 훑어보며 다음 사진들을 골랐다.

1991년 스티브와 로렌의
결혼식. 잡스의 선불교
스승 고분 치노는
막대기를 흔들며 징을
쳤고, 향을 피우고는
염불을 외웠다.

자랑스러운 아버지 폴 잡스와
스티브. 여동생 모나 심프슨이
그들의 생부를 찾아냈지만
스티브는 그를 만나길 거부했다.

옛 여자 친구와의 사이에서 낳은
딸 리사 브레넌이 지켜보는 가운데
스티브는 신부 로렌과 하프돔 모양의
웨딩 케이크를 함께 잘랐다.

로렌, 리사, 스티브. 결혼식을
올리고 얼마 후 리사는 이들
부부에게 와서 고등학교를 마칠
때까지 함께 살았다.

2003년 이탈리아 라벨로에서 이브,
리드, 에린 그리고 아내 로렌과 함께
휴가를 보내는 스티브. 휴가 중에도
그는 종종 일하러 돌아가곤 했다.

팰러앨토 풋힐스파크 공원에서
이브와 장난을 치는 스티브.
"이브는 머리가 좋고 내가 만나 본
어떤 아이보다도 완고합니다.
꼭 복수당하는 것 같아요."

2006년 그리스 코린스 운하에서
로렌, 이브, 에린, 리사와 함께 선
스티브. "젊은이들에게는 이제
전 세계가 똑같구나 하는 생각이
들었습니다."

2010년 교토에서 에린과 스티브. 리드나 리사처럼 에린도 아빠와 함께 교토를 여행하는 특별한 즐거움을 누렸다.

2007년 케냐에서 리드와 스티브. "암 진단을 받았을 때 신께 제 나름대로 간청을 올렸지요. 리드가 졸업하는 모습을 꼭 보고 싶다는 것이었습니다."

2004년 팰러앨토 자택 내부에
기대선 스티브 잡스. 다이애너
워커의 포트폴리오에서 뽑은
마지막 사진이다.

메멘토 모리

스티브 잡스의 50세 생일 파티. 가운데에는 잡스,
그 주변에는 카메라를 든 존 래시터,
이브의 어깨를 감싼 로렌 파월, 에디 큐, 수염을 기른 리 클라우 등.

암

잡스는 훗날 자신의 암이 1997년 이후 애플과 픽사를 함께 경영하면서 너무 피곤하게 보냈기 때문에 생긴 것으로 추측한다. 그 시절 그는 차를 몰고 두 회사를 왔다 갔다 했고, 집에 돌아오면 너무 기진맥진해서 말도 제대로 할 수 없을 정도로 바쁘게 살면서 신장결석과 그 밖의 병들을 키웠다. "분명히 그때 암이 자라기 시작했을 겁니다. 면역력이 꽤 약해진 상태였거든요." 그가 말했다.

피로나 면역력 저하가 암을 유발한다는 증거는 없다. 그러나 그의 신장 질환이 간접적으로 암을 발견하게 해 준 것은 사실이다. 2003년 10월 그는 우연히 자신을 치료한 적이 있는 비뇨기과 전문의를 마주쳤다. 그 여의사는 그에게 신장과 수뇨관 CT 촬영을 받아 보라고 권했다. 마지막으로 CT 촬영을 받은 지 5년이 지났기 때문이다. 촬영 결과 신장에는 문제가 없었지만 췌장에 음영이 보여 그녀는 그에게 췌장 검사를 예약하라고 했다. 그는 말을 듣지 않았다. 늘 그랬듯 그는 자신이 처리하고 싶지 않은 정보는 의도적으로 무시하는 데 능했다. 그러나 의사도 쉽게 포기하지 않았다. 며칠 후 그녀가 다시 말했다. "스티브, 이건 정말 중요한 일이에요. 꼭 해야 한다고요."

위급함이 담긴 그녀의 말투에 그는 결국 그렇게 하지 않을 수 없었다. 어느 날 아침 일찍 그는 병원을 찾았고, 의사들은 CT 촬영 결과를 살펴본 후 그를 만나 그것이 종양이라는 나쁜 소식을 전했다. 그중 한 명은 심지어 주변 정리를 하라고 넌지시 암시를 주기도 했다. 살날이 몇 달 안 남았을지도 모른다는 얘기를 정중하게 전한 것이었다. 그날 저녁 의사들은 그의 식도를 통해 창자까지 내시경을 넣고 췌장에 바늘을 찔러 종양에서 세포를 약간 채취하는 생체검사를 했다. 파월은 남편의 의사들이 안도의 한숨을 내쉰 것을 기억한다. 진행 속도가 느려 완치율이 높은 희귀성 종양, 즉 췌장 도세포 종양(췌장 신경 내분비 종양)으로 밝혀졌기 때문이다. 다행히 (정기 신장 검사 덕분에) 조기에 발견되어 전이되기 전에 수술로 제거하는 것이 가능했다.

잡스가 가장 먼저 전화한 사람은 인도의 아시람에서 처음 만난 래리 브릴리언트였다. "아직도 신을 믿습니까?" 잡스가 그에게 물었다. 브릴리언트는 그렇다고 대꾸했고 이후 두 사람은 그들의 힌두교 구루 님 카롤리 바바에게서 배운, 신에게 이르는 여러 가지 길에 대해 얘기를 나누었다. 그런 다음 브릴리언트는 잡스에게 무슨 일이 있느냐고 물었다. "암에 걸렸습니다." 잡스가 대답했다.

애플 이사회의 아트 레빈슨은 전화벨이 울렸을 때 자신의 회사 지넨테크의 이사회 미팅을 주관하고 있었다. 휴대전화 화면에 잡스의 이름이 나타났다. 쉬는 시간이 되자 레빈슨은 얼른 잡스에게 다시 전화를 걸었고 암에 걸렸다는 소식을 들었다. 그는 암 생물학을 공부한 바 있었고 그의 회사는 암 치료약을 만들고 있었으므로 자연스레 잡스의 조언자가 되었다. 전립샘암과 싸워 이겨 낸 인텔의 앤디 그로브도 마찬가지였다. 잡스가 그 주 일요일에 그에게 전화를 걸자 그는 곧장 차를 몰고 잡스의 집으로 달려와 두 시간을 머물렀다.

잡스의 친구들과 아내는 종양 제거 수술을 받지 않겠다는 잡스의 결정에 경악하지 않을 수 없었다. 수술은 당시 널리 인정받던 유일한 치료 방법이었다. "그들이 내 몸을 여는 게 싫었어요. 그래서 다른 방법들이 효과가 있는지 알아보려 했지요." 훗날 그는 회한이 담긴 어조로 내게 말했다. 구체적으로 그는 주로 신선한 당근과 과일 주스로 구성된 엄격한 채식 위주의 식단을 고수했다. 여기에 침술과 다양한 약초 요법을 병행했고 가끔 인터넷이나 전국 각지 사람들과의 상담을 통해 알아낸 민간요법을 몇 가지 사용하기도 했다. 심령술도 거기에 속했다. 한동안은 캘리포니아 남부에서 자연치료 클리닉을 운영하며 유기농 약초 복용과 주스 단식요법, 빈번한 장세척, 물 요법, 모든 부정적인 감정 표출 등을 강조하는 의사에게 치료를 맡기기도 했다.

파월은 회상한다. "중요한 건 그가 정말 자기 몸을 절개할 각오가 안 됐다는 점이었어요. 그런 건 억지로 밀어붙이기가 힘들죠." 그러나 그녀는 시도를 계속했다. "육체는 영혼에 봉사하기 위해 존재하는 거예요." 그녀가 주장했다. 그의 친구들도 수술과 화학요법을 받으라고 거듭 그를 들볶았다. "스티브를 만났을 때 그는 말도 안 되는 음식들을 먹으면서 병을 치료하려 하고 있었지요. 그래서 제가 미쳤다고 말해 줬습니다." 그로브의 회상이다. 레빈슨은 잡스에게 "매일 애원하다시피 했는데 도무지 먹히지 않아서 정말 절망스러웠다."라고 말했다. 이러한 싸움들로 하마터면 우정이 깨질 뻔하기도 했다. "암은 그렇게 해서 해결되는 게 아닙니다." 잡스가 자신의 식이요법에 대해 상의했을 때 레빈슨이 말했다. "수술을 받고 강력한 화학 약물로 완전히 날려 버리지 않고서는 해결할 수가 없어요." 대체 요법 및 식이요법 질병 치료의 선구자인 식이요법 박사 딘 오니시조차 잡스와 오랜 시간 산책을 하면서

때로는 전통적인 방법이 옳은 선택이 되기도 한다고 주장했다. "수술을 꼭 받으셔야 합니다." 오니시가 그에게 말했다.

잡스의 고집은 진단을 받은 2003년 10월부터 9개월 동안 이어졌다. 부분적으로 그것은 그의 현실 왜곡장이 가진 어두운 일면이었다. 레빈슨은 이렇게 추론한다. "스티브는 세상이 자신이 의도한 방식으로 돌아가길 바라는 강한 열망을 갖고 있는 것 같습니다. 가끔은 그게 효과가 없을 때도 있지요. 현실은 가혹하거든요." 맹렬히 초점을 맞추는 그의 경이로운 능력 이면에는 자신이 상대하고 싶지 않은 것들은 걸러 내고자 하는 무시무시한 의지가 자리하고 있었다. 이것은 그의 위대한 비약적 발전들 가운데 다수로 이어졌지만 한편으로는 역효과를 낳을 수도 있었다. 그의 아내가 설명했다. "그는 자신이 마주하고 싶지 않은 것은 무시하는 능력이 있어요. 그것이 그가 자아도취에 빠지는 방식이죠." 집안일이나 결혼 등의 개인적인 문제든 기술적, 사업적 난제 같은 직업적인 문제든 혹은 건강이나 암 문제든 잡스는 가끔씩 그저 무시하는 방법을 택했다.

과거에 그는 그의 아내가 말하는 이른바 '마법적 사고방식'(모든 것을 그가 원하는 대로 존재하게 할 수 있다고 스스로 가정하는 것)에 대해 보상을 받았다. 그러나 암에 대해서는 이것이 통하지 않았다. 파월은 그의 여동생 모나 심프슨을 포함해 그와 가까운 사람들을 모두 동원해 그를 설득하려고 애썼다. 그러다 결국 2004년 7월 CT 촬영 결과 종양이 커졌으며 다른 곳으로 퍼졌을 수도 있다는 통보를 받기에 이르렀다. 이제 현실을 직시하지 않을 수 없었다.

잡스는 2004년 7월 31일 토요일 스탠퍼드 대학교 의학 센

1라운드

터에서 수술을 받았다. 췌장뿐 아니라 위장과 장까지 상당 부분을 절제하는 '휘플 수술'을 받지는 않았다. 의사들이 이를 고려하긴 했지만 결국 좀 더 온건한 방법으로 췌장의 일부만 절제하는 변형 휘플 수술을 시행한 것이다.

잡스는 다음 날 병실에서 파워북에 애플의 휴대용 무선 공유기인 에어포트 익스프레스를 연결해 직원들에게 자신의 수술 사실을 알리는 이메일을 보냈다. 이 이메일에서 그는 자신이 걸린 췌장암이 "매년 진단되는 전체 췌장암 사례의 약 1퍼센트에 해당하는" 것으로서, "(나처럼) 초기에 진단을 받으면 절제술로 완치할 수 있다."라고 직원들을 안심시켰다. 화학요법이나 방사능 치료를 받을 필요는 없으며 9월에 다시 출근할 계획이라고 덧붙였다. "내가 없는 동안 모든 게 차질 없이 돌아가도록 팀 쿡에게 일상 업무를 책임져 달라고 부탁했습니다. 분명히 8월에 내가 일부 직원들에게 과도하게 전화하는 일이 생길 겁니다. 어쨌든 9월에 다시 보길 고대하겠습니다." 그는 이렇게 썼다.

잡스에게는 수술의 한 가지 부작용이 문제가 되었다. 극단적인 식이요법과 10대 시절부터 실천해 온 이상한 장 청소 및 금식 습관 때문이었다. 췌장은 위가 음식을 소화시키고 영양분을 흡수하도록 돕는 효소를 제공하기 때문에 일부를 제거하면 단백질을 충분히 확보하기가 힘들어진다. 따라서 환자들은 자주 식사를 하고 전지 우유 제품뿐 아니라 다양한 종류의 고기 및 생선 단백질을 섭취하는 등, 영양가 높은 식단을 유지하라는 권고를 받는다. 잡스는 이것을 이전에도 해본 적 없었고 이후에도 할 생각이 없었다.

그는 2주 동안 병원에 머물면서 기력을 되찾으려고 안간힘을 썼다. "돌아와서 저 흔들의자에 앉은 게 기억납니다." 그는 자신의 집 거실에 있는 의자를 가리키며 내게 말했다. "걸을 힘이 없었지요. 일주일이 지나서야 한 블록을 돌 수 있었어요. 그러다 두세 블록 떨어진 공원까지 간신히 걸어갔고 그다음엔 좀 더 멀리 가고 해서 여섯 달 만에 거의 예전처럼 기력을 회복했지요."

안타깝게도 암은 전이되었다. 수술을 하면서 의사들은 간세 군데에 암이 전이된 것을 발견했다. 9개월 전에 수술을 했더라면 전이되는 것을 막을 수 있었을지도 모르지만 그것도 확실히 알 수는 없었다. 잡스는 화학요법을 시작했고 그 때문에 그의 섭식 문제는 훨씬 더 복잡해졌다.

스탠퍼드 대학교 졸업식 연설

잡스는 2003년 10월에 처음 암 진단을 받고 그랬듯이 계속되는 암과의 전투를 비밀로 유지했다.(모두에게 '완치'되었다고 말했다.) 그런 비밀주의는 놀라운 게 아니었다. 그것은 잡스 성격의 일부였다. 정작 놀라운 것은 그가 자신의 건강에 대해 직접 공공연하게 얘기하기로 결정했다는 점이었다. 그는 무대에서 제품 시연을 하는 경우가 아니면 거의 연설하는 법이 없었지만 2005년 6월 졸업식에서 연설을 해 달라는 스탠퍼드의 초청은 거절하지 않았다. 암 진단을 받고 쉰 살이 되면서 과거를 돌아보기 시작한 것이다.

연설에 도움을 받기 위해 그는 뛰어난 대본 작가 에런 소킨(영화 「어 퓨 굿 맨」, 텔레비전 연속극 「웨스트 윙」의 작가)에게 연락했다. 소킨이 승낙하자 잡스는 그에게 몇 가지 생각을 정리해 보냈다. "2월이었는데 아무 소식이 없기에 4월에 다시 메시지를 보냈더니 '아, 그거요.' 하더군요. 그래서 몇 가지 생각을 더 보냈습니다. 결국 전화까지 했는데 계속 '알았다.'라고만 하더라고요. 그러다 6월 초가 되었는데도 그는 아무것도 보내지 않았지요." 그의 말이다.

잡스는 당황했다. 프레젠테이션 원고는 늘 직접 작성했지만 졸업식 연설은 해 본 적이 없었다. 어느 날 밤 그는 책상 앞에 앉아 직접 연설문을 쓰기 시작했다. 아내가 이따금 내놓는 아이디어를 제외하곤 아무런 도움도 받지 않았다. 그 결과 완벽한 스티브 잡스 제품처럼 꾸밈없고 개인적인 느낌을 주는, 매우 친밀하고 간결한 연설문이 탄생했다.

『뿌리』의 작가 알렉스 헤일리는 연설을 시작하는 가장 좋은 방법은 "제가 이야기 하나 들려 드리겠습니다."라고 말하는 것이라고 했다. 강의는 아무도 듣고 싶어 하지 않지만 이야기는 누구나 좋아한다. 그것이 잡스가 선택한 방법이었다. 그는 이렇게 연설문을 시작했다. "오늘 저는 여러분께 제 인생 이야기 세 편을 들려 드리려고 합니다. 그뿐입니다. 대단한 건 없습니다. 그냥 세 가지 이야기만 들려 드리겠습니다."

첫 번째는 리드 대학교를 중퇴한 이야기였다. "저는 더 이상 재미없는 필수 과목들을 듣지 않고 훨씬 더 흥미로워 보이는 수업들에 들어가기 시작했습니다." 두 번째는 애플에서 해고당한 것이 결국에는 자신에게 득이 되었다는 이야기였다. "성공한 사람이라는 무거움이 다시 모든 것에 대해 확신이 없는 초보자라는 가벼움으로 대체되었지요." 잡스의 머리 위에서 그에게 '모든 전자 폐기물을 재활용하라.' 하고 촉구하는 현수막을 단 비행기가 맴돌고 있었는데도 학생들은 이례적으로 그의 이야기를 경청했다. 그러나 그들을 완전히 매료시킨 것은 그의 세 번째 이야기였다. 그것은 암 선고와 그것이 가져다준 깨달음에 대한 것이었다.

내가 곧 죽는다는 사실을 기억하는 것, 그것은 인생의 중대한 선택들을 도운 그 모든 도구들 가운데 가장 중요한 것이었습니다. 외부의 기대와 자부심, 망신 또는 실패에 대한 두려움 등 거의 모든 것이 죽음 앞에서는 퇴색하고 진정으로 중요한 것만 남더군요. 자신이 죽는다는 사실을 상기하는 것은 아까운 게 많다고 생각하는 덫을 피하는 가장 좋은 방법입니다. 우리는 이미 알몸입니다. 가슴을 따르지 않을 이유가 없지요.

이 연설에 단순성과 순수성, 매력을 부여한 것은 바로 기교적인 미니멀리즘이었다. 명문 선집부터 유튜브에 이르기까지 어디를 찾아봐도 이보다 훌륭한 졸업식 연설은 찾아보기 힘들 것이다. 이를테면 유럽 재건 계획을 선언한 1947년 조지 마셜의 하버드 연설처럼 더 중요한 연설들은 있을지 몰라도 이보다 더 우아한 연설은 없을 것이다.

쉰 살의 사자

잡스는 서른 번째 생일과 마흔 번째 생일을 실리콘밸리 저명인사들을 비롯한 다양한 유명인들과 함께 보냈다. 그러나 암 수술을 받고 돌아와 2005년 쉰 살이 되었을 때 그의 아내가 준비한 깜짝 파티의 손님들은 대부분 가장 가까운 친구와 직장 동료 들이었다. 몇몇 친구들의 편안한 고향인 샌프란시스코에서 열린 이 파티에서 훌륭한 요리사 앨리스 워터스는 스코틀랜드산 연어에 쿠스쿠스(밀을 쪄서 고기와 야채 등을 곁들인 북아프리카 요리. ─ 옮긴이)와 밭에서 키운 각종 야채를 곁들여 내놓았다. "아주 따뜻하고 친밀한 파티였어요. 어른들과 아이들이 모두 한 방에 둘러앉았죠." 워터스의 회상이다. 「누구의 줄인가?」(출연자들이 즉석에서 게임을 벌이는 미국의 텔레비전 코미디 프로그램. ─ 옮긴이)에 나오는 즉흥 코미디 극이 펼쳐지기도 했다. 잡스의 절친한 친구 마이크 슬레이드를 비롯해 래시터, 쿡, 실러, 클라우, 루빈스타인, 테버니언 등 애플 및 픽사 동료들이 함께 자리했다.

쿡은 잡스가 없는 동안 회사를 훌륭하게 운영했다. 그는 애플의 개성 강한 사람들이 계속해서 훌륭한 성과를 내도록 도우면서 자신은 각광받는 것을 피했다. 잡스는 어느 정도는 강한 성격의 사람을 좋아했지만 결코 진정으로 대리인에게 권한을 위임하거나 누군가와 무대를 공유하지 않았다. 그의 대역이 되는 것은 쉬운 일이 아니었다. 빛을 발해도 욕을 먹고 그러지 않아도 욕을 먹었다. 그러나 쿡은 이런 함정들을 적절히 피해 가는 데 성공했다. 지휘할 때는 차분하고 단호한 태도를 취하되 결코 주목받거나 칭찬받으려 들지 않았다. 쿡은 말한다. "스티브가 공로를 전부 가져간다고 분노하는 사람들도 있지만 저는 그런 것에 전혀 관심이 없었죠. 솔직히 말해서 저는 제 이름이 신문에 나가는 일도 없었으면 좋겠어요."

잡스가 병가를 끝내고 돌아오자 쿡은 잡스의 짜증에 동요하지 않고 애플의 각 부문들이 탄탄하게 맞물려 돌아가도록 돕는 예전의 역할로 다시 돌아갔다. "제가 잡스에 대해 터득한 것은 사람들이 가끔 그의 말을 폭언이나 부정론으로 오해하지만 사실은 그게 열정을 보여 주는 방식에 불과하다는 점이었어요. 그래서 그렇게 받아들일 뿐 절대 문제를 개인적인 감정으로 받아들이지 않았죠." 그는 여러 가지 면에서 잡스의 거울상이었다. 쉽게 흥분하지 않고 변덕이 없으며 (넥스트 컴퓨터에 내장된 전자사전상의 정의로) '활달(mercurial)'하다기보다는 '무뚝뚝(saturnine)'했으니까 말이다. "나는 협상에 능해요. 하지만 필경 그가 나보다 낫겠지요. 그는 차분한 고객인 셈이니까요." 잡스의 회상이다. 몇 가지 칭찬을 덧붙인 후 잡스는 한 가지 단서를 달았다. "하지만 팀은 기본적으로 제품을 만드는 친구는 아니지요." 이런 얘기는 거의 한 적이 없지만 그것은 진심이었다.

2005년 가을에 잡스는 쿡에게 애플의 COO가 되어 달라고 했다. 그들은 함께 비행기를 타고 일본으로 가는 길이었다. 사실 쿡에게 '부탁'한 것이 아니라 그저 그를 돌아보며 이렇게 말했을 뿐이었다. "자네를 COO로 삼기로 했어."

그즈음 잡스의 오랜 친구인 존 루빈스타인과 애비 테버니언(1997년 애플 재건의 시기에 채용된 하드웨어 책임자와 소프트웨어 책임자)이 회사를 떠나기로 결정한 상태였다. 테버니언은 이미 돈을 많이 벌어서 일을 그만두려는 것이었다. "애비는 똑똑하고 좋은 사람이지요. 루비보다 훨씬 더 차분하고, 자존심이 강하지도 않아요. 애비가 떠나는 것은 우리에게 아주 커다란 손실이었지요. 그는 말하자면 천재에 속하는 사람이에요." 잡스의 말이다.

루빈스타인의 경우는 좀 더 소란스러웠다. 그는 쿡이 잡스의 대리인으로 영향력을 행사한다는 사실에 화가 난 데다 9년 동안 잡스의 밑에서 일하면서 지칠 대로 지친 상태였다. 두 사람이 소리 높여 싸우는 일이 점점 빈번해졌다. 게다가 실질적인 문제도 있었다. 루빈스타인은 한때 자신의 밑에서 일하다가 이제 잡스의 직속 부하가 된 조니 아이브와 계속 충돌했다. 아이브는 늘 기술적으로는 구현하기 어려운 멋진 디자인으로 위업의 한계를 넓히려 했다. 실질적으로 그러한 하드웨어를 만드는 것은 루빈스타인의 일이었고, 따라서 그는 좌절을 겪는 경우가 많았다. 그는 천성적으로 조심성이 많은 사람이었다. "어쨌든 루비는 HP 출신이잖아요. 게다가 깊이 탐구하는 법이 없었고 적극적이지도 않았어요." 잡스의 말이다.

예를 들어 파워 맥 G4의 손잡이를 고정하는 나사만 해도 그랬다. 아이브는 특정한 광택과 모양을 가진 나사들을 사용해야 한다고 결정했다. 그러나 루빈스타인은 그러려면 비용이 '천문학적으로' 높아지고 프로젝트가 몇 주나 지연될 거라며 반대했다. 그의 일은 제품을 내놓는 것이었고 그러려면 몇 가지 트레이드오프는 취해야 했다. 아이브는 그런 방식이 혁신에 해롭다고 보았으므로 그를 거치지 않고 곧장 잡스나 중간급 엔지니어들에게 갔다. 아이브는 회상한다. "루비는 불가능하다고, 프로젝트가 지연될 거라고 했고 저는 가능하다고, 지연되지 않을 거라고 했어요. 가능하다고 생각한 건 루비 몰래 제품 제작 팀과 협력해 왔기 때문이에요." 이를 포함해 다른 경우들에서도 잡스는 결국 아이브의 편을 들었다.

이따금 아이브와 루빈스타인은 서로를 밀치며 다투다가

치고받을 뻔하기도 했다. 결국 아이브는 잡스에게 이렇게 말했다. "루비와 저 중 하나를 택하시죠." 잡스는 아이브를 택했다. 그 무렵 루빈스타인은 떠날 준비를 하고 있었다. 그는 아내와 함께 멕시코에 땅을 사 두었는데, 잠시 일을 쉬며 그곳에 집을 짓고 싶었던 것이다. 결국 그는 팜 사로 옮겼다. 애플의 아이폰과 대결을 시도하고 있던 팜으로 말이다. 잡스는 팜이 자신의 예전 직원들을 고용한다는 사실에 너무 화가 나서 보노에게 불만을 제기했다. 당시 보노가 애플 전 CFO 프레드 앤더슨이 이끌던 비공개 기업 투자 그룹의 공동 창업자였고, 그 그룹이 팜의 지배 지분을 매입한 상태였기 때문이다. 보노는 잡스에게 다음과 같은 답장을 보냈다. "그렇게 흥분할 필요 없는 일입니다. 이건 허먼 앤드 허미츠가 로드 매니저 한 명을 빼앗아 갔다고 비틀스가 소란을 피우는 것과 똑같은 겁니다." 훗날 잡스는 자신이 과민 반응을 보였음을 시인했다. "그들이 완전히 실패했다는 사실로 마음의 위안을 삼았지요."

잡스는 좀 더 조용하고 차분한 새 경영진을 구축할 수 있었다. 이제 쿡과 아이브를 위시하여 주요 경영진은 아이폰 소프트웨어 책임자 스콧 포스톨, 마케팅 책임자 필 실러, 맥 하드웨어 담당자 밥 맨스필드, 인터넷 서비스 책임자 에디 큐, CFO 피터 오펜하이머 등이었다. 그의 수석 경영자들은 (모두 백인 중년 남성으로) 겉보기에는 서로 비슷했지만 스타일은 매우 다양했다. 아이브는 감상적이고 표현력이 풍부했으며 쿡은 극도로 냉철했다. 그들은 모두 잡스가 자신에게 경의를 표하는 동시에 자신의 아이디어를 반박하고 기꺼이 논쟁을 벌이기를 기대한다는 것을 인식하고 있었다. 이러한 균형을 유지하기란 쉽지 않았지만 제각기 그것을 적절히 해 냈다. "의견을 표출하지 않는 사람은 아웃시킨다는 것을 아주 일찌감치 깨달았죠." 쿡은 말한다. "그는 일부러 논쟁을 벌이려고 반대 입장을 취합니다. 그래야 더 나은 결과가 나오니까요. 그러니까 의견 충돌을 불편해하는 사람들은 절대 살아남지 못하는 겁니다."

자유로운 담화의 주요 발생지는 월요일 아침 9시에 시작해서 서너 시간씩 이어지는 중역 회의였다. 쿡이 10분 동안 차트를 보여 주며 전반적인 사업 상황을 설명하고 나면 회사의 제품 각각에 대해 광범위한 토론이 이어졌다. 초점은 언제나 미래였다. 각 제품이 앞으로는 어떻게 바뀌어야 하며 어떤 제품이 새롭게 개발되어야 하는가? 잡스는 이 미팅을 활용하여 애플의 모두가 사명을 공유하고 있다는 느낌을 강화했다. 이를 통해 통제력을 중앙에 모으고(이는 훌륭한 애플 제품만큼이나 회사가 철저하게 통합되어 있다는 이미지를 창출해 주었다.) 통제력이 분산된 기업들이 겪는 부문 간 갈등을 예방할 수 있었다.

잡스는 또한 이 회의를 이용해 초점을 강화했다. 로버트 프리들랜드의 농장에서 그의 임무는 사과나무들이 건강한 상태를 유지하도록 가지를 쳐 주는 것이었다. 어찌 보면 그의 가지치기는 애플로 이어져 계속되는 셈이었다. 잡스는 여러 그룹이 제각기 마케팅을 고려해 제품 라인을 늘리도록 허용하거나 수백 가지 아이디어들이 꽃을 피우도록 방치하기보다는 애플 전체가 한 번에 두세 가지 우선순위에 초점을 맞출 것을 주장했다. 쿡은 말했다. "주변에서 울려 대는 잡음을 끄는 데 잡스만큼 능숙한 사람은 없습니다. 그래서 극소수의 것들에 초점을 맞추고 많은 것들을 거부할 수 있었던 거지요. 그런 걸 진정으로 잘하는 사람은 거의 없습니다."

전설에 따르면 고대 로마에서 승리한 장군이 거리를 행진할 때면 때때로 그에게 '당신도 죽는다는 것을 잊지 말라.'라는 뜻의 라틴어 "메멘토 모리"를 반복해서 말해 주는 역할을 전담하는 하인이 뒤에 따라붙었다고 한다. 죽음을 면할 수 없는 운명임을 상기시킴으로써 영웅으로 하여금 주변을 꾸준히 반추하고 겸손한 태도를 갖도록 도운 것이다. 잡스 역시 의사들에게서 "메멘토 모리"를 들었지만, 그것이 겸손한 태도를 주입하지는 않았다. 오히려 그는 사명을 완수할 시간이 한정되었음을 의식한 듯 회복된 후에 훨씬 더 열정적으로 고함을 쳐 댔다. 스탠퍼드 연설에서 암시했듯이 그의 병은 더 이상 잃을 게 없으니 전속력으로 나아가야 한다는 점을 상기시켰다. "그는 다시 사명으로 돌아왔습니다. 그는 이제 커다란 기업을 운영하고 있었는데도 대담하고 무모한 조치들을 끊임없이 취했죠. 다른 사람이라면 결코 그렇게 하지 않았을 겁니다." 쿡의 말이다.

한동안 그의 예전 기질이 누그러졌음을, 즉 암에 걸리고 쉰 살이 되면서 화가 났을 때 야수처럼 변하는 기질이 사그라졌음을 보여 주는 몇 가지 증거가(적어도 희망이) 보이기도 했다. 테버니언은 회상한다. "수술을 받고 돌아온 직후에는 예전처럼 그렇게 망신을 주지 않았습니다. 기분이 안 좋으면 소리를 지르고 미친 듯이 뛰어다니면서 비속어들을 연발하긴 했지만 상대를 처참하게 무너뜨리지는 않았죠. 예전에는 그게 상대를 개선하는 잡스의 방법이었는데 말입니다." 테버

1라운드

니언은 잠시 생각하더니 한 가지 단서를 덧붙였다. "그 사람이 정말 잘못해서 회사를 떠나야 한다고 생각하지 않는 한 그랬다는 겁니다. 가끔은 아무 책망 없이 떠나보내는 경우도 있었거든요."

그러나 결국 거친 성격이 돌아왔다. 그의 동료들은 대부분 거기에 익숙했으므로 대처하는 법을 터득한 상태였다. 그들이 가장 난처해한 것은 그가 낯선 사람들에게 화를 내는 경우였다. 아이브는 회상한다. "한번은 같이 스무디를 사려고 홀 푸드 마켓에 갔습니다. 어떤 할머니가 스무디를 만들고 있었는데, 잡스가 스무디를 왜 그렇게 만드냐며 계속 잔소리를 하는 겁니다. 그런데 나중에는 그 할머니를 동정하더군요. '노인네가 일을 하고 싶어서 하는 것이겠나.' 하고 말이죠. 그는 그 두 가지를 연결하지 않았습니다. 각각 따로 생각한 겁니다."

아이브는 잡스와 함께 런던에 갈 때 생색도 나지 않는 호텔 선정 임무를 맡았다. 그는 잡스가 좋아할 것 같은, 세련된 미니멀리즘의 조용한 5성 부티크 호텔인 헴펠을 골랐다. 그러나 체크인을 하고 바싹 긴장을 하고 있는데 아니나 다를까 몇 분 후에 전화벨이 울렸다. 잡스가 선언했다. "방이 마음에 안 들어. 엉망진창이야. 그만 나가지." 아이브가 다시 짐을 들고 데스크에 가 보니 자신의 생각을 솔직하게 털어놓는 잡스 앞에서 직원이 쩔쩔매고 있었다. 아이브는 자신을 포함한 대부분의 사람들이 무언가를 보고 조악하다고 느끼면서도 직설적으로 말하지 않는 것은 누구에게든 호감을 사고 싶은 품성이 있기 때문이라는 점을 깨달았다. "사실 그것은 쓸모없는 품성이죠." 과하게 겸손한 해석이었다. 어쨌든 그것은 잡스의 품성은 아니었다.

　아이브는 워낙 천성이 상냥한 사람이라 자신이 몹시 좋아하는 잡스가 그렇게 행동하는 이유를 이해할 수 없었다. 어느 날 저녁 샌프란시스코의 어느 술집에서 그는 내게 몸을 바싹 기울이고 그에 대해 열심히 분석해 보았다.

　　그는 정말 정말 예민한 사람입니다. 그래서 그가 반사회적인 행동을 하고 무례하게 구는 게 더욱 이해가 안 가는 겁니다. 둔감하고 무감각한 사람들이 무례하게 구는 건 이해가 되지만 예민한 사람이 그러는 건 이해가 안 돼요. 한번은 그에게 왜 그렇게 뭔가에 대해 화를 내는 거냐고 물어봤습니다. 그랬더니 이러더군요. "그렇다고 내가 항상 화난 상태로 있는 건 아니잖아." 그는 무언가 맘에 안 드는 일이 생기면 그에 대해 진정으로 화를 내는, 어찌 보면 아이 같은 능력을 갖고 있는 셈이죠. 정말이지 늘 화를 달고 사는 건 아닙니다. 하지만 솔직히 말해서 가끔 심하게 실망하면 다른 사람에게 상처를 줌으로써 카타르시스를 느끼는 것 같습니다. 자신이 그렇게 할 수 있는 자유와 권리를 갖고 있다고 느끼는 모양이에요. 사회적 약속의 일반적인 규칙들이 자신에게는 적용되지 않는다고 생각하는 거죠. 스스로가 아주 예민하다 보니 상대에게 효과적으로 그리고 효율적으로 상처를 입히는 방법도 잘 알고 있습니다. 그리고 그것을 실제로 실천하는 겁니다. 자주 그러는 건 아니지만 가끔은 그렇죠.

이따금 현명한 동료들이 잡스를 불러내 진정시키려 하기

도 했다. 그런 일에 도가 튼 사람은 리 클라우였다. "스티브, 잠깐 얘기 좀 할 수 있을까요?" 잡스가 누군가를 공개적으로 폄훼하고 있을 때면 그는 조용히 이렇게 말하곤 했다. 그는 잡스의 사무실로 가서 다들 얼마나 열심히 일하고 있는지 설명했다. "그들에게 망신을 주는 건 그들을 자극하는 게 아니라 초조하게 만드는 겁니다." 그러면 잡스는 사과를 하며 알겠다고 말했다. 그러나 그런 일은 또다시 일어났다. 그러면 그는 이렇게 말했다. "난 원래 그런 사람이야."

한 가지 느긋해진 것이 있다면 바로 빌 게이츠에 대한 태도였다. 마이크로소프트는 1997년에 체결한 계약을 끝까지 책임을 다해 이행했고, 그러고 나서 계속 훌륭한 매킨토시용 소프트웨어를 개발하겠다고 동의한 상태였다. 게다가 경쟁 상대로서의 관련성도 점점 옅어져 가고 있었다. 마이크로소프트가 애플의 디지털 허브 전략을 모방하는 데 실패한 탓이었다. 게이츠와 잡스는 제품과 혁신에 대해 판이한 접근 방식을 갖고 있었지만 그들의 경쟁 관계는 각자에게 놀라운 자기 인식을 싹트게 했다.

2007년 5월 올 싱스 디지털 컨퍼런스에서 《월스트리트 저널》의 칼럼니스트 월트 모스버그와 카라 스위셔는 그들을 한자리에 모아 놓고 합동 인터뷰를 하려 했다. 모스버그는 그런 컨퍼런스에 자주 모습을 드러내지 않는 잡스를 먼저 초청했는데, 놀랍게도 잡스는 게이츠가 간다면 자신도 간다고 했다. 그 얘길 듣고 게이츠도 승낙했다. 그러나 게이츠가 《뉴스위크》의 스티븐 레비와 먼저 인터뷰를 했고, 그 자리에서 윈도 사용자들을 촌스러운 얼간이라고 조롱하고 맥은 좀 더 세련된 제품으로 묘사한 애플의 '맥 대(對) PC' 텔레비전 광고에 대해 어떻게 생각하느냐는 질문을 받았다. 게이츠는 화가 머리끝까지 치솟지 않을 수 없었다. 게이츠는 점점 흥분하며 이렇게 말했다. "그들은 왜 맥이 더 우수한 것처럼 행동하는지 모르겠습니다. 이런 부분에서는 정직이 중요한 것 아닙니까? 아니, 정말 신경도 안 쓴다면 그런 걸 느낀다는 것 자체가 거짓말쟁이라는 뜻 아닌가요? 정말이지 진실이라곤 눈곱만큼도 없는 친구들이에요." 레비는 새 윈도 운영체제 비스타가 맥의 여러 기능들을 모방하지 않았느냐고 되물음으로써 분노의 불꽃에 약간의 연료를 주입했다. 그러자 게이츠가 대답했다. "정말 실상을 알고 싶다면 철저하게 조사해서 이런 걸 먼저 보여 준 사람이 누구인지 알아보세요. 정말 '스티브 잡스가 세상을 창조했고 나머지 우리들은 따라가는 것'이라고 말하고 싶다면 마음대로 하십시오." 이 일은 당연히 합동 인터뷰 계획에 영향을 끼쳤다.

잡스는 모스버그에게 전화하여 게이츠가 《뉴스위크》에 말한 것들을 생각하면 합동 인터뷰를 하는 게 그리 이익이 되지는 않을 거라고 말했다. 그러나 모스버그는 간신히 계획을 원상 복구했다. 그는 그날 저녁의 합동 인터뷰가 말다툼보다는 따뜻한 토론이 되길 바랐지만, 잡스가 그날 낮에 모스버그와 가진 단독 인터뷰에서 마이크로소프트에 채찍을 휘두른 것으로 봐서 그럴 가능성은 희박한 듯했다. 애플의 윈도 컴퓨터용 아이튠스 소프트웨어가 극도로 인기를 끈 사실에 대해 물었을 때 잡스가 농담으로 이렇게 대꾸한 것이다. "지옥 불에 빠진 사람한테 얼음물 한 잔 끼얹어 준 셈이지요."

그래서 그날 저녁 합동 인터뷰에 앞서 게이츠와 잡스가 휴게실에서 만날 시간이 되자 모스버그는 걱정이 되었다. 게이츠가 먼저 보좌관인 래리 코언과 함께 도착했다. 래리 코언은 그날 낮에 잡스가 한 말을 게이츠에게 보고한 터였다. 몇 분 후 잡스가 느릿느릿 들어와서는 얼음 통에서 물 한 병을 집어 들고 자리에 앉았다. 잠시 침묵이 흐른 후 게이츠가 말했다. "그러니까 내가 그 지옥 불에서 나온 대표로군요." 웃는 얼굴이 아니었다. 잡스는 멈칫했지만 곧 특유의 개구쟁이 같은 미소를 지으며 그에게 얼음물을 건넸다. 게이츠는 한결 부드러워졌고 두 사람 사이의 긴장은 점차 사라졌다.

그 결과 그들은 놀라운 듀엣이 되었다. 이 두 디지털 시대의 신동은 상대에 대해 조심스럽게, 그런 다음에는 따뜻하게 말을 쏟아 냈다. 무엇보다도 그들은 관중석에 있던 기술 전략가 리즈 바이어에게서 각각 서로를 보며 무엇을 배우느냐는 질문을 받고 솔직한 대답을 내놓았다. "난 스티브의 미의식을 가질 수만 있다면 무엇이든 내놓겠습니다." 게이츠가 대답했다. 불안한 웃음이 쏟아져 나왔다. 10년 전에 잡스가, 마이크로소프트가 싫은 것은 미의식이 전혀 없기 때문이라고 말해 화제가 된 적이 있기 때문이었다. 그러나 게이츠는 진심이라고 했다. 그는 잡스가 진정 "인간에 대해서나 제품에 대해서나 타고난 미의식을 갖고 있다."라고 했다. 그는 잡스와 함께 앉아 마이크로소프트가 매킨토시용으로 만든 소프트웨어를 검토한 일을 회상했다. "스티브는 사람이든 제품이든 모종의 느낌을 토대로 결정을 내리더군요. 저로서는 설명하기조차 힘든 일입니다. 그가 일을 처리하는 방식은 그냥 다릅니다. 내가 보기엔 마법 같지요. 어떤 경우에는 '와' 하는 감탄사가 절로 나옵니다."

잡스는 바닥을 보고 있었다. 나중에 그는 내게, 당시 게이츠가 너무 솔직하고 관대하게 말해서 할 말을 잃었다고 했다. 잡스의 차례가 되었을 때 그 역시 솔직하긴 했지만 게이츠만큼 관대하진 않았다. 그는 엔드투엔드 방식의 통합적인 제품을 구축하는 애플의 기술과, 자사 소프트웨어에 대해 경쟁 하드웨어 제조사들에게 라이선스를 제공하는 마이크로소프트의 개방성 사이의 커다란 차이를 설명했다. 음악 시장에서는 (아이튠스/아이팟 패키지가 보여 주듯이) 통합적인 접근 방식이 더 나은 것으로 드러났지만 PC 시장에서는 마이크로소프트의 분리된 접근 방식이 더 성공적이었다고 그는 지적했다. 그러고는 다소 오만하게 한 가지 질문을 던졌다. "휴대전화 시장에서는 어떤 접근 방식이 더 나을까요?"

그런 다음 그는 계속해서 통찰력 있는 지적을 내놓았다. 이러한 디자인 철학의 차이 때문에 애플과 그는 다른 기업들과 적절하게 협력할 수 없는 것이라고 말이다. "워즈와 나는 통합 방식을 기반으로 회사를 시작했기 때문에 사람들과 제휴하는 것에 그리 능숙하지 못했지요. 만약 애플의 DNA에 그런 성격이 조금만 더 들어 있었더라면 크게 도움이 되었을 겁니다."

혁신 제품 세 가지를 하나로

아이팟으로 통화를?

2005년 무렵 아이팟의 매출은 천정부지로 치솟았다. 2005년 판매량은 무려 2000만 대로, 전년도의 4배에 해당하는 수준이었다. 아이팟은 애플의 매출에서 점점 더 큰 비중을 차지하며 2005년 수익의 45퍼센트를 책임졌고, 세련된 회사 이미지를 부각해 맥의 판매를 가속화했다.

그것이 잡스에게는 걱정거리를 안겨 주었다. "그는 항상 우리를 망칠 수 있는 모종의 가능성에 집착했지요." 이사회 임원 아트 레빈슨의 회상이다. 잡스는 결국 이런 결론에 도달했다. "우리의 밥그릇을 빼앗을 수 있는 기기는 바로 휴대전화예요." 그는 이사들에게 휴대전화마다 카메라가 장착되어 디지털카메라 시장이 점점 작아지고 있다고 설명했다. 휴대전화 제조업자들이 전화기에 뮤직 플레이어를 장착하기 시작한다면 아이팟도 똑같은 일을 당할 수 있다는 얘기였다. "휴대전화는 누구나 갖고 다니는 거니까 아이팟이 쓸모없는 기기가 돼 버릴 수도 있다고요."

잡스의 첫 번째 전략은 그가 빌 게이츠 앞에서 자신의 DNA에는 존재하지 않는다고 시인한 그 일을 하는 것이었다. 다른 회사와 제휴를 맺는 것 말이다. 그는 모토로라의 CEO로 새로 취임한 에드 잰더와 친구 사이였다. 그래서 디지털카메라 겸용 휴대전화인 모토로라의 인기 모델 '레이저'에 친구를 만들어 주자며 그와 논의를 시작했다. 여기에 아이팟을 탑재하자는 것이었다. 그렇게 해서 탄생한 것이 '록커'였다.

하지만 록커는 결국 아이팟의 매력적인 미니멀리즘도, 레이저의 편리한 날씬함도 갖추지 못했다. 볼품없는 외관에 음

혁신 제품 세 가지를 하나로

악을 담기도 힘들고 용량도 제멋대로 100곡으로 제한한 록커는 임시로 구성한 위원회에서 타협을 거쳐 탄생시킨 제품의 특성을 전부 갖추고 있었다. 이는 잡스가 선호하는 방식에 반하는 것이었다. 하드웨어와 소프트웨어, 콘텐츠를 한 회사가 모두 통제하지 않고 모토로라와 애플, 무선통신 회사 싱귤러가 각각의 서비스를 조잡하게 조합한 셈이었기 때문이다. 《와이어드》는 2005년 11월 표지에서 이렇게 비꼬았다. "이것이 미래의 전화기라고?"

잡스는 노발대발했다. "모토로라 같은 멍청한 회사들을 상대하는 데 아주 진저리가 나는군." 그는 아이팟 제품 검토 회의에서 토니 파델을 비롯한 사람들에게 이렇게 말했다. "우리끼리 합시다." 그는 이미 나와 있는 휴대전화들에서 이상한 점을 발견한 터였다. 예전에 휴대용 뮤직 플레이어들이 그랬듯 하나같이 형편없다는 사실이었다. 그는 회상한다. "우리는 다 같이 둘러앉아서 각자의 전화기가 얼마나 마음에 안 드는지 얘기를 나눴지요. 너무 복잡하더군요. 전화번호부를 포함해서 기능을 파악하기도 힘들고, 무슨 미로를 헤치고 다니는 것 같았어요." 변호사 조지 라일리는 법적 현안들을 논의하는 미팅에서 잡스가 따분해하며 라일리의 휴대전화를 집어 들고 그것이 왜 '얼간이' 같은지 조목조목 지적하기 시작했다고 기억한다. 잡스와 그의 팀은 자신들이 사용하고 싶은 전화기를 만들 수 있다는 가능성을 놓고 점차 흥분을 고조시켜 갔다. 훗날 잡스는 이렇게 말했다. "자신이 쓰고 싶은 물건을 만든다는 것, 그것이 최고의 동기부여라 할 수 있지요."

또 한 가지의 동기부여는 바로 잠재 시장이었다. 2005년 휴대전화는 초등학생부터 할머니에 이르기까지 광범위한 소비자들을 대상으로 8억 2500만 대 이상이 판매되었다. 게다가 대부분의 제품이 허접쓰레기였으므로 과거에 휴대용 뮤직 플레이어 시장이 그랬듯 최신 고급 제품이 들어갈 여지가 충분했다. 처음에 그는 휴대전화가 무선 제품이라는 이유로 에어포트 무선 공유기를 만드는 그룹에 프로젝트를 맡겼다. 그러나 곧 그것이 기본적으로 아이팟과 같은 소비자 기기라는 점을 깨닫고 해당 프로젝트를 다시 파델과 그의 팀원들에게 할당했다.

처음에 그들은 아이팟을 변형하는 방법을 시도했다. 그리하여 트랙휠을 이용해 전화기의 기능을 훑어보고 (자판 없이) 숫자를 입력하는 방식을 구상해 보았다. 하지만 그리 적절하지 않았다. 파델은 회상한다. "휠을 이용하는 방식에 많은 문제가 따르더군요. 특히 전화번호를 누르는 게 그랬지요. 아주 불편하더라고요." 전화번호부를 넘겨볼 때는 괜찮았지만 뭔가를 입력하기에는 끔찍하리만치 불편했다. 그들은 사용자들이 주로 전화번호부에 입력된 번호로 전화를 할 거라며 자위하려 애썼지만, 그래도 그것으로는 부족하다는 것을 잘 알았다.

당시 애플에서는 또 하나의 프로젝트가 진행 중이었다. 비밀리에 태블릿 컴퓨터가 개발되고 있었던 것이다. 2005년 이두 가지 이야기가 교차하면서 태블릿 컴퓨터 관련 아이디어들이 휴대전화 기획 과정으로 흘러 들어갔다. 다시 말해 아이패드 관련 아이디어가 사실상 아이폰이 탄생하기 전부터 존재했으며, 오히려 아이폰의 탄생을 돕기까지 했다는 얘기다.

"이게 바로 미래야!"

마이크로소프트에서 태블릿 PC를 개발하던 엔지니어 가운데 잡스 부부와 절친한 친구의 남편이 있었다. 그는 자신의 쉰 번째 생일에 빌 게이츠 부부에다 잡스 부부까지 초대했다. 잡스는 참석하긴 했지만 썩 내키는 자리는 아니었다. 게이츠는 "식사 자리에서 스티브는 내게 꽤 다정했지만" 생일을 맞은 당사자에게는 "그리 다정하지 않았다"고 회상했다.

게이츠는 그 엔지니어가 자신이 마이크로소프트에서 개발한 태블릿 PC에 대해 끊임없이 정보를 누설하자 짜증이 났다. "우리 직원이 경쟁 업체에 우리의 지적 재산을 누설하고 있는 셈이었지요." 잡스 역시 짜증이 났고, 그것은 게이츠가 우려하던 결과로 이어졌다. 잡스는 다음과 같이 회상한다.

그 사람은 마이크로소프트가 태블릿 PC 소프트웨어로 세상을 완전히 바꿔 놓을 것이라고, 그래서 노트북 컴퓨터들이 전부 사라질 것이라고, 그러니 애플은 자신이 개발한 마이크로소프트 소프트웨어에 대해 라이선스를 얻어야 한다고 계속 나를 괴롭혔지요. 하지만 그의 기기는 완전히 잘못된 방식을 쓰고 있었어요. 스타일러스가 딸려 있었거든요. 스타일러스가 있으면 끝이에요. 그날 저녁 그 사람은 나한테 그 얘기를 열 번쯤 했을 겁니다. 나는 지긋지긋해져서 집에 돌아와 이렇게 말했지요. "웃기고 있네. 진짜 태블릿이 어떤 건지 보여 주지."

다음 날 잡스는 회사에 출근해 자신의 팀을 모아 놓고 말했다. "태블릿 컴퓨터를 만듭시다. 단, 키보드나 스타일러스가 딸려 있어선 안 됩니다." 손가락으로 스크린을 터치해 입력할 수 있어야 한다는 것이었다. 그러려면 한꺼번에 여러 가지 입력을 처리할 수 있는 이른바 '멀티터치' 기능이 스크린에 갖춰져야 했다. "멀티터치, 터치 감지 디스플레이를 만들수 있겠지요?" 그가 물었다. 약 6개월이 걸린 끝에 결국 그들은 조악하게나마 제대로 작동하는 원형을 고안했다. 잡스는 그것을 애플의 또 다른 사용자 인터페이스 디자이너에게 건넸고, 한 달 후 그 사람은 손가락으로 스크린을 가로지르면 이미지가 마치 물리적인 사물처럼 움직이는 관성 스크롤 아이디어를 갖고 왔다. "완전히 푹 빠졌지요." 잡스의 회상이다.

조니 아이브는 멀티터치 개발 과정을 다르게 기억한다. 그의 디자인 팀이 이미 애플의 맥북 프로 트랙패드를 위해 멀티터치 입력 방식을 작업하고 있었으며 그 기능을 컴퓨터 스크린으로 옮기는 방법을 실험하고 있었다고 한다. 그들은 프로젝터를 사용해 벽면에 투사한 다음 그것이 어떤 모양을 띠는지도 확인해 보았다. "이게 모든 것을 바꿀 겁니다." 아이브가 그의 팀에게 말했다. 그러나 그것을 당장 잡스에게 보여 주는 일에 대해서는 신중을 기했다. 특히 여가 시간을 쪼개어 작업하는 팀원들의 열정을 억누르고 싶지 않아서 그랬다. 아이브는 이렇게 회상한다. "스티브는 그 자리에서 곧바로 의견을 내놓는 성향이라 다른 사람들 앞에서 그에게 무언가를 보여 주는 데 신중을 기해야 합니다. '쓰레기야.'라는 말로 그 아이디어를 끝장낼지도 모르기 때문입니다. 아이디어라는 건 아주 연약한 것이라서 개발 단계에서는 조심스럽게 다뤄 줘야 합니다. 그가 그 프로젝트에 대해 망신을 주면 정말 슬플 것 같았습니다. 그게 얼마나 중요한지 알았으니까요."

아이브는 자신의 컨퍼런스 룸에 시연 준비를 해 놓은 다음, 조용히 잡스를 불러 그것을 보여 주었다. 청중이 없으면 그가 즉석에서 비판을 가할 가능성이 비교적 낮다는 것을 알았기 때문이다. 다행히 잡스는 몹시 마음에 들어 했다. "이게 바로 미래야." 그는 신이 나서 말했다.

사실 그것은 정말 훌륭한 아이디어였고, 잡스는 곧 그것이 고민 중이던 휴대전화용 인터페이스 제작에 따르는 문제를 해결할 수 있다는 사실을 깨달았다. 그는 태블릿 컴퓨터의 개발을 보류하고 일단 멀티터치 인터페이스를 휴대전화 스크린 크기에 맞게 조정하라고 지시했다. 이 프로젝트가 훨씬 더 중요했기 때문이다. "전화기에서 작동되면 다시 돌아가서 태블릿 컴퓨터에도 적용할 수 있을 거라고 생각했지요." 그의 회상이다.

잡스는 디자인 스튜디오 컨퍼런스 룸에서 비밀회의를 열고 그 자리에 파델과 루빈스타인, 실러를 불렀다. 아이브가 멀티터치를 시연했다. "와우!" 파델이 외쳤다. 모두 마음에 들어 했지만 그것이 휴대전화에 구현될 수 있을지 여부는 확신할 수 없었다. 그들은 두 가지 경로로 일을 진행하기로 했다. P1은 아이팟의 트랙휠을 이용해 개발하는 휴대전화의 코드명이었고 P2는 멀티터치 스크린을 사용하는 새로운 대안의 코드명이었다.

한편 핑거웍스라는 델라웨어의 작은 회사가 이미 일련의 멀티터치 트랙패드를 만들고 있었다. 델라웨어 대학교의 두 학자 존 일라이어스와 웨인 웨스터먼이 창업한 핑거웍스는 멀티터치 감지 능력을 가진 태블릿 컴퓨터를 몇 가지 개발했으며 꼬

아이폰

집기나 밀기 등의 다양한 손가락 제스처를 유용한 기능으로 전환하는 방법에 대해 특허를 취득한 상태였다. 2005년 초 애플은 핑거웍스와 그들이 소유한 모든 특허 그리고 두 창업자까지 비밀리에 인수했다. 핑거웍스는 자사 제품의 판매를 중단하고 애플의 이름으로 새로이 특허를 출원하기 시작했다.

트랙휠 P1과 멀티터치 P2 휴대전화 방식으로 6개월 동안 개발이 진행된 후 잡스는 결정을 내리기 위해 측근들을 회의실로 불렀다. 파델은 트랙휠 모델 개발에 열심히 매달렸지만 결국 번호를 쉽게 입력해 전화를 거는 단순한 방법을 찾아내지 못했다고 시인했다. 멀티터치 방식은 공학적으로 실현될 수 있을지 확신할 수 없었기 때문에 리스크가 컸지만 훨씬 더 흥미진진하고 유망했다. 잡스는 터치스크린을 가리키며 말했다. "우리는 이게 우리가 원하는 것이라는 사실을 알고 있어요. 그러니 이걸로 갑시다." 이것이 바로 그가 말하는, 리스크가 크지만 성공하면 보상도 큰 이른바 '사운을 거는' 순간이었다.

참석자 중 두 명은 블랙베리의 인기를 고려하면 키보드를 장착해야 한다고 주장했지만 잡스는 거부했다. 물리적인 키보드는 스크린이 차지할 공간의 일부를 잡아먹을 수밖에 없으며 터치스크린 키보드처럼 유동성과 적응성이 높지 않을 거라는 게 그 이유였다. 그는 말했다. "하드웨어 키보드가 쉬운 해결책처럼 보이긴 하지요. 하지만 그러면 제약이 많아집니다. 키보드를 소프트웨어로 스크린에 넣으면 또 어떤 혁신들을 구현할 수 있을지 생각해 봐요. 거기에 승부를 걸어 봅시다. 제대로 돌아가게 할 방법을 찾을 수 있을 겁니다." 그 결과 전화번호를 입력하고 싶으면 숫자판이 뜨고, 글을 입력하고 싶으면 글자판이 뜨며, 특정한 기능에 필요한 버튼들이 나타났다가 동영상을 볼 때는 그 모든 것이 사라지는 기기가 탄생했다. 소프트웨어로 하드웨어를 대체함으로써 유동적이고 융통성 있는 인터페이스가 가능해진 것이다.

잡스는 6개월 동안 매일 일정 시간을 투자하여 디스플레이를 다듬는 과정을 도왔다. 그는 회상한다. "그 어떤 것보다도 복합적인 재미를 누렸어요. 꼭 비틀스 앨범 『서전트 페퍼』의 곡들을 진화시키는 작업에 몰두하는 기분이었지요." 지금은 간단해 보이는 많은 기능들이 그러한 창의적인 브레인스토밍의 결과였다. 예를 들어, 그들은 주머니에 넣은 전화기가 어쩌다 잘못 눌려 음악을 재생하거나 임의로 전화를 걸면 어쩌나 걱정했다. 잡스는 천성적으로 전원 버튼을 싫어했다. "세련되지 못하다."라고 생각했기 때문이다. 그래서 고안한 해결책이 바로 '밀어서 잠금 해제'였다. 스크린에 휴지 상태의 기기를 활성화하는 단순하고 재미있는 슬라이더를 설치한 것이다. 또 하나의 혁신은 사용자가 전화기를 귀에 대고 있음을 감지하여 귓불로 무심코 다른 기능을 활성화하지 않도록 막아 주는 장치였다. 물론 아이콘은 모두 그가 제일 좋아하는 모양으로 만들었다. 빌 앳킨슨으로 하여금 첫 매킨토시 소프트웨어에 넣게 한 그 디자인, 바로 모서리가 둥근 사각형이었다.

팀원들은 잡스와 함께 세부 사항 하나하나에 몰두해서 회의를 거듭하며 다른 휴대전화들이 복잡하게 만든 것들을 단순화하는 방법을 파악해 나갔다. 전화를 대기시키거나 다자간 통화를 돕는 바를 추가하고, 이메일을 쉽게 검색하는 방법을 찾고, 수평으로 화면을 넘겨 여러 가지 앱을 이용할 수 있도록 아이콘들을 만들었다.(이 모든 것을 하드웨어에 장착된 키보드 대신 스크린에 띄운 시각적 이미지로 이용할 수 있어 더욱 간편했다.)

고릴라 유리

잡스는 특정 음식에 대해 그러하듯 색다른 자재에 열중했다. 1997년에 복귀해 아이맥을 개발할 때 그는 색깔 있는 반투명 플라스틱을 채택했다. 그다음 단계는 금속이었다. 그와 아이브는 곡선으로 이뤄진 플라스틱 파워북 G3을 매끈한 티타늄 파워북 G4로 바꾸었고, 2년 후 자신들이 색다른 금속을 얼마나 좋아하는지 증명해 보이려는 듯 파워북 G4를 알루미늄으로 다시 디자인했다. 그런 다음 그들은 알루미늄을 산에 담그고 전기를 통하게 하여 표면을 산화시킨 아노다이즈드 알루미늄으로 아이맥과 아이팟 나노를 다시 디자인했다. 잡스는 필요한 만큼 대량으로 알루미늄을 산화 처리할 수 없다는 얘기를 듣고 중국에 별도로 공장을 세우게 했다. 아이브는 하필 사스(SARS)가 한창 유행일 때 해당 공정을 감독하러 중국에 갔다. 그는 회상한다. "3개월 동안 기숙사에서 지내면서 그 일에 매달렸습니다. 루비와 다른 사람들은 불가능한 일이라고 했지만 스티브와 저는 꼭 이루고 싶었지요. 아노다이즈드 알루미늄이야말로 아이맥과 아이팟 나노에 실질적인 통합성을 부여한다고 느꼈거든요."

그다음은 유리였다. "금속을 쓰고 난 다음, 나는 조니를 보며 이제 유리에 통달해야 한다고 했지요." 잡스의 말이다.

그들은 애플 스토어에 거대한 유리창과 유리 계단을 만들었다. 아이폰의 경우, 원래 계획은 아이팟처럼 플라스틱 스크린을 장착하는 것이었다. 그러나 잡스는 스크린을 유리로 하는 게 더 좋겠다고(훨씬 더 우아한 느낌과 존재감을 줄 거라고) 결정했다. 그래서 그는 강력하면서 긁히지 않는 유리를 찾기 시작했다.

당연히 가장 먼저 눈을 돌린 곳은 애플 스토어의 유리가 제작되고 있던 아시아 지역이었다. 그러나 뉴욕 북부에 있는 코닝 글라스 사의 이사회 임원인 친구 존 실리 브라운이 잡스에게 그 회사의 젊고 역동적인 CEO 웬들 윅스를 만나 보라고 했다. 그래서 그는 코닝의 대표전화로 전화해 자신의 이름을 밝히고 윅스에게 연결해 달라고 말했다. 윅스의 비서는 메시지를 남기면 전해 주겠다고 했다. 그러자 잡스는 대꾸했다. "아니오. 난 스티브 잡스요. 바로 연결해 주시오." 비서는 거절했다. 잡스는 브라운에게 전화해서 "전형적인 동부 연안의 허튼 수작을 경험했다."라고 불평했다. 이런 이야기를 전해 들은 윅스는 애플의 대표전화로 전화해서 잡스를 연결해 달라고 했다. 그는 물어보거나 요청할 게 있으면 글로 써서 팩스로 전송하라는 얘기를 들어야 했다. 잡스는 그 이야기를 듣고 윅스에게 호감이 생겨 그를 쿠퍼티노로 초대했다.

잡스가 아이폰에 어떤 유리를 사용하고 싶은지 설명하자 윅스는 코닝이 1960년대에 화학적 교환 공정을 개발해 이른바 '고릴라 유리'를 탄생시켰다고 설명했다. 이 유리는 믿기 힘들 정도로 강력하지만 시장을 찾지 못해 코닝이 더 이상 제조하지 않는다는 것이었다. 잡스는 그것이 충분히 적절한지 의심스럽다며 윅스에게 유리 제조 과정을 설명하기 시작했다.

윅스는 번데기 앞에서 주름 잡는 잡스가 우습지 않을 수 없었다. 그래서 그의 말을 잘랐다. "그만하시고 저한테 과학에 대해 한 수 배우시죠." 잡스는 화들짝 놀라 입을 다물었다. 윅스는 화이트보드로 가서 화학 공정에 대해 설명하기 시작했다. 유리 표면에 압축된 층을 만드는 이온 교환 방식에 관한 것이었다. 이것이 잡스의 주의를 끌었고 잡스는 6개월 내에 코닝이 최대한 많은 고릴라 유리를 만들어 주길 바란다고 했다. 윅스가 대꾸했다. "생산 능력이 안 됩니다. 지금 우리 공장들은 고릴라 유리를 전혀 만들지 않고 있으니까요."

"걱정 마세요." 잡스가 대꾸했다. 윅스는 어안이 벙벙했다. 그는 기지가 뛰어나고 자신감이 넘쳤지만 잡스의 현실 왜곡장에 익숙하지 않았다. 그는 거짓 자신감으로 기술적인 도전 과제들을 극복할 수는 없다고 설명하려 했지만, 잡스는 이미 그러한 전제는 받아들이지 않는 자세를 확립한 지 오래였다. 그는 눈을 깜박이지 않고 윅스를 응시하며 말했다. "아뇨. 당신은 할 수 있어요. 명심해요. 당신은 할 수 있어요."

윅스는 이 일화를 회상하면서 어이없다는 듯이 고개를 절레절레 저었다. "우리가 실제로 6개월도 안 돼서 그 일을 해냈다니까요. 전혀 생산하지 않던 유리를 만들면서 말입니다." LCD 디스플레이를 제작하던 코닝 사의 켄터키 주 해리스버그 공장은 거의 하룻밤 새에 고릴라 유리 생산을 전담하도록 개조되었다. "최고의 과학자와 엔지니어 들을 투입해서 그냥 밀어붙인 겁니다." 바람이 잘 통하는 윅스의 사무실에는 그가 액자에 담아 보관 중인 단 한 개의 기념품이 진열되어 있었다. 바로 아이폰이 출시되던 날 잡스가 보낸 메시지였다. "당신이 없었더라면 우린 해낼 수 없었을 겁니다."

결국 윅스는 조니 아이브와도 친구가 되었다. 이따금씩 조니 아이브는 뉴욕 북부에 있는 그의 호숫가 별장을 찾곤 했다. 윅스는 말했다. "비슷한 유리 조각들을 건네주면 조니는 감촉만으로도 그것들이 서로 다르다는 것을 알아차립니다. 우리 회사의 연구소장 정도만 할 수 있는 일이죠. 스티브는 무언가를 보여 주면 곧바로 호불호를 드러내는 사람입니다. 하지만 조니는 그것을 갖고 놀고 생각해 보면서 미묘한 점들과 가능성 등을 파악하죠." 2010년 아이브는 자신의 수석 팀원들을 코닝으로 데려가 그곳의 장인들과 함께 유리를 만들어 보게 하기도 했다. 그해에 코닝은 '고질라 유리'라는 코드명의 초강력 유리를 연구하기 시작했다. 그러면서 조만간 금속 테두리가 필요 없을 정도로 강력한 아이폰용 유리와 세라믹을 생산할 수 있기를 바랐다. 윅스가 말했다. "잡스와 애플 덕분에 코닝은 훨씬 나아졌습니다. 우리 둘 다 각자가 만드는 제품에 대해 광신적으로 집착한다는 공통점이 있죠."

얇은 것이 아름답다

「토이 스토리」나 애플 스토어 등 주요 프로젝트가 완성 단계에 이르렀을 때 잡스는 종종 '일시 정지' 버튼을 누르고 중요한 수정을 가하기로 결심하곤 했다. 아이폰의 디자인도 예외는 아니었다. 처음 디자인은 알루미늄 케이스 안에 유리 스크린을 넣는 방식이었다. 어느 월요일 아침 잡스는 아이브를 찾아와 말했다. "어젯밤에 한숨도 못 잤어. 문득 그게 마음에 안 든다는 생각이 들었거든." 그것은 원조 매킨토시 이후 그가 만드는 가장 중요한 제품인데 그 디자인이 적절하지 않은 것 같다는 얘기였다. 아이브는 곧 잡스가 옳다는 것을 깨달았다. 자신도 당황스러웠다. "내가 먼저 파악해서 해야 할 얘기를 그가 했다는 사실에 너무 창피했던 기억이 납니다."

아이폰은 디스플레이가 중심이 되어야 했는데 기존 디자인은 케이스가 디스플레이를 배려하기는커녕 디스플레이와 경쟁을 벌이는 느낌이라는 게 문제였다. 기기 자체가 너무 남성적이고 직무 중심적이며 효율성만 강조한 느낌이 들었다. 잡스는 아이브의 팀에게 이렇게 말했다. "이 디자인은 여러분이 지난 9개월 동안 열심히 매달려 완성한 겁니다. 하지만 이제 그것을 바꾸려 합니다. 앞으로 야간에는 물론 주말에도 일을 해야 합니다. 자, 원한다면 총을 줄 테니 지금 이 앞에 선 우리를 죽이든가 일을 하든가 결정하시길 바랍니다." 팀원들은 난색을 보이기는커녕 그의 말에 공감했다. 잡스는 회상한다. "애플에서 경험한 가장 뿌듯한 순간들 가운데 하나였어요."

마침내 탄생한 새 디자인은 고릴라 유리 디스플레이를 가장자리까지 꽉 채우고 거기에 얇은 스테인리스강 베젤(유리를 고정하는 테두리. ─ 옮긴이)을 두른 것이었다. 기기의 모든 부분이 스크린을 따르는 듯했다. 새로운 외관은 간결할 뿐 아니라 친근했다. 애정을 가질 수 있는 디자인이었다. 이를 위해 회로 기판과 안테나, 내부의 프로세서 배치 작업을 모두 다시 해야 했지만 잡스는 그러라고 지시했다. "다른 회사들 같았으면 그냥 눈 질끈 감고 출시해 버렸을 겁니다. 하지만 우리는 리셋 버튼을 누르고 처음부터 다시 시작했지요." 파델의 말이다.

잡스의 완벽주의뿐 아니라 통제 욕구까지 반영된 한 가지 측면은 바로 기기를 완전히 봉해 버린 점이었다. 아이폰의 케이스는 심지어 배터리를 바꿔 끼우기 위해 여는 것도 불가능했다. 1984년 원조 매킨토시가 그랬듯 잡스는 사람들이 그것을 열고 속을 뒤적거리는 것을 원치 않았다. 실제로 애플은 2011년에 외부 수리점들이 아이폰 4를 열어 본다는 사실을 알았을 때 작은 나사들을 시중의 드라이버로는 열 수 없는, 즉 임의 변경을 가할 수 없는 오각 꽃 모양의 펜타로브 나사로 교체했다. 배터리를 교체하지 않게 함으로써 아이폰은 훨씬 더 얇아질 수 있었다. 잡스는 언제나 얇을수록 좋다고 여겼다. 팀 쿡은 말했다. "그는 늘 얇은 것이 아름답다고 믿었습니다. 모든 제품이 그렇지요. 우리는 노트북도 가장 얇고 스마트폰도 가장 얇으며 아이패드도 얇게 만들었어요. 그리고 갈수록 더 얇게 만들기 위해 노력했고요."

'예수 폰'

아이폰을 출시할 때가 되자, 잡스는 늘 그랬듯이 하나의 잡지에만 사전 특별 인터뷰를 제공했다. 그는 타임 사의 편집장 존 휴이에게 전화해 특유의 과장된 언사를 늘어놓았다. "이건 우리가 지금껏 출시한 것들 가운데 최고예요." 그는 타임 사에 특종을 주고 싶다고 했다. "하지만 타임 사에 이런 기사를 잘 쓸 만큼 똑똑한 친구가 있는지 모르겠군요, 어디 다른 데다 줄까요?" 휴이는 업계에 정통하고 박식한 기자 레브 그로스먼을 붙여 주었다. 그로스먼은 사실상 아이폰이 새로운 기능을 많이 창조한 것은 아니며 다만 기존의 기능들을 훨씬 사용하기 편하게 만들었음을 정확하게 지적하는 기사를 썼다. "하지만 그것은 중요하다. 우리는 대개 도구가 제대로 작동되지 않으면 자신을 탓한다. 자신이 너무 멍청하거나 사용 설명서를 제대로 읽지 않았거나 손가락이 너무 굵어서 그런 거라고 말이다. (중략) 도구가 고장 나면 우리 자신이 망가진 느낌이 든다. 그래서 누군가가 제대로 된 도구를 쥐어줄 때 우리가 좀 더 완전해진 느낌이 드는 것이다."

2007년 1월 잡스는 아이폰을 공개하는 샌프란시스코 맥월드 행사에 아이맥을 발표할 때와 마찬가지로 앤디 허츠펠드와 빌 앳킨슨, 스티브 워즈니악 그리고 1984년 매킨토시의 팀원들을 초대했다. 이 행사는 그의 화려한 제품 프레젠테이션 경력 가운데서도 최고라 할 수 있었다. "가끔씩 모든 것을 바꿔 놓는 혁신적인 제품이 나옵니다." 그는 이렇게 말을 시작했다. 이전에 나온 제품 두 가지, 즉 "컴퓨터 산업 전체를 바꾼" 원조 매킨토시와 "음악 산업 전체를 바꾼" 원조 아이팟을 말하는 것이었다. 그런 다음 그는 조심스럽게 곧 발표할 제품으로 화제를 바꿨다. "오늘 우리는 이런 혁신적인 제품 세 가지를 소개하려 합니다. 첫 번째는 터치로 조작하는 와이드스크린 아이팟입니다. 두 번째는 혁신적인 휴대전화이지요. 그리고 세 번째는 완전히 새로운 인터넷 통신 기기입니다." 그는 강조를 하기 위해 이 세 가지를 한 번 더 말하고는 물었다. "뭔지 아시겠습니까? 세 개의 기기를 말하는 게 아닙니다. 이 모든 것을 구현한 하나의 기기를 말하는 겁니다. 우리는 그것을 '아이폰'이라 부릅니다."

5개월 후인 2007년 6월 말에 아이폰 판매가 시작되었을 때 잡스와 그의 아내는 그 흥분을 만끽하기 위해 걸어서 팰러앨토에 있는 애플 스토어로 갔다. 신제품 판매가 시작되는 날이면 종종 그랬기 때문에 기대에 찬 팬들이 기다리고 있다가 마치 성경 책을 사러 온 모세를 반겨 주듯 그를 환영했다. 그 신실한 사람들 가운데는 허츠펠드와 앳킨슨도 포함되어 있었다. "빌 앳킨슨이 밤새 줄을 서서 기다렸대요." 허츠펠드가 말했다. 잡스는 아니라는 듯이 팔을 내저으며 웃음을 터뜨렸다. "내가 한 대 보냈는데, 뭘." 그러자 허츠펠드가 대꾸했다. "여섯 대가 필요하답니다."

아이폰은 순식간에 블로거들 사이에서 '예수 폰'이라는 별명을 얻었다. 그러나 애플의 경쟁사들은 500달러는 너무 비싼 가격이라 성공할 수 없다는 점을 강조했다. "그것은 세상에서 제일 비싼 전화기입니다." 마이크로소프트의 스티브 발머는 CNBC 인터뷰에서 이렇게 말했다. "게다가 자판이 없어서 비즈니스 고객들에게는 호소력이 떨어질 겁니다." 이번에도 마이크로소프트는 잡스의 제품을 과소평가한 셈이었다. 2010년 말까지 애플은 아이폰을 무려 9000만 대나 판매하면서 전 세계 휴대전화 시장에서 창출된 전체 수익의 절반 이상을 거둬들였다.

"스티브는 욕구를 이해하는 사람입니다." 40년 전에 '다이나북' 태블릿 컴퓨터를 구상한 제록스 PARC의 선구적 인물 앨런 케이의 말이다. 케이는 예언적인 평가에 능했으므로 잡스는 그에게 아이폰에 대한 의견을 물었다. "스크린을 5×8인치로 만들면 세상을 지배하게 될 겁니다." 케이가 말했다. 그는 아이폰 디자인이 다이나북에 대한 자신의 비전을 충족해 줄(사실상 그것을 초과할) 태블릿 컴퓨터 아이디어에서 시작

아이폰

했으며 훗날 그 태블릿 컴퓨터로 다시 이어질 거라는 사실을
몰랐다.

2 라운드

암의 재발

2008년의 전투

2008년 초 잡스와 그의 주치의들은 그의 암이 퍼지고 있다는 것을 알았다. 2004년 췌장암 제거 수술을 받을 때 잡스는 자신의 암에 대해 부분적으로 염기 서열을 분석해 줄 것을 요청했다. 덕분에 의사들은 어떤 경로들에 문제가 있는지 확인하고 효과가 가장 높을 것으로 추정되는 표적 치료를 수행할 수 있었다.

그는 또한 주로 모르핀 계열 진통제로 통증을 치료했다. 파월의 절친한 친구 캐서린 스미스는 팰러앨토에서 그들 가족과 함께 머물던 2008년 2월의 어느 날 잡스와 함께 산책을 했다. "몸이 많이 안 좋을 때는 그저 통증에 집중해서 그 안으로 들어간다고, 그러면 통증이 사라지는 것 같다고 말했어요." 그녀의 회상이다. 그러나 정말 그렇다고 할 수는 없었다. 잡스는 통증이 시작되면 주변 사람들이 전부 알 수 있도록 그것을 표출했으니까 말이다.

의료진들이 암이나 통증만큼 신경을 쓰지는 않았지만 점점 심각해지는 또 다른 문제가 있었다. 바로 섭식 장애로 체중이 감소한다는 것이었다. 한 가지 원인은 췌장을 상당 부분 절제한 탓에 단백질과 여타 영양분의 소화를 돕는 효소가 제대로 분비되지 않는다는 데 있었다. 모르핀이 식욕을 감퇴시킨 것도 또 하나의 이유였다. 마지막으로 정신적인 요인도 있었지만 그에 대해 의사들은 치료는 고사하고 어떻게 다뤄야 하는지조차 잘 모르는 상태였다. 바로 잡스가 10대 초반부터 기이하리만큼 집착해 온 극도로 제한적인 식이요법과 금식이 그것이었다.

결혼을 하고 자녀를 낳은 후에도 그는 이 미덥지 않은 식습관을 버리지 않았다. 몇 주 동안 똑같은 것(이를테면 레몬을 넣은 당근 샐러드나 그냥 사과만)을 먹다가 갑자기 중단하고 더는 그것을 먹지 않겠다고 선언하기 일쑤였다. 10대 시절에 그랬던 것처럼 종종 금식에 들어갔으며 식탁에서 다른 사람들에게 자신이 따르는 섭생의 장점에 대해 열심히 강연하기도 했다. 파월은 결혼할 무렵에는 완전 채식주의자였지만 남편이 수술을 받은 후 가족의 식단에 생선 등 단백질을 추가하기 시작했다. 역시 채식주의자였던 그들의 아들 리드는 '식욕이 왕성한 잡식가'가 되었다. 가족들은 아버지가 다양한 경로로 단백질을 섭취해야 한다는 사실을 잘 알고 있었다.

그리하여 그들은 셰 파니스에서 앨리스 워터스와 함께 일했던, 온화하고 다재다능한 요리사 브라이어 브라운을 고용했다. 그는 매일 오후 그들의 집에 와서 파월이 정원에서 기른 약초와 야채를 사용해 건강에 좋은 음식들로 성대하게 저녁상을 차렸다. 잡스가 그때그때 먹고 싶은 것을 말하면(당근 샐러드, 바질을 넣은 파스타, 레몬그라스 수프 등) 브라운은 묵묵히 참을성 있게 그것을 만들 방도를 찾곤 했다. 오래전부터 극도로 편향적인 식성을 유지해 온 잡스는 어떤 음식이든 그 자리에서 훌륭하다거나 끔찍하다는 판단을 내리는 경향이 있었다. 예를 들면, 보통 사람들은 맛을 구분하지 못하는 두 개의 아보카도를 먹어 보고는 하나는 최고의 아보카도이고 다른 하나는 못 먹을 맛이라고 선언하기도 했다.

2008년 초부터 잡스의 섭식 장애는 점점 더 심각해졌다. 가끔은 긴 식탁에 차려진 수많은 음식에 전혀 손을 대지 않은 채 그저 바닥만 보고 앉아 있는 경우도 있었다. 다른 사람들이 한창 식사 중일 때 불쑥 자리에서 일어나 아무 말 없이 식당을 나가기도 했다. 가족에게는 여간 스트레스가 쌓이는 일이 아닐 수 없었다. 그들은 2008년 봄 동안에 그의 체중이 무려 18킬로그램이나 감소하는 것을 지켜봐야 했다.

2008년 3월 《포춘》에 「스티브 잡스의 문제」라는 기사가 게재되면서 그의 건강 문제가 또 한 번 대중에게 공개되었다. 그 기사는 잡스가 9개월 동안 식이요법으로 암을 치료하려 했다는 사실을 공개하며 애플 스톡옵션의 백데이팅에 대해서도 파헤쳤다. 한창 기사가 작성되고 있을 때 잡스는 《포춘》의 부편집장 앤디 서워를 쿠퍼티노로 초대해(사실상 소환해) 기사를 내보내지 말라고 강요했다. 그는 서워의 얼굴을 들여다보며 이렇게 물었다. "내가 얼간이라는 사실을 알아냈군요. 그런데 그게 어째서 새로운 뉴스거리라는 거요?" 잡스는 하와이의 코나 빌리지에 갖고 간 위성 전화로 타임 사에 있는 서워의 상관 존 휴이에게도 전화해서 이처럼 자의식을 표출하는 주장을 펼쳤다. 그는 차라리 여러 CEO들을 불러 모아 상장회사의 CEO는 어느 선까지 자신의 건강 문제를 공개하는 게 적절한지 공개 토론회를 열자고, 단 《포춘》이 해당 기사를 내보내지 말아야 거기에 참석하겠다고 제안했다. 《포춘》은 이에 응하지 않았다.

2008년 6월 아이폰 3G를 소개할 때 잡스는 제품 발표에 그늘을 드리울 정도로 몸이 여윈 상태였다. 《에스콰이어》의 톰 주노드는 이 "비쩍 마른" 무대 위의 인물이 "지금까지 그의 철벽같은 이미지에 기여해 온 옷을 입고 있었지만 해적처럼 수척해진 얼굴을 감출 수는 없었다."라고 묘사했다. 애플은 사실과 다르게 '가벼운 일상적인 병' 때문에 체중이 감소한 것이라는 발표를 내놓았다. 의문이 끊임없이 제기되자 그 다음 달 애플은 다시 잡스의 건강은 '사생활 문제'라는 해석 을 내놓았다.

《뉴욕 타임스》의 조 노세라는 잡스의 건강 논란에 대한 대응을 비난하는 칼럼을 썼다. 다음은 그가 2008년 7월 하 순에 쓴 글의 일부이다. "애플이 자사의 CEO에 대해 진실을 말하고 있다고 믿을 수가 없다. 잡스 씨의 지휘하에 애플은 비밀주의 문화를 조성해 왔으며 이는 여러 가지 면에서 회사 에 도움이 되었다. 애플이 연례 맥월드 행사에서 어떤 제품 을 공개할 것인가에 대한 추측은 애플의 최고 마케팅 도구 가운데 하나가 되었다. 그러나 그러한 문화는 한편으로 그들 의 기업 지배 구조에 해를 입히는 요인도 되고 있다." 그는 이 칼럼을 준비하며 애플의 모든 이들에게서 그것은 '사생활 문 제'라는 얘기를 듣던 중 잡스에게서 뜻밖의 전화를 받았다. 잡스가 말했다. "나 스티브 잡스요. 당신은 내가 스스로 법 위에 있다고 생각하는 거만한 '또라이'라고 보는군요. 난 당 신이 주로 사실 대부분을 잘못 해석하는 더러운 인간이라고 생각하오." 이렇게 심한 말로 통화를 시작한 잡스는 자신의 건강에 대해 약간의 정보를 주겠다고, 단 절대 기사화해선 안 된다고 제안했다. 노세라는 이를 받아들였다. 그러나 잡 스의 건강 문제가 가벼운 일상적인 병 정도는 아니지만 "생 명에는 지장이 없으며 암이 재발한 것도 아니다."라는 보도 는 내보낼 수 있었다. 잡스는 노세라에게, 애플 이사회와 주 주들에게는 알리고 싶지 않은 정보까지 주었지만 결코 온전 한 진실을 제공하진 않았다.

어느 정도는 잡스의 체중 감소에 대한 우려 때문에 애플의 주가는 2008년 6월 초 188달러였던 것이 7월 말에는 156달러로 떨어졌다. 8월 말 《블룸버그 뉴스》가 미리 써 놓은 잡스의 부고 기사를 실수로 유출하여 그것이 결국 고커 사이트에 게재되고 만 것도 주가에 도움이 되지 않았다. 잡스는 며칠 후 애플의 연례 뮤직 이벤트에서 마크 트웨인의 유명한 말을 인용하여 상황을 정리했다. "나의 사망 보도는 대단히 과장된 뉴스입니다." 새 아이팟 라인을 소개하면서 이렇게 말한 것이다. 그러나 그의 수척한 모습은 결코 사람들을 안심시키지 못했다. 10월 초가 되자 주가는 97달러까지 하락했다.

그달에 유니버설 뮤직의 더그 모리스가 애플 본사에서 잡스와 만나기로 되어 있었다. 그러나 잡스는 그를 다시 자택으로 초대했다. 모리스는 아파서 고통스러워하는 잡스의 모습에 놀라지 않을 수 없었다. 모리스는 로스앤젤레스에서 열리는 시티 오브 호프(로스앤젤레스 등 캘리포니아 여러 도시에 있는 비영리 사립 임상 연구 센터 겸 병원 겸 의학 대학원.— 옮긴이)를 위한 암 퇴치 기금 모금 행사에 참석할 예정이었는데, 잡스도 참석했으면 좋겠다고 했다. 잡스는 평소에 자선 행사에 참석하는 것을 피했지만 모리스와 행사의 대의를 고려해 참석하기로 결정했다. 샌타모니카 해변에 설치한 커다란 천막 안에서 열린 그 행사에서 모리스는 2000명의 관객들에게 잡스가 음악 산업에 새로운 생명을 불어넣고 있다고 말했다. 스티비 닉스와 라이어넬 리치, 에리카 바두, 에이콘 등이 출연한 공연은 자정이 지나서까지 이어졌다. 잡스는 심하게 추위를 탔다. 지미 아이오빈이 그에게 후드 티셔츠를 건네주었고 그는 저녁 내내 후드를 뒤집어쓰고 있었다. "너무 아프고 심하게 추위를 타는 데다 너무 마른 상태였어요." 모리스의 회상이다.

《포춘》의 베테랑 기술공학 기자 브렌트 슐렌더는 그해 12월에 회사를 떠나면서 잡스와 빌 게이츠, 앤디 그로브, 마이클 델의 합동 인터뷰 기사로 경력의 마지막을 장식하기로 했다. 그리하여 어렵게 인터뷰 날짜를 잡았지만, 불과 2~3일 전에 잡스가 전화해서 취소하겠다고 했다. "다른 사람들이 이유를 묻거든 그냥 내가 '또라이'라서 그러는 거라고 전하세요." 게이츠는 처음에 짜증을 내다가 곧 잡스의 건강 상태에 대해 알고는 이렇게 말했다. "십분 이해할 수 있지요. 그저 밝히고 싶지 않았던 겁니다." 2008년 12월 16일 잡스가 지난 11년 동안 주요 제품 발표를 위해 활용해 온 공개 토론장, 즉 1월의 맥월드 행사에 참석하지 않을 거라고 애플이 발표하면서 이러한 사실은 더욱 분명해졌다.

블로고스피어에는 그의 건강에 대한 추측이 난무했고 그 중 상당수는 진실의 악취를 담고 있었다. 잡스는 몹시 화가 났다. 사생활이 침해당한 기분이었다. 애플이 좀 더 적극적으로 막지 않는다는 점에도 짜증이 났다. 결국 2009년 1월 5일 그는 대중을 교란하는 공개장을 발표했다. 그는 자신이 맥월드 행사에 참석하지 않는 것은 가족과 더 많은 시간을 보내고 싶어서라고 주장했다. "많은 분들이 아시다시피 제가 2008년 한해 동안 살이 많이 빠졌습니다. 주치의들이 원인을 찾은 것 같다고 하더군요. 호르몬 불균형이 건강을 유지하는 데 필요한 단백질을 빼앗아 가고 있는 거랍니다. 정교한 혈액검사로 이러한 진단이 옳다는 것을 확인했습니다. 이런 영양 관련 문제는 비교적 간단하게 해결할 수 있지요."

여기에는 작지만 핵심적인 진실이 담겨 있었다. 췌장이 분비하는 호르몬 가운데 하나는 인슐린과 길항하는 글루카곤이다. 글루카곤은 간에서 혈당을 내보내는 역할을 한다. 잡스의 종양은 간으로 전이되어 파괴 작용을 하고 있었다. 사실상 그의 몸은 스스로를 먹어 치우고 있는 셈이었다. 그래서 의사들은 약을 투여하여 글루카곤 수치를 낮추려고 했다. 호르몬 불균형이 있는 것은 사실이었지만 그것은 암이 간으로 전이되었기 때문이었다. 그는 개인적으로 이를 부정하면서 공개적으로도 부정할 수 있기를 바랐다. 안타깝게도 그가 상장회사를 운영하고 있다는 점 때문에 그것은 법적으로 문제가 되는 일이었다. 그러나 잡스는 자신에 대한 블로고스피어의 태도에 화가 나서 반격을 가하고 싶었다.

낙관적인 발표를 하긴 했지만 이 무렵 그는 몸 상태가 매우 안 좋았고 통증도 극심했다. 또 한 번 시도한 화학요법이 지독한 부작용을 안겨 준 상태였다. 피부가 마르고 갈라지기 시작했다. 대체 요법을 모색하던 그는 스위스 바젤로 날아가 실험적인 호르몬 방사선 치료를 시도하기도 했다. 또한 네덜란드 로테르담에서 개발한 펩타이드 수용체 방사선 동위원소 요법이라는 실험적인 치료도 받아 보았다.

일주일 동안 변호사들의 집요한 법적 조언에 시달리고 나서야 잡스는 마침내 병가를 내는 데 동의했다. 2009년 1월 14일에 그는 또 한 번 애플 직원들에게 공개편지를 보내서 이 사실을 알렸다. 먼저 그는 이런 결정을 하게 된 이유를 블로거들과 언론의 호기심 탓으로 돌렸다. "안타깝게도 내 개인 건강에 대한 호기심이 나와 우리 가족뿐 아니라 애플의 모든 사람들을 끊임없이 동요시키고 있습니다." 그러나 곧 자신의 '호르몬 불균형'에 대한 치료가 자신이 말했던 것처럼 그리 간단한 것은 아니라고 시인했다. "지난 한 주 동안 나의 건강 문제가 처음 생각했던 것보다 더 복잡하다는 걸 깨달았습니다." 이번에도 팀 쿡이 일상 업무를 대행할 예정이었다. 그러나 그는 자신이 CEO로 남아 계속해서 주요 결정들에 관여할 것이며 6월에 돌아올 것임을 밝혔다.

그동안 잡스는 그의 개인 건강 조언자 겸 애플의 공동 선임 이사로서 이중의 역할을 수행하는 빌 캠벨, 아트 레빈슨과 문제를 상담해 왔다. 그러나 나머지 이사들에게는 정보가 온전히 공개되지 않았으며 주주들에게는 처음부터 잘못된 정보가 제공되었다. 이로써 약간의 법적 논쟁이 제기되자 SEC는 애플이 주주들에게 '구체적인 정보'를 은폐했는지 여부를 조사하기 시작했다. 만약 애플이 허위 정보 유포를 허용했거나 회사의 재정 전망과 관련 있는 진실을 은폐했다면 그것은 증권 사기로서 중죄가 될 수 있었다. 잡스와 그의 마법이 애플의 재건과 거의 완전히 동일시된다는 점에서 그의 건강 문제는 이러한 기준에 부합하는 듯했다. 그러나 그것은 법적으로 애매한 부분이 아닐 수 없었다. CEO의 사생활 보호 권리도 무시할 수 없는 문제였으니 말이다. 잡스의 경우에는 이러한 균형을 찾기가 특히 힘들었다. 그는 자신의 사생활을 매우 중요시하는 개인인 동시에 대부분의 CEO들에 비해 자신의 회사를 더욱 구체적으로 상징하는 인물이었다. 그의 태도 역시 일을 더욱 복잡하게 만들었다. 그는 매우 감정적인 상태가 되어 고함을 치고 이따금 눈물을 보이기도 했으며, 비밀주의를 조금 버려야 한다고 제안하는 사람에게는 욕을 퍼부었다.

잡스와의 우정을 중요시한 캠벨은 잡스의 사생활을 침해

하면서까지 수탁자의 의무를 지고 싶진 않다며 이사회에서 물러나겠다고 제안했다. 나중에 그는 이렇게 말했다. "저 역시 사생활 측면을 중시하는 사람입니다. 스티브는 아주 오래 전부터 저와 친구 사이였고요." 변호사들은 결국 캠벨이 공동 선임 이사직에서는 물러나야 하지만 이사직까지 내놓을 필요는 없다고 결정했다. 그의 역할은 에이번의 안드레아 정이 대신 맡았다. SEC 조사는 결국 아무런 결실도 맺지 못했고, 이사회는 방어 막을 쌓고 정보를 더 공개하라는 요구로부터 잡스를 보호했다. "언론은 우리가 개인적인 세부 사항을 더 많이 내놓길 바랐습니다. 법이 요구하는 범위를 넘어서느냐 마느냐는 사실 스티브가 결정할 일이었지요. 그는 분명히 사생활이 침해당하는 것을 원치 않았습니다. 그의 바람을 존중해 줘야지요." 앨 고어의 회상이다. 나는 2009년 초에, 그러니까 잡스의 건강 관련 문제가 주주들에게 알려진 것보다 훨씬 더 심각했던 그 시기에 이사회가 좀 더 솔직한 태도를 취했어야 하는 것 아니냐고 그에게 물었다. 그러자 고어가 대답했다. "우리는 외부 법률고문을 고용해서 법이 요구하는 바가 무엇인지, 모범 실무는 어떤 것인지 검토해 보고 정석대로 처리했습니다. 방어 논리로 들릴지 모르겠지만, 어쨌든 저는 그런 비판이 나올 때마다 정말 화가 났습니다."

이사들 가운데 한 명은 생각이 달랐다. 크라이슬러 및 IBM의 전 CFO인 제리 요크는 공개적으로는 아무 말도 하지 않았지만 《월스트리트 저널》의 어느 기자에게 자신은 애플이 2008년 후반에 잡스의 건강 문제를 숨긴 것을 알고 "치를 떨었다."라고 비공식적으로 털어놓았다. "솔직히 말하면 저는 그때 사퇴했어야 하는 겁니다." 2010년에 요크가 사망하자 《월스트리트 저널》은 그의 말을 공개했다. 요크는 또한 《포춘》에도 비공식적으로 정보를 제공했다. 《포춘》은 2011년 잡스가 세 번째 병가를 냈을 때 그 정보를 공개했다.

당시 요크가 공식적으로 이의를 제기한 것은 아니었으므로 애플의 일부 사람들은 그가 실제로 그런 말을 했다는 것을 믿지 않았다. 그러나 빌 캠벨은 이러한 보도들이 어느 정도는 사실이라는 것을 알고 있었다. 2009년 초에 요크가 그에게 여러 차례 불평을 했기 때문이다. "제리는 밤늦게 화이트와인을 과하게 마시고 새벽 2~3시에 전화해서 이렇게 말하곤 했지요. '빌어먹을, 난 그의 건강에 대한 헛소리에 넘어가지 않아요. 확인을 해야 합니다.' 그리고 다음 날 아침에 전화해 보면 그는 '괜찮습니다. 전혀 문제없습니다.'라고 말했습니다. 틀림없이 기자들한테도 그렇게 술이 취했을 때 정신을 놓고 전화했을 겁니다."

멤피스에서 이식수술을 받다

잡스의 암 연구 팀의 책임자는 스탠퍼드 대학교의 조지 피셔로, 위암과 직장암 분야에서 선도적인 연구자였다. 그는 여러 달 동안 잡스에게 간 이식을 고려해야 한다고 경고했지만 잡스는 그런 종류의 정보는 받아들이지 않는 사람이었다. 파월은 피셔가 끊임없이 수술 가능성을 제기한다는 사실이 다행스럽게 느껴졌다. 남편을 여러 번 자극해야만 수술을 고려할 거라는 사실을 잘 알았기 때문이다.

마침내 2009년 1월 잡스는 자신의 '호르몬 불균형'이 쉽게 치료될 수 있다고 주장하고 나서 얼마 지나지 않아 결국 설득에 넘어갔다. 그러나 한 가지 문제가 있었다. 캘리포니아 간 이식 대기자 명단에 이름을 올렸지만 적절한 시기에 간을 이식받을 수 없을 것 같았기 때문이다. 혈액형이 같은 기증자가 적은 데다, 미국의 해당 정책을 정하는 미국 장기 이식 센터의 기준으로는 암 환자보다 간경변증이나 간염 환자에게 우선권이 부여되었다.

아무리 잡스처럼 부유한 사람이라고 해도 합법적인 방법으로 '새치기'를 하기란 불가능했다. 그는 결코 새치기를 하지 않았다. 간 이식 수혜자는 호르몬 수치 검사를 통해 이식이 얼마나 시급한지를 결정하는 MELD(말기 간 질환 모델) 점수와 그동안의 대기 기간을 토대로 선발된다. 모든 기증은 면밀한 감사를 거치며 공식 웹사이트(optn.transplant.hrsa.gov)에서 데이터를 확인할 수 있으므로 대기자 명단에 올라 있는 사람은 언제든 자신의 상황을 확인할 수 있다.

파월은 장기 기증 웹사이트들을 찾아다니며 매일 밤 대기자 명단에 얼마나 많은 사람들이 올라 있는지, 그들의 MELD 점수는 어느 정도인지, 얼마나 오래 기다렸는지 등을 확인했다. 그녀는 이렇게 회상했다. "직접 계산해 볼 수 있어요. 제가 해 봤는데 캘리포니아 주에서는 6월이 지나야 기증을 받을 수 있겠더라고요. 그런데 의사들은 그의 간이 4월쯤이면 기능을 멈출 거라고 했죠." 그래서 그녀는 여기저기 알아보기 시작했고, 동시에 두 개 주의 대기자 명단에 오르는 것이 허용되며 잠재 수혜자의 약 3퍼센트가 그렇게 한다는 사실을 알아냈다. 두 개 이상의 주에 이름을 올리는 것은 정책상 전혀 문제 될 게 없었다. 다만 일부 사람들이 부자들에게 혜택을 주는 제도라고 비판하고 있었다. 하지만 그렇게 하는 것도 결코 쉬운 일은 아니었다. 주요 요건이 두 가지 있었는데, 하나는 수혜자가 여덟 시간 안에 지정 병원에 도착할 수 있어야 한다는 것이었다. 잡스는 전용기가 있었으므로 이것은 문제 되지 않았다. 또 한 가지 요건은 환자를 대기자 명단에 올리려면 해당 주의 병원 의사들이 환자를 직접 평가해야 한다는 것이었다.

종종 애플의 외부 법률고문으로 일하던 샌프란시스코 변호사 조지 라일리는 상냥한 테네시 주의 신사로, 잡스와 매우 가까워진 상태였다. 그는 양친이 멤피스의 감리교 대학 병원 의사여서 멤피스에서 태어나 자랐는데, 그에게는 그 지역에서 이식 센터를 운영하는 제임스 이슨이라는 친구가 있었다. 이슨의 이식 센터는 전국 최고 수준으로 가장 많은 사람들이 찾는 곳 중 하나였다. 2008년 그의 팀은 무려 121회의 간 이식수술을 집도했다. 게다가 그는 타지 사람들이 이 중으로 멤피스의 대기자 명단에 오르는 것을 반대하는 입장도 아니었다. "이건 시스템을 악용하는 게 아닙니다. 자신이 어느 지역에서 의료 서비스를 받고 싶은지 선택하는 문제일 뿐입니다. 테네시 주에서 캘리포니아나 여타 지역으로 치료를 받으러 가는 사람들도 있습니다. 그럼 캘리포니아에서 테네시로 오는 사람들도 있을 수 있는 겁니다." 라일리는 이슨이 직접 팰러앨토로 날아가 필요한 평가를 시행하도록 조치했다.

2009년 2월 말경 잡스는 (캘리포니아 주뿐 아니라) 테네시 주 명단에 올랐고 그때부터 초조한 대기가 시작되었다. 3월 첫 주쯤 상태가 급격히 안 좋아졌지만 예상 대기 기간은 아직 21일이나 남았다. 파월은 회상한다. "끔찍했죠. 제때 치료를 받지 못할 것 같았어요." 날이 갈수록 고통은 점점 심해졌다. 3월 중순경 그는 대기 순위 3위로 올라갔고 그다음에는 2순위 그리고 마침내 1순위가 되었다. 그러나 1순위가 된 후에도 기다림은 끝나지 않았다. 한 가지 희망적이면서도 끔찍한 현실은 세인트 패트릭 기념일과 3월의 광란(전미 대학 체육 협회 주최의 대학 농구 선수권 대회. ― 옮긴이) 같은 행사가 다가온다는 점이었다.(멤피스는 2009년 토너먼트에서 해당 권역의 경기가 열리는 곳이었다.) 이런 행사들이 열리면 음주로 인한 자동차 사고가 급증해 기증자가 생길 가능성이 크게 높아졌다.

실제로 주말인 2009년 3월 21일 20대 중반의 젊은 남자가 교통사고로 사망하는 바람에 그의 장기를 기증받을 수 있게 되었다. 잡스와 그의 아내는 전용기를 타고 새벽 4시가 조금 못 된 시각에 멤피스에 착륙해 이슨을 만났다. 활주로에는 승용차 한 대가 기다리고 있었고 서둘러 병원으로 달려가면서 이식 관련 서류를 작성할 수 있도록 만반의 준비를 갖춘 상태였다.

이식수술은 성공적이었지만 안심할 수는 없었다. 의사들은 그의 간을 절제하면서 복막, 즉 내장을 감싸고 있는 얇은 막에서 발진을 여럿 발견했다. 게다가 간 곳곳에 종양이 퍼져 있었는데, 이는 다른 곳에도 암이 전이되었을 가능성이 높다는 뜻이었다. 암이 급속하게 변형되고 커진 것이 분명했다. 그들은 표본을 채취하여 또 한 번 유전자지도를 작성했다.

며칠 후 그들은 또 다른 치료 절차를 수행해야 했다. 그런데 잡스가 의사들의 거듭된 조언에도 위세척을 하지 말라고 고집을 부리는 통에 의사들이 그에게 진정제를 투여해야 했고, 그 과정에서 내용물의 일부가 폐로 들어가는 바람에 폐렴이 발병했다. 이제 의사들은 그가 죽을 수도 있다고 생각했다. 잡스는 나중에 이렇게 설명했다.

> 그들이 별것도 아닌 치료에서 실수해서 하마터면 죽을 뻔했지요. 로렌은 내 옆에 있었고, 의사들은 내가 그날 밤을 넘기지 못할 것 같다며 아이들을 불러들이라고 했어요. 리드는 자기 외삼촌하고 대학을 알아보고 있었지요. 다트머스 근처로 전용기를 보내 리드를 태우고 상황을 설명하게 했어요. 딸들도 비행기로 데려왔고요. 내가 정신이 있을 때 아이들을 만날 수 있는 마지막 기회라고 생각한 거지요. 하지만 그 고비를 넘겼어요.

파월은 하루 종일 병실에 앉아 모니터들을 주의 깊게 지켜보며 간병을 총괄 감독했다. "로렌은 그를 지키는 아름다운 호랑이 같았습니다." 조니 아이브의 회상이다. 그는 면회가 허용되자 곧바로 병원에 달려왔다. 파월의 어머니와 세 형제들이 번갈아 가며 찾아와서 그녀의 곁에 있어 주었다. 잡스의 여동생 모나 심프슨도 자주 찾아와서 병상을 지켰다. 잡스가 자신의 병상에서 파월의 역할을 대신하도록 허락할 만한 사람은 모나 심프슨과 조지 라일리뿐이었다. 훗날 잡스는 이렇게 말했다. "처가 식구들이 아이들을 돌봐 주었어요. 장모님과 처남들이 정말 잘해 주었지요. 나는 너무 약해진 상태였고 협조적이지도 않았어요. 하지만 그런 경험이 바로 사람들을 깊이 결속해 주는 겁니다."

2라운드

파월은 매일 아침 7시에 병실에 와서 관련 데이터를 수집해 스프레드시트에 입력했다. "정말 복잡했어요. 신경 쓸 게 한두 가지가 아니었거든요." 9시에 제임스 이슨과 그의 의료팀이 출근하면 그녀는 그들과 미팅을 갖고 잡스의 치료와 관련한 모든 측면을 조율했다. 저녁 9시가 되면 그녀는 바이탈사인(맥박, 호흡, 체온, 혈압 등의 측정치. — 옮긴이) 및 여타 측정 수치들의 동향에 대해 보고서를 작성하고 다음 날 답변을 얻고 싶은 질문들을 메모한 다음 병실을 나섰다. "그래야 상황을 파악하고 초점을 잃지 않을 수 있었어요."

이슨은 스탠퍼드에서 아무도 온전히 달성하지 못한 일을 해냈다. 바로 치료의 모든 측면을 총괄하는 것이었다. 그는 해당 이식 센터를 운영하고 있었으므로 이식수술 후의 회복 과정과 각종 암 검사, 통증 치료, 영양 섭취, 재활, 간호를 통합할 수 있었다. 심지어는 편의점에 들러 잡스가 좋아하는 에너지 음료를 사다 주기도 했다.

잡스는 미시시피 주 작은 마을 출신의 두 간호사를 마음에 들어 했다. 그들은 견실한 가정주부로, 잡스를 두려워하지 않았다. 이슨은 그들을 잡스의 전담 간호사로 배정했다. 팀 쿡은 이렇게 회상한다. "스티브를 다루려면 끈기가 있어야 합니다. 이슨은 스티브를 적절하게 다루면서 아무도 그에게 강요하지 못한 것들을 강요했지요. 그리 유쾌하진 않지만 그의 몸에 좋은 것들 말입니다."

그렇게 비위를 맞추는데도 잡스는 때때로 광분하는 경우가 있었다. 자신이 통제권을 휘두를 수 없다는 사실에 약 올라 했고, 가끔은 환각을 일으키거나 화를 냈다. 거의 의식이 없을 때에도 그의 강한 성격이 그대로 표출되었다. 한번은 잡스가 강한 진정제를 투여받은 상태일 때 폐 전문의가 그의 얼굴에 마스크를 씌우려 했다. 그러나 잡스는 그것을 벗겨 내고 디자인이 마음에 안 들어서 쓰기 싫다고 투덜거렸다. 말도 제대로 못하면서 마스크를 다섯 가지쯤 가져오라고, 그러면 자신이 마음에 드는 디자인을 고르겠다고 지시했다. 의사들은 어이없는 표정으로 파월을 보았다. 결국 파월이 잡스의 주의를 돌리고 그 틈을 타서 의사들은 간신히 마스크를 씌웠다. 그는 또한 손가락에 끼운 산소 모니터도 못마땅해했다. 너무 볼품없고 복잡하다는 것이었다. 그러고는 그것을 좀 더 단순하게 디자인하는 방법을 제안했다. "그는 주변 사물과 환경의 미묘한 차이 하나하나에 아주 민감했고, 그런 것들이 그를 피곤하게 했어요." 파월의 회상이다.

아직 잡스의 의식이 완전히 회복되지 않은 어느 날 파월의 절친한 친구 캐서린 스미스가 찾아왔다. 그녀는 잡스와 사이가 좋았다고는 할 수 없었지만 어쨌든 파월은 그녀에게 병상 옆으로 가 보라고 했다. 잡스는 손짓으로 스미스를 부르더니 메모판과 펜을 가져오게 해서 이렇게 썼다. "내 아이폰 좀 줘요." 스미스는 서랍에서 아이폰을 꺼내 그에게 갖다 주었다. 그는 그녀의 손을 잡고 '밀어서 잠금 해제' 기능을 보여 주더니 메뉴들을 작동해 보라고 했다.

잡스는 첫 여자 친구 크리스앤과의 사이에서 낳은 딸 리사 브레넌잡스와 그리 안정적인 관계를 유지하지 못했다. 리사는 하버드 대학교를 졸업하고 뉴욕으로 이사한 뒤로 아버지와 거의 교류가 없었다. 그런 그녀가 비행기를 타고 멤피스에 두 번이나 찾아오자 잡스는 무척 고마워했다. "그 애가 그렇게 해 주는 건 내게 정말 커다란 의미가 있었어요." 안타깝게도 그는 당시 그녀에게 이런 얘기를 직접 하지는 않았다. 잡스의 주변 사람들 중에는 리사가 아버지 못지않게 까다롭다고 생각하는 사람이 많았지만 파월은 그녀를 반갑게 맞아 주고 보듬어 주려고 노력했다. 그녀는 부녀 관계가 회복되길 바랐다.

상태가 호전되면서 그의 성마른 기질도 상당 부분 제자리를 찾았다. 담관은 아직 갖고 있었으니까 말이다.(히포크라테스는 체액에 따라 사람의 기질을 구분했는데, 이 중 담즙질은 열정적이고 급하며 능동적이고 의지가 강한 성격을 나타낸다. — 옮긴이) "회복되기 시작하니까 금세 감사하는 단계를 넘어서 모든 걸 지휘하려 드는 원래의 까다로운 기질이 돌아오더라고요. 다들 그의 성격이 조금 온화해지지 않을까 생각했는데, 그게 아니었죠." 캐서린 스미스의 회상이다.

식성 또한 여전히 까다로웠는데, 이는 어느 때보다도 큰 문제가 되었다. 그는 오직 과일 스무디만 먹었다. 그것도 마음에 드는 것을 고를 수 있도록 일고여덟 가지를 갖고 오게 해서 숟가락으로 살짝 맛을 보고는 이렇게 말했다. "별로야. 이것도 별로야." 결국 이슨은 더 참지 못하고 훈계하듯 말했다. "맛이 문제가 아닙니다. 음식이 아니라 약이라고 생각하세요."

애플의 직원들이 면회를 올 수 있게 되자 잡스의 기분이 한결 나아졌다. 팀 쿡은 정기적으로 와서 신제품 진행 상황을 알려 주었다. 쿡은 이렇게 말했다. "애플 얘기가 나올 때마다 얼굴이 밝아지는 게 보일 정도였어요. 꼭 불이 켜진 것 같았죠." 그는 회사를 깊이 사랑했고 회사에 복귀할 수 있다는 가능성을 위해 사는 것 같았다. 제품과 관련된 세부 사항들은 그에게 힘을 주었다. 쿡이 아이폰 새 모델에 대해 설명하자 잡스는 이름을 짓는 일(결국 '아이폰 3GS'로 결정했다.)에서 크기와 'GS' 글자의 폰트, 글자를 대문자에 이탤릭체로 할 것인지 여부에 이르기까지(대문자로 하되 이탤릭체가 아닌 정자로 가기로 했다.) 한 시간에 걸쳐 그와 논의했다.

어느 날 라일리는 깜짝 이벤트를 마련했다. 엘비스와 조니 캐시, B. B. 킹을 비롯하여 수많은 로큰롤 선구자들이 앨범을 녹음한 빨간 벽돌의 성지, 즉 선 스튜디오를 일과 시간 후에 방문하는 것이었다. 그들은 젊은 직원에게 역사 강의를 들으며 특별 견학을 했다. 그러다가 이 청년은 제리 리 루이스가 사용한, 담뱃불에 그을린 벤치에 잡스와 함께 앉게 되었다. 잡스는 당시 음악 산업에서 가장 영향력 있는 인물이 분명했지만 워낙 수척한 상태라 청년은 그를 알아보지 못했다. 떠나면서 잡스는 라일리에게 말했다. "저 친구 정말 똑똑해요. 아이튠스 팀에 고용해야겠어요." 라일리는 에디 큐에게 전화를 걸었고, 에디 큐는 그 청년을 캘리포니아로 불러 면접을 본 다음 결국 그를 고용하여 아이튠스의 초기 R&B 및 로큰롤 섹션을 구축하는 일에 배정했다. 나중에 라일리가 다시 선 스튜디오에 갔을 때 그곳에 있는 그의 친구들은 자신들의 표어대로 여전히 선 스튜디오에서는 꿈이 실현될 수 있다는 점이 입증되었다고 말했다.

잡스가 돌아오다

2009년 5월 말에 잡스는 아내와 여동생과 함께 전용기를 타고 멤피스에서 돌아왔다. 팀 쿡과 조니 아이브가 새너제이 비행장으로 마중을 나왔다. 그들은 비행기가 착륙하자마자 그 안에 올라탔다. 쿡은 회상한다. "그의 눈에서 복귀에 대한 흥분을 읽을 수 있었어요. 그는 자신과의 싸움을 치러 낸 상태라 빨리 나아가고 싶어 안달이 나 있었죠." 파월은 사과 즙 탄산수 한 병을 꺼내 남편을 위해 건배하자고 했고 모두 함께 포옹을 나누었다.

아이브는 감정적으로 지친 상태였다. 그는 비행장에서 잡스의 집까지 차를 몰면서 잡스에게 그가 없는 동안 회사가 제대로 돌아가게 하는 일이 얼마나 힘들었는지 털어놓았다. 애플의 혁신은 잡스에게 달려 있으니 그가 돌아오지 않으면 애플의 혁신은 더 이상 없을 거라고 떠들어 댄 언론 기사들에 대해서도 불평을 쏟아 냈다. "정말 너무해요." 아이브는 "망연자실했다"고, 인정받지 못한 기분이었다고 덧붙였다.

잡스도 팰러앨토로 돌아온 후 기분이 우울하긴 마찬가지였다. 자신이 회사에 없어서는 안 될 존재가 '아닐지도' 모른다는 생각과 맞서 싸워야 했기 때문이다. 애플의 주가는 그가 없는 동안 적절한 궤도에 올랐다. 2009년 1월 병가를 발표할 때 82달러였던 것이 5월 말 복귀 무렵에는 140달러까지 올라 있었다. 잡스가 병가를 낸 직후에 분석가들과 가진 화상회의에서 쿡은 평소의 침착한 스타일을 버리고 잡스가 없어도 애플은 계속해서 고공 행진을 할 것임을 열렬하게 선언했다.

우리는 우리가 훌륭한 제품들을 만들기 위해 지구상
에 존재하는 것이라고 믿으며, 그러한 믿음은 변치 않을 것입니다. 우리는 계속해서 혁신에 주력할 것입니다. 우리는 복잡성이 아닌 단순성을 믿습니다. 우리는 우리가 만드는 제품을 뒷받침하는 주요 기술들을 소유하고 통제해야 하며 우리가 크게 기여할 수 있는 시장에만 참여해야 한다고 믿습니다. 우리는 수천 가지 프로젝트들을 거부해야만 우리에게 진정으로 중요하고 의미 있는 극소수의 프로젝트에 주력할 수 있다고 믿습니다. 우리는 각 부문 간의 깊은 협력과 교류를 믿습니다. 이는 다른 사람들이 할 수 없는 방식으로 혁신을 이루도록 도와주지요. 사실 우리는 사내의 모든 팀이 탁월해야만 만족할 수 있습니다. 우리는 틀렸을 때 그것을 인정하는 정직성과 변화를 꾀하는 용기를 갖고 있습니다. 그러한 가치관이 회사에 깊숙이 뿌리박혀 있기 때문에 저는 누가 어떤 직무를 맡든 애플은 극도로 훌륭한 성과를 낼 수 있다고 생각합니다.

잡스가 할 법한 말을 그대로 옮긴 연설이었지만(그리고 실제로 잡스가 한 연설과 유사해 보였지만) 언론은 그것을 '쿡 독트린'이라고 불렀다. 잡스는 특히 마지막 문장 때문에 괴롭고 우울했다. 그것이 사실이라면 그는 자랑스러워해야 하는가, 아니면 상처를 받아야 하는가. 그가 CEO에서 물러나 회장이 될 거라는 소문이 돌기도 했다. 그러나 이러한 것들은 오히려 통증을 참고 자리에서 일어나 산책을 하도록, 그리하여 건강을 회복하도록 그를 자극하는 역할을 했다.

그가 돌아오고 며칠 후에 이사회 미팅이 잡혀 있었다. 잡스는 모두의 예상을 뒤엎고 그 자리에 모습을 드러냈다. 그는 느릿느릿 걸어 들어와 거의 처음부터 끝까지 자리를 지켰다. 6월 초가 되자 자택에서 일일 미팅을 열었고 6월 말에는 다시 회사에 복귀했다.

죽음의 문턱까지 갔다 왔으니 조금 부드러워지지 않았을까? 그의 동료들은 금세 그 답을 알 수 있었다. 복귀 첫날 그는 끊임없이 화를 내서 경영진을 놀라게 했다. 그는 6개월 만에 만난 사람들을 깎아내리고 마케팅 기획서들을 찢었으며 성과가 형편없다고 생각하는 두 사람을 호되게 꾸짖었다. 그러나 정말 인상적인 것은 그날 오후 늦게 그가 두 친구에게 털어놓은 얘기였다. "오늘의 복귀는 내게 최고의 시간이었어. 내가 얼마나 창의적인 기운이 나는지 또 팀 전체가 얼마나 창의적인 기운이 도는지 믿을 수가 없을 정도야." 팀 쿡은 그것을 당연하게 받아들였다. 훗날 그는 이렇게 말했다. "스티브가 자신의 의견이나 열정을 표현하길 삼가는 모습은 본 적이 없습니다. 그가 돌아왔음을 느낄 수 있어 좋았습니다."

친구들 역시 잡스의 성마른 기질이 변하지 않았다는 것을 깨달았다. 건강을 회복하는 동안 그는 컴캐스트의 고화질 케이블 서비스를 신청했다. 어느 날 그는 컴캐스트를 운영하는 브라이언 로버츠에게 전화를 걸었다. 로버츠는 이렇게 회상한다. "저는 그가 케이블 서비스에 대해 좋은 얘기를 하려고 전화한 줄 알았습니다. 하지만 '형편없다.'라고 하더군요." 그러나 앤디 허츠펠드는 잡스가 여전히 퉁명스럽기는 해도 좀 더 좋은 사람이 되었다고 생각했다. "전에는 스티브에게 호의를 요청하면 정반대로 행동했습니다. 타고난 심술이었지요. 그런데 이제는 정말 도움을 주려고 노력합니다."

잡스가 공식적으로 복귀한 것은 2009년 9월 9일 애플의 정기 가을 뮤직 이벤트 무대에 오르면서였다. 그는 거의 1분 동안 기립 박수를 받은 후 그답지 않게 자신이 간을 기증받았다는 개인적인 얘기로 연설을 시작했다. "그런 관용이 없었더라면 저는 이 자리에 있지 못했을 겁니다. 우리 모두 관용을 갖고 장기 기증자가 되었으면 좋겠습니다." 그는 잠시 기쁨을 표한 뒤("저는 이제 똑바로 서 있습니다. 다시 애플로 돌아왔지요. 저는 애플에서 보내는 하루하루를 사랑합니다.") 비디오 카메라와 아홉 가지 색의 아노다이즈드 알루미늄 케이스를 자랑하는 신제품 아이팟 나노 라인을 공개했다.

2010년 초가 되자 그는 기력을 거의 완전히 회복해 일에 매진했다. 결국 2010년은 그 자신에게나 애플에게나 가장 생산적인 1년이 된다. 그는 애플의 디지털 허브 전략을 출범시킨 후로 연속으로 두 번이나 홈런을 쳤다. 아이팟 그리고 아이폰. 이제 또 한 번의 홈런을 노리고 배트를 휘두를 작정이었다.

혁명을 원한다고 말하라

2002년 잡스는 자신이 개발한 태블릿 컴퓨터 소프트웨어에 대해 끊임없이 떠들어 대던 마이크로소프트의 엔지니어 때문에 짜증이 났다. 그것은 스타일러스나 펜을 써서 스크린에 정보를 입력하는 방식이었다. 그해에 몇몇 제조업자들이 그런 소프트웨어를 사용하는 태블릿 PC를 출시했지만 그중 어떤 것도 우주에 흔적을 남기지 못했다. 잡스는 태블릿 PC의 올바른 표본을(스타일러스를 사용해선 안 된다는 점을!) 보여 주고 싶어서 미칠 지경이었다. 하지만 애플이 개발하던 멀티 터치 기술을 보고 그것으로 먼저 아이폰을 만들기로 결정한 터였다.

그사이 매킨토시 하드웨어 그룹에서는 계속해서 태블릿 PC 아이디어가 끓어오르고 있었다. 잡스는 2003년 5월 월트 모스버그와의 인터뷰에서 이렇게 선언했다. "우린 태블릿 PC를 만들 계획이 없습니다. 알고 보니 사람들은 키보드를 원하더군요. 태블릿 컴퓨터는 이미 PC나 여타 기기들을 풍족하게 갖춘 부자들에게나 먹힐 겁니다." 이것은 '호르몬 불균형'에 관한 발표처럼 대중을 교란하기 위한 것이었다. 사실 태블릿 PC는 연례 '톱 100' 휴양 수련회에서 거의 매번 미래의 프로젝트 가운데 하나로 논의되었다. "이 수련회에서 우리는 수차례 태블릿 PC 아이디어를 선보였습니다. 스티브가 태블릿 컴퓨터를 만들겠다는 열정을 결코 잃지 않았기 때문이었죠." 필 실러의 회상이다.

태블릿 PC 프로젝트가 본격적으로 떠오른 것은 2007년 잡스가 저가 넷북 아이디어를 검토하면서부터였다. 어느 월요일 경영진 브레인스토밍 회의에서 아이브는 왜 꼭 키보드를 스크린에 경첩으로 연결해야 하느냐는 의문을 제기했다. 비용도 많이 들고 둔해 보인다는 게 그의 생각이었다. 그는 멀티터치 인터페이스를 사용해 키보드를 스크린에 넣으면 어떻겠냐고 제안했고, 잡스도 그러는 게 좋겠다고 했다. 그리하여 넷북 설계보다는 태블릿 프로젝트를 부활시키는 쪽으로 자원이 집중되었다.

첫 단계는 잡스와 아이브가 적절한 스크린 사이즈를 정하는 것이었다. 그들은 크기와 가로세로 비율을 조금씩 달리하여 스무 개의 모델을(당연히 모서리는 모두 둥근 사각형으로) 만들었다. 아이브는 그것들을 디자인 스튜디오의 탁자에 펼쳐 놓고 오후마다 잡스와 함께 벨벳 천을 걷어 그것들을 갖고 놀았다. "그런 식으로 적당한 스크린 크기를 정했습니다." 아이브의 말이다.

늘 그랬듯이 잡스는 되도록 가장 순수한 단순함을 요구했다. 그러려면 해당 기기의 핵심이 무엇인지 정해야 했다. 그 답은 디스플레이 스크린이었다. 따라서 모든 것이 스크린을 따르게 한다는 것을 주요 원칙으로 삼았다. "어떻게 하면 디스플레이를 방해하는 기능들과 버튼들을 피할 수 있을까요?" 아이브가 물었다. 매 단계마다 잡스는 제거와 단순화를 강요했다.

어느 순간 잡스는 모델을 보면서 어딘지 만족스럽지 않다고 느꼈다. 자연스럽게 집어 올려 휙 가져갈 만큼 편안하고 친근하게 느껴지지 않았던 것이다. 아이브가 지적한 문제도 결국 그것이었다. 충동적으로 한 손에 집어 들 수 있다는 신호를 보내야 한다는 점. 조심해서 들어 올리지 않고 편안하

아이패드

게 휙 집어 올리려면 가장자리의 밑면이 약간 둥글어야 했다. 그러려면 엔지니어링 부문은 필수적인 연결 포트와 버튼들을, 밑면이 부드럽게 감춰질 정도로 충분히 얇은 하나의 단순한 테두리 안에 설계해야 했다.

특허 출원에 관심을 가져 본 사람이라면 애플이 2004년 3월에 신청해 14개월 후에 받은 D504889호 특허를 알고 있을지도 모른다. 잡스와 아이브도 발명가에 포함된 그 특허 신청서에는 지금의 아이패드와 똑같은, 모서리가 둥근 사각형의 전자 기기를 왼손으로 편하게 들고 오른손 검지로 스크린을 터치하는 남자의 스케치가 실려 있다.

매킨토시 컴퓨터들은 이제 인텔 칩을 사용하고 있었으므로 처음에 잡스는 아이패드에 인텔이 개발 중인 낮은 전압의 아톰 칩을 사용하려 했다. 인텔의 CEO 폴 오텔리니는 특정 설계를 공동으로 진행하자며 고집을 부렸고, 잡스도 그를 믿고 싶었다. 그의 회사는 세계에서 가장 빠른 프로세서를 만들고 있었다. 그러나 인텔은 배터리 수명을 관리해야 하는 기기보다는 벽에 플러그를 꽂아 쓰는 기기를 위한 프로세서를 제작하는 데 익숙했다. 그래서 토니 파델은 보다 단순하고 전력을 적게 사용하는 ARM 아키텍처 기반을 강력하게 주장했다. 애플은 초창기에 ARM과 파트너십을 맺었으며, 원조 아이폰에도 ARM 아키텍처를 사용하는 칩들이 들어갔다. 파델은 다른 엔지니어들의 지지를 끌어모았고 잡스와 맞서 결국 그의 마음을 돌리는 일이 가능하다는 것을 보여 주었다. "안 됩니다. 그건 아닙니다!" 어느 날 회의에서 잡스가 적절한 모바일 칩 제작은 인텔에 맡기는 게 최선이라고 주장하자 파델은 이렇게 소리쳤다. 파델은 심지어 애플 배지를 테이블에 놓고 사직하겠다고 협박했다.

결국 잡스는 손을 들었다. "알겠네. 최고의 부하들을 거스를 순 없지." 그러고는 아예 반대 방향의 극단으로 내달렸다. 애플은 ARM 아키텍처의 라이선스를 얻는 한편, 팰러앨토에 있는 사원 150명의 마이크로프로세서 설계 회사 P. A. 세미를 인수하고 그들에게 A4라는 맞춤형 SoC(system-on-a-chip: 시스템 전체를 담는 칩. ― 옮긴이)를 개발하게 했다. A4는 ARM 아키텍처를 기반으로 한국의 삼성에서 제조되었다. 잡스는 다음과 같이 회상한다.

고성능을 위해서라면 인텔이 최고지요. 그들은 가장 빠른 칩을 만들어요. 전력과 비용을 따지지만 않는다면 말이지요. 하지만 그들은 하나의 칩에 프로세서만 담아서 다른 부품들이 많이 필요해요. 우리 A4는 칩 안에 프로세서와 그래픽, 모바일 운영체제, 메모리 컨트롤이 모두 들어가 있지요. 인텔을 도우려고 해 봤지만 그들은 남의 말을 경청하는 스타일이 아니에요. 우린 수년 동안 그들의 그래픽이 형편없다고 얘기해 왔습니다. 분기마다 나와 우리의 톱 3 경영진 그리고 폴 오텔리니가 함께 미팅을 하지요. 처음에는 함께 멋진 것들을 해냈어요. 그들은 미래의 아이폰용 칩을 개발하는 이 대단한 합동 프로젝트를 하고 싶어 했지요. 하지만 우리는 두 가지 이유에서 그들과 함께할 수 없었어요. 하나는 그들이 정말 느리다는 겁니다. 무슨 증기선 같아요. 유동성이 떨어져요. 우린 빨리 나아가는 데 익숙합니다. 두 번째 이유는 그들에게 모든 것을 가르쳐 주고 싶진 않다는 점이에요. 그렇게 다 가르쳐 주고 나면 그들이 우리 경쟁자들에게 그것을 팔아먹을 수도 있잖아요.

오텔리니에 따르면, 아이패드가 인텔 칩을 사용하는 것은 충분히 가능한 일이었다. 그는 애플과 인텔이 가격에 합의할 수 없었던 게 문제였다고 말했다. "주로 경제적인 이유 때문에 안 된 겁니다." 그것은 또한 실리콘에서부터 외양에 이르기까지 제품의 모든 측면을 통제하려는 잡스의 열망, 사실상 강박을 보여 주는 또 하나의 사례이기도 했다.

가장 단순하고 직관적인 마법 도구

2010년 1월 27일 샌프란시스코에서 열리는 아이패드 발표 행사를 앞두고 잡스는 이전의 제품 출시 때와는 비교할 수 없을 정도로 광적인 흥분을 조성했다. 《이코노미스트》는 이른바 '예수 태블릿'을 들고 있는 잡스의 사진에 성직자복을 입히고 후광을 씌워 표지에 실었다. 《월스트리트 저널》도 이와 유사하게 과장된 기사를 발표했다. "역사상 이렇게 대단한 흥분과 환호를 불러일으킨 태블릿은 두 개인데, 하나는 그 옛날 모세가 들고 나온 십계명이 적힌 석판이고, 다른 하나는 잡스가 들고 나오는 아이패드다."

역사적인 출시임을 강조하려는 듯 잡스는 또 한 번 애플 초창기 시절의 사람들을 다수 초대했다. 그러나 더욱 심금을 울린 것은 그 전해에 그의 간 이식수술을 집도한 제임스 이슨과 2004년 그의 췌장 수술을 맡은 제프리 노턴이 참석해 잡스의 아내와 아들 그리고 모나 심프슨과 나란히 앉았다는 사실이다.

잡스는 3년 전 아이폰 출시 행사에서 그랬듯 또 한 번 새로운 기기를 전후 맥락에 적절하게 끼워 넣는 훌륭한 재주를 발휘했다. 이번에는 아이폰과 노트북 사이에 물음표가 있는 화면을 띄워 놓았다. "질문 하나 드리지요. 이 사이에 무언가가 끼어들 여지가 있을까요?" 그렇다면 그 '무언가'는 웹 브라우징과 이메일, 사진, 동영상, 음악, 게임, 전자책 등을 적절하게 소화할 수 있어야 했다. 그는 '넷북' 개념에 비수를 꽂았다. "넷북은 이 중 어떤 것도 더 잘해 내지 못합니다." 초대받은 손님들과 직원들은 환호했다. "하지만 우리는 그런 것을 갖고 있습니다. 우린 그것을 '아이패드'라고 부르지요."

아이패드의 편안한 특성을 강조하기 위해 잡스는 가죽 안락의자와 사이드 테이블로 걸어가 아이패드를 휙 집어 들었다.(잡스의 취향이 그대로 반영된 르코르뷔지에 의자와 이에로 사리넨 테이블이었다) "이것은 노트북보다 훨씬 더 친밀합니다." 이어서 그는 아이패드로 《뉴욕 타임스》 웹사이트에 들어가고 스콧 포스톨과 필 실러에게 이메일을 보냈으며("와우, 우리가 정말 아이패드를 발표하고 있어요.") 사진 앨범을 넘겨 보고 일정표 기능을 사용해 보고 구글 맵에서 에펠탑을 확대해서 보고 비디오 클립들(「스타 트렉」과 픽사의 「업」)을 열어 보고 아이북 책꽂이를 자랑하고 음악(아이폰 출시 행사 때 틀었던 밥 딜런의 「라이크 어 롤링 스톤(Like a Rolling Stone)」)을 재생했다. 그가 물었다. "끝내주지 않습니까?"

마지막 슬라이드에서 잡스는 아이패드가 구현하는 그의 인생 테마 한 가지를 다시 한 번 강조했다. '과학기술' 거리와 '인문학' 거리의 교차로를 알리는 표지판이었다. "애플이 아이패드 같은 제품들을 만들 수 있는 것은 우리가 늘 과학기술과 인문학의 교차점에 서려고 노력했기 때문입니다." 그는 이렇게 결론지었다. 아이패드는 창의성이 생활 도구들과 만나는 곳, 즉 '더 홀 어스 카탈로그'를 디지털로 구현한 것이었다.

이번에는 첫 반응으로 할렐루야 합창이 나오지 않았다. 아이패드는 아직 시판되기 전이었고(4월에 시판될 예정이었다.) 잡스의 시연을 지켜본 사람들 중 일부는 그것이 무엇인지 확실히 이해하지 못했다. 아이폰의 거대 버전인가? "스누키와 시추에이션(미국 MTV의 거친 리얼리티 시리즈 「저지 쇼어」의 두 등장인물. ─ 옮긴이)이 잤을 때 이후로 이렇게 실망해 본 적이 없다." (부업으로 온라인 패러디에서 '가짜 스티브 잡스'로 활동하는) 《뉴스위크》의 대니얼 라이언스가 쓴 글이다. 기즈모도에는 어느 기고가가 쓴 "아이패드에 대해 실망한 여덟 가지(멀티태스킹이 불가능하다, 카메라가 없다, 플래시가 안 된다 등등)"라는 제목의 글이 올라왔다. 심지어 아이패드라는 이름도 블로고스피어에서 조롱의 대상이 되어 여성용 위생용품과 맥시 패드와 관련된 불쾌한 언급들이 떠돌았다. 아이패드를 패러디한 이름 '아이탐폰'은 그날 트위터 인기 토픽 3위를 차지했다.

빌 게이츠의 의견도 빠질 수 없었다. 그는 브렌트 슐렌더에게 이렇게 말했다. "나는 여전히 목소리와 펜, 진짜 키보드의 혼합체, 그러니까 다시 말해 넷북이 주류가 될 거라고 생각합니다. 그러니 아이폰이 나왔을 때처럼 '세상에, 마이크로소프트는 목표를 충분히 높게 잡지 않았어.'라고 한탄할 생각은 없습니다. 아이패드는 멋진 독서 기기이긴 합니다. 하지만 '아, 저런 건 마이크로소프트가 해냈어야 하는 건데.'라고 말할 만한 게 아이패드에는 없습니다." 그는 계속해서 마이크로소프트의 스타일러스 입력 방식이 이길 거라고 주장했다. "나는 수년 동안 스타일러스를 사용하는 태블릿을 예상해 왔습니다. 결국 내가 옳은 것으로 드러날 겁니다. 이건 목숨을 걸고 장담하지요." 그가 내게 한 말이다.

아이패드를 발표한 날 저녁 잡스는 의기소침해 있었다. 우리가 저녁을 먹으려고 그의 집에 모여 앉았을 때, 그는 식탁 주위를 서성거리며 자신의 아이폰으로 이메일과 각종 웹페이지 들을 확인했다.

지난 24시간 동안 800통의 이메일을 받았는데 대부분이 불평이에요. USB 코드가 없다! 이게 없다, 저게 없다 등등. 이렇게 말하는 사람도 있더군요. "염병할, 당신이 어떻게 이럴 수가 있어?" 내가 원래 답장을 잘 안 쓰는데 이번에는 이렇게 썼어요. "당신이 이러는 걸 보면 부모님이 참 자랑스러워하시겠군요." 어떤 사람들은 아이패드 이름이 마음에 안 든답니다. 오늘은 좀 우울하군요. 좀 충격적이네요.

　　　　　　　　　　　　아이패드

그날 그는 오바마 대통령의 비서실장 람 이매뉴얼로부터 축하 전화를 한 통 받고 고마워했다. 그러나 저녁 식사 자리에서 그는 대통령이 취임 후로 자신에게 한 번도 연락하지 않았다고 불평했다.

2010년 4월에 아이패드가 시판되고 사람들이 실제로 사용하기 시작하면서 대중의 트집 잡기는 가라앉았다. 《타임》과 《뉴스위크》 모두 아이패드를 표지 기사로 다뤘다. 《타임》의 레브 그로스먼은 이렇게 썼다. "애플 제품에 대한 기사를 쓸 때 어려운 점은 그것이 엄청난 과대 선전을 등에 업고 출현한다는 것이다. 그리고 애플 제품에 대한 기사를 쓸 때 또 한 가지 어려운 점은 가끔은 그런 과대 선전이 사실이라는 것이다." 그로스먼이 우려한 한 가지는 사실 매우 의미 있는 내용이었다. "아이패드는 콘텐츠를 소비하기에는 매력적인 기기이지만 콘텐츠 제작을 용이하게 하는 데는 크게 도움이 되지 않는다." 즉 컴퓨터, 특히 매킨토시는 사용자들이 음악과 동영상, 웹사이트, 블로그를 만들어 세상 사람들에게 보여 주는 데 이용할 수 있는 도구의 역할을 했다. "아이패드는 콘텐츠 제작에서 콘텐츠의 단순한 수용 및 조작으로 중점을 바꾼다. 그저 입을 다물고 다른 이들의 작품을 소비하는 수동적인 소비자가 되라는 얘기다." 잡스는 이러한 비판을 가슴 깊이 새겼다. 그리하여 다음 버전의 아이패드에서는 사용자의 예술적 창조를 용이하게 하는 수단들을 보강하겠다는 각오를 다졌다.

《뉴스위크》의 표지 기사는 "아이패드의 위대한 점을 꼽으라면? 모든 것."이었다. 아이패드 발표 당시 '스누키' 발언으로 공격을 가했던 대니얼 라이언스는 입장을 바꿔 이렇게 썼다. "잡스의 시연을 보면서 가장 먼저 든 생각은 '별것 아니네!'라는 것이었다. 그냥 아이팟 터치의 거대한 버전이잖아? 이렇게 생각했다는 얘기다. 그러다 우연히 아이패드를 사용해 보고 감동을 받았다. 갖고 싶다." 다른 사람들과 마찬가지로 라이언스는 이것이 잡스의 개인적 애호 프로젝트로서 그가 표상하고 싶어 하는 모든 것을 구현하고 있음을 깨달았다. "필요성조차 못 느끼다가 어느 순간 그것 없이는 살 수 없게 되는 기기들이 있다. 그는 이런 기기들을 요리해 내는 무시무시한 능력을 가졌다. 애플은 기술과 선(禪)이 결합된 경험을 제공하는 것으로 잘 알려져 있다. 이를 제공하는 유일한 방법은 폐쇄형 시스템일 것이다."

아이패드에 대한 논쟁의 핵심은 주로 엔드투엔드 통합이 훌륭한 것인가 아니면 곧 사장될 것인가 하는 문제였다. 구글은 모든 하드웨어 제조사들이 사용할 수 있는 개방형 모바일 플랫폼 안드로이드를 제공하면서 1980년대의 마이크로소프트와 비슷한 역할을 하기 시작했다. 《포춘》은 이 문제에 대한 논쟁을 지면에 실었다. 마이클 코플랜드는 "폐쇄는 정당화될 수 없다."라는 입장이었고 그의 동료 존 포트는 반대 입장이었다. "폐쇄형 시스템은 혹평을 받긴 하지만 매우 효과적이며 사용자들에게 이익을 안겨 준다. 기술 업계에서 스티브 잡스보다 더 확실하게 이를 입증한 사람은 없을 것이다. 애플은 하드웨어와 소프트웨어, 서비스를 일괄 제공하고 그것들을 철저히 통제함으로써 끊임없이 경쟁자들을 앞지르고 빛나는 제품을 내놓을 수 있다." 이 문제와 관련해 아이패드가 원조 매킨토시 이후 가장 명백한 테스트가 되리라는 데는 둘 다 의견을 같이했다. 포트는 이렇게 썼다. "애플은 아이패드를 구동하는 A4 칩으로 통제광이라는 명성을 완전히 새로운 차원으로 끌어올렸다. 쿠퍼티노는 이제 실리콘과 기기, 운영체제, 앱 스토어, 지불 시스템에 대해 절대적 결정권을 가졌다."

잡스는 아이패드가 시판되는 2010년 4월 5일 정오가 조금 못 돼서 팰러앨토의 애플 스토어에 갔다. 리드 대학교 시절에 함께 LSD를 즐기고 애플 초창기를 함께 보낸 소울메이트 대니얼 콧키도 그곳에 와 있었다. 이제 창립 멤버로서 스톡옵션을 받지 못한 것에 대한 서운함은 다 잊은 상태였다. "15년이나 된 일인데요. 그를 다시 보고 싶었습니다. 그를 붙잡고 내가 노래 가사를 쓰는 데 아이패드를 사용할 거라고 했지요. 그는 기분이 아주 좋은 상태였고 우리는 오랜만에 즐겁게 대화를 나눴어요." 파월과 그들의 막내딸 이브가 매장 한구석에서 둘의 그런 모습을 지켜보았다.

한때 하드웨어와 소프트웨어를 되도록 개방적으로 만들어야 한다고 주장한 워즈니악은 계속해서 그에 대한 의견을 바꾸었다. 종종 그랬듯이 그는 애플 스토어 앞에서 개장을 기다리는 열혈 팬들과 함께 밤을 꼬박 새웠다. 이번에는 세그웨이(전기모터를 이용한 바퀴 두 개짜리 1인용 운송 수단. — 옮긴이)를 타고 새너제이의 밸리 페어 몰에 있는 애플 스토어에 가 있었다. 어느 기자가 그에게 애플 생태계의 폐쇄적 속성에 대해 묻자 그는 이렇게 대답했다. "애플은 사람들을 그들의 놀이 울타리 안에 가둬 놓습니다. 하지만 거기에는 몇 가지 이점이 있지요. 저는 개방형 시스템이 좋습니다만, 그건 제가 컴퓨터광이기 때문입니다. 대부분의 사람들은 사용하기 쉬운 것을 원하지요. 스티브의 천재성은 모든 것을 단순하게 만드는 법을, 이를 위해 때로는 모든 것을 통제해야 한다는 점을 안다는 겁니다."

"당신의 아이팟에는 무엇이 있습니까?"라는 질문이 "당신의 아이패드에는 무엇이 있습니까?"라는 질문으로 대체되었다. 오바마 대통령의 측근들조차 아이패드를 기술에 밝은 사람의 상징으로 생각하고 이런 게임을 즐겼다. 경제 고문 래리 서머스는 블룸버그 금융 정보 앱인 스크래블과 《페더럴리스트 페이퍼》를 깔았다. 비서 실장 람 이매뉴얼은 여러 가지 신문을 다운로드 했고, 공보 참모 빌 버턴은 《배너티 페어》와 TV 시리즈 「로스트」 전체 시즌을 받았으며, 정치 참모 데이비드 액설로드는 메이저리그 야구와 NPR(미국 공영 라디오)을 설치했다.

잡스는 마이클 노어가 포브스닷컴에 올린 일화를 읽고 감동을 받아 내게 전달했다. 노어가 콜롬비아의 보고타 북부 시골 지역에 있는 어느 낙농장에 머무르고 있을 때 겪은 일이었다. 그가 아이패드로 공상과학소설을 읽고 있는데 마구간을 청소하는 가난한 여섯 살짜리 소년이 다가왔다. 호기심이 생긴 노어는 소년에게 아이패드를 건네주었다. 전에 컴퓨터를 본 적도 없는 이 소년은 설명서도 없이 본능적으로 그것을 사용하기 시작했다. 소년은 화면을 밀고 앱들을 작동해 보더니 핀볼 게임을 시작했다. "스티브 잡스는 여섯 살짜리 문맹 소년도 아무런 설명 없이 사용할 수 있는 강력한 컴퓨터를 설계했다. 그것이 마법이 아니고 무엇이겠는가." 그가 쓴 글이다.

한 달도 채 안 돼서 애플은 아이패드를 100만 대 판매했

아이패드

다. 아이폰의 두 배 속도였다. 시판 11개월 후인 2011년 3월까지 아이패드는 총 1500만 대가 팔렸다. 몇 가지 면에서 그것은 역사상 가장 성공적인 소비자 제품 출시가 되었다.

애플의 목소리를 들려줄 것

잡스는 아이패드의 첫 광고들이 마음에 들지 않았다. 늘 그랬듯이 그는 마케팅에 직접 개입해 (지금은 TBWA/미디어아츠 랩이라고 불리는) 광고대행사의 제임스 빈센트, 덩컨 밀너 그리고 표면상 은퇴를 하고 고문으로 앉은 리 클라우와 손을 잡았다. 그들이 처음 제작한 텔레비전 광고는 빛바랜 청바지와 티셔츠 차림의 한 남자가 의자에 기대앉아 무릎에 아이패드를 놓고 이메일과 사진 앨범, 《뉴욕 타임스》, 책, 동영상 등을 보는 따뜻한 장면이었다. 대사는 없고 배경음악으로 더 블루 밴의 「데어 고스 마이 러브(There Goes My Love)」가 흐를 뿐이었다. 빈센트는 회상한다. "스티브는 그것을 승인해 놓고 마음에 안 든다고 했어요. 무슨 포터리 반(가구 브랜드. ─ 옮긴이) 광고 같다고 하더군요." 훗날 잡스는 내게 다음과 같이 말했다.

아이팟은 '1000곡의 노래를 주머니 속에' 정도로 쉽게 설명할 수 있었어요. 그래서 금세 실루엣 광고를 생각해 낼 수 있었지요. 하지만 아이패드가 무엇인지는 설명하기가 힘들더군요. 컴퓨터로 보이는 것은 싫고 그렇다고 귀여운 텔레비전 같은 부드러운 이미지도 싫었어요. 처음에 만든 일련의 광고들은 우리가 스스로 무엇을 하는지 제대로 모른다는 느낌을 주었지요. 캐시미어와 허시 퍼피 느낌이었다고나 할까요.

제임스 빈센트는 몇 달 동안 쉬지도 못하고 광고를 만들었다. 그래서 마침내 아이패드가 시판되고 광고가 방송을 타기 시작하자 그는 휴식차 가족과 함께 차를 타고 팜스프링스에서 열리는 코첼라 뮤직 페스티벌에 갔다. 뮤즈와 페이스 노모어, 데보를 포함해 그가 좋아하는 밴드들이 출연하는 공연이었다. 막 그곳에 도착했을 때 잡스에게서 전화가 왔다. "당신 광고들 형편없어요. 아이패드는 세상에 혁명을 일으키고 있어요. 그러니 대단한 광고가 필요하단 말이오. 근데 이런 소품으로 때우려 해요?"

"정확히 어떤 걸 원하는 겁니까? 원하는 게 뭔지 말도 못하잖아요." 빈센트가 날카롭게 반박했다.

"나도 몰라요. 새로운 걸 만들어 와요. 기존 광고들로는 턱도 없어요." 잡스가 말했다.

빈센트가 다시 반박하자 갑자기 잡스는 버럭 화를 냈다. "무턱대고 소리를 지르더라고요." 빈센트의 회상이다. 빈센트도 성격이 급했으므로 두 사람은 점점 더 언성을 높여 갔다.

"원하는 게 뭔지 말을 하란 말입니다." 빈센트가 소리치자 잡스가 받아쳤다. "일단 새로운 걸 보여 줘 봐요. 보면 알 테니까."

"좋아요. 우리 크리에이티브 사람들에게도 그렇게 브리핑을 하죠. '보면 안다.'라고."

빈센트는 너무 화가 나서 자신이 묵고 있던 숙소의 벽을 주먹으로 쳐서 커다란 함몰 자국을 남겼다. 마침내 그가 수영장 옆에 앉아 있는 식구들 곁으로 나오자 식구들은 불안한 표정으로 그를 보았다. "괜찮아요?" 그의 아내가 물었다.

빈센트와 그의 팀이 새로운 일련의 광고 시안들을 내놓기까지는 2주가 걸렸다. 그는 사무실이 아닌 잡스의 자택에서 광고 시안들을 보여 주겠다고 했다. 그곳이 더 편안한 환경일 거라는 생각에서였다. 커피 테이블에 스토리보드를 펼쳐놓고 그와 밀너는 열두 가지 시안을 보여 주었다. 그중 하나는 영감과 감동을 전달하는 데 초점을 맞춘 것이었다. 또 하나는 코믹 버전으로 코미디언 마이클 세라가 가짜 집을 돌아다니며 사람들이 아이패드를 사용하는 방식에 대해 익살스럽게 언급하는 광고였다. 그 밖에 아이패드를 유명인과 함께 등장시키는 것, 하얀 배경에 휑하게 놓아두는 것, 작은 시트콤에 출연시키는 것, 직접 제품을 시연하는 것 등이 있었다.

여러 가지 시안들을 숙고해 본 후 잡스는 자신이 원하는게 무엇인지 깨달았다. 익살도, 유명인도, 시연도 아니었다. 그가 말했다. "성명을 만들어야 합니다. 모종의 선언이 되어야 해요. 이건 대단한 거니까요." 그는 아이패드가 세상을 바꿀 거라고 선언했다. 그러니 이 선언을 보강하는 광고를 원한다는 것이었다. 1년쯤 후면 다른 회사들이 모방 태블릿들을 내놓을 게 분명하니 사람들에게 아이패드가 원조라는 사실을 각인시키고 싶다고 했다. "우리가 이룩한 것을 부각하는 광고, 그것을 선언하는 광고를 만들어야 돼요."

잡스는 의자에서 벌떡 일어났다. 다소 약하긴 했지만 어쨌든 미소를 짓고 있었다. 그가 말했다. "이제 가서 마사지를 받아야 해요. 일합시다."

포스트 PC 시대로

그렇게 해서 빈센트와 밀너는 카피라이터 에릭 그룬바움과 함께 이른바 '성명'을 만들기 시작했다. 빠른 템포로 생생한 영상들과 쿵쾅거리는 음악을 곁들여 아이패드가 혁명적인 것임을 선포하는 광고를 만들 생각이었다. 그들이 선택한 음악은 예 예 예스의 「골드 라이온(Gold Lion)」 가운데 캐런 오의 힘찬 후렴 부분이었다. 아이패드가 마법 같은 일들을 해내는 장면들이 이어지면서 힘찬 목소리가 이렇게 선언했다. "아이패드는 얇다. 아이패드는 아름답다. 매우 강력하다. 그것은 마법이다. 비디오다. 사진이다. 평생 읽을 수도 없을 만큼 많은 책이다. 그것은 이미 혁명이다. 그리고 그 혁명은 이제 겨우 시작되었다."

성명 광고가 수명을 다해 가자 광고 팀은 또 한 번 좀 더 부드러운 광고를 시도했다. 젊은 영화감독 제시카 샌더스가 찍은 일상의 다큐멘터리 같은 영상이었다. 잡스는 마음에 들어 했다. 그러니까 '한동안'은 그랬다는 얘기다. 얼마 후 그는 첫 번째 포터리 반 스타일의 광고를 거부한 것과 똑같은 이유로 그것을 거부했다. 그는 이렇게 소리쳤다. "빌어먹을. 무슨 비자 광고 같잖아. 전형적인 광고대행사 물건이야."

그는 계속해서 독특하고 새로운 광고를 요구했지만 결국 스스로 '애플의 목소리'라 생각하는 것에서 벗어나고 싶지 않다는 것을 깨달았다. 그가 생각하기에 그 목소리는 단순성과 서술성과 명확성이라는 일련의 차별화된 특징을 갖고 있었다. "우리는 일상을 담는 광고 쪽으로 갔죠. 잡스는 처음에는 좋아하는 것 같다가 갑자기 싫다고, 그건 애플이 아니라고 했죠." 리 클라우는 회상한다. "그는 다시 애플의 목소리로 돌아가라고 했어요. 아주 단순하고 정직한 목소리로." 그래서 그들은 깨끗한 흰색 배경에 '아이패드는 …… 이다.'라고 말할 수 있는 특징과 아이패드가 할 수 있는 모든 것을 클로즈업해서 보여 주는 광고로 다시 돌아갔다.

아이폰에서 시작된 앱 현상

아이패드의 텔레비전 광고들은 단순히 기기에 관한 것이 아니라 그것으로 무엇을 할 수 있는지에 관한 것이었다. 사실 아이패드가 성공한 것은 하드웨어의 장점 때문이기도 했지만 온갖 종류의 즐거운 활동에 탐닉할 수 있는 애플리케이션들, 이른바 '앱' 덕분이기도 했다. 무료로 또는 겨우 2~3달러에 다운로드 할 수 있는 앱이 수천 가지였고 곧 수십만 가지가 되었다. 스크린에 대고 손가락을 움직여 성난 새들을 날려 보낼 수도 있었고, 주식 상황을 확인할 수도 있었으며, 영화를 감상하거나 책과 잡지를 읽거나 뉴스를 검색하거나 게임을 하면서 엄청난 시간을 소비할 수도 있었다. 그것을 용이하게 만든 것은 역시 하드웨어와 소프트웨어 그리고 스토어의 통합이었다. 그러나 이러한 앱들은 또한 아이패드용 소프트웨어 및 콘텐츠를 만들고자 하는 외부 개발자들에게 플랫폼이 어느 정도 개방되도록 허용하는 역할을 했다. 주의 깊은 관리를 통해 외부인의 출입을 통제하는 마을 공원처럼 매우 통제된 방식을 취하긴 했지만 말이다.

이러한 앱 현상은 아이폰에서 시작되었다. 2007년 초 아이폰이 처음 나왔을 때만 해도 사용자들은 외부 개발자들의 앱을 전혀 구입할 수 없었고 잡스도 그것을 허용하지 않았다. 그는 외부 개발자들이 아이폰용 애플리케이션을 제작하는 것을 원치 않았다. 그것들이 아이폰을 망쳐 놓거나 바이러스에 감염시키거나 통합성을 오염할 수 있다는 이유에서였다.

이사회의 아트 레빈슨은 아이폰 앱의 허용을 지지하는 입장이었다. "잡스에게 대여섯 번 전화해서 앱의 잠재성에 대해 로비를 벌였지요." 애플이 앱을 허용하지 않으면, 아니, 사실상 독려하지 않으면, 이를 허용하는 다른 스마트폰 제조사가 경쟁 우위를 점할 것이 분명했다. 애플의 마케팅 책임자인 필 실러도 동의했다. "아이폰처럼 강력한 것을 만들어 놓고 개발자들에게 다양한 앱을 만드는 권한을 주지 않는다는 건 상상할 수도 없었습니다. 다양한 앱이 있어야 고객들이 좋아할 거라는 사실을 알았거든요." 외부 벤처 투자가 존 도어는 앱을 허용하면 새로운 서비스를 만드는 수많은 모험적 사업가들이 탄생할 거라고 주장했다.

처음에 잡스는 이러한 논의를 묵살했다. 부분적으로는 그의 팀이 제삼자 앱 개발자들을 단속하는 데 따르는 복잡한 문제들을 완전히 파악할 만큼 충분한 대역폭을 갖추지 못했다고 느꼈기 때문이다. 그는 집중을 원했다. "그래서 그는 논의조차 하려 들지 않았지요." 실러의 말이다. 그러나 아이폰이 출시되자 곧 그는 그러한 논쟁에 기꺼이 귀를 기울였다. "논의가 벌어질 때마다 스티브는 점점 조금씩 마음을 여는 것 같았어요." 레빈슨의 말이다. 네 번의 이사회 미팅에서 자유분방한 논의가 이뤄졌다.

잡스는 곧 양쪽 모두에게 최선인 길이 있다는 것을 깨달았다. 외부의 앱 제작을 허용하되 여기에 엄격한 기준을 부여하고 애플의 시험과 승인을 거쳐 오직 아이튠스 스토어를 통해서만 판매하게 하는 것이었다. 그렇게 하면 아이폰의 통합성과 단순한 고객 경험을 보호하도록 통제할 수 있는 동시에 소프트웨어 개발자들 수천 명에게 권한을 주는 데 따르는 이점까지 얻을 수 있었다. "그것은 스위트 스팟(야구 배트, 라켓, 클럽 등의 최적 타격 지점.— 옮긴이)에 맞히는 마법 같은 해결책이었지요. 엔드투엔드 통제를 유지하는 동시에 개방에 따르는 이점도 얻을 수 있었으니까요." 레빈슨의 말이다.

아이폰 앱 스토어는 2008년 7월에 아이튠스에 문을 열었고 그로부터 9개월 후에 10억 번째 다운로드가 이뤄졌다. 2010년 4월 아이패드가 시판될 무렵, 이용 가능한 아이폰 앱은 무려 18만 5000가지에 달했다. 대부분은 아이패드에서도 사용이 가능했지만 커다란 스크린을 충분히 활용하지 못했다. 그러나 5개월도 채 안 되어 개발자들은 2만 5000개의 아이패드 전용 앱을 개발했다. 2011년 6월경, 아이폰과 아이패드를 위한 앱은 합쳐서 42만 5000개에 달했고 다운로드 횟수는 140억 회를 넘어섰다.

앱 스토어는 하룻밤 새에 새로운 산업을 창조했다. 기숙사 방에서, 차고에서, 주요 언론사에서 모험적 사업가들이 새로운 앱을 고안했다. 존 도어의 벤처 투자 회사는 (주식 발행을 통해) 최고 아이디어들의 자기자본 조달을 돕기 위해 2억 달러의 '아이펀드'를 조성했다. 무료로 콘텐츠를 제공해 온 잡지와 신문 들은 그 미심쩍은 비즈니스 모델의 지니를 다시 램프 속에 집어넣을 수 있는 마지막 기회를 목도했다. 혁신적인 출판업자들은 아이패드 전용 잡지와 책, 학습 교재 들을 새로 만들었다. 예를 들어 마돈나의 『섹스』부터 『미스 스파이더의 티 파티』에 이르기까지 다양한 책을 출판해 온 최첨단 출판사 캘러웨이는 인터랙티브 앱으로 책을 출판하는 데 주력하기 위해 '배를 불태운다.'(코르테스가 멕시코 땅을 밟은 뒤 부하들이 돌아가고 싶은 유혹에 넘어가지 않게 하려고 내린 명령. ─ 옮긴이) 하는 자세로 종이 책 출판을 전면 중단하기로 결정했다. 2011년 6월까지 애플이 앱 개발자들에게 지불한 금액은 25억 달러였다.

아이패드와 여타 앱 기반 디지털 기기들은 디지털 세상의 근본적인 변화를 예고했다. 초창기 1980년대만 해도 온라인에 들어가려면 주로 AOL이나 컴퓨서브, 프로디지 같은 서비스에 전화로 접속해야 했다. 이러한 서비스들은 콘텐츠가 채워져 있고 주의 깊게 벽이 둘러쳐져 있으며 좀 더 용감한 사용자들에게는 자유롭게 인터넷에 접근할 수 있게 해 주는 출구가 몇 개 딸린 정원을 제공하는 셈이었다. 1990년대 초에 시작된 두 번째 단계는 브라우저의 출현이었다. 이로써 수십억 개의 사이트들을 연결하는 월드와이드웹 하이퍼텍스트 전송 규약(HTTP)을 사용하여 누구나 인터넷을 자유롭게 서핑할 수 있게 되었다. 야후와 구글 같은 검색엔진들이 생기면서 사람들은 원하는 웹사이트를 쉽게 찾을 수 있었다. 아이패드의 출시는 새로운 모델을 예시했다. 앱들은 벽이 둘러쳐진 초창기의 정원과 흡사했다. 앱 개발자들이 해당 앱을 다운로드 한 사용자에게만 더 많은 기능을 제공할 수 있었으니까 말이다. 그러나 앱의 증가는 또한 웹의 연결성과 개방성이 희생된다는 의미이기도 했다. 앱은 쉽게 연결되지도, 검색되지도 않았다. 아이패드는 앱과 웹 브라우징의 사용을 모두 허용한다는 점에서 웹 모델과 대립 선상에 섰다고 볼 수 없었다. 그보다는 콘텐츠 개발자와 콘텐츠 소비자 모두에게 대안을 제공한 셈이었다.

출판과 저널리즘

잡스는 아이팟으로 음악 사업을 변모시켰다. 그리고 이제는 아이패드와 앱 스토어로 출판부터 저널리즘, 텔레비전, 영화에 이르기까지 모든 미디어에 변혁을 일으키기 시작했다.

책은 확실한 타깃이었다. 아마존 킨들을 통해 전자책에 대한 수요가 존재한다는 사실이 입증되었기 때문이다. 그리하여 애플은 아이북 스토어를 만들고 아이튠스 스토어에서 음악을 판매한 방식을 취해 전자책 판매에 나섰다. 그러나 이두 가지 비즈니스 모델에는 약간의 차이점이 있었다. 아이튠스 스토어의 경우, 잡스는 모든 곡에 똑같이 저렴한 가격을 매겨야 한다고 주장했다. 처음에 그 가격은 99센트였다. 아마존의 제프 베저스는 전자책에 대해 최고가를 9.99달러로 책정할 것을 주장하며 이와 비슷한 접근 방식을 취하려 시도했다. 그러던 중 잡스가 전자책 시장에 끼어들었고, 그는 음반사들에 제안하지 않았던 것을 출판사들에 제안했다. 아이북 스토어의 판매 가격을 출판사들이 직접 책정하되 애플이수입의 30퍼센트를 갖겠다는 제안이었다. 얼핏 보기에는 이러한 방식을 취할 경우 아이북 스토어의 책값이 아마존의 책값보다 높아질 게 분명했다. 똑같은 책을 더 비싼 값을 주고애플에서 구입하려 드는 사람이 어디 있겠는가? "그렇지 않을 겁니다." 월트 모스버그가 아이패드 출시 행사에서 이에 대해 물었을 때 잡스는 대답했다. "책값은 똑같아질 겁니다." 그의 말이 옳았다.

아이패드 출시 행사 다음 날 잡스는 책에 대한 자신의 생각을 아래와 같이 설명했다.

아마존이 망쳐 놓았어요. 그들은 일부 책들에 대해 도매가를 지불해 놓고 원가 이하인 9.99달러에 판매하기 시작했지요. 출판사들은 그런 관행을 싫어했어요. 그렇게 되면 하드커버 책을 28달러에 판매하는 게 불가능하다고 생각한 거지요. 그래서 애플이 끼어들기 전에도 일부 책 판매자들은 아마존에 책을 넘기지 않으려 들었습니다. 우리는 출판업자들에게 이렇게 말했지요. "우리는 대리점 모델로 가겠습니다. 당신들이 가격을 정하면 우리가 그중 30퍼센트를 가져가는 거지요. 물론 고객들의 부담이 조금 더 커지겠지만 어쨌든 그게 당신들한테도 좋은 방식 아닙니까?" 단, 우리보다 더 싸게 파는 곳이 있으면 우리도 그 가격에 팔도록 보장해 달라고 요청했어요. 그랬더니 그들은 아마존에 가서 "대리점 계약에 서명하지 않으면 책을 공급하지 않겠다."라고 선언했지요.

잡스는 책과 음악에 대해 모순된 방식을 시도했다는 점을 인정했다. 음반사들과의 거래에서는 대리점 모델을 제안하지도 않았고, 그쪽에서 가격을 정하는 것도 거부했다. 왜 그랬을까? 그럴 필요가 없었기 때문이다. 하지만 책은 그럴 필요가 있었다. "책 사업은 우리가 최초가 아니었어요. 기존의 상황을 고려할 때 우리에게 최선은 이런 공손한 자세를 취하고 대리점 모델로 가자는 것이었지요. 그리고 결국 해냈습니다."

아이패드 출시 행사가 끝나고 얼마 안 된 2010년 2월, 잡스는 언론계 중역들을 만나러 뉴욕에 갔다. 이틀 동안 그는 루퍼트 머독과 그의 아들 제임스 그리고 《월스트리트 저널》 경영진, 아서 설즈버거 2세를 비롯한 《뉴욕 타임스》 수석 경영진, 《타임》과 《포춘》을 비롯한 타임 사 잡지들의 경영진을 만났다. 훗날 그는 이렇게 말했다. "훌륭한 언론사들을 돕고 싶었어요. 뉴스는 블로거들에게 의지할 수가 없어요. 진정한 보도와 편집자의 감독이 그 어느 때보다도 필요하지요. 그래서 그들이 실제로 돈을 벌 수 있는 디지털판을 만들도록 돕고 싶었답니다." 그는 사람들이 돈을 내고 음악을 듣도록 만들었으므로 저널리즘에 대해서도 똑같은 일을 할 수 있기를 바랐다.

그러나 신문업자들은 그의 구명줄을 의심하는 것으로 드러났다. 수익의 30퍼센트를 애플에 지불해야 한다는 점은 그리 큰 문제가 아니었다. 그보다 더 중요한 것은 사주들이 그의 시스템을 따르면 더 이상 구독자들과 직접 관계를 맺을 수 없음을 걱정한다는 사실이었다. 애플의 시스템을 취하면 그들은 더는 구독자들의 이메일 주소와 신용카드 번호를 확보할 수 없었고, 그러면 구독자들에게 대금을 청구하고 그들과 소통하고 그들에게 신제품을 마케팅하는 일이 불가능했다. 그 대신 애플이 고객을 소유하고 대금을 청구하며 고객 정보가 애플의 데이터베이스에 저장될 것이었다. 게다가 사생활 보호 정책 때문에 애플은 고객이 명시적으로 허락하지 않는 한 이러한 정보를 공유하지 않을 게 분명했다.

잡스가 특히 거래하고 싶었던 곳은 《뉴욕 타임스》였다. 그들은 훌륭한 신문이지만 디지털 콘텐츠에 대해 요금을 부과하는 방식을 파악하지 못해 쇠퇴할 위험에 처했다고 생각했기 때문이다. 2010년 초에 그는 내게 이렇게 말했다. "올해 나의 개인 프로젝트 중 하나는 《뉴욕 타임스》를 (그쪽에서 원하든 원치 않든) 돕는 거예요. 그들이 요금을 부과하는 방법을 알아내는 것은 이 나라에도 중요한 일이지요."

이 뉴욕 출장 기간 동안 그는 아시아 레스토랑 프라나의 지하 별실에서 《뉴욕 타임스》의 톱 50 경영진과 함께 저녁 식사를 했다.(그는 메뉴에 없는 망고 스무디와 플레인 야채 파스타를 주문했다.) 그곳에서 그는 아이패드를 보여 주고 디지털 콘텐츠에 대해 소비자들이 수용할 만한 적정가격을 파악하는 일이 얼마나 중요한지 설명했다. 그는 가능한 가격과 판매량의 상관관계를 도표로 그렸다. 《뉴욕 타임스》가 공짜로 제공된다면 이를 구독할 독자는 얼마나 될 것인가? 도표의 한쪽 극단에 해당하는 이 질문에 대해 그들은 이미 답을 알고 있었다. 이미 웹상에서 무료로 배포하여 정기적으로 방문하는 사람이 약 2000만 명에 달했기 때문이다. 만약 정말 높은 가격을 부과한다면? 그에 대한 데이터도 있었다. 종이 신문의 1년 구독료를 300달러 이상으로 책정했는데 약 100만 부가 나가고 있었다. "그렇다면 그 중간 지점으로 잡아야지요. 디지털 구독자를 약 1000만 명으로 잡으라는 겁니다." 잡스가 그들에게 말했다. "그러려면 디지털 구독이 아주 저렴하고 단순해야 합니다. 원 클릭, 가격은 한 달 최대 5달러로 가는 겁니다."

《뉴욕 타임스》 보급 담당 중역 한 명이 앱 스토어를 통해 구독하는 사람들에 대해서도 자사가 이메일과 신용카드 정보를 확보할 수 있어야 한다고 주장하자 잡스는 그것만큼은 양보할 수 없다고 했다. 잡스의 말에 그 중역은 화가 났다. 그는 《뉴욕 타임스》가 그런 정보를 확보하지 못한다는 것은 생각할 수도 없는 일이라고 말했다. 잡스가 말했다. "독자들에게 요청할 수는 있겠지요. 하지만 구독자들이 자진해서 내주지 않는다고 해서 저를 탓해선 안 됩니다. 그게 싫으면 우리를 이용하지도 말아야 하고요. 여러분들이 이런 난국에 처한 건 제 탓이 아닙니다. 지난 5년 동안 온라인으로 신문을 무료 배포하면서 신용카드 정보를 수집하지 않은 게 누군데 그럽니까?"

잡스는 또한 아서 설즈버거 2세와 단둘이 만나기도 했다. 훗날 잡스는 이렇게 말했다. "그는 좋은 사람이고 그의 새 건물에 대해서도 자부심이 대단합니다. 그럴 만하지요. 그에게 이러저러한 것을 해야 한다고 말해 줬는데 아무런 반응이 없더군요." 1년이 걸리긴 했지만 어쨌든 2011년 4월 《뉴욕 타임스》는 디지털 신문에 구독료를 부과해 잡스가 정한 정책에 따라 애플을 통해 약간의 구독권을 판매하기 시작했다. 그러나 월 구독료는 잡스가 제안한 5달러의 약 4배로 책정하기로 했다.

타임라이프 빌딩에서는 《타임》 부편집장인 릭 스텐절이 그를 맞았다. 잡스는 매주 활기 넘치는 아이패드판 《타임》을 만드는 일에 조시 퀴트너가 이끄는 유능한 팀을 배정한 스텐절이 마음에 들었다. 그러나 잡스는 그곳에서 《포춘》의 앤디 서워를 보고 화가 났다. 그는 몹시 상심하며 서워에게 2년 전 그의 건강과 스톡옵션 문제들을 상세히 공개한 《포춘》 기사에 대해 여전히 분이 풀리지 않는다고 말했다. "당신은 그렇지 않아도 의기소침해 있는 나를 걷어찼어요."

그러나 타임 사의 더 큰 문제도 《뉴욕 타임스》의 문제와 똑같았다. 그들 역시 애플이 그들의 구독자들을 소유하여 직접적인 청구 관계를 맺지 못하게 하는 것이 못마땅했다. 타임 사는 구독자들이 자사 웹사이트에 들어와 구독을 신청하도록 이끄는 앱을 만들고 싶어 했다. 애플은 거절했다. 《타임》과 여타 잡지들이 그러한 앱을 제시했지만 그것들은 모두 앱 스토어에 들어오는 권리를 거부당했다.

잡스는 타임 워너의 CEO로서 그에게 적절한 매력을 발산하는, 현명한 실용주의자 제프 버케스와 직접 협상하려 했다. 그들은 몇 년 전 아이팟 터치용 동영상 판권을 놓고 서로를 상대한 적이 있었다. 잡스는 그를 설득해 개봉 직후의 영화를 보여 주는 HBO의 독점권 관련 거래를 따내는 데는 실패했지만 버케스의 직선적이고 단호한 스타일을 높이 샀다. 한편 버케스는 잡스의 전략적 사고력과 아주 작은 세부 사항까지 신경 쓰는 능력을 존경했다. "스티브는 통합적인 원칙들에서 세부 사항들로 쉽게 옮겨 갈 수 있는 사람입니다."

잡스는 타임 사의 잡지들을 아이패드에서 구독하게 하는 거래와 관련해 버케스에게 전화해서 먼저 "인쇄물 사업은 한물갔으며 당신네 잡지들을 진정으로 원하는 사람은 아무도 없다"고, 애플은 디지털 구독권을 판매하는 아주 좋은 기회를 제안하고 있는데 "그쪽 사람들이 그걸 받아들이지 않는다"고 경고했다. 버케스는 이들 전제에 동의를 표하지 않았다. 하지만 어쨌든 애플이 타임 사의 디지털 구독권을 판매해 준다니 기쁘다고 말했다. 애플이 30퍼센트를 가져가는 건 문제가 되지 않았다. "지금 말씀드리죠. 우리를 위해 구독권을 판매해 준다면 30퍼센트를 가져가도 좋습니다." 버케스가 그에게 말했다.

"그렇다면 지금껏 누구와도 이루지 못한 큰 진전을 이룬 셈이군요." 잡스가 대꾸했다.

"한 가지 질문이 있습니다." 버케스가 계속해서 말했다. "우리 잡지에 대한 구독권을 판매해서 그쪽에 30퍼센트를 주면 구독자들은 누구에게 속하는 겁니까? 당신입니까, 접니까?"

"무슨 뜻인지 알겠지만, 애플의 사생활 보호 정책 때문에 구독자 정보를 온전히 내드릴 수는 없습니다." 잡스가 대꾸했다.

"그럼 다른 걸 알아봐야겠군요. 우리의 전체 구독자 기반이 통째로 그쪽의 구독자가 되어 애플 스토어에 축적되는 건 원치 않으니까요." 버케스가 말했다. "그런 식으로 그쪽에서 독점권을 확보하고 나면 당신은 다시 내게 와서 내 잡지가 한 부에 4달러가 아닌 1달러가 되어야 한다고 말하겠지요. 우리는 누가 우리 잡지를 구독하는지 알아야 합니다. 그들의 온라인 커뮤니티를 만들 수 있어야 합니다. 그리고 그들에게 계약 갱신에 대해 직접 피칭할 권리도 있어야 합니다."

잡스는 루퍼트 머독과는 좀 더 수월하게 거래할 수 있었다. 루퍼트 머독의 뉴스 코퍼레이션은 《월스트리트 저널》과 《뉴욕 포스트》를 비롯하여 세계 각지의 신문들을 비롯해 폭스 스튜디오, 폭스 뉴스 채널을 소유하고 있었다. 잡스가 머독과 그의 팀을 만났을 때 그들 역시 앱 스토어를 통해 들어오는 구독자들을 공동으로 소유해야 한다는 주장을 고집했다. 그러나 잡스가 거절하자 흥미로운 일이 벌어졌다. 머독은 쉽게 넘어가는 사람은 아니었지만 이 문제에 대해서는 힘이 없다는 것을 알았으므로 잡스의 조건을 받아들인 것이다. 머독은 회상한다. "우리도 구독자들을 소유하고 싶어서 그렇게 주장했지요. 하지만 스티브는 그런 조건으로는 거래를 하지 않을 기세였습니다. 그래서 '좋습니다. 한번 해 봅시다.'라고 했지요. 거래를 망칠 이유가 없었으니까요. 그는 자신의 뜻을 꺾지 않을 것 같았습니다. 제가 그 입장이었더라도 그랬을 겁니다. 그래서 그냥 그러자고 했지요."

루퍼트 머독은 심지어 특별히 아이패드에 맞춰 제작한 디지털 전용 일간신문 《더 데일리》를 발간했다. 그것은 잡스가 제시한 조건에 따라 주간 구독료 99센트에 앱 스토어에서 판매될 예정이었다. 머독은 직접 담당 팀을 이끌고 쿠퍼티노에 가서 준비한 디자인을 보여 주었다. 당연히 잡스는 못마땅해 했다. "우리 디자이너들이 좀 도와줘도 될까요?" 그가 물었다. 머독은 수락했다. "애플 디자이너들이 시도해 보고 우리 직원들도 돌아가서 다시 한 번 해 봤습니다. 열흘 후에 다시 만나 두 가지를 함께 살펴봤는데, 그는 오히려 우리 팀의 디자인을 더 마음에 들어 했습니다. 우리는 어리둥절했지요." 머독의 회상이다.

《더 데일리》는 타블로이드 신문처럼 선정적이지도 않고 반대로 진지하지도 않은 《USA 투데이》같은 중간 시장 제품으로 큰 성공을 거두지는 못했다. 그러나 그것은 잡스와 머독이 별난 결속을 형성하도록 도왔다. 루퍼트 머독이 2010년 6월에 열리는 뉴스 코퍼레이션 연례 경영진 워크숍에서 연설을 해 달라고 부탁했을 때 잡스는 절대 그런 자리에 참석하지 않는다는 철칙에 예외를 만들었다. 제임스 머독은 그를 식후의 탁상 인터뷰에 참석시켰고 이 인터뷰는 거의 두 시간 동안 이어졌다. 루퍼트 머독은 회상한다. "신문사들이 기술을 어떻게 다루고 있는지에 대해 그는 매우 솔직하고 비판적으로 얘기했습니다. 우리한테 당신들은 뉴욕에 있고 기술에 능통한 사람들은 모두 실리콘밸리에서 일하니 상황을 바로잡기가 무척 힘들다고 했지요." 이런 얘기에 심기가 불편해진 《월스트리트 저널 디지털 네트워크》의 사장 고든 매클라우드는 반격을 약간 가했다. 인터뷰가 끝난 후 잡스에게 와서 이렇게 말한 것이다. "고맙습니다. 정말 즐거운 저녁이었습니다. 하지만 당신 말대로 되면 내가 일자리를 잃을 것 같군요." 루퍼트 머독은 내게 그 장면에 대해 얘기해 주면서 킬킬거렸다. "결국 그 말은 사실이 되었죠." 매클라우드는 3개월도 지나지 않아서 물러났다.

워크숍에서 연설을 해 준 대가로 잡스는 루퍼트 머독을 붙들고 폭스 뉴스에 대한 자신의 견해를 끝까지 듣게 했다. 폭스 뉴스는 파괴적이고 국민들에게 해가 되며 머독의 명성에 오점이 된다는 것이었다. 잡스는 식사 자리에서 그에게 이렇게 말했다. "폭스 뉴스는 실수입니다. 오늘날의 주요 양대 진영은 자유주의와 보수주의가 아닙니다. 그보다는 건설주의와 파괴주의이지요. 당신은 파괴적인 사람들에게 주사위를 던졌습니다. 폭스는 우리 사회에 해를 끼치는 엄청난 파괴력이 되었습니다. 당신은 지금보다 더 나은 사람이 될 수 있습니다. 조심하지 않으면 이것이 당신의 유산이 될 겁니다." 잡스는 머독 자신도 실제로는 폭스가 이렇게까지 왔다는 사실을 좋아하지 않을 거라고 말했다. "루퍼트는 파괴자가 아니라 건설자입니다. 그의 아들 제임스도 몇 번 만나 봤는데 그도 저랑 생각이 같은 것 같더군요. 느낌으로 알 수 있어요." 잡스의 말이다.

훗날 루퍼트 머독은 폭스에 대해 불평하는 잡스 같은 사람들에게 이골이 났다고 했다. "그는 이 문제에 대해 좌익의 관점을 지니고 있었지요." 잡스는 그에게 직원들을 시켜 숀 해너티(폭스 뉴스의 정치 평론 프로그램 진행자.—옮긴이)와 글렌 벡(폭스 뉴스의 토크쇼 진행자.—옮긴이)의 프로그램들을 일주일치만 구해다 보라고 했고(그는 이 두 사람이 빌 오라일리(폭스 뉴스의 토크쇼 진행자.—옮긴이)보다 더 파괴적이라고 생각했다.) 머독은 그러겠다고 했다. 훗날 잡스는 존 스튜어트의 팀에 부탁해 비슷한 프로그램들을 모아서 머독이 보게끔 가져다줄 생각이었다고 내게 털어놓았다. 머독은 이렇게 말했다. "그랬다면 저는 기꺼이 봤을 겁니다. 하지만 저한테 그런 얘기는 하지 않았어요."

이듬해 루퍼트 머독이 두 번 더 잡스의 팰러앨토 자택에 와서 저녁 식사를 할 정도로 머독과 잡스는 원만한 사이를 유지했다. 잡스는 머독이 올 때마다 자신의 아내가 그의 창자를 빼내려 들까 봐 만찬용 나이프를 숨겨야 했다고 농담처럼 말했다. 한편, 보도에 따르면 머독은 잡스의 집에서 차려 주는 유기농 채소 요리에 대해 멋진 대사를 남겼다. "스티브의 집에서 식사를 하는 건 아주 훌륭한 경험입니다. 동네 레스토랑들이 문을 닫기 전에 나올 수만 있다면 말이지요." 안타깝게도 내가 머독에게 정말 그렇게 말했느냐고 물었을 때 그는 기억이 나지 않는다고 했다.

두 번의 방문 중 한 번은 2011년 초에 이뤄졌다. 머독은 2월

24일에 팰러앨토를 지나갈 일이 있어서 잡스에게 문자메시지로 소식을 전했다. 그날이 잡스의 쉰여섯 번째 생일이라는 사실은 까맣게 몰랐다. 잡스도 저녁을 먹으러 오라고 답장을 보내면서 생일 얘기는 하지 않았다. 잡스는 농담처럼 말했다. "내 나름대로 로렌이 거절하지 못하게 하려는 작전이었습니다. 내 생일이니 로렌도 내가 루퍼트를 부르는 걸 막을 수는 없었지요." 에린과 이브가 함께 있었고 스탠퍼드에 있던 리드도 식사가 끝날 무렵에 잠시 들렀다. 잡스는 자신이 설계한 배의 설계도를 자랑했는데, 머독은 내부는 아름답지만 외부는 '좀 평범하다.'라고 느꼈다. 나중에 머독은 이렇게 말했다. "그 배의 건조와 관련해 그렇게 많이 얘기했다는 건 자신의 건강에 대해 크게 낙관하고 있었다는 뜻이지요."

식사 자리에서 그들은 회사에 진취적이고 영특한 문화를 주입하는 것이 얼마나 중요한지에 대해 얘기를 나누었다. 소니는 그러지 못했다고 머독은 말했다. 잡스도 동의했다. "전에는 초대형 기업은 분명한 기업 문화를 가질 수 없다고 믿었습니다. 하지만 지금은 그럴 수도 있다는 생각입니다. 머독은 그걸 해냈지요. 나 역시 애플에서 그것을 해냈다고 생각합니다."

저녁 식사에서 주고받은 대화의 대부분은 교육에 관한 것이었다. 당시 머독은 디지털 커리큘럼 부문을 개설하려고 뉴욕 시 전 교육감 조엘 클라인을 고용한 상태였다. 머독의 회상에 따르면, 잡스는 기술이 교육을 변모시킬 수 있다는 아이디어를 다소 부정적으로 보았다. 하지만 종이 교과서 사업이 디지털 학습 교재에 밀려 사라질 거라는 데는 동의했다.

사실 잡스는 자신이 변모시키고 싶은 다음 사업으로 교과서에 주목하고 있었다. 그는 그 연간 80억 달러의 산업이 디지털 파괴에 직면할 때가 되었다고 믿었다. 그는 또한 많은 학교들이 보안상 이유로 사물함을 설치하지 않아서 학생들이 무거운 책가방을 둘러메고 다녀야 한다는 사실에 경악했다. "아이패드가 그 문제를 해결해 줄 겁니다." 그가 말했다. 그의 아이디어는 훌륭한 교과서 집필자들을 고용해 디지털 교과서를 만들고 그것을 아이패드의 기능에 포함하는 것이었다. 그는 실제로 피어슨 에듀케이션 같은 주요 출판사들을 만나 제휴를 맺는 방안에 대해 논의했다. 그가 말했다. "주 당국들이 교과서 사업자를 선정하는 과정에서 부패가 만연하고 있습니다. 하지만 교과서를 무료 서비스로 만들어서 아이패드로 제공한다면 그런 과정을 거칠 필요가 없지요. 주 정부 차원에서 벌어지는 이런 더러운 경제활동을 그냥 방치할 수는 없습니다. 우리는 그들에게 그 전체 과정을 피하고 국민들의 세금을 절약할 기회를 줄 수 있습니다."

새로운 전투들

그리고 예전 전투들의 메아리

38

구글 — 개방 대 폐쇄

2010년 1월 잡스는 아이패드를 공개하고 며칠 후 애플 본사에서 '현안 설명 및 의견 교환'을 위한 직원 전체 미팅을 했다. 그러나 그는 자사의 혁신적인 신제품에 대해 기쁨을 표출하는 대신 경쟁 운영체제 안드로이드를 내놓은 구글에 대해 폭언을 퍼부었다. 잡스는 구글이 휴대전화 부문에서 애플과 경쟁하기로 결정했다는 사실에 노발대발했다. "우린 검색 사업에 뛰어들지 않았습니다. 그런데 그들은 휴대전화 사업에 뛰어들었단 말입니다. 오해의 여지가 없습니다. 그들은 아이폰을 죽이고 싶은 겁니다. 우린 절대 그렇게 놔두지 않을 겁니다." 회의 주제가 바뀌었지만 잡스는 몇 분도 안 돼서 다시 구글의 유명한 가치 슬로건을 공격하는 장광설을 늘어놓았다. "잠시 아까 그 문제로 돌아가서 한 가지만 더 얘기하고 싶군요. '사악해지지 말자'라는 구글의 모토는 헛소리입니다."

잡스는 개인적으로 배신당한 기분이었다. 구글 CEO인 에릭 슈미트는 아이폰과 아이패드를 개발할 때 애플 이사회에 있었고, 구글의 두 창립자 래리 페이지와 세르게이 브린은 잡스를 멘토처럼 대했다. 사기당한 기분이었다. 안드로이드의 터치스크린 인터페이스는 갈수록 애플이 만든 기능들, 이를테면 멀티터치나 손가락으로 밀기, 격자 형태의 앱 아이콘 배치 방식 등을 채택하고 있었다.

잡스는 이미 구글의 안드로이드 개발을 막으려 애쓴 바 있었다. 2008년에 그는 팰러앨토 근처에 있는 구글 본사에 찾아가 페이지와 브린 그리고 안드로이드 개발 팀의 책임자 앤디 루빈과 소리를 지르며 대판 싸움을 벌였다.(당시 슈미트는 애플 이사회에 있었으므로 아이폰과 관련된 논의 자리는 일부러 피했다.) "원만한 관계를 이어 간다면 구글이 아이폰에 접근하도록 홈 스크린에 아이콘 한두 개를 넣을 수 있게 보장해주겠다고 했지요." 잡스의 회상이다. 그러나 그는 또한, 구글이 계속해서 안드로이드를 개발하고 멀티터치 같은 아이폰의 기능들을 도용한다면 소송을 제기하겠다고 위협했다. 처음에는 구글도 특정 기능들을 모방하는 것은 피했다. 그러나 2010년 1월 대만 기업 HTC가 멀티터치를 비롯해 여러 가지 면에서 아이폰의 외관과 느낌을 가진 안드로이드 폰을 출시했다. 이것이 바로 잡스가 구글의 '사악해지지 말자' 슬로건이 "헛소리"였다고 선언한 정황이었다.

그리하여 애플은 자사의 특허 20개를 침해했다며 HTC를 (나아가 안드로이드를) 고소했다. 다양한 멀티터치 제스처들과 밀어서 잠금을 해제하는 기능, 두 번 두드려 확대 및 축소하는 기능, 두 손가락으로 조이고 펼치는 기능, 기기를 어떤 식으로 들고 있는지 판별하는 감지기 등에 대한 특허가 그것이었다. 소송이 제기된 그 주에 팰러앨토의 자택에서 본 그는 어느 때보다도 심하게 화가 나 있었다.

우리 소송은 이렇게 말하는 셈입니다. "빌어먹을 구글, 당신들은 아이폰을 훔쳤어. 우리를 완전히 벗겨 먹었다고." 엄청난 도둑질이지요. 필요하다면 죽는 순간까지 남아 있는 내 인생과 은행에 있는 애플의 자금 400억 달러를 모조리 바쳐서라도 상황을 바로잡을 생각이에요. 난 안드로이드를 무너뜨릴 겁니다. 안드로이드는 훔친 물건이니까요. 이를 위해서라면 기꺼이 핵전쟁도 불사할 수 있어요. 그들은 겁에 질려 있지요. 자기들이 잘못했다는 걸 알고 있으니까요. 구글 서치를 제외한 구글의 제품들, 그러니까 안드로이드와 구글 닥스는 개똥입니다.

이런 폭언을 쏟아 내고 며칠 후 잡스는 전년도 여름 애플 이사회에서 사임한 슈미트의 전화를 받았다. 그가 커피를 마시자고 해서 두 사람은 팰러앨토 쇼핑센터에 있는 카페에서 만났다. "절반은 개인적인 얘기를 나눴고, 나머지 절반은 그가 생각하는 것처럼 구글이 애플의 사용자 인터페이스 디자인을 훔쳐 간 것인지에 대해 얘기했습니다." 슈미트의 회상이다. 이 두 번째 주제에 대해서는 주로 잡스가 말하는 입장이었다. 그는 다채로운 표현으로 구글이 자신을 벗겨 먹었다고 말했다. "당신들은 현행범이에요." 그는 슈미트에게 말했다. "난 타협하지 않을 겁니다. 내가 원하는 건 돈이 아니에요. 50억 달러를 준대도 안 받을 겁니다. 돈은 충분히 있어요. 난 그저 우리 아이디어들을 훔쳐다 안드로이드에 사용하는 것을 중단해 달라는 거예요. 내가 바라는 건 그뿐이라고요." 그들은 아무런 해결책도 찾지 못했다.

이 분쟁의 저변에는 훨씬 더 기본적인 문제, 엄청난 역사적 반향을 불러일으키는 문제가 자리하고 있었다. 구글은 안드로이드를 '개방형' 플랫폼으로 내놓았다. 안드로이드의 오픈소스 코드는 하드웨어 제조사들이 그들의 휴대전화나 태블릿에 자유롭게 사용할 수 있었다. 물론 잡스는 애플이 그 운영체제와 하드웨어를 철저히 통합해야 한다는 독단적인 믿음을 고수했다. 1980년대 애플은 자사의 매킨토시 운영체제에 대해 라이선스를 제공하지 않았다. 반면, 마이크로소프트는 여러 하드웨어 제조사들에게 자사 운영체제의 라이선스를 제공하고 (잡스의 생각으로는) 애플의 인터페이스를 벗겨 먹음으로써 지배적인 시장점유율을 확보했다.

1980년대에 마이크로소프트가 행한 일이 2010년 구글이 시도한 일과 완전히 똑같다고 할 수는 없었지만 분쟁을 유발했다는 점에서는(그리고 누군가를 격노케 했다는 점에서는) 매우 흡사했다. 그것은 폐쇄냐 개방이냐, 또는 (잡스의 논리로는) 통합이냐 분열이냐에 대한, 디지털 시대 대논쟁의 전형적인 사례였다. 애플의 믿음대로, 그리고 잡스의 통제 완벽주의가 요구하듯 하드웨어와 소프트웨어와 콘텐츠 관리를 깔끔한 단일 시스템으로 통합해 단순한 사용자 경험을 보장하는 것이 나은가? 아니면 자유롭게 변경할 수 있고 다른 기기들에서도 사용할 수 있는 소프트웨어 시스템을 만들어 사용자들과 제조업자들의 선택 폭을 넓히고 또 다른 혁신의 여지를 터놓는 것이 나은가? "스티브는 애플의 경영과 관련해 구체적으로 원하는 방식이 있습니다. 20년 전과 똑같지요. 바로 애플을 폐쇄적인 시스템의 눈부신 혁신자로 만드는 겁니다." 나중에 슈미트가 내게 한 말이다. "그들은 사람들이 허락 없이 그들의 플랫폼에 접근하는 것을 원치 않습니다. 폐쇄적인 플랫폼에는 통제라는 이점이 따르지요. 하지만 구글은 개방하는 것이 더 나은 접근법이라는 특정한 믿음을 갖고 있어요. 그것이 대안과 경쟁, 소비자의 선택권 등을 늘려준다는 점 때문이지요."

그렇다면 잡스가 25년 전 마이크로소프트를 상대로 그랬듯 폐쇄 전략으로 구글과의 전투에 돌입하는 모습을 지켜보

새로운 전투들

면서 빌 게이츠는 무슨 생각을 했을까? "폐쇄적인 것에도 어느 정도 이점은 있습니다. 사용자 경험을 상당 부분 통제할 수 있다는 점이 그것이지요. 그는 분명히 때때로 그런 이점을 누렸습니다." 그러나 애플 iOS(애플의 모바일 운영체제)의 라이선스 제공을 거부한 것은 안드로이드 같은 경쟁 제품에 더 큰 몫을 차지할 기회를 준 셈이라고 덧붙였다. 더불어 그는 다양한 기기 및 제조사 들 사이의 경쟁은 소비자 선택의 증대와 더 큰 혁신으로 이어진다고 주장했다. "이런 회사들이 전부 센트럴파크 옆에 피라미드를 짓는 것은 아니지만, 어쨌든 고객을 놓고 경쟁하면서 혁신을 일으키는 겁니다." 이렇게 맨해튼 5번로의 애플 스토어를 조롱한 후 게이츠는 PC의 개선 가운데 대부분은 소비자들이 많은 선택권을 가졌기 때문에 이뤄진 것이며 언젠가는 모바일 기기 세상에도 이런 원리가 적용될 거라고 지적했다. "결국 개방이 성공할 겁니다. 저를 보면 알 수 있지 않나요? 장기적으로 볼 때 통합성, 그것으로는 버틸 수 없습니다."

잡스는 이 '통합성'을 믿었다. 안드로이드가 시장점유율을 늘려 가는데도 통제된 폐쇄적 환경에 대한 그의 믿음은 여전히 흔들리지 않았다. "구글은 우리가 그들보다 더 많은 통제력을 행사한다고, 우리는 폐쇄적이고 그들은 개방적이라고 말하지요." 내가 슈미트의 말을 전했을 때 그는 이렇게 불평했다. "하지만 그 결과를 봐요. 안드로이드는 지저분하기 짝이 없을 정도예요. 스크린 크기와 버전이 가지각색이라 100가지가 넘는 조합이 나오잖아요." 구글의 접근법이 결국 시장에서 승리할지는 몰라도 잡스는 그것이 혐오스럽다고 생각했다. "나는 사용자 경험 전체에 대해 책임지고 싶어요. 우린 돈을 벌려고 그러는 게 아니에요. 안드로이드 같은 쓰레기가 아닌 훌륭한 제품을 만들고 싶기 때문이지요."

자유로운 혁명가 대 오만한 독재자

엔드투엔드 통제에 대한 잡스의 고집은 다른 전투들에서도 드러났다. 구글에 대해 공격한 전체 직원 미팅에서 그는 또한 어도비의 웹사이트 제작용 멀티미디어 플랫폼인 플래시도 "게으른" 사람들이 만든 "버그투성이의" 배터리 돼지라고 공격했다. 그러면서 아이팟과 아이폰은 절대 플래시를 구동시키지 않을 거라고 덧붙였다. "플래시는 형편없는 성능에 정말 심각한 보안 문제들을 가진 잡탕 같은 기술이에요." 그 미팅이 열리던 주에 그는 내게 이렇게 말했다.

심지어 그는 플래시 코드를 번역해 애플의 iOS와 호환해주는 어도비의 컴파일러를 사용하는 앱들도 금지했다. 개발자들이 만든 제품을 다양한 운영체제로 이식할 수 있도록 허용한다는 점에서 컴파일러의 사용을 경멸한 것이다. 그는 이렇게 말했다. "플래시의 크로스플랫폼 이식을 허용하면 결국 모든 게 너무 지나치게 단순해져서 가장 낮은 수준의 공통분모가 되고 마는 겁니다. 우리는 우리 플랫폼을 개선하려고 많은 노력을 투자하는데 어도비가 모든 플랫폼이 갖고 있는 기능들을 이용해 먹기만 하면 개발자는 아무런 이익도 얻을 수 없잖아요. 그래서 우리는 개발자들이 우리의 더 나은 기능들을 유리하게 이용하길 바란다고, 그리하여 그들의 앱이 다른 '아무' 플랫폼에서보다 우리의 플랫폼에서 더 잘 돌아가길 바란다고 말했습니다." 그 점에 대해서는 그가 옳았다. 애플의 플랫폼들을 차별화할 수 없다는 것은(그것들이 HP와 델의 기기들처럼 일용품이 되도록 허용하는 것은) 애플에게 죽음을 의미했다.

게다가 좀 더 개인적인 이유도 있었다. 애플은 1985년에 어도비에 투자했고, 두 회사는 함께 데스크톱 출판 혁명을 일으켰다. "나는 어도비가 업계에서 자리를 잡도록 도왔지요." 잡스는 회상한다. 그는 애플에 복귀한 후 1999년에 어도비에게 아이맥과 새로운 아이맥 운영체제를 위해 동영상 편집 소프트웨어와 여타 제품들을 만들어 달라고 요청했지만 어도비는 이를 거절했다. 그들은 윈도용 제품을 만드는 데만 주력했다. 그리고 얼마 안 되어 어도비 창업자인 존 워녹이 은퇴했다. "워녹이 떠나면서 어도비의 영혼은 사라졌어요. 그는 발명가로서 나와 통하는 사람이었지요. 그때부터 수많은 소송이 제기되었고 어도비는 쓰레기로 전락했어요." 잡스의 말이다.

블로고스피어의 어도비 전도사들과 다양한 플래시 지지자들이 잡스의 과도한 통제를 공격하자 잡스는 공개적으로 편지를 써서 올리기로 했다. 그의 친구이자 이사회 임원인 빌 캠벨이 그의 집에 들러 편지를 검토했다. "어도비를 상대로 괜한 딴죽이나 거는 것처럼 보이지 않을까?" 그가 캠벨에게 물었다. "아니. 다 사실이잖아. 그냥 올려." 코치인 캠벨이 말했다. 편지는 주로 플래시의 기술적 결함에 초점을 맞추었다. 그러나 캠벨의 코치에도 불구하고 잡스는 말미에 두 회사의 과거 문제를 드러내지 않을 수 없었다. 그는 이렇게 썼다. "어도비는 주요 제삼자 개발자들 가운데서 맨 마지막으로 맥

OS X을 완전히 채택했습니다."

애플은 결국 그해 안에 크로스플랫폼 컴파일러에 대한 규제를 일부 풀었고, 그리하여 어도비는 애플 iOS의 핵심 기능들을 활용하는 플래시 제작 툴을 내놓을 수 있었다. 쓰라린 전쟁이었지만 잡스가 좀 더 설득력 있는 주장을 펼친 셈이었다. 결국 어도비와 다른 컴파일러 개발자들이 아이폰 및 아이패드 인터페이스와 그 특별한 기능들을 더 좋게 활용하도록 만들었으니 말이다.

잡스에게 그보다 힘들었던 것은 아이폰과 아이패드에 다운로드 할 수 있는 앱의 종류를 철저히 통제하려는 애플의 열망과 관련된 논쟁을 헤쳐 나가는 일이었다. 바이러스가 들어 있거나 사용자의 사생활을 침해하는 앱을 제한하는 것은 이해할 수 있었다. 사용자들이 아이튠스 스토어가 아닌 다른 웹사이트로 가서 구독권 등을 구입하게 하는 앱을 막는 것 역시 적어도 사업적인 이유에서는 그럴듯했다. 그러나 잡스와 그의 팀은 그 이상으로 관여했다. 누군가의 명예를 훼손하거나 정치적으로 논쟁의 여지가 있거나 애플의 검열 기준이 포르노로 규정하는 앱들까지 금지하기로 결정한 것이다.

이러한 보모 노릇 문제는 애플이 마크 피오레의 풍자 애니메이션을 보여 주는 앱을 거부하면서 불거졌다. 애플은 부시 행정부에 대한 마크 피오레의 풍자 공격이 명예훼손 규정을 위반한다는 이유로 거부 조치를 취했다. 피오레가 4월에 시사만화로 2010년 퓰리처상을 수상하자 애플의 이러한 결정이 대중에게 알려지고 조롱거리가 되기 시작했다. 애플은 어쩔 수 없이 입장을 바꾸었고 잡스는 공개 사과를 했다. "실수를 한 데 대해 죄송하게 생각합니다. 우리는 최선을 다하고 있으며 되도록 빨리 교훈을 터득하려 노력하고 있습니다. 하지만 우리는 이러한 규정이 합당하다고 생각했습니다."

그러나 그저 실수라고 하기에는 무리가 있었다. 그것은 아이패드나 아이폰 사용자들이 보거나 읽는 앱의 종류까지 통제하려 드는 것은 지나친 망상이 아니냐는 세간의 우려를 자극했다. 잡스는 애플의 '1984' 매킨토시 광고에서 그가 멋지게 깨부순 오웰의 빅 브라더가 될 위험에 처한 듯했다. 그는 이 문제를 진지하게 받아들였다. 어느 날 그는 《뉴욕 타임스》 칼럼니스트인 톰 프리드먼에게 전화하여 검열자처럼 보이지 않고도 규제를 할 수 있는 방안에 대해 상의했다. 그는 프리드먼에게 고문 팀을 만들어 가이드라인을 고안하도록 도와 달라고 부탁했다. 그러나 이 칼럼니스트의 고용주가 그것은 이해관계의 충돌을 낳을 우려가 있다고 했고, 그래서 결국 그런 위원회는 만들어지지 않았다.

포르노 금지도 문제가 되었다. "우리는 아이폰에 포르노가 다운로드 되는 것을 막아야 할 도덕적 책임이 있다고 믿습니다. 포르노를 원하는 사람은 안드로이드를 사면 됩니다." 어느 고객에게 보내는 이메일에서 잡스는 이렇게 단언했다.

이를 계기로 그는 기술 가십 사이트 밸리웨그의 편집장인 라이언 테이트와 이메일을 주고받게 되었다. 어느 날 저녁 테이트는 톡 쏘는 칵테일을 홀짝거리며 잡스에게 앱 검열과 관련해 애플의 지나친 통제를 비난하는 이메일을 보냈다. "만약 딜런이 지금 스무 살이라면 당신의 회사에 대해 어떻게 생각할까요? 아이패드가 눈곱만큼이라도 '혁명'과 관련이 있다고 생각할까요? 혁명의 본질은 자유입니다.”

뜻밖에도 몇 시간 후 자정이 지나 잡스에게서 답장이 왔다. “그래요. 자유지요. 당신의 개인 정보를 훔쳐 가는 프로그램들로부터의 자유. 당신의 배터리를 축내는 프로그램들로부터의 자유. 포르노로부터의 자유. 그래요, 자유가 본질입니다. 시대는 변해 갑니다. 전통적인 PC 종사자들은 그들의 세상이 끝나 가고 있다고 느끼지요. 사실이 그렇습니다.”

테이트는 다시 답장을 썼다. 플래시와 여타 주제에 대해 몇 가지 의견을 제시한 다음, 다시 검열 문제로 돌아갔다. “여보세요. 저는 ‘포르노로부터의 자유’는 원치 않습니다. 포르노는 좋은 겁니다! 제 아내도 동의할 겁니다.”

잡스는 이렇게 답장했다. “자녀들이 생기면 포르노에 대해 좀 더 조심스러워질 겁니다. 이 문제의 핵심은 자유가 아니라 애플이 사용자들을 위해 옳은 일을 하려고 노력한다는 겁니다.” 마지막으로 그는 재치 있는 말을 덧붙였다. “그건 그렇고 당신은 어떤 대단한 일을 이루셨습니까? 무언가를 만드는 분입니까, 아니면 그저 다른 사람들의 작품을 비판하고 그들의 사기를 떨어뜨리는 분입니까?”

테이트는 솔직히 감명을 받았다고 시인했다. 그는 이렇게 썼다. “이런 식으로 고객이나 블로거와 일대일로 맞붙는 CEO는 드물다. 잡스는 그의 회사가 그토록 우수한 제품들을 만들었다는 점뿐 아니라 전형적인 미국 기업가의 틀을 깼다는 점에서도 크게 인정받을 만하다. 잡스는 디지털 생활에 대한 아주 확고한 견해들을 토대로 회사를 세우고 재건했을 뿐 아니라 기꺼이 공공연하게 그것들을 옹호한다. 격렬하게, 솔직하게. 그것도 주말 새벽 2시에 말이다.” 블로고스피어의 많은 이들이 이에 동의하며 잡스에게 호전성을 칭송하는 이메일을 보냈다. 잡스도 자랑스러워했다. 그는 테이트와 주고받은 이메일과 몇 통의 칭송 메일을 내게 '전달'했다.

그렇다고는 해도 애플이 자사 제품 구매자들에게 논쟁의 여지가 있는 정치만화 혹은 포르노를 봐선 안 된다고 포고하는 것은 여전히 걱정스러운 일이었다. 유머 사이트 이사캐즘닷컴(eSarcasm.com)은 "그래요, 스티브. 난 포르노를 원해요."라는 웹 캠페인을 벌이기 시작했다. 이 사이트는 이렇게 선언했다. "우리는 하루 24시간 음란물을 접하지 않고는 살 수 없는 더러운 섹스광들이다. 아니면 그저 봐야 할 것과 봐선 안 되는 것을 기술 독재자가 결정하지 않는, 검열 없는 개방적인 사회의 개념을 향유하고 싶은 사람들일 뿐이거나."

그 무렵 잡스와 애플은 어느 운 나쁜 애플 엔지니어가 술집에 놓고 간 비공개 아이폰 4의 테스트 버전을 손에 넣은, 밸리웨그의 제휴 사이트 기즈모도와 교전을 벌이고 있었다. 애플의 신고를 받고 경찰이 해당 블로거의 집을 급습하자 기즈모도는 이제 통제 편집증에 오만까지 결합된 것 아니냐는 의문을 제기했다.

존 스튜어트는 잡스의 친구이자 애플의 팬이었다. 실제로 잡스는 2010년 2월에 언론계 중역들을 만나러 뉴욕에 갔을 때 사적으로 그를 방문하기도 했다. 그러나 그런 관계가 《더 데일리 쇼》에서 스튜어트가 그를 타깃으로 삼는 일을 막아 주진 못했다. "이런 식은 곤란합니다! 사악한 역할은 마이크로소프트가 맡아야지요!" 스튜어트는 농담 반 진담 반으로 이렇게 말했다. 그의 뒤편 스크린에는 '앱홀'('asshole'이라는 비어에서 'ass'를 'app'으로 바꾼 말장난.— 옮긴이)이라는 단어가 적혀 있었다. "여러분은 반항아였습니다. 대의를 가슴에 품은 약자였잖아요. 그런데 이제 사악한 지배자가 되려는 겁니까? 1984년에 빅 브라더를 타도하던 그 놀라운 광고는 어떻게 된 겁니까? 지금 거울을 보십시오!"

이 문제는 늦봄까지 이사회 임원들 사이에서 논의되었다. "오만한 일이긴 하죠." 아트 레빈슨은 회의에서 이 문제를 제기한 후 나와 점심을 먹으면서 이렇게 말했다. "그것은 스티브의 성격과 연관되는 겁니다. 그는 본능적으로 반응하고 강력하게 자신의 확신을 펼칠 수 있는 사람입니다." 애플이 호전적인 약자였을 때에는 그러한 오만이 문제가 되지 않았다. 그러나 이제 애플은 모바일 시장을 지배하고 있었다. "이제 우리는 대기업이라는 인식을 갖고 그 오만하다는 이미지를 적절히 다루는 노력을 기울여야 합니다." 레빈슨이 말했다. 앨 고어도 이사회 회의에서 이 문제에 대해 의견을 제시했다. "애플의 배경이 극적으로 변화하고 있습니다. 이제 애플은 빅 브라더에게 망치를 던지는 회사가 아닙니다. 애플은 커졌고 사람들은 애플이 오만하다고 생각합니다." 이 주제가 제기되자 잡스는 방어적인 태도를 취했다. "그는 여전히 적응하는 중입니다. 겸손한 거인보다는 도전적인 약자의 역할에 더 익숙한 사람이지요." 고어의 말이다.

잡스는 이런 얘기를 거의 참아 내질 못했다. 당시 그는 내게 애플이 비판을 받은 이유는 "구글과 어도비 같은 기업들이 우리에 대해 거짓말을 하고 우리를 무너뜨리려 하고 있기 때문"이라고 했다. 애플이 때로 오만하게 행동한다는 주장에 대해서는 어떻게 생각했을까? "그런 건 걱정하지 않습니다.

전자 기기들이 밟는 실용 실험 단계를 거치지 않았다. 그래서 대대적인 구매 러시가 시작되기 전에 결함이 포착되지 않은 것이다. 훗날 토니 파델은 말했다. "문제는 엔지니어링보다 디자인을 중시하는 것과 제품 출시 전에 철저한 비밀 유지를 고수하는 것, 이 두 가지 정책이 애플에게 도움이 되느냐 하는 겁니다. 전반적으로는 그렇지만 성능 검증까지 생략하는 것은 결코 좋은 일이 아니죠. 바로 그런 일이 일어난 겁니다."

애플의 아이폰 4가 아니었더라면, 즉 그렇게 모든 사람들의 마음을 사로잡는 제품이 아니었더라면 두세 번 전화가 끊기는 문제는 뉴스거리가 되지 않았을 것이다. 그러나 그것은 '안테나게이트'로 불렸고, 6월 초에 《컨슈머 리포트》가 몇 가지 엄격한 테스트를 해 본 후 안테나 문제 때문에 아이폰 4를 "추천할 수 없다."라고 말하면서 문제가 크게 불거졌다.

이 문제가 대두됐을 때 잡스는 가족과 함께 하와이의 코나 빌리지에 있었다. 아트 레빈슨이 계속해서 그와 전화 연락을 했고 잡스는 그 문제가 구글과 모토로라의 농간에 기인한 거라고 주장했다. "그들이 애플을 무너뜨리려는 겁니다."

레빈슨은 조금 겸손해지라고 했다. "뭔가 잘못된 게 있는지 찾아봅시다." 그가 애플이 오만하다는 인식에 대해 또 한 번 언급하자 잡스는 못마땅해했다. 그것은 그의 흑백 세계관, 옳지 않으면 그르다는 이분법적 세계관에 반하는 것이었다. 그는 애플이 절조 있는 회사라고 생각했다. 사람들이 그걸 알지 못한다면 그건 그들의 잘못이었다. 애플이 겸손하게 행동할 이유는 없었다.

잡스의 두 번째 반응은 괴로워하는 것이었다. 그는 그러

그리고 예전 전투들의 메아리

973

한 비판을 사적으로 받아들여 감정적 고뇌에 시달렸다. 레빈슨은 말한다. "기본적으로 그는 이 업계의 몇몇 실리주의자들처럼 스스로 뻔히 틀렸다고 생각하는 일을 하는 사람은 아닙니다. 그러니까 자신이 옳다고 생각하면 자신을 의심하기보다는 화부터 내는 거지요." 레빈슨은 그에게 침울해하지 말라고 했다. 그러나 잡스는 침울해했다. "빌어먹을, 대응할 가치도 없는 일이야." 그가 말했다. 결국 그를 무기력 상태에서 흔들어 깨운 사람은 팀 쿡이었다. 팀 쿡은 애플이 새로운 마이크로소프트가 되고 있다고, 즉 독선적이며 오만해지고 있다고 한 누군가의 말을 인용했다. 이튿날 잡스는 태도를 바꿨다. "문제의 핵심으로 들어가 봅시다."

잡스는 AT&T를 통해 끊어진 전화에 대한 데이터를 수집해 보고 사람들이 떠드는 것만큼 대단한 것은 아니지만 어쨌든 문제가 있다는 것을 깨달았다. 그래서 그는 하와이에서 비행기를 타고 돌아왔다. 그러나 떠나기 전에 전화를 몇 통 걸었다. 믿을 만한 옛 사람, 30년 전 원조 매킨토시 시절에 그의 곁에 있어 준 현명한 사람 두 명을 불러들여야 할 때였다.

먼저 그는 홍보 세계의 구루인 레지스 매케나에게 전화했다. "지금 하와이에서 이 안테나 문제를 해결하러 가고 있는데 당신이 좀 도와주셔야겠어요." 잡스가 그에게 말했다. 그들은 다음 날 오후 1시 30분에 쿠퍼티노 회의실에서 만나기로 했다. 그가 전화한 또 한 사람은 광고의 달인 리 클라우였다. 그는 얼마 전 애플을 담당하는 업무에서 빠지려 했지만 잡스가 붙들어 뜻을 이루지 못했다. 그의 동료인 제임스 빈센트도 함께 소환되었다.

잡스는 당시 하와이에 함께 와 있던 고등학교 3학년 아들

리드도 데려가기로 했다. "분명히 이틀 동안 꼬박 미팅을 할 텐데, 네가 같이 있으면 좋겠구나. 그 이틀 동안 경영대학원 2년 과정보다 더 많은 걸 배울 테니까 말이야." 그가 아들에게 말했다. "진짜 어려운 결정을 내리는 세계 최고의 사람들과 함께 앉아서 상황이 어떻게 정리되는지 보게 될 거야." 잡스는 그 일을 회상하면서 눈시울을 붉혔다. "그 녀석한테 내가 일하는 모습을 보여 주기 위해서라면 그 모든 걸 다시 한 번 겪을 수도 있습니다. 아빠가 무얼 하는지 꼭 보여 주고 싶었지요."

애플의 견실한 홍보 책임자 케이티 코튼과 중역 일곱 명이 참석했다. 미팅은 오후 내내 지속되었다. "내 인생 최고의 미팅 중 하나였지요." 훗날 잡스는 이렇게 말했다. 그는 먼저 그들이 수집한 모든 데이터를 보여 주었다. "이게 실상입니다. 이제 어떻게 해야 할까요?"

매케나는 누구보다도 차분하고 솔직한 사람이었다. 그가 말했다. "그냥 진실을, 데이터를 보여 주시죠. 오만해 보이라는 게 아니라 단호하고 자신감 있게 보이라는 겁니다." 빈센트를 비롯한 다른 사람들은 잡스에게 좀 더 사죄하는 태도를 보여 주라고 했지만 매케나는 반대했다. 그는 이렇게 조언했다. "기자회견 할 때 꼬리를 내려선 안 됩니다. 그냥 이렇게 말하세요. '휴대전화는 완벽하지 않습니다. 우리도 완벽하지 않지요. 우리도 인간입니다. 우린 그저 최선을 다하고 있을 뿐입니다. 이게 데이터입니다.'" 그것이 전략이 되었다. 다시 오만하다는 인식이 주제로 대두되자 매케나는 너무 걱정하지 말라고 했다. 그는 나중에 이렇게 설명했다. "스티브를 겸손해 보이게 하는 건 효과가 없을 것 같았습니다. 스티브가 자신에 대해 스스로 인정하듯 '보이는 그대로 이해되는 것' 이니까요.'"

그 주 금요일에 애플 강당에서 열린 기자회견에서 잡스는 매케나의 조언대로 했다. 굽실거리거나 사과하기보다는 애플이 문제를 이해하며 그것을 바로잡으려고 노력할 것임을 보여 주는 방식으로 문제를 진정시킬 수 있었다. 그런 다음 그는 논의의 틀을 바꿔 모든 휴대전화가 어느 정도의 문제는 갖고 있다고 말했다. 나중에 그는 내게 자신이 기자회견에서 "몹시 짜증 난 것처럼" 말했다고 했지만, 사실 그는 냉철하고 솔직한 어조를 취하는 데 성공했다. 그는 짧은 평서문 네 개로 그것을 표현했다. "우리는 완벽하지 않습니다. 휴대전화는 완벽하지 않지요. 우리 모두 그걸 압니다. 하지만 우리는 우리 사용자들을 만족시켜 드리고 싶습니다."

만족하지 않는 사람이 있다면 휴대전화를 환불해 가거나 (아이폰 4의 환불 비율은 결국 아이폰 3G나 다른 대부분의 전화기들의 3분의 1에도 못 미치는 1.7퍼센트에 불과했다.) 애플에서 나눠 주는 무료 범퍼 케이스를 받아 가라고 했다. 그런 다음 그는 계속해서 다른 휴대전화도 비슷한 문제들을 갖고 있다는 데이터를 제시했다. 그것은 온전한 사실은 아니었다. 애플의 안테나 디자인은 이전 버전의 아이폰을 포함해 대부분의 다른 전화기들에 비해 문제가 조금 더 심각했다. 그러나 아이폰 4의 끊김 현상에 대해 언론이 지나치게 광분했던 것은 사실이었다. "믿기 힘들 정도로 지나치게 과장된 겁니다." 그가 말했다. 대부분의 고객들은 그가 용서를 빌거나 리콜을 단행하지 않았다는 데 경악하기는커녕 그가 옳다는 것을 깨달았다.

이미 매진된 아이폰 4의 대기자 목록은 2주 분량에서 3주

분량으로 늘어났다. 아이폰은 여전히 애플 역사상 가장 빨리 팔리는 제품이었다. 미디어 논쟁은 잡스가 다른 스마트폰도 동일한 안테나 문제를 갖고 있다고 주장하는 것이 옳은 일인지 여부에 대한 것으로 바뀌었다. 그 답이 '아니오.'라고 해도 어쨌든 그것은 아이폰 4가 불완전한 실패작인가의 여부보다는 훨씬 더 다루기 쉬운 문제였다.

일부 미디어 논평가들은 회의적이었다. "얼마 전 스티브 잡스는 회피 전술과 정당화, 비뚤어진 신실성을 대담하게 드러냄으로써 마치 배우처럼 문제를 부정하고 비판을 기각하고 비난을 여타 스마트폰 제조자들에게 떠넘기는 데 성공했다." 뉴저닷컴(newser.com)의 마이클 볼프는 이렇게 썼다. "이것이 바로 현대의 마케팅과 기업 정보 조작, 위기관리의 수준이다. 그에 대해 우리는 불신과 혼란에 싸여 그저 이렇게 물을 수밖에 없다. 그들은 어떻게 그런 짓을 하고도 무사한 것일까? 보다 더 정확한 질문은 이것이다. 그는 어떻게 그런 짓을 하고도 무사한 것일까?" 볼프는 그것이 "궁극의 카리스마를 지닌 인간"으로서 잡스가 발휘하는 매료 효과 때문이라고 했다. 다른 CEO 같았으면 굽실거리며 사죄를 하고 대대적인 리콜을 단행했겠지만 잡스는 그럴 필요가 없었다. "뼈만 앙상한 음울한 외모, 독재주의, 성직자 같은 태도, 성자와 연관된 이미지는 정말 효과적이며 이 경우에는 그로 하여금 무엇이 중요한지, 무엇이 하찮은지 권위적으로 결정하게 하는 특권을 갖게 해 준다."

연재만화 「딜버트」의 작가인 스콧 애덤스 역시 회의적이긴 했지만 그보다는 감탄을 드러냈다. 며칠 후 그는 블로그에 잡스의 '우월감에 찬 책략'이 놀랍게도 새로운 홍보 표준으로 연구될 것이라는 글을 올렸다.(잡스는 뿌듯한 듯 이 글을 이메일로 돌렸다.) 애덤스는 이렇게 썼다. "아이폰 4 문제에 대한 애플의 반응이 일반적인 홍보 전술을 따르지 않은 것은 잡스가 그 전술을 고쳐 쓰기로 결심했기 때문이다. 천재들이 어떠한지 알고 싶다면 잡스의 화법을 연구해야 한다." 모든 휴대전화가 완벽하지 않다고 대놓고 선언함으로써 잡스는 논란의 여지없는 명백한 단언으로 논쟁의 정황을 바꿔 놓았다. "만약 잡스가 아이폰 4에서 모든 스마트폰으로 정황을 바꾸지 않았더라면 나는 인간의 손에 닿으면 작동이 안 되는 형편없는 제품을 희롱하는 유쾌한 연재만화를 그릴 수 있었을 것이다. 하지만 '모든 스마트폰이 문제를 갖고 있다.'로 정황이 바뀌는 순간 그런 유머의 기회는 사라졌다. 일반적이고 따분한 진실처럼 유머를 죽이는 것은 없으니까."

비틀스가 아이튠스로 돌아오다

스티브 잡스의 경력을 완성하기 위해서는 몇 가지 해결해야 할 문제가 있었다. 그중 하나는 그가 사랑한 밴드 비틀스와의 '30년 전쟁'을 끝내는 것이었다. 2007년에 애플은, 비틀스의 지주회사로 1978년 이름 사용 문제를 놓고 처음으로 풋내기 컴퓨터 회사를 고소한 애플 코퍼레이션과의 상표 분쟁을 해결했다. 그러나 애플은 여전히 비틀스를 아이튠스 스토어에 포함하지 못했다. 비틀스는 그들에게 협조하지 않는 마지막 주요 뮤지션이었다. 그것은 주로 비틀스가 그들의 노래 대부분을 소유한 EMI 뮤직과 디지털 권리에 대해 해결을 보지 못했기 때문이었다.

비틀스와 EMI의 상황이 정리된 2010년 여름, 쿠퍼티노의 회의실에서 4인의 정상회담이 열렸다. 잡스와 아이튠즈 스토어 담당 부사장 에디 큐가 비틀스의 이해관계를 관리하는 제프 존스와 EMI 뮤직 대표 로저 팩슨을 맞이했다. 비틀스가 디지털 세상으로 진출하는 이 획기적인 사건을 기념하기 위해 애플은 무엇을 제안할 수 있었을까? 잡스는 오랫동안 이날을 기대해 왔다. 사실 그와 그의 광고 팀인 리 클라우와 제임스 빈센트는 이미 3년 전 비틀스를 끌어오는 방법에 대해 전략을 짜면서 몇 가지 광고를 제작해 놓은 터였다.

"스티브와 저는 우리가 할 수 있는 일들을 전부 생각해 봤습니다." 큐의 회상이다. 아이튠즈 스토어의 첫 페이지를 도배하는 것, 옥외 광고판을 사서 가장 좋은 비틀스 사진들로 장식하는 것, 고전적인 애플 스타일로 일련의 텔레비전 광고들을 방영하는 것 등이 여기에 포함되었다. 그중에서도 최고는 비틀스 정규 앨범 열세 장과 두 장짜리 「패스트 마스터스 (Past Masters)」 컬렉션, 그리고 향수를 자극하는 1964년 워싱턴 콜로세움 콘서트 영상이 포함된 149달러짜리 패키지 세트를 내놓는 것이었다.

주요 합의에 도달하자 잡스는 광고에 사용할 사진을 함께 골랐다. 텔레비전 광고는 모두 녹음 스튜디오에서 악보를 내려다보며 미소를 짓고 있는 젊은 존 레넌과 폴 매카트니의 흑백 스틸 사진이 마지막을 장식했다. 그것은 애플 회로 기판을 내려다보는 잡스와 워즈니악의 옛 사진을 환기시켰다. 큐는 말한다. "비틀스를 아이튠즈에 들여놓은 것은 우리가 음악 사업에 뛰어든 이유의 정점을 장식하는 일이었습니다."

무한대를 향해

클라우드, 우주선 그리고 그 너머

아이패드 2

첫 아이패드가 판매되기 전부터 잡스는 아이패드 2에는 무엇을 넣을까 고민하고 있었다. 양면에 카메라를 장착할 생각이었고(누구나 예상한 것이었다.) 확실히 더 얇아지길 바랐다. 그러나 대부분의 사람들은 생각하지 않았지만 그가 고심하던 지엽적인 문제가 하나 있었다. 사람들이 사용하는 케이스들이 아이패드의 아름다운 선을 덮고 스크린의 가치를 떨어뜨린다는 점이었다. 더욱 얇아져야 할 것이 케이스 때문에 오히려 뚱뚱해졌다. 그것은 모든 면에서 마법이 되어야 할 기기에 단조로운 망토를 입히는 꼴이었다.

그 무렵 그는 어떤 자석에 대한 기사를 읽고 그것을 오려 조니 아이브에게 건넸다. 그 자석은 정확하게 초점이 맞춰지는 원뿔형의 인력을 갖고 있었다. 어쩌면 그것을 이용하면 딱 맞는 분리형 커버를 만들어 적절히 탈부착하게 만들 수 있을 것 같았다. 아이브의 팀원 한 명이 자석 경첩으로 연결할 수 있는 분리형 커버 제작 방법을 연구해 냈다. 커버를 열면 마치 간지럼을 타는 아기 얼굴처럼 갑자기 스크린이 활성화되고, 사용할 때는 커버를 따로 접어서 지지대로 쓸 수 있도록 만든 것이다.

첨단 기술은 아니었다. 그저 물리적인 것이었다. 그러나 그것은 매혹적이었다. 또한 그것은 엔드투엔드 통합에 대한 잡스의 열망을 보여 주는 또 하나의 예이기도 했다. 커버와 아이패드는 자석과 경첩이 모두 이음새 없이 연결되도록 함께 설계되었다. 아이패드 2에서는 많은 점들이 개선될 예정이었지만, 그중에서도 가장 많은 미소를 자아낼 요소는 대부분의 다른 CEO들은 굳이 생각하지도 않을 법한, 이 건방진 작은 커버였다.

잡스는 또다시 병가 중이었으므로 2011년 3월 2일 샌프란시스코에서 열리는 아이패드 2 출시 행사에 참석하지 않을 거라는 예상이 지배적이었다. 그러나 초대장이 발송되자 그는 내게 꼭 가 보라고 했다. 평소와 크게 다른 것은 없었다. 앞줄에 애플의 수석 경영진이 앉아 있었다. 팀 쿡은 에너지 바를 먹고 있었고 음향 시스템에서는 「유 세이 유 원트 어 레볼루션(You Say You Want a Revolution, 너는 혁명을 원한다고 말하지)」과 「히어 컴스 더 선(Here Comes the Sun, 태양은 떠오른다)」에 이르기까지 상황에 적절한 비틀스의 노래들이 울려 퍼졌다. 리드 잡스는 행사가 시작되기 직전에 순진해 보이는 대학교 1학년생 기숙사 친구 두 명을 데리고 나타났다.

"오랫동안 작업한 제품이라 저는 오늘 이 자리를 놓치고 싶지 않았습니다." 잡스가 심하게 수척한 모습으로 유쾌한 미소를 띤 채 느릿느릿 무대에 오르며 말했다. 사람들은 함성을 지르고 고함을 치며 자리에서 일어나 열렬히 박수를 쳤다.

그는 새로운 커버를 보여 주는 것으로 아이패드 2의 시연을 시작했다. "이번에는 케이스와 제품이 함께 디자인되었습니다." 그가 설명했다. 그런 다음 충분히 일리가 있었기에 한동안 그를 괴롭힌 한 가지 비판으로 논의의 주제를 바꿨다. 바로 원조 아이패드가 콘텐츠 제작보다는 콘텐츠 소비에 더 적합하다는 비판이었다. 이 때문에 애플은 매킨토시에 탑재되는 최고의 애플리케이션인 개러지밴드와 아이무비를 개조해 강력한 아이패드용 버전을 만들었다. 잡스는 새 아이패드를 사용해 작곡이나 편곡을 하는 일, 홈비디오에 음향효과와 특수 효과를 넣는 일, 그러한 창작물을 게시하거나 공유하는 일이 얼마나 쉬워졌는지 보여 주었다.

그는 또 한 번 인문학 거리와 과학기술 거리의 교차로를 보여 주는 슬라이드로 프레젠테이션을 마무리했다. 그리고 진정한 창조성과 단순성은 전체 위젯(하드웨어와 소프트웨어 그리고 이 문제에 관한 한 콘텐츠와 커버와 판매원들까지)을 통합하는 데서 나오는 것이지, 윈도 PC들의 세상에서처럼 그리고 이제는 안드로이드 기기들이 그러하듯 열고 분해하도록 허용하는 데서 나오는 게 아니라는 자신의 신조를 그 어느 때보다도 분명하게 표현했다.

기술만으로는 충분하지 않다는 것, 그 철학은 애플의 DNA에 내재해 있습니다. 가슴을 울리는 결과를 내는 것은 인문학과 결합된 과학기술이라고 우리는 믿습니다. 무엇보다도 이런 포스트 PC 기기들이 그것을 가장 정확하게 보여 줍니다. 사람들은 이 태블릿 시장으로 몰려들어 하드웨어와 소프트웨어가 서로 다른 회사에 의해 만들어지는 그것을 차세대 PC로 보고 있습니다. 우리의 경험이, 우리 온몸이 그것은 적절한 접근 방법이 아니라고 말합니다. 이런 포스트 PC 기기들은 PC보다 훨씬 더 직관적이고 사용이 용이해야 하며 소프트웨어와 하드웨어와 애플리케이션이 PC에서보다 훨씬 더 매끄러운 방식으로 서로 엮여야 합니다. 우리는 이러한 종류의 제품들을 구축하기에 적절한 아키텍처를 단지 실리콘뿐만 아니라 우리의 조직에도 갖췄다고 생각합니다.

애플을 만든 아키텍처가 그의 영혼에까지 뿌리내리다

출시 행사가 끝난 후 잡스는 힘이 넘쳤다. 그는 나와 그의 아내, 리드 그리고 리드의 스탠퍼드 친구 둘과 함께 점심을 먹기 위해 포 시즌스 호텔로 갔다. 기분 전환 삼아 식사를 하긴 했지만 입맛은 여전히 까다로웠다. 갓 짜낸 주스를 주문했다가 갓 짜낸 것이 아니라 병에서 따른 거라며 세 번이나 돌려보냈고, 프리마베라 파스타는 한번 맛을 보고는 못 먹을 맛이라며 밀어 놓았다. 그러나 그러고 나서는 내 게살 샐러드를 절반쯤 먹더니 자기 몫으로 새로 하나를 주문하고 아이스크림도 한 그릇 먹었다. 이 너그러운 호텔은 결국 그의 기준에 맞는 주스 한 잔을 내놓는 데 성공했다.

이튿날 자택에서 만난 그는 여전히 기분이 좋아 보였다. 그는 다음 날 전용기를 타고 혼자 코나 빌리지로 갈 계획이었기에 나는 그 여정을 위해 아이패드 2에 무엇을 넣었는지 보여 달라고 했다. 영화 세 편이 들어 있었다. 「차이나타운」과 「본 얼티메이텀」, 「토이 스토리 3」이었다. 그러나 그보다 더 인상적인 것은 그가 다운로드 한 책이 달랑 한 권뿐이라는 사실이었다. 10대 시절에 처음 접했다가 이후 인도에서 다시 읽고 그 후로 1년에 한 번씩 읽고 있는, 명상과 영성에 대한 지침서 『어느 요가 수행자의 자서전』이 그것이었다.

그날 오전이 가기 전에 그는 무언가를 먹고 싶다고 했다. 여전히 운전하기에는 너무 약한 상태여서 내가 그를 태우고 차를 몰아 쇼핑몰에 있는 그의 단골 카페로 데려갔다. 문이 닫혀 있었지만 카페 주인은 잡스가 영업시간이 아닐 때 문을 두드리는 데 익숙해서 기꺼이 우리를 받아 주었다. "저 사람은 나를 살찌우는 걸 사명으로 생각하는 사람입니다." 잡스가 농담처럼 말했다. 양질의 단백질원으로 달걀을 먹으라는 주치의들의 권고에 따라 그는 오믈렛을 주문했다. "이런 병을 갖고 살면서 고생하다 보면 자신이 곧 죽을 운명이라는 것을 끊임없이 상기하게 됩니다. 조심하지 않으면 머리까지 이상해질 수 있지요." 그가 말했다. "이런 상태에서는 대개 1년 이상의 계획은 세우지 못하는데, 그건 좋지 않습니다. 억지로라도 수년을 살 것처럼 계획을 세워야 해요."

이런 마법적인 사고방식의 일환으로 그는 호화 요트를 만들겠다는 계획을 세웠다. 간 이식수술을 받기 전에 그와 그의 가족은 휴가 때면 배를 빌려 멕시코나 남태평양, 지중해로 나가곤 했다. 그러나 잡스가 싫증을 느끼거나 배의 디자인이 싫어지는 경우가 많았고, 그럴 때면 여정을 단축해 비행기를 타고 코나 빌리지로 갔다. 하지만 가끔은 배 여행이 순조롭게 이뤄지기도 했다. "내 생애 최고의 휴가는 이탈리아 해안을 따라 아테네로 갔을 때입니다. 아테네는 최악이지만 파르테논만큼은 정말 압도적이지요. 거기서 다시 터키의 에페수스로 갔어요. 대리석으로 만든 고대의 공중화장실 한가운데 음악가들이 세레나데를 연주하던 곳이 있었지요." 터키 이스탄불에 갔을 때는 역사학 교수를 고용해 그에게 관광 안내를 맡겼다. 마지막으로 터키 목욕탕에 갔는데, 잡스는 거기서 교수의 강연을 듣던 중 젊은이들의 세계화에 대한 모종의 통찰을 얻었다.

진정한 깨달음을 얻었지요. 우리는 모두 가운을 입었고 그들은 우리에게 터키 커피를 만들어 주었어요. 그곳에서는 커피가 완전히 다르게 만들어진다고 교수가 설명하더군요. 이런 생각이 들었습니다. '그래서 뭐 어쩌라고?' 아무리 터키에 산다 한들 젊은이들이 터키 커피에 관심이나 있겠습니까? 나는 그날 온종일 이스탄불의 젊은이들을 보았습니다. 다들 세상의 다른 모든 젊은이들이 마시는 것을 마시고 있었고, 갭에서 산 듯한 옷을 입고 휴대전화를 쓰고 있었지요. 다른 곳의 젊은이들과 똑같았습니다. 그걸 보면서 젊은이들에게는 이제 전 세계가 똑같구나 하는 생각이 들었습니다. 우리가 제품을 만들 때에도 터키 전화기라거나 터키 젊은이들이 특별히 원하는 뮤직 플레이어 같은 건 없습니다. 이제 우리는 하나의 세상이지요.

배 여행을 즐겁게 다녀온 후 잡스는 언젠가 꼭 만들고 싶다던 배를 디자인하고 그것을 여러 번 수정하는 데서 기쁨을 찾기 시작했다. 2009년에 다시 건강이 악화됐을 때 하마터면 그 프로젝트를 취소할 뻔했다. 그는 이렇게 회상한다. "그게 완성될 때까지 살아 있을 것 같지가 않았습니다. 하지만 그렇게 생각하니까 너무 슬퍼지더군요. 그래서 재미 삼아서라도 디자인을 계속하기로 결심했지요. 어쩌면 완성될 때까지 살아 있을 수도 있잖아요. 괜히 포기했다가 2년 후에도 살아 있으면 얼마나 화가 나겠습니까? 그래서 계속하기로 했습니다."

카페에서 오믈렛을 먹은 후 다시 그의 집으로 돌아갔을 때 그는 내게 모형과 건축 도면 들을 모두 보여 주었다. 예상했던 대로 그가 설계한 요트는 날렵했고 미니멀리즘을 지향했다. 티크재 갑판은 완벽하게 평평하고 밋밋했으며 장식이 전혀 없었다. 애플 스토어처럼, 선실 창문들은 거의 바닥에서 천장까지 커다란 유리판으로 이어져 있었고 주요 생활 구역은 가로 약 12미터, 높이 약 3미터의 유리 벽들로 설계되었다. 그는 애플 스토어 담당 수석 엔지니어에게 하중을 지지할 수 있는 특수 유리를 설계하게 했다.

그 무렵 배는 네덜란드 주문 제작 요트 건조 업체인 피드십에서 건조 중이었지만 잡스는 여전히 디자인을 손에서 놓지 않았다. "내가 죽고 로렌에게 만들다 만 배를 남겨 줄 수도 있다는 거 압니다. 하지만 손을 놓을 수가 없습니다. 손을 놓으면 내가 곧 죽는다는 걸 인정하는 셈이니까요."

잡스와 파월이 결혼 20주년을 맞기 며칠 전, 그는 자신이 때로 아내의 진가를 인정하는 데 인색했음을 인정했다. "나는 운이 아주 좋은 셈입니다. 결혼할 때는 상대가 어떤 사람인지 잘 모르지요. 그저 직관적인 느낌만 있을 뿐입니다. 나는 정말 결혼을 잘한 것 같습니다. 로렌은 현명하고 아름다울 뿐 아니라 알고 보니 정말 좋은 사람이기까지 하니까요." 잠시 그는 심란한 듯 보였다. 그는 다른 여자 친구들, 특히 티나 레지에 대해서도 얘기했지만 결국에는 옳은 선택을 했다고 말했다. 그는 또한 자신이 얼마나 이기적이고 까다로운 사람인지 돌아보았다. "로렌은 그런 걸 모두 겪어 내야 했습니다. 게다가 내가 아프기까지 했으니⋯⋯. 나랑 사는 게 그리 쉽지는 않았을 겁니다."

그의 이기적인 속성 가운데 하나는 기념일이나 생일 등을 기억하지 못한다는 것이었다. 그러나 이번에는 깜짝 파티를 계획했다. 결혼기념일에 그들이 결혼식을 올린 요세미티의 아와니 호텔로 파월을 데려가기로 한 것이다. 그러나 잡스가 전화했을 때 이미 예약이 꽉 차 있었다. 그래서 그는 호텔 측에 그와 파월이 예전에 묵었던 스위트룸 예약자에게 연락해서 양보해 줄 수 있는지 물어봐 달라고 부탁했다. 잡스가 말했다. "그 대신 다른 주말을 예약해 주고 비용을 대겠다고 했지요. 남자가 아주 친절한 사람이었어요. '20주년이라고요? 그럼 당연히 양보해야죠.' 이랬다더군요."

그는 친구가 찍어 준 결혼식 사진들을 찾아 두꺼운 종이 판지에 크게 출력해서는 우아한 상자에 넣었다. 그는 자신의 아이폰을 뒤져 그 상자에 넣으려고 쓴 편지를 찾아 소리 내어 읽어 주었다.

> 20년 전에 우리는 서로를 잘 알지 못했지요. 우린 그저 직감에 끌렸어요. 당신은 나를 황홀하게 했어요. 아와니에서 결혼식을 올릴 때 눈이 내렸지요. 수년이 지나 아이들이 태어났고, 행복한 적도 있었고 힘들었던 적도 있었지만 나빴던 적은 없었어요. 우리의 사랑과 존경은 점점 더 커졌지요. 많은 것들을 함께하고 이렇게 20년 전에 시작한 그곳으로 돌아왔네요. 좀 더 늙고 좀 더 현명해지고 얼굴과 가슴에 주름도 늘었지요. 이제 우리는 인생의 기쁨과 고통, 비밀, 경이로움을 많이 알게 되었고, 그리고 여전히 이렇게 서로를 마주하고 있어요. 나는 황홀하지 않은 적이 한 번도 없답니다.

낭송을 끝마칠 무렵 그는 눈물을 주체하지 못했다. 어느 정도 진정이 되자 그는 아이들에게 나눠 줄 사진들도 준비했다고 했다. "나도 한때는 젊었다는 걸 애들이 알면 좋아할 것 같아서요."

아이클라우드

2001년에 잡스는 모종의 비전을 품었다. 바로 PC가 뮤직 플레이어와 비디오 레코더, 전화기, 태블릿 컴퓨터 등 다양한 라이프스타일 기기들의 '디지털 허브' 역할을 할 것이라는 비전이었다. 이는 사용하기 간편한 엔드투엔드 제품을 만드는 애플의 강점과 잘 맞물렸다. 그리하여 애플은 고가의 틈새 컴퓨터 회사에서 세계 최대의 가치를 가진 기술 회사로 변모했다.

2008년까지 잡스는 디지털 시대의 새로운 파장에 대한 비전을 키웠다. 미래에는 데스크톱 컴퓨터가 더 이상 콘텐츠의 허브 역할을 하지 못할 거라고, '클라우드'(인터넷 기반의 가상 서버.—옮긴이)가 그러한 역할을 대신할 거라고 그는 믿었다. 다시 말해 개인의 콘텐츠를 자신이 신뢰하는 회사가 관리하는 원격 서버에 저장해 두고 어떤 장소에서 어떤 장치로든 사용할 수 있게 된다는 것이었다. 그가 이러한 비전을 적절히 구현하기까지는 3년이 걸렸다.

처음에는 실수를 저질렀다. 2008년 여름에 그는 주소록과 문서, 사진, 동영상, 이메일, 달력을 클라우드에 원격으로 저장하고 어떤 기기와도 호환되게 해 주는 값비싼(1년에 99달러) 서비스 '모바일미'를 출시했다. 이론상으로는 아이폰이나 컴퓨터에 들어가서 자신의 디지털 라이프의 모든 측면에 접근할 수 있어야 했다. 그러나 한 가지 커다란 문제가 있었다. 잡스의 표현을 빌리자면 "한마디로 엉망이었다." 복잡할 뿐 아니라 기기들이 제대로 동기화되지 않았으며 이메일과 다른 데이터들이 '하늘'에서 무작위로 길을 잃었다. 《월스트리트 저널》에 실린 월트 모스버그의 제품 리뷰 제목은 「애플의 모바일미, 신뢰하기에는 결점이 너무 많아」였다.

잡스는 불같이 화를 냈다. 그는 모바일미 팀을 애플 본사의 강당에 모아 놓고 무대에 올라가 이렇게 물었다. "모바일미가 뭐 하는 건지 누가 좀 말해 줄 수 없나?" 팀원들이 답을 내놓자 잡스는 날카롭게 쏘아붙였다. "그런데 왜 그런 제 기능을 못하는 거야?" 이후 30분이 넘도록 그는 계속해서 그들을 크게 꾸짖었다. "당신들은 애플의 명성을 더럽혔어. 서로를 그렇게 실망시켰으니 서로 미워해야 마땅하겠지. 우리의 친구 모스버그는 더 이상 우리에 대해 좋은 얘길 쓰지 않아." 모두가 보는 앞에서 그는 모바일미 팀의 책임자를 물러나게 하고 대신 애플의 인터넷 콘텐츠를 총괄 감독하는 에디 큐에게 책임을 맡겼다. 《포춘》의 애덤 라신스키가 애플의 기업 문화를 분석한 기사에서 밝혔듯이 "책임 추궁이 엄격하게 집행된" 것이다.

2010년에 이르자 구글과 아마존, 마이크로소프트 그리고 여타 기업들이 개인의 모든 콘텐츠와 데이터를 클라우드에 저장하고 여러 가지 기기들에서 동기화하도록 돕는 최고의 회사가 되는 것을 목표로 삼고 있는 게 분명해 보였다. 그리하여 잡스는 다시 한 번 노력을 배가했다. 그해 가을 그는 내게 다음과 같이 설명했다.

무한대를 향해

우린 고객과 클라우드의 관계, 즉 음악과 동영상을 스트리밍 하고 사진과 정보, 심지어는 의료 데이터까지 저장하는 그 관계를 관리하는 회사가 되어야 합니다. 컴퓨터가 디지털 허브가 된다는 통찰력을 처음으로 가진 것은 애플이었습니다. 그래서 아이포토와 아이무비, 아이튠스 같은 애플리케이션들을 만들어서 아이팟과 아이폰, 아이패드 같은 기기들과 결합했지요. 아주 효과적이었어요. 하지만 앞으로 몇 년에 걸쳐 컴퓨터에서 클라우드로 허브가 바뀔 겁니다. 디지털 허브 전략은 똑같지만 허브의 위치가 바뀌는 것이지요. 그렇게 되면 언제든 자신의 콘텐츠에 접근할 수 있고 동기화할 필요도 없게 됩니다.

우리가 이러한 변혁을 꾀해야 하는 것은 클레이턴 크리스텐슨이 말한 '혁신자의 딜레마' 때문입니다. 무언가를 처음 고안한 사람들은 대개 그것을 넘어서지 못한다는 의미지요. 우린 분명히 뒤처지는 것을 원치 않습니다. 나는 모바일미를 다시 살려서 그것을 무료 서비스로 만들 겁니다. 그리고 콘텐츠의 동기화를 단순하게 만들 겁니다. 우리는 노스캐롤라이나에 서버 팜을 구축하고 있습니다. 고객이 필요로 하는 모든 동기화를 제공할 수 있을 겁니다. 그렇게 되면 고객을 잡아 둘 수 있겠지요.

잡스는 월요일 아침 미팅들에서 이러한 비전을 논의했고 그것은 점차 새로운 전략으로 다듬어졌다. 그는 회상한다. "새벽 2시에 사람들에게 이메일을 보내 상황을 논의했지요. 우리는 이에 대해 많은 생각을 했습니다. 그것은 일이 아니라 우리의 삶이니까요." 앨 고어를 포함해 일부 이사회 임원들은 모바일미를 무료 서비스로 만든다는 생각에 의문을 제기하면서도 그것을 지지해 주었다. 그것은 향후 10년 동안 고객들을 애플의 궤도에 잡아 두는 전략이 될 것이었다.

새로운 서비스의 이름은 '아이클라우드'였다. 잡스는 2011년 6월에 열린 애플 세계 개발자 컨퍼런스 기조연설에서 그것을 공개했다. 그는 여전히 병가 중이었고 5월에는 며칠 동안 감염과 통증으로 병원에 입원하기도 했다. 일부 친한 친구들은 준비와 리허설이 많이 필요한 이 프레젠테이션을 하지 말라고 만류했다. 그러나 디지털 시대가 맞이할 또 하나의 구조 변화에 앞장선다는 전망이 그에게 힘을 주는 듯했다.

샌프란시스코 컨벤션 센터에서 무대에 올랐을 때 그는 평소에 입던 검은색 이세이 미야케 터틀넥 위에 검은색 폰로젠 캐시미어 스웨터를 걸치고 청바지 속에는 보온 내의를 입었다. 그럼에도 그는 어느 때보다도 야위어 보였다. 사람들은 그에게 긴 기립 박수를 보냈지만("박수는 언제나 힘이 됩니다. 감사합니다."라고 그가 화답했다.) 애플의 주가는 몇 분 만에 4달러 이상 떨어져 340달러가 되었다. 그는 엄청난 노력을 쏟아붓고 있었지만 병약해 보이는 것은 어쩔 수 없었다.

그는 필 실러와 스콧 포스톨에게 맥과 모바일 기기용 새 운영체제 시연을 넘겼다가 아이클라우드를 직접 보여 주기 위해 다시 무대에 올랐다. 그가 말했다. "10여 년 전 우리는 가장 중요하다고 할 수 있는 통찰을 갖고 있었습니다. PC가 디지털 라이프의 허브가 된다는 것이었지요. 동영상, 사진, 음악의 허브가 된다고 말입니다. 하지만 지난 몇 년 동안 그것이 무너졌습니다. 왜 그랬을까요?" 그는 모든 콘텐츠를 여러 가지 기기에 동기화하기가 어려웠다는 점을 반복해 설명

무한대를 향해

했다. 아이패드에 다운로드 한 노래, 아이폰으로 찍은 사진, 컴퓨터에 저장한 동영상 등과 같은 콘텐츠를 다른 기기에서 이용하려면 USB 케이블을 꽂았다 뺐다 하면서 마치 옛날의 전화교환원이 된 기분을 느껴야 했을 거라고 말이다. "이러한 기기들을 동기화하다 보면 정말 미칠 것 같지요." 그의 말에 사람들은 커다란 웃음을 터뜨렸다. "우리가 해결책을 갖고 있습니다. 그 해결책이 우리의 두 번째 커다란 통찰이지요. 우리는 PC와 맥을 그저 일개 기기로 전락시킬 것입니다. 그리고 디지털 허브를 클라우드로 바꿀 것입니다."

잡스는 이 '커다란 통찰'이 진정으로 새로운 것은 아니라는 점을 시인했다. 사실 그는 애플의 예전 시도에 대해 이렇게 농담했다. "여러분은 이렇게 생각하시겠죠. '그 말을 어떻게 믿어? 저들은 모바일미를 만든 사람들이잖아.'" 청중은 초조한 웃음을 터뜨렸다. "그저 우리에게 썩 좋은 때는 아니었다고 해 두죠." 그러나 그가 아이클라우드를 시연해 보이자, 그것이 이전 것보다 훨씬 낫다는 사실이 분명해졌다. 메일과 연락처, 일정표 기입이 금세 동기화되었다. 애플리케이션과 사진, 책, 문서도 마찬가지였다. 가장 인상적인 것은 잡스와 에디 큐가 (구글과 아마존과는 달리) 음반 회사들과 계약을 맺었다는 점이었다. 애플은 자사 클라우드 서버에 1800만 곡을 올릴 예정이었다. 그 가운데 사용자가 애플의 컴퓨터나 여타 기기에 보유한 곡(합법적으로 구입한 것이든 어둠의 경로로 얻은 것이든)이 있으면, 굳이 시간과 노력을 들여 클라우드에 올리지 않아도 애플이 사용자 음원을 판별해 해당 곡의 고품질 정식 음원을 다른 모든 기기에서 들을 수 있게 하는 것이다. 그가 말했다. "이 모든 게 가능합니다."

(모든 것이 막힘없이 매끄럽게 작동된다는) 이 단순한 개념은 늘 그랬듯이 애플이 경쟁 우위였다. 마이크로소프트는 1년이 넘게 '클라우드 파워'를 광고하고 있었다. 3년 전에 마이크로소프트의 전설적인 수석 소프트웨어 설계자 레이 오지는 직원들에게 다음과 같은 슬로건을 주창했다. "우리의 목표는 개인들이 자신의 미디어에 대해 한 번 라이선스를 얻으면 어떤 기기로든 그것에 접근하여 즐길 수 있게 하는 것입니다." 그러나 오지는 2010년 말 마이크로소프트를 그만두었고 마이크로소프트의 클라우드 컴퓨팅 시도는 결코 소비자 기기까지 도달하지 못했다. 아마존과 구글은 2011년에 클라우드 서비스를 내놓았지만 둘 다 다양한 기기의 콘텐츠와 하드웨어와 소프트웨어를 통합하지는 못했다. 그러나 애플은 그 사슬에 있는 모든 연결 고리를 통제해 기기와 컴퓨터, 운영체제, 애플리케이션 소프트웨어는 물론이고 콘텐츠 판매 및 저장까지 모든 것이 조화롭게 이뤄지도록 설계했다.

물론 그 모든 게 막힘없이 이뤄지려면 사용자가 애플 기기를 사용하고 애플의 폐쇄적인 정원 안에만 머물러야 했다. 그것은 애플에게 또 하나의 이익을 가져다주었다. 바로 고객의 이탈을 막는다는 점이었다. 아이클라우드를 사용하기 시작한 사람은 킨들이나 안드로이드 기기로 옮겨 가기가 힘들었다. 음악과 여타 콘텐츠가 호환되지 않을 테니까 말이다. 아예 작동하지 않을 수도 있다. 그것은 30년간 개방형 시스템을 피해 온 노력의 정점인 셈이었다. 이튿날 아침을 먹으며 그는 내게 말했다. "안드로이드용 음악 클라이언트도 개발해야 하나 생각했어요. 아이팟 판매를 늘리려고 아이튠스를 윈도에 넣었으니까요. 하지만 안드로이드에 우리의 음악 앱을 올리는 건 별반 이득이 없다는 생각입니다. 그래 봐야 안드로이드 사용자들만 좋아하겠지요. 안드로이드 사용자들이 좋아하는 건 또 내가 원치 않는 일이지요."

애플의 위대한 유산

잡스는 학생 시절에 주파수 계수기를 만드는 데 필요한 부품을 얻으려고 전화번호부에서 빌 휼렛의 전화번호를 찾아 그에게 전화를 했고 그리하여 결국에는 여름방학 때 HP 공장에서 아르바이트를 하게 되었다. 그해에 HP는 계산기 부문을 확장하려고 쿠퍼티노에 땅을 약간 매입했다. 워즈니악은 그곳에 출근을 했고 바로 그곳에서 여가 시간에 애플 I과 애플 II를 설계했다.

2010년 HP가 애플의 원 인피니트 루프 본사에서 동쪽으로 약 1.6킬로미터 떨어진 쿠퍼티노 사옥을 떠나기로 결정하자 잡스는 조용히 그곳과 인근 부지를 매입했다. 그는 휼렛과 패커드가 오랫동안 존속하는 회사를 구축했다는 점을 높이 샀으며 자신도 애플에서 같은 일을 해냈다는 사실이 뿌듯했다. 이제 그는 세를 과시하기 위한 본사를, 서부 연안의 어떤 기술 회사도 가져 보지 못한 그것을 갖고 싶었다. 결국 그는 자신이 어릴 때 상당 부분 살구 과수원이었던 땅 60만 제곱미터를 확보해 설계에 대한 열정과 영속적인 회사를 만들겠다는 열정이 결합된 이른바 '유산 프로젝트'에 착수했다. 그는 말했다. "회사의 가치를 보여 주는 하나의 상징으로 통하는 사옥을 대대손손 남기고 싶습니다."

그는 자신이 세계 최고의 건설 회사라고 생각하는 노먼 포스터 경의 회사를 사업자로 선정했다. 이 회사는 런던의 거킨 빌딩과 베를린의 독일 의회 복원 건물 등 첨단 공법 건물들을 지은 바 있다. 당연한 일이지만 잡스가 설계에, 외관과 세부 사항 모두에 너무 많이 관여한 나머지 최종 디자인을 결정하기가 거의 불가능했다. 그것은 그의 영속적인 건물이 될 것이었으므로 제대로 만들고 싶었다. 포스터의 회사는 건축가 50명을 배치하고 2010년 전반에 걸쳐 3주에 한 번씩 잡스에게 개정된 모형과 옵션 들을 보여 주었다. 그는 거듭해서 새로운 콘셉트를, 때로는 완전히 새로운 모양을 고안해 내고 그들로 하여금 처음부터 다시 시작하게 하거나 더 많은 대안을 제공하게 했다.

그가 처음으로 자택 거실에서 내게 모형과 설계도를 보여준 건물은 세 개의 반원이 합쳐져 커다란 중앙 안뜰을 둘러싸고 있는 거대한 원형 경주 트랙의 형태였다. 벽면은 바닥부터 천장까지 유리로 이뤄졌고 안에는 오피스 팟(랜 및 통신 시설과 냉난방, 환기 시설, 수납공간 등을 갖춘 큐브형 1인 사무 공간. — 옮긴이)들을 열 맞춰 배치해서 사이사이 통로로 햇살이 들어오는 구조였다. 그는 이렇게 말했다. "우연적이고 유동적인 만남의 장소들이 생겨 모두가 햇살 속에 참여하게 되지요."

한 달 후 그가 다시 내게 설계도를 보여 줬을 때 우리는 그의 사무실 맞은편에 있는 애플의 커다란 컨퍼런스 룸에 있었고 건물 모형이 테이블을 덮고 있었다. 그는 중요한 변화를 가한 상태였다. 오피스 팟들을 모두 창문에서 떨어뜨려 놓아 햇살이 긴 통로들로 쏟아져 들어오게 만든 것이다. 이런 통

무한대를 향해

로들은 공동 공간의 역할도 할 수 있었다. 창문을 열 수 있게 하자는 일부 건축가들과 논쟁이 벌어지기도 했다. 그러나 잡스는 결코 무언가를 열 수 있게 하는 아이디어를 좋아한 적이 없었다. "그렇게 하는 것은 사람들이 그것을 망치도록 허용하는 셈입니다." 그는 이렇게 선언했다. 다른 세부 사항들에서도 그랬듯이 그 문제에서도 그가 이겼다.

그날 저녁 집에 돌아온 잡스는 저녁 식사 자리에서 그 설계도를 자랑했다. 리드는 위에서 본 모습이 꼭 남자의 성기 같다고 농담처럼 말했다. 그의 아버지는 10대 아이들이나 하는 생각이라며 아들의 말을 무시했다. 그러나 다음 날 그는 건축가들에게 그 얘기를 전했다. "안타까운 일이지만 그런 얘기는 한 번 들으면 절대 머릿속에서 지워지지가 않지요." 내가 다음번에 그를 찾아갔을 때 건물 모양은 단순한 원형으로 바뀌어 있었다.

이 새로운 디자인을 적용하면 건물에는 평평한 유리가 들어갈 수 없었다. 모든 유리가 곡선으로 막힘없이 연결되어야 했다. 잡스는 오래전부터 유리에 매료되어 있었으며 애플 스토어에 쓸 거대한 맞춤 유리를 주문해 본 경험이 있어서 거대한 곡선 유리를 대량으로 제작하는 게 가능하다고 확신했다. 중앙 안뜰은 폭이 약 240미터(보통 도시 블록 세 개가 넘는 거리 또는 미식축구장 세 개를 합쳐 놓은 길이)였는데, 그것을 내게 보여 주면서 한가운데 로마의 성 베드로 광장을 세울 수도 있다며 그에 대한 오버레이(두 개 이상의 사진이나 영상을 겹쳐서 비교, 검토하는 것. 또는 그렇게 겹쳐진 모양. ─ 옮긴이)도 함께 보여 주었다. 그의 머릿속에서는 또한 예전에 그 일대에 퍼져 있던 과수원에 대한 기억이 떠나지 않았다. 그래서 그는 스탠퍼드 출신의 수목 관리자를 고용해서 토지의 80퍼센트는 6000그루의 나무를 심어 자연적인 방식으로 조경하라고 지시했다. 잡스는 이렇게 회상했다. "그에게 살구 과수원들을 꼭 넣어 달라고 부탁했어요. 예전에는 살구나무를 어디서나 볼 수 있었지요. 길모퉁이에도 있었어요. 그러니 살구나무도 이 밸리의 유산입니다."

2011년 6월, 1만 2000명 이상의 직원을 수용할 28만 제곱미터의 4층 건물 설계가 완성되었다. 그는 세계 개발자 컨퍼런스에서 아이클라우드를 발표한 다음 날, 언론에 알리지 않고 조용히 쿠퍼티노 시의회에 출석해 이를 공개하기로 결정했다.

그는 기력이 달렸지만 그날 일정이 꽉 차 있었다. 10년 넘게 애플 스토어를 개발하고 운영해 온 론 존슨이 J. C. 페니의 CEO가 되어 달라는 제안을 받아들이기로 결정하고 그날 아침 이직에 대해 상의하러 잡스의 집에 들렀다. 그런 다음 잡스는 나와 함께 팰러앨토의 프레슈라는 작은 요거트 및 오트밀 카페에 들어가 미래에 나올 가능성이 있는 애플 제품들에 대해 활발하게 얘기를 들려주었다. 오후에 그는 애플과 인텔 경영진이 모이는 분기별 미팅에 참석하기 위해 차를 타고 산타클라라로 가서 미래의 모바일 기기에 인텔 칩을 사용하는 가능성에 대해 논의했다. 잡스는 그날 저녁 오클랜드 콜로세움에서 열리는 U2 공연에 참석할까 생각했지만, 그 대신 쿠퍼티노 시의회에 자신의 설계도들을 보여 주기로 했다.

그는 수행원도, 팡파르도 없이 개발자 컨퍼런스 연설 때 입었던 검은색 스웨터의 편안한 차림으로 연단에 서서 손에 리모컨을 들고 20분 동안 시의회 사람들에게 건물 디자인이

무한대를 향해

담긴 슬라이드를 보여 주었다. 세련되고 초현대적인 완벽한 원형 건물의 렌더링 영상이 화면에 나타나자 그는 잠시 말을 멈추고 미소를 지었다. "꼭 우주선이 착륙한 것 같지요." 몇 분 후 그는 이렇게 덧붙였다. "세계에서 가장 멋진 사무용 건물을 짓는 계획이라 생각합니다."

그다음 주 금요일, 잡스는 오래전 동료로, 고인이 된 인텔의 공동 창업자 로버트 노이스의 아내인 앤 바우어스에게 이메일을 보냈다. 그녀는 1980년대 초 애플의 인사부 책임자이자 여성 리더로서 잡스가 화를 낼 때마다 그를 질타하고 동료들의 상처를 돌봐 주는 역할을 했다. 잡스는 다음 날 자신을 보러 와 줄 수 있느냐고 물었다. 그때 바우어스는 뉴욕 방문 중이었지만 토요일에 돌아와 그의 집에 들렀다. 그 무렵 잡스는 다시 병세가 악화되어 통증이 심해지고 기력이 없는 상태였다. 그러나 그는 자신의 새 사옥 렌더링 영상을 보여 주고 싶어 안달이 나 있었다. 그가 말했다. "애플에 대해 자랑스러워해야 해요. 우리가 구축한 것을 자랑스러워해야 한다고요."

그런 다음 그는 그녀를 골똘히 보며 물었다. "내가 젊었을 때 어땠는지 말해 줄래요?" 그 질문에 그녀는 거의 두 손을 들었다.

바우어스는 솔직하게 대답하려고 노력했다. "아주 성급하고 아주 까다로웠죠. 하지만 당신의 비전은 정말 압도적이었어요. '여정 자체가 보상이다.'라고 했죠? 그게 정말 그렇더라고요."

"그래요. 정말 그 여정에서 몇 가지 대단한 걸 배웠지요."

잡스가 대꾸했다. 그런 다음 몇 분 후 그 말을 되풀이했다. 마치 바우어스와 자신에게 다시 한 번 확인시키려는 듯. "대단한 걸 배웠어요. 정말 그랬어요."

3라운드

말기의 분투

가족

잡스는 2010년 6월에 있을 아들의 고등학교 졸업식에 꼭 가야 한다는 열망을 품고 있었다. "암 진단을 받았을 때 신께 저 나름대로 간청을 올렸지요. 리드가 졸업하는 모습을 꼭 보고 싶다는 것이었습니다. 그걸로 2009년을 버텼어요." 졸업반이었던 리드는 반항기 어린 거만한 미소와 강렬한 눈빛, 헝클어진 짙은 머리칼까지 열여덟 살 때의 아버지와 소름끼치도록 닮았다. 그러나 그는 아버지가 갖지 못한 다정함과 대단히 세심한 배려심을 어머니에게서 물려받았다. 그는 분명히 정이 많고 남을 기쁘게 해 주는 것을 좋아하는 성격이었다. 몸이 안 좋아서 식탁 앞에 우울하게 앉아 바닥을 응시하고 있는 잡스의 표정이 밝아지는 유일한 순간은 리드가 들어올 때뿐이었다.

리드는 아버지를 무척 좋아했다. 내가 이 책을 집필하기 시작한 지 얼마 안 됐을 때 리드는 내가 머무는 곳에 들러 그의 아버지가 종종 그랬던 것처럼 산책을 하자고 제안했다. 그는 아주 진지한 표정으로 내게 자신의 아버지는 이윤만을 추구하는 냉정한 사업가가 아니라고, 그보다는 당신이 하는 일에 대한 애정과 당신이 만드는 제품에 대한 자부심에서 동기를 얻는 분이라고 말했다.

잡스가 암 진단을 받은 후 리드는 DNA 염기 서열 분석을 통해 대장암의 유전 표지를 찾는 스탠퍼드 암 연구소에서 여름방학마다 일하기 시작했다. 어느 실험에서 그는 돌연변이가 가족에게 유전되는 방식을 추적해 보았다. "내가 아파서 좋은 점은 거의 없지만, 그래도 좋은 점 중 하나는 리드가 아주 훌륭한 의사들과 함께 공부하면서 많은 시간을 보냈다는 점입니다. 의학에 대한 그 아이의 열정은 내가 그 나이 때 컴퓨터에 대해 지녔던 열정과 똑같습니다. 나는 21세기의 최대 혁신이 생물학과 기술의 교차점에서 이뤄지리라고 생각합니다. 내가 그 녀석 나이 때 디지털 시대가 열렸듯이 새로운 시대가 열리고 있는 것이지요." 잡스의 말이다.

리드는 자신의 암 연구를 토대로 삼아 크리스털 스프링스 업랜즈 학교의 졸업반 보고서를 작성했고, 가족 참관 발표회에서 연단에 올랐다. 그가 원심분리기와 염료를 이용해 종양 DNA 염기 서열 분석을 수행한 방식에 대해 설명할 때 그의 아버지는 뿌듯한 얼굴로 가족과 함께 청중석에 앉아 있었다. "리드가 이곳 팰러앨토에 집을 마련하고 가정을 꾸리고 살면서 스탠퍼드 의사가 되어 자전거를 타고 출근하는 모습을 그려 보곤 합니다." 나중에 잡스는 이렇게 말했다.

리드는 2009년에 부쩍 어른스러워졌다. 당시 그의 아버지가 곧 임종을 맞을 것 같았기 때문이다. 그는 부모님이 멤피스에 있는 동안 여동생들을 돌보면서 가족을 보호하는 아버지 역할을 했다. 그러나 2010년 봄에 아버지의 건강이 안정되자 다시 쾌활하고 장난기 많은 성격을 되찾았다. 하루는 식구들과 저녁 식사를 하면서 여자 친구와 함께 저녁을 먹으려면 어디로 가는 게 좋을지 상의했다. 아버지는 팰러앨토의 전형적인 고급 레스토랑 '일 포르나이오'를 추천했지만 리드는 예약을 못 했다고 했다. "내가 해 줄까?" 아버지가 묻자 리드는 거절했다. 자기 힘으로 해결하고 싶다는 것이었다. 수줍음 많은 둘째 에린이 정원에 북미 원주민 스타일의 원뿔형 천막을 치고 막내 이브와 함께 낭만적인 식사를 대접하겠다고 제안했다. 리드는 자리에서 일어나 동생을 껴안았다. 그러고는 다음번에 꼭 그렇게 하게 해 주겠다고 약속했다.

어느 토요일, 리드는 네 명으로 구성된 학교 대표 '퀴즈 키즈' 팀의 일원이 되어 지역 텔레비전 방송에서 겨루게 되었다. 식구들이 그를 응원하러 갔다.(이브는 마장마술 쇼에 가느라 빠졌다.) 텔레비전 스태프들이 바쁘게 돌아다니며 준비를 하는 동안 그의 아버지는 고개를 쑥 빼 아들을 찾고 싶은 것을 꾹 참고 접이의자에 앉은 학부모들 사이에서 주의를 끌지 않으려고 안간힘을 썼다. 그러나 트레이드마크인 청바지와 검은색 터틀넥 차림 때문에 눈에 띄지 않을 수가 없었다. 어떤 여자가 그의 옆으로 바싹 의자를 끌고 와서 사진을 찍기 시작했다. 그는 그녀를 쳐다보지도 않고 벌떡 일어나서 반대편 끝으로 자리를 옮겼다. 리드가 세트장에 나왔을 때 그의 명찰에는 '리드 파월'이라고 적혀 있었다. 사회자가 학생들에게 장래 희망을 묻자 리드는 "암 연구원."이라고 대답했다.

잡스는 리드를 태우고 2인승 메르세데스 SL55를 몰았고 그의 아내는 에린과 함께 자신의 차로 따라갔다. 집으로 가는 길에 그녀는 에린에게 "아버지가 왜 차에 번호판을 달지 않는 것 같니?" 하고 물었다. 에린은 "반항아가 되려고."라고 대답했다. 내가 나중에 잡스에게 물었을 때 그는 이렇게 대답했다. "사람들이 가끔 나를 따라옵니다. 번호판을 달면 내가 어디 사는지 알아낼 겁니다. 하지만 이제 구글 맵이 있으니 그것도 소용이 없어요. 그러니까 사실은 그냥 달기 싫어서 안 다는 거라고 해야 옳겠지요."

리드의 졸업식이 진행되는 동안 잡스는 내게 아이폰으로 간단히 기쁨을 표하는 이메일을 보냈다. "오늘은 내 생애 가

장 행복한 날 중 하루입니다. 리드가 고등학교를 졸업하거든
요. 지금 이 순간에 말입니다. 그리고 나는 모든 어려움을 이
겨 내고 이 자리에 참석했습니다." 그날 밤 집에서 가까운 친
구들과 가족이 함께하는 파티가 열렸다. 리드는 아버지를 비
롯해 모든 가족과 한 명씩 돌아가며 즐겁게 춤을 추었다. 나
중에 잡스는 아들을 창고로 데려가서 자신이 다시는 타지 못
할 자전거 두 대 가운데 한 대를 가지라고 했다. 리드가 이탈
리아제 자전거는 게이들이나 타는 것처럼 보인다고 농담하자,
잡스는 그 옆에 있는 단색 8단 기어 자전거를 가지라고 했다.
리드가 그럼 아버지한테 빚을 지는 거라고 다시 농담을 건네
자 잡스는 이렇게 대꾸했다. "이건 빚이 아니야. 너는 내 DNA
를 물려받았잖아." 며칠 후 「토이 스토리 3」이 개봉되었다. 잡
스는 이 픽사 3부작에 처음부터 관여했는데, 마지막 3편에는
앤디가 대학으로 떠날 때 등장인물들이 느끼는 감정도 표현
되었다. "항상 너랑 함께 있을 수 있다면 얼마나 좋을까." 앤
디의 어머니가 이렇게 말하자, 앤디는 대답했다. "엄만 항상
저랑 함께 있을 거예요."

  잡스와 두 딸의 관계는 그 정도로 가깝지는 않았다. 잡스
는 특히 에린에게 관심을 많이 보이지 않았다. 에린은 조용하
고 내성적이며 아버지를 어떻게 대해야 할지 모르는 것 같았
다. 특히 아버지가 가시 돋친 말을 쏟아 낼 때는 어쩔 줄 몰
라 했다. 에린은 차분하고 매력적인 소녀로, 인간적인 세심
함에 있어서는 아버지보다 성숙했다. 아버지가 건축에 관심
이 있었기 때문인지 에린은 건축가가 되고 싶은 마음을 품었
으며 디자인 감각도 훌륭했다. 그러나 아버지가 리드에게 새
애플 본사 설계도를 보여 줄 때 에린도 주방 한쪽에 앉아 있

었는데 아버지의 머릿속에는 딸도 불러야 한다는 생각은 들지 않는 것 같았다. 2010년 봄에 에린은 아버지가 자신을 아카데미 시상식에 데려가면 좋겠다는 커다란 희망을 품었다. 심지어 에린은 아버지와 전용기를 타고 가서 함께 레드 카펫을 걷고 싶었다. 파월은 기꺼이 이 여행을 포기할 의향이 있었으므로 남편을 설득해 에린을 데려가게 하려고 했다. 그러나 잡스는 거절했다.

이 책을 마무리 짓고 있을 때 파월에게서 에린이 인터뷰를 원한다는 얘기를 들었다. 이제 겨우 열여섯이었으므로 에린과의 인터뷰는 생각조차 하지 않았지만, 어쨌든 나는 하겠다고 답했다. 에린은 자신은 아버지가 왜 항상 상냥하지만은 않은지 충분히 이해한다고 강조했다. 에린은 이렇게 말했다. "아버지는 아버지 역할과 애플의 CEO 역할을 동시에 해내려고 최선을 다하고 있어요. 꽤 잘하고 계시죠. 가끔 아버지가 제게 좀 더 관심을 가져 주셨으면 하는 생각도 들지만 아버지가 하시는 일이 얼마나 중요한지 알고 그게 정말 멋지다고 생각하니까 괜찮아요. 지금 이상으로 관심을 가져 주지 않아도 돼요."

잡스는 이전에 아이들이 10대가 되면 한 사람씩 제각기 원하는 곳으로 여행을 데려가 주겠다고 약속했다. 리드는 교토를 선택했다. 아버지가 그 아름다운 도시의 선불교적 평온함에 얼마나 매료되었는지 알았기 때문이다. 2008년에 열세 살이 된 에린 역시 교토를 선택한 것은 그리 놀라운 일이 아니었다. 건강 때문에 여행을 취소한 잡스는 그 대신 2010년에 몸이 회복되면 데려가겠다고 약속했다. 그러나 약속한 2010년 6월에 그는 가고 싶지 않다는 결정을 내렸다. 에린은 낙담했지만 따지지는 않았다. 그 대신 엄마가 가족과 가깝게 지내는 친구들과 함께 프랑스에 데려갔고 그들의 교토 여행은 7월로 다시 일정이 잡혔다.

파월은 남편이 또다시 여행을 취소할까 봐 걱정했지만 7월 초에 장기 여행의 첫 구간으로 가족 전원이 하와이의 코나 빌리지로 떠나게 되자 몹시 기뻐했다. 그러나 잡스는 하와이에서 심한 치통에 시달렸다. 자신의 의지로 충치를 없앨 수 있기라도 한 듯 이를 무시했지만 결국엔 치아가 주저앉아 치료를 받아야 하는 상황에 이르렀다. 그러던 중 아이폰 4 안테나 문제까지 터져 그는 리드를 데리고 급히 쿠퍼티노로 돌아가기로 결정했다. 파월과 에린은 잡스가 돌아와 계획대로 교토까지 그들을 데리고 여행을 가 주길 바라며 하와이에 머물렀다.

조금 뜻밖이었지만 잡스가 실제로 기자회견을 마치고 하와이로 돌아와 그들을 데리고 일본을 가자 모두 안도했다. "기적이야." 파월은 그녀의 친구에게 말했다. 리드가 팰러앨토에서 이브를 돌보는 동안 잡스 부부와 에린은 잡스가 고상한 단순함 때문에 좋아하는 타와라야 료칸에서 묵었다. "정말 환상적이었어요." 에린은 이렇게 회상했다.

20년 전에 잡스는 당시 에린 또래였던 에린의 배다른 언니 리사 브레넌잡스를 일본에 데려갔다. 리사의 기억에 가장 강하게 남은 것 한 가지는 아버지와 즐거운 식사를 하면서 평소에는 까다로운 식성의 그가 장어 초밥과 그 밖의 진미를 맛있게 먹는 모습을 지켜본 것이었다. 즐겁게 먹는 모습을 보면서 리사는 처음으로 아버지가 편안하게 느껴졌다. 에린도 비슷한 경험을 들려주었다. "매일 점심은 아빠가 정하는 곳에서 먹었어요. 끝내주는 소바(메밀가루로 만든 일본의 면 요리.—옮긴이) 가게를 안다면서 데려가셨는데 너무 맛있어서 다른 곳에서는 두 번 다시 소바를 먹을 수가 없었죠. 그렇게 맛있는 집이 없었거든요." 그들은 또한 주변의 작은 초밥 식당을 찾았고 잡스는 아이폰으로 사진을 찍어 '내가 먹어 본 최고의 초밥'이라는 제목으로 저장했다. 에린도 이에 동의했다.

그들은 또한 교토의 유명한 선불교 사원들도 찾아가 보았다. 에린이 가장 좋아한 곳은 100종 이상의 이끼가 자라는 정원이 황금 연못을 둘러싸고 있다고 해서 '이끼 사원'으로 알려진 사이호지(西芳寺)였다. "에린은 정말 행복해했어요. 아주 흡족한 일이었죠. 부녀 관계를 개선하는 데도 도움이 됐고요. 에린은 그럴 자격이 있는 아이니까요." 파월의 회상이다.

그들의 작은 딸 이브는 에린과 사뭇 달랐다. 이브는 용감하고 자신만만하며 아버지를 전혀 무서워하지 않았다. 이브는 승마를 좋아해서 승마로 올림픽에 나가기로 결심했다. 그러려면 얼마나 노력을 많이 해야 하는지 코치가 알려 주자 이브는 이렇게 대답했다. "정확히 어떻게 해야 하는지 말해 주세요. 그럼 그걸 할게요." 코치가 정확히 무얼 해야 하는지 알려 주자 이브는 부지런히 해당 프로그램을 따르기 시작했다.

이브는 아버지가 약속을 어기지 않게 만드는 녹록지 않은 일에 선수였다. 회사에 있는 아버지 비서에게 직접 전화를 걸어 아버지의 달력에 필요한 일정이 적혀 있는지 확인하는 경우도 많았다. 또한 탁월한 협상가이기도 했다. 2010년의 어느 주말, 가족이 여행을 계획할 때 에린은 일정을 반나절쯤 늦췄으면 싶었지만 아버지에게 물어보기가 겁이 났다. 당시 열두 살이었던 이브는 자진해서 그 일을 맡아 저녁 식사 때 마치 대법원에 선 변호사처럼 아버지에게 의견을 개진했다. 잡스는 아이의 말을 잘랐다. "안 돼. 난 그러고 싶지 않구나." 그러나 그는 화가 났다기보다는 즐거워하는 듯했다. 그날 밤 이브는 엄마와 함께 앉아 자신의 논지를 좀 더 적절하게 펼칠 수 있는 여러 가지 방법에 대해 이야기를 나눴다.

잡스는 이브의 정신을 높이 평가하게 되었다.(그리고 이브에게서 자신의 모습을 보았다.) "이브는 머리가 좋고 내가 만나 본 어떤 아이보다도 완고합니다. 꼭 복수당하는 것 같아요." 그의 말이다. 그는 이브의 성격을 깊이 이해했는데, 아마도 자신의 성격과 어느 정도 닮았기 때문이었을 것이다. 그는 이렇게 설명했다. "이브는 사람들이 생각하는 것 이상으로 섬세한 면이 있어요. 또 사람들을 논리적으로 꼼짝 못하게 할 정도로 예리하고요. 그건 사람들과 소원해져 외톨이가 될 수도 있다는 뜻입니다. 지금 정체성을 확립하는 방법을 터득하는 과정에 있지만, 필요한 친구들을 사귈 수 있도록 날카로운 모서리들을 다듬는 중이기도 하지요."

잡스와 아내의 관계는 가끔 복잡하기도 했지만 두 사람은 늘 서로에게 충실했다. 현명하고 인정 많은 로렌 파월은 상대를 안정시키는 힘이 있었다. 어찌 보면 그녀는 의지가 강하고 분별력 있는 사람들을 주위에 둠으로써 자신의 이기적인 성향을 보완하는 잡스의 능력을 입증하는 증거라 할 수도 있었다. 로렌은 사업 문제는 조용히, 가족 문제는 단호히, 치료 문제는 열의를 다해 심사숙고했다. 결혼 초기에 그녀는 소외 계층 아이들이 고등학교를 졸업하고 대학에 들어가도록 돕는 전국 방과 후 프로그램인 '칼리지 트랙'을 공동 설립했다. 그때부터 그녀는 교육개혁 운동의 주도적인 힘이 되었다. 잡스는 그런 아내의 노력을 존경했다. "아내가 칼리지 트랙에서 성취한 것들은 정말 감동적입니다." 그러나 그는 점점 자선 활동을 못마땅해하는 심기를 내비쳤고 그녀의 방과 후 프로그램 센터들을 한 번도 찾아가 보지 않았다.

2010년 2월에 잡스는 쉰다섯 번째 생일을 가족과만 조용히 보냈다. 주방은 장식 리본과 풍선 들로 꾸며졌고 그는 아이들이 준 빨간색 벨벳 장난감 왕관을 썼다. 남편이 건강 문제로 힘든 한 해를 보내고 회복한 만큼, 파월은 그가 가족에게 좀 더 자상한 가장이 되길 바랐다. 그러나 그는 거의 예전과 똑같이 다시 일에 집중했다. 그녀는 내게 이렇게 말했다. "가족에겐, 특히 딸들에겐 힘든 일이었죠. 아버지가 2년 동안 아프다가 조금 좋아졌으니 자기들한테 좀 더 관심을 쏟을 거라 기대했는데 그러지 않았거든요." 그녀는 잡스의 성격의 이러한 두 가지 측면이 이 책에 모두 반영되어 다뤄졌으면 좋겠다고 했다. "비범한 재능을 타고난 많은 위인들이 그렇듯이 그도 모든 영역에서 비범하진 않아요. 다른 사람의 입장이 되어 본다거나 하는 사회적 배려는 없어요. 그 대신 인류에게 권능을 부여하는 일이나 인류의 진보, 인간의 손에 훌륭한 도구를 들려 주는 일에 깊이 관심을 쏟죠." 그녀의 말이다.

오바마 대통령

2010년 초가을에 워싱턴에 갔을 때 파월은 백악관에 있는 몇몇 지인들을 만나 그들에게서 오바마 대통령이 10월에 실리콘밸리에 갈 거라는 소식을 들었다. 그녀는 대통령이 자신의 남편을 만나 보면 어떻겠느냐고 제안했다. 오바마의 보좌관들은 좋은 생각이라고 했다. 오바마가 새로이 국가 경쟁력에 중점을 두고 있으니 그것과도 맞아떨어질 거라고 말이다. 게다가 잡스와 절친한 사이가 된 벤처 투자가 존 도어가 대통령 경제 회복 자문 위원회 회의에서 미국이 경쟁력을 잃어 가는 이유에 대한 잡스의 의견을 전한 바 있었다. 그 역시 오바마가 그를 만나는 게 좋겠다고 제안했다. 그리하여 대통령의 일정 가운데 30분이 웨스틴 샌프란시스코 공항 회동에 할당되었다.

그러나 한 가지 문제가 있었다. 파월의 얘기를 듣고 잡스가 그럴 생각이 없다고 밝힌 것이다. 그는 아내가 자신도 모르게 그런 계획을 잡았다는 사실에 화를 냈다. 그는 이렇게 말했다. "억지로 일정에 끼워 넣어서 형식적인 미팅을 갖는 건 싫어. 대통령은 어떤 CEO를 만났다는 사실조차 잊어버릴 거야." 그녀는 오바마가 "당신을 만나고 싶어 안달"이라고 했다. 잡스는 그게 사실이라면 오바마가 전화해서 직접 만나 달라고 해야 한다고 대꾸했다. 그런 식의 교착 상태가 닷새 동안 계속되었다. 그녀는 스탠퍼드에 있는 리드에게 전화를 걸어 집에 와서 저녁을 먹으면서 아버지를 설득해 보라고 했다. 잡스는 결국 마음을 누그러뜨렸다.

실제로 미팅은 45분 동안 이어졌고 잡스는 주저 없이 자신의 의견을 말했다. "대통령께선 지금 단임 대통령으로 끝날 가능성이 높습니다." 잡스는 처음부터 오바마에게 이렇게 말했다. 그러지 않기 위해서는 오바마 행정부가 훨씬 더 기업 친화적으로 변해야 한다고 덧붙였다. 그는 중국에 공장을 세우는 일은 매우 쉽지만 요즘 미국에 공장을 세우는 것은 여러 가지 규제와 불필요한 비용 때문에 거의 불가능하다고 설명했다.

잡스는 또한 미국의 교육 시스템이 속수무책으로 낡았으며 교원 노조 때문에 절름발이가 되었다고 공격했다. 교원 노조가 해체되기 전까지는 교육개혁의 희망이 거의 없다, 교사들은 공장 조립라인의 노동자처럼 대우받을 것이 아니라 전문직으로 대우를 받아야 한다, 학교장이 능력에 따라 교사를 고용하고 해고할 수 있어야 한다, 학교는 적어도 오후 6시까지는 문을 닫지 말아야 하며 1년에 11개월은 수업을 해야 한다, 미국의 교실에서 여전히 교사가 칠판 앞에 서서 교과서를 사용하는 방식으로 수업이 이뤄진다는 것은 말도 안 된다, 모든 책과 학습 교재와 평가는 디지털을 이용한 쌍방향의 학생별 맞춤 형태가 되어야 하며 실시간 피드백도 제공되어야 한다, 그는 이렇게 주장했다.

잡스는 미국이 직면한 혁신적인 도전 과제들을 진정으로 설명할 수 있는 CEO 예닐곱 명을 모아 미팅을 하자고 제안했고 대통령은 이를 받아들였다. 그리하여 잡스는 12월에 열릴 워싱턴 미팅에 참석할 사람들의 명단을 작성했다. 그러나 안타깝게도 밸러리 재럿과 여타 대통령 보좌관들이 이 명단에 이름을 더 추가하여 참석자는 GE의 제프리 이멀트부터 시작해 스무 명 이상으로 늘었다. 잡스는 재럿에게 참석자가 너무 많아져서 자신은 참석하고 싶지 않다는 이메일을 보냈다. 사실 그 무렵에는 그의 건강 문제가 새로이 불거져서, 도어가 대통령에게 은밀히 전한 바에 따르면, 그는 어쨌든 참석하지 못할 상황이었다.

2011년 2월 도어는 실리콘밸리에서 오바마 대통령을 위한 작은 만찬회를 개최할 계획을 세우기 시작했다. 그와 잡스는 부부 동반으로 팰러앨토에 있는 그리스 레스토랑 에비아에서 저녁을 먹으면서 소수의 초청자 명단을 작성했다. 선발된 열두 명의 기술계 거물에는 구글의 에릭 슈미트와 야후의 캐럴 바츠, 페이스북의 마크 주커버그, 시스코의 존 체임버스, 오라클의 래리 엘리슨, 지넨테크의 아트 레빈슨, 넷플릭스의 리드 헤이스팅스가 포함되었다. 잡스는 메뉴에 이르기까지 만찬의 세부 사항들을 일일이 신경 썼다. 도어가 메뉴 제안을 보내자 잡스는 요식업자가 제안한 음식들 가운데 일부(새우와 대구, 렌즈콩 샐러드)는 너무 화려하며 "도어에게 어울리지 않는다."라고 답했다. 그는 특히 디저트 메뉴로 계획한 트뤼플 초콜릿(동그란 모양의 초콜릿 과자. — 옮긴이) 장식의 크림 파이를 반대했지만, 백악관 참모들이 요식업자에게 대통령이 크림 파이를 좋아한다고 말해 잡스의 의견을 묵살시켰다. 살이 많이 빠진 잡스가 추위를 많이 탄다는 이유로 도어가 실내 온도를 너무 높여 놓아 주커버그는 심하게 땀을 흘려야 했다.

잡스는 대통령 옆에 앉아서 "우리는 정치 성향과 관계없이 우리 조국을 돕기 위해 대통령께서 요청하시는 바를 이행하려고 이 자리에 모였습니다."라는 말로 만찬을 시작했다. 이러한 개회사를 읊었음에도 처음에는 대통령이 그곳에 모인 인물들의 기업을 위해 무엇을 해 줄 수 있는가 하는 제안들이 장황하게 이어졌다. 예를 들어 체임버스는 주요 기업들이 일정 기간 사이에 투자를 위해 해외 수익을 미국으로 가져오면 그에 대한 세금을 감면해 주는 송금세 감면 기간 제도를 강력하게 밀어붙였다. 대통령은 못마땅해했고 주커버그도 짜증이 나서 오른쪽에 앉은 밸러리 재럿을 돌아보며 속삭였다. "나라를 위해 무엇이 중요한지 논의하러 왔잖아요. 저 사람은 왜 자기한테 유리한 제도에 대해서만 떠들고 있는 겁니까?"

도어가 모두에게 일련의 실행 방안들을 제안해 달라고 요청함으로써 미팅은 가까스로 논의의 초점을 되찾았다. 잡스는 자신의 차례가 오자 교육받은 엔지니어들이 더 많이 필요하다는 점을 강조하고 미국에서 공학 학위를 받은 모든 외국인 학생에게 미국에 체류할 수 있는 비자를 발급해 줘야 한다고 제안했다. 오바마는 미성년자로 미국에 와서 고등학교를 졸업한 불법 체류자들이 합법적인 거주자가 되도록 허용하는 (공화당원들이 반대해 온) '드림 법안'이 통과되어야만 가능한 일이라고 했다. 잡스는 그것이 정치가 얼마나 무력해질 수 있는지를 보여 주는 전형적인 예라는 생각이 들었다. "대통령은 아주 똑똑합니다. 하지만 끊임없이 무언가가 왜 불가능한지를 설명하려고 들었지요. 저는 그게 화가 납니다." 잡스의 회상이다.

잡스는 계속해서 미국인 엔지니어들을 더 많이 양성하는 방안을 찾아야 한다고 역설했다. 애플로 인해 중국에서는 공장 노동자 70만 명이 일자리를 얻었으며 그들을 지원하려면 현장 엔지니어 3만 명이 필요하다고 말했다. "미국에서는 그렇게 많은 사람을 찾아 고용할 수가 없습니다." 이들 공장의 엔지니어들은 박사 학위를 소지하거나 천재일 필요는 없었다. 그저 제조에 필요한 기본적인 엔지니어링 기술만 갖추면 충분했다. 이 정도의 교육은 공업 전문학교나 지역 전문대학, 직업학교에서도 받을 수 있었다. "이런 엔지니어들을 양성할 수 있다면 미국 내에서도 제조 공장을 더 많이 가동할 수 있습니다." 이 주장은 대통령에게 강한 인상을 남겼다. 그 다음 달에 대통령은 보좌관들에게 두세 번 이렇게 말했다. "잡스가 말한 대로 그 3만 명의 제조업 엔지니어들을 양성하는 방안을 찾아야 합니다."

잡스는 오바마가 후속 조치를 취한다는 사실에 흡족해했고, 그 미팅 이후 두 사람은 두세 번 통화를 했다. 그는 2012년 대선 때 오바마의 정치 광고 제작을 돕겠다고 제안했다.(2008년에도 동일한 제안을 했지만 오바마의 전략 담당 참모인 데이비드 액셀로드가 그리 공손하게 나오지 않아서 화가 난 적이 있었다.) "정치광고들은 너무 형편없는 것 같습니다. 은퇴한 리 클라우를 다시 부를 수 있다면 오바마를 위해 훌륭한 광고를 만들어 줄 수 있을 겁니다." 그 만찬이 있고 몇 주 후에 잡스는 내게 이렇게 말했다. 잡스는 그 주 내내 통증과 씨름했지만 정치 얘기가 나오자 기운이 나는 듯했다. "가끔씩 진짜 광고 전문가가 뛰어들기도 하지요. 1984년 레이건의 재선 출마 때 '미국의 아침' 광고를 만든 할 라이니처럼 말입니다. 나 역시 오바마에게 그런 광고를 만들어 주고 싶습니다."

2011년 세 번째 병가

암은 재발할 때마다 항상 신호를 보냈다. 잡스는 그것을 터득한 상태였다. 암이 재발할 때면 식욕이 떨어지고 온몸이 아프기 시작했다. 의사들은 검사 결과 아무 이상이 없다며 여전히 깨끗하다고 안심시켰다. 그러나 그가 더 잘 알았다. 암은 그 나름의 신호 경로를 갖고 있었고, 그런 신호를 느끼고 두세 달쯤 지나면 의사들은 사실상 암이 완화된 상태가 아니라는 것을 발견하곤 했다.

2010년 11월 초에 또 한 번 그런 침체기가 시작되었다. 통증이 오고 먹을 수가 없어서 간호사가 집으로 와 정맥주사로 영양을 보충해 줘야 했다. 의사들은 또 다른 종양의 징후가 보이지 않으므로 그저 간헐적으로 찾아오는 감염과 소화기 장애일 거라고 추측했다. 그는 금욕적으로 통증을 견디는 사람이 아니었으므로 의사와 식구 들은 그의 불평에 어느 정도 단련되어 있었다.

가족과 함께 추수감사절을 지내러 하와이 코나 빌리지로 가서도 식욕은 나아지지 않았다. 거기서는 주로 공용 공간에서 식사를 했는데, 다른 손님들은 수척한 모습으로 음식 투정을 하며 식사에 손도 대지 않는 잡스를 못 본 척했다. 리조트 쪽과 그곳 손님들은 그의 상태를 절대 외부에 유출하지 않는다는 모종의 약속을 한 상태였다. 팰러앨토로 돌아오자 잡스는 점점 더 감상적이 되었고 침울해졌다. 아이들에게 자신은 죽을 것이며 더 이상 아이들의 생일을 축하해 줄 수 없다고 생각하면 목이 멘다고 말했다.

크리스마스까지 그의 체중은 정상일 때보다 20킬로그램 이상 줄어 약 52킬로그램이 되었다. 모나 심프슨이 전 남편인 텔레비전 코미디 작가 리처드 어펠과 함께 아이들을 데리고 크리스마스를 보내러 팰러앨토로 왔다. 분위기가 조금 밝아졌다. 두 가족은 서로 어떤 책의 첫 줄을 누가 가장 설득력 있게 꾸며 낼 수 있는지 알아보는 나블이라는 게임 따위를 즐겼고, 덕분에 한동안 상황이 호전되는 듯했다. 심지어 크리스마스 며칠 후에는 잡스가 다시 파월과 식당에 식사를 하러 나갈 수 있었다. 아이들은 새해를 맞아 스키 여행을 떠났고 파월과 모나 심프슨이 팰러앨토 집에 남아 번갈아 가며 잡스를 돌봤다.

그러나 2011년 초가 되자 이것이 단순히 간헐적인 컨디션 악화가 아니라는 사실이 분명해졌다. 그의 의사들은 새로운 종양의 증거를 감지했고, 암 때문에 식욕이 더욱 떨어지자 이렇게 여윈 상태에서 그의 몸이 약물요법을 어느 정도나 견뎌 낼 수 있을지 짐작하기 어려워했다. 그는 신음을 하고 통증 때문에 가끔 몸을 구부리기도 하면서 친구들에게 온몸 구석구석을 얻어맞은 것 같다고 말했다.

그것은 일종의 악순환이었다. 암의 초기 징후는 통증을 유발했다. 통증 때문에 모르핀과 여타 진통제를 투여하면서 식욕이 더욱 떨어졌다. 췌장의 일부를 절제하고 간이식을 받은 탓에 소화기 계통이 온전하게 돌아가지 못해 단백질이 제대로 흡수되지 않았다. 체중이 줄어 공격적인 약물요법들을 시도하는 것이 더욱 힘들어졌다. 몸이 쇠약해지자 감염에도 더욱 취약해졌고 이식된 간에 대한 거부반응을 막기 위해 가끔씩 투여받는 면역억제제도 감염에 대한 취약성을 배가했다. 체중 감소로 통증 수용체를 둘러싼 지질(脂質)층이 줄어들어 통증이 더욱 심했다. 게다가 그는 기분이 극과 극을 오가는 경향이 있었고, 그중에서도 분노와 우울을 느끼는 기간이 긴 탓에 식욕이 더욱 감퇴했다.

잡스의 섭식 문제가 수년에 걸쳐 더욱 악화된 것은 음식에 대한 그의 심리적 태도 때문이었다. 젊은 시절 그는 금식을 통해 도취감과 황홀경을 유도할 수 있다는 점을 깨달았다. 그래서 먹어야 한다는 것을 알면서도(그의 의사들은 질 높은 단백질을 섭취하라고 애원하다시피 했다.) 그의 잠재의식 속에는 금식과, 10대 시절에 수용한 아르놀트 에렛의 과일 요법 같은 식이요법에 대한 본능이 계속해서 자리하고 있었다고 그는 시인했다. 파월은 끊임없이 그것이 정신 나간 짓이라고 말하며 심지어 에렛이 걷다가 넘어지는 바람에 머리를 부딪쳐 쉰여섯에 사망했다는 점을 상기시켰고, 잡스가 식탁에 앉아 말없이 아래만 보고 있으면 화를 내기도 했다. 그녀는 말했다. "그가 억지로라도 먹기를 바랐어요. 그래서 집안 분위기가 말할 수 없이 팽팽했죠." 그들의 요리사 브라이어 브라운이 여전히 오후마다 집에 와서 건강에 좋은 음식들을 내놓았지만 잡스는 한두 가지를 입에 대 보고는 전부 못 먹을 맛이라며 거부했다. "작은 호박 파이 하나는 먹을 수 있을 것 같은데." 어느 날 저녁 잡스가 이렇게 말하자 성격이 온화한 브라운은 한 시간에 걸쳐 먹음직스러운 파이 하나를 만들었다. 잡스는 겨우 한 입을 먹었지만 브라운은 몹시 기뻐했다.

파월은 섭식 장애 전문가와 정신과 의사 들을 만나 봤지만 그녀의 남편은 그들을 피하려고 했다. 그는 우울증에 대해서도 약을 복용하거나 모종의 치료를 받는 것을 거부했다. "암이나 곤경 때문에 슬픔 또는 분노 등의 감정이 드는데, 그것을 감추는 것은 가짜 삶을 사는 셈입니다." 그는 이렇게 말했다. 실제로 그는 감추는 것과 정반대로 행동했다. 침울해하고 울기도 했으며 주변 사람들에게 자신은 곧 죽을 거라고 극적으로 한탄하기도 했다. 우울증은 악순환의 일부가 되어 식욕을 더욱 떨어뜨렸다.

수척한 잡스의 사진과 동영상이 온라인을 떠돌기 시작했고 곧이어 그의 상태가 심각하다는 소문이 돌기 시작했다.

문제는 그 소문이 사실이며 따라서 결코 사그라지지 않을 것이라고, 파월은 생각했다. 2년 전에 간이 안 좋을 때 잡스는 마지못해 간신히 병가를 내는 데 동의했다. 이번에도 그는 병가를 거부했다. 그것은 돌아온다는 확신도 없이 고향을 떠나는 것과 같았다. 마침내 2011년 1월에 그가 불가피한 현실에 굴복했을 때 이사회 임원들은 이미 그의 병가를 예상하고 있었다. 전화 회의로 그들에게 또 한 번 병가를 내고 싶다고 말하는 데는 겨우 3분이 걸렸다. 그는 종종 이사회 미팅에서 자신에게 무슨 일이 생기면 누가 자신의 자리를 맡을 것인지에 대해 장기적인 선택안과 단기적인 선택안을 모두 제시하곤 했다. 그러나 현 상황에서 다시 그의 일상 업무를 맡을 사람은 당연히 팀 쿡이었다.

그다음 토요일 오후에 잡스는 아내에게 자신의 주치의들과 미팅을 잡게 했다. 그는 자신이 애플에서는 절대 허용하지 않았던 종류의 문제에 직면했다고 생각했다. 그의 치료가 통합적으로 이뤄지는 게 아니라 단편적으로 이뤄지고 있었던 것이다. 그의 수많은 병들은 (멤피스에서 제임스 이슨이 취했던 방법과 달리) 하나의 응집력 있는 접근법으로 통합되지 않은 채 제각기 다른 전문의들(종양학자, 통증 전문의, 영양학자, 간 전문의, 혈액 전문의)이 치료하고 있었다. "의료 산업의 커다란 문제 중 하나는 일종의 전담자나 중재자가 각 팀을 총괄적으로 지휘하는 시스템이 없다는 거예요." 파월의 말이다. 스탠퍼드는 더욱 그랬다. 영양과 통증 치료 또는 암의 상관관계를 책임지고 파악하는 사람은 없는 것 같았다. 그래서 파월은 스탠퍼드의 여러 전문의들을 집으로 불러, 서던 캘리포니아 대학교(USC)의 데이비드 에이거스를 비롯해 좀 더 공격적이고 통합적인 접근법을 시행하는 외부 의사들과 함께 미팅을 가졌다. 그들은 통증을 완화하고 다른 치료법들을 통합하는 새로운 양생 계획에 합의했다.

그동안 의료진은 다소 선구적인 과학기술 덕분에 잡스가 암보다 한 걸음 앞서 있도록 유지할 수 있었다. 그는 세계 최초로 자신의 정상 DNA뿐 아니라 암종의 유전자까지 모두 염기 서열을 분석한 20인 가운데 한 명이 되었다. 그것은 당시 비용이 10만 달러 이상 드는 과정이었다.

유전자 염기 서열 분석은 스탠퍼드와 존스 홉킨스, MIT 및 하버드 브로드 연구소 팀들이 협력하여 수행했다. 잡스의 의사들은 그의 종양이 가진 독특한 유전자 및 분자 특징을 파악함으로써, 암세포의 비정상적인 성장을 유발하는 결함 있는 분자 경로를 직접 겨냥하는 특정 약물을 고를 수 있었다. 분자 표적 치료로 알려진 이 접근법은 암세포와 정상 세포 구분 없이 체내 모든 세포들의 분열 과정을 공격하는 전통적인 화학요법보다 더 효과적이었다. 이 표적 치료는 묘책은 아니었지만 때로는 묘책에 가까워 보였다. 이로써 그의 주치의들은 (이미 상용화된 것이나 아직 개발 중인 것, 일반적인 것과 그렇지 않은 것을 모두 포함하여) 여러 종류의 약을 살펴보고 그중 가장 효과적인 서너 가지를 고를 수 있었으니까 말이다. 그의 암이 변이되어 이러한 약물을 피해 가면 의사들은 차례대로 다른 약을 적용해 볼 수 있었다.

파월은 남편의 치료를 부지런히 감독했지만 매번 새로운 치료법을 최종적으로 결정한 사람은 잡스 자신이었다. 2011년 5월, 조지 피셔와 여타 스탠퍼드 의사들, 브로드 연구소의 유전자 염기 서열 분석가들, 외부 고문 데이비드 에이거스와 미팅을 했을 때도 그랬다. 그들은 모두 팰러앨토의 포 시즌스 호텔 스위트룸 테이블에 둘러앉았다. 파월은 오지 않았고 그 대신 아들 리드가 참석했다. 스탠퍼드와 브로드 연구소의 전문가들이 잡스의 암 유전자 특징에 대해 알아낸 새로운 정보에 관해 세 시간 동안 프레젠테이션을 했다. 잡스는 평소처럼 호전적이었다. 브로드 연구소의 어느 분석가가 파워포인트 슬라이드를 사용하다 실수하자 잡스는 프레젠테이션을 중단시켰다. 그러고는 잔소리를 하며 애플의 키노트 프레젠테이션 소프트웨어가 더 나은 이유를 설명했다. 심지어는 사용 방법을 가르쳐 주겠다고 제안하기도 했다. 미팅이 끝날 무렵 잡스와 그의 의료 팀은 분자 데이터를 모두 훑어보고 잠재 치료법 각각의 원리를 평가해 본 다음, 그러한 치료법들에 대해 좀 더 적절하게 우선순위를 매기기 위해 시행해야 할 검사들을 정했다.

그중 한 의사는 잡스에게, 그의 암이나 유사한 다른 암들이 머지않아 쉽게 다룰 수 있는 만성질환으로, 즉 다른 원인으로 사망할 때까지 목숨을 앗아 가지 못하도록 통제할 수 있는 질환으로 간주될 날이 올 것이라고 말했다. "그렇다면 나는 이런 암을 이겨 낸 최초의 인물이 되거나 이런 암으로 죽은 마지막 인물이 되겠지요." 어느 날 의사들과의 미팅을 끝낸 직후 그는 내게 이렇게 말했다. "해안까지 성공적으로 헤엄쳐 오는 최초의 사람들에 속하거나 물에 버려지는 마지막 사람들에 속하게 된다는 얘기지요."

그를 찾아온 사람들

2011년 잡스의 병가가 발표됐을 때 상황이 워낙 안 좋게 느껴졌는지 1년이 넘도록 연락을 끊었던 리사 브레넌잡스가 다시 연락을 하고 그다음 주에 뉴욕에서 날아왔다. 그녀와 아버지의 관계 저변에는 원망이 자리하고 있었다. 생애 첫 10년 동안 아버지에게 거의 버림받다시피 했다는 사실은 그녀에게 상처가 되었다. 설상가상으로 그녀는 아버지의 까다로운 성격을 어느 정도 물려받았고, 잡스가 느끼기에는 어머니가 가졌던 불만에도 일부 공감하는 듯했다. 리사의 도착을 앞두고 그는 이렇게 말했다. "네가 다섯 살 때 내가 좀 더 좋은 아빠였더라면 좋았을 텐데라고 리사에게 여러 번 말했습니다. 하지만 이젠 그 애도 다 내려놓아야지요. 평생 화만 내며 살 수는 없잖아요."

리사의 방문은 나쁘지 않았다. 잡스는 컨디션이 조금 나아지기 시작하면서 주변 사람들과 관계를 개선하고 그들에게 애정을 표현하고 싶은 마음이 들었다. 서른두 살의 리사는 난생처음으로 누군가를 진지하게 만나고 있었다. 남자 친구는 캘리포니아 출신으로 무명의 영화제작자였는데, 잡스는 심지어 두 사람이 결혼하면 팰러앨토로 다시 이사 오라고 제안하기도 했다. 그는 리사에게 이렇게 말했다. "내가 얼마나 살아 있을지 모르잖니. 의사들도 장담을 못해. 나를 좀 더 보고 싶으면 네가 이리로 이사 와야지. 한번 생각해 보는 게 어떠냐?" 리사가 잡스의 말대로 서부로 이사하진 않았지만, 그는 어느 정도 화해를 했다는 사실에 기뻐했다. "그 아이가 찾아오는 게 괜찮을까 싶었어요. 몸이 아프니까 복잡한 일은 마주하고 싶지 않았거든요. 하지만 그 애가 와 줘서 아주 기쁩니다. 마음속에 있던 많은 것들을 안정시켜 줬지요."

그달에 관계를 개선하고자 하는 또 한 사람이 잡스를 찾아왔다. 겨우 세 블록도 안 되는 거리에 사는 구글의 공동 창립자 래리 페이지는 에릭 슈미트에게서 회사 지휘권을 넘겨받아 CEO가 될 거라는 계획을 얼마 전 발표한 터였다. 그는 잡스의 비위를 맞추는 법을 알았다. 잠깐 들러서 좋은 CEO가 되는 방법에 대해 조언을 얻을 수 있느냐고 물어본 것이다. 잡스는 여전히 구글에 화가 나 있었다. "처음에는 '웃기고 있네.' 이런 생각이 들었습니다. 하지만 다시 생각해 보니까 내가 젊었을 때도 빌 휼렛부터 이웃에 살던 그 HP 직원에 이르기까지 많은 사람들이 나를 도와줬다는 생각이 들더군요. 그래서 래리 페이지한테 다시 전화해서 좋다고 했습니다." 페이지는 그의 집으로 가서 거실에 앉아 훌륭한 제품과 영속적인 회사를 구축하는 것에 대한 그의 생각을 들었다. 잡스는 이렇게 회상했다.

우리는 '집중'에 대해 많은 얘기를 나눴어요. 사람을 뽑는 일에 대해서도 얘기했지요. 신뢰할 수 있는 사람을 어떻게 파악하는지, 믿을 만한 참모진을 어떻게 구축하는지 등등. 나는 회사가 늘어지는 것을 막기 위해서, 또는 B급 직원들로 채워지는 것을 막기 위해서 어떤 블로킹과 태클 동작들을 취해야 하는지 설명해 주었지요. 내가 가장 강조한 것은 집중이었습니다. 구글이 어떤 회사로 성장하길 바라는지 파악해라, 구글은 이제 전 세계 어디에

든 존재한다, 당신이 가장 집중하고 싶은 다섯 가지 제품은 무엇인가? 나머지는 모두 제거해라, 그렇지 않으면 구글은 쇠약해질 것이다, 마이크로소프트처럼 되고 말 것이다, 적당할 뿐 훌륭하지는 않은 제품들을 생산하게 될 것이다……. 나는 도움을 주려고 최선을 다했습니다. 계속해서 마크 주커버그 같은 사람들에게도 이런 조언을 해 줄 겁니다. 앞으로 남은 시간의 일부는 그렇게 사용할 겁니다. 나는 다음 세대가 위대한 기업들의 혈통과, 그 전통을 이어 나가는 방법을 기억하도록 도울 수 있습니다. 실리콘밸리는 나를 많이 지원해 주었지요. 최선을 다해 그걸 갚아야 합니다.

2011년 잡스의 병가가 발표되자 다른 사람들도 팰러앨토 자택을 찾아오기 시작했다. 예를 들면 빌 클린턴도 그의 집을 찾아가 중동 문제부터 미국 정치에 이르기까지 온갖 얘기를 나누었다. 그러나 그중 가장 감동적인 것은 30년 넘게 잡스의 경쟁자이자 파트너로서 PC 시대를 정의한 또 한 명의 1955년생 기술 천재의 방문이었다.

빌 게이츠는 잡스에게 매료된 마음을 잃은 적이 없었다. 2011년 봄에 게이츠가 자기 재단의 세계 보건을 위한 활동에 대해 논의하러 워싱턴에 왔을 때 나는 그와 함께 저녁을 먹었다. 그는 아이패드의 성공과 잡스가 아픈 와중에도 그것을 개선하는 데 주력했다는 사실에 대해 놀라움을 표했다. "나는 그저 말라리아 같은 병에서 세상을 구하고 있는데 스티브는 여전히 놀라운 신제품들을 내놓고 있군요." 그는 아쉬운 얼굴로 말을 이었다. "나도 그 게임에 남아 있었어야 했나 봅니다."

그는 그 말이 농담이라는 것을, 혹은 적어도 절반은 농담이라는 것을 내게 분명히 알리려는 듯 미소를 지어 보였다.

두 사람 모두 알고 지내는 마이크 슬레이드를 통해 게이츠는 2011년 5월에 잡스를 방문하기로 일정을 잡았다. 그러나 그 전날 잡스의 비서가 전화해서 잡스의 상태가 많이 안 좋다고 했다. 게이츠는 다시 일정을 잡아 어느 이른 오후 차를 몰고 잡스의 집으로 갔다. 뒷마당 대문을 통과해 열려 있는 주방 문으로 들어가자, 이브가 식탁에 앉아 공부를 하고 있었다. 그가 물었다. "아버지 계시니?" 이브는 거실에 있는 아버지를 가리켰다.

그들은 세 시간이 넘도록 함께 지난날을 돌아보았다. "노인네들처럼 업계를 돌아보았습니다. 빌은 어느 때보다도 즐거워하더군요. 그가 참 건강해 보인다는 생각이 내내 들었지요." 잡스의 회상이다. 게이츠 역시 잡스가 심하게 여위긴 했지만 예상했던 것보다 활력이 넘친다고 느꼈다. 잡스는 자신의 건강 문제에 대해 허심탄회하게 얘기했고 적어도 그날만큼은 낙관적인 태도를 보였다. 연속해서 표적 약물 치료를 받는 것은 "물 위에 떠 있는 커다란 수련 잎들을 이리저리 옮겨 다니며" 암보다 한 발짝 앞서려고 노력하는 것과 같다고 게이츠에게 말했다.

잡스는 교육에 대해서도 몇 가지 질문을 던졌고, 게이츠는 자신이 생각하는 미래의 학교를 묘사했다. 학생들은 혼자서 강의 동영상을 보며 수업을 받고 교실 수업은 토론과 문제 해결을 위해 활용하게 될 것이라고 말이다. 그들은 아직까지는 컴퓨터가 학교에 미친 영향이 놀라울 정도로 미미하다는 데(즉 미디어와 의료계, 법조계 등 사회의 다른 영역에 미친 영향에 비하면 크게 뒤떨어지는 수준이라는 데) 동의했다. 그것을 바꾸기 위해서는 컴퓨터와 모바일 기기 들이 개인 맞춤 교육을 제공하고 피드백을 통해 동기를 부여하는 데 주력하도록 바꾸어야 한다고 게이츠는 말했다.

또한 두 사람은 좋은 여자와 결혼해서 착한 자녀들을 두었으니 자신들은 행운아라며 고개를 끄덕이고 가족이 주는 기쁨에 대해서도 많은 이야기를 나눴다. 게이츠는 이렇게 회상했다. "그가 로렌을 만나고 로렌이 그를 반쯤 정상인으로 유지시켰다는 점, 내가 멜린다를 만나고 멜린다가 나를 반쯤 정상인으로 유지시켰다는 점이 얼마나 다행스러운 일인지 얘기하며 웃음을 터뜨렸지요. 그리고 우리의 자녀로 사는 게 얼마나 힘든 일인지, 그와 관련된 스트레스를 아이들에게서 덜어 주려면 어떻게 해야 하는지에 대해서도 얘기했어요. 아주 개인적인 얘기들이었지요." 그러다 게이츠의 딸 제니퍼와 마장마술 쇼에 함께 갔던 이브가 거실로 들어오자 게이츠는 이브에게 점프 연습은 잘되는지 물었다.

대화가 끝나 갈 무렵 게이츠는 잡스에게 그가 만든 '끝내주는 물건들'에 대해, 그리고 1990년대 후반에 애플을 말아먹으려던 멍청이들에게서 성공적으로 애플을 구해 낸 것에 대해 찬사를 건넸다. 심지어 의외의 고백도 했다. 경력의 전반에 걸쳐 그들은 디지털 관련 쟁점을 통틀어 가장 기본적인 쟁점에 대해 서로 상반되는 철학을 고수했다. 하드웨어와 소프트웨어가 단단히 통합되어야 하는가 아니면 좀 더 개방적이어야 하는가 하는 점이었다. 게이츠가 잡스에게 말했다. "나는 개방적이고 수평적인 모델이 이길 거라고 믿었어요. 그런데 당신이 통합적이고 수직적인 모델 역시 훌륭할 수 있다는 점을 증명했지요." 잡스 역시 고백으로 응했다. "당신 모델도 효과적이었어요."

둘 다 옳았다. 두 모델 모두 PC 영역에서 적절하게 효과를 발휘했다. 매킨토시는 다양한 윈도 기기들과 공존했으며, 모바일 기기 영역에서도 그런 식으로 흘러갈 가능성이 높았다. 그러나 그날의 대화를 회상하면서 게이츠는 한 가지 경고를 덧붙였다. "스티브가 지휘할 때는 통합적인 접근법이 효과적이지요. 하지만 그렇다고 해서 그것이 미래의 수많은 게임에서도 승리할 수 있다는 얘기는 아닙니다." 잡스도 그날의 만남을 떠올리면서 게이츠에 대해 한 가지 경고를 덧붙이지 않을 수 없었다. "물론 그의 분할형 모델도 효과가 있었지요. 하지만 그것은 진정으로 훌륭한 제품을 만들진 못했습니다. 그게 문제였어요. 큰 문제였지요. 적어도 장기적으로는 말입니다."

"안타깝게도 그날이 왔습니다."

잡스는 기존에 나온 것들 이외에도 현실에서 구현하고 싶은 다른 아이디어를 많이 가지고 있었다. 아이패드용 커리큘럼 교재와 전자 교과서를 만들어 교과서 산업을 와해하고, 책가방을 메고 다니느라 척추가 휘는 학생들을 구하고 싶었다. 그는 또한 원조 매킨토시 팀 시절의 팀원이었던 빌 앳킨슨과 협력하여, 아이폰으로 광도가 좋지 않은 곳에서 촬영해도 픽셀 작업을 통해 사진이 잘 나오게 하는 새로운 디지털 기술을 고안하고 있었다. 그리고 컴퓨터와 뮤직 플레이어, 휴대전화에서 달성한 것을 텔레비전에도 적용하고 싶었다. 바로 텔레비전을 단순하고 우아하게 만드는 것이었다. 그는 내게 말했다. "아주 손쉽게 사용할 수 있는 통합적인 텔레비전을 만들고 싶습니다. 모든 기기들 그리고 아이클라우드와도 막힘없이 호환되는 그런 텔레비전 말이지요." 그렇게 되면 사용자들은 DVD 플레이어와 케이블 채널을 조작하려고 복잡한 리모컨과 씨름할 필요가 없게 된다는 것이었다. "상상할 수 있는 가장 단순한 사용자 인터페이스를 갖추는 겁니다. 드디어 그걸 구현할 방법을 찾아냈습니다."

그러나 2011년 7월 암이 뼈와 다른 부분까지 퍼졌을 때 의사들은 그것을 또 한 번 정복할 수 있는 표적 약물을 쉽게 찾을 수 없었다. 통증이 심해지고 기력이 떨어지자 그는 회사에 나가는 것을 중단했다. 그와 파월은 월말에 가족끼리 배를 타고 여행하기 위해 요트를 예약해 두었는데 그 계획도 모두 무산되었다. 그 무렵 그는 고형식을 거의 먹지 못했고 하루의 대부분을 침실에서 텔레비전만 보며 지냈다.

8월에 나는 그에게 집으로 와 달라는 전갈을 받았다. 토요일 오전에 도착했을 때 그는 아직 자고 있었던 터라, 나는 그의 아내와 아이들과 함께 노란 장미와 각종 데이지가 만발한 정원에 앉아 잠시 시간을 보냈다. 마침내 그가 안으로 들어오라고 했다. 그는 카키색 반바지와 하얀 터틀넥 차림으로 침대에 웅크리고 있었다. 다리는 젓가락처럼 말랐지만 편안한 미소를 띠고 있었고 정신도 또렷해 보였다. "빨리 합시다. 기력이 거의 없거든요." 그가 말했다.

그는 내게 사진들을 보여 줄 테니 책에 사용할 만한 것을 몇 장 고르라고 했다. 그는 침대에서 나올 수가 없었으므로 그가 방 안 여기저기의 서랍을 가리키면 내가 그때그때 해당 서랍에서 조심스레 사진을 꺼내 가져다주었다. 나는 침대 옆에 앉아 그가 볼 수 있도록 사진을 한 장씩 들어 올렸다. 어떤 사진을 보고는 이야기를 쏟아 냈고 또 어떤 사진에는 그저 못마땅한 듯 신음하거나 미소를 지었다. 나는 그의 아버지 폴 잡스의 사진을 본 적이 없었기에, 성실해 보이는 잘생긴 1950년대의 아빠가 아이를 안고 있는 스냅사진을 발견하고는 조금 놀랐다. 그가 말했다. "그래요. 그분이에요. 그 사진 써도 돼요." 그런 다음 그는 창문 옆에 놓인 상자를 가리켰다. 그 안에는 그의 결혼식을 애정 어린 눈으로 바라보는 그의 아버지 사진이 담겨 있었다. "훌륭한 분이셨어요." 잡스가 조용히 말했다. 나는 "아버님께서 당신을 자랑스러워하셨을 것 같네요." 하는 식의 말을 웅얼거렸다. 그러자 잡스는 나의 말을 고쳐 주었다. "자랑스러워하셨어요."

잡스는 그 사진을 보고 잠시 기운이 나는 것 같았다. 우리는 티나 레지부터 마이크 마쿨라와 빌 게이츠에 이르기까지 과거 그의 주변 사람들이 지금 그를 어떻게 생각할까에 대해 대화를 나눴다. 나는 게이츠가 그를 마지막으로 방문한 일을 들려주면서 덧붙인 얘기, 즉 애플의 통합적인 접근법은 효과적일 수 있지만 그것은 "스티브가 지휘할 때만" 그렇다고 했다는 얘기를 전해 주었다. 잡스는 바보 같은 소리라고 했다. "통합적인 방법을 사용하면 나뿐만 아니라 누구든 더 나은 제품을 만들 수 있어요." 그가 말했다. 그래서 나는 그에게 엔드투엔드 접근법을 고집해서 훌륭한 제품을 만든 회사가 또 있으면 이름을 대 보라고 했다. 그는 잠시 생각하며 적당한 예를 떠올리려고 애썼다. "자동차 회사들 있잖아요." 마침내 그가 말했다. 그러나 곧 이렇게 덧붙였다. "적어도 과거에는 그랬지요."

경제 및 정치의 안타까운 상태로 화제가 바뀌자 그는 전 세계에 걸쳐 강력한 리더십이 부족하다며 두세 가지 예리한 의견을 제시했다. 그가 말했다. "오바마한테 실망했습니다. 그는 상대의 기분을 상하게 하는 일이나 화를 내는 일을 주저해요. 그래서 적절하게 리더십을 발휘하지 못하고 있지요." 그러고는 내 생각을 읽은 듯 희미한 미소를 지으며 시인했다. "그래요. 난 그런 문제가 전혀 없었죠."

두 시간 후 그가 말이 없어지기에 나는 일어나 나가려고 했다. "잠깐만요." 그가 말했다. 그러고는 다시 앉으라는 손짓을 해 보였다. 그가 또 한 번 힘을 끌어모아 말을 시작하기까지는 시간이 약간 걸렸다. "이 프로젝트에 대해 많이 혼란스러웠어요." 마침내 그가 말했다. 이 책의 집필을 의뢰하고 협조하기로 한 결정을 두고 하는 말이었다. "정말 걱정됐거든요."

"그런데 왜 전기를 써 달라고 했죠?" 내가 물었다.

"우리 아이들이 나에 대해 알았으면 했어요. 아이들이 나를 필요로 할 때 항상 곁에 있어 주진 못했지요. 그래서 아이들이 그 이유를 알기를, 내가 무엇을 했는지 이해하기를 바랐습니다. 그리고 몸이 아프기 시작하니까 내가 죽고 나면 다른 사람들이 나에 관한 책을 쓸 거라는 생각이 들더군요. 하지만 그들이 뭘 알겠습니까? 제대로 된 책이 나올 수가 없을 겁니다. 그래서 누군가에게 직접 내 얘기를 들려주어야겠다 싶었지요."

그는 내가 이 책에 무슨 이야기를 쓰고 있는지 혹은 어떤 결론을 도출하고 있는지에 대해 2년 동안 한 번도 물은 적이 없었다. 그런 그가 나를 보면서 말했다. "내가 좋아하지 않을 만한 내용도 많이 들어가 있겠지요." 단정이라기보다는 질문이었다. 그가 대답을 해 달라는 듯 나를 보았고, 나는 고개를 끄덕이고 미소를 지으며 틀림없이 그럴 거라고 말했다. 그러자 그가 말했다. "좋아요. 그럼 사내 책자 같진 않겠군요. 당분간은 안 읽을 겁니다. 열 받고 싶진 않으니까. 1년쯤 후에나 읽어 보지요. 그때까지 살아 있다면." 그 무렵 그는 눈을 감고 있었다. 이제 힘이 다 빠진 것 같았다. 나는 조용히 방을 나왔다.

여름 내내 건강이 계속 악화되자 잡스는 서서히 불가피한 사실을 직시하기 시작했다. 다시는 CEO로서 애플로 돌아가지 못할 거라는 사실이 그것이었다. 그렇다면 이제는 사임해야 했다. 그는 몇 주 동안 결정을 내리지 못하고 고민하며 아내와 빌 캠벨, 조니 아이브, 조지 라일리와 상의했다. "내가 애플을 위해 하고 싶었던 것 한 가지는 올바른 권한 이양 방식의 본을 보이는 것이었습니다." 그가 내게 말했다. 그는 지난 35년 동안 애플에서 권한의 이양이 아주 힘겹게 일어났다는 점에 대해 농담을 했다. "늘 한 편의 드라마 같았지요. 무슨 제3세계 국가 같았습니다. 내 목표 한 가지는 애플을 세계 최고의 회사로 만드는 것이었습니다. 그리고 그러기 위해서는 권한을 적절하게 이양하는 것이 대단히 중요하지요."

그는 CEO직을 넘기기에 가장 좋은 시간과 장소가 8월 24일로 예정된 애플의 정기 이사회 미팅이라고 결정했다. 편지를 보내거나 전화로 참석하기보다는 직접 발표하고 싶었으므로 열심히 먹고 기력을 회복하려 노력했다. 미팅 전날 그는 참석할 수는 있지만 휠체어의 도움을 받아야 한다는 결론을 내렸다. 가급적 비밀리에 자동차로 본사까지 가서 휠체어를 타고 회의실로 들어가는 계획이 세워졌다.

그는 오전 11시가 조금 못 되어 도착했다. 이사회 임원들이 위원회 보고와 다른 일상 업무를 끝내 가고 있었다. 대부분은 곧 무슨 일이 일어날지 알고 있었다. 그러나 모두의 머릿속에 있는 주제로 곧장 들어가기에 앞서, 팀 쿡과 CFO 피터 오펜하이머가 해당 분기의 성과와 앞으로의 예측을 발표했다. 그러자 잡스가 개인적으로 할 이야기가 있다고 조용히 말했다. 쿡이 자신과 다른 경영진이 자리를 비켜 줘야 하느냐고 묻자 잡스는 잠시 멈칫하고 30초 이상 생각해 본 다음 그래 달라고 했다. 모두 나가고 외부 이사 여섯 명만 남자 그는 몇 주에 걸쳐 받아쓰게 하고 여러 번 수정한 편지를 큰 소리로 읽기 시작했다. 편지는 이렇게 시작했다. "저는 오래전부터 제가 더 이상 애플의 CEO로서 의무와 기대치를 충족하지 못하는 날이 오면 여러분에게 먼저 알려 드리겠다고 말했습니다. 안타깝게도 그날이 왔습니다."

겨우 여덟 문장으로 이뤄진, 간단하고 직설적인 편지였다. 쿡이 자신의 자리를 이어받을 것이며 잡스 자신은 이사회 의장으로 남고 싶다는 내용도 담겨 있었다. "애플의 앞에는 가장 밝고 혁신적인 나날이 펼쳐져 있다고 저는 믿습니다. 새로운 자리에서 애플의 성공을 지켜보고 거기에 기여하기를 고대합니다."

긴 침묵이 흘렀다. 앨 고어가 가장 먼저 입을 열고 잡스가 CEO로서 이룩한 업적들을 열거했다. 미키 드렉슬러는 잡스가 애플을 변모시킨 것은 "내가 기업 세계에서 목격한 가장 놀라운 일"이었다고 말했고 아트 레빈슨은 CEO직 이양이 평탄하게 이뤄지도록 배려한 점을 칭찬했다. 캠벨은 아무 말도 하지 않았지만 CEO직을 넘기는 공식 결의가 통과되자 그의 눈에 눈물이 고였다.

점심시간에 스콧 포스톨과 필 실러가 들어와 애플이 진행하고 있는 몇 가지 제품의 모형들을 보여 주었다. 잡스는 특히 4세대 셀 방식 네트워크가 어떤 능력을 지닐 것인지 그리고 미래의 휴대전화는 어떤 기능을 갖춰야 하는지에 대해 여러 가지 질문과 의견을 쏟아 냈다. 그러다 포스톨이 새로운 음성인식 앱을 보여 주었는데, 그가 우려했던 대로 잡스는 시연 도중에 전화기를 잡고 그것을 교란할 수 있는지 시험해 보았다. "팰러앨토의 날씨는 어떤가?" 그가 물었다. 앱이 날씨를 알려 주었다. 두세 가지 질문을 더 던진 후에 잡스가 짓궂은 질문을 던졌다. "너는 남자인가 여자인가?" 놀랍게도 앱은 로봇 목소리로 대꾸했다. "나는 성별을 부여받지 않았습니다." 잠시 방 안 분위기가 밝아졌다.

태블릿 컴퓨팅으로 주제가 넘어가자 몇몇 사람들은 HP가 아이패드와 경쟁할 수 없어서 갑자기 태블릿 분야를 포기했다며 승리감을 드러냈다. 그러나 잡스는 우울해지더니 그것이 사실은 슬픈 일이라고 선언했다. "휼렛과 패커드는 훌륭한 회사를 구축했습니다. 그리고 믿을 만한 사람들에게 그것을 맡겼다고 생각했지요. 하지만 지금 HP는 분해되고 무너지고 있습니다. 이건 비극입니다. 애플은 그렇게 되지 않도록 내가 그보다 좀 더 강력한 유산을 남긴 거라면 좋겠군요." 그가 떠날 채비를 하자 이사회 임원들이 모여들어 그를 따뜻하게 안아 주었다.

잡스는 최고 경영진을 만나 사임 소식을 전한 후 조지 라일리와 함께 차를 타고 집으로 돌아갔다. 그들이 집에 도착했을 때 파월은 이브와 함께 뒤뜰의 벌통에서 꿀을 거두고 있었다. 그들은 머리에 쓴 보호 망을 벗고 꿀이 든 병을 주방으로 가져갔다. 주방에서는 리드와 에린이 명예로운 퇴임을 축하하려고 기다리고 있었다. 잡스는 꿀을 한 숟가락 먹고는 놀랍도록 달콤하다고 말했다.

그날 저녁 그는 내게 건강이 허락하는 한 활동을 계속하는 것이 자신의 희망이라고 강조했다. "신제품 개발과 마케팅, 그 밖에 내가 좋아하는 일들을 할 겁니다." 그러나 자신이 세운 회사의 지휘권을 포기한 기분을 솔직하게 말해 달라고 하자 갑자기 과거 시제로 바꾸어 아쉬운 어조로 말했다. "나는 일에서도 삶에서도 행운을 누렸습니다. 할 수 있는 것은 다 했지요."

가장 밝게 빛나는 창조력의 천국

맥월드 행사에서 스티브 워즈니악과 자신의
30년 전 사진 앞에 선 스티브 잡스

2006

실리콘밸리의 잊지 못할 창조 신화, 영원한 혁신의 아이콘

잡스가 만든 제품들에는 그의 성격이 반영되었다. 1984년 원조 매킨토시부터 한 세대 후의 아이패드에 이르는 모든 제품에서 애플의 핵심 철학이 하드웨어와 소프트웨어의 엔드투엔드 통합이었듯이, 스티브 잡스 자신의 철학도 그러했다. 그의 성격과 열정, 즉 완벽주의, 비범한 재능, 열망, 예술성, 악마성, 통제에 대한 집착은 그의 비즈니스 접근 방식 및 거기에 기인한 혁신적인 제품들과 얽혀 있다.

잡스의 성격과 제품들을 한데 묶는 이 통일장 이론은 그의 가장 두드러진 특성, 즉 맹렬함으로 시작한다. 그의 침묵은 그의 고함 못지않게 상대의 피를 말릴 수 있었다. 그는 눈을 깜박이지 않고 노려보는 법을 터득했다. 가끔 이러한 맹렬함은 기묘하게도 매력적으로 보이기까지 했다. 밥 딜런 음악의 심오함을 설파하거나 그가 새로이 출시하는 제품이 역대 애플 제품들 가운데 가장 놀라운 제품인 이유를 설명할 때가 그런 경우였다. 그의 맹렬함이 위협적인 경우도 있었는데, 구글이나 마이크로소프트가 애플을 벗겨 먹는다고 소리 지를 때가 그랬다.

이러한 맹렬함은 이분법적인 세계관을 부추겼다. 그의 동료들은 영웅과 얼간이 두 부류로 나뉘었다. 상대는 영웅이 아니면 얼간이였고 때로는 하루에도 영웅이 되었다가 얼간이가 되기도 했다. 제품과 아이디어, 심지어 음식에 대해서도 마찬가지였다. 모든 게 "사상 최고의 것"이거나 그렇지 않으면 조악한 것, 쓰레기, 못 먹을 것이었다. 그리하여 조금이라도 결함이 인지되면 그것은 고함으로 이어지곤 했다. 금속 조각의 마무리, 나사못 대가리의 곡선, 케이스의 파란 색조, 내비게이션 화면의 직관적 느낌 등에 대해 "완전히 형편없다."라고 선언했다가 갑자기 "정말 완벽하다."라고 말하기도 했다. 그는 스스로를 예술가라고 생각했고 실제로 예술가였으므로 예술가 기질에 탐닉했다.

완벽을 추구하는 기질은 애플이 자사의 모든 제품에 대해 엔드투엔드 통제를 해야 한다는 강박으로 이어졌다. 그는 훌륭한 애플 소프트웨어가 다른 회사의 엉터리 하드웨어에서 구동된다고 생각하면 두드러기가 나거나 그보다 더욱 심한 증상을 겪었고, 마찬가지로 무허가 앱이나 콘텐츠가 애플 기기의 완벽성을 오염한다고 생각하면 알레르기가 생길 정도였다. 하드웨어와 소프트웨어와 콘텐츠를 하나의 통일된 시스템으로 통합하면 단순성을 살릴 수 있었다. 천문학자 요하네스 케플러는 "자연은 단순성과 통합성을 사랑한다."라고 했다. 스티브 잡스도 마찬가지였다.

통합적인 시스템을 선호하는 본능으로 인해 그는 디지털 세상의 가장 기본적인 분열, 즉 '개방 대 폐쇄'의 분열에서 한쪽 끝에 당당히 서게 되었다. 홈브루 컴퓨터 클럽에서 이어져 내려온 컴퓨터광 정신은 개방적인 접근법을 선호했다. 이는 통합적인 통제가 거의 없어서 사람들이 자유롭게 하드웨어와 소프트웨어를 변경하고, 코드를 공유하고, 개방형 표준에 맞게 코드를 작성하고, 독점적인 시스템을 피하고, 다양한 기기 및 운영체제와 호환되는 콘텐츠 및 앱 들을 가질 수 있는 방식이었다. 젊은 시절의 워즈니악은 이러한 방식을 지지했다. 그가 설계한 애플 II는 쉽게 열 수 있었고 사용자가 원하는 대로 뭔가를 꽂을 수 있도록 슬롯과 포트가 많이 갖춰져 있었다. 매킨토시가 나오면서 잡스는 반대 진영의 창시자가 되었다. 매킨토시는 마치 가전제품처럼 하드웨어와 소프트웨어가 서로 조밀하게 엮여 있어 변경이 불가능했다. 매끄럽고 단순한 사용자 경험을 창출하기 위해 컴퓨터광 정신이 희생된 것이다.

이후 잡스는 매킨토시 운영체제를 다른 회사의 하드웨어에서는 사용할 수 없다고 포고하기에 이르렀다. 마이크로소프트는 이와는 반대 전략을 따라 윈도 운영체제의 마구잡이식 라이선싱을 허용했다. 이러한 전략은 그리 고상한 컴퓨터를 양산하진 않았지만 마이크로소프트가 운영체제 세계를 지배하도록 이끌었다. 애플의 시장점유율이 5퍼센트 아래로 떨어지자 PC 업계는 마이크로소프트의 접근법에 승리를 선언했다.

그러나 장기적으로는 잡스의 모델이 다소 유리한 것으로 드러났다. 다른 컴퓨터 제조사들은 평범해지는 반면 애플은 시장점유율이 낮은데도 높은 마진 폭을 유지할 수 있었다. 예를 들어 2010년 PC 시장의 총매출에서 애플의 몫은 7퍼센트에 불과했지만 그 영업이익이 차지한 몫은 35퍼센트에 이르렀다.

더욱 중요한 것은 엔드투엔드 통합에 대한 잡스의 고집 덕분에 2000년대 초반에 애플이 데스크톱 컴퓨터를 다양한 휴대용 기기들에 매끄럽게 연결할 수 있는 디지털 허브 전략을 유리하게 발전시킬 수 있었다는 사실이다. 예를 들어 아이팟은 철저히 통합적이고 폐쇄적인 시스템의 일부였다. 아이팟을 사용하려면 애플의 아이튠스 소프트웨어를 사용해 아이튠스 스토어에서 콘텐츠를 다운로드 해야 했다. 그 결과, 뒤를 이은 아이폰이나 아이패드와 마찬가지로 아이팟은 매끄러운 엔드투엔드 경험을 제공하지 못하는 불편한 경쟁 제품들과 반대로 고상한 즐거움을 주는 제품이 되었다.

이 디지털 허브 전략은 효과적이었다. 2000년 5월에 애플의 시장가치는 마이크로소프트의 20분의 1이었다. 2010년 5월 애플은 세계에서 가장 가치가 높은 기술 회사 마이크로소프트를 뛰어넘었고 2011년 9월에는 마이크로소프트보다 70퍼센트 더 가치 있는 회사가 되었다. 2011년 첫 분기에 윈도 PC 시장은 1퍼센트 줄어든 반면 맥 시장은 28퍼센트 성장했다.

그 무렵 모바일 기기 세계에서는 새로운 전투가 시작된 상태였다. 구글이 개방적인 접근 방법을 취하여, 자사의 안드로이드 운영체제를 모든 태블릿 PC 및 휴대전화 제조사들이 사용할 수 있도록 한 것이다. 2011년 모바일 시장점유율 면에서 안드로이드는 애플을 따라잡았다. 안드로이드의 개방성이 가진 결점은 그것이 야기하는 세분화였다. 수많은 휴대전화 및 태블릿 PC 제조사들이 안드로이드를 수십 가지 기종으로 개조하면서 애플리케이션이 일관성을 유지하거나 그 기능을 온전히 활용하기가 어려워졌다. 두 가지 접근법 모두 그 나름의 가치는 있었다. 더 개방적인 시스템을 사용하여 하드웨어 선택 폭을 넓히는 자유를 원하는 사람들이 있는가 하면, 인터페이스가 더 단순하고 배터리 수명이 더 길며 더 사용자 친화적이고 콘텐츠 조작이 쉬운 제품들로 이어지는 애플의 철저한 통합 및 통제를 선호하는 사람들도 있었으니까 말이다.

잡스의 접근 방법이 가진 단점은 사용자들을 기쁘게 하고자 하는 그의 열망 때문에 사용자들에게 권한을 주지 않는다는 점이었다. 하버드의 조너선 지트레인은 개방적 환경을 옹호하는 사람들 가운데 가장 합리적인 인물 중 한 명이다. 그는 잡스가 아이폰을 소개하는 장면으로 자신의 저서 『인터넷의 미래 ─ 그리고 그것을 멈추는 방법』을 시작하면서 "통제망에 속박된, 안전 유지 장치를 장착한 기기들"이 PC를 대체할 경우 어떤 결과가 따를 것인지에 대해 경고한다. 블로그 보잉보잉에 '왜 나는 아이패드를 사지 않으려고 하는가.' 라는 일종의 성명을 올린 코리 닥터로는 그보다 훨씬 더 격한 태도를 보였다. "매우 사려 깊고 멋진 디자인이다. 하지만 또한 사용자에 대한 명백한 멸시가 포함되어 있다. 아이들에게 아이패드를 사 주는 것은, 이 세상이 자신의 것이며 스스로가 분해해 재조립해야 할 대상임을 깨닫게 해 주는 방법이 될 수 없다. 그보다는 배터리를 바꿔 끼우는 단순한 일조차 전문가에게 맡겨야 한다고 일깨워 주는 수단이 된다."

잡스는 통합적인 접근법을 믿는 것이 정의(正義)의 문제라고 생각했다. "우리가 이런 것들을 하는 이유는 통제광이라서가 아닙니다. 훌륭한 제품을 만들고 싶어서, 사용자들을 배려해서, 남들처럼 쓰레기 같은 제품을 내놓기보다는 사용자 경험 전반에 대해 책임을 지고 싶어서 그러는 겁니다." 그는 또한 자신이 사람들에게 봉사하고 있다고 믿었다. "사람들은 제각기 자신이 제일 잘하는 일을 하느라 바쁘고, 그 때문에 사람들은 우리 역시 우리가 가장 잘하는 일을 해 주길 바라지요. 사람들의 삶은 복잡합니다. 컴퓨터와 기기들을 통합하는 방법을 생각하는 것 말고도 할 일이 많지요."

이러한 접근법은 때때로 애플의 단기적인 비즈니스 이익을 망쳐 놓았다. 그러나 허접쓰레기 같은 기기들과 사용하기 불편한 소프트웨어, 이해할 수 없는 에러 메시지, 짜증 나는 인터페이스 들로 가득한 세상에서 그런 접근법은 매력적인 사용자 경험을 특징으로 하는 놀라운 제품들을 창출해 냈다. 애플 제품을 사용하는 것은 잡스가 좋아하는 교토 선불교 사원의 정원을 걷는 것만큼이나 숭고하고 고상한 일이 될 수 있었다. 이 두 경험 중 어떤 것도 개방성의 제단에 참배하거나 오만 가지 꽃이 피게 허용함으로써 창출되는 것이 아니었다. 때로는 통제광의 손안에 있는 것도 괜찮은 일이다.

잡스의 맹렬함은 또한 집중하는 능력에서도 명백하게 드러났다. 그는 우선순위를 정해서 거기에 관심을 정조준하고 정신을 흩뜨리는 것들은 걸러 낸다. 뭔가(원조 매킨토시의 사용자 인터페이스, 아이팟과 아이폰의 디자인, 음반 회사들을 아이튠스 스토어로 끌어들이는 것 등)가 주의를 끌면 그는 가차 없이 거기에 집중했다. 그러나 마주하고 싶지 않은 것들(법적인 문제나 특정 사업 현안, 암 진단, 친권자 문제 등)은 단호하게 무시했다. 그러한 집중 때문에 그는 "안 돼."라고 말할 수 있었다. 그는 몇 가지 핵심 제품을 제외하고 모두 잘라 버림으로써 애플을 다시 정상 궤도에 올려놓았다. 버튼을 제거해 기기를 더 단순하게 만들었고 기능을 제거해 소프트웨어를 더 단순화했으며 옵션을 제거해 인터페이스를 단순화했다.

그는 자신의 집중하는 능력과 단순함에 대한 애착은 선수행에서 나오는 것이라고 생각했다. 그것이 직관을 존중하도록 훈련시키고 주의를 흐트러뜨리거나 불필요한 것은 전부 걸러 내는 법을 알려 주며 미니멀리즘에 기반한 미의식을 배양해 준다는 것이었다.

유산

안타깝게도 선 수행은 그에게 선의 평정이나 내적 평온을 길러 주지는 못했으며 그것 역시 그가 남긴 유산의 일부가 되었다. 그는 종종 단단히 꼬이고 참을성 없는 모습을 보였으며 이러한 특성을 숨기려고 애쓰지도 않았다. 대부분의 사람들은 머리와 입 사이에 야만적인 감정과 성마른 충동을 조정하는 조절기를 갖고 있다. 잡스는 그렇지 않았다. 그는 가혹하리만치 솔직한 성격에 대해 이렇게 설명했다. "무언가가 형편없으면 그것을 포장하지 않고 솔직하게 말하는 게 내가 할 일입니다." 이런 성격은 그를 카리스마와 영감이 넘치는 사람으로 만들어 주었지만, 한편으로는 이따금 (속된 말을 쓰자면) '또라이'로 만들어 주기도 했다.

앤디 허츠펠드는 내게 이렇게 말했다. "이것 하나는 스티브가 꼭 대답해 줬으면 좋겠습니다. '왜 가끔씩 그렇게 못되게 구는 겁니까?'" 그저 상대에게 상처를 주는 생각을 배출하지 못하도록 막는 필터가 아예 없어서인지 아니면 의도적으로 그 필터를 사용하지 않는 것인지는 식구들도 알 수가 없었다. 잡스는 전자라고 주장했다. "난 원래 그런 사람입니다. 나한테 다른 사람이 되길 기대하면 안 되죠." 내가 물었을 때 그는 이렇게 대답했다. 그러나 나는 그가 마음만 먹는다면 자신을 통제할 수 있었을 거라고 생각한다. 그가 사람들에게 상처를 주는 것은 감정적 인식이 부족해서가 아니라 오히려 그 반대라고 말이다. 즉 사람들을 판단하고 그들의 내적인 생각을 읽어 낼 수 있기 때문에 그들과 사이좋게 지내거나 그들을 구워삶거나 그들에게 상처 주는 법을 아는 것이다.

그의 성격 가운데 이런 심술궂은 부분은 반드시 필요한

것은 아니었다. 그것은 그에게 도움이 되기보다는 해가 되었다. 그러나 가끔은 한 가지 목적에 기여하기도 했다. 다른 이들에게 상처 주는 것을 피하려 노력하는 상냥하고 예의 바른 리더들은 대개 효과적으로 변화를 이끌어 내지 못한다. 잡스가 가장 못살게 군 동료들 수십 명의 입에서 나온 공포 담 끝에는, 그들 자신이 꿈도 꾸지 못한 일들을 잡스가 하게끔 했다는 이야기가 뒤따르곤 했다.

스티브 잡스의 무용담은 실리콘밸리 창조 신화의 축소판이라 할 수 있다. 예의 그 차고에서 신생 기업을 열어 세계에서 가장 가치가 높은 기업으로 성장시키는 신화 말이다. 솔직히 말해 그는 많은 것을 발명하진 않았지만 새로운 미래를 여는 방식으로 아이디어와 예술, 기술을 통합하는 데는 달인이었다. 그는 그래픽 인터페이스의 진가를 알아보고 제록스가 하지 못한 방식으로 맥을 설계했고, 주머니에 1000곡의 노래를 넣어 다니는 기쁨을 간파하고 엄청난 자산과 유산을 가진 소니가 결코 해내지 못한 방식으로 아이팟을 만들었다. 어떤 리더들은 큰 그림을 보고 혁신을 밀어붙인다. 또 어떤 리더들은 세부 사항들을 통달함으로써 혁신을 밀어붙인다. 잡스는 이 두 가지 모두를 가차 없이 수행했다. 그 결과 그는 30년에 걸쳐 다음과 같은 일련의 제품들로 업계 전체에 변혁을 가져왔다.

- 워즈니악의 회로 기판을 컴퓨터광 이외의 사람들도 사용할 수 있는 최초의 PC로 전환한 애플 II
- 가정용 컴퓨터 혁명을 불러오고 그래픽 유저 인터페이

스를 보급한 매킨토시
- 디지털 창작의 기적을 연 「토이 스토리」와 여타 픽사의 블록버스터들
- 소매점의 역할을 브랜드 정의로까지 확대한 애플 스토어
- 음악을 듣고 소비하는 방식을 변화시킨 아이팟
- 음악 산업을 재탄생시킨 아이튠스 스토어
- 휴대전화를 음악, 사진, 동영상, 이메일, 웹 기기로 전환한 아이폰
- 새로운 콘텐츠 제작 산업을 만들어 낸 앱 스토어
- 태블릿 컴퓨팅의 문을 열고 디지털 신문, 잡지, 책, 동영상을 위한 플랫폼을 제공한 아이패드
- 콘텐츠를 관리하는 중심 역할을 컴퓨터에게서 빼앗고 우리가 쓰는 모든 기기가 막힘없이 동기화되도록 만든 아이클라우드
- 잡스가 자신의 가장 위대한 창조물이라고 여기며 상상력이 너무도 창의적으로 배양되고 적용되고 실행되어 지구상에서 가장 가치 있는 기업이 된 애플

그가 똑똑했던 것일까? 아니다. 예외적으로 똑똑한 것은 아니었다. 그럼에도 그는 천재였다. 그의 상상력은 직관적이고 예측 불가하며 때로는 마법처럼 도약했다. 실제로 그는 수학자 마크 카츠가 불쑥불쑥 통찰력이 쏟아져 나와 단순한 정신적 처리 능력보다는 직관력을 필요로 하는 사람을 일컬어 말한, 이른바 '마법사 천재'의 전형이었다. 그는 마치 탐험가처럼 정보를 흡수하고 냄새를 느끼며 앞에 펼쳐진 것들을 감지할 수 있었다.

그리하여 스티브 잡스는 우리 시대의 비즈니스 경영자 가운데 한 세기 후에도 기억될 것이 가장 확실한 인물이 되었다. 역사는 그를 에디슨과 포드에 버금가는 인물로 평가할 것이다. 그는 예술과 공학의 힘을 결합해 동시대의 어느 누구도 따를 수 없을 만큼 완벽하게 혁신적인 제품들을 만들어 냈다. 그의 사나운 기질 때문에 그와 함께 일하는 것은 고무적인 동시에 불안한 일이 될 수도 있었지만, 그는 또한 그러한 기질로 인해 세계에서 가장 창의적인 회사를 구축할 수 있었다. 그리고 그는 디자인에 대한 집착과 완벽주의, 그리고 상상력을 애플의 DNA에 주입하는 데도 성공했다. 이러한 DNA 덕분에 애플은 수십 년 후에도 예술과 기술의 교차점에서 가장 번영하는 기업으로 남을 것이다.

그리고 한 가지 더……

마지막 말은 대개 전기 작가의 몫이다. 하지만 이것은 스티브 잡스의 전기다. 그가 이 프로젝트에 그 전설적인 통제욕을 발휘하진 않았지만, 그렇다 해도 그에게 마지막 발언권도 주지 않은 채 그를 역사의 무대에 올린다면 그에 대해 (그 자신이 어떤 상황에서든 강조하는) 적절한 느낌을 전달할 수 없을 것 같다.

나와 대화를 하는 동안 그는 스스로 무엇이 자신의 유산이 되길 바라는지 여러 번 생각해 보았다. 다음은 그러한 생각에 대해 잡스 자신이 직접 쓴 글이다.

유산

내 열정의 대상은 사람들이 동기에 충만해 위대한 제품을 만드는 영속적인 회사를 구축하는 것이었다. 그 밖의 다른 것은 모두 2순위였다. 물론 이윤을 내는 것도 좋았다. 그래야 위대한 제품을 만들 수 있었으니까. 하지만 이윤이 아니라 제품이 최고의 동기부여였다. 스컬리는 이러한 우선순위를 뒤집어 돈 버는 것을 목표로 삼았다. 미세한 차이지만 그것이 결국에는 어떤 사람들을 고용하는가, 누구를 승진시키는가, 미팅에서 무엇을 논의하는가 등등 모든 것을 결정한다.

"고객에게 그들이 원하는 것을 줘야 한다."라고 말하는 사람들도 있다. 하지만 그것은 내 방식이 아니다. 우리의 일은 고객이 욕구를 느끼기 전에 그들이 무엇을 원할 것인가를 파악하는 것이다. 헨리 포드가 이렇게 말한 것으로 기억한다. "내가 고객에게 무엇을 원하느냐고 물으면 고객은 '더 빠른 말!'이라고 대답할 것이다." 사람들은 직접 보여 주기 전까지는 자신이 무엇을 원하는지 모른다. 그것이 내가 절대 시장조사에 의존하지 않는 이유이다. 아직 적히지 않은 것을 읽어 내는 게 우리의 일이다.

폴라로이드의 에드윈 랜드는 인문학과 과학기술의 교차점에 대해 얘기했다. 나는 그 교차점을 좋아한다. 거기에는 마법적인 무언가가 존재한다. 혁신을 꾀하는 사람은 수없이 많다. 따라서 그것이 내 경력의 주요한 차별성은 아니다. 애플이 사람들에게 공감을 얻는 이유는 우리의 혁신에 깊은 인간애가 흐르고 있기 때문이다. 나는 훌륭한 예술가들과 훌륭한 엔지니어들이 비슷한 사람들이라고 생각한다. 양쪽 모두 자기를 표현하려는 욕망을 갖고 있다는 점에서 말이다. 실제로 원조 맥 개발에 참여한 최고의 인물들 가운데는 시인이나 음악가로 활동해도 먹고 살 수 있는 사람들이 상당수 있었다. 1970년대에 컴퓨터는 자신의 창의성을 표현하는 하나의 수단이 되었다. 레오나르도 다빈치나 미켈란젤로 같은 위대한 예술가들은 과학에도 능통했다. 미켈란젤로의 경우, 조각하는 법뿐 아니라 채석 방법에 대해서도 잘 알았다.

사람들은 우리에게 돈을 내고 그들을 대신해 여러 가지를 통합해 줄 것을 요구한다. 그들은 온종일 이것만 생각하고 있을 수 없기 때문이다. 위대한 제품을 생산하는 일에 극도의 열정을 부린다면 그러한 열정은 우리가 통합성을 추구하도록, 즉 하드웨어와 소프트웨어와 콘텐츠 관리를 연결하도록 독려한다. 신천지를 개척하고 싶다면 직접 그것을 해야 한다. 당신의 제품이 다른 하드웨어나 소프트웨어에 개방되기를 원한다면 당신의 비전 일부를 포기해야 한다.

과거 여러 시점에 실리콘밸리의 귀감이 된 기업들이 존재했다. 오랫동안 HP가 그 자리를 지켰다. 이후 반도체 시대에는 페어차일드와 인텔이 그랬다. 한동안은 애플이 그러다가 퇴락했다고 생각한다. 그리고 오늘날에는 다시 애플과 구글(애플만큼은 아니지만)이 그 자리를 지키고 있다고 생각한다. 애플은 시간의 시험을 견뎌 냈다는 것이 나의 판단이다. 한동안 주류에서 벗어나 있기도 했지만, 현재는 흐름을 선도하고 있기에 하는 말이다.

마이크로소프트는 비난을 받아 마땅하다. 그들은 분명히 지배적인 위치에서 추락했다. 그리고 상당 부분 시대에 뒤진 기업이 되었다. 그러나 나는 그들이 달성한 것들을 높이 평가하고, 그것이 몹시 힘든 과정을 이겨 내고 이룬 성과라는 점을 인정한다. 그들은 사업적인 측면에 매우 강했다. 하지만 제품과 관련해서는 마땅히 가져야 할 야망을 품지 않았다. 빌은 제품을 중시하는 사람으로 스스로를 묘사하고 싶어 하지만 사실은 그렇지 않다. 그는 사업가이다. 그에게는 사업에서 승리하는 것이 훌륭한 제품을 만드는 것보다 더 중요했다. 그는 결국 세계 최고의 부자가 되었으니, 그것이 그의 목표였다면 분명 목표를 이룬 셈이다. 하지만 그것은 결코 나의 목표는 아니었다. 이제 와 생각해 보면 그의 목표이긴 했을까 하는 의문도 든다. 나는 그러한 기업을(정말 멋진 기업이다.) 세운 그를 존경하며 그와 함께 일하는 것이 즐거웠다. 그는 똑똑한 사람이고 실제로 유머 감각도 뛰어나다. 그러나 마이크로소프트의 DNA에는 인간애와 인문학이 존재하지 않았다. 그들은 맥을 보고도 그것을 제대로 모방하지도 못했다. 그것을 전혀 이해하지 못한 것이다.

　나는 IBM이나 마이크로소프트 같은 기업들이 쇠퇴하는 이유에 대해 나 나름의 이론을 갖고 있다. 이러한 기업은 특정 분야에서 뛰어난 재능을 발휘해 혁신을 꾀하고 독점 기업 또는 그에 가까운 기업이 되는데, 그러고 나면 제품의 질을 경시하기 시작한다. 그들은 훌륭한 세일즈맨들에게 가치를 두기 시작한다. 수익의 바늘을 움직일 수 있는 사람이 제품 엔지니어나 디자이너가 아니라 그들이기 때문이다. 그렇게 해서 결국에는 세일즈맨들이 회사를 운영하게 되는 것이다. IBM의 존 에이커스는 똑똑하고 언변이 뛰어난 환상적인 세일즈맨이었지만 제품에 대해서는 아무것도 몰랐다. 제록스에서도 이와 똑같은 일이 벌어졌다. 세일즈맨들이 회사를 운영하면 제품을 만드는 사람들은 다소 경시되기 시작하고 그렇게 되면 그중 상당수가 흥미를 잃는다. 나의 실수로 스컬리가 영입되었을 때 애플에도 그런 일이 일어났고 발머가 마이크로소프트를 맡았을 때도 똑같은 일이 벌어졌다. 애플은 운이 좋아서 재기했지만 마이크로소프트는 발머가 운영하는 한 절대 변하지 않을 거라고 생각한다.

어떤 기업을 시작했다가 매각이나 기업공개를 통해 현금이나 챙기려고 애쓰면서 스스로를 '기업가'라고 부르는 이들을 나는 몹시 경멸한다. 그들은 사업에서 가장 힘든 일, 즉 진정한 기업을 세우는 데 필요한 일을 할 의향이 없는 사람들이다. 그런 일을 수행해야만 진정한 기여를 할 수 있고 이전 사람들이 남긴 유산에 또 다른 유산을 추가할 수 있는데 말이다. 한두 세대 후에도 여전히 무언가를 표상하는 회사를 구축해야 한다. 그것이 바로 월트 디즈니, 휼렛과 패커드, 인텔을 구축한 사람들이 해낸 일이다. 그들은 단순히 돈을 버는 기업이 아니라 영속하는 기업을 구축했다. 애플 역시 그렇게 되기를 바란다.

나는 내가 사람들을 함부로 다룬다고 생각하지 않는다. 무언가가 형편없으면 그저 면전에 대고 그렇게 얘기하는 것뿐이다. 솔직하게 말하는 게 나의 일이다. 나는 내 말의 논지를 놓치는 법이 없으며 대개는 내가 옳은 것으로 드러난다. 그것이 내가 조성하기 위해 노력한 문화이다. 우리는 서로에게 가혹할 정도로 솔직하며 내가 엉터

유산

리라고 생각하면 누구든 내게 그러한 생각을 말할 수 있고 나 역시 그럴 수 있다. 우리는 이따금 서로에게 소리를 질러 가며 떠들썩하게 논쟁을 벌이기도 했는데, 내게는 그것이 최고의 순간들 가운데 몇몇이었다. 나는 모든 사람들이 보는 앞에서 "론, 매장이 개똥 같아 보여."라고 아무렇지도 않게 말할 수 있다. 혹은 책임자를 앞에 두고 "세상에, 우리 이 제품 엔지니어링이 엉망진창이야."라고 말할 수도 있다. 그것이 바로 그 방에 들어오는 데 필요한 입장료인 셈이다. 아주 솔직해져야 한다는 것 말이다. 물론 더 좋은 방법도 있을 것이다. 이를테면 모두가 넥타이를 매고 지식인의 언어와 부드럽고 완곡한 표현을 사용하는 신사들의 클럽을 만들 수도 있을 것이다. 하지만 나는 캘리포니아 출신의 중산층이기 때문에 그런 방법은 모른다.

나는 때때로 사람들을 냉정하게 대했다. 필요 이상으로 냉정했을 것이다. 리드가 여섯 살 때 일이다. 누군가를 해고하고 집에 왔는데 어린 아들을 보니까 가족과 어린 아들에게 일자리를 잃었다고 말해야 하는 사람은 어떤 기분일까 하는 생각이 들었다. 나도 괴로웠다. 그러나 누군가는 해야 할 일이었다. 팀을 탁월하게 유지하는 것은 항상 나의 몫이기 때문에 내가 하지 않으면 아무도 하지 않을 거라고 생각했다.

언제나 혁신을 꾀하기 위해 노력해야 한다. 밥 딜런은 그저 저항 가요나 계속 불러 많은 돈을 벌 수도 있었지만 그러지 않았다. 그는 발전을 꾀해야 했고, 그리하여 1965년에 일렉트로닉으로 변화를 시도해 발전을 꾀했다.

하지만 많은 사람들이 등을 돌렸다. 그럼에도 1966년 유럽 투어는 그의 가장 훌륭한 공연이 되었다. 그는 공연 때마다 먼저 일련의 어쿠스틱 기타 곡들을 들려주었다. 청중들은 열렬한 환호를 보냈다. 그러면 그는 훗날 '더 밴드'가 되는 백 밴드를 소개했고 그들은 일렉트로닉 음악을 연주하기 시작했다. 청중들은 여기저기서 야유를 보냈다. 한번은 그가 「라이크 어 롤링 스톤」을 부르려고 하는데 청중석에서 누군가가 "유다 같은 배신자!"라고 소리를 질렀다. 그러자 딜런은 말했다. "열라 크게 연주해!" 그들은 그렇게 했다. 비틀스도 똑같았다. 그들은 끊임없이 진화하고 나아가면서 그들의 예술을 갈고닦았다. 진화, 바로 그것이 언제나 내가 노력하며 시도한 것이다. 끊임없이 나아가야 한다. 딜런이 말했듯이 태어나느라 바쁘지 않으면 죽느라 바쁠 수밖에 없는 것이다.

내게 원동력을 제공하는 것은 무엇일까? 대부분의 창의적인 사람들은 이전의 다른 사람들이 이룩해 놓은 것을 이용할 수 있다는 점에 고마움을 표한다. 나는 지금 사용하는 언어나 수학을 고안하지 않았다. 내가 먹는 음식을 직접 만드는 일도 거의 없으며 내가 입는 옷도 직접 만들지 않는다. 내가 하는 모든 것은 다른 사람들의 노고와 우리가 올라설 수 있도록 어깨를 빌려 준 사람들의 성과에 의존한다. 그리고 우리 중 많은 사람들 역시 인류에게 무언가 기여하기를, 그러한 흐름에 무언가 추가하기를 바란다. 이것의 본질은 우리가 각자 알고 있는 유일한 방식으로 무언가를 표현하려고 노력하는 것이다.(우리는 밥 딜런의 노래를 쓰거나 톰 스토파드의 희곡을 쓸 수 없기 때문이다.) 우리는 우리가 가진 재능을 사용해 깊은 감정을 표현하고 이전 시대에 이뤄진 모든 기여에 대해 고마움을 표현하고 그 흐름에 무언가를 추가하려고 노력한다. 이것이 나를 이끌어 준 원동력이다.

마지막으로

어느 화창한 오후, 몸이 좋지 않던 잡스는 자택 뒤뜰에 앉아 죽음에 대해 숙고했다. 그는 거의 40년 전에 인도에서 경험한 것들과 자신의 불교 공부, 환생과 영적 초월에 대한 자신의 관점이 무엇인지 얘기했다. "신의 존재를 믿느냐 하는 문제에 대해서는 사실 50 대 50입니다. 어쨌든 나는 내 인생 대부분에 걸쳐 눈에 보이는 것 이상의 무엇이 우리 존재에 영향을 미친다고 느껴 왔습니다."

그는 죽음에 직면하니 내세를 믿고 싶은 욕망 때문에 그 가능성을 과대평가하는 것일 수도 있다고 시인했다. "죽은 후에도 나의 무언가는 살아남는다고 생각하고 싶군요. 그렇게 많은 경험을 쌓았는데, 어쩌면 약간의 지혜까지 쌓았는데 그 모든 게 그냥 없어진다고 생각하면 기분이 묘해집니다. 그래서 뭔가는 살아남는다고, 어쩌면 나의 의식은 영속하는 거라고 믿고 싶은 겁니다."

그는 오랫동안 말이 없었다. 그러다가 마침내 다시 입을 열었다. "하지만 한편으로는 그냥 전원 스위치 같은 것일지도 모릅니다. '딸깍!' 누르면 그냥 꺼져 버리는 거지요."

그는 또 한 번 멈췄다가 희미하게 미소를 지으며 말했다.

"아마 그래서 내가 애플 기기에 스위치를 넣는 걸 그렇게 싫어했나 봅니다."

유산

후기

2011년 여름, 암과 벌이는 또 한 번의 싸움에서 여전히 자신이 이길 것으로 생각하고 있을 무렵, 스티브 잡스는 내게 애플의 CEO직을 사임하는 부분에서 이 책을 마무리하는 게 어떻겠냐고 제안했다. 8월 말쯤에 사임을 발표할 계획이라면서 말이다. 당시 나는 결말 부분만 빠진 원고 초안을 이미 출판사에 넘긴 상태였다. 마지막 수정 작업에 들어가기 직전 나는 원고를 쓰며 인용한 많은 이야기들을 잡스와 함께 검토하는 시간을 가졌다. 개중에는 잡스가 좋아하지 않을 것 같은 이야기도 포함돼 있었다. 작업 초기부터 잡스는 아무것도 덧붙이지 말고 있는 그대로 묘사해야 한다고 강조한 터였다. 그래서 그의 거칠고 신랄한 면모를 보여 주는 일화가 많이 담길 수밖에 없었다. 나는 그에게 그 일화들을 맥락에 맞게, 복잡하면서도 열정적인 성격의 한 측면으로 담기 위해 노력했다고 장담했다. 그런 일면이 있었기에 일반적인 규칙은 자신에게 적용되지 않는다고 믿음으로써 세상을 바꿀 수 있었던 것으로 비칠 것이라면서 말이다.

잡스는 자신감이 넘쳤다. 그는 자신이 정중함의 표본으로 역사에 남진 않을 것임을 잘 알고 있었다. 또한 이 책이 공식적으로 승인된 해설을 담은 것처럼 인식되지 않는 것이 자신에게 더 낫다는 것도 알았다. 그는 잠시 기다렸다가, 한 1년 정도 시간이 흐른 후에 이 책을 읽겠다고 말했다. 그의 자신감 혹은 현실 왜곡장이 얼마나 강렬했던지 내가 우쭐한 기분이 들 정도였다. 나는 한동안 정말로 그가 1년 후에도 건재하다가 어느 날 이 책을 읽게 되리라고 믿었다. 실로 그는 자신이 건강을 회복해 애플에서 활동을 재개할 것으로 확신하는 눈치였다. 그래서 나는 책의 출간을 미루고 추이를 지켜보는 게 어떻겠냐고 묻기까지 했다. 그러자 그가 답했다. "아닙니다. 만약 내가 또 다른 무언가 놀라운 일을 해낸다면 그때가서 2권을 쓰시면 됩니다." 그는 그 생각을 하며 미소를 띠고는 이렇게 덧붙였다. "아니면 적어도 꽤 긴 후기를 쓰시게 되겠지요."

애석하게도 나는 지금 짧은 후기를 쓰고 있다.

2011년 10월 3일 월요일, 스티브 잡스는 자신의 시간이 다 되었음을 깨달았다. 암보다 한 발짝 앞서 달리려는 노력으로 "물 위에 떠 있는 커다란 수련 잎들을 이리저리 옮겨 다니는 것"에 대한 얘기는 이제 더 이상 입에 올리지 않았다. 대신에 그는 사고의 초점을 임박한 죽음 쪽으로 옮겼다.(그가 초점을 바꿀 때마다 보여 주던 갑작스러움이 이번에도 함께했다.)

잡스가 전에 단 한 번도 자신의 장례에 대한 얘기를 꺼낸 적이 없었기에 로렌은 그가 화장을 원할 것으로 짐작하고 있었다. 언젠가 그냥 즉흥적으로 나눈 논의 가운데 둘 다 때가 되면 화장을 해서 적당한 곳에 유해를 흩뿌리는 게 낫지 않겠냐는 언급이 있었기 때문이다. 그러나 그 월요일 아침, 잡스는 화장이 마음에 들지 않는다고 선언했다. 그러면서 부모님이 묻힌 묘지에, 그분들 근처에 묻어 달라고 했다.

화요일 아침, 애플은 음성인식 소프트웨어 '시리'를 탑재한 새로운 아이폰 4S를 소개하는 행사를 애플 캠퍼스의 수수한 타운홀에서 열었다. 잡스가 마지막 이사회에서 조작해봤던 그 소프트웨어였다. 가까운 동료들은 잡스의 상태가 심각하다는 것을 알고 있었기에 행사는 전과 달리 다소 침울한 분위기에서 진행됐다. 행사가 끝나자마자 조니 아이브와 에디 큐, 팀 쿡, 그리고 몇몇이 전화를 받았다. 잡스의 집으로 오라는 연락이었다. 그날 오후 그들은 잡스의 집을 찾았고, 차례로 그와 작별 인사를 나눴다.

잡스는 여동생 모나 심프슨에게 전화를 걸어 팰러앨토로 급히 와 달라고 말했다. 그녀는 추도사에서 이 순간을 이렇게 회상했다. "오빠의 억양에는 다정하고 간절한 애정이 담겨 있었지만 이미 여행 가방을 차에 다 실어 놓은 것 같았고, 이미 자신의 여정에 오른 것 같았습니다. 우리를 두고 떠나는 것에 대해 미안해하고, 진정으로 깊이 애석해했지만 말입니다." 잡스는 동생에게 작별 인사를 건네기 시작했다. 하지만 그녀는 택시에 올라 공항으로 향하고 있으니 곧 그곳에 도착할 거라고 말했다. "지금 작별 인사를 하는 건 혹시 네가 제때에 도착하지 못할까 봐 걱정돼서야." 잡스는 그렇게 답했다. 잡스의 딸 리사는 뉴욕에서 비행기를 타고 날아왔다. 지난 몇 년간 평탄치 않은 관계였지만 리사는 언제나 좋은 딸이 되기 위해 노력했고, 실제로 그녀는 좋은 딸이었다. 잡스의 또 다른 여동생 패티도 그곳에 도착했다.

그렇게 임종을 지키기 위해 깊은 애정으로 가득 찬 가족들이 스티브 잡스를 에워쌌다. 스스로도 종종 인정했듯이 잡스는 늘 가정적인 사람이었다고 할 수는 없었다. 그러나 어떤 판단이든 결과를 고려해야 한다. 그는 기업의 리더로서 직원들에게 요구가 많았고 때로 신경질적이기도 했지만 그를 진심으로 따르며 그에게 광적으로 충성하는 팀을 구축했다. 마찬가지로 가장으로서 퉁명스럽고 때로 다른 것에 마음을 빼앗겨 다정하게 대하지 못했지만 그는 잘 키운 네 명의 자녀를 두었고 그들 모두가 임종의 순간에 사랑으로 그를 에워쌌다. 그 화요일 오후, 잡스는 내내 자녀들의 눈을 놓치지 않으려고 애썼다. 그러던 어느 순간, 그는 패티와 자녀들을 오랫동안 응시하다가 다시 로렌에게 눈길을 돌린 후 마침내 그들을 지나쳐 먼 곳을 응시했다. "오 와우. 오 와우. 오 와우."

이 세 마디 감탄사를 마지막으로 내뱉고 그는 오후 2시경 무의식 속으로 침잠했다. 숨이 점차 거칠어졌다. "그 순간조차 오빠는 근엄하면서도 잘생긴 용모를 뽐냈습니다. 절대론자이면서도 낭만적인 인물의 용모를요. 오빠의 숨소리가 고된 여정을, 어떤 가파른 고지를 향한 행로를 나타내는 것 같았습니다." 모나 심프슨의 회상이다. 그녀와 로렌은 밤새 잡스의 곁을 지켰다. 다음 날, 그러니까 2011년 10월 5일, 스티브 잡스는 숨을 거두었다. 가족들이 둘러서서 보듬고 쓰다듬는 가운데.

잡스가 타계했다는 소식에 전 세계 사람들이 강렬한 감정을 분출했다. 모종의 성지와 같은 추모지가 즉흥적으로 수백여 도시와 마을에 조성되었다. 심지어 억만장자 기업가들의 비행을 성토하는 '월가 점령' 시위가 열리던 주코티 공원에도 추모 장소가 생겨났다. 결코 생뚱맞다거나 부적절하게 느껴지지 않았다. 전 세계인이 이토록 강렬한 감정을 토해 내는 것은 약물에 찌든 록스타나 파란만장한 삶을 산 공주가 죽었을 때나 나오는 것으로 여겨지던 터여서, 한 기업가를 열렬히 기리는 모습을 보고 모두 신선한 충격을 받지 않을 수 없었다. 잡스 역시 억만장자 기업가라 할 수 있었다. 하지만 그는 사람들의 삶을 보다 멋지게 만드는 아름다운 제품을 공들여 만들어 냄으로써 그 자리에 오른 인물이었다.

잡스가 세상을 떠난 다음 날, 로렌과 모나는 잡스가 선택한 묘지를 방문했다. 묘지 관계자는 둘을 골프 카트에 태워 묘역을 둘러보게 했다. 폴 잡스와 클라라 잡스가 묻힌 곳 주변으로는 쓸 수 있는 묘 터가 남아 있지 않았다. 로렌은 관계자가 보여 준 다른 터들이 마음에 들지 않았다. 그저 묘비들이 줄지어 빽빽이 들어선 평평하고 특색 없는 땅덩어리였기 때문이다. 하지만 남편과 마찬가지로 로렌은 상상력이 풍부하고 고집 센 여인이었다. 그녀는 묘역의 마지막 살구나무 밭이 펼쳐져 있는 목가적인 산등성이를 가리켰다. 잡스가 어린 시절부터 좋아했던 유형의 작은 과수원 숲이었다. 하지만 그곳은 쓸 수 없다는 답변이 돌아왔다. 그곳에 묘 터를 만들 계획도 없고 허가도 받지 않은 상태라는 설명이었다. 그러나 이것으로 그녀의 뜻을 꺾을 수는 없었다. 한참을 고집부린 끝에 로렌은 묘지 관리소장을 설득해 결국 남편의 마지막 안식처를 그 살구나무 과수원 근처에 잡아 주는 데 성공했다. 잡스가 필시 아내를 자랑스러워했으리라.

로렌은 또한 늘 그랬듯이 남편의 순수주의 취향에 자신의 애정 어린 품위를 결합할 줄 알았다. 그녀가 남편을 위해 준비한 관은 못이나 나사를 전혀 사용하지 않은 완벽한 수공예 제품이었다. 순수하고 단순했다. 비공개 장례식에서 그 관은 애플 본사의 조용한 디자인 스튜디오에서 가져온 회색의 프로젝트 테이블 위에 올려졌다. 잡스가 빈번하게 오후 시간을 보내던 그 스튜디오의 그 테이블 중 하나에 말이다. 테이블을 묘지에 옮겨 놓도록 조치한 인물은 조니 아이브였다. 장례식에는 50명 내외의 가족과 친구들이 참석했는데, 몇몇은 회고담을 들려주었다. 예를 들면 디즈니의 밥 아이거는 디즈니의 픽사 인수 거래를 발표하기 30분 전에 잡스와 함께 픽사 캠퍼스 주변을 산책한 일화를 소개했다. 당시 잡스는 그에게 암이 재발했다고 밝혔다. 아내 로렌과 의사들만 아는 사실이지만 아이거에게도 알려야 할 의무감을 느낀다면서 지금이라도 거래를 물려도 좋다고 덧붙였다. "그로서는 참으로 대단한 토로였던 셈입니다." 아이거의 설명이다.

공식 추도식은 10월 16일 스탠퍼드 대학교의 메모리얼 처치에서 열렸다. 행사장은 온통 촛불로 장식되었다. 로렌과 조니 아이브가 함께 어디 하나 부족함이 없도록 공들여 행사를 준비했다. 100여 명가량의 조문객 가운데 빌 클린턴과 앨 고어, 빌 게이츠, 래리 페이지 등이 눈에 띄었다. 스티브 워즈니악과 앤디 허츠펠드 등 애플 초기의 동료들도 참석했으며 당연히 잡스의 자녀들과 두 여동생 패티 잡스와 모나 심프슨도 자리를 함께했다.

"스티브가 제게 자신의 장례식에서 첼로를 연주해 달라고 부탁한 적이 있습니다." 행사가 시작되자 요요마가 먼저 마이크를 잡았다. "그때 저는 그보다는 제 장례식에서 스티브가 추도사를 해 주면 좋겠다고 답했지요. 늘 그랬듯 스티브는 또 이렇게 자신의 뜻을 관철시켰습니다." 요요마는 바흐 조곡을 연주했다. 다른 두 친구도 공연으로 고인을 기렸다. 보노는 잡스가 좋아하던 밥 딜런의 명곡 중 하나인 「에브리

그레인 오브 샌드(Every Grain of Sand)」를 불렀다. "한순간의 분노 속에서 나는 주님의 손을 볼 수 있다네. 떨리는 모든 잎사귀에서, 모든 모래 알갱이에서." 존 바에즈는 애절하면서도 행복감을 주는 영가(靈歌) 「스윙 로, 스위트 채리엇(Swing Low, Sweet Chariot)」을 불렀다.

가족들은 한 명씩 돌아가며 추억을 되새기거나 시를 낭송했다. "그이의 정신은 결코 현실에 억류된 적이 없습니다. 가능성에 대해 서사적 감각을 보유한 사람이었습니다. 늘 완벽의 관점으로 상황을 바라보곤 했지요." 로렌이 말했다.

모나 심프슨은 소설가답게 섬세하게 다듬은 추도사를 들려주었다. "오빠는 몹시 감성적인 사람이었습니다. 아플 때조차도 오빠의 취향과 안목, 판단력은 그대로 유지되었습니다. 마음이 통하는 간호사들을 곁에 두기 위해 예순일곱 명의 간호사를 일일이 살펴볼 정도였습니다." 심프슨은 잡스의 일 욕심에 대해 말하며 이렇게 언급했다. "심지어 작년에도 몇 가지 프로젝트를 착수시켜 놓고는 애플의 친구들로부터 프로젝트를 완수하겠다는 약속을 받아 냈습니다." 심프슨은 또한 보다 사적으로 로렌과 자녀들에 대한 잡스의 애정을 강조했다. 그러면서 잡스가 리드의 졸업을 보고 가겠다는 소원은 이뤘지만 딸들의 결혼식은 보지 못하게 되었다는 애석함을 토로했다. "오빠는 제 결혼식 날 제 손을 잡아 주었던 것처럼 아이들의 결혼식에도 함께 걸어 들어가길 바랐습니다." 그런 내용을 담은 이야기는 이제 쓸 수 없으리라. "우리 모두는, 결국, 중간에 죽기 마련입니다. 어떤 이야기의 중간에. 많은 이야기들이 진행되는 가운데."

사흘 후 애플 캠퍼스에서 직원 추도식이 거행되었다. 팀 쿡과 앨 고어, 빌 캠벨도 헌사를 바쳤지만, 감동적이면서도 재미있는 헌사로 좌중을 압도한 인물은 조니 아이브였다. 스탠퍼드 추도식 때와 마찬가지로 아이브는 잡스의 지나칠 정도로 까다로운 일면을 보여 주는 일화를 소개했다. 같이 호텔에 투숙할 때마다 아이브는 자기 방 전화기 옆에 앉아 기다렸다고 한다. 잡스가 곧 전화해서 "이 호텔 너무 후졌어. 딴 데 가자."라고 할 것이 분명했기 때문이란다. 하지만 아이브는 회의에서 아이디어를 쏟아 내던 잡스를 묘사하는 부분에서는 그의 천재성 근저에 자리한 무차별적 광휘를 제대로 집어냈다. "때로는 정말 멍청한 아이디어를 들려주었습니다. 때로는 아주 끔찍한 아이디어를 내놓기도 했고요. 하지만 때로는 방 안의 공기를 다 앗아 가며 우리 둘을 완전히 침묵시키는 정말 멋진 아이디어를 꺼내 놓았습니다. 대담하고 놀랍고 기가 막힌 아이디어도 있었고, 아주 단순한데도 그 미묘함과 세세함을 살펴보면 참으로 심오하기 이를 데 없는 아이디어도 있었지요."

직원 추도식의 하이라이트는 잡스 자신이 주도했다. 마치 햇살 가득한 안뜰 위를 맴도는 유령이 말하듯 본인의 육성으로 말이다. 먼저 쿡이 1997년 애플로 돌아온 잡스가 '다른 것을 생각하라' 광고의 제작을 도운 과정을 설명했다. 이어서 영화배우 리처드 드레이퍼스가 내레이션을 맡은 버전이 아닌, 그러니까 잡스 자신이 녹음했다가 사용하지 않았던 바로 그 버전의 광고가 흘러나왔다. 공개적인 자리에서는 최초로 소개되는 육성이었다. 스피커에서 나오는 잡스의 독특한 목소리가 가슴 저미는 애통함과 부조화를 이루며 좌중으로 퍼져 나갔다. "미친 자들을 위해 축배를. 부적응자들. 반항아들. 사고뭉치들. 네모난 구멍에 박힌 둥근 말뚝 같은 이들. 세상을 다르게 보는 사람들." 마치 잡스가 그 자리에 돌아와 진지하고도 감성적으로 자기 자신을 묘사하는 것처럼 느껴졌다. "그들은 규칙을 싫어합니다. 또 현재에 안주하는 것을 원치 않습니다. 당신은 그들의 말을 인용할 수도 있고, 그들에게 동의하지 않을 수도 있으며, 또는 그들을 찬양하거나 비난할 수도 있습니다. 당신이 할 수 없는 한 가지는 그들을 무시하는 것입니다." 이 부분에서 그의 목소리는 다소 흥분조를 띠며 단호해졌다. 마치 지금 다시 눈빛을 이글거리며 청중 앞에 앉아 있는 것처럼 말이다. 스피커의 목소리는 젊은 시절 그가 어떤 식으로 말했는지, 그리고 그가 좋아한 밥 딜런의 노랫말처럼 그가 어떤 식으로 영원한 젊음을 유지했는지 상기시켰다. "그들은 인류를 앞으로 나아가도록 합니다." 이 구절은 잡스가 직접 쓴 것이었다. 이어서 그 유명한 마지막 요약이 흘러나왔다. 그날 그 자리뿐 아니라 이 책에도 딱 어울리는 요약이다. "어떤 이들은 그들을 보고 미쳤다고 하지만, 우리는 그들을 천재로 봅니다. 자신이 세상을 바꿀 수 있다고 믿을 만큼 미친 자들……. 바로 그들이 실제로 세상을 바꾸기 때문입니다."

인터뷰 (2009~2011년)

앨 알콘(Al Alcorn), 로저 에임스(Roger Ames), 프레드 앤더슨(Fred Anderson), 빌 앳킨슨(Bill Atkinson), 존 바에즈(Joan Baez), 마저리 파월 바든(Marjorie Powell Barden), 제프 버케스(Jeff Bewkes), 보노(Bono), 앤 바우어스(Ann Bowers), 스튜어트 브랜드(Stewart Brand), 크리스앤 브레넌(Chrisann Brennan), 래리 브릴리언트(Larry Brilliant), 존 실리 브라운(John Seeley Brown), 팀 브라운(Tim Brown), 놀런 부시넬(Nolan Bushnell), 그레그 칼훈(Greg Calhoun), 빌 캠벨(Bill Campbell), 베리 캐시(Berry Cash), 에드 캣멀(Ed Catmull), 레이 케이브(Ray Cave), 리 클라우(Lee Clow), 데비 콜먼(Debi Coleman), 팀 쿡(Tim Cook), 케이티 코튼(Katie Cotton), 에디 큐(Eddy Cue), 안드레아 커닝햄(Andrea Cunningham), 존 도어(John Doerr), 미키 드렉슬러(Millard Drexler), 제니퍼 이건(Jennifer Egan), 앨 아이젠스태트(Al Eisenstat), 마이클 아이스너(Michael Eisner), 래리 엘리슨(Larry Ellison), 필립 엘머드윗(Philip Elmer-DeWitt), 제라드 에레라(Gerard Errera), 토니 파델(Tony Fadell), 장루이 가세(Jean-Louis Gassée), 빌 게이츠(Bill Gates), 아델 골드버그(Adele Goldberg), 크레이그 굿(Craig Good), 오스턴 굴즈비(Austan Goolsbee), 앨 고어(Al Gore), 앤디 그로브(Andy Grove), 빌 함브레히트(Bill Hambrecht), 마이클 홀리(Michael Hawley), 앤디 허츠펠드(Andy Hertzfeld), 조애나 호프먼(Joanna Hoffman), 엘리자베스 홈스(Elizabeth Holmes), 브루스 혼(Bruce Horn), 존 휴이(John Huey), 지미 아이오빈(Jimmy Iovine), 조니 아이브(Jony Ive), 오렌 제이콥(Oren Jacob), 에린 잡스(Erin Jobs), 리드 잡스(Reed Jobs), 스티브 잡스(Steve Jobs), 론 존슨(Ron Johnson), 미치 케이퍼(Mitch Kapor), 수전 케어(Susan Kare) (email), 제프리 카첸버그(Jeffrey Katzenberg), 팸 커윈(Pam Kerwin), 크리스티나 키엘(Kristina Kiehl), 조엘 클라인(Joel Klein), 대니얼 콧키(Daniel Kottke), 앤디 랙(Andy Lack), 존 래시터(John Lasseter), 아트 레빈슨(Art Levinson), 스티븐 레비(Steven Levy), 대니얼 르윈(Dan'l Lewin), 마야 린(Maya Lin), 요요마(Yo-Yo Ma), 마이크 마쿨라(Mike Markkula), 존 마크오프(John Markoff), 윈턴 마살리스(Wynton Marsalis), 레지스 매케나(Regis McKenna), 마이크 머린(Mike Merin), 밥 메트칼프(Bob Metcalfe), 더그 모리스(Doug Morris), 월트 모스버그(Walt Mossberg), 루퍼트 머독(Rupert Murdoch), 마이크 머리(Mike Murray), 니컬러스 네그로폰테(Nicholas Negroponte), 딘 오니시(Dean Ornish), 폴 오텔리니(Paul Otellini), 노먼 펄스타인(Norman Pearlstine), 로렌 파월(Laurene Powell), 조시 퀴트너(Josh Quittner), 티나 레지(Tina Redse), 조지 라일리(George Riley), 브라이언 로버츠(Brian Roberts), 아서 록(Arthur Rock), 제프 로젠(Jeff Rosen), 알랭 로스만(Alain Rossmann), 존 루빈스타인(Jon Rubinstein), 필 실러(Phil Schiller), 에릭 슈미트(Eric Schmidt), 배리 슐러(Barry Schuler), 마이크 스콧(Mike Scott), 존 스컬리(John Sculley), 앤디 서워(Andy Serwer), 모나 심프슨(Mona Simpson), 마이크 슬레이드(Mike Slade), 앨비 레이 스미스(Alvy Ray Smith), 지나 스미스(Gina Smith), 캐서린 스미스(Kathryn Smith), 릭 스텐절(Rick Stengel), 래리 테슬러(Larry Tesler), 애비 테버니언(Avie Tevanian), 가이 "버드" 트리블(Guy "Bud" Tribble), 돈 밸런타인(Don Valentine), 폴 비디치(Paul Vidich), 제임스 빈센트(James Vincent), 앨리스 워터스(Alice Waters), 론 웨인(Ron Wayne), 웬들 윅스(Wendell Weeks), 에드 울러드(Ed Woolard), 스티브 워즈니악(Stephen Wozniak), 델 요캄(Del Yocam), 제리 요크(Jerry York).

참고 문헌

Amelio, Gil. *On the Firing Line*. Harper Business, 1998.

Berlin, Leslie. *The Man behind the Microchip*. Oxford, 2005.

Butcher, Lee. *The Accidental Millionaire*. Paragon House, 1988.

Carlton, Jim. *Apple*. Random House, 1997.

Cringely, Robert X. *Accidental Empires*. Addison Wesley, 1992.

Deutschman, Alan. *The Second Coming of Steve Jobs*. Broadway Books, 2000.

Elliot, Jay, With William Simon. *The Steve Jobs Way*. Vanguard, 2011.

Freiberger, Paul, and Michael Swaine. *Fire in the Valley*. McGraw-Hill, 1984.

Garr, Doug. *Woz*. Avon, 1984.

Hertzfeld, Andy. *Revolution in the Valley*. O'Reilly, 2005.(folklore.org 참조)

Hiltzik, Michael. *Dealers of Lightning*. Harper Business, 1999.

Jobs, Steve. Smithsonian oral history interview with Daniel Morrow, April 20, 1995.

Jobs, Steve. Stanford Commencement address, June 12, 2005.

Kahney, Leander. *Inside Steve's Brain*, Portfolio, 2008.(cultofmac.com 참조)

Kawasaki, Guy. *The Macintosh Way*. Scott, Foresman, 1989.

Knopper, Steve. *Appetite for Self-Destruction*. Free Press, 2009.

Kot, Greg. *Ripped*. Scribner, 2009.

Kunkel, Paul. *AppleDesign*. Graphis Inc., 1997.

Levy, Steven. *Hackers*. Doubleday, 1984.

Levy, Steven. *Insanely Great*. Viking Penguin, 1994.

Levy, Steven. *The Perfect Thing*. Simon & Schuster, 2006.

Linzmayer, Owen. *Apple Confidential 2.0.* No starch Press, 2004.

Malone, Michael. *Infinite Loop*. Doubleday, 1999.

Markoff, John. *What the Dormouse Said*. Viking Penguin, 2005.

McNish, Jacquie. *The Big Score*. Doubleday Canada, 1998.

Moritz, Michael. *Return to the Little Kingdom*. Overlook Press, 2009. Originally Published, without prologue and epilogue, as *The Little Kingdom*. Morrow, 1984.

Nocera, Joe. *Good Guys and Bad Guys*. Portfolio, 2008.

Paik, Karen. *To Infinity and Beyond!* Chronicle Books, 2007.

Price, David. *The Pixar Touch*. Knopf, 2008.

Rose, Frank. *West of Eden*. Viking, 1989.

Sculley, John. *Odyssey*. Harper & Row, 1987.

Sheff, David. "Playboy Interview: Steve Jobs." *Playboy*, February 1985.

Simpson, Mona. *Anywhere but Here*. Knopf, 1986.

Simpson, Mona. *A Regular Guy*. Knopf, 1996.

Smith, Douglas, and Robert Alexander. *Fumbling the Future*. Morrow, 1988.

Stross, Randall. *Steve Jobs and the NeXT Bing Thing*. Atheneum, 1993.

"Triumph of the Nerds," PBS Television, hosted by Robert X. Cringely, June 1996.

Wozniak, Steve, with Gina Smith. *iWoz*. Norton, 2006.

Young, Jeffrey. *Steve Jobs*. Scott, Foresman, 1988.

Young, Jeffrey, and William Simon. *iCon*. John Wiley, 2005.

주석

1장 어린 시절

버림받음과 선택받음 사이에서 Steve Jobs, Laurene Powell, Mona Simpson, Del Yocam, Greg Calhoun, Chrisann Brennan, Andy Hertzfeld와의 인터뷰. Moritz, 44~45; Young, 16~17; Jobs, Smithsonian oral history; Jobs, Stanford commencement; Andy Behrendt, "Apple Computer Mogul's Roots Tied to Green Bay,"(Green Bay) *Press Gazette*, Dec. 4, 2005; Georgina Dickinson, "Dad Waits for Jobs to iPhone," *New York Post and The Sun*(London), Aug. 27, 2011; Mohannad Al-Haj Ali, "Steve Jobs Has Roots in Syria," *Al Hayat*, Jan. 16, 2011. Ulf Froitzheim, "Porträt Steve Jobs," *Unternehmen*, Nov. 26, 2007.

실리콘밸리에서 뛰놀다 Steve Jobs, Laurene Powell과의 인터뷰. Jobs, Smithsonian oral history; Moritz, 46; Berlin, 155~177; Malone, 21~22.

교실 밖에서 만난 학교 Steve Jobs와의 인터뷰. Jobs, Smithsonian oral history; Sculley, 166; Malone, 11, 28, 72; Young, 25, 34~35; Young and Simon, 18; Moritz, 48, 73~74. 잡스의 집 주소는 원래 크리스트드라이브 11161번지였는데, 군에 속했다가 후에 시로 통합되었다. 일부 출처에 따르면, 잡스는 할테크뿐만 아니라 이름이 비슷한 또 다른 상점 할테드(Halted)에서도 일한 적이 있다. 그러나 이에 대해 물었을 때 잡스는 할테크에서 일한 것만 기억난다고 답했다.

2장 뜻밖의 커플

또 다른 스티브 Steve Wozniak, Steve Jobs와의 인터뷰. Wozniak, 12~16, 22,

50-61, 86-91; Levy, *Hackers*, 245; Moritz, 62-64; Young, 28; Jobs, 2007년 1월 17일 맥월드 연설.

파트너십의 시작 Steve Jobs, Steve Wozniak과의 인터뷰. Ron Rosenbaum, "Secrets of the Little Blue Box," *Esquire*, Oct. 1971. 워즈니악의 답변은 woz.org/letters/general/03.html 참조; Wozniak, 98-115. 조금씩 다른 진술에 대해서는 Markoff, 272; Moritz, 78-86; Young, 42-45; Malone, 30-35 참조.

3장 자퇴

방황의 시작 Chrisann Brennan, Steve Jobs, Steve Wozniak, Tim Brown과의 인터뷰. Moritz, 75-77; Young, 41; Malone, 39.

선불교와 채식주의, LSD로 영혼을 물들이다 Steve Jobs, Daniel Kottke, Elizabeth Holmes와의 인터뷰. Freiberger and Swaine, 208; Moritz, 94-100; Young, 55; "The Updated Book of Jobs," *Time*, Jan. 3, 1983.

인생의 첫 번째 구루를 만나다 Steve Jobs, Daniel Kottke, Elizabeth Holmes 와의 인터뷰. 나는 2010년 9월 뉴욕 시에서 프리들랜드를 만나 그의 배경과 잡스와의 관계에 대해 대화를 나누었지만 그가 자신의 인터뷰 내용이 공개되는 것을 원치 않았다. McNish, 11-17; Jennifer Wells, "Canada's Next Billionaire," *Maclean's*, June 3, 1996; Richard Read, "Financier's Saga of Risk," *Mines and Communities* Magazine, Oct. 16, 2005; Jennifer Hunter, "But What Would His Guru Say?,"(Toronto) *Globe and Mail*, Mar. 18, 1988; Moritz, 96, 109; Young, 56.

궤도에서 벗어나 새로운 세계에 눈뜨다 Steve Jobs, Steve Wozniak과의 인터뷰; Jobs, Stanford commencement; Moritz, 97.

4장 아타리와 인도

아타리에서 새로운 역할 모델을 만나다 Steve Jobs, Al Alcorn, Nolan Bushnell, Ron Wayne과의 인터뷰. Moritz, 103-104.

인도 순례 여행 Daniel Kottke, Steve Jobs, Al Alcorn, Larry Brilliant와의 인터뷰.

스승을 만나고 깨달음을 얻다 Steve Jobs, Daniel Kottke, Elizabeth Holmes, Greg Calhoun과의 인터뷰. Young, 72: Young and Simon, 31-32; Moritz, 107.

해낼 수 있다고 믿게 하라 Nolan Bushnell, Al Alcorn, Steve Wozniak, Ron Wayne, Andy Hertzfeld와의 인터뷰. Wozniak, 144-149; Young, 88; Linzmayer, 4.

5장 애플 I

반문화와 기술의 교차점에 서다 Steve Jobs, Bono, Stewart Brand와의 인터뷰. Markoff, xii; Stwart Brand, "We Owe It All to the Hippies," *Time*, Mar. 1, 1995; Jobs, Stanford commencement; Fred Turner, *From Counterculture to Cyberculture*(Chicago, 2006).

홈브루 컴퓨터 클럽 Steve Jobs, Steve Wozniak과의 인터뷰. Wozniak, 152-172; Freiberger and Swaine, 99; Linzmayer, 5; Moritz, 144; Steve Wozniak, "Homebrew and How Apple Came to Be," www.atariarchives.org; Bill Gates, "Open Letter to Hobbyists," Feb. 3, 1976.

애플의 혁명적 탄생 Steve Jobs, Steve Wozniak, Mike Markkula, Ron Wayne 과의 인터뷰. Steve Jobs, 애스펀 디자인 컨퍼런스(Aspen Design Conference) 연설, June 15, 1983, 애스펀 연구소(Aspen Institute) 기록 보관소의 소장 테이프; 애플 컴퓨터 합자회사 계약서, County of Santa Clara, Apr. 1, 1976, 수정 계약서, Apr. 12, 1976; Bruce Newman, "Apple's Lost Founder," *San Jose Mercury News*, June 2, 2010; Wozniak, 86, 176-177; Moritz, 149-151; Freiberger and Swaine, 212-213; Ashlee Vance, "A Haven for Spare Parts Lives on in Silicon Valley," *New York Times*, Feb. 4, 2009; Paul Terrell 인터뷰, Aug. 1, 2008, mac-history.net.

차고의 일당들 Steve Wozniak, Elizabeth Holmes, Daniel Kottke, Steve Jobs 와의 인터뷰. Wozniak, 179-189; Moritz, 152-163; Young, 95-111; R. S. Jones, "Comparing Apples and Oranges," *Interface*, July 1976.

6장 애플 II

최초의 통합 패키지형 컴퓨터 Steve Jobs, Steve Wozniak, Al AIcorn, Ron Wayne과의 인터뷰. Wozniak, 165, 190-195; Young, 126; Moritz, 169-170, 194-197; Malone, v, 103.

애플의 마케팅 철학 Regis McKenna, Don Valentine, Steve Jobs, Steve Wozniak, Mike Markkula, Arthur Rock과의 인터뷰. Nolan Bushnell, 스 크루어택 게임 컨벤션(ScrewAttack Gaming Convention) 기조연설, Dallas, July 5, 2009; Steve Jobs, 애스펀 국제 디자인 컨퍼런스(International Design Conference) 담화, June 15, 1983; Mike Markkula, "The Apple Marketing Philosophy," Markkula의 허용하에 인용, Dec. 1979; Wozniak, 196-199. 또 한 Moritz, 182-183; Malone, 110-111 참조.

"단순함이란 궁극의 정교함이다" Regis McKenna, John Doerr, Steve Jobs. Ivan Raszl과의 인터뷰, "Interview with Rob Janoff," Creativebits. org, Aug. 3, 2009.

애플 II, 세상 밖으로 나오다 Steve Wozniak, Steve Jobs와의 인터뷰. Wozniak, 201-206; Moritz, 199-201; Young, 139.

새로운 사장을 영입하다 Mike Scott, Mike Markkula, Steve Jobs, Steve Wozniak, Arthur Rock과의 인터뷰. Young, 135; Freiberger and Swaine, 219, 222; Moritz, 213; Elliot, 4.

7장 크리스앤과 리사

Chrisann Brennan, Steve Jobs, Elizabeth Holmes, Greg Calhoun, Daniel Kottke, Arthur Rock과의 인터뷰. Moritz, 285; "The Updated Book of Jobs,"

Time, Jan. 3, 1983; "Striking It Rich," *Time*, Feb. 15, 1982.

8장 제록스와 리사

애플 II를 이을 새 생명 프로젝트 Andrea Cunningham, Andy Hertzfeld, Steve Jobs, Bill Atkinson과의 인터뷰. Wozniak, 226; Levy, *Insanely Great*, 124; Young, 168-170; Bill Atkinson, 컴퓨터 역사박물관(Computer History Museum) 구술 기록, Mountain View, CA; Jef Raskin, "Holes in the Histories," *Interactions*, July 1994; Jef Raskin, "Hubris of a Heavyweight," *IEEE spectrum*, July 1994; Jef Raskin, 구술 기록, April 13, 2000, Stanford Library Department of Special Collections; Linzmayer, 74, 85-89.

제록스 PARC에서 컴퓨터의 미래를 보다 Steve Jobs, John Seeley Brown, Adele Goldberg, Larry Tesler, Bill Atkinson과의 인터뷰. Freiberger and Swaine, 239; Levy, *Insanely Great*, 66-80; Hiltzik, 330-341; Linzmayer, 74-75; Young, 170-172; Rose, 45-47; *Triumph of the Nerds*, PBS, part 3.

"위대한 예술가는 훔친다" Steve Jobs, Larry Tesler, Bill Atkinson과의 인터뷰. Levy, *Insanely Great*, 77, 87-90; *Triumph of the Nerds*, PBS, part 3; Bruce Horn, "Where It All Began" (1966), www.mackido.com; Hiltzik, 343, 367-370; Malcolm Gladwell, "Creation Myth," *New Yorker*, May 16, 2011; Young, 178-182.

9장 기업공개

애플의 기업공개와 스톡옵션 Daniel Kottke, Steve Jobs, Steve Wozniak, Andy Hertzfeld, Mike Markkula, Bill Hambrecht와의 인터뷰. "Sale of Apple Stock Barred," *Boston Globe*, Dec. 11, 1980.

거부의 대열에 합류한 히피 Larry Brilliant, Steve Jobs. Steve Ditlea와의 인터뷰, "An Apple on Every Desk," *Inc.*, Oct. 1, 1981; "Striking It Rich," *Time*, Feb. 15, 1982; "The Seeds of Success," *Time*, Feb. 15, 1982; Moritz, 292-295;

Sheff.

10장 맥의 탄생

래스킨과 잡스의 맥 프로젝트 Bill Atkinson, Steve Jobs, Andy Hertzfeld, Mike Markkula와의 인터뷰. Jef Raskin, "Recollections of the Macintosh Project," "Holes in the Histories," "The Genesis and History of the Macintosh Project," "Reply to Jobs, and Personal Motivation," "Design Considerations for an Anthropophilic Computer," and "Computers by the Millions," Raskin papers, Stanford University Library; Jef Raskin, "A Conversation," *Ubiquity*, June 23, 2003; Levy, *Insanely Great*, 107-121; Hertzfeld, 19; "Macintosh's Other Designers," *Byte*, Aug. 1984; Young, 202, 208-214; "Apple Launches a Mac Attack," *Time*, Jan. 30, 1984; Malone, 255-258.

잡스의 승리 Andrea Cunningham, Bruce Horn, Andy Hertzfeld, Mike Scott, Mike Markkula와의 인터뷰. Hertzfeld, 19-20, 26-27; Wozniak, 241-242.

11장 현실 왜곡장

Bill Atkinson, Steve Wozniak, Debi Coleman, Andy Hertzfeld, Bruce Horn, Joanna Hoffman, Al Eisenstat, Ann Bowers, Steve Jobs와의 인터뷰. 관련 이야기들 가운데 일부는 출처에 따라 조금씩 다르다. Hertzfeld, 24, 68, 161 참조.

12장 디자인

바우하우스의 미감을 따르다 Dan'l Lewin, Steve Jobs, Maya Lin, Debi Coleman과의 인터뷰. Steve Jobs와 Charles Hampden-Turner의 대화, 애스펀 국제 디자인 컨퍼런스, June 15, 1983. (디자인 컨퍼런스 오디오 테이프들은 애스펀 연구소에 보관되어 있다. 이 테이프들을 찾아 준 Deborah Murphy에게 감사

드린다.)

매킨토시 디자인은 포르쉐처럼 Bill Atkinson, Alain Rossmann, Mike Markkula, Steve Jobs와의 인터뷰. "The Macintosh Design Team," *Byte*, Feb. 1984; Hertzfeld, 29-31, 41, 46, 63, 68; Sculley, 157; Jerry Manock, "Invasion of Texaco Towers," Folklore.org; Kunkel, 26-30; Jobs, Stanford commencement; Susan Kare 이메일; Susan Kare, "World Class Cities," in Hertzfeld, 165; Laurence Zuckerman, "The Designer Who Made the Mac Smile," *New York Times*, Aug. 26, 1996; Susan Kare 인터뷰, Sept. 8, 2000, Stanford University Library, Special Collections; Levy, *Insanely Great*, 156; Hartmut Esslinger, *A Fine Line*(Jossey-Bass, 2009), 7-9; David Einstein, "Where Success Is by Design," *San Francisco Chronicle*, Oct. 6, 1995; Sheff.

13장 맥 만들기

골리앗 IBM에게 도전장을 내밀다 Steve Jobs와의 인터뷰. Levy, *Insanely Great*, 125; Sheff; Hertzfeld, 71-73; *Wall Street Journal* 광고, Aug. 24, 1981.

엔드투엔드 통제 Berry Cash와의 인터뷰. Kahney, 241; Dan Farber, "Steve Jobs, the iPhone and Open Platforms," ZDNet.com, Jan. 13, 2007; Tim Wu, *The Master Switch*(Knopf, 2010), 254-276; Mike Murray, "Mac Memo" to Steve Jobs, May 19, 1982(Mike Murray 허용하에 인용).

'올해의 인물'과 '올해의 기계' Daniel Kottke, Steve Jobs, Ray Cave와의 인터뷰. "The Computer Moves In," *Time*, Jan. 3, 1983; "The Updated Book of Jobs," *Time*, Jan. 3, 1983; Moritz, 11; Young, 293; Rose, 9-11; Peter McNulty, "Apple's Bid to Stay in the Big Time," *Fortune*, Feb. 7, 1983; "The Year of the Mouse," *Time*, Jan. 31, 1983.

게릴라 정신과 잡스의 해적단 Ann Bowers, Andy Hertzfeld, Bill Atkinson, Arthur Rock, Mike Markkula, Steve Jobs, Debi Coleman과의 인터뷰; Susan Kare 이메일. Hertzfeld, 76, 135-138, 158, 160, 166; Moritz, 21-28;

Young, 295-297, 301-303; Susan Kare 인터뷰, Sept. 8, 2000, Stanford University Library, Jeff Goodell, "The Rise and Fall of Apple Computer," *Rolling Stone*, Apr. 4, 1996; Rose, 59-69, 93.

14장 스컬리를 영입하다
"설탕물이나 팔면서 남은 인생을 보내고 싶습니까?" John Sculley, Andy Hertzfeld, Steve Jobs와의 인터뷰. Rose, 18, 74-75; Sculley, 58-90, 107; Elliot, 90-93; Mike Murray, "Special Mac Sneak" 직원들에게 보내는 메모, Mar. 3, 1983(Mike Murray 허용하에 인용); Hertzfeld, 149-150.

이윤 대 혁명적 제품 Steve Jobs, John Sculley, Joanna Hoffman과의 인터뷰. Sculley, 127-130, 154-155, 168, 179; Hertzfeld, 195.

15장 매킨토시 출시
진정한 예술가는 작품을 출하한다 Andy Hertzfeld, Steve Jobs와의 인터뷰. 애플 세일즈 컨퍼런스 비디오, Oct. 1983; "Personal Computers: And the Winner Is... IBM," *Business Week*, Oct. 3, 1983; Hertzfeld, 208-210; Rose, 147-153; Levy, *Insanely Great*, 178-180; Young, 327-328.

이 시대 최고의 광고가 탄생하다 Lee Clow, John Sculley, Mike Markkula, Bill Campbell, Steve Jobs와의 인터뷰. Steve Hayden 인터뷰, *Weekend Edition*, NPR, Feb. 1, 2004; Linzmayer, 109-114; Sculley, 176.

"혼을 빼놓을 만큼 뛰어난" 홍보 전술 Hertzfeld, 226-227; Michael Rogers, "It's the Apple of His Eye," *Newsweek*, Jan. 30, 1984, Levy, *Insanely Great*, 17-27.

1984 혁명, 매킨토시의 극적인 등장 1984년 1월 24일: John Sculley, Steve Jobs, Andy Hertzfeld와의 인터뷰. 1984년 1월에 열린 애플 주주총회의 비디오; Hertzfeld, 213-223; Sculley, 179-181; William Hawkins, "Jobs' Revolutionary New Computer," *Popular Science*, Jan. 1989.

16장 빌 게이츠와 스티브 잡스

빌 게이츠와 스티브 잡스 연성계 Bill Gates, Steve Jobs, Bruce Horn과의 인터뷰. Hertzfeld, 52-54; Steve Lohr, "Creating Jobs," *New York Times*, Jan. 12, 1997; *Triumph of the Nerds*, PBS, Part 3; Rusty Weston, "Partners and Adversaries," *MacWeek*, Mar. 14, 1989; Walt Mossberg, Kara Swisher가 Bill Gates, Steve Jobs와 가진 인터뷰, *All Things Digital*, May 31, 2007; Young, 319-320; Carlton, 28; Brent Schlender, "How Steve Jobs Linked Up with IBM," *Fortune*, Oct. 9, 1989; Steven Levy, "A Big Brother?," *Newsweek*, Aug. 18, 1997.

GUI 전쟁 Bill Gates, Steve Jobs와의 인터뷰. Hertzfeld, 191-193; Michael Schrage, "IBM Compatibility Grows," *Washington Post*, Nov. 29, 1983; *Triumph of the Nerds*, PBS, part 3.

17장 이카로스

멈추지 않는 고공비행 Steve Jobs, Debi Coleman, Bill Atkinson, Andy Hertzfeld, Alain Rossmann, Joanna Hoffman, Jean-Louis Gassée, Nicholas Negroponte, Arthur Rock, John Sculley와의 인터뷰. Sheff; Hertzfeld, 206-207, 230; Sculley, 197-199; Young, 308-309; George Gendron and Bo Burlingham, "Entrepreneur of the Decade," *Inc.*, Apr. 1, 1989.

걷잡을 수 없는 추락 Joanna Hoffman, John Sculley, Lee Clow, Debi Coleman, Andrea Cunningham, Steve Jobs와의 인터뷰. Sculley, 201, 212-215; Levy, *Insanely Great*, 186-192; Michael Rogers, "It's the Apple of His Eye," *Newsweek*, Jan. 30, 1984; Rose, 207, 233; Felix Kessler, "Apple Pitch," *Fortune*, Apr. 15, 1985; Linzmayer, 145.

서른, 기로에 선 잡스 Mallory Walker, Andy Hertzfeld, Debi Coleman, Elizabeth Holmes, Steve Wozniak, Don Valentine과의 인터뷰. Sheff.

지각변동과 대이동 Andy Hertzfeld, Steve Wozniak, Bruce Horn과의 인터

뷰. Hertzfeld, 253, 263~264; Young, 372~376; Wozniak, 265~266; Rose, 248~249; Bob Davis, "Apple's Head, Jobs, Denies Ex-Partner Use of Design Firm," *Wall Street Journal*, Mar. 22, 1985.

1985년 봄 최후통첩을 듣다 Steve Jobs, Al Alcorn, John Sculley, Mike Murray와의 인터뷰. Elliot, 15; Sculley, 205~206, 227, 238~244; Young, 367~379; Rose, 238, 242, 254~255; Mike Murray, "Let's Wake Up and Die Right," 비공개 수신자들에게 보낸 메모, Mar. 7, 1985(Mike Murray의 허용하에 인용).

마지막 항전 Steve Jobs, John Sculley와의 인터뷰. Rose, 266~275; Sculley, ix-x, 245~246; Young, 388~396; Elliot, 112.

1985년 5월의 그 일주일 Jean-Louis Gassée, Steve Jobs, Bill Campbell, Al Eisenstat, John Sculley, Mike Murray, Mike Markkula, Debi Coleman과의 인터뷰. Bro Uttal, "Behind the Fall of Steve Jobs," *Fortune*, Aug. 5, 1985; Sculley, 249~260; Rose, 275~290; Young, 396~404.

밥 딜런이 노래했듯 "구르는 돌처럼" Mike Murray, Mike Markkula, Steve Jobs, John Sculley, Bob Metcalfe, George Riley, Andy Hertzfeld, Tina Redse, Mike Merin, Al Eisenstat, Arthur Rock과의 인터뷰. Tina Redse가 Steve Jobs에게 보낸 이메일, July 20, 2010; "No Job for Jobs," AP, July 26, 1985; "Jobs Talks about His Rise and Fall," *Newsweek*, Sept. 30, 1985; Hertzfeld, 269~ 271; Young, 387, 403~405; Young and Simon, 116; Rose, 288~292; Sculley, 242~245, 286~287; Al Eisenstat가 Arthur Hartman에게 보낸 편지, July 23, 1985(Al Eisenstat의 허용하에 인용).

18장 넥스트

해적들, 배를 떠나다 Dan'l Lewin, Steve Jobs, Bill Campbell, Arthur Rock, Mike Markkula, John Sculley, Andrea Cunningham, Joanna Hoffman과의 인터뷰. Patricia Bellew Gray and Michael Miller, "Apple Chairman Jobs

Resigns," *Wall Street Journal*, Sept. 18, 1985; Gerald Lubenow and Michael Rogers, "Jobs Talks about His Rise and Fall," *Newsweek*, Sept. 30, 1985; BroUttal, "The Adventures of Steve Jobs," *Fortune*, Oct. 14, 1985; Susan Kerr, "Jobs Resigns," *Computer Systems News*, Sept. 23, 1985; "Shaken to the Very Core," *Time*, Sept. 30, 1985; John Eckhouse, "Apple Board Fuming at Steve Jobs," *San Francisco Chronicle*, Sept. 17, 1985; Hertzfeld, 132-133; Sculley, 313-317; Young, 415-416; Young and Simon, 127; Rose, 307-319; Stross, 73; Deutschman, 36; 수탁자의 의무 위반에 대한 고소, Apple Computer v. Steven P. Jobs와 Richard A. Page, Superior Court of California, Santa Clara County, Sept. 23, 1985; Patricia Bellew Gray, "Jobs Asserts Apple Undermined Efforts to Settle Dispute," *Wall Street Journal*, Sept. 25, 1985.

독립, 그리고 새 출발 Arthur Rock, Susan Kare, Steve Jobs, Al Eisenstat과의 인터뷰. "Logo for Jobs' New Firm," *San Francisco Chronicle*, June 19, 1986; Phil Patton, "Steve Jobs: Out for Revenge," *New York Times*, Aug. 6, 1989; Paul Rand, NeXT Logo presentation, 1985; Doug Evans and Allan Pottasch, Paul Rand에 대해 Steve Jobs와 가진 비디오 인터뷰, 1993; Steve Jobs to Al Eisenstat, Nov. 4, 1985; Eisenstat to Jobs, Nov. 8, 1985; Apple Computer Inc.와 Steven P. Jobs 사이의 합의서, 그리고 Santa Clara County의 the Superior Court of California에 제출된, 권리 침해 없는 소송 취하에 대한 청구서, Jan. 17, 1986; Deutschman, 47, 43; Stross, 76, 118-120, 245; Kunkel, 58-63; "Can He Do It Again," *Business Week*, Oct. 24, 1988; Joe Nocera, "The Second Coming of Steve Jobs," *Esquire*, Dec. 1986, reprinted in *Good Guys and Bad Guys*(Portfolio, 2008), 49; Brenton Schlender, "How Steve Jobs Linked Up with IBM," *Fortune*, Oct. 9, 1989.

잡스의 변함없는 현실 왜곡장 Mitch Kapor, Michael Hawley, Steve Jobs와의 인터뷰. Peter Denning and Karen Frenkle, "A Conversation with Steve

Jobs," *Communications of the Association for Computer Machinery*, Apr. 1, 1989; John Eckhouse," Steve Jobs Shows off Ultra-Robotic Assembly Line," *San Francisco Chronicle*, june 13, 1989; Stross, 122-125; Deutschman, 60-63; Young, 425; Katie Hafner, "Can He Do It Again?," *Business Week*, Oct. 24, 1988; *The Entrepreneurs*, PBS, Nov. 5, 1986, directed by John Nathan.

구원자의 등장 Stross, 102-112; "Perot and Jobs," *Newsweek*, Feb. 9, 1987; Andrew Pollack, "Can Steve Jobs Do It Again?," *New York Times*, Nov. 8, 1987; Katie Hafner, "Can He Do It Again?," *Business Week*, Oct. 24, 1988; Pat Steger, "A Gem of an Evening with King Juan Cados," *San Francisco Chronicle*, Oct. 5, 1987; David Remnick, "How a Texas Playboy Became a Billionaire," *Washington Post*, May 20, 1987.

빌 게이츠의 독설 Bill Gates, Adele Goldberg, Steve Jobs와의 인터뷰. Brit Hume, "Steve Jobs Pulls Ahead," *Washington Post*, Oct. 31, 1988; Brent Schlender, "How Steve Jobs Linked Up with IBM," *Fortune*, Oct. 9, 1989; Stross, 14; Linzmayer, 209; "William Gates Talks," *Washington Post*, Dec. 30, 1990; Katie Hafher, "Can He Do It Again?," *Business Week*, Oct. 24, 1988; John Thompson, "Gates, Jobs Swap Barbs," *Computer System News*, Nov. 27, 1989.

협상, 또 협상 Brent Schlender, "How Steve Jobs Linked Up with IBM," *Fortune*, Oct. 9, 1989; Phil Patton, "Out for Revenge," *New York Times*, Aug. 6, 1989; Stross, 140-142; Deutschman, 133.

새로운 기술에 회사의 운을 걸어 보다 Stross, 166-186; Wes Smith, "Jobs Has Returned," *Chicago Tribune*, Nov. 13, 1988; Andrew Pollack, "NeXT Produces a Gala," *New York Times*, Oct. 10, 1988; Brenton Schlender, "Next Project," *Wall Street Journal*, Oct. 13, 1988; Katie Hafner, "Can He Do It Again?," *Business Week*, Oct. 24, 1988; Deutschman, 128; "Steve Jobs

Comes back," *Newsweek,* Oct. 24, 1988; "The NeXT Generation," *San Jose Mercury News*, Oct. 10, 1988.

19장 픽사

할리우드 문화와 과학기술이 공존하는 곳, 픽사 Ed Catmull, Alvy Ray Smith, Steve Jobs, Pam Kerwin, Michael Eisner와의 인터뷰. Price, 71-74, 89-101; Paik, 53-57, 226; Young and Simon, 169; Deutschman, 115.

기술과 예술이 결합된 애니메이션 John Lasseter, Steve Jobs와의 인터뷰. Paik, 28-44; Price, 45-56.

예술에 대한 잡스의 애정 Pam Kerwin, Alvy Ray Smith, John Lasseter, Ed Catmull, Steve Jobs, Jeffrey Katzenberg, Michael Eisner, Andy Grove와의 인터뷰. Steve Jobs가 Alberty Yu에게 보낸 이메일, Sept. 23, 1995; Albert Yu가 Steve Jobs에게 보낸 이메일, Sept. 25, 1995; Steve Jobs가 Andy Grove에게 보낸 이메일, Sept. 25, 1995; Andy Grove가 Steve Jobs에게 보낸 이메일, Sept. 26, 1995; Steve Jobs가 Andy Grove에게 보낸 이메일, Oct. 1, 1995; Price, 104-114; Young and Simon, 166.

20장 보통 남자

존 바에즈와의 연애 Joan Baez, Steve Jobs, Joanna Hoffman, Debi Coleman, Andy Hertzfeld와의 인터뷰. Joan Baez, *And a Voice to Sing With*(Summit, 1989), 144, 380.

생모와 여동생을 찾다 Steve Jobs, Mona Simpson과의 인터뷰.

잃어버린 아버지 Steve Jobs, Laurene Powell, Mona Simpson, Ken Auletta, Nick Pileggi와의 인터뷰.

잡스의 딸, 리사 Chrisann Brennan, Avie Tevanian, Joanna Hoffman, Andy Hertzfeld와의 인터뷰. Lisa Brennan-Jobs, "Confessions of a Lapsed Vegetarian," *Southwest Review*, 2008; Young, 224; Deutschman, 76.

낭만주의자 스티브 잡스 Jennifer Egan, Tina Redse, Steve Jobs, Andy Hertzfeld, Joanna Hoffman과의 인터뷰. Deutschman, 73, 138. 모나 심프슨의 『보통 남자(A Regular Guy)』는 잡스와 리사, 크리스앤 브래넌, 티나 레지 사이의 관계를 소재로 허구를 가미한 소설이다. 이 중 티나 레지는 작품 속에서 올리비아(Olivia)라는 인물로 그려진다.

인생의 반려 로렌 파월을 만나다 Laurene Powell, Steve Jobs, Kathryn Smith, Avie Tevanian, Andy Hertzfeld, Marjorie Powell Barden과의 인터뷰.

1991년 3월 18일의 결혼식 Steve Jobs, Laurene Powell, Andy Hertzfeld, Joanna Hoffman, Avie Tevanian, Mona Simpson과의 인터뷰. Simpson, *A Regular Guy*, 357.

새 보금자리와 잡스의 세탁기 구매 철학 Steve Jobs, Laurene Powell, Andy Hertzfeld와의 인터뷰. David Weinstein, "Taking Whimsy Seriously," *San Francisco Chronicle*, Sept. 13, 2003; Gary Wolfe, "Steve Jobs," *Wired*, Feb. 1996; "Former Apple Designer Charged with Harassing Steve Jobs," AP, June 8, 1993.

딸 리사와 함께 살다 Steve Jobs, Laurene Powell, Mona Simpson, Andy Hertzfeld와의 인터뷰. Lisa Brennan-Jobs, "Driving Jane," *Harvard Advocate*, Spring, 1999; Simpson, *A Regular Guy*, 251; Chrisann Brennan의 인터뷰, Jan. 19, 2011; Bill Workman, "Palo Alto High School's Student Scoop," *San Francisco Chronicle*, Mar. 16, 1996; Lisa Brennan-Jobs, "Waterloo," *Massachusetts Review*, Spring, 2006; Deutschman, 258; Chrisann Brennan website, chrysanthemum.com; Steve Lohr, "Creating Jobs," *New York Times*, Jan. 12, 1997.

잡스의 아이들 Steve Jobs, Laurene Powell과의 인터뷰.

21장 토이 스토리

두 명의 독재자 John Lasseter, Ed Catmull, Jeffrey Katzenberg, Alvy Ray

Smith, Steve Jobs와의 인터뷰. Price, 84-85, 119-124; Paik, 71, 90; Robert Murphy, "John Cooley Looks at Pixar's Creative Process," *Silicon Prairie News*, Oct. 6, 2010.

컷! 제작 중단 Steve Jobs, Jeffrey Katzenberg, Ed Catmull, Larry Ellison과의 인터뷰. Paik, 90; Deutschman, 194-198; "Toy Story: The Inside Buzz," *Entertainment Weekly*, Dec. 8, 1995.

무한한 공간 저 너머로! Steve Jobs, Michael Eisner와의 인터뷰. Janet Maslin, "There's a New Toy in the House. Uh-Oh," *New York Times*, Nov. 22, 1995; "A Conversation with Steve Jobs and John Lasseter," *Charlie Rose*, PBS, Oct. 30, 1996; John Markoff, "Apple Computer Co-Founder Strikes Gold," *New York Times*, Nov. 30, 1995.

22장 잡스의 재림

데스크톱 시장의 암흑기가 시작되다 Jean-Louis Gassée와의 인터뷰. Bart Ziegler, "Industry Has Next to No Patience with Jobs' NeXT," AP; Aug. 19, 1990; Stross, 226-228; Gary Wolf, "The Next Insanely Great Thing," *Wired*, Feb. 1996; Anthony Perkins, "Jobs' Story," *Red Herring*, Jan. 1, 1996.

애플의 추락 Steve Jobs, John Sculley, Larry Ellison과의 인터뷰. Sculley, 248, 273; Deutschman, 236; Steve Lohr, "Creating Jobs," *New York Times*, Jan. 12, 1997; Amelio, 190 and preface to the hardback edition; Young and Simon, 213-214; Linzmayer, 273-279; Guy Kawasaki, "Steve Jobs to Return as Apple CEO," *Macworld*, Nov. 1, 1994.

다시 쿠퍼티노를 향해 Jon Rubinstein, Steve Jobs, Larry Ellison, Avie Tevanian, Fred Anderson, Larry Tesler, Bill Gates, John Lasseter와의 인터뷰. John Markoff, "Why Apple Sees Next as a Match Made in Heaven," *New York Times*, Dec. 23, 1996; Steve Lohr, "Creating Jobs," *New York Times*, Jan. 12, 1997; Rajiv Chandrasekaran, "Steve Jobs Returning to Apple,"

Washington Post, Dec. 21, 1996; Louise Kehoe, "Apple's Prodigal Son Returns," *Financial Times*, Dec. 23, 1996; Amelio, 189-201, 238; Carlton, 409; Linzmayer, 277; Deutschman, 240.

23장 부활

되찾은 왕국 Steve Jobs, Avie Tevanian, Jon Rubinstein, Ed Woolard, Larry Ellison, Fred Anderson과의 인터뷰. Gina Smith의 이메일. Sheff; Brent Schlender, "Something's Rotten in Cupertino," *Fortune*, Mar. 3, 1997; Dan Gillmore, "Apple's Prospects Better Than Its CEO's Speech," *San Jose Mercury News*, Jan. 13, 1997; Carlton, 414-416, 425; Malone, 531; Deutschman, 241-245; Amelio, 219, 238-247, 261; Linzmayer, 201; Kaitlin Quistgaard, "Apple Spins Off Newton," *Wired.com*, May 22, 1997; Louise Kehoe, "Doubts Grow about Leadership at Apple," *Financial Times*, Feb. 25, 1997; Dan Gillmore, "Ellison Mulls Apple Bid," *San Jose Mercury News*, Mar. 27, 1997; Lawrence Fischer, "Oracle Seeks Public Views on Possible Bid for Apple," *New York Times*, Mar. 28, 1997; Mike Barnicle, "Roadkill on the Info Highway," *Boston Globe*, Aug. 5, 1997.

왕의 귀환 Ed Woolard, Steve Jobs, Mike Markkula, Steve Wozniak, Fred Anderson, Larry Ellison, Bill Campbell과의 인터뷰. Ed Woolard가 개인 적으로 출간한 가족 회고록(Woolard의 허용하에 인용); Amelio, 247, 261, 267; Gary Wolf, "The World According to Woz," *Wired, Sept.*, 1998; Peter Burrows and Ronald Grover, "Steve Jobs' Magic Kingdom," *Business Week*, Feb. 6, 2006; Peter Elkind, "The Trouble with Steve Jobs," *Fortune*, Mar. 5, 2008; Arthur Levitt, *Take on the Street*(Pantheon, 2002), 204-206.

'우리'의 애플 Steve Jobs, 보스턴 맥월드 연설, Aug. 6, 1997.

마이크로소프트와 손잡다 Joel Klein, Eill Gates, Steve Jobs와의 인터 뷰. Cathy Booth, "Steve's Job," *Time*, Aug. 18, 1997; Steven Levy, "A Big

Brother?," *Newsweek*, Aug. 18, 1997. 잡스와 게이츠의 휴대전화 통화 내용은 《타임》의 표지와 이 책에 실린, 무대에 쪼그리고 앉은 잡스의 사진을 찍은 《타임》의 사진기자 다이애나 워커(Diana Walker)가 보도한 것이다.

24장 다른 것을 생각하라

미친 자들을 위해 축배를 Steve Jobs, Lee Clow, James Vincent, Norm Pearlstine과의 인터뷰. Cathy Booth, "Steve's Job," *Time*, Aug. 18, 1997; John Heilemann, "Steve Jobs in a Box," *New York*, June 17, 2007.

iCEO Steve Jobs, Fred Anderson과의 인터뷰. 1997년 9월 직원회의 비디오 (Lee Clow의 허용하에 인용); "Jobs Hints That He May Want to Stay at Apple," *New York Times*, Oct. 10, 1997; Jon Swartz, "No CEO in Sight for Apple," *San Francisco Chronicle*, Dec. 12, 1997; Carlton, 437.

엔드투엔드로 돌아가다 Bill Gates, Steve Jobs, Ed Woolard와의 인터뷰. Steve Wozniak, "How We Failed Apple," *Newsweek*, Feb. 19, 1996; Linzmayer, 245-247, 255; Bill Gates, "Licensing of Mac Technology," John Sculley에게 보내는 메모, June 25, 1985; Tom Abate, "How Jobs Killed Mac Clone Makers," *San Francisco Chronicle*, Sept. 6, 1997.

초점의 회복과 집중 Phil Schiller, Ed Woolard, Steve Jobs와의 인터뷰. Deutschman, 248; Steve Jobs, 아이맥 출시 행사 연설, May 6, 1998; 1997년 9월 직원회의 비디오.

25장 디자인의 원칙

제품의 본질을 담지 않으면 디자인이 아니다 Jony Ive, Steve Jobs, Phil Schiller와의 인터뷰. John Arlidge, "Father of Invention," *Observer*(London), Dec. 21, 2003; Peter Burrows, "Who Is Jonathan Ive?," *Business Week*, Sept. 25, 2006; "Apple's One-Dollar-a-Year Man," *Fortune*, Jan. 24, 2000; Rob Walker, "The Guts of a New Machine," *New York Times*, Nov. 30, 2003;

Leander Kahney, "Design According to Ive," *Wired.com*, June 25, 2003.

아이브와 잡스의 아이디어 놀이터   Jony Ive와의 인터뷰. 미국 특허청(U.S. Patent and Trademark Office), 온라인 데이터베이스, patft.uspto.gov; Leander Kahney, "Jobs Awarded Patent for iPhone Packaging," *Cult of Mac*, July 22, 2009; Harry McCracken, "Patents of Steve Jobs," *Technologizer.com*, May 28, 2009.

26장 아이맥

백 투 더 퓨처   Phil Schiller, Avie Tevanian, Jon Rubinstein, Steve Jobs, Fred Anderson, Mike Markkula, Jony Ive, Lee Clow와의 인터뷰. Thomas Hormby, "Birth of the iMac," *Mac Observer*, May 25, 2007; Peter Burrows, "Who Is jonathan Ive?," *Business Week*, Sept. 25, 2006; Lev Grossman, "How Apple Does It," *Time*, Oct. 16, 2005; Leander Kahney, "The Man Who Named the iMac and Wrote Think Different," *Cult of Mac*, Nov. 3, 2009; Levy, *The Perfect Thing*, 198; gawker.com/comment/21123257/; "Steve's Two Jobs," *Time*, Oct. 18, 1999.

쇼는 다시 시작되었다   1998년 5월 6일: Jony Ive, Steve Jobs, Phil Schiller, Jon Rubinstein과의 인터뷰. Steven Levy, "Hello Again," *Newsweek*, May 18, 1998; Jon Swartz, "Resurgence of an American Icon," *Forbes*, Apr. 14, 2000; Levy, *The Perfect Thing*, 95.

27장 CEO

막후의 관리자 팀 쿡   Tim Cook, Steve Jobs, Jon Rubinstein과의 인터뷰. Peter Burrows, "Yes, Steve, You Fixed It. Congratulations. Now What?," *Business Week*, July 31, 2000; Tim Cook, 오번 대학교 졸업 연설, May 14, 2010; Adam Lashinsky, "The Genius behind Steve," *Fortune*, Nov. 10, 2008; Nick Wingfield, "Apple's No. 2 Has Low Profile," *Wall Street Journal*, Oct.

16, 2006.

모크 터틀넥과 팀워크 Steve Jobs, James Vincent, Jony Ive, Lee Clow, Avie Tevanian, Jon Rubinstein과의 인터뷰. Lev Grossman, "How Apple Does It," *Time*, Oct. 16, 2005; Leander Kahney, "How Apple Got Everything Right by Doing Everything Wrong," *Wired*, Mar. 18, 2008.

iCEO에서 CEO로 Ed Woolard, Larry Ellison, Steve Jobs와의 인터뷰. 애플 대리인 성명, Mar. 12, 2001.

28장 애플 스토어

이해하고 유혹하라 Steve Jobs, Ron Johnson과의 인터뷰. Jerry Useem, "America's Best Retailer," *Fortune*, Mar. 19, 2007; Gary Allen, "Apple Stores," ifoAppleStore.com.

애플 스토어의 탄생 Art Levinson, Ed Woolard, Millard "Mickey" Drexler, Larry Ellison, Ron Johnson, Steve Jobs, Art Levinson과의 인터뷰. Cliff Edwards, "Sorry, Steve…," *Business Week*, May 21, 2001.

기술과 미학, 열정으로 지은 꿈의 매장 Ron Johnson, Steve Jobs와의 인터뷰. 미국 특허청, D478999, Aug. 26, 2003, US2004/0006939, Jan. 15, 2004; Gary Allen, "About Me," ifoapplestore.com.

29장 디지털 허브

미래 혁신을 향한 태동 Lee Clow, Jony Ive, Steve Jobs와의 인터뷰. Sheff; Steve Jobs, 맥월드 기조연설, Jan. 9, 2001.

새로운 진화가 시작되다 Steve Jobs, Phil Schiller, Jon Rubinstein과의 인터뷰. Steve Jobs, 맥월드 기조연설, Jan. 9, 2001; Joshua Quittner, "Apple's New Core," *Time*, Jan. 14, 2002; Mike Evangelist, "Steve Jobs, the Genuine Article," *Writer's Block Live*, Oct. 7, 2005; Farhad Manjoo, "Invincible Apple," *Fast Company*, July 1, 2010; Phil Schiller의 이메일.

아이튠스 Steve Jobs, Phil Schiller, Jon Rubinstein, Tony Fadell과의 인터뷰. Brent Schlender, "How Big Can Apple Get," *Fortune*, Feb. 21, 2005; Bill Kincaid, "The True Story of SoundJam," http://panic.com/extras/audionstory/popup-sjstory.html; Levy, *The Perfect Thing*, 49-60; Knopper, 167; Lev Grossman, "How Apple Does It," *Time*, Oct. 17, 2005; Markoff, xix.

애플의 미래를 바꿀 아이팟 프로젝트 Steve Jobs, Phil Schiller, Jon Rubinstein, Tony Fadell과의 인터뷰. Steve Jobs, iPod 발표, Oct. 23, 2001; 도시바(Toshiba) 보도 자료, PR Newswire, May 10, 2000, and June 4, 2001; Tekla Perry, "From Podfather to Palm's Pilot," *IEEE Spectrum*, Sept. 2008; Leander Kahney, "Inside Look at Birth of the iPod," *Wired*, July 21, 2004; Tom Hormby and Dan Knight, "History of the iPod," *Low End Mac*, Oct. 14, 2005.

"바로 그거야!" Tony Fadell, Phil Schiller, Jon Rubinstein, Jony Ive, Steve Jobs와의 인터뷰. Levy, *The Perfect Thing*, 17, 59-60; Knopper, 169; Leander Kahney, "Straight Dope on the IPod's Birth," *Wired*, Oct. 17, 2006.

순백색의 특별한 무게감 James Vincent, Lee Clow, Steve Jobs와의 인터뷰. Wozniak, 298; Levy, *The Perfect Thing*, 73; Johnny Davis, "Ten Years of the iPod," *Guardian*, Mar. 18, 2011.

30장 아이튠스 스토어

불법 다운로드보다 매력적인 합법적 대안을 궁리하다 Paul Vidich, Steve Jobs, Doug Morris, Barry Schuler, Roger Ames, Eddy Cue와의 인터뷰. Paul Sloan, "What's Next for Apple," *Business 2.0*, Apr. 1, 2005; Knopper, 157-161, 170; Devin Leonard, "Songs in the Key of Steve," *Fortune*, May 12, 2003; Tony Perkins가 Nobuyuki Idei, Sir Howard Stringer와 가진 인터뷰, World Economic Forum, Davos, Jan. 25, 2003; Dan Tynan, "The 25 Worst

Tech Products of All Time," *PC World*, Mar. 26, 2006; Andy Langer, "The God of Music," *Esquire*, July 2003; Jeff Goodell, "Steve Jobs," *Rolling Stone*, Dec. 3, 2003.

음악 산업의 역사적 전환을 이끌다 Doug Morris, Roger Ames, Steve Jobs, Jimmy Iovine, Andy Lack, Eddy Cue, Wynton Marsalis와의 인터뷰. Knopper, 172; Devin Leonard, "Songs in the Key of Steve," *Fortune*, May 12, 2003; Peter Burrows, "Show Time!," *Business Week*, Feb. 2, 2004; Pui-Wing Tam, Bruce Orwall, and Anna Wilde Mathews, "Going Hollywood," *Wall Street Journal*, Apr. 25, 2003; Steve Jobs, 기조연설, Apr. 28, 2003; Andy Langer, "The God of Music," *Esquire*, July 2003; Steven Levy, "Not the Same Old Song," *Newsweek*, May 12, 2003.

윈도용 아이튠스 출시 Steve Jobs, Phil Schiller, Tim Cook, Jon Rubinstein, Tony Fadell, Eddy Cue와의 인터뷰. Jim Allchin, David Cole, Bill Gates의 이메일, Apr. 30, 2003(이 이메일들은 훗날 아이오와 주 법원 소송의 증거로 쓰였고 Steve Jobs가 내게 사본을 보내 주었다.; Steve Jobs, presentation, Oct. 16, 2003; Walt Mossberg가 Steve Jobs와 가진 인터뷰, 올 싱스 디지털(All Things Digital) 컨퍼런스, May 30, 2007; Bill Gates, "We're Early on the Video Thing," *Business Week*, sept. 2, 2004.

자기 잠식을 두려워 말라 Andy Lack, Tim Cook, Steve Jobs, Tony Fadell, Jon Rubinstein과의 인터뷰. Ken Belson, "Infighting Left Sony behind Apple in Digital Music," *New York Times*, Apr. 19, 2004; Frank Rose, "Battle for the Soul of the MP3 Phone," *Wired*, Nov. 2005; Saul Hansel, "Gates vs. Jobs: The Rematch," *New York Times*, Nov. 14, 2004; John Borland, "Can Glaser and Jobs Find Harmony?," *CNET News*, Aug. 17, 2004; Levy, *The Perfect Thing*, 169.

31장 뮤직 맨

당신의 아이팟에는……? Steve Jobs, James Vincent와의 인터뷰. Elisabeth Bumiller, "President Bush's iPod," *New York Times*, Apr. 11, 2005; Levy, *The Perfect Thing*, 26-29; Devin Leonard, "Songs in the Key of Steve," *Fortune*, May 12, 2003.

밥 딜런 Jeff Rosen, Andy Lack, Eddy Cue, Steve Jobs, James Vincent, Lee Clow와의 인터뷰. Matthew Creamer, "Bob Dylan Tops Music Chart Again-and Apple's a Big Reason Why," *Ad Age*, Oct. 8, 2006.

비틀스; 보노; 요요마 Bono, John Eastman, Steve Jobs, Yo-Yo Ma, George Riley와의 인터뷰.

32장 픽사의 친구들

벅스 라이프 Jeffrey Katzenberg, John Lasseter, Steve Jobs와의 인터뷰. Price, 171-174; Paik, 116; Peter Burrows, "Antz vs. Bugs" and "Steve Jobs: Movie Mogul," *Business Week*, Nov. 23, 1998; Amy Wallace, "Ouch! That Stings," *Los Angeles Times*, Sept. 21, 1998; Kim Masters, "Battle of the Bugs," *Time*, Sept. 28, 1998; Richard Schickel, "Antz," *Time*, Oct. 12, 1998; Richard Corliss, "Bugs Funny," *Time*, Nov. 30, 1998.

"스티브 자신의 영화" John Lasseter, Pam Kerwin, Ed Catmull, Steve Jobs와의 인터뷰. Paik, 168; Rick Lyman, "A Digital Dream Factory in Silicon Valley," *New York Times*, June 11, 2001.

위대한 두 회사 Mike Slade, Oren Jacob, Michael Eisner, Bob Iger, Steve Jobs, John Lasseter, Ed Catmull과의 인터뷰. James Stewart, *Disney War*(Simon & Schuster, 2005), 383; Price, 230-235; Benny Evangelista, "Parting Slam by Pixar's Jobs," *San Francisco Chronicle*, Feb. 5, 2004; John Markoff and Laura Holson, "New iPod Will Play TV Shows," *New York Times*, Oct. 13, 2005.

33장 21세기 맥

조개, 아이스 큐브, 해바라기 Jon Rubinstein, Jony Ive, Laurene Powell, Steve Jobs, Fred Anderson, George Riley와의 인터뷰. Steven Levy, "Thinking inside the Box," *Newsweek*, July 31, 2000; Brent Schlender, "Steve Jobs," *Fortune*, May 14, 2001; Ian Fried, "Apple Slices Revenue Forecast Again," *CNET News*, Dec. 6, 2000; Linzmayer, 301; 2005년 10월 11일에 받은 미국 디자인 특허 D510577S호.

인텔 인사이드 애플 Paul Otellini, Bill Gates, Art Levinson과의 인터뷰. Carlton, 436.

잡스와 연봉 1달러 Ed Woolard, George Riley, Al Gore, Fred Anderson, Eric Schmidt와의 인터뷰. Geoff Colvin, "The Great CEO Heist," *Fortune*, June 25, 2001; Joe Nocera, "Weighing Jobs's Role in a Scandal," *New York Times*, Apr. 28, 2007; Steven P. Jobs의 증언 녹취서, Mar. 18, 2008, *SEC v. Nancy Heinen*, U.S. District Court, Northern District of California; William Barrett, "Nobody Loves Me," *Forbes*, May 11, 2009; Peter Ellkind, "The Trouble with Steve Jobs," *Fortune*, Mar. 5, 2008.

34장 1라운드

암 Steve Jobs, Laurene Powell, Art Levinson, Larry Brilliant, Dean Ornish, Bill Campbell, Andy Grove, Andy Hertzfeld와의 인터뷰.

스탠퍼드 대학교 졸업식 연설 Steve Jobs, Laurene Powell과의 인터뷰. Steve Jobs, Stanford commencement.

쉰 살의 사자 Mike Slade, Alice Waters, Steve Jobs, Tim Cook, Avie Tevanian, Jony Ive, Jon Rubinstein, Tony Fadell, George Riley, Bono, Walt Mossberg, Steven Levy, Kara Swisher와의 인터뷰. Walt Mossberg와 Kara Swisher가 Steve Jobs, Bill Gates와 가진 인터뷰, 올 싱스 디지털 컨퍼런스, May 30, 2007; Steven Levy, "Finally, Vista Makes Its Debut," *Newsweek*,

Feb. 1, 2007.

35장 **아이폰**

아이팟으로 통화를? Art Levinson, Steve Jobs, Tony Fadell, George Riley, Tim Cook과의 인터뷰. Frank Rose, "Battle for the Soul of the MP3 Phone," *Wired*, Nov. 2005.

"이게 바로 미래야!" Jony Ive, Steve Jobs, Tony Fadell, Tim Cook과의 인터뷰.

고릴라 유리 Wendell Weeks, John Seeley Brown, Steve Jobs와의 인터뷰.

얇은 것이 아름답다 Jony Ive, Steve Jobs, Tony Fadell과의 인터뷰. Fred Vogelstein, "The Untold Story," *Wired*, Jan. 9, 2008.

'예수 폰' John Huey, Nicholas Negroponte와의 인터뷰. Lev Gross-man, "Apple's New Calling," *Time*, Jan. 22, 2007; Steve Jobs, 맥월드 연설, Jan. 9, 2007; John Markoff, "Apple Introduces Innovative Cellphone," *New York Times*, Jan. 10, 2007; John Heilemann, "Steve Jobs in a Box," *New York*, June 17, 2007; Janko Roettgers, "Alan Kay: With the Tablet, Apple Will Rule the World," GigaOM, Jan. 26, 2010.

36장 **2라운드**

2008년의 전투 Steve Jobs, Kathryn Smith, Bill Campbell, Art Levinson, Al Gore, John Huey, Andy Serwer, Laurene Powell, Doug Morris, Jimmy Iovine과의 인터뷰. Peter Elkind, "The Trouble with Steve Jobs," *Fortune*, Mar. 5, 2008; Joe Nocera, "Apple's Culture of Secrecy," *New York Times*, July 26, 2008; Steve Jobs, 애플 커뮤니티에 보낸 편지, Jan. 5 and Jan. 14, 2009; Doron Levin, "Steve Jobs Went to Switzerland in Search of Cancer Treatment," *Fortune.com*, Jan. 18, 2011; Yukari Kanea and Joann Lublin, "On Apple's Board, Fewer Independent Voices," *Wall Street Journal*, Mar. 24, 2010; Micki Maynard (Micheline Maynard), 트위터 포스트, 2:45 p.m.,

Jan. 18, 2011; Ryan Chittum, "The Dead Source Who Keeps on Giving," *Columbia Journalism Review*, Jan. 18, 2011.

멤피스에서 이식수술을 받다 Steve Jobs, Laurene Powell, George Riley, Kristina Kiehl, Kathryn Smith와의 인터뷰. John Lauerman and Connie Guglielmo, "Jobs Liver Transplant," *Bloomberg*, Aug. 21, 2009.

잡스가 돌아오다 Steve Jobs, George Riley, Tim Cook, Jony Ive, Brian Roberts, Andy Hertzfeld와의 인터뷰.

37장 아이패드

혁명을 원한다고 말하라 Steve Jobs, Phil Schiller, Tim Cook, Jony Ive, Tony Fadell, Paul Otellini와의 인터뷰. 올 싱스 디지털 컨퍼런스, May 30, 2003.

가장 단순하고 직관적인 마법 도구 Steve Jobs, Daniel Kottke와의 인터뷰. Brent Schlender, "Bill Gates Joins the iPad Army of Critics," *bnet.com*, Feb. 10, 2010; Steve Jobs, 기조연설 Jan. 27, 2010; Nick Summers, "Instant Apple iPad Reaction," *Newsweek.com*, Jan. 27, 2010; Adam Frucci, "Eight Things That Suck about the iPad," Gizmodo, Jan. 27, 2010; Lev Grossman, "Do We Need the iPad?," *Time*, Apr. 1, 2010; Daniel Lyons, "Think Really Different," *Newsweek*, Mar. 26, 2010; Techmate debate, *Fortune*, Apr. 12, 2010; Eric Laningan, "Wozniak on the iPad," TwiT TV, Apr. 5, 2010; Michael Shear, "At White House, a New Question: What's on Your iPad?," *Washington Post*, June 7, 2010; Michael Noer, "The Stable Boy and the iPad," *Forbes.com*, Sept. 8, 2010.

애플의 목소리를 들려줄 것 Steve Jobs, James Vincent, Lee Clow와의 인터뷰.

아이폰에서 시작된 앱 현상 Art Levinson, Phil Schiller, Steve Jobs, John Doerr와의 인터뷰.

출판과 저널리즘 Steve Jobs, Jeff Bewkes, Richard Stengel, Andy Serwer, Josh Quittner, Rupert Murdoch과의 인터뷰. Ken Auletta, "Publish or Perish,"

New Yorker, Apr. 26, 2010; Ryan Tate, "The Price of Crossing Steve Jobs," Gawker, Sept. 30, 2010.

38장 새로운 전투들

구글 Steve Jobs, Bill Campbell, Eric Schmidt, John Doerr, Tim Cook, Bill Gates와의 인터뷰. John Abell, "Google's 'Don't Be Evil' Mantra Is 'Bullshit'" *Wired*, Jan. 30, 2010; Brad Stone and Miguel Helft, "A Battle for the Future Is Getting Personal," *New York Times*, March 14, 2010.

자유로운 혁명가 대 오만한 독재자 Steve Jobs, Bill Campbell, Tom Friedman, Art Levinson, Al Gore와의 인터뷰. Leander Kahney, "What Made Apple Freeze Out Adobe?," *Wired*, July 2010; Jean-Louis Gassée, "The Adobe-Apple Flame War," *Monday Note*, Apr. 11, 2010; Steve Jobs, "Thoughts on Flash," Apple.com, Apr. 29, 2010; Walt Mossberg and Kara Swisher, Steve Jobs 인터뷰, 올 싱스 디지털 컨퍼런스, June 1, 2010; Robert X. Cringely(필명), "Steve Jobs: Savior or Tyrant?," *InfoWorld*, Apr. 21, 2010; Ryan Tate, "Steve Jobs Offers World 'Freedom from Porn,'" Valleywag, May 15, 2010; JR Raphael, "I Want Porn," esarcasm.com, Apr. 20, 2010; Jon Stewart, *The Daily Show*, Apr. 28, 2010.

안테나게이트 디자인 대 엔지니어링: Tony Fadell, Jony Ive, Steve Jobs, Art Levinson, Tim Cook, Regis McKenna, Bill Campbell, James Vincent와의 인터뷰. Mark Gikas, "Why Consumer Reports Can't Recommend the iPhone 4," *Consumer Reports*, July 12, 2010; Michael Wolff, "Is There Anything That Can Trip Up Steve Jobs?," *newser.com* and *vanityfair.com*, July 19, 2010; Scott Adams, "High Ground Maneuver," dilbert.com, July 19, 2010.

비틀스가 아이튠스로 돌아오다 Steve Jobs, Eddy Cue, James Vincent와의 인터뷰.

39장 무한대를 향해

아이패드 2 Larry Ellison, Steve Jobs, Laurene Powell과의 인터뷰. Steve Jobs, 아이패드 2 출시 행사 연설, Mar. 2, 2011.

애플을 만든 아키텍처가 그의 영혼에까지 뿌리내리다 Steve Jobs, Eddy Cue와의 인터뷰. Steve Jobs, 세계 개발자 컨퍼런스(Worldwide Developers Conference) 기조연설, June 6, 2011; Walt Mossberg, "Apple's Mobile Me Is Far Too Flawed to Be Reliable," *Wall Street Journal*, July 23, 2008; Adam Lashinsky, "Inside Apple," *Fortune*, May 23, 2011; Richard Waters, "Apple Races to Keep Users Firmly Wrapped in Its Cloud," *Financial Times*, June 9, 2011.

아이클라우드 Steve Jobs, Steve Wozniak, Ann Bowers와의 인터뷰. Steve Jobs, 쿠퍼티노 시의회 출석, June 7, 2011.

40장 3라운드

가족 Laurene Powell, Erin Jobs, Steve Jobs, Kathryn Smith, Jennifer Egan과의 인터뷰. Steve Jobs의 이메일, June 8, 2010, 4:55 p.m.; Tina Redse가 steve Jobs에게 보낸 이메일, July 20, 2010, and Feb. 6, 2011.

오바마 대통령 David Axelrod, Steve Jobs, John Doerr, Laurene Powell, Valerie Jarrett, Eric Schmidt, Austan Goolsbee와의 인터뷰.

2011년 세 번째 병가 Kathryn Smith, Steve Jobs, Larry Brilliant와의 인터뷰.

그를 찾아온 사람들 Steve Jobs, Bill Gates, Mike Slade와의 인터뷰.

41장 유산

Jonathan Zittrain, *The Future of the Internet-And how to stop It*(Yale, 2008), 2; Cory Doctorow, "Why I Won't Buy an iPad," Boing Boing, Apr. 2, 2010.

가이 버드 트리블 Guy L. Tribble

애플의 소프트웨어 부문 부사장. 원조 매킨토시의 소프트웨어 개발에 참여했으며 맥 OS와 사용자 인터페이스 설계에 일조했다. 넥스트 시절에도 소프트웨어 부문을 담당했고, 현재 관련 산업 최고의 소프트웨어 설계자로 꼽힌다.

고든 무어 Gordon Earle Moore (1929 ~)

인텔의 공동 창립자이자 명예 회장. 그는 1965년 칩 하나에 담을 수 있는 트랜지스터의 수를 토대로 집적 회로 발전 속도를 나타내는 그래프를 그렸으며 그 수가 2년마다 두 배로 증가할 것이라고 예견했다. 이 '무어의 법칙'을 통해 스티브 잡스와 빌 게이츠 등의 기업가들이 개발 상품의 가격을 예측할 수 있게 되었다.

고든 프렌치 Gordon French

초창기 해커이자 기술자. 1975년 자신의 차고에서 처음으로 홈브루 컴퓨터 클럽 모임을 시작하였다. 히피 문화에 영향을 받은 컴퓨터광들과 운동가들의 진보적인 토론 집단이었던 이 클럽에는 당시 대학 중퇴자였던 잡스와 애플의 공동 창업자 스티브 워즈니악도 소속되어 있었다.

길 아멜리오 Gilbert Frank Amelio (1943 ~)

애플의 5대 CEO. 벨 연구소와 페어차일드 반도체를 거쳐 록웰 인터내셔널에서 근무했다. 1991년부터 1995년까지는 내셔널 반도체 CEO를 역임, 1994년부터 애플의 연구 엔지니어로 근무하다가 1996년 CEO에 취임했으나, 부임 첫해 10억 달러의 적자를 기록하며 1997년 사임하게 된다.

놀런 부시넬 Nolan K. Bushnell (1943 ~)

아타리의 공동 창업자. 비디오게임의 대부로 불리며 게임 산업을 선도했다. 그는 혁신적인 탁구형 게임 '퐁(Pong)'의 엄청난 성공을 통해 아케이드 게임을 하나의 산업으로 정립시켰으며 잡스를 엔지니어로 고용하여 함께 일하며 그의 역할 모델이 되었다.

더그 엥겔바트 Douglas C. Engelbart (1925~2013)

북유럽 출신 발명가. 컴퓨터 마우스의 발명자로 유명한 그는 그래픽 유저 인터페이스, 하이퍼텍스트, 네트워크 컴퓨터 등의 분야를 연구한 세계적 권위자로, 1960년대 말 실리콘밸리의 독특한 문화적 흐름을 주도했다.

대니얼 콧키 Daniel Kottke (1954 ~)

애플의 컴퓨터 엔지니어. 잡스와 리드 대학교에 다니던 시절 함께 인도 등지를 여행하는 등 친한 친구였으며 후일 초창기 매킨토시 팀의 팀원이 되었다. 1980년대 초까지 매킨토시 키보드의 디자인을 맡아 일했으며 개발 부서의 초기 멤버 중 한 명이었다.

데이비드 패커드 David Packard (1912~1996)

휼렛패커드의 공동 창업자. 스탠퍼드 대학교 전기공학과에서 수학하던 중, 친구인 빌 휼렛과 함께 휼렛패커드를 창립했으며 1947년부터 대표를, 1964년부터 CEO를 역임한 후 닉슨 행정부에서 일하기도 했다. 휼렛패커드는 실리콘밸리에 안착한 기업의 시조로 꼽히며 1939년 최초로 창업을 준비한 차고는 캘리포니아 주 정부에 의해 '실리콘밸리의 발상지'로서 보존 중이다.

래리 브릴리언트 Lawrence Brilliant (1944 ~)
세계적인 전염병학자이자 의사. 웨인 주립 대학교에서 의학 박사 학위를 받았다. 가장 영향력 있는 전염병학자 중 하나인 그는 구글에서 운영하는 자선 단체인 Google.org를 위해 일하고 있으며 2006년에는 비영리 단체인 TED에서 주관하는 TED상을 수상, '전 세계적인 전염병 퇴치 운동'을 주장했다. 잡스와는 인도에서 만난 이래 평생의 친구가 되었고, 그의 투병 기간 동안 조언을 한 것으로 알려져 있다.

래리 엘리슨 Lawrence Joseph Ellison (1944 ~)
세계적인 소프트웨어 업체 오라클의 CEO이자 창업자. 시카고 대학교에서 수학하였으나 중퇴했다. 미국 3위, 세계 6위의 부호인 그는 호화롭고 분방한 생활 방식으로 '실리콘밸리의 악동'이라는 별명을 얻었다. 영화 「아이언맨」에 등장하는 주인공 토니 스타크의 모델로도 잘 알려진 그는 잡스와 평생 친밀한 관계를 유지했다.

래리 테슬러 Lawrence Gordon Tesler (1945~2020)
제록스, 애플, 아마존, 야후 등 굴지의 업체에서 일해 온 컴퓨터 공학자. 스탠퍼드 대학교에서 컴퓨터 공학을 전공한 그는 스탠퍼드 인공지능 연구실에서 제록스로 이직하면서 경력을 시작, 1980년대 제록스에서 자신이 개발한 기술을 애플에 전하면서 애플에서 수석 연구원으로 근무한다. 리사 프로젝트를 성공적으로 이끄는 데 많은 공헌을 한 그는 매킨토시 개발에 참여하여 다시 한 번 전 세계를 놀라게 했다.

래리 페이지 Lawrence E. Page (1973 ~)
구글의 공동 창업자이자 현 CEO. 스탠퍼드 대학교에서 만난 세르게이브린과 함께 1998년 구글을 설립하였다. 이후 구글은 노벨 사의 CEO인 에릭 슈미트를 영입하여 회사를 초고속 성장 가도에 올려놓았으며, 검색과 관련한 다양한 서비스를 진행했다. 구글의 제품 부문을 담당하여 일해 왔으며 2011년 CEO에 취임하였다.

레지스 매케나 Regis McKenna

세계적인 테크놀로지 마케팅 컨설턴트. '하이테크 마케팅의 아버지'로 불리는 그는 1970년대부터 애플을 비롯하여 인텔, 로터스, 마이크로소프트 등 유수의 업체와 함께 마케팅을 진행했으며 홍보 전략에 있어 잡스에게 많은 영향을 끼친 것으로 알려져 있다.

로버트 프리들랜드 Robert Friedland (1950 ~)

세계적인 광산업체 아이반호 마인스 회장. 리드 대학교 시절 잡스와 알게 되어 친분을 유지했으며 그가 젊은 시절 관리하던 사과 농장에서 콧키와 잡스는 동양 종교의 영향을 받은 공동체 활동에 참여했다. 제3세계의 광산 천연자원을 개발하여 후일 미국을 대표하는 광산업자가 된다.

론 웨인 Ronald Gerald Wayne (1934 ~)

잡스, 워즈니악과 함께 애플을 창업한 공동 창업자. 아타리에서 일하면서 잡스와 워즈니악을 만나 회사를 설립하기로 의기투합, 당시 800달러를 투자하면서 회사 지분의 10%를 배당받았으나 12일 만에 2300달러를 받고 회사 지분을 넘기고 만다.

롭 자노프 Rob Janoff (1952 ~)

초창기 애플의 상징인 레인보우 애플 로고를 디자인한 디자이너. 레지스 매케나 아래에서 미술 디렉터로 근무하던 그는 애플 컴퓨터를 위한 로고 디자인 요청을 받고 처음에 '완전한 사과'와 '한입 베어 먹은 사과' 두 가지 시안을 준비했는데 잡스는 두 번째 시안을 채택하였다. 이후 IBM과 인텔에서 근무했다.

루퍼트 머독 Keith Rupert Murdoch (1931 ~)

세계적인 글로벌 미디어 거물로, 뉴스 코퍼레이션 현 회장. 신문사 하나에서 시작하여 영국, 미국, 아시아의 미디어 시장에 뛰어든 후 텔레비전 사업까지 확장하여 현재의 뉴스 코퍼레이션을 구축하였다. 위성 방송, 영화 산업, 인터넷 등 미디어 산업계의 최고 투자자 중 한 명이며 2005년에는 마이스페이스를 인수했다. 잡스와는 아이패드용 저널 공급 등 협업 관계에 있었다.

리 클라우 Lee Clow (1942 ~)

'광고 예술의 구루'로 불리는 광고 크리에이티브 디렉터. 유명한 작업으로는 조지 오웰의 『1984』에서 영감을 받은 매킨토시 광고 '1984'가 있다. 이 당시 만들어 낸 '다른 것을 생각하라(Think Different)'라는 슬로건은 이후 애플의 핵심 이념이 되었다.

마이크 마쿨라 Armas Clifford Markkula, Jr. (1942 ~)

애플의 2대 CEO. 서던 캘리포니아 대학교에서 과학 박사 학위를 받았으며 페어차일드 반도체와 인텔에서 마케팅을 담당하다가 애플에 합류한다. 인텔에서 스톡옵션으로 거부가 된 그는 애플 초기에 사업 확대 자금을 투자하며 사업에 참여했으며, 애플의 CEO를 역임했다.

마이크 스콧 Michael Scott (1943 ~)

애플의 초대 CEO. 내셔널 반도체에서 제조 분야를 담당하던 그의 전문성을 높이 산 마이크 마쿨라의 요청을 받아들여 애플의 CEO가 된다. 잡스와는 경영 주도권을 놓고 불화를 겪었다고 알려져 있으며 1981년 회사를 떠났다.

마이클 스핀들러 Michael Spindler (1942~2017)

애플의 4대 CEO. 정력적인 업무 스타일로 인해 '디젤'이라는 별명의 소
유자였다. 1980년 애플에 합류하여 유럽 지부를 담당했으며 존 스컬리의
뒤를 이어 1993년부터 3년간 애플의 CEO가 된다.

마이클 아이스너 Michael Dammann Eisner (1942 ~)

월트 디즈니를 22년간 이끈 전 CEO. ABC와 파라마운트를 거쳐 월트 디
즈니 사후에 회사의 전문 경영인으로 지목되었다. 애니메이션 영화사였던
월트 디즈니를 복합 미디어 기업으로 키우는 데 결정적인 역할을 했다는
평가를 받고 있다. 아이스너가 진두지휘하던 월트 디즈니는 애플을 떠난
스티브 잡스가 인수한 픽사와 계약, 협업 관계를 유지하며 픽사의 배급과
홍보를 맡았다.

마크 주커버그 Mark Elliot Zuckerberg (1984 ~)

페이스북의 공동 창업자. 하버드 대학교 재학 중에 대학 친구들과 함께 페
이스북을 설립하였다. 대학 기숙사에서 인맥을 관리하기 위해 만들었던
페이스북은 이후 SNS의 최강자로 부각되었으며 회사 지분의 24%를 가지
고 있는 주커버그는 현재 가장 영향력 있는 IT 거물 중 하나가 되었다.

밥 아이거 Robert A. Iger (1951 ~)

월트 디즈니 현 CEO. 1974년 ABC에 입사한 이래 그룹 COO에 취임하였
으며 2000년에는 마이클 아이스너의 뒤를 이어 월트 디즈니 CEO가 된
다. 픽사와 경쟁 관계를 유지하던 아이스너와는 달리, 잡스와 좋은 협력
관계를 구축하였으며 2006년 픽사를 인수하였다.

버렐 스미스 Burrell Carver Smith (1955 ~)

매킨토시의 하드웨어 핵심 부문을 설계한 엔지니어. 1979년 입사한 후 매킨토시 프로젝트에 투입되어 잡스의 지시 아래 혁신적인 디지털 보드를 설계했다. 그는 개발 단계에서 다섯 종의 서로 다른 디지털 보드를 제작했으며 기존의 디지털 보드 성능을 크게 개선하는 데 성공하여 매킨토시 기능 혁신의 주역으로 꼽힌다.

벤 로젠 Benjamin M. Rosen (1933 ~)

컴퓨터 업계 분석가이자 컴팩의 전 회장, CEO 대행. 컬럼비아 대학교에서 경영학 석사 학위를 취득하고 월 가에서 20여 년간 일하던 그는, 벤처 투자 회사를 세운 뒤 컴팩에 투자하면서 실질적인 회장직을 역임한다. 1999년부터는 CEO 대행으로 컴팩을 이끌었다. 애플 Ⅱ 발매 당시 업계에서 높은 영향력을 가지고 있었던 그는 열광적인 지지를 보였다.

빌 게이츠 William Henry Gates III (1955 ~)

마이크로소프트의 공동 창업자. 하버드 대학교를 다니다 중퇴한 후 폴 앨런과 함께 마이크로소프트를 설립했다. 1981년 운영 체제인 MS-DOS를 개발하였고 개인용 컴퓨터의 빠른 보급으로 소프트웨어 시장을 석권한 후 윈도 95를 발표, 세계적인 성공을 거둔다. 애플과 마이크로소프트는 서로 강력한 경쟁자였으며 잡스와 게이츠의 경쟁 구도 역시 주목의 대상이었다.

빌 앳킨슨 Bill Atkinson (1951 ~)

애플의 그래픽 유저 인터페이스 관련 핵심 개발자. 원조 매킨토시 팀의 리더였던 제프 래스킨의 대학 제자로, 1978년부터 애플에서 근무하며 매킨토시 혁신의 중추로 활약한다. 매킨토시 히트 소프트웨어였던 이미지 편집 프로그램 '맥페인트'의 개발자로도 유명하다.

빌 캠벨 William V. Campbell (1940~2016)

애플의 선임 이사. 잡스의 오랜 지지자이자 친구였던 그는 전직 컬럼비아 대학교 미식축구 감독으로, 애플에서는 마케팅 분야 업무를 담당했다. 인튜이트의 CEO를 역임하고 현재 이사회 회장직을 맡고 있다. 잡스의 건강 악화가 진행 중이던 무렵 그의 곁을 지킨 최측근이었다.

빌 휼렛 William Reddington Hewlett (1913~2001)

휼렛패커드의 공동 창업자. 스탠퍼드 대학교에서 데이비드 패커드를 만나 함께 휼렛패커드를 설립했으며 패커드는 경영을, 휼렛은 기술을 맡아 회사를 키웠다. 초기 투자 금액 538달러에 창립된 휼렛패커드는 정밀 기기 생산에서 독주를 계속했으며 2000년대에 들어서는 공격적인 인수 합병을 통해 《포춘》 선정 '글로벌 500대 기업'에서 9위를 차지하는 거대 복합 기업으로 성장했다.

세르게이 브린 Sergey Mikhaylovich Brin (1973 ~)

구글의 공동 창업자. 스탠퍼드 대학교에서 컴퓨터 공학을 전공했으나 박사 과정 중에 래리 페이지를 만나 학위를 그만두고 구글을 설립하였다. 수학의 천재였던 그는 구글의 기술력을 높이는 데 주력하여 기술 부문 사장으로 일해 오고 있다.

수전 케어 Susan Kare (1954 ~)

1980년대 애플 매킨토시의 아이콘, 글꼴 등 많은 그래픽 유저 인터페이스를 만들어 낸 그래픽 디자이너. 넥스트의 창립 멤버였으며 크리에이티브 디렉터로 근무하다가 이후 독립해 마이크로소프트 윈도 3.0과 IBM OS/2 Warp의 아이콘을 제작했다.

스티브 발머 Steven Anthony Ballmer (1956 ~)

마이크로소프트 현 CEO. 하버드 대학교에서 기숙사 친구였던 빌 게이츠의 권유로 1980년 마이크로소프트에 입사했다. 빌 게이츠와는 개인적으로 가까운 친구이며 기술적 지식은 있으나 영업력이 비교적 부족한 게이츠 회장을 대신해 20여 년간 판매와 영업을 담당했다. 윈도 운영 체제에 주력하던 경영 전략을 인터넷 중심으로 재편하는 등 오늘의 마이크로소프트가 있게 한 주역이며 2000년 빌 게이츠의 후임으로 CEO가 되었다.

스티브 워즈니악 Steve Wozniak (1950 ~)

애플의 공동 창업자. 캘리포니아 대학교 버클리에서 컴퓨터 공학을 전공하다 중퇴하고 고교 친구였던 잡스, 직장 동료였던 웨인과 함께 애플을 설립했다. 애플 II, 매킨토시 등 초기 애플 제품을 설계했으며 그중 애플 II는 혼자서 설계한 마지막 개인용 컴퓨터가 되었다. 애플에서 나온 이후 벤처 기업을 세우는 등 업계에서 활발히 활동했으며 자선 사업가로도 명성을 높였다.

아서 록 Arthur Rock (1926 ~)

실리콘밸리의 전설적인 벤처 투자가. 하버드 대학교에서 경영학 석사 학위를 취득했으며 뉴욕에서 분석가로 활동하다가 소자본 하이테크 업체에 주목하여 캘리포니아로 활동 무대를 옮겼다. 애플 초기 이사회에 참여했으며 잡스에게는 아버지 같은 존재로 알려져 있다.

애비 테버니언 Avadis Tevanian II (1961 ~)

애플의 전 수석 부사장. 카네기 멜론 대학교에서 컴퓨터 공학으로 박사 학위를 받고 넥스트에서 일하다가 잡스의 복귀와 함께 애플에 들어가게 된다. 애플에서는 운영체제 개발의 중핵으로 활약했으며 맥 OS X의 초기 설계를 담당했다.

앤디 허츠펠드 Andy Hertzfeld (1953 ~)

매킨토시 개발 팀의 소프트웨어 엔지니어. 캘리포니아 대학교 버클리를
졸업한 후 애플 II를 위한 소프트웨어 개발을 하면서 경력을 시작했다.
디자이너인 수전 케어와는 고교 시절부터 친구로, 그녀를 애플에 소개했
으며 잡스와는 단짝이었다. 애플을 떠난 뒤 몇몇 업체를 거쳐 최근에는
Google+의 유저 인터페이스를 디자인했다.

앨 알콘 Allan Alcorn (1948 ~)

아타리의 공동 창업자이자 '퐁'의 개발자. 캘리포니아 대학교 버클리에서
전기공학과 컴퓨터 공학으로 박사 학위를 받았다. 놀런 부시넬과 함께 세
운 아타리에서 세계 최초의 히트 게임인 '퐁'을 설계한다. 히피였던 열여
덟 살의 잡스와 그의 친구 워즈니악을 채용해 아타리에서 일하게 한 것
으로 알려져 있다.

앨런 케이 Alan Curtis Kay (1940 ~)

세계적인 사용자 인터페이스 디자인 권위자이자 휼렛패커드 연구소 현
명예 연구원. 그가 제록스에서 개발한 네트워크 워크스테이션 초기 모델
은 애플 매킨토시 개발에 큰 영향을 주었다. 1984년부터 애플 특별 연구
원으로 근무하였으며 현재는 뷰포인츠 연구소 대표로 재직 중이다.

앨비 레이 스미스 Alvy Ray Smith III (1943 ~)

픽사 애니메이션 스튜디오의 공동 창업자. 스탠퍼드 대학교에서 컴퓨터
공학으로 박사 학위를 받고 뉴욕 대학교에서 전기공학과 컴퓨터 공학을
가르쳤다. 교수직을 그만둔 뒤로는 제록스에서 근무했고, 에드 캣멀, 존
래시터 등과 함께 루카스필름의 특수 효과 스튜디오에서 일했다. 컴퓨터
그래픽의 권위자였던 그는 애플을 퇴사한 잡스와 함께 루카스필름의 컴
퓨터 그래픽 부서를 사들여, 픽사를 만들게 된다.

에드 울러드 Edgar S. Woolard (1934 ~)

듀폰의 전 CEO이자 애플 전 이사회 회장. 노스 캐롤라이나 대학교에서 산업공학을 전공한 뒤 듀폰에 입사하였다. 화학 회사인 듀폰에서 녹색 경영이라는 개념을 도입, 기업 혁신을 주도했으며 이후 애플 이사회 회장이 되어 잡스의 멘토 역할을 한다.

에드 잰더 Edward J. Zander (1947 ~)

모토로라의 현 CEO. 보스턴 대학교에서 M.B.A.를 수료한 후 1987년 선 마이크로시스템스에서 근무하기 시작하여 기업 마케팅과 소프트웨어 부문을 담당한 뒤 2004년부터 모토로라에 합류, CEO가 되었다.

에드 캣멀 Edwin Earl Catmull (1945 ~)

픽사의 공동 창업자이자 현 사장. 유타 대학교에서 물리학과 전산학을 전공, 컴퓨터 그래픽의 중요한 기본 개념을 만들었으며 3차원 컴퓨터 그래픽을 이용한 최초의 영화를 제작했다. 1979년 루카스필름에 입사하여 이미지 합성 기법을 개발, 1986년에는 앨비 레이 스미스, 잡스 등과 함께 픽사를 설립했다. 픽사에서 제작한 3차원 렌더링 소프트웨어 렌더맨의 주요 개발자이기도 하다.

에디 큐 Eddy Cue (1964 ~)

애플의 수석 부사장. 듀크 대학교에서 컴퓨터 공학과 경제학을 전공했으며 1998년 애플 온라인 스토어를 구축하는 데 큰 역할을 담당한 이래 아이튠스 뮤직 스토어와 앱 스토어에서 중추를 맡았던 그는 잡스 퇴임 후 팀 쿡 체제 아래에서 아이클라우드와 아이애드의 책임자로 임명, 인터넷 소프트웨어 서비스 부문 수석 부사장을 맡게 되었다.

에릭 슈미트 Eric Emerson Schmidt (1955 ~)

구글 회장이자 전 애플 이사. 프린스턴 대학교를 졸업하고 캘리포니아 대학교 버클리에서 컴퓨터 공학으로 박사 학위를 받았다. 노벨의 CEO였던 그는 2001년 구글에 합류하여 최고 기술 경영자이자 사업가로 구글을 정상에 올려놓는 데 핵심적인 역할을 한다. 구글과 애플의 사업 분야가 겹치게 되면서 애플 이사회에서 사퇴하였다.

오토가와 고분 치노 Otogawa Kobun Chino (1938~2002)

일본의 선불교 승려. 승려 집안에서 태어나 교토 대학교에서 소승 불교로 박사 학위를 받았다. 선승인 고도 사와키의 사사를 받은 그는 이후 조동종 선불교의 거승인 스즈키 순류의 초대를 받아 1967년 일본에서 캘리포니아 샌프란시스코로 이주, 그곳에서 활동을 시작하였다. 그는 한때 선불교에 심취했던 스티브 잡스의 영적인 스승으로, 그의 결혼식 주례를 맡았다.

이데이 노부유키 Idei Nobuyuki (1937 ~)

일본 소니 사 전 CEO이자 회장. 와세다 대학교 정치경제학부를 졸업한 후 1960년 소니에 입사하여 유럽에서 근무하면서 국제파 실력자로 떠올랐다. 2000년 CEO에 취임한 이래 정보 통신 분야에 대한 전략적 투자로 침체 일변이던 소니에 새로운 활력을 불어넣었다.

장루이 가세 Jean-Louis Gassée (1944 ~)

애플의 제품 개발 관리자. 휼렛패커드에서 일하다가 애플로 옮긴 뒤 프랑스 지사에서 높은 이윤을 기록하며 탁월한 관리 능력을 인정받았다. 존 스컬리 체제 아래 매킨토시를 관리하였으며 잡스를 퇴출하고 복귀를 저지하는 역할을 담당했으나 이후 넥스트의 창의력을 인정하면서 잡스와는 화해한다. 비(Be)의 설립자로 BeOS를 만들었다.

제리 요크 Jerome Bailey York (1938~2010)

마이크로웨어하우스의 전 CEO이자 전 회장. 애플 이사회 이사였으며 크라이슬러와 IBM의 CFO를 역임했다.

제프 래스킨 Jef Raskin (1943~2005)

1970년대 후반 애플의 매킨토시 프로젝트를 담당한 컴퓨터 과학자. 애플 Ⅱ를 위한 매뉴얼 작성을 의뢰받아 애플에 합류한 이래, 매킨토시 프로젝트의 책임자가 되어 빌 앳킨슨 등 뛰어난 전문가들과 팀을 조직하였으나, 매킨토시 프로젝트는 이후 잡스가 관할하게 된다. 맥 OS의 그래픽 유저 인터페이스를 만들어 낸 것으로 유명하며 인간 중심 인터페이스 설계의 권위자로 꼽힌다.

제프리 카첸버그 Jeffrey Katzenberg (1950 ~)

드림웍스의 CEO이자 애니메이션 프로듀서. 1984년부터 월트 디즈니 스튜디오 사장으로 일하며 픽사 애니메이션과 창조적인 공동 협업을 진행했다. 1995년 드림웍스를 설립하여 「슈렉」, 「쿵푸 팬더」 등 히트작들을 만들어 낸다.

조너선 아이브 Jonathan Ive (1967 ~)

애플의 수석 디자이너이자 부사장. 잡스의 복귀 후 디자인 수석 부사장으로 일해 왔으며 천재적인 감각으로 맥북과 아이팟, 아이폰, 아이패드 등 회사의 주요 하드웨어 상품 디자인 콘셉트를 이끌었다. 브라운 사의 수석 디자이너 디터 람스는 '좋은 디자인의 10원칙'을 따르는 유일한 회사는 애플뿐이라고 말한 바 있다.

존 래시터 John Alan Lasseter (1957 ~)

픽사와 월트 디즈니를 대표하는 애니메이션 감독. 월트 디즈니가 투자한 애니메이션 프로그램인 칼아츠에서 수학한 후 월트 디즈니에 입사하였으며 루카스필름의 컴퓨터 그래픽 부서에서 컴퓨터 그래픽의 무한한 가능성을 발견하고 픽사에 입사, 1995년에는 세계 최초의 100% 컴퓨터 디지털 애니메이션 「토이 스토리」를 감독하였다. 이후 「벅스 라이프」, 「토이 스토리 2」, 「토이 스토리 3」 등 픽사의 히트 애니메이션을 감독하며 최고의 애니메이터로 명성을 굳혔다.

존 루빈스타인 Jon Rubinstein (1956 ~)

아이팟과 아이맥 개발에 큰 공을 세운 컴퓨터 공학자. 넥스트 시절부터 하드웨어 부문에서 일해 온 그는 1997년부터 2006년까지 애플에서 아이맥 및 아이팟 개발을 주도하였다. 잡스와는 오랜 세월 함께 일한 '신뢰받는 수하'였으며 애플을 떠난 뒤 팜의 CEO로 영입되었다가 2009년 휴렛패커드에 인수되면서 수석 부사장이 되었다.

존 스컬리 John Sculley (1939 ~)

애플의 3대 CEO. 펩시콜라의 CEO로 코카콜라와의 경쟁에서 성과를 거두고 있던 그의 마케팅 능력을 높이 산 잡스가 1983년 그를 애플 CEO로 영입했으나 이후 잡스를 애플에서 축출하는 데 결정적인 역할을 했다. 그러나 원래 경영 전문가였던 그는 하이테크 시장에 대한 분석 실패로 애플의 실적 부진을 가져왔고 1993년 애플을 떠났다.

토니 파델 Anthony M. Fadell (1969 ~)

아이팟 부문의 전 수석 부사장. 미시간 대학교에서 컴퓨터 공학을 전공한 후 애플에 입사하였으며, 2001년 온라인 음악 다운로드 서비스와 연동되는 휴대용 뮤직 플레이어라는 개념을 발전시켜 아이팟을 개발했다. 존 루빈스타인과 함께 '아이팟의 아버지'로 불리며 아이팟 신화의 일등 공신이 되었다. 2008년 애플을 떠났다.

팀 쿡 Timothy D. Cook (1960 ~)

애플의 현 CEO. 듀크 대학교에서 경영학 석사 학위를 취득했다. IBM에서 12년간 제조 및 유통 부문을 맡아 실적을 올리고 컴팩에서 6개월 만에 유통망을 만드는 등 뛰어난 경영 감각을 보여 잡스에게 발탁, 애플에 합류했다. 애플에서 COO를 거쳐 잡스 퇴임 이후 CEO로 취임하였고 향후 애플을 이끌 새로운 리더십으로 주목받고 있다.

폴 앨런 Paul Gardner Allen (1953~2018)

마이크로소프트의 공동 창업자. 워싱턴 대학교를 중퇴하고 친구인 빌 게이츠와 함께 마이크로소프트를 설립했다. 20대 후반 호지킨 림프종으로 투병 생활을 한 뒤, 미국 프로 농구 구단 포틀랜드 트레일 블레이저스를 인수하고 최초의 민간 우주선을 발사하는 등 독특한 행보를 보이며 화제에 올랐다.

폴 오텔리니 Paul S. Otellini (1950~2017)

인텔의 전 CEO이자 구글 이사회 멤버. 캘리포니아 대학교 버클리에서 경영학 석사 학위를 취득하고 1974년 인텔에 입사했다. 이후 오랜 경영 경험을 토대로 후계자 역량을 다져, 2005년부터 2013년까지 인텔 CEO로서 기업을 이끌었다.

필립 실러 Philip W. Schiller (1960 ~)

애플의 마케팅 부사장. 월드와이드 제품 마케팅 부문을 담당하고 있으며 애플의 각종 주요 프레젠테이션에 등장하여 얼굴을 알렸다. 아이맥, 아이북, 아이팟, 사파리, 아이폰 등의 제품 전개와 마케팅에서 공헌을 하였다.

옮긴이 **안진환**   경제경영 분야에서 활발하게 활동하고 있는 전문 번역가. 1963년 서울에서 태어나 연세대학교를 졸업했다. 저서로 『영어 실무 번역』, 『Cool 영작문』 등이 있으며, 역서로 『글로벌 그린 뉴딜』, 『한계비용 제로 사회』, 『3차 산업혁명』, 『넛지』, 『괴짜경제학』, 『빌게이츠@생각의 속도』, 『스틱!』, 『스위치』, 『포지셔닝』, 『전쟁의 기술』, 『부자 아빠 가난한 아빠』, 『마켓 3.0』, 『불황의 경제학』, 『팀 쿡』, 『실리콘밸리 스토리』 등이 있다.

스티브 잡스 Steve Jobs

1판	1쇄 펴냄	2011년 10월 24일
1판	26쇄 펴냄	2015년 3월 23일
2판	1쇄 찍음	2015년 9월 25일
2판	19쇄 펴냄	2024년 5월 29일

지은이   월터 아이작슨
옮긴이   안진환
발행인   박근섭, 박상준
펴낸곳   (주) 민음사

출판등록   1966. 5. 19. (제 16-490호)
주소   서울특별시 강남구 도산대로1길 62(신사동)
      강남출판문화센터 5층 (우편번호 06027)
대표전화   02-515-2000 / 팩시밀리 02-515-2007
홈페이지   www.minumsa.com

한국어 판 © (주) 민음사, 2011, 2015. Printed in Seoul, Korea

ISBN 978-89-374-3211-8 03320